Diccionario
de la
Lengua española
COLOR

MAGISTER
con Términos Científicos y Técnicos

Redacción
Prof. Alejandro Itzik
Prof. Silvia Tombesi
Prof. Pablo Valle

Presente edición:
© **LATINBOOKS INTERNATIONAL S.A.**
Montevideo - Rep. O. del Uruguay
Impreso en PANAMERICANA FORMAS E IMPRESOS S.A.
Bogotá D.C. - Rep. de Colombia

ISBN: 9974-7871-0-6
Edición 2006

Diccionario Magister Color de la lengua española : Con términos científicos y
técnicos / Alejandro Itzik, Silvia Tombesi y Pablo Valle. -- Montevideo,
Rep. Oriental del Uruguay : © Latinbooks International S.A., 2006.
448 p. : il. ; 14 x 20 cm.

ISBN 9974-7871-0-6

1. DICCIONARIO DE LA LENGUA ESPAÑOLA. 2. GRAMÁTICA
ESPAÑOLA. I. Itzik, Alejandro, colab. II. Tombesi, Silvia, colab.aut.
III. Valle, Pablo, colab.
CDD R 806.0-5

Diccionario
de la
Lengua española
COLOR
MAGISTER

con Términos Científicos y Técnicos

A modo de presentación

Nuestro sello editorial presenta con orgullo una obra de características innovadoras: **Diccionario de la Lengua Española**, y lo hacemos con la certeza de satisfacer los requerimientos de la nueva escuela y del mundo actual, ya que si bien es posible que posean otro diccionario, dado que existe una amplia diversidad de ellos —muchos muy buenos y útiles para el estudiante y la familia—, creemos que hoy es necesaria esta nueva concepción. Veamos porqué:

• Los diccionarios existentes pueden agruparse en dos clases: de la lengua o enciclopédicos. Los primeros, como su nombre lo indica, son básicamente diccionarios de lenguaje que no suelen incluir voces técnicas o especializadas. En general, son más económicos y fáciles de transportar en la mochila del estudiante. Pero muchas veces no contienen los vocablos o las acepciones que el alumno de hoy necesita en las diversas materias.

• Los diccionarios enciclopédicos, lógicamente, sí incluyen estas voces, pero son obras mucho más voluminosas y también más costosas.

El **Diccionario de la Lengua Española** les ofrece **un completo material al que se le han incorporado numerosas voces técnicas y especializadas de uso actual**. En su redacción, hemos utilizado el criterio de **campo semántico.** Cada ciencia o técnica tiene un lenguaje específico. En algunos casos, utiliza palabras existentes con un significado o acepción diferente. En otros casos, crea sus propias palabras y voces. Veamos un ejemplo sencillo: la voz **programa** significa básicamente un proyecto ordenado de actividades. Pero en computación designa a un conjunto de instrucciones que se dan a un ordenador para obtener un resultado determinado. Este vocabulario propio de una materia se denomina *campo semántico.*

El estudiante y su familia encontrarán en esta obra numerosos vocablos utilizados en materias tales como economía, geografía, medicina, etc. Pero hemos puesto especial énfasis en incorporar voces provenientes de campos de reciente pero acelerado desarrollo: la **informática** y la **computación**, la **ecología**, la **tecnología**, etc. Son posiblemente las actividades más ricas en creación de nuevos términos y acepciones que,

demás de su uso en la escuela y en los libros de texto, se han gene-
alizado. Basta ver un noticiero o leer un diario para comprender lo que
sto significa. Palabras desconocidas hasta hace pocos años —como
ioma (proveniente de la ecología) o **módem** (originada en la informá-
ca)—, se utilizan cada vez más en el lenguaje cotidiano.

ara lograr una obra más completa, hemos incluido también **vocablos
xtranjeros o siglas** (especialmente de origen inglés) que ya son de uso
ecuente y general —**show, waffle, byte, underground, windows, cot-
ge, dumping, etc.**—, aun cuando no hayan sido incorporadas todavía
or la Real Academia Española.

luchas voces presentan además **entradas secundarias** que amplían o
lodifican el significado básico de la palabra (p. ej.: **onda, onda corta,
nda larga, etc.**) en algún campo de actividad.

inalmente, se incluyen entradas referentes a los pueblos **indoamerica-
os** y a los **americanismos**, por considerar que, **junto al imprescindi-
le manejo de los términos más modernos, es necesario preservar tra-
ciones y culturas propias de nuestros pueblos**.

a **ilustración** de la obra amplía su valor, ya sea con datos complemen-
rios a través de los epígrafes o con detallados esquemas de gran uti-
lad sobre el cuerpo humano y sus sistemas, los vegetales, los anima-
s, elementos tecnológicos, etc.

a búsqueda de voces en este diccionario es sencilla. Las entradas es-
n destacadas en **negrita** y ordenadas alfabéticamente, contemplando
reciente definición de la Real Academia de eliminar la **ch** y la **ll** como
tras independientes. En el cabezal de las páginas pares figura el pri-
er vocablo incluido en ellas y en las páginas impares, el último. Los
mpos semánticos se indican abreviados y en *bastardilla*. Ante cual-
iier duda consultar la lista de la página 6. Si una palabra se utiliza en
rios campos semánticos, éstos se ordenan alfabéticamente (p. ej. el
rrespondiente a *biología* irá primero que el de *economía*). También
ordenan con este criterio las entradas secundarias (p.ej.: **onda corta**
primero que **onda larga**).

omo resultado de este trabajo, presentamos una obra que posible-
ente marque un camino: **un diccionario que responde a las necesi-
ades actuales del estudiante y de la familia en forma mucho más
mpleta que cualquier otro diccionario de la lengua**, pero que re-
ilta, a la vez, mucho más manuable y económico que uno enciclo-
édico.

1 fin, **una obra novedosa, única y eficaz para un mundo de desafíos**.

LOS EDITORES

Tabla de abreviaturas utilizadas

a. adjetivo
a. C. antes de Cristo
Adm. Administración
adv. adverbio, adverbial
adv. c. adverbio de cantidad
adv. l. adverbio de lugar
adv. m. adverbio de modo
adv. t. adverbio de tiempo
Agr. Agricultura
Albañ. Albañilería
alt. altura
amb. ambiguo
Amér. América
Amér. Centr. América Central
Amér. Merid. América Meridional
Anat. Anatomía
Ant. Antillas
ant. antiguo, gua; anteriormente
anton. antonomasia
Antrop. Antropología
apl. aplícase o aplicado
apóc. apócope
aprox. aproximadamente
arch. archipiélago
Arg. Argentina
Arit. Aritmética
Arqueol. Arqueología
art. artículo
Astrol. Astrología
Astron. Astronomía
aum. aumentativo
Aviac. Aviación
B.A. Bellas Artes
barb. barbarismo
Biol. Biología
Bioq. Bioquímica
Bol. Bolivia
Bot. Botánica
C. Rica. Costa Rica
•C grados centígrados
cal. caloría
Can. Canadá
cap. capital
Carp. Carpintería
cg centigramo
cía. compañía
Cin. Cinematografía
Cir. Cirugía
cl centilitro
cm centímetro
cm² centímetro cuadrado
cm³ centímetro cúbico
Col. Colombia
Com. Comercio
Comp. Computación
conj. conjunción
Const. Construcción
Cont. Contabilidad
contr. contracción
d. C. después de Cristo
dem. demostrativo

Dep. Deporte
Der. Derecho
despect. o desp. despectivo
desus. desusado
determ. determinado
díc. dícese
dim. diminutivo
distrib. distributivo, va
Ecol. Ecología
Econ. Economía
Ecuad. Ecuador
ed. edición, editorial
EE.UU. Estados Unidos
ej. ejemplo
Elec. Electricidad
Elect. Electrónica
Eq. Equitación
Esc. Escultura
Esg. Esgrima
esp. especialmente
etc. etcétera
etim. etimología
Etn. Etnografía
excl. exclamativo, va
exp. expresión
ext. extensión
f. sustantivo femenino
fam. familiar, familiarmente
Farm. Farmacología
fem. femenino
fest. festivo, va
fig. figurado
Fil. Filosofía
Filol. Filología
Fís. Física
Fisiol. Fisiología
Fon. Fonética
For. Forense
Fot. Fotografía
fr. francés, sa
frs. frase/s
gal. galicismo
gén. género
Geog. Geografía
Geol. Geología
Geom. Geometría
ger. gerundio
gmente. generalmente
Gram. Gramática
Guat. Guatemala
ha hectárea
Her. Heráldica
Hist. Historia
Hist. Sag. Historia Sagrada
Hond. Honduras
i. verbo impersonal
Impr. Imprenta
Ind. Industria
indef. indefinido
Inform. Informática
Ing. Ingeniería

ingl. inglés, sa
interj. interjección
interr. interrogativo, va
irreg. irregular
it. italiano, na
Kg Kilogramo
Km Kilómetro
Km² Kilómetro cuadrado
Km³ Kilómetro cúbico
Kw Kilovatio
l litro
lat. latitud geográfica
Ling. Lingüística
Lit. Literatura
loc. locución
loc. lat. locución latina
Lóg. Lógica
long. longitud
m. sustantivo masculino
m. adv. modo adverbial
m metro
m² metro cuadrado
m³ metro cúbico
Mar. Marina
Mat. Matemática
máx. máximo, ma
Mec. Mecánica
Med. Medicina
Metal. Metalurgia
Meteor. Meteorología
Méx. México
mg miligramo
Mil. Militar
Min. Minería
min. minuto
Miner. Mineralogía
Mit. Mitología
mm milímetro
mov. movimiento
Mús. Música
n. a. número atómico
n. p. nombre propio
nac. nacional
neg. negativo, negación
neol. neologismo
Nic. Nicaragua
Num. Numismática
núm. número
Ocean. Oceanografía
Ópt. Óptica
Org. Pol. Organización Política
p. participio
p. a. peso atómico
p. act. participio activo
p. ant. por antonomasia
p. ej. por ejemplo
p. p. participio pasivo
p. u. poco usado
P. Rico Puerto Rico
pág. página
Paleont. Paleontología

Pan. Panamá
Par. Paraguay
Pat. Patología
Pedag. Pedagogía
pers. persona, personal
pert. perteneciente
Pint. Pintura
pl. plural
poét. poético
Pol. Política
pref. prefijo
Prehist. Prehistoria
prep. preposición
prep. insep. preposición insepara[...]
prl. verbo pronominal
pron. pronombre
prov. provincia
Psic. Psicología
Psiq. Psiquiatría
Quím. Química
R. de la P. Río de la Plata
R. Dom. República Dominica[...]
rec. verbo recíproco
reg. regular
Rel. Religión
rel. relativo
Ret. Retórica
s. sustantivo; siglo
Salv. Salvador
seg. segundo
símb. símbolo
sing. singular
Sociol. Sociología
sub. subordinante
suf. sufijo
superl. superlativo
Taur. Tauromaquia
Tecnol. Tecnología
Teol. Teología
Terap. Terapéutica
Top. Topografía
tr. verbo transitivo
Trig. Trigonometría
TV Televisión
ú. úsase
ú. m. úsase más
ú. m. c. úsase más como
ú. t. úsase también
ú. t. c. úsase también como
usáb. usábase
Ur. Uruguay
URSS Unión de Repúblicas
Socialistas Soviéticas
V. ver
vol. volumen
Ven. Venezuela
Vet. Veterinaria
W vatio
Zool. Zoología
' minutos
" segundos
% por ciento

, f. Primera letra del abecedario castellano. Es vocal abierta.// prep. de significado y usos diversos que señala los complementos de la acción del verbo e indica tiempo, lugar, situación, modo.

baco. m. Cuadro de madera con bolitas movibles usado para enseñar el cálculo./ *Arg.* Parte superior del capitel.

bad. m. Superior en ciertas comunidades religiosas. F.: abadesa.

badía. f. Iglesia o monasterio regido por un abad./ Dignidad de abad o de abadesa.

bajera. f. *Arg.* Pieza del recado de montar que protege el lomo de la cabalgadura y absorbe el sudor.

bajo. adv. Hacia lugar inferior./ En lugar inferior./ En situación inferior.

balanzar. tr. Poner la balanza en el fiel./ Equilibrar./ Lanzar con violencia.// prl. Arrojarse sobre alguien o algo./ Arrojarse o hacer algo sin reflexionar.

balorio. m. Cuenta de vidrio taladrado./ Conjunto de cuentas de vidrio agujereado, generalmente para adorno.

banderado, da. s. El que lleva la bandera.

bandonar. tr. Dejar, desamparar./ Desistir de algo.// prl. Confiarse./ fig. Dejarse dominar.

bandono. m. Acción y efecto de abandonar, abandonarse./ fig. Negligencia./ *For.* Renuncia sin beneficiario determinado con pérdida del dominio o posesión.

banicar. tr./ prl. Hacer aire con el abanico.

banico. m. Instrumento para hacer o hacerse aire, por lo general en forma de semicírculo./ Cosa de forma o figura de abanico.

baratamiento. m. Acción y efecto de abaratar.

baratar. tr. Disminuir o bajar el precio de alguna cosa.

barcar. tr. Ceñir con los brazos./ fig. Rodear, comprender./ Alcanzar con la vista.

baritonado, da. a. Se dice de la voz semejante a la del barítono o del instrumento cuyo sonido tiene timbre semejante.

barrotamiento. m. Acción de abarrotar.

barrotar. tr. Fortalecer con barrotes./ Atestar de géneros u otras cosas una tienda, un almacén, etc.

bastecer. tr./ prl. Proveer de víveres u otras cosas necesarias.

bastecimiento. m. Acción de abastecer o abastecerse.

basto. m. Provisión de víveres./ Abundancia.// **-dar abasto.** Proveer de lo necesario.

batatado, da. a. fam. Amér. Azorado.

batatar. tr./ prl. fam. *Amér.* Azorar, enmudecer, intimidarse.

bate. m. Eclesiástico de órdenes menores.

batir. tr./ prl. Derribar, echar por tierra./ Hacer perder el ánimo, las fuerzas, el vigor.// prl. Descender, caer.

bdicación. f. Acción y efecto de abdicar.

bdicar. tr. Renunciar a una dignidad, a un cargo o unos derechos.// i. Abandonar creencias, opiniones, etc.

abdomen. m. Vientre, cavidad en la parte inferior del tronco en la que se contienen los órganos del aparato digestivo y del genitourinario.

abdominal. a. Relativo al abdomen.

abducción. f. Movimiento de sacar afuera./ Movimiento por el cual se aleja un miembro del plano medio que divide imaginariamente el cuerpo./ *Lóg.* Silogismo en que la premisa mayor es evidente y la menor probable, pero más creíble que la conclusión.

abecé. m. Alfabeto./ Rudimentos de una ciencia o facultad.

abecedario. m. Alfabeto, serie ordenada de letras de un idioma./ Impreso que las contiene.

abedul. m. Árbol que alcanza unos diez metros, de ramas flexibles y corteza plateada que se utiliza para curtir y aromatizar el llamado cuero de Rusia.

abeja. f. Insecto himenóptero que fabrica miel y cera./ -**maestra.** Abeja reina./ -**carpintera.** La de color oscuro, que anida en la madera./ -**macho** o **zángano.** La encargada de fecundar a la reina./ -**maestra.** Abeja reina./ -**minadora.** La que refuerza su nido con arcilla./ -**obrera.** Hembra estéril que constituye la mayoría de la colonia y trabaja en su mantenimiento./ -**reina.** La que tiene como única misión reproducirse.

abejorro. m. Insecto himenóptero, velludo, que zumba al volar.

Abadía de Melk en la Baja Austria, cuya magnífica arquitectura corresponde al alto barroco.

aberración. f. Extravío./ *Fotog.* Dispersión de la luz./ *Veter.* Anomalía en la conformación de los órganos./ *Astron.* Desvío aparente de un astro.

abertura. f. Acción de abrir o abrirse./ Hendidura, grieta./ Terreno entre montañas.

abeto. m. Árbol conífero de hojas en aguja y fruto en piña; su madera se usa para construcciones.

abierto, ta. p. p. irreg. de **abrir.**// a. Llano, raso./ No cercado.// fig. Sincero, franco.

abigarrado, da. a. De varios colores mal combinados./ Heterogéneo y sin concierto.

abigeato. m. Hurto de ganado.

abiogénesis. f. Proceso por el que los seres vivos se originan a partir de la materia inanimada. Se llama también generación espontánea.

abiótico, ca. a. Dícese de los factores no vivos que integran el medio ambiente, como la tierra, el agua, el aire, etc.

abipón, na. a. Dícese de una raza indígena que vivía cerca del río Paraná.

abisal. a. Pert. al abismo./ Dícese de la zona de los mares y océanos a partir de los 2000 a 3000 metros de profundidad.

abisinio, nia. a. y s. Natural de Abisinia o Etiopía, país de África.

abismal. a. Relativo al abismo.

abismar. tr./ prl. Hundir en un abismo./ Entregarse por entero a la contemplación, a un sentimiento, etc./ *Chile* y *Méx.* Asombrarse.

abismo. m. Profundidad grande y peligrosa./ fig. Diferencia enorme./ Cosa insondable e inmensa.

abjurar. i. Abandonar una creencia./ Renunciar solemnemente./ Retractarse.

ablación. f. Corte, extirpación de una parte del cuerpo.

ablandar. tr./ prl. Volver blanda o suave una cosa./ Aplacar./ Suavizar.

ablución. f. Acción de lavarse./ Purificación por medio del agua, en ciertas religiones./ Agua y vino que se emplean en esa ceremonia.

abnegación. f. Altruismo que lleva a sacrificar lo propio en bien de otros o un ideal./ Sacrificio voluntario de los intereses o afectos por una causa.

abnegado, da. a. Que tiene abnegación.

abnegar. tr./ prl. Renunciar voluntariamente a un derecho o deseo.

abocar. tr. Asir con la boca./ Aproximar.// prl. Juntarse para tratar un asunto o negocio.// i. *Mar.* Entrar en un puerto.

abochornar. tr./ prl. Sofocar por el calor./ Avergonzar, sonrojar.

abofetear. tr. Dar bofetadas.

abogacía. f. Profesión del abogado.

abogado, da. s. Persona licenciada en derecho que d... fiende los intereses de los litigantes./ fig. Intercesor, m... diador.

abogar. i. Defender en un juicio./ Mediar, interceder.// ... Asesorar, representar.

abolengo. m. Linaje de abuelos y antepasados./ *Der.* Pat... monio que viene de los abuelos.

abolición. f. Acción y efecto de abolir.

abolicionismo. m. Movimiento que propugna la supre... sión de la esclavitud./ Doctrina de este movimiento.

abolicionista. a. y s. Dícese del partidario de la abolici... de alguna ley o costumbre, especialmente de la esclavitu...

abolir. tr. Derogar, dejar sin efecto una ley o precepto.

abolladura. f. Hundimiento causado por un golpe.

abollar. tr. Causar abolladura.

abominable. a. Digno de ser aborrecido o despreciado.

abominación. f. Aversión, horror./ Cosa abominable.

abominar. tr. Execrar, condenar./ Aborrecer.

abonado, da. a. Digno de confianza./ Dispuesto a una c... sa, apto.// s. Persona que ha contraído un abono.

abonar. tr. Dar por cierta una cosa./ Echar en la tierra mat... rias que le aumenten la fertilidad./ Hacer bueno o útil./ P... gar.// prl. Contratar un abono.

abono. m. Derecho a percibir un servicio mediante un p... go./ Sustancia con que se fertiliza la tierra./ Fianza.

abordaje. m. Acción de abordar.// **-al abordaje.** m. ad... Pasar con armas de un buque a otro.

abordar. tr. Rozar o chocar una embarcación con otra... Atracar una nave./ fig. Acercarse./ fig. Emprender un n... gocio o asunto que ofrezca dificultad.

aborigen. m. Natural del lugar en que vive./ Dícese del p... mitivo morador de un país./ Nombre con el que se desig... na a los indígenas australianos.

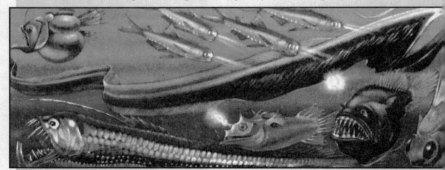

Abisal. La imagen muestra algunos de los peces que habitan en aguas profundas.

aborrecer. tr. Tener aversión a una persona o cosa./ Abandonar ciertos animales el nido o las crías.

abortar. tr./ i. Parir antes del tiempo en que el feto puede vivir./ fig. Crear algo abominable.// prl. fig. Fracasar.

aborto. m. Acción de abortar./ Cosa cortada./ Monstruo, ser humano o animal imperfecto.

abotonar. tr./ prl. Cerrar con botones una prenda.// i. Echar botones las plantas.

abovedar. tr. Cubrir con bóveda./ Dar esa forma a una cosa.

abra. f. Bahía no muy extensa./ Abertura entre montañas./ *Amér.* Sitio despejado en un bosque.

abrasar. tr./ prl. Reducir a brasa, quemar./ Secar el excesivo calor una planta./ Agitar una pasión.// tr./ i. Calentar en exceso.// prl. Asarse.

abrasión. f. Acción y efecto de desgastar por fricción./ Proceso de desgaste en la corteza terrestre al arrancarle porciones de materia los agentes externos.

abrazar. tr./ prl. Ceñir con los brazos./ Estrecharse./ fig. Abarcar./ Profesar.

abrazo. m. Acción de abrazar o abrazarse.

abrevar. tr. Dar de beber al ganado.

abreviar. tr. Acortar, reducir a menos tiempo o espacio./ Acelerar, dar prisa.

abreviatura. f. Escritura de las palabras con sólo algunas o una de sus letras.

abrigar. tr./ prl. Defender, resguardar del frío./ Amparar./ Rel. a ideas o afectos, tenerlos.

abrigo. m. Defensa contra el frío./ Prenda que se pone sobre las demás y sirve para abrigar./ Lugar resguardado./ fig. Amparo.

abril. m. Cuarto mes del año./ fig. Primera juventud.

abrillantar. tr. Labrar en facetas las piedras preciosas y ciertos metales./ Dar brillantez y realce.

abrir. tr./ prl. Descubrir lo que está cerrado u oculto./ Descorrer el cerrojo o desencajar cualquier pieza o instrumento semejante./ Tratándose de los cajones, tirar de ellos./ Tratándose de cuerpos o establecimientos, dar principio a sus tareas.// i./ prl. Separarse los pétalos del capullo.// i. Mejorar el tiempo.// prl. Desistir de una empresa./ Separarse./ Huir.

abrochar. tr./prl. Cerrar con broches o botones.

abrumar. tr. Agobiar con peso./ fig. Molestar sobremanera.

abrupto, ta. a. Escarpado./ Áspero, violento, destemplado.

absceso. m. Acumulación de pus en los tejidos orgánicos, internos o externos.

abscisa. f. Una de las dos distancias que determinan la posición de un punto en un plano, respecto de dos rectas que se cortan, llamadas ejes coordenadas.

ábside. amb. Parte del templo abovedada que sobresale en la fachada posterior./ Caja para guardar reliquias.

absolución. f. Acción de absolver.

absoluto, ta. a. Ilimitado, sin restricción alguna.// f. Licencia definitiva del militar.// **-en absoluto.** m. adv. De un modo general, terminante y resuelto.

absolver. tr. Liberar de algún cargo u obligación./ Der. Dar por libre al reo.

absorber. tr. Penetrar las moléculas de un fluido en un sólido o de un gas en un líquido./ Aspirar los tejidos orgánicos materias externas./ fig. Incorporar./ Consumir enteramente./ fig. Atraer a sí, cautivar./ Fís. Hablando de radiaciones, amortiguarlas o extinguirlas el cuerpo que atraviesan.

absorción. f. Acción de absorber./ Fís. Pérdida de la intensidad de una radiación al atravesar la materia.

abstemio, mia. a. Que no bebe alcohol.

abstención. f. Acción de abstenerse.

abstenerse. f. Privarse de alguna cosa.

abstinencia. f. Acción de abstenerse./ Virtud y práctica del que se priva de satisfacer sus apetitos./ Prohibición de comer carne como práctica penitencial.

abstracción. f. Acción de abstraer o abstraerse./ Gal. por distracción.

abstracto, ta. a. Que significa alguna cualidad con exclusión del sujeto./ Dícese del arte y de las obras de arte que no contienen tema, argumento o representación realista de alguna cosa.

abstraer. tr. Considerar aisladamente las cualidades de un objeto./ prl. Entregarse a la meditación, prescindir de la realidad.// i./ prl. Prescindir.

abstruso, sa. a. Difícil de comprender.

absurdo, da. a. Contrario a la razón. Ú.t.c.s./ Extravagante./ Chocante, contradictorio.// m. Dicho o hecho contrario a la razón./ **Reducción al a.** *Lóg.* Razonamiento que, por contraposición y exageración, demuestra la falsedad de otra argumentación./ **Teatro del a.** Aplícase a aquel que, por carecer de estructura lógica o argumentativa, intenta reflejar los conflictos existenciales y la falta de sentido del mundo contemporáneo.

Abeto. Conífera cuya corteza produce una resina líquida.

abuchear. tr. Reprobar públicamente y de manera ruidosa. Dícese hablando de un auditorio o muchedumbre.

abucheo. m. Acción de abuchear.

abuelo, lo. s. Padre o madre del padre o la madre./ Anciano, hombre o mujer de mucha edad.

abulia. f. Disminución de la voluntad.

abúlico, ca. a. Que padece de abulia.

abultar. tr. Aumentar el bulto de alguna cosa./ Aumentar la cantidad, grado, etc./ Ponderar, exagerar./ Hacer o tener bulto.

abundancia. f. Gran cantidad.

abundar. i. Haber gran cantidad de una cosa./ Hablando de ideas, adherirse a ellas, persistir.

aburrimiento. m. Fastidio, tedio, cansancio.

aburrir. tr. Hastiar, cansar, molestar.// prl. Fastidiarse, hartarse.

abusar. i. Usar mal o indebidamente de alguna cosa./ Seducir.

abusivo, va. a. Introducido o hecho por abuso.

abuso. m. Acción de abusar.// **-de confianza.** Mal uso de la amistad o confianza obtenida.

abyección. f. Bajeza, envilecimiento.

abyecto, ta. a. Despreciable, vil, indigno.

acá. adv. En este lugar.

acaballado, da. a. Parecido al perfil de la cabeza del caballo.

acabar. tr./ prl. Dar fin./ Matar./ Morir.// **-acabar de,** con infinitivo. Haber ocurrido alguna acción poco antes.

acacia. f. Nombre de diversas plantas leguminosas de madera dura y flores olorosas, algunas de las cuales segregan gomas y resinas.

academia. f. Sociedad científica, literaria o artística con autoridad pública./ Establecimiento educativo.

académico, ca. a. Relativo a una academia.// s. Miembro de una academia.

acaecer. i. Acontecer, suceder, ocurrir.

acallar. tr. Hacer callar./ Aplacar.

acalorar. tr. Dar o causar calor.// prl. Encenderse, fatigarse.
acampar. i./ tr./ prl. Instalarse en despoblado, generalmente en tiendas de campaña.
acanelado, da. a. De color o sabor de canela.
acantilado, da. a. Dícese del fondo del mar y de la costa cuando presenta escalones en un terreno, y también de la costa cortada verticalmente.// m. Escarpa casi vertical en un terreno.
acanto. m. Planta de hojas largas, rizadas y espinosas./ Adorno arquitectónico que imita dichas hojas.
acantopterigio. a. Dícese de los peces de esqueleto óseo y radios de las aletas espinosos y sencillos, como el pez espada.
acaparar. tr. Adquirir y acumular productos en más cantidad que la necesaria para imponer su precio./ fig. Apoderarse de gran parte o el todo de una cosa./ Atraer, concentrar.
acariciar. tr./ prl. Hacer caricias./ fig. Tocar suavemente./ Esperar una cosa con el deseo de conseguirla.
acárido, da. a./ m. Ácaro.// m. pl. Orden de arácnidos que tiene por tipo el ácaro.
ácaro. m. Arácnido traqueal, parásito microscópico, con mandíbulas terminadas en forma de pinzas, que causa enfermedades e infesta los alimentos.
acarrear. tr. Transportar en carro o de otra manera./ Ocasionar, ser motivo.
acartonarse. prl. Ponerse como cartón. Dícese de las personas que al llegar a cierta edad se quedan enjutas.
acaso. m. Suceso imprevisto, casualidad.// adv. Por casualidad./ Tal vez.
acatar. tr. Obedecer, someterse.
acaudalado, da. a. Que tiene mucho dinero.
acaudillar. tr. Mandar, como jefe o caudillo, gente de guerra./ fig. Guiar, conducir.
acceder. i. Consentir en lo que otro desea o quiere./ Ceder uno en su parecer./ Tener acceso a un lugar.
acceso. m. Acción de llegar o acercarse./ Entrada, camino./ Arrebato, exaltación./ fig. Entrada al trato con alguien./ Med. Ataque de una enfermedad.
accesorio, ria. a. Que depende de lo principal. Ú.t.c.s./ Secundario.// m. Utensilio auxiliar para un trabajo o para el funcionamiento de una máquina.
accidentado, da. a. Agitado./ Hablando de un terreno, escarpado, abrupto./ Que ha sufrido un accidente.
accidental. a. No esencial./ Casual, contingente.
accidentar. tr./ prl. Producir accidente./ Sufrirlo.
accidente. m. Cualidad no esencial./ Suceso eventual que altera el orden normal de las cosas./ Gram. Modificación que sufren algunas clases de palabras para denotar diferencias de género, número, etc./ Irregularidad del terreno o de la costa.
acción. f. Efecto de hacer./ Cada una de las partes en que se considera dividido el capital de una empresa./ Batalla./ Derecho a reclamar en juicio./ Suceso en que se basa el argumento de una obra.
accionar. i. Hacer gestos o ademanes.// tr. Poner en movimiento, impulsar.
accionista. m. Dueño de acciones.
acebo. m. Árbol silvestre de hojas perennes, color verde oscuro con espinas en el margen; madera blanca y flexible muy utilizada en ebanistería./ Madera de este árbol.
acechanza. f. Acecho, espionaje.
acechar. tr. Observar cautelosamente con un propósito.
acecinar. tr./ prl. Salar las carnes y secarlas al humo y al aire para que se conserven.
acefalía. f. Calidad de acéfalo.
acéfalo, la. a. Sin cabeza./ fig. Que carece de jefe.

aceitar. tr. Untar con aceite.
aceite. m. Líquido graso que se obtiene de la oliva de di versas clases de vegetales, de algunos animales y tambié de ciertos minerales. Tiene diversos usos.
aceituna. f. Fruto del olivo de sabor amargo y de color ve de o negro.
acelerar. tr./ prl. Dar velocidad.
acelga. f. Planta salsolácea, comestible, de hojas grandes jugosas.
acento. m. La mayor intensidad con que se pronuncia un sílaba./ Raya oblicua de derecha a izquierda que represen ta gráficamente esa intensidad./ Modo de expresarse par ticular de un país o región./ Modulación de la voz./ **-dia crítico.** El que sirve para distinguir dos monosílabos qu se escriben y suenan igual./ **-gráfico.** Tilde, raya oblicua. **-métrico.** Acento del verso./ **-ortográfico.** El que se mar ca sobre la sílaba en que carga la pronunciación./ **-prosó dico.** Acento de intensidad./ **-tónico.** Acento prosódico.
acentuación. f. Acción de acentuar.
acentual. a. Perteneciente o relativo al acento.
acentuar. tr. Dar acento./ fig. Recalcar./ Realzar.// prl. fig Aumentarse./ Tomar cuerpo.
acepción. f. Significado en que se toma una palabra.
aceptar. tr. Recibir uno voluntariamente lo que se le da ofrece o encarga./ Aprobar, dar por bueno./ Comprome terse a pagar una letra de cambio o libranza.
acequia. f. Zanja por donde se conduce el agua para re gar./ Amér. Río pequeño, arroyo.
acera. f. Parte lateral de una calle destinada al paso de lo peatones./ Vereda.
acerar. tr. Dar a un hierro las propiedades del acero.// pr fig. Vigorizar./ Colocar aceras en la calle.
acerbo, ba. a. Áspero al gusto./ Cruel, riguroso.
acercar. tr./ prl. Aproximar./ fig. Promover amistad o rela ción.
acero. m. Mezcla de hierro y carbono dotada de gran dure za y elasticidad./ fig. Arma blanca, espada./ Denuedo, va lentía.
acérrimo, ma. a. superl. de acre./ Muy fuerte.
acertar. tr. Dar en el punto a que se dirige algo.// tr./ i. En contrar./ Con la prep. a y seguido de inf., suceder por ca sualidad.
acertijo. m. Adivinanza que se propone como pasatiem po./ Cosa muy problemática.
acervo. m. Montón de cosas menudas./ Conjunto de biene morales o materiales acumulados por tradición.
acético, ca. a. Quím. Rel. o perteneciente al vinagre.
acetona. f. Líquido incoloro, inflamable, volátil, de olor agra dable. Se usa como disolvente orgánico. Se obtiene de l materia acuosa resultante de la carbonización de la madera
achacar. tr. Atribuir, imputar.
achaque. m. Enfermedad habitual, especialmente las qu acompañan la vejez./ Indisposición leve./ Defecto, vicio Ocasión./ Apariencia./ Excusa o pretexto.
achatar. tr./ prl. Poner chata alguna cosa.
achicar. tr./ prl. Disminuir el tama ño de algo./ Extraer el agua d una embarcación, mina, etc./ fig Acobardar. Ú.t.c.prl.
achicharrar. tr./prl. Freír, tostar asar un manjar hasta que tome sa bor a quemado./ fig. Calentar de masiado, abrasar./ U.t.c. prl. Mo lestar, importunar./ Cuba y Chile Estrujar.
achicoria. f. Planta compuesta, d hojas comestibles cuya infusión e tónica y digestiva.
achura. f. Cualquier intestino o me nudo de una res.Ú.m. en pl.
achurar. tr. Sacar las achuras a l res./ Herir o matar a cuchilladas.
aciago, ga. a. Infausto, de ma agüero.

Ácaro. Arácnido parasitario cuyas pinzas causan enfermedades.

Acopio de leña en San Juan (Argentina).

acíbar. m. Áloe./ fig. Disgusto, sinsabor.

acicalar. tr. Limpiar, bruñir./ fig. Arreglar esmeradamente a una persona./ Adornar.

acicate. m. Espuela con una sola punta./ Incentivo, estímulo, aguijón.

acidez. f. Calidad de ácido.

acidificación. f. Acción y efecto de acidificar./ Proceso de contaminación ácida en río, lagos, mares, etc.

acidificar. tr. Dar propiedades ácidas a cuerpos que no la tienen.

acidímetro. m. Aparato que mide el grado de acidez de una disolución.

ácido, da. a. Que tiene sabor agrio./ fig. Áspero, desabrido.// m. Cualquier sustancia que puede formar sales combinándose con algún óxido metálico u otra base de distinta especie. Suelen tener sabor agrio./ **-desoxirribonucleico.** Biopolímero que constituye el material genético de las células y cuyo contenido informativo es la base de los fenómenos de la replicación y las transcripciones./ **-ribonucleico.** Biopolímero cuyas unidades son ribonucleotidos. Según su funcionalidad, se dividen en mensajeros, ribosómicos y transferentes./ **-nucleico.** Nombre genérico de los ácidos ribonucleico y desoxirribonucleico.

acidosis. f. *Med.* Perturbación del equilibrio ácido-base del plasma sanguíneo.

acierto. m. Acción de acertar./ Coincidencia, casualidad./ fig. Destreza./ Tino, cordura.

acimut. m. Ángulo descrito por el plano vertical de un astro con el meridiano del punto de observación.

aclamación. f. Acción y efecto de aclamar.

aclamar. tr. Dar voces la multitud en honor de alguien./ Dar un cargo u honor por aclamación./ Llamar a las aves.

aclaración. f. Acción de aclarar o aclararse.

aclarar. tr./ prl. Quitar lo que ofusca la claridad./ Poner en claro, explicar./ tr. Lavar con agua la ropa ya jabonada./ i. Amanecer, clarear./ Disiparse lo nublado.

aclimatar. tr./ prl. Hacer que se acostumbre un ser orgánico a un clima diferente del que le era habitual.

acné. f. Erupción pustulosa en la cara y en el pecho, llamada comúnmente barrito.

acobardar. tr./ prl. Causar miedo, amedrentar.

acodar. tr./ prl. Apoyar uno el codo sobre alguna parte./ *Agr.* Enterrar el tallo o vástago doblado dejando la punta afuera.

acodo. m. Acción de acodar./ Vástago acodado.

acoger. tr. Admitir uno en su casa a otra persona./ Dar amparo./ Aceptar./ Recibir con un sentimiento especial la aparición de personas o sucesos.// prl. Refugiarse, ampararse.

acolchado, da. a. Mullido, que cede ante la presión de un cuerpo./ m. Revestimiento de paja o caña trenzada para fortalecer los tendidos de algunos diques./ *Arg.* Manta o cubrecama mullido.

acolchar. tr. Poner estopa o lana entre dos telas y bastearlas.

acólito. m. Eclesiástico cuyo oficio es servir al altar./ fig. Subordinado, que sigue constantemente a otro./ Satélite, secuaz, ayudante.

acometer. tr. Embestir con ímpetu./ Emprender, intentar./ Dicho de enfermedad, sueño, etc., venir repentinamente./ Persuadir, tentar.

acometida. f. Acometimiento.

acometimiento. m. Acción de acometer./ Ramal de cañería que desemboca en la alcantarilla.

acomodado, da. a. Conveniente, oportuno./ Rico, abundante de medios./ Moderado en el precio./ Que está cómodo./ *Amér.* Que goza de privilegios por amistad o parentesco.

acomodar. tr. Colocar una cosa de modo que se ajuste o adapte a otra./ Proporcionar empleo./ tr./ prl. fig. Amoldar o ajustar a una norma.// prl. Avenirse./ Colocarse cómodamente./ *Amér.* Colocarse indebidamente en un empleo privilegiado.

acomodo. m. Empleo, ocupación./ Privilegio./ *R. de la P.* Trato ilícito, chanchullo.

acompañamiento. m. Acción de acompañar./ Gente que acompaña/ Base armónica o encuadre rítmico de una partitura musical./ Conjunto de personas que en el teatro o en los filmes figuran y no hablan o carecen de papel individual.

acompañar. tr./ prl. Estar o ir en compañía de otro./ fig. Agregar una cosa a otra./ Participar de los sentimientos de otro./ *Mús.* Ejecutar el acompañamiento.

acompasar. tr. Disponer en proporción./ Dividir la obra musical en compases.

acondicionar. tr. Dar cierta condición a algo./ Disponer alguna cosa a un fin determinado./ Climatizar.

acongojar. tr. Afligir, apenar, fatigar, oprimir.

aconsejar. tr./ prl. Dar o tomar consejo.

acontecer. i. Suceder, ocurrir.

acopiar. tr. Juntar o reunir granos, provisiones, etc./ Acumular en cantidad.

acopio. m. Acción y efecto de acopiar.

acoplar. tr. Unir entre sí dos piezas de modo que ajusten exactamente./ Ajustar una pieza al sitio donde debe colocarse./ Procurar la unión sexual de los animales.// prl. Unirse dos personas, encariñarse./ fig. Conciliar.

acorazado. m. Buque de guerra blindado de grandes dimensiones.

acorazar. tr. Revestir con planchas de hierro o acero buques, fortificaciones, etc./ tr./ prl. Proteger, defender.

acordar. tr. Resolver de común acuerdo, o por mayoría de votos./ Determinar o resolver una sola persona./ Resolver una cosa antes de mandarla./ i. Concordar, convenir una cosa con otra./ Traer a la memoria./ Poner acordes los sentimientos o las voces./ *Amér.* Otorgar.

acorde. m. *Mús.* Conjunto de tres o más sonidos combinados armónicamente.// a. Conforme, de igual opinión o dictamen./ En consonancia.

acordeón. m. Instrumento musical de viento, portátil, dotado de unas lengüetas que vibran mediante la alternancia en la extensión y compresión de un fuelle.

acorralar. tr. Encerrar el ganado en el corral./ fig. Encerrar a uno, impidiéndole que pueda escapar./ Confundir, abrumar./ Intimidar, acobardar.

acortar. tr. Disminuir la longitud o duración.

acosar. tr. Perseguir sin dar reposo./ fig. Molestar.

acoso. m. Acción y efecto de acosar.

acostar. tr./ prl./ i. Tender a alguien para que duerma o descanse./ Ladearse.

acostumbrar. tr./ prl./ Hacer adquirir una costumbre o tenerla.// i. Tener costumbre.

Acrópolis de Atenas. Un aspecto de la misma donde se observa el Partenón, su edificio más representativo.

acotación. f. Acción de acotar./ Apunte que se pone al margen de un escrito o impreso./ Indicación, advertencia para la acción de una obra teatral.

acotar. tr. Reservar el uso de un terreno, poniéndole cotos./ Prohibir./ Escribir acotaciones al margen de un escrito.

acre. a. Áspero y picante al gusto y al olfato./ De genio áspero./ Desabrido, punzante.// m. Medida agraria inglesa, equivalente a 40, 47 áreas.

acrecentar. tr. Aumentar, enriquecer, mejorar.

acreditar. tr./ prl. Hacer digna de crédito alguna cosa./ Dar seguridad de que una persona es lo que representa.// prl. Lograr reputación./ Asegurar la representación de alguien./ Probar./ *Com.* Abonar una cantidad en cuenta.

acreedor, ra. s. Aquel que tiene derecho a cobrar.// a. Que es digno de algo.

acribillar. tr. Abrir agujeros en alguna cosa./ Causar muchas heridas o picaduras./ fig. Molestar mucho.

acrisolar. tr. Depurar los metales en el crisol./ fig. Depurar.

acritud. f. Calidad de acre.

Acuarela realizada en estilo naif.

acrobacia. f. Ejercicio del acróbata./ Evoluciones espectaculares que realiza un aviador en el aire a bordo del avión.

acróbata. s. El que salta o realiza ejercicios y habilidades en el trapecio, la barra o las anillas.

acrocefalia. f. *Anat.* Forma cónica de la bóveda craneal.

acrofobia. f. Miedo a las alturas.

acromatismo. m. Supresión de la aberración cromática en lentes ópticos.

acromegalia. f. *Med.* Enfermedad crónica debida a una lesión de la glándula pituitaria. Se caracteriza por un desarrollo excesivo de las extremidades.

acromegálico, ca. a. Que padece acromegalia.

acromio o **acromion.** m. *Anat.* Apófisis del omóplato, que se articula con la clavícula.

acrópolis. f. El sitio más alto y fortificado en las antiguas ciudades griegas.

acróstico, ca. a. Aplícase a la composición poética cuyas letras iniciales, medias o finales de los versos forman un vocablo o una frase.

acta. f. Relación escrita de lo sucedido, acordado en una junta./ Constancia de una elección./ Relación fehaciente de un hecho, extendida por un funcionario competente.

actínido, da. a. *Quím.* Dícese de los elementos de la familia actínidos./ m. pl. Familia de elementos radiactivos, de números atómicos comprendidos entre el 89 y el 103.

actinio. m. Elemento químico. Símb., Ac.; n. a., 89; p. at., 227. Es el primero de los actínidos.

actinopterigio. a. y m. *Zool.* Clase de peces óseos, aleta dorsal única y aleta caudal de esqueleto simplificado.

actitud. f. Postura del cuerpo humano./ fig. Disposición de ánimo.

activar. tr. Avivar, acelerar, excitar, mover.

actividad. f. Facultad de obrar./ Prontitud en el obrar./ Número de átomos de una sustancia radiactiva que se desintegran por unidad de tiempo.// pl. Tareas, operaciones. / **-económica.** Actividad humana destinada a la obtención de bienes o servicios que sirven para satisfacer las necesidades del hombre./ **-económica primaria.** La destinada a la obtención de los bienes de la naturaleza./ **-económica secundaria.** La que se aplica a la transformación de los bienes de la naturaleza./ **-económica terciaria.** La que traslada y comercializa esos bienes para ponerlos a disposición de quienes lo necesitan./ **-solar.** Conjunto de fenómenos que aparecen en la superficie solar.

ctivo, va. a. Que obra./ Que produce sin dilación su efecto./ Apl. al trabajador no jubilado./ m. Total de bienes y derechos de cobro, propiedad de una empresa.

cto. m. Hecho o acción./ Realización solemne./ División principal de una obra teatral./ **-de contrición.** Dolor por haber ofendido a Dios y fórmula por la que se expresa ese dolor./ **-de habla.** *Ling.* y *Fil.* Aquel que, mediante una serie de reglas formales y en el contexto apropiado, realiza una acción, por ejemplo: prometer, afirmar, saludar, etc./ **-de presencia.** Asistencia breve y puramente formularia a una reunión u obligación.

ctor. m. Persona que en la ficción encarna un personaje; f.: actriz./ El que demanda en juicio; f.: actora. Ú.t.c.a.

ctuación. f. Acción de actuar./ pl. *Der.* Autos o diligencias de un proceso judicial.

ctual. a. Que sucede o se usa en el momento en que se habla.

ctualidad. f. Tiempo presente./ Suceso que atrae la atención.// pl. Película de corto metraje sobre sucesos recientes.

ctualizar. tr. Hacer actual.

ctuante. a y s. El que actúa, el que lleva a cabo una acción. Se aplica especialmente en análisis literario, para referirse a los personajes, sean personas, animales u objetos, que realizan algún tipo de acción importante para el relato.

ctuar. tr./ prl. Poner en actuación./ Ejercer una persona o cosa, actos propios de su naturaleza./ Desempeñar un papel./ Ejercer funciones propias de un cargo u oficio./ Proceder judicialmente.

ctuario. m. Auxiliar judicial.

cuarela. f. Pintura con colores diluidos en agua.

cuario. m. Depósito de agua donde se tienen vivos animales o vegetales acuáticos./ Edificio en que se exhiben dichos animales o vegetales./ *Astron.* Undécimo signo del Zodíaco./ *Astron.* Constelación zodiacal.

cuartelar. tr. Poner la tropa en cuarteles.

cuático, ca. a. Que habita en el agua./ Rel. al agua.

cuchillar. tr. Herir o matar con arma blanca.// rec. Darse de cuchilladas.

cuciar. tr. Estimular./ Desear con vehemencia.

cudir. i. Ir uno a un sitio adonde es llamado./ Ir en socorro de alguno./ Recurrir a alguien./ Asistir frecuentemente.

cueducto. m. Construcción para la conducción de agua a fin de salvar un desnivel.

cuerdo. m. Resolución tomada por una o varias personas./ Parecer, dictamen, consejo./ Convenio.

cumulación. f. Acción y efecto de acumular.

cumulador, ra. a. Que acumula.// m. Sistema capaz de almacenar energía y cederla después./ Aparato que guarda la energía eléctrica desarrollada artificialmente.

cumular. tr. Juntar y amontonar./ Imputar.

cunar. tr. Mecer en la cuna.

cuñar. tr. Imprimir y sellar una pieza de metal por medio de cuño o troquel./ Tratándose de la moneda, fabricarla./ *Amér.* Recomendar, proteger.

cuoso, sa. a. Rel. al agua./ Abundante en agua.

cupuntura. f. Método terapéutico de origen chino que se efectúa por medio de la introducción de agujas en los tejidos del cuerpo humano.

currucarse. prl. Encogerse para evitar el frío o con otro objeto.

cusación. f. Acción de acusar.

cusar. tr. Imputar a uno un delito o cosa vituperable./ Tratándose del recibo de cartas, oficios, etc., avisarlo./ *Der.* Exponer definitivamente en juicio los cargos contra el acusado./ Declarar el jugador que tiene ciertos naipes.

cústico, ca. a. Rel. al órgano del oído./ Rel. a la acústica./ Útil para la propagación del sonido.// f. Parte de la física que estudia los sonidos.

dagio. m. Consejo útil para la conducta, gmente. de tradición popular./ Uno de los aires lentos del ritmo musical y composición que es más aire.

dalid. m. Caudillo, guía./ fig. Quien guía o dirige una escuela, un partido o una causa.

adaptabilidad. f. Calidad de adaptable./ *Biol.* Capacidad de adaptación de los seres vivos.

adaptación. f. Acción y efecto de adaptar o adaptarse./ *Biol.* Proceso por el cual un ser vivo se acomoda al medio y a los cambios que en él se produzcan.

adaptar. tr./ prl. Acomodar, ajustar una cosa a otra./ prl. fig. Avenirse a condiciones./ Habituarse.

adarga. f. Escudo de cuero.

adecuar. tr./ prl. Proporcionar, acomodar una cosa a otra.

adefesio. m. Despropósito, extravagancia./ Persona o cosa ridícula.

adelantado, da. a. Precoz.// m. Antiguamente, persona a quien se confiaba el mando de una expedición y a quien se concedía el gobierno de las tierras que conquistase.// **-por adelantado.** m. adv. Anticipadamente.

adelantar. tr./ prl. Llevar hacia adelante./ Acelerar, apresurar./ Anticipar./ Ganar la delantera a alguno./ Hacer que el reloj ande con más velocidad que la debida./ Progresar.

adelante. adv. l. Más allá./ Hacia la parte opuesta./ adv. t. Indica tiempo futuro./ **¡Adelante!** int. para ordenar o permitir que alguien entre o siga andando, hablando.

adelanto. m. Anticipo./ fig. Mejora o progreso.

adelgazar. tr./ prl. Poner delgado.// i. Enflaquecer.

ademán. m. Movimiento o actitud con que se manifiesta un afecto o una intención.// pl. Modales.

Acueducto romano, famoso por la solidez y perfección con que fue construido.

además. adv. A más de.

adenina. f. *Bioq.* Base nitrogenada que forma parte de sustancias que intervienen en oxidaciones biológicas.

adenoides. f. pl. Hipertrofia de tejido glandular en la rinofaringe.

adenología. f. Parte de la anatomía que estudia las glándulas.

adenopatía. f. *Med.* Enfermedad de los ganglios que se caracteriza por el aumento de su volumen.

adentro. adv. A o en lo interior.// m. pl. La intimidad del ánimo.

adepto, ta. a. y s. Partidario de alguna persona o idea.

aderezar. tr. Acicalar. Ú.t.c.prl./ Guisar./ Condimentar.

aderezo. m. Acción y efecto de aderezar o aderezarse./ Aquello que se usa para aderezar./ Juego o conjunto de joyas.

adeudar. tr. Deber, tener deudas.// i. Contraer deuda, emparentar.// prl. Endeudarse, llenarse de deudas.

adherir. tr./ prl. Pegarse una cosa con otra./ Abrazar una causa, afiliarse a un partido, etc.

adhesión. f. Adherencia./ Acción y efecto de adherir.

adicción. f. Hábito de los que se dejan dominar por el uso de una o varias drogas tóxicas.

adición. f. Acción de agregar./ Lo que se agrega./ *Mat.* Operación de sumar./ Reparo o nota que se pone a las cuentas./ *Quím.* Reacción en la que dos o más moléculas se combinan para formar una sola.

adicto, ta. a. Muy inclinado, apegado, afecto./ Adepto, partidario.

adiestrar. tr./ prl. Nacer diestro./ Instruir.

adinerado, da. a. Acaudalado.

adiposo, sa. a. Lleno de grasa o gordura./ Dícese del tejido animal que contiene gran cantidad de grasas.

aditamento. m. Añadidura, agregado.

adivinación. f. Acción y efecto de adivinar.

adivinanza. f. Adivinación./ Acertijo.

adivinar. tr. Predecir lo futuro./ Acertar el significado de un enigma, descifrar.

adjetivo, va. a. Propio o rel. al adjetivo.// m. Parte de la oración que se agrega al sustantivo para calificarlo o determinarlo y que denota cualidad o accidente./ **-calificativo.** El que denota alguna cualidad del sustantivo./ **-comparativo.** El que denota comparación./ **-gentilicio.** El que denota la nación o lugar de origen de las personas./ **-numeral.** El que significa número./ **-ordinal.** El que expresa orden o sucesión./ **-superlativo.** El que indica el sumo grado del sustantivo.

adjudicación. f. Acción y efecto de adjudicar.

adjudicar. tr. Declarar que una cosa corresponde a alguien./ Entregársela// prl. Apropiarse.

adjuntar. tr. Enviar con algo otra cosa.

adminículo. m. Lo que sirve de auxilio./ Objeto que se lleva preventivamente para usarlo en caso de necesidad.

administración. f. Acción de administrar./ Cargo de administrador./ Oficina donde trabajan el administrador y sus empleados.

administrar. tr. Gobernar, regir, cuidar./ Ref. a los sacramentos, conferirlos./ Ref. a los medicamentos, aplicarlos. Ú.t.c.prl./ Vulg. por propinar, asestar, dar.

admiración. f. Acción de admirar./ Signo ortográfico (¡ !) para expresar admiración, énfasis, etc.

admirar. tr. Causar sorpresa una cosa.// tr./ prl. Ver con sorpresa, o con sorpresa y placer, alguna cosa.

admisión. f. Acción de admitir.

admitir. tr. Recibir o dar entrada./ Aceptar, recibir./ Permitir, tolerar.

admonición. f. Amonestación./ Reconvención.

ADN. Siglas de ácido desoxirribonucleico, grupo protético de las nucleoproteínas, depositario de las características genéticas.

adobar. tr. Aderezar, arreglar./ Guisar./ Poner en adobo la carnes u otros alimentos para sazonarlos o conservarlos Curtir y preparar las pieles.

adobe. m. Ladrillo moldeado en barro y secado al aire Barbarismo por adobo.

adobo. m. Acción de adobar./ Salsa con que se sazona u comida./ Caldo para sazonar carne u otras cosas, compue to por aceite, vinagre, orégano, ajo, sal y pimentón./ Me cla para curtir pieles o dar cuerpo a las telas./ Afeite.

adolecer. i. Padecer alguna enfermedad habitual./ Ref. defectos, pasiones, vicios, etc., tenerlos./ Carecer de go.// prl. Condolerse.

adolescencia. f. Edad de tránsito de la niñez a la adulte abarca desde la pubertad hasta el total desarrollo del cue po.

adonde. adv. A qué parte o a la parte de que./ Donde.

adoptar. tr. Recibir legalmente como hijo a alguien que lo es./ Admitir una opinión o doctrina./ Ref. a resolucion o acuerdos, tomarlos previa deliberación.

adoquín. m. Piedra de forma prismática para empedra fig. y fam. Persona torpe e ignorante.

adoración. f. Acción de adorar./ **-de los Reyes.** La que l Reyes Magos rindieron al Niño Jesús, en Belén./ Epifaní

adorar. tr. Reverenciar con sumo respeto./ Honrar a Dios fig. Amar con extremo.// i. Orar./ Tener puesta la estir en alguien o en algo.

adormecer. tr./ prl. Causar sueño.// prl. fig. Mitigar./ Er pezar a dormirse./ fig. Entumecerse un miembro.

adornar. tr. Engalanar con adornos. Ú.t.c.prl./ fig. Dotar perfecciones o virtudes./ Honrar a uno ciertas prendas circunstancias favorables.

adorno. m. Lo que se pone para hermosear las personas las cosas.

adosar. tr. Arrimar una cosa a otra por su revés.

adquirir. tr. Ganar, conseguir./ Comprar.

adquisición. f. Acción de adquirir./ Cosa adquirida.

adrede. adv. Deliberadamente./ De propósito.

adscribir. tr./ prl. Inscribir, asignar./ Agregar a alguien a servicio.

adsorber. tr. Retener un cuerpo moléculas o iones en su s perficie.

aduana. f. Oficina pública en costas, fronteras y aeropue tos para registrar el tráfico internacional de mercaderí que se exportan e importan.

aducción. f. Movimiento de aproximación al eje de cuerpo o de un miembro.

aducir. tr. Tratándose de pruebas, razones, etc., presenta las, alegar.

aductor. a. y m. Dícese de los músculos que realizan movimiento de aducción.

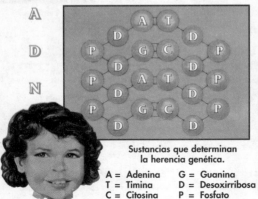

Sustancias que determinan
la herencia genética.

A = Adenina   G = Guanina
T = Timina   D = Desoxirribosa
C = Citosina   P = Fosfato

El ADN
tiene la
forma
de una
escalera
espiral.

dular. tr. Halagar inmoderadamente./ Decir o hacer con intención o exceso lo que ha de agradar a alguien.

dulterar. i. Cometer adulterio.// tr. fig. Falsificar, viciar.

dulterio. m. Mantenimiento de relaciones sexuales extramatrimoniales, siendo casado el hombre, la mujer o ambos./ fig. Falsificación.

dulto, ta. a. Llegado al término de la adolescencia./ Que ha llegado a su máximo desarrollo o perfección.

dusto, ta. a. Cálido, ardiente./ fig. Austero, rígido.

dvenedizo, za. a. Extranjero, forastero./ Que trata de figurar entre gente de más alta condición social./ Intruso,entremetido. Ú.t.c.s.

dventicio, cia. a. Extraño o que sobreviene, distinto de lo natural o propio./ *Biol.* Dícese del órgano animal o vegetal que se desarrolla ocasionalmente.

dventismo. m. Religión de origen norteamericano cuyos adeptos esperan una segunda venida de Cristo.

dventista. a. y s. Partidario del adventismo.

dverbio. m. Parte de la oración que modifica al verbo como circunstancial y a otras clases de palabras (adjetivo, otro adverbio) como atributo.

dversario, ria. a. y s. Enemigo, rival.

dversativo, va. a. Que denota oposición o contrariedad.

dversidad. f. Calidad de adverso./ Suerte adversa./ Infortunio.

dvertencia. f. Acción de advertir./ Escrito breve para indicar algo al lector.

dvertir. tr./i. Observar./ Llamar la atención de uno sobre algo./ Aconsejar, amonestar, prevenir./ Caer en la cuenta.

dviento. m. Tiempo litúrgico que comprende las cuatro semanas que preceden al día de Navidad.

dvocación. f. Título que se da a un templo, altar, etc., por estar dedicado a Cristo, la Virgen o los santos.

dyacente. a. Inmediato, próximo./ *Geom.* pl. Dícese de los ángulos que comparten uno de sus lados.

éreo, a. a. Rel. al aire.

eróbico, ca. a. Aerobio./ Con características de aerobio.

erobio, bia. a. y s. Dícese de los motores que necesitan aire./ a. y m. *Biol.* Organismo que necesita oxígeno molecular libre en el ambiente.

erodinámica. f. Parte de la mecánica que estudia los gases en movimiento.

eródromo. m. Sitio destinado para la salida y llegada de aviones.

erolito. m. Fragmento de un bólido que cae sobre la Tierra.

eromodelismo. m. Técnica de construcción de modelos reducidos de vehículos aéreos, que imitan a los que se emplean en los vuelos tripulados.

eronáutica. f. Ciencia o arte de la navegación aérea.

eronave. f. Vehículo que se emplea para la navegación aérea./ Vehículo dirigible, lleno de gas, que se usa en navegación aérea.

eroplano. m. Avión./ Máquina para la navegación aérea, que consta de una armadura fusiforme para la tripulación, los pasajeros y la carga, alas a manera de superficies rígidas y ruedas que le sirven para iniciar el vuelo o descender.

eropuerto. m. Aeródromo.

erosol. m. Suspensión coloidal de un sólido o un líquido en un gas.

erostático, ca. a. Rel. a la aerostática./ f. Parte de la mecánica que estudia el equilibrio de los gases.

Aeronaves canadienses sobrevolando una zona de meandros.

aeróstato. m. Globo lleno de un gas más ligero que el aire y que puede elevarse.

afable. a. Amable, suave en la conversación y el trato.

afamado, da. a. Famoso, célebre.

afán. m. Trabajo excesivo./ Anhelo vehemente.

afanar. i./ prl. Entregarse al trabajo con ahínco./ tr. Hurtar.

afasia. f. Alteración de la capacidad de expresar simbólicamente el pensamiento, en forma hablada o escrita.

afásico, ca. a. Que padece algún tipo de afasia.

afear. tr./ prl. Poner feo. Ú. t. c. prl./ fig. Vituperar, censurar.

afección. f. Impresión que hace una cosa en otra, causándole alteración./ Afición./ *Med.* Alteración morbosa.

afectar. tr. Hacer impresión una cosa en una persona, causándole alguna sensación./ Fingir./ Anexar. Ú.t.c.prl./ Imponer gravamen./ *Med.* Producir alteración en algún órgano.

afectivo, va. a. Relativo al afecto./ Propenso a la ternura.

afecto, ta. a. Inclinado./ Sujeto a gravamen./ Destinado a un servicio.// m. Cualquiera de las pasiones del ánimo, como ira, odio, etc.

afectuoso, sa. a. Cariñoso, amoroso.

afeitar. tr./ prl. Cortar con navaja o afeitadora la barba o el bigote./ Poner cosméticos, hermosear con afeites.

afeite. m. Cosmético./ Aderezo, compostura.

afelpado, da. a. Con vello o pelusilla como la felpa.

aferrar. tr./ i. Agarrar fuertemente./ Atrapar con un garfio./ prl. Insistir con porfía.

afgano, na. a. De Afganistán.

aflanzar. tr. Otorgar fianza.// tr./ prl. Afirmar o asegurar con puntales, clavos, etc./ Asir, agarrar.

afición. f. Inclinación, afecto permanente por una persona o cosa./ Conjunto de aficionados a un deporte como espectáculo.

aficionar. tr. Hacer que otro guste de alguna cosa.// prl. Prendarse.

afijo, ja. a. y s. Dícese del pronombre personal pospuesto y unido al verbo y también de las partículas que se emplean en la formación de palabras derivadas o compuestas. Se clasifican en prefijos (*vice*gobernador) y sufijos (suave*mente*).

afilar. tr. Sacar filo, hacer más agudo el de las armas o instrumentos./ Aguzar./ Afinar la voz.// prl. Adelgazarse el rostro, nariz o dedos./ *R. de la P.* Enamorar, galantear.

afiliar. tr./ prl. Asociar una persona a otras que forman una agrupación, partido./ Filiar, adoptar por hijo.

afín. a. Próximo, análogo./ Contiguo./ Pariente por afinidad.

Agricultura. Aspecto de la actividad en cultivos de soja.

afinar. tr./prl. Perfeccionar./ Purificar los metales./ Poner en tono los instrumentos musicales./ Hacer fino o cortés./ Entonar bien los sonidos al cantar o tocar.

afinidad. f. Analogía de una cosa con otra./ Parentesco entre cada cónyuge y los deudos consanguíneos del otro./ Fuerza que une los átomos.

afirmar. tr. Poner firme, dar firmeza./ Dar por cierta una cosa.// prl. Asegurarse.

aflicción. f. Efecto de afligir o afligirse.

afligir. tr./ prl. Causar molestia o sufrimiento físico.

aflojar. tr./ prl. Disminuir la presión o tirantez./ fig. Soltar./ Perder fuerza una cosa.

aflorar. i. Asomar a la superficie un filón o capa mineral./ fig. Surgir, aparecer.

afluente. a. Que afluye./ Abundante en palabras o expresiones.// m. Arroyo o río que desemboca en otro principal.

afluir. i. Concurrir en gran número./ Verter un río sus aguas en las de otro o en el mar.

afonía. f. Falta de voz.

aforismo. m. Máxima breve de carácter doctrinal.

afrecho. m. Cáscara de grano molido./ Salvado.

afrenta. f. Vergüenza, deshonra.

afrentar. tr. Causar afrenta./ Avergonzarse, sonrojarse.

africano, na. a. De África.

afrontar. tr./i. Poner enfrente./ Hacer frente al enemigo./ Arrostrar./ Carear.

afuera. adv. Fuera del lugar en que se está./ En la parte exterior./ f. pl. Alrededores./ ¡Afuera! Interjección que indica orden de salir.

agachadiza. f. Ave zancuda.

agachar. tr. Dicho de la cabeza, inclinarla.// prl. Encogerse, doblando mucho el cuerpo./ fig. *Amér.* Someterse, transigir.

agalla. f. Excrecencia que se forma en algunos árboles por las picaduras de ciertos insectos./ Amígdala. Ú.m. en pl./ Órgano de respiración de los peces.// pl. fig. y fam. Valor.

ágape. m. Convite consumido en común por los primeros cristianos./ Banquete.

agarrar. tr. Asir fuertemente./ fam. Contraer una enfermedad.// rec. Reñir o disputar de hecho o de palabra./ i. *Amér.* Tomar una dirección.

agasajar. tr. Favorecer con muestras de afecto o regalos.

ágata. f. Cuarzo lapídeo, duro y traslúcido, con franjas de uno y otro color.

agazapar. tr./ fig. y fam. Coger, prender.// prl. Encoger el cuerpo contra la tierra.

agencia. f. Empleo y oficina del agente./ Empresa destinada a gestionar asuntos ajenos o prestar determinados servicios./ Sucursal./ Diligencia, solicitud.

agenciar. tr./ i. Hacer los trámites necesarios para conseguir alguna cosa./ Obtener con maña.

agenda. f. Libreta en que se anota lo que hay que hacer recordar.

agente. a. Que obra o tiene virtud de obrar.// m. Persona que obra con poder de otro./ *Gram.* Modificador propio de la voz pasiva, encabezado por la preposición por, que señala la persona que ejecuta la acción./ *Arg.* Policía, vigilante.

ágil. a. Ligero, pronto, expedito.

agio. m. Beneficio que se obtiene del cambio de la moneda o de descontar letras, pagarés, etc./ Especulación sobre el alza y la baja de los fondos públicos.

agitar. tr./ prl. Mover algo repetidamente de una parte a otra./ Provocar la inquietud política o social./ fig. Turbar.

aglomerar. tr./ prl. Amontonar, juntar./ Adherir.

aglutinante. a. Que aglutina./ *Ling.* Dícese del tipo de lengua que establece sus relaciones gramaticales mediante afijos que se yuxtaponen a las raíces de las palabras./ Dícese del remedio que se aplica para reunir las partes divididas.

aglutinar. tr./ prl. Unir varias cosas para formar una masa compacta./

agobiar. tr./ prl. Inclinar hacia el suelo./ fig. Humillar./ Rendir./ Causar gran fatiga o molestia.

agonía. f. Angustia y congoja del moribundo./ fig. Aflicción extremada.

agonizar. i. Estar en agonía./ Terminarse una cosa./ fig. Sufrir extremadamente.

agostar. tr. Marchitar o secar las plantas el calor excesivo.

agosto. m. Octavo mes del año, de treinta y un días./ Cosecha.

agotar. tr./ prl. Extraer todo el líquido que hay en un lugar./ fig. Gastar del todo./ Cansar mucho.

agraciar. tr. Aumentar la gracia o el bien parecer./ Conceder una gracia o premio.

agradar. i./ prl. Gustar, complacer.

agradecer. tr. Sentir gratitud, mostrarla.

agrafia. f. Variedad de afasia que consiste en la incapacidad de expresarse por escrito.

agramatical. a. Dícese de las construcciones lingüísticas que no están de acuerdo con las reglas de una lengua determinada.

agramaticalidad. f. Calidad de agramatical.

agrandar. tr./ prl. Hacer más grande.

agrario, ria. a. Rel. al campo./ Que defiende en política los intereses de la agricultura.

agravar. tr. Aumentar el peso de una cosa./ Oprimir.// tr./ prl. Hacer una cosa más grave./ Exagerar maliciosamente.

agraviar. tr. Hacer agravio./ Gravar con tributo.// prl. Resentirse de un agravio.

agravio. m. Ofensa./ Perjuicio./ Humillación.

agredir. tr. Causar agresión./ Acometer para hacer daño.

agregar. tr./ prl. Unir unas personas o cosas a otras./ Decir o escribir algo sobre lo ya dicho o escrito./ Destinar./ Anexar.

agregado, da. m. Conjunto de cosas homogéneas que conforman un cuerpo./ Empleado encargado de un servicio del que no es titular./ Funcionario asignado a una misión diplomática.

agremiar. tr./ prl. Reunir en gremio.

agresión. f. Acto contrario al derecho de otro./ Ataque, daño, especialmente sin causa.

agreste. a. Perteneciente al campo./ Áspero, inculto./ fig. Tosco, rudo.

agriar. tr./ prl. Poner agrio./ fig. Irritar.

agricultor, ra. s. El que cultiva o labra la tierra.

agricultura. f. Labranza o cultivo de la tierra./ Arte de cultivarla.

agrietar. tr./ prl. Producir grietas.

agrimensura. f. Arte de medir tierras.

agrio, gria. a. Ácido. Ú.t.c.s./ fig. Áspero, desabrido./ De mal carácter.// pl. Frutas agrias o agridulces.

agronomía. f. Conjunto de conocimientos aplicables al cultivo de la tierra.

agropecuario, ria. a. Rel. a la agricultura y la ganadería.

agrupación. f. Acción y efecto de agruparse./ Conjunto de personas agrupadas./ *Amér.* Partido político.

agrupar. tr./ prl. Reunir en grupo, apiñar.

agua. f. Líquido inodoro, incoloro e insípido, compuesto por dos volúmenes de hidrógeno y uno de oxígeno. Es verdoso en grandes masas. Refracta la luz. Disuelve muchas sustancias, se solidifica por el frío y forma la lluvia, las fuentes, los mares. Se solidifica a 0°C y hierve a 100°C./ Cualquiera de los licores que se obtienen por infusión, disolución, etc., de flores, frutos y plantas./ *Arg.* Vertiente de un tejado.// pl. Visos o destellos de las piedras preciosas./ **-bendita.** La que bendice el sacerdote./ **-de colonia.** Perfume compuesto de agua, alcohol y sustancias aromáticas./ **-dulce.** Agua potable, de poco o ningún sabor./ **-mineral.** La que contiene algunos minerales en disolución./ **-nieve.** La de lluvia mezclada con nieve./ **-oxigenada.** Peróxido de hidrógeno que desprende oxígeno. Se usa como desinfectante./ **-pesada.** Aquella cuya molécula contiene dos átomos de deuterio./ **-potable.** La que carece de elementos nocivos y es apta para el consumo humano./ **aguas jurisdiccionales.** Las que bañan las costas de un Estado y están dentro de su jurisdicción./ **-mayores.** fam. Excremento humano./ pl. Orina humana./ **-menores.** fam. Orina humana./ **-termales.** Las que tienen una temperatura natural de veinte o más grados y suelen poseer cualidades terapéuticas.

aguacate. m. Árbol lauráceo de flores dioicas y fruto parecido a una pera./ Fruto de este árbol.

aguacero. m. Lluvia repentina, copiosa y de corta duración./ Sucesos o cosas molestas que en gran cantidad caen sobre una persona.

aguachento, ta. a. *Amér.* Aplícase a lo que está muy impregnado o lleno de agua.

aguacil. m. *Arg.* y *Ur.* Libélula, caballito del diablo.

aguada. f. Sitio en que hay agua potable./ Color diluido en agua./ Dibujo o pintura realizado con colores diluidos en agua.

aguafiestas. a. y s. Persona que perturba o interrumpe alguna diversión.

aguafuerte. m. Grabado hecho con ácido nítrico diluido./ Lámina que se obtiene con él.

aguantar. tr. Sufrir, soportar./ Resistir peso, trabajos./ prl. Callar, reprimirse.

aguar. tr./ prl. Agregar agua al vino u otro licor./ fig. Frustrar cosas alegres./ Llenarse de agua un lugar.

aguardar. tr./ prl. Esperar./ Creer que ocurrirá algo./ Dar tiempo./ Detenerse, retardarse.

aguardiente. m. Bebida alcohólica obtenida de líquidos fermentados procedentes de vino, centeno, manzana, etc./ **-de caña.** El que se saca de la melaza.

aguaturma. f. Planta compuesta, herbácea, de flores amarillas y raíz comestible.

El *ciclo del agua* es el proceso por el cual el agua pasa de los océanos a tierra firme y regresa.

El frío condensa el agua de las nubes y provoca la lluvia.

El calor funde los hielos y se forman los ríos.

Las plantas transpiran y absorben el agua.

El calor evapora las aguas y forma las nubes.

Por efectos de la temperatura, el agua cambia constantemente su estado en la naturaleza.

agudeza. f. Finura en los filos o puntas de armas, instrumentos, etc./ Intensidad del dolor./ fig. Perspicacia de los sentidos./ Sagacidad, ingenio./ Dicho agudo.

agudizar. tr. Hacer aguda una cosa.// prl. Agravarse una dolencia.

agudo, da. a. Delgado, sutil./ fig. Sutil, perspicaz./ fig. Vivo, gracioso y oportuno./ fig. Apl. al dolor vivo y muy penetrante.

agüero. m. Presagio, supuesta adivinación, vaticinio.

aguijón. m. Punta del palo con que se aguija./ Púa que tienen en el abdomen algunos insectos y con la cual pican./ Púa que nace del tejido superficial celular de algunas plantas./ Espuela./ fig. Estímulo, acicate.

águila. f. Ave rapaz diurna, de vista aguda, fuerte musculatura y vuelo rapidísimo. Emite un sonido llamado trompeteo./ **-real.** La que tiene cola redondeada, es de color leonado y más grande que el águila común.

Águila.
Una de las aves más poderosas, se incluye como símbolo en escudos y banderas de distintos países.

agulleño, ña. a. Dícese del rostro delgado y largo y de la nariz fina y corva.

aguinaldo. m. Regalo que se da en Navidad./ Regalo que se hace en alguna otra fiesta u ocasión./ *Amér.* Mes de sueldo que se abona todos los años.

aguja. f. Barrita puntiaguda de metal, hueso o madera, con un ojo por donde se pasa el hilo, para coser./ Púa acerada que se emplea para producir los sonidos inscriptos en el disco./ Cada uno de los rieles movibles para que los trenes cambien de vía./ Capitel elevado y agudo de una torre o del techo de una iglesia./ Tubito metálico que se enchufa en la jeringa para inyectar sustancias./ Manecilla del reloj.// pl. Costillas del cuarto delantero del animal.

agujerear. tr. Hacer agujeros.

agujero. m. Abertura más o menos redonda./ fig. Madriguera./ **-de ozono.** Dícese del adelgazamiento de la capa de ozono atmosférico (que protege de los rayos ultravioletas del sol) por efecto de diversas contaminaciones, especialmente la provocada por los gases clorofluorocarbonados./ **-negro.** Singularidad del espacio-tiempo producida por el colpaso del núcleo de una antigua estrella.

aguzar. tr. Hacer o sacar punta a un arma, etc./ Afilar./ Despabilar el entendimiento./ Avivar algún sentido.

ahí. adv. En o a ese lugar./ En esto o en eso.

ahijado, da. a. Persona respecto de su padrino o madrina.

ahínco. m. Empeño grande con que se hace alguna cosa.

ahíto, ta. a. Harto, saciado./ fig. Hastiado.// m. Saciedad, indigestión.

ahogar. tr./ prl. Matar a alguien privándolo de la respiración./ Extinguir, apagar./ Oprimir./ Sufrir sofocación o ahogo.

ahondar. tr. Hacer más hondo./ Introducir una cosa muy dentro de otra. Ú.t.c.i. y prl./ fig. Investigar, profundizar una investigación.

ahora. adv. En este momento./ fig. Poco tiempo ha./ Dentro de poco tiempo.// conj. dist. Ya bien.

ahorcar. tr. Matar colgando del cuello en la horca u otra parte./ fig. Colgar, dejar los hábitos, los estudios, etc./ fig. *Amér.* Apurar un acreedor a su deudor hasta el límite./ prl. fig. Hallarse en grave apuro, meterse en un asunto que no tiene solución favorable.

ahorrar. tr. Reservar una parte del gasto ordinario./ prl, Evitar algún trabajo o dificultad.

ahorro. m. Lo que se ahorra./ *Econ.* Parte de la renta que no se dedica al consumo corriente ni a la inversión.

ahuecar. tr. Poner hueca alguna cosa./ Mullir, esponjar./ Refiriéndose a la voz, darle tono más grave que el natural.// i. fam. Irse.// prl. fig. y fam. Engreírse.

ahumar. tr. Poner al humo alguna cosa.// prl. Tomar los guisos olor a humo.

ahuyentar. tr. Hacer huir./ prnl. Alejarse huyendo.

aimara. a. y s. Aborigen de la zona del lago Titicaca. Luchó aguerridamente contra los españoles.// m. Idioma aimara.

airar. tr./ prl. Irritar, mover a ira./ Alterar violentamente.

aire. m. Mezcla de gases que constituyen la atmósfera, compuesta de 21 partes de oxígeno, 78 de nitrógeno y una de argón y otros gases, más vapor de agua, en cantidad variable, algunas centésimas de ácido carbónico y corpúsculos orgánicos./ Atmósfera. Ú.t. en pl./ Viento./ fam. Ataque de parálisis./ fig. Apariencia, porte./ Vanidad./ Donaire./ *Mús.* Grado de rapidez o lentitud con que se ejecuta algo./ Canción.

airear. tr. Exponer al aire, ventilar.

aislar. tr./ prl. Dejar una cosa sola y separada de otras./ fig. Alejar a uno del trato social./ *Fís.* Impedir que un cuerpo pierda su electricidad o calor recubriéndolo con sustancias mal conductoras.

ajedrez. m. Juego entre dos personas, de 32 piezas, que se juega sobre un tablero de 64 escaques.

ajenjo. m. Planta aromática muy amarga y medicinal./ Bebida alcohólica hecha con esencia de esta planta y otras hierbas.

ajeno, na. a. Perteneciente a otro./ Extraño, impropio.

ajetrear. tr./ prl. Molestar, cansar con órdenes imponiendo trabajo excesivo.// prl. Trabajar mucho.// Ir y venir sin cesar.

Aimará.

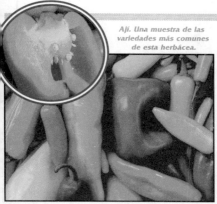

Ají. Una muestra de las variedades más comunes de esta herbácea.

ajetreo. m. Acción de ajetrearse./ Tarea./ Despliegue de actividad.

ají. m. Planta herbácea, de distintas formas y colores. Es empleada para condimentar y, según sus variedades, puede ser dulce o picante.

ajo. m. Planta cuyo bulbo, blanco y de olor fuerte, se usa como condimento./ fig. fam. Asunto, negocio./ Palabrota.

ajuar. m. Muebles, ropas y enseres de una casa./ Conjunto de prendas que se prepara para el casamiento de una novia o el nacimiento de un niño.

ajustar. tr./ prl. Poner una cosa de modo que venga justo con otra. Ú.t.c.prl./ Adaptar, amoldar./ Moderar, arreglar./ Pactar, convenir.// i. Venir justo. Adaptarse.// rec. Ponerse de acuerdo en un convenio.

ajusticiar. tr. Castigar con la pena de muerte./ Ejecutar al reo.

ala. f. Parte del cuerpo de algunos animales de que se sirven para volar./ Parte inferior del sombrero, que sobresale de la copa./ Alero de tejado./ Cada una de las partes laterales que forman un edificio./ Cada uno de los planos rígidos que sustentan un aeroplano./ Tropa desplegada en los extremos de un campo de batalla./ fig. fig. Osadía o engreimiento con que una persona hace su gusto.

alabar. tr. Elogiar.// prl. Jactarse, vanagloriarse.

alabastro. m. Variedad de piedra blanca, no muy dura, a veces translúcida, de apariencia marmórea. Es utilizada para esculturas o elementos de decoración arquitectónica.

alacalufe. a. y s. Pueblo amerindio que habitó el sudoeste de América del Sur y Tierra del Fuego, de organización tribal, vivía de la pesca y la caza de animales marinos.

alacrán. m. Arácnido de abdomen con cola terminada por un gancho con el cual produce la picadura ponzoñosa./ Anilla con que se traban los botones de metal y otras cosas./ Pieza del freno de los caballos.// a. fig. *Arg.* Persona que habla mal de los demás.

alambique. m. Aparato para destilar un líquido.

alambrar. tr. Cercar un sitio con alambre.

alambre. m. Hilo metálico.

álamo. m. Árbol originario de España cuya madera, blanca y ligera, resiste al agua. Especies: **-blanco.** De hojas verdes por un lado y blancuzcas por otro./ **-negro.** De corteza oscura y hojas totalmente verdes.

alarde. m. Ostentación, jactancia.

alargar. tr./ prl. Dar más longitud a una cosa./ Estirar./ Aplicar con atención la vista o el oído./ Hacer que una cosa dure más tiempo./ Dilatar, retardar./ Tomar y entregar algo./ fig. Aumentar.// prl. Excederse.

alarido. m. Grito de dolor lastimero y agudo.

alarma. f. Aviso que se da a la tropa para atacar o defender./ Grito, señal de peligro./ Rebato./ fig. Temor, sobresalto.

alarmar. tr. Dar alarma./ fig. Sobresaltar, asaltar. Ú.t.c.prl.

alazán, na. a. y s. De color parecido al de la canela./ Aplícase al caballo de pelo alazán.

alba. f. Amanecer./ Túnica blanca que usa el sacerdote para celebrar.

albacea. m. Ejecutor testamentario que cumple la última voluntad del difunto.

albahaca. f. Planta de fuerte olor aromático, labiada y de flores purpúreas.

albanés, sa. a. de Albania. Ú.t.c.s.

albañal. Conducto que da salida a las aguas residuales.

albañil. m. Maestro u oficial de albañilería.

albañilería. f. Arte de construir en el que se emplean piedras, ladrillos, argamasa, etc./ Obra de albañilería.

albaricoque. m. Fruto del albaricoquero.

albaricoquero. m. Árbol rosáceo, originario de Armenia, de flores blancas y fruto de color amarillo anaranjado.

albatros. m. Ave marina de gran tamaño.

albedrío. m. Potestad de obrar por elección y reflexión. Dícese comúnmente *libre albedrío*./ Apetito, antojo, capricho.

albergar. tr. Dar hospedaje.// i./ prl. Tomarlo.

albo, ba. a. poét. Blanco.

alborada. f. Amanecer./ Composición poética o musical que se canta a la mañana.

alborotar. tr. Inquietar, alterar, perturbar.// prl. Rebelar, amotinar./ Causar alboroto./ Encresparse.

alboroto. m. Vocerío./ Tumulto, desorden./ Revuelta, asonada./ Zozobra.

alborozo. m. Alegría, placer, regocijo grande.

albricias. f. pl. Regalo que se da a quien trae una buena noticia./ Felicitación, enhorabuena.// **¡Albricias!** Expresión de júbilo.

albúfera. f. Laguna de agua salada, separada del mar por un cordón de tierra litoral.

álbum. m. Cuaderno o libro en que se coleccionan fotografías, escritos, etc.

Alborada.

albumen. m. Sustancias de reserva contenidas en la semilla que hacen posible la germinación.

albúmina. f. Sustancia incolora, compuesta de carbono, hidrógeno, nitrógeno, oxígeno y azufre que forma la clara del huevo y se halla en los líquidos de animales y vegetales. Se emplea en medicina, tintorería y diversas industrias.

albur. m. En el juego del monte, los dos primeros naipes que saca el banquero./ fig. Riesgo que se afronta fiando a la suerte.

alca. f. Ave marina semejante al pingüino. Vive en bandadas en las regiones frías y se alimenta de peces y crustáceos.

alcachofa. f. Alcaucil.

alcaide. m. Funcionario importante en una cárcel o fortaleza.

alcalde. m. Principal funcionario de un ayuntamiento o municipalidad.

álcali. m. *Quím.* Nombre que se daba a los hidróxidos solubles en agua.

alcalino, na. a. De álcali, o que contiene álcali.

alcaloide. m. Sustancia natural que se caracteriza por la presencia de uno o más átomos salificables de nitrógeno. Ciertas plantas la contienen y por su causa son capaces de actuar sobre el sistema nervioso.

alcance. m. Persecución, seguimiento./ Distancia a que llega el brazo de una persona./ Distancia a la que llega el tiro de las armas./ Correo extraordinario, que se lanza para alcanzar al ordinario./ fig. Saldo que se adeuda./ Noticia de última hora./ Inteligencia. Ú.t. en pl./ Trascendencia.

alcanfor. m. Sustancia blanca sólida, cristalina, volátil y de olor penetrante, que se encuentra en diversas plantas.

alcantarilla. f. Conducto que se deja bajo una calle para que circule el agua.

alcanzar. tr. Llegar a juntarse con una persona o cosa que va adelante./ Tocar algo extendiendo la mano./ Conseguir, lograr.

alcaparra. f. Planta que se usa como condimento y entremés.

alcaucil. m. Planta de tallo estriado y cabeza comestible.

alcázar. m. Fortaleza./ Residencia real.

alce. m. Mamífero de la familia de los cérvidos.

alcoba. f. Dormitorio./ Conjunto de los muebles de una alcoba.

alcohol. m. Compuestos derivados de hidrocarburos en los que ciertos átomos de hidrógeno son sustituidos por radicales oxidrilos. Se obtiene con la destilación./ **-etílico.** Etanol ordinario. Líquido incoloro, de olor fuerte, agradable, inflamable y muy soluble en agua./ **-metílico.** Metanol obtenido de la destilación de la madera.

alcoholemia. f. Presencia de alcohol en la sangre.

alcohólico, ca. a. y s. Rel. al alcohol./ Que lo contiene./ Adicto al alcohol.

alcornoque. m. Árbol de madera muy dura, cuya corteza es el corcho.// fig. Persona bruta e ignorante. Ú.t.c.a.

alcurnia. f. Linaje, estirpe.

aldaba. f. Pieza metálica que se pone en una puerta para llamar./ Travesaño para asegurar las puertas o postigos cerrados./ Pieza fija en la pared para atar caballerías.

aldea. f. Pequeño pueblo.

aldehído. m. *Quím.* Cada uno de los compuestos obtenidos de la oxidación de ciertos alcoholes.

aleación. f. Mezcla de un metal con otro.

aleccionar. tr. y prl. Enseñar, instruir.

aledaño, ña. a. Contiguo./ Limítrofe, colindante./ m. Confín, término. Ú.m. en pl.

alegar. tr. Citar algo a favor de uno./ *Amér.* Disputar.

alegato. m. Escrito en que el abogado expone sus argumentos e impugna los del adversario./ Por ext., razonamiento, exposición.

alegoría. f. Figura retórica que consiste en sustituir varias ideas por medio de figuras, atributos, etc./ Obra literaria o artística, de sentido alegórico./ Pintura o escultura que representa una idea abstracta./ Figura metafórica para dar a entender una cosa expresando otra diferente.

Algodón. Su cultivo está extendido en numerosos países de todo el planeta.

Aletas.
Diferentes clases de aletas de peces teleósteos.
1. - Gobio (10 cm).
2. - Escoperna ártica (60 cm).
3. - Corégono (50 cm).
4. - Llampuga (160 cm).
5. - Marlín (500 cm).
Cuando más rápido y activo es el pez,
mayor es la envergadura de la aleta caudal.

alegrar. tr./ prl. Causar o sentir alegría./ fig. Hermosear, embellecer./ Avivar la luz o el fuego.// prl. Sentir alegría./ fig. y fam. Ponerse alegre por haber bebido en demasía.

alegre. a. Lleno de alegría./ Que manifiesta alegría./ Que causa alegría./ Dicho de los colores, vivo, chillón./ fig. y fam. Algo deshonesto./ Excitado por haber bebido con algún exceso.

alegría. f. Reacción emocional de tono agradable.// pl. Fiestas públicas.

alejar. tr./ prl. Poner lejos.

alelar. tr. Poner lelo a alguno.

alemán, na. a. y s. De Alemania./ Lengua hablada por los alemanes.

alentar. i. Respirar./ tr./ prl. Animar.

alerce. m. Árbol muy alto y de tronco recto y delgado.

alergia. f. *Pat.* Conjunto de fenómenos nerviosos, respiratorios o eruptivos provocados en el organismo por la absorción o ingestión de diversas sustancias que determinan una sensibilidad especial.

alero. m. Parte inferior del tejado, que sobresale de la pared./ Guardabarro.

alerta. m. Alarma, aviso.// adv. Con vigilancia y atención./ int. para excitar o vigilar.

alertar. tr. Poner alerta.

aleta. f. Apéndice natatorio de ciertos animales, esp. peces y mamíferos acuáticos./ Guardabarros que en algunos automóviles sobresale a ambos lados de la caja.

alexia. f. Variedad de afasia que consiste en una pérdida patológica de la capacidad de leer.

alfabetizar. tr. Ordenar alfabéticamente./ Enseñar a leer y escribir.

alfabeto. m. Serie ordenada de letras de un idioma./ Abecedario.

alfajor. m. *Amér.* Dulce compuesto de dos piezas de masa adherida.

alfalfa. f. Planta forrajera.

alfanje. m. Sable curvo, con filo de un solo lado y hoja ancha y corta. Es arma morisca.

lfarería. f. Arte de fabricar vasijas de barro./ Obrador donde se hacen./ Tienda en que se venden.

lfélzar. m. Vuelta de pared en el corte de una puerta o ventana.

lfeñique. m. Pasta de azúcar en barritas retorcidas./ fig. y fam. Persona débil.

lférez. m. Oficial inferior en el ejército o la armada de un país./ *Bol.* y *Col.* Persona elegida para pagar los gastos de una fiesta.

lfil. m. Pieza del juego de ajedrez.

lfiler. m. Clavillo de metal que sirve para sujetar telas./ Joya a modo de alfiler o broche.

lfombra. f. Tejido de lana u otra materia para cubrir el suelo, como adorno o abrigo./ fig. Conjunto de cosas que cubren el suelo. *Alfombra de flores, de césped.*

lfóncigo. m. Árbol anacardiáceo cuyo fruto es el pistacho.

lforja. f. Bolsa abierta por el centro y que forma, a su vez, dos bolsillos. Ú.m. en pl.

lga. f. Planta talófita, generalmente acuática que se usa para abono. Algunas algas son comestibles.

lgarabía. f. Idioma árabe./ fig. y fam. Escritura o lenguaje incomprensible./ Griterío confuso de varias personas que hablan a la vez.

lgarrobo. m. Árbol mediterráneo de madera resistente. Su fruto es la algarroba.

lligátor. m. Nombre común de dos especies de reptiles muy similares al caimán.

lgebra. f. Generalización de la aritmética que se sirve de letras y trata la cantidad considerada en abstracto.

lgido, da. a. Muy frío./ fig. Grave, culminante, crítico./ *Barb.* por ardiente o acalorado en frs. como *la discusión ha llegado a su punto álgido.*

lgo. pron. indef. con que se designa una cosa que no se quiere o puede nombrar.

lgodón. s. Planta malvácea, cuyo fruto contiene semillas envueltas en una borra blanca y muy larga que constituye la principal materia prima de la industria textil.

lgoritmia. f. Ciencia del cálculo aritmético y algebraico.

lgoritmo. m. Procedimiento de cálculo que consta de símbolos, reglas determinadas y una serie de pasos./ Algoritmia.

lguacil. m. Oficial inferior de justicia./ *Amér.* Libélula./ *R. de la P.* Caballito del diablo.

lguien. pron. indef. con que se significa vagamente una persona cualquiera.

lgún. a. Apócope de alguno, antepuesto a sustantivos masculinos.

alguno, na. pron. que se aplica indefinidamente a una persona o cosa con respecto a otras. Ú.t.c.s.

alhaja. f. Joya./ fig. Cosa valiosa.

alhelí. m. Planta con flores de diversos colores y muy perfumada.

aliado, da. a. y s. Dícese de las personas o estados que se unen o ligan. Ú.t.c.s.

alianza. f. Acción de aliarse./ Pacto, convención./ Liga, coalición./ Vínculo contraído por matrimonio./ fig. Unión de cosas que concurren a un mismo fin./ Anillo nupcial.

aliar. tr. p. us. Poner de acuerdo para un fin común.// rec. Coligarse los estados o las personas. Ú.t.c.prl.

alias. adv. Por otro nombre.// m. Apodo, sobrenombre.

alicate. m. Tenacilla de acero que se emplea para tomar, retorcer, etc., pequeños objetos y en otros usos.

aliciente. m. Incentivo, atractivo.

alienar. tr./ prl. Enajenar.

aliento. m. Acción de alentar./ Respiración./ poét. Voz./ fig. Brío, valor. Ú. m. en pl.

aligerar. tr./ prl. Alivianar, hacer menos pesado./ Apresurar./ fig. Aliviar, moderar.

alimaña. f. Animal perjudicial a la caza menor, como la zorra, el milano, etc.

alimentación. f. Asimilación, por parte de un organismo vivo, de las sustancias necesarias para desarrollarse.

alimentar. tr. Dar alimento. Ú.t.c.prl./ Proveer a un vegetal o a una máquina de lo que necesitan para vivir o funcionar./ fig. Fomentar afectos, pasiones, vicios.

alimento. m. Bebida y comida que se ingiere para subsistir.

alinear. tr./ prl. Poner en línea recta./ Refiriéndose a personas, vincular o vincularse a una tendencia ideológica, política, etcétera.

aliñar. tr. Adornar, componer. Ú.t.c.prl./ Sazonar, condimentar.

alisar. tr. Poner lisa alguna cosa./ Arreglar superficialmente el cabello.

alistar. tr./ prl. Inscribir en una lista./ Aprestar, preparar.// prl. Sentar plaza en la milicia.

aliteración. f. Figura retórica y procedimiento poético que consiste en repetir letras o sílabas en una frase o verso, buscando determinados efectos.

alivianar o **aliviar.** tr. Hacer menos pesado./ Librar de una carga. Ú.t.c.prl./ Mitigar la enfermedad. Ú.t.c.prl./ Atenuar la fatiga o aflicción. Ú.t.c.prl./ Acelerar el paso.

aljaba. f. Caja de flechas portátil.

Alfarería. Arte legendario que perdura a través del tiempo.

*Aljibe,
en el patio
de una
casa
colonial de
América
latina.*

aljibe. m. Cisterna./ *Amér.* Pozo de agua, generalmente con brocal y una armazón para bajar y subir el balde de agua.

allá. adv. l. Allí.// adv. t. que denota época remota./ En el otro mundo.

allanar. tr. Poner llano. Ú.t.c.i. y prl./ fig. Vencer una dificultad./ Facilitar, permitir./ Entrar por la fuerza en una casa y registrarla sin consentimiento del dueño.// prl. Avenirse, resignarse.

allegar. tr. Juntar, reunir./ Agregar.// i. Llegar.

alma. f. Principio espiritual que constituye con el cuerpo humano la esencia del hombre./ fig. Persona. *No se veía un alma./* Lo que anima, alienta o inspira./ Hueco del cañón en las armas de fuego.

almacén. m. Lugar donde se guardan mercaderías./ *Amér.* Casa donde se venden comestibles y bebidas./ Conjunto de municiones y pertrechos de guerra.

almacenar. tr. Poner o guardar en almacén./ Reunir o guardar muchas cosas.

almacenero, ra. s. Dueño de un almacén.

almácigo. m. Semillero de plantas.

almanaque. m. Catálogo de todos los días del año, con datos astronómicos, religiosos, etc.

almeja. f. Molusco bivalvo de carne comestible.

almena. f. Construcción prismática que corona los muros de las antiguas fortalezas.

almendra. f. Fruto del almendro./ Semilla carnosa de cualquier drupáceo.

almendrado, da. a. De forma de almendra./ m. Pasta hecha con almendras, harina, miel o azúcar./ Helado con almendras.

almendro. m. Árbol de flores blancas cuyo fruto es la almendra.

almíbar. m. Azúcar disuelto en agua y cocido al fuego hasta hacerse jarabe./ Zumo dulce de algunos frutos.

almidón. m. Sustancia que se almacena en los tubérculos, raíces o semillas de las plantas como material de reserva y se usa en diversas industrias y en la alimentación.

almirante. m. El que manda la armada después del capitán general.

almizcle. m. Sustancia aromática que se obtiene del almizclero y se usa en medicina y perfumería./ *Amér.* Sustancia fétida, grasa, que segregan algunos animales.

almohada. f. Pequeño colchón para reclinar la cabeza./ Su funda.

almorrana. f. Tumor sanguíneo de tipo varicoso, que se forma en el ano o en el intestino recto.

almorzar. i. Tomar el almuerzo.

almuerzo. m. Comida que se toma al mediodía.

alocución. f. Discurso breve, por lo general dirigido por un superior a sus subordinados.

alocutario. m. Aquel a quien se dirige el discurso.

alófono. m. Cada una de las variantes de pronunciación de un fonema.

alojar. tr./ i. Hospedar. Ú.t.c. prl.// tr./ prl. Poner una cosa dentro de otra.

alondra. f. Ave de color pardo y cola ahorquillada, de canto agradable que vive en los sembrados.

alpaca. f. Mamífero camélido de América del Sur, variedad doméstica de la vicuña; se emplea y aprovecha como la llama./ Paño hecho con el pelo de este animal./ Tejido de algodón abrillantado./ Metal blanco.

alpargata. f. Calzado con la parte inferior de cáñamo y el resto de tela fuerte.

alpiste. m. Planta graminea que se usa como forraje y cuyas semillas sirven para alimento de los pájaros./ Semilla de esta planta./ fig. Cualquier bebida alcohólica.

alquilar. tr. Dar a otro alguna cosa para que use de ella por un tiempo determinado mediante un pago.

alquiler. m. Acción de alquilar./ Precio que se paga por la utilización de una cosa.

alquimia. f. Química primitiva, cultivada esp. en la Edad Media, con la que se pretendía hallar la piedra filosofal y la panacea universal.

alquitrán. m. Sustancia untuosa y oscura que se obtiene por destilación de la hulla, petróleo, etc. Se usa para calafatear embarcaciones y como medicamento./ Composición de pez, sebo, grasa, resina y aceite.

alrededor. adv. con que se denota la situación de personas o cosas que circundan a otras.// adv. c. fam. Cerca de, poco o más o menos.// m. Contorno. Ú.m. en pl.

alta. f. Declaración del médico de que un enfermo está curado./ Incorporación al servicio de un militar o entrada en un cargo de un civil./ Reanudación de una actividad.

altanero, ra. a. Altivo.

altar. m. Monumento dispuesto para inmolar la víctima y ofrecer el sacrificio./ En el culto católico, ara o piedra consagrada para celebrar el santo sacrificio de la misa./ Piedra que separa la plaza del hogar en los hornos de reverbero./ **-mayor.** El principal, donde suele colocarse la imagen del santo titular.

alterar. tr./ prl. Cambiar la esencia o forma de algo./ Perturbar, trastornar./ Estropear, descomponer.

altercado. m. Acción de altercar./ Disputa, contienda.

altercar. i. Disputar con calor.

Almacenamiento de mercancías en contenedores del puerto de Bremerhaven (Alemania).

Altiplanicie. Paisaje agreste, característico de la meseta sudamericana.

lternancia. f. Realización alternativa de una sucesión de fenómenos que se desarrollan con cierta regularidad./ Correspondencia entre dos fonemas que se permutan entre dos series.

lternar. tr. Variar las acciones diciendo o haciendo ya unas cosas, ya otras, y repitiéndolas sucesivamente.// i. Desempeñar un cargo varias personas por turno./ Sucederse repetidamente unas cosas a otras./ Tener trato social.

lternativa. f. Derecho de cada persona de ejecutar alguna cosa o gozarla alternando con otra./ Opción entre dos cosas.

lteza. f. Altura./ Tratamiento que se da a los hijos de reyes y algunas otras personas./ fig. Excelencia, sublimidad.

ltiplanicie. f. Meseta de gran extensión y altitud.

ltiplano. m. Geog. Por antonomasia, la meseta andina.

ltitud. f. Altura./ Altura de un punto sobre el nivel del mar.

ltivo, va. a. Orgulloso, soberbio./ Elevado, erguido.

lto, ta. a. Levantado, elevado sobre la tierra./ De gran estatura./ De gran dignidad, categoría y condición./ Dícese de cuanto está más elevado en comparación con algo inferior./ Aplícase al río o arroyo muy crecido así como al mar encrespado y al delito u ofensa muy graves./ Arduo, difícil de realizar./ fig. Superior, excelente./ Refiriéndose a un precio, caro, subido./ Avanzado, refiriéndose a horario: *altas horas de la noche.*// m. Altura./ Lugar elevado del campo, cerro, collado./ Montón de cosas apiladas.// pl. Amér. El piso o los pisos que se hallan sobre la planta baja.// adv. l. En lugar elevado.// adv. m. En voz fuerte o que suena bastante.

ltovoltaico, ca. a. y s. De Alto Volta.

ltozano. m. Monte de poca altura./ Sitio más alto de una población.

ltruismo. m. Generoso afán por el bien de los demás, abnegación.

ltura. f. Elevación de un cuerpo sobre la superficie de la Tierra./ Altitud./ Cumbre.// pl. Cielo.

LU. Comp. Sigla de Arithmethic and Logic Unit. Parte de la Unidad Central de Procesamiento de datos.

lubia. f. Judía, legumbre.

lucinación. f. Acción de alucinar./ Sensación subjetiva que no resulta de una impresión de los sentidos.

lucinar. tr. Ofuscar haciendo que una cosa se tome por otra. Ú.t.c.prl./ Desvariar.

lucinógeno. m. Sustancia capaz de producir alucinaciones, especialmente algunas drogas.

lud. m. Gran masa de nieve y hielo que se desprende de las montañas./ fig. Lo que se desborda con ímpetu.

ludir. i. Referirse a una persona o cosa sin nombrarla.

lumbramiento. m. Parto.

lumbrar. tr. Llenar de luz./ Poner luces en algún lugar.// i. Disipar la oscuridad y el error./ Descubrir o extraer aguas subterráneas./ fig. Ilustrar.// i. Parir la mujer./ prl. fam. Embriagarse.

alumbre. m. Sal blanca y astringente que se extrae de ciertas rocas y tierras y se emplea en Medicina como cáustico y en tintorería como mordiente.

alúmina. f. Quím. Óxido de aluminio que unido a otros cuerpos forma los feldespatos y las arcillas.

aluminio. m. Metal blanquecino, parecido a la plata y tenaz como el hierro. Símb. Al, n. at., 13, p. at., 26, 97.

alumnado. m. Conjunto de alumnos de una institución o sistema educativo.

alumno, na. s. Persona que aprende de un maestro, en un establecimiento o no.

alunizar. i. Posarse en la superficie de la Luna un aparato astronáutico.

alusión. f. Acción de aludir.

aluvión. m. Crecida fuerte./ fig. Llegada de muchas personas.

aluvional. a. Geol. Dícese de los suelos que se forman por depósitos de arcilla o arena.

alveolo o **alvéolo.** m. Celdilla./ Biol. Depresión pequeña en alguna oquedad de un órgano./ Zool. Cavidad en que están engastados los dientes./ Unidad elemental del tejido pulmonar.

alza. f. Acción de alzar./ Econ. Suba del precio de las mercaderías o de la cotización de títulos públicos y acciones.

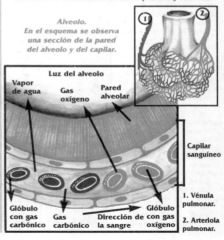

Alveolo.
En el esquema se observa
una sección de la pared
del alveolo y del capilar.

Luz del alveolo

Vapor de agua

Gas oxígeno

Pared alveolar

Capilar sanguíneo

Glóbulo con gas carbónico

Gas carbónico

Dirección de la sangre

Glóbulo con gas oxígeno

1. Vénula pulmonar.

2. Arteriola pulmonar.

alzada. f. Altura de las caballerías./ Recurso de apelación gubernativa.

alzar. tr./ prl. Levantar./ Elevar el sacerdote la hostia y el cáliz en la misa. Ú.t.c.i./ Quitar o llenarse alguna cosa./ Ordenar los pliegos impresos.// prl. Levantarse, sobresalir./ Quebrar maliciosamente, ocultando o vendiendo sus bienes./ Amér. Irse al campo el animal doméstico y hacerse montaraz./ Apelar.

ama. f. Señora de la casa./ Dueña, propietaria./ Criada de un clérigo./ Criada principal./ Mujer que cría un hijo ajeno.

amable. Digno de ser amado./ Afectuoso, complaciente.

amaestrar. tr. Adiestrar, enseñar.

amagar. tr./ i. Dejar ver la intención de ejecutar algo./ i. Estar una cosa a punto de sobrevenir./ Hacer ademán de favorecer o dañar.// prl. fam. Esconderse.

amainar. tr. Mar. Recoger las velas de una embarcación.// i. Perder su fuerza el viento./ fig. Aflojar un deseo o empeño.

amalgama. f. Metal. Aleación del mercurio con otros metales./ fig. Unión de cosas de distinta naturaleza.

amalgamar. tr./ prl. Hacer amalgama./ Quím. Combinar el mercurio con otro u otros metales./ fig. Unir o mezclar cosas de naturaleza distinta.

amamantar. tr. Dar de mamar.

amanecer. i. Comenzar a aparecer la luz del día./ Estar en un lugar, situación o condición al empezar la luz del día./ fig. Empezar a manifestarse una cosa.

amansar. tr./ prl. Hacer manso./ fig. Sosegar, apaciguar./ Domar el carácter violento.

amanuense. s. Persona que escribe al dictado./ Escribiente.

amapola. f. Planta de flores rojas y semilla negruzca.

amar. tr. Tener amor a personas o cosas./ Desear.

amargar. i./ prl. Tener alguna cosa gusto parecido al de la hiel, etc.// tr./ prl. Comunicar sabor desagradable a una cosa, en sentido propio o figurado./ fig. Causar aflicción o disgusto.

amargo, ga. a. Que amarga./ De gusto parecido al de la hiel./ fig. Que causa aflicción o fastidio./ Áspero, de genio desabrido./ Arg. Indeciso, flojo.// m. Amargor./ Licor o dulce confeccionado con almendras amargas./ R. de la P. Mate sin azúcar.

amargor. m. Sabor amargo.

amargura. f. Amargor/ Tristeza.

amarillo, lla. a. De color semejante al del limón. Ú.t.c.s.m.// m. Tercer color del espectro solar.

amarra. f. Todo lo que sirve para atar./ Cable para asegurar una embarcación.

amarrar. tr. Atar y asegurar por medio de cuerdas.

amasar. tr. Formar una masa./ fig. Amalgamar, unir./ Atesorar bienes o dinero./ fig. y fam. Disponer bien las cosas para lograr lo que se intenta.

amasijo. m. Acción de amasar./ Porción de masa.

amatista. f. Cuarzo de color violeta, usado en joyería.

amazona. f. fig. Mujer guerrera en cuya existencia creyeron los antiguos./ fig. Mujer de ánimo varonil./ Mujer que monta a caballo./ Vestido de mujer para equitación.

amazonense. a. y s. De Amazonas.

amazónico, ca. a. Relativo a las amazonas./ Relativo al r[...] Amazonas y su región.

amazoniés, sa. a. y s. De Amazonas.

amazonio, nia. a. Amazónico.

ambages. m. pl. fig. Rodeos de palabras por afectación porque no se quiere decir claramente algo.

ámbar. m. Resina fósil de color amarillo y electrizable p[...] frotación.

ambicionar. tr. Desear ardientemente algo.

ambiente. m. Cualquier fluido que rodea un cuerpo./ Ci[...] cunstancia que rodea a una persona o cosa./ Arg. Cuarto pieza de una casa.// **-medio ambiente.** Conjunto de fa[...] tores externos que influyen en la vida de un individuo [...] organismo.

ambigüedad. f. Calidad de ambiguo.

ambiguo, gua. a. Que puede entenderse de varios mod[...] o admitir distintas interpretaciones./ Dudoso, incierto.

ámbito. m. Contorno de un espacio o lugar.

ambivalencia. f. Estado de poseer dos tendencias opuesta[...]

ambos, bas. a. pl. El uno y el otro; los dos./ **-ambos** ambas, a dos. Ambos.

ambrosía. f. Planta compuesta, de flores amarillas, ol[...] suave y gusto agradable./ Mit. Manjar de los dioses./ [...] Manjar o bebida de gusto delicado.

ambulancia. f. Hospital móvil de campaña, que presta pr[...] meros auxilios a los heridos./ Vehículo destinado al tran[...] porte de heridos o enfermos.

ambular. i. Andar, ir de una parte a otra.

ameba. Zool. Protozoo unicelular que carece de membra[...] rígida y se desplaza mediante seudópodos.

amedrentar. tr./ prl. Atemorizar, causar miedo.

amén. Voz que se dice al final de las oraciones cristiana[...] Empléase en señal de asentimiento. Ú.t.c.s.m.// Adv. [...] Además.

amenaza. f. Acción de amenazar./ Dicho o hecho con qu[...] se amenaza.

amenazar. tr. Dar a entender con actos o con palabras qu[...] se quiere hacer un mal a otro./ Anunciar, presagiar una co[...] sa dañina o desagradable. Ú.t.c.i.

amenguar. tr./ i. Disminuir, menoscabar./ fig. Infamar, des[...] honrar.

amenizar. tr. Hacer ameno algún sitio.

ameno, na. a. Grato./ fig. Que deleita apaciblemente.

amenorrea. f. Ausencia de menstruación.

Amazonense.
Viviendas sobre pilotes en el río Amazonas.

americanismo. m. Carác[...] ter genuinamente america[...] no./ Amor o admiración [...] por las cosas de América. [...] Vocablo o giro propio d[...] alguna lengua indígena d[...] América, o del españo[...] que se habla en este conti[...] nente.

americano, na. a. D[...] América.

americio. m. Element[...] químico transuranido[...] Símb. Am.; n. at., 95.

ametralladora. f. Arma d[...] fuego automática, de gra[...] velocidad de tiro y peque[...] ño calibre, usada por pri[...] mera vez en la Guerra de l[...] Secesión.

ametrallar. tr. Disparar co[...] ametralladora.

amianto. m. Mineral; se [...] presenta en fibras blanca[...] y flexibles, de aspecto se[...] doso, del que se hacen te[...] jidos incombustibles.

amigar. tr. Amistar. Ú.t.c[...] prl.

amígdala. f. *Anat.* Nombre genérico de una serie de órganos en forma de almendra, en especial cada uno de los dos que el hombre y algunos animales tienen a uno y otro lado de la entrada del esófago.

amigdalectomía. f. *Quir.* Extirpación de las amígdalas.

amigdalitis. f. Inflamación de las amígdalas.

amigo, ga. a. Que tiene amistad. Ú.t.c.s./ Amistoso./ fig. Que gusta de alguna cosa o actividad. Aficionado.// m. Hombre amancebado.// f. Concubina.

amilanar. tr. Aturdir por el miedo.// prl. Abatirse, acobardarse.

amina. f. *Quím.* Compuesto obtenido por sustitución de hidrógeno del amoníaco por radicales positivos.

aminoácido. m. Sustancia química orgánica. Hay 8 indispensables para la alimentación y otros 12-14 naturales que el organismo sintetiza a partir de esos.

amistad. f. Afecto personal desinteresado y recíproco, por lo general, que nace y arraiga con el trato./ Amancebamiento, concubinato.// pl. Conjunto de personas con quienes se tiene amistad.

amnesia. f. Pérdida o debilidad de la memoria.

amnistía. f. Olvido de los delitos políticos otorgado por la ley, generalmente con fines de conciliación política.

amo. m. Señor de la casa o familia./ Dueño, poseedor./ El que tiene criados, respecto de ellos.

amoblar. tr. Amueblar.

amoldar. tr./ prl. Ajustar una cosa a molde./ Arreglar la conducta a una pauta determinada.

amonestar. tr. Hacer presente alguna cosa para que se considere, procure, o evite./ Prevenir./ Leer en los diarios los nombres y circunstancias de los que han de casarse u ordenarse, para que se denuncien los impedimentos.

amoníaco. m. Compuesto formado por tres átomos de hidrógeno y uno de nitrógeno, de sabor cáustico y olor penetrante, que con el agua sirve para formar algunas sales.

amontonar. tr./ prl. Colocar unas cosas sobre otras sin orden./ Congregar desordenadamente personas o animales./ Acumular.// prl. Dicho de sucesos, sobrevenir de muchos a la vez./ fig. y fam. Enojarse./ Amancebarse.

amor. m. Afecto por el cual busca el alma el bien y desea gozarlo./ Persona amada./ Esmero con que se realiza una obra deleitándose en ella./ Pasión que atrae a un sexo hacia el otro./ Por ext., también de los animales./ Dulzura, suavidad./ **-propio.** Exagerada estimación de sí mismo.

amoral. a. Que carece del sentido moral./ Sectario del amoralismo, teoría que niega toda obligación y sanción moral.

amordazar. tr. Poner mordaza.

amortajar. tr. Poner la mortaja al cadáver.

amortiguar. tr./ prl. Dejar como muerto./ Hacer algo sea menos vivo o eficaz.

amortizar. tr. Disminuir el monto de un préstamo u otra deuda./ Recuperar el dinero invertido./ Suprimir empleos en una oficina.

amotinar. tr. Sublevar, alzar en motín./ fig. Tumbar, inquietar las potencias del alma o de los sentidos.

amparar. tr. Proteger, auxiliar.// prl. Valerse de la ayuda de alguien./ Refugiarse, defenderse.

amperímetro. m. Aparato que mide la intensidad de la corriente eléctrica.

amperio. m. *Fís.* Unidad con que se mide la intensidad de la corriente eléctrica. Se representa con la letra A.

ampicilina. f. Penicilina semisintética.

ampliar. tr. Extender, dilatar./ Obtener de un negativo una fotografía de tamaño mayor.

amplificar. tr. Ampliar, ensanchar.

amplio, plia. a. Vasto, dilatado, espacioso, extenso.

ampolla. f. Vejiga formada por la elevación de la epidermis./ Vasija de vidrio o cristal de cuerpo redondo y cuello largo./ Recipiente de vidrio que se cierra a fuego herméticamente y contiene algún medicamento por lo común inyectable./ Burbuja.

ampollar. tr. Hacer ampollas en la piel.

ampuloso, sa. a. Hinchado y redundante. Dícese del lenguaje o del estilo y del escritor y del orador.

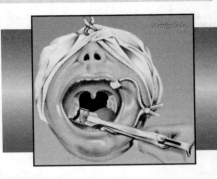
Amígdala

amputación. f. Acción de amputar.

amputar. tr. Cortar y separar enteramente./ Cortar y separar por completo un miembro del cuerpo o parte de él.

amueblar. tr. Proveer de muebles./ Instalar muebles en una habitación o casa.

amuleto. m. Objeto portátil al que se atribuye virtud sobrenatural para alejar algún daño o peligro.

amurallar. tr. Rodear con murallas.

anabaptismo. m. Movimiento sectario de la Reforma. Surgió en el siglo XVI por influencia de Zwinglio.

anabaptista. a. y s. Partidario del anabaptismo, culto de origen protestante.

anabolismo. m. *Fisiol.* Fase del metabolismo en la que se forman sustancias complejas a partir de otras simples.

anacardiáceo, a. a. *Bot.* Díc. de plantas, árboles, arbustos o matas de corteza resinosa y flores en racimo. Ú.t.c.s.// f. pl. *Bot.* Familia de estas plantas.

anaconda. f. Serpiente sudamericana de gran longitud, que vive a orillas de los ríos.

anacoreta. m. Persona que vive en lugar solitario, entregada enteramente a la contemplación y a la penitencia./ fig. Persona que vive alejada de la sociedad.

anacronismo. m. Error de cronología que consiste en situar un hecho en época distinta de la que sucedió./ Antigualla, cosa pasada de moda.

ánade. m. Pato./ Por ext., cualquier ave semejante al pato.

anaeróbico, ca. a. y s. Anaerobio./ Con características de anaerobio.

anaerobio, bia. a. y s. Motor que no necesita aire para su funcionamiento./ *Biol.* Organismo que no necesita un ambiente con oxígeno libre para desarrollar su metabolismo.

anáfora. f. En las liturgias cristianas griegas y orientales, parte de la misa que corresponde al prefacio y al canon de la liturgia romana./ Repetición de una o varias palabras al comienzo de frases o versos.

anagrama. m. Transposición de las letras de una palabra o frase de la cual resulta otra palabra o frase.

anales. m. pl. Relaciones de sucesos por años.

analfabetismo. m. Ignorancia del que no sabe leer; falta de instrucción elemental.

analfabeto, ta. a. y s. Que no sabe leer.

análisis. amb. Descomposición de un cuerpo en sus partes./ Descomposición de una oración en sus elementos./ fig. Examen detenido./ **-del discurso.** Parte o especialidad de la lingüística que se ocupa de analizar textos y discursos efectivamente producidos, mediante la aplicación de métodos y nociones específicas./ **-estructural.** Método de análisis literario que consiste en describir las funciones y los actantes de un texto (especialmente narrativo), con la finalidad de examinar la índole de su estructura./ **-matemático.** Parte de la matemática que incluye la teoría de funciones./ **-sintáctico** o gramatical. Examen de las partes que constituyen las oraciones, para determinar sus funciones y características.

analista. s. Autor de anales./ Persona que hace análisis, especialmente químicos o médicos.

analizar. tr. Hacer análisis de algo.

analogía. f. Semejanza entre cosas distintas.

ananá o **ananás.** m. Planta americana de grandes frutos comestibles, en forma de piña.

anaquel. m. Tabla horizontal de un armario, estantería, etc.

anaranjado, da. a. De color semejante a la naranja.// m. Segundo color del espectro solar.

anarquía. f. Falta de todo gobierno en un Estado./ Anarquismo./ fig. Confusión, desorden./ Por ext., incoherencia, desconcierto, barullo, falta de método.

anarquismo. m. Sistema político que tiende a la destrucción de la autoridad, en especial la del Estado.

anatema. f. Excomunión./ Maldición.

anatomía. f. Disección artificiosa de las partes de un cuerpo orgánico, especialmente del humano./ Ciencia que tiene por objeto el estudio morfológico descriptivo de los seres vivos.

anca. f. Cada una de las dos mitades laterales de la parte posterior de los caballos y otros animales./ Cadera, en el hombre./ fam. y fest. Nalga.

ancestral. a. Perteneciente o rel. a los antepasados.

ancho, cha. a. Que tiene más o menos anchura./ Holgado.// m. Anchura.

Anegar. Aspecto de un terreno inundable que forma bañados en zonas de clima subtropical.

anchoa. f. Pez marino, de carne apreciada, que abunda en el Atlántico meridional.

anchura. f. Latitud, dimensión./ fig. Holgura.

anciano, na. a. y s. Apl. a la persona que tiene muchos años.

ancla. f. Instrumento en forma de arpón que lleva unas uñas dispuestas para aferrarse al fondo del mar y sujetar la embarcación.

anclar. i. Echar el ancla y quedar sujeta la embarcación.// prl. fig. Establecerse con solidez en alguna empresa o negocio.

andador, ra. a. Que anda mucho.// m. Aparato que se utiliza para que los niños aprendan a caminar.

andaluz, za. a. y s. De Andalucía.

andamio. m. Armazón de tablones horizontales que sirve para colocarse encima de ella y trabajar en la construcción de edificios, pintura de techos, paredes, etc.

andar. i. Ir de un lugar a otro dando pasos./ Movimiento o funcionamiento de un artefacto o máquina.

andas. f. pl. Tabla que, sostenida por dos varas paralelas, sirve para conducir personas o cosas./ Féretro con varas.

andén. m. Acera a lo largo de la vía en las estaciones del ferrocarril./ Amér. Cent. Acera de la calle.

Anfibio. Adaptado para vivir alternando el medio acuático con el terrestre. El de la ilustración pertenece al grupo de los urodelos, distinguidos por su cola.

andinismo. m. Deporte que consiste en escalar los Andes.

andinista. s. El que practica el andinismo.

andorrano, na. a. y s. De Andorra.

andrajo. m. Jirón de ropa muy usada./ fig. Persona o cosa vil.

androceo. m. Bot. Órgano masculino de la flor.

andrógino, na. a. Dícese de los animales que poseen los dos sexos, pero no pueden fecundarse a sí mismos sin otro de la misma especie.

andurrial. m. Lugar o paraje extraviado o fuera del camino. Ú.m. en pl.

anécdota. f. Relación breve de algún rasgo o suceso más o menos notable.

anegadizo, za. a. Que se inunda con facilidad.

anegar. tr./ prl. Ahogar a uno sumergiéndolo en el agua./ Inundar, cubrir el agua los terrenos./ Molestar, agobiar, abrumar.// prl. Naufragar.

anélido. a. Zool. Dícese de los animales cuyo cuerpo está formado por anillos o pliegues transversales. Ú.t.c.s.m.

anemia. f. Disminución del contenido de hemoglobina en la sangre.

anémona. f. Planta ranunculácea de flores grandes y vistosas.

anestesia. f. Pérdida total o parcial de la sensibilidad producida por una enfermedad o un anestésico.

anestesiar. tr. Privar total o parcialmente de la sensibilidad.

anestésico, ca. a. Rel. a la anestesia.// a./ m. Sustancia que se emplea para producir anestesia.

anestesista. s. El que aplica la anestesia, especialmente en operaciones quirúrgicas.

anexar. tr. Agregar una cosa a otra, haciéndola dependiente de ella.

anexo, xa. a. Unido, agregado.

anfetamina. f. Fármaco estimulante que suprime las sensaciones de fatiga y sueño, y produce una euforia transitoria.

anfibio, bia. a. y s. Animal o planta que puede vivir indistintamente en tierra o en agua./ Batracio.// m. pl. Zool. Clase de estos animales.

anfiteatro. m. Edificio circular con gradas alrededor, en el que se realizaban en la antigüedad diversos espectáculos./ Conjunto de asientos dispuestos en gradas semicirculares.

anfitrión. m. Quien convida y trata espléndidamente a sus invitados.

ánfora. f. Cántaro usado por los ant. griegos y romanos./ Méx. Urna para votaciones.// pl. Jarras gmente. de plata en que el obispo consagra los óleos del Jueves Santo.

angarillas. f. pl. Armazón en que se llevan a mano materiales./ Armazón de cuatro patas formando un cuadro, de los cuales penden unas redes de esparto a modo de bolsas, que sirven para transportar objetos delicados como el vidrio y la loza, sobre caballerías./ Pieza de mesa para el vinagre, el aceite y otros condimentos.

ángel. m. Espíritu celeste./ Gracia, simpatía./ Persona bondadosa.

angina. f. Inflamación de las amígdalas./ **-de pecho.** Afección que se caracteriza por accesos de corta duración, con dolor violento del lado izquierdo del pecho y angustia.

angiospermo, ma. a y f. *Bot.* Dícese de las plantas que se caracterizan por albergar los óvulos en una cavidad cerrada.

anglicanismo. m. Doctrina de la religión reformada predominante en Inglaterra.

anglicano, na. a. y s. Adepto al anglicanismo.

anglicismo. m. Palabra o giro propio de la lengua inglesa y que debe ser evitado en la española.

anglofilia. f. Simpatía por lo inglés o los ingleses.

anglofobia. f. Aversión a lo inglés o los ingleses.

angosto, ta. a. Estrecho, reducido.

angostura. f. *Geog.* Paso estrecho entre montañas o angostamiento de un curso fluvial.

anguila. f. Pez de cuerpo cilíndrico y largo, y carne comestible./ fig. Persona delgada y escurridiza.

angula. f. *Zool.* Cría de la anguila, de color oscuro, de 5 a 7 cm de largo y de 4 mm de grosor. Vive en el mar, pero remonta los ríos. Su carne es muy sabrosa.

ángulo. m. Figura geométrica formada, en la superficie, por dos líneas que tienen un punto común./ Rincón./ Esquina./ **-agudo.** El menor que el recto./ **-complementario.** El que, sumado a otro, completa un recto./ **-obtuso.** El mayor que el recto./ **-recto.** El formado por dos líneas o dos planos que se cortan perpendicularmente./ **-suplementario.** El que falta a otro para componer dos rectos.

anguloso, sa. a. Que tiene ángulos o esquinas./ Dicho del rostro, huesudo.

angustia. f. Aflicción, congoja.

angustiar. tr./ prl. Causar angustia.

anhelar. tr./ i. Respirar con dificultad./ Tener ansia de conseguir alguna cosa./ fig. Echar de sí, expeler el aliento.

anhelo. m. Deseo vehemente.

anhídrido. m. *Quím.* Cuerpo resultante de la deshidratación de los ácidos, con la pérdida de los caracteres de la acidez.

anidar. i. Hacer nido las aves. Ú.t.c.prl./ fig. Habitar, morar. Ú.t.c.prl./ Existir o hallarse algo en alguna persona o cosa.// tr. fig. Acoger, abrigar.

anilina. f. Alcaloide artificial líquido que se obtiene del añil o de la bencina procedente del carbón de piedra y es base de muchos colorantes. Por extensión se da igual nombre a diversas sustancias líquidas o en polvo usadas para teñir.

anilla. f. Anillo para colocar cortinas./ pl. Par de aros que sirven para hacer ejercicios gimnásticos.

anillo. m. Aro pequeño./ Aro, por lo común de metal, que por adorno se lleva en los dedos de la mano./ Cada uno de los segmentos, que a modo de anillos dividen el cuerpo de algunos insectos, gusanos, etc./ **-pastoral.** El que usan los prelados como insignia de su dignidad.

animismo. m. Doctrina que considera el alma como principio de acción de los fenómenos vitales./ Atribución de espíritu a todas las cosas./ Culto a los espíritus, entre los pueblos primitivos.

animista. a. y s. Relativo al animismo./ Adepto de esta doctrina.

ánima. f. Alma./ fig. Alma, parte hueca de las piezas de artillería y otras cosas.// pl. Toque nocturno de campanas.

animal. m. Ser orgánico que vive, siente y se mueve por impulso propio./ a. Perteneciente o relativo al animal./ Relativo a la parte corporal o sensitiva, a diferencia de la espiritual./ fig. Ignorante, inepto, rudo. Ú.t.c.s.

animar. tr. Dar vida./ Vigorizar./ Infundir energía moral./ Dar alegría a un grupo de gente. Ú.t.c.prl.// prl. Cobrar ánimo.

ánimo. m. Alma, espíritu./ Valor, energía./ Voluntad./ fig. Pensamiento.// **¡Ánimo!** int. para alentar.

animosidad. f. Aversión, ojeriza.

aniquilar. tr./ prl. Reducir a la nada, destruir./ Menoscabarse mucho la salud, los bienes, etc./ fig. Anonadarse.

anís. m. Planta umbelífera de flores pequeñas y blancas y semillas aromáticas./ fig. Bebida alcohólica anisada.

aniversario, ria. a. Anual.// m. Oficio religioso que se realiza en memoria de un difunto al año de su fallecimiento./ Día en que se cumplen años de algún suceso.

ano. m. Orificio final del conducto digestivo por el cual se expele el excremento.

anoche. adv. En la noche de ayer.

anochecer. i. Empezar a faltar la luz del día, llegar la noche./ Estar en un lugar, situación o condición determinadas, al comenzar la noche./ tr. Oscurecer.

anodino, na. a. Insignificante, ineficaz, inofensivo./ Que calma el dolor. Ú.t.c.s.

ánodo. m. *Fís.* Polo positivo de un generador de electricidad.

anófeles. m. Mosquito cuya hembra transmite el paludismo.

anomalía. f. Irregularidad, desviación./ Particularidad orgánica de un individuo con respecto a su especie.

anómalo, la. a. Irregular, extraño.

anonadar. tr./ prl. Aniquilar, reducir a la nada./ fig. Disminuir, humillar, abatir.

anónimo, ma. a. Que no lleva el nombre de su autor./ Dícese del autor cuyo nombre se desconoce.// m. Carta sin firma.

Anfiteatro
en Florida.
(Rep. Oriental
del Uruguay).

anorexia. f. *Med.* Enfermedad de origen psicológico caracterizada por la inapetencia y el rechazo a los alimentos.

anormal. a. Que se encuentra fuera de su natural estado.// m. y f. Persona cuyo desarrollo físico e intelectual es claramente inferior al que corresponde a su edad./ Insano.

anotar. tr. Poner o tomar notas.

anquilosis. f. *Med.* Disminución o imposibilidad de movimiento en una articulación normalmente móvil.

ánsar. m. Ave palmípeda./ Ganso, ave doméstica.

anseriforme. a. y s. Dícese de las aves acuáticas que se caracterizan por tener pico ancho y dedos unidos con una membrana.

ansia. f. Angustia, fatiga./ Aflicción, congoja./ Deseo vehemente.// pl. Náuseas.

anslar. tr. Desear con ansia.

ansiedad. f. Agitación, inquietud./ Ansia, deseo.

Antílope.

anta. f. Mamífero rumiante parecido al ciervo y tan corpulento como el caballo./ *Amér.* Tapir.

antagonismo. m. Oposición habitual.

antaño. adv. En tiempo anterior.

antártico, ca. a. Relativo al polo sur./ Por ext., meridional.

ante. prep. Delante de./ En comparación, respecto de.// adv. t. antes. Se usa como prefijo: *ante*puesto.

anteanoche. adv. En la noche de anteayer.

anteayer. adv. En el día que precedió inmediatamente al de ayer.

antebrazo. m. Parte del brazo desde el codo hasta la muñeca, que forman dos huesos paralelos: el cúbito y el radio.

antecámara. f. Pieza que antecede a la sala principal.

antecedente. p. act. de **anteceder**./ a. Que antecede.// m. Circunstancia anterior./ Lo que sirve de dato para juzgar hechos posteriores.

anteceder. tr. Preceder.

antelación. f. Anticipación de una cosa con respecto a otra.

antemeridiano, na. a. Anterior al mediodía.

antena. f. Dispositivo cuya función es captar o emitir ondas electromagnéticas./ Cada uno de los apéndices largos y delgados que tienen en la cabeza los insectos, los miriápodos y los crustáceos.

anteojera. f. Funda para guardar los anteojos./ Pieza de vaqueta que cae junto a los ojos del animal.

anteojo. m. Instrumento óptico para ver objetos lejanos o corregir la visión./ Cada una de las dos piezas de vaqueta que se ponen delante de los ojos de los caballos espantadizos.// pl. Prismáticos.

antepasado, da. a. Anterior a otro tiempo ya pasado.// m. Abuelo o ascendiente.

antepenúltimo, ma. a. Inmediatamente anterior al penúltimo.

anteponer. tr./ prl. Poner delante./ Preferir.

antera. f. *Bot.* Parte del estambre de las flores que contiene el polen.

anterior. a. Que precede en lugar o tiempo.

antes. adv. que denota prioridad de tiempo o lugar.// adv. que denota preferencia. conj. adv. que indica idea de preferencia o contrariedad: *no me favorece, antes me perjudica*.// Ú.c.a. con la significación del anterior: *El día antes*.

antibiótico. a./ m. Sustancia química que impide la actividad de microorganismos.

anticiclón. m. Área de mayor presión barométrica, donde hace buen tiempo, y que suele preceder en su trayectoria a los ciclones.

anticipar. tr. Hacer que ocurra antes del tiempo señalado. Ú.t.c.prl./ Entregar dinero antes del tiempo señalado.// prl. Adelantarse una persona a otra en una acción.

anticipo. m. Dinero anticipado./ Adelanto.

anticonceptivo, va. a./ m. Que impide el embarazo de la mujer.

anticristo. m. Ser contrario a Cristo, que es mencionado en varios pasajes del Antiguo Testamento y a veces se identifica con el Diablo.

anticuado, da. a. Que no se usa desde hace mucho tiempo./ Dícese de la persona que sigue doctrinas o usos ya desaparecidos.

anticuerpo. m. Sustancia que se produce en el organismo y que se opone a la acción de bacterias, etc.

antídoto. m. Contraveneno./ Por extensión, medicamento que preserva de algún mal./ fig. Medio que evita una falta, vicio, etc.

antifaz. m. Máscara con que se cubre la cara.

antífrasis. f. Figura de retórica que consiste en designar personas o cosas con palabras que significan lo contrario de lo que se debe o se quiere decir.

antígeno. m. Sustancia que al introducirse en el organismo provoca la formación de anticuerpos.

antigüedad. f. Calidad de antiguo./ Tiempo antiguo./ Momentos u objetos artísticos de tiempos lejanos./ Período histórico que corresponde a los pueblos situados alrededor del Mediterráneo, especialmente los griegos y los latinos.

antiguo, gua. a. Que existe desde hace mucho tiempo./ Que existió o sucedió en época remota./ Dícese de la persona que desempeña un cargo o profesión desde hace mucho tiempo.

antillano, na. a. y s. De las Antillas.

antílope. m. Mamífero rumiante de cornamenta persistente con características intermedias entre las cabras y los ciervos, dividido en varias especies como la gacela, el anta y la gamuza.

antimimético, ca. a. En arte y literatura, que se opone a las leyes de imitación de lo real.

antimonio. m. Elemento metálico que se emplea en medicina y en aleaciones especiales. Símb., Sb.; n. at., 51; p. at., 121, 75.

antinomia. f. Contradicción entre dos preceptos o dos principios.

antipatía. f. Repugnancia u oposición hacia alguna persona o cosa.

antípoda. a. Apl. a quienes habitan en lugares diametralmente opuestos. Ú.m. en pl./ fig. y fam. Dícese de las personas o cosas opuestas entre sí por su genio, naturaleza.

antisepsia. f. Método preventivo y curativo de la infecciones orgánicas.

antítesis. f. Oposición de dos juicios./ fig. Persona o cosa absolutamente opuesta a otra.

antojarse. prl. Hacerse objeto de deseo vehemente alguna cosa.

antojo. m. Deseo vivo y pasajero./ Juicio, opinión.// pl. Lunares o manchas en la piel.

antología. f. Florilegio, recopilación./ Colección de trozos literarios selectos.

antonimia. f. Calidad de antónimo./ Figura retórica y poética que consiste en oponer dos conceptos antónimos.

antónimo, ma. a./ m. Dícese de las palabras que expresan ideas opuestas: *bueno* y *malo*; *amor* y *odio*.

antonomasia. f. Figura retórica, especie de sinécdoque que consiste en tomar lo particular por lo general.

antorcha. f. Hacha, vela de cera para alumbrar./ fig. Guía para el entendimiento.

Anteojo satelital incorporado a un transbordador espacial.

antracita. f. Carbón fósil, que tiene un poder calorífico muy elevado.

ántrax. m. *Pat.* Tumor de la piel, formado por aglomeración de forúnculos.

antro. m. Caverna, cueva. Ú.m. en poesía./ fig. Lugar peligroso, inmoral.

antropofagia. f. Costumbre de comer carne humana.

antropoide. a. y s. Dícese de los animales que por sus caracteres externos se asemejan al hombre.

antropología. f. Ciencia que trata del hombre, física y moralmente considerado.

antropomorfo, fa. a. Que parece ser hombre por su forma.

anual. a. Que se repite cada año./ Que dura un año.

anuario. m. Publicación de carácter informativo y estadístico que aparece cada año.

anudar. tr./ prl. Hacer uno o más nudos./ Juntar, unir por medio de nudos.

anulación. f. Acción y efecto de anular o anularse

anular. tr. Dar por nulo un precepto, ley, testamento, documento, etc./ prnl. Humillarse.// a. Rel. al anillo./ En forma de anillo.

anunciación. f. Acción de anunciar./ En la religión católica, el anuncio del arcángel Gabriel a la Virgen, sobre el misterio de la encarnación.

anunciar. tr. Dar noticia o aviso de alguna cosa./ Publicar./ Pronosticar./ Manifestar la llegada de alguien.

anuncio. m. Acción de anunciar.

anuro, ra. a. y s. *Zool.* Que carece de cola./ *Zool.* Anfibio desprovisto de cola en el individuo adulto, cuya larva se desarrolla por metamorfosis.// m. pl. Dícese de los anfibios desprovistos de cola. Ú.m.c.s. y en pl.

anverso. m. Cara principal de un objeto: monedas, medallas, etc.

anzuelo. m. Garfio pequeño que sirve para pescar, puesto al extremo del sedal./ fig. y fam. Atractivo, aliciente.

añadir. tr. Unir una cosa a otra./ Aumentar, ampliar, extender.

añejar. tr./ prl. Hacer añeja alguna cosa.// prl. Alterarse una cosa con el tiempo, ya para mejorar, ya para empeorar.

añejo, ja. a. Dícese de ciertas cosas que tienen uno o más años./ Que tiene mucho tiempo.

añil. m. Arbusto del que se extrae una sustancia colorante azul oscura.// Color del mismo. Sexto color del espectro.

año. m. Tiempo que emplea la Tierra en recorrer su órbita./ Período de doce meses o trescientos sesenta y cinco días o cincuenta y dos semanas. **-luz.** Medida astronómica equivalente a la distancia recorrida por la luz en el vacío en un año.

añoranza. f. Pena por la ausencia o pérdida de persona o cosa muy querida./ Nostalgia.

añorar. tr. Recordar con melancolía una ausencia o privación. Ú.t.c.i.

aorta. f. Arteria que nace del ventrículo izquierdo del corazón y da origen a todas las demás.

apabullar. tr. Aplastar, humillar, dejar confuso./ fig. Reducir al silencio.

apaciguar. tr./ prl. Sosegar, poner en paz, calmar.

apadrinar. tr. Acompañar o asistir como padrino a una persona./ fig. Patrocinar, proteger.

apagar. tr./ prl. Extinguir la luz o el fuego./ Desconectar o cortar un circuito eléctrico./ Aplacar, disipar.

apaisado, da. a. Dícese de lo que es más ancho que alto.

apalabrar. tr. Concertar de palabra.

apalear. tr. Dar golpes con palo o cosa semejante./ Varear./ Remover con pala.

apañar. tr. Asir, coger con la mano./ Apoderarse de algo ilícitamente./ Adornar, hermosear./ Encubrir, defender maliciosamente./ Ingeniarse, darse maña.

aparar. tr. Poner las manos, la capa, etc., para tomar una cosa.// tr./ prl. Adornar, disponer.

aparato. m. Conjunto de lo que se necesita para un fin./Artificio mecánico./ *Biol.* Conjunto de órganos que desempeñan una misma y coordinada función./ Síntomas con que aparece una enfermedad grave./ Pompa, ostentación./ Conjunto de instrumentos para experimentos u operaciones.

aparcería. f. Trato de los que van a la parte en un negocio, principalmente en una granjería./ Contrato temporal por el que el dueño de una finca rústica la cede a alguien para su explotación, a cambio de una parte proporcional de los frutos o beneficios./ Convenio entre el poseedor de ganado y el que lo cuida./ *R. de la P.* Amistad, compañerismo.

aparear. tr./ prl. Unir o juntar una cosa con otra./ Juntar las hembras con los machos para que críen.

aparecer. i./ prl. Manifestarse, dejarse ver./ Encontrarse, hallarse lo que se tenía por perdido.

aparejar. tr./ prl. Preparar, disponer.

aparentar. tr. Manifestar lo que no es o no hay.

aparición. f. Acción de aparecer o aparecerse./ Visión de un ser sobrenatural o fantástico./ Visión de la Virgen María, muy frecuente en ambientes católicos.

apartar. tr./ prl. Separar, dividir./ Alejar, retirar.

Ánsar. Ave de plumaje blanco agrisado, pico cónico y tarsos cortos. Las plumas de sus alas se utilizaron para escribir.

aparte

aparte. adv. En otro lugar./ A distancia, desde lejos./ Separadamente.// m. Párrafo./ Lo que en la representación escénica dice una persona hablando para sí./ *R. de la P.* Separación en rodeo de las reses de distinto dueño.

apartheid. m. *Pol.* Régimen de segregación racial que imperó en la actual República Sudafricana y que fue abolido oficialmente en 1991.

apasionar. tr./ prl. Excitar alguna pasión./ Afligir.// prl. Aficionarse con exceso.

apatía. f. Impasibilidad del ánimo./ Dejadez, indolencia, falta de energía y voluntad.

apátrida. a. y s. Dícese de la persona que carece de nacionalidad.

apedrear. tr. Tirar o arrojar piedras./ Matar a pedradas.// imp. Granizar.// prl. Dañarse las plantas por el granizo.

apegarse. prl. Cobrar apego a un lugar, persona o cosa.

apego. m. Afecto, afición.

apelación. f. Acción de apelar.

apelar. i. *Der.* Recurrir a juez o tribunal superior para que revoque, enmiende o anule la sentencia dada por el inferior./ fig. Acudir a una persona o cosa para un trabajo o necesidad. Ú.t.c.prl.

apelativo. a. y s. Sobrenombre o nombre que se da a una persona./ *Amér.* Apellido./ En lingüística y análisis del discurso, palabra o construcción con que se designa a una persona, personaje o actuante.

apellido. m. Nombre de familia con que se distinguen las personas./ Sobrenombre, nombre calificativo.

apelmazar. tr./ prl. Hacer que una cosa esté menos esponjosa de lo que requiere para su uso./ Apelotonar./ Formar pelotones.

apenar. tr. Causar pena, afligir.

apenas. adv. Casi no.// adv. t. Luego que, al punto que.

apéndice. m. Cosa adjunta o añadida a otra./ Suplemento al final de una obra./ *Zool.* Prolongación delgada y hueca que se halla en la parte interna e inferior del intestino ciego.

apendicectomía. f. *Quir.* Extirpación del apéndice vermicular.

apendicitis. f. Inflamación del apéndice vermicular o cecal.

apercibir. tr. Amonestar, advertir.// prl. Galicismo por observar, notar./ Hacer saber a la persona citada la consecuencia de determinados actos u omisiones.

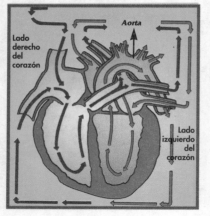

Aorta. Arteria que se ramifica en otras que transportan la sangre oxigenada a todos los tejidos del cuerpo (indicadas con flechas rojas en el esquema) y que luego regresa al corazón por las venas (indicadas con flechas azules).

apero. m. Conjunto de instrumentos y cosas necesarias pa[ra] la labranza o para cualquier oficio. Ú.m. en pl./ *Amé[r.]* Recado de montar.

apertura. f. Acción de abrir.

apesadumbrar. tr./ prl. Causar pesadumbre, afligir, acon[gojar].

apestar. tr./ prl. Causar la peste.// i. Comunicar mal olor. fig. Corromper, viciar./ Enfadar, molestar.

apetecer. tr. Tener gana de alguna cosa.// i. Agradar, gus[tar] mucho.

apetito. m. Impulso de satisfacer deseos o necesidades./ G[a]na de comer./ fig. Lo que excita el deseo de alguna cosa.

apiadar. tr. Causar piedad.// prl. Tener piedad, compade[cerse].

Apóstoles. Representación de arte religioso de La última cena.

ápice. m. Extremo superior o punta de alguna cosa./ fig Parte pequeñísima.

apilar. tr. Poner una cosa sobre otra, haciendo pila.

apiñar. tr./ prl. Agrupar estrechamente personas o cosas.

apio. m. Planta umbelífera comestible.

aplacar. tr./ prl. Amansar, mitigar.

aplanar. tr. Allanar, pone llano./ fig. y fam. Dejar a uno pas[mado].// prl. Perder la animación o el vigor.

aplastar. tr./ prl. Deformar una cosa disminuyendo su es[pe]sor.// tr. Dejar confuso./ *Amér.* Derrotar, desbaratar.

aplaudir. tr. Palmotear en señal de aprobación./ Celebrar elogiar.

aplazar. tr. Diferir, retardar./ *Amér.* Desaprobar, ref. a u[n] alumno.

aplicación. f. Acción y efecto de aplicar./ Adorno super[puesto]/ fig. Esmero, diligencia con que se hace una co[sa].

aplicar. tr. Poner una cosa sobre otra./ fig. Referir a un cas[o] particular lo que se ha dicho en general o a un individuo l[o] que se ha dicho de otro./ Hacer uso de una cosa para u[n] fin determinado.// prl. fig. Entregarse a un estudio, ejerci[ci]cio o tarea./ Poner esmero y diligencia en la realización de algo./ Adjudicar bienes o efectos.

aplomo. m. Gravedad, serenidad, circunspección./ Ploma[da].

apocalíptico, ca. a. Rel. al Apocalipsis./ fig. Terrorífico, espantoso.

apócope. *Gram.* Pérdida de los elementos finales de un[a] palabra. *Algún*, por *alguno*, *buen*, por *bueno*.

apócrifo, fa. a. Fabuloso, supuesto, fingido./ Dícese de to[do] libro que, aunque atribuido a autor sagrado, no está, sin embargo, incluido en el canon.

apodar. tr. Poner apodos.

apoderado, da. a. y s. Dícese del que tiene poderes del otro para obrar en su nombre.

podo. m. Sobrenombre dado a una persona tomado de sus defectos o de otra circunstancia.

podo, da. a. *Zool.* Dícese del animal que carece de patas./ Anfibio que tiene esta característica.

pófisis. f. Parte saliente de un hueso, que sirve para su articulación.

pogeo. m. Punto de la órbita de la Luna, de un satélite artificial, o de la trayectoria de un vehículo espacial, que se encuentra más alejado del centro de la Tierra./ Lo sumo de la grandeza o perfección./ Estado de máxima gravedad en una enfermedad./ *Fís.* Punto de una órbita donde es máxima la distancia entre el objeto que la describe y su centro de atracción.

pología. f. Discurso en defensa o alabanza.

poplejía. f. Suspensión súbita de la acción cerebral, causada por derrames sanguíneos.

porrear. tr./ prl. Golpear con porra o palo./ fig. Vapulear./ Fastidiar, porfiar.

Aperos utilizados para la monta.

aportar. tr. Llevar, conducir, traer./ Dar./ Llevar cada cual la parte que le corresponde./ Contribuir a una empresa común.

aposento. m. Pieza de una casa./ Posada, hospedaje.

apósito. m. Remedio externo sujeto con vendas.

apostar. tr. Hacer una apuesta./ Jugar dinero en juegos de azar, carreras de caballos, etc.// i. fig. Competir, rivalizar. // tr./ prl. Poner una o más personas en determinado lugar para algún fin.

apostasía. f. Acción de apostatar.

apóstata. a. y s. El que comete apostasía.

apostatar. intr. Negar la fe recibida en el bautismo./ Cambiar de religión, partido político, opinión, etc.

apostilla. f. Acotación que interpreta, aclara o completa un texto./ *Pat.* Postilla.

apóstol. m. Cada uno de los doce principales discípulos de Cristo, enviados por él a predicar en el desierto.

apostolado. m. Ministerio de los apóstoles./ Congregación de los apóstoles./ Conjunto de imágenes de los apóstoles./ fig. Oficio o vocación tomada como una misión casi sagrada.

apostólico, ca. a. Perteneciente o relativo a los apóstoles./ Perteneciente al Papa o que proviene de su autoridad./ Aplícase a la Iglesia católica romana dado que su origen y doctrina provienen de los apóstoles.

apóstrofe. amb. Figura retórica que consiste en interrumpir el discurso para dirigir la palabra a una persona./ Por extensión, interpelación brusca, gmente. de reproche o censura./ Dicterio.

apóstrofo. m. Signo ortográfico (') que indica la elisión de una vocal al final de palabra cuando la siguiente empieza con vocal.

apostura. f. Gentileza./ Actitud, aspecto.

apotegma. m. Dicho sentencioso.

apotema. f. Perpendicular desde el centro de un polígono regular hasta uno de sus lados./ Altura de las caras triangulares de una pirámide regular.

apoteosis. f. Reconocimiento de la dignidad de dioses a los héroes./ Ensalzamiento con grandes honores./ fig. En los espectáculos teatrales, escena final donde intervienen todos los actores.

apoyar. tr. Hacer que una cosa descanse sobre otra./ Basar, fundar./ fig. Favorecer, ayudar.// i. Cargar, gravitar. Ú.t.c.prl.// prl. fig. Servirse de algo o de alguien como sostén o apoyo.// rec. Prestarse apoyo mutuo varias personas.

apoyo. m. Lo que se usa para sostener./ Protección, auxilio, favor./ Fundamento de una doctrina o teoría.

apreciar. tr. Poner precio./ fig. Estimar el precio de una persona o cosa.// prl. Querer, considerar.

aprecio. m. Acción de apreciar./ fig. Cariño, consideración.

aprehender. tr. Prender a una persona./ Concebir sin hacer juicio.

apremiar. tr. Dar prisa./ Instar a otro a que haga con urgencia una cosa./ Oprimir, apretar./ Obligar a alguien con mandamiento de autoridad a que haga determinada cosa./ Imponer apremio o recargo./ Presentar instancia un litigante para que la parte contraria actúe en el procedimiento.

aprender. tr. Adquirir conocimiento por el estudio.

aprendiz, za. s. Persona que aprende algún arte u oficio.

apresar. tr. Tomar por fuerza.

aprestar. tr. Disponer lo necesario para algo. Ú.t.c.prl./ Aderezar telas con apresto.

apresurar. tr./ prl. Acelerar, dar prisa.

apretar. tr. Estrechar./ Poner una cosa sobre otra comprimiendo./ Estimular./ Reducir el volumen de algo./ Opinar. Ú.m.c.prl./ Tratar con excesiva severidad./ Compeler, obligar. Ú.t.c.i./ Activar, avivar.

apretujar. tr. fam. Apretar mucho.// prl. Oprimirse varias personas en un recinto.

aprisa. adv. Con prontitud, presteza o celeridad.

aprisionar. tr. Poner en prisión./ fig. Sujetar, oprimir.

aprobar. tr. Dar por bueno./ Asentir./ Declarar idóneo para algo.

aprontar. tr. Disponer con prontitud./ Entregar sin demora dinero u otra cosa.

Apilar. La mecanización adquirida en el campo permite agilizar tareas como la de formar pilas de fardos para forraje de los animales.

apropiar

apropiar. tr. Hacer propia cualquier cosa./ Aplicar a cada cosa lo que le es propio o conveniente.// prl. Hacerse dueño de algo.

aprovechar. i. Servir de provecho./ Adelantar, hacer progresos. Ú.t.c.prl.// tr. Emplear útilmente una cosa.// prl. Servirse de algo./ fig. Abusar.

aprovisionar. tr. Abastecer.

aproximar. tr./ prl. Arrimar, acercar.

apterigiforme. a. y s. Dícese de la familia de animales que comprende el ave kiwi.

aptitud. f. Cualidad que hace las cosas adecuadas para un fin./ Capacidad, idoneidad.

apuesta. f. Acción y efecto de apostar./ Cosa que se apuesta.

apuntalar. tr. Poner puntales./ fig. Sostener, afirmar.

apuntar. tr. Asestar un arma./ Señalar hacia sitio determinado./ En lo escrito, notar o señalar./ Entre estudiantes, sugerirse respuestas disimuladamente./ Hacer un apunte o dibujo ligero./ En el juego de la banca y otros colocar en un naipe la cantidad que se desea jugar./ Sacar punta./ Unir por medio de puntadas./ Leer el apuntador a los actores lo que han de decir./ Insinuar.// i. Empezar a manifestarse una cosa./ Refiriéndose al vino, empezar a tener punto agrio./ fam. Empezar a embriagarse.

apunte. m. Nota que se hace por escrito./ Dibujo ligero que da idea de alguna cosa./ Apuntador de teatro.// pl. Extracto de las explicaciones de un profesor.

apuñalar. tr. Dar puñaladas.

apurar. tr. Purificar./ Indagar, desentrañar./ Extremar, llevar hasta el cabo./ Acabar, agotar./ Sufrir, tolerar./ fig. Apremiar, urgir, molestar.// prl. Afligirse./ Amér. Darse prisa.

apuro. m. Aprieto, escasez grande./ Aflicción, conflicto./ Amér. Prisa, urgencia.

aquejar. tr. Acongojar, afligir.

aquel, lla, llo. pron. dem. con que se designa lo que está lejos de la persona que habla y de la persona con quien se habla.

aquelarre. m. Conciliábulo de brujos y brujas, con la supuesta participación del diablo./ fig. Lugar ruidoso y desordenado.

aquí. adv. En este lugar./ A este lugar./ En correlación con allí, suele indicar lugar determinado.// adv. t. Ahora./ Entonces, en tal ocasión./ -y allí. m. adv. En varios lugares.

aquiescencia. f. Consentimiento.

aquietar. tr. / prl. Sosegar, apaciguar.

ara. f. Altar./ Piedra consagrada del altar católico.// m. Guacamayo.

árabe. a. De Arabia./ Perteneciente a esta región de Asia./ Perteneciente y relativo a los pueblos de lengua árabe, aunque no estén en Arabia./ m. Idioma árabe.

Arena. Su acumulación llega a formar enormes médanos.

arabesco, ca. a. Arábigo./ m. Decoración con dibujos geométricos entrelazados.

arábigo, ga. a. Árabe, de Arabia./ m. Idioma árabe.

arabismo. m. Palabra o giro propio del idioma árabe.

arabista. s. Persona que se dedica a estudios árabes.

arácnido, da. a. Zool. Dícese de los animales artrópodos sin antena, con respiración pulmonar o traqueal y tórax unido a la cabeza, de cuatro pares de pies, tales como el escorpión, la araña y los ácaros.

aracnoides. a. y s. Anat. Meninge situada entre la duramadre y la piamadre.

arado. m. Instrumento para labrar la tierra, abriendo surcos.

arancel. m. Tarifa oficial de lo que se ha de pagar por derechos de aduanas, costas judiciales./ Tasa, valoración.

arándano. m. Planta de flores solitarias y fruto en bayas comestibles./ Fruto de esta planta.

arandela. f. Disco que se coloca en el candelero para que recoja la cera derretida./ Anillo metálico que sirve para evitar el roce entre dos piezas./ Chile. Candileja.

araña. f. Arácnido pulmonado de abdomen abultado, en cuya extremidad hay dos glándulas por donde segrega la sustancia sedosa con que fabrica la tela en que aprisiona los insectos de que se alimenta./ Planta graminea de las Antillas./ Lámpara de varias luces y brazos que se coloca pendiente del techo./ Red para cazar pájaros./ fig. y fam. Persona muy aprovechada y vividora./ Mujer pública./ -pollito. Araña de gran tamaño propia de la Argentina.

arañar. tr./ prl. Herir ligeramente con las uñas, un alfiler u otra cosa./ fig. y fam. Recoger algo afanosamente.

arar. tr. Remover la tierra con el arado.

araucano, na. a. y s. Natural de Arauco./ Individuo perteneciente a un pueblo amerindio que, proveniente de Chile, se extendió a una vasta zona de la Argentina.

araucaria. f. Árbol conífero americano. Forma extensos bosques, de almendra muy dulce y alimenticia.

arbitrariedad. f. Acto dictado sólo por la voluntad o el capricho, contrario a la justicia./ Cualidad del signo lingüístico, que implica que la relación entre significante y significado no obedece a ninguna razón lógica o natural.

arbitrario, ria. a. Que comete o posee arbitrariedad.

arbitrio. m. Facultad de adoptar una resolución./ Autoridad, poder./ Voluntad regida por el capricho o el apetito./ pl. Impuestos para legar fondos destinados a diversos gastos públicos.

rbitro, tra. s. Dícese del que puede hacer alguna cosa por sí solo.// m. El que en algunas contiendas deportivas aplica el reglamento./ Que se encarga de arbitrar una cuestión.

rbol. m. Planta perenne, de tronco leñoso que se ramifica./ Palo, mástil de una nave./ *Mec.* Barra fija o giratoria que en una máquina cumple la función de soportar piezas rotativas o para transmitir fuerza motriz de unos órganos a otros.

rbusto. m. Planta perenne, de tallos leñosos y ramas desde la base.

rca. f. Caja con tapa.// pl. En las tesorerías, lugar donde se guarda el dinero.

rcabuz. m. Arma antigua de fuego, semejante al fusil.

rcada. f. Conjunto de arcos, especialmente en los puentes./ Movimiento violento y penoso del estómago. Ú.m. en pl.

rcadia. f. fig. En poesía, región de la sencillez y felicidad pastoril.

rcaico, ca. a. Relativo al arcaísmo./ Muy antiguo./ *Geol.* Aplícase al más antiguo de los períodos en que está dividida la era precámbrica. Ú.t.c.s.m.

rcaísmo. m. Palabra o frase anticuada./ Empleo de estas palabras./ Imitación de las cosas antiguas.

rcángel. m. Espíritu bienaventurado del octavo coro, ángel de orden superior.

rcano, na. a. Secreto, reservado.// m. Cosa oculta muy difícil de conocer.

rce. m. Árbol de madera muy dura, usada en ebanistería.

rchipiélago. m. *Geog.* Parte del mar poblada de islas./ Conjunto de islas de similar formación geológica.

rchivar. tr. Guardar papeles o documentos en un archivo.

rchivo. m. Local en que se custodian documentos./ Conjunto de estos documentos./ *Inform.* Espacio que se reserva en un dispositivo de memoria de un computador, para almacenar porciones de información que tienen la misma estructura y que pueden manejarse por medio de una instrucción única./ *Inform.* Conjunto de la información almacenada de esta manera.

rcilla. f. Materia mineral, muy plástica, que se contrae y endurece por la calcinación.

rco. m. Porción continua de una curva./ Arma para disparar flechas./ Vara provista de cerdas, para herir las cuerdas de ciertos instrumentos musicales./ Construcción en forma de arco.

rder. i. Estar encendido./ fig. Resplandecer./ Estar dominado por una pasión o deseo./ Enconarse una batalla o disputa.// tr./ prl. Abrasar, quemar.

rdid. m. Medio empleado hábilmente para lograr algún intento.

rdilla. f. Mamífero roedor, de cola muy poblada. Se alimenta de frutos, insectos y huevos./ fig. y fam. Persona muy activa y diligente.

rdor. m. Calor grande./ fig. Brillo./ Enardecimiento./ Ardimiento, arrojo./ Vehemencia, ansia.

rduo, dua. a. Muy difícil.

rea. f. Espacio de tierra que ocupa un edificio./ Medida de superficie. (= 100 m²)./ fig. Extensión, superficie./ Superficie comprendida dentro de un período.

rena. f. Conjunto de partículas desagregadas de las rocas./ Mineral o metal reducido a partes muy menudas./ fig. Lugar en que se combate o lucha.// pl. Concreciones a modo de piedrecitas que se encuentran en la vejiga.

renga. f. Discurso para enardecer los ánimos./ fig. y fam. Razonamiento largo y pesado.

renque. m. Pez del Atlántico septentrional que se consume fresco, salado o ahumado.

réola. f. *Anat.* Círculo rojizo que rodea el pezón de la mama./ *Pat.* Círculo rojizo que rodea ciertas pústulas.

rgelino, na. a. y s. De Argel o de Argelia.

rgentino, na. a. y s. Argénteo./ Natural de la República Argentina.// a. De color parecido a la plata.

rgolla. f. Aro grueso de metal que sirve para amarrar./ Adorno que usaban las mujeres como gargantilla o brazalete./ *Amér.* Anillo de boda.

Árbol.
Esencial para el desarrollo de la vida, dado que el proceso de fotosíntesis que realiza permite renovar el oxígeno de la Tierra. Protege los suelos de la erosión manteniendo un armonioso equilibrio ecológico.

argón. m. Elemento químico. Símb., A.; n. at., 18; p. at., 39,948.

argot. m. Jerga, lenguaje propio de determinados grupos sociales.

argucia. f. Argumento falso presentado con agudeza.

argüir. tr. Sacar en claro, deducir.// i. Poner argumentos contra alguna opinión.

argumentar. tr. Argüir.

argumento. m. Razonamiento que se emplea para demostrar o convencer a otro de aquello que se afirma o niega./ Asunto de una obra./ Señal, indicio.

aria. f. Composición para que la cante una sola voz.// a. y s. Raza de la cual provienen los pueblos indoeuropeos.

árido, da. a. Seco, estéril./ Falto de amenidad.// m. pl. Legumbres y demás frutos secos a que pueden aplicarse medidas de capacidad.

aries. m. Primer signo del Zodíaco.

ariete. m. Máquina para batir murallas.

ario, ria. a. y s. Dícese del individuo de un pueblo antiguo que habitó en el centro de Asia.

arisco, ca. a. Áspero, intratable, huraño.

arista. f. Borde de un sólido./ Línea que resulta al cortarse dos planos.

aristocracia. f. Gobierno en el que el poder es ejercido únicamente por las personas más notables del Estado./ Ejercicio del poder político por una clase privilegiada que generalmente lo hereda./ Clase que sobresale de las otras por alguna circunstancia.

aritmética. f. Parte de la matemática que trata de las operaciones numéricas.

arlequín. m. Personaje cómico italiano que llevaba una mascarilla negra y un traje de losanges de diversos colores.

arma. f. Instrumento destinado a ofender o defenderse./ Cada uno de los instrumentos que forman la parte principal de los ejércitos.// pl. Fuerzas militares de una nación./ fig. Medios que se emplean para lograr algo.

armada. f. Conjunto de fuerzas navales./ Escuadra.

armadillo. m. Mamífero desdentado de América del Sur.

armadura. f. Vestidura de hierro con que se protegían los caballeros./ Pieza o conjunto de piezas para armar una cosa.

armar. tr./ prl. Proveer de armas.// tr. Juntar entre sí las varias partes de un mueble.

armario. m. Mueble con puerta, para guardar objetos.

armatoste. m. Máquina o mueble mal hecho, tosco./ fig. y fam. Persona grotesca e inútil.

armería. f. Sitio en que se guardan, fabrican o venden armas./ Arte de fabricarlas.

armiño. m. Mamífero carnívoro de piel muy suave y delicada, parda en verano y blanca en invierno./ Su piel./ fig. Lo limpio o puro.

armisticio. m. Suspensión de hostilidades entre pueblos o ejércitos beligerantes. Se diferencia de la tregua en que ésta es suspensión temporal de las acciones de guerra.

armonía. f. Unión de sonidos acordes./ Correspondencia de unas cosas con otras./ Amistad./ Arte de formar y combinar los acordes.

armónica. f. Instrumento formado por lengüetas metálicas fijadas en una placa metal, que vibran al soplar y aspirar por unos agujeros de la misma.

armonio. m. Órgano pequeño, parecido al piano, al que se da aire por medio de un fuelle que se mueve con los pies.

armonizar. tr. Poner en armonía.// i. Estar en armonía.

arnés. m. Conjunto de armas de acero defensivas./ Guarniciones de las caballerías.

aro. m. Pieza de metal u otra materia, en forma de circunferencia./ Anillo grande de hierro que se emplea en el juego de la argolla y en ciertos ejercicios gimnásticos y deportivos./ Juguete que hacen rodar los niños./ Arg. y Chile Arete.

aroma. f. Flor del aromo, muy fragante.// m. Perfume, olor muy agradable./

aromo. m. Árbol mimosáceo, especie de acacia, de flor amarilla y perfumada.

arpa. f. Instrumento músico de cuerdas verticales, afinadas diatónicamente y punteadas con ambas manos.

arpegio. m. Sucesión acelerada de los sonidos de un acorde.

arpía. f. Mit. Ave fabulosa, con el rostro de doncella y el resto de ave de rapiña./ fig. y fam. Mujer perversa.

arpón. m. Utensilio de pesca consistente en una barra provista en su extremo de una púa que hiere y otras vueltas hacia atrás, para que hagan presa.

Arreo de ganado hacia los corrales.

Arroz. Base de la alimentación de varios países, esencialmente los asiáticos. Su cultivo reiterado empobrece los suelos y provoca la destrucción del hábitat de las áreas húmedas.

arquear. tr./ prl. Dar figura de arco./ Hacer el arqueo de una caja de caudales.// i. Tener náuseas.

arqueología. f. Ciencia que estudia la antigüedad.

arqueólogo. m. El que ejerce la arqueología.

arqueoptérix. m. Fósil del jurásico, la más primitiva de las aves conocidas.

arquetipo. m. Ejemplo./ Modelo original en el arte o en otra actividad.

arquitectura. f. Arte de proyectar y construir edificios.

arrabal. m. Barrio alejado./ Población anexa a otra mayor.

arraigar. i./ prl. Echar o criar raíces./ Hacerse difícil de extinguir.// tr. Fijar firmemente.// prl. Establecerse en un lugar.

arrancar. tr. Sacar de raíz./ Sacar, quitar con violencia./ fig. Lograr algo con violencia./ fig. Provenir, tener origen.

arrastrar. tr. Llevar por el suelo a una persona o cosa, tirando de ella./ fig. Impeler, obligar./ Persuadir.// i. Moverse de un lado a otro, rozando el suelo con todo el cuerpo.

arrear. tr. Estimular a las bestias para que echen a andar./ Dar prisa, acicatear./ fam. Arramblar, arrebatar./ Amér. Llevar ganado de un lugar a otro./ Arg. y Méx. Llevarse violentamente ganado ajeno.// i. Ir, andar de prisa.

rrebatar. tr. Quitar algo con violencia y fuerza./ Llevar con fuerza enorme.// tr./ prl. Arrobar el espíritu./ Agostar las mieses el demasiado calor. Ú.t.c.prl.// prl. Dejarse dominar por una pasión, especialmente por la ira./ Cocerse mal y precipitadamente un manjar por exceso de fuego.

rrebol. m. Color rojo que se ve en las nubes heridas por los rayos de sol./ Colorete, cosmético para mejillas.

rrebujar. tr./ prl. Coger sin cuidado alguna cosa flexible como ropa, tejidos, etc./ Cubrir bien con la ropa de la cama./ Enredar, envolver.

rreciar. tr./ prl. Dar fuerza y vigor.// i. Ir creciendo algo en intensidad y violencia.// prl. Entumecerse de frío.

rrecife. m. Calzada o camino ancho y empedrado./ Banco o bajo en el mar, casi a flor de agua.

rredrar. tr./ prl. Apartar, separar.

rreglar. tr./ prl. Reducir a regla; ajustar./ Componer, ordenar./ Modificar convencionalmente./ Ajustar cuentas, castigar.

rrellanarse. prl. Extenderse en el asiento con comodidad.

rremeter. i. Acometer con ímpetu./ Arrojarse con presteza.

rrendar. tr. Ceder o adquirir por precio el uso de algo./ Atar a una caballería por las riendas.

rrepentimiento. m. Pesar de haber hecho algo o dejado de hacerlo.

rrestar. tr. Detener, poner preso.// prl. Decidirse, arrojarse a una acción difícil.

rrianismo. m Doctrina herética desarrollada por Arrio, condenada en el Concilio de Nicea (325). Afirmaba que el Hijo o Verbo no es consustancial o igual al Padre.

rriano, na. a. y s. Relativo al arrianismo./ Partidario del arrianismo.

rriar. tr. Bajar las velas o las banderas./ Aflojar o soltar un cabo o cadena, etc.

rriba. adv. Hacia lo alto./ En lo alto.// ¡Arriba! int. para estimular.

rribar. i. Llegar la nave al puerto./ Llegar por tierra a cualquier parte. Ú.t.c.prl./ fig. y fam. Lograr lo deseado.

rriero. m. El que conduce bestias de carga.

rriesgar. tr./ prl. Poner a riesgo, aventurar.

rrimar. tr./ prl. Poner una cosa de modo que toque con otra./ fig. Dejar, abandonar./ fig. y fam. Dar, asestar.// prl. Apoyarse./ Juntarse./ fig. Acogerse a la protección de alguien./ Unirse sentimentalmente a alguien.

rrinconar. tr. Poner en un rincón./ Estrecharlo a uno, dejarlo sin escape./ fig. Postergar, desatender.// prl. fig. y fam. Retraerse del trato social una persona.

rrobar. tr. Embelesar, cautivar.// prl. Quedar fuera de sí.

rrodillar. i./ tr./ prl. Poner de rodillas.

Arte americano que representa antiguos ritos.

Arrecife de la costa californiana, en Estados Unidos.

arrogante. a. Altanero, soberbio./ Valiente, brioso./ Gallardo.

arrogar. tr. Adoptar como hijo a alguien.// prl. Atribuirse, apropiarse facultades, jurisdicciones.

arrojar. tr. Impeler con violencia una cosa./ fam. Vomitar la comida.// prl. Precipitarse con violencia de arriba abajo./ Ir violentamente hacia una persona o cosa hasta llegar a ella./ fig. Emprender una cosa sin reparar en sus dificultades.

arrojo. m. Intrepidez, audacia, valor.

arrollado. m. Cosa envuelta en rollo.

arrollar. tr. Envolver una cosa de modo que resulte en rollo./ Dar vueltas en un mismo sentido un hilo, papel, etc., para fijarlo en un eje o carrete./ Derrotar al enemigo.

arropar. tr./ prl. Abrigar con ropa.

arrostrar. tr. Resistir a las calamidades o peligros.

arroyo. m. Caudal corto de agua./ Por ext., calle, vía en poblado.

arroz. m. Planta anual gramínea de flores blanquecinas y grano oval y blanco, comestible.

arruga. f. Pliegue que se hace en la piel y otras cosas flexibles./ Rugosidad./ *Amér.* Estafa, engaño, robo.

arruinar. tr./ prl. Destruir./ Causar ruina.

arrullar. tr. Atraer con arrullos./ Adormecer al niño./ Enamorar con palabras dulces.

arrullo. m. Canto de las palomas./ Habla dulce, susurro./ fig. Canto para adormecer a los niños.

arrumaco. m. Demostración de cariño con gestos y ademanes. Ú.m. en pl./ Adorno o atavío estrafalario.

arrumbar. tr. Poner una cosa como inútil en lugar retirado./ Arrollar, dominar./ Arrinconar.// i. Determinar el rumbo con que se navega.

arsenal. m. Establecimiento para construir y reparar barcos./ Depósito de armas de guerra./ Conjunto de datos y noticias.

arsénico. m. Elemento químico de color gris, brillo metálico y muy quebradizo, de compuestos tóxicos. Símb., As.; n. at., 33; p. at., 74,9.

arte. amb. Virtud o habilidad para hacer algo./ Conjunto de normas para hacer bien una cosa./ Obra humana que expresa, mediante diferentes materiales, una imagen estética./ Disposición personal, maña./ **-arte bella.** Lo que expresa belleza./ **-mayor.** Dícese de los versos de nueve o más sílabas./ **-menor.** Dícese de los versos de ocho o menos sílabas./ **-rupestre.** Pinturas o dibujos realizados en la época prehistórica, especialmente en cavernas./ **artes gráficas.** Las que se expresan mediante la impresión.

artefacto. m. Obra mecánica hecha según arte./ Artificio, máquina, aparato./ Máquina o mueble pesado o mal hecho./ Cualquier carga, petardo, etc., explosivo./ En los experimentos biológicos, formación producida exclusivamente por los reactivos empleados, pertubadora de la correcta interpretación de los resultados./ En el trazado de un aparato registrador, toda variación no originada por el órgano que se desea registrar.

arteria. f. Cada uno de los vasos que llevan la sangre desde el corazón hasta las demás partes del cuerpo./ fig. Calle principal.

artería. f. Astucia.

artero, ra. a. Mañoso, astuto.

artesanía. f. Obra u oficio de artesanos.

artesano, na. s. Persona que por oficio ejecuta trabajos a los que imprime su sello personal.

ártico, ca. a. Rel. al Polo Norte.

articulación. f. Acción de articular o articularse./ Enlace o unión de dos piezas./ *Gram.* Posición de los órganos de la voz para la pronunciación de una vocal o consonante./ *Zool.* Unión de un hueso con otro.

Artesanía paraguaya de excelente calidad.

artículo. m. Una de las partes en que suelen dividirse los escritos./ Cada una de las disposiciones numeradas de un tratado, ley, etc./ Mercancía./ *Gram.* Parte de la oración que antecede al sustantivo, concordando con él en género y número.

artífice. s. Artista./ Obrero./ fig. Autor.

artificial. a. Hecho por arte o mano del hombre./ No natural, falso.

artillería. f. Arte de construir, usar y conservar las armas, máquinas y municiones de guerra./ Conjunto de cañones, obuses, etc., de una plaza, ejército, etc./ Cuerpo militar destinado a este servicio.

artimaña. f. Trampa de caza./ fam. Astucia, ardid para engañar.

artiodáctilo, la. a. y s. Dícese de los mamíferos que pertenecen al orden de los artiodáctilos, caracterizados por tener un número par de dedos.

artista. s. Persona que ejercita alguna arte bella./ fig. Suele decirse de quien hace muy bien una cosa.

artritis. f. Proceso inflamatorio de una articulación.

artrópodo, da. a. *Zool.* Dícese del animal invertebrado provisto de apéndices compuestos de piezas articulada como la abeja y la araña.// m. pl. Tipo de estos animales

artrosis. f. Afección crónica degenerativa de las articulacio nes.

arveja. f. Guisante, planta leguminosa.

arzobispo. m. Prelado superior al obispo./ Obispo de igle sia metropolitana.

arzón. m. Fuste delantero o trasero de la silla de montar.

as. m. Moneda romana primitiva./ Carta de la baraja de na pes y punto único del dado./ Persona que sobresale.

asa. f. Parte que sirve para asir el objeto a que pertenece.

asado. m. Carne asada.

asaltar. tr. Acometer una plaza para tomarla./ Acometer re pentinamente y por sorpresa a las personas, gmente. par robar./ Ocurrir de pronto algo.

asamblea. f. Reunión de personas convocadas para un fin Cuerpo político deliberante.

asar. tr. Someter un manjar a la acción directa del fuego Tostar, abrasar.// prl. Sentir extremado ardor o calor.

asaz. adv. Muy, harto, bastante.

ascendencia. f. Serie de ascendientes. Abolengo./ fig. As cendiente, influencia, predominio.

ascender. i. Subir./ Adelantar./ Importar una cuenta.// t Conceder un ascenso.

ascensión. f. Acción de ascender. Por excelencia, la d Cristo a los cielos y fiesta con que la Iglesia la conmem ra./ Exaltación a una dignidad suprema.

ascenso. m. Subida./ Promoción a mayor cargo o dignida

ascensor. m. Aparato para trasladar personas de unos otros pisos.

ascético, ca. a. Díc. de la persona que practica la perfec ción cristiana.

ascetismo. m. Profesión o doctrina de la vida ascética.

ASCII. Sigla de *American Codew for Information Interchange* código normalizado de computación que utiliza 8 bites.

asco. m. Repugnancia de alguna cosa que incita a la náuse y al vómito./ fig. Desagrado que causa alguna cosa.// Est cosa.// **-sin asco.** m. adv. fam. *Arg.* Sin reparo.

asear. tr. Poner limpia una cosa.// prl. Lavarse, peinarse ponerse ropa limpia.

asechanza. f. Engaño para hacer daño a otro.

asediar. tr. Sitiar./ fig. Molestar, importunar.

asegurar. tr. Establecer, fijar sólidamente./ Afirmar la certe za de los que se dice. Ú.t.c.prl.

asemejar. i. Tener semejanza.// prl. Mostrarse semejante

asentar. tr./ prl. Poner en un asiento./ Poner firme una co sa./ Tratándose de pueblos o edificios, fundar, situar./ Tra tándose de golpes asestarlos con acierto y violencia./ Apla nar o alisar./ Afinar el filo de algún instrumento cortante Anotar algo para que conste.// i. Quedar bien una prenda

asentir. tr. Admitir como cierta una cosa.

aseo. m. Limpieza, cuidado./ Esmero./ Adorno./ Apostur

asepsia. f. *Med.* Ausencia completa de microorganismo vivos, patógenos o no, en un medio determinado.

aserción. f. Acción y efecto de afirmar./ Proposición o fr se en la que se hace la afirmación.

aserrar. tr. Cortar con sierra la madera u otra cosa.

asesinar. tr. Matar alevosamente o por precio, o con pre meditación./ fig. Causar gran aflicción.

asesino, na. a. y s. Que asesina.

asesorar. tr./ prl. Dar consejo./ Orientar, determinar.// p Recibir consejo.

asestar. tr. Dirigir un arma hacia el objeto que se ataca co ella./ Descargar contra un objeto el proyectil o el golpe d arma o de cosa semejante.

aseverar. tr. Asegurar lo que se dice.

asfaltar. tr. Revestir de asfalto.

asfalto. m. Mezcla de hidrocarburos muy viscosa, que sue le emplearse, añadiendo arena, en pavimentos y revest miento de muros.

asfixia. f. Suspensión de la respiración por estrangulamien to, inmersión, etc.

asfixiar. tr. Suprimir la respiración por la sumersión, la es trangulación, por la acción de gases, etc.

así. adv. m. De esta o esa manera, de tal suerte.

asiático, ca. a. De Asia./ Aplícase al lujo fastuoso.

asidero. m. Parte por donde se ase alguna cosa./ fig. Ocasión, pretexto./ *Arg.* Apoyo, acogida.

asiento. m. Silla, banco u otra cosa destinada a sentarse en ella./ Lugar que corresponde a una persona en una junta./ Sitio que está un pueblo o edificio./ Parte inferior y plana de las vasijas./ Poso./ Anotación o apuntamiento de una cantidad o cosa./ Estancamiento de una sustancia en el estómago o los intestinos./ fig. Estabilidad./ Cordura./ pl. Asentaderas./ fig. Cordura, madurez./ *Com.* Anotación hecha en los libros de cuentas para cargar o acreditar en ellos el importe de una transacción./ Pieza fija en la que se apoya otra.

asignar. tr. Señalar lo que corresponde a una persona o cosa.

asignatura. f. Cada una de las materias que forman parte de un plan académico de estudios.

asilar. tr. Albergar en un asilo. Ú.t.c.prl./ fig. Acoger en una embajada, legación extranjera o en un país, a un perseguido por motivos políticos.

asilo. m. Establecimiento benéfico en que se recogen los menesterosos./ Acción de dar albergue en su casa a otro./ Derecho de residencia que concede un gobierno al huido de un país por motivos políticos./ fig. Amparo, favor.

asimilar. tr./ prl. Asemejar, comparar./ *Fisiol.* Incorporarse a las células las sustancias necesarias para su conservación o desarrollo./ Aprender algo comprendiéndolo.// i. Ser una cosa semejante a otra./ Aprovechar las semejanzas. Ú.t.c.prl.// prl. Parecerse.

asimismo. adv. m. Del mismo modo, también.

asir. tr. Tomar, prender./ Arraigar las plantas.// prl. Agarrarse./ fig. Tomar ocasión o pretexto.

asistencia. f. Acción de asistir a una persona./ Acción de hallarse presente.

asistir. tr. Socorrer, ayudar.// i. Concurrir, acudir.

asma. f. Enfermedad de los pulmones, a menudo también catarral, que se manifiesta por accesos de disnea respiratoria y emisión de ruidos sibilantes.

asno. m. Animal más pequeño que el caballo, de orejas largas y la extremidad de la cola poblada de cerdas. Es muy sufrido y se utiliza como cabalgadura y bestia de carga o tiro. El sonido que emite se llama rebuzno.

asociación. f. Acción de asociar./ Grupo de personas formado para realizar un fin común./ *Biol.* Relación entre dos organismos que conviven con o sin beneficio mutuo. En el primer caso, es simbiosis; en el segundo, parasitismo, comensalismo, etc./ Comunidad de plantas adaptada a un ambiente determinado, que se manifiesta por la presencia invariable de algunas especies./ *Ret.* Figura que consiste en decir de muchos a lo que sólo es aplicable a varios o a uno solo./ **-libre.** *Psic.* Método de la terapia psicoanalítica que consiste en que el paciente diga lo que se le ocurra sin mediación del pensamiento consciente.

asociar. tr. Juntar personas o cosas para cooperar a determinado fin común./ Relacionar.// prl. Reunirse.

asolar. tr. Echar a perder los campos o los frutos el sol, la sequía./ Destruir, arrasar.

asomar. i. Empezar a mostrarse.// tr./ prl. Sacar algo por una abertura o por detrás de una cosa.

asombrar. tr. Hacer sombra./ fig. Causar asombro.

asombro. m. Susto, espanto./ Gran admiración./ Persona o cosa asombrosa.

asonancia. f. Correspondencia de un sonido con otro./ fig. Relación de dos cosas./ En poesía, identidad de vocales a partir de la última acentuada en la terminación de los versos.

asonante. a. Dícese de la rima entre dos o más finales de versos a la que coinciden solamente las vocales, contando a partir de la última vocal acentuada (p. ej. *casa* rima asonantemente con *rama*).

aspa. f. Conjunto de dos maderos atravesados en forma de X./ Utensilio para aspar el hilo./ Aparato exterior que, en forma de cruz y merced al viento, mueve los molinos./ Cada uno de los brazos de ese aparato./ *Amér.* Asta, cuerno.

aspecto. m. Conjunto de las sensaciones visuales relativas al color, tamaño, forma de una persona o cosa./ Categoría o accidente gramatical que distingue clases de acción en el verbo.

áspero, ra. a. Que no es suave al tacto por tener superficie desigual./ Escabroso./ fig. Desagradable al gusto o al oído./ Violento./ Severo, poco agradable.

áspid. m. Serpiente venenosa del norte de África.

aspirar. tr. Atraer el aire exterior a los pulmones./ Pretender algún empleo o cargo./ *Gram.* Pronunciar guturalmente.

asquear. i./ tr. Tener o mostrar asco ante alguna cosa.

asta. f. Palo a cuyo extremo se pone una bandera./ Cuerno de un animal.

astato. m. Elemento químico. Símb., At.; n. a., 85; p. at., 210.

asterisco. m. Signo ortográfico (*) que se emplea como llamada para las notas añadidas al texto.

asteroide. a. De forma de estrella.// m. Cada uno de los planetas muy pequeños, visibles con telescopio, cuyas órbitas se hallan entre las de Marte y Júpiter.

astigmatismo. m. Aberración del ojo o de un instrumento óptico por el cual la imagen de un punto no es otro punto.

astilla. f. Fragmento que salta de un trozo de madera partido toscamente.

astillero. m. Percha para colocar picas o lanzas./ Instalación donde se construyen y reparan buques.

astracán. m. Piel de cordero nonato o recién nacido, muy fina y de pelo rizado./ Tejido grueso de lana o de pelo de cabra, y que forma rizos en la parte superior./ *Teat.* Género en que se abusa de los juegos de palabras y retruécanos para lograr comicidad.

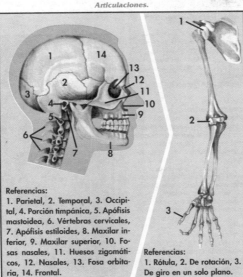

Articulaciones.

Referencias:
1. Parietal, 2. Temporal, 3. Occipital, 4. Porción timpánica, 5. Apófisis mastoidea, 6. Vértebras cervicales, 7. Apófisis estiloides, 8. Maxilar inferior, 9. Maxilar superior, 10. Fosas nasales, 11. Huesos zigomáticos, 12. Nasales, 13. Fosa orbitaria, 14. Frontal.

Referencias:
1. Rótula, 2. De rotación, 3. De giro en un solo plano.

Atrio de una iglesia, en Italia.

astrágalo. m. Tragacanto./ *Anat.* Hueso corto en la parte superior y media del tarso que se articula con la tibia.

astringir. tr. Contraer, apretar alguna cosa, los tejidos orgánicos./ Obligar.

astro. m. Cualquier objeto celeste.

astrología. f. Práctica consistente en predecir el porvenir por la posición de los astros.

astronauta. m. y f. Persona que navega a bordo de una astronave.

astronomía. f. Ciencia que estudia los cuerpos celestes.

astrónomo, ma. s. Persona que profesa la astronomía.

astroso, sa. a. Infausto./ Desastrado./ fig. Vil, despreciable.

astucia. f. Ardid para lograr un intento.

astuto, ta. a. Hábil para lograr artificiosamente un fin.

asueto. m. Tiempo de descanso en el trabajo, gmente. de unas horas o un día.

asumir. tr. Tomar para sí./ Tomar algo gran incremento./ *Amér.* Suponer, dar por sentado.

asunción. f. Acción y efecto de asumir./ Por excelencia, acto de ser elevada por Dios, la Virgen desde la tierra al cielo y fiesta con que la Iglesia celebra este misterio./ Acto de ser ascendido a una dignidad suprema.

asunto. m. Materia de que se trata./ Argumento, tema de una obra./ Negocio.

asustar. tr. Dar o causar susto. Ú.c.t.prl.

atabal. m. Timbal./ Tamborcillo./ Atabalero.

atacar. tr. Meter y apretar el taco en un arma de fuego, mina o barreno./ Acometer, embestir./ fig. Refutar, impugnar./ Ir en contra de alguien o algo./ Tratándose del sueño, enfermedades, etc., acometer, venir, dar repentinamente./ Hacer que se destaque un sonido./ Actuar una sustancia sobre otra.

atajar. i. Ir por algún atajo.// tr. Salir al encuentro por algún atajo./ Separar con un tabique./ Detener el curso de algo./ Acometer, venir, dar repentinamente./ Hacer que se destaque un sonido./ Actuar una sustancia sobre otra.

atalaya. f. Torre, gmente. en lugar alto, para dar aviso de lo que se descubre./ Cualquier altura desde donde se ve mucho espacio de tierra o de mar./ Hombre que mira desde una torre y comunica lo que ve.

atañer. i. Tocar o pertenecer, corresponder.

ataque. m. Acción de atacar o embestir./ fig. Acometimiento repentino de un mal./ Impugnación, disputa.

atar. tr. Unir o sujetar con ligaduras o nudos./ Impedir el movimiento./ Relacionar, conciliar.// prl. fig. Embarazarse en un negocio o apuro.

atardecer. m. Último período de la tarde.// i. Caer la tarde.

atarear. tr. Poner o señalar tarea.// prl. Entregarse mucho a trabajo.

atascar. tr. Obstruir un conducto. Ú.m.c.prl./ fig. Poner trabas, impedir.// prl. Quedarse en un barrizal.

ataúd. m. Caja donde se pone el cadáver para llevarlo a enterrar.

ataviar. tr./ prl. Componer, adornar.

atavío. m. fig. Adorno./ Vestido.

atavismo. m. fig. Comportamiento instintivo, ancestral, semejante al de los antepasados./ Tendencia de algunos seres híbridos a volver al tipo original.

ateísmo. m. Doctrina que niega la existencia de Dios, o de cualquier ser superior o sobrenatural.

atemorizar. tr./ prl. Causar temor.

atemperar. tr. Moderar, templar./ Acomodar, amoldar.

atenacear. tr. Arrancar la carne a una persona como suplicio./ Sujetar con fuerza.

atención. f. Acción de atender./ Cortesía, urbanidad./ Obsequio.// pl. Negocios, ocupaciones.// **¡Atención!** int. para recomendar cuidado./ Llamar la atención./ Reconvenir.

atender. tr./ i. Acoger favorablemente o satisfacer un deseo, ruego o mandato.// i. Aplicar el entendimiento a un objeto. Ú.c.t.r.// tr. Tener en cuenta./ Cuidar. Escuchar.

ateneo. m. Asociación cultural, gmente. científica o literaria./ Local donde se celebran sus reuniones.

atenerse. prl. Ajustarse uno en sus acciones a una cosa.

atentado. m. Agresión al Estado o a una persona constituida en autoridad.

atentar. i. Ejecutar una cosa contra el orden que previenen las leyes.// prl. Irse con tiento, obrar con tino.

atenuar. tr. Poner fina o delgada una cosa./ Morigerar, disminuir./ Restar gravedad./ Aminorar.

ateo, a. a. Que niega la existencia de Dios. Ú.t.c.s.

aterir. tr./ prl. Pasmar de frío.

aterrar. tr. Bajar al suelo./ Cubrir con tierra./ Causar terror. Ú.t.c.prl.// i. *Mar.* Acercarse a tierra la nave.

aterrizar. i. Posarse en tierra un aparato volador.

aterrorizar. tr./ prl. Alterar, causar terror.

atesorar. tr. Reunir y guardar dinero o cosas de valor./ fig. Tener muchas buenas cualidades.

Atalaya de un castillo medieval, en Francia.

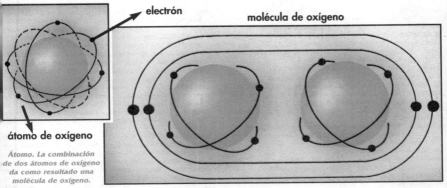

electrón

molécula de oxígeno

átomo de oxígeno

Átomo. La combinación de dos átomos de oxígeno da como resultado una molécula de oxígeno.

atestar. tr. Henchir una cosa hueca apretando lo que se mete en ella./ Meter o colocar excesivo número de cosas o de personas en un lugar./ fig. y fam. Atascar, hartar.

atestiguar. tr. Afirmar como testigo alguna cosa.

atiborrar. tr. Llenar alguna cosa de borra, de modo que quede repleta.// tr./ prl. fig. Atracar de comida./ Atestar de algo algún lugar, esp. de cosas inútiles./ Llenar la cabeza de lecturas.

atildar. tr. Poner tildes a las letras./ fig. Componer, asear. Ú.t.c.prl.

atinar. i. Acertar con lo que se busca./ Acertar a dar con el blanco./ Acertar algo.

atisbar. tr. Mirar, observar con cuidado.

atizar. tr. Remover el fuego para que arda más./ fig. Avivar pasiones o discordias./ fig. Estimular.

atlas. m. Colección de mapas geográficos en un volumen./ La primera de las vértebras cervicales que sostiene la cabeza.

atleta. m. y f. Persona que practica ejercicios o deportes que requieren fuerza, velocidad, agilidad, etc./ fig. Persona vigorosa.

atletismo. m. Conjunto de deportes que incluye los ejercicios de fuerza y destreza personal, como natación, carreras a pie, lucha, esgrima, lanzamiento, etc.

atmósfera o **atmosfera.** f. Masa de aire que rodea el globo terráqueo./ Masa gaseosa que rodea un astro cualquiera./ fig. Espacio a que se extienden las influencias de una persona o cosa, o ambiente que rodea a éstas./ Mec. Unidad de presión calculada por la presión media de la atmósfera al nivel del mar, o sea algo más de un kilogramo por centímetro cuadrado.

atolón. m. Isla madrepórica, más o menos circular, con una laguna en su centro.

atómico, ca. a. Perteneciente o rel. al átomo./ Que utiliza la energía producida por la desintegración del átomo./ Aplícase a lo que está relacionado con el empleo de la energía atómica o sus efectos.

atomizar. tr. Dividir en partes sumamente pequeñas./ Pulverizar, esp. un líquido.

átomo. m. Estructura que forma la unidad básica de todo elemento químico. Por consiguiente, es la menor partícula capaz de intervenir en una combinación./ Partícula material sumamente pequeña./ fig. Cualquier cosa muy pequeña o insignificante.

atónito, ta. a. Pasmado, espantado.

atontar. tr./ i. Aturdir, atolondrar.

atormentar. tr./ prl. Causar dolor corporal.// tr. Dar tormento./ fig. Causar aflicción, disgusto.

atornillar. tr. Introducir un tornillo haciéndolo girar alrededor de su eje./ Sujetar con tornillos.

atorrante. m. Vago, callejero, persona sin oficio ni domicilio./ Arg. Desvergonzado, holgazán, inescrupuloso./ Descuidado, sucio.

atosigar. tr./ prl. Fatigar u oprimir a alguno, dándole prisa y exigiéndole.

atracar. tr./ prl. Hacer comer y beber con exceso.// tr./ i. Arrimar una embarcación a otra o a tierra.

atracción. f. Acción de atraer./ Fuerza que atrae./ Número de un programa de espectáculos.

atraer. tr. Traer hacia sí alguna cosa./ Inclinar a su voluntad, opinión, etc./ Acarrear, ocasionar.

atragantar. tr./ prl. Producir ahogos por detenerse algo en la garganta./ fig. y fam. Turbarse, cortarse en la conversación.

atrancar. tr. Asegurar la puerta con tranca. Ú.t.c.prl./ Atascar, obstruir./ Méx. Obstinarse, emperrarse.

atrapar. tr. fam. Coger al que huye./ fam. Coger alguna cosa.

atrás. adv. Hacia la parte que está a las espaldas de uno. Úsase también para indicar tiempo pasado.

atrasar. tr. Retrasar. Ú.t.c. prl./ Hacer que retrocedan las agujas del reloj o tocar su registro para que ande con menos velocidad.// i. No marchar el reloj con la debida velocidad.// prl. Quedarse atrás.

atraso. m. Efecto de atrasar o atrasarse./ fig. Falta o insuficiencia de desarrollo en la civilización o en las costumbres./ Rentas o pagos vencidos y no satisfechos.

atravesar. tr. Poner una cosa de modo que pase de una parte a otra./ Poner una cosa sobre otra oblicuamente./ Pasar un cuerpo penetrándolo de parte a parte./ Poner delante algo que impida el paso./ Pasar cruzando de una parte a otra.// prl. Ponerse una cosa entre otras./ fig. Entremeterse./ Intervenir, ocurrir alguna cosa que turba el curso de otra.

atreverse. prl. Determinarse a algo arriesgado./ Insolentarse.

atribuir. tr./ prl. Aplicar hechos o cualidades a alguna persona o cosa./ fig. Achacar, imputar.

atribular. tr. Causar tribulación.// prl. Padecerla.

atributo. m. Cada una de las propiedades de un ser./ En las obras artísticas, símbolo que denota el carácter y representación de las figuras./ Gram. Función que desempeña el adjetivo cuando se coloca en posición inmediata al sustantivo de que depende o función que desempeña el adverbio en esas condiciones con respecto al adjetivo o a otro adverbio./ Teol. Cualquiera de las perfecciones propias de la esencia de Dios, como su omnipotencia, su sabiduría, su amor, etc.

atril. m. Mueble que sirve para sostener en él libros abiertos o papeles y leer con más comodidad.

atrincherar. tr. Ceñir con trincheras un edificio o puesto para defenderlo.// prl. Ponerse en trincheras a cubierto del enemigo.

atrio. m. Espacio descubierto, y por lo común cercado de pórticos, que hay en algunos edificios./ Andén que hay delante de algunos templos o palacios./ Zaguán.

atrocidad. f. Crueldad grande./ fam. Exceso./ Hecho o dicho equivocado o temeroso.

atrofiar. tr. Producir atrofia.// prl. Padecer atrofia.

atropellar. tr. Pasar precipitadamente por encima de alguna persona./ Empujar violentamente./ fig. Agraviar, ultrajar./ Obrar sin reparo a leyes, respetos u obstáculos.// prl. fig. Apresurarse demasiado.

atroz. a. Fiero, inhumano./ Grave, enorme./ fig. Muy grande, extraordinario./ *Amér.* Repugnante, muy feo.

atuendo. m. Aparato, pompa, ostentación./ Atavío, vestido.

atún. m. Pez de unos tres metros de largo y de carne muy apreciada./ fig. y fam. Hombre ignorante y rudo.

aturdir. tr./ prl. Causar aturdimiento./ Confundir, desconcertar.

atusar. tr. Recortar e igualar el pelo con tijeras./ Alisar el pelo con las manos o el peine./ *R. de la P.* Cortar la crin de un animal.// prl. fig. Adornarse.

audaz. a. Atrevido.

audición. f. Acción de oír./ Concierto musical o vocal./ Por ext., programa radiotelefónico que se transmite en un período determinado.

audiencia. f. Acto de oír las autoridades a quienes exponen, reclaman o solicitan./ Ocasión para aducir razones o pruebas que se ofrece a un litigante./ Tribunal de justicia colegiado./ Órgano creado por los monarcas españoles en sus provincias de América para fiscalizar la acción de sus gobernantes.

audífono. m. Aparato que facilita la audición a los sordos.

auditivo, va. a. Que tiene virtud para oír./ Relativo al oído.

auditorio. m. Conjunto de oyentes./ Sala de conciertos, recitales, conferencias, etc.

auge. m. Elevación grande en dignidad o fortuna./ Apogeo.

augurio. m. Agüero, presagio./ *Amér.* Barbarismo por pláceme o felicitación.

aula. f. Sala destinada a dar clases en un establecimiento educativo./ *poét.* Palacio real.

aullido. m. Voz quejosa y prolongada del perro, el lobo, entre otros.

aumentar. tr./ prl. Hacer una cosa más grande, más intensa, etc./ Añadir, agregar./ Mejorar en riqueza, empleo, etc.

aun. adv. Hasta, también, inclusive.

aún. adv. Todavía.

aunar. tr./ prl. Unir, confederar para algún fin.

aunque. sub. con que se denota oposición, a pesar de la cual puede ser, ocurrir o hacerse alguna cosa.

aura. f. Viento suave y apacible. Ú.m. en poesía.// *Pat.* Sensación nerviosa como de un vapor que se eleva y recorre el cuerpo desde el tronco y los miembros hasta la cabeza.// f. *Zool.* Ave rapaz, de hábitos diurnos que despide un olor fétido y se alimenta de animales muertos.

aureola. f. Círculo luminoso que suele colocarse detrás de la cabeza de las imágenes religiosas./ Aréola./ fig. Gloria que se alcanza por mérito o virtud./ Corona que se ve en torno de la Luna o en los eclipses de Sol.

aurícula. f. Cada una de las dos cavidades de la parte superior del corazón, que reciben la sangre de las venas./ Pabellón de la oreja y la oreja misma.

aurora. f. Luz que precede inmediatamente la salida del sol./ fig. Principio de alguna cosa./ Anuncio de un tiempo mejor.

auscultar. tr. *Med.* Aplicar el oído directamente o a través del estetoscopio a ciertos puntos del cuerpo humano, para explorar los sonidos y ruidos normales o patológicos en las cavidades del pecho o del vientre.

ausentar. tr. Hacer que alguien se aleje de un sitio.// prl. Separarse de una persona o lugar, y en especial del domicilio.

auspicio. m. Agüero, presagio./ Amparo, favor. En este caso se dice: *con el auspicio de.*/ m. pl. Señales en el comienzo de un negocio que se interpretan como presagios buenos o malos.

austero, ra. a. Agrio, áspero al gusto./ Retirado, penitente./ Severo, rígido.

austral. a. Perteneciente al polo o hemisferio sur.// m. Unidad monetaria argentina desde 1985 a 1991.

australiano, na. a. De Australia.

austríaco, ca. a. De Austria.

auténtico, ca. a. Acreditado de cierto y positivo./ Legalizado.

auto. m. *Der.* Una de las formas de resolución judicial./ Composición poética en que, por lo común, intervienen personajes bíblicos o alegóricos.// pl. *Der.* Conjunto de actuaciones o piezas de un procedimiento judicial.

autobiografía. f. Vida de una persona, escrita por ella misma.

autobiográfico, ca. a. Que tiene características de autobiografía.

autóctono, na. a. Apl. a los pueblos o gentes originarios del mismo país en que viven. Se dice también de los animales y plantas y de los cantares, costumbres, etc.

autómata. m. Instrumento que encierra dentro de sí el mecanismo que le imprime determinados movimientos. Artificio que imita la figura y acciones y movimientos de ser animado./ fig. y fam. Persona que se deja dirigir por otra o lo hace con automatismo.

automático, ca. a. Rel. al autómata./ fig. Maquinal, hecho sin voluntad.

automatización. f. Utilización en la industria de máquinas automáticas para remplazar las funciones manuales por funciones mecánicas.

automotor, ra. a. Dícese de la máquina o aparato que ejecuta determinados movimientos. sin la intervención directa de una acción exterior. Aplicado a vehículos ú.t.c.s.m.

automóvil. m. Vehículo terrestre de un motor o de una turbina de gas que desarrolla la fuerza propulsora necesaria para desplazarlo.

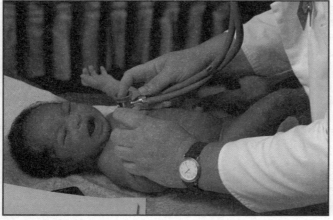

Auscultar. Método que permite detectar con rapidez algún sonido anormal en el pecho del paciente.

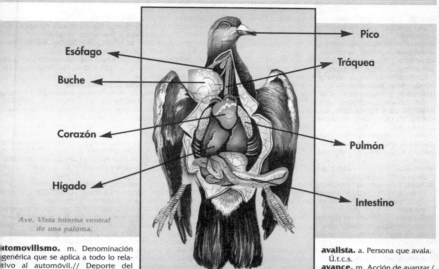

Pico

Esófago

Tráquea

Buche

Corazón

Pulmón

Hígado

Intestino

Ave. Vista interna ventral de una paloma.

automovilismo. m. Denominación genérica que se aplica a todo lo relativo al automóvil.// Deporte del automóvil.

autonomía. f. Estado y condición del pueblo que goza de entera independencia política./ Potestad que dentro del Estado pueden gozar municipios, provincias, regiones u otras entidades de él para regir intereses peculiares de su vida interior, mediante normas y órganos de gobierno propios./ fig. Condición del individuo que no depende de nadie.

autonomismo. m. Calidad de autonomista.// Corriente política de los partidarios de la autonomía.

autonomista. a. Partidario de la autonomía política. Ú.t.c.s.

autopista. f. Carretera especialmente acondicionada para grandes velocidades, sin caminos que la atraviesen y con las dos direcciones separadas.

autopropulsado, da. a. Dícese del vehículo que se desplaza por autopropulsión.

autopropulsión. f. Propulsión de ciertos vehículos por sus propios medios.

autopsia. f. Med. Examen anatómico del cadáver.

autor, ra. s. El que es causa de alguna cosa o la inventa./ Persona que ha hecho alguna obra literaria, científica o artística./ Persona responsable de un delito.

autoridad. f. Carácter o representación de alguna persona por su empleo, mérito o nacimiento./ Potestad, facultad./ Potestad que establece la constitución de un país para su gobierno./ Poder que tiene una persona sobre otra subordinada./ Persona revestida de poder o mando./ Crédito, fe./ Texto que se cita en apoyo de lo que se dice.

autorizar. tr. Dar a uno autoridad o facultad para hacer alguna cosa./ Dar fe el notario o escribano en un documento./ Confirmar algo con texto u opinión de un autor./ Aprobar.

autótrofo, fa. a. y s. Organismo que nutre exclusivamente de compuestos inorgánicos.

auxiliar. a. y s. Que auxilia./ Com. Empleado subalterno./ Profesor suplente.

auxilio. m. Ayuda, socorro, amparo.

aval. m. Escrito en que uno responde del proceder de otro./ Firma que se pone al pie de un documento de crédito para garantizar su pago.

avalancha. Alud.

avalar. tr. Garantizar por medio de aval.

avalista. a. Persona que avala. Ú.t.c.s.

avance. m. Acción de avanzar./ Anticipo de dinero./ Conjunto de fragmentos de una película proyectados antes de su estreno con fines publicitarios.

avanzar. tr. Adelantar.// i./ prl. Ir hacia adelante.

avaricia. f. Afán excesivo de poseer riquezas para atesorarlas.

avaro, ra. a. Que tiene avaricia.

avasallar. tr. Sujetar o someter a obediencia.// prl. Someterse al que tiene poder.

ave. f. Zool. Animal vertebrado, ovíparo, de respiración pulmonar y sangre caliente, pico córneo, cuerpo cubierto de plumas y con dos pies y dos alas, gmente. aptas para el vuelo./ -del Paraíso. Ave exótica, mide unos 20 cm, de plumaje rojizo y cabeza dorada./ -de rapiña. La carnívora de pico y uñas encorvadas./ fig. Persona que se apodera con violencia de lo que no es suyo./ -fría. Ave de color verde oscuro, con alas y pico negros ./ fig. Persona de poca viveza.// n.p. Astron. Constelación situada entre el Triángulo y la Abeja.

avejentar. tr./ prl. Poner viejo o hacer parecer viejo a alguien.

avellana. f. Fruto del avellano.

avellano. m. Árbol de hojas caducas de la familia de las betuláceas, cuyo fruto es la avellana./ Su madera.

avemaría. f. Oración católica que empieza con esas palabras, la salutación del arcángel Gabriel a la Virgen María./ Cada una de las cuentas del rosario./ Angelus.

avena. f. Planta gramínea que se cultiva como forraje./ Grano de esta planta.

avenar. tr. Dar salida a las aguas muertas o a la excesiva humedad de los terrenos por medio de zanjas o cañerías.

avenida. f. Crecida impetuosa de un río o arroyo./ Vía ancha con árboles a los lados./ Calle ancha.

avenir. tr./ prl. Concordar, ajustar las partes discordes.// prl. Ponerse de acuerdo en materia de opiniones o pretensiones.// i. Suceder, ocurrir un hecho.

aventajar. tr. Adelantar, poner en mejor estado./ Anteponer./ Llevar ventaja.

aventura. f. Suceso extraordinario que le ocurre a alguien./ Riesgo./ Episodio de una novela o película de acción.

average. m. (Voz ingl.). Promedio, media.

avergonzar. tr. Causar o tener vergüenza./ prl. Sentir vergüenza.

avería. f. Daño que sufren las mercaderías./ Desperfecto que le ocurre a alguna cosa y le impide su normal funcionamiento.

averiar. tr. Producir una avería./ prl. Arruinarse algo.

averiguar. tr. Inquirir la verdad.

aversión. f. Repugnancia, oposición, animosidad.

avestruz. m. Ave corredora, que puede alcanzar los 60 km/h. Es la de mayor tamaño entre las actuales, puede medir hasta dos metros de altura y tiene hermosas plumas.

aviación. f. Locomoción aérea, por medio de vehículos más pesados que el aire.

aviador, ra. s. Dícese de la persona que gobierna un avión.

ávido, da. a. Ansioso, codicioso.

avieso, sa. a. Torcido, malo./ fig. Mal intencionado.

avión. m. Vehículo aéreo, más pesado que el aire.

avisado, da. a. Sagaz, prudente.

avisar. tr. Dar noticia./ Advertir.// i. Publicar avisos o anuncios.

aviso. m. Noticia./ Indicio, señal./ Advertencia./ *Amér.* Anuncio de propaganda.

avispa. f. Insecto provisto de aguijón, de color negro con anillos amarillos o rojos. Vive en sociedad, fabrica panales y, al picar, introduce un humor que causa escozor e inflamación.

avispero. m. Morada de avispas./ Conjunto de ellas./ fig. y fam. Negocio enredado que ocasiona disgusto./ Lugar donde hay confusión y alboroto.

avistar. tr. Alcanzar con la vista.

avivar. tr. Excitar, animar./ fig. Encender, acalorar./ fig. Hacer que arda más el fuego.// i. Cobrar vida o vigor. Ú.t.c.prl.// prl. y fam. Darse cuenta./ Pasarse de listo.

avizorar. tr. Acechar.

avocar. tr. *Der.* Pedir para sí un tribunal superior la causa que se estaba litigando ante otro inferior./ Por ext., llamar a sí un superior cualquier asunto que tramite un inferior. Ú.t.c.prl.

avutarda. f. Ave zancuda de plumaje rojo oscuro, alas pequeñas, vuelo corto y pesado, y de carne muy sabrosa.

axila. f. *Bot.* Ángulo formado por la articulación de cualquiera de las partes de la planta con el tronco o la rama./ Sobaco.

axioma. m. Proposición que se establece sin demostración y que permite deducir un conjunto de enunciados.

ayer. adv. t. En el día que precedió inmediatamente al de hoy./ fig. Hace poco tiempo./ En tiempo pasado.// m. Tiempo pasado.

aymara. a. y s. Aimara.

ayo, ya. s. Persona encargada en una casa del cuidado y educación de los niños.

ayuda. f. Cosa que sirve para ayudar./ Persona que ayuda./ Lavativa.

ayudar. tr. Prestar cooperación.

ayunar. i. Abstenerse total o parcialmente de comer o b▮ ber./ Guardar el ayuno que ordena la Iglesia.

ayuno. m. Acción de ayunar./ Mortificación que consiste ▮ no hacer más que una comida por día.

ayuntamiento. m. Corporación compuesta de un alcalde ▮ varios concejales, para la administración de un municipio▮ Edificio municipal.

azada. f. Instrumento para cavar tierras.

azafata. f. Dama de honor que sirve a la reina./ Camarer▮ de avión, tren, autobús, etc.

azafrán. m. Planta originaria de Oriente./ Su estigma, ▮ color rojo anaranjado, se usa como condimento.

azahar. m. Flor del naranjo, del limonero, del cidro y ▮ otras plantas de fruto carnoso, blanca y muy olorosa.

azalea. f. Árbol de hojas alternas, de hermosas flores q▮ contienen una sustancia venenosa.

azar. m. Casualidad, caso fortuito./ Desgracia imprevista.

azoico, ca. a. Dícese del sedimento o roca que no conti▮ ne fósiles.

azorar. tr./ prl. Conturbar, sobresaltar./ Ruborizar.

azotar. tr./ prl. Dar azotes a uno.// tr. fig. Golpear una co▮ o dar repetida y violentamente contra ella.

azote. m. Utensilio de castigo compuesto de cuerdas anud▮ das o erizadas de puntas./ Vara, tira de cuero que sirve p▮ ra azotar./ Golpe de azote./ Palmada en las nalgas./ Gol▮ repetido del agua, aire, etc./ fig. Castigo grande, calamida▮

azotea. f. Cubierta llana de un edificio.

azteca. a. y s. Rel. al pueblo que dominó antiguamente▮ México, hegemonizó a los otros pueblos de la región y fo▮ mó un vasto imperio.// m. Idioma azteca.

azúcar. amb. Cualquier glúcido soluble en agua y de sab▮ dulce./ Por antonomasia, sacarosa.

azucarar. tr. Bañar, endulzar con azúcar./ fig. y fam. Suav▮ zar, endulzar una cosa.

azucena. f. Planta liliácea, de tallo alto y flores terminal▮ grandes, por lo común blancas y muy olorosas./ Esta flo▮

azufre. m. *Quím.* Elemento color amarillo limón, quebradiz▮ se lo electriza fácilmente por frotación y se funde a temp▮ ratura poco elevada. Símb. S; n. at., 16; p. at., 32,06.

azul. a. Del color del cielo sin nubes. Ú.t.c.s./ Es el quin▮ color del espectro solar y recibe diversos nombres seg▮ los tonos.

azulejo. m. Placa de cerámica vidriada, de varios colore▮ que sirve comúnmente para la decoración de suelos o ▮ sos./ *Amér.* Pájaro de unos 12 cm de largo. En verano,▮ macho es de color azul; en invierno, es moreno oscuro c▮ mo la hembra.

azurita. f. Carbonato básico de cobre, de color azul intens▮

azuzar. tr. Incitar a un animal para que embista./ fig. Irrit▮ estimular.

Azteca. Representaciones artísticas de esta cultura precolombina: la Piedra del Sol (calendario), detalle de un sector, y figuras del Templo Mayor, México.

f. Segunda letra del abecedario castellano y primera de sus consonantes. Su nombre es *be*.

b. Símbolo del bario

baba. f. Saliva espesa./ Humor viscoso que segregan animales como el caracol y la babosa, y algunas plantas.

babear. i. Segregar baba.

babero. m. Lienzo que se pone a los niños para que no se manchen.

babor. m. Lado izquierdo de la embarcación, mirando a proa.

babosa. f. Molusco gasterópodo, sin concha, que segrega, al arrastrarse, una baba pegajosa.

bacalao. m. Pez del norte del Atlántico y del Pacífico, con una barbilla. Se conserva salado y prensado.// a. fig. y fam. Dícese de la persona muy delgada.

bache. m. Hoyo en la calle.

bachiller. m. y f. Persona que ha obtenido ese grado después de haber realizado sus estudios secundarios.

bachillerato. m. Estudios necesarios para obtener el grado de bachiller./ Este grado.

bacilo. m. Bacteria de forma alargada, como un pequeño bastón, que suele tener carácter patógeno, como los de la tuberculosis y el tifus.

bacteria. f. Organismo celular microscópico en forma de bastón pequeño, no ramificado.

bacteriología. f. Parte de la microbiología que tiene por objeto el estudio de las bacterias.

báculo. m. Palo o cayado para sostenerse./ **-pastoral.** El que usan los obispos como signo de dignidad.

badajo. m. Pieza metálica que hace sonar las campanas./ fig. y fam. Persona charlatana y necia.

badana. f. Piel curtida de oveja o carnero.

bagaje. m. Equipaje militar de las tropas en marcha./ Gal. por equipaje o efectos que se llevan en un viaje./ fig. Mal usado por caudal, acervo, etc.

bagazo. m. Residuo de aquellas cosas que se exprimen para sacarles el jugo, como la caña de azúcar.

bagre. m. Pez comestible de cabeza grande con cuatro barbillas sin escamas y hocico chato. Abunda en los ríos americanos./ *Amér.* Mujer fea./ a. y s. fig. y fam. Individuo listo pero poco agradable.

baguai, la. a. y s. Dícese del ganado sin domar.

bahía. f. Entrada de mar en la costa, menor que el golfo.

bailar. i. Mover el cuerpo con orden y a compás. Ú.t.c.tr./ Moverse rápidamente.

baile. m. Acción de bailar./ Reunión en que se baila./ Espectáculo donde se representa una acción por medio de danzas.

baja. f. Disminución del precio, valor y estimación./ Acto de cesar en un empleo, derecho, etc./ Pérdida de un individuo.

bajamar. f. Fin del reflujo del mar./ Tiempo que éste dura.

bajar. i./ prl. Ir desde un lugar a otro que esté más bajo.//

i. Disminuirse alguna cosa.// tr. Poner alguna cosa en lugar más bajo./ Rebajar, hacer más bajo el nivel./ Apear de un carruaje o caballería./ Mover hacia abajo./ Disminuir el precio o estimación de algo./ fig. Humillar.

bajío. m. Bajo en los mares y, más comúnmente, el de arena.

bajo, ja. a. a. Que está en lugar inferior respecto de otras cosas de su naturaleza./ De poca altura./ Hablando de colores, poco vivo./ fig. Humilde, despreciable./ fig. Tratándose de sonido, grave./ fig. Que no se oye de lejos.// m. Sitio o lugar hondo./ En los mares, ríos y lagos navegables, elevación del fondo, que impide flotar a las embarcaciones./ *Mús.* La más grave de las voces humanas o el instrumento que produce los sonidos más graves de la escala./ *Mús.* Persona que tiene aquella voz o que toca este instrumento.// adv. l. Abajo./ En voz baja, que apenas se oiga.// prep. Debajo de.

bajorrelieve. m. *Arq.* Obra escultórica donde las figuras están completamente pegadas al plano y se destaca de él menos de la mitad del bulto que debieran tener.

bala. f. Proyectil esférico o cilíndrico-ojival, para armas de fuego./ Fardo apretado de mercaderías./ Medida de peso./ Atado de diez resmas de papel.

balada. f. Balata. / *Lit.* Composición poética donde se relata algún suceso, transmitida oralmente. / *Lit.* Composición poética de origen provenzal. / *Mús.* Forma musical muy antigua, cuyo acompañamiento era libre y podía danzarse.

baladí. a. De poco valor.

Bahía. Una vista de la costa francesa.

balance. m. Movimiento ya a un lado, ya a otro./ *Com.* Confrontación del activo y el pasivo de un negocio./ Escrito detallado de esta operación./ Movimiento de la nave de babor a estribor o al contrario.

balancear. i. Dar o hacer balances las embarcaciones, etc. Ú.t.c.prl./ fig. Vacilar.//tr. Igualar, contrapesar./ *Amér.* Hacer balances comerciales.

balanza. f. Instrumento para pesar./ fig. Juicio o comparación que el entendimiento hace de algunas cosas.

balar. i. Dar balidos.

balata. f. Composición poética para ser cantada.

balaustrada. f. Serie de balaustres.

balaustre o **balaústre.** m. Cualquiera de las columnas que forman las barandillas de escaleras, balcones, etc.

balboa. m. Unidad monetaria de Panamá.

balbucear o **balbucir.** i. Hablar con dificultad.

balcón. m. Ventana con barandilla saliente./ Esta barandilla.

balde. m. Recipiente con asa, para transportar agua.

baldear. tr. Regar los pisos con baldes.

baldío, a. a. Aplícase a la tierra que no se cultiva. Ú.t.c.m./ Vano, sin razón o motivo.

baldosa. f. Ladrillo que sirve para revestir el suelo.

balear. tr. *Amér.* Herir o matar a balazos.

balido. m. Voz de los ovinos, la cabra, el gamo y el ciervo.

baliza. f. Señal fija o flotante para la navegación.

ballena. f. Mamífero cetáceo, el más corpulento de los animales conocidos, cuya longitud llega a exceder los 30 m./ Cualquiera de las láminas córneas que tiene la ballena en la mandíbula superior y que, cortadas en tiras, tienen diferentes aplicaciones./ Cada una de estas tiras.

ballenato. m. Cría de la ballena.

ballenero, ra. a. Relativo a la pesca de la ballena./ m. Pescador de ballenas./ Buque que se dedica a la pesca de ballenas

ballesta. f. Máquina antigua de guerra para arrojar piedras, saetas o flechas.

ballet. m. Representación de danza y pantomima, con acompañamiento musical, que generalmente sigue un argumento y especificaciones coreográficas.

balneario, ria. a. Relativo a los baños públicos.// m. Edificio donde se administran aguas y baños medicinales./ Lugar adecuado para baños de recreo.

balón. m. Fardo grande de mercaderías./ Pelota grande de viento que se usa en varios juegos./ Recipiente esférico con cuello prolongado.

baloncesto. m. *Dep.* Juego de pelota que se disputa entre dos equipos de cinco, seis o siete jugadores por bando. Las metas son unos aros con una red suspendida de sus bordes, colocadas a tres metros del piso. El balón lo pasan unos a otros con las manos y cada equipo trata de meterlo en la red del campo contrario.

Banana. Fruto de clima tropical, de exquisito sabor.

balonmano. m. *Dep.* Juego de pelota semejante al fútbol en el que sólo se emplean las manos, con excepción del arquero.

balonvolea. m. *Dep.* Juego en el cual participan dos equipos, de seis jugadores cada uno, que lanzan el balón por encima de una red, golpeándolo con una o las dos manos.

balsa. f. Hueco del terreno que se llena de agua./ Maderos fuertemente unidos para navegar./ Árbol tropical cuya madera, más liviana que el corcho, se utiliza para hacer modelos de aeroplanos y como material aislante.

bálsamo. m. Sustancia aromática de las plantas que fluye de las incisiones o espontáneamente./ Medicamento compuesto de sustancias aromáticas para curar heridas, llagas, etc./ fig. Consuelo.

baluarte. m. Fortificación pentagonal./ Amparo y defensa.

bambalina. f. Cada una de las tiras de lienzo pintado que cuelgan a los lados del escenario.

bambú. m. Planta gramínea originaria de Asia y América, cuyas cañas leñosas, resistentes y livianas, se usan en la construcción de viviendas y en la fabricación de muebles, armas, etc.

banal. a. Trivial, común.

banana. *Amér.* Plátano./ Su fruto.

banano. m. Plátano, planta./ Fruto variedad del plátano.

bancarrota. f. Quiebra comercial./ Desastre, descrédito.

banco. m. Asiento en el que pueden sentarse varias personas./ Mesa de trabajo de carpinteros, cerrajeros, etc./ Institución económica que actúa como intermediaria en el mercado de dinero y de capitales, pagando un interés por los depósitos que recibe y percibiéndolo por los préstamos que concede./ *Mar.* Bajo que se prolonga en una gran extensión./ **-de arena.** Bajo arenoso en el mar o en un río./ **-de hielo.** Extensa planicie formada de agua de mar congelada que, en las regiones polares o procedentes de ellas, flota en el mar./ **-hipotecario.** Institución que concede préstamos con garantía inmobiliaria./ **-de préstamos.** El que presta cantidades tomando como garantía joyas, artefactos, etc./ **-de sangre.** Institución que recibe donaciones de sangre humana destinada a los enfermos.

banda. f. Cinta que se lleva atravesada de un hombro al costado opuesto./ Faja o lista./ Partido./ Grupo de gente armada./ Lado, paraje./ Conjunto de músicos que tocan tambores e instrumentos de viento./ Bandada, manada./ Costado de la nave./ *Amér.* Faja para sujetar pantalones./ **-de frecuencias.** En radiodifusión y televisión, frecuencias comprendidas entre los límites precisos./ **-de música.** Conjunto musical constituido por instrumentos de viento y percusión./ **-de Moebius.** *Mat.* Superficie no orientable en el espacio ordinario./ **-de sonido o sonora.** Parte de un filme en que el sonido está grabado al margen de la imagen.

bandada. f. Conjunto de aves o insectos.

bandeirante. a. y s. Hombres aguerridos y violentos originarios de Brasil, que asolaron las misiones jesuíticas en el s. XVII capturando indios para venderlos como esclavos en su país. Se organizaban como bandas de guerra y buscaban conquistar nuevos territorios para el imperio portugués.

bandeja. f. Pieza plana en la que se llevan vasos, copas, etc.

bandera. f. Tela asegurada a un asta que se emplea como insignia o señal de estados, entidades civiles y militares.

banderola. f. Bandera pequeña./ *Amér.* Montante de una puerta.

bandido, da. a. y s. Fugitivo de la justicia llamado por bando./ Bandolero.

bando. m. Edicto o mandato./ Partido, parcialidad./ Banco de peces.

bandolero, ra. s. Ladrón./ fig. Bandido, persona perversa./ *Amér.* Tocador de bandola.

bandoneón. m. Especie de acordeón, de forma hexagonal, y escala cromática, que se ha convertido en instrumento popular en la Argentina.

banjo. m. Instrumento musical de 5 a 9 cuerdas, con caja circular y mango muy largo.

anqueta. f. Asiento de tres o cuatro pies y sin respaldo./ Banco muy bajo.

anquete. m. Comida para celebrar algún acontecimiento./ Comida espléndida.

añadera. f. *Amér.* Pila que sirve para bañarse./ *Arg.* Ómnibus grande y descubierto.

añado. m. *Amér.* Terreno bajo, a veces inundado.

añar. tr./ prl. Meter un cuerpo en agua o en otro líquido para refrescarlo o limpiarlo.

añero, ra. s. Persona que cuida un balneario.// f. Bañadera.

año. m. Acción de bañar o bañarse./ Agua o líquido para bañarse./ Pila, recipiente para bañarse./ Capa con que queda cubierta la cosa bañada./ Servicio, retrete.// pl. Balneario.

aobab. m. Árbol del África tropical, con tronco de 9 a 10 metros de altura y hasta 10 de circunferencia, y ramas horizontales de 16 a 20 metros de largo. Su corteza se usa en la fabricación de papel y telas, y su fruto, carnoso, es comestible.

aptisterio. m. Sitio donde está la pila bautismal./ Pila bautismal.

aquelita. f. Resina sintética obtenida al calentar fenol y aldehído fórmico. Es incombustible y aislante.

aquetear. tr. Incomodar mucho./*Arg.* Hacer trabajar intensamente./ *Amér.* Adiestrar con rigor.

aquiano, na. a. Experto.// a. y s. Práctico de los caminos y atajos./ Hábil.

ar. m. Local en que se despachan bebidas./ Unidad de medida de la presión atmosférica.

araja. f. Conjunto de naipes./ fig. Reyerta, riña entre varias personas.

arajar. tr. Mezclar los naipes antes de repartirlos.

aranda. f. Antepecho con balaustres.

aratija. f. Cosa de poco valor. Ú.m. en pl.

arato, ta. a. Comprado o vendido a bajo precio./ fig. Que se logra con poco esfuerzo./ Vulgar, sin mérito./ Dinero que el jugador que gana da al baratero.// m. Venta a bajo precio./ adv. m. Por poco precio.

araúnda. f. Confusión.

arba. f. Parte de la cara debajo de la boca./ Pelo de la cara./ Pelo de algunos animales en la quijada inferior.// m. Actor que representaba el papel de anciano.// pl. Raíces delgadas de las plantas o filamentos de algunas cosas./ - **barba de choclo.** *Amér.* Filamento del maíz.

arbaridad. f. Calidad de bárbaro./ Necedad, estupidez./ Enormidad, gran cantidad.

arbarie. f. Rusticidad, falta de cultura./ fig. Fiereza, crueldad.

arbarismo. m. Falta del lenguaje que consiste en incorporar vocablos de origen extranjero no admitidos académicamente./ Barbaridad, disparate.

árbaro, ra. a. Dícese del individuo de cualquiera de los pueblos que en el siglo V abatieron el imperio romano y se difundieron por la mayor parte de Europa. Ú.t.c.s./ Perteneciente a estos pueblos./ fig. Fiero, cruel. Ú.t.c.s./ Temerario. Ú.t.c.s./ Inculto. Ú.t.c.s.

arbilla. f. Remate de la barba, mentón./ Apéndice carnoso que algunos peces tienen en la parte inferior de la cabeza.

arco. m. Artefacto hueco, que flota y puede transportar por el agua personas y cosas.

aremo. m. Libro o tabla de cuentas ajustadas./ Escala de medicina ponderada para valorar una prueba.

ario. m. Elemento químico blanco plateado. Símb., Ba; n. at., 56; p. at., 137,5. Es un metal de variada aplicación en la industria.

arítono. m. El que tiene voz entre las de tenor y bajo.

arniz. m. Líquido para dar lustre./ Capa ligera.

arógrafo. m. Barómetro para realizar registros.

arograma. m. Gráfico que se obtiene por medio de un barógrafo.

arómetro. m. Instrumento para medir la presión atmosférica.

Balcones de diferentes estilos que muestran los cambios producidos en la arquitectura.

barón. m. Título de nobleza.

barquero, ra. s. Persona que gobierna la barca.

barra. f. Pieza más larga que gruesa./ Palanca de hierro./ Pieza prolongada de hierro con la cual se juega tirándola desde un lugar determinado./ Aparato de gimnasia./ Banco de arena en la boca de un río, puerto, etc./ *Amér.* Público que concurre a la sesión de una corporación./ **-fija.** *Dep.* La sujeta horizontalmente para realizar ejercicios de gimnasia./ **barras paralelas.** *Dep.* Las que se disponen paralelamente para realizar ejercicios.

barraca. f. Vivienda pequeña, de construcción precaria y endeble, levantada sin planos y al margen de las ordenanzas municipales./ Vivienda rústica de las huertas de Valencia y Murcia, con cubiertas de cañas a dos aguas, muy vertientes./ *Amér.* Depósito de cueros, lanas, cereales, etc.

barranca. f. *Amér.* Cuesta.

barranco. m. Despeñadero, precipicio./ Hendidura profunda que hacen en la tierra las corrientes de las aguas./ fig. Obstáculo, dificultad.

barrena. f. Instrumento para taladrar o hacer agujeros en madera, metal u otra materia dura./ Barra de hierro para agujerear rocas, sondar terrenos, etc.

barrenar. tr. Abrir agujeros./ Dar barreno./ fig. Desbaratar./ Infringir las leyes.

barreno. m. Barrena grande./ Agujero que se hace con la barrena.

barrer. tr. Limpiar el suelo con la escoba./ fig. Llevarse todo.

barrera. f. Valla de madera para cerrar un sitio./ Parapeto./ La que en los pasos a nivel de los ferrocarriles se cierra al aproximarse los trenes./ fig. Obstáculo.

barreta. f. Barra o palanca pequeña que usan los mineros, albañiles, etc.

barrial. a. *Amér.* Apl. a la tierra gredosa o arcilla./ m. *Amér.* Terreno con barro.

barrica. f. Tonel mediano.

barricada. f. Parapeto para estorbar el paso.

barriga. f. Vientre./ Parte media, abultada, de una vasija./ fig. Comba que hace una pared.

barril. m. Vasija de madera para conservar y transportar licores y géneros.

barrilete. m. Instrumento de carpintero para asegurar los materiales a la mesa de trabajo./ Armazón plana y muy ligera que sostiene un papel o tela y tiene una especie de cola.

barrillo. m. Barro, granillo rojizo.

barrio. m. División de un pueblo grande o ciudad./ Arrabal de una ciudad.

barro. m. Masa de tierra y agua./ Lodo que se forma en las calles cuando llueve./ Vasija.// m. Cada uno de los granillos rojizos que salen en el rostro./ fig. Cosa insignificante o despreciable./ *R. de la P.* Desorden, enredo.

barroco, ca. a./m. *Arte* Apl. al estilo que predominó durante los siglos XVII y XVIII, caracterizado por sus formas opuestas a las claras y equilibradas del Renacimiento debido a su afán de lograr impresionar a través de efectos de masa, luz y movimiento. En arq., aparece una profusión de adornos y el uso de la línea curva. En pintura, se introdujo la composición en diagonal, la perspectiva aérea y se dio importancia al contraste por medio del claroscuro. Las figuras se distorsionaban y complicaron en escultura. En literatura dio origen a textos de difícil interpretación, con exuberancia de alusiones mitológicas, metáforas extravagantes, una sintaxis compleja y conceptos contrapuestos que expresaban las contradicciones y deseo de oscuridad de este movimiento./ Apl. a los asuntos complicados y retorcidos.

barroso, sa. a. Que está tiene barro o está cubierto por él.

barrote. m. Barra gruesa./ Barra de hierro para asegurar puertas, ventanas, etc./ Cada una de las barras verticales que forman la reja.

barruntar. m. Presentir, prever, conjeturar.

barullo. m. Mezcla de gentes o cosas varias.

basar. tr. Asentar sobre una base./ fig. Apoyar, fundar. Ú.t.c.prl.

báscula. f. Aparato para medir pesos grlmente. grandes.

base. f. Fundamento o apoyo principal en que estriba o descansa alguna cosa./ En las licitaciones o remates, precio mínimo./ Conjunto de personas representadas por un mandatario, delegado o portavoz./ *Arq.* Apoyo de una columna o estatua./ *Mat.* Cantidad que ha de elevarse a un exponente dado en la potenciación./ *Quím.* Sustancia que combinada con un ácido, forma una sal.

BASIC. *Comp.* Siglas de la expr. ingl. *Beginner Allpurpose Symbolic Instruction Code.* Lenguaje de alto nivel creado en 1965 para el aprendizaje de la programación.

basicidad. f. *Quím.* Propiedad de un cuerpo de actuar como base en una combinación.

basílica. f. Palacio real./ Edificio público romano que servía de tribunal y de lugar de reunión. Tenía planta rectangular, una nave central y dos laterales separadas por columnas. Los cristianos la usaron para su culto./ Iglesia notable por su antigüedad o magnificencia o que goza de privilegios.

basilisco. m. Animal fabuloso, al cual se atribuía la propiedad de matar con la vista./ Reptil ecuatoriano de llamativo color verde./ fig. Persona muy colérica y temible.

bastante. a. Que basta.// adv. Ni poco ni mucho, sin sobra ni falta.

bastar. i./ prl. Ser suficiente.// I. Abundar.

bastardilla. a./ f. Apl. a la letra de imprenta cuyos rasgos verticales son inclinados.

bastardo, da. a. Que degenera de su origen o su naturaleza.

bastidor. m. Armazón para fijar lienzos, vidrios, etc./ Cada una de las armazones laterales que en el escenario forman parte de la decoración./ Chasis.

basto, ta. a. Tosco, grosero.// m. pl. Uno de los cuatro palos de la baraja española representado por leños en forma de clava.

bastón. m. Vara para apoyarse al andar./ Insignia de mando.

basura. f. Suciedad, inmundicia./ Estiércol de las caballerizas.

batalla. f. Combate o pelea entre ejércitos o escuadras./ fig. Agitación del ánimo./ Disputa.

batallón. m. Unidad militar formada por 3 a 5 compañías. Su jefe tiene categoría inferior a coronel.

batata. f. Planta rastrera de flores blancas por fuera y purpúreas por dentro, de tubérculos radicales comestibles./ Cada uno de los tubérculos de las raíces esta planta./ fig. y fam. *Arg.* Timidez.

bate. m. Palo más grueso por un extremo, usado para jugar al béisbol.

bateador. m. *Dep.* El encargado de batear, en el béisbol.

batear. i. Golpear la pelota con el bate, en el béisbol.

batería. f. Conjunto de piezas de artillería dispuestas para hacer fuego./ Unidad táctica del arma de artillería, que se compone de cierto número de piezas y de los artilleros que las sirven./ En los buques mayores de guerra, conjunto de cañones que hay en cada puente./ Conjunto de instrumentos de percusión en una banda u orquesta.

batir. tr. Dar golpes./ Golpear para destruir o derribar./ Mover con fuerza una cosa./ Remover algo para que se condense o bien para que se disuelva./ Derrotar./ *Arg.* Denunciar.// i. Gal. por latir, palpitar.// prl. Luchar, especialmente en duelo.

batisfera. f. Esfera metálica para una o dos personas, que mediante un cable sujeto a un barco se baja a las profundidades del mar para estudiarlo.

batista. f. Lienzo fino.

batracio. Clase de vertebrado acuático, ovíparo y de temperatura variable, que respira por branquias en su primera edad y por pulmones cuando adulto.// pl. Clase de estos animales.

batuta. f. Varilla del director de una orquesta para marcar el compás.

baúl. m. Mueble portátil parecido al arca, para llevar ropa efectos personales en los viajes.

bautismo. m. El primer Sacramento, por el cual confiere Iglesia al que lo recibe la condición de cristiano.

bautista. m. El que bautiza.

bautisterio. m. Baptisterio.

bautizar. tr. Administrar el bautismo./ fig. Poner nombre Hablando del vino, la leche, mezclarlos con agua.

bauxita. f. Roca formada en gran parte por óxido hidratado de aluminio; se emplea para obtener el aluminio y su compuestos.

bávaro, ra. a. y s. De Bavaria.

baya. f. Fruto carnoso y jugoso.

bayeta. f. Tela de lana poco tupida./ Trapo para fregar suelo.

bayo, ya. a. y s. De color blanco amarillento.// m. Mariposa del gusano de seda.

bayoneta. f. Arma blanca adaptada al cañón del fusil.

bazar. m. En Oriente, mercado público./ Negocio en que s venden productos varios.

bazo, za. a. De color moreno amarillento.// m. Glándula voluminosa, roja, situada en el hipocondrio izquierdo.// Cartas que recoge el que gana.

Be. *Quím.* Símb. del berilio.

beatificar. tr. Hacer feliz a alguno./ Hacer venerable./ Declarar el Papa que alguien es digno de culto.

beato, ta. a. Bienaventurado./ Que ha sido beatificado.// El que lleva hábito religioso sin vivir en comunidad./ fam. Persona que frecuenta las iglesias.

bebé. m. Nene pequeño./ Muñeco.

beber. i./ tr. Tragar un líquido. Ú.t.c.prl./ Brindar./ Abusar d las bebidas alcohólicas.

bebida. f. Acción y efecto de beber./ Cualquier líquido qu se bebe.

beca. f. Subvención económica para cursar estudios o am pliarlos.

becada. f. Ave caradriforme, de carne muy apreciada. Se llama también "chocha perdiz" o "chocha".

Batalla de Caseros, librada en febrero de 1852, en Buenos Aires (Argentina), donde Urquiza al mando de un ejército de argentinos, paraguayos, uruguayos y brasileños, derrocó a Rosas tras veinte años de gobierno.

Óleo de Carlos Penut

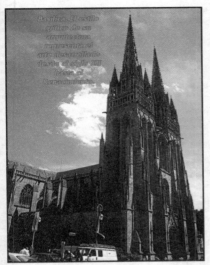

Basílica. El estilo gótico fue su arquitectura representó el arte desarrollado desde el siglo XII hasta el Renacimiento.

becerro. m. Toro desde que deja de mamar hasta que cumple un año./ Piel de este animal con que se hacen zapatos.

becuadro. m. *Mús.* Signo que expresa que la nota a la que se refiere debe sonar con su entonación natural.

bedel. m. En establecimientos de enseñanza, empleado encargado de mantener el orden fuera de las clases.

beduino, na. a. y s. Dícese de los árabes nómadas del desierto.

begonia. f. Planta perenne, con hojas gmente. aterciopeladas y de vivos colores.

behaviorismo. m. *Psic.* Conductismo, llamado también "psicología objetiva". Supone que la conducta es la reacción, más o menos mecánica, a estímulos externos.

behaviorista. a. Relativo al behaviorismo./ s. Partidario de este sistema psicológico.

béisbol. m. Juego entre dos equipos de 9 jugadores, en que estos deben recorrer ciertos puntos o bases en combinación con el lanzamiento de la pelota.

bejuco. m. Nombre de algunas plantas tropicales, de tallos largos y delgados que se utilizan en la fabricación de muebles, bastones, etc./ Jagüey.

beldad. f. Belleza o hermosura, y más particularmente en la mujer./ Mujer muy bella.

beleño. m. Planta solanácea narcótica, de fruto capsular con semillas pequeñas.

belicoso, sa. a. Guerrero./ fig. Agresivo, pendenciero.

bellaco, ca. a. y s. Malo, pícaro, ruin./ Astuto, sagaz./ *R. de la P.* Se dice de la caballería difícil de gobernar.

belleza. f. Hermosura./ Mujer hermosa.

bemol. a. y s. *Mús.* Dícese de la nota alterada en un semitono por debajo de su sonido natural.// m. Signo que la representa.

bencina. f. Mezcla líquida de varios hidrocarburos, de composición variable.

bendecir. tr. Colmar a uno de bienes la Providencia./ Consagrar al culto divino alguna cosa./ Hacer cruces en el aire con la mano extendida sobre una persona o cosa, invocando a la Santísima Trinidad.

beneficencia. f. Virtud de hacer el bien./ Conjunto de servicios destinados a auxiliar a las personas que lo necesitan y no pueden pagarlos.

beneficiar. tr. Hacer bien./ Cultivar una cosa, procurando que fructifique. Ú.t.c.prl.// prl. Aprovecharse.

beneficiario, ria. a. y s. Persona en cuyo favor se ha constituido un contrato, un seguro, etc.

beneficio. m. Bien que se hace o se recibe./ Utilidad, provecho./ Función cuyo producto se destina a una persona o entidad.

benéfico, ca. a. Que hace el bien./ Rel. a la beneficencia.

benevolencia. f. Simpatía y buena voluntad hacia las personas.

benigno, na. a. Afable, que tiene buena voluntad o afecto./ fig. Templado, apacible.

benjamín, na. s. Hijo menor, generalmente el más mimado por los padres.

benjuí. m. Resina balsámica de algunos árboles tropicales.

benteveo. m. *Amér.* Bienteveo.

beocio, cia. a. y s. De Beocia./ fig. Estúpido, necio.

beodo, da. a. y s. Borracho.

berberecho. m. *Zool.* Molusco bivalvo de mares templados, utilizados para consumo humano.

berenjena. f. Planta de fruto ovoide comestible y cubierto por una película morada y con pulpa blanca./ Este fruto.

bergamota. f. Variedad de lima, muy fragante, de cuya cáscara se extrae una esencia usada en perfumería.

bergantín. m. Buque de dos palos y vela cuadrangular o redonda.

berilio. m. Elemento químico. Símb., Be; n. at., 4; p. at., 9,013.

berilo. m. Silicato de aluminio y berilio. Cristaliza en el sistema hexagonal.

berkelio. m. Elemento químico. Símb., Bk; n. at., 97.

bermejo, ja. a. Rojizo.

berrear. i. Dar berridos./ fig. Gritar o cantar desentonadamente.

berrendo. m. Antílope norteamericano.

berrido. m. Acción de berrear.

berro. m. Planta cuyas hojas se comen en ensalada.

berza. f. Col, planta.

besamanos. m. Ceremonia durante la que se saludaba a los reyes./ Modo de saludar que consiste en acercar a la boca la mano derecha de la otra persona.

besar. tr. Tocar algo con los labios en señal de cariño./ fig. Tocar una cosa con otra.

beso. m. Acción de besar.

bestia. f. Animal cuadrúpedo.// m. y f. Persona ruda e ignorante. Ú.t.c.a.

bestiario. m. Hombre que, en los circos romanos, luchaba contra las fieras./ *Arte.* Iconografía medieval de animales./ *Lit.* En el Medioevo, colección de fábulas protagonizadas por animales.

besugo. m. Pez perciforme, de grandes ojos y carne muy apreciada./ fig. Necio, tonto.

beta. f. Nombre de la segunda letra del alfabeto griego, que corresponde a la b castellana./ *Fís.* Uno de los tres tipos de radiación, que consiste en una emisión de electrones.

betuláceo, cea. a. y f. *Bot.* Arboles o arbustos de la familia del mismo nombres.

blaba. f.*Arg.* Sopapo, paliza.

biberón. m. Botella con pezón para la lactancia artificial.

Biblia. f. Los libros canónicos del Antiguo y del Nuevo Testamento, las Sagradas Escrituras.

bíblico, ca. a. Rel. o perteneciente a la Biblia.

bibliofilia. f. Pasión por los libros, especialmente los raros y curiosos.

bibliofobia. f. Odio a los libros.

bibliografía. f. Descripción, relación o catálogo de libros./ Catálogo de libros referentes a la misma materia.

bibliólatra. a. y s. Adorador de los libros.

bibliolatría. f. Adoración por los libros.

bibliología. f. Estudio del libro en sus aspectos históricos y técnicos.

bibliomancia. f. Adivinación que se practica abriendo un libro al azar e interpretando el texto que aparece.

bibliomanía. f. Pasión por tener o coleccionar muchos libros raros o de alguna especialidad.

bibliorato. m. *Arg.* Conjunto de dos tapas unidas por argollas, que sirve para reunir documentos, en forma de libro.

biblioteca. f. Local o mueble donde se tiene considerable número de libros./ Conjunto de libros./ Colección de libros que tienen relación entre sí./ **-abierta.** La que permite el acceso directo del lector a los libros./ **-ambulante.** Aquella que se traslada de lugar en lugar para que tengan acceso a ella las poblaciones más alejadas de los centros urbanos./ **-circulante.** La que contiene obras destinadas al préstamo a domicilio./ **-popular.** Aquella que es fundada y mantenida por alguna asociación civil sin fines de lucro, y que puede gozar o no de alguna ayuda estatal.

Bicicleta. Uno de los deportes más usuales entre los jóvenes, que sirve para tonificar los músculos y a llevar una vida sana.

bibliotecario, ria. s. Persona que cuida de una biblioteca.

bibliotecnia. f. Conocimiento y estudio general de las artes de componer, imprimir, encuadernar y elegir libros.

bibliotecología. f. Organización técnica y práctica de las bibliotecas y su funcionamiento.

biblioterapia. f. Prescripción de la lectura de libros con parte de un tratamiento para personas afectadas por desórdenes mentales o psicosomáticos.

biblista. m. El que se dedica al estudio de la Biblia.

biblística. f. Rama del estudio del libro que se dedica especialmente a las ediciones de la Biblia.

bicameral. a. Dícese del sistema parlamentario de un estado que consta de dos cámaras.

bicarbonato. m. Sal formada por una base y ácido carbónico en doble cantidad que en los carbonatos neutros.

bicéfalo, la. a. Que tiene dos cabezas.

bíceps. a. y s. Que tiene dos cabezas, dos puntas o cabos./ *Anat.* Dícese de los músculos que tienen dos cabezas.

bicho. m. Animal pequeño./ fig. Persona ridícula./ **-colorado.** *R. de la P.* Insecto casi invisible y muy colorado que abunda en los pastos y provoca una picazón molesta./ **-de canasto** o **de cesto.** *Arg.* Insecto cuyas orugas se adhieren a las hojas de las plantas, con capullo muy sólido hecho de pajitas entretejidas y envueltas en una tela resistente.

bichofeo. m. *R. de la P.* Bienteveo.

bicicleta. f. Vehículo formado por una armazón metálica con dos ruedas iguales y movido por medio de pedales.

biela. f. Barra que sirve en las máquinas para transformar un movimiento de vaivén en otro de rotación y viceversa.

bien. m. Lo perfecto, objeto de la voluntad./ Utilidad, beneficio.// adv. m. Según es debido./ De manera adecuada./ m. pl. Riqueza, caudal./ conj. distrib. Ya, ora./ **-económico.** Producto del trabajo humano que tiene utilidad y posee un valor de cambio./ **bienes gananciales.** Los adquiridos por el marido o la mujer, o ambos, durante el matrimonio./ **-inmuebles.** Bienes raíces./ **-muebles.** Los que pueden trasladarse de un lugar a otro./ **-raíces.** Tierras, edificios, caminos, construcciones y minas.

bienal. a. Que sucede cada dos años./ Que dura dos años.

bienaventurado, da. a. y s. Que goza de Dios en el cielo./ Afortunado, feliz.

bienaventuranza. f. Posesión y goce de Dios en el cielo./ Prosperidad o felicidad.

bienestar. m. Comodidad, vida holgada.

bienteveo. m. *Amér.* Ave insectívora, activa y agresiva.

bienvenido, da. a. Bien recibido.// f. Recibimiento que se da a uno por haber llegado con felicidad./ Llegada feliz.

bife. m. *Amér.* Bistec./ fig. y fam. Bofetada.

bifurcarse. prl. Dividirse en dos ramales, brazos o puntas una cosa.

bigamia. f. *Der.* Estado de un hombre casado con dos mujeres al mismo tiempo o viceversa.

bígamo, ma. a. y s. El que comete bigamia.

bigote. m. Pelo que nace sobre el labio superior. Ú.t. en pl.

bilabial. a. *Fon.* Dícese del sonido en cuya pronunciación intervienen los dos labios, y también de la letra que lo representa, como la p, la b, etc.

bilingüe. a. Que habla dos lenguas./ Escrito en dos idiomas.

bilingüismo. m. *Ling.* Coexistencia de dos lenguas en un mismo país o región./ Cualidad del que es bilingüe.

bilirrubina. f. Pigmento de color amarillo presente en el plasma sanguíneo. Su acumulación en el organismo, por falla hepática, provoca la ictericia.

bilis. f. Humor algo viscoso, amarillento o verdoso, de sabor amargo, que segrega el hígado, de donde fluye hasta la vesícula biliar, en la cual se acumula para ser liberada hacia el duodeno. Interviene en la digestión de las grasas.

billar. m. Juego de destreza que se practica impulsando con tacos unas bolas de marfil sobre una mesa rectangular forrada de paño y rodeada de barandas elásticas.

billete. m. Carta breve./ *Amér.* Boleto./ Papel moneda.

billón. m. Un millón de millones.

bimano, na o **bímano, na.** a. y m. De dos manos./ m. pl. *Zool.* Grupo del orden de los primates, integrado sólo por el hombre.

bimembre. a. De dos miembros o partes.

bimestral. a. Que se repite cada bimestre./ Que dura un bimestre.

bimestre. a. Bimestral./ m. Tiempo de dos meses./ Renta, sueldo, pensión, etc., que se paga cada dos meses.

bimotor, ra. a. Que tiene dos motores.

binariedad. f. Calidad de binario.

binario, ria. a. Compuesto de dos elementos./ *Mús.* Dícese del compás de dos tiempos.

binomio. m. *Mat.* Expresión algebraica formada por la suma o la diferencia de dos términos, llamados monomios.

biodegradable. a. *Biol.* Dícese de las sustancias que pueden ser transformadas en otras químicamente más sencillas.

biodiversidad. f. *Ecol.* Variedad de vida silvestre que se encuentra en un hábitat determinado, y que debe ser protegida de los ataques de la depredación artificial, de la contaminación.

biografía. f. Historia de la vida de una persona.

biógrafo, fa. s. Escritor de biografías, o de una en particular.

biología. f. Ciencia que estudia los seres vivos, actuales o fósiles, a fin de conocer las leyes que rigen su existencia.

biólogo, ga. s. El que se dedica a la biología.

bioma. m. *Biol.* Conjunto de asociaciones biológicas que presentan relaciones ecológicas de nivel superior./ *Ecol.* Región natural resultante de la relación entre el clima y el suelo, que incluye a la vegetación y a la fauna asociada. Se clasifican según las formas dominantes de vegetación.

Bioma de la estepa.

biomasa. f. *Biol.* Masa total de los componentes biológicos de un ecosistema.

biombo. m. Mampara desplegable, compuesta de varios bastidores articulados.

biónica. f. *Biol.* Rama de la ingeniería genética que reproduce el funcionamiento de los seres vivos con sistemas cibernéticos.

biopsia. f. Examen de un trozo de tejido de un ser vivo, para completar un diagnóstico.

bioquímica. f. Ciencia que estudia los fenómenos químicos en el ser vivo.

biosfera. f. Conjunto de las zonas habitadas de la litosfera, atmósfera e hidrosfera.

biótico, ca. a. Rel. a los seres vivos./ **factores bióticos.** *Ecol.* Los componentes vivos del hábitat, como plantas y animales.

biotipo. m. Tipo biológico caracterizado por la constancia de ciertos caracteres físicos y psíquicos.

biotopo. m. Parte de la biosfera que posee unas características ecológicas diferenciadas que permiten la formación de una comunidad natural de especies animales y vegetales.

bióxido. m. *Quím.* Combinación de un radical simple o compuesto, con dos átomos de oxígeno.

bípedo, da. a. De dos pies.

biplano. m. Aeroplano cuyas cuatro alas forman dos planos paralelos de sustentación.

birlar. tr. Tirar por segunda vez la bola en el juego de bolos./ fig. y fam. Hurgar, quitar con malas artes.

birmano, na. a. y s. De Birmania./ m. *Ling.* Lengua tibetobirmana materna de los habitantes del centro y el sur de Birmania, donde es idioma oficial.

birrete. m. Gorro de forma prismática, coronado por una borla de color determinado; era distintivo de los profesores de algunas universidades./ Gorro./ Bonete.

bis. adv. Se emplea para dar a entender que una cosa debe repetirse o está repetida.// Prefijo que significa dos veces.

bisabuelo, la. s. Padre o madre de los abuelos.

bisagra. f. Articulación metálica que permite el movimiento de puertas y ventanas.

bisector, triz. a. Que divide en dos partes iguales.

bisel. m. Corte oblicuo en el borde de una plancha o lámina.

bisiesto. a. Dícese del año de 366 días. Se repite cada cuatro años. Ú.t.c.s.

bisílabo, ba. a. De dos sílabas.

bismuto. m. Elemento químico. Símb., Bi.; n. at., 83; p. at., 209,00.

bisnieto, ta. s. Hijo o hija de nieto o nieta.

bisonte. m. Bóvido salvaje, parecido al toro, con cabeza grande, cuernos pequeños y giba.

bisoño, ña. a. Dícese del soldado o tropa nuevos./ fig. y fam. Nuevo e inexperto.

bistec. f. Lonja de carne de vaca.

bisturí. m. Instrumento para hacer incisiones en cirugía.

bit. m. *Comp.* Contracción de *binary digit* (número binario), que designa la unidad mínima de información que puede representarse físicamente.

bitácora. f. Armario donde se pone la brújula, en los barcos.

bituminoso, sa. a. Que tiene betún o se parece a él.

bivalente. a. Que tiene dos valencias.

biyectiva. a. *Mat.* Díc. de una aplicación que es inyectiva y exhaustiva a la vez.

bizantino, na. a. y s. De Bizancio./ fig. Dícese de la discusión inútil o de un razonamiento muy rebuscado.

bizarría. f. Gallardía, valor./ Generosidad, esplendor.

bizarro, rra. a. Que posee bizarría.

bizco, ca. a. Que padece estrabismo.

bizcocho. m. Pan cocido dos veces./ Masa de azúcar, huevos y harina, que se cuece al horno.

blanco, ca. a. De color de nieve o leche./ Apl. a las cosas de color más claro que otras de su especie.// s. Apl. al individuo de raza europea o caucásica.// m. Objeto sobre el cual se dispara un arma./ fig. Propósito.// f. *Mús.* Nota que vale la mitad de la redonda.

blandengue. a. Blando, suave./ m. Soldado de caballería del Río de la Plata, a fines del siglo XVIII.

blandir. tr. Mover con movimiento trémulo o vibratorio un arma u otra cosa.

blando, da. a. Tierno, suave./ Templado./ Manso, benigno, de genio apacible./ Flojo para el trabajo.

blanquear. tr. Poner blanco. / Dar cal o yeso blanco a paredes y techos.

blasfemia. f. Palabra injuriosa contra Dios, la Virgen o los santos./ fig. Palabra injuriosa.

blasón. m. Arte de describir los escudos de armas./ Cada figura o pieza de un escudo./ Escudo de armas./ fig. Honor, gloria.

blenorragia. f. Enfermedad venérea, de origen infeccioso, que afecta la mucosa genitourinaria.

blindado, da. a. Revestido de blindaje./ m. Vehículo resistente que se utiliza para transporte en zona de combate.

blindaje. m. Revestimiento con que se protegen vehículos militares u otras cosas./ Revestimiento de refuerzo en pozos y excavaciones, para evitar derrumbes.

blindar. tr. Proteger exteriormente con blindaje contra los efectos de las balas, el fuego, etc.

bloc. m. Taco de calendario o de hojas de papel para anotar.

blondo, da. a. Rubio.

bloque. m. Trozo grande de piedra./ Sillar de hormigón./ Bloc./ Paralelepípedo rectangular de materia dura./ Conjunto de casas de características semejantes./ fig. Acuerdo, unión de naciones o partidos políticos para algún fin.

bloquear. tr. Asediar./ Cortar las comunicaciones y abastecimientos de un lugar o plaza por razones militares./ fig. Impedir el tránsito de algo o la actividad de un mecanismo.

blusa. f. Prenda exterior holgada con mangas que cubre de la cintura hasta el cuello.

boa

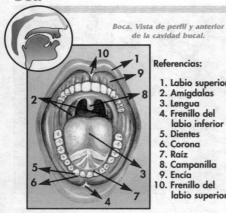

Boca. Vista de perfil y anterior de la cavidad bucal.

Referencias:

1. Labio superior
2. Amígdalas
3. Lengua
4. Frenillo del labio inferior
5. Dientes
6. Corona
7. Raíz
8. Campanilla
9. Encía
10. Frenillo del labio superior

boa. f. Serpiente americana hasta de 10 m. de largo, no venenosa; es la mayor de las conocidas.// m. Prenda de piel o pluma que suelen usar las mujeres para abrigo y adorno del cuello.

boato. m. Ostentación, lujo.

bobina. f. Carrete./ Cilindro o tubo de madera o metal para enrollar hilo, película fotográfica, etc./ Rollo de papel continuo que se emplea para imprimir en máquinas rotativas./ *Fís.* Componente de un circuito eléctrico formado por un alambre revestido de una capa aisladora, que se arrolla en forma de hélice con un paso igual al diámetro del alambre.

bobinador, ra. a. s. Que bobina./ f. Máquina que se utiliza para bobinar.

bobinar. tr. Arrollar algo que tiene forma de hilo alrededor de una bobina.

bobo, ba. a. y s. De muy corto entendimiento y capacidad./ Extremadamente candoroso./ fig. Lelo, memo.

boca. f. Cavidad por donde se come./ Órgano de la palabra./ fig. Entrada o salida./ fig. Abertura, agujero./ fig. Persona o animal que se mantiene.

bocacalle. f. *Amér.* Cruce de dos calles.

bocadillo. m. Lienzo delgado y poco fino./ Alimento que se toma entre almuerzo y comida./ Panecillo relleno con jamón, queso, etc./ *Amér.* Intervención breve de un actor en un diálogo o escena.

bocado. m. Comida que cabe de una vez en la boca./ Un poco de comida./ Mordedura./ Parte del freno que entra en la boca de la caballería.

bocamanga. f. Parte de la manga más cercana a la muñeca.

bocanada. f. Líquido que de una vez se toma en la boca o se arroja de ella./ Porción de humo que se echa cuando se fuma./ fig. Golpe de aire o viento.

boceto. m. Apunte, esbozo. Apl. a obras de arte que no tienen forma acabada.

bochinche. m. Tumulto, barullo.

bochinchero, ra. a. Que hace mucho bochinche.

bochorno. m. Aire caliente./ Calor sofocante./ Vergüenza./ fig. Alteración del rostro debido al pudor ofendido.

bocina. f. Instrumento para hablar de lejos./ Instrumento sonoro y mecánico que llevan los vehículos para llamar la atención de los transeúntes y de los conductores y evitar accidentes.

boda. f. Casamiento y fiesta con que se solemniza. Úm.en pl.

bodega. f. Lugar donde se guarda el vino./ Despensa./ Espacio interior de los buques./ *Amér.* Comercio donde se vende vino al por mayor.

bodegón. m. Establecimiento donde se sirven comidas, generalmente baratas./ Taberna. / *Pint.* Representación de naturalezas inanimadas.

bodrio. m. Guiso mal hecho./ *Amér.* Cualquier cosa mal hecha./ *Arg.* Confusión, desorden.

bofe. m. Pulmón. Ú.m. en pl.

bofetada. f. Golpe dado con la mano abierta en el carrillo. fig. Desaire.

boga. f. Acción de bogar./ Pez comestible./ fig. Aceptación, felicidad creciente. Dícese generalmente *en boga.*

bogar. i. Remar.

bogavante. m. Primer remero de cada banco de la galera. *Zool.* Crustáceo decápodo marino, de pinzas muy fuertes.

bohardilla. f. Buhardilla.

bohío. m. Cabaña de América hecha de madera y ramas, cañas o pajas y sin más respiradero que la puerta.

boicotear. tr. Privar de toda relación social o comercial a una persona o entidad, para causarle perjuicios u obligarle a ceder en lo que demanda.

boina. f. Gorra de lana redonda y sin visera.

boj. m. Arbusto de madera amarilla, dura y compacta, utilizada para realizar grabados y en obras de tornería.

bol. m. Tazón sin asas.

bola. f. Cuerpo esférico./ fig. y fam. Mentira.

bolchevique. a. y s. Partidario del bolchevismo.

bolcheviquismo. m. Bolchevismo.

bolchevismo. m. *Pol.* Doctrina que profesó el ala izquierda del partido socialdemócrata ruso, bajo la dirección de Lenin desde 1903. Llegó al poder con la revolución rusa de 1917. Su propuesta era transformar la revolución burguesa en socialista.

boleadoras. f. pl. Instrumento compuesto de dos o tres bolas de hueso atadas con cuero o soga, para aprehender animales. Se usan en América del Sur.

Bolsos italianos de confección artesanal y producción industrial.

bolear. tr. *Amér.* Arrojar, impeler./ Cazar con las boleadoras./ fig. y fam. *R. de la P.* Confundir, avergonzar, azorar. Ú.t.c.prl.

bolero. m. Aire musical popular latinoamericano.

boleta. f. Cédula para entrar en un lugar./ *Amér.* Cédula para citar a juicio./ Cédula electoral./ Comprobante de una venta.

boletín. m. Publicación especializada, que trata de temas científicos, artísticos, etc./ Sumario de noticias.

boleto. m. *Amér.* Billete de cine, teatro, tren, etc./ *Arg.* Contrato preliminar de compra-venta./ vulg. Mentira./ *R. de la P.* Cédula o comprobante de apuesta en las carreras de caballos.

boliche. m. Bola pequeña./ Comercio de ramos generales en zonas rurales.

bólido. m. Aerolito luminoso que cruza rápidamente la atmósfera y suele estallar en pedazos.

bolígrafo. m. Instrumento para escribir formado por un tubo lleno de tinta grasa cerrado en uno de sus extremos por una bolita que gira libremente y que actúa como una pluma.

olilla. f. Bola pequeña para efectuar sorteos, votaciones./ Cada uno de los temas numerados de un programa de examen.

olillero. m. *Amér.* Bombo que se usa para hacer un sorteo.

olívar. m. Unidad monetaria de Venezuela.

oliviano, na. a. De Bolivia.// m. Unidad monetaria de Bolivia.

olsa. f. Especie de saco que sirve para llevar o guardar alguna cosa./ fig. Establecimiento público en el que se reúnen los comerciantes, agentes colegiados, banqueros y especuladores, a fin de concertar o cumplir diversas operaciones mercantiles.

olsillo. m. Saquillo cosido en los vestidos, que sirve para guardar cosas usuales.

olso. m. Bolsa manuable para guardar objetos.

omba. f. Máquina para elevar líquidos e impulsarlos./ Proyectil./ Pieza hueca, llena de materias explosivas./ Pieza de cristal que se coloca en las lámparas para que alumbren mejor./ *Amér.* Pompa, burbuja./ Fanal o linterna colgada del techo./ fig. y fam. Noticia importante./ **-aspirante.** *Fís.* La que eleva el líquido por combinación con la presión atmosférica./ **-aspirante e impelente.** *Fís.* La que saca el agua de profundidad por aspiración y la impele por un proceso mecánico./ **-atómica.** *Mil.* Artefacto explosivo que se basa en la fisión del uranio 235 y tiene efectos devastadores./ **-de cobalto.** *Méd.* Aparato que aplica la radiación gamma del cobalto para la terapia del cáncer./ **-de hidrógeno.** *Mil.* Artefacto explosivo que se basa en la fisión nuclear./ **-de neutrones** o **neutrónica.** *Mil.* La que mata, sin afectar edificios y construcciones, mediante la radiación de neutrones.

bombacáceo, a. a. y f. *Bot.* Plantas de la familia bombacácea, que se caracterizan por ser arbustivas o arbóreas, de hojas alternadas, flores en racimo y semilla cubierta de lana o pulpa.

bombacha. f. Braga, prenda interior femenina.// pl. *R. de la P.* Prenda característica del campesino.

bombardear. tr. Bombear./ Hacer fuego de artillería o arrojar bombas por medio de la aviación.

bombardero, ra. a. y m. Preparado para llevar bombas, esp. aplicado a aviones.

bombero. m. Operario que trabaja en la bomba hidráulica./ El que extingue incendios./ Camión para disparar bombas./ fig. y fam. *R. de la P.* Espía, explorador./ Jugador que voluntariamente perjudica a su propio equipo./ Árbitro parcial.

bombilla. f. Tubo que se usa para sacar líquidos./ Globo de cristal en el que se ha hecho el vacío con un hilo de platino o carbón, que se pone incandescente al pasar una corriente eléctrica./ *R. de la P.* Caña especial para sorber el mate.

bombo. a. fam. Aturdido, atolondrado.// m. Caja cilíndrica o esférica y giratoria que sirve para contener bolillas numeradas, utilizables para sorteos./ Tambor muy grande que se toca con una maza./ Quien lo toca./ Elogio exagerado.

bombón. m. Dulce de chocolate, relleno o no.

bombonero, ra. a. y f. Que lleva o contiene bombones, esp. aplicado a cajas o envases para regalo.

bonanza. f. Tiempo tranquilo o sereno en el mar./ fig. Andar felizmente en lo que se desea.

bondad. f. Calidad de bueno./ Inclinación a hacer el bien./ Apacibilidad de genio.

bondadoso, sa. a. Que tiene bondad.

bonete. m. Gorra gmente. de cuatro picos o cónica usada por eclesiásticos y por colegiales graduados./ Clérigo secular.

boniato. m. Planta de tubérculos, semejante a la batata./ Tubérculo comestible de esta planta.

bonificación. f. Aumento de valor o mejora.

bonificar. tr. Abonar en una cuenta./ Dar una bonificación.

bonito, ta. a. Lindo, agradable, elegante.// m. Pez semejante al atún.

bono. m. Vale que puede canjearse por comestibles u otros artículos y a veces por dinero./ Título de deuda.

bonzo. m. Sacerdote budista. Son famosos por incinerarse en público, como forma de protesta o sacrificio.

boquear. i. Abrir la boca. / Estar expirando. / fig. y fam. Estar acabándose algo.

boquerón. m. Abertura grande./ Pez parecido a la sardina.

boquete. m. Entrada angosta./ Abertura en la pared.

boquilla. f. Pieza por donde se sopla./ Tubo pequeño por donde se fuma y donde se coloca el cigarrillo./ Pieza donde se produce la llama en los aparatos de alumbrado.

borato. m. Sal del ácido bórico.

bórax. m. Borato hidratado de sodio, cristalizado en el sistema monoclínico. Se usa en las industrias del vidrio y farmacéutica.

borbotar o **borbotear.** i. Hervir o salir al agua formando borbotones.

borboteo. m. Acción de borbotear.

borbotón. m. Erupción que hace el agua de abajo hacia arriba, elevándose sobre la superficie.

borceguí. m. Calzado hasta media pierna.

borda. f. Borde superior del costado de un barco.

bordar. tr. Adornar con labor de relieve./ fig. Hacer algo con arte.

borde. m. Extremo u orilla de algo./ En las vasijas, orilla de la boca.

bordear. i. y prl. Andar por el borde. / Acercarse, frisar.

bordo. m. Costado exterior de la nave.

bordón. m. Bastón con punta de hierro, muy alto, como el que llevan los peregrinos./ *Lit.*Verso quebrado que se repite al fin de cada copla./ Muletilla, frase o palabra que una persona repite frecuentemente en su conversación.

bordona. f. *Arg.* y *Urug.* Cuerda gruesa de algunos instrumentos musicales, principalmente de la guitarra.

boreal. a. Septentrional.

bórico. a. Dícese del ácido soluble en agua que se usa como antiséptico y en la industria de la porcelana.

boro. m. Elemento químico. Símb., B.,; n. at., 5; p. at., 10,82.

borra. f. Cordera de un año./ Parte más corta o gruesa de la lana./ Pelusa que se forma en los bolsillos entre los muebles./ Hez o sedimento espeso que forman la tinta, el aceite, el café, etc./ fig. fam. Cosas y expresiones inútiles.

borracho, cha. a. y s. Ebrio./ Que se embriaga habitualmente./ fig. fam. Dominado por una pasión.// m. *Chile.* Pez verde claro bajo el vientre y oscuro en el dorso.

borrador. m. Escrito provisional sobre el que se hacen correcciones, y que sirve para realizar el definitivo./ Utensilio para borrar la pizarra.

borrar. tr. Hacer desaparecer lo representado. Ú.t.c.prl./ fig. Desvanecer una cosa, hacerla desaparecer. Ú.t.c.s.

borrasca. f. Tempestad, temporal fuerte./ fig. Contratiempo, peligro que se corre en un negocio.

Boa. Serpiente americana que puede permanecer varios días enroscada en un árbol.

borrego, ga. a. Cordero o cordera de uno a dos años.// s. Persona sencilla, ignorante. Ú.t.c.a.

borrón. m. Mancha de tinta./ Borrador./ *Pint.* Primer apunte para un cuadro.

bosníaco, ca o **bosniaco, ca.** a. y s. Bosnio.

bosnio, nia. a. y s. De Bosnia./ Individuo originario de Bosnia, de lengua serviocroata y que generalmente practica el islamismo.

bosque. m. Lugar poblado de árboles y matas.

bosquejo. m. Traza primera de una obra artística./ fig. Idea vaga.

bostezar. i. Inspirar lenta y profundamente abriendo mucho la boca.

bostezo. m. Acción de bostezar.

bota. f. Cuero pequeño para beber vino./ Calzado que resguarda el pie y parte de la pierna.

botánico, ca. a. Rel. a la botánica.// s. El que tiene especiales conocimientos en botánica.// f. Ciencia que trata de los vegetales.

botar. tr. Echar fuera violentamente./ Echar al agua un barco recién construido.// i. Saltar la pelota u otra cosa después de haber tocado algo./ *Amér.* Derrochar.

bote. m. Golpe que se da con ciertas armas como la pica o la lanza./ Salto del caballo./ Salto de la pelota o de una persona o cosa al chocar contra algo./ Barco pequeño, de remo sin cubierta.

botella. f. Vasija con el cuello angosto, para contener líquidos.

botellero. m. Quien fabrica o vende botellas./ *R. de la P.* Ropavejero.

botija. f. Vasija de barro redonda, de cuello corto y estrecho.

botín. m. Calzado de cuero que cubre el pie y parte de la pierna./ Despojos del enemigo.

botiquín. m. Mueble, caja o maleta para guardar medicinas.

botón. m. Yema de los vegetales./ Flor cerrada y cubierta por las hojas./ Pieza que entra en el ojal y sirve para abrochar./ Pieza del timbre eléctrico que al ser oprimido, lo hace sonar./ Resalto que sirve de asidero, tope, etc.

botones. m. Muchacho que lleva recados en hoteles, casinos, etc.

bóveda. f. *Arq.* Estructura de perfil arqueado destinada a cubrir un espacio comprendido entre muros o varios pilares./ Habitación subterránea abovedada./ Cripta./ **-celeste.** Firmamento.

bóvido. a. Dícese de los mamíferos rumiantes, con cuernos óseos, cubiertos por estuche córneo, no caedizos, y que existen tanto en el macho como en la hembra. Están desprovistos de incisivos en la mandíbula superior y tienen ocho en la inferior, como la cabra y el toro. Ú.t.c.s.// m. pl. *Zool.* Familia de estos animales.

bovino, na. a. Rel. al toro, al buey o a la vaca.// m. Animal vacuno.

boxear. i. Luchar a puñetazos sujetándose a reglas.

boxeo. m. Lucha deportiva que se basa en la utilización, reglamentada, de los puños.

Bote. Embarcación utilizada para la pesca de río.

boya. f. Cuerpo flotante que se coloca como señal sujeto al fondo del río, mar, etc.

boyerizo. m. Boyero.

boyero. m. El que guarda o conduce bueyes.

bozal. Aparato que se pone a los perros para que no muerdan./ *Amér.* Cabestro.

bozo. m. Vello que apunta a los jóvenes en el labio superior.

bracear. i. Mover los brazos repetidamente. / Nadar sacando los brazos del agua.

bracero. m. Peón, jornalero.

bragueta. f. Abertura delantera del pantalón o de los calzones.

brahmán. m. Individuo que forma parte de la primera de las cuatro castas en que se divide en hinduismo.

brahmánico, ca. a. Perteneciente o relativo al brahmanismo.

brahmanismo. m. Doctrina que tiene a Brahma como divinidad suprema. Propone la ascética física y mental (el yoga), la contemplación y la adoración. Sus libros sagrados son los *Veda* y los *Upanishad*/.

bramar. i. Dar bramidos. / Hacer ruido estruendoso el mar, el viento, etc.

bramido. m. Voz del toro y otros animales salvajes./ fig. Grito fuerte del hombre furioso./ Estruendo del mar, viento, etc.

branquia. f. *Zool.* Órgano respiratorio de muchos animales acuáticos como peces, moluscos, etc.

braquicéfalo, la. a. y s. *Anat.* Persona cuyo cráneo presenta un diámetro transversal igual o un poco menor que el anteroposterior.

Branquias.

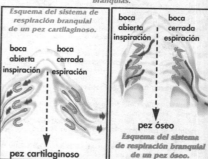

Esquema del sistema de respiración branquial de un pez cartilaginoso.

boca abierta inspiración | boca cerrada espiración

pez cartilaginoso

boca abierta inspiración | boca cerrada espiración

pez óseo

Esquema del sistema de respiración branquial de un pez óseo.

brasa. f. Leño o carbón encendido y pasado del fuego.

brasero. m. Pieza de metal, donde se hace lumbre para calentarse.

brasileño, ña. a. Del Brasil.

bravata. f. Amenaza proferida con arrogancia.

bravío, a. a. Feroz, indómito./ fig. De costumbres rústicas.

bravo, va. a. Valiente, esforzado./ Fiero, feroz, tratándose de animales./ Se dice del mar alborotado./ Áspero, fogoso./ Enojado./ fam. Valentón, preciado de guapo./

bravucón, na. a. y s. Valiente en apariencia, fanfarrón.

bravuconada. f. Hecho propio del bravucón, amenaza, fanfarronería.

bravura. f. Fiereza de los brutos./ Valentía de las personas.

braza. f. Medida de longitud que equivale a 1,6718 metros.

brazada. f. Movimiento que se hace con los brazos.

brazalete. m. Aro que rodea el brazo.

brazo. m. Miembro del cuerpo./ Parte de este miembro desde el hombro hasta el codo./ Pata delantera de un cuadrúpedo./ En los aparatos de iluminación, candelero que sale de la parte central y sostiene las luces./ Cada uno de los palos que salen del costado del sillón, para apoyar los brazos./ **-de mar.** Canal ancho y largo del mar, que entra tierra adentro./ **-secular.** Autoridad temporal que ejercen los tribunales y magistrados civiles.

1. Brújula china.

2. Brújula y reloj solar del siglo XVI. Hace unos 5 siglos los chinos descubrieron que una aguja de hierro imantada señalaba siempre el Norte.

brea. f. Alquitrán.

brebaje. m. Bebida desagradable.

brecha. f. Rotura hecha en la muralla o pared por la artillería./ Abertura en una pared./ fig. Impresión en el ánimo por sugestión ajena o sentimiento propio.

brécol. m. Variedad de col, cuyas hojas son más oscuras y no se apiñan.

bregar. i. Luchar , reñir./ Trabajar con afán./ fig. Luchar con riesgos.

breña. f. Tierra quebrada poblada de malezas.

brete. m. Grillo que se pone a los presos en los pies./ fig. Aprieto./ *Arg.* Lugar cercado de maderas donde se encierra el ganado.

breva. f. Primer fruto que da la higuera./ fig. Ventaja.

breve. a. De corta extensión o duración.// m. Documento pontificio.// f. Figura musical.

breviario. m. Libro que contiene las oraciones para todo el año./ Compendio.

brezo. m. Arbusto de madera dura y raíces gruesas, muy utilizado en la fabricación de carbón.

bribón, na. a. y s. Haragán./ Pícaro, ruin, bellaco.

brida. f. Freno del caballo con las riendas y todo el correaje.

brigada. f. Unidad militar./ Grado militar superior a sargento./ Cuadrilla de trabajadores.

brigadier. m. Oficial general equivalente, en la fuerza aérea, a general de brigada en el ejército y a contralmirante en la marina.

brillante. a. Que brilla./ fig. Admirable, sobresaliente.// m. Diamante tallado y pulido.

brillantina. f. Cosmético que se usa para dar brillo al cabello.

brillar. i. Resplandecer, despedir rayos de luz./ Sobresalir.

brincar. i. Dar brincos.

brinco. m. Movimiento que se hace levantando los pies del suelo con rapidez.

brindar. i. Manifestar, al ir a beber, el bien que se desea./ Convidar. Ú.t.c.tr.// prl. Ofrecer voluntariamente.

brindis. m. Acción de brindar./ Lo que se dice al brindar.

brío. m. Espíritu, valor, resolución.// m. pl. Pujanza.

briofito, ta. a. y s. *Bot.* Plantas del grupo de las briofitas, criptógamas sin vasos ni raíces.

brisa. f. Viento fresco y suave que sopla con regularidad.

británico, ca. a. y s. De la antigua Britania./ De la actual Gran Bretaña./ Relativo a Gran Bretaña.

brizna. f. Filamento delgado de una cosa.

brocado. m. Tela de seda entretejida con oro y plata.

brocal. m. Antepecho alrededor de la boca del pozo.

brocha. f. Escobilla de cerda con mango para pintar y otros usos./ Pincel para enjabonar la barba.

broche. m. Conjunto de dos piezas, una de las cuales engancha en la otra./ *Amér.* Pinzas o tenacillas para mantener unidas las hojas de papel, sujetar ropa, etc./ Alfiler de adorno.// pl. Gemelos de camisa.

brócoli o brócull. m. Brécol.

broma. f. Chanza, burla benigna.

bromeláceo, a. *Bot.* Dícese de hierbas y matas monocotiledóneas, como el ananá. Ú.t.c.s.f.// f. pl. Familia de estas plantas.

bromo. m. Elemento químico. Símb., Br.; n. at., 35; p. at., 79,916.

bronca. f. Riña o disputa./ *Arg.* Tirria, odio./ Enojo, enfado.

bronce. m. Aleación de cobre y estaño, de color amarillento rojizo, tenaz y sonoro./ Estatua o escultura de bronce./ fig. poét. El cañón, la campana, el clarín, etc.

broncear. tr. Dar color de bronce./ tr./prnl. Tostar el cutis al sol.

bronconeumonía. f. *Pat.* Inflamación de la mucosa bronquial.

bronquio. m. *Zool..* Cada uno de los conductos en que se bifurca la tráquea al llegar al tórax y que entran en los pulmones y se ramifican. Ú.m. en pl.

bronquitis. f. Inflamación de la membrana mucosa de los bronquios.

brotar. i. Nacer la planta de la tierra./ Salir en los vegetales retoños, hojas, etc./ fig. Tener principio o empezar a manifestarse una cosa.

brote. m. Pimpollo o renuevo que empieza a desarrollarse./ Acción de brotar o empezar a manifestarse una cosa.

bruces (de). m. adv. Boca abajo.

brujería. f. Obra de brujas./ Maleficio.

brujo, ja. a. y s. Persona de quien se dice que tiene pacto con el diablo, de donde posee poderes extraordinarios.

brújula. f. Barrita imantada que marca el norte magnético./ Instrumento para orientarse a bordo de las naves.

brulote. m. Embarcación con materias inflamables que se enviaba contra las enemigas para incendiarlas./ fig. y fam. *Amér.* Palabra grosera e insultante./ Escrito ofensivo.

bruma. f. Niebla, esp. la marina.

bruñir. tr. Sacar lustre o brillo a una cosa./ fig. Acicalar el rostro con afeites.

brusco, ca. a. Áspero, desapacible./ Gal. por rápido, repentino.

brutal. a. Cruel, violento./ fig. y fam. Enorme.

brutalidad. f. Calidad de brutal./ fig. Incapacidad, falta de razón./ Acción torpe o cruel.

bruto, ta. m. Animal irracional.// a. y s. Que no tiene pulimento, tosco.

bubón. m. Dícese del tumor grande y purulento que suele aparecer en la ingle.

bucear. i. Nadar y mantenerse debajo del agua./ fig. Investigar, inquirir.

Bosque boreal, típico de Canadá.

buche

buche. m. _Zool._ Bolsa membranosa de las aves en que ablandan el alimento./ Estómago de ciertos cuadrúpedos./ Porción de líquido que cabe en la boca.

buchón, na. a. Dícese del palomo doméstico, que suele hinchar el buche./ s. fig. _Arg._ Soplón, alcahuete.

bucle. m. Rizo de cabello de forma helicoidal./ _Comp._ Segmento de un programa que se ejecuta automáticamente.

bucólico, ca. a. Apl. a la composición poética de tema campestre.

budín. m. Postre hecho con bizcocho o pan deshecho con azúcar, leche y frutas secas.

budismo. m. Religión fundada por Buda. Según éste, el deseo es la raíz de todo sufrimiento, por lo cual la felicidad, el _nirvana_, se alcanza al lograr desprenderse de toda atadura terrena.

budista. a. y s. Adepto del budismo.

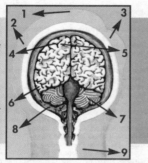

Bulbo raquídeo. Vista posterior en corte longitudinal del cerebro, que permite observar el bulbo raquídeo.

Referencias:

1. Cerebro. 2. Hemisferio cerebral izquierdo. 3. Hemisferio cerebral derecho. 4. Corteza cerebral. 5. Cráneo. 6. Mesencéfalo. 7. Cerebelo. 8. Bulbo raquídeo. 9. Médula espinal.

buen. a. Bueno antes de sustantivo m. o infinitivo. Es apócope.

bueno, na. a. Que tiene bondad./ Útil, a propósito./ Gustoso./ Grande.

buey. m. Macho vacuno castrado.

búfalo. m. Nombre de bóvidos semejantes al toro.

bufanda. f. Prenda que se lía alrededor del cuello.

bufar. i. Resoplar con ira y con furor los animales./ fig. y fam. Expresar enojo una persona de manera parecida./ Soplar.

bufete. m. Mesa de escribir./ Despacho de abogado.

bufo, fa. a. Cómico, jocoso, grotesco./ s. Actor que hace el papel gracioso de una ópera.

bufón, na. a. Chocarrero.// s. Persona que se ocupa de hacer reír.

buhardilla. f. Ventana sobre el tejado que da luz a un desván./ Desván.

búho. m. Ave nocturna rapaz./ fig. y fam. Persona huraña.

buitre. m. Ave rapaz que vive en bandadas y se alimenta de carne muerta./ fig. Persona que se complace o favorece con desgracias ajenas.

bujía. f. Vela de cera blanca./ Candelero./ Unidad para medir la intensidad de un foco de luz artifical./ Pieza que en los motores de explosión produce la chispa que ha de inflamar la mezcla gaseosa.

bula. f. Documento pontificio.

bulbo. m. _Bot._ Tallo subterráneo/ **-raquídeo.** _Anat._ Abultamiento de la médula espinal, en su parte superior.

búlgaro, ra. a. y s. De Bulgaria./ m. _Ling._ Lengua eslava meridional hablada en Bulgaria.

bulla. f. Ruido confuso./ Concurrencia de mucha gente..

bullicio. m. Ruido de mucha gente./ Tumulto, alboroto.

bullir. i. Hervir el agua o cualquier otro líquido./ Agitarse modo de agua que hierve./ fig. Moverse, agitarse mucho insectos reunidos./ Moverse, agitarse una persona.

bulto. m. Volumen o tamaño de cualquier cosa./ Cuerpo que por la distancia, por falta de luz u otra razón, no se distingue lo que es./ Elevación causada por cualquier hinchazón./ Tratándose de viajes, fardo, maleta, baúl, etc./ **-escurrir uno el bulto.** frs. fig. y fam. Eludir un compromiso trabajo o riesgo.

buñuelo. m. Masa de harina y algún otro ingrediente, frit en aceite.

buque. m. Casco de la nave./ Barco con cubierta adecuada para empresas marítimas de importancia.

burbuja. f. Glóbulo de gas que sale a la superficie de un lí quido.

burdel. m. Mancebía, casa de prostitución./ Lugar en que se falta al decoro con ruido y confusión.

burdo, da. a. Tosco, basto.

burgo. m. ant. Población muy pequeña, que dependía de otra principal./ Fortaleza medieval construida por los seño res feudales, próxima a una ciudad, para vigilar.

burgués, sa. a. Perteneciente al burgo./ Dícese de la per sona que disfruta, sin inquietudes ni preocupaciones, de una posición económica acomodada. Ú.t.c.s./ s. Capitalis ta, propietario de los medios de producción o de cambio

burguesía. f. Clase social que forman los burgueses.

buril. m. Instrumento de acero para grabar en metal.

burlar. tr. Chasquear, zumbar./ Engañar, frustrar una espe ranza.// prl. Hacer burla de alguien o de algo. Ú.t.c.i.

burocracia. f. Organización de la administración pública., Clase social que forman los empleados públicos.

burro. m. Asno./ fig. y fam. Hombre necio e ignorante.

buscapiés. m. Cohete que corre por el suelo cuando se lo enciende.

buscapleitos. s. Picapleitos.

buscar. tr. Hacer diligencias para encontrar alguna persona o cosa./ _Amér._ Provocar.

buscavidas. s. Persona muy curiosa, sobre todo de vidas ajenas./ Persona que vive de pequeños y variados trabajos

busto. m. Parte superior del tórax./ Escultura o pintura que reproduce la cabeza.

butaca. f. Silla con respaldo inclinado hacia atrás./ Asiento de un teatro, etc.

butano. m. _Quím._ Hidrocarburo saturado gaseoso, presen te en emanaciones de los pozos petroleros.

butifarra. f. Embutido que se come tierno.

buzo. m. El que tiene por oficio trabajar sumergido en e agua./ Cierta embarcación antigua.

buzón. m. Receptáculo en que caen las cartas./ Abertura por donde se echan las cartas.

byte (voz ingl.). m. _Comp._ Cadena fija de ocho bits que se emplea para codificar un carácter. También se llama octeto

Búfalo. Bóvido en vías de extinción; de gran tamaño y cuernos largos, semejante al bisonte.

c. f. Tercera letra del alfabeto castellano y segunda de sus consonantes. Su nombre es *ce*./ Letra numeral romana, que equivale a ciento.

cabal. a. Exacto./ Completo./ Honrado.

cábala. f. Tradición oral entre los judíos que explicaba los libros del Antiguo Testamento./ Cálculo supersticioso./ Conjetura.

cabalgar. i./tr. Subir a caballo.// i. Andar a caballo.

caballa. f. Pez marino acantopterigio de carne rojiza y comestible.

caballada. f. Manada de caballos./*Amér.* Animalada, cosa mal hecha.

caballaje. m. Acción de cubrir el caballo o el burro a su hembra./ Precio que se paga por esa acción.

caballazo. m. *Chile* y *Méx.* Encontrón que da un jinete con su caballo, a otro o a alguien de a pie.

caballejo. m. Caballo malo./ Potro del tormento.

caballería. f. Cualquier animal solípedo que sirve para cabalgar en él./ Cuerpo del ejército formado por soldados a caballo./ Instituto de los caballeros que hacían profesión de las armas.

caballero, ra. a. Que cabalga.// m. Hidalgo de calificada nobleza./ Miembro de alguna orden de caballería./ El que se conduce con nobleza.

caballete. m. dim. de caballo./ Línea de un tejado de la que parten dos vertientes./ Sostén formado por una pieza horizontal apoyada en cuatro tornapuntas./ Prominencia en medio de la nariz que la hace corva./ Armazón de madera en la que se coloca el cuadro./ m. *Zool.* Quilla de las aves.

caballito. m. Insecto ondonato de hermoso color.

caballo. m. Mamífero équido. Se domestica fácilmente y es muy inteligente./ Pieza grande del juego de ajedrez y naipe de la baraja representada por un caballo./ Pez marino de cola larga y erguida y como la de un caballo.

cabaña. f. Casilla tosca./ *Amér.* Establecimiento donde se crían ganados de raza.

cabañense. a. y s. De Cabañas, depto. de El Salvador.

cabañuelas. f. pl. Primeras lluvias del verano.

cabe. prep. ant. Poét. Cerca de, junto a.

cabecear. i. Mover la cabeza de un lado a otro o de arriba abajo./ Dar cabezadas cuando uno se duerme./ Moverse la embarcación de proa a popa.// tr. *Arg.* En el fútbol, dar al balón con la cabeza.

cabecera. f. Parte principal de algunas cosas./ Lugar de preferencia en una reunión, mesa, tribunal, etc./ Parte de la cama donde se colocan las almohadas./ Población principal de un territorio, distrito, etc./ Origen de los ríos./ Adorno puesto al comenzar una página.

cabecilla. m. dim. de cabeza.// m. y f. fig. y fam. Persona de poco juicio y mala conducta./ Jefe de rebeldes./ El que capitanea cualquier grupo.

cabellera. f. El pelo de la cabeza, especialmente cuando es largo./ Cola luminosa de los cometas.

cabello. m. Pelo de la cabeza de la especie humana./ Su conjunto./ -**cabello** o **cabellos de ángel.** Dulce almibarado./ *Arg.* y *Perú.* Fideos muy delgados.

caber. i. Poder contenerse una cosa dentro de otra./ Tener lugar o entrada./ Pertenecerle, tocarle a uno una cosa./ Ser posible o natural.

cabestrillo. m. Vendaje que se sujeta al cuello para sostener un brazo.

cabestro. m. Ramal que se ata a la cabeza de la caballería para llevarla o asegurarla./ Buey manso que sirve de guía a las toradas.

cabeza. f. Parte principal o superior de una cosa./ Parte superior del cuerpo del hombre y superior o anterior de los animales./ Parte superior y posterior de ella, desde la frente hasta el cuello, excluida la cara./ Principio o extremo de una cosa./ fig. Origen, principio./ Juicio, capacidad./ Persona, individuo de la especie humana./ Capital, población principal de una región, país, etc.// m. Superior principal de una familia, comunidad, etc.

cabezal. m. Almohada pequeña./ Vendaje que se pone sobre las heridas./ Pieza fija del torno.

cabezón, na. adj. fam. Cabezudo, de cabeza grande./ fig. Terco.

cabildear. i. Gestionar con astucia para ganar partidarios en un cuerpo o corporación./ Discutir un grupo, tardar mucho en tomar una decisión.

cabildo. m. Comunidad de eclesiásticos capitulares./ Corporación de gobierno municipal./ Junta.

cabillo. m. Bot. Pezón de las plantas.

Caballo. Animal de gran utilidad que aún hoy suele emplearse en tareas de labranza.

cabina. f. Gal. por camarote./ Lugar donde se coloca el conductor de un avión, tren, camión, etc./ Aposento pequeño para diversos usos.

cabizbajo, ja. a. Que tiene la cabeza inclinada hacia abajo, por preocupación o vergüenza.

cable. m. Maroma o cabo grueso./ Cablegrama./ Décima parte de la milla.

cablevisión. m. Aplícase al sistema de televisión por cable, al cual los usuarios se suscriben abonando una cuota periódica.

cabo. m. Cualquier extremo de una cosa./ Parte pequeña que queda de algo./ Mango de cualquier utensilio./ Punta de tierra que penetra en el mar./ Cuerda./ Oficial subalterno inmediatamente superior al soldado.

caboclo. a. y s. Brasil. Mestizo de indio y blanco./ Habitante de un sertao.

cabotaje. m. Navegación entre los puertos de una nación.

cabra. f. Mamífero rumiante doméstico, ligero, con grandes cuernos vueltos hacia atrás y un mechón de pelos largos colgante de la mandíbula inferior./ Hembra de esta especie.

cabrahígo. m. Bot. Higuera silvestre./ Fruto de este árbol.

cabrear. t. y prnl. Molestar, irritar.

cabrero. m. Pastor de cabras.// a./ m. Amér. Enojado, propenso a enojarse./ Chile. Dícese del que se cansa o aburre de una cosa.

cabrilla. f. Zool. Pez osteíctio, de color azul oscuro./ Trípode de madera usado por los carpinteros./ Juego que consiste en tirar piedras planas sobre la superficie del agua para que reboten.

cabriola. f. Brinco, salto. /fig. Voltereta.// pl. Cuba. Travesuras.

cabrón. m. Macho de la cabra./ Hombre que consiente el adulterio de su mujer./ Chile. Rufián.

cabronada. f. fam. Acción infame que alguno permite contra su honra./ fam. Acción malintencionada contra alguien.

caburé. m. Especie de lechuza pequeña de América, que aturde con su chillido a los pájaros hasta que quedan inmóviles y entonces los devora.

caca. f. Excremento de los niños./ fig. y fam. Vicio, defecto./ Suciedad, inmundicia.

cacahuete. m. Planta americana, y su fruto, el maní.

cacalote. m. Méx. Cuervo, pájaro carnívoro./ Amér. Central. Rosetas de maíz, pochoclo.

cacao. m. Árbol americano de semillas carnosas que son el ingrediente principal del chocolate./ Esta semilla.

cacarear. i. Dar voces repetidas el gallo o la gallina.// tr. fig. y fam. Alabar excesivamente las cosas propias.

cacatúa. f. Ave de Oceanía, trepadora, que aprende a hablar con facilidad.

cacería. f. Partida de caza y conjunto de animales muertos en ella./ Cuadro que representa la caza.

cacerola. f. Vasija de metal, para guisar.

cachaco, ca. a. y s. P. Rico. Nombre que se da a los españoles residentes en la isla, de buena posición económica./ m. Col. Hombre elegante, joven y caballeroso.

cachalote. m. Cetáceo de cabeza grande y boca provista de dientes. Puede alcanzar hasta 20 m de largo. Se lo caza por su grasa y por el ámbar gris de su intestino.

cacharro. m. Vasija tosca./ fig. y fam. Cualquier artefacto en malas condiciones.

cachaza. f. Lentitud excesiva en el obrar o en el decir./ Aguardiente de melaza./ Primera espuma de la caña de azúcar.

cachear. t. Registrar a gente sospechosa para quitarle las armas u objetos ocultos.

cachemiro, ra. a. y s. De Cachemira./ m. Ling. Lengua indoaria hablada en la región de Cachemira.

cachetina. f. Riña a cachetes./ Azotaina.

cachicuerno, na. a. Aplícase al cuchillo o arma que tiene el mango de cuerno.

cachimba. f. Pipa para fumar./Arg. Hoyo.

cachiquel. a. y s. Grupo indígena que habitaba el este de Guatemala, en Centroamérica./ m. Ling. Lengua maya hablada por este pueblo.

cacho. m. Trozo pequeño. / Racimo de bananas.

cachondez. f. Apetito sexual.

cachorro, rra. s. Perro de poco tiempo./ Cría de los mamíferos./ Chile. Disparo flojo de la pólvora.// a. Cuba. Malintencionado, rencoroso.

cachucha. f. Bote o lanchilla./ Gorra./ Arg. vulg. Genital femenino.

cachupín o **gachupín.** com. Español radicado en América.

cachupinada. f. fig. y fam. Fiesta de gente cursi.

cacicazgo o **cacicato.** m. Dignidad de cacique./ Territorio que posee y gobierna el cacique./ fam. Autoridad y poder del cacique. Por ext. poder despótico y primitivo, sobre todo ejercido en zonas rurales.

cacique. m. Jefe de un pueblo indio./ fig. y fam. Persona influyente.

caciquismo. m. Corrupción del ejercicio del poder que se basa en intereses personales y da lugar a arbitrariedades y abusos./ Control político de las oligarquías locales sobre zonas bien determinadas.

cacografía. f. Ortografía viciosa.

cacología. f. Solecismo.

cacosmia. f. Med. Alteración del sentido del olfato, que hace percibir olores fétidos sin motivo./ Med. Perversión del olfato que hace agradables los malos olores.

cacto. m. Nombre de diversas plantas vasculares, de tallo generalmente cilíndrico, capaces de almacenar grandes cantidades de agua y, por ende, características de las zonas desérticas o áridas, con espinas o pelos, como el nopal.

CAD/CAM (voz ingl.) m.Comp. Siglas de Computer Aided Design/Computer Aided Manufacturing, es decir, diseño y manufacturación por medio de computadoras.

cada. a. Que designa una o más personas o cosas entre varias.

cadalso. m. Tablado que se levanta para la ejecución de la pena de muerte.

cadañero, ra. a. Que dura un año o sucede anualmente.

cadáver. m. Cuerpo muerto.

cadaverina. f. Quím. Amina resultante de la degradación de la lisina. Se produce en el proceso de putrefacción de la carne por acción de las bacterias.

cadena. f. Serie de eslabones enlazados entre sí./ fig. Sujeción penosa./ Continuación de sucesos./ Pena aflictiva. Arg. Una de las figuras del pericón./ Geog. Cordón orográfico de sierras o montañas./ -alimentaria o alimenticia Ecol. Ciclo de la vida constituido por animales y vegetales que dependen unos de otros para su alimentación. Por ejemplo, un conejo que se come una zanahoria y el zorro que se come a ese conejo forman una cadena alimentaria. Puede tener varios eslabones más, por ejemplo, si el zorro es comido por otro carnívoro de mayor tamaño y así sucesivamente.

cadencia. f. Serie de sonidos o movimientos que se suceden de un modo regular.

cadeneta. f. Labor que se hace con hilo, lana o seda, en figura de cadena delgada.

cadenilla. f. Cadena estrecha que se pone por adorno en las guarniciones.

cadera. f. Cada una de las dos partes salientes formadas por los huesos superiores de la pelvis.

caderillas. f. pl. Miriñaque que ahuecaba la falda por la parte de las caderas.

cadetada. f. fam. Acción irreflexiva o ligereza propia de gente joven (de cadetes).

cadete. m. Alumno de una academia militar./ Amér. Aprendiz de comercio./ Arg. Mandadero joven, botones.

cadi. m. Caddie, el que lleva los palos y pelotas del jugador de golf.

cadí. m. Entre los musulmanes, juez civil.

cadmia. f. Metal. Óxido de cinc sublemado durante la fundición de este metal.

cadmiado. m. Metal. Recubrimiento de las piezas de hierro mediante una capa de cadmio, que se realiza por electrólisis para protegerlas de la corrosión.

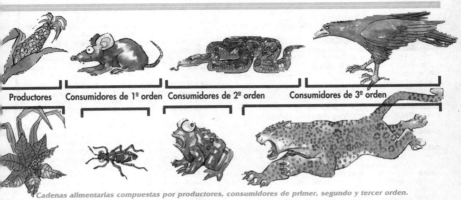

Productores   Consumidores de 1º orden   Consumidores de 2º orden   Consumidores de 3º orden

Cadenas alimentarias compuestas por productores, consumidores de primer, segundo y tercer orden.

cadmio. m. Elemento químico. Símb., Cd.; n. at., 48; p. at., 112,40. Metal blanco con reflejos azulados, que se encuentra en el cinc, en pequeñas cantidades.

caducifolio. a. *Bot.* Dícese de los árboles y arbustos de hojas caducas.

caduco, ca. a. Decrépito, anciano./ Poco durable.

caer. i./ prl. Venir un cuerpo de arriba abajo./ Perder un cuerpo el equilibrio hasta dar en tierra./ Desprenderse una cosa del lugar donde estaba adherida./ Venir a dar en una trampa o emboscada./ Incurrir en error./ fig. Decaer./ Tocar a uno un empleo, herencia, premio, etc./ Cuadrar, sentar bien./ *Fís.* Pasar algo de un nivel a otro al que se le ha sido asignado un valor más bajo.

CAF. *Econ.* Sigla del inglés *cost and freight* (coste y flete), usada para indicar que en el precio de una mercancía se incluyen los gastos de transporte.

café. m. Cafeto./ Su semilla./ Infusión hecha con la misma./ Local público donde se sirve café./ fig. y fam. *R. de la P.* Reprimenda.

cafeína. f. Alcaloide que se encuentra en el café, el té y la yerba mate.

cafeísmo. m. *Med.* Intoxicación por café.

cafeto. m. Árbol originario de Abisinia, de flores blanquecinas que, una vez fecundadas, se transforman en bayas carnosas de color rojo que contienen las semillas de las que se extrae el café.

cafre. a. y s. Para los musulmanes, negro del África austral que no profesa la fe musulmana./ *Antrop.* Bantú que habita el sureste de África./ fig. Bárbaro, cruel, salvaje.

cagachín. m. Mosquito pequeño de color rojizo./ Especie de pájaro pequeño muy común en España.

cagafierro. m. Escoria del hierro fundido.

cagajón. m. Porción de excremento de las caballerías.

caganido o **caganidos.** m. Ultimo pájaro de la pollada./ fig. Ultimo hijo.

cagarruta. f. Porción del excremento del ganado menor y otros animales pequeños.

cagatinta o **cagatintas.** m. fam. despect. Oficinista, burócrata, cobarde.

caíd. m. Especie de juez, gobernador o jefe en algunos países musulmanes.

caída. f. Acción y efecto de caer./ Declinación de algo./ Parte que cuelga de un tapiz, cortina, etc./ fig. Fracaso.

calmacán. m. Lugarteniente del gran visir./ *Col.* Persona de mucha autoridad.

caimán. m. Reptil saurio parecido al cocodrilo, aunque más pequeño./ fig. Persona astuta.

caingang o **cainguás.** Pueblo indígena que habitaba la región mesopotámica de Argentina y Paraguay, de economía recolectora.

caja. f. Pieza hueca con tapa para guardar alguna cosa./ Ataúd./ Parte de un vehículo donde van las personas./

Dependencia pública donde se efectúan pagos y cobranzas./ **-de ahorros.** Establecimiento que tiene como fin el fomento de esa actividad./ **-de cambios.** *Mec.* Dispositivo de engranajes que permite cambiar de velocidades en un motor./ **-de resonancia.** La que cubre algunos instrumentos musicales./ **-fuerte.** Armario de hierro o de acero, provisto de cerradura de seguridad, para guardar valores.

cajel. a. y f. Variedad de naranja producida por injerto de naranjo dulce sobre agrio.

cajero. m. Quien hace cajas./ Persona que en las tesorerías, entidades bancarias, etc., está encargada de la entrada y salida de dinero. / *Arg.* Músico que toca la caja.

cajetilla. f. Paquete de tabaco./ a. y s. *Arg.* fam. Persona elegante, atildada y ostentosa. Dícese esp. de los hombres.

cajista. com. *Art. gráf.* Obrero tipógrafo que compone lo que se ha de imprimir.

cajón. m. Caja grande./ Caja movible de un mueble./ *Amér.* Ataúd./ **-ser de cajón.** frs. fig. y fam. Ser muy corriente y sabido.

cajonera o **cajonería.** f. Conjunto de cajones de un armario o estantería.

cakchiquel. a. y s. Pueblo amerindio de la familia maya-quiché, que habita el centro de Guatemala./ m. *Ling.* Lengua de la familia maya-quiché.

cal. f. Óxido de calcio. Es una sustancia blanca y ligera, cuando está viva; al entrar en contacto con el agua, se hidrata o se apaga, hinchándose o desprendiendo calor./ **-muerta.** La apagada./ **-viva.** La que no contiene agua.

cala. f. Acción y efecto de calar./ Pedazo cortado de una fruta para probarla./ Parte más baja en el interior de un buque./ Ensenada pequeña./ Planta acuática, de olor agradable y hermoso aspecto./ Su flor./ *Med.* Tienta para reconocer la profundidad de una herida.

calabacín. m. *Bot.* Calabacita cilíndrica de corteza verde y carne blanda./ fig. fam. Persona inepta.

calabaza. f. Planta anual y su fruto./ fig. y fam. Persona muy ignorante.

calabozo. m. Lugar seguro para incomunicar a un preso./ Instrumento que se emplea para podar árboles.

calada. f. Acción y efecto de calar un líquido./ Acción de sumergir en agua alguna cosa./ Vuelo rápido del ave de rapiña, en bajada o subida.

caladero. m. Sitio para calar las redes.

calador. m. El que cala./ Instrumento para calafatear./ *Arg.* y *Méx.* Barrena acanalada para sacar muestras de mercancías sin abrir los bultos.

calafatear. tr. Tapar con estopa y brea las junturas de las maderas de una embarcación para que no entre el agua.

calamaco. m. Tela de lana delgada y estrecha.

calamar. m. Molusco cefalópodo comestible, con diez tentáculos provistos de ventosas y que si se lo persigue, segrega un líquido negro.

calambre. m. Contracción espasmódica, dolorosa y transitoria de un músculo.

calameño, ña. a. y s. De Calama.

calamidad. f. Desgracia que alcanza a muchos./ fig. y fam. Persona torpe o incapaz.

calamita. f. Piedra imán./ Brújula.

calamite. m. Sapo pequeño con verrugas punteadas de rojo en el dorso.

calamón. m. Ave gruiforme, de cabeza roja, lomo verde y vientre violado./ Clavo usado para tapizar o adornar.

calamorra. a. Dícese de la oveja que tiene lana en la cara.

calandra. f. Adorno metálico que cubre el radiador de los coches.

calandrajo. m. fam. Jirón que cuelga del vestido./ fig. fam. Persona ridícula.

calandria. f. Alondra. / Amér. Ave de color ceniza, pico grande y grueso y canto melodioso, que suele imitar las voces de los animales.

cálao. m. Ave piciforme, propia de países tropicales, con un pico grande que está coronado por una protuberancia ósea.

calapé. m. Amér. Tortuga asada en su caparazón.

calar. tr. Penetrar un líquido./ Traspasar./ Hacer calado en una tela, metal o cualquiera otra materia./ Conocer las cualidades o intenciones de las personas./ Cortar de una fruta, un trozo para probarla.// i. Alcanzar una nave en el agua cierta profundidad./ prl. Mojarse de modo que el agua pase de la ropa al cuerpo.

calavera. f. Conjunto de los huesos de la cabeza unidos, pero sin carne ni piel.// m. fig. Hombre de poco juicio, libertino./ Méx. Regalo que solicita la gente del pueblo para el Día de Difuntos.

calazón. f. Calado de un buque.

calcáneo. m. Hueso corto situado en la parte posterior del pie, formando el talón.

calcantita. f. Miner. Sulfato de cobre hidratado, triclínico, de color azul traslúcido.

calcar. tr. Sacar copia de un dibujo, por contacto./ fig. Copiar, imitar con exactitud.

calcedonio, nia. a. y s. De Calcedonia.

calcemia. f. Fisiol. Cantidad de calcio en la sangre.

calcetín. m. Media que sólo llega a la mitad de la pantorrilla.

calchaquí. a. y s. Pueblo indígena amerindio, perteneciente a la tribu de los diaguitas, que habitaban el NO argentino. Tenían un perfecto dominio de la agricultura y el riego. Organizaron verdaderos núcleos urbanos con construcciones de piedras, rodeadas por un vallado defensivo. Recibieron grandes influencias de los incas. Fueron hábiles guerreros y ofrecieron una gran resistencia a la dominación española.

Indios calchaquíes, también llamados cacanos. La economía de este pueblo estaba sostenida por dos actividades principales: la agricultura y la caza.

calchín. a. y s. Arg. Indígena de origen guaraní.

calcicosis. f. Med. Neumoconiosis causada por el polvo de cal.

calciferol. m. Biol. Nombre científico de la vitamina D. Estimula la absorción de calcio en los intestinos y su asimilación en los huesos. Su falta produce raquitismo.

calcificar. tr. Producir por medios artificiales carbonato de cal.

calcímetro. m. Tecn. Aparato para determinar la cal contenida en las tierras de labor./ Instrumento que sirve para determinar la cantidad de calcio que contiene un líquido.

calcinar. tr. Reducir a cal viva los minerales calcáreos./ Someter un mineral al fuego para que pierda las materias volátiles./ fig. Abrasar, reducir a cenizas.

calcio. m. Elemento químico (metal) blanco o gris que al combinarse con el oxígeno forma la cal. Símb., C; n. at. 20; p. at., 40,08.

calco. m. Copia que se saca calcando.

calcografía. f. Art. gráf. Sistema para grabar planchas metálicas.

calcomanía. f. Procedimiento consistente en pasar de un papel a objetos diversos imágenes coloreadas./ Imagen obtenida por este medio./ El papel que contiene estas imágenes.

calcosina. f. Sulfuro de cobre que cristaliza en el sistema rómbico.

calcotipia. f. Art. gráf. Sistema para reproducir en planchas en relieve una composición tipográfica de caracteres móviles.

calcular. tr. Hacer cálculos./ Gal. por pensar, meditar, reflexionar.

calculista. a. y s. Proyectista.

cálculo. m. Operación con la que se determina el valor de una cantidad cuya relación con otra u otras dadas se conoce./ Conjetura./ Med. Concreción anormal que se forma en la vejiga, vesícula biliar y en los riñones./ Gal. por interés egoísmo./ **-diferencial.** Mat. Parte de la matemática que estudia las derivadas y sus aplicaciones./ **-infinitesimal.** Mat. Parte de las matemáticas que abarca el cálculo integral y el diferencial./ **-integral.** Mat. Parte de la matemática que estudia la integración de las funciones.

caldario. m. En las termas romanas, sala donde se tomaban baños de vapor.

caldear. tr./ prl. Calentar mucho.// prl. fig. y fam. Enardecerse.

caldén. m. Especie de algarrobo sudamericano cuya madera se emplea en carpintería; llega hasta 10 m de altura.

caldeo, a. De Caldea.// m. Lengua de los caldeos.

caldera. f. Vasija de metal grande para poner a calentar algo./ Recipiente metálico donde se calienta el agua que luego circula por cañerías y de este modo se brinda calefacción a un edificio./ Arg. y Urug. Cafetera, tetera y vasija para hacer el mate.

caldereta. f. Guiso de pescado, cebolla, vinagre y aceite./ Guisado de cordero o cabrito.

calderón. m. Caldera grande./ Mús. Signo que se usa para representar la suspensión del movimiento del compas, y floreo que suele acompañarlo./ Zool. Cetáceo de cuerpo negro, de la familia de los delfines.

calderoniano, na. a. y s. Propio de Calderón de la Barca.

caldillo. m. Salsa de algunos guisados.

caldo. m. Líquido donde se ha cocido la vianda./ Cualquiera de los jugos alimenticios que se extraen de las plantas. Ú.m. en pl./ **-de cultivo.** Líquido preparado para que proliferen en él ciertas bacterias.

calducho. m. despect. Caldo poco sustancioso o mal sazonado.

calé. m. Gitano de raza./ a. Propio de los gitanos.

calefacción. f. Acción y efecto de calentar o calentarse./ Aparato que se usa para calentar una habitación.

calendario. m. Sistema de división del tiempo que lo agrupa en distintos intervalos, según determinados fenómenos astronómicos./ Almanaque.

calentar. tr./ prl. Comunicar calor a un cuerpo.// prl. Encolerizarse./ Animarse en la disputa.

calentón. m. fam. Acto de calentarse de prisa o fugazmente./ a. *Arg.* Persona que se enoja o excita fácilmente.

calentura. f. Fiebre./ *Amér.* Excitación sexual.

calenturiento, ta. a. y s. El que tiene indicios de calentura (fiebre)./ *Chile.* Tísico

calesín. m. Carruaje ligero, de cuatro ruedas y dos asientos, tirado por una sola caballería.

caleta. f. Ensenada pequeña.

caletre. m. fam. Tino, discernimiento.

calibrar. tr. Medir el calibre./ Dar el calibre que se desea./ fig. Calcular, medir la importancia de algo.

calibre. m. Diámetro interior de las armas de fuego./ Diámetro del proyectil o de un alambre./ Diámetro interior de objetos huecos./ Tamaño, importancia./ vulg. Calidad./ *Arg.* Goniómetro, instrumento de precisión que sirve para medir pequeñas longitudes.

caliciforme. a. *Bot.* Dic. de la flor que tiene forma de cáliz.

calidad. f. Manera de ser./ Conjunto de cualidades./ fig. Importancia, gravedad.// pl. Prendas espirituales.

cálido, da. a. Que da calor o lo siente./ Caluroso./ Dícese de la pintura donde predominan los matices vivos.

caliente. a. Que tiene calor./ Tratándose de disputas, riñas, etc., vivo, acalorado./ vulg. Ebrio.

califa. m. Título de los que sucedieron a Mahoma en la jefatura de la comunidad islámica.

califato. m. Sistema político-religioso islámico, basado en la autoridad del califa./ Territorio gobernado por el califa./ Período histórico en que existieron los califas.

calificar. tr. Determinar las cualidades o circunstancias de una persona o cosa./ Expresar este juicio./ Ennoblecer, acreditar.

californio. m. Elemento químico. Símb., Cf.; n. at., 98; p. at., 249 (isótopo más estable).

caligrafía. f. Arte de escribir con letra bien formada y hermosa.

caligrama. m. Disposición tipográfica inusual de un texto poético, usada para producir una impresión visual que evoque el objeto o tema aludido.

calinda. f. *Cuba.* Danza que se ejecuta en dos filas y haciendo un simulacro de lucha.

calipedia. f. Arte de procrear hijos hermosos.

calisteas. f. Fiestas que se celebraban en la antigua Grecia, en honor de Hera y Afrodita.

cáliz. m. Vaso sagrado usado en la misa./ poét. Copa, vaso./ Cubierta exterior de las flores.

calizo, za. a. Apl. al terreno o a la piedra que tiene cal.// f. Roca sedimentaria formada por carbonato de calcio.

callandico o **callandito.** adv. modo. fam. En silencio, con disimulo.

callar. i./ prl. No hablar, guardar silencio./ Cesar de hablar o de cantar./ Abstenerse de hablar lo que se sabe o piensa.

calle. f. Camino entre dos hileras de casas./ Serie de casillas en los tableros de los juegos de ajedrez o damas./ *Dep.* En atletismo o natación, franja delimitada por la que debe ir cada deportista.

callejón. m. Calle corta.

callo. m. Dureza que por roce o presión se llega a formar en pies, manos, rodillas, etc.// pl. Trozos del estómago de la vaca o carnero que se comen guisados.

callosidad. f. Dureza semejante al callo.

calma. f. Estado de la atmósfera cuando no hay viento./ fig. Paz, tranquilidad./ fig. y fam. Cachaza.

calmante. a. y s. Que calma./ Medicamento narcótico.

calmar. tr./ prl. Sosegar, adormecer, templar.// i. Estar en calma, propender a ella.

calmo, ma. a. Que está en descanso.

calmuco, ca. a. y s. Relativo a los calmucos, pueblo mongol que habita en Kalmykia./ m. *Ling.* Lengua mongol que habla dicho pueblo.

Calle peatonal europea de pisos embaldosados.

caló. m. Lengua de los gitanos españoles./ Por ext. jerga del hampa.

calofrío. m. Escalofrío. Se usa más en plural.

calor. m. Fenómeno físico que eleva la temperatura y dilata los cuerpos y que llega a fundir los sólidos y evaporar los líquidos./ Sensación que se experimenta con un cuerpo caliente./ Aumento extraordinario de la temperatura que experimenta un cuerpo por causas fisiológicas./ **-atómico.** *Fís.* Cantidad de calor que por átomo gramo necesita un elemento para que su temperatura se eleve un grado centígrado.

calorímetro. m. *Fís.* Aparato para medir el calor específico de los cuerpos.

caloyo. m. Cordero o cabrito recién nacido.

calpixque. m. Capataz encargado del gobierno de los indígenas, por los encomenderos.

calpul. m. *Guat.* Reunión./ *Hond.* Montículo que señala los antiguos pueblos indígenas.

calpulli. m. Cada una de las partes de tierra que los aztecas hacían para cultivar en común.

caluma. f. *Perú.* Cada una de las gargantas de los Andes./ *Perú.* Lugar de indios.

calumet. m. Pipa ceremonial usada por algunas tribus indígenas de América del Norte.

calumnia. f. Acusación falsa y maliciosa./ *Der.* Delito perseguible a instancia de parte, consistente en la imputación falsa de un delito perseguible de oficio.

calumniar. tr. Atribuir falsa y maliciosamente palabras, actos o intenciones deshonrosas./ Imputar falsamente la comisión de un delito perseguible de oficio, fuera del oficio en que se persiga ese delito.

caluroso, sa. a. Que siente o causa calor./ Ardiente./ fig. Vivo, entusiasta, cordial.

caluyo. m. *Bol.* Baile indígena.

calva. f. Parte de la cabeza que ha quedado sin pelo.

calvario. m. Lugar donde fue crucificado Jesucristo./ fig. Serie de adversidades.

calvero. m. Claro en un bosque o arboleda./ Terreno gredoso.

calvicie. f. Falta de pelo en la cabeza.

calvinismo. m. Doctrina teológica de Calvino. Según ella, la salvación se consigue sólo mediante la fe, no por las buenas obras. Se extendió por Suiza, Francia, Holanda, Inglaterra y sus colonias.

calvinista. a. y s. Adepto del calvinismo.

calvo, va. a. Que ha perdido el pelo de la cabeza./ Dícese del terreno inculto.

calzada. f. Camino ancho y empedrado./ *Arg.* Parte de la calle entre las dos aceras.

calzado, da. a. Que usa zapatos./ Díc. de los religiosos que usan calzado, en contraposición con los descalzos./ Apl. al animal que tiene los pies de color distinto del resto del cuerpo.// m. Todo género de zapato que sirve para cubrir y resguardar el pie.// f. Camino empedrado y ancho.

calzador. m. Utensilio que sirve para ayudar a que el pie entre en el zapato.

calzar. tr./ prl. Cubrir el pie o la pierna con el calzado./ Poner guantes, espuelas, etc.; usarlos o llevarlos puestos. Ú.t.c.prl./ Poner calces o cuñas.// i. fam. Arg. Conseguir el empleo que se necesitaba.

cama. f. Mueble que se utiliza para dormir y descansar./ Plaza destinada a un enfermo en un hospital.

camacita. f. Miner. Aleación natural de hierro (contiene hasta 93 %) y níquel.

camada. f. Crías de algunos mamíferos que se paren de una vez./ Capa de ciertas cosas, extendidas horizontalmente./ fig. y fam. Cuadrilla de malhechores.

camafeo. m. Figura tallada de relieve en piedra dura y preciosa./ Esta piedra.

camal. m. Cabestro de cáñamo con que se ata la bestia./ Bol. y Perú. Matadero de reses.

camaleón. m. Saurio pequeño que cambia de color al dilatar su piel./ fig. Dícese del individuo que cambia frecuentemente de opiniones o ideas.

Camellos asiáticos utilizados para el transporte de mercancías a través del desierto, por su gran resistencia.

camaleónico, ca. a. Relativo al camaleón.

camalote. m. Amér. Planta acuática americana, de hoja en forma de plato y flor azul./ Conjunto de estas plantas que, enredadas con otras, forman islas flotantes.

camao. m. Cuba. Paloma silvestre pequeña, de color pardo.

cámara. f. Sala, habitación./ Cada uno de los cuerpos colegisladores en los gobiernos representativos./ Reunión de personas./ Sala principal en los barcos./ Armario, recinto./ Anillo tubular de goma de los neumáticos con aire inyectado a presión./ Mar. Lugar donde se alojan los oficiales./ Espacio que ocupa la carga en las armas de fuego./ **-cinematográfica.** Cámara fotográfica que toma varias fotografías por segundo, de manera de producir una sucesión que pueda representar fielmente el movimiento./ **-de combustión.** Mec. Espacio, en los motores de combustión interna, en el que se quema la mezcla carburante./ **-lenta.** Rodaje de una película más acelerado de lo habitual, para que al proyectarse dé la sensación de mayor lentitud.

camarada. m. y f. El que anda en compañía de otros, tratándose con amistad y confianza.

camarilla. f. Conjunto de personas que influyen en los asuntos del Estado (y, por extensión, en otros ámbitos).

camarín. m. Cuarto pequeño donde se cambian los actores en el teatro.

camarón. m. Crustáceo marino con diez patas y antena largas.

camarote. m. Dormitorio en los barcos y en los vagones.

cambiar. tr./ i. Ceder una cosa por otra./ Mudar, variar, alterar.// tr. Dar o tomar una moneda o billete por su equivalente.// i. Mudar de dirección el viento.

cambiavía. m. Col., Cuba y Méx. Guardagujas.

camblazo. m. fam. Cambio rápido y generalmente fraudulento o inadvertido.

cambio. m. Acción de cambiar./ Modificación que resulta de ello./ Dinero menudo./ Precio de cotización de los valores mercantiles./ Valor relativo de las monedas de diversos países./ Mecanismo de las vías férreas que sirve para que los trenes circulen por una de las dos vías en los empalmes./ **-libre cambio.** Sistema económico de comercio sin pago de derechos aduaneros.

cambista. com. Persona que cambia dinero./ m. Banquero.

camboyano, na. a. y s. De Camboya.

cámbrico, ca. a. y s. Dícese de los antiguos pobladores de Gales./ m. Geol. El primero de los cinco períodos de la era primaria o paleozoico.

camedrio o **camedris.** m. Planta labiada, de flores purpúreas que se usan como febrífugo.

camedrita. m. Vino preparado con la infusión del camedrio.

camelia. f. Arbusto originario de Japón y China, de flores muy bellas./ Flor de este arbusto.

camella. f. Gamella, arco del yugo./ Artesa o cajón para que coman los animales./ Hembra del camello./ Camellón, caballón.

camello. m. Rumiante originario del Asia Central, de cuello largo y gibas en el dorso./ fig. y fam. Individuo rudo y torpe./ fig. Persona que comercializa drogas tóxicas al por menor.

camelo. m. fam. Chasco, burla./ Noticia falsa.

camelote. m. Tejido de lana fuerte e impermeable.

camembert. m. Queso graso de vaca, fabricado en Normandía y Turena.

cameroniano, na. a. y s. Adepto de un grupo presbiteriano escocés, llamado Iglesia Presbiteriana Reformada desde 1743. Toma su nombre de su líder Richard Cameron (¿1648-1680?).

camerunense o **camerunés, sa.** a. y s. De Camerún.

camilla. f. Mesa donde se pone el brasero./ Cama angosta y portátil, para conducir enfermos o heridos.

camilucho, cha. a. y s. Arg. Indígena jornalero en el campo.

caminar. i. Ir de viaje./ Andar./ fig. Seguir su curso las cosas inanimadas./ tr. Recorrer una distancia.

caminata. f. fam. Recorrido largo y penoso./ Viaje corto hecho por diversión.

caminí. m. Par. Especie de yerba mate.

camino. m. Vía hecha para transitar./ Tierra hollada por donde se transita habitualmente./ Viaje./ fig. Medio para lograr algo.

camión. m. Vehículo grande y fuerte que se utiliza para transformar cargas pesadas./ Méx. Ómnibus.

camioneta. f. Camión pequeño.

camisa. f. Prenda de vestido./ Telilla externa de algunos frutos./ Revestimiento interior de una pieza mecánica./ Envoltura de metal de un proyectil./ **-de fuerza.** La que se utiliza para inmovilizar a los dementes./ **-meterse en camisa de once varas.** frs. fig. y fam. Intervenir en lo que a uno no le importa.

camisola. f. Camisa de hombre o de mujer con cuello y pechera a la vista.

camita. a. y s. Descendiente de Cam./ m. pl. Etn. Pueblos no negros del N y E de África, no emigrados de Arabia ni Europa.

camón. m. Trono real portátil, que se colocaba junto al presbiterio cuando asistían los reyes a la capilla, en público./ Arq. Mirador, balcón con cristales./ Mec. Pieza curva que componen los dos anillos de las ruedas hidráulicas./ Madero grueso que sirve de calce a las carretas. Ú.m. en plural.

camorra. f. Riña, pendencia./ Organización secreta dedicada al delito, surgida en Nápoles en 1830. En 1860 se convirtió en partido político. Disuelta en 1912, resurgió en 1960.

camorrero, ra. a. y s. Que tiene inclinación por la camorra, pendenciero.

camote. m. *Amér.* Batata.

campal. a. Relativo al campo. Se aplica usualmente a las batallas.

campamento. m. Acción de acampar./ Lugar donde acampa la tropa./ La tropa acampada./ Lugar donde se instalan turistas, exploradores, viajeros, etc.

campana. f. Instrumento de metal que tiene en su interior un badajo que lo hace sonar./ fig. Cualquier cosa que por su forma se parece a la campana./ *Arg.* y *Perú.* Persona que espía.

campanada. i. Golpe que da el badajo en la campana, y sonido que hace.

Canal. Aspecto del mismo, con sus típicas góndolas, en Venecia, Italia.

campanario. m. Torre de iglesia donde se colocan las campanas./ Una de las dos partes del telar de mano.

campanero. m. Fundidor de campanas./ El que toca las campanas de la iglesia./ *Amér.* Ave paseriforme, de canto pausado y sonoro.

campaniforme. a. Con forma de campana.

campanilla. f. Campana pequeña./ Apéndice carnoso que pende del paladar./ Flor con corola en forma de campana.

campaña. f. Campo llano./ Conjunto de actos o esfuerzos para conseguir un fin determinado./ *Amér.* Campo./ fig. Tiempo durante el cual una persona se dedica a una determinada ocupación./ Período de actividad comercial o industrial./ Período de operaciones de un buque./ Ejercicio militar./ Tiempo durante el cual se realizan actividades con un fin determinado: *campaña publicitaria, sanitaria,* etc.

campeador. a. y s. Decíase del que sobresalía en el campo de batalla. Se aplicó por excelencia al Cid Rodrigo Díaz de Vivar.

campechano, na. a. y s. Franco, dispuesto para cualquier broma o divertimento./ Fam. Dadivoso.

campeón. m. Héroe famoso en armas./ El que en los desafíos antiguos entraba en batalla./ Vencedor en un certamen./ Defensor de una causa, ideal, etc.

campero, ra. a. Rel. al campo./ *Amér.* Dícese del animal adiestrado en el paso de los ríos, montes, etc./ *R. de la P.* Práctico en cosas de campo.

campesinado. m. Conjunto de campesinos./ Clase social de los que viven de la tierra que poseen.

campesino, na. a. Propio del campo.// s. Que vive en él.

campestre. a. Campesino./ m. Antiguo baile mexicano.

campillo. m. Campo pequeño./ Ejido.

campiña. f. Espacio grande de tierra llana cultivable.

campo. m. Terreno extenso fuera de poblado./ Tierra de cultivo./ Campiña./ Terreno de juego en el fútbol y otros deportes./ *Dep.* Mitad del terreno de juego que cada equipo debe defender en el fútbol y otros deportes./ fig. Espacio real o imaginario donde está o se desarrolla una cosa real o imaginaria./ *Amér.* Terreno comprendido en la concesión de una mina./ **-de batalla.** Lugar donde se lucha.

camposanto. m. Cementerio católico./ *Arg.* Cabeza de una viga que sostiene la corona de la cornisa.

camuflaje. m. Acción de camuflar o camuflarse.

camuflar. tr./ prl. Disimular la presencia de armas, tropas, barcos, mediante un enmascaramiento adecuado (árboles, tierra)./ fig. Esconder una cosa dándole el aspecto de otra.

can. m. Perro.

canaco, ca. a. y s. Nombre de origen colonial que se da incorrectamente a los indígenas melanesios o polinesios de Oceanía.

canadiense. a. De Canadá.

canal. amb. Cauce artificial de agua./ Parte más profunda de la entrada de un puerto./ Pasaje angosto en el mar entre dos tierras emergidas./ Estría./ En radiotelegrafía y televisión, gama o banda.

canalizar. tr. Abrir canales./ Dar dirección a las aguas mediante canales.

canalla. f. Gente baja, ruin./ m. fig. y fam. Hombre perverso.

canalón. m. Conducto que recibe y vierte el agua de los tejados./ Sombrero de teja./ Canelón.

canapé. m. Diván, sofá./ Pequeño emparedado que se sirve como entremés.

canario, ria. a. De las islas Canarias.// m. Raza de pájaros, que viven en cautiverio, de canto armonioso.

canasta. f. Cesto de mimbre, ancho de boca, que suele tener dos asas./ Juego de naipes.

cancán. m. Baile femenino de escenario, de moda en París hacia 1830.

cáncano. m. fam. Piojo.

cancel. m. Contrapuerta que se coloca delante de las puertas para evitar corrientes de aire y amortiguar los ruidos callejeros./ *Arg.* Puerta que separa el zaguán del interior de una casa.

cancelar. tr. Anular un instrumento público, una inscripción, etc./ fig. Abolir./ *Amér.* Suspender permisos, audiencias, etc.

cancelaría. f. Tribunal romano por donde se despachan las gracias apostólicas.

cancelario. m. El que en las universidades tenía la autoridad pontificia y concedía los grados./ *Bol.* Rector de universidad.

cáncer. m. Tumor maligno en general, que ataca los tejidos orgánicos./ *Astr.* Signo del Zodíaco./ *Astr.* Constelación que se halla delante de este signo.

cancerólogo, ga. a. y s. Médico que se especializa en el estudio y el tratamiento del cáncer.

cancha. f. Local destinado a diversos deportes./ *Amér.* Terreno llano y desembarazado./ fig. y fam. *Amér.* Habilidad.// **¡Cancha!** *R. de la P.* int. para pedir que abran paso.

canciller. m. Empleado auxiliar en embajadas, consulados, etc./ En ciertos países, magistrado supremo./ Miembro del gobierno de un estado encargado de las relaciones exteriores de su país.

canción. f. Composición en verso, que se canta o que se puede poner en música./ Música de esta composición./ **-de cuna.** La que se entona para hacer dormir a los niños.

cancro. m. Cáncer./ *Bot.* Úlcera que se manifiesta por manchas blancas o rosadas en la corteza de los árboles.

cancroide. m. *Med.* Epitelioma de la piel, relativamente benigno.

candado. m. Cerradura contenida en una caja de metal.

candeal. a. Apl. al trigo de harina muy blanca y al pan que se hace con ella.

candela

candela. f. Vela de sebo, resina, etc., para alumbrar./ fam. Candelero./ En fotometría, unidad de medida de la intensidad luminosa.

candelabro. m. Candelero de dos o más brazos.

candelaria. f. Fiesta de la purificación./ *Perú.* Planta muy vivaz, de hojas blanquecinas y gruesas./ Flor de esta planta.

candelero. m. Utensilio que sirve para mantener derecha la vela./ Lámpara de metal.

candidato, ta. s. Persona que pretende algún título o cargo.

candidez. f. Calidad de cándido.

cándido, da. a. Blanco./ Sencillo, sin malicia ni doblez. Ú.t.c.s./ Simple, poco listo. Ú.t.c.s.

candiel. m. Mezcla de vino blanco, yemas de huevo, azúcar y algún otro ingrediente.

candil. m. Utensilio para alumbrar por medio de una mecha impregnada en aceite contenido en un recipiente.

candonga. f. fam. Broma, burla./ fam. Mula de tiro./ *Col.* pl. Pendientes.

candor. m. Blancura suma./ Sinceridad, candidez.

cané. m. Juego de azar parecido al monte.

caneca. f. Frasco cilíndrico de barro vidriado, para contener licores.

caneforias. f. En la antigua Grecia, fiestas en honor de la diosa Diana.

canela. f. Corteza de las ramas, quitada la epidermis, del canelo, de color rojo amarillento y de olor muy aromático y agradable. Se usa como condimento en chocolates y licores./ fig. y fam. Cosa exquisita.

canelo, la. a. De color de canela, aplicado esp. a los perros y caballos.// m. Árbol originario de Ceilán, de la familia de las lauráceas, de tronco liso, hojas parecidas a las del laurel, flores blancas y por fruto drupas ovales de color pardo azulado. La segunda corteza de sus ramas es la canela.

canelón. m. Conducto que recibe el agua de los tejados./ *Amér.* Porción de pasta arrollada y rellena con carne picada, verdura, etc.

canelonense. a. y s. De Canelones, Uruguay.

canesú. m. Cuerpo de vestido de mujer sin mangas./ Pieza superior de la camisa, a la que se pegan cuello y mangas.

canga. f. Instrumento de tortura chino, que consistía en una pieza de madera en el que se apresaban el cuello y las muñecas del reo./ *Amér.* Mineral de hierro con arcilla.

cangrejo. m. Crustáceo comestible de diversas formas y especies.

cangrena. f. Gangrena.

canguro. m. Mamífero marsupial que anda a saltos por tener las patas delanteras mucho más cortas que las traseras. Se apoya en las patas posteriores, juntamente con la cola, que es muy robusta.

caníbal. a. y s. Persona o animal que come a otro de su misma especie./ Salvaje de las Antillas, temido por antropófago./ Individuo muy cruel./ Antropófago.

canibalismo. m. Antropofagia atribuida a los caníbales./ Fig. Ferocidad extrema.

cánido. a. y s. *Zool.* Mamífero carnívoro como el perro y el lobo.// m. pl. *Zool.* Familia de estos animales.

canilla. f. Huesos largos de la pierna o del brazo./ *Amér.* Grifo./ Caño pequeño por donde se vacía la cuba./ *Amér.* Pierna delgada./ *Arg.* Tobillo./ fig. *Méx.* Fuerza física./ *Perú.* Juego de dados.

canillita. m. *Amér.* Vendedor de diarios.

canina. f. Excremento de perro.

canino, na. a. Relativo al can./ m. Colmillo, diente.

canje. m. Trueque, sustitución.

cannáceo, a. a. *Bot.* Apl. a plantas perennes de raíz fibrosa y fruto en cápsula como el cañacoro.

canoa. f. Embarcación de remo estrecha, ordinariamente sin diferencia entre proa y popa.

canon. m. Regla o precepto./ Catálogo de los libros sagrados declarados auténticos por la Iglesia Católica./ Parte de la misa./ Pago periódico con que se grava una concesión

Canguro. Mamífero marsupial de costumbres herbívoras, propio de Nueva Guinea y Australia.

gubernativa.// pl. Derecho canónico.

canónico, ca. a. Realizado según un canon./ *Mat.* Elemento de un conjunto, que se elige como representante por ser la forma o expresión más simple.

canóniga. f. fam. Siesta que se duerme antes de comer.

canónigo. m. El que obtiene y desempeña una canonjía.

canonizar. tr. Declarar la Iglesia santo a un siervo de Dios, y beatificado./ fig. Calificar de bueno a una persona o cosa.

canonjía. f. Prebenda del canónigo.

cansancio. m. Falta de energías que resulta de haberse fatigado.

cansar. tr./ prl. Causar cansancio./ Disminuir la fertilidad de la tierra./ fig. Enfadar, molestar.

cansera. f. fam. Molestia y enojo causados por una importunación./ *Amér.* Tiempo perdido en algún empeño.

cansino, na. a. Aplícase al animal debilitado por sus esfuerzos./ Lento, perezoso.

cantábrico, ca. a. y s. Rel. a Cantabria, región de España.

cantaleta. f. Ruido y confusión de voces e instrumentos para burlarse de alguna persona./ Canción burlesca, usualmente nocturna./ Fam. Chasco, zumba./ Estribillo, repetición irritante.

cantamañanas. a. fam. Informal, irresponsable, sin crédito.

cantante. a. Que canta./ m. y f. Cantor o cantora de profesión.

cantar. i./ tr. Formar con la voz sonidos melodiosos./ En ciertos juegos de naipes, decir los puntos que uno tiene./ fig. y fam. Descubrir lo secreto, confesarlo.// m. Copla o composición poética breve, puesta en música./ **-cantar de gesta.** Nombre dado a los primitivos poemas épicos en lengua romance.

cantarela. f. Primera cuerda del violín o de la guitarra.

cantárida. f. *Zool.* Insecto coleóptero, de color verde, del cual se obtiene la cantaridina./ Llaga que dicho insecto produce sobre la piel.

cantaridina. f. *Quím.* Principio activo de la tintura de cantáridas, que se usa como estimulante del aparato genitourinario y como diurético.

cántaro. m. Vasija grande de barro o metal, ancha en la barriga y angosta por el pie, con una o dos asas.

cantata. f. *Mús.* Composición para una o varias voces, con acompañamiento.

cante. m. Canto, especialmente el popular.

cantera. f. Sitio de donde se extrae piedra./ fig. Capacidad, talento.

canticio. m. fam. Canto frecuente y molesto.

cántico. m. Canto religioso./ Ciertas poesías profanas.

cantidad. f. Todo lo que puede medirse o numerarse./ Porción grande de algo./ Porción indeterminada.

antilena. f. Copla, cantar./ Repetición molesta de alguna cosa.

antimplora. f. Frasco aplanado para llevar la bebida.

antizal. m. Terreno donde hay muchos cantos y guijarros.

anto. m. Acción y efecto de cantar./ Arte de cantar./ Cualquier composición lírica./ Poema corto de tema heroico./ Cada una de las partes en que se divide el poema heroico./ **-rodado.** Piedra pequeña de bordes desgastados.

antón. m. Esquina./ Región, territorio./ Sitio en que hay tropas./ *Amér.* Parte alta aislada en medio de una llanura.

antonés, sa. a. y s. De Cantón, China./ m. *Ling.* Dialecto chino, llamado también *yue*, hablado en algunas regiones de China.

antoral. m. Libro de coro.

ánula. f. Caña pequeña./ Tubo corto que sirve para varios usos, especialmente en cirugía.

anuto. m. En las cañas, parte que media entre nudo y nudo./ Trozo de tubo, que puede estar cerrado por uno de sus extremos y que tiene distintos usos.

aña. f. Tallo de las plantas gramíneas por lo común hueco y nudoso./ Aguardiente destilado de la caña de azúcar./ Planta graminea de tallo hueco y flexible./ Parte de la bota que cubre la pierna./ Fuste de la columna./ **-de pescar.** La usada por los pescadores.

añacoro. m. Planta herbácea de la familia cannáceas, con hojas puntiagudas y flores encarnadas.

añada. f. Vía de desagüe o escurrimiento que ocupa un terreno deprimido.

añafístola o **cañafístula.** f. Árbol de países intertropicales, de tronco ramoso y ceniciento, hojas compuestas, flores amarillas y vainas con una pulpa que se usa en medicina./ Fruto de este árbol.

áñamo. m. Planta de la que se extrae un filamento textil que se prepara como el lino.

añarí. a. y s. Individuo de un pueblo amerindio del S de Ecuador. De él proceden en parte los campesinos de Cañar. Fueron asimilados por los incas tras dura resistencia y sometidos por los españoles alrededor de 1534.

añazo. m. Golpe dado con una caña./ *Amér.* Aguardiente de caña.

añería. f. Tubería de plomo, hierro o cobre que sirve para conducir agua o gas.

añiza. a. Madera que tiene la veta a lo largo./ f. Especie de lienzo.

año. m. Tubo corto./ Conducto de desagüe./ En el órgano, conducto de aire que produce sonido./ Cueva para enfriar el agua./ *Col.* y *Venez.* Río o arroyo.

añón. m. Pieza hueca a modo de caña./ Parte hueca de la pluma del ave./ Pieza de artillería para lanzar proyectiles./ *Geog.* Paso estrecho entre montañas, cubierto por un curso de agua, originado en el efecto erosivo de las aguas sobre tierras blandas.

añutazo. m. fam. Soplo, chisme.

añutero. m. Alfiletero.

cao. m. *Cuba.* Ave paseriforme carnívora, de pico corvo y plumaje negro.

caoba. f. Árbol americano, de madera muy estimada para muebles por su hermoso aspecto y pulimento./ Esta madera.

caolinita. f. *Miner.* Filosilicato de aluminio de color blanco y brillo perlado, untuoso al tacto. Compone ciertas arcillas.

caos. m. Estado de confusión de las cosas al ser creadas por Dios, antes de ser ordenadas./ fig. Confusión, desorden grande.

capa. f. Ropa larga y suelta, sin mangas./ Sustancia diversa que se sobrepone en una cosa para cubrirla./ Porción de alguna cosa extendida horizontalmente sobre otras./ Cubierta protectora./ Estrato de la corteza terrestre./ **-de ozono.** *Ecol.* La que, formada por dicho gas, rodea la atmósfera terrestre y evita que los rayos ultravioletas del Sol sean dañinos para los seres humanos. En la actualidad se ha adelgazado sobre los polos, por efecto de diversas contaminaciones.

capacete. m. Pieza de la armadura que cubría y defendía la cabeza.

Los capayanes conocían técnicas de riego artificial y almacenaban granos de maíz, el zapallo y otros cultivos en depósitos semisubterráneos. Construían sus viviendas bajo los árboles, cuyas copas les servían de techo. Trabajaron la cerámica y el barro. Se extinguieron a fines del siglo XVIII.

capacidad. f. Espacio hueco de alguna cosa, suficiente para contener otras./ Aptitud para alguna cosa./ Talento./ *Der.* Aptitud legal para ejercitar un derecho o ejercer una función./ **-calórica.** *Fís.* Cantidad de calor necesaria para aumentar en un 1° C la temperatura de un cuerpo.

capacitancia. f. *Fís.* Valor de la impedancia en un circuito, cuando sólo existe una capacidad.

capacitar. tr./ prl. Hacer a uno apto, habilitarle para alguna cosa./ *Chile.* Comisionar, facultar.

caparazón. m. Cubierta que se pone a las cosas para protegerlas./ *Zool.* Cubierta coriácea, ósea o caliza que protege las partes blandas del cuerpo de los insectos, arácnidos y crustáceos./ Esqueleto torácico del ave.

capataz. m. El que rige a cierto número de operarios./ El que dirige un establecimiento de campo.

capayán. m. Pueblo indígena que ocupaba la región montañosa entre el río Colorado y el río Jáchal, Argentina.

capaz. a. Suficiente para una cosa determinada./ Diestro, de buen talento./ Apto legalmente para una cosa.

capcioso, sa. a. y s. Dícese de las palabras, doctrinas, proposiciones falsas o engañosas./ Dícese de las preguntas o argumentaciones hechas con el objeto de forzar una respuesta comprometida y poner al otro en un aprieto.

capear. tr. Hacer suertes con la capa al toro./ fig. y fam. Entretener a una persona con pretextos o engaños./ Sortear el mal tiempo con adecuadas maniobras.

capellada. f. Puntera, contrafuerte./ Pala, parte superior del calzado.

capellán. m. Clérigo que tiene una capellanía./ Cualquier eclesiástico.

capicúa. m. Palabra o cifra que se lee igual de izquierda a derecha y de derecha a izquierda./ En el juego del dominó, ficha que puede colocarse en cualquier extremo.

capilar. a. Rel. al cabello./ *Anat.* Cada uno de los vasos muy finos que enlazan la terminación de las arterias con el comienzo de las venas. Ú.t.c.s.

capilaridad. f. Calidad de capilar./ *Fís.* Fenómeno que eleva o desciende el nivel de un líquido en el interior de un tubo capilar sumergido en dicho líquido.

capilla. f. Edificio pequeño, dedicado al culto./ Parte de una iglesia con altar propio./ Oratorio./ Cuerpo de música o cantares de una iglesia.

capirotazo. m. Golpe que se da haciendo resbalar fuertemente la yema del pulgar sobre el dorso de la última falange de otro dedo de la misma mano.

capital. a. Rel. a la cabeza./ Dícese de los siete pecados que se tienen por origen de otros./ Principal, fundamental.// a./ f. Apl. a la población principal de un Estado, provincia, etc.// m. Fondo de que dispone una empresa comercial./ Valor permanente de lo que produce interés o renta.

capitalismo. m. Sistema económico y político que se basa en el predominio del capital como factor de producción y creador de riqueza. Su fundamento es la propiedad privada de los medios de producción, junto con la libertad de mercado.

capitalista. a. Partidario del capitalismo./ Relativo a este sistema./ s. Propietario del capital.

capitalizar. tr. Fijar el capital que corresponde a determinado rendimiento./ Agregar al capital el importe de los intereses devengados.

capitán. m. Oficial del ejército que manda una compañía, un batallón./ El que manda un buque mercante./ Caudillo militar./ Dep. Jugador que dirige un equipo.

capitel. m. Parte superior de una columna.

capitolio. m. Edificio majestuoso y elevado.

capitulación. f. Rendición de un ejército, plaza o punto fortificado./ Convenio, pacto.

capítulo. m. Junta que celebran los clérigos y canónigos para las elecciones de prelados y para otros asuntos./ Junta que gobierna una orden militar./ Cabildo eclesiástico secular./ Cada una de las divisiones importantes que se hacen en un libro o escrito./ Inflorescencia de las flores sésiles dispuestas sobre un eje muy corto y dilatado.

capó. m. Puerta o cubierta que protege el motor de un automóvil o de un avión.

capota. f. Tocado femenino que se ajusta con cintas por debajo de la barbilla./ Cubierta plegadiza de algunos carruajes y automóviles.

capotar. f. Chocar un avión en tierra por su parte delantera.

capricho. m. Idea o propósito sin razón./ Antojo, deseo vehemente./ Obra artística que no se ajusta a reglas.

capsiense. a. y s. Hist. Cultura que se desarrolló en el NE de África durante el paleolítico superior y el mesolítico, caracterizada por el trabajo del sílex.

cápsula. f. Cajita cilíndrica de metal con que se cierran las botellas./ Cilindro pequeño y hueco con fulminante que al recibir el golpe del gatillo inflama la carga del arma de fuego./ Fruto seco y hueco que contiene las semillas./ Envoltura soluble de ciertos medicamentos.

captar. tr./ prl. Atraer la atención, la voluntad./ fig. Sintonizar, oír./ Arg. Comprender, intuir.

captor, ra. a. y s. Que capta o captura.

captura. f. Acción y efecto de capturar./ Geog. Fenómeno que consiste en la captación de aguas de un río por las de otro que se ha introducido en su vertiente al efectuar una erosión remontante./ **-K.** Fís. Desintegración radiactiva que consiste en la captación de un electrón del átomo por parte del núcleo.

capturar. tr. Prender a persona que es o se considera delincuente.

capucha. f. Conjunto de plumas que cubre la cabeza de las aves./ Pieza del vestido, en punta, que sirve para cubrir la cabeza y va generalmente caída sobre la espalda.

capullo. m. Envoltura dentro de la que se encierra el gusano de seda y otros insectos./ Obra semejante de otras la vas./ Botón de las flores.

caquexia. f. Bot. Decoloración de las partes verdes de un planta por falta de luz./ Med. Estado de trastorno constitucional profundo y progresivo, que produce un extremad adelgazamiento.

caqui. m. Árbol originario de Japón y su fruto, que es co mestible./ Tela cuyo color va del amarillo ocre al verd gris./ Color de esta tela.

caquistocracia. m. Gobierno de los peores.

cara. f. Parte anterior de la cabeza./ Fachada o frente de al guna cosa./ Cada plano de un ángulo sólido./ Faz de moneda./ Superficie./ fig. Presencia./ **-cara a cara.** En pre sencia de otro y en forma descubierta./ **-echar a cara ceca.** Arg. **-echar a cara o cruz.** Decidir algo lanzand una moneda.

carabao. m. Rumiante parecido al búfalo, de color gris azu lado y largos cuernos.

carabela. f. Antigua embarcación larga, estrecha y muy l gera.

carábido, da. a. y m. Zool. Dícese de insectos coleópteros de gran voracidad, beneficioso para la agricultura./ m. p Familia de estos insectos.

carabina. f. Arma de fuego, menor que el fusil./ fig. y fam Mujer de edad que por oficio acompaña a una señorita.

carabo. m. Embarcación pequeña, de vela y remo, usad por los moros./ Zool. Insecto coleóptero de la familia ca rábidos, de alas verdes./ Autillo, ave nocturna.

caracal. m. Especie de lince muy feroz.

cará-cará. com. Arg. Indígena de una tribu que habitab en la isla de la laguna Iberá, prov. de Corrientes.

caracol. m. Molusco gasterópodo y su concha.

carácter. m. Señal o marca que se imprime, pinta o escu pe en alguna cosa./ Signo de escritura./ Índole o condició de una persona./ Firmeza, energía./ Modo de ser de un persona por sus cualidades morales./ Cualidades que dife rencian a un pueblo de otro./ Firmeza, energía./ Original dad y vigor de las obras artísticas.// pl. Letra de imprent

característico, ca. a. Rel al carácter./ Apl. a la cualida que da carácter o distingue a una persona. Ú.t.c.s.f. // Actor o actriz que representa a una persona de edad.// Cifra o cifras que indican la parte entera del logaritmo

caracterizar. tr. Determinar los atributos peculiares de un persona o cosa./ Representar un actor su papel con fidel dad. // pl. Pintarse o ataviarse un actor según el personaj que va a representar.

caradriforme. a. Zool. Dícese de los individuos de un or den de aves de patas largas./ Relativo a estas aves.

caraguay. m. Bol. Lagarto grande.

caraísmo. m. Rel. Doctrina judía basada en la Biblia. Le di forma Anán ben David en el siglo VIII.

caraíta. a. y s. Individuo de una secta judaica que profesa una estricta adhesión al texto literal de las escrituras sagra das de su religión (la Biblia hebrea).

carajá. a. y s. Individuo de una tribu brasileña que habita e las orillas del río Araguaya, en los estados de Pará y Piau

carajo. m. vulg. Pene. Se usa como interjección de disguste

carambola. f. Lance del juego de billar./ fig. y fam. Dobl resultado que se alcanza mediante una sola acción./ Enre do, embuste, trampa.

caramillo. m. Flautilla con sonido muy agudo./ Instrumen to musical compuesto de muchas flautas./ Planta del mis mo género que la barilla y de sus mismos usos./ Chism enredo.

carancho. m. Bol. y R. de la P. Ave de rapiña.

carapacho. m. Caparazón de los cangrejos y otros anima les./ Cierto guisado.

carátula. f. Careta, mascarilla. / Amér. Portada de un libr revista, etc.

caravana. f. Grupo de gentes que viajan juntas./ Conjunt de vehículos que van en fila poco separados entre sí.

¡caray! int. Caramba.

carayá. m. Mono grande, aullador, de América del Sur.

*Caracol.
Representante
del grupo de los
moluscos
terrestres
(gasterópodos).
Se caracteriza
por poseer un
caparazón o valva
y un pie musculoso,
mediante el cual se
desplaza, ya que
funciona como
órgano
locomotor.*

arbono. Su ciclo.

Energía solar

fotosíntesis

Los seres vivos, al respirar, consumen oxígeno del aire y expulsan dióxido de carbono. Ese intercambio de gases también ocurre en cualquier otro tipo de combustión (como la de leños). Las plantas, en cambio, con la ayuda de la energía solar, absorben dióxido de carbono del aire y —mediante el proceso de fotosíntesis— liberan oxígeno. Así, en la Tierra, se mantiene el equilibrio entre los gases.

carbamato. m. *Quím.* Sal de ácido carbámico, fácilmente hidrolizable. Sus disoluciones acuosas suministran carbonato y amoníaco.

carbinol. m. Alcohol metílico.

carbohidrato. m. *Quím.* Glúcido.

carbón. m. Cuerpo sólido y combustible, resto de la combustión incompleta de otros./ Brasa después de apagada./ Carboncillo para dibujar.

carbonada. f. *Chile, Perú* y *R. de la P.* Guiso hecho con carne, arroz, choclo, patatas, etc.

carbonario. m. y s. *Hist.* Individuo perteneciente a una sociedad secreta italiana del siglo pasado, de carácter democrático y nacionalista, que se propuso derrocar a las monarquías integrantes de la Santa Alianza y unificar Italia. El movimiento se extendió a Francia y España.

carbonatado, da. a. *Quím.* Que contiene carbonatos./ *Geol.* Dícese de las rocas que están constituidas por carbonato cálcico o magnésico, como el mármol y las calizas.

carboncillo. m. Palillo de brezo, sauce, etc., que sirve para dibujar, una vez carbonizado./ Arena negra./ *Bot.* Tizón, parásito del trigo./ Hongo.

carbonífero, ra. a. Que contiene carbón mineral./ *Geol.* Dic. del quinto de los seis períodos geológicos en que está dividida la era paleozoica. Ú.t.c.s./ Pert. o rel. al período durante el cual se formaron los yacimientos de carbón a partir de grandes bosques pantanosos y donde aparecen los primeros reptiles.

carbonilla. f. Residuo menudo del carbón quemado.

carbonizar. tr./ prl. Reducir a carbón.

carbono. m. Elemento químico, sólido, cristalizado o amorfo. Se encuentra en la naturaleza en estas últimas dos formas. En temperaturas muy elevadas se convierte en vapor sin pasar por el estado líquido. Es elemento esencial de las materias orgánicas. Símb., C; n. at., 6; p. at., 12,01.

carbunco. m. Enfermedad contagiosa común al hombre y a los animales./ Ántrax.

carburación. f. Acción y efecto de carburar./ Unión entre el carbono y el hierro para producir el acero./ Paso del aire sobre el combustible líquido para formar la mezcla explosiva que, al inflarse, produce la fuerza.

carburar. tr. Mezclar los gases o el aire atmosférico con los carburantes gaseosos o con los vapores de los carburantes líquidos, para hacer los combustibles o detonantes.

carburo. m. *Quím.* Combinación del carbono con otro elemento químico.

carcaj. m. Caja portátil para las flechas./ *Amér.* Funda de cuero para el rifle, colgada al arzón de la silla.

carcajada. f. Risa impetuosa y ruidosa.

cárcel. f. Edificio para la custodia y seguridad de los presos.

carcinoma. m. *Med.* Tumor epitelial maligno. Este tumor de naturaleza cancerosa tiende a desarrollarse en la piel, el intestino grueso, pulmones, próstata, mamas, estómago, etc. Su tratamiento es dificultoso porque no puede ser extraído por completo sin eliminar al mismo tiempo el tejido normal cercano.

carcoma. f. Insecto muy pequeño cuya larva roe y taladra la madera.

carcomer. tr. Roer la carcoma la madera./ fig. Consumir lentamente algo. Ú.t.c.prl.

carda. f. Acción de cardar./ Instrumento para preparar el hilado de la lana./ Amonestación, reprensión.

cardar. tr. Preparar para el hilado una materia textil.

cardario. m. Pez cuyo cuerpo está cubierto de agujones.

cardenal. m. Cada uno de los prelados que componen el Sagrado Colegio./ Pájaro americano con un penacho rojo./ Equimosis cutánea.

cardenilla. f. Uva menuda, tardía y de color amoratado.

cardenillo. m. *Quím.* Mezcla venenosa de acetatos básicos de cobre. Es una materia verdosa o azulada que se forma en los objetos que contienen cobre./ Acetato de cobre empleado en pintura./ Color verde claro, como el del acetato de cobre.

cárdeno, na. a. De color amoratado.

cardiáceo, a o **cardioide.** a. y s. Que tiene forma de corazón.

cardiaco, ca o **cardíaco, ca.** a. Rel. al corazón.// a. y s. Que padece del corazón.

cardialgia. f. *Med.* Dolor agudo que se siente en el cardias y oprime el corazón.

cardias. m. *Anat.* Orificio esofágico del estómago. Boca del estómago.

cardinal. a. Principal, fundamental./ Dícese del adjetivo numeral que expresa la cantidad.

cardiología. f. Tratado o disciplina que estudia el corazón, sus funciones y enfermedades.

cardiopatía. f. *Med.* Nombre genérico de las enfermedades del corazón.

cardiovascular. a. *Med.* Relativo al corazón y los vasos sanguíneos.

cardo. m. Planta anual de hojas grandes y capítulo de flores azules.

cardón. m. Planta bienal, con hojas aserradas y flores purpúreas./ *Amér.* Nombre común de varios cactos gigantes.

cardumen. m. Banco de peces./ *Chile.* Abundancia de cosas.

careador. a. y s. Perro empleado para guiar a las ovejas.

carear. tr. Poner en presencia a dos o más personas para comparar sus afirmaciones./ fig. Cotejar.// prl. Ponerse cara a cara dos o más personas para resolver un asunto.

carecer. i. Tener falta de alguna cosa.

carel. m. Borde superior de una embarcación pequeña, donde se fijan los remos.

carencia. f. Falta o privación de alguna cosa.

carestía. f. Falta o escasez de alguna cosa, especialmente de víveres./ Precio muy alto de las cosas de uso común.

careta. f. Máscara para cubrir la cara.

carey. m. Tortuga de mar, muy apreciada por su concha./ Materia córnea de este animal que se usa para hacer peines, gafas y otros objetos.

carga. f. Acción y efecto de cargar./ Cosa que hace peso sobre otra./ Cantidad de pólvora, con proyectiles o sin ellos, que se echa en el cañón de un arma de fuego./ Cantidad de electricidad contenida en un condensador./ Materia explosiva de una mina o barreno./ fig. Gravamen, tributo./ Obligación anexa a un estado o empleo./ Embestida vigorosa contra el enemigo.

cargar. tr. Poner una carga sobre una persona o una bestia./ Poner mercancías en un buque o sobre cualquier vehículo./ Introducir un proyectil en cualquier arma de fuego./ Hacer pasar una corriente eléctrica a un acumulador./ fig. Imponer un gravamen, carga u obligación./ Achacar, imputar./ Acometer un ejército al enemigo./ fig. y fam. Fastidiar, cansar, molestar./ Arg. Gastar bromas molestas a uno./ Tomar sobre sí un peso./ Descansar una cosa sobre otra./ Tomar, llevarse./ Tomar o tener una obligación./ Tener una letra o sílaba más valor prosódico que otras.// prl. Echarse el cuerpo hacia alguna parte./ fig. Encapotarse el cielo.

cargo. m. Acción de cargar./ Carga o peso./ Dignidad, empleo, oficio.

carguero, ra. a. Que lleva carga.// m. Amér. Bestia de carga./ Barco o tren de carga.

carl. a. Arg. y Chile. Color pardo claro o plomizo.

cariaco. m. Cuba. Baile popular.

cariacos. m. pl. Indígenas caribes de la época del descubrimiento de América.

cariámidos. m. pl. Zool. Familia de aves gruiformes que tiene dos especies, chuñas o seriemas. Son insectívoras y viven en América del Sur, esp. en la pampa y el chaco argentinos.

cariar. tr./ prl. Producir caries.

caribe. a. y s. Dícese del individuo del pueblo indio originario de la cuenca del Orinoco y que dominó parte de las Antillas. En realidad se conoce muy poco de este pueblo. Se lo consideraba belicoso en extremo y de prácticas caníbales. Recientemente se ha descubierto que su canibalismo estaba limitado a ocasiones muy especiales y era más bien una difamación de los conquistadores españoles, ya que una ley de la época les permitía esclavizar a las tribus antropófagas./ m. Ling. Lengua de este pueblo./ Zool. Pez pequeño y voraz./ fig. Hombre cruel, inhumano.

caribú. m. Mamífero cérvido que habita la tundra ártica del Canadá.

caricatura. f. Reproducción grotesca de una persona con el rostro o aspecto deformados./ Obra que ridiculiza a una persona./ Dibujo humorístico e intencionado.

caricaturesco, ca. a. Rel. a la caricatura.

caricaturista. s. El que realiza caricaturas, especialmente como oficio.

caricia. f. Demostración de cariño que se hace rozando con la mano en el rostro o cuerpo de una persona o animal.

caridad. f. Virtud teologal que consiste en amar a Dios y al prójimo./ Virtud cristiana opuesta a la envidia./ Auxilio a los necesitados.

caries. f. Med. Proceso destructivo del hueso, por acción de ciertas bacterias, esp. del esmalte y la dentina de los dientes./ Bot. Enfermedad que afecta a ciertos vegetales y cereales.

carilla. f. Página.

carillón. m. Grupo de campanas en una misma torre que producen un sonido armónico, por estar acordadas.

carimba. f. Perú. Marca que se ponía a los esclavos con un hierro candente.

carincho. m. Amér. Guisado hecho con patatas cocida[s] carne de vaca, cordero o gallina y salsa de ají.

cariño. m. Amor, afecto hacia una persona o cosa./ Expre[sión] sión de ese sentimiento./ Afición, esmero con que se rea[liza] liza algo.

carioca. a. De Río de Janeiro.

cariogamia. f. Biol. Fase de la reproducción sexual en [la] que se unen los dos núcleos de los gametos para formar [el] cigoto o huevo./ Biol. Tipo de reproducción sexual en [la] que no se forman gametos.

cariolinfa. f. Biol. Jugo nuclear de una célula.

carioteca. f. Biol. Membrana del núcleo de una célula.

cariotipo. m. Biol. Dotación cromosómica de las células d[e] un organismo. Constituye el soporte físico de la inform[a]ción genética.

carisma. m. Conjunto de cualidades que dan un atractiv[o] especial y poderoso a una persona.

cariz. m. Aspecto de la atmósfera./ fam. Aspecto que pre[senta] senta un asunto.

carlismo. m. Hist. Doctrina política de los seguidores d[e] Carlos María Isidro, hermano de Fernando VII y pretendie[n]te al trono español. Durante el siglo XIX hubo tres guerr[as] civiles, llamadas "carlistas", con el objetivo de derrocar a [la] rama isabelina y reinstaurar la antigua monarquía.

carlista. a./s. Relativo al carlismo. Dícese del partidario d[e] esta doctrina política.

carmañola. f. Especie de chaqueta de cuello estrecho, pa[recida] recida al marsellés./ Canción revolucionaria francesa de [la] época del Terror.

carmelita. a. y s. Dícese del religioso de la orden del Ca[r]men./ Perteneciente o relativo a esta orden.

carmesí. a. Apl. al color rojo intenso.// m. Color de grana[.] Seda de color rojo.

carmín. m. Materia de color rojo encendido que se obtien[e] sobre todo de la cochinilla./ Este color./ Rosal silvestre qu[e] da flores de este color./ Flor de este rosal.

carnada. f. Cebo para pescar o cazar./ fig. y fam. Engaño[.]

carnal. a. Perteneciente a la carne./ Lujurioso./ Pariente[s] colaterales en primer grado.

carnaval. m. Los tres días que preceden al miércoles de ce[niza] niza./ Fiesta popular que se celebra en tales días.

carne. f. Parte blanda del cuerpo de los animales./ Por an[tonomasia] tonomasia, la parte comestible de la vaca, el cerdo, etc[.] Parte blanda de la fruta./ El cuerpo humano en oposición [al] espíritu.

carné. m. Tarjeta o documentación de identidad.

carnear. tr. Amér. Matar y descuartizar las reses.

carnero. m. Mamífero rumiante con cuernos en espira[l,] macho de la oveja, muy estimado por su lana y su carne[./] Chile y Perú. Persona débil, sin voluntad./ Arg. Rompe[huelgas.] huelgas.

carnicería. f. Sitio donde se vende carne.

carnina. f. Principio amargo contenido en el extracto de carn[e.]

carnitina. f. Sustancia necesaria para el desarrollo de alg[u]nos insectos.

carnívoro, ra. a. Animal que se alimenta de carne./ Subo[r]den de mamíferos placentarios. Ú.t.c.s.

caro, ra. a. Que cuesta mucho./ Persona mu[y] querida por otra. // ad[v.] A un precio alto.

carolingio o carlovin[gio.] gio. a. y s. Rel. a Carl[o] magno, a su época o [a] su dinastía, que gobern[ó] gran parte de Europa du[rante varios siglos.] rante varios siglos.

carótida. f. Arteria qu[e] lleva la sangre a la cabe[za.] za.

carozo. m. Raspa de [la] panoja o espiga d[e] maíz./ Hueso del duraz[no y otras frutas.] no y otras frutas.

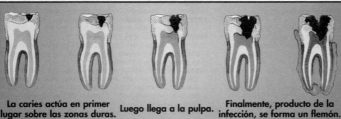

Caries. En el esquema se muestra su proceso de avance en una muela.

La caries actúa en primer lugar sobre las zonas duras.

Luego llega a la pulpa.

Finalmente, producto de la infección, se forma un flemón.

arpa. f. *Amér.* Tienda de campaña, toldo./ Tenderete de feria./ *Méx.* Tinglado en que se representan espectáculos populares, especialmente de circo./ *Zool.* Pez de la familia ciprínidos, de agua dulce, con el dorso verdoso y el vientre amarillento, boca pequeño y gran aleta dorsal.

arpelo. m. *Bot.* Cada una de las partes distintas, constitutivas del ovario o del fruto múltiple.

arpeta. f. Cubierta de paño, tejido de hule, hilo, etc., que se coloca sobre las mesas, arcas, etc., para tapar o adornar./ Cartera para escribir y guardar papeles./ Cubierta de un legajo.

arpincho. m. *Amér.* Roedor anfibio americano. Es fácilmente domesticable y vive a la orilla de lagos y ríos.

arpintería. f. Taller y oficio del carpintero./ **- metálica.** La que emplea metales en lugar de madera.

arpir. tr. Rasgar, arañar, lastimar. Ú.t.c.prl./ Dejar a uno pasmado y sin sentido./ *Amér.* Limpiar la tierra, quitando la hierba inútil.

arpo. m. Conjunto de huesos de la muñeca.

arraspada. f. Bebida compuesta de vino tinto aguado, con miel y especias.

Carpincho. Es el mayor de los roedores conocidos. Pesa hasta 50 kg. Es lento y torpe en la tierra, pero un gran nadador. Vive en manadas.

arrera. f. Paso rápido del hombre o del animal./ Curso de los astros./ Certamen de velocidad./ Profesión de las artes, ciencias, letras, etc.// pl. Concurso hípico para probar la ligereza de los caballos.

arreta. f. Carro de dos ruedas con un madero cuyo plano se forma de tres o cinco maderos separados entre sí, y el del medio más largo, que sirve de lanza, donde se sujeta el yugo.

arrete. m. Cilindro taladrado por el eje, en el que se arrollan hilos, alambres, papel, etc.

arretear. tr. Conducir en carreta o carro./ Gobernar un carro o carreta./ Conducir un avión por la pista.

arretera. f. Camino ancho dispuesto para el tránsito.

arretilla. f. Carro pequeño con una rueda anterior, un cajón para la carga y dos varas para el conductor./ *R. de la P.* Carro de carga del que tiran tres mulas emparejadas.

arricera. f. Planta gramínea, perenne, con flores en panoja.

arril. m. Huella de las ruedas del carruaje./ Surco./ Camino estrecho./ Cada una de las barras de hierro por donde corren los trenes ferroviarios./ En una vía pública, banda destinada al tránsito de una sola fila de vehículos.

arrillo. m. Parte carnosa de la cara debajo de la mejilla./ Garrucha o polea.

arrizo. m. Planta gramínea de rizoma largo, hojas lanceoladas y flores en panículas grandes.

arro. m. Carruaje de dos ruedas para transportar cargas, con lanzas o varas para enganchar las bestias que tiran de él./ Carga del carro./ En las máquinas de escribir, pieza móvil en la que va arrollado el papel y sobre la que golpean las letras./ *Amér.* Automóvil, tranvía.

arrocería. f. Parte de los automóviles que está asentada sobre el bastidor o chasis.

arroña. f. Carne corrompida.

arroza. f. Coche grande y lujoso./ *Amér.* Coche fúnebre.

arruaje. m. Vehículo formado por una armazón montada sobre ruedas.

arrusel. m. Espectáculo en el que varios jinetes ejecutan evoluciones vistosas./ Tiovivo, calesita.

arta. f. Papel escrito, cerrado, que se envía a una persona para comunicarse con ella./ Cada uno de los naipes de la baraja./ Constitución de un Estado./ Mapa o plano./ Menú.

artabón. m. Triángulo rectángulo que se emplea en el dibujo lineal.

artaginés, sa o **cartaginense.** a. y s. De Cartago.

artapacio. m. Cuaderno para escribir o tomar apuntes./ Regla graduada que emplean los zapateros para medir el largo del pie.

artel. m. Anuncio que se fija en algún sitio público./ Papel acartonado con letras y sílabas para enseñar a leer./ Acuerdo entre grupos sindicales o políticos, así como entre comerciantes e industriales./ Pasquín./ *Econ.* Asociación de empresas de una misma actividad industrial para la distribución adecuada del mercado y la eliminación de la competencia./ Trust.

cárter. m. *Mec.* Caja metálica que sirve de protección a los elementos móviles del motor (función pasiva), y de recipiente para contener el aceite de lubricación (función activa).

cartera. f. Estuche de bolsillo con forma de libro./ Estuche de mayores dimensiones que la de bolsillo, para guardar valores o documentos./ Cubierta de cartón o piel para dibujar o escribir sobre ella./ Adorno o tira de paño que cubre el bolsillo de ciertas prendas./ Bolso de mano en que las mujeres llevan dinero, útiles de tocador, etc./ Valores que forman parte del activo de un comerciante.

cartero. m. Repartidor de las cartas del correo.

cartesianismo. m. *Fil.* Doctrina de Descartes y seguidores, caracterizada por dar mayor importancia a lo metódico y racional.

cartesiano. a. y s. Perteneciente o relativo al cartesianismo./ *Mat.* Relativo al sistema de referencia que permite establecer en un espacio una correspondencia biyectiva entre sus puntos y un conjunto de pares, ternas, etc., ordenados de números reales. Ej.: ejes cartesianos.

cartilaginoso, sa. a. *Rel.* a los cartílagos./ Dícese de los peces que tienen el esqueleto formado por cartílagos.

cartílago. m. *Anat.* Cualquiera de las piezas formadas por un tejido menos duro que el hueso, de color blanquecino.

cartilla. f. Cuaderno pequeño, ordenado alfabéticamente, para aprender a leer./ Cuaderno con anotaciones que acreditan la condición de una persona.

cartismo. m. *Hist.* y *Pol.* Movimiento político y social obrero, de índole reformista, que se desarrolló en Gran Bretaña en el siglo pasado, por la gran crisis económica y la reforma electoral conservadora de 1832.

cartografía. f. Arte de confeccionar cartas geográficas.

cartón. m. Conjunto de varias hojas de pasta de papel que se adhieren por compresión.

cartoné. m. *Art. gráf.* Encuadernación en la que las tapas y el lomo van cubiertos de papel.

cartucho. m. Carga de un arma de fuego, envuelta en un cilindro de cartón o metal./ Bolsa de cartulina o de papel fuerte para contener dulces, frutas, etc./ Envoltura cilíndrica de monedas./ Cucurucho.

cartuja. f. Orden religiosa que fundó San Bruno en 1086./ Convento o monasterio de esta orden./ Religiosa de esa orden./ Mujer puritana en exceso.

cartujo. a. y s. Religioso de la cartuja.// m. Hombre retraído.

cartulina. f. Cartón delgado y muy terso para hacer tarjetas, diplomas, etc.

carúncula. f. *Zool.* Especie de carnosidad que tienen en la cabeza algunos animales, como el gallo o el pavo./ **-lagrimal.** *Anat.* Pequeña prominencia en el ángulo interno del ojo, formada por un grupo de folículos pilosos.

casa. f. Edificio para habitar./ Linaje que viene del mismo origen./ Establecimiento industrial o comercial./ Escaque, casilla en el tablero del ajedrez o damas./ Espacio de cada signo del Zodíaco.

casaca. f. Vestidura de mangas largas, con faldones y ceñida al cuerpo.

casamiento. m. Acción de casar o casarse./ Ceremonia nupcial./ Contrato matrimonial.

casar. i./ prl. Contraer matrimonio.// tr. Celebrar el matrimonio un sacerdote o el funcionario público autorizado./ Unir o juntar una cosa con otra./ Disponer las cosas de modo que concuerden o hagan juego. Ú.t.c.i./ *For.* Anular, derogar.

cascabel. m. Bolita hueca y horadada, metálica, con un trocito de metal en su interior. Al ser agitada, éste la hace sonar./ Víbora venenosa.

cascada. a. Dícese de la voz que carece de fuerza y sonoridad./ *Geog.* Salto de agua que se debe a un brusco desnivel en el cauce de un río.

cascanueces. m. Instrumento a modo de tenaza para partir nueces./ Cierta clase de pájaro.

cascar. tr./ prl. Quebrantar, romper.// tr. Dar golpes con la mano u otra cosa. Ú.t.c.rec./ fig. y fam. Quebrantar la salud.

cáscara. f. Corteza o envoltura dura de algunas cosas./ Corteza del árbol.// **-¡Cáscaras!** int. de sorpresa.

cascarilla. f. Corteza de un tipo de árbol americano aromática y medicinal./ Cáscara de cacao tostada.

Cascada. Salto de agua que constituye un recurso natural aprovechable para la obtención de energía.

cascarrabias. m. y f. Persona que se enoja o riñe con facilidad.

cascarudo, da. a. Que tiene cáscara gruesa.// m. *Arg.* Clase de insecto coleóptero, abejorro.

casco. m. Cráneo./ Pedazos de vasija o vaso rotos./ Armadura que se usa para cubrir la cabeza./ Recinto de una población./ Cuerpo de la nave./ Cada una de las capas de la cebolla./ Copa del sombrero./ Tonel, botella, pipa./ **-ser ligero de cascos.** Tener poco juicio una persona.

caseína. f. *Quím.* Materia albuminosa de la leche, que unida a la manteca, forma el queso.

caserío. m. Conjunto de casas./ Casería, casa de campo.

caserna. f. *Arq.* Bóveda a prueba de bombas construida debajo de los baluartes.

casero, ra. a. Que se hace en casa o pertenece a ella./ fam. Díc. de la persona que está mucho en casa.// s. El encargado de vigilar el cuidado, orden y seguridad de una cas

caserón. m. Casa muy grande y destartalada.

casi. adv. Cerca de, poco menos de, aproximadament con corta diferencia, por poco. Ú. también repetido: c casi.

casida. f. Composición poética árabe o persa. Es monor ma y tiene un número indeterminado de versos.

casillero. m. Mueble con divisiones para guardar papeles otros objetos./ Cada una de las divisiones de dicho mu ble.

casimir. m. Tela de lana muy fina.

casino. m. Casa de campo./ Lugar de reunión y diversión Casa de juegos pública y autorizada./ Sociedad de recre

casitéridos. m. pl. *Quím.* Grupo de elementos entre l cuales se encuentran el estaño, el cinc, el cadmio, el an monio.

casiterita. f. *Miner.* Oxido de estaño, mineral de color pa do y brillo diamantino.

caso. m. Suceso, acontecimiento./ Casualidad, acaso./ La ce, ocasión o coyuntura./ Asunto de que se trata./ Ataqu individual de una enfermedad epidémica./ *Gram.* Relaci que tienen o función que cumplen las partes declinabl de la oración./ **-clínico.** *Méd.* Proceso morboso individu

caspa. f. Escamilla que se forma en la cabeza.

casquete. m. Pieza de la armadura./ Cubierta que se aju ta al casco de la cabeza./ Parte de una superficie esféri cortada por un plano que no pasa por su centro.

casta. f. Generación o linaje./ Parte de los habitantes de país que forman una clase especial por sus privilegios otra razón./ fig. Especie, calidad.

castaña. f. Fruto del castaño. Tiene el tamaño de la nuez está cubierta de una cáscara rugosa de color pardo oscu

castañazo. m. fam. Puñetazo, golpe violento.

castañear. tr. Tocar las castañuelas.// i. *Amér.* Chocar l dientes como castañuelas.

castaño, ña. a. y s. Color de la cáscara de la castaña.// Variedad de árbol./ Madera de este árbol.

castañuela. f. Instrumento músico de percusión, compue to de dos mitades que, juntas, forman la figura de una ca taña.

castellanizar. tr. Dar forma castellana a un vocablo de ot idioma. Ej.: "fútbol", del inglés *foot ball;* "gambeta", d italiano *gambeta;* "brocheta", del francés *brochette*.

castellano, na. a. De Castilla.// m. Idioma castellano, le gua nacional de España, de los países de América hispa y de Filipinas.

castidad. f. Desde el punto de vista cristiano, virtud que opone a los afectos carnales.

castigar. tr. Imponer castigo a quien ha incurrido en una fa ta./ Mortificar, afligir.

castigo. m. Pena que se impone al que ha cometido u falta o delito./ Aflicción, desgracia.

castillo. m. Lugar fuerte, cercado de murallas y otras for ficaciones./ Cubierta alta en la proa de los barcos.

castizo, za. a. De buen origen y casta./ Apl. al lenguaje p ro y al escritor que lo emplea.

casto, ta. a. Opuesto a la sensualidad./ *Zool.* En una soci dad animal, individuo especializado por su estructura o fu ción. Se emplea especialmente para los insectos sociales

castor. m. Mamífero roedor y su pelo./ Cierta tela de lan semejante al pelo de este animal./ Paño de pelo del ca tor.

castóreo. m. *Quím.* Sustancia sólida secretada por el ca tor, de color pardo, olor fuerte y sabor amargo. Se utili en medicina y perfumería.

castrar. tr. Capar, extirpar o inutilizar los órganos de la g neración./ Podar.

castrismo. m. *Pol.* Doctrina inspirada en las ideas y la po tica del cubano Fidel Castro, como un sector del communi mo. Extendida sobre todo en América latina durante décadas del sesenta y setenta.

casualidad. f. Combinación de circunstancias que no pueden prever ni evitar./ Caso, suceso imprevisto.

asuáridos. m. pl. *Zool.* Familia de aves corredoras que tienen tres dedos en cada pie y pico comprimido.

asuario. m. Ave corredora de gran tamaño, de la familia casuáridos, de color negro o gris. Tiene un casco óseo en la cabeza y carúnculas azules o rojas.

asuística. m. *Teol.* Parte de la teología moral que se ocupa de los casos de conciencia./ Conjunto de casos particulares en cualquier materia.

asulla. f. Vestidura sagrada que se pone el sacerdote sobre las demás que sirven para celebrar la misa.

atablosis. f. *Ecol.* También llamada "relación de antagonismo". Se manifiesta entre dos seres vivos, en la cual uno de ellos se perjudica. Son un ejemplo de esta relación los parásitos, que viven a expensas de otros organismos vegetales o animales. Por ejemplo, los piojos que atacan la cabeza de niños y adultos.

ataclismo. m. Conmoción grande del globo terráqueo./ fig. Trastorno grave, gmente. político o social.

atacresis. f. *Ret.* Figura que consiste en emplear una palabra en sentido distinto del propio.

atacumbas. f. pl. Cementerios subterráneos de los primitivos cristianos.

atadura. f. Acción y efecto de catar./ Gesto o semblante.

atalán, na. a. y s. De Cataluña./ m. *Ling.* Lengua romance hablada en Cataluña, las Baleares, la Comunidad Valenciana, Andorra y otras regiones de España.

atalanidad. f. Calidad o carácter de catalán.

atalanismo. m. Defensa de los valores culturales de Cataluña, especialmente de su idioma./ Palabra o giro propio del catalán.

atalejo. m. Anteojo de larga vista.

atalepsia. f. *Pat.* Suspensión de la sensibilidad y del movimiento.

atalogar. tr. Apuntar ordenadamente libros u objetos.

atálogo. m. Lista o inventario hecho ordenadamente.

atamarqueño, ña. a. De Catamarca, provincia de la República Argentina.

ataplasma. f. Pasta que se aplica para varios efectos medicinales. Ú.t.c.a.// m. y f. fig. y fam. Persona de salud muy delicada. Ú.t.c.a./ Persona enfadosa. Ú.t.c.a.

atapulta. f. Antigua máquina de guerra para lanzar piedras o saetas./ Máquina para lanzar aviones desde un buque.

atar. tr. Probar alguna cosa para examinar su sabor o sazón./ Ver, examinar, registrar.// tr./ prl. Mirar.

atarata. f. Salto o conjunto de saltos de agua de gran magnitud./ *Med.* Opacidad del cristalino del ojo.

atarro. m. Flujo de las membranas mucosas.

atarsis. f. En la religión griega, período en que el alma purgada sus faltas después de la muerte./ *Biol.* Expulsión espóntanea o provocada de sustancias nocivas al organismo./ *Psic.* Expulsión de recuerdos que perturban el equilibrio psíquico.

atástasis. f. *Lit.* Punto culminante del asunto de un drama, tragedia o poema épico.

atastro. m. Censo de las fincas de un país.

atástrofe. f. Parte última del poema dramático con un desenlace doloroso y desdichado./ fig. Suceso imprevisto y funesto.

atatonia. f. *Psiq.* Síndrome complejo propio de la psicosis esquizofrénica, que implica negativismo, mutismo, sugestionabilidad, amaneramiento, catalepsia, estereotipia, etc./ *Med.* Tendencia a la contracción tónica de los músculos, de donde resultan actitudes estereotipadas que podrían creerse afectadas.

atch. m. Término abreviado de *catch as catch can*, lucha libre estadounidense.

Castillo erigido en el siglo XIX a orillas del río y que, sin embargo, conserva intacta su estructura.

catecismo. m. Libro que contiene la explicación de la doctrina cristiana en forma de preguntas y respuestas sencillas./ Por ext., toda obra en que se explica sucintamente una ciencia o arte, por medio de preguntas y respuestas.

catecúmeno, na. a. Persona que se está instruyendo en la doctrina religiosa.

cátedra. f. Asiento del maestro./ Aula./ Empleo del catedrático y materia que enseña./ Dignidad pontificia o episcopal.

catedral. a. y s. Iglesia episcopal de una diócesis, dirigida por el obispo o arzobispo.

categoría. f. Grado de una profesión o carrera./ Condición social de una persona respecto de las demás./ Clase de objetos semejantes.

catenaria. a y s. Curva de equilibrio de un hilo suspendido por sus extremos bajo la acción de la gravedad./ f. *Tecn.* Sistema de cable aéreo que alimenta de corriente eléctrica a un vehículo, como un tren o un tranvía.

catequesis. f. Enseñanza de la religión./ Arte de enseñar con preguntas y respuestas.

catequista. m. y f. Quien instruye en el catecismo.

catéter. m. *Med.* Zonda utilizada para exploración de tubos o cavidades interiores del organismo.

cateterismo. m. *Med.* Acto quirúrgico o exploratorio realizado mediante un catéter.

cateto. m. *Geom.* Cada lado del ángulo recto en el triángulo rectángulo.

catetómetro. m. *Fís.* Instrumento que sirve para medir pequeñas longitudes verticales.

catgut (voz ingl.). m. Hilo que se emplea en cirugía.

catilinaria. a. y s. Dícese de los discursos pronunciados por Cicerón contra Catilina./ Por ext., escrito o discurso vehemente contra alguna persona.

catión. m. *Fís.* Ion de carga positiva que se dirige hacia el cátodo en la electrólisis.

cato. m. *Med.* Sustancia medicinal que se extrae de una especie de acacia./ a. y s. Individuo de un antiguo pueblo germano que habitaba al este del Rin y al norte del macizo de Taunus.

cátodo. m. *Electr.* Polo negativo de un generador de electricidad o de una batería eléctrica.

catolicismo. m. Creencia de la Iglesia católica./ Comunidad de los que profesan esa fe.

católico, ca. a. Universal; que comprende y es común a todos. Se aplica a la Iglesia romana desde San Ignacio de Antioquía (s. II), porque fue fundada para todos los pueblos.

catóptrica

Cebú. Ganado que se caracteriza por la giba y por su resistencia a los climas húmedos y subtropicales.

catóptrica. f. *Ópt.* Parte de la óptica que estudia la reflexión de la luz.

catoptroscopia. f. *Med.* Reconocimiento del cuerpo humano por medio de aparatos catóptricos.

catorce. a. Diez más cuatro./ Decimocuarto.

catorzavo, va. a. y m. Cada una de las catorce partes iguales en que se divide un todo.

catre. m. Cama ligera para una persona.

caucásico, ca. a. y s. Apl. a la raza blanca o europea./ m. *Ling.* Dícese de las lenguas que se hablan en el Cáucaso.

cauce. m. Lecho de los ríos o arroyos./ fig. Dirección natural o lógica de las cosas o sucesos.

caucho. m. Sólido elástico obtenido por coagulación del látex de diversas plantas y que por vulcanización tiene variadas aplicaciones en la industria.

caución. f. Precaución, prevención./ Fianza que da una persona por otra.

caudal. a. Caudaloso.// m. Hacienda, bienes de cualquier especie, y, más comúnmente, dinero./ Cantidad de agua que mana o corre./ fig. Abundancia de una cosa./ *Zool.* Relativo a la cola.

caudaloso, sa. a. Que posee mucho caudal.

caudillaje. m. Mando o gobierno de un caudillo./ *Amér.* Caciquismo./ *Chile.* Tiranía.

caudillismo. m. *Pol.* Sistema de gobierno o mando basado en la vinculación personal no representativa. Es más propio de las zonas rurales.

caudillo. m. El que manda a gente de guerra, como líder o jefe./ Por ext. el que dirige algún gremio, comunidad o cuerpo.

causa. f. Lo que se considera como fundamento u origen de algo./ Motivo o razón para obrar./ Doctrina o negocio en que se toma interés o partido./ Litigio, pleito.

causalidad. f. Causa, origen, principio./ *Fil.* Ley en virtud de la cual se producen efectos.

causar. tr. Producir la causa su efecto.// tr./ prl. Ser causa de que suceda una cosa.

cáustico, ca. a. Corrosivo, que quema y desorganiza los tejidos animales./ Ú.t.c.s./ Mordaz, agresivo, hiriente.

cautela. f. Precaución y reserva con que se procede./ Habilidad, astucia para engañar.

cauterio. m. Cauterización./ Fig. Lo que corrige o ataca algún mal./ *Med.* Instrumento con el que se aplica calor en un punto con fines terapéuticos, para convertir los tejidos en una escara (costra).

cauterizar. Restañar la sangre./ fig. Corregir con rigor algún vicio./ Censurar a alguien o a algo.

cautivar. tr. Aprisionar al enemigo en la guerra, privándolo de la libertad./ fig. Ejercer irresistible influencia en el ánimo por medio de atractivo físico o moral.

cautiverio. m. Estado de la persona que, aprisionada en l guerra, vive en poder del enemigo.

cautivo, va. a. y s. Prisionero de guerra./ fig. Atraído po una persona o cosa.

cauto, ta. a. Que obra con sagacidad o precaución.

cavar. tr. Levantar y mover la tierra con la azada u otro ins trumento semejante.

caverna. f. Excavación profunda./ Hueco en un órgano po pérdida de sustancia.

caviar. m. Huevos de esturión aderezados. Proceden prin cipalmente de Rusia.

cavidad. f. Espacio hueco dentro de un cuerpo cualquiera

cavilar. tr. Pensar mucho en una cosa.

cay. m. *Arg. Zool.* Mono capuchino.

cayado. m. Palo o bastón corvo de los pastores./ Báculo d los obispos.

cayo. m. Isla rasa, arenosa.

cayuco. m. Embarcación india con el fondo plano y sin qui lla, que se gobierna con un remo de pala ancha o canalete

caz. m. Canal de derivación para tomar el agua y conducir la a donde sea aprovechada.

caza. f. Acción de cazar./ Animales salvajes, antes y des pués de cazados.// m. Avión de guerra, ligero y muy ve loz usado para rechazar ataques aéreos y escoltar a los d bombardeo, reconocimiento, etc.

cazabombardero. m. *Mil.* Avión que porta armas par abatir objetivos tácticos.

cazador, ra. a. y s. Que caza./ **-furtivo.** El que caza en te rreno vedado para ello.

cazar. tr. Perseguir la caza./ Adquirir alguna cosa con ma ña./ Prender la voluntad de alguno./ Sorprender a una per sona en acción, error o descuido.

CD. Siglas de *Compact Disk*, Disco de material especial, apt para grabación electrónica, usado en reproducción musica y computación.

cearina. f. Pomada de cera, ceresina y parafina líquida.

cebado, da. a. *Amér.* Dícese de la fiera que, por haber pro bado carne humana, es más temible.// f. *Bot.* y *Agr.* Nom bre común de las especies de un género de gramíneas que en forma cultivada vive en todos los países del mun do. Su fruto se usa como alimento del ganado y el resto d la planta como forraje. Una vez germinada y tostada, s emplea como sucedáneo de la cerveza (malta) y del café

cebar. tr. Echar cebo a los animales.// tr./ prl. Alimentar, fo mentar./ Poner las máquinas en condiciones de funcionar. *Amér.* Preparar el mate.// prl. fig. Ensañarse.

cebil. m. *R. de la P.* Árbol de la familia mimosáceas, alto corpulento. Su corteza es un poderoso curtiente.

cebo. m. Comida que se da a los animales para engordar los o atraerlos./ fig. Materia explosiva que se pone a las ar mas de fuego, barrenas, torpedos, etc./ Fomento o pábul que se da a un vicio, pasión, etc.

cebolla. f. Planta liliácea de hojas grandes, flores blancas violáceas o verdosas./ Cepa o bulbo de esta planta./ Bul bo en general.

cebolleta. f. Planta muy parecida a la cebolla, de bulbo má pequeño y parte de las hojas comestible.

cebollón, na. a. y s. *Chile.* Solterón./ m. Variedad de ce bolla, menos picante que la común.

cebolludo, da. a. Bulboso.

cebón, na. a. y s. Animal que está cebado./ m. Puerco.

cebra. f. Animal équido de pelo blanco amarillento, con lis tas transversales pardas o negras.

cebú. m. Bovino de origen asiático con una giba sobre el lo mo. Es originario de la India y Asia. Produce buena leche carne. Se ha aclimatado en varios países de América, es pecialmente la Argentina y Brasil.

ceca. f. Reverso de la cara, en la moneda.

cecina. f. Carne salada seca al sol o al humo./ Charqui.

cedazo. m. Instrumento compuesto de un aro y una tela que se usa para separar las partes sutiles de las gruesas d algunas cosas./ Red grande para pescar.

ceder. tr. Dar, transferir.// i. Rendirse, sujetarse./ Disminui la fuerza del viento, etc.

cedro. m. Árbol pináceo, de tronco grueso y recto, que tiene por fruto la cédrida. Llega a vivir más de 2000 años y su madera, más clara que la de la caoba, es aromática y compacta./ Madera de este árbol.

cedrón. m. Planta verbenácea medicinal, originaria del Perú.

cédula. f. Escrito o documento./ Documento en que se reconoce una obligación./ Notificación judicial escrita.

cefalalgia. f. Med. Dolor de cabeza, síntoma de numerosas enfermedades.

cefalea. f. Cefalalgia violenta.

cefalópodo. a. Zool. Apl. a moluscos marinos con tentáculos.// m. pl. Zool. Clase de estos animales.

céfiro. m. Viento del oeste./ Viento suave./ Tela de algodón delgada.

cegar. i. Perder enteramente la vista.// tr. Quitar la vista a alguno./ Cerrar, obstruir./ tr./ i. Turbar la razón.

ceguedad. f. Alucinación./ Privación absoluta de la vista.

ceguera. f. Ceguedad. / Especie de oftalmía que suele dejar ciego al enfermo.

ceibo. m. Árbol leguminoso notable por sus flores rojas./ Flor nacional de Argentina y Uruguay.

ceína. f. Sustancia extraída del maíz.

ceja. f. Parte curvilínea cubierta de pelo sobre el ojo./ Este pelo./ fig. Parte de algunas cosas que sobresale un poco./ Cumbre del monte o sierra.

cejar. i. Retroceder./ fig. Ceder en un negocio o discusión.

celador, ra. a. Que cela o vigila. / Arg. Auxiliar de un colegio que cuida el orden y hace otras tareas.

celar. tr. Esmerarse en el cumplimiento de las leyes./ Tener celos./ Vigilar./ Ocultar, encubrir.

celarent. Log. y Ret. Palabra convencional de la lógica escolástica, que indica un modo de silogismo de la primera figura. Tiene una premisa universal negativa y otra universal afirmativa. La conclusión es universal negativa.

celda. f. Lugar donde se encierra a los presos en las cárceles./ Aposento destinado al religioso en su convento./ Aposento individual en colegios.

celebrar. tr. Exaltar a una persona o cosa./ Realizar alguna ceremonia o acto./ Conmemorar./ Decir misa. Ú.t.c.i.

célebre. a. Famoso./ fig. Pintoresco, chistoso, original.

celebridad. f. Fama, renombre./ Persona famosa.

celenterado o celentéreo. a. Zool. Apl. al animal de simetría radiada, con una sola cavidad que comunica con el exterior por un orificio único.// m. pl. Zool. Grupo formado por estos animales.

celestino, na. a. Alcahuete. Ú.t.c.s.

celibato. m. Estado de la persona que no ha contraído matrimonio./ Rel. Aplícase especialmente a ese estado, entre los sacerdotes católicos.

célibe. a. y s. Persona que no está casada.

cello. m. Aro con que se sujetan las duelas de las cubas./ Aféresis de violoncello, instrumento musical.

celo. m. Cuidado que se pone en el cumplimiento del deber./ Aparición periódica del instinto sexual en numerosas especies animales.// pl. Sentimiento negativo que produce en el amor, la sospecha de que el ser querido haya puesto su cariño en otro.

celofán. m. Película transparente y flexible que en general se usa como envase.

celoma. m. Zool. Cavidad interna de un animal, formada entre las dos hojas del mesodermo, cuya existencia permite la formación de órganos complejos.

celoso, sa. a. Que tiene celo o celos. Ú.t.c.s./ Desconfiado.

celta. a. y s. Individuo de un pueblo indogermánico que se estableció en el occidente europeo. Los celtas se extendieron por Europa Central en los tiempos prehistóricos y avanzaron por las Galias, España y las islas británicas, hasta someterse al imperio Romano (siglos II y I a.C.)./ Perteneciente o relativo a este pueblo./ m. Ling. Lengua de los celtas.

celtíberos, celtiberos, celtibéricos o celtiberios. m. pl. Pueblo de la península ibérica que resultó de la fusión entre los celtas y los íberos. Luchó esforzadamente contra romanos y cartagineses.

célula. Biol. Elemento anatómico microscópico de vegetales y animales./ Pequeña celda, cavidad o seno./ Unidad mínima de algunos partidos políticos, especialmente los de ideas marxistas./ **-fotoeléctrica.** Fís. Dispositivo formado por dos electrodos sensibles a la luz y que por ello pueden accionar diversos circuitos eléctricos.

celular. a. Rel. a la célula./ Biol. Aplícase al tejido orgánico compuesto de células./ Dícese de los establecimientos penales donde los presos están incomunicados y de los coches para su traslado.

celuloide. m. Plástico transparente inflamable utilizado especialmente para la fabricación de películas fotográficas.

celulosa. f. Quím. Sustancia sólida e insoluble que forma la envoltura de la célula en los vegetales.

cementerio. m. Lugar donde se entierran cadáveres.

cementita. f. Metal. Carburo de hierro (6,67 % de carbono, 93,33 % de hierro).

cemento. m. Materia usada en construcción que, amasada con agua, se endurece y sirve para unir cuerpos. Llámase también cemento hidráulico.

cena. f. Comida que se toma por la noche.

cenáculo. m. Reunión poco numerosa de literatos, artistas, etc. que profesan las mismas ideas.

cenar. i. Tomar la cena.// tr. Comer en la cena, tal o cual cosa.

cencerro. m. Campanita que se ata al cuello de las reses.

cenefa. f. Lista sobrepuesta o tejida en los bordes de las cortinas, doseles, pañuelos./ Dibujo ornamental que se pone a lo largo de muros, pavimentos, techos.

cenestesia. f. Psic. Sensación general que se tiene de la existencia del propio cuerpo, independientemente de los sentidos./ Sensaciones internas que dan la impresión de bienestar o malestar.

cenicero. m. Platillo donde se echa la ceniza del cigarrillo./ En general, lugar donde se colocan cenizas.

cenit. m. Punto del cielo que corresponde verticalmente a un lugar de la Tierra.

cenizo, za. a. Ceniciento.// f. Polvo que queda después de una combustión completa.// pl. Residuos de un cadáver.// m. Planta salsolácea silvestre./ fam. Persona que trae mala suerte.

cenología. f. Fís. Disciplina cuyo objeto son los fenómenos que tienen lugar en el vacío y los procedimientos para obtenerlo.

cenosis. f. Zool. Comunidad en la que existen dos o más especies de animales dominantes.

cenotafio. m. Monumento funerario que no conserva el cuerpo del homenajeado.

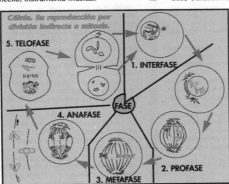

Célula. Su reproducción por división indirecta o mitosis.

1. Preparación para la mitosis.
2. Cromosomas aparentes y se forma el huso cromático.
3. Cromosomas dispuestos en plano ecuatorial.
4. Los cromátides se desplazan hacia los polos y se transforman en cromosomas hijos.
5. Las dos células hijas quedan separadas.

5. TELOFASE
1. INTERFASE
FASE
4. ANAFASE
2. PROFASE
3. METAFASE

cenozoico, ca. a. *Geol.* Aplícase a los períodos terciario y cuaternario. Ú.t.c.s./ Aplícase a la cuarta era geológica de las que constituyen la historia de la Tierra que comprende desde el cretácico hasta la época actual.

censo. m. Padrón o lista estadística de un país.

censor. m. Magistrado de la antigua Roma./ Funcionario público encargado de examinar libros, periódicos, etc./ Funcionario gubernativo que interviene las comunicaciones y las noticias destinadas a la publicidad./ Persona dada a criticar o murmurar.

censura. f. Cargo y funciones de censor./ Nota, corrección o reprobación de alguna cosa./ Intervención del censor gubernativo en medios informativos, películas, libros./ Murmuración.

censurar. tr. Corregir, reprobar, criticar./ Murmurar, vituperar./ Imponer el censor oficial cambios o supresiones en las obras artísticas o, en la publicidad, etc.

centauro. *Mit.* Monstruo cuya mitad superior es de hombre y su mitad inferior de caballo.

centavo, va. a. Centésimo, que sigue al nonagésimo nono./ m. Moneda americana que equivale a un centésimo de peso.

centella. f. Rayo de poca intensidad./ Chispa.

centellear. i. Emitir rayos de luz de densidad y coloración variables.

centena. f. Conjunto de cien unidades./ *Arit.* Unidad de tercer orden.

centenar. m. Centena, conjunto de cien unidades.

centenario, ria. a. Perteneciente a la centena./ Persona de alrededor de cien años. Ú.t.c.s./ m. Fiesta que se celebra de cien en cien años./ Día en que se cumplen una o más centenas de años del nacimiento o muerte de alguna persona ilustre o de algún suceso famoso.

centeno. m. Planta anual de la familia gramíneas, de espiga larga, estrecha y comprimida, con granos oblongos, puntiagudos en un extremo. Se emplea para la alimentación humana (harina panificable, cerveza) y como forraje.

centésimo, ma. a. Que sigue en orden al o a lo nonagésimo nono./ Cada una de las cien partes iguales en que se divide un todo.// m. Moneda uruguaya equivalente a un centésimo de peso.

centígrado, da. a. Que tiene su escala dividida en cien grados.

centigramo. m. Centésima parte de un gramo.

centilitro. m. Medida de capacidad que es la centésima parte del litro.

centímetro. m. Medida de longitud que es la centésima parte del metro./ **-cuadrado.** Medida de superficie correspondiente a un cuadrado que tiene un centímetro de lado./ **-cúbico.** Medida de volumen correspondiente a un cubo cuyo lado es un centímetro.

céntimo, ma. a. y s. Centésima parte.// m. Moneda divisionaria en algunos países.

centinela. amb. Soldado que está de guardia./ fig. Persona que está en observación de algo.

centolla. f. Crustáceo marino, de caparazón peludo y cinco pares de patas.

central. a. Perteneciente al centro./ Esencial, importante.// f. Oficina en que están centralizados varios servicios./ Casa principal de una empresa./ Oficina en que se produce electricidad.

centralismo. m. *Pol.* Sistema de organización estatal cuyas decisiones de gobierno son únicas y emanan de un mismo centro, sin tener en cuenta las diferentes culturas o pueblos sobre los que influye./ **-democrático.** Forma de funcionamiento de las organizaciones comunistas, cuyo principal postulado es el de Lenin: "La máxima libertad en la discusión y la más estricta unidad en la acción".

centrar. tr. Determinar el punto céntrico de una superficie o volumen./ Lograr que el centro de una cosa coincida con el de otra.

céntrico, ca. a. Central./ Lugar que se halla en la zona más concurrida de una población.

centrifugación. f. Acción de centrifugar./ *Metal.* Procedi-

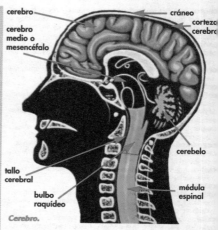

cerebro — cráneo — corteza cerebro — cerebro medio o mesencéfalo — cerebelo — tallo cerebral — bulbo raquídeo — médula espinal

Cerebro.

miento utilizado en fundición para obtener piezas de revolución.

centrífugo, ga. a. Que aleja del centro.

centrípeto, ta. a. Que atrae hacia el centro.

centrismo. m. Posición o tendencia política moderada (por oposición a los extremos) que suele identificarse con alguna forma de reformismo liberal.

centro. m. *Geom.* Punto del círculo del cual equidistan todos los de la circunferencia correspondiente./ Lugar de donde parten o a donde convergen distintas acciones coordenadas./ Sitio donde se reúnen los miembros de una corporación./ Punto medio de una cosa./ fig. La zona central o más concurrida de una población./ fig. El punto o las calles más concurridas de una ciudad./ fig. Tendencia o agrupación política cuya ideología es intermedia entre la derecha y la izquierda./ fig. Fin a que se aspira.

centroamericano, na. a. y s. De Centroamérica.

centunviro. m. Cada uno de los cien ciudadanos que en la antigua Roma asistían al pretor urbano en los juicios.

centuplicar. tr. Hacer una cosa cien veces mayor./ Multiplicar por ciento.

centuria. f. Número de cien años./ Compañía de cien hombres en la antigua milicia romana.

centurión. m. Jefe de una centuria romana.

ceñir. tr. Cerrar o rodear una cosa a otra./ Navegar formando las velas con el viento el menor ángulo posible.// prl. Moderarse en los gastos, palabras, etc.// Circunscribirse a una ocupación.

ceño. m. Cerco que ciñe alguna cosa./ Señal de enojo que se hace arrugando la frente./ fig. Aspecto amenazador.

cepa. f. Tronco de la vid del que salen los sarmientos./ fig. Tronco u origen de una familia.

cepillar. tr. Alisar con cepillo./ *Amér.* Adular.

cepillo. m. Instrumento de carpintería de madera dura./ Instrumento de hierro para labrar metales./ Instrumento de manojitos de cerdas, o cosa semejante, para limpieza y aseo.

cepo. m. Gajo o rama de árbol./ Madero grueso en que se asientan y sujetan diversas herramientas de los herreros y otros operarios./ Instrumento que servía de prisión./ Parte de tronco de árbol o planta dentro de tierra y unida a las raíces./ Trampa para cazar animales./ Utensilio para sujetar.

cequí. m. Antigua moneda árabe de oro.

cera. f. Sustancia sólida que segregan las abejas para formar las celdillas de los panales./ Sustancia parecida que elaboran algunas plantas o se obtiene artificialmente./ Secreción interior de los oídos./ Sustancia para dar brillo./ Sustancia producida por algunas plantas.

erámica. f. Arte de fabricar vasijas y otros objetos de barro, loza y porcelana.

erasita. f. *Miner*. Silicato de alúmina y magnesio.

eraunomancia. f. Arte de adivinar por medio de las tempestades.

erbatana. f. Canuto que se utiliza para lanzar, soplando, pequeños proyectiles./ Trompetilla para sordos.

erca. f. Muro, tapia o vallado que se coloca alrededor de un terreno.

ercano, na. a. Próximo, inmediato.

ercar. tr. Rodear un sitio con un muro o tapia./ Poner sitio a una ciudad o fortaleza./ Rodear muchas personas a otra o a alguna cosa.

ercenar. tr. Cortar las extremidades de alguna cosa./ Disminuir, acortar.

erciorar. tr./ prl. Asegurar la verdad de una cosa.

erco. m. Lo que rodea./ Asedio de una plaza o fuerte./ Aureola que presentan el Sol o la Luna.

ercopiteco. m. *Zool*. Género de primates que incluye 19 especies de monos pequeños, con hábitos arborícolas. Se designan colectivamente como monos o micos.

erdo, da. s. Mamífero doméstico, paquidermo./ fig. Hombre sucio y grosero.

ereal. a. Aplícase a las plantas farináceas.// m. Planta cuyos frutos dan harina panificable y estos mismos frutos.

erebelo. m. *Anat*. Parte posterior del encéfalo. Su función es el control de la ejecución de los movimientos musculares.

erebro. m. *Anat*. Centro nervioso que forma parte del encéfalo. En el hombre, se halla situado en la caja craneana./ -electrónico. Computadora, ordenador.

eremonia. f. Forma exterior de un culto./ Ademán afectado de cortesía.

eremonioso, sa. a. Que es de mucha ceremonia.

eresina. f. Grasa mineral sólida obtenida por destilación de la ozoquerita.

ereza. f. Fruto del cerezo.// m. Color rojo oscuro.

erezo. m. Árbol frutal rosáceo./ Madera de este árbol.

erilla. f. Vela de cera delgada y larga./ Fósforo para encender./ Cera de los oídos.

erina. f. Especie de cera que se extrae del alcornoque./ *Miner*. Silicato de cerio./ *Quím*. Sustancia que se obtiene de la cera blanca.

erner. tr. Separar con el cedazo las partes gruesas de cualquier materia pulverizada.// prl. fig. Amenazar de cerca algún mal./ Mover las alas las aves domésticas, manteniéndose en el aire.

ernícalo. m. Ave falconiforme con cabeza abultada, pico y uñas negros y fuertes y plumaje rojizo, manchado de negro./ a. y m. fig. Hombre ignorante y rudo.

ernir. tr. Cerner, separar.

ero. m. Signo sin valor propio. Colocado a la derecha de un número entero multiplica por diez su valor./ Punto de partida de las escalas de los termómetros, manómetros, etc./ fig. Nada./ Nulidad.

eroma. f. *Med*. Ungüento cuyo principal ingrediente era la cera, y con el cual los atletas se frotaban los miembros antes de empezar la lucha.

erradura. f. Acción de cerrar./ Mecanismo utilizado para cerrar puertas, cajones, etc.

errajero. m. El que hace cerraduras, llaves, cerrojos y otras cosas de hierro.

errar. tr./ i. Hacer que una cosa no pueda verse por dentro./ Correr el cerrojo, echar llave./ Encoger, plegar lo extendido./ Tapar una abertura./ Dar por terminadas sus tareas una entidad administrativa, industrial, comercial, etc./ Dar por concluso o firme un tratado./ fig. Terminar, concluir.// i. Tratándose de heridas, cicatrizar.

erril. a. Aplícase al terreno escabroso./ Apl. al ganado no domado./ fig. y fam. Grosero, rústico.

erro. m. Elevación de tierra aislada de menor altura que el monte./ Pescuezo del animal./ Lomo, espinazo.

errojo. m. Barreta de hierro con manija, que cierra una puerta o ventana.

ertamen. m. Competencia literaria, competición.

certero, ra. a. Diestro y seguro en tirar./ Acertado, seguro./ Sabedor, enterado.

certeza. f. Conocimiento seguro de alguna cosa.

certificación. f. Acción y efecto de certificar./ Documento en que se certifica.

certificar. tr./ prl. Dar por cierta una cosa./ Conseguir un certificado que acredita haber remitido por correo un paquete o carta./ Hacer constar una cosa por medio de documento público.

cerúleo, a. a. Azul celeste.

cerumen. m. Cera de los oídos, de las secreciones de las glándulas sebáceas y ceruminosas del conducto auditivo externo.

cerval. a. Propio del ciervo o semejante a él./ Dícese de un miedo grande, incontrolable.

cervato. m. Ciervo joven, de menos de seis meses.

cerveza. f. Bebida hecha con cebada u otros cereales fermentados en agua. Se aromatiza con lúpulo.

cervicabra. f. Especie de antílope de la India, de cuernos divergentes y retorcidos.

cervical. a. Relativo a la cerviz.

cérvido. a. *Zool*. Apl. a mamíferos rumiantes cuyos machos poseen cuernos ramificados. Ú.t.c.s.// m. pl. *Zool*. Familia de estos animales.

cerviz. f. *Anat*. Parte posterior del cuello.

cesar. i. Suspenderse o acabarse algo./ Dejar de desempeñar algún empleo o cargo./ Dejar de hacer lo que se estaba haciendo.

césar. m. Emperador, entre los romanos. Deriva del sobrenombre de la familia romana Julia.

cesare. *Lóg*. Palabra convencional de la lógica escolástica, usada para designar un modo de silogismo de la segunda figura.

cesárea. f. Operación quirúrgica por la que se abre la matriz para extraer el feto. Se practica cuando el parto no se puede ejecutar por vías normales.

cesarismo. m. Gobierno de los césares./ *Pol*. Por ext. sistema de gobierno en el que una sola persona ejerce todos los poderes públicos.

cese. m. Acción de cesar./ Orden por la cual un funcionario deja de desempeñar el cargo que ejercía.

Cerámica. Artesanía paraguaya representativa de los instrumentos musicales que allí se fabrican y que caracterizan su música.

cesio. m. Elemento químico. Símb., Cs.; n. at., 55; p. at., 132,905.

cesión. f. Renuncia de alguna cosa que una persona hace en favor de otra.

césped. m. Hierba menuda y tupida que cubre el suelo.

cesta. f. Recipiente de material flexible para transportar o guardar cosas./ Especie de pala cóncava que se emplea para jugar a la pelota.

cesura. f. En poesía, pausa que se hace en el verso después de los acentos métricos que rigen la armonía.

Chajá. Frecuenta los bañados y anda siempre en pareja. Es monógamo, macho y hembra se unen por mutua elección y permanecen juntos toda su vida. Anida en los pastizales, una vez por año.

cetáceos. m. pl. *Zool.* Orden de animales pisciformes, marinos, de gran tamaño.

cetona. f. *Quím.* Nombre común a numerosos compuestos orgánicos que se obtienen por oxidación de los alcoholes secundarios o por destilación seca de las sales cálcicas de ácidos orgánicos. Se emplea en perfumería, en productos farmacéuticos e industria química en general.

cetonuria. f. *Med.* Exceso de cetonas en la orina.

cetrino, na. a. Apl. al color amarillo verdoso./ fig. Triste, hosco.

cetro. m. Bastón de mando, insignia de poder./ fig. Reinado.

cha. m. Nombre del té en China, Filipinas y algunos países hispanoamericanos./ Título del soberano que gobernaba Irán.

chabacano, na. a. Sin arte o grosero y de mal gusto.

chabela. f. *Bol.* Bebida, mezcla de vino y chicha./ Diminutivo familiar del nombre Isabel.

chac. m. Entre los mayas, ayudante del sacerdote.

chaca. f. *Chile.* Especie de marisco comestible.

chacal. m. Mamífero carnívoro, de la familia cánidos, parecido al lobo en la forma y el color, y a la zorra en la disposición de la cola./ fig. Persona cruel.

chacarero, ra. a. *Amér.* Dícese del hombre o mujer que trabajan en una chacra. Ú.t.c.s.

chacha. f. fam. Niñera./ Por ext. sirvienta.

cháchara. f. fam. Abundancia de palabras inútiles./ Conversación frívola./ pl. Baratijas.

chacina. f. Cecina, carne salada./ Carne de puerco adobada, de la que se suelen hacer chorizos y otros embutidos.

chaco. m. Montería con ojeo, que hacían antiguamente los indios de la América del Sur, estrechando en círculo la caza para cogerla./ Vasta extensión de tierra sin explorar.

chacota. f. Bulla y alegría mezclada de chanzas y carcajadas, con que se celebra alguna cosa.

chacotear. i. Burlarse, divertirse con bulla, voces y risa.

chacra. f. Heredad de corta extensión dedicada al cultivo de hortalizas.

chafalonía. f. Objetos inservibles de plata u oro, para fundir./ *Arg.* Alhaja de poco valor.

chaflán. m. Cara, por lo común larga y estrecha, que res... ta en un sólido, de cortar por un plano una esquina o áng... lo diedro./ Plano largo y estrecho que, en lugar de esqui... une dos paramentos o superficies que forman ángulo.

chagual. m. *Amér. Merid.* Planta bromeliácea cuya méd... del tallo nuevo es comestible. Sus fibras se usan para fat... car cordeles.

chalma. a. y s. Indígena de una tribu que habita al norte Venezuela./ m. *Ling.* Dialecto caribe que hablan los chaim...

chaira. f. Cuchilla que usan los zapateros para cortar la su... la./ Cilindro de acero que usan los carniceros y otros c... ciales para avivar el filo de sus cuchillas.

chajá. m. *R. de la P.* Ave zancuda, de color gris claro, cu... llo largo, plumas altas en la cabeza y dos púas en la pa... anterior de sus grandes alas. Anda erguida y lanza un g... to al que debe su nombre.

chal. m. Paño de seda, lana, etc., mucho más largo que a... cho, y que, puesto en los hombros, sirve a las mujeres c... mo abrigo o adorno.

chala. f. *Amér.* Envoltura de la mazorca de maíz, vaina... *Arg.* y *Bol.* Dinero.

chalaza. f. Cada uno de los dos filamentos que sostienen... yema del huevo en medio de la clara.

chaleco. m. Prenda de vestir, sin mangas, que se aboto... al cuerpo, llega hasta la cintura cubriendo el pecho y la e... palda y se pone encima de la camisa./ -**de fuerza.** Am... Camisa de fuerza.

chalet. m. Casa de madera y tabique a estilo suizo.// Ca... de recreo de no grandes dimensiones.

challina. f. Corbata de caídas largas y de varias formas, qu... usan los hombres y las mujeres./ *Amér.* Chal.

chalupa. f. Embarcación pequeña, que suele tener cubier... y dos palos para velas./ Lancha, bote./ Canoa en que ap... nas caben dos personas y sirve para navegar entre las ch... nampas de México.

chamal. m. *Arg.* y *Chile.* Manta que usaban los indios ara... canos, de la cintura para abajo y desde los hombros l... mujeres.

chamán. m. Nombre que recibían los sacerdotes e... algunos pueblos indoamericanos precolombinos.

champán. m. Embarcación grande, de fondo plano, usad... en China, Japón y alguna parte de América del Sur para n... vegar por los ríos./ fam. Champaña.

champaña. m. Vino blanco espumoso, originario de Franci...

champiñón. m. Hongo de cuerpos fructíferos, carnosos comestibles.

champú. m. Loción usada para lavar el cabello.

chamuscar. tr. Quemar una cosa por la parte exterio... Ú.t.c.prl.// prl. *Col.* Enfadarse.

chance. f. *Amér.* Ocasión, oportunidad de triunfo.

chancha. f. *Amér.* Hembra del chancho./ fig. Mujer sucia desaliñada.

chancho, cha. a. Puerco, sucio, desaseado.// m. *Amé...* Cerdo.

chancleta. f. Chinela sin talón, o chinela o zapato con el ta... lón doblado, que suele usarse dentro de casa./ *Com.* fig. fam. Persona inepta.// f. *Amér.* fam. Niña.

chanclo. m. Especie de sandalia de madera o suela grues... que sirve para preservarse de la humedad y del lodo./ Za... pato grande de goma u otra materia elástica, en que entr... el pie calzado./ Parte inferior de algunos calzados, en fo... ma de chanclo.

chancro. m. *Pat.* Úlcera contagiosa, de origen venéreo o s... filítico.

changa. f. *Amér.* Ocupación y servicio que presta el chan... gador./ Retribución que se le da./ *Arg.* Trabajo pasajero de escasa importancia.

changador. m. Mozo de cuerda.

chango, ga. s. *Arg.* Cualquier muchacho o muchacha.// m... Muchacho que presta servicios en una casa.

chantaje. m. Amenaza pública, difamación o daño seme... jante que se hace contra alguno, a fin de obtener de él di... nero u otro provecho.

chanza. f. Broma, burla.

añar. m. *Amér.* Árbol parecido al olivo en el tamaño y las hojas, pero espinoso y de corteza amarilla. El fruto, como ciruela, es comestible y de sabor dulce./ Fruto de este árbol.

apa. f. Hoja o lámina de metal, madera u otra materia./ fig. y fam. Juicio y formalidad./ *Amér.* Indio que actúa de espía./ Cerradura.

apalear. int. Chapotear, sonar el agua agitada por los pies y las manos.

aparro. m. Mata de encina o roble, de muchas ramas y poca altura./ Arbusto de América Central de baja estatura./ Chiquillo.

aparrón. m. Lluvia recia de corta duración.

apista. Persona que trabaja la chapa de metal, y especialmente las carrocerías de los automóviles.

apitel. m. Remate de las torres que se levanta en figura piramidal./ Capitel, parte superior de la columna./ Pequeño cono de ágata o de otra piedra dura, que, encajado en el centro de la aguja imantada, sirve para que esta se apoye y gire sobre el extremo del estilete./ *Méx.* Capillita de bóveda.

apotear. tr. Humedecer repetidas veces una cosa con esponja o paño empapado en agua u otro líquido, sin estregarla.// i. Sonar el agua batida por los pies o las manos.

apucear. tr. fig. y fam. Hacer una cosa pronto y mal.

apucero, ra. a. Hecho tosca y groseramente./ Dícese de la persona que trabaja de este modo. Ú.t.c.s./ Embustero. Ú.t.c.s.

apurrar o chapurrear. tr. Hablar con dificultad un idioma, pronunciándolo mal y usando vocablos y giros exóticos. Ú.t.c.i.

apuza. f. Chapuz, chapucería.

apuzar. tr. Meter a uno de cabeza en el agua. Ú.t.c.i.

aqueño, ña. a. y s. De Chaco, prov. de Argentina.

aqueta. f. Prenda exterior de vestir, con mangas y sin falones, que se ajusta al cuerpo y cubre hasta los muslos./ *Arg.* Guerrera.// m. *Méx.* Apodo que se aplicaba durante la guerra de la Independencia a los partidarios de los españoles.

aquetilla. f. Chaqueta, en general más corta que la ordinaria, de forma diferente y casi siempre con adornos.

aquetón. m. Prenda exterior de más abrigo y algo más larga que la chaqueta.

arada. f. Enigma que resulta de formar con las sílabas divididas o trastrocadas de una voz a propósito para ello, otras dos más voces, y de dar ingeniosa y vagamente algún indicio acerca del sentido de cada una de éstas y de la principal, que se llama todo.

aranga. f. Música militar que consta sólo de instrumentos de metal./ Murga, orquesta o banda de poca categoría.

arango. m. Especie de guitarra pequeña, de cinco cuerdas y sonidos muy agudos, usada por músicos de la región andina. Se construye a veces con la carazón de un quirquincho.

arca. f. Depósito algo considerable de agua, detenida en el terreno, natural o artificialmente.

arcal. m. Sitio en que abundan los harcos.

arco. m. Agua detenida en un hoyo o cavidad de la tierra o del piso./ fig. y fam. El mar.

arlar. i. fam. Hablar mucho y sin ninguna utilidad./ fam. Conversar, platicar por mero pasatiempo.

arlatán, na. a. Que habla mucho y sin sustancia. Ú.t.c.s./ Hablador indiscreto. Ú.t.c.s.

arlestón. m. Danza de origen estadounidense que se hizo mundialmente famosa durante la década del veinte.

arnockita. f. *Geol.* Roca metamórfica de textura granulítica, constituida por hiperstena, cuarzo y feldespato.

charol. m. Barniz muy lustroso y permanente, que conserva su brillo y se adhiere perfectamente a la superficie del cuerpo a que se aplica./ Cuero con este barniz.

charolar. tr. Barnizar con charol o con otro líquido similar.

charque. m. *Amér. Mer.* Charqui.

charqui. m. *Amér.* Tasajo.

charretera. f. Divisa militar de oro, plata, seda u otra materia, en forma de pala, que se sujeta sobre el hombro por una presilla y de la cual pende un fleco./ Jarretera, condecoración./ Hebilla de la jarretera.

charrúas. Pueblo indoamericano que habitaba el actual territorio uruguayo. Eran cazadores y pescadores.

chascarrillo. m. fam. Anécdota ligera, cuentecillo agudo o frase de sentido equívoco y gracioso.

chasco. m. Burla o engaño que se hace a alguno./ fig. Decepción que causa a veces un suceso contrario a lo que se esperaba.

chasis. m. Armazón, caja del coche./ Bastidor donde se colocan las placas fotográficas para exponerlas en la cámara oscura.

chasquear. tr. Dar chasco o zumba./ Faltar a lo prometido./ Manejar el látigo o la honda, haciéndoles dar chasquido.// prl. Frustrar las esperanzas.

chasqui. m. Indio que servía de correo./ *Amér.* Mensajero, emisario.

chasquido. m. Sonido o estallido que se hace con el látigo o la honda cuando se sacuden en el aire con violencia./ Ruido seco y súbito que produce al romperse, rajarse o desgajarse alguna cosa./ Ruido que se produce con la lengua al golpearla contra el paladar.

chatarra. f. Escoria que deja el mineral de hierro./ Hierro viejo./ Restos metálicos procedentes del desguace de barcos, automóviles, maquinaria, etc.

chato, ta. a. Que tiene la nariz poco prominente y como aplastada. Ú.t.c.s./ Dícese también de la nariz que tiene esta figura./ Aplícase a algunas cosas que de propósito se hacen sin relieve o con menos elevación que la que suelen tener las de la misma especie./ *Arg.* Pobre, insignificante.// m. fig. y fam. Vaso bajo y ancho.

chatría. m. En la India, individuo que pertenece a la segunda casta, de nobles y guerreros.

chaucha. f. *Arg.* Vaina tierna de la judía./ *Chile.* Moneda de poco valor.// pl. *Arg.* Muy poco dinero.

chaveta. f. Clavo hendido en casi toda su longitud, que, introducido por el agujero de un hierro o madero, se remacha separando las dos mitades de su punta./ Clavija o pasador que se pone en el agujero de una barra e impide que se salgan las piezas que la barra sujeta.

chaya. f. *Amér.* Burlas y juegos de los días de Carnaval.

che. *Bol. y R. de la P.* Voz usada para llamar la atención o en la conversación, cuando se trata de una a la que se tutea. También se usa en España, en la región valenciana.

Los charrúas se colocaban una especie de tarugo en la nariz, se tatuaban el rostro y el cuerpo. Las tres rayas azules en el rostro indicaba que el joven entraba en la edad adulta.

chechén. a. y s. Individuo de un pueblo caucásico, de la república Checheno-Ingushia (ex-URSS), de religión musulmana.

checoslovaco, ca. a. y s. De Checoslovaquia.

chelense. m. *Hist.* Período del paleolítico inferior, caracterizado por el trabajo en piedra, especialmente la construcción de "hachas de mano".

chelín. m. Moneda inglesa que valía la vigésima parte de la libra esterlina./ Unidad monetaria de Austria.

chelo. m. Violonchelo.

cheque. m. Documento en forma de mandato de pago, por medio del cual una persona puede retirar, por sí o por un tercero, todos o parte de los fondos que tiene disponibles en un banco o similar.

chequear. i. Girar cheques./ Controlar, confrontar, cotejar.

chequeo. m. Inspección, examen detallado, especialmente médico.

cheviot. m. Lana del cordero de Escocia./ Paño que se hace con ella.

chía. f. Manto negro usado antiguamente en el luto./ *Bot.* Semilla de una especie de salvia. De ella se obtiene un refresco muy tomado en México, con azúcar y jugo de limón.

chianti. m. Quianti, vino de la región de Toscana.

chibcha. a. y s. *Hist.* Perteneciente a una cultura indígena precolombina, considerada la más numerosa y civilizada de todas las que habitaban el territorio colombiano, antes de la conquista. Ocupaban las altiplanicies y valles formados por los ramales occidentales de los Andes, en el centro de ese país.

chicano. a. y s. Dícese de los individuos de origen mexicano afincados en EE.UU. Fueron y son marginados y muchas veces agredidos. En 1969 se unificaron en la Conferencia Nacional de la Juventud Chicana. En los últimos tiempos han dado origen a una gran cantidad de manifestaciones culturales, artísticas y políticas.

chicha. f. Bebida alcohólica que resulta de la fermentación del maíz, uvas u otros frutos, en agua azucarada, y que se usa en América./ fam. Carne comestible.

chicharra. f. Cigarra, insecto./ Juguete que usan los niños por Navidad, y hace un ruido tan desapacible como el canto de la cigarra./ Timbre eléctrico de sonido sordo./ fig. y fam. Persona muy habladora.

chicharro. m. Chicharrón, del cerdo y otros animales./ Jurel, pez.

chicharrón. m. Residuo de las pellas del cerdo, después de derretida la manteca./ Dícese también del residuo del sebo de la manteca de otros animales./ fig. Carne u otra vianda requemada.

chiche. a. *Arg.* Cosa pequeña, delicada, bonita y, por ext., juguete.

chichón. m. Bulto que sale en la cabeza a consecuencia de un golpe.

chico, ca. a. Pequeño o de poco tamaño./ Niño. Ú.t.c.s./ Muchacho. Ú.t.c.s.// s. En el trato de confianza, llámase así a personas de corta edad.

chifla. f. Acción y efecto de chiflar./ Especie de silbato.

chiflado, da. a. fam. Dícese de la persona que tiene algo perturbada la razón. Ú.t.c.s.

chifladura. f. Acción y efecto de chiflar o chiflarse./ Manía, capricho./ Afición notable por una persona o cosa.

chiflar. tr. Adelgazar y raspar con la chifla las badanas y pieles finas.// i. Silbar con la chifla o imitar su sonido con la boca.

chiflido. m. Sonido del silbato./ Silbo que lo imita.

chiíta. a. y s. Dícese de la secta musulmana que sostiene que sólo Alí y sus descendientes son los califas legítimos. Está extendida sobre todo entre los iraníes y muchas veces se les atribuyen acciones terroristas en diversas partes del mundo.

chilchote. m. *Méx.* Especie de ají o chile muy picante.

chile. m. Ají, pimiento. Se usa para hacer enchilada, comida típica mexicana y de otros lugares de América.

chileno, na. a. y s. De Chile.

chillar. i. Dar chillidos./ Imitar con un reclamo el chillido (los animales de caza./ Chirriar./ Refiriéndose a colore destacarse con excesiva viveza o estar mal combinados.

chillido. m. Sonido inarticulado de la voz, agudo y desap cible.

chillón, na. a. fam. Que chilla mucho. Ú.t.c.s./ Dícese (todo sonido agudo y desagradable./ Dícese de los colore demasiado vivos o mal combinados.

chilote, ta. a. y s. De Chiloé, prov. de Chile./ m. *Méx.* B bida hecha con pulque y chile.

chimango. m. *R. de la P.* Ave de unos 30 cm. de long. plumaje oscuro y blanco. Es un ave de rapiña que abunc en la región del Plata.

chimenea. f. Conducto para dar salida al humo que resul de la combustión./ Hogar o fogón para guisar o calentars con su cañón o conducto por donde salga el humo.

chimojo. m. *Cuba.* Medicamento antiespasmódico hech de tabaco, cáscara de plátano, salvia y otros elementos.

chimpancé. m. Mono de hasta 1,70 m. de alt., de braz largos, pulgar desarrollado, cabeza grande, nariz aplasta y cuerpo cubierto de pelo de color pardo negruzco. Vi en África, formando grupos poco numerosos y es fác mente domesticable.

chin. a. y s. Individuo de un pueblo mongoloide que habi el sur de la cadena montañosa que separa India de Birm nia.

china. f. Piedra pequeña./ Juego de niños que consiste (adivinar en qué puño no está escondida una piedrecill fig. y fam. Dinero./ *Amér.* Indígena o mestiza que se dec ca al servicio doméstico. Criada o mujer de las clases p pulares. A veces, despectivamente.

Chino. Imagen de una histórica figura de la dinastía Soong que representa la milenaria cultura de este puebl

chinche. f. Insecto de color rojo oscuro, cuerpo muy apla tado, antenas cortas y cabeza inclinada hacia abajo. Es no turno, fétido y chupa la sangre humana taladrando la p con picaduras irritantes./ Clavito metálico de cabeza circ lar y chata.// m. y f. / fig. y fam. Persona molesta.

chinchilla. f. Mamífero roedor de América Meridional, p recido a la ardilla, pero con pelaje gris, más claro por vientre que por el lomo y de una finura y suavidad extrac dinarias. Vive en madrigueras subterráneas, y su piel muy apreciada en peletería./ Piel de este animal./ Plan herbácea del Río de la Plata de flores amarillas y dentad con las que se prepara una infusión con propiedades di réticas.

chinchorro. m. Embarcación de remos muy ligera. / H maca ligera.

os chiriguanos, emparentados al tronco racial brasílido, en particular a los guaraníes, manejaron a la perfección las técnicas del cultivo y la alfarería, dada la influencia andina. En la ilustración, un descendiente de ellos.

hincol. m. *Amér. Merid.* Pajarillo común, de agradable canto.

hinela. f. Calzado a modo de zapato, sin talón, de suela ligera, y que por lo común sólo se usa dentro de la casa.

hingolo. m. *R. de la P.* Chincol, pájaro muy popular.

hino, na. a. y s. De China./ *Amér.* Dícese del descendiente de indio y zambo, o de indio y zamba./ m. *Ling.* Lengua hablada por los chinos.

hip (voz ingl.). m. En informática, pequeña sección o cápsula de material semiconductor, generalmente silicio, en la cual hay circuitos integrados. Ya existen algunos microscópicos, capaces de albergar gran cantidad de información.

hipá. m. *R. de la P. y Perú.* Torta de maíz o mandioca.

hipriota. a. y s. De Chipre.

hiquero. m. Lugar donde se guardan los chanchos./ *Arg.* Corral, redil.

hiquillín. m. fam. Chiquillo.

hiquillo, lla. a. Chico, niño, muchacho.

hiquitura. f. *Arg.* Pequeñez.

hiricote. m. *Arg. y Par.* Ave que vive a orillas de lagunas.

hiriguano, na. a. y s. Dícese del individuo perteneciente a una tribu de raza guaraní que ocupaba un amplio territorio de Bolivia (actual depto. de Santa Cruz) y de Argentina (actual Chaco), adonde llegaron acompañando al conquistador portugués Alejo García.

hiripa. f. En el juego de billar, suerte favorable que se gana por casualidad./ fig. y fam. Casualidad favorable.

hiripá. m. *R. de la P.* Prenda semejante al chamal que usaban los gauchos criollos./ Pañal que se pone a los niños.

hirivía. f. Planta de la familia de las umbelíferas, de raíz carnosa y comestible.

hirle. a. fam. Insípido, insustancial./ *Arg.* Aguanoso, dícese del líquido o de la sustancia blanda que no tiene la debida consistencia.// m. *Sirle*, excremento del ganado.

hirlo. m. Herida prolongada en la cara, como la que hace la cuchillada./ Señal o cicatriz que deja después de curada.

hirriar. i. Dar sonido agudo una sustancia al penetrarla un calor intenso; como cuando se fríe tocino o se echa pan en aceite hirviendo./ Producir un sonido agudo y desagradable al ludir un objeto con otro, como los goznes de una puerta./ Chillar los pájaros.

hirrido. m. Voz o sonido agudo y desagradable de algunas aves u otros animales; como el grillo, la chicharra, etc./ Cualquier otro sonido agudo, continuado y desagradable.

hisme. m. Noticia verdadera o falsa que se difunde para indisponer a unas personas con otras o para desacreditar a alguna.

hismografía. f. fam. Ocupación de chismear, de difundir chismes y cuentos que corren.

hispa. f. Partícula pequeña encendida que salta de la lum-

bre, del hierro herido por el pedernal, etc./ Luz viva, destello./ Gota de lluvia menuda y escasa./ fig. Ingenio./ fam. Borrachera.

chispazo. m. Acción de saltar la chispa del fuego.

chispear. i. Echar chispas./ Relucir o brillar mucho./ Llover mucho, cayendo sólo algunas gotas pequeñas.

chisporrotear. int. fam. Despedir chispas reiteradamente.

chistar. i. Prorrumpir en alguna voz o hacer ademán de hablar./ Imponer silencio o llamar la atención con la interjección chist.

chiste. m. Dicho agudo y gracioso./ Suceso gracioso y festivo./ Burla o chanza.

chistera. f. Cestilla angosta por la boca y ancha por abajo, que llevan los pescadores para echar los peces./ fig. y fam. Sombrero de copa alta.

chistoso, sa. a. Que dice chistes. Ú.t.c.s./ Dícese también de cualquier lance o suceso que tiene chiste.

chivo, va. s. Cría de la cabra.// m. *Arg., Col. y Ec.* Macho de la cabra.

chocante. a. Que choca./ Gracioso./ *Amér.* Raro, que llama la atención./ Impertinente.

chocar. i. Encontrarse violentamente una cosa con otra; como una bala contra la muralla, un buque con otro, etc./ fig. Pelear, combatir./ Causar enfado o extrañeza./ Darse las manos en señal de saludo, enhorabuena, etc. Ú.t.c.tr./ Juntar las copas al brindar.

chocha. f. Ave caradriforme, común en el sur de Europa durante el invierno. Tiene el pico largo, recto y delgado, y su plumaje es de color gris rojizo.

chochear. i. Tener debilitadas las facultades mentales como consecuencia de la edad./ fig. y fam. Exagerar el cariño por determinadas personas o cosas.

choclo. m. Chanclo de madera./ *Amér.* Mazorca tierna de maíz./ Humita./ *Arg.* Carga, molestia.

chocolate. m. Pasta hecha con cacao y azúcar molidos, a la que se añade generalmente canela o vainilla./ Bebida que se hace de esta pasta desleída y cocida en agua o en leche.

chófer o **chofer.** m. Conductor de un vehículo automóvil.

chol. a. y s. Individuo de un pueblo amerindio de la familia lingüística maya. Algunos de sus restos culturales se hallan en zonas fronterizas entre México y Guatemala.

cholo, la. a. y s. *Amér.* Dícese del indio civilizado.

chónik. a. y s. Individuo de un pueblo amerindio patagónico ya extinguido. Fueron cazadores y pescadores.

chopo. m. *Bot.* Nombre de varias especies de árboles. Su denominación más usual es álamo.

choque. m. Encuentro violento de una cosa con otra./ fig. Contienda, disputa, riña o desazón con una o más personas./ Combate o pelea que por el poco número de tropas o por su corta duración no se puede llamar batalla.

chorizo. m. Pedazo corto de tripa lleno de carne, regularmente de puerco, picada y adobada./ *Arg.* Carne muy jugosa que está sobre el lomo a cada lado del espinazo de la res vacuna.

chorlito. m. Ave caradriforme de la familia carádridos.

chorotes o **chorotís.** a. y s. pl. Pueblo indoamericano que habitaba el actual territorio del chaco argentino. Eran recolectores y pescadores.

chorreado, da. a. Dícese de la res vacuna que tiene el pelo con rayas verticales, de color más oscuro que el general de la capa./ Sucio, manchado.

chorrear. i. Caer un líquido formando chorro./ Salir el líquido lentamente y goteando.// tr. vulg. *Arg.* Robar, hurtar.

chorrillo. m. Curso fluvial exiguo.

chorro. m. Porción de líquido o de gas, que sale por una parte estrecha con alguna fuerza./ Por ext., caída sucesiva de cosas iguales y menudas./ vulg. *Arg.* Ladrón, estafador.

chotacabras. f. Ave trepadora, de pico pequeño y algo corvo, plumaje gris con manchas y rayas negras, y algo rojizo por el vientre, alas largas y cola cuadrada.

choza. f. Cabaña formada de estacas y cubierta de ramas o paja./ Cabaña, casa tosca y pobre.

chozno, na. s. Cuarto nieto, hijo del tataranieto.

chubasco. m. Chaparrón o aguacero con mucho viento./ fig. Adversidad o contratiempo transitorios, pero que entorpecen algún designio./ Mar. Nubarrón oscuro y cargado de humedad, que suele presentarse repentinamente, empujado por un viento fuerte./ fig. y fam. Arg. Reprimenda.

chubutense. a. y s. De Chubut, prov. de Argentina.

chúcaro, ra. Amér. a. Arisco, bravío. Díc. principalmente del ganado vacuno y del caballar y mular aún no desbravado./ fig. Dícese de la persona huraña.

chuchería. f. Cosa de poca importancia, pero pulida y delicada./ Alimento corto y ligero, generalmente apetitoso./ fig. y fam. Bofetada.

chuleta. f. Costilla con carne de ternera, carnero o puerco.

chulo, la. a. Persona de los barrios populares de Madrid, que se distingue por sus modales desenfadados./ m. Rufián, el que explota mujeres.

chumbar. tr. Arg. y Bol. Disparar con bala o perdigón./ i. Arg. Ladrar el perro, con amenaza de atacar.

chuña. f. Ave sudamericana similar a la grulla.

chupado, da. a. fam. Muy flaco y extenuado./ Amér. Borracho. Ú.t.c.s.

chupar. tr. Sacar o atraer con los labios el jugo o la sustancia de una cosa. Ú.t.c.intr./ Embeber en sí los vegetales el agua o la humedad./ Amér. Beber vino u otro licor./ prl. Irse enflaqueciendo./ Amér. Hablando de cosas desagradables, sufrirlas, aguantarlas.

chupatintas. m. despect. Oficinista, burócrata, cagatintas.

chupete. m. Pieza de goma elástica en forma de pezón que se pone en el biberón./ Objeto semejante, de goma o pasta, que se da a los niños para distraerlos o evitarles las molestias de la dentición.

chupóptero, ra. a. y s. fam. Persona que disfruta de entradas de dinero, sin trabajar./ Por ext. explotador, negrero.

churrasco. m. Amér. Carne asada a la brasa o a la plancha.

churrasquear. i. Arg. Comer o hacer un churrasco.

Ciervo. Animal indomesticable, cuyas piel, astas y carne son utilizadas por el hombre. En la ilustración, ejemplar de cierva.

churrigueresco, ca. a. Pert. o rel. al estilo llamado homónimo./ Arq. Estilo introducido por la familia española Churriguera. Se caracteriza por el predominio de lo decorativo y fue aún más recargado en su versión hispanoamericana.

churro, rra. a. Dícese del carnero o de la oveja que tiene las patas y la cabeza cubiertas de pelo grueso, corto y rígido, y cuya lana es más basta y larga que la merina. Ú.t.c.s./ Arg. De buen ver, hermoso, esbelto.

chusma. f. Amér. Conjunto de indios, mujeres, niños, ancianos y enfermos, que no pelean, que componen una toldería./ Conjunto de gente soez y vulgar./ Muchedumbre de gente.

chut o **chute.** m. En fútbol, acción y efecto de chutar, es decir, pegarle un puntapié al balón.

chuvache. a. y s. Individuo de un pueblo que habita en la región del Volga medio, en Chuvachia./ m. Ling. Lengu turca hablada por este pueblo.

chuza. f. Méx. Lance en los juegos de boliche y de billa Consiste en derribar todos los palos de una vez, con un sola bola./ R. de la P. Lanza rudimentaria y liviana, usad por los indios.

chuzo. m. Palo armado con un pincho de hierro, que se us para defenderse y ofender.

cía. f. Anat. Hueso de la cadera.

cian. m. Art. Gráf. Color azul verdoso, uno de los fundi mentales en la impresión multicolor y en la fotografía.

cianógeno. m. Gas compuesto de carbono y nitrógeno, ir coloro y venenoso.

cianuración. f. Metal. Método para la obtención del oro la plata, aplicado a los minerales que contienen el metal fi namente dividido./ Procedimiento utilizado para endure cer superficialmente y con rapidez pequeñas piezas d acero.

ciático, ca. a. Med. Dícese de los cuatro troncos nervioso del plexo sacro que inervan la región pelviana./ f. Inflama ción del nervio ciático.

cibernética. f. Ciencia que se ocupa del control y gobier no automáticos en las máquinas y en los seres vivos.

cibl. m. Cuba. Pez marítimo comestible.

ciborio. m. Copa para beber usada entre los antiguos grie gos y romanos./ Baldaquino que corona un altar en lo primitivos templos cristianos.

cicatriz. f. Marca que queda después de curada una heri da./ fig. Impresión que queda en el ánimo por algún he cho pasado.

cicatrización. f. Acción de cicatrizar.

cicatrizar. t./i./prnl. Completar la curación de las heridas hasta que queden cerradas.

cícero. m. Art. gráf. Unidad de medida tipográfica, equiva lente a poco más de 4,5 mm.

ciclamen. m. Bot. Nombre común de una planta de la fa milia primuláceas, de rizomas tuberosos, tallos cortos, flo res rojas o blanquecinas y fruto en cápsula.

ciclismo. m. Deporte y uso de la bicicleta.

ciclista. s. El que practica el ciclismo.

ciclo. m. Período después del cual se repiten los mismos fe nómenos en el mismo orden./ Conjunto de operaciones que concurren a un mismo fin./ Serie de fases por las que pasa un fenómeno hasta que se repite una fase anterior./ Conjun to de tradiciones épicas rel. a un período o a un personaje. Período en que se estudian determinadas materias./ **-ciclos económicos.** Períodos alternativos, ascendentes y descen dentes, en los niveles de actividad económica.

ciclofrenia. f. Psic. Enfermedad psíquica caracterizada po la alternancia de períodos de excitación y depresión. Se denomina psicosis maníaco-depresiva.

ciclohexanol. m. Quím. Alcohol monovalente derivado del ciclohexano. Se obtiene haciendo pasar una mezcla de fenol e hidrógeno sobre polvo de níquel.

cicloide. f. Geom. Curva plana descrita por un punto de la circunferencia cuando ésta rueda sobre una línea recta, sin deslizamiento./ m. Psic. Tipo caracterizado por una ten dencia a la oscilación entre la euforia y la depresión.

ciclón. m. Viento muy fuerte./ Huracán.

cíclope o **ciclope.** m. Gigante con un ojo en medio de la frente, considerado hijo del Cielo y de la Tierra.

ciclóstomo. a. Zool. Apl. a peces de cuerpo largo y cilín drico y boca circular que succionan alimentos, como la lamprea. Ú.t.c.s./ m. pl. Zool. Orden de estos animales.

ciclotimia. f. Med. Psicosis maniaco-depresiva. Forma de perturbación mental caracterizada por cambios mas o me nos bruscos de ánimo.

cicuta. f. Planta, cuyo zumo, cocido, se emplea en medici na y es venenoso.

cidra. f. Fruto del cidro, semejante al limón.

cidro. m. Árbol de la familia rutáceas cuyo fruto es la cidra.

ciego, ga. a. Privado de la vista. Ú.t.c.s./ fig. Ofuscado, alu cinado por una pasión./ Obstruido./ m. Anat. Primera por ción del intestino grueso.

cielo. m. Parte del espacio que parece formar una bóveda sobre el planeta./ Atmósfera./ Comúnmente, lugar donde viven los bienaventurados. Esta creencia es universal./ Dios o su providencia./ Parte superior que cubre ciertas cosas.

ciempiés. m. Nombre común de los miriápodos. Poseen muchas patas. Al morder sueltan un veneno activo.

cien. a. Apócope de ciento. Se usa siempre antes de sustantivo.

ciénaga. f. Lugar pantanoso./ fig. Lugar de vicio.

ciencia. f. Conocimiento cierto de las cosas por sus principios y causas./ Cuerpo de doctrina que constituye una rama particular del saber humano./ fig. Sabiduría, erudición./ Habilidad, maestría./ **-ficción.** f. Lit. Género narrativo cuyos argumentos se basan en la descripción de un futuro probable de la humanidad, generalmente incluyendo adelantos científicos y tecnológicos. También suele tener un contenido crítico o utópico. Sus precursores modernos fueron Julio Verne y H. G. Wells. En la actualidad constituye uno de los géneros más exitosos entre el público masivo y se extiende al cine y la televisión./ **-gaya ciencia.** Arte poético.

cieno. m. Lodo blando que se deposita en lagunas, ríos y sitios húmedos y bajos.

cientificismo. m. Fil. Teoría según la cual la ciencia permite un conocimiento completo de las cosas reales./ Tendencia a dar excesivo valor a las nociones científicas o que pretenden serlo.

científico, ca. a. Que posee alguna ciencia. Ú.t.c.s./ Relativo a las ciencias.

ciento. a. Diez veces diez./ Centésimo.// m. Centena.

cierre. m. Acción de cerrar./ Lo que sirve para cerrar./ Broche.

cierto, ta. a. Conocido como verdadero./ Ú. a veces con sentido indeterminado./ Sabedor de la relación de una cosa.// adv. Ciertamente./ **-por cierto.** m. adv. En verdad.

ciervo. m. Mamífero rumiante, esbelto, de pelo rojizo en verano y gris en invierno, patas largas y cola muy corta. El macho posee astas cuyo número de puntas aumentan anualmente. La hembra carece de ellas.

cifosis. f. Med. Incurvación defectuosa de la columna dorsal, de convexidad posterior.

cifra. f. Signo con que se representa un número./ Número, cantidad de personas o cosas./ Escritura convencional que solo se entiende sabiendo la clave./ Emblema, suma, compendio./ Arg. Recitado lírico con acompañamiento de guitarra. La voz produce un verdadero recitado y la guitarra enmudece mientras se oyen los versos.

cifrar. tr. Escribir en cifra./ fig. Resumir. Ú.t.c.prl./ Seguido de la prep. en, resumir en algo o en alguien lo que por lo general tiene diferentes causas.

Ic... ecológico es la sucesión de transformaciones que afr... los organismos que se encuentran en permanente interacción con el medio.

...l observamos detenidamente el comportamiento de los componentes de un ecosistema veremos una constante actividad que varía de acuerdo con diversos factores, y que estas variaciones mantienen cierta regularidad que determina la naturaleza cíclica de los ecosistemas.

Por ejemplo, durante la estación invernal la actividad de los seres vivos se ve reducida, tanto en el medio terrestre como en el acuático, dado que las condiciones climáticas no son lo suficientemente favorables, lo que implica una transformación en sus ciclos ecológicos que obliga a muchos de ellos a hibernar por la falta de alimento.

cigala. f. Crustáceo marino, de color rosado y caparazón duro.

cigarra. f. Insecto, de cabeza gruesa, ojos salientes, antenas chicas y cuatro alas membranosas. Los machos tienen en la base del abdomen un aparato con el cual, cuando hace mucho calor, producen un ruido estridente y monótono.

cigarrillo. m. Cigarro de picadura envuelta en papel de fumar.

cigarro. m. Rollo de hojas de tabaco, que se fuma.

cigomorfa. a. Bot. Dícese de la flor en la que solamente uno de los planos que pasan por su eje la divide en dos partes simétricas.

cigoto. m. Biol. Huevo.

cigüeña. f. Ave zancuda./ Hierro donde se asegura la cuerda para tocar la campana.

cigüeñal. m. Doble codo en el eje de ciertas máquinas.

cilia. f. Biol. Filamento delgado y permanente que emerge del cuerpo de algunas células, cuyas funciones se relacionan con el movimiento.

ciliado, da. a. y m. Zool. Que posee cilias./ m. pl. Clase de protozoos caracterizados por la presencia de cillas. Son de mayor tamaño que el resto de los protozoos.

cilindro. m. Geom. Sólido limitado por una superficie cilíndrica cerrada y dos planos que forman sus bases./ Por anton., el recto y circular./ Pieza de la máquina impresora que gira sobre el molde o sobre el papel./ Tubo en que se mueve el émbolo de una maquinaria./ Compresor./ Rodillo.

cima. f. Lo más alto de las montañas, montes, etc./ Por ext., la culminación de una situación.

cimarrón, na. a. Amér. Animal doméstico que huye al campo./ Decíase del esclavo que huía buscando la libertad y se refugiaba en los montes. Ú.t.c.s./ Amér. Apl. a la planta silvestre de cuya especie hay otra cultivada./ Arg. y Urug. Aplícase al mate sin azúcar. Ú.t.c.s.m.

címbalo. m. Campana pequeña./ Instrumento musical de percusión, muy popular, especialmente entre los gitanos.

cimbrar. tr./ prl. Mover una cosa flexible, agarrándola por un extremo. Ú.t.c.prl.

cimentar. tr. Echar los cimientos de un edificio o fábrica./Fundar.

cimiento. m. Parte de un edificio que está debajo de tierra y lo sostiene. Ú.m. en pl./ fig. Base, principio, fundamento.

cimitarra. f. Sable curvo, usado por turcos y persas.

cinc. m. Elemento químico. Símb., Zn.; n. at., 30; p. at., 65,37. Metal blanco azulado de brillo intenso.

cincel. m. Herramienta para labrar a golpe de martillo piedras y metales.

cincelar. tr. Grabar con cincel en piedras o metales.

cincha. f. Faja con que se asegura la silla sobre la cabalgadura.

cinchar. tr. Asegurar la silla apretando las cinchas./ Arg. Trabajar fuerte.

cinco. a. y s. Cuatro y uno./ Quinto.

cincuenta. a. Cinco veces diez.

cincuentenario, ria. a. Perteneciente al número cincuenta.// m. Conmemoración al cumplirse cincuenta años de algún suceso.

cine. m. Edificio público en el que se exhiben películas cinematográficas./ Técnica, arte e industria de la cinematografía.

cinemateca. f. Organismo que se ocupa de la conservación de películas y otros documentos relacionados con el cine. Una de las más famosas del mundo es la Cinemateca Francesa, dirigida durante muchos años por el investigador Henri Langlois.

cinematografía. f. Arte de representar imágenes en movimiento, por medio de la fotografía y el cine.

cinético, ca. a. Relativo al movimiento./ f. *Fís.* Rama de la mecánica que estudia el movimiento.

cingalés, sa. a. y s. De Sri Lanka, o Ceilán./ m. *Ling.* Lengua indoaria hablada en Sri Lanka.

cíngaro, ra. a. y s. Gitano.

cínico, ca. a. y s. Apl. al filósofo de la escuela que fundó Antístenes./ Impúdico, procaz. Ú.t.c.s.

cínlfe. m. Mosquito común.

cinismo. m. Doctrina de los cínicos./ Desvergüenza.

cinocéfalo. m. *Zool.* Mono de hábitos terrestres, locomoción cuadrúpeda, hocico prominente (parecido al de los perros) y cola corta.

cinorexia. f. *Med.* Aumento exagerado del apetito.

cinta. f. Tira de papel, celuloide u otra materia parecida./ Tejido largo y angosto./ Planta de adorno./ Película cinematográfica./ *Amér.* Listón de madera.

cinto. m. Faja de cuero para ajustar la cintura./ Cintura.

cintura. f. Parte más estrecha del cuerpo humano, sobre las caderas.

cinturón. m. Cinta de cuero, o tejido recio con que se sujeta el vestido o pantalón./ fig. Serie de cosas que rodean a otra./ En el deporte del yudo, categoría o grado conseguidos por el luchador que se distinguen por el color del cinturón que sujeta la chaqueta blanca.

cipayo. m. Soldado indio al servicio de una potencia europea./ *Amér.* Ciudadano de un país al servicio de otro más poderoso.

ciprés. m. Árbol, de tronco recto y madera rojiza, olorosa./ Esta madera.

ciprínido, da. a. y s. *Zool.* Díc. de peces con aletas abdominales como la carpa, que habitan en aguas dulces.// m. pl. Familia de estos peces.

circense. a. Aplícase a los juegos o espectáculos que hacían los romanos en el circo./ Propio de los espectáculos del circo moderno.

circo. m. Lugar que, en la antigua Roma, estaba destinado para espectáculos./ Lugar con un espacio circular, donde se realizan distintos espectáculos de entretenimiento.

circonio. m. Elemento químico. Símb., Zr.; n. at., 40; p. at., 91,22.

círculto. m. Terreno comprendido dentro de un perímetro./ Viaje circular./ Itinerario de una carrera de automóviles, bicicletas, etc./ Contorno./ Conjunto de conductores que recorre una corriente eléctrica.

circulación, f. Acción de circular./ Regulación del tránsito urbano./ Extensión, propagación.

circular. a. Perteneciente al círculo./ Que tiene forma de círculo.// f. Aviso que se envía con el mismo contenido a varias personas./ i. Moverse en derredor./ Ir y venir./ Pasar de unas personas a otras.

circulatorio, ria. a. Relativo a la circulación./ **aparato circulatorio.** *Anat.* Conjunto de órganos que distribuyen por todo el organismo las sustancias nutrientes y el oxígeno.

círculo. m. Superficie plana limitada por una circunferencia./ Sector o ambiente social./ Lugar de tertulia o reunión.

circuncidar. tr. Cortar circularmente una porción del prepucio.

circuncisión. f. Acción de circuncidar.

circundar. tr. Rodear, cercar.

circunferencia. f. *Geom.* Curva plana, cerrada, cuyos puntos están a igual distancia de otro llamado centro, situado en el mismo plano./ Contorno de una superficie, país, mar.

circunloquio. m. Rodeo de palabras para expresar algo que pudo decirse con mayor brevedad.

circunnavegar. tr. Navegar alrededor./ Dar un buque la vuelta alrededor de un continente o del mundo.

circunscribir. tr. Reducir a ciertos límites una cosa./ *Geom.* Formar una figura de modo que otra quede dentro de ella, tocando a todas las líneas o superficies que la limitan.// prl. Ceñirse, limitarse.

circunspecto, ta. a. Discreto./ Serio, respetable.

circunstancia. f. Accidente de modo, tiempo, lugar que acompaña a un hecho o dicho./ Requisito, condición.

circunstancial. a. Que depende de una circunstancia.// m. *Gram.* Función sintáctica que desempeña el adverbio relación con el verbo, o bien otras construcciones equivalentes, y que pueden clasificarse semánticamente en circunstancias de tiempo, de modo, de lugar, etc.

circunvalar. tr. Cercar, rodear una ciudad, fortaleza, etc.

cirio. m. Vela de cera, larga y gruesa.

cirrosis. f. Enfermedad del hígado que consiste en el endurecimiento de su tejido conjuntivo.

ciruela. f. Fruto del ciruelo, de diversos colores y formas.

ciruelo. m. Árbol frutal rosáceo.

cirugía. f. Parte de la medicina, que tiene por objeto curar las enfermedades por medio de operaciones./ **-estética.** La que se dedica a embellecer partes del cuerpo./ **-plástica.** Cirujía estética.

cirujano, na. s. Persona que ejerce la cirugía.

cisma. amb. División entre los miembros de una comunidad./ Discordia, disputa./ **-de Oriente.** El que produjo en el siglo IX y llevó a la creación de la Iglesia ortodoxa griega./ **-de Occidente.** El causado por la lucha entre los papas de Roma y Aviñón. Se resolvió en el concilio de Constanza en 1417.

cisne. m. Ave de cuello largo, pico plano y dedos unidos por una membrana.

cisteína. f. *Biol.* Aminoácido esencial que se encuentra bre, en asociaciones peptídicas y en proteínas, esp. en cleroproteínas (pelo, piel, uñas).

cisterna. f. Depósito subterráneo para agua./ Vagón de ferrocarril o camión con depósito para agua.

cistotomía. f. *Med.* Incisión de la vegija para operar en interior.

cisura. f. Rotura o abertura sutil hecha en cualquier cosa. Herida que el sangrador hace en la vena.

cita. f. Fijación de lugar, día y hora para una entrevista. Mención de la doctrina, ley o autoridad en la que se basa lo que se dice.

citar. tr. Avisar a uno señalándole fecha y lugar para tratar de algún negocio./ Anotar los autores, textos o lugares que se alegan en comprobación de lo que se dice o escribe./ *Der.* Emplazar, notificar.

cítara. f. Instrumento músico ant., menor que la guitarra, que se toca con púa./ Instrumento músico ant. similar a la lira.

citocinesis. f. *Biol.* División del citoplasma.

citodiagnosis. f. *Med.* Diagnosis basada en el examen de células.

citoplasma. f. *Biol.* Parte del protoplasma que rodea el núcleo celular.

cítrico, ca. a. Rel. al limón.// m. pl. Plantas que producen agrios, como el limonero, el naranjo, etc.

citricultura. f. Cultivo de los cítricos.

citrina. f. Aceite esencial del limón.

ciudad. f. Población grande e importante.

ciudadano, na. s. Natural o vecino de una ciudad./ Persona que goza de derechos políticos.

ciudadela. f. Recinto de fortificación permanente en el interior de una plaza.

cívico, ca. a. Civil, ciudadano./ Relativo al civismo./ Patriótico./ *Arg.* Vaso de cerveza de un cuarto de litro de cabida.

civil. a. Rel. a la ciudad y a los ciudadanos./ Educado, sociable./ Dícese del que no es militar. Ú.t.c.s.

civilización. f. Acción y efecto de civilizar./ Conjunto de costumbres, creencias y artes que caracterizan al estado social de un pueblo o raza.

civilizar. tr./ prl. Sacar del estado salvaje a pueblos o personas./ Educar.

cizaña. f. Planta gramínea cuya semilla produce una harina venenosa./ fig. Cosa que daña a otra./ Enemistad.

cizañar. tr. Meter cizaña, enemistar.

clactoniense. a. y m. *Hist.* Dícese de una cultura del paleolítico inferior caracterizada por el corte ancho y uniforme de sus herramientas de sílex.

clamar. i. Quejarse a gritos pidiendo ayuda./ fig. Dícese de las cosas inanimadas, que muestran necesidad de algo./ Hablar con vehemencia o solemnidad./ Gritar con fuerza una multitud. Ú.t. en sent. fig.

clámide. f. Capa corta y ligera que usaron los griegos y romanos.

clamor. m. Grito./ Voz lastimosa./ Grito muy fuerte de una multitud. Ú.t. en sent. fig.

clan. m. Tribu o familia en la antigua Escocia./ Por ext., aplícase a otras formas de agrupación humana, por lo general, no muy numerosas.

clandestino, na. a. Secreto, oculto./ Que se posee sin derechos legales.

claque. f. Grupo de personas que se encargan de aplaudir en las funciones teatrales, con el objeto de estimular al resto del público.

clara. f. Sustancia blanquecina que rodea la yema del huevo.

claraboya. f. Ventana abierta en el techo o en la parte alta de las paredes.

clarear. i. Empezar a amanecer./ Irse disipando el nublado.// prl. Transparentarse.

claridad. f. Calidad de claro./ Efecto que causa la luz iluminando un espacio./ Distinción para percibir sensaciones e ideas.

clarín. m. Instrumento músico de viento de sonidos agudos./ Músico que lo toca.

clarinete. m. Instrumento de viento, con una boquilla y un tubo con diversos agujeros que se tapan con los dedos./ Músico de este instrumento.

clarividencia. f. Claridad de percepción.

claro, ra. a. Que se distingue bien./ Limpio, puro./ Transparente y terso./ Dícese del color no subido./ Fácil de comprender./ Evidente./ Dicho con libertad./ Despejado./ fig. Ilustre, famoso.// m. Espacio que existe entre palabra y palabra en un escrito o en manifestaciones, sembrados, etc.

claroscuro. m. Conveniente distribución de la luz y de las sombras en un cuadro.

clase. f. Orden de personas según su condición social u oficio./ Orden en que se consideran comprendidas personas o cosas./ Reunión de discípulos que escuchan a un maestro./ Aula./ Biol. Categoría comprendida entre la división y el orden./ Lóg. Conjunto./ Mat. Conjunto de elementos equivalentes entre sí, según una relación que cumple diversas propiedades.

clasicismo. m. Sistema literario o artístico que se funda en la imitación de los modelos de la antigüedad griega y romana.

clásico, ca. a. Dícese del autor o estilo, obra o época que se tiene como modelo digno de imitación. Ú.t.c.s./ Notable, principal.

clasificador, ra. a. Que clasifica.// m. Mueble para guardar con orden documentos, etc./ Aplícase a la música de tradición culta y a otras artes relacionadas con ella.

clasificar. tr. Ordenar por clases./ Barbarismo por calificar.

clasismo. m. Pol. Parcialidad por determinada clase social./ Actitud discriminatoria hacia las clases inferiores.

claudicar. i. Realizar concesiones ante presiones.

claustro. m. Galería que cerca el patio principal de un convento./ Junta de los profesores de una facultad./ fig. Estado monástico.

cláusula. f. Cada una de las disposiciones de un contrato, tratado, testamento, etc.

clausura. f. Obligación de los religiosos de no salir de cierto recinto y prohibición de entrar en él los seglares./ Acto con que se celebra la terminación de un congreso./ Encerramiento./ Cierre de un establecimiento.

clausurar. tr. Cerrar, poner fin a las tareas de un cuerpo político o entidad científica, comercial, etc.

clavar. tr. Introducir a golpes un clavo u otra cosa aguda en un cuerpo./ fig. Poner, fijar, parar./ fig. y fam. Engañar y perjudicar a uno.

clave. m. Clavicordio.// f. Explicación de los signos convenidos para escribir en cifra./ Explicación que necesitan algunos libros para ser comprendidos./ Mús. Signo que se pone al principio del pentagrama./ En oposición a algunos sustantivos, fundamental, decisivo. Jornada clave.

clavel. m. Planta ornamental./ Flor de esta planta, de cáliz cilíndrico y cinco pétalos de diversos colores.

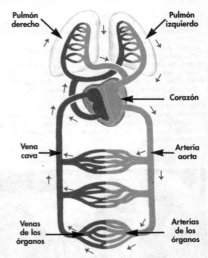

Circulación. Esquema del recorrido de la sangre en el organismo.

clavícula. f. Cada uno de los dos huesos largos articulados con el esternón y el omóplato.

clavija. f. Trozo cilíndrico o cónico de madera, metal, etc. que se usa para ensambles o para sujetar alguna cosa. En los instrumentos músicos se emplea para sujetar las cuerdas.

clavo. m. Pieza de hierro, con cabeza y punta, que se hunde en un cuerpo para asegurar alguna cosa./ Amér. Mal negocio./ Amér. Mercadería que no puede venderse.

clemátide. f. Planta medicinal de la familia ranunculáceas, de tallo rojizo, sarmentoso y trepador. Tiene flores blancas y olor suave.

clemencia. f. Virtud que modera el rigor de los juicios.

clementina. f. Cada una de las constituciones de la colección de derecho canónico, publicadas por Juan XXII en 1317.

clepsidra. f. Reloj de agua.

cleptocracia. f. Gobierno de ladrones o corruptos.

cleptomanía. f. Inclinación enfermiza al robo.

clérigo. m. El que ha recibido las órdenes sagradas.

clero. m. Conjunto de clérigos./ -regular. El que se liga con los tres votos: pobreza, obediencia y castidad./ -secular. El que no hace dichos votos.

clerofobia. f. Odio manifiesto hacia el clero.

cliente. m. y f. Persona que utiliza los servicios de otra o que compra en un establecimiento comercial.

clima. m. Condiciones atmosféricas de una región./ Ambiente, circunstancias que rodean a una persona.

climaterio. m. Período crítico en la vida humana, caracterizado por la declinación de las actividades sexuales. Marca la transición entre la vida adulta y la vejez.

climatología. f. Tratado de los climas en sus diversos elementos y en su distribución geográfica.

clímax. m. Progresión en un discurso./ Gradación./ Momento culminante de un proceso./ Ecol. Estado óptimo de una comunidad biológica, dadas las condiciones del ambiente.

clínica. f. Parte práctica de la enseñanza de la medicina./ Hospital privado, sanatorio.

clínico, ca. a. y s. Perteneciente a la clínica.// m. Médico que se dedica a diagnosticar y curar enfermedades sin intervención quirúrgica.

clinoterapia. f. Med. Tratamiento de enfermedades físicas y psíquicas por medio del reposo.

clique. f. Galicismo por camarilla.

clítoris. m. *Anat.* Pequeño órgano eréctil situado en la parte superior de la vulva de la mujer. Posee una gran excitabilidad sexual.

cloaca. f. Conducto por donde van las aguas sucias./ Parte final del intestino de las aves.

cloro. m. Elemento químico, gas amarillo verdoso que se usa como desinfectante. Símb. Cl.; n. at., 17; p. at., 35,45.

clorofila. f. Pigmento verde de los vegetales que desempeña un papel fundamental en la fotosíntesis. Posee ligeras propiedades desodorantes.

cloroformizar. tr. Aplicar cloroformo para anestesiar.

cloroformo. m. *Quím.* Cuerpo formado por un átomo de carbono, uno de hidrógeno, y tres de cloro; es líquido incoloro, volátil, de sabor azucarado y olor agradable y se usa en medicina como anestésico.

Coala. Marsupial trepador de Australia que se encuentra en peligro de extinción.

clorosis. f. *Med.* Anemia típica de las adolescentes./ *Bot.* Enfermedad de las plantas debida a problemas en la nutrición. Se manifiesta por la presencia de hojas amarillas.

cloruro. m. *Quím.* Sal de ácido clorhídrico./ **-de cal.** Producto químico que resulta de la absorción del cloro por la cal apagada. Sirve para desinfectar y blanquear el papel y las telas./ **-de sodio.** Sal común o de mesa.

club. m. Sociedad deportiva, cultural, etc.

clueca. f. Gallina y otras aves cuando se echan sobre los huevos para empollarlos.

coacción. f. Violencia que se ejerce sobre alguien para que ejecute una acción en contra de su voluntad./ *Biol.* Interacción de tipo ecológico entre dos o más especies que conviven en un biotopo.

coadyuvar. tr. Contribuir, ayudar.

coagular. tr./ prl. Cuajar, solidificar un líquido.

coágulo. m. Sangre coagulada./ Masa coagulada./ Grumo de un líquido coagulado.

coala. m. Marsupial australiano, parecido a un osezno.

coalición. f. Unión de algunos contra otros.

coartada. f. Prueba que hace el reo de haber estado ausente del lugar en que se cometió el delito.

coartar. tr. Limitar, restringir.

coatí. m. Mamífero carnicero plantígrado, de pelaje tupido y uñas fuertes con las que trepa a los árboles.

cobalto. m. Elemento químico (metal) duro, cuyo óxido forma la base azul de muchas pinturas y esmaltes. Símb., Co; n. at., 27; p. at., 58,93.

cobarde. a./ s. Sin valor ni espíritu.// a. Hecho con cobardía.

cobardía. f. Falta de valor y espíritu.

cobayo. m. Chanchito de la India.

cobertura. f. Cubierta que se coloca encima de algo par tapar, forrar, etc./ Acción de cubrirse de cualquier riesgo responsabilidad, etc./ Cantidad de oro, metales precioso o divisas extranjeras que garantiza o respalda la moneda fi duciaria de un país.

cobija. f. Tela cuya parte cóncava abraza dos canales del te jado./ *Amér.* Manta de cama.// pl. Ropas de cama.

cobijar. tr./ prl. Cubrir o tapar./ fig. Albergar.

COBOL. *Comp.* Siglas de *common business oriented langua* ge, lenguaje de computación preparado para la gestió empresarial.

cobra. f. Serpiente venenosa de los países tropicales que llega a tener más de dos metros de largo.

cobrar. tr. Percibir uno lo que otro le debe./ Recuperar./ Re firiéndose a los sentimientos, sentirlos, tenerlos./ fam. Reci bir castigo./ *Amér.* Reclamar lo debido.// prl. Volver en sí.

cobre. m. Elemento químico (metal) rojo brillante, el má tenaz después del oro, maleable y dúctil. Símb. Cu.; n at., 29; p. at., 63,5.

coca. f. Arbusto de cuyas hojas se extrae la cocaína. Originario del Perú, se cultiva en toda América del Sur./ Hoja de este arbusto./ fam. Cabeza.

cocada. f. Dulce de coco y azúcar.

cocaína. f. Alcaloide de la coca. Se usa como anestésico local y también como droga y estupefaciente.

coccinela. f. Insecto coleóptero de cuerpo hemisférico con puntos negros.

coccinélidos. m. pl. *Zool.* Familia de insectos coleópteros con antenas cortas, tamaño pequeño, cuerpo hemisférico. Tienen élitros de vivos colores con puntos negros.

cóccix. m. Hueso pequeño en el cual termina la espina dorsal.

cocer. tr. Mantener un alimento crudo en agua hirviente para hacerlo comestible./ Someter a la acción del calor.// i. Hervir un líquido. Ú.t.c.prl.

coche. m. Carruaje para viajeros, de cuatro ruedas y caja con asientos./ **-cama.** Vagón del ferrocarril con asiento con camas.

cochera. f. Lugar donde se guardan los coches.

cochinilla. f. Crustáceo terrestre que al ser tocado se vuelve una bola./ Insecto de México del que se obtiene una materia colorante.

cochino, na. s. Cerdo./ fig. y fam. Persona sucia./ fig. y fam. Persona de conducta innoble.

cociente. m. *Mat.* Resultado que se obtiene dividiendo una cantidad por otra.

cocina. f. Lugar de la casa donde se prepara la comida./ Aparato para cocer los alimentos./ fig. Arte de guisar de cualquier país.

cocinar. tr./ i. Guisar, aderezar las viandas.

coco. m. Palmera de América. Fruto de esa palmera, del tamaño de un melón regular, tiene una pulpa blanca y sabrosa./ fig. Cabeza./ fam. Gesto, mueca.

cocodrilo. m. Reptil anfibio, saurio, de 4 a 5 m de longitud.

cóctel. m. Combinación de bebidas alcohólicas, jarabe, hielo, etc.

codear. i. Mover los codos, o dar golpes con ellos frecuentemente.// prl. y fam. Tratarse con alguien de igual a igual.

códice. m. Libro manuscrito antiguo en especial anterior a la imprenta.

codicia. f. Apetito de riquezas./ fig. Deseo vehemente de algo.

codiciar. tr. Ansiar.

codificación. f. Acción de codificar.

codificar. tr. Hacer u ordenar metódicamente un conjunto de leyes./ Transformar, mediante las reglas de un código, la formulación de un mensaje.

código. m. Cuerpo de leyes metódico y sistemático./ fig. Conjunto de reglas o preceptos sobre cualquier materia./ Conjunto de signos y reglas para transmitir información.

codillera. f. Tumor que padecen las caballerías en el codillo.

odillo. m. En los cuadrúpedos, coyuntura del brazo proxima al pecho./ Parte de la rama que queda unida al tronco por el nudo cuando es cortada.

odo. m. Anat. Parte posterior de la articulación del brazo con el antebrazo.

odorniz. f. Ave gallinácea migratoria, de unos 20 cm. de largo, con la cabeza, lomo y alas de color pardo con rayas más oscuras, de carne muy apreciada.

oeducación. f. En la moderna pedagogía, educación que se da juntamente a niños de ambos sexos. Ha sido admitida progresivamente en casi todos los países.

oeficiente. a. Lo que en unión con otra cosa produce un efecto.// m. Álg. Factor que oficia de multiplicador.// Fís. Número que indica la cantidad de un cambio, por ejemplo: de temperatura.

oercer. tr. Contener, sujetar, reprimir.

oetáneo, a. a. y s. De la misma edad. / Contemporáneo.

oexistir. i. Existir a un mismo tiempo dos o más personas o cosas.

ofia. f. Red para el pelo./ Gorra de adorno./ Birrete almohadillado y con armadura de hierro para usar debajo del yelmo./ Bot. Cubierta membranosa que envuelve algunas semillas.

ofrade. m. y f. Persona que pertenece a una cofradía.

ofre. m. Arca para guardar ropas./ Arg. y Col. Joyero, estuche para guardar joyas.

oger. tr./ prl. Asir, agarrar o tomar.// tr. Hallar, encontrar./ Sorprender a uno./ Sobrevenirle algo a alguien./ Alcanzar./ Amér. Copular.

ogestión. f. Administración conjunta de una empresa por el director y los empleados.

ogollo. m. Parte interior de la lechuga y otras hortalizas./ Brote de un árbol./ Amér. Punta de la caña de azúcar./ Arg. Chicharra grande cuyo canto es breve.

ogote. m. Parte superior y posterior del cuello.

ogotudo, da. a. Grueso de cogote./ Dícese de la persona muy altiva u orgullosa.// s. Amér. Adinerado, influyente.

ohabitar. tr. Habitar juntamente con otro u otros./ Hacer vida marital.

ohesión. f. Enlace, unión de dos cosas./ Fís. Unión íntima entre las moléculas de un cuerpo.

ohete. m. Artificio pirotécnico./ Vehículo, proyectil movido por reacción a chorro.

ohibir. tr. Reprimir, refrenar, contener.

ohorte. f. Cuerpo de infantería romana./ fig. Conjunto, muchedumbre, serie.

oima. f. Manceba./ Arg., Chile y Perú. Dinero con que se soborna, para la concreción de un negocio o el logro de algo.

oimear. i. Arg., Chile y Perú. Recibir coima o comisión ilícita.

oincidir. i. Convenir una cosa con otra./ Ocurrir dos o más cosas al mismo tiempo./ Concurrir dos o más personas o cosas en un mismo lugar./ Estar de acuerdo dos o más personas en una idea, parecer, etc.

oiné. f. Ling. Lengua común, basada en el dialecto ático, origen del griego moderno

oito. m. Acto sexual entre el hombre y la mujer.

ojear. i. Andar de un modo desigual por algún defecto y no poder asentar normalmente el pie./ fig. y fam. Adolecer de un defecto o vicio.

ojo, ja. a. y s. Apl. a la persona o animal que cojea.

ol. f. Planta de huerta, de hojas anchas y pencas gruesas, comestible.

ola. f. Extremidad posterior de la columna vertebral de ciertos animales./ Conjunto de cerdas que tienen algunos animales en esta parte del cuerpo./ Plumas que tienen las aves en la rabadilla./ Extremidad posterior de algo./ Apéndice prolongado que se une a alguna cosa./ Hilera de personas que esperan algo./ Pasta que sirve para pegar./ Apéndice luminoso de los cometas.

olaborar. i. Trabajar con otra persona.

colapso. m. Postración repentina de los signos vitales./ Paralización transitoria de los negocios.

colar. tr. Conferir un beneficio eclesiástico./ Pasar un líquido por un recipiente colador.// i. Pasar por un lugar estrecho. Ú.t.c.prl./ Meterse furtivamente en un lugar./ Incurrir en yerro.

colateral. a. Dícese de las cosas que están a uno y otro lado de otra principal./ Dícese del pariente que no lo es por línea recta. Ú.t.c.s.

colcha. f. Cobertura de cama que sirve de adorno y de abrigo.

colchón. m. Especie de saco que se rellena con lana u otro material blando y sirve para dormir en él.

colchoneta. f. Colchón delgado y largo.

colección. f. Conjunto de cosas de una misma clase.

colecta. f. Recaudación de donativos hechos voluntariamente.

colectivero. m. Arg. Conductor de un transporte colectivo.

colectividad. f. Conjunto de personas reunidas para un determinado fin./ Amér. Conjunto de personas de un país, residentes en otro.

colectivo, va. a. Formado por varias personas o cosas.// m. Autobús.

colector, ra. a. Que recoge./ Recaudador.// m. Alcantarilla principal.

colega. m. y f. Compañero en el colegio, oficio, profesión..

colegial, la. a. Perteneciente al colegio.// s. El que asiste a cualquier colegio./ fig. y fam. Joven tímido y sin experiencia.

colegio. m. Establecimiento de enseñanza./ Edificio que ocupa./ Corporación de individuos de la misma profesión.

colegir. tr. Unir las cosas sueltas./ Deducir una cosa de otra.

colemia. f. Med. Presencia anormal de bilis en la sangre.

colénquima. f. Bot. Tejido vegetal de células vivas con membranas engrosadas y endurecidas.

coleóptero. a. y m. pl. Orden de insectos conocidos comúnmente como escarabajos.

cólera. f. Bilis./ fig. Ira, enojo.// m. Med. Enfermedad infecciosa transmitida por contaminación fecal de los alimentos o el agua. Sus síntomas son vómitos y diarreas, calambres, frialdad de la piel y pulso apenas perceptible.

colesterol. m. Fisiol. Sustancia de existencia normal en la sangre y en órganos y tejidos humanos. Su acumulación en las paredes de los vasos produce la arteriosclerosis.

colgar. tr. Suspender una cosa de otra./ Dar por terminada o interrumpida una conversación telefónica, colocando el auricular en el tubo./ Ahorcar.// i. Estar una cosa pendiente o asida de otra.

colibrí. m. Pájaro americano muy pequeño y colorido, perteneciente al género de los pájaros mosca.

collicuación. f. Med. Enflaquecimiento rápido a consecuencia de evacuaciones abundantes.

Coco. Fruto tropical de múltiples propiedades y exquisito sabor.

Colmena natural de abejas.

coliflor. f. Variedad de col con una pella grumosa blanca.

colilla. f. Resto de un cigarrillo.

colina. f. Elevación del terreno menor que un monte.

colinabo. m. Berza de hojas sueltas sin repollar.

colindar. i. Lindar entre sí dos fincas.

coliseo. m. Teatro destinado a la representación de tragedias y comedias, en la antigua Roma./ Denominación de los teatros importantes.

colisión. f. Choque de dos cuerpos./ Rozadura, herida./ fig. Oposición, pugna.

colitis. f. Inflamación del colon o de todo el intestino grueso, cuyos síntomas principales son el dolor y la diarrea.

colla. a. y s. Habitante de las mesetas andinas./ fig. *Amér.* Mezquino, tacaño.// m. *Arg.* Lengua de los collas.

collado. m. *Arg.* y *Bol.* Cerro, elevación de poca altura./ Depresión que facilita el paso de uno a otro lado de la sierra.

collar. m. Adorno que rodea el cuello./ Aro de cuero que se ciñe al cuello de los animales domésticos./ Insignia de ciertas dignidades, magistraturas, etc.

collie (voz ingl.). m. Perro pastor escocés caracterizado por su gran inteligencia y resistencia. Se conoce también como "Lassie", por el personaje televisivo mundialmente famoso.

colmar. tr. Llenar hasta el borde./ fig. Dar con gran abundancia.

colmena. f. Caja de madera que sirve de habitación a las abejas.

colmillo. m. Diente agudo y fuerte colocado a ambos lados de la hilera de incisivos./ Cualquiera de los dientes largos en forma de cuerno que tienen los elefantes.

colmo. m. Lo que puede colocarse en una medida o recipiente ya lleno./ fig. Plenitud, término.

colocar. tr./ prl. Poner a una persona o cosa en su debido lugar. Ú.t.c.prl./ Acomodar a una persona.

colofón. m. Nota que se pone al final de un libro para indicar el nombre del impresor y la fecha en que se terminó./ fig. Complemento que se añade a una obra literaria.

coloide. a. *Quím.* Dic. del cuerpo que al disgregarse en un líquido se divide en diminutas partículas sin disolverse en él. Ú.t.c.s.

colombiano, na. a. Natural de Colombia.

colombino, na. a. Perteneciente a Cristóbal Colón.

colon. m. *Anat.* Segunda porción del intestino grueso, entre el ciego y el recto.

colón. m. Unidad monetaria de Costa Rica y El Salvador.

colonia. f. Personas que se van de un país para establecerse en otro./ Lugar donde se establecen./ *Pol.* Territorios tomados por una nación a otra, en el que rigen leyes especiales dictadas por la nación ocupante./ *Biol.* Grupos de animales de una misma especie, que conviven en un territorio limitado.// **-agua de colonia.** Líquido alcohólico perfumado.

colonial. a. Perteneciente a la colonia.

colonialismo. m. *Pol.* Tendencia de una nación a expandirse mediante la obtención y dominación de colonias.

colonizar. tr. Establecer una colonia.

colono. m. Habitante de una colonia./ Labrador que cultiva una heredad arrendada.

coloquio. m. Conversación entre dos o más personas./ Composición literaria en forma de diálogo.

color. m. Impresión que los rayos de luz reflejados por un cuerpo producen en la retina del ojo./ Sustancia para pintar./ Colorido./ fig. Carácter peculiar de algo.

colorado, da. a. Que tiene color./ De color más o menos rojo.

colorear. tr. Dar color, teñir de color./ fig. Pretextar algún motivo para hacer algo.// i. Mostrar una cosa su color colorado./ Tirar a colorado. Ú.t.c.prl.

colorete. m. Cosmético de color rojo, que se ponen las mujeres en el rostro.

colorido. m. Arte de dar los colores./ Color.

colorinche. m. *Arg.* Combinación ridícula de colores chillones.

colorista. a. y s. Que usa bien el color./ fig. Dícese del escritor muy expresivo y vigoroso en su estilo.

colosal. a. Rel. al coloso./ De estatura mayor que la natural./ Muy bueno, extraordinario.

coloso. m. Estatua de una magnitud extraordinaria./ fig. Persona o cosa que sobresale muchísimo por sus cualidades.

columna. f. Apoyo de mucho más altura que diámetro, por lo común cilíndrica, que sirve de soporte a techumbres y otras partes del edificio, o para adornar construcciones y muebles./ En impresos o manuscritos, cada una de las partes en que se divide una plana./ Porción de tropas en formación de poco frente y mucho fondo./ **-vertebral.** *Anat.* Conjunto óseo que forma el esqueleto axial de los vertebrados.

columpiar. tr./ prl. Mecer al que está en un columpio.// prl. fig. y fam. Contonearse al andar.

columpio. m. Asiento suspendido entre dos cuerdas para mecerse.

coma. f. Signo ortográfico (,) que sirve para indicar la división de las frases, y que también se emplea en aritmética para separar los enteros de los decimales.// m. Sopor profundo con pérdida de la sensibilidad y el movimiento.

comadre. f. Partera./ La madrina de un niño con relación a los padres y al padrino./ fig. Alcahueta./ Vecina o amiga con quien una mujer tiene más trato y confianza que con otras.

comadreja. f. Mamífero carnívoro nocturno, de cabeza pequeña y miembros cortos muy perjudicial porque se alimenta de huevos./ *Arg.* Zarigüeya.

comandante. m. Jefe militar, cuya categoría está comprendida entre la de capitán y la de teniente coronel.

comandar. tr. Mandar un cuerpo de tropa, una plaza, una flota, etc.

comarca. f. División territorial definida por sus rasgos físicos o por determinadas características históricas o humanas.

combate. m. Pelea entre personas o animales./ fig. Lucha interna del ánimo./ Pugna.

combatir. i./ prl. Pelear.// tr. Acometer, embestir./ fig. Contradecir, impugnar.

combinación. f. Acción y efecto de combinar o combinarse./ Unión de dos cosas en un mismo sujeto./ Prenda de vestir que usan las mujeres por encima de la ropa interior./ Bebida en la que se mezclan distintos licores./ *Álg.* Cada uno de los grupos que pueden formarse con letras en todo o en partes diferentes, pero en igual número./ Conjunto de signos ordenados de una manera determinada y que solo conocen una o varias personas y es utilizado para hacer funcionar ciertos mecanismos o aparatos.

combinar. tr. Unir cosas diversas de modo compuesto./ fig. Concertar./ Unir dos o más cuerpos en determinadas proporciones atómicas. Ú.t.c.prl.// prl. Ponerse de acuerdo.

combinatorio, ria. a. Apl. al arte de combinar./ f. *Mat.* Parte de la matemática que estudia las propiedades de los elementos en cuanto a su posición, y los grupos que pueden formarse con ellos.

ombustión. f. Acción y efecto de arder o quemar./ *Quím.* Reacción química entre el oxígeno y un material oxidable, acompañada de desprendimiento de energía y que habitualmente se manifiesta por incandescencia o llama. Por ext., se aplica a la oxidación de alimentos carbonados en los seres vivos./ **-nuclear.** Conjunto de reacciones nucleares con producción continuada de enormes cantidades de calor, que ocurre en las estrellas o en los reactores nucleares.

omechingones. m. pl. Pueblo indoamericano que habitaba la zona de las sierras cordobesas. Cultivaban el suelo, cazaban y recolectaban.

omedia. f. Subgénero dramático al que pertenecen obras destinadas a la representación teatral, cuyos caracteres han variado, según las épocas y autores, pero cuya característica común es el desenlace feliz. Sus fines son varios: reflejar costumbres, presentar la psicología de un personaje, etc./ Cualquier pieza teatral aludida como tal y que carece de precisión genérica./ Pieza dramática cuyos rasgos esenciales fueron fijados por Lope de Vega./ **-musical.** Espectáculo teatral o cinematográfico en el que se incluyen fragmentos cantados y bailados.

omediante, ta. s. Actor y actriz./ *fig.* Persona que finge.

omedirse. prl. Moderarse, reprimirse./ *Arg.* Ofrecerse espontáneamente para algo.

omején. m. Insecto blanco que habita en climas cálidos y húmedos y roe toda clase de sustancias.

omensal. m. y f. Cada una de las personas que comen a una misma mesa.

omensalismo. m. *Ecol.* Asociación de organismos de distintas especies, en la que uno (el comensal) vive sobre otro (el huésped) sin producirle beneficio ni daño.

omentar. tr. Explanar el contenido de un escrito para que se entienda mejor./ Hacer comentarios.

omentario. m. Escrito que sirve de explicación de una obra. // pl. fam. Conversación acerca de personas o sucesos, por lo general con murmuración.

omenzar. tr. Dar principio a una cosa.// i. Tener una cosa un principio.

omer. i./ tr. Masticar el alimento en la boca y pasarlo al estómago./ Tomar la comida principal del día./ Tomar una cosa determinada por alimento./ *fig.* Gastar, disipar la hacienda./ Corroer, consumir./ En el ajedrez, ganar una pieza al contrario.// prl. Servir de alimento./ *fig.* Devorarse, destruirse mutuamente./ *fig.* y *fam.* Al hablar o escribir, omitir letras o sílabas, etc.

omerciante. a. y s. Que comercia.

omerciar. i. Negociar comprando y vendiendo o permutando mercaderías./ *fig.* Tener trato unas personas con otras.

omercio. m. Negociación que se hace comprando, vendiendo o permutando./ Tienda, almacén, establecimiento comercial./ Trato entre individuos y pueblos./ *fig.* La clase de los comerciantes./ Trato secreto y generalmente ilícito entre personas.

omestible. a. Que se puede comer.// m. Lo que sirve de alimento.

ometa. m. Astro que describe una órbita muy excéntrica y que va acompañado por un rastro luminoso./ f. Barrilete.

ometer. tr. Encargar a otro el cuidado de un negocio./ Hacer, caer, incurrir en un error, en una falta, etc.

omezón. f. Picazón./ *fig.* Desazón del ánimo que ocasiona el deseo de alguna cosa.

ómic (voz ingl.). m. Historieta.

omicidad. f. Calidad de cómico.

omicios. m. pl. Reuniones y actos electorales.

ómico, ca. a. Relativo a la comedia./ Apl. al actor que representa papeles jocosos./ Capaz de divertir./ Que causa risa o divierte.// s. Comediante, actor.

omida. f. Alimento./ Alimento que se toma a una hora determinada./ Alimento principal del día./ Acción de comer./

omienzo. m. Principio, origen y raíz de una cosa.

omillas. f. Signo ortográfico (" ") que se pone al principio y al fin de las citas, títulos o para destacar una frase.

comino. m. Hierba aromática que se usa en medicina y como condimento./ Su semilla./ *fig.* Bagatela.

comisaría. f. Empleo y oficina del comisario./ *Amér.* Edificio donde la policía tiene su sede.

comisario. m. Persona que desempeña un cargo por orden de una autoridad superior./ *Amér.* Jefe de la policía./ Persona que desempeña en un buque la dirección administrativa.

comisión. f. Acción de cometer./ Orden que una persona da a otra por escrito para que ejecute algún encargo./ Cantidad que uno cobra por ejecutar algún encargo o vender mercancías por cuenta ajena./ Grupo de personas al que una corporación o una autoridad confía la dirección y ejecución de un asunto./ Mandato y remuneración del comisionista.

comisura. f. Punto de unión de partes similares del cuerpo, como labios y párpados.

comité. m. Reunión de personas elegidas para examinar ciertos asuntos./ *Amér.* Centro político o cívico.

como. adv. De qué modo o de la manera en que.// sub. Denota idea de semejanza./ Según./ Ú. como conjunción condicional y causal./ Con el art. *el* es sustantivo y significa la manera./ loc. adv. De cualquier modo.

comodidad. f. Calidad de cómodo./ Abundancia de cosas necesarias para vivir a gusto.

cómodo, da. a. Conveniente, acomodado, fácil./ *Arg.* Comodón.

comodón, na. a. Apl. a quien busca la comodidad y el regalo.

comodoro. m. En algunas naciones, oficial de marina que manda una división de más de tres buques./ *Arg.* Jefe aeronáutico.

Comechingones.
Pintura rupestre perteneciente a este pueblo indígena y hallada en Cerro Colorado (Argentina), que constituye un apreciado testimonio de esta notable cultura y una de las manifestaciones más sorprendentes del arte rupestre.

compacto, ta. a. Díc. de los cuerpos de textura apretada y poco porosa./ Apretado./ Apl. a los C.D.

compadecer. tr. Sentir compasión por la desgracia ajena.// tr./ prl. Venir bien una cosa con otra./ Conformarse o unirse.

compadre. m. Llámase así recíprocamente el padrino de una criatura y el padre de ella, y también lo llaman así la madre y la madrina./ Nombre que se da en algunas partes a los vecinos o conocidos. /*R. de la P.* Compadrito.

compaginar. tr./ prl. Poner en orden cosas que tienen conexión entre sí.// tr. *Impr.* Ajustar las galeradas para formar las planas.// prl. *fig.* Corresponderse una cosa con otra.

compañero, ra. S. Persona que acompaña a otra para algún fin./ Cada uno de los jugadores que, unidos, compiten con otros./ Colega./ Amigo./ fig. Cosa inanimada que hace juego con otra.

compañía. f. Efecto de acompañar./ Sociedad o juntas de varias personas unidas para un mismo fin./ Cuerpo de actores que representan en un teatro./ Com. Sociedad./ Grupo de soldados que manda un capitán.

comparación. f. Acción y efecto de comparar./ Símil.

comparar. tr. Establecer las relaciones, diferencias y semejanzas entre dos o más objetos./ Cotejar.

comparecer. i. Presentarse uno en algún lugar donde ha sido llamado o convocado.

comparsa. f. Acompañamiento, en el teatro./ Conjunto de personas que van vestidas con trajes de la misma clase.

compartir. tr. Repartir, dividir las cosas en partes.// i. Tomar parte, participar.

compás. m. Instrumento que sirve para trazar curvas y tomar distancias./ Cada uno de los períodos de tiempo iguales en que se marca el ritmo de una frase musical./ Cadencia, ritmo.

compasión. f. Sentimiento de ternura y lástima que se tiene del mal que padece otro.

compatriota. m. y f. De la misma patria.

compeler. tr. Obligar a alguien a que haga lo que no quiere.

compendiar. tr. Reducir a compendio./ Representar, ser el símbolo de algo.

compendio. m. Breve exposición de una materia.

compenetrarse. prl. Penetrarse mutuamente las partículas de un cuerpo entre las de otro./ fig. Llegar a identificarse las personas en ideas o sentimientos.

compensación. f. Acción de compensar./ Indemnización.

compensar. tr./ prl./ i. Igualar en opuesto sentido el efecto de una cosa con el de otra./ Resarcir, indemnizar.

competencia. f. Disputa entre dos o más sujetos sobre alguna cosa./ Rivalidad./ Aptitud, idoneidad./ Atribución de una autoridad para conocer o decidir en algún asunto./ Ecol. Relación entre dos seres vivos, animales o vegetales, en la que ambos se disputan una misma cosa. Son un ejemplo de competencia los animales predadores, que compiten por una misma presa./ Econ. Situación de mercado en el que un producto es ofrecido por numerosos productores o comerciantes.

competición. f. Competencia de quienes se disputan o pretenden una cosa.

competir. i./ rec. Contender dos o más personas que aspiran a una misma cosa.// i. Igualar dos cosas en sus propiedades.

compilar. tr. Reunir, en un solo cuerpo de obra, partes de otros libros o documentos.

complacer. tr. Acceder a lo que otro desea.// prl. Tener satisfacción en alguna cosa.

complejo, ja. a. Dícese de lo que se compone de elementos diversos./ Complicado, enmarañado, difícil.// m. Conjunto o unión de dos o más cosas./ Psic. Conjunto de recuerdos y deseos que, de un modo más o menos consciente, influyen en el modo de ser de una persona.

complementar. tr. Dar complemento a una cosa./ Gram. Introducir palabras como complementos de otras.

complemento. m. Lo que hace falta agregar a una cosa para completarla./ Ángulo que le falta a otro para completar un recto./ Arco que sumado a otro completa un cuadrante./ Gram. Modificador del sustantivo formado por una preposición y un término./ Biol. Sustancia que existe en el plasma sanguíneo y en la linfa y que queda destruida por temperaturas superiores a los 56 grados. Es indispensable para que estos líquidos ejerzan su actividad inmunitaria.

completar. tr. Integrar, poner lo que le falta a una cosa./ Perfeccionarla.

complexión. f. Fisiol. Constitución física de una persona y relación de los sistemas que constituyen su organismo.

complicar. tr. Mezclar, unir cosas diversas.// prl. fig. Enredar, dificultar.

Computadora utilizada para realizar diseños gráficos.

cómplice. m. y f. Participante en el crimen o delito que comete otro.

componer. tr. Formar de varias cosas una.// tr./ prl. Ataviar a alguien.// tr. Reparar lo desordenado o roto./ Adornar algo./ Cortar algún daño que se teme./ Producir obras científicas o literarias.// i. Hacer versos./ Producir obras musicales.

comportamiento. m. Conducta, manera que tiene cada uno de dirigir sus actos.

comportar. Amér. Traer, ser causa de algo./ prl. Portarse, conducirse.

composición. f. Acción y efecto de componer./ Obra científica, literaria o musical./ Procedimiento para formar vocablos por agregados a uno simple./ Arte de agrupar figuras y accesorios en una obra de pintura./ Arg. En los colegios trabajo de redacción.

compositor, ra. a. y s. Que compone./ Que hace composiciones musicales.

compostelano, na. a. y s. De Santiago de Compostela, ciudad de España.

compostura. f. Arreglo de una cosa descompuesta o rota./ Aliño, aseo./ Mezcla con que se adultera un género o producto./ Ajuste, convenio./ Mesura./ Circunspección.

compound (voz ingl.). a. y m. Mec. Máquina de vapor cuyos cilindros están acoplados paralelamente para efectuar la expansión del vapor.

compra. f. Acción y efecto de comprar para el consumo diario.

comprar. tr. Adquirir algo con dinero./ Sobornar./ fig. y fam. R. de la P. Ganar el afecto de otro.

compraventa. f. Convenio que obliga al vendedor a entregar la cosa vendida y al comprador a pagar lo establecido.

comprender. tr. Abrazar, rodear por todas partes./ Entender, penetrar.// tr./ prl. Contener en sí alguna cosa.

comprensión. f. Acción de comprender./ Capacidad para entender y penetrar las cosas.

comprensivo, va. a. Que tiene facultad de entender o comprender.

compresa. f. Trozo de algodón o gasa con varios dobleces que se utiliza como apósito.

compresión. f. Acción y efecto de comprimir./ Presión alcanzada en un motor antes de la explosión.

comprimir. tr./ prl. Oprimir, apretar, reducir a menor volumen./ Reprimir y contener.

comprobar. tr. Confirmar algo.

comprometer. tr./ prl. Poner de común acuerdo en manos de un tercero la resolución de una diferencia./ Arriesgar a alguien./ Hacer a uno responsable de algo, crearle una obligación.// prl. Amér. Contraer compromiso matrimonial.

ompromiso. m. Convenio entre litigantes./ Obligación contraída, palabra dada./ Dificultad, embarazo./ Promesa mutua de casarse que se hacen los novios.

ompuesto, ta. a. Formado por varias partes./ Mesurado, circunspecto./ *Bot.* Dícese de plantas que se caracterizan por sus hojas simples y sus flores reunidas en un receptáculo común./ *Gram.* Aplícase a los vocablos formados por dos o más voces simples.// m. Agregado de cosas que constituyen un todo.

ompulsar. tr. Examinar documentos, comparándolos entre sí.

ompungido, da. a. Atribulado, dolorido.

omputación. f. Cómputo./ Conjunto de disciplinas y técnicas que se utilizan para el tratamiento automático de la información, mediante el uso de computadoras.

omputador, ra. a. Que computa.// s. Ordenador o calculador electrónico.

omputar. tr. Calcular./ Procesar por computadora.

ómputo. m. Cuenta o cálculo.

omulgar. tr. Dar la sagrada comunión./ i. Recibirla./ Coincidir con otro en ideas o sentimientos./ Profesar una doctrina, opinión, etc.

omún. a. Dícese de lo que pertenece a todo el mundo./ Corriente, general./ Ordinario, vulgar.// m. Comunidad; generalidad de personas./ Retrete.

omuna. f. *Amér.* Municipio.

omunero, ra. a. y s. *Hist.* Aplícase al individuo que integraba los movimientos populares del siglo XVIII contra las autoridades españolas en América. Los principales fueron los de Paraguay (1717 y 1735) y el de Colombia (1781). Aunque salvajemente reprimidos, se consideran los primeros síntomas de la emancipación americana.

omunicación. f. Acción de comunicar./ Unión que se establece entre ciertas cosas./ Escrito en que se comunica algo en forma oficial.// pl. Correos, teléfonos, telégrafos, etc.

omunicar. tr. Hacer a otro partícipe de lo que uno tiene./ Hacer saber alguna cosa./ Conversar, tratar de palabra o por escrito. Ú.t.c.prl.// prl. Tener paso o correspondencia entre sí las cosas inanimadas.

omunidad. f. Calidad de común, propio de todos./ Personas que viven unidas y bajo ciertas reglas./ Conjunto de las personas que viven en un pueblo, ciudad, etc./ *Ecol.* También llamada "biocenosis". Es el conjunto de seres vivos (animales y vegetales) que conviven en un lugar, interrelacionándose. En una laguna, por ejemplo, la comunidad de vida o biocenosis está formada por plantas acuáticas, peces, caracoles, algas, etc.

omunión. f. Participación en lo común./ Comunicación de una persona con otras./ En la Iglesia Católica, acto de comulgar./ Conjunto de fieles de una religión.

comunismo. m. *Pol.* Sistema económico, social y político que se basa en la propiedad socializada de los medios de producción, la distribución igualitaria de los bienes de consumo y la progresiva desaparición del Estado.

comunista. a. y s. Partidario del comunismo.

con. prep. que significa el medio, modo o instrumento que sirve para hacer alguna cosa./ Juntamente y en compañía.

concatenar. tr. Unir varias cosas entre sí.

cóncavo, va. a. Que tiene la superficie más deprimida en el centro que en las orillas.

concebir. i./ prl. Quedar preñada la hembra.// i. Comprender, formar idea.// tr. Comenzar a sentir pasión o afecto./ Gal. por redactar, contener, expresar./ Gal. por crear,

imaginar una cosa material o inmaterial, una idea o proyecto.

conceder. tr. Dar, otorgar./ Asentir a lo que se dice o afirma.

concejal, la. s. Miembro de un concejo.

concejo. m. Ayuntamiento, municipalidad./ Reunión de los miembros de un concejo.

concentración. f. Acción y efecto de concentrar o concentrarse./ Manifestación, reunión de personas que expresan públicamente su conformidad o disconformidad con algún hecho./ *Quím.* En una disolución, relación entre la cantidad de soluto y la de disolvente.

concentrar. tr./ prl. Reunir en un punto./ Aumentar la proporción entre la materia que se disuelve y el líquido, en una disolución.// prl. Reconcentrarse.

conceptismo. m. Escuela literaria española del siglo XVII, base del estilo barroco europeo. Intenta plasmar el máximo de ideas con el mínimo de palabras, para lo cual recurre a constantes juegos de paralelismos y antítesis.

conceptista. a. y s. Que practica el conceptismo.

concepto. m. Idea que forma el entendimiento./ Pensamiento expresado con palabras./ Dicho agudo./ Opinión, juicio./ Crédito en que se tiene a una persona.

conceptuar. tr. Formar concepto de una cosa./ Apreciar las cualidades de una persona.

concernir. i. Atañer.

concertante. a. y m. *Mús.* Dícese de la pieza compuesta de varias voces entre las cuales se distribuye el canto. También, composición musical en las que participan varios instrumentos solistas (esp. siglos XVII-XVIII).

concertar. tr. Componer, arreglar las partes de una cosa./ Tratar del precio de una cosa.// tr./ prl. Pactar, tratar un asunto.// i. Convenir entre sí dos cosas./ Concordar dos o más palabras los accidentes gramaticales.

concertista. m. y f. Persona que toca en un concierto en calidad de solista.

concesión. f. Acción de conceder./ Derecho que se obtiene del Estado para una explotación./ *Com.* Autorización para la explotación de una marca, derecho, etc.

concha. f. Parte exterior y dura que cubre el cuerpo de muchos moluscos y crustáceos./ Ostra./ Carey, materia córnea./ En el teatro, mueble que oculta al apuntador./ *Amér.* Vulva.

conciencia. f. Sentimiento interior por el cual una persona reconoce sus propias acciones./ Conocimiento reflexivo de las cosas./ Integridad.// -a conciencia. m. adv. Con solidez y sin fraude ni engaño.

concienzudo, da. a. Dícese de la persona que hace las cosas con mucha atención y cuidado.

concierto. m. Buen orden de las cosas./ Convenio, ajuste./ Función de música./ *Mús.* Composición musical para varios instrumentos, generalmente un solista y la orquesta.

Comunidad ecológica que conforma la meseta patagónica.

conciliábulo. m. Concilio no convocado por autoridad legítima./ fig. Reunión en que se trata algo ilícito o secreto.

conciliar. a. Perteneciente a los concilios.// m. Persona que asiste a un concilio.// tr. Ajustar los ánimos de los que estaban opuestos entre sí.

concilio. m. Junta para tratar algo./ Congreso de los obispos y otros eclesiásticos de la Iglesia Católica para deliberar sobre temas del dogma y disciplina.

concisión. f. Capacidad de expresar los conceptos con la menor cantidad de palabras posibles.

concitar. tr. Instigar contra otro, promover discordias.

conclave o **cónclave.** m. Lugar donde se reúnen los cardenales en asamblea para elegir papa./ Esta misma asamblea./ fig. Junta, reunión.

concluir. tr./ prl. Finalizar una cosa./ Determinar sobre lo que se ha tratado./ Deducir una verdad de otras.// tr. Rematar minuciosamente algo.

conclusión. f. Acción de concluir./ Terminación de una cosa./ Resolución./ Afirmación que se defiende en una doctrina.

concordancia. f. Correspondencia, conformidad./ Gram. Correspondencia de accidentes entre dos o más palabras./ Mús. Proposición justa de las voces que suenan juntas.

Conejo. Habitante de bosques, praderas, tundras y zonas montañosas, también cuenta con algunas especies adaptadas al medio subacuático.

concordar. tr. Poner de acuerdo lo que no lo está.// i. Convenir una cosa con otra./ Gram. Formar concordancia. Ú.t.c.tr.

concretar. tr. Combinar, concordar./ Reducir la materia sobre la que se habla o escribe a lo esencial.// prl. Reducirse a hablar, tratar o hacer una cosa con exclusión de las demás.

concreto, ta. a. Dícese de cualquier objeto considerado en sí mismo.// m. Concreción./ Amér. Hormigón armado.

concubina. f. Mujer que vive con un hombre sin estar casada con él. Ú.t.c.m.

concupiscencia. f. Deseo y goce de placeres./ Apetito desordenado de placeres, e especial los de la carne.

concurrencia. f. Reunión de varias personas en un lugar.

concurrir. i. Encontrarse en un mismo lugar o tiempo personas, sucesos o cosas.

concursar. tr. Declarar el estado de insolvencia de alguien que tiene acreedores.// i. Tomar parte en un concurso.

condado. m. Dignidad de conde./ Territorio en que se ejercía la autoridad de un conde./ División municipal en algunos países.

conde. m. Título nobiliario.

condecorar. tr. Dar honores o condecoraciones.

condena. f. Grado y extensión de la pena impuesta a u reo./ Juicio, sentencia.

condenado, da. a. Que sufre una condena.

condenar. tr. Pronunciar el juez sentencia./ Reprobar un doctrina u opinión./ Forzar a hacer algo penoso./ Tabicar incomunicar una habitación./ Tapar permanentemente un puerta o ventana.

condensación. f. Acción y efecto de condensar o conden sarse.

condensar. tr. Reducir una cosa a menor volumen, y, si s trata de un líquido, darle mayor consistencia. Ú.t.c. prl Reducir un escrito o discurso sin quitarle lo esencial.

condesa. f. Título nobiliario.

condescender. i. Acomodarse por bondad al gusto y vc luntad de otro.

condición. f. Índole o propiedad de las cosas./ Calidad er que se hace una cosa./ Carácter de las personas./ Estado situación especial./ Arg. Danza del Noroeste del país, d movimientos ceremoniosos. Su música./ -sine qua non Aquella indispensable para que algo se haga.

condicionar. tr. Someter a condición.

condimentar. tr. Sazonar los alimentos.

condiscípulo, la. s. Persona que estudia o ha estudiade con otra.

condolencia. f. Participación en el dolor ajeno./ Pésame.

condolerse. prl. Compadecerse.

condonar. tr. Perdonar una pena de muerte o una deuda.

cóndor. m. Zool. Ave falconiforme diurna americana. Es l más grande de las aves que vuelan. Habita en los Andes. Moneda de oro de Colombia, Chile y Ecuador.

conducción. f. Acción y efecto de conducir, guiar alguna cosa.

conducir. tr. Llevar, transportar de una parte a otra./ Guia o dirigir hacia un sitio./ Guiar un vehículo automóvil./ Guia o dirigir un negocio./ Ajustar, concertar por precio o sala rio.// i. Convenir, ser a propósito para algún fin.// prl. Proceder de esta o la otra manera, o bien o mal.

conducta. f. Conducción./ Manera con que los hombres gobiernan su vida y dirigen sus acciones.

conductancia. f. Electr. Magnitud inversa a la resistencia eléctrica.

conductividad. f. Fís. Capacidad de transmitir el calor o la electricidad.

conducto. m. Canal para dar paso y salida a las aguas y otras cosas./ Cada uno de los canales que en el cuerpo cumplen una función fisiológica./ fig. Persona por quien se tiene noticia de algo.

conductor, ra. a. Que conduce./ Fís. Díc. de los cuerpos que transmiten el calor o la electricidad.

conectar. tr. Combinar el movimiento de una máquina con el de un aparato dependiente de ella.

conejo. m. Mamífero roedor, de pelo espeso y color ordinariamente gris, orejas largas y patas posteriores más largas que las anteriores.

conexión. f. Enlace, concatenación de una cosa con otra.// pl. Amistades.

confabular. i. Tratar algo entre dos o más personas.// prl. Ponerse de acuerdo dos o más personas para perjudicar a otro.

confección. f. Acción y efecto de confeccionar./ Hechura de prendas de vestir./ Ropa hecha. Ú.m. en pl.

confeccionar. tr. Hacer, componer, acabar, tratándose de obras materiales.

confederación. f. Alianza, pacto entre personas, sociedades o naciones./ Conjunto de personas o pactos confederados.

confederar. tr./ prl. Hacer unión, alianza o pacto entre varios.

conferencia. f. Reunión entre varias personas para tratar un asunto./ Disertación en público.

conferenciar. i. Tratar en conferencia un asunto.

conferir. tr. Asignar a uno dignidad, empleo o derechos.

onfesar. tr. Manifestar sus hechos, ideas o sentimientos./ Reconocer, obligado por algún motivo, lo que sin ello no reconocería./ Oír el confesor al penitente.// tr./ prl. Declarar el penitente los pecados que ha cometido. p. p. irr. confeso y p. p. reg. confesado.

onfesión. f. Declaración que uno hace de lo que sabe./ Declaración al confesor de los pecados./ Profesión pública de la fe religiosa./ Declaración del reo o litigante en un juicio./ Relato que una persona hace de su propia vida para explicarla a los demás.

onfesionario. m. Mueble en donde se instala el sacerdote para oír la confesión./ Tratado que contiene reglas para la confesión.

onfesor. m. Sacerdote que confiesa.

onfeti. m. Pedacitos de papel de color que se arrojan en Carnaval y otras fiestas. Papel picado.

onfianza. f. Esperanza firme que se tiene de algo o alguien./ Ánimo, vigor para obrar.

onflar. i. Esperar con firmeza y seguridad./ Poner al cuidado de otro un negocio u otra cosa./ Depositar en otro los bienes, un secreto, etc., sin más seguridad que la buena fe. Ú.t.c.prl.

onfidencia. f. Comunicación de algo secreto, reservado.

onfidente, ta. a. Fiel, seguro, de confianza.// s. Maleante que informa a la policía.

onfigurar. tr./ prl. Dar determinada figura a una cosa.

onfín. m. Límite, raya, término./ Horizonte, término último a que alcanza la vista.

onfinar. i. Lindar, estar contiguo a otro territorio.// tr. Desterrar a una persona señalándole el lugar de donde no puede salir por algún tiempo./ Encerrar o recluir.

onfirmación. f. Acción y efecto de confirmar./ Nueva prueba de la certeza de un suceso./ Sacramento de la Iglesia, por el cual quien ha recibido el bautismo reafirma su fe.

onfirmar. tr. Corroborar la verdad o probabilidad de una cosa./ Revalidar lo aprobado./ Asegurar, dar mayor firmeza o seguridad. Ú.t.c.prl./ Administrar el sacramento de la confirmación.

onfiscar. tr. Privar a uno de sus bienes y aplicarlos al fisco./ Apoderarse la policía de algo.

onfíteor. m. Palabra latina con que empieza una oración./ fig. Confesión de alguna falta.

onfitura. f. Fruta u otro alimento cubierto con baño de azúcar.

onflagración. f. Incendio./ Perturbación violenta de pueblos o naciones./ Guerra, rebelión.

onflicto. m. Lo más empeñado de un combate./ fig. Choque de ideas, intereses, pasiones, etc./ Combate y angustia del ánimo./ Apuro, situación de difícil salida.

onfluir. i. Juntarse dos o más caminos en un mismo lugar./ fig. Concurrir a un sitio mucha gente.

onformación. f. Colocación, distribución de las partes que forman una cosa.

onformar. tr./ i./ prl. Concordar una cosa con otra.// i./ prl. Convenir dos personas./ Sujetarse una persona voluntariamente a hacer una cosa que le desagrada.

onformidad. f. Semejanza entre dos personas./ Correspondencia de una cosa con otra./ Unión, concordia./ Proporción entre las partes de un todo./ Adhesión total./ Sufrimiento de las adversidades.

onfortable. a. Que conforta, alienta o consuela./ Apl. a lo que produce comodidad.

onfortar. tr./ prl. Dar vigor, espíritu y fuerza./ Consolar, alentar al afligido.

onfraternizar. i. Amér. Fraternizar, establecer buenas relaciones.

onfrontar. tr. Carear una persona con otra./ Cotejar una cosa con otra.// i./ prl./ Estar o ponerse una cosa frente a otra.

onfucianismo. m. Sistema religioso y filosófico que se basa en las enseñanzas del sabio chino Confucio.

onfucianista. a. Relativo a Confucio o al confucianismo./ s. Adepto a este sistema de pensamiento.

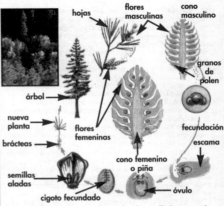

Coníferas. Plantas vasculares donde se distinguen raíz, tallo, hojas y vasos de conducción; poseen semilla y fruto. Los bosques de coníferas constituyen una de las grandes reservas naturales de la humanidad.

confundir. tr./ prl. Mezclar sin orden./ Desordenar una cosa./ Humillar, avergonzar.

confusión. f. Acción y efecto de confundir./ Falta de orden, de claridad./ Turbación del ánimo, perplejidad./ Abatimiento, humillación./ Afrenta.

congelar. tr./ prl. Helar un líquido.// tr. Inmovilizar un gobierno fondos o créditos particulares.

congestión. f. Med. Acumulación excesiva de sangre, fluidos o secreciones en alguna parte del cuerpo./ fig. Aglomeración de personas, vehículos, etc.

conglomerar. tr. Aglomerar.// prl. Agruparse fragmentos con tal coherencia que resulte una masa compacta.

conglutinar. tr. Unir una cosa con otra./ prl. Reunirse entre sí fragmentos, glóbulos o corpúsculos de modo que resulte un cuerpo compacto.

conglutinina. f. Biol. Anticuerpo que se extrae del suero y tiene la propiedad de conglutinar.

congoja. f. Angustia o aflicción.

congoleño, ña. a. Del Congo.

congraciar. tr./ prl. Conseguir la benevolencia o el afecto de alguien.

congratular. tr./ prl. Felicitar.

congregación. f. Junta para tratar de negocios./ Reunión de devotos./ Cuerpo de sacerdotes bajo ciertas constituciones./ Conjunto de monasterios de una misma orden bajo un superior general.

congregar. tr./ prl. Juntar, reunir.

congreso. m. Junta de varias personas para deliberar sobre algún asunto./ Edificio donde los legisladores celebran sus sesiones./ Asamblea nacional en ciertos países./ Amér. En algunos países, conjunto de las cámaras de diputados y senadores.

congruencia. f. Conveniencia, oportunidad./ Conformidad entre el fallo y las pretensiones de las partes formuladas durante el juicio./ Igualdad, correspondencia entre dos figuras.

cónico, ca. a. De forma de cono.

conífero, ra. a./ f. Aplícase a árboles y arbustos dicotiledóneos de fruto cónico y hojas que presentan también un contorno cónico, como el ciprés y el pino.

conivalvo, va. a. Zool. De concha cónica.

conjetura. f. Juicio probable de una cosa o suceso por las señales que se observan.

conjeturar. tr. Formar juicio probable por indicios y observaciones.

conjugación

conjugación. f. Fusión en uno de los núcleos de las células reproductoras./ Acción de conjugar./ *Gram.* Serie ordenada de todas las voces de un verbo. En castellano existen tres conjugaciones según la terminación del infinitivo (ar, er, ir).

conjugar. tr. Combinar entre sí distintas cosas./ Poner en serie ordenada las palabras con que se denotan los modos, tiempos, números y personas del verbo.

conjunción. f. Junta, unión./ Encuentro aparente de dos astros cuando tienen la misma longitud./ Parte invariable de la oración, que denota relación entre dos oraciones o entre miembros o vocablos de una de ellas.

conjuntiva. f. Membrana mucosa que cubre la parte anterior del globo del ojo, excepto la córnea, y se extiende por la superficie interna del párpado.

conjunto, ta. a. Unido o contiguo a otra cosa./ Mezclado, incorporado a otra cosa.// m. Grupo de personas o cosas./ Juego de vestir femenino formado por dos o más prendas./ Grupo de personas que actúan cantando o bailando en distinto tipo de espectáculos./ Orquesta formada por pocos músicos./ *Mat.* La totalidad de los entes matemáticos que tienen determinada propiedad.

conjurar. i./ prl. Ligarse con otro, mediante juramento, para algún fin./ Conspirar contra alguien.// tr. Juramentar./ Decir los exorcismos dispuestos por la Iglesia./ Rogar, pedir con instancia y cierta autoridad una cosa./ fig. Evitar.

conmemoración. f. Ceremonia con que se celebra un acontecimiento importante.

conmemorar. tr. Hacer memoria o conmemoración.

conmigo. ablativo de sing. del pron. pers. de 1º pers. en género m. y f. En mi compañía.

conminar. tr. Amenazar./ Intimar la autoridad un mandato.

conmiseración. f. Compasión que se tiene del mal de otro.

conmoción. f. Sacudida, perturbación del ánimo o del cuerpo./ Tumulto, levantamiento./ Movimiento sísmico.

conmover. tr./ prl. Perturbar, mover muy fuerte o con eficacia./ Mover a ternura.

conmutación. f. Acción y efecto de conmutar.

conmutador, ra. a. Que conmuta.// m. Aparato eléctrico que sirve para que una corriente cambie de dirección./ *Amér.* Centralita telefónica.

conmutar. tr. Trocar, permutar una cosa por otra.

connotación. f. Acción y efecto de connotar./ *Ling.* Valor significativo secundario de una palabra o una construcción.

connotar. tr. Hacer relación./ Significar la palabra varias ideas, una principal y las demás complementarias.

connotativo, va. a. Que connota.

cono. m. Fruto de las coníferas./ *Geom.* Sólido engendrado por un triángulo rectángulo que gira alrededor de un cateto./ **-de sombra.** *Fís.* Espacio ocupado por la sombra que proyecta un cuerpo, generalmente esférico./ **-truncado** *Geom.* Tronco de cono.

conocer. tr. Averiguar la naturaleza, cualidades y relaciones de las cosas. Conjeturar lo que puede suceder./ Entender, saber./ Percibir el objeto como distinto de todo lo que no es él./ tr./ prl. Tener trato y comunicación.// prl. Juzgar justamente de uno mismo.

conocido, da. a. Distinguido, ilustre.// s. Persona con quien se tiene trato, pero no amistad.

conocimiento. m. Acción y efecto de conocer./ Entendimiento, inteligencia.

conque. sub. con el cual se enuncia una secuencia.

conquiforme. a. De figura de concha.

conquistar. tr. Adquirir a fuerza de armas./ Ganar la voluntad de uno.

consabido, da. a. Apl. a la persona o cosa de que ya se ha tratado anteriormente.

consagrar. tr. Hacer sagrada a una persona o cosa./ Pronunciar el sacerdote las palabras de la consagración./ fig. Erigir un monumento para perpetuar la memoria de una persona o suceso./ Dedicar con ardor una cosa a un fin determinado. Ú.t.c.prl./ *Barb.* por destinar, emplear, cuando se trata de cosas vulgares.

consanguíneo, a. a. y s. Que tiene un antepasado común.

consciente. a. Que tiene cabal conocimiento y plena posesión de sí mismo.

consecuencia. f. Proposición que se deduce de otra./ Resultado de un hecho o acontecimiento./ Correspondencia entre las ideas que profesa una persona y su conducta.

consecuente. a. Que sigue en orden respecto de una cosa./ Persona que obra conforme a sus principios.// m. Proposición que se deduce de otra.

conseguir. tr. Alcanzar lo que se desea.

consejero, ra. s. Persona que aconseja./ Miembro de un consejo.

consenso. m. Asenso o consentimiento de todos los miembros de una corporación sobre algún asunto.

conserje. m. El encargado del cuidado y limpieza de un edificio público.

conservatorio, ria. a. Que conserva alguna cosa.// m. Establecimiento oficial para enseñar y fomentar ciertas artes.

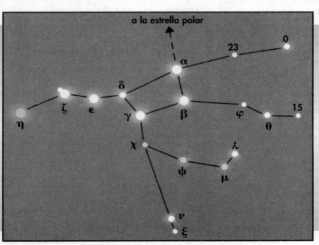

Constelación.
Los antiguos astrónomos, al estudiar las estrellas, observaron que, a través del tiempo, algunos grupos mantenían una distancia constante entre sí, por lo que para identificarlas les pusieron nombres que han sido respetados hasta nuestros días.
En la ilustración se muestra la Osa Mayor, de contorno irregular y donde, a través de su área de expansión, se ubican de manera uniforme numerosas estrellas.

onsignación. f. Acción y efecto de consignar./ Depósito de mercaderías que se hace al consignatario para su venta.

onsignar. tr. Destinar una renta o cantidad al pago de una deuda./ Asentar en un presupuesto una partida para cierto gasto./ Entregar una cosa o dinero en depósito.

onsignatario, ria. s. El que recibe en depósito dinero u objetos que se le han consignado.

onsola. f. Mesa por lo común sin cajones y hecha para estar arrimada a la pared.

onsolar. tr./ prl. Aliviar la aflicción.

onsolidación. f. Acción y efecto de consolidar o consolidarse.

onsolidar. tr. Dar solidez a una cosa./ fig. Componer lo que se había roto./ Afianzar, asegurar la amistad, la alianza, etc.// prl. Reunirse en un sujeto atributos antes disgregados.

onsonante. a. Dícese de cualquier voz que tiene la misma consonancia que otra. Ú.t.c.s.m.// f. Letra que necesita de una vocal para formar sílaba.

onsorcio. m. Participación en una misma suerte con otro u otros./ Unión y compañía de quienes viven juntos, especialmente en edificios.

onsorte. m. y f. Persona que acompaña a otra en la misma suerte./ Cónyuge.

onspirar. i. Unirse contra el superior./ Asociarse algunos para perjudicar a otro.

onstar. i. Ser algo cierto y manifiesto./ Tener una cosa determinada en partes./ Quedar una cosa registrada por escrito.

constatación. f. Comprobación.

constatar. tr. Comprobar, verificar.

constelación. f. Grupo de estrellas fijas que forman una figura cuyo nombre se le ha dado a fin de distinguirlo de otros.

consternar. tr./ prl. Afligir mucho el ánimo.

constipación. f. Acción y efecto de constipar o constiparse./ Estreñimiento.

constipado, da. a. Que padece de constipación./ m. Resfriado.

constipar. tr. Cerrar los poros impidiendo la transpiración.// prl. fam. Acatarrarse.

constitución. f. Acción y efecto de constituir./ Naturaleza y calidad de una cosa./ Forma de gobierno de un estado./ Ley fundamental de un estado.

constitucional. a. Perteneciente a la constitución de un estado./ Que está de acuerdo con ella.

constreñir. tr. Obligar, compeler por fuerza.

construcción. f. Acción y efecto de construir./ Arte de construir./ Edificio, obra construida./ Gram. Ordenamiento de las palabras en la oración y de las oraciones en el período./ Expresión que consta de varias palabras, una de las cuales es su núcleo.

constructivismo. m. B. A. Movimiento estético que surgió en Rusia después de la primera guerra mundial. Proponía la creación de construcciones en el espacio, en lugar de cuadros y esculturas convencionales./ Ped. Sistema de pensamiento pedagógico que se centra en la manera en que el alumno adquiere, progresivamente, a través de etapas, los conocimientos que debe aprender y los procesos mentales para lograrlo.

constructor, ra. a. y s. Que construye.

construir. tr. Fabricar, edificar, hacer de nuevo una cosa.

consuegro, gra. s. Padre o madre del yerno o de la nuera.

consuelo. m. Descanso, alivio de la pena, molestia o fatiga que aflige.

consuetudinario, ria. a. Díc. de lo que es acostumbrado./ Der. Derecho fundado en la costumbre y los usos del lugar.

cónsul. m. Persona encargada de proteger en una población extranjera los intereses de los ciudadanos del estado que le otorgó el nombramiento.

consulta. f. Acción y efecto de consultar./ Opinión, dictamen./ Conferencia entre profesionales para resolver algo.

consultar. tr. Pedir parecer o consejo.

consultorio. m. Establecimiento particular donde se despachan consultas técnicas./ Local donde el médico atiende y recibe a los enfermos.

consumar. tr. Llevar a cabo por completo una cosa.

consumición. f. Consunción./ Consumo, gasto.

consumidor, ra. a. Que consume. Ú. t. c. s./ Ecol. Es aquel que para alimentarse necesita "consumir", es decir, comer a otro ser vivo. Todos los animales, incluido el hombre, son consumidores. Pueden ser herbívoros (los consumidores de primer orden), carnívoros (los consumidores de segundo, tercer y cuarto orden) y omnívoros (los que consumen tanto animales como vegetales).

consumir. tr. Destruir, extinguir./ Terminar los alimentos./ Gastar energía o un producto energético./ fig. y fam. Inquietar, afligir.

Construcción. El Templo de los Guerreros en Chichén Itzá muestra un sistema de edificación en columnas que marcó un carácter distintivo de la cultura azteca.

consumo. m. Gasto de las cosas que se gastan o extinguen con el uso.

consunción. f. Acción y efecto de consumir./ Enflaquecimiento, extenuación.

contabilidad. f. Aptitud de las cosas que pueden ser objeto de cuenta o cálculo./ Sistema de llevar la cuenta y razón en los establecimientos públicos o particulares.

contacto. m. Acto y efecto de tocarse dos o más cosas./ Afinidad./ Trato, relación.

contador, ra. a. y s. Que cuenta.// s. Persona que lleva la contabilidad.// m. Aparato para contar las revoluciones de una máquina, los movimientos de una pieza, etc.

contagiar. tr./ prl. Comunicar a otro u otros una enfermedad./ fig. Pervertir.

contagio. m. Transmisión de una enfermedad.

container (voz ingl.). m. Contenedor. Recipiente, generalmente de gran tamaño y para grandes traslados en barco, avión, camión, etc.

contaminación. f. Acción y efecto de contaminar o contaminarse./ Ecol. Inserción, en el medio ambiente, de sustancias nocivas o microorganismos que alteran el equilibrio ecológico y perjudican el desarrollo normal de diversas formas de vida.

contaminar. tr./ prl. Penetrar la inmundicia en un cuerpo./ fig. Corromper, pervertir.

contar. tr. Determinar el número de las cosas./ Narrar, referir./ Poner a uno en la clase o número que le pertenece. // i. Hacer cuentas y cálculos./ **-contar con.** Confiar en que alguno servirá para un determinado fin.

contemplación. f. Acción de contemplar./ Consideración que se tiene con alguien./ Fil. y Rel. Actividad intelectual y espiritual que se propone conocer la verdad a través de una actitud distanciada y reflexiva.

contemplar. tr. Considerar, examinar con atención./ Juzgar./ Complacer a alguien.

contemplativo, va. a. y s. El que se dedica a la contemplación o tiene inclinación por ella.

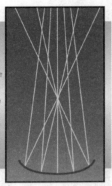

Convergente.
En un espejo, los rayos
que emite una fuente
luminosa se juntan en un
punto denominado foco de
ese espejo, que es donde
se concentra la energía
proveniente de la luz. Con
este principio se pueden
construir hornos solares
que no consumen ningún
combustible terrestre ni
producen humo, cenizas
o desperdicios.

contemporáneo, a. a. Existente al mismo tiempo que otra persona o cosa.

contender. i. Pelear, batallar.

contentar. tr. Satisfacer las aspiraciones o el gusto de alguien.// prl. Quedar contento.

contento, ta. a. Alegre, satisfecho.// m. Alegría, satisfacción.

contestar. tr. Responder a lo que se pregunta, se habla o se escribe.// i. Concordar una cosa con otra.

contexto. m. Orden de composición de ciertas obras./ fig. Hilo del discurso, tejido de la narración./ Medio que rodea a un individuo o a un hecho, e influye en ellos significativamente./ Situación espacial y temporal en que se sitúa una obra artística o literaria, y al cual se refiere de alguna manera.

contextual. a. Perteneciente o relativo al contexto.

contextura. f. Disposición de las partes de un todo./ fig. Configuración física del hombre.

contiguo, gua. a. Que está tocando a otra cosa.

continental. a. Perteneciente o relativo a un continente. Por ej.: *clima continental.*

continente. p. act. de **contener.** Que contiene.// a. Que posee y practica la continencia.// m. Extensión grande de tierra que, si bien rodeada por el mar, no puede llamarse isla ni península, nombres dados a territorios menos vastos.

continuación. f. Acción y efecto de continuar.

continuar. tr. Proseguir uno lo empezado./ Perseverar en una empresa.// i. Durar, permanecer.// prl. Extenderse, seguir.

continuo, nua. a. Que dura, obra o se hace sin interrupción.// m. Todo compuesto de partes unidas entre sí.

contonearse. prl. Hacer movimientos afectados con la cadera o los brazos al andar.

contorno. m. Territorio que rodea un lugar. Ú.m. en pl./ Conjunto de líneas que rodean una figura.

contorsión. f. Movimiento irregular y convulsivo del cuerpo.

contra. prep. que indica oposición. Ú. como prefijo en palabras compuestas.// f. fam. Inconveniente, dificultad.

contrabajo. m. Instrumento músico de cuerda, semejante al violín, con registro más grave por mayor.

contrabandear. i. Ejercitar el contrabando.

contrabando. m. Producción o comercio de artículos prohibidos.

contracción. f. Acción y efecto de contraer./ Metaplasmo que consiste en hacer de dos palabras, una.

contracepción. f. *Med.* Anticoncepción. Dícese de la limitación voluntaria de la fecundidad, por el uso de algún método anticonceptivo.

contradecir. tr./ prl. Decir a uno lo contrario de lo que otro afirma, o negar lo que asegura como cierto.

contradicción. f. Acción y efecto de contradecir./ Afirma ción y negación que recíprocamente se destruyen./ Con trariedad, oposición.

contraer. tr. Reducir, estrechar./ Adquirir un vicio, obligación deuda, etc.// prl. Encogerse un músculo, un nervio, etc.

contrafuerte. m. Pieza de cuero con que se refuerza el cal zado en la parte del talón./ *Arq.* Saliente de un muro qu sirve para fortalecerlo./ *Geog.* Cadena menor a una cordillera y paralela a ella.

contrahecho, cha. a. De cuerpo torcido. Ú.t.c.s.

contralor. m. Oficio honorífico de algunas casas reales equivalente al de veedor./ *Amér.* Funcionario que contro la la contabilidad oficial.

contralto. m. Voz italiana que designa la voz femenina má grave.// f. Mujer que tiene esa voz.

contraluz. f. Vista de las cosas desde la parte opuesta a l luz.

contramaestre. m. En ciertas obras, veedor de los demá oficiales y de los obreros./ Jefe de una obra o de un taller. Oficial que ordena la maniobra y dirige la marinería.

contraofensiva. f. Ofensiva que se emprende para contra rrestar la del enemigo.

contraorden. f. Orden que revoca una anterior.

contrapeso. m. Peso que se pone en la parte opuesta d otro para equilibrarlo.

contrapicado. m. *Cine.* Procedimiento que consiste e ubicar la cámara a una altura inferior a la del objeto, con objetivo dirigido hacia arriba.

contraponer. tr. Cotejar, comparar./ Oponer. Ú.t.c.prl.

contraproducente. a. Se dice del dicho o acto cuyo efectos son contrarios a la intención con que se lo profirió o ejecutó.

contrapuerta. f. Puerta que separa el zaguán del resto d la casa.

contrapunto. m. Concordancia armoniosa de voces con trapuestas./ *Amér.* Competencia poética entre payadores

contrariar. tr. Contradecir, resistir los propósitos de los de más.

contrariedad. f. Oposición entre una cosa y otra./ Acci dente que impide o retrasa la ejecución de algo.

contrario, ria. a. Opuesto o repugnante a una cosa Ú.t.c.s.f./ fig. Que causa daño.// s. Persona que está ene mistada, lucha o se halla en oposición con otra.

contrarrestar. tr. Hacer frente, resistir, rechazar.

contrasentido. m. Inteligencia contraria al sentido norma de las palabras.

contraseña. f. Seña secreta que se dan unas personas co otras para entenderse entre sí.

contrastar. i. Resistir.// i. Mostrar diferencias notables o ca lidades opuestas dos cosas, cuando se comparan entre sí.

contraste. m. Acción y efecto de contrastar./ Oposición diferencia notable entre personas o cosas./ En la image fotográfica o televisiva, falta de tonos intermedios de mo do que resalten lo claro y lo oscuro.

contratapa. f. Refuerzo que se pone a una tapa./ Cara in terna o parte posterior de una obra impresa.

contratar. tr. Pactar, comerciar, convenir./ Obligar por pac to a ejecutar una cosa.

contratiempo. m. Accidente perjudicial y por lo comú inesperado.

contrato. m. Pacto o convenio entre partes que se obligar a cumplirlo recíprocamente.

contravención. f. Acción y efecto de contravenir.

contravenir. tr. Obrar en contra de lo que ha sido mandad do.

contraventana. f. Puerta que interiormente cierra sobre la vidriera de una ventana o que resguarda a ésta exterior mente.

contraventor, ra. a. Que contraviene.

contribución. f. Acción y efecto de contribuir./ Cuota qu se paga para algún fin.

contribuir. i. Pagar cada uno la cuota que le correspond por un impuesto o repartimiento./ Dar voluntariamente al go para un fin.

ontrición. f. Dolor y pesar de haber ofendido a Dios.

ontrincante. m. El que aspira a una cosa en competencia con otros.

ontrito, ta. a. Que siente contrición.

ontrol. m. Comprobación, inspección, fiscalización, registro.

ontrolar. tr. Comprobar, inspeccionar, fiscalizar, registrar.

ontroversia. f. Discusión larga y reiterada sobre un tema.

ontrovertir. tr. / i. Discutir con detención y extensamente sobre un tema.

ontubernio. m. Habitación con otra persona./ fig. Alianza inmoral.

ontumacia. f. Terquedad en mantener un error./ Rebeldía de quien no acude al llamamiento del juez.

ontumaz. a. Tenaz en mantener un error./ Rebelde.

ontundente. a. Aplícase al instrumento y al acto que provocan contusión./ fig. Que tiene gran fuerza de convicción.

ontundir. tr./ prl. Golpear, magullar.

ontuburbar. tr./ prl. Turbar, inquietar./ fig. Intranquilizar, alterar el ánimo.

ontusión. f. Daño que recibe el cuerpo por un golpe que no causa herida.

ontuso, sa. p. p. irreg. de contundir.// a. y s. Que ha recibido una contusión.

onvalecencia. f. Acción y efecto de convalecer./ Estado del convaleciente.

onvalecer. i. Recobrar fuerzas perdidas por una enfermedad.

onvaleciente. p. act. de convalecer. Que convalece.// s. Persona en convalecencia.

onvalidar. tr. Confirmar o revalidar, especialmente los actos jurídicos./ Dar validez en un país, institución, etc. a los estudios aprobados en otro país, institución, etc.

onvencer. tr./ prl. Obligar a alguien mediante argumentos eficaces a que cambie de opinión.

onvencimiento. m. Acción y efecto de convencer.

onvención. f. Concierto, convenio./ Asamblea que asume todos los poderes de un país.

onveniencia. f. Correlación y conformidad entre cosas diversas./ Provecho, utilidad./ Decencia, decoro.// pl. Rentas, bienes.

onveniente. a. Útil, oportuno./ Proporcionado, adecuado, decente.

onvenio. m. Acuerdo, ajuste entre dos o más personas.

onvenir. i. Ser de una misma opinión./ Ser adecuado o conveniente.

onventillo. m. Casa de vecindad./ *Bol., Chile, Perú y R. de la P.* Casa de vecindad de gente muy pobre.

onvento. m. Casa en que viven los religiosos.

onvergente. p. act. de convergir. Que converge.//a. Aplícase a las rectas que, si se prolongaran, se unirían en el horizonte.

onverger o convergir. i. Dirigirse una o más rectas hacia un mismo punto./ fig. Coincidir las ideas u opiniones de dos o más personas.

onversación. f. Acción de hablar con familiaridad dos o más personas.

onversar. i. Hablar dos o más personas./ Tener trato o amistad con alguien.

onversión. f. Acción y efecto de convertir o convertirse./ Mudanza de vida abandonando la mala por la buena.

onverso, sa. p. p. irreg. de convertir o convertirse./ a. y s. Aplícase al judío o moro que se ha convertido a la religión católica.

onvertir. t./ prl. Mudar o cambiar una cosa en otra./ Cambiar una religión, ideología, método de vida por otro.

onvexo, xa. a. Que tiene la superficie más prominente en el medio que en los costados.

onvicción. f. Convencimiento.

onvicto, ta. p. p. irreg. de convencer.// a. Aplícase al reo al que se le ha probado el delito.

onvidar. tr. Rogar una persona a otra que asista a un espectáculo, reunión, etc.

onvivencia. f. Acción de convivir.

convivir. i. Vivir juntamente con otro u otros.

convocar. tr. Llamar a varias personas para un acto o reunión.

convocatoria. f. Escrito o anuncio con que se convoca.

convoy. m. Conjunto de barcos, carruajes, etc., custodiados./ fig. Acompañamiento, séquito.

convulsión. f. Movimiento y agitación de un músculo, con estiramiento y contracción alternados./ Agitación violenta social o política.

convulsionar. tr. Causar convulsión.

cónyuge. m. y f. La mujer o el hombre que se han unido en matrimonio. Ú.m. en pl.

coñac. m. Aguardiente obtenido de la destilación de vinos flojos, y añejado en cubas de roble.

coño. m. fam. Vulva./ Interjección que expresa enojo, sorpresa, alegría, etc.

coolí. m. Trabajador chino de una colonia.

cooperación. f. Acción y efecto de cooperar.

cooperar. i. Obrar con otro u otros para un mismo fin.

cooperativa. f. Sociedad de cooperación mutua.

coordenado, da. a. *Geom.* Dícese de las líneas que sirven para fijar la posición de un punto y de los ejes o planos a que aquellas líneas se refieren.

coordinación. f. Acción y efecto de coordinar.

coordinar. tr. Disponer cosas con método./ Concertar esfuerzos para un fin común.

Convento. Los de la basílica de San Pedro, en el Vaticano, fueron construidos como albergue y lugar de reunión para sacerdotes de diversas latitudes.

copa. f. Vaso con pie, apropiado para beber./ Líquido que cabe en una copa./ Conjunto de ramas y hojas que forma la parte superior de un árbol./ Parte hueca del sombrero donde entra la cabeza./ Premio en un certamen deportivo.

copar. tr. Hacer en los juegos de azar, una apuesta equivalente al total de la banca./ Lograr todos los puestos en una elección./ *Mil.* Sorprender, cortar la retirada.

copernicano, na. a. Relativo a Copérnico./ Fig. Que provoca un cambio profundo en algún ámbito o ciencia.

copete. m. dim. de copo. Jopo que se lleva levantado el pelo sobre la frente./ Penacho de plumas que tienen en la cabeza algunas aves./ Presunción.

copetín. m. Cóctel.

copia. f. Reproducción de un escrito./ Imitación./ Reproducción de un original.

copiar. tr. Escribir en un lugar lo que ya figura en otro.

copioso, sa. a. Abundante, cuantioso.

copista. m. y f. El que se dedica a copiar un escrito.

copla. f. Combinación métrica o estrófica./ Composición poética breve que sirve de letra en las canciones populares.

coplero, ra. s. Persona que vende coplas, letrillas, relatos fabulosos, etc./ Poetastro.

copo. m. Mechón de cáñamo, lana, algodón, etc., en disposición de hilarse./ Porción de nieve que cae cuando nieva.

copón. m. Copa en la que se guardan las hostias consagradas.

copto, ta. a. y s. Cristiano de Egipto y Etiopía. Su iglesia, llamada también "de los egipcios", desciende de la de Alejandría. Se separó de la iglesia bizantina cuando ésta condenó la herejía monofisita en el Concilio de Calcedonia (451).

copular. i. Tener relaciones sexuales.

copulativo, va. a. Que une o junta.

copyright. (voz ingl.). m. Derecho de propiedad sobre una obra, del autor o de quien la haya adquirido./ Marca de este derecho que se pone en la página dos de un libro, donde figura el propietario y el año de la primera edición.

coque. m. Carbón duro y esponjoso que desarrolla gran calor al arder y se extrae de la carbonización de la hulla.

coqueta. a. Aplícase a la mujer que por vanidad trata de agradar a muchos hombres.

coquetear. i. Tratar de agradar con recursos estudiados.

coqueto, ta. a. fam. Agradable, gracioso, arreglado.

coraciforme. a. Zool. Relativo al orden de aves trepadoras, como la abubilla.

coral. m. Secreción caliza en figura de árbol que producen en el mar diversos órdenes de zoófitos y que cuando es compacta y de color rojo se emplea en joyería.

coral. a. Relativo al coro.// m. Composición de carácter religioso, de ritr o lento y solemne, y armonizada a cuatro voces.

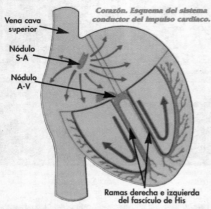

Corazón. Esquema del sistema conductor del impulso cardíaco.

Vena cava superior

Nódulo S-A

Nódulo A-V

Ramas derecha e izquierda del fascículo de His

coralina. f. Zoófito de cuerpo cilíndrico, de unos 2 mm de largo, blanco, membranoso y terminado en tentáculos semejantes a pétalos. Vive en colonias provistas de un esqueleto calizo.

coraza. f. Armadura de hierro o acero que protege el pecho y la espalda./ Cubierta dura que sirve de protección a tortugas y galápagos.

corazón. m. Órgano central del aparato circulatorio, de contextura muscular, que impele la sangre./ fig. Ánimo, valor./ Amor, benevolencia./ Centro de algo.

corbata. f. Tira de seda, lienzo fino, etc., que como adorno se ciñe alrededor del cuello, dejando caer las puntas./ Banda o cinta que como insignia de honor se ata a las banderas, estandartes, etc.

corbeta. f. Embarcación de tres palos, y vela cuadrada, menor que la fragata.

corcel. m. Caballo ligero.

corchea. f. Figura o nota musical que equivale a la octav. parte del compasillo.

corchete. m. Broche de metal./ Signo de la escritura co que se abrazan dos o más guarismos, palabras, etc. ([ ]).

corcho. m. Corteza del alcornoque./ Tapón de corcho.

corcova. f. Corvadura anormal del espinazo o del pecho de ambos a la vez.

corcovear. i. Dar corcovos./ Amér. Refunfuñar, enojarse.

corcovo. m. Salto que dan ciertos animales encorvando e lomo.

cordado, da. a. y s. Zool.. Díc. de animales del tipo co dados.// pl. Tipo de animales que poseen notocordio columna vertebral. La mayoría tiene esqueleto y pertenece al subtipo de los vertebrados.

cordel. m. Cuerda fina.

cordera. f. Cría de la oveja que no excede de un año./ Mu jer débil y humilde.

cordero. m. Cría de la oveja que no excede de un año. Piel adobada de este animal./ fig. Hombre dócil y humilde

cordial. a. Eficaz para fortalecer el corazón./ Afectuoso, ca riñoso.

cordillera. f. Serie de montañas enlazadas pertenecientes al mismo proceso orográfico, de mayor longitud que an chura.

córdoba. m. Unidad monetaria de Nicaragua.

cordón. m. Cuerda redonda de seda, lino, etc./ Serie d puestos, individuos, etc., del ejército o de la policía qu rodea un lugar, manifestación, etc., por razones de seguri dad./ Arg. Orilla exterior de la acera./ Geog. Grupo d sierras o montañas de similar orogenia.

coreano, na. a. y s. De Corea.

corear. tr. Acompañar con coros una composición musical.

corega o **corego.** m. Ciudadano que costeaba la enseñan za y vestuario de los coros de música y baile, en la ant Grecia.

coreografía. f. Arte de componer bailes./ En general, arte de la danza.

coriáceo, a. a. Rel. al cuero o parecido a él.

corión. m. Biol. En los reptiles, aves y mamíferos, membra na extraembrionaria que forma la envoltura externa de embrión y de las demás membranas.

corista. s. Persona que canta formando parte de un coro.

cornada. f. Golpe que da un animal con la punta del cuerno

cornamenta. f. Cuernos del toro, el venado, etc.

cornamusa. f. Trompeta larga con una rosca grande en e centro y pabellón muy ancho./ Instrumento rústico de viento, formado por un odre y varios cañutos.

córnea. f. La primera de las membranas del globo del ojo dura y transparente.

corneja. f. Ave nocturna, más pequeña que el búho.

córneo, a. De cuerno o parecido a él.

córner (voz ingl.). m. En fútbol, tiro libre de esquina.

corneta. f. Instrumento músico de viento semejante al cla rín pero mayor y de sonido más grave./ Especie de clarír usado en el ejército para dar los toques reglamentarios.

cornetín. m. Instrumento músico de metal, que tiene cas la misma extensión que el clarín.

cornisa. f. Cuerpo saliente con molduras que sirve de co ronamiento de otro.

cornucopia. f. Vasija en forma de cuerno de donde salíar flores y frutas y que en la ant. simbolizaba la abundancia.

cornuto. a. Lóg. Dilema.

coro. m. Conjunto de personas que cantan a la vez./ Conjunto de actores y actrices que en el teatro clásico presen ciaban la acción como meros espectadores y en determi nadas partes la interrumpían para expresar sus sentimien tos y opiniones./ En el teatro musical, conjunto de perso nas que cantan simultáneamente una parte de la obra./ Lu gar del templo donde se cantan los divinos oficios.

corola. f. Bot. Cubierta interior floral, formada por hojas de licadas y coloreadas llamadas pétalos.

corolario. m. Proposición que no requiere demostración sino que se deduce fácilmente de lo demostrado an teriormente..

orona. f. Cerco o guirnalda que se ciñe a la cabeza, como adorno, insignia o símbolo de dignidad./ Moneda de varios países europeos./ fig. Dignidad real./ Reino o monarquía./ Señal de premio o galardón./ -**circular.** *Geom.* Porción de plano comprendida entre dos circunferencias concéntricas.

oronación. f. Acto de coronarse un soberano./ Fin de una obra.

oronar. tr. Poner la corona a un rey o emperador, cuando empieza a reinar. Ú.t.c.prl./ Terminar, perfeccionar una obra.

oronario, ria. a. Relativo a la corona./ Aplícase a las arterias o venas que irrigan el corazón.

oronel. m. Jefe militar que manda un regimiento.

orpiño. m. dim. de cuerpo./ Jubón sin mangas./ *Arg.* Sostén, prenda íntima de la mujer.

orporación. f. Comunidad, por lo general reconocida como de utilidad pública con personería jurídica y con privilegios especiales.

orporeidad. f. Calidad de corpóreo.

orpóreo, a. a. Que tiene cuerpo./ Relacionado con el cuerpo.

orpulencia. f. Grandeza del cuerpo.

orpus. m. Recopilación de textos literarios, jurídicos, lingüísticos, etc.

orpúsculo. m. Cuerpo muy pequeño, partícula, molécula.

orral. m. Lugar cerrado y cercado por lo general contiguo a una casa./ Patio o lugar donde se representaban comedias./ Resguardo o redil para el ganado.

orralón. m. aum. de corral./ *Arg.* Almacén de maderas, materiales de construcción, etc./ Corral grande donde se guardaban carruajes.

orrea. f. Tira de cuero.

orreaje. m. Conjunto de correas.

orrección. f. Acción de corregir./ Calidad de correcto./ Represión, censura.

orreccional. a. Apl. a lo que conduce a la corrección.// m. Establecimiento para el cumplimiento de las penas de prisión.

orrecto, ta. p. p. irreg. de **corregir**.// a. Que no tiene errores o defectos./ Educado, cortés.

orredor, ra. a. y s. Que corre mucho.// s. Persona que por su oficio interviene en compras y ventas./ Persona que practica la carrera en competiciones deportivas.// m. Pasillo de cualquier edificio.

orregir. tr. Enmendar una falta o error./ fig. Atenuar, aliviar.

orrelación. f. Semejanza o relación recíproca entre dos o más cosas.

orrelacionar. tr. Relacionar. Ú.t.c.prl.

orreligionario, ria. a. y s. Que tiene la misma religión o las mismas ideas.

orrentada. f. Corriente caudalosa y continua.

orrentino, na. a. y s. De la provincia argentina de Corrientes.

orrentógrafo. m. *Tecn.* Aparato que registra la velocidad y dirección de las corrientes marinas.

orrentómetro. m. *Tecn.* Aparato para medir la velocidad y dirección del desplazamiento de las partículas de agua de una corriente.

orreo. m. El que tiene por oficio distribuir la correspondencia./ Servicio público al que competen el transporte y la distribución de la correspondencia./ Conjunto de cartas que se reciben o despachan.

orrer. i. Caminar con rapidez./ Moverse en una dirección los líquidos o los fluidos./ Soplar, refiriéndose al viento./ Transcurrir el tiempo./ *Amér.* Despedir a alguien.// prl. Moverse hacia un lado, cambiarse de lugar.

orrespondencia. f. Acción y efecto de corresponder o corresponderse./ Correo, conjunto de cartas.

orresponder. i. Responder debidamente a los consejos, muestras de afecto, agasajos./ Guardar proporción una cosa con otra.Ú.t.c.prl.// rec. Comunicarse por escrito una persona con otra./ Amarse, atenderse.

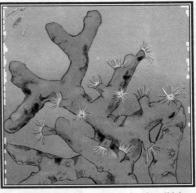

Corales o antozoos son celenterados de múltiples colores que viven en el agua formando colonias.

corresponsal. a. Que tiene correspondencia con otra persona. Ú.m. en periodismo.

corretaje. m. Trabajo del corredor en sus ventas.

corretear. i. fam. Callejear, andar de un lugar a otro.// tr. *Arg.* Tratar de vender un producto como corredor.

correvedile o **correveidile.** m. y f. fig. y fam. Persona amiga de llevar y traer cuentos.

corrida. f. Carrera, acción de correr el hombre o cualquier animal.

corrido. m. Canción popular mexicana, especie de balada acompañada de guitarras o arpa.

corriente. p. act. de **correr**. Que corre.// a. Aplícase a la semana, mes, año en transcurso./ Ordinario, de calidad común.// f. Movimiento de las aguas en una dirección./ fig. Curso de las cosas o de los acontecimientos./ *Fís.* Electricidad transmitida a lo largo de un conductor.

corro. m. Cerco que forman varias personas para hablar o divertirse./ Espacio circular.

corroborar. tr./ prl. Robustecer, vivificar./ fig. Dar nueva fuerza a una razón con otros datos o juicios.

corroer. tr. Ir desgastando poco a poco una cosa como royéndola. Ú.t.c.prl./ Afectar mucho una pena o remordimiento.

corromper. tr. Alterar la forma de una cosa. Ú.t.c.prl./ Echar a perder./ Sobornar./ Pervertir, viciar.

corrosión. f. Acción y efecto de corroer.

corrugar. tr. Dotar a una superficie lisa de estrías o resaltos.

corrupción. f. Acción y efecto de corromper.

corrupto, ta. p.p. irreg. de corromper.

corsario, ria. a. Aplícase al que manda una nave armada en corso. Ú.m.c.s./ Dícese de esta misma nave.// m. Pirata.

corso. m. Campaña que hacen las naves mercantes con aprobación de gobierno para apresar a los piratas o a las naves enemigas./ fig. *Amér.* Desfile de carnaval.

cortadura. f. División producida en un cuerpo por una cosa cortante.

cortafierro. m. *Amér.* Cincel para cortar hierro.

cortapicos. m. Tijereta, insecto.

cortaplumas. m. Navaja pequeña para diversos usos.

cortar. tr. Dividir una cosa con un instrumento como cuchillo, tijera, etc./ Dar forma con la tijera a piezas de cuero, tela, etc./ *Arg.* Agregar a un líquido una pequeña cantidad de otro.

corte. m. Filo de un arma o instrumento./ Acción y efecto de cortar./ Cantidad de tela, cuero, etc., para hacer una prenda ./ f. Ciudad donde reside habitualmente el rey./ Familia y comitiva del rey./ *Amér.* Tribunal de justicia.// pl. Cámaras legislativas.

cortedad. f. Pequeñez, poquedad./ Falta de talento o cultura./ Timidez.

cortejar. tr. Galantear.

cortés. a. Afable, atento.

cortesano, na. a. Perteneciente a la corte./ m. Palaciego al servicio del rey en la corte.// f. Mujer de vida irregular dotada de talento o elegancia.

cortesía. f. Acto demostrativo de respeto, admiración o afecto./ Regalo.

corteza. f. Parte exterior y envolvente del árbol, de algunos frutos y de otras cosas como el queso, el pan, etc./ Parte exterior de algo inmaterial.

cortina. f. Paño o lienzo para cubrir puertas y ventanas.

cortinado. m. *Arg.* Cortinaje.

cortinaje. m. Conjunto de cortinas.

corto, ta. a. Que no tiene la extensión debida./ De poca duración o importancia./ fig. Tímido./ De poca inteligencia o instrucción.

Coyas. Estos habitantes del altiplano boliviano, trabajan en un pueblo minero donde se extrae estaño.

cortocircuito. m. *Electr.* Circuito producido accidentalmente por contacto entre los conductores, sin que la corriente pase por alguna resistencia.

corva. f. Parte opuesta a la rodilla, por la que se dobla la pierna.

corvadura. f. Parte por donde se encorva una cosa./ *Arq.* Parte curva o arqueada del arco o la bóveda.

corvejón. m. Articulación de la parte inferior de la pierna y superior de la caña en los cuadrúpedos.

corvina. f. Pez marino, de carne muy apreciada.

corzo. m. Mamífero rumiante cuadrúpedo, muy tímido, algo mayor que la cabra, con cuernos pequeños y ahorquillados hacia la punta.

cosa. f. Todo lo que tiene entidad material o espiritual./ *For.* El objeto de las relaciones jurídicas en oposición al sujeto o persona.

cosaco, ca. a. y s. Dícese del habitante de distintos distritos del sudeste de Rusia.// m. Soldado ruso de tropa ligera.

coscoroba. f. *Arg.* y *Chile.* Ave, especie de cisne, de cuello corto, todo blanco.

coscorrón. m. Golpe doloroso en la cabeza sin dejar herida.

cosecante. f. *Mat.* Secante del complemento de un ángulo o de un arco.

cosecha. f. Conjunto de frutos que se recolectan de la tierra./ Tiempo en que se hace esta recolección./ fig. Conjunto de algo.

cosechar. i. y tr. Hacer la cosecha./ Reunir, concitar odios, simpatías.

coseno. m. Seno del complemento de un ángulo o arco.

coser. tr. Unir por medio de aguja e hilo dos o más trozos de tela u otra materia flexible.

cosmético, ca. a. Aplícase a lo que se utiliza para hermosear el rostro o el cabello.// f. Arte de preparar cosméticos.

cósmico, ca. a. Relativo al cosmos.

cosmogonía. f. Ciencia de la constitución del universo.

cosmografía. f. Descripción astronómica del universo.

cosmología. f. Cosmogonía./ *Fil.* Doctrina del mundo como un todo organizado, según Kant.

cosmonauta. m. y f. Astronauta.

cosmonave. f. Vehículo capaz de navegar más allá de la atmósfera terrestre.

cosmopolita. a. Aplícase al que considera al mundo entero como su patria. Ú.t.c.s./ Dícese de lo que es común a todos los países o a la mayoría de ellos./ Se dice de la ciudad habitada por individuos de distintas procedencias.

cosmos. m. Mundo, todo creado.

cosmovisión. f. Visión de mundo o del universo, con alguna tendencia filosófica.

cospel. m. Disco de metal que pone en funcionamiento aparatos diversos.

cosquillas. f. pl. Sensación intensa que provoca a risa involuntaria al ser rozadas ciertas partes del cuerpo.

costa. f. Cantidad que se paga por algo./ *Geog.* Borde de las tierras emergidas en su contacto con las aguas de los mares, los mares y los cursos de agua.// pl. Gastos judiciales.

costal. a. Perteneciente o relativo a las costillas.// m. Saco grande.

costanero, ra. a. Pert. o rel. a la costa./ *Amér.* Que se halla o vive cerca de la costa./ f. *Arg.* Avenida paralela a la costa.

costar. i. Ser adquirida una cosa por un precio determinado./ Ocasionar una cosa perjuicios, gastos o cuidados.

costarricense o **costarriqueño, ña.** a. y s. De Costa Rica.

costear. Sufragar una costa o gasto. Ú.t.c.prl./ Navegar sin perder de vista la costa.// prl. *Arg.* y *Chile.* Tomarse el trabajo de ir de un lugar a otro.

costero, ra. a. Costanero.

costilla. f. *Anat.* Cada uno de los huesos largos y curvos que forman la capacidad torácica.

costillar. m. Conjunto de costillas.

costo. m. Cantidad que se paga por algo.

costra. f. Corteza seca o endurecida sobre una cosa húmeda o blanda.

costumbre. f. Hábito, modo habitual de proceder o comportarse.// pl. Cualidades, inclinaciones y usos que constituyen el carácter de un pueblo o nación.

costumbrismo. m. *Lit.* Género que describe, con un realismo moderado y cierto humor, las costumbres vigentes en el momento de composición de la obra.

costumbrista. a. Relativo al costumbrismo./ s. Escritor que practica el costumbrismo.

costura. f. Acción y efecto de coser./ Labor que se está cosiendo./ Serie de puntadas que unen dos piezas cosidas.

costurera. f. Mujer que cose por oficio.

cota. f. Arma defensiva del cuerpo que consistía en un vestidura de cuero, guarnecida de hierro o de mallas de acero entrelazadas./ En los planos topográficos, número que señala la altura de un punto./ Esa misma altura.

cotangente. f. *Geom.* Tangente del complemento de un ángulo o arco.

cotejar. tr. Confrontar, comparar.

cotejo. m. Acción de comparar.

coterráneo, a. a. De la misma tierra que uno.

cotidiano, na. a. De todos los días.

cotiledón. m. *Bot.* Parte de la semilla que circunda el embrión y le proporciona el alimento para su desarrollo.

cotillón. m. Danza con figuras en los bailes de sociedad donde suelen distribuirse obsequios.

cotización. f. Acción y efecto de cotizar.

cotizar. tr. Publicar en alta voz en la bolsa el precio de los artículos, acciones, etc./ Fijar el precio de una mercadería.// prl. fig. Hacerse valer.

coto. m. Terreno reservado./ Límite, término.

cotorra. f. Papagayo pequeño./ Ave trepadora americana de plumaje de diversos colores, especialmente verde.

cottage (voz ingl.). m. Casita de campo.

turno. m. Calzado de lujo, inventado por los griegos, que cubría el pie y la pierna hasta la pantorrilla./ Calzado con suela de corcho muy gruesa que usaban los actores antiguos.

ulomb. m. *Fís.* Nombre internacional del culombio, unidad de medida de la masa o carga eléctrica, definida como la carga transportada por 1 amperio en un segundo. Símb.: C.

vada. f. *Antrop.* Costumbre ancestral de ciertas tribus, por la cual el marido participa simbólicamente del parto de su mujer.

ver-girl (voz ingl.). Chica de tapa, modelo de fotógrafo para la portada de revistas ilustradas.

w-boy (voz ingl.). m. Vaquero de los ranchos estadounidenses. Figura casi mítica de la literatura y el cine de ese país.

xal. a. Rel. a la cadera.

xis. m. Coccix.

ya. a./m. y f. Colla, habitante de las mesetas andinas./ f. Mujer del emperador, soberana o princesa entre los antiguos habitantes del Perú.

yote. m. Variedad de lobo, del tamaño de un perro mastín, de color gris amarillento y originario de México.

yuntura. f. Articulación móvil de dos huesos./ fig. Ocasión, oportunidad.

z. f. Sacudida violenta que hacen las bestias con una de las patas.

ack (voz ingl.). m. *Econ.* Hundimiento de un sistema económico. Esp. el de 1929 en la Bolsa de Nueva York./ *Dep.* Especialmente en fútbol, jugador destacado y muy popular.

áneo. m. Caja ósea que encierra el encéfalo.

ápula. f. Borrachera./ fig. Libertinaje.// a. *R. de la P.* Dícese de la persona disoluta.

aso, sa. a. Gordo, espeso, grueso./ Indisculpable.

áter. m. Abertura por donde los volcanes expelen lava, ceniza, humo, etc.

awl (voz ingl.). m. Crol.

eación. f. Mundo, totalidad de todo lo creado./ Acción de crear.

eacionismo. m. *Lit.* Movimiento poético vanguardista fundado por el poeta chileno Vicente Huidobro. Proclamaba el verso libre, la autonomía del poema respecto de la realidad y una reacción contra el modernismo literario./ *Fil.* Doctrina que afirma que el mundo ha sido creado por un acto divino.

eacionista. a. Relativo al creacionismo./ s. Adepto a esa doctrina filosófica./ Escritor que practica el creacionismo.

eador, ra. a. Que crea o funda.

ear. tr. Dar ser a lo que no tenía./ Fundar, introducir una cosa por primera vez.

ecer. i. Hacerse mayores insensiblemente los seres vivos./ Recibir aumento una cosa./ Tomar mayor autoridad, importancia u osadía.

eces. f. pl. Indicios que señalan disposición para crecer./ Ventaja, exceso, aumento.

ecida. f. Aumento del caudal de un río o arroyo por exceso de lluvia o derretimiento de la nieve.

eciente. p. act. de crecer. Que crece.// a. Aplícase a la fase de la Luna que está entre la nueva y la llena.// f. Crecida.

ecimiento. m. Acción y efecto de crecer.

edencial. a. Que acredita.// f. Documento que acredita un nombramiento.

édito. m. Derecho de una persona a que otra le dé algo, por lo común dinero./ Fama./ Préstamo.

edo. m. Oración que contiene los artículos fundamentales de la fe cristiana./ Conjunto de creencias de una fe.

édulo, la. a. Que cree con facilidad.

eencia. f. Conformidad firme con algo.

eer. tr. Tener por cierto algo que la razón humana no alcanza./ Tener algo por probable o verosímil.

ema. f. Nata de la leche./ Preparado para suavizar el cutis./ Diéresis./ fig. Lo más selecto o principal./ Dulce que se hace con maicena, yema de huevo, leche y azúcar.

cremación. f. Acción de cremar, especialmente cuando se trata de cadáveres.

cremallera. f. *Mec.* Barra dentada en la que encaja un piñón para transformar un movimiento rectilíneo en circular y viceversa.

cremar. tr. Quemar cadáveres.

cremoso, sa. a. Que contiene crema./ Que se parece a ella.

crencha. f. Raya que divide el cabello en dos partes./ Cualquiera de esas partes.

crepitar. i. Producir ruidos semejantes de los chasquidos al arder.

crepuscular. a. Relativo al crepúsculo.

crepúsculo. m. Claridad que hay desde que el sol se oculta hasta que anochece.

crescendo. m. Aumento gradual de la intensidad del sonido.

crespo, pa. a. Dícese del pelo ensortijado o rizado./ fig. Encolerizado.

cresta. f. Carnosidad roja que el gallo y otras aves tienen sobre la cabeza./ Cima espumosa de una ola./ fig. Cumbre rocosa de una montaña.

creta. f. Carbonato de cal terroso.

cretácico, ca o **cretáceo, a.** a. y s. *Geol.* Dícese del tercer y último período de la era secundaria./ Terreno inmediatamente posterior al jurásico.

cretinada. f.,fig. y fam. *Arg.* Acción o dicho propio de cretino.

cretino, na. a. Que padece cretinismo./ fig. Estúpido, idiota./ *Arg.* Insolente, cínico.

cretona. f. Tela de algodón estampada.

cría. f. Acción y efecto de criar./ Niño o animal durante la etapa en que se están criando./ Conjunto de hijos de un parto o que en un nido tienen los animales.

criada. f. Moza, sirvienta.

criadero, ra. a. Fecundo en criar.// m. Establecimiento para la cría de animales y plantas.

criadilla. f. En los animales de matadero, testículo./ Patata./ **-de mar.** Pólipo de figura globosa y hueco./ **-de tierra.** Hongo carnoso, redondeado y negruzco.

criado, da. a. Apl. a la persona de buena o mala crianza según se use con los adverbios bien o mal.// s. Persona que está al servicio de otra por un salario y realiza tareas domésticas.

crianza. f. Acción y efecto de criar./ Época que dura la lactancia.

Costa. Acantilado de la costa canadiense, de aguas claras y profundas.

criar. tr. Producir una cosa de la nada, dar ser a lo que no lo tenía./ Alimentar al niño./ Alimentar y cuidar ciertos animales./ Instruir, educar.

criatura. f. Todo lo criado./ Niño recién nacido o de poco tiempo.

criba. f. Aparato para cribar.

cribar. tr. Limpiar de tierra o de otras impurezas el trigo u otra semilla por medio de la criba.

cric. m. Gato mecánico, máquina para elevar grandes pesos, instrumentos, automóviles, etc.

crimen. m. Delito grave.

criminal. a. Perteneciente al crimen o que deriva de él.

crin. f. Conjunto de cerdas que tienen ciertos animales en la parte superior del cuello.

crío. m. fam. Niño o niña que se está criando.

criollo, lla. a. Dícese del hijo de padres europeos nacidos en cualquier otra parte del mundo. Ú.t.c.s./ Se dice de los americanos descendientes de europeos y de las cosas o costumbres americanas.

cripta. f. Lugar subterráneo donde en la Antigüedad se enterraba a los muertos./ Piso subterráneo de una iglesia destinada al culto.

criptestesia. f. Conocimiento extrasensorial. Abarca telepatía, clarividencia, premonición y otras formas de conocimiento parapsicológico.

criptógamo, ma. a. y f. Dícese de la planta que carece de flores./ f. pl. Bot. Grupo formado por dichas plantas.

criptomnesia. f. Memoria subconsciente./ Psiq. Trastorno en el que se olvidan experiencias o conocimientos, que reaparecen como creaciones nuevas y no como recuerdos.

criptón. m. Elemento químico. Símb., Kr.; n. at., 36; p. at., 83,7. Gas noble que se utiliza en lámparas eléctricas.

criquet. m. Juego de pelota de origen inglés. Se juega al aire libre y consiste en colocar a 20 m de distancia dos rastrillos, procurando cada equipo derribar el contrario con una pelota.

crisálida. f. Zool. Ninfa de los insectos lepidópteros que no forma capullo y presenta manchas doradas y plateadas.

crisantema. f. o **crisantemo.** m. Planta originaria de China que da flores de diversos colores.

crisis. f. Cambio que sobreviene en una enfermedad, ya para mejorarse ya para agravarse el enfermo./ Momento decisivo y grave en un asunto./ Situación caracterizada por la tendencia negativa de la actividad económica.

crisma. amb. Aceite y bálsamo que los obispos consagran en jueves Santo y sirven para ungir a quienes se bautizan, confirman u ordenan.// f. fig. y fam. Cabeza.

crisol. m. Recipiente para fundir una materia a temperatura muy alta.

crisopeya. f. Arte de trasmutar los metales en oro.

crispar. tr./ prl. Hacer contraer de modo repentino y pasajero un tejido muscular y contráctil.

Crustáceos. El cangrejo es uno de los integrantes de esta especie, cuyo primer par de patas consta de poderosas pinzas. Algunos ejemplares son comestibles.

cristal. m. Cualquier cuerpo sólido que por naturaleza tie la forma de un poliedro regular./ Vidrio incoloro y m transparente.

cristalino, na. a. De cristal./ Parecido al cristal.// m. An Cuerpo lenticular que está detrás de la pupila del ojo.

cristalización. f. Acción y efecto de cristalizar o cristaliza se./ Proceso físico-químico a partir de que se originan ci tales. Puede ser solidificación, sublimación o evaporació

cristalizar. i. Tomar una cosa forma de cristal. Ú.t.c.prl./ Tomar forma determinada una idea, sentimiento o dese

cristero, ra. a. y s. Hist. Dícese de los partidarios de la blevación que ocurrió en México entre 1926 y 1936. I una reacción clerical contra las reformas liberales del pi sidente Elías Calles y estuvo alentado por el episcopa mexicano.

cristiandad. f. Conjunto de fieles cristianos.

cristianismo. m. Religión basada en las ideas y en la fig ra de jesucristo./ Conjunto de los fieles cristianos.

cristiano, na. a. Perteneciente a la religión cristiana y acuerdo con ella./ Aplícase al idioma español en contrap sición con un idioma extranjero. Ú.t.c.s.// m. Herman semejante./ fam. Persona.

cristino, na. a.y s. Hist. Durante la primera guerra carli: española, partidario de Isabel II.

criterio. m. Norma para conocer la verdad./ Discernimie to, juicio.

crítica. f. Arte de juzgar la verdad, bondad y belleza de cosas./ Juicio sobre una obra./ Censura.

criticar. tr. Juzgar de acuerdo con los principios de la cie cia o el arte.

crítico, ca. a. Perteneciente a la crítica./ Perteneciente a crisis.// m. El que juzga de acuerdo con las normas de crítica.

croata. a./ m. y f. De Croacia.

crocante. a. Dícese de los alimentos que crujen al mas carlos.

croissant (voz francesa). m. Bollo de pasta hojaldrada, e grasa o manteca, en forma de media luna.

crol. m. Dep. Estilo de natación en que los brazos realiz un movimiento circular alternado y las piernas un mo miento pendular hacia arriba y abajo.

cromar. tr. Dar un baño de cromo a los objetos metálico:

cromático, ca. a. Relativo al color./ Mús. Aplícase al g nero que procede por semitonos.

cromel. m. Metal. Aleación de níquel y cromo, que se u liza con el alumel para la fabricación de pares termoeléct cos.

cromo. m. Estampa de colores./ Metal blanco gris, cap de hermoso pulimento e infusible al fuego de forja. Sím Cr; n.at.; 24; p.at., 52,01.

cromosoma. m. Cada uno de los corpúsculos, por lo gen ral en forma de filamentos, que existen en el núcleo de l células de animales y vegetales y que contienen los gene

cromoterapia. f. Med. Forma de tratamiento que utiliza l propiedades de ciertos colores. Tiene una derivación esot rica, ya que abarca desde la cualidad relajante visual del ve de hasta el poder que tiene el rojo de rechazar la envidia.

crónica. f. Relación de sucesos según su orden en el tiem po./ Relato periodístico de un acontecimiento.

crónico, ca. a. Apl. a las enfermedades habituales o d raderas.

cronolecto. m. Ling. Variedad de una lengua considerad según franjas de edad: adolescentes, adultos o ancianos

cronología. f. Ciencia que tiene por objeto determinar orden y fechas de los acontecimientos históricos.

cronometraje. tr. Medir con el cronómetro.

cronómetro. m. Reloj de fabricación muy esmerada pa que alcance la máxima regularidad.

croquis. m. Diseño de un terreno, paisaje o posición mi tar, hecho a la ligera./ Pint. Dibujo ligero, esquicio.

crótalo. m. Serpiente venenosa de América que tiene en extremo de la cola unos discos con los que hace unos ru dos al moverse por los que se la llama también serpient cascabel.

Los cuadrúpedos cuentan con un sistema óseo-artro-muscular
adaptado a las características y posibilidades que les ofrece el medio en el que habitan.

...ce. m. Acción y efecto de cruzar o cruzarse./ Punto en
...ue se cortan dos líneas.

...cero. a. y s. *Arq.* Dícese del arco que va de un ángulo
...opuesto, en ciertas bóvedas./ m. El que carga la cruz en
...s procesiones./ Viaje de placer por mar.

...cial. a. En forma de cruz./ Aplícase al momento decisi-
...o o crítico de una situación.

...cífero, ra. a. Que tiene la insignia de la cruz./ Persona
...ue lleva la cruz en las procesiones./ a. y f. *Bot.* Apl. a plan-
...s dicotiledóneas con hojas simples y flores bisexuales.// f.
...l. *Bot.* Familia de estas plantas.

...cificar. tr. Clavar o fijar a alguien en una cruz./ fig. y
...m. Sacrificar, molestar a alguien.

...cifijo. m. Imagen de Cristo crucificado.

...cifixión. f. Acción y efecto de crucificar.

...cigrama. m. Pasatiempo consistente en llenar con letras
...s huecos de un dibujo de modo que leídas éstas en for-
...a vertical y horizontal, formen palabras cuyo significado
...e sugiere.

...deza. f. Calidad de las cosas que carecen de la sazón y
...uavidad necesarias./ fig. Rigor, rudeza.

...do, da. a. Aplícase a los alimentos que no están debida-
...ente preparados por la acción del fuego./ fig. Inhumano,
...uel./ *Arg.* Torpe, inhábil./ Díc. del mineral viscoso que, re-
...nado, proporciona el petróleo, el asfalto, etc. Ú.t.c.s.m.

...el. a. Que se complace en hacer daño a un ser viviente./
...iolento, sangriento.

...eldad. f. Inhumanidad, fiereza del alma./ Acción cruel.

...ento, ta. a. Sangriento.

...jir. i. Producir determinado ruido algunos cuerpos al ro-
...ar unos con otros o romperse.

...or. m. Principio colorante de la sangre, según los anti-
...uos./ Poét. Sangre.

...stáceo, a. a. Que tiene costra./ *Zool.* Apl. a los animales
...rtrópodos de respiración branquial, cubiertos de un capara-
...ón, exoesqueleto y patas simétricamente dispuestas.

...z. f. Figura que forman dos líneas al cortarse perpendicu-
...rmente./ Suplicio hecho por dos maderos cruzados per-
...endicularmente./ Reverso de las monedas./ fig. Carga,
...abajo.

...zada. f. Expedición militar contra los infieles./ fig. Traba-
..., empresa para combatir algo.

...zado, da. a. y s. El que se alistaba en una cruzada./ Ca-
...allero que lleva la cruz de alguna orden./ m. Nombre de
...arias antiguas monedas portuguesas y brasileñas./ Mone-
...a que rigió en Brasil luego del cruzeiro, a partir de 1986.

...zar. tr. Atravesar una cosa con otra formando una cruz./
...asar de una parte a otra de un lugar./ Dar a las hembras
...achos de la misma especie pero de procedencia diferen-
...e.// rec. Pasar dos personas o cosas por un mismo lugar,
...ero en dirección inversa.

...zeiro. m. Antigua unidad monetaria de Brasil, sustituida
...n marzo de 1986 por el cruzado.

... m. Templo de los aztecas.

...aderna. f. Cada una de las piezas curvas que encajan en
...quilla de la nave y forman como las costillas del casco.

cuaderno. m. Conjunto de pliegos de papel que se doblan
y cosen en forma de libro.

cuadra. f. Caballeriza./ *Amér.* Espacio de una calle comprendido entre dos esquinas./ *Arg., Bol. y Chile.* Medida
de longitud equivalente a 150 varas (129,90 m.).

cuadrado, da. a. Aplícase a la figura limitada por cuatro
rectas iguales que forman cuatro ángulos rectos./ fig. y
fam. *Arg.* Persona lenta para entender.

cuadragésimo, ma. a. Que sigue en orden al trigésimo
nono.

cuadrangular. a. Cuadrángulo.

cuadrángulo. a. y m. Que tiene cuatro ángulos.

cuadrante. p.act. de cuadrar.// m. Reloj de sol trazado en
un plano./ Instrumento para medir ángulos./ Cuarta parte
del círculo.

cuadrar. tr. Dar a una cosa forma de cuadro.// i. Ajustarse
una cosa con otra./ Agradar, coincidir con los deseos o intenciones.// prl. Quedarse una persona con los pies en escuadra.

cuadrícula. f. Conjunto de los cuadrados que resultan de
cortarse perpendicularmente dos series de rectas paralelas.

cuadriga. f. Conjunto de cuatro caballos enganchados a un
carruaje./ Carro tirado por cuatro caballos usado en la Antigüedad para carreras.

cuadril. m. Hueso del anca./ Anca./ Cadera.

cuadrilátero, ra. a. Que tiene cuatro lados.// m. Polígono
de cuatro lados.

cuadrilla. f. Grupo de personas que se reúnen para trabajar o para otro fin.

cuadripétalo, la. a. *Bot.* Que tiene cuatro pétalos.

cuadro, dra. a. Cuadrado del área limitada por cuatro rectas iguales.// m. Lienzo, lámina, etc., de pinturas./ Parte de
tierra labrada en forma de cuadrado./ Cada una de las partes en que se divide una obra teatral para indicar una unidad temática./ *Dep.* Equipo de jugadores.

cuadrumano o cuadrúmano, na. a. Dícese de los animales mamíferos que en las cuatro extremidades tienen el
dedo pulgar separado de manera que pueden oponerse a
los otros.

cuadrúpedo. a. Dícese del animal que tiene cuatro pies.

cuadruplicar. tr. Hacer cuádruple una cosa, multiplicar por
cuatro una cosa.

cuajada. f. Parte caseosa y crasa de la leche, de la que se
extraen queso y requesón./ Requesón.

cuajar. m. Última de las cuatro cavidades del estómago de
los rumiantes.

cuajar. tr. Juntar y trabar las partes de un líquido para soli-
dificarlo. Ú.t.c.prl./ fig. Adornar demasiado una cosa./ fig.
y fam. Realizarse algo.

cuajo. m. Materia contenida en el cuajar de los rumiantes./
Sustancia para cuajar.

cualidad. f. Cada una de las circunstancias o caracteres que
distinguen a las personas o las cosas.

cuando. adv. t. En el tiempo, en la ocasión en que.

cuando. m. *Arg., Bol. y Chile.* Danza muy en boga desde
mediados del siglo XIX hasta principios del XX.

cuantía. f. Cantidad./ Conjunto de cualidades que enaltecen a una persona.

cuantioso, sa. a. Grandioso en número.

cuanto. m. Salto que experimenta la energía de un corpúsculo cuando absorbe o emite radiación.

cuanto, ta. a. Que incluye cantidad indeterminada.// adv. c. En tal grado o en tal cantidad.

cuaquerismo. m. Secta de los cuáqueros.

cuáquero, ra. a. y s. Miembro de una comunidad religiosa puritana, que se extiende especialmente en los Estados Unidos. Fue creada por George Fox, en Inglaterra, a mediados del siglo XVII.

cuarentena. f. Conjunto de cuarenta unidades./ Período de cuarenta días, meses o años./ Tiempo en que se aísla a los sospechosos de tener una enfermedad contagiosa.

cuarentón, na. a. y s. Persona que ha cumplido los cuarenta años.

cuaresma. f. Tiempo de cuarenta y seis días que va desde el miércoles de ceniza inclusive hasta la festividad de la Resurrección de Nuestro Señor Jesucristo.

cuartear. tr. Dividir algo en cuatro partes.// prl. Agrietarse, rajarse.

cuartel. m. Término o distrito en que se dividen las ciudades./ Lugar o edificio donde se aloja la tropa.

cuarteta. f. Combinación de cuatro versos octosílabos en que asonantan el segundo y el cuarto./ Estrofa de cuatro versos.

cuarteto. m. Combinación de cuatro versos endecasílabos que riman con consonantes o asonantes./ Combinación para cuatro voces e instrumentos./ Conjunto de estas cuatro voces o instrumentos.

cuartilla. f. Cuarta parte de una hoja de papel./ Hoja de papel en blanco.

cuarto, ta. a. Que sigue en orden al tercero./ Dícese de cada una de las cuatro partes en que se divide un todo.// m. Parte de una casa destinada a vivienda.

cuarzo. m. Mineral formado por sílice, de brillo vítreo, incoloro cuando es puro y tan duro que raya el acero.

cuaternario, ria. a. Que consta de cuatro elementos o números. Ú.t.c.s.m./ Geol. Apl. al terreno sedimentario más moderno en el cual aparecen por primera vez rastros del hombre. Ú.t.c.s.m.

cuatrero. a./ m. Dícese del ladrón de ganado.

cuatrimestre. a. Que dura cuatro meses.// m. Período de cuatro meses.

cuba. f. Recipiente formado por duelas unidas y sujetas por aros de hierro donde se guarda aceite, vino, agua, etc./ fig. y fam. Persona que bebe mucho.

cubalibre. m. Cóctel a base de ron y un refresco de cola.

cubano, na. a. De Cuba.

cubierta. f. Lo que se pone encima de una cosa para taparla o protegerla./ Banda de caucho gruesa y resistente que rodea la cámara de aire en las llantas neumáticas de los vehículos./ Cada uno de los suelos de un barco y especialmente el primero que está a la intemperie.

cubierto, ta. p.p. irreg. de cubrir.// m. Servicio de mesa para un comensal./ Juego compuesto de cuchara, tenedor y cuchillo.

cubil. m. Lugar donde los animales, especialmente las fieras, se recogen para dormir.

cubilete. m. Vaso en forma redonda o cúbica que se emplea para jugar a los dados y otros usos.

cubismo. m. B. A. Escuela artística que se caracteriza por representar los objetos por medio de varios planos simultáneos, lo cual le da su fuerte aspecto geométrico. En ella se destacaron Picasso, Braque, Juan Gris, Petorutti, entre otros.

cubista. a. y s. Que practica el cubismo.

cubital. a. Perteneciente al codo./ Relativo al cúbito.

cúbito. m. El hueso más largo de los dos que forman el antebrazo.

cubo. m. Vasija de metal, madera, etc. en forma de cono truncado.// Resultado de multiplicar una cantidad dos veces por sí misma./ Geom. Sólido regular limitado por seis cuadrados iguales.

cubrecama. m. Sobrecama./ Colcha.

cubreobjeto. m. Lámina de cristal con que se cubren preparaciones microscópicas.

cubrir. tr. Tapar una cosa con otra. Ú.t.c.prl./ Ocultar una ⟨ sa./ fig. Juntarse el macho con la hembra para la gene ⟩ ción./ Mil. Defender a alguien o algo contra ataques ener ⟩ gos.// prl. Precaverse de cualquier riesgo o responsabilid ⟩

cucaracha. f. Insecto ortóptero nocturno y corredor que ⟩ oculta en sitios húmedos y oscuros y devora comestible ⟩ Arg. y Chile. Coche de mal aspecto.

cucha. f. R. de la P. Cubil o casilla del perro.

cuchara. f. Utensilio con mango y una parte cóncava q ⟩ sirve para llevar líquidos a la boca./ Cualquier utensilio o ⟩ esta forma.

cuchichear. i. Hablar en voz baja o al oído de otro p ⟩ que los demás no se enteren.

cuchilla. f. Instrumento con mango y una hoja grande ⟩ hierro acerado y de un solo corte./ fig. Montaña escarpa ⟩ con forma de cuchilla.// pl. Urug. Serie de lomas o pequ ⟩ ñas alturas.

cuchillada. f. Golpe de un arma cortante./ Herida que ⟩ sulta de este golpe.

cuchillo. m. Instrumento compuesto de una hoja de hie ⟩ acerado y de un solo corte y de mango de madera o pas ⟩

cuchitril. m. Pocilga./ fam. Habitación pequeña y humilde ⟩

cuclillo. m. Ave trepadora, más pequeña que la tórtol ⟩ cuyo canto se caracteriza por la repetición de la voz cu ⟩

cuco. m. Cuclillo, ave trepadora.

cucurbitáceo, a. a. Dícese de plantas dicotiledóneas ⟨ mo el melón o la calabaza, de fruto carnoso. Ú.t.c.s./ f. ⟩ Familia de estas plantas.

cuello. m. Parte que une la cabeza con el tronco./ Parte ⟩ perior y más estrecha de una vasija./ Adorno de tela o p ⟩ que se lleva en torno al pescuezo.

cuenca. f. Escudilla de madera./ Cavidad donde se halla ⟩ da uno de los ojos./ Territorio donde todas las aguas af ⟩ yen a un mismo mar, río, laguna, etc./ Territorio rodea ⟩ de alturas./ Territorio en el que se extienden las ramifi ⟩ ciones de un yacimiento mineral natural.

cuenco. m. Vaso de barro ancho y hondo y sin bord ⟩ Concavidad.

cuenta. f. Acción y efecto de contar./ Cálculo aritmétic ⟩ Papel donde están escritas varias partidas que se suman ⟩ restan./ Com. Denominación que reciben las partidas co ⟩ tables de similar naturaleza./ -corriente. Sistema en el c ⟩ se asientan en el debe las mercaderías retiradas a crédit ⟩ en el haber los pagos que se realizan a cuenta.

Cubismo. Pintura de Georges Braque, uno de sus máximos exponentes, donde se aprecian los tonos cromáticos que denotan equilibrio y sutileza de colore ⟩

cuentero, ra. a. y s. Que lleva y trae chismes./ *Arg.* Timador, estafador.

cuento. m. Relación breve hecha por escrito u oralmente de un hecho imaginario./ Cómputo./ *Lit.* Narración en prosa, generalmente de cierta brevedad y final sorpresivo.

cuerda. f. Conjunto de hilos de cáñamo o yute que, torcidos, forman un cuerpo flexible usado para atar o suspender pesos./ Hilo que se emplea en muchos instrumentos musicales para producir vibración./ Resorte que en los relojes transmite el movimiento a todo el mecanismo./ Cordel./ Línea recta que va de un punto a otro de un arco./ Cada una de las cuatro voces fundamentales: bajo, tenor, contralto y soprano.

cuerdo, da. a. y s. Que está en su juicio./ Prudente.

cuerear. tr. *Arg.* Desollar un animal para aprovechar sólo la piel./ *Arg.* fig. Hablar mal de alguien.

cueriza. f. *Amér.* Paliza.

cuerno. m. Prolongación ósea que tienen algunos animales en la región frontal./ Materia que forma la capa exterior de las astas de las reses vacunas./ Instrumento músico de viento.

cuero. m. Pellejo que cubre la carne de los animales./ Odre.

cuerpo. m. Todo lo que tiene extensión limitada e impresiona los sentidos./ Tronco del cuerpo para diferenciarlo de la cabeza y las extremidades./ Parte del vestido desde el cuello hasta las extremidades./ Conjunto de materias que abarca la obra escrita exceptuando el prólogo, el índice y los apéndices.

cuervo. m. Ave carnívora, mayor que la paloma, de plumaje negro y pico cónico y grueso.

cuesco. m. Hueso de la fruta./ fam. Pedo ruidoso.

cuesta. f. Terreno en pendiente.

cuestación. f. Petición o demanda de limosna para una finalidad benéfica.

cuestión. f. Pregunta que se hace para averiguar la verdad de una cosa discutiéndola./ Punto o materia dudosos o discutibles./ Problema.

cuestionar. tr. Discutir detenidamente sobre un punto dudoso./ fig. Altercar.

cuestionario. m. Lista de preguntas que se proponen con un fin.

cuestor. m. Magistrado romano que tenía funciones de carácter fiscal./ El que realiza la cuestación.

cueva. f. Cavidad subterránea natural o artificial de una superficie rocosa./ Sótano.

cuidado. m. Atención para hacer bien algo./ Recelo, temor.

cuidadoso, sa. a. Diligente, solícito./ Atento, vigilante.

cuidar. tr. Poner esmero en la ejecución de algo./ Conservar, guardar.

cuis. m. *Amér.* Mamífero roedor.

culta. f. Aflicción, desgracia.

cuitado, da. a. Afligido, desgraciado.

culata. f. Parte posterior de un arma de fuego./ fig. Parte posterior de algo.

culebra. f. Reptil ofidio sin pies de cuerpo largo y casi cilíndrico, cabeza aplanada y piel escamosa que se muda completamente de tiempo en tiempo.

culebrilla. f. Enfermedad cutánea, similar al herpes, que se extiende en líneas onduladas.

culebrina. f. Pieza de artillería, larga y de poco calibre.

culminar. i. Llegar algo al punto más elevado que puede alcanzar.

culo. m. Asentaderas, parte posterior del ser humano./ fig. Extremo posterior de una cosa./ fig. y fam. Resto de líquido que queda en el vaso.

culpa. f. Falta o delito cometido voluntariamente.

culpable. a. Que ha incurrido en culpa. Ú.t.c.s.// m. y f. Delincuente responsable de un delito.

culpar. tr. y prl. Imputar la culpa.

culposo, sa. a. Díc. del acto o de la omisión negligente que origina responsabilidad.

culteranismo. m. Estilo literario propio del siglo XVII, que se caracterizó por la abundancia de figuras retóricas, latinismos, antítesis, etc.

culterano, na. a. Relativo al culteranismo./ s. Que practica este estilo literario.

cultivar. tr. Hacer las labores necesarias para que fructifiquen la tierra y las plantas./ fig. Mantener y estrechar la amistad./ Desarrollar las potencias y facultades./ Ejercitar una ciencia, idioma, arte, etc./ Hacer producir en sustancias apropiadas microbios o gérmenes./ *Biol.* Por ext. cría con fines industriales de ciertos seres como ostras, mejillones, etc.

cultivo. m. Acción y efecto de cultivar./ *Biol.* Cría artificial y explotación de ciertos animales, especialmente de los inferiores.

culto, ta. a. Dícese de la tierra y las plantas cultivadas./ fig. Que tiene las cualidades propias de la cultura o instrucción.// m. Homenaje que el hombre tributa a Dios y a los bienaventurados./ Conjunto de ceremonias y actos con los que el hombre tributa tal homenaje./ Admiración y afecto por ciertas cosas.

cultura. f. Cultivo./ fig. Resultado de cultivar los conocimientos y las cualidades intelectuales mediante su ejercicio./ Conjunto de manifestaciones sociales, artísticas, religiosas, etc. de un pueblo, una sociedad o una época.

culturalismo. m. *Fil.* Teoría sociológica y antropológica estadounidense. Tiene en cuenta, sobre todo, el influjo que ejerce lo sociocultural sobre los individuos.

Cueva cubierta de estalagtitas y estalagmitas.

cumbre. f. Cima, parte más alta de un monte./ fig. La máxima elevación de una cosa o último grado a que pueda llegar.

cumplimentar. tr. Dar parabien a uno o hacerle una visita de cumplido./ *For.* Ejecutar las órdenes superiores.

cumplimiento. m. Acción y efecto de cumplir./ Cumplido, acción obsequiosa.

cumplir. tr. Realizar, ejecutar./ Llegar a la edad que se menciona.// i. Realizar uno lo que es su obligación./ Vencer un plazo, obligación o empeño.// prl. Realizarse, efectuarse.

cúmulo. m. Montón agregado de muchas cosas./ Grupo de nubes que semejan montañas nevadas con bordes brillantes.

cuna. f. Cama pequeña para criaturas./ fig. Patria./ Origen.

cundir. i. Extenderse algo hacia todas partes./ Multiplicarse, propagarse.

cuneiforme

cuneiforme. a. Que tiene forma de cuña./ *Hist.* Escritura realizada mediante signos en forma de cuña, para la representación gráfica de las lenguas sumeria y acadia. Puede haber sido creada en el sur de la Mesopotamia, desde donde se extendió a la lengua de los babilonios y asirios. Fue la base de varias culturas de Oriente medio.

cuneta. f. Zanja para desagüe./ Zanja hecha a los costados del camino para recibir las aguas de las lluvias.

cunilingu o **cunnilingus.** m. Práctica erótica que consiste en acariciar con la lengua la vulva de la mujer.

cuña. f. Pieza de metal o madera que sirve para hender cuerpos sólidos, para apretar uno con otro o para llenar un hueco./ *Amér.* Persona influyente.

cuñado, da. s. Hermano o hermana de un cónyuge con relación al otro./ Cónyuge de un hermano o hermana.

cuño. m. Troquel gmente. de acero, que se emplea para sellar las monedas, medallas, etc./ Impresión hecha con este sello.

cuota. f. Porción, parte fija y determinada./ Cantidad señalada a cada contribuyente en el reparto de una contribución.

cupo. m. Cuota que se reparte al pueblo en cualquier impuesto o servicio.

cupón. m. Cualquiera de las partes de un título de crédito que se cortan periódicamente para presentarlas al cobro de los intereses vencidos.

cúpula. f. Bóveda semiesférica o de otra forma parecida.

cura. m. Sacerdote que tiene a su cargo el cuidado e instrucción espiritual de una feligresía./ fam. Sacerdote católico.// f. Curación./ **-párroco.** El encargado de una feligresía.

curaca. m. *Amér.* Cacique, gobernador.

curación. f. Acción y efecto de curar o curarse.

curandero, ra. s. Persona que ejerce la medicina sin ser médico.

curar. i./ prl. Sanar.// tr. Aplicar al enfermo los remedios adecuados. Ú.t.c.prl./ Preparar las carnes y pescados por medio de sal, humo, etc., para que se sequen y se conserven./ Curtir pieles./ prl. fig. *R. de la P., Chile y Perú.* Emborracharse.

curare. m. Sustancia negra y amarga que se extrae de la raíz de una planta y con la que los indios americanos emponzoñan sus armas de caza o de guerra.

cúrcuma. f. Planta herbácea de cuyos rizomas se obtienen la especie homónima y colorantes para tintorería. Proviene del oeste de Asia.

cureña. f. Armazón colocada sobre ruedas, en la que se monta un cañón de artillería.

curia. f. Tribunal donde se ventilan asuntos contenciosos./ Conjunto de funcionarios judiciales.

curieterapia. f. Radioterapia.

curio. m. Elemento químico. Símb.; Cm.; n. at., 96; p. at., 246. Altamente radiactivo.

curiosear. tr./ i. Ocuparse en averiguar lo que hacen o dicen otros./ Tratar de enterarse de algo sin necesidad o con impertinencia./ Fisgonear.

curiosidad. f. Deseo de saber o averiguar algo./ Limpieza, aseo./ Cosa notable.

curioso, sa. a. Que tiene curiosidad. Ú.t.c.s./ Limpio, aseado.

currículo. m. Plan de estudios./ Relación de los cargos, títulos, datos biográficos de una persona.

currículum vitae. En latín, literalmente "carrera de la vida". Se refiere a un conjunto de datos sobre una persona: situación personal, profesional, laboral, académica, etc. Generalmente se presenta al postularse para un trabajo o cargo.

curruca. f. Pájaro insectívoro, canoro, de plumaje blanco y pardo.

curry (voz ingl.). m. Especia de la India compuesta por jengibre, azafrán, clavo, cilantro, etc. Se utiliza mucho en la cocina inglesa.

cursar. tr. Frecuentar un lugar, hacer con frecuencia algo./ Estudiar una materia en un centro de estudios./ Dar curso a una solicitud, instancia, etc.

cursi. a. fam. Que presume de fino y elegante sin serlo.

cursillo. m. Curso breve para completar la preparación de los alumnos, y probar su aptitud./ Serie breve de conferencias sobre un tema.

curso. m. Dirección o carrera./ Tiempo señalado por un establecimiento de enseñanza en cada año para el estudio./ Serie o continuación./ Evolución de algo.

cursómetro. m. *Tecn.* Aparato para medir la velocidad de los trenes.

curtir. tr. Adobar las pieles./ fig. Endurecer o tostar el sol o el aire el cutis de las personas. Ú.m.c.prl./ fig. Acostumbrar a uno a la vida dura o a las inclemencias del tiempo. Ú.t.c.prl./ *R. de la P.* Castigar azotando.

curva. f. Díc.de la línea que no es recta en ninguno de sus puntos./ Representación esquemática de las fases de un fenómeno por medio de una línea./ Tramo curvo de una carretera, camino o vía férrea.

curvatura. f. Desvío de la dirección recta, calidad de curvo.

curvilíneo, a. a. Que tiene líneas curvas./ Que se dirige en línea curva.

curvímetro. m. *Tecn.* Instrumento para medir distancias sobre un plano.

curvo, va. a. y s. Que se va apartando constantemente de la línea recta, sin formar ángulos.

cuscús. m. Mamífero marsupial australiano de pelaje claro, con manchas de color rojizo.

cúspide. f. Cima puntiaguda de los montes./ Extremo superior de algo, en forma de punta./ Punto donde convergen todos los triángulos de la pirámide o las generatrices del cono.

custodia. f. Acción de custodiar./ Persona que custodia./ *Rel.* Pieza de oro o de otro metal, en que se expone el Santísimo Sacramento.

custodiar. tr. Guardar con vigilancia.

cutáneo, a. a. Perteneciente al cutis.

cutícula. f. *Biol.* Piel o membrana.

cutina. f. Sustancia grasa, de tipo céreo, que recubre e impermeabiliza las células epidérmicas de las hojas y tallos verdes.

cutis. m. Piel que cubre el rostro de las personas.

cuyano, na. a. y s. De la región de Cuyo, Argentina.

cuyo, cuya, cuyos, cuyas. Pronombre relativo que funciona siempre como adjetivo y que, además de introducir una proposición adjetiva o de relativo tiene un valor posesivo. Relaciona el antecedente con el consecuente.

cuzco. m. Perro pequeño.

cuzma. f. *Amér.* Sayo de lana que cubre hasta los muslos, usado por algunos indígenas.

cuzqueño, ña o **cusqueño, ña.** a. y s. De Cusco, ciudad y región de Perú.

Cusqueños. Nativos de Ollantaytambo (Cusco-Perú).

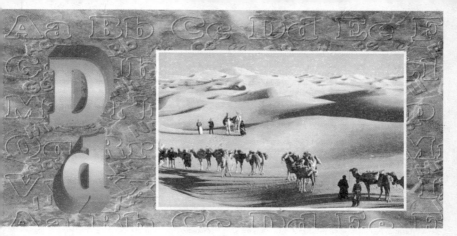

d. f. Cuarta letra del alfabeto castellano y cuarta de sus consonantes. Su nombre es *de.*/ Mat. Símb. de diferencial./ *Quím.* Símb. del deuterio.

dacita. f. *Miner.* Roca volcánica.

dacron. m. Fibra téxtil acrílica.

dactilar. a. Digital./ Relativo a los dedos.

dactiliforme. a. Arq. Aplícase a los elementos arquitectónicos que por su estructura recuerdan a la palmera.

dactiliografía. f. Descripción de las piedras preciosas grabadas.

dactilioteca. f. Colección de piedras preciosas grabadas.

dáctilo. m. Pie compuesto por tres sílabas, propio de las poesías griega y latina.

dactilografía. f. Técnica de escribir con máquina.

dactilógrafo, fa. s. Persona que practica la dactilografía.

dactiloscopía. f. Estudio de las impresiones digitales, utilizadas para la identificación de las personas.

dadaísmo. m. Movimiento artístico que se desarrolló especialmente en Europa en las décadas del veinte y del treinta. Por su arbitrariedad y su oposición a los cánones vigentes, fue un importante antecedente del surrealismo.

dadaísta. a. Perteneciente o relativo al dadaísmo.// s. El que practica el dadaísmo.

dádiva. f. Regalo, obsequio.

dadivoso, sa. a. Generoso.

dado. m. Cubo en cuyas caras hay señalados desde uno hasta seis puntos y que sirve para juegos de azar./ Pieza cúbica de metal que sirve de apoyo a tornillos, ejes, etc.

dador, ra. a. Que da.// m. Que lleva una carta de un sujeto a otro.

daga. f. Arma blanca antigua de hoja corta y con guarnición para cubrir el puño.

daguerrotipo. m. Procedimiento para fijar imágenes en placas de metal./ Aparato que se empleaba en él./ Imagen que se obtenía con este procedimiento.

dahomeyano, na. a. y s. De Dahomey.

dalia. f. Planta de la familia de las compuestas, herbácea, ramosa, con hojas pinadas, de bordes en forma de sierra y flores de gran tamaño./ Flor de esta planta.

dálmata. a. Natural de Dalmacia. Ú.t.c.s./ Perteneciente a esta región adriática./ Raza de perros de pelo corto, blanco, con manchas negras.// m. Lengua que se habló en Dalmacia.

daltónico, ca. a. Que padece daltonismo.

daltonismo. m. Defecto visual que consiste en confundir los colores o no percibir algunos de ellos.

dama. f. Mujer noble o distinguida./ Mujer pretendida de un hombre./ En palacio, cada una de las señoras que sirven a la reina, a la princesa o a las infantas./ Actriz principal./ Reina en el juego del ajedrez.// pl. Juego de mesa donde se utilizan fichas redondas sobre un tablero.

damajuana. f. Botellón grande de cuerpo abultado y cuello estrecho, cubierto generalmente de mimbre.

damasco. m. Tela fuerte de seda o lana con dibujos formados en el tejido./ Arbol rosáceo./ Fruto de este árbol.

damasquinado. p. p. de damasquinar.// m. Acción y efecto de damasquinar./ Incrustación de metales finos en el hierro o en el acero, propia de las armas.

damasquinar. tr. Hacer labores artísticas embutiendo metales finos en hierro o acero.

damero. m. Tablero del juego de damas.

damnificado, da. a. Persona a la cual se le ha ocasionado gran daño. Ú.t.c.s.

damnificar. tr. Causar daño.

danés, sa. a. Natural de Dinamarca. Ú.t.c.s./ s. Perteneciente a este país de Europa.// a. Raza de perros de gran tamaño de origen alemán.// m. Lengua hablada en Dinamarca.

dantesco, ca. a. Perteneciente o relativo a Dante Alighieri. Se aplica especialmente a situaciones o acontecimientos dramáticos, violentos, patéticos, llenos de contrastes, etc.

danza. f. Baile./ Escena o espectáculo de personas que danzan./ fig. y fam. Negocio desafortunado./ Riña, pendencia.

danzar. tr. Bailar.

danzarín, na. a. Que danza con destreza. Ú.t.c.s./ fig. y fam. Danzante, persona ligera de juicio.

danzón. m. Baile cubano./ Música de este baile.

dañar. tr./ prl. Causar perjuicio, dolor o molestia./ Maltratar una cosa. Ú.t.c.prl.

Dadaísmo. Obra pictórica realizada por Max Ernst, uno de los principales exponentes de esta corriente artística.

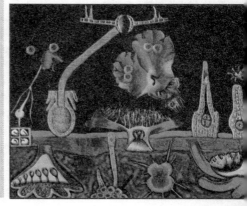

dañino, na. a. Que daña o perjudica.

daño. m. Efecto de dañar o dañarse.

dar. tr. Donar, entregar, otorgar./ Producir, dar fruto la tierra./ Sonar en el reloj las campanadas correspondientes a la hora que sea./ Conferir un empleo o cargo./ Otorgar./ Repartir las cartas en los juegos de naipes./ Hacer saber una felicitación o un pésame./ Atinar, acertar. Ú.t.c.i./ fig. incurrir, caer./ Presentir, presagiar.// prl. Rendirse, ceder./ Suceder, existir.

dardo. m. Lanza pequeña arrojadiza./ Dicho agresivo.

dársena. f. Cada una de las partes de un puerto situadas entre dos muelles, que permite descargar y cargar embarcaciones.

darwinismo. m. Teoría biológica expuesta por Charles Darwin. Trata de explicar el origen de las especies vivientes por la transformación de unas en otras, en virtud de una selección inconsciente debido a la lucha por la existencia./ **-social.** Aplicación de las teorías de Darwin, especialmente la de la selección natural de las especies, a la vida social de los seres humanos.

darwinista. a. Perteneciente o relativo al darwinismo.// s. Que profesa el darwinismo.

dasimetría. f. Fís. Medición de la densidad del aire que se realiza en las diferentes capas de la atmósfera.

dasonomía. f. Ciencia que trata de la cría, conservación y aprovechamiento de los montes.

data. f. Indicación de la fecha y el lugar en que se hace o sucede una cosa y singularmente la que se pone al comienzo o final de una carta u otro documento./ Partida o partidas de una cuenta que forman el descargo de lo recibido./ **-entry** (voz ingl.). Operador que ingresa datos a una computadora.

datar. tr. Poner data.

dátil. m. Fruto comestible de la palmera.

dato. m. Información, antecedente necesario para llegar al conocimiento exacto de una cosa.

dawsonita. f. Miner. Carbonato natural hidratado de alúmina y cal.

DBASE. Comp. Paquete unificado de programas informáticos que permite operar de manera combinada una base de datos, una planilla de cálculos y un procesador de textos.

deambular. i. Caminar sin dirección determinada.

deán. m. El que hace de cabeza del cabildo, después del prelado, en las iglesias catedrales.

debajo. adv. En lugar o puesto inferior. Pide la prep. de cuando antecede a un sustantivo./ fig. Con sujeción o sumisión.

debate. m. Controversia sobre una cosa entre dos o más personas.

debatir. tr. Discutir, disputar sobre una cosa./ Combatir.// prl. Gal. por sacudirse, forcejear.

debe. m. Com. Parte de la cuenta corriente en la que se cargan las cantidades al titular de la cuenta.

deber. m. Aquello que está obligado el hombre por preceptos religiosos o por leyes naturales o positivas./ Deuda.// tr./ prl. Estar obligado a algo./ Ser consecuencia de./ Amér. Tarea que el maestro señala a los alumnos para que realicen en sus casas.

débil. a. De poca fuerza o resistencia, de escaso vigor. Ú.t.c.s./ fig. Que cede fácilmente./ Escaso, deficiente.

debilidad. f. Falta de vigor o fuerza física./ fig. Carencia de energía./ Gal. por afecto, cariño.

debilitar. tr./ prl. Disminuir la fuerza, la resistencia o el vigor.

débitar. tr. Com. Anotar un registro en el debe de una cuenta.

débito. m. Deuda./ Acción y efecto de debitar.

debut (voz francesa). m. Estreno de un espectáculo, presentación de un escritor./ Presentación de una señorita en sociedad.

debutante. a. y s. Que debuta.

debutar. i. Gal. por estrenarse, presentarse por vez primera ante el público un artista, un escritor.

década. f. Serie de diez./ Período de diez días o diez años.

decadencia. f. Principio de debilidad o ruina.

decadente. p. act. de decaer. Que decae.// a. y s. Que se halla en estado de decadencia.

decadentismo. m. Lit. Movimiento literario característico de finales del siglo XIX. Tendía a un refinamiento deliberadamente excesivo en el uso de palabras y conceptos.

decadentista. a. Perteneciente o relativo al decadentismo.// s. El que practica el decadentismo.

decaedro. m. Poliedro de diez caras.

decaer. i. Ir a menos, perder una persona o cosa parte de sus condiciones, importancia o valor.

decágono, na. a./m. Aplícase al polígono de diez lados.

decagramo. m. Unidad de peso que equivale a diez gramos.

decaído, da. a. Que está en decadencia./ Deprimido o abatido.

decalitro. m. Medida de capacidad que tiene diez litros.

decálogo. m. Conjunto de diez preceptos o recomendaciones./ Los diez mandamientos de la ley de Dios.

decámetro. m. Medida de longitud que tiene diez metros.

decanato. m. Dignidad de decano./ Despacho destinado al decano para el desempeño de su cargo.

decano. m. El más antiguo de un cuerpo o comunidad./ Aquel que preside una corporación o facultad universitaria.

decantar. tr. Propalar, ponderar./ Inclinar suavemente una vasija sobre otra para que caiga el líquido contenido en la primera sin que salga el peso o sedimento.

decapitar. tr. Cortar la cabeza.

decápodo. a. Zool. Apl. a moluscos cefalópodos y crustáceos que tienen diez patas como el cangrejo.// m. pl. Zool. Subdivisión de esta clase de animales.

decárea. f. Medida de superficie que tiene diez áreas.

decasílabo, ba. a. De diez sílabas.// m. Verso de diez sílabas.

decathlon o **decatlón.** m. Competición atlética que consta de diez pruebas, que se disputan modernamente, a imitación de las olimpíadas griegas.

decena. f. Conjunto de diez unidades.

decencia. f. Aseo y compostura correspondiente a cada persona o cosa./ Recato, modestia./ Honestidad./ fig. Dignidad de actos y palabras.

decenio. m. Período de diez años.

decente. a. Honesto, justo./ Digno./ De buena calidad./ Que obra dignamente.

decepción. f. Engaño./ Pesar causado por un desengaño.

decepcionar. tr. Desilusionar, desengañar. Ú.t.c.prl.

deceso. m. Muerte natural o civil. Ú. en América.

dechado. m. Muestra para imitar./ fig. Modelo de virtudes o vicios.

Dársena. Vista nocturna de la misma en el puerto de Hong Kong.

cibelio. m. *Fís.* Unidad para medir la intensidad de los sonidos que equivale a la mínima diferencia que el oído puede percibir.

cidir. tr. Formar juicio sobre algo dudoso./ Resolver, tomar una determinación. Ú.t.c.prl./ Mover a uno la voluntad para que tome una determinación.

cigramo. m. Décima parte de un gramo.

cilitro. m. Medida de capacidad que equivale a la décima parte de un litro.

cima. f. Cada una de las diez partes iguales en que se divide un todo./ Combinación métrica de diez versos octosílabos, de los cuales, por regla general, rima el primero con el cuarto y el quinto; el segundo con el tercero; el sexto con el séptimo y el último y el octavo con el noveno./ Décima parte de un grado en un termómetro clínico.

cimal. a. Cada una de las diez partes iguales en que se divide una cantidad./ *Mat.* Dícese del sistema métrico cuyas unidades son múltiplos y divisores de 10./ Aplícase al sistema cuya base es 10.

címetro. m. Medida de longitud que equivale a la décima parte de un metro./ **-cuadrado.** Medida de superficie de un decímetro de lado./ **-cúbico.** Medida de volumen expresada por un cubo cuya arista mide un decímetro.

cimo, ma. a. Que sigue inmediatamente en orden al noveno./ a.y s. Cada una de las diez partes iguales en que se divide un todo.// m. Cada una de las diez partes en que se divide un bilete de lotería.

cimoctavo, va. a. Que sigue en orden al décimoséptimo.

cimocuarto, ta. a. Que sigue en orden al décimotercero o décimotercio.

cimonono, na. a. Que sigue en orden al décimoctavo.

cimonoveno, na. a. Décimonono.

cimoquinto, ta. a. Que sigue en orden al décimocuarto.

cimoséptimo, ma. a. Que sigue en orden al décimosexto.

cimosexto, ta. a. Que sigue en orden al décimoquinto.

cimotercero, ra. a. Que sigue en orden al duodécimo.

cir. tr. Manifestar con palabras o por escrito el pensamiento. Ú.t.cprl./ Asegurar, opinar./ Nombrar, llamar./ fig. Denotar, dar muestras de algo.// m. dicho, palabra./ Sentencia que expresa el pensamiento de un autor. Ú.m. en pl.

cisión. f. Resolución ante algo dudoso./ Firmeza de carácter.

cisivo, va. a. Que decide o resuelve.

clamar. i. Hablar en público.// tr. Recitar con la entonación, los gestos y ademanes adecuados la prosa o el verso.

claración. f. Acción y efecto de declarar./ Manifestación o explicación de lo dudoso o ignorado./ Manifestación del ánimo o de la intención./ Deposición que bajo juramento hace el testigo o perito, y la que hace el reo sin aquel requisito.

clarar. tr. Manifestar o explicar lo que no se entiende con claridad.// i. Manifestar algo un testigo en un juicio.// prl. expresar un afecto, dar a conocer sus sentimientos.

clinar. i. Inclinarse hacia abajo o hacia un lado u otro./ fig. Decaer, menguar, ir perdiendo en salud, inteligencia, etc./ Renunciar.// tr. *Gram.* Poner las palabras declinables en los casos gramaticales.

clinatoria. f. *Der.* Petición a un juez para que decline su fuero y dé lugar a un juez competente.

clinómetro. m. Brújula que sirve para medir la declinación magnética.

clive. m. Pendiente, cuesta o inclinación del terreno o de la superficie de otra cosa.

codificación. f. Acción y efecto de decodificar.

codificador, ra. a. y s. El que decodifica.

codificar. tr. En informática, pasar de un lenguaje codificado a otro para que pueda leerse directamente./ *Ling.* Comprender un mensaje codificado, o traducirlo a otro más fácilmente comprensible.

Declive del terreno que forma de terrazas y es utilizado desde tiempos remotos para el cultivo.

decolorar. tr. Quitar el color. Ú.t.c.prl.

decomisar. tr. Declarar caída en decomiso una cosa.

decomiso. m. *Der.* Pena impuesta al que comercia cosas prohibidas y que consiste en retirarle la mercadería./ Cosa decomisada.

decoración. f. Acción y efecto de decorar o adornar./ Cosa que decora./ Conjunto de telones, bambalinas, etc., con que se representa un lugar en el teatro.

decorar. tr. Adornar, hermosear un sitio o una cosa./ Condecorar. Ú.m. en poesía./ Aprender de memoria una lección o una cosa./ Recitar de memoria.

decoro. m. Respeto que se debe a una persona./ Circunspección, gravedad./ Recato, honestidad./ Estimación, honra.

decrecer. i. Disminuir, menguar.

decrépito, ta. a. Dícese de la edad avanzada y de la persona que tiene sus facultades disminuidas por su vejez. Ú.t.c.s./ a. Apl. a las cosas que se encuentran en decadencia.

decretar. tr. Decidir la persona que tiene autoridad o facultades para ello./ Determinar el juez.

decreto. m. Resolución del Poder Ejecutivo, de un tribunal o juez sobre cualquier materia o negocio.

decúbito. m. Posición que toman las personas o animales cuando se echan en el suelo o en la cama.

dedada. f. Porción, que se puede tomar con el dedo, de algo que no es del todo líquido.

dedal. m. Utensilio hueco y casi cónico que se pone en la punta del dedo, que se utiliza para empujar la aguja sin riesgo de herirse mientras se cose./ Dedil.

dédalo. m. Laberinto./ Lugar confuso y enmarañado.

dedicación. f. Acción o efecto de dedicar.

dedicar. tr. Consagrar una cosa al culto religioso o destinarla a un fin específico./ Dirigir a una persona una cosa como obsequio y homenaje.// tr./ prl. Destinar, aplicar.

dedicatoria. f. Carta o nota dirigida a la persona a quien se dedica una obra.

dedil. m. Funda que se coloca en los dedos para que no se hieran.

dedo. m. Cada uno de los apéndices en que termina la mano y el pie del hombre, y en igual o menor número en muchos animales./ Medida de longitud, duodécima parte del palmo (unos 18 milímetros)./ Porción pequeña de una cosa.

deducción. f. Acción y efecto de deducir./ Derivación.

deducir. tr. Sacar consecuencias de un supuesto./ Inferir./ Rebajar, restar./ Alegar.

defecar. tr./ i. Expeler los excrementos.// tr. Quitar las heces o impurezas.

defección. f. Acción de separarse uno o más individuos de la causa a la que pertenecían.

defectivo, va. a. Defectuoso./ *Gram.* Verbo cuya conjugación no es completa. Ú.t.c.s.

defecto. m. Carencia o falta de cualidades propias de una cosa o persona./ Imperfección moral o física.

defectuoso, sa. a. Imperfecto, falto.
defender. tr./ prl. Amparar, proteger./ Pelear contra los que atacan a uno./ Sostener algo contra la opinión ajena./ Vedar, prohibir./ Alegar en favor de otro.
defenestrar. tr. Arrojar a alguien por una ventana./ Destituir.
defensa. f. Acción y efecto de defender o defenderse./ Arma con que uno se defiende./ Protección, amparo./ Obra de fortificación para proteger el lugar. Ú.m. en pl./ Razón que se alega en juicio con la del demandante./ Abogado defensor.
defensor, ra. a. Que defiende o protege.// m. Persona que en un juicio está encargada de una defensa.
deferencia. f. Adhesión al dictamen ajeno por respeto./ fig. Muestra de respeto o cortesía.
deficiencia. f. Defecto o imperfección./ Escasez o falta de algo.
déficit. m. Diferencia entre los gastos y las ganancias cuando éstos son menores que aquéllos./ En la administración pública, parte que falta para levantar las cargas del estado, reunidas todas las cantidades a cubrirlas.
definición. f. Acción y efecto de definir./ Proposición que expone con claridad y justeza las características genéricas de una cosa./ Decisión de una duda o contienda por autoridad competente./ Declaración de cada uno de los vocablos que contiene un diccionario.
definir. tr. Fijar con claridad el significado de una palabra o la naturaleza de una cosa./ Decidir, resolver una cosa dudosa.
definitivo, va. a. Díc. de lo que decide, resuelve o concluye.
deflación. f. *Econ.* Exceso de la oferta sobre la demanda, que provoca una disminución de los precios, y un aumento del valor del dinero, es decir, el fenómeno inverso a la inflación.
deflacionario, ria. a. Perteneciente o relativo a la deflación./ Que produce deflación, o contribuye a ella.
deflexión. f. *Fís.* Desviación que un móvil cualquiera sufre en su trayectoria por una causa extraña.
deforestación. f. Acción y efecto de deforestar.
deforestar. tr. Eliminar las plantas forestales de un terreno.
deformar. tr./ prl. Alterar la forma de algo./ fig. Tergiversar.
deforme. a. De forma irregular o desproporcionado./ Que ha sufrido deformación.
deformidad. f. Calidad de deforme./ Cosa deforme./ fig. Error grosero.
defraudar. tr. Privar a uno de lo que corresponde con abuso de confianza o infidelidad./ Burlar el pago de impuestos o contribuciones./ fig. Dejar sin efecto una cosa en que se confiaba./ Turbar, embarazar, quitar.
defunción. m. Muerte.
degenerar. i. Decaer algo a una calidad inferior a la original.
deglutir. i./ tr. Tragar los alimentos.
degollar. tr. Cortar la garganta o el cuello a una persona o a un animal./ Escotar el cuello de los vestidos./ fig. Destruir, arruinar./ Representar muy mal los actores una obra teatral.
degradar. tr. Privar a alguien de sus honores, dignidades y privilegios./ Humillar, rebajar. Ú.t.c.prl./ *Quím.* Transformar una sustancia compleja en otra de constitución más sencilla.
degüello. m. Acción de degollar.
degustar. tr. Probar alimentos o bebidas.
dehiscente. a. *Bot.* Aplícase al pericarpio que se abre naturalmente para que salga la semilla.

deicida. a. Aplícase a los que mataron a Jesucristo, o c tribuyeron con su muerte. Ú.t.c.s.
deicidio. m. Acción de matar a un dios. Por autonoma el asesinato de Jesucristo.
deíctico, ca. a. y s. *Ling.* Elemento lingüístico (palabr construcción) que pertenece al enunciado y remite al c texto de enunciación (persona, tiempo o espacio).
deidad. f. Ser divino o esencia divina./ Cada uno de los sos dioses de los gentiles.
dejado, da. a. Negligente en su aseo./ Caído de ánimo
dejar. tr. Soltar una cosa, retirarse o alejarse de ella./ O tir./ No impedir./ Abandonar./ Encargar, encomendar./ una cosa a otro el que testa o se ausenta./ No continua empezado. // prl. Descuidarse de sí mismo.
dejo. m. Acción de dejar./ Modo particular de pronun ción y entonación de la voz que demuestra emoción que habla./ Acento peculiar del habla de determinada gión./ Sabor que queda en la comida o bebida./ fig. Pla o disgusto que queda después de un acto.
del. Contracción de la preposición **de** y el art. **el**.
delación. f. Acusación, denuncia.
delantal. m. Prenda que protege la parte delantera de vestido./ Mandil./ Prenda exterior que cubre desde el c llo hasta la rodilla para proteger la ropa en la escuela, bajo, etc.
delante. adv. En la parte anterior./ Enfrente./ A la vista, presencia.
delatar. tr. Denunciar a la autoridad al autor de un delito ra que sea castigado./ Manifestar algo oculto y reprochal
delator, ra. a. Denunciante, acusador. Ú.t.c.s.
deleble. a. Que puede borrarse fácilmente.
delegación. f. Acción y efecto de delegar./ Cargo de de gado./ Oficina del delegado./ Conjunto o reunión de de gados.
delegado, da. a y s. Persona en quien se delega una ta o cargo.
delegar. tr. Hacer que una persona lo represente o actúe su lugar.
deleitar. tr./ prl. Producir deleite.
deleite. m. Placer del ánimo./ Placer sensual.
deletéreo. a. Mortífero, venenoso.
deletrear. i. Pronunciar separadamente las letras de c sílaba y luego la palabra entera.
deleznable. a. Fácilmente rompible./ Resbaladizo./ fig. co durable, poco fuerte./ Mezquino, vil.
delfín. m. Mamífero cetáceo de unos dos metros de lar de lomo negro y vientre blanquecino, cabeza grande, c pequeños, boca amplia, hocico delgado y agudo, y una la abertura nasal por la que arroja el agua que traga.
delfinario. m. Edificio donde se exhiben delfines vivos.
delgado, da. a. Flaco./ De poco espesor./ Delicado, sua
deliberación. f. Acción y efecto de deliberar.
deliberante. p. act. de **deliberar.**/ a. Dícese de la junt concejo cuyas resoluciones tienen validez ejecutiva.
deliberar. i. Analizar y disc un asunto.// tr. Resolver e premeditación.
delicado, da. a. Fino, ater tierno./ Débil, enfermizo./ Fá mente rompible o estropeab Agraciado, bien parecido./ broso./ Difícil, sujeto a con gencias./ Suspicaz, fácil de E darse./ Que obra con escrúp o miramiento.
delicia. f. Placer muy intens Lo que causa ese placer.
delictivo, va. a. Pertenecient relativo al delito.
delimitar. tr. Fijar con precis los límites de una cosa.

Delfín. Ejemplar mamífero, muy sociable.

Deforestación. La tala indiscriminada de árboles forestales afecta el medio ambiente y ocasiona desequilibrios ecológicos de magnitud.

lincuente. m. y f. Que delinque.

linear. tr. Trazar las líneas de una figura o plano./ fig. Exponer los rasgos principales de algo.

linquir. i. Cometer delito.

lirar. i. Tener turbada la razón./ fig. Decir o hacer disparates.

lirio. m. Acción y efecto de delirar./ Desorden de la razón o de la fantasía./ fig. Disparate.

ltescencia. f. Cese súbito de una afección local.

lto. m. Acción voluntariosa castigada por la ley./ Crimen.

ta. f. Letra del alfabeto griego.// m. *Geog.* Conjunto de las que se forman en las desembocaduras de algunos ríos como producto de la deposición aluvional de éstos. Normalmente el río se divide en varios brazos o canales.

macrar. prl. Perder carnes./ Enflaquecer por causa física o moral.

magogia. f. Poder tiránico ejercido por la plebe./ Actitud política oportunista del que ofrece soluciones irreales y engañosas al pueblo con el fin de dominarlo.

manda. f. Petición, pedido./ Pregunta./ Busca, acción de buscar./ Empresa o propósito./ Pedido de mercaderías./ Der. Petición que un litigante mantiene en un juicio./ Escrito en que se ejercitan en juicio una o más acciones./ *Econ.* Cantidad de bienes y servicios que los consumidores requieren del mercado./ **-agregada.** *Econ.* Aumento de la demanda que se produce entre dos ciclos económicos consecutivos.

mandar. tr. Pedir, rogar./ Apetecer, desear./ Preguntar./ Entablar demanda.

narcación. f. Acción y efecto de demarcar./ Terreno demarcado./ División territorial.

narcar. tr. Señalar los límites de un terreno./ Marcar.

nás. a. Precedido de los artículos *lo, la, los, las*: lo otro, lo otra, los otros, las otras, las o los restantes.// adv. Además.

nasía. f. Exceso./ Atrevimiento, insolencia./ Maldad, delito.

nasiado, da. a. Que tiene demasía.// adv. En demasía.

nente. a. Loco, falto de juicio.

nérito. m. Falta de mérito./ *Der.* Acción por la cual alguien es desmerecido.

niúrgico, ca. a. Perteneciente o relativo al demiurgo.

niurgo. m. Según la filosofía platónica, Dios creador del niverso.

nocracia. f. Sistema de gobierno en que el poder pertenece al pueblo, el cual lo ejerce directamente o por medio de sus representantes./ Nación gobernada de esta manera.

nócrata. s. El que profesa la democracia, o es partidario de ella.

nocrático, ca. a. Pert. o rel. a la democracia.

nocratizar. tr./ prnl. Hacer demócratas a las personas, democráticas las cosas (instituciones, sociedades, etc.).

demografía. f. Estudio estadístico de un grupo humano, de acuerdo con la profesión, edad, etc.

demoler. tr. Deshacer, derribar, arruinar, degradar.

demonio. m. Diablo./ Espíritu maligno.

demora. f. Tardanza, dilación.

demorar. tr. Retardar.// i. Detenerse en un sitio.

demostración. f. Acción y efecto de demostrar./ Señalamiento, manifestación./ Comprobación de una teoría.

demostrar. tr. Manifestar, declarar./ Probar./ Enseñar.

demostrativo, va. a. Dícese de lo que demuestra.// a. y s. *Gram.* Adjetivo que determina al nombre./ Pronombre que sustituye al nombre.

demudar. tr. Mudar, variar./ Disfrazar.// prl. Cambiarse repentinamente el color, o la expresión del semblante./ Alterarse.

denario, ria. a. Que se refiere al número diez o lo contiene.// m. Antigua moneda romana.

dendrología. f. Parte de la botánica que estudia los árboles.

denegar. tr. No conceder lo pedido o solicitado.

denigrar. tr. Desacreditar./ Injuriar.

denominación. f. Nombre, título, o sobrenombre que se usa para distinguir las personas, animales y cosas.

denominador, ra. a. Que denomina.// m. *Mat.* Número que en los quebrados indica la cantidad de partes en que se divide una unidad. Se coloca debajo del numerador, separado de él por una raya horizontal.

denominar. tr. Nombrar, señalar o distinguir con un nombre particular a cosas o personas. Ú.t.c.prl.

denostar. tr. Injuriar gravemente, inflamar de palabra.

denotación. f. Acción y efecto de denotar.

denotar. tr. Indicar, anunciar, significar.

denotativo, va. a. Que denota.

densidad. f. Calidad de denso./ *Fís.* Relación entre la masa y el volumen de un cuerpo./ **-de población.** *Geog.* Número de habitantes por unidad de superficie.

denso, sa. a. Compacto, apretado./ Espeso./ Apiñado./ Oscuro.

densógrafo. m. Aparato que sirve para medir el ennegrecimiento de las placas fotográficas.

dentado, da. a. Que tiene dientes o puntas parecidas a ellos.

dentadura. f. Conjunto de dientes, muelas y colmillos que tiene en la boca una persona o animal.

dental. a. Relativo a los dientes./ Dícese de la letra cuya pronunciación requiere que la lengua toque los dientes.// m. Palo donde encaja la reja del arado.

dentellada. f. Acción de mover la quijada con fuerza sin mascar cosa alguna./ Acción de clavar los dientes./ Herida que dejan los dientes en la parte donde muerden.

dentera. f. Sensación desagradable experimentada en dientes y encías al comer sustancias agrias, oír ciertos ruidos o tocar determinados cuerpos./ fig. y fam. Envidia./ Ansia, anhelo.

dentición. f. Tiempo en que salen los dientes./ Clase y número de dientes propios de una especie animal.

denticular. a. De figura de diente.

dentificación. f. *Fisiol.* Generación de la sustancia propia de los dientes o dentina.

dentífrico. a./ m. Pasta o polvo que se utiliza para la limpieza de los dientes.

dentilingual. a. Rel. a los dientes y la lengua.

dentina. f. Sustancia dura que forma la capa más interna de los diferentes vertebrados./ Marfil de los dientes.

dentista. a./ m. y f. Médico especialista en enfermedades dentales.

dentro. adv. En la parte interior de un espacio o término real o imaginado.

dentudo, da. a. Que tiene dientes muy grandes.

denuedo. m. Esfuerzo, osadía, valor.

denuesto. m. Injuria grave oral o escrita.

denuncia. f. Acción y efecto de denunciar./ Comunicación oral o escrita a la autoridad competente en que se le informa que se ha cometido un delito./ Documento en que consta la noticia.

denunciar

denunciar. tr. Noticiar, avisar./ Declarar oficialmente el estado ilegal o irregular de una cosa./ Delatar./ Pronosticar./ Promulgar.

deparar. tr. Proporcionar./ Presentar.

departamento. m. Cada una de las partes en que se divide un territorio, un edificio, un vehículo, una caja, etc./ División administrativa mayor de varios países./ Ministerio o ramo de la administración pública./ *Arg.* Ministerio./ Vivienda en propiedad horizontal.

departir. i. Hablar, conversar.

depauperación. f. Acción y efecto de depauperar./ *Med.* Debilitación del organismo.

depauperar. tr. Empobrecer./ *Med.* Debilitar, extenuar. Ú. t. c. prl.

dependencia. f. Subordinación./ Oficina dependiente de otra./ Espacio dedicado a los servicios de una casa./ / pl. Cosas accesorias a otra principal.

depender. i. Estar subordinado a una persona o cosa./ Necesitar el auxilio o protección de alguien./ Vivir de la protección de uno o tener un solo recurso.

dependiente, ta. a. y s. Empleado que atiende a los clientes en las tiendas.// m. El que atiende a otro o es subalterno de él.

depilar. tr./ prl. Quitar el pelo o el vello por procedimientos mecánicos o sustancias apropiadas.

deplorar. tr. Sentir profundamente un suceso.

deponer. tr. Dejar, separar, apartar de sí./ Privar de cargo, empleo o dignidad./ Atestiguar./ Declarar ante una autoridad judicial.// i. Evacuar el vientre.

deportar. tr. Desterrar a alguien a la autoridad judicial a un punto determinado.

deporte. m. Pasatiempo, diversión, ejercicio físico generalmente al aire libre./ Ejercicio físico sujeto a ciertas reglas y que forma parte de una competición pública.

deportista. a. y s. Persona aficionada a los deportes./ Que se ajusta a las normas en la práctica del deporte.

deposición. f. *Der.* Exposición o declaración verbal ante un juez o tribunal./ Privación de cargo, honores o empleo./ Evacuación de vientre./ *For.* Declaración verbal.

depositar. tr. Poner bienes o cosas de valor bajo la custodia de persona o institución./ Entregar, confiar a alguien una cosa./ Colocar una cosa en un lugar determinado./ Sedimentar.

depósito. m. Acción y efecto de depositar./ Cosa depositada./ Lugar donde se deposita./ Sedimento.

depravar. tr./ prl. Viciar, corromper.

depreciación. f. Disminución del valor o precio de una cosa.

depreciar. tr. Rebajar el valor o precio de una cosa.

depredación. f. Pillaje, robo o saqueo con violencia./ Malversación o exacción abusiva./ *Ecol.* Acción de depredar.

depredador, ra. a. *Ecol.* Dícese de los individuos que cazan para alimentarse de su presa. Ú.t.c.s.

depredar. tr. Robar, saquear con violencia y destrozo./ *Ecol.* Cazar un animal a otro para alimentarse de él.

depresión. f. Acción y efecto de deprimir o deprimirse./ Abatimiento del ánimo o de la voluntad./ *Geog.* Zona hundida de la corteza terrestre./ Centro de baja presión o ciclónico./ *Econ.* Período de baja actividad económica, de desempleo masivo, decreciente uso de recursos, etc.

deprimido, da. a. Que padece depresión./ Aplanado.

deprimir. tr. Disminuir el volumen de un cuerpo por medio de la presión./ Hundir alguna parte de un cuerpo./ Producir decaimiento de ánimo. Ú.t.c.prl./ fig. Humillar, rebajar.// prl. Reducirse el volumen de un cuerpo o cambiar de forma a consecuencia de un hundimiento parcial.

deprisa. adv. Con prontitud, con rapidez.

depuración. f. Acción y efecto de depurar o depurarse.

depurado, da. p. p. de **depurar.**// a. Pulido, elaborado cuidadosamente.

depurador, ra. a. Que depura. Ú. t. c. s.// f. Aparato, conjunto de aparatos o procedimientos para depurar o limpiar algo, especialmente las aguas.

depurar. tr. Limpiar, purificar. Ú.t.c.prl.

Depredador. Tigre asiático de poderosa musculatura [ ] gran desarrollo de sus caninos, que se alimenta con[ ] voracidad de los animales que caza.

depurativo, va. a. *Farm.* Aplícase al medicamento que rifica los humores, especialmente la sangre. Ú. t. c. s.

derecha. f. Mano derecha./ Ideología política conserva[ ]ra.

derecho, cha. a. Recto, no torcido./ Erguido, no encor[ ]do./ Justo, razonable.// m. Facultad natural del hombre [ ]ra hacer con legitimidad lo que conduce a los fines de[ ]vida./ Facultad de hacer o exigir todo lo que las leyes [ ]permiten./ Acción que se tiene sobre una persona o cos[ ]justicia, razón./ Conjunto de principios y reglas a los [ ]están sujetas las relaciones humanas en las sociedades[ ]viles y cuya observancia puede ser obligada por la fu[ ]za./ Privilegio, excepción./ Facultad que abarca el estu[ ]del derecho en sus diversos órdenes./ Cara de una te[ ]madera, etc. que ha de quedar a la vista y presenta [ ]mejor terminación./ Lo que se paga por introducir mer[ ]derías o por otro hecho señalado por las leyes.// adv. [ ]Por el camino recto.

deriva. f. Desvío de la nave de su verdadero rumbo [ ]efecto del viento o de la corriente.

derivación. f. Descendencia, deducción./ Acción de sa[ ]una parte del todo./ Formación de una palabra por agre[ ]do y modificación de otra, llamada primitiva./ Pérdida [ ]fluido, que se origina en una línea eléctrica.

derivada. f. *Mat.* Límite al que tiende la razón entre el [ ]cremento de la función y el correspondiente a la varia[ ]cuando este último tiende a cero.

derivado, da. a. Que se origina de otra cosa.// a./ *Gram.* Palabra formada por derivación.// m. *Quím.* Díc[ ]del producto que es obtenido de otro.

derivar. i./ prl. Traer su origen de alguna cosa./ Desvia[ ]una embarcación de su rumbo.// tr. Encaminar hacia o[ ]parte./ *Gram.* Deducir una palabra de una raíz o bas[ ]*Mat.* Obtener la derivada de una función.

dermalgia. f. *Med.* Dolor nervioso de la piel.

dermatoesqueleto. m. *Zool.* Piel o parte de ella engro[ ]da y muy endurecida por la acumulación de materias c[ ]tinosas o calcáreas en la epidermis, en forma de concha[ ]caparazones, como en los moluscos y artrópodos, o [ ]haberse producido piezas calcificadas u osificadas cor[ ]las escamas en los peces.

dermatología. f. Estudio de las enfermedades de la pi[ ]

dermis. f. *Anat.* Capa intermedia de la piel, entre la epic[ ]mis y la hipodermis.

derogación. f. Abolición, anulación.

derogar. tr. Abolir, anular una cosa establecida como le[ ]costumbre./ Destruir, reformar.

derrabar. tr. Cortar el rabo a un animal.

derrabe. m. Derrumbamiento en una mina.

erramar. tr./ prl. Verter líquidos./ Extenderse una noticia./ Repartir, prorratear./ Desaguar un río, arroyo, curso de agua.

errame. m. Acción y efecto de derramar./ *Med.* Acumulación anormal de líquido en una cavidad.

errapar. i. Patinar un vehículo desviándose lateralmente de la dirección que llevaba.

erredor. m. Circuito o contorno de una cosa./ **-en derredor.** m. adv. En contorno.

erretir. tr./ prl. Disolverse por medio del calor una cosa sólida, congelada o pastosa./ fig. Consumir, gastar.// prl. fig. Enardecerse en el amor./ fig. y fam. Estar muy impaciente e inquieto.

erribar. tr. Arruinar, demoler casas, muros, etc./ Trastornar./ fig. Hacer perder a alguien la autoridad./ Humillar.

errocar. tr. Despeñar, precipitar desde una peña o roca./ Derribar, arrojar a una persona, grupo, cuerpo, del estado o posición que tienen.

errochar. tr. Malgastar los bienes. Despilfarrar.

errota. f. Camino o senda de tierra./ Resultado desfavorable de una batalla, competición deportiva, elección./ Vencimiento total del enemigo.

errotar. tr. Vencer al ejército, bando o equipo contrario.

errotero. m. Rumbo que sigue un barco./ fig. Camino que se elige para lograr un fin.

erruir. tr. Derribar, destruir, arruinar un edificio./ fig. Minar, socavar.// prl. Arruinarse.

errumbar. tr. Precipitar, despeñar.// prl. Desmoronarse.

errumbe. m. Hundimiento de una mina o cualquier tipo de construcción.

erviche. m. Monje entre los mahometanos.

esabastecer. tr. Dejar de surtir a una persona o a un pueblo de alimentos o provisiones de necesidad básica.

esabotonar. tr. Sacar los botones de los ojales. Ú.t.c.prl.// i. Abrirse las flores al salir sus pétalos de los capullos.

esabrido, da. a. Que carece de sabor o que tiene poco./ Dícese del tiempo destemplado./ fig. Áspero en el trato.

esabrigado, da. a. Desamparado, sin abrigo, apoyo o ayuda.

esabrigar. tr. Descubrir, desarropar, quitar el abrigo. Ú.t.c.prl.

esabrochar. tr. Desasir los broches, botones u otra cosa con que se ajusta la ropa. Ú.t.c.prl.

esacatar. tr. Faltar al respeto que se debe a una persona. Ú.t.c.prl.

esacato. m. Irreverencia, falta de respeto a la autoridad, a un superior o a cosas sagradas.

esacelerar. tr. Retardar, retrasar./ Disminuir la velocidad.

esacertar. i. No tener acierto, errar.

esacobardar. tr. Alentar, quitar la cobardía o miedo.

esacomodar. tr. Privar de la comodidad./ Quitar la conveniencia, empleo u ocupación. Ú.t.c.prl.

esaconsejar. tr. Persuadir a uno de lo contrario de lo que tiene resuelto.

esacordar. tr. Destemplar un instrumento o templarlo de modo que esté más alto o más bajo que el que da el tono. También se aplica a las voces.// prl. Olvidarse.

esacorde. a. Que no concuerda con otra cosa.

esacorralar. tr. Sacar el ganado de los corrales.

esacostumbrar. tr. Hacer perder o dejar el uso y costumbre que se tiene. Ú.t.c.prl.

esacreditar. tr. Disminuir o quitar la reputación de una persona, o el valor y la estimación de una cosa.

esactivar. tr. Eliminar la actividad propia de una sustancia o un artefacto.

esacuerdo. m. Discordia o disconformidad en los dictámenes o acciones./ Yerro./ Olvido.

esafecto, ta. a. Que no siente estima por una cosa o muestra indiferencia./ Contrario, opuesto.// m. Malquerencia.

esaferencia. f. *Fisiol.* Eliminación o interrupción de la transmisión de los impulsos nerviosos desde una parte del sistema nervioso que, con respecto a ella, es considerada central, por destrucción de las vías aferentes por sustancias químicas.

desaferrar. tr. Soltar lo que está aferrado. Ú.t.c.prl./ fig. Apartar a alguien de la opinión o capricho que defiende tenazmente.

desafiar. tr. Retar, provocar a combate, batalla o pelea./ Competir./ fig. Oponerse una cosa a otra.

desafilar. tr./ prl. Quitar el filo de un arma o herramienta.

desafiliar. tr./ prl. *Amér.* Separar a una persona de la entidad a la que pertenecía.

desafinar. i./ prl. Desviarse algo la voz o el instrumento del tono debido, causando desagrado al oído. Ú.t.c.prl./ fig. y fam. Decir algo indiscreto o inadecuado.

desafío. m. Acción y efecto de desafiar./ Competencia.

desaforado, da. a. Que obra sin miramiento a leyes ni fueros./ Que va contra el fuero o privilegio./ Grande con exceso, desmedido, fuera de lo común./ Despavorido, violento.

desaforar. tr. Quitar los privilegios a alguien./ *Der.* Privar a uno del fuero o exención en que goza por haber cometido un delito.// prl. Descomponerse, atreverse.

desafuero. m. Acto violento contra la ley./ Acción contraria al buen criterio./ Hecho que priva de fuero a quien lo tenía.

desagradar. i./ prl. Disgustar, fastidiar, causar desagrado.

desagradecer. tr. No reconocer el favor o beneficio recibido.

desagraviar. tr./ prl. Reparar el agravio hecho, compensar el perjuicio causado.

desagravio. m. Acción y efecto de desagraviar.

desagregar. tr. y prnl. Separar una cosa de otra.

desaguadero. m. Conducto o canal por donde se da salida a las aguas.

desaguar. tr. Extraer, echar el agua de un lugar.// i. Entrar los ríos en el mar, desembocar en él.

desagüe. m. Acción y efecto de desaguar./ Desaguadero para la salida de las aguas./ Cloaca.

desahogar. tr. Aliviar a uno en sus trabajos, aflicciones o necesidades.// prl. Recobrarse del calor y fatiga./ Confiarse a una persona refiriéndole las penas o desgracias./ Salir del agobio de las deudas.

desahogo. m. Alivio de la pena, trabajo o aflicción./ Esparcimiento./ Libertad, desenvoltura./ Comodidad, holgura.

desahuciar. tr./ prl. Quitar toda esperanza de conseguir lo que se desea./ Perder el médico la esperanza de curar a un enfermo.

desairar. tr. Desestimar una cosa./ Desatender a una persona./ Despreciar.

desaire. m. Falta de gentileza./ Acción y efecto de desairar.

desajustar. tr. Desigualar una cosa de otra./ Separarse de un ajuste o convenio.

desalar. tr. Quitar la sal./ Quitar las alas. // i. fig. Correr con apresuramiento./ Sentir gran anhelo por conseguir algo.

desalentar. tr./ i. Dificultar el cansancio la respiración.// tr. fig. Acobardar. Ú.t.c.prl.

desaliento. m. Decaimiento de ánimo, falta de vigor.

desalinear. tr. Hacer perder la línea recta. Ú.t.c.prl.

desaliñar. tr./ prl. Descomponer el adorno o compostura.

desaliño. m. Desaseo./ Negligencia.

desalmado, da. a. Que no tiene conciencia./ Cruel.

desalmar. tr./ prl. Quitar la fuerza y virtud a una cosa.

desalmidonar. tr. Quitar a la ropa el almidón.

desalojar. tr. Sacar de un lugar a una persona o cosa./ Desplazar.// i. Dejar por propia voluntad una morada o sitio.

desalquilar. tr. Dejar o hacer dejar una habitación o casa que se tenía alquilada. Se aplica también a cualquier objeto.// prl. Quedar libre lo que estaba alquilado.

desamarrar. tr./ prl. Quitar las amarras./ Dejar a un buque sobre una sola ancla o amarra./ fig. Desasir, apartar.

desamor. m. Mala correspondencia de uno al afecto del otro./ Falta de sentimiento./ Rencor, enemistad.

desamparar. tr. Dejar sin amparo a persona que lo necesita.

desamueblar. tr. Dejar sin muebles un edificio o parte de él.

desanclar. tr. Levantar las anclas que sujetan la nave.

desandar. tr. Retroceder, volver atrás en el camino ya andado.

desangrar. tr. Sacar la sangre en cantidad a una persona o animal./fig. Empobrecer.// prl. Perder mucha sangre.

desanidar. i. Dejar las aves el nido, cuando acaban de criar.

desanimar. tr. Desalentar. Ú.t.c.prl.

desánimo. m. Desaliento.

desapacible. a. Que causa disgusto o enfado./ Desagradable a los sentidos.

desaparecer. tr./ i./ prl. Ocultarse, quitarse de la vista de uno.

desaparición. f. Acción y efecto de desaparecer.

desapasionado, da. a. Falto de pasión, imparcial.

desapasionar. tr. Quitar la pasión que se tiene a una persona o cosa. Ú.t.c.prl.

desapego. m. Falta de interés; alejamiento.

desapercibido, da. a. No provisto, desprevenido./ Se acepta como sinónimo de inadvertido.

desapoderar. tr./ prl. Quitar a uno el poder que se le había dado./ Despojar a uno de lo que se había apoderado.

desaprensión. f. Falta de escrúpulos.

desaprobar. tr. Reprobar./ No aceptar una cosa.

desaprovechar. tr. Desperdiciar o emplear mal una cosa.// i. Perder lo que se había adelantado.

desarmado, da. a. Desprovisto de armas.

desarmar. tr. Quitar las armas. Ú.t.c.prl./ Reducir a las naciones su armamento por pacto internacional./ Separar las piezas que componen una cosa./ fig. Templar, moderar.

desarraigar. tr. Arrancar de raíz un árbol o planta.// prl. Extirpar una costumbre, pasión o vicio./ Desterrar.

desarrapado, da. a. y s. Desharrapado.

desarreglar. tr./ prl. Desordenar, enredar.

desarreglo. m. Desorden, trastorno.

desarrimar. tr. Separar, apartar lo que está arrimado.

desarrollar. tr. Desenvolver una cosa que estaba arrollada. Ú.t.c.prl./ fig. Acrecentar, dar incremento. Ú.t.c.prl.// tr. Explicar una teoría detalladamente./ Mat. Realizar las operaciones de cálculo para cambiar la forma de una expresión analítica.// prl. fig. Suceder, ocurrir./ fig. Progresar, económica, cultural, social o políticamente las comunidades humanas.

desarrollismo. Pol. Doctrina que impulsa el desarrollo económico como principal prioridad sin considerar los aspectos sociales negativos que éste puede generar.

desarrollista. a. Relativo al desarrollismo./ Partidario del desarrollismo.

desarrollo. m. Acción y efecto de desarrollar./ Mús. Parte que sigue a la introducción./ -económico. Econ. Fase de la evolución de un país, caracterizada por el crecimiento global y el aumento de la renta nacional por habitante.

desarropar. tr. Quitar o apartar la ropa. Ú.t.c.prl.

desarticular. tr. Separar dos o más huesos articulados entre sí./ fig. Separar las piezas de una máquina o artefacto Deshacer./ Desbaratar una intriga, conspiración, etc.

desasear. tr. Ensuciar.

desasir. tr./ prl. Soltar lo asido, desprenderse de algo.

desasosegar. tr./ prl. Quitar el sosiego.

desastre. m. Desgracia, suceso infeliz y lamentable./ De calidad deficiente, mala organización, falta de habilidad.

desatar. tr./ prl. Desenlazar una cosa de otra; soltar lo que está atado./ fig. Derretir./ Deshacer, aclarar.// prl. fig. Hablar demasiado./ Perder el temor./ Desencadenarse.

desatender. tr. No prestar atención a lo que se dice o hace./ No hacer caso de alguien./ No corresponder con lo debido.

desatento, ta. a. Que no pone en una cosa la atención debida./ Descortés. Ú.t.c.s.

desatino. m. Locura, falta de juicio./ Error, disparate.

desautorizar. tr. Quitar autoridad, poder, crédito o estima ción. Ú.t.c.prl.

desavenencia. f. Oposición, discordia, contrariedad.

desayunar. tr./ prl. Tomar el desayuno.

desazón. f. Insipidez, falta de sabor y gusto./ Disgusto, pe sadumbre./ Molestia, inquietud, indisposición de la salud

desazonar. tr. Quitar el sabor./ Disgustar. Ú.t.c.prl.// prl fig. Sentirse mal de salud.

desbancar. tr. En el juego de la banca y otros, ganar tode el dinero que se puso./ fig. Ganar para sí el efecto de una persona, haciéndoselo perder a otro.

desbaratar. tr. Arruinar, deshacer./ Malgastar, desperdi ciar.// i. Disparatar.// prl. Actuar o hablar fuera de razón.

desbastar. tr. Quitar las partes más bastas o toscas a una cosa que se ha de labrar./ Despuntar, debilitar./ fig. Quitar lo basto que por falta de educación tienen los individuos.

desbloquear. tr. Levantar el bloqueo.

desbocar. tr. Romper la boca de una cosa.// i. Desembocar.// prl. No responder al freno en un animal y dispararse./ Prorrumpir en groserías e insultos.

desbordar. i. Salir de los bordes, derramarse. Ú.t.c.prl. Desenfrenarse las pasiones o vicios.

descabalgar. i. Desmontar, bajar del caballo.// tr. Desmon tar el cañón de la cureña.

descabellado, da. a. Que está fuera de orden y razón.

descabezar. tr. Cortar la cabeza./ Quitar las puntas o la parte superior de algo./ fig. y fam. Empezar a vencer la dificultad que presenta algo./ Dicho del sueño, dormir un rato breve.// prl. fig. y fam. Descalabazarse./ Desgranarse las espigas.

descalabro. m. Contratiempo, daño o pérdida.

descalcificar. tr. Disminuir el calcio en el suelo, agua, hueso o tejido orgánico. Ú.t.c.prl.

Desarrollo de una mariposa.
Las etapas de su evolución:
1) huevos de mariposa, 2) oruga,
3) crisálida y 4) mariposa adulta.

descalificar. tr. Declarar incapacitado a alguien./ Excluir a uno de cualquier prueba o competición./ *Arg.* Menoscabar la reputación de alguien.

descalzar. tr./ prl. Quitar el calzado./ Socavar.

descamación. f. Desprendimiento de la epidermis seca en forma de escamillas.

descampado, da. a. Terreno descubierto, libre de malezas y espesuras.

descansar. i. Reposar, dormir./ Cesar en el trabajo./ Desahogarse, aliviarse./ Estar tranquilo y confiado en los oficios de otro./ Apoyarse./ Reposar en el sepulcro.

descanso. m. Quietud, reposo./ Asiento sobre el que se apoya una cosa.

descarado, da. a. Que habla u obra sin vergüenza. Ú.t.c.s.

descarga. f. Acción y efecto de descargar./ **-cerrada.** Fuego hecho de una vez por una unidad armada.

descargar. tr. Quitar o aliviar la carga./ Disparar las armas de fuego./ Anular la tensión eléctrica de un cuerpo./ Dar golpes con violencia.// i. Desembocar, desaguar./ Disolverse una nube en lluvia o granizo.

descargo. m. *Der.* Excusa o respuesta a un cargo./ Acción de quitar la carga.

descarnar. tr./ prl. Quitar al hueso la carne./ fig. Quitar, arrancar parte de una cosa.

descaro. m. Insolencia, falta de vergüenza y respeto.

descarriar. tr. Apartar a uno del carril. // prl. Apartarse del grupo que marcha junto, de lo justo o razonable.

descartar. tr. Desechar una cosa o apartarla de sí./ prl. Dejar las cartas que se tienen en la mano.

descasar. tr.// prl. Declarar nulo un matrimonio./ Separarse una pareja que convivió./ fig. Apartarse de lo justo y razonable.

descastado, da. a. Que manifiesta poco cariño a quienes debe gratitud.

descendencia. f. Conjunto de hijos, nietos y demás generaciones sucesivas por línea recta./ Casta, linaje, estirpe.

descender. i. Bajar pasando de un lugar alto a otro bajo./ Correr un líquido./ Proceder, derivar.// tr. Bajar, poner bajo.

descendiente. a. Hijo, nieto o cualquier persona que desciende de otra.

descerrajar. tr. Arrancar o violentar la cerradura de una puerta, cofre, escritorio, etc./ fig. y fam. Disparar con arma de fuego.

desciframiento. m. Acción y efecto de descifrar.

descifrar. tr. Interpretar lo que está escrito en caracteres desconocidos, sirviéndose o no de clave./ Aclarar lo oscuro o de difícil comprensión.

desclavar. tr. Arrancar o quitar los clavos./ Soltar una cosa de los clavos que la sujetan.

descodificación. f. Decodificación.

descodificador, ra. a. y s. Decodificador.

descodificar. tr. Decodificar.

descolar. tr. Quitar o cortar la cola./ Despegar. Ú.t.c.prl.

descolgar. tr. Bajar lo que está colgado./ Dejar caer algo que está pendiente./ Quitar los adornos de un lugar./ Levantar el auricular del teléfono para iniciar una conversación./ prl. Dejarse caer por medio de una cuerda./ fig. Decir una cosa inesperada.

descollar. i. Sobresalir.

descolocado, da. a. Sin colocación o desacomodado.

descolonización. f. Acción y efecto de descolonizar.

descolonizar. tr. Terminar la condición colonial de un territorio. Ú. t. c. prl.

descolorar. tr./ prl. Quitar el color.

descolorido, da. a. De color pálido./ fig. Sin brillo, viveza o expresión.

descompaginar. tr. Descomponer, desordenar.

descompensar. tr. y prnl. Perder o hacer perder la compensación./ *Pat.* Llegar un órgano o un sistema al estado de no poder cumplir sus funciones.

descomponedor. a. y s. Que descompone.// m. *Biol.* Organismo encargado de descomponer los restos de animales y vegetales que forman parte del suelo, de las cadenas alimentarias, etc.

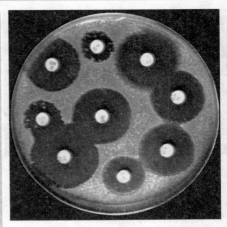

Descomposición. Microorganismos como las bacterias realizan este proceso en la materia orgánica.

descomponer. tr. Desordenar y desbaratar./ Estropear un mecanismo./ Separar las partes de un compuesto./ fig. Indisponer los ánimos.// prl. Pudrirse, corromperse./ Sentirse indispuesto./ fig. Perder la serenidad.

descomposición. f. Acción y efecto de descomponer o descomponerse./ Proceso por el que un conjunto se divide o se transforma en partes más simples.

descompostura. f. Descomposición./ Desaseo, falta de pulcritud./ fig. Descortesía./ fam. Diarrea.

descomprimir. tr. Disminuir o suprimir la compresión.

descomunal. a. Extraordinario, enorme, fuera de lo común.

desconcentrar. tr. Perder la concentración.

desconcertar. tr. Pervertir, turbar, descomponer el orden./ Sorprender. Ú.t.c.prl./ Tratándose de huesos, dislocar.// prl. Indisponerse las personas o desordenarse las cosas.

desconectar. tr. Suprimir la conexión./ Interrumpir la comunicación eléctrica entre dos aparatos o con la línea general. Ú.t.c.prl.

desconexión. f. Acción y efecto de desconectar./ *Fil.* Reducción fenomenológica por la cual se elimina toda afirmación o negación de la realidad.

desconfiar. i. No tener confianza, poseer poca seguridad o esperanza.

descongelar. tr. Hacer cesar la congelación de una cosa.

descongestionar. tr. Disminuir o quitar la congestión.

desconocer. tr. No conocer, no recordar, olvidar./ Negar algo./ Darse por desentendido./ Decir que se ignora alguna cosa./ fig. Advertir la gran mudanza que se ha producido en una persona o cosa.

desconsiderado, da. a. Falto de consideración. Ú.t.c.s.

desconsiderar. tr. No guardar la consideración debida por alguien o algo.

desconsolado, da. a. Que carece de consuelo./ Triste, afligido./ Apl. al estómago que padece debilidad o desfallecimiento.

desconsuelo. m. Angustia y aflicción profunda.

descontar. tr. Rebajar una cantidad de otra mayor./ Dar por cierto./ Abonar al contado un documento no vencido, rebajando de su importe la cantidad convenida como intereses del dinero que se anticipa.

descontentar. tr./ prl. Desagradar, quitar el contento.

descontento, ta. p. p. irreg. de **descontentar.**// m. Disgusto, falta de contento.

descontrol. m. Falta de control.

Desembocadura de un afluente del río Paraná.

descontrolar. tr. Perder el control o dominio de sí mismo. Ú.t.c.prl.

descorazonar. tr. Quitar el corazón.// prl. Acobardar, desanimar.// i. Perder el ánimo.

descorchar. tr. Quitar el corcho que cierra una botella./ Arrancar el corcho al alcornoque.

descoronar. tr. Quitar la corona.

descorrer. i. Correr en sentido contrario./ Plegar lo que estaba estirado o extendido, como las cortinas, etc.

descortés. a. Falto de cortesía. Ú.t.c.s.

descoser. tr. Soltar, cortar, desprender las puntadas de las cosas que estaban cosidas. Ú.t.c.prl.// prl. fig. Descubrir indiscretamente lo que convenía mantener oculto.

descoyuntar. tr. Desencajar los huesos de su lugar. Ú.t.c.prl.

descrédito. m. Disminución de la reputación de las personas o del valor y estima de las cosas.

descreer. i. Faltar la fe, dejar de creer./ Negar el crédito debido a una persona.

descremar. tr. Quitar la crema./ Desnatar.

describir. tr. Delinear, dibujar, figurar una cosa, representarla dando cabal idea de ella./ Definir algo dando una idea general de sus elementos o propiedades.

descripción. f. Acción y efecto de describir./ Der. Inventario.

descuajar. tr./ prl. Licuar lo cuajado, descoagular.// tr. Arrancar de raíz o cuajo plantas o malezas.

descuartizar. tr. Dividir un cuerpo en cuartos./ fam. Hacer pedazos alguna cosa para repartirla.

descubierto, ta. a. Que no está cubierto.

descubrimiento. m. Hallazgo de lo que estaba oculto o secreto./ Invención./ Lo descubierto o reconocido.

descubrir. tr. Manifestar, hacer evidente./ Destapar lo cubierto./ Hallar lo ignorado u oculto./ Inventar.// prl. Quitarse de la cabeza el sombrero, la gorra, etc.

descuento. m. Acción y efecto de descontar./ Rebaja de una parte de la deuda.

descuidado, da. a. Negligente, falto de cuidado./ Desprevenido./ Desaliñado.

descuidar. tr./ i./ prl. Distraer la atención./ No cuidar las cosas o no darles la atención debida. Ú.t.c.prl.

descuido. m. Negligencia, falta de cuidado./ Inadvertencia./ Desatención./ Desliz.

desde. prep. que indica el tiempo o lugar del que procede una cosa./ Después de.

desdecir. i. Desmentir, retractarse de lo dicho./ Venir a menos./ fig. Degenerar una persona o cosa de su origen, educación, casta o clase./ No concordar una cosa con otra, contradecir.

desdén. Indiferencia, menosprecio.

desdentado, da. a. Que carece de dientes./ a. y m. Zool. Dícese de los animales mamíferos exclusivos del continente americano, sin dientes incisivos, como el oso hormiguero y el armadillo./ m. pl. Zool. Orden de estos animales.

desdentar. tr. Quitar o sacar los dientes.

desdeñar. tr. Tratar con desdén a una persona o cosa.

desdibujarse. prl. Perder una cosa claridad y precisión de sus contornos.

desdicha. f. Desgracia./ Pobreza grande, miseria.

desdichado, da. a. Desgraciado, que tiene mala suerte.

desdoblar. tr./ prl. Extender una cosa que estaba doblada Formar dos o más cosas por separación de los elementos que estaban unidos en uno solo.

desear. tr. Anhelar que suceda o deje de suceder algo./ Aspirar vehementemente a una cosa.

desecar. tr. Secar, eliminar la humedad o agua que contenga una cosa. Ú.t.c.prl.

desechar. tr. Excluir, reprobar./ Menospreciar, desestimar. Arrojar, abandonar./ Apartar de sí un pensamiento, imagen, etc./ Dejar de usar una cosa.

desecho. m. Cosa que queda después de haber elegido l mejor y más útil./ Lo que se deja de usar./ fig. Desprecio vilipendio.

desembarazar. tr. Quitar el impedimento que se opone una cosa.// prl. Desocupar, liberar./ fig. Apartar de sí e obstáculo que molestaba.

desembarcar. tr. Sacar de la nave y poner en tierra lo embarcado.// i. Salir de una embarcación. Ú.t.c.prl.

desembarco. m. Acción de desembarcar o salir de un embarcación./ Operación militar efectuada en tierra por l dotación militar de una nave o escuadra o las tropas qu transportan.

desembocadura. f. Sitio por donde desemboca un río, u canal a ptro río, aun lago, al mar, etc../ Abertura./ Salida d las calles.

desembocar. i. Salir por un sitio estrecho./ Desaguar u río, un canal, etc., en otro, en el mar o en un lago./ Tene una calle salida a otra./ Tener un desenlace.

desembolsar. tr. Sacar lo que está en la bolsa./ Pagar una cantidad determinada de dinero.

desembrollar. tr. Desenredar, aclarar.

desemejar. i. No parecerse una cosa a otra de su especie diferenciarse.

desempachar. tr. Quitar el empacho o asiento del estómago.// prl. fig. Perder la timidez.

desempalmar. tr. Deshacer una conexión o empalme.

desempañar. tr. Limpiar el cristal o cualquier otra cosa que estaba empañada./ Quitar los pañales. Ú.t.c.prl.

desempaquetar. tr. Desenvolver lo que estaba en uno c más paquetes.

desemparejado, da. p. p. de **desemparejar.//** a. Desigualado, no parejo. Ú. t. c. s.

desemparejar. tr. Desigualar lo que estaba igual o parejo Ú. t. c. prl.

desempatar. tr. Deshacer el empate que había entre dos cosas o personas.

desempeñar. tr. Sacar lo que estaba en poder de otro en prenda y por seguridad de una deuda o préstamo.// prl. Cumplir una tarea./ Representar un papel dramático./ Ejecutar una obra artística.

desempleo. m. Falta de empleo o trabajo.

desempolvar. tr. Quitar el polvo.

desencadenar. tr. Quitar la cadena al que está amarrado a ella./ Liberar.// tr./ prl. Desenfrenarse, estallar una tormenta o una pasión.

desencajar. tr./ prl. Sacar una cosa de su lugar.// prl. Descomponerse el semblante por una enfermedad o por un disgusto.

desencaminar. tr. Sacar a uno del camino./ Sacarlo de un propósito.

desencantar. tr. Deshacer el encanto. Ú.t.c.prl.

desencarcelar. tr. Sacar de la cárcel o prisión. Excarcelar.

desenchufar. tr. Separar o quitar lo que está enchufado.

desencofrado, da. p. p. de **desencofrar.//** s. Acción y efecto de desencofrar.

desencofrar. tr. Quitar el encofrado.

desencorvar. tr. Enderezar lo que está encorvado o torcido.

esencuentro. m. Encuentro fallido.

esenfadar. tr./ prl. Quitar el enojo.

esenfado. m. Comportamiento desenvuelto./ Desahogo del ánimo.

esenfrenado, da. p. p. de **desenfrenar.**// a. Aplícase al que se comporta sin moderación, con violencia.

esenfrenar. tr. Quitar el freno a las caballerías.// prl. Entregarse desordenadamente a un vicio./ Desencadenarse.

esenfreno. m. Acción y efecto de desenfrenarse./ Libertinaje.

esenfundar. tr. Quitarle la funda a una cosa./ Sacar un arma de su vaina.

esenganchar. tr. Desprender una cosa que está enganchada./ Quitar de un vehículo los caballos.

esengañar. tr. Hacer conocer el engaño o error.// prl. Quitar esperanzas o ilusiones.

esengaño. m. Conocimiento de la verdad, al salir del engaño o error./ Efecto de tal conocimiento en el ánimo.// pl. Lecciones recibidas por una experiencia amarga.

esengrasar. tr. Quitar la grasa.// i. fam. Enflaquecer.

esengrosar. tr.// i. Adelgazar, enflaquecer.

esenhebrar. tr. Sacar la hebra de la aguja.

esenjaular. tr. Sacar de la jaula.

esenlace. m. Acción y efecto de desenlazar./ Final de un suceso, narración u obra dramática.

esenlazar. tr. Desatar los lazos. Ú.t.c.prl./ fig. Dar desenlace a un asunto./ Resolver la trama de una obra literaria.

esenmarañar. tr. Desenredar./ Poner en claro una cosa que estaba oscura o enredada.

esenmascarar. tr. Quitar la máscara.// prl. Descubrir a una persona tal como es moralmente.

esenredar. tr. Deshacer el enredo./ Poner en orden y sin confusión cosas que estaban desordenadas.// prl. fig. Salir de una situación crítica.

esenroscar. tr. Hacer girar cualquier pieza introducida en otra o en una rosca hasta separarlas.

esensibilizar. tr. Privar de sensibilidad.

esensillar. tr. Quitar la montura a una caballería.

esentenderse. prl. Fingir que no se entiende una cosa./ No tomar parte de un asunto o negocio.

esenterrar. tr. Sacar lo que está debajo de la tierra./ fig. Recordar lo que se hallaba sepultado en el olvido.

esentonar. tr. Humillar.// i./ prl. Subir o bajar el tono fuera de oportunidad./ Llamar la atención en forma desfavorable.// prl. Alterarse, levantar la voz.

esentrañar. tr. Arrancar las entrañas./ fig. Averiguar lo más difícil o recóndito.

esentumecer. tr./ prl. Quitar el adormecimiento e insensibilidad a un miembro para que recupere su agilidad y soltura.

esenvainar. tr. Sacar de la vaina la espada u otra arma blanca./ fig. Sacar las uñas los animales./ Sacar lo que está oculto.

Desfiladero construido para llevar animales al corral.

desenvoltura. f. Desenfado, desvergüenza./ Facilidad y gracia en los movimientos y en la expresión.

desenvolver. tr. Deshacer lo envuelto o arrollado.// prl. Obrar con habilidad.

deseo. m. Anhelo./ Movimiento de la voluntad hacia lo que se aspira conseguir.

desequilibrar. tr. Hacer perder el equilibrio. Ú.t.c.prl.

deserción. f. Abandono./ Acción de desertar.

desertar. tr./ prl. Abandonar un soldado sus obligaciones militares./ Abandonar una ideología, una causa o partido.

desértico, ca. a. Desierto, despoblado./ Relativo al desierto.

desertización. f. *Geol.* Depauperación progresiva de un suelo, por causa de la erosión.

desertor, ra. a. y s. Quien se retira de la causa a la que servía.

desesperación. f. Pérdida total de la esperanza./ Cólera, enojo.

desesperar. tr./ i./ prl. Impacientar, exasperar.// prl. Apenarse y enfurecerse adoptando actitudes extremas.

desestimar. tr. Tener poca estima./ Denegar, no acceder.

desfalco. m. Acción de tomar para sí un caudal que se custodiaba.

desfallecer. tr./ i. Causar desfallecimiento./ Experimentarlo.

desfavorecer. tr. Dejar de favorecer a una persona, desairarlo./ Oponerse a algo favoreciendo lo contrario.

desfigurar. tr. Deformar o cambiar el aspecto de una persona o cosa. Ú.t.c.prl./ Disfrazar, encubrir./ fig. Relatar algo alterando la verdad. // prl. Inmutarse, alterarse.

desfiladero. m. Paso estrecho por donde la tropa tiene que marchar desfilando./ Paso estrecho entre montañas.

desfilar. i. Marchar en fila./ fam. Salir varios de un sitio, uno tras otro./ Pasar en formación las tropas ante las autoridades.

desfondar. tr. Romper el fondo a un vaso o caja. Ú.t.c.prl./ Dar a la tierra labores profundas./ Agujerear el fondo de una embarcación. Ú.t.c.prl.

desgajar. tr. Arrancar con violencia la rama del tronco de donde nace./ Despedazar. Ú.t.c.prl.// prl. fig. Apartarse una cosa de otra a la que está unida.

desganar. tr. Quitar el deseo, gusto o gana de hacer una cosa. // prl. Perder el apetito a la comida./ fig. Hastiarse.

desgañitarse. prl. Gritar esforzadamente./ Enronquecer.

desgarrar. tr. Rasgar, romper.

desgarro. m. Rotura o rompimiento./ fig. Descaro, desvergüenza./ Fanfarronada, jactancia.

desgastar. tr./ prl. Consumirse poco a poco por el uso o el roce./ Perder fuerza.

desglosar. tr. Quitar la glosa puesta a un escrito./ Quitar una o más hojas a un escrito./ Separar un escrito de otros.

desgobierno. m. Desorden./ Falta de gobierno.

desgracia. f. Mala suerte./ Motivo de aflicción.

desgraciado, da. a. Desafortunado. Ú.t.c.s./ Que no tiene gracia ni atractivo./ fam. *Arg.* Dícese de la persona incapaz.

desgraciar. tr. Echar o perder a una persona o cosa o impedir su desarrollo o perfeccionamiento.// prl. Perder el favor o la amistad de alguien./ Malograrse.

desgranar. tr. Sacar el grano./ Soltarse las piezas ensartadas.

desgrasante. a. Aplícase a cualquier aditivo de los empleados para hacer más maleable una arcilla.

desgravar. tr. Rebajar los impuestos sobre ciertos bienes.

desgreñar. tr. Desordenar el cabello. Ú.t.c.prl.

desguace. m. Acción y efecto de desguazar un buque./ Materiales que resultan de desguazar algo.

desguarnecer. tr. Quitar la guarnición o adorno./ Desproteger, desamparar.

desguazar. tr. Desbastar un madero o alguna de sus partes./Mar. Desarmar un buque total o parcialmente./ Desmontar pieza a pieza vehículos, maquinarias, etc.

deshabillé. m. Salto de cama./ Bata.

deshabitar. tr. Abandonar un sitio, habitación, población o territorio.

deshacer. tr. Quitar la forma o figura a una cosa, descomponiéndola./ Despedazar, dividir. Ú.t.c.prl./ Derrotar, poner en fuga una fuerza armada./ Derretir, liquidar./ fig. Desbaratar un asunto.// prl. Destruirse una cosa./ fig. Angustiarse mucho./ Estropearse.

desharrapado, da. a. Andrajoso, roto y lleno de harapos. Ú.t.c.s.

deshebrar. tr. Sacar las hebras o hilos, destejiendo una tela.

deshelar. tr./ prl. Licuar lo helado.

desheredar. tr. Excluir a uno de la herencia que le correspondía.

deshidratar. tr./ prl. Extraerle el agua que contiene a un cuerpo o a un organismo.

deshielo. m. Acción y efecto de deshelar o deshelarse./ Época en la cual se derrite la nieve o el hielo en las cumbres por efecto de los rayos solares.

deshilachar. tr. Sacar las hilachas de una tela. Ú.t.c.prl.

Desierto. Los tuareg del Sáhara, de costumbres nómadas, lo cruzan en extensas caravanas.

deshilvanado, da. a. Sin enlace ni unión de cualquier tipo. Se aplica a pensamientos, discursos o frases que se expresan en forma incoherente y que se apartan de la lógica de un razonamiento o de las reglas gramaticales./ Que carece de hilvanes.

deshilvanar. tr. Quitar los hilvanes a las prendas. Ú.t.c.prl.

deshinchar. tr. Quitar la hinchazón. Ú.t.c.prl./ Desahogar la cólera o enojo.// prl. Desaparecer la hinchazón./ fig. y fam. Deponer el orgullo.

deshojar. tr./ prl. Quitar las hojas a una planta o los pétalos a una flor./ Quitar las hojas a un libro, cuaderno o libreta.

deshollinar. tr. Limpiar el hollín de las chimeneas./ fig. Escudriñar.

deshonestidad. f. Calidad de deshonesto./ Dicho o hecho deshonesto.

deshonesto, ta. a. Indecente, falto de honestidad./ Que está en desacuerdo con la razón o con las ideas tenidas por buenas.

deshonor. m. Pérdida del honor./ Afrenta, deshonra.

deshonra. f. Pérdida de la honra./ Cosa deshonrosa.

deshonrar. tr. Injuriar, ofender con palabras o actos indecentes. Ú.t.c.prl./ Despreciar, hacer burla.

deshuesado, da. p. p. de **deshuesar.**// a. Que está privado de hueso.// m. Acción y efecto de deshuesar.

deshuesador, ra. a. Que deshuesa. Ú. t. c. s.// f. Máquina para quitar el hueso a las aceitunas u otros frutos.

deshuesar. tr. Quitar los huesos a un animal o a la fruta.

deshumanizar. tr. Privar de carácter humano a una cosa

deshumedecer. tr. Quitar la humedad. Ú.t.c.prl.

desiderata. f. Lista de objetos de los que se pide su adqu sición.

desiderativo, va. a. Que expresa deseo.

desidia. f. Negligencia, inercia.

desierto, ta. a. Despoblado, inhabitado, solo.// m. Lug sin gente ni edificación./ Región geográfica de escas precipitaciones atmosféricas, gran amplitud térmica, gra permeabilidad del suelo y activa evaporación.

designar. tr. Indicar, denominar./ Destinar una persona cosa para determinado fin./ Denominar.

desigual. a. Que no es igual./ Que tiene barrancos, quie bras y cuestas./ Lleno de asperezas./ fig. Muy variable fig. Difícil.

desilusión. f. Carencia o pérdida de las ilusiones./ Dese gaño, conocimiento de la verdad.

desilusionar. tr./ prl. Hacer perder las ilusiones./ Deser gañarse.

desinencia. f. Gram. Terminación de una palabra (sustant vo, adjetivo o verbo) tomando como referencia su base su raíz, y que señala género, número o voz, modo, tiem po, número y persona y, en determinadas lenguas, caso.

desinfección. f. Acción y efecto de desinfectar.

desinfectar. tr. Destruir los gérmenes nocivos que puede causar infección. Ú.t.c.prl.

desinfestar. tr. Destruir los organismos nocivos que pue dan afectar la superficie del cuerpo, de la ropa o el medi ambiente./ Eliminar animales o plantas perjudiciales del lu gar que han invadido.

desinflamar. tr./ prl. Quitar la inflamación.

desinflar. tr./ prl. Sacar el aire o el gas que inflaba algun cosa./ Desanimar, desilusionar.

desinsectar. tr. Destruir los insectos nocivos.

desintegración. f. Acción y efecto de desintegrar./ Fís Partición espontánea o provocada de un núcleo atómic con absorción o producción de energía.

desintegrar. tr. Descomponer un todo por separación d los elementos que lo integran. Ú.t.c.prl./ Amér. Descom pletar, menoscabar.

desinterés. m. Desapego y desprendimiento de todo pro vecho personal.

desintoxicar. tr./ prl. Hacer que un organismo elimine lo tóxicos que lo afectan o que desaparezcan sus efectos.

desistir. i. No continuar con algo que se ha empezado ejecutar./ Renunciar a un derecho, abdicar.

deslealtad. f. Falta de lealtad.

desleíble. a. Soluble.

desleimiento. m. Acción y efecto de desleír.

desleír. tr. Disolver por medio de un líquido las partes de algunos cuerpos./ fig. Expresar con exceso de palabras ideas o conceptos.

deslenguar. tr. Cortar o arrancar la lengua.// prl. Desbocarse, insolentarse.

desligar. tr./ prl. Soltar las ligaduras./ fig. Desenredar, desembrollar./ Absolver a uno de las obligaciones que contrajo.

deslindar. tr. Señalar los términos de un lugar./ fig. Aclarar una cosa poniéndola en sus justos términos.

deslinde. m. Acción y efecto de deslindar./ Término divisorio./ fig. Aclaración.

desliz. m. Acción y efecto de deslizarse./ Falta que se comete por flaqueza o inadvertencia.

deslizar. tr./ prl. Resbalar en una superficie lisa o mojada./ fig. Decir o hacer una cosa sin el debido cuidado.

deslucir. tr./ prl. Quitar la gracia o atractivo a alguna cosa./ fig. Desacreditar.

deslumbramiento. m. Perturbación de la visión por efecto de la luz intensa y brusca./ Asombro, gran admiración repentina.

deslumbrar. tr./ prl. Causar deslumbramiento./ fig. Seducir, fascinar. Ú.t.c.prl./ Producir impresión en los demás con estudiado exceso de lujo.

desmadejar. tr./ prl. Causar debilidad.

...eshielo. Singular fenómeno natural que se produce en los meses cálidos y alimenta los cursos hídricos.

esmán. m. Exceso, desorden, demasía en obras o palabras./ Desgracia./ Mamífero insectívoro que vive en las orillas de los arroyos y despide un fuerte olor a almizcle.

esmandar. tr./ prl. Revocar la orden o mandato./ Propasarse./ Desordenarse./ Separarse de los acompañantes.

esmantelar. tr. Destruir los muros y fortificaciones de una plaza./ Desamparar, abandonar una casa./ Desarbolar un barco./ Desarmar una embarcación.

esmañado, da. a. Que no se da maña, carente de habilidad.

esmayar. tr. Causar desmayo.// i. Acobardarse, desfallecer de ánimo.// prl. Sufrir un desmayo.

esmayo. m. Desfallecimiento de las fuerzas, desaliento, privación del sentido y del conocimiento.

esmedirse. prl. Excederse.

esmejorar. tr./ prl. Hacer perder la perfección.// i./ prl. Perder la salud.

esmembrar. tr./ prl. Dividir y apartar los miembros del cuerpo.

esmemoriado, da. a. Que tiene poca memoria.

esmentir. tr. Decir a alguien que miente./ Sostener o demostrar que algo es falso./ Proceder alguien de manera distinta de lo que se esperaba de él.

esmenuzar. tr./ prl. Deshacer una cosa dividiéndola en partes menudas./ Examinar atentamente una cosa.

esmerecer. tr./ prl. Hacerse indigno de premio, favor o alabanza./ Menospreciar.// i. Perder una cosa parte de su mérito o valor./ Ser una cosa inferior a otra con la cual se compara.

esmesurado, da. a. Excesivo./ Descortés, insolente y atrevido.

esmigajar. tr. Hacer migajas una cosa, desmenuzar.

esmoldar. tr. Sacar una cosa del molde.

desmontar. tr. Cortar en un monte o en parte de él los árboles o matas./ Rebajar un terreno./ Desarmar, desunir, separar las piezas de una cosa.

desmoralizar. tr./ prl. Corromper las costumbres con malos ejemplos o doctrinas perniciosas./ Perder el valor o el espíritu combativo.

desmoronar. tr./ prl. Derrumbar y arruinar poco a poco las construcciones y otras cosas.// prl. fig. Decaer los imperios, las haciendas, etc.

desmovilizar. tr. Licenciar a las tropas.

desnatar. tr. Quitar la nata a la leche o a otros líquidos./ Elegir lo mejor de una cosa.

desnaturalizar. tr. Privar a uno del derecho de naturaleza y patria./ Desfigurar y pervertir una cosa.

desnivel. m. Falta de nivel./ Diferencia de alturas entre dos o más puntos.

desnucamiento. m. Acción y efecto de desnucar o desnucarse.

desnucar. tr. Sacar de su lugar los huesos de la nuca./ Causar la muerte por un golpe en la nuca. Ú.t.c.prl.

desnudar. tr. Quitar todo el vestido o parte de él. Ú.t.c.prl./ fig. Despojar de veladuras o adornos.// prl. fig. Desprenderse de algo.

desnudismo. m. Práctica de los que andan desnudos para poner el cuerpo en contacto con los elementos naturales.

desnudo, da. a. Sin vestido./ fig. Sin adorno o cubierta./ Que no tiene bienes de fortuna.

desnutrición. f. Estado del organismo que no ha sido alimentado o que no aprovecha la alimentación que recibe.

desobedecer. tr. No hacer lo que ordenan las leyes o los superiores de alguien.

desocupar. tr. Dejar libre un lugar./ Sacar lo que hay dentro de una cosa.// prl. Librarse de una ocupación.

desodorante. a. y m. Que destruye los olores molestos.

desodorizar. tr. Eliminar el olor.

desoír. tr. Desatender, dejar de oír, no hacer caso.

desollar. tr. Quitar la piel del cuerpo de un animal o de alguno de sus miembros. Ú.t.c.prl./ fig. Causar a alguien grave daño./ Murmurar de alguien despiadadamente.

desorden. m. Confusión, falta de orden./ Malas costumbres./ Alboroto, disturbio.

desordenar. tr. Confundir, poner en desorden. Ú.t.c.prl.// prl. Propasarse, salirse de la regla.

desorganizar. tr. Desordenar./ Destruir la organización. Ú.t.c.prl.

desorientar. tr./ prl. Hacer perder la noción de la posición geográfica o topográfica que ocupa./ fig. Confundir.

desosar. tr. Deshuesar.

desovar. i. Poner sus huevos las hembras de los peces y los batracios.

desoxidar. tr./ prl. Quitar el óxido que mancha los metales./ *Quím.* Quitar o eliminar el oxígeno.

despabilar. tr. Quitar a las velas que arden la parte ya quemada del pabilo./ fig. Despachar, acabar con rapidez.// prl. Quitar el sueño./ Avivar y ejercitar el entendimiento.

despachar. tr./ prl. Concluir un negocio./ Enviar./ Vender mercaderías./ Despedir./ fam. Servir en una tienda los géneros que solicitan los compradores.// fig. y fam. Matar.// i. Apresurarse.// prl. Desembarazarse de una cosa.// fam. Decir una persona a otra las quejas que de ella tiene.

despacho. m. Acción de despachar./ Habitación de una casa destinada para el trabajo o el estudio./ Negocio donde se venden mercaderías./ Expediente, resolución, determinación./ Comunicación escrita de un gobierno a sus representantes en el extranjero.

despacio. adv. Lentamente. Poco a poco./ *Amér.* En voz baja.

despanzurrar. tr./ prl. Romper la panza./ Matar.

desparejo, ja. a. Dispar, desigual, diferente.

desparpajo. m. Desenvoltura en el hablar y en el obrar./ *Amér.* Desbarajuste, desorden.

desparramar. tr. Esparcir lo que estaba junto. Ú.t.c.prl./ fig. Malgastar la hacienda, derrocharla./ fig. y fam. Divulgar una noticia.// prl. Divertirse desordenadamente.

despatarrar. tr./ prl. Abrir excesivamente las piernas./ Caerse al suelo, abierto de piernas.

despavorido, da. a. Lleno de pavor.

despechar. tr. Dar pesar, causar indignación, furor o desesperación. Ú.t.c.prl./ Destetar a los niños.

despecho. m. Disgusto causado por un desprecio o desengaño./ Desesperación.

despechugar. tr. Quitar la pechuga a un ave.// prl. fig. y fam. Llevar una persona el pecho descubierto.

despectivo, va. a. Despreciativo./ Se aplica a la palabra que encierra cierta idea de burla o desprecio.

despedazar. tr./ prl. Hacer pedazos un cuerpo.

despedir. tr. Soltar, arrojar una cosa./ Prescindir de los servicios de un empleado u obrero./ Apartar, arrojar de sí./ Acompañar por cortesía al que sale de un lugar./ Saludar o expresar de otra manera el afecto para separarse de alguien. Ú.t.c.prl.

despegar. tr. Apartar dos cosas que están pegadas o muy ligadas. Ú.t.c.prl.// i. Separarse del suelo, agua o cubierta de un buque, un avión, helicóptero, cohete, etc., al iniciarse el vuelo.

despeinar. tr./ prl. Deshacer el peinado.

despejar. tr. Desocupar un sitio o espacio./ Aclarar, poner en claro./ En una ecuación, separar mediante el cálculo una incógnita de las cantidades que la acompañan.// prl. Divertirse, esparcirse./ Adquirir soltura en el trato./ Aclararse el tiempo.

despellejar. tr. Quitar el pellejo. Ú.t.c.prl./ fig. Murmurar implacablemente de una persona.

despensa. f. Lugar de la casa donde se guardan las cosas comestibles./ *Arg.* Tienda de comestibles.

despeñar. tr. Precipitar y arrojar una cosa desde un lugar elevado. Ú.t.c.prl.// prl. Entregarse al vicio o maldades.

desperdiciar. tr. No aprovechar debidamente una cosa, emplearla mal.

desperdicio. m. Derroche de dinero u otra cosa./ Residuo de lo que no se puede o no quiere aprovechar.

desperdigar. tr. Separar, desunir, esparcir. Ú.t.c.prl.

desperezarse. prl. Extender y estirar los miembros para sacudir la pereza o librarse del entumecimiento.

desperfecto. m. Defecto de una cosa./ Leve deterioro.

despertador, ra. a. Que despierta./ m. Reloj que hace sonar un timbre o campana a una hora prefijada.

despertar. tr. Cortar el sueño al que está durmiendo. Ú.t.c.prl./ Recapacitar. Espabilarse.// i. Dejar de dormir./ fig. Hacerse más avisado.

despierto, ta. a. Que ha dejado de dormir./ Avisado, despejado./ Ingenioso, vivaz.

despido. m. Acción y efecto de despedir a algún trabajador.

despilfarrar. tr. Malgastar el dinero.// prl. fam. Gastar con profusión en alguna oportunidad.

despilfarro. m. Destrozo de la ropa u otras cosas, por desidia o desaseo./ Gasto excesivo y superfluo.

despintar. tr. Borrar lo pintado. Ú.t.c.prl.

despistar. tr. Hacer perder la pista.// prl. Desorientar.

despiste. m. Distracción.

desplante. m. Dicho o acto lleno de arrogancia o descaro.

desplazar. tr. Desalojar un buque o cualquier otro cuerpo un volumen de agua equivalente a su parte sumergida./ Quitar a una persona o cosa de un lugar para ponerla en otro.// prl. Trasladarse de un lugar a otro.

desplegar. tr./ prl. Desdoblar lo que está plegado./ fig. Poner en claro, explicar./ Poner en práctica una actividad o mostrar una cualidad./ Hacer que las tropas pasen del orden cerrado al abierto y extendido.

desplomar. tr./ prl. Perder la posición vertical una cosa, caerse./ Desmayarse, quedar sin conocimiento una persona./ Arruinarse.

desplumar. tr./ prl. Quitar las plumas al ave./ Dejar a uno sin dinero.

despoblado. m. Desierto, sitio sin poblar.

despoblar. tr. Reducir a desierto lo que estaba poblado./ Despojar un sitio de lo que hay en él.

Destilería de petróleo en la costa mediterránea de África.

despojar. tr. Privar a uno de lo que goza y tiene./ Quitar posesión de bienes.// prl. Desnudarse./ Desposeerse.

despojo. m. Acción y efecto de despojar o despojarse./ pl. Sobras o residuos./ Restos mortales, cadáver.

desposar. tr./ prl. Unir en matrimonio.// prl. Contraer matrimonio.

desposeer. tr. Privar a alguien de lo que posee.// prl. Renunciar alguien a lo que posee.

desposeído, da. a Falto de bienes y derechos.

déspota. m. El que en ciertos pueblos antiguos ejercía autoridad suprema./ Persona que gobierna sin sujeción a ley alguna./ Persona que abusa de su poder o autoridad.

despotismo. m. Autoridad absoluta no limitada por las leyes./ Abuso de poder o fuerza.

despotricar. i. Hablar sin consideración ni respeto.

despreciable. a. Digno de desprecio.

despreciar. tr./ prl. Desestimar./ Desairar o desdeñar./ Cohibirse de hacer o decir algo considerándolo inoportuno

despreciativo, va. a. Que indica desprecio.

desprecio. m. Falta de aprecio./ Desaire, desdén.

desprender. tr. Desunir, desatar lo que estaba fijo o unido.// prl. Apartarse o desapropiarse de una cosa./ Deducirse, inferirse.

desprendimiento. m. Acción de desprenderse de una cosa parte de ella./ Desapego de las cosas./ Desinterés.

despreocupación. f. Estado de ánimo que permite juicios imparciales./ Gal. por descuido, negligencia.

despreocuparse. prl. Salir o librarse de una preocupación./ Desentenderse de un asunto.

desprestigiar. tr. Quitar el prestigio. Ú.t.c.prl.

desprevenido, da. a. No preparado para una cosa./ Falto de lo necesario.

desproporción. f. Falta de la proporción debida.

despropósito. m. Dicho o hecho fuera de la razón, sentido o conveniencia.

desproveer. tr. Despojar de lo necesario.

desprovisto, ta. a. Falto de lo necesario.

después. adv. Indica posterioridad de tiempo, lugar o situación, o en el orden, jerarquía o preferencia.// Como adjetivo equivale a posterior.

despuntar. tr. Quitar o gastar la punta. Ú.t.c.prl. // i. Empezar a brotar las plantas./ Sobresalir./ Comenzar a aparecer.

desquiciar. tr. Desencajar o sacar de quicio. Ú.t.c.prl./ Descomponer una cosa.

desquitar. tr./ prl. Recuperar una pérdida, especialmente en el juego./ Vengarse de un disgusto recibido.

desratizar. tr. Eliminar las ratas de un lugar.

destacamento. m. Parte destacada de una tropa.

destacar. tr./ prl./ i. Separar una porción de tropa del resto del cuerpo principal para realizar una operación./ Hacer resaltar una cosa./ Sobresalir./ Poner de relieve los méritos y cualidades de uno.

destajo. m. Trabajo que se ajusta por tanto y no por jornal./ fig. Con empeño y rapidez, sin descanso.

destapar. tr. Quitar la tapa.// prl. Descubrir lo cubierto.

destartalado, da. a. Desarmado, sin orden.

destejer. tr. Deshacer lo tejido. Ú.t.c.prl./ fig. Desbaratar lo ya planeado.

destellar. tr. Emitir rayos, chispazos o ráfagas de luz.

destello. m. Resplandor vivo y efímero.

destemplado, da. a. Carente de temple o mesura./ Desagradable, desapacible.

destemplar. tr. Alterar el orden o armonía./ Destruir la armonía o concordancia de los instrumentos musicales bien templados.

desteñir. tr./ prl./ i. Quitar el tinte, apagar los colores.

desterrar. tr. Echar a uno por castigo de un territorio./ Expatriar; exiliar del país./ fig. Apartar de sí.// prl. Exiliarse.

destetar. tr./ prl. Hacer que deje de mamar un niño o una cría de animal.

destierro. m. Expulsión de una persona de su país./ Lugar en que vive desterrado./ fig. Lugar muy alejado.

destilar. tr. Separar, por medio del calor, una sustancia volátil de otras con punto de ebullición más alto y luego licuar su vapor.// i. Correr lo líquido gota a gota./ Filtrar./ fig. Manifestar sutilmente amor, odio, etc.

destilería. f. Instalación industrial donde, destilando, se fabrican bebidas alcohólicas o alcoholes industriales.

destinación. f. Acción y efecto de destinar.

destinar. tr. Ordenar, señalar o determinar una cosa para un fin determinado./ Designar la ocupación o empleo en que ha de servir una persona.

destinatario, ria. a. Aquel a quien se dirige algo./ Ling. El que recibe un mensaje, le sea dirigido directamente o no.

destino. m. Suerte./ Encadenamiento fatal de los sucesos./ Condición favorable o adversa de este encadenamiento/ Empleo, ocupación./ Lugar al que se dirige una persona o cosa, o al que se envía algo.

destituir. tr. Privar a alguien de una cosa./ Separar a una persona de su cargo como castigo.

destornillar. tr. Sacar un tornillo haciendo que éste gire sobre su eje.// prl. fig. Turbarse, hablar sin tino.

destrabar. tr. Quitar las trabas. Ú.t.c.prl.

destrenzar. tr. Deshacer una trenza. Ú.t.c.prl.

destreza. f. Habilidad o propiedad con que se hace una cosa.

destripar. tr. Sacar las tripas./ fig. Sacar lo que hay dentro de algo./ Despachurrar./ Interrumpir el relato que hace otro, anticipando el desenlace.

destronar. tr. Echar a uno del trono; privarlo del reino./ fig. Privar a alguien de su poder.

destrozar. tr. Despedazar, destruir. Ú.t.c.prl. Maltratar, deteriorar./ Aniquilar, derrotar al enemigo con gran pérdida./ Causar gran quebranto moral.

destrucción. f. Acción y efecto de destruir./ Ruina, pérdida irreparable.

destructor. a. y s. Que destruye./ Mil. Buque de guerra muy veloz y armado con torpedos.

destruir. tr. Arruinar, deshacer, inutilizar una cosa. Ú.t.c.prl./ fig. Desbaratar un proyecto o argumento./ Malgastar la hacienda.

desunión. f. Separación de las partes que componen un todo, o de las cosas que estaban unidas./ Discordia, desavenencia.

desunir. tr. Apartar, separar lo que estaba unido. Ú.t.c.prl./ fig. Introducir discordia.

desuso. m. Falta de uso o de ejercicio de una cosa./ Falta de aplicación u observancia de una ley.

desvaído, da. a. Persona alta y desairada./ Dícese del color poco vivo.

desvalido, da. a. Desamparado, sin ayuda ni socorro.

desvalijar. tr. Robar el contenido de una valija./ Despojar a uno del dinero o bienes mediante robo, engaño, juego, etc.

desvalorar. tr. Despreciar, quitar valor o estimación a una cosa./ Desacreditar, desautorizar.

desvalorizar. tr. Desvalorar. Ú.t.c.prl.

desván. m. Parte más alta de ciertas casas, inmediata al techo.

desvanecer. tr. Disgregar las partículas de un cuerpo en otro./ Apartar de la mente un recuerdo, idea, etc./ fig. Deshacer, anular.// prl. Perder el sentido.

desvanecimiento. m. Acción y efecto de desvanecer./ Presunción, vanidad, altanería o soberbia./ Desmayo, pérdida transitoria del sentido.

desvariar. i. Delirar, decir locuras.

desvarío. m. Dicho o hecho fuera de la razón./ Pérdida de la razón. Delirio./ fig. Monstruosidad./ Inconstancia, capricho.

desvelar. tr. Quitar el sueño.// prl. Descubrir, poner de manifiesto.

desvencijar. tr. Aflojar, descomponer, desunir las partes de una cosa que debían estar unidas. Ú.t.c.prl.

desventaja. f. Perjuicio, inferioridad que se advierte en una comparación.

desventura. f. Desgracia, suerte adversa. Desdicha.

desventurado, da. a. y s. Desgraciado, desdichado.

desvergonzado, da. a. Que habla u obra con desvergüenza. Ú.t.c.s.

desvergüenza. f. Falta de vergüenza, insolencia./ Dicho o hecho descarado, impúdico.

desvestir. tr. Desnudar. Ú.t.c.prl.

desviación. f. Acción y efecto de desviar o desviarse./ Separación lateral de un cuerpo de su posición media./ Paso de los humores fuera de sus conductos normales./ Alteración de la posición normal de un órgano.

desviacionismo. m. Doctrina o práctica que se aparta de una ortodoxia determinada.

desviacionista. s. El que practica el desviacionismo, o es partidario de él.

desviar. tr. Alejar, separar de su camino una cosa. Ú.t.c.prl./ fig. Apartar a uno de la intención que tenía.

desvincular. i. Arg. Anular un vínculo./ Arg. y Chile. Desamortizar.

desvío. m. Acción y efecto de desviar./ Vía o camino que se aparta de otro principal.

desvirtuar. tr./ prl. Quitar la virtud o el vigor.

desvivirse. prl. Mostrar vivo interés o amor por una persona o cosa.

detallar. tr. Referir una cosa con todos sus pormenores.

detalle. m. Pormenor, particularidad./ Factura o lista detallada./ Cortesía.

detección. f. Acción y efecto de detectar.

detectar. tr. Manifestar, utilizando medios adecuados, lo que no puede ser observado directamente. Ú.t. en sentido fig./ Electrón. Extraer de la onda modulada la señal transmitida.

detective. m. y f. Agente de policía secreta./ Persona que realiza investigaciones reservadas.

detectivesco, ca. a. Perteneciente o relativo a los detectives./ Aplícase a la literatura policial, especialmente el subgénero protagonizado por un detective privado.

detención. f. Acción y efecto de detener o detenerse./ Tardanza./ Privación de la libertad, arresto provisional.

detener. tr./ prl. Impedir que algo o alguien siga adelante./ Arrestar, poner en prisión./ Retener./ Retardarse.

detentar. tr. Retener sin derecho un puesto o un objeto./ Barb. por tener, poseer.

detergente. m. Producto jabonoso de gran acción limpiadora.

deteriorar. tr./ prl. Estropear, echar a perder una cosa.

determinado, da. a. y s. Osado./ a. Gram. Dícese del artículo que determina el nombre (el, la, lo, los, las).

determinar. tr. Fijar los términos de una cosa./ Distinguir./ Señalar./ Definir./ Tomar una resolución. Ú.t.c.prl.

detestar. tr. Condenar y maldecir a personas o cosas./ Aborrecer, odiar.

detonar. i. Dar estampido./ Explotar.

detracción. f. Acción y efecto de detraer.

detractor, ra. a. Que infama, calumnia o maldice.

detraer. tr. Restar, apartar. Ú.t.c.prl./ fig. Infamar.

detrás. adv. En la parte posterior, o con posterioridad./ fig. En ausencia.

Los diaguitas conocían las tierras agrícolas y cultivaban maíz en terrazas de la montaña. Construyeron canales y acequias para el riego, que aún hoy se utilizan. Realizaban trabajos de hilado para confeccionar sus vestimentas con lana de llama, guanaco y vicuña. Fabricaban además, vasijas y jarros en cerámica.

detrimento. m. Destrucción leve o parcial./ Pérdida de la salud o de los intereses./ fig. Daño moral.

detrítico, ca. a. Compuesto de detritos.

detrito. m. Resultado de la descomposición de una masa en partículas.

deuda. f. Obligación que uno tiene de pagar o cumplir un deber./ Culpa, ofensa.

deudor, ra. a. Que tiene una deuda. Ú.t.c.s./ Com. Dícese de la cuenta en donde se anota lo que se debe.

deuteragonista. s. Personaje que en las obras literarias sigue en importancia al protagonista.

deuterio. m. Quím. Isótopo de hidrógeno cuyo peso atómico es el doble que el del hidrógeno normal.

devaluar. tr. Disminuir el valor de una cosa, en especial una moneda. Ú.t.c.prl.

devanado. m. Acción y efecto de devanar./ Elect. Hilo de cobre con revestimiento aislador que se arrolla en forma adecuada y constituye parte del circuito de algunos aparatos o máquinas eléctricas./ Bobina, circuito eléctrico.

devanar. tr. Arrollar hilo en ovillo o carreta.

devaneo. m. Delirio, desatino./ Distracción o pasatiempo./ Amorío pasajero.

devastar. tr. Destruir un territorio, arrasando sus edificios o asolando sus campos./ Destruir cualquier cosa material.

develar. tr. Quitar el velo que cubre algo./ Descubrir lo velado.

devengar. tr. Adquirir derecho a recibir retribución por trabajo o servicio.

devenir. m. Cambio, transformación.// i. Sobrevenir, suceder, acaecer./ Llegar a ser.

devoción. f. Fervor religioso./ Afición, cariño./ Manifestación externa de estos sentimientos./ Costumbre devota o propia de devotos.

devocionario. m. Libro que contiene oraciones.

devolver. tr. Volver una cosa al estado o situación que tenía./ Restituirla a su dueño primitivo./ Corresponder a un favor o a una ofensa./ Vomitar.

devoniano, na o **devónico, ca.** a. Geol. Perteneciente o relativo al tercer período de la era primaria.// m. Este período.

devorar. tr. Comer con ansia y apresuradamente./ fig. Destruir, consumir./ Dedicar a una cosa atención ávida y ansiosa.

devoto, ta. a. Que tiene devoción. Ú.t.c.s./ Que mueve a devoción./ Que tiene afecto a una persona.

deyección. f. Conjunto de materias arrojadas por un volcán./ Expulsión de excrementos.// pl. Materias fecales.

dextrismo. m. Tendencia a realizar todas las acciones con la mano derecha.

dextrógiro, ra. a. Fís. Aplícase al cuerpo o sustancia que desvía a la derecha la luz polarizada.

dextrosa. f. Variedad de glucosa.

día. m. Tiempo que emplea la Tierra en dar vuelta sobre sí misma./ Tiempo que el Sol emplea en dar aparentemente una vuelta alrededor de la Tierra./ Tiempo que dura la claridad del Sol sobre el horizonte./ Cumpleaños./ Ocasión, momento.// pl. fig. Vida.

diabetes. f. Enfermedad caracterizada por eliminación excesiva de orina, exceso de azúcar en la sangre y orina, sed frecuente y adelgazamiento progresivo.

diablo. m. Demonio, ángel malo./ Persona que tiene mal genio o es traviesa y atrevida./ Persona sagaz o astuta.

diablura. f. Travesura.

diabólico, ca. a. Relativo al diablo./ fig. y fam. Malo en exceso./ fig. Muy difícil.

diaconado o **diaconato.** m. Orden sacra, inmediata al sacerdocio.

diácono. m. Ministro eclesiástico y de segundo grado en dignidad, inmediato al sacerdocio.

diacronía. f. Desarrollo o sucesión temporal de los hechos./ Ling. Evolución de una lengua a través del tiempo.

diacrónico, ca. a. Perteneciente o relativo a la diacronía./ Ling. Dícese del eje temporal de la evolución de una lengua.

díada. f. Pareja de dos seres muy unidos entre sí.

diadema. f. Faja o cinta blanca que antiguamente ceñía la cabeza de los reyes, como insignia de dignidad./ Corona sencilla o circular./ Adorno femenino de la cabeza, en forma de media corona abierta por detrás.

diáfano, na. a. Se aplica al cuerpo a través del cual pasa la luz casi en su totalidad./ fig. Claro, limpio.

diafragma. m. Anat. Tabique músculo membranoso que separa la cavidad torácica de la del abdomen./ En fotografía, disco pequeño que sirve para regular la cantidad de luz que se ha de dejar pasar.

diagnosticar. tr. Determinar el carácter de una enfermedad mediante el examen de sus signos./ Indicar el problema que afecta a alguna cosa.

diagnóstico, ca. a. Relativo al conocimiento de los signos que caracterizan a una enfermedad. // m. Evaluación./ Resultado.

diagonal. a./ f. Apl. a la línea recta que une dos vértices no consecutivos en un polígono, o dos vértices de un poliedro, no situados en la misma cara./ Línea recta que corta oblicuamente a otras que son paralelas entre sí.

diagrama. m. Gráfico que sirve para representar un fenómeno o resolver un problema./ Amér. Esquema de la distribución de una composición tipográfica y de las ilustraciones.

diaguita. a. y s. Pueblo indígena que habitaba el noroeste de Argentina. Fueron uno de los de mayor desarrollo económico. Cultivaban el maíz y eran excelentes ceramistas.

dial. m. Escala graduada de los receptores radiotelefónicos para localizar las ondas.

dialectal. a. Perteneciente o relativo al dialecto.

dialéctico, ca. a. Perteneciente o relativo a la dialéctica.// f. *Fil.* Arte de razonar o analizar la realidad./ Según Hegel, expresión del desarrollo mismo del pensamiento, de la historia y del espíritu hacia su realización absoluta.// s. Persona que se dedica a la dialéctica.

dialecto. m. Variedad regional de una lengua./ En lingüística, cualquier lengua en relación al grupo de las que derivan de un mismo tronco.

diálisis. f. *Med.* Proceso de difusión selectiva a través de una membrana. Se usa para separar macromoléculas de sustancias debajo peso molecular.

dialogar. i. Hablar en diálogo.// tr. Escribir algo en forma de diálogo.

dialógico, ca. a. Perteneciente o relativo al diálogo, o al dialogismo.

dialogismo. m. Figura retórica que consiste en simular un diálogo./ *Ling.* Característica del enunciado o del discurso, en tanto siempre es un eslabón de una cadena ininterrumpida, que puede ser vista como un diálogo incesante.

diálogo. m. Conversación entre dos o más personas que en forma alternada manifiestan sus ideas./ Género de obra literaria en que se finge una conversación entre dos o más personajes./ Discusión en busca de un acuerdo.

diamante. m. Piedra preciosa obtenida por tallado de un mineral muy duro, llamado carbono.

diámetro. m. *Geom.* Línea secante de un círculo que pasa por su centro./ Línea que pasa por el centro de una curva./ Eje de la esfera.

diana. f. Toque militar que se realiza al amanecer para que la tropa se levante e inicie la jornada.

diapasón. m. Frecuencia, patrón o altura absoluta de un sonido, que sirve de referencia a otros sonidos y al acorde estable de los instrumentos./ Regulador de voces e instrumentos, que consiste en una horquilla de acero con pie y que por percusión da un tono determinado.

diario, ria. a. Correspondiente a todos los días.// m. Periódico que se publica todos los días./ Libro en el que se escriben reflexiones, sentimientos, impresiones, etc./ *Com.* Libro de contabilidad en el que se registran día a día las operaciones comerciales que se realizan.

diarrea. f. Desarreglo intestinal que consiste en evacuaciones frecuentes, líquidas o muy fluidas.

diatónico, ca. a. *Mús.* Díc. de uno de los tres géneros del sistema músico, que procede por dos tonos y un semitono.

dibujante. p. act. de **dibujar.** Que dibuja. Ú.t.c.s.

dibujar. tr. Delinear una superficie y sombrearla imitando la figura de un cuerpo. Ú.t.c.prl./ fig. Describir con propiedad. // prl. Revelarse lo que está oculto.

dibujo. m. Reproducción por medio de líneas de una persona, paisaje, animal u otro objeto./ Arte de enseñar a dibujar.

dicción. f. Manera de pronunciar.

diccionario. m. Libro en que por orden alfabético se dan los significados de todas las palabras pertenecientes a un idioma, ciencia o materia determinada.

dicha. f. Felicidad./ Suerte feliz.

dicharacho. m. fam. Dicho vulgar, grosero e indecente.

dicho. m. Expresión oral de un concepto./ Ocurrencia chistosa y oportuna.

dichoso, sa. a. Feliz./ Que trae dicha./ fam. Molesto.

diciembre. m. Duodécimo mes del calendario. Tiene 31 días.

dicotiledóneo, a. a. *Bot.* Dícese de las plantas que tienen dos cotiledones opuestos, o más de dos verticilados, como la encina y el pino. Ú.t.c.s.// f. pl. *Bot.* Una de las dos clases en que se dividen las plantas cotiledóneas.

dictado. m. Acción de dictar para que otro escriba./ Texto que se escribe al dictado.// pl. fig. Preceptos, inspiraciones.

dictador, ra. s. fig. Persona que trata a los demás con dureza y abusa de su autoridad.// m. En la antigua Roma, magistrado que por acuerdo del Senado nombraban los cónsules para que gobernase como soberano en tiempos peligrosos para la república./ En algunos estados modernos gobernante con facultades extraordinarias./ El que gobierna en forma arbitraria.

Dicotiledóneas. Germinación del poroto en la que puede observarse la separación progresiva de los dos cotiledones, característica de este tipo de plantas.

dictadura. f. Gobierno que, invocando el interés del pueblo, se ejerce fuera de las leyes de la Constitución de un país, por tiempo indeterminado./ Cargo de dictador./ Tiempo que dura.

dictamen. m. Opinión y juicio que se emite sobre una cosa.

dictar. tr. Decir algo para que otro lo escriba./ Expedir una ley, fallo o precepto./ fig. Sugerir, inspirar.

dicterio. m. Expresión de origen latino, de sentido denigrativo, insultante y provocativo.

didáctico, ca. a. Rel. a la enseñanza./ Adecuado para enseñar o instruir.// f. Arte de enseñar.

didelfos. m. pl. *Zool.* Orden de mamíferos cuyas hembras poseen una bolsa que contiene las mamas y donde las crías permanecen encerradas por un tiempo como en el caso de los canguros.

diedro. a. *Geom.* Díc. del ángulo formado por dos planos que se cortan.

diente. m. Cada una de las piezas duras que, encajadas en las mandíbulas del hombre y muchos animales, sirven para la masticación./ Cada una de las puntas que presentan ciertos instrumentos o herramientas./ Aplícase también a los resaltos de los engranajes./ **-de león.** Hierba de la familia compuestas, con flores amarillas.

diéresis. f. Licencia poética, utilizada para alargar los versos y que consiste en la disolución de un diptongo, distribuyendo sus vocales en dos sílabas./ Signo ortográfico con que se representa esta división./ Signo ortográfico (¨) que se pone sobre la u de las sílabas *gue, gui,* para indicar que esa vocal debe pronunciarse.

diestro, tra. a. Hábil, experto en artes u oficios./ Sagaz en el manejo de los negocios.// f. Mano derecha.

dieta. f. Régimen en el comer y el beber que deben observar enfermos o convalecientes, o para adelgazar o engordar./ Junta o congreso en que deliberan los estados que forman una confederación./ Retribución que reciben los miembros de un cuerpo legislativo.

dietario. m. Libro en el que se anotan los gastos e ingresos de una casa.

dietético, ca. a. Perteneciente o relativo a la dieta./ Que forma parte de una dieta, por sus cualidades alimenticias no perjudiciales para la salud.// f. Ciencia que estudia el régimen alimenticio.

dietista. s. Médico que se especializa en dietética.

diez. a. Nueve más uno.

diezmar. tr. Sacar de diez, uno./ fig. Causar gran mortandad, una guerra o una calamidad.

diezmo. m. Derecho de diez por ciento que se pagaba al rey, del valor de ciertas mercaderías./ Parte de los frutos o de su valor que los católicos ofrendaban a la Iglesia.

difamar. tr. Divulgar opiniones que desacrediten a alguien o a algo./ Poner una cosa en bajo concepto y estima.

diferencia. f. Cualidad por la cual una cosa se distingue de otra./ Oposición, controversia./ Residuo.

diferencial. a. Relativo a la diferencia./ *Mat.* Producto de la derivada de una función por una variable independiente./ *Mec.* Mecanismo de transmisión del motor a las ruedas motrices que permite variaciones de velocidad.

diferenciar. tr. Hacer distinción, dar a cada cosa su correspondiente y legítimo valor.// i. No estar de acuerdo.// prl. Distinguirse una cosa de otra.

diferente. a. Diverso, distinto, desigual.

diferido, da. p.p. de diferir.// a. Toda transmisión televisiva o radial que se realiza cierto tiempo después de grabada.

diferir. tr. Retrasar, retardar./ Distinguirse una cosa de otra.

difícil. a. De carácter complicado o dificultoso./ Que requiere mucho trabajo.

dificultad. f. Obstáculo, inconveniente que impide ejecutar o entender bien una cosa.

dificultar. tr. Poner dificultades. Ú.t.c.i.

difracción. f. *Fís.* Fenómeno que se produce cuando las ondas encuentran un obstáculo o pasan por intersticios.

difteria. f. Enfermedad infectocontagiosa, caracterizada por la formación de falsas membranas en las mucosas de las vías respiratorias y digestivas superiores.

diftérico, ca. a. Perteneciente o relativo a la difteria.

difundir. tr./ prl. Esparcir, extender./ Divulgar, propagar noticias o conocimientos.

difunto, ta. a. Persona muerta.// m. Cadáver.

difusión. f. Acción y efecto de difundir o difundirse./ Extensión viciosa de lo que se habla o escribe.

difuso, sa. a. Ancho, dilatado./ Que abunda excesivamente en palabras.

digerir. tr. Transformar en el aparato digestivo los alimentos en sustancias aptas para la nutrición./ Meditar algo cuidadosamente./ Llevar con paciencia una desgracia u ofensa.

digestión. f. Acción y efecto de digerir.

digestivo, va. a. Relativo a la digestión./ **-aparato digestivo.** *Zool.* Dícese del conjunto de órganos que realizan la digestión.

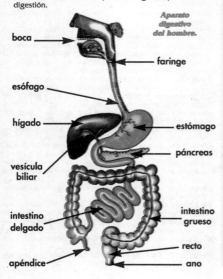

Aparato digestivo del hombre.

boca
faringe
esófago
hígado
estómago
páncreas
vesícula biliar
intestino delgado
intestino grueso
recto
apéndice
ano

digital. a. Rel. a los dedos.// *Comp.* Dícese de los sistema en que las variables se representan mediante magnitude numéricas.// f. Planta herbácea cuyas hojas cocidas se em plean como tónico cardíaco.

dígito. a./ m. Número que puede expresarse con un solo signo.

digitopuntura. f. *Med.* Terapia que se aplica en forma de masajes realizados mediante los dedos.

dignarse. prl. Consentir, acceder en hacer una cosa.

dignidad. f. Calidad de digno./ Excelencia, realce./ Decoro en la manera de comportarse./ Cargo honorífico y de auto ridad./ Prebenda en las iglesias catedrales y persona que l posee.

dignificar. tr./ prl. Hacer digna o presentar como tal a un persona o cosa.

digno, na. a. Que merece algo en sentido favorable o ad verso./ Proporcionado a la condición y mérito.

digresión. f. Ruptura del hilo discursivo por introducción d cosas que no tengan conexión con lo que se está tratando

dije. m. Adorno, joya pequeña./ fig. y fam. Persona de cua lidades relevantes.// pl. Bravata.

dilación. f. Postergación, demora.

dilapidar. tr. Malgastar, disipar los bienes o el dinero.

dilatación. f. Acción y efecto de dilatar./ Aumento de vo lumen que experimentan los cuerpos.

dilatar. tr. Extender, alargar, hacer que una cosa ocupe má lugar o más tiempo./ Retardar, diferir. Ú.t.c.prl./ fig. Propa gar. // prl. Aumentar todas o parte de las dimensiones de un cuerpo./ Extenderse mucho, hablando o escribiendo.

dilema. m. Argumento formado por dos proposicione opuestas, de tal modo que con cualquiera de ellas que se negada o concedida, queda demostrado lo que se querí probar./ *Arg.* Grave alternativa que causa perplejidad./ Ci cunstancia de tener que elegir entre dos cosas que presen tan inconvenientes.

diletante. m. Dícese de la persona aficionada a una cienci o arte, pero que no puede ejercitarlos a fondo.

diligencia. f. Cuidado en ejecutar algo./ Prisa, prontitud. Coche grande destinado al transporte de viajeros y merca derías./ Trámite./ fam. Negocio, solicitud./ *For.* Actuació del secretario judicial.

dilucidar. tr. Aclarar, explicar.

diluir. tr. Desleír. Ú.t.c.prl./ *Quím.* Añadir líquido en las di soluciones.

diluviar. i. Llover a manera de diluvio.

diluvio. m. Inundación de la tierra o de una parte de ella causa de lluvias torrenciales./ Inundación universal de qu habla la Biblia./ fig. y fam. Lluvia copiosa./ Abundancia.

dimanación. f. Acción y efecto de dimanar.

dimanar. i. Proceder el agua de su manantial.// Proceder tener origen una cosa de otra.

dimensión. f. Longitud, extensión o volumen de una línea una superficie o un cuerpo.

diminutivo, va. a. Que tiene cualidad de disminuir o redu cir una cosa.// m. Sufijo o desinencia agregada a sustanti vos y adjetivos para dar significado de empequeñecimien to o afecto. Ej.: *pececito, manito, jardincillo, sillita, amorci to.*

diminuto, ta. a. Defectuoso./ Excesivamente pequeño.

dimisión. f. Renuncia a un cargo, empleo o comisión.

dimitir. tr. Renunciar.

dimorfismo. m. *Biol.* Carácter que presentan algunas es pecies vegetales y animales, según el cual individuos de l misma especie presentan rasgos morfológicos diferencia dos. / **-sexual.** *Biol.* Posesión de distinta morfología po parte de los individuos de distinto sexo. Se da en los ca racteres primarios, pero también en los secundarios.

dinámica. f. Parte de la mecánica que trata de las leyes de movimiento en relación con las fuerzas que lo producen.

dinamita. f. Mezcla explosiva de nitroglicerina y un cuer po muy poroso que la absorbe, como la pólvora.

dínamo o **dínamo.** f. Máquina que transforma la energí mecánica en energía eléctrica, o viceversa, por inducció electromagnética.

inastía. f. Serie de príncipes soberanos pertenecientes a una misma familia./ Familia en cuyos individuos se perpetúa el poder o la influencia política, económica, cultural.

inero. m. Moneda./ Caudal, fortuna./ Nombre de varias monedas antiguas./ *Econ.* Mercancía o bien de aceptación universal que se utiliza como medida de valor e instrumento de pago.

inosaurio. a./ m. Reptil fósil de la era secundaria, gigantesco, de cabeza pequeña, cuello largo, cola robusta y larga y extremidades posteriores más largas que las anteriores.

intel. m. Parte superior de las puertas, ventanas y otros huecos que carga sobre las jambas./ Barb. por umbral.

iócesis. f. Distrito o territorio en el que tiene jurisdicción espiritual un arzobispo u obispo.

ios. m. En la mayor parte de las religiones, ser supremo, creador del universo./ Deidad pagana.

iosa. f. Deidad femenina./ fig. Mujer de gran belleza y majestad.

iploma. m. Título expedido por una universidad, academia, colegio o cualquiera otra institución, acreditando un grado académico, un premio, etc.

iplomacia. f. Ciencia de conducir las relaciones internacionales a fin de lograr acuerdos satisfactorios para los Estados./ Organismos que intervienen en las relaciones internacionales./ fig. Cortesía y disimulo.

iplomar. tr. Graduar, otorgar un diploma.// prl. Obtenerlo, graduarse.

iplomático, ca. a. Perteneciente al diploma./ Perteneciente a la diplomacia./ Dícese de los negocios que se tratan entre dos o más naciones y de las personas que intervienen en ellos. Ú.t.c.s., apl. a pers./ fig. y fam. Astuto y disimulado.

íptero. a. *Zool.* Aplícase a los insectos con un solo par de alas membranosas.// m. pl. Orden de estos insectos.

íptico. m. *Pint.* Cuadro o bajo relieve formado por dos tableros que se cierran como las tapas de un libro.

iptongo. m. Conjunto de dos vocales que forman una sola sílaba: una vocal abierta y una cerrada o dos vocales cerradas.

iputación. f. Conjunto de diputados./ Edificio donde se reúnen los diputados provinciales./ Ejercicio del cargo de diputado.

iputado, da. s. Persona nombrada por un cuerpo para representarlo./ Persona elegida mediante el sufragio para integrar la cámara legislativa que, con el Senado, constituye el Congreso.

iputar. tr. Destinar, señalar o elegir una persona o cosa para algún fin./ Elegir un cuerpo a uno o más individuos para que lo representen./ Conceptuar, tener por.

ique. m. Muro artificial hecho para contener las aguas./ Lugar que en los puertos se destina para la reparación de los buques./ fig. Cosa que contiene o reprime a otra.

irección. f. Acción y efecto de dirigir./ Rumbo a seguir realizado por un cuerpo./ Cargo de director./ Oficina en que se desempeña el director./ Indicación de persona o lugar a la que se envía una carta o encomienda./ Mecanismo gobernado con el volante que sirve para orientar las ruedas de un automóvil./ Señas escritas sobre una carta, fardo, etc.

irecto, ta. a. En línea recta./ Que va de un punto a otro, sin detenerse.

irector, ra. a. Que dirige./ Dícese de la línea, superficie o figura que determina las condiciones de generación de otra. // s. Persona que dirige un establecimiento, compañía, escuela, orquesta, película, obra teatral, etc.

irectorio. m. Junta directiva de ciertas asociaciones./ *Comp.* Ordenamiento y clasificación de programas y archivos de una computadora./ Listado de estos programs y archivos.

irectriz. a. *Geom.* Se aplica a la línea que determina cómo se genera otra línea, figura o superficie.// f. Regla, instrucción, pauta.

irham. m. Moneda de plata usada por los árabes.

irigente. a. Que dirige. Ú.t.c.s.

irigir. tr. Enderezar, llevar rectamente una cosa hacia un término o lugar señalado. Ú.t.c.prl./ Guiar, encaminar./ Go-

Los dinosaurios tuvieron su apogeo y decadencia en la era secundaria.

bernar, regir./ Orientar./ Poner a una carta, fardo, las señales del destinatario.

dirimir. tr. Deshacer, disolver./ Acabar una controversia.

disartría. f. *Med.* Dificultad para la articulación de las palabras causada por enfermedades nerviosas.

discernir. tr. Distinguir una cosa de otra, señalando la diferencia que hay entre ellas./ Barb. por conceder, otorgar.

disciplina. f. Observancia de leyes y reglamentos./ Doctrina./ Asignatura./ Azote.

disciplinar. tr. Instruir, enseñar./ Azotar. Ú.t.c.prl./ Hacer guardar la disciplina.

discípulo, la. s. Persona que aprende bajo la dirección de un maestro./ Seguidor de la doctrina de una escuela.

disco. m. Tejo de metal o piedra con que los atletas ejercitan su fuerza o destreza, arrojándolo./ Lámina circular de cualquier materia./ Placa circular de materia plástica en la que se graba y reproduce el sonido./ fig. Manía, tema./ *Amér.* Dispositivo circular de los teléfonos automáticos, cuyos números permiten establecer la comunicación./ Lata, discurso enfadoso./ **-magnético.** *Inform.* Disco rotario con una superficie magnetizable donde la información puede ser almacenada./ **-duro** o **rígido.** *Inform.* El que es parte integrante de la computadora y no puede ser sacado de la misma./ **-flexible.** *Inform* Disquete.

discografía. f. Arte de impresionar discos fonográficos./ Enumeración de las obras grabadas de un autor.

discográfico, ca. a. Perteneciente o relativo a la discografía.

díscolo, la. a. Indócil, avieso.

discontinuar. tr.Interrumpir la continuación de una cosa.

discontinuo, na. a. Interrumpido, no continuo.

discordancia. f. Contrariedad, disconformidad.

discordar. i. Ser diferentes entre sí dos o más cosas./ No estar de acuerdo dos o más opiniones./ No estar acordes las voces o los instrumentos.

discordia. f. Desavenencia de voluntades y opiniones.

discoteca. f. Colección de discos fonográficos./ Local público donde se puede escuchar música y bailar.

discreción. f. Sensatez para formar juicio y tacto para hablar u obrar./ Don de expresarse con ingenio y oportunidad./ Expresión discreta.

discrepancia. f. Diferencia, desigualdad./ Desacuerdo personal en opiniones o en conducta.

discrepar. i. Disentir, no pensar de igual manera una persona del parecer o de la conducta de otra.

discreto, ta. a. Dotado de discreción.

discriminar. tr. Separar, distinguir, diferenciar una cosa de otra./ Dar trato de inferioridad a una persona.

discromatopsia. f. *Med.* Incapacidad para discernir o percibir los colores.

disculpa. f. Razón que se da y causa que se alega para excusarse o liberarse de una culpa.

disculpar. tr. Dar razones o pruebas en descargo de un delito o culpa. Ú.t.c.prl./ Perdonar.

discurrir. i. Caminar, correr por diversas partes y lugares./ Reflexionar y hablar sobre una cosa./ Inventar una cosa./ Conjeturar, inferir.

discurso. m. Facultad racional con que se deducen unas cosas de otras./ Serie de palabras y frases empleadas para manifestar lo que se piensa y siente./ Razonamiento./ Escrito corto sobre un tema determinado, para enseñar o persuadir./ **-directo.** *Ling.* Aquel que refiere las palabras de otro, de manera textual, tal como se supone fueron pronunciadas./ **-indirecto.** *Ling.* Aquel que refiere las palabras de otro, de manera no textual./ **-referido.** *Ling.* Aquel que incluye en sí mismo las palabras de otro. Se divide en directo e indirecto.

discutir. tr. Examinar un asunto con cuidado.// tr./ i. Alegar razones contra el parecer de otro.

disecar. tr. Dividir en partes un vegetal o el cadáver de un animal para estudiar su estructura y alteraciones orgánicas./ Someter a los animales a una preparación especial para que conserven la forma de cuando estaban vivos./ Preparar una planta para que se conserve después de seca.

Disfraz. Creatividad e ingenio como condiciones fundamentales para lograr buenos maquillajes y atuendos.

disección. f. Acción y efecto de disecar./ Operación consistente en cortar, o extraer y separar metódicamente las diversas partes u órganos del cuerpo del hombre o del animal para estudiar su estructura.

disecea. f. *Med.* Torpeza del oído.

diseminar. tr./ prl. Sembrar, esparcir.

disenso. m. Acción y efecto de disentir.

disentería. f. Enfermedad infecciosa del intestino grueso, caracterizada por fuertes dolores, frecuentes evacuaciones sanguinolentas y grave estado general.

disentir. i. Opinar de modo distinto.

diseñar. tr. Hacer un diseño.

diseño. m. Trazo, dibujo de un objeto, figura, vestido, etc./ Descripción hecha con palabras.

disertar. i. Razonar, discurrir detenida y metódicamente sobre alguna materia.

disfasia. f. *Med.* Anomalía en el lenguaje.

disfonía. f. Trastorno en la fonación.

disfraz. m. Artificio para disimular./ Traje de máscara./ Simulación para dar a entender algo distinto de lo que se necesita.

disfrazar. tr. Desfigurar la apariencia de las personas o [...] las cosas para que no sean conocidas. Ú.t.c.prl./ Disimul[...] lo que se siente.

disfrutar. tr. Gozar los productos y utilidades de una c[...] sa.// i. Gozar de bienestar.

disfunción. f. Alteración de la función normal de una cos[...]

disgregar. tr. Separar, desunir. Ú.t.c.prl.

disgustar. tr. Causar disgusto.// prl. Perder la amistad.

disgusto. m. Desazón./ fig. Contienda o discusión, enfad[...]

disidencia. f. Acción de disidir./ Grave desacuerdo de op[...] niones.

disimetría. f. Falta de simetría.

disímil. a. Diferente.

disimulado, da. a. Que no da a entender lo que siente[...] piensa.

disimular. tr. Encubrir con astucia la intención./ Fingir de[...] conocimiento o ignorancia de algo./ Ocultar lo que u[...] siente.

disipar. tr. Esparcir y desvanecer las partes que forman [...] cuerpo. Ú.t.c.prl./ Desperdiciar, malgastar.// prl. Evapora[...] se./ fig. Desvanecerse, quedar en nada una cosa.

dislate. m. Disparate.

dislexia. f. Incapacidad parcial de leer comprendiendo [...] que se lee, causada por una lesión cerebral.

dislocar. tr. Sacar una cosa de su lugar. Ú.t.c.prl.

disminuir. tr./ i./ prl. Hacer menor la extensión, intensid[...] o número de alguna cosa.

disnea. f. *Med.* Dificultad de respirar.

disociación. f. Descomposición.

disociar. tr. Separar una cosa de otra a la que estaba unic[...] o los distintos componentes de una sustancia. Ú.t.c.prl.

disolución. f. Acción y efecto de disolver./ *Quím.* Co[...] puesto que resulta de disolver cualquier sustancia en un [...] quido./ fig. Relajación de las costumbres./ Ruptura de ví[...] culos./ Medida de gobierno que pone fin, antes del pla[...] legal, al funcionamiento de un cuerpo legislativo.

disoluto, ta. a. Licencioso, vicioso.

disolver. tr./ prl. Separar las partículas o moléculas de [...] cuerpo sólido o espeso, por medio de un líquido con [...] cual se incorporan./ Separar lo que estaba unido./ Desh[...] cer.

disonar. i. Sonar desapaciblemente, y sin armonía./ Discr[...] par, carecer de conformidad./ Parecer mal y extraña u[...] cosa.

dispar. a. Desigual, diferente.

disparar. tr. Arrojar, tirar con violencia una cosa./ Hac[...] que las armas despidan el proyectil.// prl. Correr o pa[...] precipitadamente. Ú.t.c.i./ fig. Hablar u obrar con violen[...] excesiva.

disparate. m. Hecho o dicho fuera de toda razón y regl[...] fam. Atrocidad.

dispensa. f. Privilegio, excepción de lo que dispone la le[...]

dispensabilidad. f. Cualidad de dispensable.

dispensable. a. Que se puede dispensar.

dispensar. tr. Dar, conceder, otorgar, distribuir./ Eximir [...] una obligación./ Absolver de falta leve.

dispensario. m. Establecimiento destinado a prestar as[...] tencia médica y farmacéutica a enfermos que no se alo[...] en él.

dispersar. tr./ prl. Separar lo que estaba unido./ Desba[...] tar al enemigo poniéndolo en fuga desordenada.

dispersión. f. Acción y efecto de dispersar./ *Fís.* Sepa[...] ción de los diversos colores espectrales de un rayo de lu[...] por medio de un prisma u otro medio adecuado.

displicencia. f. Indiferencia en el trato./ Desaliento en [...] realización de una cosa.

displicente. a. Persona que muestra falta de interés, ent[...] siasmo o afecto por las cosas o personas.

disponer. tr./ prl. Ubicar con orden y situación convenie[...] te./ Prevenir, preparar./ Mandar lo que debe hacerse.// [...] Ejercer facultades de dominio sobre las cosas./ Valerse [...] una persona o cosa.

disponible. a. Apl. a todo aquello de que se puede disp[...] ner libremente.

sposición. f. Acción de disponer./ Aptitud para algún fin./ Estado de salud./ Precepto legal, orden del superior./ Propiedad de un organismo sensible a determinadas enfermedades.

sprosio. m. Elemento químico. Símb., Dy.; n. at., 66; p. at., 162,5.

spuesto, ta. a. Apuesto./ Hábil./ Preparado para hacer algo./ Inteligente, capaz.

sputa. f. Altercado, discusión.

sputar. tr. Debatir./ Porfiar con vehemencia. Ú.t.c.i./ Contender con otro.

squete. m. *Inform.* Disco magnético pequeño, fácil de manejar y transportar, que contiene gran cantidad de información digitalizada.

squisición. f. Examen riguroso que se hace de alguna cosa, considerando cada una de sus partes.

stal. a. *Anat.* Aplícase a la parte de un miembro o de un órgano más separada de la línea media de ese órgano.

stancia. f. Espacio o intervalo de lugar o de tiempo que media entre dos cosas o sucesos./ Alejamiento, desvío, desafecto entre personas./ fig. Desigualdad.

stanciar. tr. Separar, poner a distancia. Ú.t.c.prl./ fig. *Arg.* Causar enemistad. Ú.t.c.prl.// prl. *Arg.* Exceder, aventajar.

star. i. Estar apartada una cosa de otra cierto espacio de lugar o de tiempo./ Diferenciarse una cosa de otra.

stender. tr./ prl. Aflojar la tensión.

stermia. f. *Med.* Temperatura anormal del cuerpo.

stico, ca. a. *Bot.* Dícese de las hojas, flores y demás partes de las plantas, cuando unas miran hacia un lado y otras hacia el opuesto./ m. *Lit.* Composición poética que consta de dos versos.

stinción. f. Acción y efecto de distinguir./ Diferencia entre dos cosas./ Honor./ Elegancia./ Claridad, precisión.

stingo. m. Distinción lógica que se hace en una proposición de dos significados, concediendo una y negando otra./ Reparo, limitación, que se pone con cierta sutileza.

stinguir. tr. Conocer la diferencia que hay de unas cosas a otras./ Hacer que una cosa se diferencie de otra. Ú.t.c.prl./ Conceder una dignidad./ fig. Estimar con preferencia a unas personas respecto a otras.// prl. Descollar entre otros.

stintivo, va. a. Que tiene facultad de distinguir.// m. Insignia, señal, marca.

stinto, ta. a. Diferente. No parecido./ Inconfundible.

storsionar. tr. Deformar, modificar algo intencionadamente. Se emplea frecuentemente en distintos lenguajes técnicos, como verbo prl. y en sentido figurado.

stracción. f. Acción y efecto de distraer./ Falta de atención./ Atracción, en especial, juego o espectáculo.

straer. tr./ prl. Divertir, entretener./ Apartar la atención de una cosa./ Defraudar, malversar fondos.

stribución. f. Acción y efecto de distribuir./ *Com.* Reparto de un producto en los lugares donde será comercializado./ *Econ.* Grado de reparto y acceso a la riqueza de los distintos sectores sociales.

stribuir. tr. Dividir una cosa entre varios, designando lo que corresponde a cada uno./ Dar a cada uno su lugar o destino oportuno./ *Com.* Entregar una mercancía a los vendedores.

strito. m. Cada una de las demarcaciones en que se subdivide un territorio o región, con un fin administrativo o jurídico.

sturbio. m. Alteración de la paz y concordia.

suadir. tr. Inducir a alguien con razones a cambiar de dictamen o propósito.

suria. f. *Med.* Expulsión dolorosa e incompleta de la orina.

syunción. f. Acción de separar y desunir.

syuntivo, va. a. Dícese de lo que tiene capacidad para desunir o separar./ *Gram.* Coordinante (o conjunción) que, uniendo palabras o frases, separa las ideas. Ejemplo: *o, u.*

syuntor. m. *Electr.* Aparato cuya función es abrir automáticamente el paso de la corriente desde la dínamo a la batería e interrumpir la conexión si la corriente va en sentido contrario./ Aparato que interrumpe el paso de la corriente cuando se produce un cortocircuito en la instalación.

ditaína. f. Alcaloide que se extrae de un árbol de Filipinas y se emplea en medicina como febrífugo.

diunvirato. m. Dignidad y cargo del diunviro.

diunviro. m. Nombre que en la antigua Roma se daba a diversos magistrados.

diuresis. f. Aumento en la secreción de la orina.

diurético, ca. a. Relativo a la diuresis./ m. Alimento o fármaco que estimulan la orina.

diurno, na. a. Perteneciente al día.

divagar. i. Vagar, andar a la aventura./ Separarse del asunto de que se trata al hablar o escribir.

diván. m. Banco sin respaldo y con almohadones sueltos.

divergencia. f. Acción y efecto de divergir./ fig. Desacuerdo.

divergente. Que diverge.// i. Apartarse sucesivamente dos o más líneas o superficies.

diversidad. f. Diferencia, variedad./ Abundancia de cosas distintas.

diversificar. tr./ prl. Hacer diversa una cosa de otra.

diversión. f. Acción y efecto de divertir o divertirse.

diverso, sa. a. De distinta naturaleza, especie, número, figura, etc./ Desemejante.// pl. Varios, muchos.

divertículo. m. *Anat.* Apéndice hueco que aparece en el trayecto del esófago o del intestino por malformación congénita o por otros motivos.

divertido, da. a. Alegre, de buen humor./ Que divierte.

divertir. tr. Apartar, desviar, alejar.// prl. Entretener, recrear.

dividendo. m. *Arit.* Cantidad que ha de dividirse por otra./ *Econ.* Parte de los beneficios de una sociedad anónima que se reparte entre sus accionistas.

dividir. tr. Partir, separar en partes./ Distribuir entre varios./ Efectuar un cálculo matemático a través del cual se averigua cuántas veces una cantidad está contenida en otra.

divinidad. f. Ser divino que los idólatras atribuían a los dioses./ Persona o cosa muy divina.

divino, na. a. Perteneciente a Dios./ fig. De gran belleza.

divisa. f. Moneda extranjera referida a la unidad del país de que se trata./ Señal exterior que se utiliza para distinguir personas, grados u otras cosas./ Lazo de cintas de colores con que se distinguen en las corridas los toros de cada ganadería./ Lema.

divisar. tr. Ver, percibir, un objeto, aunque sea confusamente.

divisible. a. Que puede dividirse./ Dícese de la cantidad entera que puede dividirse exactamente por otra.

división. f. Acción y efecto de dividir o repartir./ fig. Discordia, desunión./ *Álg.* y *Arit.* Operación de dividir./ Parte de un cuerpo de ejército, compuesta de brigadas de varias armas, con servicios auxiliares que la facultan para actuar independientemente o en operaciones conjuntas./ Cada uno de los grupos en que se divide una escuadra./ **-del trabajo.** *Econ.* Especialización de los trabajadores en cada una de las fases de la producción, por ejemplo manuales e intelectuales. También, de los países según su actividad predominante, por ejemplo productores de materia prima e industrializados.

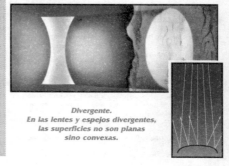

*Divergente.
En las lentes y espejos divergentes,
las superficies no son planas
sino convexas.*

divisor, ra. a. Que divide./ Cantidad por la cual se divide otra.

divo, va. a. Divino.// s. Persona afamada./ Cantante de ópera o de zarzuela, de sobresaliente mérito.

divorciar. tr. Separar por sentencia legal a dos casados. Ú.t.c.prl./ Disolver el matrimonio./ fig. Apartar cosas que estaban o debían estar juntas o personas que vivían en relación íntima.

divulgar. tr./ prl. Publicar, hacer pública una noticia.

do. m. Primera nota de la escala musical.

dobladillo. Doblez que se hace a la ropa en el borde y se lo asegura cosiéndolo.

doblaje. m. Acción de doblar una película, en el cine sonoro.

doblar. tr. Aumentar una cosa, haciéndola el doble de lo que era.// i./ prl. Encorvar una cosa./ Grabar una película en distinto idioma o sustituir las palabras de una persona por las de otra.// i. Tocar a muerto.// prl. fig. Ceder, avenirse. Ú.t.c.i.

doble. a. Duplo.// m. De más cuerpo que lo sencillo./ Persona tan parecida a otra que la puede sustituir o pasar por ella./ Flores de más pétalos que las sencillas./ Toque de campanas por los difuntos./ Suma que se paga por la prórroga de una operación bursátil.

doblegar. tr./ prl. Doblar o torcer encorvando./ Hacer a uno que desista de un propósito y se preste a otro./ Vencer.

doblete. m. Entre doble y sencillo.// m. Piedra falsa hecha por lo común de cristal, con que se imitan el diamante, la esmeralda, etc./ Lance del juego en que se duplica una apuesta o se acierta dos veces consecutivas.

doblez. m. Parte que se dobla en una cosa./ Astucia con que se obra, dando a entender lo contrario de lo que se siente./ Señal que queda en la parte que se dobló.

doblón. m. Moneda antigua de oro.

doce. a. Diez más dos.

docena. f. Conjunto de doce cosas iguales.

docencia. f. Enseñanza./ Conjunto de profesores.

docente. a. Que enseña. Ú.t.c.s./ Pert. o rel. a la enseñanza.

dócil. a. Suave, apacible, obediente./ Aplícase al metal, piedra, etc., que se deja labrar con facilidad.

docimasia. f. Arte de ensayar los minerales para determinar los metales que contienen y en qué proporción.

docto, ta. a. Que posee muchos conocimientos.

doctor, ra. s. Persona que ha recibido el último grado académico que otorga la universidad./ Persona muy sabia en cualquier arte o ciencia./ Médico./ Título que da la Iglesia a algunos santos que con mayor profundidad de doctrinas difundieron la religión.// f. fig. y fam. Mujer erudita.

doctorado. m. Grado de doctor./ Estudios necesarios para alcanzar ese grado.

doctrina. f. Conjunto de opiniones de una escuela literaria, jurídica, filosófica o religiosa./ Pueblo de indios americanos recién convertidos antes deestablecerse parroquia o curato.

doctrinario, ria. a. Dícese de quien aplica doctrinas abstractas y a priori a la gobernación de los pueblos./ Que sigue una doctrina determinada.

documentación. f. Documento o conjunto de documentos utilizados para probar algo.

documentar. tr. Probar, justificar algo con documentos. Ú.t.c.prl./ Enterar a una persona acerca de pruebas o noticias de un asunto./ Ú.t.c.prl.

documento. m. Escrito que ilustra acerca de algún hecho./ Cualquier cosa que sirve de prueba./ Pagaré o vale comercial.

dodecaedro. m. Poliedro de doce caras.

dodecafonía. f. Mús. Sistema atonal en el que se emplean indistintamente los doce intervalos cromáticos en que se divide la escala.

dodecafónico, ca. a. Perteneciente o relativo a la dodecafonía.

dodecágono, na. a. Polígono de doce ángulos y doce lados.

dodecasílabo, ba. a. Verso de doce sílabas.

dogal. m. Cuerda que sirve para atar las caballerías por cuello./ Cuerda para ahorcar a los reos./ fig. Tiranía.

dogma. m. Punto fundamental de una doctrina religiosa filosófica o científica./ Verdad revelada por Dios y propue ta por la Iglesia para ser creída.

dogmatizar. tr. Enseñar dogmas./ Afirmar, como inneg bles, principios sujetos a examen y contradicción.

dólar. m. Unidad monetaria de Estados Unidos, Canadá, L beria y Etiopía.

dolencia. f. Indisposición, achaque, enfermedad.

doler. i. Padecer, sufrir./ Causar repugnancia o pesar el h cer una cosa o tolerarla.// prl. Arrepentirse de haber hech una cosa./ Compadecerse./ Quejarse y explicar el dolor.

dolicocéfalo, la. a. y s. Dícese de las personas que tiene el cráneo de figura muy oval.

dolmen. m. Monumento megalítico en forma de mesa.

dolo. m. Engaño, fraude./ En los delitos, propósito de c meterlo.

dolomía. f. Miner. Roca parecida a la caliza y constitui por el carbonato doble de cal y magnesio.

dolomítico, ca. a. Geol. Parecido a la dolomía, o que co tiene esa sustancia.

dolor. m. Sensación molesta de una parte del cuerpo./ Se timiento, pena, congoja./ Arrepentimiento, pesar.

dolora. f. Lit. Composición poética breve y de tono dram tico que encierra un pensamiento filosófico.

doloroso, sa. a. Lamentable, que causa dolor.

doloso, sa. a. Engañoso, fraudulento.

doma. f. Acción y efecto de domar potros u otras bestias

domador, ra. s. El o la que doma./ Persona que maneja exhibe en público fieras domadas.

domar. tr. Amansar a un animal./ fig. Sujetar, reprimir.

domeñar. tr. Someter, sujetar y rendir.

domesticar. tr. Acostumbrar a un animal a convivir con hombre. Ú.t.c.prl./ fig. Hacer tratable a la persona.

doméstico, ca. a. Rel. al hogar./ Apl. al animal que se c en compañía humana./ Criado. Ú.t.c.s.

domiciliar. tr. Dar domicilio./ Señalar con fines comerciale bancarios u otros, una cuenta corriente como domicilio p ra realizar operaciones./ Fijar el domicilio en alguna parte

domicilio. m. Morada fija y permanente./ Casa en que u habita o se hospeda./ Lugar en que legalmente se cons dera domiciliada una persona.

dominación. f. Acción y efecto de dominar./ Señorío o ir perio que tiene sobre un territorio el que ejerce la sober nía.

dominar. tr. Tener dominio sobre cosas y personas./ Suj tar, reprimir./ Saber una ciencia o arte con profundida Ú.t.c.prl.// i. Sobresalir, una montaña, casa, etc./ Reprim se.

dómine. m. Maestro de latín.

domingo. m. Primer día de la semana.

dominicano, na. a. Natural de la República Dominicana de su capital, Santo Domingo.

dominico, ca. a. Religioso de la orden de Santo Doming

dominio. m. Poder que uno tiene de usar y disponer libr mente de lo suyo./ Poder que se ejerce sobre otras pers nas./ Territorio sujeto a un estado. Ú.m. en pl.

dominó. m. Juego que se hace con veintiocho fichas re tangulares, generalmente blancas por la cara y negras p el revés. La cara está dividida en dos cuadrados, cada u de los cuales lleva marcados de uno a seis puntos o no ll va ninguno./ Traje con capucha que se usa en los bailes máscaras.

domo. m. Arq. Cúpula.

don. m. Dádiva, presente o regalo./ Gracia especial que tiene para hacer una cosa./ Tratamiento de respeto, que antepone a los nombres propios masculinos.

donación. f. Acción y efecto de donar.

donaire. m. Discreción y gracia en lo que se dice./ Chis o hecho gracioso./ Gallardía, gentileza, soltura y agilida en los movimientos del cuerpo.

donar. tr. Entregar gratuitamente una persona a otra el d minio de una cosa.

donativo. m. Dádiva, regalo, cesión.

donde. adv. En un lugar. Cuando es interrogativo o dubitativo se acentúa.

donoso, sa. a. Que tiene donaire y gracia.

doña. f. Tratamiento de respeto que se aplica a las mujeres y que precede a su nombre propio.

dopar. i. Drogar. Ú.t.c.prl./ *Amér.* Administrar a un caballo de carrera una droga para aumentar su velocidad y resistencia.

dorado, da. a. De color oro./ Esplendoroso, feliz.// m. Pez comestible, de colores vivos con reflejos dorados.

dorar. tr. Cubrir con oro la superficie de una cosa./ Tostar ligeramente un alimento./ Ocultar bajo aspecto agradable, malas noticias o acciones.// prl. Tomar color dorado./ Broncearse.

dórico, ca. a. y m. El más antiguo de los órdenes arquitectónicos griegos.// m. *Ling.* Dialecto de los dorios.

dorio, ria. a. y s. Dícese del individuo perteneciente a un pueblo de la antigua Grecia.// m. pl. Pueblo indoeuropeo que entró en Grecia a partir del siglo XII a. C.

dormilón, na. a. Muy inclinado a dormir.// m. Pajarillo sudamericano que vive en las costas del Pacífico.

dormir. i. Estar en estado de reposo, caracterizado por la suspensión de los sentidos y de todo movimiento voluntario. Ú.c.prl. y c.tr./ Anestesiar. Ú.t.c.tr./ Descuidarse. Ú.m.c.prl./ Sosegarse, aquietarse.// prl. fig. Adormecerse, entumecerse.

dormitar. i. Estar medio dormido.

dormitorio. m. Habitación destinada para dormir en ella.

dorsal. a. Perteneciente al dorso, espalda o lomo./ *Fon.* Consonante que se articula con el dorso de la lengua.

dorso. m. Revés o espalda de una cosa.

dos. a. Uno más uno.// m. Signo con que se representa el número dos.

DOS. *Comp.* Siglas de *Disk Operative System,* sistema operativo de gran uso en computadoras personales. Simplifica su operación y permite combinar sus distintas aplicaciones.

doscientos, tas. a. pl. Dos veces ciento.

dosel. m. Mueble de adorno que cubre el sitial o el altar como si fuera un techo horizontal con colgaduras./ Tapiz./ Antepuerta.

dosificar. tr. Dividir o graduar las dosis de un medicamento./ Graduar la cantidad o porción de elementos o de sustancias.

dosis. f. Toma de medicina que se da al enfermo cada vez./ fig. Porción de una cosa material o inmaterial.

dotación. f. Acción de dotar./ Conjunto de personas que tripulan un buque de guerra./ Conjunto de personas asignadas al servicio de alguna fábrica, institución, etc./ **cromosómica.** *Biol.* Conjunto de cromosomas de los núcleos de las células de un individuo.

dotar. tr. Señalar bienes para una fundación o instituto./ Adornar la naturaleza a uno con virtudes./ Dar dote a la mujer que va a contraer matrimonio o a profesar como religiosa./ Asignar lo necesario a una oficina, barco, etc.

dote. amb. Conjunto de bienes que lleva la mujer cuando se casa./ Bienes que se entregan a un convento en ciertas órdenes y congregaciones al profesar una novicia.// f. Calidad apreciable de una persona.

doxometría. f. Estudio de la opinión pública mediante encuestas.

dracma. f. Unidad monetaria de Grecia.

draga. f. Máquina que se utiliza para extraer escombros y materiales sumergidos./ Barco que lleva esta máquina.

dragaminas. f. Buque destinado a anular la acción de las minas explosivas.

dragar. tr. Ahondar y limpiar con draga los puertos.

dragón. m. Animal fabuloso, parecido a una gran serpiente con cresta, alas y patas robustas provistas de garras./ Especie de lagarto, caracterizado por las expansiones de su piel./ Soldado de un cuerpo militar que puede combatir tanto a pie como a caballo.

drama. m. Subgénero dramático. Sus obras desarrollan argumentos emotivos que pueden tener elementos de humor./ Obra perteneciente al subgénero dramático./ Dramática./fig. Suceso de la vida real en que ocurren desgracias.

dramática. f. Arte que enseña a componer obras dramáticas./ Género literario que abarca las obras destinadas a la representación escénica, cuyo argumento se desarrolla exclusivamente por la acción y el diálogo de los personajes.

dramático, ca. a. Perteneciente o relativo a la dramática./ Que posee caracteres propios del drama.

dramatizar. tr. Dar forma y condiciones dramáticas.

dramaturgia. f. Dramática.

dramaturgo, ga. s. Autor de obras de teatro.

drástico, ca. a. Medicamento que purga con gran eficacia o energía.// m. Riguroso, enérgico.

drenaje. m. Acción y efecto de drenar./ Desagüe, derrame./ *Med.* Intervención quirúrgica para eliminar líquidos patológicos

drenar. tr. Desaguar un terreno./ Asegurar la salida de líquidos anormales de alguna parte del cuerpo.

droga. f. Sustancia de efecto estimulante, deprimente o narcótico./ Sustancia empleada en medicina, industria o en artes.

drogadicción. f. Dependencia psicológica y fisiológica de un individuo respecto de la droga.

drogadicto, ta. a. Adicto a las drogas.

drogar. tr. Suministrar a alguien drogas o estimulantes. Ú.t.c.prl.

droguería. f. Comercio de drogas./ Negocio en el que se venden drogas.

dromedario. m. Rumiante parecido al camello, propio de Arabia y norte de África, que presenta una sola joroba.

drupa. f. *Bot.* Pericarpio carnoso de algunos frutos, sin valvas y con una nuez dentro, como la ciruela, el durazno.

drupáceo, a. a. *Bot.* De la naturaleza de la drupa o semejante a ella.

dual. a. Dícese de lo que consta de dos partes, normalmente relacionadas entre sí./ Número que tienen algunas lenguas, como el griego, para referirse a dos personas o cosas.

dualidad. f. Condición de reunir dos caracteres distintos una misma persona o cosa.

dualismo. m. Dualidad./ Religiones que se basan en la creencia en dos principios o deidades.

dubitación. f. Duda./ Perplejidad acerca de lo que debe decirse o hacerse.

ducado. m. Título o dignidad de duque./ Territorio o estado gobernado por un duque./ Moneda antigua de oro de España.

ducal. a. Relativo o perteciente al duque.

duce (voz italiana)**.** f. Conductor, jefe.

ducha. f. Chorro de agua que se hace caer sobre el cuerpo para refrescarlo./ Aparato que sirve para ello.

Dolmen. Construcción elemental en piedra que se difundió a partir del 3.000 a.C. y que tenía una misión sagrada o sepulcral.

ducho, cha. a. Experimentado, diestro.

dúctil. a. *Metal.* Dícese del metal que puede convertirse fácilmente en alambres o hilos./ Dícese de los metales que pueden trabajarse en frío sin romperse./ Maleable./ fig. Condescendiente, dócil.

ductivo, va. a. Conducente.

duda. f. Incertidumbre, irresolución./ *Fil.* Indeterminación del ánimo entre dos decisiones./ Vacilación respecto de la fe religiosa./ Cuestión que se propone para resolverla./ Sospecha, recelo.

dudar. i. Estar el ánimo perplejo sin saber qué decisión tomar. // tr. Dar poco crédito a una información.

dudoso, sa. a. Que ofrece duda./ Inseguro, eventual.

duela. f. Cada una de las tablas curvas que forman las paredes de las cubas, toneles, etc.

duelista. a. y s. Que se bate en duelo./ El que conoce las reglas del duelo.

duelo. m. Combate o pelea entre dos personas, a consecuencia de un desafío anterior./ Dolor, aflicción./ Demostración que se hace para manifestar el sentimiento por la pérdida de alguien./ Reunión de parientes que asisten a los funerales./ Trabajo, fatiga. Ú.m. en pl.

duende. m. Espíritu travieso./ Especie de diablillo que, según se cree, causa trastornos en las casas donde habita./ fig. Encanto.

dueño, ña. s. Propietario de una cosa./ f. Ama de llaves./ Antiguamente, mujer casada.

duermevela. m. fam. Sueño ligero de quien está medio dormido./ Sueño fatigoso e interrumpido frecuentemente.

duetista. a. Persona que canta a dúo.

dueto. m. dim. de dúo.

duho. m. Banco o escaño que servía de asiento.

dula. f. Cada una de las parcelas de tierras regadas por turno con agua de las acequias.

dulce. a. De sabor agradable, como la miel y el azúcar./ Grato, afable, complaciente, dócil.// m. Manjar compuesto con azúcar./ Fruta o cualquier otra cosa confitada./ *Metal.* Dícese del hierro libre de impurezas que se trabaja fácilmente.

dulcificar. tr./ prl. Volver dulce una cosa./ fig. Mitigar la esperanza de algo, material o inmaterial.

dulcina. f. Sustancia empleada como edulcorante.

dulía. f. Culto que se tributa a los santos y a los ángeles.

dulzaína. f. Instrumento musical de viento.

dulzón, na. a. De sabor excesivamente dulce.

dulzura. f. Calidad de dulce./ Suavidad, deleite./ Bondad.

duma (voz rusa). f. Asamblea consultiva de la época zarista.

dump (voz inglesa). m. *Comp.* Acción de transferir total o parcialmente el contenido de una parte de la memoria a otra sección de la misma.

dumping (voz inglesa). m. *Econ.* Acción de vender productos en el extranjero a un precio más barato que en el mercado nacional.

duna. f. Médano./ Colina de arena movediza que en desiertos y playas forma y empuja el viento.

dúo. m. Composición musical que se canta o toca entre dos personas./ Conjunto de dos intérpretes que cantan o tocan juntos.

duodecimal. a. *Mat.* Dícese de todo sistema cuya base es el número doce.

duodenitis. f. *Med.* Inflamación de la mucosa duodenal.

duodeno, na. a. Duodécimo.// m. *Anat.* Primera parte del intestino delgado, que comunica directamente con el estómago y con el yeyuno. Se lo llama así por tener doce dedos de longitud.

dúplex. a. Que consta de dos elementos./ En comunicaciones, transmisión independiente en dos direcciones que tiene lugar en ambos sentidos simultáneamente.// m. Departamento dividido en dos plantas comunicadas por una escalera interior y con salidas independientes al exterior./ *Metal.* Procedimiento de colada por el que se obtiene lingotes dobles de distinta composición.

duplicación. f. Acción y efecto de duplicar.

duplicado. m. Copia de un documento./ Ejemplar doble o repetido de una obra.

duplicar. tr. Hacer doble una cosa./ Multiplicar por dos una cantidad. Ú.t.c.prl./ *Der.* Responder el demandado a una réplica del demandante.

duplicatriz. a. y f. *Geom.* Dícese de toda curva que permite la duplicación del cubo utilizando sólo regla y compás.

duplicidad. f. Falsedad, doblez.

duplo, pla. s. Múltiplo de un número que lo contiene dos veces exactamente.

duque. m. Título nobiliario inferior al de príncipe y superior al de marqués.

duquesa. f. Mujer que posee título ducal./ Esposa del duque.

durable. a. Duradero.

duradero, ra. a. Que dura o puede durar mucho.

duraguense o **durangueño, ña.** a. De Durango, estado de México.

duraluminio. m. *Metal.* Aleación del aluminio con el magnesio, cobre y manganeso. Por su ligereza y resistencia, se usa en construcciones aeronáuticas.

duramadre o **duramáter.** f. *Anat.* La más externa y gruesa de las tres membranas fibrosas que recubren el encéfalo y la medula espinal.

duramen. m.Parte más gruesa y seca del tronco y las ramas de un árbol.

El duraznero es una fanerógama ya que presenta semilla, raíz, tallo, hojas y flores. Pertenece al grupo de las angiospermas que se caracterizan porque la semilla está encerrada en el interior del fruto, como vemos en el dibujo.

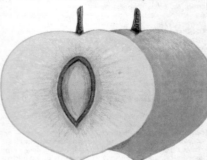

durante. adv. Mientras dura una cosa./ a. Que dura.

durar. i. Continuar siendo./ Subsistir, permanecer.

duraznero. m. Árbol rosáceo originario de la China, muy ramificado, con hojas lanceoladas y flores rosadas o rojizas, que crecen a lo largo de las ramitas.

durazno. m. Fruto del duraznero./ *Arg.* y *Chile.* Denominación genérica de diversas variedades de árboles, como melocotonero, pérsico y durazno propiamente dicho.

dureza. f. Calidad de duro./ Callosidad que se hace en algunas partes del cuerpo./ Insensibilidad./ *Miner.* Resistencia que oponen los minerales a ser rayados.

durmiente. a. Que duerme.// m. Madero horizontal sobre el cual se asientan los rieles u otros maderos.

duro, ra. a. Apl. al cuerpo que se resiste a ser labrado, cortado o comprimido./ Fuerte, que soporta la fatiga./ Áspero, severo./ Violento, cruel./ Obstinado.// m. Antigua moneda española de plata que valía cinco pesetas./ f. Dícese del agua con un alto contenido de sales solubles de calcio, magnesio y otros metales pesados.

durómetro. m. Aparato que mide la dureza de los materiales.

dux. m. Antiguo magistrado supremo de Venecia y Génova.

e. f. Quinta letra del abecedario castellano. Es vocal abierta.// conj. Se usa en vez de la *y* para evitar el hiato, antes de las palabras que empiezan por *i* o *hi*.

ebanista. m. El que tiene por oficio trabajar en ébano y otras maderas finas.

ébano. m. Árbol exótico, de la familia de las ebenáceas, de tronco grueso, madera maciza, muy negra en el centro y blanquecina hacia la corteza, que es gris y muy apreciada para fabricar muebles.

ebenáceas. a y f. Díc. de árboles o arbustos dicotiledóneos, de hojas alternas, madera dura y oscura, como el ébano, caracterizados por ser tropicales.

ebionita. a. *Rel.* Individuo perteneciente a una secta cristiana primitiva, que negaba la naturaleza divina de Jesucristo.

ebriedad. f. Embriaguez.

ebrio, bria. a. Embriagado, borracho./ Ciego, ofuscado.

ebullición. f. Vaporización de la masa de un líquido que se produce al igualarse su presión de vapor con la presión exterior que actúa sobre la superficie del líquido.

ebullómetro o **ebulloscopio.** m. *Fís.* Instrumento que sirve para medir el punto de ebullición de un líquido.

ecapacle. m. *Bot.* Leguminosa medicinal abundante en México. Se emplea como febrífugo.

ecarté. m. Juego de naipes que se realiza entre dos personas, con cinco cartas que se combinan.

eccehomo. m. *Rel.* Imagen de Jesucristo coronado de espinas./ fig. Persona lastimada, de aspecto lamentable.

eccema o **eczema.** m. *Med.* Afección cutánea inflamatoria, con aparición de vesículas y desarrollo de costras.

ecclesia. f. Asamblea de ciudadanos, en Atenas y otras antiguas ciudades griegas.

echar. tr. Hácer que una cosa vaya a parar a alguna parte./ Despedir de sí una cosa./ Apartar con violencia./ Sacar de un empleo o dignidad./ Brotar y arrrojar las plantas sus raíces, flores, etc. Ú.c.t.i./ Atribuir, imputar./ Jugar, apostar. // prl. Arrojarse sobre algo o alguien./ Tenderse, acostarse./ Ponerse las aves sobre los huevos.

eclecticismo. m. *Fil.* Escuela que procura conciliar diversos sistemas de pensamiento, utilizando lo que considera mejor de cada uno./ Modo de obrar o juzgar que trata de mantenerse alejado de cualquier extremo.

ecléctico, ca. a. Que practica el eclecticismo.

eclesiástico, ca. a. Rel. a la Iglesia./ m. Clérigo, sacerdote.

eclipsar. tr. Causar un astro el eclipse de otro.// prl. Oscurecer, deslucir./ fig. Ausentarse una persona.

eclipse. m. *Astron.* Ocultación transitoria y total, parcial o anular de un astro por interposición de otro./ fig. Ausencia, desaparición transitoria de alguien o algo.

eclíptica. f. *Astron.* Círculo máximo de la esfera celeste que señala la órbita aparente del Sol. Forma un ángulo de 23 grados y 27 minutos con el ecuador terrestre.

eco. m. Repetición de un sonido reflejado por un cuerpo duro./ Sonido que se oye débil y confusamente./ Composición poética donde se repite una palabra o parte de ella para formar otra, que sea como eco de la anterior.

ecografía. f. *Med.* Método de exploración corporal a través de ultrasonidos. Éstos se reflejan en los órganos y producen una imagen que puede observarse en un monitor.

ecolalia. f. *Med.* Perturbación del lenguaje en la que el enfermo tiende a repetir involuntariamente una frase pronunciada por él mismo u otra persona.

ecología. f. Ciencia que estudia las relaciones entre los seres vivos y el medio ambiente en que viven, a veces con la finalidad de preservarlas o mejorarlas, dado el deterioro en que dichas relaciones se encuentran en la actualidad. Se relaciona con la biología, la física, la química, la matemática, la sociología, etc.

ecológico, ca. a. Relativo a la ecología./ Aplícase a los productos que no afectan el medio ambiente.

ecologismo. m. Movimiento social que se dedica a la ecología, no tanto como ciencia sino como forma de mejorar las relaciones de los seres humanos con su ambiente.

ecologista. s. Persona que profesa el ecologismo.

ecólogo, ga. s. El que se dedica a la ecología como ciencia.

econometría. f. Sistema que aplica el análisis matemático y la estadística a la economía.

economía. f. Administración ordenada de los bienes./ Riqueza pública./ Conjunto de las actividades de una comunidad en lo que concierne a la producción y consumo de las riquezas./ Buena distribución del tiempo y de otras cosas inmateriales./ **-dirigida.** Aquella en la que interviene el Estado./ **-libre o de mercado.** Aquella basada en la libre empresa y en el juego de la oferta y la demanda./ **-mixta.** Aquella en la que se combinan en diversos grados los medios de producción privados y públicos/ **-política.** Ciencia que trata de la producción y distribución de la riqueza, y de las relaciones sociales que de ellas derivan.

económico, ca. a. Perteneciente a la economía./ Muy cauto en gastar./ Que cuesta poco.

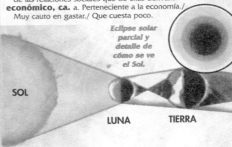

Eclipse solar parcial y detalle de cómo se ve el Sol.

SOL

LUNA   TIERRA

economismo o **economicismo.** m. Interpretación de la sociedad que pone el acento en los hechos económicos, pero por su carácter mecanicista se opone al materialismo histórico.

economizar. tr. Administrar con economía, ahorrar.

ecosistema. m. *Ecol.* Conjunto de seres vivos y sustancias inertes que funcionan intercambiando materiales. Es un sistema cerrado respecto de la materia y abierto respecto de la energía solar. En él se distinguen factores bióticos (vegetales y animales) y abióticos (agua, oxígeno, etc.).

ecosonda. m. *Tecnol.* Instrumento que se utiliza para medir la profundidad del mar y detectar cardúmenes.

ectasia. f. *Pat.* Estado de dilatación de un órgano hueco.

ectoparásito, ta. a. y s. *Biol.* Aplícase al parásito que vive en la superficie de otro.

ectoplasma. m. *Biol.* Parte del citoplasma más cercana a la membrana exterior.

ecuación. f. *Mat.* Igualdad que contiene una o más incógnitas./ *Astron.* Diferencia entre el lugar o movimiento medio y el aparente o verdadero de un astro.

ecuador. m. *Astron.* Círculo máximo perpendicular al eje de la tierra.

ecualizador. m. *Electr.* Circuito que, en un receptor, atenúa selectivamente la señal de entrada.

ecuánime. a. Que posee ecuanimidad.

ecuanimidad. f. Igualdad de ánimo./ Imparcialidad.

ecuatorial. a. Perteneciente o relativo al ecuador.

ecuatoriano, na. a. Natural del Ecuador.

ecuestre. a. Relativo al caballero./ *Esc.* y *Pint.* Dícese de la representación de una figura a caballo.

ecuménico, ca. a. Universal, que se extiende a todo el mundo./ Dícese de los concilios.

ecumenismo. m. Universalismo./ m. *Rel.* Movimiento que pretende unificar todas las variantes del cristianismo, para restaurar la Iglesia universal.

ecuo, cua. a. y s. Dícese del individuo de un antiguo pueblo del Lacio.

edad. f. Tiempo que una persona ha vivido./ Duración de las cosas materiales./ Cada uno de los períodos en que se halla dividida la vida./ Conjunto de determinados siglos./ Espacio de años que han corrido de tanto a tanto tiempo./ **-escolar.** La comprendida entre la indicada para comenzar los estudios primarios y aquella que el Estado considera adecuada para trabajar.

edáfico, ca. a. *Ecol.* Aplícase a los factores del suelo que influyen en la distribución de los seres vivos.

edafología. f. Ciencia que estudia las características químicas, físicas y biológicas de la capa de la corteza terrestre que soporta la vegetación.

edema. m. Hinchazón blanda de una parte del cuerpo, causada por el aumento de la serosidad normal del tejido.

Ejercicio de pesas, ideal para tonificar los músculos y modelar el cuerpo.

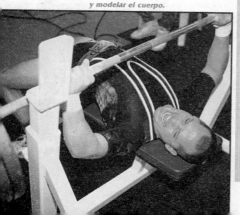

edén. m. Paraíso terrestre./ Lugar ameno y delicioso.

edición. f. Acción y efecto de editar./ Impresión de una obra para su publicación./ Conjunto de lo que se imprime de una sola vez./ Cada celebración de un certamen, festival, etc.

edicto. m. Mandato publicado con autoridad./ Ordenanza, decreto.

edificar. tr. Hacer un edificio o mandarlo construir./ fig. Infundir buenas actitudes con el ejemplo.

edificio. m. Construcción gmente. grande para vivienda u otros usos.

edil. m. Concejal, miembro de un ayuntamiento./ Magistrado romano encargado de las obras públicas.

edípico, ca. a. Perteneciente o relativo a Edipo, personaje de la tragedia griega, o al complejo psicoanalítico que lleva su nombre.

editar. tr. Publicar una obra, periódico, etc./ Procesar y compaginar un video o película.

editorial. a. Rel. a editores o ediciones.// m. Artículo de fondo.// f. Casa editora.

educación. f. Acción de educar./ Crianza, enseñanza, instrucción./ Cortesía, urbanidad, conocimiento de los usos sociales.

educar. tr. Dirigir, encaminar, doctrinar./ Desarrollar o perfeccionar las facultades intelectuales y morales./ Desarrollar las fuerzas físicas./ Afinar los sentidos./ Enseñar urbanidad, buenos modos.

efátide. f. Manto de púrpura que usaban los guerreros en la antigua Grecia.

efectivo, va. a. Real y verdadero, en oposición a lo quimérico, dudoso o nominal./ Dícese del empleo no interino.// m. Dinero contante.// pl. Número de hombres que componen una unidad táctica.

efecto. m. Resultado de una causa./ Impresión viva en el ánimo./ Fin para que se hace una cosa./ Artículo de comercio./ Documento o valor mercantil./ Impresión causada en el ánimo./ pl. Enseres./ **-invernadero.** *Ecol.* Aplícase al producido por la concentración de gases en la atmósfera, lo cual evita que parte de la radiación solar se libere en ella. De esta manera, aumenta perjudicialmente la temperatura media del planeta./ **-especiales.** Dispositivos y artificios a los que se recurre en el cine, el teatro o la televisión, para dar apariencia real a escenas fantásticas o irreales.

efectuar. tr. Ejecutar una cosa.// prl. Cumplirse una cosa.

efedrina. f. Alcaloide similar a la adrenalina que, entre otros efectos, dilata las pupilas.

efemérides. f. pl. Libro en que se refieren los hechos de cada día./ *Hist.* Sucesos notables ocurridos en diferentes épocas.

efendi. m. Título honorífico entre los turcos.

eferente. a. *Anat.* Dícese de los vasos sanguíneos y nervios que llevan la sangre o los impulsos nerviosos desde el centro del cuerpo hacia afuera.

efervescencia. f. Aparición tumultuosa de burbujas de gas en el seno de un líquido, debida al brusco desprendimiento de gas disuelto en el líquido o la formación de aquel por una reacción química, que ascienden y dan salida al gas en la superficie./ fig. Agitación, ardor, acaloramiento de los ánimos.

efervescente. a. Que tiene efervescencia.

eficaz. a. Activo, fervoroso, poderoso para obrar./ Que logra hacer efectivo un intento o propósito.

eficiencia. f. Facultad para lograr un efecto determinado.

efigie. f. Representación de una persona real y verdadera./ fig. Representación viva de una cosa ideal.

efímero, ra. a. Que dura un solo día./ Pasajero, de corta duración.

efod. m. Vestidura de lino, sin mangas, que usaban los antiguos sacerdotes israelitas.

éforo. m. Magistrado espartano. El pueblo elegía cinco anualmente.

efusiómetro. m. *Fís.* Aparato que mide las densidades relativas de los gases.

Ecosistema de laguna, con su característica fauna.

usión. f. Derramamiento de un líquido./ Expansión de los afectos del ánimo.

ida o **egida.** f. *Mit.* Piel de la cabra Amaltea, adornada por la cabeza de Medusa, atributo de Júpiter y Minerva, que la usaban como escudo./ Por ext., escudo, arma defensiva, protección.

lpán. m. *Mit.* Monstruo legendario, mitad hombre, mitad cabra.

lpcio, cia. a. Natural de Egipto.// m. Idioma egipcio.

lptología. f. Ciencia que estudia el ant. Egipto. Logró su apogeo en el siglo XIX, cuando Champollion interpretó los jeroglíficos de la piedra Roseta.

lptólogo, ga. s. Que profesa o practica la egiptología.

loga. f. Composición poética pastoril.

oísmo. m. Excesivo amor que uno se tiene a sí mismo que hace atender desmedidamente el propio interés.

olatría. f. Culto, amor excesivo de sí mismo.

otismo. m. Tendencia a hablar y ocuparse sólo de sí mismo.

regio, gia. a. Insigne, ilustre.

resar. i. *Arg.* Salir de un establecimiento educativo por haber terminado los estudios.

reso. m. Salida./ *Arg.* Acción de egresar.

detismo. m. *Psic.* Tendencia característica de la infancia, por la cual se proyectan visualmente las imágenes de impresiones recientes.

nstenio. m. Elemento químico. Símb., E.; n. at., 99.

e. m. Varilla que sirve de sostén en el movimiento a un cuerpo que gira./ Barra que entra por sus extremos en los bujes de las ruedas./ fig. Punto esencial de una obra o de una empresa./ fig. Idea fundamental; tema predominante; sostén principal de una empresa./ *Geom.* Recta a cuyo alrededor se supone que gira una línea para engendrar una superficie o una superficie para engendrar un sólido.

ecución. f. Acción y efecto de ejecutar./ *Der.* Procedimiento judicial con embargo, para pago de deudas.

ecutar. tr. Poner por obra una cosa./ Ajusticiar./ Desempeñar con arte y facilidad alguna cosa.

ecutivo, va. a. Que no da espera ni permite que se difiera a otro tiempo la ejecución.// s. Persona que tiene cargo directivo en una empresa.

emplar. a. Que sirve de ejemplo.// m. Original, prototipo./ Cada uno de los escritos o impresos sacados de un mismo original./ Cada individuo de una especie o género.

emplaridad. f. Calidad de ejemplar.

emplificar. tr. Demostrar con ejemplos.

emplo. m. Caso o hecho que se prolonga para que se imite y siga, o para que se huya y evite./ Acción o conducta que puede mover a la imitación./ Hecho o texto para demostrar o dar autoridad a un aserto.

ercer. tr./i. Practicar los actos propios de un oficio o cargo.

ercicio. m. Acción de ejercer o ejercitar./ Paseo u otro esfuerzo corporal para beneficiar la salud./ Período en que ri-

ge una ley de presupuestos./ Trabajo intelectual que sirve de aplicación a las lecciones./ **-económico.** *Com.* Período de actividad que abarca el balance general de una empresa.

ejercitar. tr. Dedicarse a un oficio, arte o profesión./ Hacer que uno aprenda una cosa mediante su práctica.// prl. Adiestrarse en la ejecución de una cosa.

ejército. m. Gran multitud de soldados, con los pertrechos correspondientes, unida en un cuerpo al mando de un general./ Conjunto de las fuerzas militares de una nación, en particular las terrestres.

ejido. m. Campo común de todos los vecinos de un pueblo./ *Arg.* Municipio.

el. art. en género m. y número sing.

él. pron. pers. de 3a. pers. en género m. y número sing.

elaborar. tr. Preparar un producto por medio de un trabajo adecuado./ fig. Idear, proyectar.

elasticidad. f. Calidad de elástico./ *Fís.* Propiedad de los cuerpos, según la cual recuperan su extensión y figuras primitivas al cesar la fuerza que los alteraba.

elástico, ca. a. Dícese del cuerpo que puede recobrar su figura y extensión luego que cesa la acción de la causa que se las alteró./ fig. Acomodaticio.// m. Tejido que tiene elasticidad./ *Amér.* Colchón de muelles o de tela plástica de alambre sobre el cual se pone el colchón ordinario.

elayómetro. m. *Tecnol.* Instrumento que se emplea para medir la cantidad de aceite contenida en una sustancia oleaginosa.

elección. f. Acción y efecto de elegir./ Nombramiento de una persona hecho por votos./ Libertad para obrar.

electivo, va. a. Que se hace o se da por elección.

electo. a. Elegido para un empleo o función, pero que aún no tomó posesión del mismo.

electorado. m. Conjunto de electores.

electoralismo. m. *Pol.* Tendencia de ciertos partidos políticos a dejarse llevar por necesidades meramente electorales.

electricidad. f. *Fís.* Forma de energía producida por frotamiento, calor, acción química, etc., que se manifiesta por atracciones y repulsiones, chispas , y por las descomposiciones químicas que produce./ **-estática.** *Fís.* La que aparece en un cuerpo que está en reposo y posee cargas eléctricas.

eléctrico, ca. a. Que tiene o comunica electricidad./ Rel. a ella.

electrificar. tr. Sustituir cualquier forma de energía por la energía eléctrica.

electrocardiógrafo. m. *Med.* Instrumento que mide los impulsos eléctricos del músculo cardiaco.

electrocardiograma. m. *Med.* Gráfico de la actividad eléctrica del corazón, registrado por el electrocardiógrafo.

electrochoque o **electroshock.** m. *Psiq.* Método que consiste en la aplicación de una corriente eléctrica en el cerebro de ciertos pacientes. Produce pérdida de conciencia y convulsiones. Es un método muy discutido.

electrocución. f. Acción y efecto de electrocutar.

electrocutar. tr. Matar por medio de la electricidad.

electrodo. m. *Fís.* Barra o lámina que forma cada uno de los polos de un electrolito, y, por extensión, elemento terminal de un circuito de variada forma.

electroimán. m. *Fís.* Barra de hierro dulce que se imanta por la acción de una corriente eléctrica.

electrólisis. f. *Quím.* Descomposición de un cuerpo producida por la electricidad.

electromagnético, ca. a. *Fís.* Díc. de todo fenómeno en que intervienen las acciones magnéticas debidas a las corrientes eléctricas, o las acciones eléctricas producidas por los campos magnéticos.

electrón. m. *Fís.* Partícula elemental del átomo, que contiene la mínima carga posible de electricidad negativa.

electrónico, ca. a. Rel. a la electrónica.// f. Parte de la física que estudia los electrones libres.

electropuntura. f. *Med.* Terapia que consiste en aplicar corriente eléctrica en ciertos puntos de la piel, por medio de agujas.

electroscopio. m. Aparato que se usa para poner de manifiesto la presencia de cargas eléctricas.

elefante

elefante. m. Mamífero proboscidio, el mayor de los animales terrestres, de orejas grandes y colgantes y nariz muy pronunciada en forma de trompa prensil y dos dientes incisivos.

elegante. a. Dotado de gracia, nobleza y sencillez./ Bien proporcionado, de buen gusto. Ú.t.c.s.

elegía. f. *Lit.* Composición lírica de origen griego, generalmente dedicada a lamentar la muerte de alguien o algún otro acontecimiento desgraciado.

elegido, da. p. p. de **elegir.**/ a. Predestinado, escogido para la gloria.

elegir. tr. Preferir a una persona o cosa para un fin./ Nombrar por elección para un cargo o dignidad.

elemental. a. Rel. al elemento./ Fundamental./ Evidente, obvio./ Referente a los principios de una ciencia o arte.

elemento. m. Principio físico o químico que entra en la composición de los cuerpos./ Cuerpo simple./ En la filosofía natural antigua, cualquiera de los cuatro principios fundamentales que se consideraban en la constitución de los cuerpos./ Fundamento, móvil o parte integrante de una cosa./ Fundamentos y primeras nociones de las ciencias y artes./ fig. Recursos medios./ **-químico.** Sustancia constituida por átomos de iguales propiedades químicas, imposible de descomponer en otras más sencillas./ **-compositivo.** *Gram.* El que interviene en la formación de palabras compuestas, sin flexionar, antes o después de otros.

elepé. m. Disco de larga duración, long play.

elevar. tr./ prl. Levantar una cosa./ fig. Colocar a uno en un puesto honorífico.

elfo. m. *Mit.* Genio, duende, en la mitología escandinava. Simboliza los elementos de la naturaleza, aire, agua, etc.

elidir. tr. Frustrar, desvanecer una cosa./ *Gram.* Suprimir la vocal con que acaba una palabra cuando la que sigue empieza con otra vocal.

eliminar. tr. Quitar una cosa; prescindir de ella./ Excluir./ *Álg.* Hacer desaparecer una incógnita./ Expeler una sustancia el organismo./ fig. Matar.

elipse. f. *Mat.* Curva cerrada, simétrica respecto de dos ejes perpendiculares entre sí con dos focos y que resulta de cortar un cono circular por un plano que encuentra a todas las generatrices del mismo lado del vértice.

elipsis. f. *Gram.* y *Ret.* Figura de construcción en la que se omiten palabras, sin que el texto pierda su sentido. Puede responder a una necesidad de economía o a un recurso eufemístico/ **-narrativa.** f. Por analogía con la anterior, se llama así al procedimiento mediante el cual se omite una parte del relato (literario, periodístico, cinematográfico), con diversas finalidades.

elíptico, ca. a. Perteneciente o relativo a la elipsis o la elipse.

elite. f. Minoría que ejerce el poder o dicta normas en algún sector de la vida social, política o cultural.

élitro. m. *Zool.* Cada una de las dos piezas córneas que cu bren las alas de los coleópteros y los ortópteros.

elixir o elíxir. m. Licor compuesto de diferentes sustanci disueltas en alcohol./ fig. Medicina maravillosa.

ella. pron. personal de 3a. pers. en género f. y número sin

ello. pron. personal de 3a. pers. en género neutro.

ellos, ellas. Pron. personal de 3a. pers. en número pl.

elocución. f. Manera de hacer uso de la palabra./ En el di curso, manera de elegir las palabras o los pensamientos

elocuencia. f. Talento de hablar o escribir para deleitar conmover y para persuadir.

elogiar. tr. Hacer elogios de alguien o de algo.

elogio. m. Alabanza, testimonio del mérito de alguien o a go.

elucubrar. tr. Trabajar con ahínco en obras de ingenio y e pecialmente dedicar a ello las vigilias.

eludir. tr. Salir de una dificultad con algún artificio./ Hac que no tenga efecto alguna cosa por algún artificio.

emanar. i. Proceder, derivar de una cosa de cuya sustanc se participa./ Desprenderse una sustancia volátil del cue po que la contiene.

emancipar. tr./ prl. Libertar de la patria potestad, de la t tela o de la servidumbre.

embajada. f. Mensaje para tratar algún asunto./ Cargo embajador./ Casa del embajador./ El personal a sus órd nes.

embajador, ra. s. Agente diplomático considerado repr sentante de la persona misma del jefe del Estado que envía./ Emisario, mensajero.

embalar. tr. Colocar convenientemente dentro de cubiert los objetos que van a transportarse.

embalsamar. tr. Emplear diversos medios para preserv de la putrefacción los cuerpos muertos./ Aromatiz Ú.t.c.prl.

embalsar. tr./ prl. Meter una cosa en una balsa./ Rebalsa

embalse. m. Acción y efecto de embalsar o embalsarse Depósito donde se recogen las aguas de un río o arroyo

embarazar. tr. Impedir, estorbar, retardar una cosa.// t prl. Poner encinta a una mujer.

embarazo. m. Impedimento, dificultad, obstáculo./ Preñ de la mujer y tiempo que dura./ Falta de soltura.

embarcación. f. Barco./ Embarco./ Tiempo que dura la n vegación de una parte a otra.

embarcar. tr./ prl. Dar ingreso a personas, mercadería etc., en una embarcación./ fig. Incluir en una actividad.

embarco. m. Acción de embarcar personas o de embarca se./ Embarque de mercaderías./ *Mil.* Ingreso de tropas un barco o tren, para ser transportadas.

embargar. tr. Embarazar, detener./ fig. Paralizar, suspe der./ *Der.* Retener algo por mandamiento del juez comp tente.

embargo. m. *Der.* Retención, traba o secuestro de bien por orden de autoridad competente.

Esquema de su desarrollo en el útero materno.

Embrión de 2 semanas

Embrión de 3 semanas

Embrión de 4 semanas

Embrión de 5 semanas 5 mm

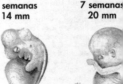
Embrión de 6 semanas 14 mm

Embrión de 7 semanas 20 mm

Embrión humano.

mbarque. m. Acción de depositar mercancías en un barco o tren para ser transportadas.

mbarrar. tr. Untar y cubrir con barro. Ú.t.c.prl./ Embadurnar con una sustancia viscosa./ *Amér.* Cometer un error grande, embrollar un asunto.

mbarullar. tr. Mezclar desordenadamente unas cosas con otras./ Hacer las cosas sin orden ni cuidado.

mbaucar. tr. Engañar valiéndose de la inexperiencia.

mbeber. tr. Absorber un cuerpo sólido un líquido.// prl. Instruirse bien en una materia o negocio.

mbelesar. tr./ prl. Suspender, cautivar los sentidos.

mbellecer. tr./ prl. Hacer o poner bella a una persona o cosa.

mbestir. tr. Venir con ímpetu sobre una persona o cosa para apoderarse de ella o causarle daño.// i. Arremeter.

mblema. m. Jeroglífico, símbolo o empresa con un lema que declara el concepto que encierra./ Cualquier cosa que es representación simbólica de otra.

mblemático, ca. a. Que tiene características de emblema.

mbobar. tr. Entretener a uno, tenerle suspenso.// prl. Quedarse uno absorto y admirado.

mbocadura. f. Acción y efecto de embocar una cosa por una parte estrecha./ Boquilla de un instrumento músico./ Paraje por donde los buques pueden penetrar en los ríos que desaguan en el mar./ Boca del escenario de un teatro.

mbocar. tr. Meter por la boca una cosa./ Entrar por una parte estrecha. Ú.t.c.prl./ fig. Hacer creer a uno lo que no es cierto./ fam. Engullir, comer mucho y de prisa.

mbolo. m. *Mec.* Disco que, ajustado en el interior de un cuerpo de bomba o del cilindro de una máquina, se mueve alternativamente y enrarece o comprime un fluido y recibe de él el movimiento.

mbolsar. tr./ prl. Guardar una cosa en la bolsa./ Cobrar.

mborrachar. tr. Causar embriaguez./ Perturbar, adormecer. Ú.t.c.prl.// prl. Beber vino o licor hasta perder el uso de la razón./ Confundirse y mezclarse los colores de una tela.

mboscar. tr./ prl. Poner en cubierta una partida de gente para una operación militar.// prl. Ocultarse entre el ramaje.

mbotar. tr./ prl. Engrosar los filos y puntas de los instrumentos cortantes./ Debilitar.

mbotellar. tr. Echar un líquido en botellas./ Obstruir la circulación.

mbozar. tr./ prl. Cubrir el rostro por la parte inferior hasta las narices o los ojos./ Poner bozal./ fig. Disfrazar, ocultar.

mbragar. tr. Hacer que un eje participe del movimiento de otro.

mbrague. m. Acción de embragar./ *Mec.* Mecanismo dispuesto para que un eje participe o no del movimiento de otro.

mbriagar. tr. Causar embriaguez./ Perturbar, adormecer.// prl. Perder el dominio de sí por beber con exceso alcohol.

mbriología. f. Ciencia que estudia el desarrollo de los embriones de los seres vivos.

mbrión. m. Germen de un cuerpo organizado desde la fecundación hasta adquirir sus caracteres.

mbrollo. m. Enredo, confusión./ fig. Situación embarazosa.

mbromar. tr. Meter broma./ Usar chanzas con uno por diversión./ Engañar con mala intención./ *Amér.* Fastidiar, molestar. Ú.t.c.prl./ Perjudicar.

mbrujar. tr. Hechizar.

mbrujo. m. Fascinación, hechizo.

mbrutecer. tr./ prl. Volver bruto.

mbudo. m. Instrumento hueco en figura de cono y rematado en un canuto que sirve para trasvasar líquidos./ fig. Trampa./ Oquedad producida en la tierra por una explosión.

mbuste. m. Mentira disfrazada con artimañas.

mbutido, da. p. p. de **embutir.**/ m. Tripa rellena comestible.

mbutir. tr. Hacer embutidos./ Introducir una cosa dentro de otra.

emergencia. f. Acción y efecto de emerger./ Accidente que sobreviene.

emergente. a. Que emerge./ *Psic.* y Soc. Dícese de las

Elefantes africanos, muy codiciados por el hombre por el marfil de sus grandes colmillos.

acciones o conductas que son el resultado de procesos más profundos y, en cierta forma, ocultos.

emerger. i. Brotar, salir de un líquido.

emersión. f. Aparición de un cuerpo que estaba sumergido en algún fluido./ *Astron.* Salida de un astro después de alguna ocultación o eclipse.

emético, ca. a. *Med.* Dícese de la sustancia (generalmente una medicina) que provoca el vómito. Ú.t.c.s.

emídido, da. a. y s. *Zool.* Dícese de los reptiles quelonios que habitan en aguas dulces. Tienen el espaldar deprimido, y la cabeza y las extremidades retráctiles. Sus dedos, terminados en uña, están unidos por una membrana.

emidosaurio. m. *Zool.* Reptil que se parece al saurio, pero de mayor tamaño y con caparazón de tortuga.

emigrante. a. Que emigra. Ú.t.c.s.// m. y f. Que por motivos no políticos deja su país.

emigrar. i. Dejar una persona su propio país con ánimo de establecerse en otro extranjero./ Cambiar periódicamente de región o de clima ciertas especies animales.

eminencia. f. Elevación del terreno./ fig. Excelencia de ingenio u otra dote del alma./ Título honorífico./ Persona destacada en su línea./ *Anat.* Elevación o protuberancia.

emir. m. Caudillo árabe.

emisario, ria. s. Mensajero que se envía para comunicar algo, para hacer una averiguación o un pacto secreto.

emisión. f. Acción y efecto de emitir./ Papel moneda, valores, etc., que de una vez se crean para ponerlos en circulación./ Transmisión a distancia de señales, sonidos o imágenes.

emisor, ra. a. y s. Que emite./ *Fís.* Aparato que produce las ondas hertzianas en la estación de origen./ f. Dicha estación./ m. *Ling.* El que envía un mensaje a un destinatario, a través de un canal físico.

emitir. tr. Arrojar o echar hacia afuera./ Producir y poner en circulación papel moneda, efectos públicos, etc.

emoción. f. Estado de ánimo consiguiente a impresiones de los sentidos, ideas o recuerdos.

emocionar. tr. Causar emoción.

emoliente. a. y s. *Farm.* Sustancia usada para ablandar la piel y la mucosa.

emotivo, va. a. Que causa emoción o es sensible a ella.

empacar. tr. Empaquetar, encajonar.// prl. Obstinarse, emperrarse./ *Amér.* Plantarse un animal.// i. *Amér.* Hacer el equipaje. Ú.t.c.tr.

empacho. m. Cortedad, turbación./ Indigestión, hartazgo.

empadronar. tr./ prl. Anotar a uno en el padrón.

empalagar. tr./ prl. Causar hastío un manjar./ fig. Hartar.

empalago. m. Acción y efecto de empalagar o empalagarse.

empalizada. f. Estacada, obra hecha de estacas.

empalmadora. f. Dispositivo que se utiliza para empalmar, es decir, unir, dos fragmentos de película, actividad que en su conjunto es el montaje cinematográfico.

empalmar. tr. Juntar dos cosas entrelazándolas de modo que queden a continuación una de otra./ fig. Ligar o combinar planes, ideas, acciones, etc.// i. Unirse o combinarse un tren con otro, y también los caminos, los coches, etc.

empalme. m. Acción y efecto de empalmar./ Lugar donde se empalma.

empantanar. tr./ prl. Inundar un terreno, dejándolo hecho un pantano./ Meter en un pantano./ fig. Detener o embarazar un asunto o negocio.

empañar. tr./ prl. Quitar la tersura, el brillo./ fig. Manchar u oscurecer la fama, el mérito, etc.// prl. fig. Imbuirse de una idea, afecto, etc.

empapar. tr./ prl. Humedecer una cosa de modo que quede penetrada de un líquido.

empapelar. tr. Forrar de papel una superficie./ Envolver en papel.

empaque. m. Acción y efecto de empacar./ Materiales que forman la envoltura de los paquetes./ Catadura de una persona./ Gravedad afectada, tiesura.

empaquetar. tr. Formar paquetes.

emparedar. tr. Encerrar entre paredes.

Empalme de rutas en Francia, imitando la forma de la torre Eiffel.

emparejar. tr./ prl. Formar una pareja. // tr. Poner una cosa a nivel con otra.// i. Alcanzar a otro que iba adelantado.

emparentar. i. Contraer parentesco por vía de casamiento.// tr. Señalar relaciones de parentesco.

emparvar. tr. Poner las mieses en parva.

empastar. tr. Cubrir con pasta una cosa./ Encuadernar en pasta los libros./ Obturar con pasta las caries dentales./ Poner el color en cantidad suficiente para que oculte la imprimación.

empatar. tr. En una votación, concurso o competición, o tener dos o más contrincantes el mismo número de vot o puntos.

empatía. f. Psic. Capacidad de sentir y comprender con propias las emociones de los otros.

empavonar. tr. Tecn. Aplicar pavón al acero o al hierro.

empecinarse. prl. Obstinarse.

empedernido, da. a. Insensible, duro de corazón./ Re riéndose a cosas, extremadamente duro./ fig. Obstinad que tiene un vicio o costumbre muy arraigados.

empedernir. tr./ prl. Endurecer mucho.// prl. Hacerse d ro de corazón.

empedrado. m. Pavimento formado artificialmente de pi dras.

empedrar. tr. Cubrir el suelo con piedras ajustadas de m do que no puedan moverse.

empeine. m. Parte inferior del vientre en las ingles./ Pa superior del pie.

empeñar. tr. Dar una cosa en prenda.// prl. Endeudarse Insistir en una cosa.

empeño. m. Acción y efecto de empeñar o empeñarse Obligación de pagar de quien empeña una cosa, o se en peña./ Deseo vehemente de hacer o conseguir una cos Amér. Casa de empeños.

empeorar. tr. Poner o volver peor.// i./ prl. Ponerse peo

empequeñecer. tr. Minorar una cosa o menguar su impo tancia.

emperador. m. Título de mayor dignidad dado a cier soberanos, antiguamente a los que tenían por vasallos otros reyes o príncipes.

emperatriz. f. Mujer del emperador./ Soberana de un imp rio.

empero. conj. adversativa con que un concepto se le op ne a otro./ Pero./ Sin embargo.

empezar. tr. Dar principio a una cosa.

empinar. tr. Enderezar y levantar en alto./ Inclinar muc una vasija para beber.// prl. Ponerse en puntas de pie.

empíreo, rea. a. Dícese del cielo para los bienaventur dos./ fig. Supremo, celestial./ m. Parte más alta de los c los, donde habitan los dioses.

empireuma. m. Olor y sabor, muy desagradables, que pr ducen las sustancias orgánicas bajo fuego violento.

empírico, ca. a. Relativo a la experiencia o fundado ella./ Empirista.

empiriocriticismo. m. Fil. Doctrina de Ricardo Avenari (siglo XIX), según la que sólo la experiencia pura lleva conocimiento natural.

empirismo. m. Fil. Sistema de pensamiento que conside a la experiencia como única fuente del conocimiento h mano. El sujeto sería como una hoja en blanco donde qu dan impresas las expresiones del exterior. Sus principal representantes fueron Bacon, Locke, Hume y Hobbes, p ro también tiene importantes derivaciones en la filoso contemporánea, como el pragmatismo de William James la semiótica de Charles Peirce.

empirista. a. y s. Que profesa el empirismo.

emplasto. m. Preparado de un sólido con un adhesivo.

emplazar. tr. Colocar, situar./ Citar a una persona en det minado tiempo y lugar./ Citar a juicio.

empleado, da. s. Persona que desempeña un empleo.

emplear. tr./ prl. Ocupar a uno en un negocio, comisión puesto./ Usar.

empleo. m. Acción y efecto de emplear./ Ocupación, ofic

empleomanía. f. fam. Ambición desmedida de accede empleos, sobre todo públicos.

emplomadura. f. Acción y efecto de emplomar./ Porci de plomo con que está cubierta o rellenada una cosa.

emplomar. tr. Cubrir, asegurar con plomo./ Amér. Emp tar, rellenar una cavidad dentaria.

emplumar. tr. Poner plumas.// i. Emplumecer.

empobrecer. tr. Volver pobre.// i./ prl. Convertir en p bre./ Venir a menos una cosa.

empollar. tr. Calentar el ave los huevos para sacar pollo fig. y fam. Meditar un asunto.// i. Producir cría las abej

empolvar. tr. Echar polvo. Ú.t.c.prl.// prl. Cubrirse de polvo./ *Méx.* Anticuarse.

emponzoñar. tr./ prl. Dar ponzoña a uno, o inficionar una cosa con ponzoña.

emporio. m. Lugar donde concurren para el comercio gentes de diversas naciones.

empotrar. tr. Meter una cosa en la pared o en el suelo.

emprender. tr. Acometer y comenzar una obra o negocio.

empresa. f. Acción dificultosa que se comienza./ Sociedad mercantil o comercial./ Obra realizada.

empréstito. m. Préstamo que toma un estado o una corporación o empresa para cubrir sus gastos o necesidades./ Cantidad así prestada.

empujar. tr. Hacer fuerza contra una cosa para moverla, sostenerla o rechazarla./ fig. Mover a uno para que haga algo.

empuje. m. Acción y efecto de empujar./ Brío, resolución.

empujón. m. Impulso que se da con fuerza para mover a una persona o cosa.

empuñadura. f. Puño de la espada./ *Amér.* Puño de bastón o paraguas.

empuñar. tr. Asir por el puño una cosa.

emú. m. Ave corredora. Es de gran tamaño, plumaje marrón y cabeza casi desnuda.

emular. tr./ prl. Imitar las acciones de otro, procurando excederlo.

emulsina. f. Enzima contenida en las almendras dulces.

emulsión. f. Líquido que tiene en suspensión pequeñísimas partículas insolubles en el agua.

emunción. f. Evacuación de humores y materias nocivas o superfluas.

en. prep. que indica lugar, tiempo o modo.

enagua. f. Prenda de vestir de mujer que se usa debajo de la falda.

enajenar. tr. Pasar a otro el dominio de una cosa./ fig. Sacar a uno fuera de sí.// prl. Desposeerse.

enaltecer. tr./ prl. Ensalzar.

enamorar. tr. Excitar en uno la pasión del amor.// prl. Prendarse de amor de una cosa./ Aficionarse a algo.

enanismo. m. *Biol.* Trastorno del crecimiento que produce un desarrollo deficiente respecto del tamaño promedio de la especie. Sus causas no han sido totalmente determinadas aún.

enano, na. a. Dícese de lo que es diminuto en su especie.// s. Persona muy pequeña.

enarbolar. tr. Levantar en alto.// prl. Encabritarse.

enardecer. tr./ prl. Excitar o avivar.

enartrosis. f. *Anat.* Articulación móvil de una parte esférica de un hueso que encaja en una cavidad.

encabalgado, da. a. *Lit.* Aplícase al verso en el que se produce encabalgamiento.

encabalgamiento. m. *Lit.* Desacuerdo que se produce en el verso, entre la unidad métrica y la unidad sintáctica, cuando ésta excede los límites del verso y sigue en el siguiente.

encabalgar. i. Descansar, apoyarse una cosa sobre otra./ tr. Proveer de caballos./ tr./prnl. *Lit.* Distribuir en versos contiguos partes de una frase que por lo común constituyen una unidad.

encabestrar. tr. Poner el cabestro a los animales./ Conducir con cabestros a los vacunos.

encabezar. tr. Iniciar una suscripción o lista./ Poner el encabezamiento./ Acaudillar. Ú.m. en América.

encabritarse. prl. Empinarse el caballo sobre los pies alzando los brazos.

encadenado, da. a. *Lit.* Dícese de la estrofa cuyo primer verso repite en todo o en parte las palabras del último verso de la precedente. También, del verso que comienza con la última palabra del anterior.

encadenar. tr. Atar con cadenas./ fig. Trabar, unir. Ú.t.c.prl.

encajar. tr. Meter una cosa dentro de otra ajustadamente./ fig. y fam. Decir una cosa, sea oportuna o no./ Arrojar, disparar./ Hacer recibir o tomar contra voluntad o engaño.// prl. Introducirse en lugar estrecho.

Empedrado. Singular belleza que evoca tiempos de antaño en estas calles construidas de piedras picadas, semejando la forma de ladrillos.

encajonar. tr. Meter una cosa dentro de cajones./ Meter en lugar angosto. Ú.m.c.prl.

encalar. tr. Dar de cal o blanquear una cosa.

encallar. i. Dar la embarcación en arena o piedra quedando sin movimiento.

encaminar. tr./ prl. Enseñar el camino, poner en camino./ Dirigir a un punto determinado.

encandilar. tr./ prl. Deslumbrar acercando mucho a los ojos una luz./ fig. Deslumbrar con las apariencias.

encanecer. i. Ponerse cano./ fig. Envejecer.

encantamiento. Acción y efecto de encantar.

encantar. tr. Obrar maravillas ejerciendo un poder sobrenatural./ fig. Cautivar la atención con la hermosura o el talento, embelesar.

encapricharse. prl. Empeñarse uno en conseguir su capricho./ Tener capricho por alguien o algo.

encaramar. tr. Levantar una persona o cosa a un lugar difícil de alcanzar.

encarar. i. Ponerse uno cara a cara, enfrente de otro.// tr. Apuntar, dirigir la puntería.

encarcelar. tr. Poner a uno preso en la cárcel.

encarecer. tr./ i./ prl. Aumentar el precio de una cosa./ fig. Ponderar mucho una cosa./ Recomendar con empeño.

encargado, da. a. Que ha recibido un encargo.// s. Quien está al frente de una casa, negocio, etc.

encargar. tr./ prl. Encomendar, poner una cosa al cuidado de uno./ Ú.t.c.prl. Recomendar, prevenir./ Pedir que se traiga o remita una cosa.

encariñar. tr. Despertar cariño. Ú.m.c.prl.

encarnación. f. Acción de encarnar./ f. *Rel.* Dícese del acto de encarnarse Jesús, el Dios hecho hombre, en las entrañas de la Virgen María.

encarnado, da. a. De color de carne./ Colorado.// m. Color de carne que se da a las estatuas.

encarnar. i. Tomar forma carnal./ Criar carne una herida.// tr. fig. Personificar, simbolizar alguna idea, doctrina, etc./ Dar color encarnado.// prl. fig. Incorporarse, mezclarse dos cosas.

encarnizar. tr. Cebar al perro en la carne de otro animal para hacerlo fiero./ fig. Encruelecer, enfurecer.// prl. Mostrarse particularmente cruel con alguien.

encarrilar. tr. Encaminar, dirigir y enderezar una cosa./ Colocar sobre los carriles o rieles un vehículo descarrilado./ Encauzar un asunto hacia su logro.

encasillar. tr. Poner en casillas./ Clasificar personas o cosas distribuyéndolas en sus sitios correspondientes.

encastrar. tr. Encajar, empotrar.

Las enciclopedias, en general, contienen fotos, gráficos o esquemas que permiten ampliar y clarificar la información escrita. En la ilustración, la misma contiene textos referidos a los conocimientos y las investigaciones relacionados con el cuerpo humano y la salud.

encausar. tr. Formar causa a uno; proceder judicialmente.

encáustico. m. Preparado de cera y aguarrás que se usa para dar brillo a los muebles y otros objetos.

encauzar. tr. Abrir cauce./ fig. Encaminar, dirigir por buen camino.

encefalitis. f. *Pat.* Inflamación del encéfalo.

encéfalo. m. *Anat.* Gran centro nervioso contenido en el cráneo, que comprende el cerebro, el cerebelo y la médula espinal.

encefalograma. m. *Med.* Observación radiográfica de las cavidades ventriculares del encéfalo, realizada a través de aparatos especiales.

encefalomielitis. f. *Pat.* Inflamación simultánea del encéfalo y de la médula espinal.

enceguecer. tr. Privar de la vista.// tr./ prl. *Amér.* Ofuscar el entendimiento.// i./ prl. Perder la vista.

encendedor, ra. a. Que enciende.// m. Aparato para encender.

encender. tr. Hacer que una cosa arda./ Conectar un circuito o aparato eléctricos./ Pegar fuego, incendiar.

encerar. tr. Aderezar con cera alguna cosa./ Manchar con cera.

encerrar. tr. Meter a una persona o cosa en parte de que no pueda salir./ fig. Incluir, contener.

encestar. tr. Poner, guardar algo en una cesta./ Hacer tantos en el básquetbol.

enchapar. tr. Cubrir con chapas.

enchilada. f. *Guat.* y *Méx.* Torta de maíz condimentada con chile y rellena con otros alimentos.

enchufar. tr./ i. Ajustar la boca de un caño en la de otro. Ú.t.c.i./ fig. Combinar, unir un negocio con otro./ Establecer una conexión por medio del enchufe.

enchufe. m. Acción de enchufar./ Parte de un caño o tubo que penetra en otro./ Aparato de dos piezas que encajan entre sí para establecer una conexión eléctrica.

encía. f. Carne que cubre la quijada y guarnece la dentadura.

encíclica. f. Carta que dirige el Papa a los obispos católicos.

enciclopedia. f. Conjunto de todas las ciencias./ Obra que trata de muchas ciencias o artes./ Diccionario enciclopédico./ *Hist.* Gigantesca obra filosófica publicada en Francia por D'Alembert, entre 1751 y 1772. Intentó resumir todo el saber de la época y se convirtió en símbolo de la cultura iluminista. En ella colaboraron los más destacados pensadores de su tiempo: Diderot, Montesquieu, Rousseau, Voltaire, Turgot, Quesnay.

enciclopédico, ca. a. Pert. o rel. a la enciclopedia.

encierro. m. Acción y efecto de encerrar./ Sitio donde se encierra./ Clausura, recogimiento.

encima. adv. l. En lugar superior respecto de otro inferior./ adv. c. Además, sobre otra cosa.

encina. f. Árbol fagáceo, de madera muy dura y compacta, cuyo fruto es la bellota.

encinta. a. Embarazada, preñada.

enclenque. a. Falto de salud.

enclítico, ca. a. *Gram.* Díc. del pron. personal que se pospone al verbo y forma con él con una sola palabra.

encofrado. m. Revestimiento de madera para hacer el vaciado de una obra de hormigón armado, columnas, etc.

encoger. tr./ prl. Retirar contrayendo./ fig. Apocar el ánimo.// i. Disminuir las medidas de algunas telas por apretarse su tejido cuando se mojan o lavan./ Disminuir de tamaño ciertas cosas.

encolar. tr. Pegar con goma una cosa.

encolerizar. tr./ prl. Hacer que uno se ponga colérico.

encomendar. tr. Encargar a uno que haga alguna cosa o que cuide de ella o de una persona./ Dar encomienda./ prl. Confiarse, entregarse al amparo de alguien.

encomendero, ra. a. El que lleva encargos de otros./ m. *Hist.* Durante la colonización española en América, el que tenía indios encomendados por concesión de la autoridad competente.

encomiable. a. Digno de encomio.

encomienda. f. Acción y efecto de encomendar./ Cosa encomendada./ *Amér.* Paquete postal.// *Hist.* Institución de derecho castellano medieval que fue luego trasladada a las colonias en América. Consistía en una cesión que el monarca realizaba, de sus derechos a percibir tributos por parte de los indígenas. Se asignaba a un colono español como premio por su labor conquistadora. También podía realizarse en forma de servicios personales.

encomio. m. Alabanza encarecida.

enconar. tr. Inflamar una llaga, herida, etc.// tr./ prl. Exasperar el ánimo contra uno.

encono. m. Rencor, resentimiento.

encontrar. tr. Dar con una persona o cosa que se busca./ prl. Oponerse, enemistarse./ Hallarse y concurrir juntas a un lugar dos o más personas./ Hallarse, estar./ Coincidir los afectos.

encordar. tr. Poner cuerda a los instrumentos de música./ Apretar un cuerpo con una cuerda, haciendo que ésta dé muchas vueltas alrededor de aquél.

encorvar. tr./ prl. Doblar una cosa poniéndola corva.

encrespar. tr./ prl. Ensortijar, rizar./ Erizar el pelo, plumaje, etc., por efecto de una impresión fuerte./ Enfurecer, irritar./ Levantar, agitar las olas.

encrucijada. f. Punto en donde se encuentran dos o más calles o caminos./ fig. Alternativa, opción./ Emboscada, asechanza.

encuadernación. f. Acción y efecto de encuadernar./ Cubierta que se pone a los libros para resguardo de sus hojas.

encuadernar. tr. Juntar y coser varios pliegos o cuadernos y ponerles cubiertas.

encuadrar. tr. Encerrar en un marco o cuadro./ Determinar los límites de una cosa./ *Arg.* Sintetizar un concepto./ fig. Distribuir las personas de acuerdo con un esquema organizativo, para que participen en una actividad sindical, política, etc.

encubrir. tr./ prl. Ocultar una cosa o no manifestarla.

encuentro. m. Acto de coincidir en un punto dos o más personas o cosas./ Oposición, contradicción./ Competición deportiva./ Choque de un cuerpo de vanguardia con el enemigo.

encuesta. f. Averiguación o pesquisa./ Reunión de datos obtenidos por consultas o cuestionarios a muchas personas.

encuestar. tr. Someter algo a encuesta./ Interrogar para una encuesta.// i. Hacer encuestas.

enculturación. f. *Antrop.* Aprendizaje de las normas y valores de una cultura, que el individuo realiza para lograr su socialización./ f. *Teol.* Adaptación que cada cultura hace de las Sagradas Escrituras, sin deformar el espíritu de éstas.

encumbrar. tr./ prl. Levantar en alto./ fig. Ensalzar a uno./ Ascender a la cumbre.// prl. Envanecerse./ Elevarse mucho.

encurtido. m. Fruta o legumbre en vinagre. Ú.m. en pl.

endeble. a. Débil, de poca resistencia./ fig. De escaso valor.

endecágono, na. a. y s. *Geom.* Aplícase al polígono de once ángulos y once lados.

endecasílabo, ba. a. y s. De once sílabas./ m. *Lit.* Verso de once sílabas, muy usado entre los clásicos italianos y, por influencia de éstos, entre los españoles.

endecha. f. Canción triste. Ú. m. en pl./ f. *Lit.* Combinación de cuatro versos de seis o siete sílabas, con rima asonante.

endemia. f. Enfermedad propia de un país o región, donde se repite en épocas fijas.

enderezar. tr./ prl. Poner derecho o vertical lo que está inclinado o tendido./ Remitir, dedicar./ Corregir, enmendar./ fig. Poner en buen estado una cosa. Ú.t.c.prl.// i. Ir directamente hacia algún lugar o cosa.

endeudarse. prl. Contraer muchas deudas./ Reconocerse obligado.

endiablado, da. a. Muy feo, desproporcionado./ Endemoniado, perverso.

endibia. f. Escarola, especie de achicoria muy utilizada en ensaladas.

endilgar. tr. Encajar a otro algo desagradable o impertinente.

endocarpio o **endocarpo.** m. *Bot.* Capa interna de las tres que forman el pericarpio de los frutos.

endocrino, na. a. Apl. a la glándula que vierte sus secreciones en la sangre.

endodermis. f. *Bot.* Tejido que separa otros tejidos internos de los vegetales.

endoenzima. f. *Biol.* Enzima del interior de las células.

endogamia. f. *Antrop.* Matrimonio entre individuos de una misma casta, tribu o grupo social. Se aplica al sistema social caracterizado por la obligatoriedad de este tipo de uniones.

endógeno, na. a. Que se origina o nace en el interior.

endoplasma. m. *Biol.* Zona del citoplasma más cercana al núcleo.

endorreico, ca. a. Dícese de las aguas de un territorio que afluyen al interior de éste, sin salida al mar.

endosar. tr. Ceder a favor de otro un documento de crédito o un crédito./ fig. Echar sobre otro una carga o molestia.

endosfera. f. *Geol.* Parte central del globo terráqueo, cuya temperatura se calcula entre 1.500 y 3.000 grados centígrados.

endósmosis o **endosmosis.** f. *Fís.* Corriente de afuera hacia adentro que se establece cuando dos líquidos de distinta densidad están separados por una membrana. Circula del menos denso al más denso.

endosperma. m. *Bot.* Tejido de reserva de las semillas.

endotelio. m. *Anat.* Tejido epitelial de células planas que recubre el interior de los vasos y ciertas cavidades.

endotoxina. f. *Biol.* Toxina que se encuentra en el interior de las bacterias.

endriago. m. *Mit.* Monstruo cuyas facciones mezclan rasgos humanos y animales.

endrino, na. a. De color negro azulado.// m. Ciruelo silvestre, de fruto negro azulado, pequeño y de sabor áspero.

endulzar. tr./ prl. Poner dulce una cosa./ fig. Suavizar, hacer llevadero un trabajo.

endurecer. tr./ prl. Poner dura una cosa./ Robustecer los cuerpos./ Hacer a uno áspero, exigente.// prl. Volverse cruel.

eneágono, na. a. y s. *Geom.* Dícese del polígono de nueve ángulo y nueve lados.

enebro. m. Arbusto conífero de madera fuerte u olorosa y fruto en baya./ Madera de esta planta.

enema. f. Medicamento que se introduce en el recto./ Lavativa.

enemigo, ga. a. Contrario, opuesto./ El que malquiere a otro y le hace o desea daño.// m. El contrario en la guerra.

enemistad. f. Aversión u odio entre dos o más personas.

enemistar. tr./ prl. Hacer a uno enemigo de otro o hacer perder la amistad.

energía. f. Eficacia./ Fuerza de voluntad, vigor en la actividad./ *Fís.* Causa capaz de transformarse en trabajo mecánico./ **-atómica.** La que se obtiene mediante modificaciones en el núcleo del átomo./ **-cinética.** *Fís.* La que posee un cuerpo libre, sobre el que actúa un sistema de fuerzas./ **-eléctrica.** *Fís.* La que poseen los electrones que circulan por un conductor./ **-eólica.** La que proviene del viento./ **-potencial.** *Fís.* La que posee un cuerpo cuando se halla en un campo de fuerzas./ **-solar.** La que procede del Sol, y llega en forma de radiaciones electromagnéticas. En la actualidad se experimenta con sus grandes posibilidades como energía alternativa y no agotable./ **-química.** La liberada o absorbida por un sistema, en el transcurso de una reacción química.

energúmeno, na. s. Persona endemoniada./ fig. Persona furiosa, exaltada.

enero. m. Mes primero del año.

enervar. tr./ prl. Debilitar, quitar las fuerzas./ fig. Quitar fuerza a los argumentos o razones.

enfadar. tr. Causar enfado. Ú.t.c.prl.

enfado. m. Impresión desagradable./ Enojo, disgusto.

enfangar. tr./ prl. Cubrir de fango una cosa o meterla en él. Ú.m.c.prl.// prl. fig. Entregarse a actividades innobles.

énfasis. m. y f. Fuerza de expresión con que se realza la importancia de lo que se dice o se lee./ Afectación./ Figura que consiste en dar a entender más de lo que se dice.

enfático, ca. a. Que posee énfasis.

Energía. Aprovechamiento del río San Juan (Argentina), a través de la Represa y la Central hidráulica Quebrada de Ullúm, con el fin de obtener ese valioso recurso.

enfatizar. i. Expresarse con énfasis./ tr. Poner énfasis en la expresión de algo.

enfermar. i. Contraer enfermedad. Ú.t.c.prl. en América especialmente.// t. Causar enfermedad./ fig. Debilitar./ fig. fam. *Arg.* Poner nervioso, molestar.

enfermedad. i. Alteración de la salud.

enfermero, ra. s. Persona destinada para la asistencia de los enfermos.

enfermo, ma. a. Que padece enfermedad. Ú.t.c.s. y en sentido figurado.

enfervorizar. tr./ prl. Encender buen ánimo o fervor.

enfilar. tr. Poner en fila varias cosas./ Venir dirigida una cosa en la dirección de otra./ Tomar una determinada dirección./ Ensartar.

enfisema. m. *Pat.* Tumefacción producida en el tejido celular, pulmonar o epidérmico, por aire o gas.

enfiteusis. amb. Cesión perpetua o por largo tiempo del dominio de un inmueble, mediante un pago anual.

enflaquecer. tr. Poner flaco a uno./ Debilitar, enervar.

enfocar. tr. *Ópt.* Hacer que la imagen de un objeto producida en el foco de una lente coincida con un plano u objeto determinado./ fig. Captar lo esencial de un problema o asunto.

enfrascar. tr. Echar en frascos.// prl. Aplicarse con gran intensidad a una cosa./ Oponer, hacer frente.

enfrentar. tr./ prl./ i. Poner frente a frente.

enfrente. adv. t. Delante, a la parte opuesta.// adv. m. En pugna, en contra.

enfriamiento. m. Acción y efecto de enfriar o enfriarse./ Indisposición de síntomas catarrales.

enfriar. tr./ i./ prl./ Poner o hacer que se ponga fría una cosa./ fig. Entibiar los sentimientos.// prl. Quedarse uno frío.

enfundar. tr. Poner una cosa dentro de su funda./ Llenar, henchir.

enfurecer. tr./ prl. Irritar a uno o ponerle furioso.// prl. fig. Alborotarse el mar, el viento, etc.

engalanar. tr./ prl. Adornar.

enganchar. tr./ prl./ i. Agarrar una cosa con gancho o colgarla de él./ Uncir los caballos al carruaje./ fig. y fam. Atraer la atención, la voluntad.// prl. Sentar plaza de soldado.

engañar. tr. Dar a la mentira apariencia de verdad./ Inducir a otro a tener por cierto lo que no es./ Producir ilusión, engaño./ Entretener, distraer.// prl. Equivocarse.

engaño. m. Falta de verdad, falsedad.

engarzar. tr. Trabar una cosa con otra u otras formando cadena./ Rizar./ Engastar.

enema. f. Medicamento que se introduce en el recto./ Lavativa.

engastar. tr. Embutir y encajar una cosa en otra.

engaste. m. Acción y efecto de engastar.

engendro. m. Feto./ Criatura informe./ fig. Plan, obra o designio mal concebidos.

englobar. tr. Considerar reunidas varias cosas en una sola.

engolosinar. tr. Excitar el deseo de uno con algún atractivo.// prl. Aficionarse, tomar gusto a algo.

engomar. tr. Impregnar y untar con goma.

engordar. tr. Cebar, dar mucho de comer para poner gordo.// i. Ponerse gordo./ fig. y fam. Hacerse rico.

engranaje. m. Efecto de engranar./ Conjunto de las piezas que engranan./ Conjunto de dientes de una máquina./ fig. Trabazón, ligazón de ideas, hechos, etc.

engranar. i. Encajar los dientes de una rueda./ fig. Enlazar, trabar.

engrandecer. tr. Hacer grande una cosa./ Exagerar, alabar./ fig. Exaltar.

engrasar. tr. Dar sustancia y crasitud a una cosa.// tr./ prl. Untar con grasa.

engreír. tr./ prl. Envanecer./ *Amér.* Encariñar.

engrosar. tr./ prl. Hacer gruesa y más corpulenta una cosa./ fig. Hacer más numeroso./ i. Hacerse más grueso, cobrar carnes.

engrudo. m. Masa hecha con harina o almidón cocidos en agua.

engullir. tr./ i. Tragar la comida atropelladamente y sin mascarla.

enhebrar. tr. Pasar la hebra por el ojo de la aguja o por el agujero de las cuentas o perlas.

enhorabuena. f. Felicitación.// adv. En hora buena, con bien.

enigma. m. Dicho o conjunto de palabras de sentido encubierto para que sea difícil entenderlo.

enigmático, ca. a. Que encierra enigma; de oscura y misteriosa significación.

enjaezar. tr. Poner los jaeces de las caballerías.

enjambre. m. Muchedumbre de abejas que salen de una colmena./ fig. Muchedumbre de personas o cosas juntas.

enjaular. tr. Poner dentro de la jaula./ fig. y fam. Meter en la cárcel.

enjoyar. tr. Adornar con joyas a una persona o cosa./ Poner piedras preciosas a una joya./ fig. Adornar, hermosear.

enjuagar. tr./ prl. Limpiar la boca y dentadura con líquido.// tr. Aclarar y limpiar con agua lo que se ha jabonado.

enjugar. tr. Quitar la humedad a una cosa./ Limpiar la humedad que echa de sí el cuerpo. Ú.t.c.prl.

enjuiciar. tr. Someter una cuestión a juicio.

enjundia. f. Gordura que las aves tienen en la overa./ Unto y gordura de cualquier animal./ fig. Lo más importante de una cosa no material./ Fuerza, vigor.

enjuto, ta. a. Delgado, de pocas carnes.

enlace. m. Acción de enlazar./ Unión, conexión de una cosa con otra./ fig. Parentesco, casamiento./ Persona que sirve para que por su mediación otras se comuniquen entre sí./ Unión entre los átomos de un compuesto químico para formar moléculas.

enlazar. tr. Juntar una cosa con lazos./ Dar enlace a unas cosas con otras./ Aprisionar un animal arrojándole el lazo./ prl. Casar./ Unirse las familias por medio de casamientos.

enlodar. tr./ prl. Manchar con lodo./ fig. Manchar, infamar.

enloquecer. tr. Hacer perder el juicio./ i. Volverse loco.

enlosado. m. Suelo cubierto de losas.

Engranajes de una máquina.

Enjambre de abejas obreras elaborando miel.

nlosar. tr. Cubrir el suelo con losas.

nlucir. tr. Poner una capa de yeso o mezcla a las paredes, techos o fachadas de los edificios./ Limpiar, poner brillante una superficie.

nlutar. tr. Cubrir de luto./ fig. Oscurecer. Ú.t.c.prl./ Afligir, entristecer.

nmarañar. tr./ prl. Enredar, revolver una cosa./ fig. Enredar un asunto, confundirlo.

nmascarar. tr./ prl. Cubrir el rostro con máscara./ Encubrir, disfrazar.

nmendar. tr./ prl. Corregir./ Subsanar los daños./ Rectificar una sentencia.

nmienda. f. Corrección o eliminación de un error.

nmohecer. tr./ prl. Cubrir de moho.// prl. fig. Caer en desuso.

nmudecer. tr. Hacer callar.// i. Quedar mudo./ fig. Guardar silencio.

nnegrecer. tr./ prl. Ponerse negro./ Oscurecerse, nublarse.

nnoblecer. tr. Hacer noble. Ú.t.c.prl. / Ilustrar, dignificar.

nojar. tr./ prl. Causar enojo./ Molestar.

nojo. m. Ira, cólera./ Molestia, pesar, trabajo. Ú.m. en pl.

nología. f. Conjunto de conocimientos relativos a los vinos.

norgullecer. tr./ prl. Llenar de orgullo.

norme. a. Excesivo, desmedido.

nralzar. i. Arraigar, echar raíces.

nrarecer. tr. Dilatar un cuerpo gaseoso, quitándole densidad.

nredadera. f. Dícese de las plantas de tallo trepador, que se enredan en varas, cuerdas, etc.

nredar. tr./ prl. Prender con red./ Enmarañar una cosa con otra./ Meter discordia./ Envolver en negocios.

nredo. m. Maraña que resulta de trabarse entre sí desordenadamente cosas flexibles./ fig. Engaño que ocasiona disturbios./ Complicación./ Trama o argumento de una obra dramática./ *R. de la P.* Amorío.

nrejar. tr. Poner rejas o cercar con rejas.

nrevesado. a. Difícil de entender.

nriquecer. tr. Hacer rica a una persona, comarca, etc./ fig. Adornar, engrandecer.// i./ prl. Hacerse uno rico.// prl. Prosperar, notablemente, un país, una empresa, etc.

nrocar. tr. En el juego de ajedrez, mudar de lugar el rey al mismo tiempo que la torre./ Enrollar el copo en la rueca.

enrojecer. tr./ prl. Poner roja una cosa, calentándola al fuego./ Dar color rojo.// prl. Encenderse el rostro. Ú.t.c.tr.

enrolar. tr./ prl. Inscribir un individuo en el rol o lista de tripulantes de un barco mercante./ Alistar en el ejército, en un partido político u otra organización.

enrollar. tr. Arrollar, poner en forma de rollo.

enronquecer. tr./ prl. Poner ronco.

enroscar. tr./ prl. Doblar en redondo; poner en forma de rosca.// tr. Introducir una cosa a vuelta de rosca.

ensaimada. f. Bollo formado por una pasta hojaldrada enrollada en espiral.

ensalada. f. Hortaliza aderezada con sal, aceite, vinagre, etc./ fig. Mezcla confusa de cosas sin conexión.

ensaladera. f. Fuente honda en que se sirven las ensaladas.

ensalmo. m. Palabras mágicas que producen una curación, a veces junto con alguna medicina casera.

ensalzar. tr. Engrandecer, exaltar.

ensamblar. tr. Unir, juntar.

ensanchar. tr. Extender el ancho de una cosa.// i./ prl. fig. Afectar gravedad y señorío.

ensangrentar. tr./ prl. Manchar con sangre.// prl. fig. Irritarse mucho.

ensañar. tr. Irritar, enfurecer.// prl. Deleitarse en causar el mayor daño posible a quien quedó indefenso.

ensartar. tr. Pasar por un hilo, alambre, etc., varias cosas./ Enhebrar./ Hablar mucho y sin orden.// prl. vulg. *Arg.* Chasquearse, engañarse.

ensayar. tr. Probar una cosa antes de usar de ella./ Amaestrar, adiestrar./ Hacer la prueba de un ballet, obra teatral, etc.// prl. Intentar hacer una cosa varias veces para después hacerla mejor.

ensayo. m. Acción y efecto de ensayar./ Escrito breve, que no pretende tratar a fondo una materia.

ensenada. f. Recodo que forma seno, entrando el mar en la tierra.

enseña. f. Insignia o estandarte.

enseñanza. f. Acción y efecto de enseñar./ Sistema y método de instrucción.

enseñar. tr. Instruir./ Dar advertencia o escarmiento./ Indicar, mostrar.

enseres. m. pl. Utensilios, muebles.

ensillar. tr. Poner la silla a las caballerías.

ensimismamiento. m. Acción de ensimismarse.

ensimismarse. prl. Abstraerse./ *Col. y Chile.* Envanecerse.

ensoberbecer. tr./ prl. Causar soberbia.// prl. Agitarse el mar.

ensombrecer. tr./ prl. Cubrir de sombras./ Entristecerse.

ensopar. tr. Hacer sopa con el pan, empapándolo./ *Amér.* Empapar, poner hecho una sopa.

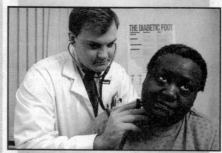

Enfermedad. Los controles médicos realizados periódicamente permiten detectar precozmente cualquier alteración de la salud y encarar un tratamiento preventivo o curativo.

ensordecer. tr. Causar sordera.// i. Perturbar mucho a una persona a la intesidad de un sonido./ Aminorar la intensidad de un ruido o sonido.

ensuciar. tr./ prl. Poner sucia una cosa.// prl. Dejarse sobornar./ Deslucir.

ensueño. m. Sueño, cosa que se sueña./ Ilusión, fantasía.

entablar. tr. Cubrir con tablas./ Dar comienzo a una cosa./ En el juego de ajedrez, empatar./ Entrar en tratos./ Trabar una batalla, disputa, etc./ Amér. Iniciar una demanda judicial.

entablillar. tr. Sujetar con tablillas y vendajes un hueso roto.

entallar. tr. Esculpir o grabar./ Formar el talle./ Hacer una incisión en el tronco de algunos árboles para extraer la resina.// i. Venir bien o mal la ropa al talle.

entarimado. m. Suelo de tablas.

ente. m. Lo que es, existe o puede ser./ fig. Sujeto ridículo.

entelequia. f. Fil. Realidad que ha alcanzado su perfección o tiende a ella. También, cosa real que tiende por sí misma a un fin propio./ Fig. y fam. Cosa perfecta que no puede existir, irrealidad.

entenado, da. a. Hijastro. Ú.t.c.s.

entender. tr. Tener idea clara de las cosas; comprenderlas./ Conocer, penetrar./ Discurrir, deducir.// prl. Comprenderse a sí mismo./ rec. Ir dos o más de conformidad en un negocio.

entendimiento. m. Facultad de comprender./ Razón humana.

entenebrecer. tr./ prl. Oscurecer, llenar de tinieblas.

entente (voz francesa). f. Convenio o trato secreto entre estados o empresas.

enterar. tr./ prl. Informar, instruir, notificar.

entereza. f. Integridad, perfección./ fig. Fortaleza./ Rigurosa observancia de la disciplina.

enteritis. f. Med. Inflamación de la membrana mucosa de los intestinos.

enterizo, za. a. Entero./ De una sola pieza.

enternecer. tr./ prl. Poner tierna una cosa./ Mover a ternura.

entero, ra. a. Cabal, cumplido./ Apl. al animal no castrado./ fig. Sano./ Justo, recto./ m. Número entero.

enterrar. tr. Poner debajo de la tierra./ Dar sepultura a un cadáver./ fig. Sobrevivir a una persona./ Relegar al olvido./ Amér. Clavar un instrumento punzante.// prl. fig. Retraerse, aislarse.

entiblar. tr./ prl. Poner tibio un líquido./ fig. Moderar.

entidad. f. Fil. Lo que constituye la esencia o la forma ▒ una cosa./ Ente o ser./ Colectividad considerada como un▒ dad./ Conjunto de personas que forman una sociedad c▒ fines comerciales, médicos, etc.

entierro. m. Acción y efecto de enterrar los cadáveres▒ Cortejo de un cadáver que es llevado a enterrar.

entimema. m. Lóg. Silogismo incompleto que consta ▒ sólo dos proposiciones, pues el otro se sobreentiende.

entoldar. tr. Cubrir con toldos.// prl. Nublarse.

entomófago, ga. a. Zool. Dícese del animal que se a▒ menta de insectos. Ú.t.c.s.

entomología. f. Parte de la zoología que trata de los ins▒ tos.

entomólogo. m. El que practica o profesa la entomolog▒

entonación. f. Acción y efecto de entonar./ Inflexión de ▒ voz según el sentido o las intenciones de que se dic▒

entonar. tr./ i. Cantar ajustado al tono./ Dar determinad▒ tono a la voz./ Vigorizar el organismo./ Armonizar las ti▒ tas.// prl. fig. Engreírse.

entonces. adv. En aquel tiempo u ocasión.

entorchado. m. Cuerda o hilo de seda, cubierto con ot▒ hilo de seda, o de metal, retorcido alrededor./ Distinti▒ bordado en oro o plata que los generales, ministros, etc▒

entornar. tr. Volver la puerta o la ventana hacia donde ▒ cierra.

entorpecer. tr./ prl. Poner torpe./ Oscurecer el entend▒ miento./ Retardar, dificultar.

entozoario. m. Zool. Parásito que vive en el interior d▒ cuerpo de los animales.

entrada. f. Espacio por donde se entra a alguna parte./ A▒ ción de entrar./ Billete que sirve para entrar en una sala ▒ espectáculos./ Cada uno de los platos que se sirven ant▒ del plato principal./ Cada uno de los ángulos entrantes q▒ forma el pelo en la parte superior de la frente./ Caudal q▒ entra en una caja o en poder de uno./ Principio de un añ▒ estación.

entraña. f. Cada uno de los órganos contenidos en las pri▒ cipales cavidades del cuerpo./ Lo más íntimo de una co▒ o asunto./ El centro de algo./ Índole, genio de alguien.

entrañar. tr./ prl. Introducir en lo más hondo./ Conten▒ llevar dentro de sí.// prl. Unirse estrechamente con ▒ guien.

entrar. i. Ir o pasar por una parte para introducirse en otr▒ Penetrar, introducirse.

entre. prep. En medio ▒ dos cosas o acciones./ ▒ el número de./ Expre▒ cooperación de person▒ o cosas.

entreabrir. tr./ prl. Ab▒ un poco o a medias.

entreacto. m. Intermed▒ en una representaci▒ dramática.

entrecejo. m. Espacio q▒ hay entre las cejas./ f▒ Ceño, sobrecejo.

entrecerrar. tr. Entorn▒ una puerta o una ventan▒

entrecruzar. tr./ prl. C▒ zar dos o más cosas en▒ sí.

entredicho. m. Prohi▒ ción de hacer o decir alg▒

Envasar.

Vista del proceso de envasado realizado en▒ forma mecánica en una moderna planta cervece▒

Entomófago. Anfibios, como la rana, que se alimentan de pequeños insectos pertenecen a este grupo.

ntrega. f. Acción y efecto de entregar./ Cada cuaderno impreso en que se divide y vende un libro publicado en serie.

ntregar. tr. Poner en poder de otro.// prl. Ponerse en manos de uno sometiéndose a su dirección o arbitrio./ Dedicarse de lleno a una cosa./ fig. Dejarse dominar./ Declararse vencido.

ntrelazar. tr. Entretejer una cosa con otra.

ntremés. m. Comida que se pone en la mesa para picar mientras se sirven los platos.// *Lit.* Obra teatral breve, generalmente de tema gracioso y burlesco. En sus orígenes, se representaba en los entreactos de la obra principal. Floreció durante el Siglo de Oro español.

ntremeter. tr. Meter una cosa entre otras.// prl. Meterse uno donde no lo llaman.

ntremetido, da. a. Apl. al que tiene costumbre de meterse donde no lo llaman.

ntremezclar. tr. Mezclar una cosa con otra sin confundirlas.

ntrenador, ra. a. y s. Preparador, adiestrador.

ntrenar. tr./ prl. Adiestrar, prepararse para algo.

ntrepiernas. f. pl. Parte interior de los muslos.

ntrepiso. m. Piso construido quitando parte de la altura a otro./ *Arg.* Entresuelo.

ntrerriano, na. a. De la provincia argentina de Entre Ríos.

ntresacar. tr. Sacar unas cosas de entre otras.

ntretanto. adv. Entre tanto, mientras.

ntretejer. tr. Meter en la tela que se teje hilos diferentes./ Trabar y enlazar una cosa con otra.

ntretener. tr./ prl. Tener en espera./ Hacer más llevadera una cosa./ Divertir./ Alargar, con pretextos, el despacho de un asunto./ prl. Divertirse.

ntretenimiento. m. Acción y efecto de entretener./ Lo que entretiene o divierte.

ntretiempo. m. Tiempo de primavera y otoño.

ntrever. tr. Ver confusamente una cosa./ Sospecharla.

ntreverar. tr. Mezclar una cosa entre otras.// prl. *Arg.* Mezclarse desordenadamente personas, animales o cosas.// *Arg.* Luchar cuerpo a cuerpo.

ntrevista. f. Encuentro convenido entre dos o más personas para tratar de un asunto, informar al público, etc.

ntristecer. tr. Causar tristeza./ Poner aspecto de triste.// prl. Ponerse triste y melancólico.

ntrometer. tr./ prl. Entremeter.

ntroncar. tr. Afirmar el parentesco de una persona con el linaje de otra./ Contraer parentesco con un linaje o persona./ *Amér.* Empalmar dos líneas de transporte, etc.

ntronizar. tr. Colocar en el trono./ Colocar a uno en alto estado.// prl. Envanecerse.

entropía. f. *Fís.* Magnitud que determina el grado de desorden molecular en los sistemas termodinámicos.

entuerto. m. Cosa trabada, confusión o agravio.

entumecer. tr./ prl. Impedir, entorpecer la acción de un miembro o nervio. Ú.m.c.prl.

enturbiar. tr./ prl. Hacer o poner turbia una cosa./ Alterar, turbar.

entusiasmar. tr./ prl. infundir entusiasmo.

entusiasmo. m. Inspiración fogosa y arrebatada del artista./ Exaltación del ánimo por algo que lo admira.

enumeración. f. Expresión sucesiva y ordenada de las partes de que consta un todo./ Cómputo de las cosas./ Breve resumen de las razones expuestas.

enunciacion. f. Acción y efecto de enunciar./ *Ling.* Acción por la cual un hablante utiliza la lengua, entendida como sistema virtual, en una situación concreta.

enunciado. m. Palabras con que se enuncia el teorema que se va a demostrar, el problema que se va a resolver, etc./ *Ling.* Secuencia de palabras, constituida por una o varias oraciones, delimitada por silencios muy marcados.

enunciador. ra. a. y s. El que enuncia.

enunciar. tr. Expresar sencillamente una idea.

enuresis. f. *Med.* Incontinencia en la emisión de orina.

envainar. tr. Meter un arma en su vaina.

envanecer. tr./ prl. Causar soberbia o vanidad.

envasar. tr. Echar en vasos o vasijas un líquido./ Meter en su envase una cosa.

envase. m. Acción y efecto de envasar./ Recipiente en que se conservan ciertos géneros./ Todo lo que envuelve o contiene efectos para conservarlos o transportarlos.

envejecer. tr. Hacer vieja a una persona o cosa.// i. Hacerse vieja una persona o cosa./ Durar mucho.

envenenar. tr./ prl. Emponzoñar, inficionar con veneno./ fig. Emponzoñar, dañar.

envergadura. f. Distancia entre las puntas de las alas de un avión./ En las aves, distancia entre las puntas de las alas completamente abiertas./ *Mar.* Ancho de la vela de un barco./ fig. Importancia, prestigio.

envés. m. Revés, reverso./ fam. Espalda.

enviar. tr. Hacer que una persona vaya a alguna parte./ Hacer que una cosa se dirija o sea llevada a alguna parte.

enviciar. tr. Corromper con un vicio.// i. Echar muchas hojas y poco fruto una planta.// prl. Aficionarse demasiado a una cosa.

envidia. f. Pesar del bien ajeno./ Deseo honesto, emulación.

envidiable. a. Digno de envidia.

envidiar. tr. Tener envidia, sentir el bien ajeno.

envidioso, sa. a. Que siente envidia.

envilecer. tr. Hacer vil y despreciable una cosa.// prl. Humillarse.

enviudar. i. Quedar viudo o viuda.

envoltorio. m. Lío, lo que se envuelve.

envoltura. f. Conjunto de pañales, mantas, etc. con que se envuelve a una criatura./ Capa externa que cubre una cosa.

envolver. tr. Cubrir una cosa rodeándola y ciñéndola con algo./ Arrollar o devanar los hilos, cintas, etc./ fig. Rodear a una persona con argumentos, confundirla.

envuelto. p. p. irreg. de **envolver**.

enyesado, da. a. Que tiene puesto un yeso./ m. Acción y efecto de enyesar./ Adición de yeso a un terreno, para reducir su acidez.

enyesar. tr. Tapar o acomodar una cosa con yeso./ Igualar una cosa con yeso./ Endurecer con yeso los vendajes para mantener en posición conveniente los huesos dislocados o rotos.

enyugar. tr. Uncir y poner el yugo.

enzima. f. *Fisiol.* Fermento que actúa como catalizador en los procesos de metabolismo de los seres vivos.

enzootia. f. Enfermedad que ataca a una o más especies de animales en una determinada región.

eoceno. a. y m. *Geol.* Dícese del período de la era terciaria que sigue al cretácico. En él aparecieron casi todos los mamíferos actuales.

eólico, ca. a. Rel. al viento./ Producido por el viento.

epatar (galicismo). Provocar la admiración, el asombro o el escándalo de alguien.

epicarpio. m. *Bot.* Telilla que cubre el fruto de las plantas.

epicentro. m. Punto de la tierra en que tiene su origen un terremoto.

épico, ca. a. Pert. o rel. a la épica./ Apl. a quien cultiva la épica./ Díc. de los textos donde predominan las partes narrativas./ f. Género literario en verso. Sus obras reciben el nombre de *epopeyas*. Tiene una larga historia que se remonta a los orígenes de la literatura, pero también se aplica a obras contemporáneas que parecen reproducir algunas de sus características, como los *westerns* cinematográficos.

epidemia. f. Enfermedad infecciosa que ataca al mismo tiempo a gran número de personas.

epidermis. f. *Zool.* Membrana exterior que forma la parte externa de la piel./ *Bot.* Película delgada que cubre la superficie de las plantas.

epidídimo. m. *Anat.* Conducto que lleva el semen desde el testículo hasta la vesícula seminal.

ESCAMAS

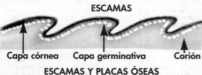

Capa córnea   Capa germinativa   Corión

ESCAMAS Y PLACAS ÓSEAS

Dermis ósea

ESCUDOS

Epidermis del lagarto, constituida por escamas.

epifanía. f. Manifestación, aparición./ *Rel.* Festividad que celebra la Iglesia el 6 de enero, que también es llamada la Adoración de los Reyes.

epífisis. f. *Anat.* Glándula endocrina situada en el cerebro. Regula el desarrollo sexual.

epífito, ta. a. Dícese del vegetal que vive sobre otro sin alimentarse de él como musgos y líquenes.

epígono. m. El que sigue las huellas de otro; esp., díc. del que sigue una escuela o estilo de una generación anterior.

epígrafe. m. Resumen, cita o sentencia que suele ponerse a la cabeza de una obra o al comienzo de cada uno de sus capítulos o divisiones./ Título, rótulo.

epilepsia. f. Enfermedad general, caracterizada por accesos, pérdida brusca del conocimiento y convulsiones.

epiléptico, ca. a. y s. Que padece epilepsia.

epílogo. m. Recapitulación de todo lo dicho en una composición literaria./ Última parte de algunas obras literarias, consecuencia y cierre de la acción principal.

episcopado. m. Dignidad de obispo./ Tiempo en que éste gobierna./ Conjunto de obispos de un país.

episiotomía. f. *Med.* Sección de la vagina que facilita la salida del feto en partos dificultosos.

episodio. m. Acción secundaria, enlazada con la principal./ Cada una de las acciones parciales o partes integrantes de la acción principal./ Suceso enlazado con otros.

epístola. f. Carta misiva que se escribe a los ausentes./ Composición poét. dirigida a una persona real o imaginaria.

epitafio. m. Inscripción propia para ponerla sobre un sepulcro.

epitelio. m. Tejido tenue que cubre exteriormente las mucosas y glándulas del cuerpo.

epíteto. m. Adjetivo o participio cuya función principal r es especificar o determinar al sustantivo, sino caracteriza lo como una redundancia.

época. f. Era, fecha histórica./ Período que se señala por l hechos históricos durante él acaecidos./ Temporada.

epónimo, ma. a. Que da nombre a un pueblo, a una trib a un período, etc.

epopeya. f. Poema narrativo extenso, que refiere accione heroicas, protagonizado por un héroe y de fuerte carácte nacional./ fig. Conjunto de hechos gloriosos.

epulón. m. Comilón.

equiangular. a. *Geom.* Dícese de la figura cuyos ángule son iguales.

equidad. f. Ecuanimidad./ Propensión a dejarse guiar por razón.

equidistar. tr. Hallarse una cosa a igual distancia de ot determinada, o entre sí.

equidna. f. Mamífero insectívoro, de cuerpo con púas lengua extensible, provista de espinas. Abunda en Austr lia y Nueva Guinea.

équido. a. *Zool.* Díc. de los animales cuyas extremidade terminan en un solo dedo como el caballo. Ú.t.c.s.// m. p Familia de estos animales.

equilátero, ra. a. Apl. a las figuras cuyos lados son tod iguales entre sí.

equilibrar. tr./ pr. Hacer que una cosa se ponga o quede e equilibrio.

equilibrio. m. Estado de un cuerpo cuando fuerzas opue tas que obran en él se compensan y anulan./ fig. Contrape so, igualdad./ Ecuanimidad, mesura.// pl. fig. Actos pa sostener una opinión, situación insegura o dificultosa./

ecológico. Relativo al ecosistema o de un conjunto d ellos, en el que los intercambios de materias y energía so los correctos, sin perjuicio para ninguno de sus integrante

equimosis. f. *Pat.* Mancha lívida en la piel o en los órgano internos, producida por un golpe, caída, etc.

equino, na. a. poét. Relativo al caballo.// m. *Amér.* Caba llo o yegua.

equinoccio. m. Época en que los días son iguales a las no ches en toda la Tierra.

equinococo. m. Larva de algunas tenias. Produce quiste en el hombre.

equinodermo, ma. a. y m. *Zool.* Dícese de los animale del tipo equinodermos, exclusivamente marinos, que pre sentan un esqueleto dérmico generalmente con espinas.

equipaje. m. Conjunto de cosas que se llevan en los via jes./ Tripulación.

equipar. tr./ prl. Proveer a uno de las cosas necesarias pa ra su uso particular./ Dotar a una casa, un buque, etc. de l necesario para funcionar.

equiparar. tr. Comparar dos cosas, considerándolas iguale o equivalentes.

equipo. m. Acción y efecto de equipar./ Grupo organizad para un fin o servicio determinado./ En algunos deporte cada uno de los grupos que contienden./ Conjunto de úti les o vestimentas para un uso particular.

equitación. f. Arte de montar y manejar bien el caballo.

equivalente. a. Que equivale a otra cosa. Ú.t.c.s.

equivaler. i. Ser igual una cosa a otra en el valor o eficaci

equivocar. tr./ prl. Tener o tomar una cosa por otra, juzgan do u obrando desacertadamente.

equívoco, ca. a. Que se puede entender en varios senti dos.// m. Palabra de varios sentidos.

era. f. Fecha determinada de un suceso, desde el cual s empiezan a contar los años./ Período extenso de tiempo. *Geol.* Unidad cronogeológica de primer orden, en que s distinguen los tiempos geológicos. Son cinco: precámbri ca, paleozoica, mesozoica, cenozoica y antropozoica./ **cristiana.** Cómputo del tiempo que empieza a contarse por años, desde el nacimiento de Cristo.

erario. m. Tesoro público./ Lugar donde se guarda.

erbio. m. Elemento químico. Símb., Er.; n. at., 68; p. at. 167,27.

erebo. m. poét. Infierno.

Equinodermo. Estrella de mar, el más representativo de este grupo de invertebrados marinos.

erecto, ta. a. Enderezado, levantado, rígido.

ergio. m. *Fís.* Unidad de trabajo definida como el requerido para desplazar 1 cm el punto de aplicación de una fuerza de 1 dina en la dirección de ésta.

erguir. tr. Levantar y poner derecha una cosa.// prl. fig. Engreírse.

erial. a./ m. Apl. a la tierra sin cultivar ni labrar.

erigir. tr. Fundar, instituir o levantar./ Dar a una persona o cosa un carácter que no tenía.

erisipela. f. *Med.* Inflamación superficial de la piel que se manifiesta por su color encendido y suele ir acompañada de fiebre.

eritrocito. m. *Biol.* Hematíe, glóbulo rojo de la sangre. Contiene hemoglobina y transporta gases a células y tejidos.

erizar. tr./ prl. Levantar, poner rígida y tiesa una cosa. Ú.m.c.prl./ fig. Llenar de obstáculos una cosa.// prl. fig. Inquietarse.

erizo. m. Mamífero insectívoro con el dorso y los costados cubierto de púas agudas./ Mata leguminosa de ramas cruzadas y espinosas./ Cáscara espinosa de las castañas y otros frutos./ fig. y fam. Persona de carácter áspero./ **-de mar.** Equinodermo de forma esférica y aplanada, cubierto con una concha caliza llena de púas.

erlenmeyer. m. *Quím.* Recipiente de vidrio usado en laboratorio, de forma cónica y fondo plano, que le da mucha estabilidad y superficie de calentamiento.

ermita. f. Santuario o capilla en despoblado.

ermitaño, ña. s. Persona que vive en la ermita.// m. Persona que vive en soledad o gusta de ella.

erogar. tr. Distribuir bienes o caudales./ *Amér.* Ocasionar.

eros. m. *Fil.* y *Psic.* Conjunto de deseos y tendencias sexuales, identificadas con la vida, por oposición a Tanatos, la pulsión de muerte.

erosión. f. Desgaste en la superficie de un cuerpo por el roce de otro./ *Geol.* Conjunto de procesos que causan modificaciones en la superficie terrestre.

erosionar. tr. Producir erosión.

erotismo. m. Amor sensual, placer por las satisfacciones sexuales./ En el arte, tendencia a representar estas pasiones, sobre todo mediante desnudos.

erotomanía. f. *Psiq.* Enajenación mental caracterizada por un desenfrenado erotismo.

erque. m. *Amér.* Tuba travesera recta de 3 a 7 m de largo.

erquencho. m. Flauta formada por una caña de unos 10 cm de largo terminada en un pabellón de cuerno.

erradicar. tr. Arrancar de raíz.

errante. a. Que yerra./ Que anda de una parte a otra sin tener asiento fijo.

errar. tr./ i. No acertar.// tr. Andar errante./ Faltar, no cumplir con lo que se debe.

errata. f. Equivocación material en lo impreso o manuscrito.

errático, ca. a. Vagabundo, sin domicilio cierto./ *Pat.* Que pasa de una parte a otra.

erróneo, a. a. Que contiene error, equivocado.

error. m. Concepto equivocado o juicio falso./ Acción equivocada./ Cosa hecha equivocadamente.

eructar. i. Expeler con ruido por la boca los gases del estómago.

erudición. f. Conocimiento profundo adquirido mediante el estudio de una o varias materias.

erupción. f. Aparición y desarrollo en la piel o las mucosas de granos, manchas o vesículas./ Dichas manchas, granos o vesículas./ Emisión repentina y violenta de lavas, gases, etc. a través de un cráter volcánico.

eruptivo, va. a. Relativo a la erupción./ f. *Med.* Dícese de las enfermedades que se caracterizan por algún tipo de erupción./ *Geol.* Dícese de las rocas formadas por enfriamiento y consolidación de magma.

esbelto, ta. a. Gallardo, delgado, alto y de elegante figura.

esbirro. m. Alguacil, policía./ El que tiene por oficio prender a las personas./ Secuaz a sueldo o que actúa por interés.

esbozo. m. Bosquejo, boceto.

escabel. m. Tarima pequeña que se pone para descanso de los pies./ Asiento pequeño sin respaldo.

escabrosidad. f. Calidad de escabroso.

escabroso, sa. a. Desigual, lleno de tropiezos./ fig. Áspero, duro, de mala condición./ fig. Que está al borde de lo inconveniente o moral.

escabullir. i. Escapar.// prl. Irse o escaparse de las manos./ Apartarse de la compañía que se tenía sin que lo noten.

escafandra. f. Aparato que usan los buzos compuesto de una vestidura impermeable y un casco metálico, para permanecer y trabajar debajo del agua.

escala. f. Escalera de mano./ Sucesión ordenada de cosas distintas pero de la misma especie./ Línea recta dividida en partes iguales que representan en proporción determinadas unidades de medida./ fig. Relación existente entre una longitud y su representación sobre un mapa, plano o fotografía./ Cualquier sistema que, por composición, permita medir una determinada magnitud./ Paraje o puerto donde suelen tocar los barcos./ *Mús.* Sucesión diatónica de las siete notas.

escalafón. m. Lista de los individuos de una corporación, clasificados según su grado, antigüedad, etc.

escalar. tr. Entrar en un lugar valiéndose de escalas./ Trepar por una pendiente o una altura./ fig. Alcanzar ciertas dignidades.

escaldar. tr. Bañar con agua hirviendo una cosa./ Abrasar con fuego hasta poner rojo.// prl. Escocer la piel.

Erosión eólica. Curiosas figuras de piedra, modeladas por el viento, en Ischigualasto, San Juan (Argentina).

Escarpadas montañas que conforman el espectacular paisaje natural del Valle de Yosemite, California (Estados Unidos).

escaleno. a. Triángulo cuyos tres lados son desiguales.

escalera. f. Serie de escalones que sirve para subir o bajar.

escalinata. f. Escalera exterior de un solo tramo.

escalón. m. Peldaño./ fig. Grado a que se asciende./ Medio para adelantar una persona en sus posiciones.

escalonar. tr. Situar ordenadamente de trecho en trecho.

escalpelo. m. Bisturí de mango fino, que se usa en las disecciones.

escama. f. Membrana córnea que, imbricada con otras de su clase, suele cubrir la piel de peces y reptiles./ fig. Lo que tiene figura de escama./ Recelo, sospecha.

escamar. tr. Quitar las escamas./ Labrar en forma de escamas./ fig. y fam. Hacer que uno recele. Ú.m.c. prl

escamoso, sa o **escamudo, da.** a. Que tiene escamas./ a. y m. Zool. Dícese del orden de los reptiles de cuerpo alargado y cubierto de escamas.

escamotear. tr./ fig. Quitar una cosa con agilidad y astucia.

escampar. tr. Despejar un sitio.// i. Cesar de llover./ Col. Guarecerse de la lluvia.

escanciar. tr. Echar el vino.// i. Beber vino.

escandalizar. tr./ prl. Causar escándalo.// prl. Enojarse.

escándalo. m. Acción o palabra causa de que uno obre mal o piense mal de otro./ Alboroto, tumulto./ Desvergüenza, mal ejemplo./ fig. Asombro.

escandinavo, va. a. Natural de Escandinavia.

escandio. m. Elemento químico. Símb. Sc.; n. at., 21; p. at., 44,96.

escandir. tr. Medir el verso.

escáner o **scanner** (voz inglesa). m. Art. gráf. y Comp. Instrumento de exploración óptica que se utiliza para elaborar negativos o archivos a partir de ilustraciones o textos que son "leídos" por su pantalla, parecida a la de una fotocopiadora./ m. Med. Dispositivo para explorar el cuerpo humano mediante rayos X. Las imágenes obtenidas pueden monitorearse desde una pantalla. Tiene la ventaja de no utilizar sustancias de contraste, que pueden perjudicar al organismo.

escansión. f. Medida de los versos.

escaño. m. Banco con respaldo y apto para que se sienten tres o más personas./ Puesto y asiento de cada diputado o senador en el Congreso.

escapar. i./ prl. Salir de un encierro o peligro./ Salir de prisa y ocultamente./ Salirse un líquido o gas.

escape. m. Acción de escapar./ Fuga de un fluido./ Fuga apresurada./ Válvula para la salida de un gas en un motor o caldera.

escaque. m. Casilla del tablero para juegos de ajedrez y damas.

escara. f. Costra oscura, producida por necrosis de la piel y tejidos subdérmicos.

escarabajo. m. Insecto coleóptero negr que se alimenta de estiércol, en el que po ne los huevos./ Por ext., cualquier coleóp tero de cuerpo ovalado y cabeza corta.

escaramuza. f. Pelea entre soldados a ca ballo./ Refriega de poca importancia entre las avanzadas de los ejércitos./ fig. Riñ poco importante.

escarapela. f. Divisa compuesta de cinta fruncidas o formando lazadas alrededo de un punto.

escarbar. tr. Remover repetidamente l superficie de la tierra./ Avivar, remover l lumbre./ fig. Inquirir lo oculto.

escarceo. m. Cabrilleo de las olas en e mar.// pl. Vueltas del caballo./ fig. Rodeo

escarcha. f. Conjunto de diminutos crista les de hielo, formados por sublimación del vapor de agua atmosférico.

escarchar. tr. Preparar confituras con un capa de azúcar cristalizada.// i. Congelar se el rocío.

escarlata. f. Color carmesí, menos subide que el de la grana./ Escarlatina.

escarlatina. f. Enfermedad infectocontagiosa. Produce fie bre y erupción roja en la piel, faringe y boca.

escarmentar. tr. Corregir con rigor.// i. Tomar enseñanza e lección de una cosa.

escarnecer. tr. Hacer mofa zahiriendo.

escarnio. m. Burla tenaz que afrenta.

escarola. f. Planta herbácea de hojas rizadas.

escarpado, da. a. Que tiene pendiente o declive muy pronunciados./ Díc. de las alturas inaccesibles o de acceso peligroso.

escarpín. m. Zapato de una suela y de una costura./ Arg. y Urug. Calzado tejido que usan los bebés.

escasear. tr. Dar poco y de mala gana.// i. Faltar.

escasez. f. Mezquindad con que se hace una cosa./ Falta de algo./ Pobreza o falta de lo necesario para subsistir.

escaso, sa. a. Corto, poco, limitado.

escatimar. tr. Disminuir, escasear lo que se ha de dar.

escatología. f. Fil. Parte de la teología que estudia el destino del hombre y el mundo./ Teorías, tratados o textos sobre los excrementos.

escatológico, ca. a. Perteneciente o relativo a la escatología./ Obsceno, inmundo.

escaupil. m. Sayo que usaban los antiguos mexicanos para protegerse de las flechas.

escayola. f. Yeso calcinado, amasado en agua, que se emplea para sacar moldes, reforzar vendas, entablillar fracturas, etc.

escayolar. tr. Endurecer vendas con escayola, para mantener en su posición huesos rotos o dislocados.

escena. f. Parte del teatro en que se representa la obra dramática o cualquier otro espectáculo teatral./ Lo que la escena representa./ Cada una de las partes en que se divide el acto de la obra dramática, o sea aquella en que participan unos mismos personajes./ fig. Acto en que se descubre algo de teatral y fingido para impresionar el ánimo./ Teatro.

escenario. m. Parte del teatro dispuesta convenientemente para que en ella se puedan colocar las decoraciones y representar./ En el cine, lugar donde se desarrolla cada escena de la película./ fig. Conjunto de circunstancias que rodean a una persona o acontecimiento.

escenografía. f. Arte de disponer los elementos decorativos de la escena./ Conjunto de decorados en la representación de un espectáculo teatral.

escepticismo. m. Fil. Doctrina filosófica que niega la posibilidad de que el hombre pueda alcanzar con toda certeza algún tipo de verdad.

escéptico, ca. a. Que profesa el escepticismo, incrédulo, desconfiado.

escindir. tr. Dividir, cortar, desunir.

escisión. f. Acción de escindir./ Rompimiento, separación.

scita. a. y s. Dícese del individuo perteneciente a un pueblo de origen iranio, que procedía del Asia central. Fueron destruidos por los sármatas. Se habían instalado en la región del Danubio, los Cárpatos, S. de Rusia y la actual Armenia. Realizaron expediciones a Egipto.

esclarecer. tr. Poner clara y luciente una cosa./ Ennoblecer./ Ilustrar./ Poner en claro.

esclavitud. f. Estado de absoluta dependencia en que una persona se encuentra respecto de otra, con privación de todo derecho.

esclavizar. tr. Hacer esclavo a uno./ fig. Tener a uno muy sujeto.

esclavo, va. a. Díc. del que por estar bajo el dominio de otro carece de libertad. Ú.t.c.s./ fig. Sometido a alguien o a algo.// f. Pulsera fina que no se abre.

esclerodermia. f. Med. Enfermedad crónica que se caracteriza por la esclerosis de la piel y el tejido subcutáneo.

esclerósico, ca o **esclerótico, ca.** a. Que padece esclerosis.

esclerosis. f. Pat. Endurecimiento de un órgano o tejido, producido por la proliferación de elementos conjuntivos.

esclerótica. f. Capa externa del globo ocular, dura, blanquecina y opaca.

sclusa. f. Recinto de fábrica, con puertas movibles, que se construye en un río o canal de navegación para que los barcos puedan pasar de un tramo a otro de diferente nivel.

scoba. f. Manojo de pajas con mango, que sirve para barrer y limpiar./ Arg. Juego de naipes.

scobillón. m. Instrumento con mango largo que tiene en un extremo un cepillo.

scocer. i. Producirse una sensación muy parecida a la quemadura.

scocés, sa. a. Natural de Escocia./ Dícese de las telas a cuadros de colores, que generalmente imitan las de los clanes de Escocia.

scoger. tr. Tomar o elegir una cosa o persona entre otras.

scolar. a. Perteneciente al estudiante o a la escuela.// m. Estudiante que concurre a la escuela.// m. y f. Alumno que concurre a la escuela para recibir la enseñanza obligatoria.

scolástico, ca. a. Perteneciente a las escuelas, o a los que estudian en ellas./ Perteneciente a la escolástica./ f. Fil. e Hist. Sistema teológico y filosófico característico de la Edad Media. Intentó compatibilizar la razón humana con el conocimiento revelado. Sus principales representantes fueron Santo Tomás y Alberto Magno.

Escritor de grandes éxitos como "Sobre héroes y tumbas", traducido a varios idiomas, Ernesto Sábato es una figura relevante de la literatura.

escoliosis. f. Pat. Desviación lateral permanente de la columna vertebral.

escollera. f. Dique formado por piedras echadas al agua.

escollo. m. Peñasco que está a flor de agua o que no se descubre bien./ Peligro, riesgo./ Dificultad.

escolopendra. f. Bot. Helecho, lengua de ciervo./ f. Zool. Miriápodo tropical venenoso, que mide unos 10 cm.

escolta. f. Fuerza armada para escoltar./ Acompañamiento en señal de honra o respeto./ Persona o grupo de personas que siguen a determinadas personalidades a modo de protección.

escoltar. tr. Acompañar a una persona para protegerla o en señal de honra.

escombro. m. Desecho y cascote que queda de una obra de albañilería o de un edificio derribado.

esconder. tr./ prl. Encubrir, retirar de lo público una cosa a sitio secreto./ fig. Encerrar en sí algo que no es manifiesto a todos.

escopeta. f. Arma de fuego portátil, con uno o dos cañones.

Escopetas y fusiles utilizados por el gobierno paraguayo en la Guerra de la Triple Alianza (contra Argentina, Brasil y Uruguay), bajo la presidencia de Francisco Solano López, y que costó muchas víctimas al Paraguay, dada la superioridad numérica y armamentística de los aliados contra él.

escoplo. m. Instrumento de hierro acerado empleado en carpintería./ Cir. Instrumento utilizado en varias operaciones de huesos.

escorbuto. m. Enfermedad general, producida por la escasez o ausencia en la alimentación de ciertos principios vitamínicos. Se caracteriza por debilidad, hemorragias y ulceraciones en las encías.

escoria. f. Sustancia vítrea que procede de la parte menos pura de los minerales que se funden./ Materia que suelta el hierro candente al ser martillado./ Lava esponjosa de los volcanes./ fig. Desecho, cosa vil.

escorpión. m. Arácnido de cuerpo alargado con cola de 6 segmentos terminados en un aguijón curvo y venenoso./ Octavo signo del Zodíaco./ Constelación zodiacal.

escotadura. f. Corte en un vestido por la parte del cuello.

escote. m. Escotadura de una prenda de vestir./ Parte del busto o de la espalda que la escotadura deja libre./ Parte que corresponde a cada uno del gasto hecho entre varios.

escotilla. f. Abertura en cubierta para el servicio del buque.

escozor. m. Sensación dolorosa, similar a la de una quemadura.

escribanía. f. Oficio que ejercen los escribanos públicos./ Oficina del escribano./ Recado de escribir.

escribano, na. s. Persona autorizada para dar fe de las escrituras y demás actos que pasan ante él.

escribir. tr. Representar las palabras o las ideas con letras u otros signos./ Trazar los signos de la música./ Componer libros, discursos, etc./ Comunicar por escrito.

escritor, ra. a. Persona que escribe./ Autor de obras escritas o impresas.

escritorio. m. Mueble para guardar papeles o escribir en él.

escritura. f. Acción de escribir./ Arte de escribir./ Documento escrito del que da fe el escribano.

escriturar. tr. Hacer constar con escritura pública un hecho.

escrúpulo. m. Duda o recelo que inquieta el conocimiento.

Escultura de Buda, nombre con que se conoció a Sidartha Gautama, fundador de la religión budista, emplazada en un hermoso parque de Asia.

escrutar. tr. Examinar cuidadosamente./ Escudriñar, indagar.

escrutinio. m. Examen diligente que se hace de una cosa./ Reconocimiento y cómputo de los votos en las elecciones.

escuadra. f. Instrumento de figura de triángulo rectángulo, o compuesto de dos reglas que forman ángulo recto./ Cierto número de soldados con su cabo./ Conjunto de buques de guerra.

escuadrón. m. Unidad de caballería./ Unidad aérea equiparable al batallón.

escuálido, da. a. Flaco, macilento./ Sucio.

escualo. m. Nombre de los peces de cuerpo fusiforme, boca grande en la parte inferior de la cabeza y cola potente, como el tiburón, el cazón, etc.

escuchar. tr. Aplicar el oído para oír./ Prestar atención a lo que se oye./ Atender a un consejo o sugestión.// prl. Hablar con pausas afectadas.

escudar. tr./ prl. Resguardar con el escudo./ fig. Resguardar y defender del peligro.// prl. fig. Valerse de un medio o favor para justificarse o librarse de un peligro.

escudero. m. Sirviente que llevaba el escudo al caballero./ El que recibía paga de un señor para acompañarlo o servirlo./ El que hacía escudos.

escudilla. f. Vasija ancha y de forma de una media esfera, para líquidos, comidas, etc.

escudo. Arma defensiva para cubrirse y resguardarse que se llevaba en el brazo izquierdo./ Moneda antigua de oro o plata./ Unidad monetaria de Chile y Portugal./ Amparo, defensa, patrocinio.

escudriñar. tr. Averiguar cuidadosamente una cosa.

escuela. f. Establecimiento público donde se da a los niños la instrucción primaria./ Establecimiento público donde se da cualquier género de instrucción./ Enseñanza dada o adquirida./ Conjunto del personal y alumnos de una misma enseñanza./ Sistema literario o artístico que distingue las obras de una época, región.

escueto, ta. a. Descubierto, libre, despejado.

esculpir. tr. Labrar a mano una obra escultórica./ Grabar, tallar.

escultura. f. Arte de modelar, tallar y esculpir, representando figuras de bulto./ Obra hecha por el escultor.

escupidera. f. Pequeño recipiente para escupir./ Amér. Orinal.

escupir. i. Arrojar saliva por la boca.// tr. Arrojar por la boca algo como escupiendo./ fig. Echar de sí con desprecio.

escurrir. tr. Apurar las últimas gotas que han quedado en un vaso, botella, etc./ Hacer que una cosa mojada suelte el líquido que quedaba en ella.

esdrújulo, la. a./ m. Aplícase al vocablo cuya acentuación prosódica carga en la antepenúltima sílaba.

ese, esa, eso, esos, esas. Forma del pron. demostrativo en los tres géneros y en ambos números. Funcionan como adjetivos, unidos al sustantivo o como sustantivos.

esencia. f. Naturaleza de las cosas./ Lo permanente e invariable en ellas./ Extracto líquido concentrado de una sustancia, gmente. aromática./ Gal. por nafta o gasolina.

esencial. a. Perteneciente a la esencia./ Sustancial, principal, notable, imprescindible, primordial.

esenio, nia. a. y s. *Hist.* Dícese del individuo perteneciente a una secta judía que rechazaba la creencia en la resurrección. Aunque se sabe muy poco de ellos, se cree que tuvieron cierta importancia en su época y que tal vez influyeron sobre Jesús y los primeros cristianos.

esfenisciforme. a. y m. *Zool.* Dícese del ave del orden esfenisciformes, que tienen quilla en el esternón, pero no pueden volar. Su única familia es la de los pingüinos o pájaros bobos.

esfera. f. Sólido limitado por una superficie curva cuyos puntos equidistan todos de otro interior llamado centro./ Círculo en que giran las manecillas del reloj./ poét. Cielo. fig. Condición social o clase de una persona./ Ámbito o espacio donde se extiende la influencia de alguien o algo.

esfinge. f. Animal fabuloso con cabeza y pecho de mujer y cuerpo y pies de león./ Mujer enigmática por su aspecto y carácter./ Mariposa grande, crepuscular.

esfínter. m. *Anat.* Anillo muscular que abre y cierra un orificio natural.

esforzar. tr. Dar fuerza.// i. Tomar ánimo.// prl. Hacer esfuerzos física o moralmente con algún fin.

esfuerzo. m. Empleo enérgico de la fuerza física o del vigor del ánimo./ Ánimo, brío, valor.

esfumar. tr. Extender los trazos para dar empaste a las sombras de un dibujo./ Rebajar los tonos de una composición.// prl. Disiparse, desvanecerse.

esgrafiar. tr. *Art. gráf.* Realizar un dibujo o diseño mediante el procedimiento de superponer dos capas, de tal manera que al rascar la exterior aparece el color que está debajo.

esgrima. f. Arte de manejar la espada y otras armas blancas.

esgrimir. tr. Practicar la esgrima./ fig. Usar de una cosa como arma para lograr algún intento.

esgrimista. s. El que practica esgrima.

esguince. m. Ademán hecho con el cuerpo, para evitar un golpe o una caída./ Torcedura violenta de una coyuntura. Gesto de disgusto o desdén.

eslabón. m. Pieza en figura de anillo o de otra curva cerrada que enlazada con otras forma cadena./ Hierro con que se saca fuego del pedernal./ fig. Vínculo, unión.

eslavo, va. a. Apl. a un pueblo antiguo de raza aria que se extendió principalmente por el nordeste de Europa./ Rel. a este pueblo.// s. Dícese de los que de él proceden.

Eslavos. Pareja de inmigrantes alemanes pertenecientes a este grupo étnico.

slavófilo, la. a. Díc. de los intelectuales rusos del siglo XIX que se oponían a la occidentalización de su cultura.

slogan o **slogan** (voz ingl.). m. Lema, consigna, fórmula publicitaria, gmente. simple y pegadiza, que se usa para anunciar un producto.

slora. f. Longitud que tiene la nave, de proa a popa.

slovaco, ca. a. y s. Díc. de un pueblo eslavo que habita en Checoslovaquia./ a. Rel. a este pueblo./ m. Ling. Lengua oficial de Eslovaquia.

sloveno, na. a. y s. Díc. de un pueblo eslavo que habita en Eslovenia y Carintia./ a. Rel. a este pueblo./ m. Ling. Lengua eslava de dicho pueblo.

smaltar. tr. Cubrir con esmalte./ Adornar, embellecer.

smalte. m. Barniz vítreo./ Materia dura y blanca que cubre la parte de los dientes que está fuera de las encías./ Labor hecha con el esmalte sobre metal./ fig. Lustre, esplendor.

Esfinge egipcia en Giza - Cairo, uno de los grandes testimonios legados a la humanidad.

smeralda. f. Piedra de joyería de color verde.

smerar. tr. Pulir, limpiar.// prl. Poner sumo cuidado en ser cabal y perfecto./ Obrar con cierto lucimiento.

smeril. m. Roca negruzca compuesta de corindón granoso, mica y óxido de hierro. Raya todos los cuerpos, excepto el diamante. Se usa para afilar y, pulverizado, para bruñir.

smero. m. Sumo cuidado en hacer las cosas bien.

sófago. m. Conducto que va de la faringe al estómago, por el que pasan los alimentos.

sotérico, ca. a. Oculto, reservado.

spaciar. tr. Poner espacio entre las cosas.

spacio. m. Continente de todos los objetos sensibles que coexisten./ Parte de este continente que ocupa cada objeto sensible./ Capacidad de terreno, sitio o lugar.

spacioso, sa. a. Ancho, dilatado, vasto./ Lento, pausado.

spada. f. Arma blanca, larga, recta, aguda y cortante./ Persona hábil en su manejo./ Torero que mata al toro con espada. Ú.c.m.// pl. Uno de los cuatro palos de la baraja española.

spadachín. m. El que sabe manejar bien la espada./ Valentón y pendenciero.

spadaña. f. Planta herbácea que crece en las orillas de los arroyos, esteros o bañados.

spalda. f. Parte posterior del cuerpo humano, desde los hombros hasta la cintura.

spaldarazo. m. Golpe de pleno dado sobre la espalda con una espada o con la mano./ Ceremonia en la que se daba un espaldarazo al que se armaba caballero.

spantajo. m. Lo que se pone en un paraje para espantar.

spantapájaros. m. Espantajo que se pone en los sembrados para ahuyentar los pájaros.

spantar. tr. Causar espanto, dar susto./ Echar de un lugar.// prl. Admirarse./ Sentir espanto, asustarse.

spanto. m. Terror, asombro./ Amenaza que infunde miedo.

spañol, la. a. Natural de España.// m. Lengua española.

sparadrapo. m. Tira de tela cubierta por un emplasto adherente, usado para sujetar vendajes o cubrir una herida.

sparavel. m. Red para pescar en aguas de poco fondo.

sparcimiento. m. Acción y efecto de esparcir./ Alegría./ Distracción, diversión, recreo.

sparcir. tr./ prl. Extender lo que está junto o amontonado./ Divertir, recrear./ Divulgar una noticia.

spárrago. m. Planta cuya raíz produce yemas de tallo blanco con cabezuelas comestibles de color verde morado.

spartano, na. a. y s. De la antigua Esparta.

spartaquismo. m. Hist. Movimiento revolucionario surgido dentro del partido socialdemócrata alemán en 1916. Sus fundadores fueron Rosa Luxemburgo y Karl Liebk-

necht, que fueron asesinados más tarde, luego de una fracasada insurrección.

sparto. m. Planta gramínea cuyas hojas se usan para hacer sogas./ Hojas de esta planta.

spasmo. m. Pasmo./ Contracción brusca e involuntaria de los músculos.

spátula. f. Paleta pequeña, de bordes afilados y mango largo./ Zool. Ave ciconiforme de pico deprimido y ensanchado en la punta.

specia. f. Sustancia aromática con que se sazonan los manjares y guisados, como azafrán, pimienta, etc.

special. a. Particular, singular./ Propio para algún fin.

specialidad. f. Particularidad, caso particular./ Rama de la ciencia o del arte que se cultiva especialmente.

specializar. i./ prl. Cultivar con especialidad una rama determinada de una ciencia o de un arte.

specie. f. Conjunto de cosas semejantes por tener caracteres comunes./ Imagen o idea./ Asunto, caso./ Tema, noticia./ Grupo de individuos con caracteres comunes que los distinguen de las otras especies.

specificar. tr. Explicar con individualidad una cosa.

específico, ca. a. Que caracteriza y distingue una especie o sustancia de otra.// m. Medicamento propio para una determinada enfermedad.

spécimen. m. Muestra, modelo que posee las características de su especie muy bien definidas.

spectáculo. m. Función o diversión pública celebrada en un lugar en que se congrega la gente para presenciarla./ Aquello que se ofrece a la vista o a la contemplación intelectual y es capaz de atraer la atención./ Acción que escandaliza o asombra.

spectador, ra. a. Que mira con atención un objeto./ Que asiste a un espectáculo.

spectro. m. Imagen, fantasma que se presenta a los ojos o en la fantasía./ Fís. Resultado de la dispersión de un conjunto de radiaciones.

spectrografía. f. Técnica que estudia los espectros mediante el uso del espectrógrafo.

spectrógrafo. m. Espectroscopio o espectrómetro que se utiliza para la obtención de espectrogramas./ Aparato capaz de analizar un sonido y descomponerlo en otros, proporcionando su espectro.

spectrograma. m. Fotografía o distribución de los elementos que componen un espectro.

spectrometría. f. Estudio de las intensidades de radiación electromagnética de diversa longitud de onda, emitidas o absorbidas por una sustancia.

spectrómetro. m. Espectroscopio graduado que determina y mide las características correspondientes a los componentes de un espectro.

espectroscopia. f. Técnica que estudia la producción y observación de los espectros visibles.

espectroscopio. m. Instrumento que sirve para obtener y observar espectros visibles.

especular. tr. Registrar, mirar con atención una cosa./ fig. Meditar, contemplar, reflexionar./ Perderse en sutilezas o hipótesis sin base real.// i. Comerciar, traficar./ Procurar provecho o ganancia fuera del tráfico mercantil.

espejado, da. a. Claro o limpio como un espejo./ Que refleja la luz tal como lo hace un espejo.

espejismo. m. Ilusión óptica debida a la reflexión de la luz, la cual hace que los objetos distantes den una imagen invertida./ Ilusión de la imaginación.

espejo. m. Tabla de metal bruñido o de cristal azogado por la parte posterior para reflejar todo lo que se coloque delante./ Superficie lisa y pulimentada en la que se reflejan los objetos./ fig. Aquella en que una cosa aparece retratada./ Modelo de imitación.

espeleología. f. Disciplina que estudia las cavidades naturales subterráneas, es decir, cavernas o grutas.

espeleólogo, ga. s. El que profesa o practica la espeleología.

espeluznante. a. Que hace erizar el cabello./ Pavoroso.

espeluzno. m. fam. Estremecimiento, escalofrío.

espera. f. Acción de esperar./ Calma, paciencia./ Plazo.

Esquila. La lana de estos animales es vendida para su comercialización.

esperanto. m. Ling. Idioma utópico internacional creado por el médico polaco Lejzer Zamenhof en 1887. Combina varias lenguas conocidas y pretendió ser un instrumento de entendimiento y cooperación entre los pueblos. Fue muy difundido por el anarquismo de principios de siglo XX.

esperanza. f. Estado del ánimo en el cual se nos presenta como posible lo que deseamos./ Virtud teologal.

esperar. tr. Tener esperanza./ Permanecer en sitio donde se cree que ha de ir alguna persona o donde se presume que ha de ocurrir alguna cosa./ Detenerse en el obrar.

esperma. f. Semen.

espermaceti. m. Esperma de ballena, ant. utilizado en perfumería y cosmética.

espermatófito, ta. a. y s. Bot. Dícese del vegetal que se reproduce por medio de semillas.

espermatorrea. f. Pérdida involuntaria de esperma, fuera del acto sexual.

espermatozoide. m. Célula sexual masculina.

esperpento. m. fam. Persona o cosa notoria por su fealdad o apariencia grotesca./ m. Lit. Género literario creado por Ramón del Valle-Inclán y utilizado en sus novelas y obras teatrales. Consiste en acentuar los rasgos grotescos y absurdos para lograr efectos expresionistas, sin dejar de lado una representación trágica de la realidad.

espesar. tr. Condensar lo líquido./ Hacer más tupido algo

espeso, sa. a. Díc. de lo que tiene mucha densidad./ Díc de las cosas que están muy juntas o tupidas.

espesor. m. Grueso de un sólido./ Densidad o condensa ción de una masa o fluido.

espesura. f. Calidad de espeso./ fig. Sitio donde abunda los árboles y matorrales.

espetar. tr. Atravesar con un instrumento puntiagudo ca nes, aves, etc., para asarlos./ Clavar un instrumento pun tiagudo./ Decir a uno alguna cosa, causándole sorpresa molestia.// prl. Ponerse grave, tieso.

espía. s. Persona que con disimulo y secreto trata de aver guar algo, para comunicarlo al que tiene interés en saberlo

espiar. tr. Observar disimuladamente lo que dicen o hace otras personas.

espícula. f. Espiga pequeña./ Bot. Inflorescencia de las gra míneas./ Zool. Díc. de los elementos de naturaleza inorgá nica que forman el esqueleto de algunas esponjas.

espiga. f. Inflorescencia cuyas flores están sentadas a lo lar go de un eje./ Parte adelgazada de un objeto para introdu cirla en el mango.

espigar. tr. Recoger las espigas que quedan después de l siega./ i. Comenzar a echar espigas los cereales.// pr Crecer mucho.

espigón. m. Macizo saliente que se construye a la orilla d un río o en la costa del mar.

espina. f. Púa que nace del tejido leñoso o vascular de a gunas plantas./ Astilla pequeña y puntiaguda./ Parte du y puntiaguda que en los peces hace el oficio de hueso./ Es pinazo de un vertebrado./ fig. Sospecha./ Pesar íntim duradero.

espinaca. f. Planta de hojas radicales, estrechas y suaves que se consume como verdura, generalmente hervida.

espinela. f. Lit. Décima, estrofa de diez versos octosílabo creada por el poeta español Vicente Espinel.

espinilla. f. Parte anterior de la tibia./ Especie de barrit que aparece en la piel, que proviene de la obstrucción d conducto secretor de las glándulas sebáceas.

espinillo. m. Amér. Árbol leguminoso con pequeñas flore amarillas muy olorosas y ramas espinosas.

espino. m. Árbol rosáceo con ramas espinosas, flores blan cas y olorosas, fruto ovoide y madera dura. Su corteza s usa en tintorería./ Arg. Arbusto leguminoso de flores mu aromáticas, cuyas ramas y tronco producen goma.

espinosismo. m. Fil. Doctrina panteísta originada en el f lósofo Spinoza, que afirmaba la existencia de una sustar cia única.

espinoso, sa. a. Que tiene espinas./ Difícil, intrincado.

espiral. a. Perteneciente a la espira.// f. Línea curva que d vueltas alrededor de un punto, alejándose de él./ m. Dis positivo intrauterino de anticoncepción.

espirar. tr. Exhalar buen o mal olor./ i. Expeler el aire asp rado./ Tomar aliento, alentar. Ú.t.c.tr./ poét. Soplar suave mente el viento.

espiritismo. m. Creencia que afirma la posibilidad de co municarse con los espíritus de los muertos./ Práctica de es ta creencia.

espiritista. a. y s. Que profesa el espiritismo.

espíritu. m. Teol. Ser inmaterial y dotado de razón./ Alm racional./ Don sobrenatural./ Vigor natural y virtud que for tifica el cuerpo para obrar./ Vivacidad, ingenio./ fig. Princ pio, esencia de una cosa.

espirómetro. m. Instrumento que se utiliza para medir l capacidad pulmonar.

espiroqueta. f. Med. Bacilo en forma de espiral con mu chas vueltas muy ceñidas, que provoca enfermedades co mo la sífilis y algunas fiebres.

espiroquetosis. f. Pat. Infección producida por espiroque tas.

espléndido, da. a. Magnífico, liberal, ostentoso./ Resplar deciente.

esplendor. m. Resplandor./ Lustre, nobleza, distinción.

esplín o **spleen** (voz ingl.). m. Melancolía, tedio vital, hu mor sombrío.

spolear. tr. Picar con la espuela a la cabalgadura./ fig. Estimular a uno.

spolón. m. Apófisis ósea que tienen en el tarso varias gallináceas./ Tajamar de un puente./ Punta terminal de la proa de una nave.

spolvorear. tr./ prl. Esparcir sobre una cosa otra hecha polvo.

spongiario. m. Zool. Animales acuáticos de cuerpo alveolar y pequeño esqueleto calcáreo. Ú.m. en plural/ a. Relativo a la esponja.

sponja. f. Nombre común de los espongiarios./ Masa porosa y elástica que forma el esqueleto de las esponjas córneas./ Todo cuerpo poroso y elástico usado como utensilio de limpieza./ fig. El que se apodera de bienes ajenos, con habilidad./ Amér. fig. y fam. Borracho habitual./ **-tirar o arrojar la esponja.** frs. fig. y fam. Abandonar algo, darse por vencido.

sponsales. m. pl. Mutua promesa de casarse que se hacen el varón y la mujer./ Casamiento.

spontáneo, a. a. Voluntario y de propio movimiento./ Que se produce sin los cuidados y el cultivo del hombre.

spora. f. Célula reproductora en los vegetales.

sporádico, ca. a. Dícese de las enfermedades que no son epidémicas ni endémicas./ Dícese de lo que es ocasional.

sporangio. m. Bot. Fruto que contiene libres las esporas.

sposo, sa. s. Persona que ha contraído esponsales./ Persona casada.// f. pl. Manillas de hierro con que se sujeta a los reos por las muñecas.

spuela. f. Espiga de metal unida a una ramas en semicírculo que se ajustan al talón del calzado para picar a la cabalgadura./ Estímulo./ Amér. Espolón de las aves.

spulgar. tr./ prl. Limpiar de pulgas o piojos./ fig. Examinar con cuidado.

spuma. f. Conjunto de burbujas que se forman en los líquidos./ Parte del jugo y de las impurezas que sobrenadan en los líquidos que se cuecen sustancias.

spumante. a. Que hace espuma./ m. Variedad de vino, espumoso y burbujeante./ Reactivo utilizado en el proceso mineralógico de flotación.

spurio, ria. a. Bastardo./ fig. Falso, adulterado.

sputo. m. Lo que se arroja de una vez en cada expectoración.

squela. f. Carta breve./ Papel impreso en que se hacen invitaciones o se comunican noticias.

squeleto. m. Armazón ósea del cuerpo del animal vertebrado./ fig. y fam. Persona muy flaca./ Armadura, armazón de una cosa./ Bosquejo, plan de una obra literaria.

squema. m. Representación gráfica y simbólica de algo./ Representación de algo por los caracteres más significativos.

squí. m. Especie de patín de madera que se usa para deslizarse sobre la nieve.

squiar. i. Patinar con esquís.

squila. f. Cencerro pequeño en forma de campana./ Campana pequeña./ Acción de esquilar.

squilar. tr. Cortar con la tijera la lana de ciertos animales.

esquilmar. tr. Recoger las cosechas./ Chupar con exceso las plantas el jugo de la tierra./ Agotar una fuente de riqueza sacando de ella mayor provecho que el debido./ fig. Despojar, empobrecer.

esquimal. a. Individuo perteneciente a un pueblo mongoloide que vive en Groenlandia, Alaska y NE de Siberia.

esquina. f. Ángulo exterior formado por el encuentro de dos superficies, principalmente las paredes de un edificio.

esquirol. m. Obrero que no adhiere a las huelgas o reemplaza a un compañero durante una. Carnero.

esquivar. tr. Evitar, rehusar./ prl. Retraerse, excusarse.

esquivo, va. a. Huraño, desdeñoso.

esquizófito, ta. a. y s. Bot. Dícese de todo vegetal que se reproduce por división.

esquizofrenia. f. Psiq. Enfermedad mental caracterizada por la escisión de las funciones afectivas e intelectuales.

estabilidad. f. Permanencia, duración, firmeza./ Fijeza en la posición o en el rumbo.

estable. a. Constante, durable, firme.

establecer. tr. Fundar, instituir./ Formular un principio, pensamiento, etc., de carácter general./ Ordenar, manipular, decretar.// prl. Avecindarse./ Abrir por su cuenta un establecimiento industrial y mercantil.

establecimiento. m. Ley, ordenanza./ Fundación, institución./ Casa comercial o industrial.

establishment (voz ingl.). m. Grupo de personas pertenecientes a las clases dirigentes o dominantes, y que defienden a toda costa sus privilegios como tales.

establo. m. Lugar cubierto en que se encierra el ganado.

estaca. f. Palo con punta en un extremo para fijarlo en alguna parte./ Rama verde sin raíces que se planta para que se arraigue./ Garrote.

estacada. f. Cualquier obra hecha de estacas clavadas en la tierra, pared u otra parte./ Palenque o campo de batalla./ Lugar señalado para un desafío.

estacar. tr. Fijar en la tierra una estaca y atar en ella una bestia./ Señalar con estacas una línea en el terreno./ Amér. Sujetar con estacas./ prl. fig. Quedarse quieto como una estaca.

estación. f. Cada uno de los cuatro períodos en que se divide el año./ Tiempo, temporada./ Visita devota que se hace a las iglesias y altares./ Cada uno de los altares, cruces o representaciones devotas que se encuentran a lo largo del vía crucis y ante los cuales se rezan oraciones./ Sitio donde hacen parada habitual los ferrocarriles y líneas de ómnibus para ascenso y descenso de pasajeros o mercancías./ Central radiotelegráfica y radiotelefónica./ **-de radio.** Emisora de radio.

Estaciones.
Tiempo que emplea la Tierra para pasar de un solsticio a un quinoccio o viceversa.

estacionamiento. m. Acción y efecto de estacionarse./ Lugar donde se estacionan vehículos, tropas, etc.

estacionar. tr./ prl. Situar en un lugar, colocar.

estada. f. Demora, detención en un lugar.

estadía. f. Detención, estancia./ Cada día de los que un buque permanece en un puerto después del plazo estipulado para la carga o descarga.

estadio. m. Recinto con graderías para distintas competiciones deportivas./ Fase, período relativamente corto./ Distancia que es la octava parte de una milla.

estadista. m. Persona versada en la dirección de los estados o instruida en materia de política.

estadístico, ca. a. Perteneciente a la estadística.// f. Censo o recuento de la población, de los recursos o de cualquier otra manifestación de un Estado, provincia, etc./ Resultado de este recuento./ Rama de la matemática que utiliza conjuntos de datos numéricos para obtener, a partir de ellos, inferencias basadas en el cálculo de probabilidades.

estado. m. Situación en que está una persona o cosa./ Orden, jerarquía y calidad de las personas que componían un pueblo./ Clase o condición a la cual está sujeta la vida de cada uno./ Cuerpo político de una nación./ En los regímenes federativos, territorio autónomo.

estadounidense. a. Natural de los Estados Unidos de Norteamérica.

estafar. tr. Pedir o sacar dinero o cosas de valor con engaños o con ánimo de no pagar.

estafeta. f. Correo ordinario que servía a caballo./ Casa u oficina del correo.

estalactita. f. Concreción calcárea que suele hallarse pendiente del techo de las cavernas donde se filtra lentamente agua.

estalagmita. f. Estalactita invertida formada en el suelo.

estalinismo. m. *Hist.* Sistema político basado en las ideas de Stalin. En general, se refiere al proyecto de "socialismo en un solo país", contrario a las tesis del marxismo anterior (Marx, Engels) y contemporáneo (Lenin, Trotsky). Tal sistema condujo a la subordinación de los partidos comunistas de todo el mundo a las directivas de su par de la URSS. Dentro de ésta, mientras tanto, se desarrollaron un formidable aparato burocrático y de represión, y el llamado "culto a la personalidad" de Stalin.

estalinista. a. Perteneciente o relativo al estalinismo./ s. Que profesa el estalinismo.

estallar. i. Reventar de golpe una cosa, con chasquido./ fig. Sobrevenir una cosa violentamente.

estambre. m. Parte del vellón de lana que se compone de hebras largas./ Hilo formado de estas hebras./ *Bot.* Órgano sexual de las plantas fanerógamas.

estampa. f. Efigie o figura impresa./ Figura total de una persona o animal./ Imprenta o impresión.

estampación. f. Acción y efecto de estampar.

estampar. tr. Imprimir, sacar en estampa./ Señalar, imprimir una cosa en otra./ fam. Arrojar algo o alguien contra una cosa resistente./ fig. Imprimir, fijar algo en el ánimo.

estampido. m. Ruido fuerte y seco.

estampilla. f. Sello con el facsímil de una firma./ *Amér.* Sello de correo o fiscal.

estancar. tr./ prl. Detener el curso de una cosa y hacer que no pase adelante./ Prohibir la venta libre de algo, dando la exclusividad a ciertas personas./ Detener, suspender un negocio. Ú.t.c.prl.

estancia. f. Mansión, habitación y asiento en un lugar. Cuarto donde se habita ordinariamente./ Permanencia en un lugar determinado./ Estrofa./ *Amér.* Hacienda de campo destinada al cultivo de cereales y especialmente a la ganadería.

estandarte. m. Insignia que consiste en un pedazo de tela cuadrado pendiente de un asta.

estanque. m. Receptáculo de agua para proveer al riego, criar peces, etc.

estante. a. Que está presente o permanente en un lugar./ m. Mueble con anaqueles, sin puertas, que sirve para colocar libros u otros objetos./ Anaquel, tabla horizontal.

estañar. tr. Cubrir o bañar con estaño.

estaño. m. Elemento químico blanco y maleable. Símb. Sm.; n. at., 50; p. at., 118,70.

estar. i./ prl. Hallarse una persona con cierta permanencia en un lugar, situación, condición./ Detenerse o tardarse en alguna cosa o en alguna parte.

estático, ca. a. Perteneciente a la estática./ Que permanece en un mismo estado, sin mudanza en él.// f. Parte de la mecánica que estudia las leyes del equilibrio.

estatua. f. Figura de bulto labrada a imitación del natural.

estatuir. tr. Establecer, ordenar, determinar./ Asentar como verdad una doctrina o un hecho.

estatura. f. Altura de una persona de los pies a la cabeza.

estatuto. m. Regla que tiene fuerza de ley para el gobierno de un cuerpo./ Ley de un régimen autónomo.

este. m. Oriente, levante./ Viento que viene del oriente.

este, esta, esto, estos, estas. Formas del pronombre demostrativo de los tres géneros, m. f. y neutro, en ambos números, sing. y pl.

estearina. f. *Quím.* Sustancia blanca que se usa en la fabricación de velas.

estela. f. Señal o rastro que deja tras sí en la superficie del agua una embarcación u otro cuerpo en movimiento, o el que deja en el aire un cuerpo luminoso en movimiento.

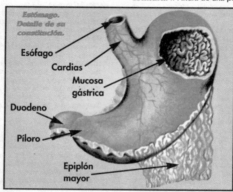

Estómago.
Detalle de su constitución.

Esófago
Cardias
Mucosa gástrica
Duodeno
Píloro
Epiplón mayor

estelar. a. Rel. a las estrellas y por ext. a todos los astros.

estenografía. f. Taquigrafía.

estentóreo, a. a. Muy fuerte, apl. al acento o a la voz.

estepa. f. Llanura muy extensa, caracterizada por la rareza y discontinuidad de la vegetación.

estepario, ria. a. Perteneciente o relativo a la estepa.

estera. f. Tejido grueso de esparto, que sirve para cubrir el suelo de las habitaciones y otros usos.

estéreo. m. Unidad de medida para leña, equivalente a 1 metro cúbico./ Apócope de estereofónico.

estereofonía. f. Técnica de reproducción del sonido que da a éste la sensación de relieve.

estereofónico, ca. a. Perteneciente o relativo a la estereofonía.

estereometría. f. Parte de la geometría que estudia la medida de los sólidos.

estereoscopia. f. Conjunto de principios que regulan la observación binocular y sus medios de obtención./ Visión en relieve que se obtiene por medio del estereoscopio.

estereoscópico, ca. a. Perteneciente o relativo a la estereoscopia.

estereoscopio. m. Aparato que permite ver un objeto en relieve, mediante dos fotografías del mismo, tomadas desde distintos ángulos.

estereotipo. m. Cliché de imprenta./ fig. Opinión o concepción muy simplificada de algo o alguien.

stéril. a. Que no produce nada o no da fruto./ fig. Aplícase al año de cosecha escasa y a los tiempos de miseria.

sterilizar. tr. Hacer infecundo y estéril lo que antes no lo era./ Destruir gérmenes patógenos del agua, heridas, etc. Ú.t.c.i.

sternón. m. Hueso plano en la parte anterior del pecho, con el cual se articulan por delante las costillas.

stero. m. Terreno inmediato a la orilla de una ría, por el cual se extienden las aguas de las mareas./ Arg. Terreno bajo pantanoso, intransitable, que suele llenarse de agua y que abunda en plantas acuáticas.

stertor. m. Respiración anhelosa, con sonido ronco, silbante, de los moribundos.

stético, ca. a. Rel. a la estética./ Perteneciente a la apreciación de la belleza./ Artístico, de bello aspecto.// f. Ciencia que trata de la belleza y de las teorías del arte.

stetoscopio. m. Instrumento a modo de pequeña trompeta acústica que sirve para explorar los ruidos y sonidos normales o patológicos en las cavidades del pecho o del vientre.

stiaje. m. Nivel más bajo o caudal mínimo que tienen las aguas de un río, de un arroyo, etc., en ciertas épocas del año, por causa de sequía.

stibar. tr. Apretar materiales o cosas sueltas para que ocupen el menor espacio posible./ Distribuir convenientemente los pesos del buque./ Amér. Hacer estibas.

stiércol. m. Excremento del animal./ Materias orgánicas podridas utilizadas para abonar la tierra.

stigma. m. Marca o señal en el cuerpo./ Bot. Cuerpo glandular que se encuentra en la parte superior del pistilo.

stilar. i./ prl. Usar, acostumbrar, estar de moda./ Amér. Destilar, gotear.

stilete. m. Púa o punzón pequeño con que se escribía./ Puñal de hoja estrecha y aguda.

stilismo. m. Lit. Tendencia a valorar, en forma exagerada, el estilo.

stilista. s. Que practica el estilismo.

stilística. f. Lit. Método de estudio literario que intenta explorar la lengua peculiar de textos, épocas y autores, sus formas particulares de expresión y las circunstancias que las motivan. Sus representantes más destacados han sido Karl Vossler, Leo Spitzer, Charles Bally, Amado Alonso, Dámaso Alonso.

stilita. a. y s. Dícese de los anacoretas que vivían en lo alto de una columna.

stilización. f. Acción y efecto de estilizar.

stilizar. tr. Interpretar la forma de un objeto resaltando sólo sus rasgos más característicos./ Someter a una reelaboración una obra anterior./ fig. y fam. Adelgazar, enflaquecer. Ú.t.c.prl.

stilo. m. Punzón que usaban los antiguos para escribir./ Modo, forma./ Uso, costumbre./ Manera de expresión de un escritor, orador o artista./ Parte del pistilo que sostiene el estigma./ Arg. Baile pampeano, de ritmo lento y música que lo acompaña.

stilográfico, ca. a. Dícese de la pluma cuyo mango hueco va lleno de tinta.

stimación. f. Aprecio y valor que se da y en que se considera una cosa./ Acción y efecto de estimar, evaluar.

stimar. tr. Apreciar, evaluar las cosas./ Juzgar./ Hacer aprecio de una persona o cosa. Ú.t.c.prl.

stimular. tr. Aguijonear, picar./ fig. Incitar a la ejecución de una cosa, o avivar una actividad.

stío. m. Estación del año que comienza en el solsticio de verano y termina en el equinoccio de otoño.

stipendio. m. Remuneración que se da a una persona por su trabajo y servicio.

stipular. tr. Hacer contrato verbal./ Convenir, concertar.

stirar. tr./ Alargar una cosa extendiéndola con fuerza. Ú.t.c.prl./ Planchar a la ligera./ fig. Gastar el dinero con moderación.// prl. Desperezarse./ Crecer una persona. Ú.t.c.i.

stirpe. f. Raíz y tronco de una familia o linaje.

stivación. f. Zool. Período de vida latente que algunos animales mantienen en la época de calor.

estocada. f. Golpe que se tira de punta con la espada o estoque./ Herida que causa.

estocástico, ca. a. Relativo al azar.

estoicismo. m. Fil. Escuela fundada en Atenas por Zenón. Se desarrolló entre los siglos IV y III a.C. Los estoicos afirmaban que para lograr la felicidad hay que soportar la adversidad con una resignación rayana en la indiferencia. Influyeron en el cristianismo.

estoico, ca. a. y s. Que profesa el estoicismo.

estola. f. Vestidura amplia y larga de los griegos y romanos./ Ornamento sagrado consistente en una banda larga que el sacerdote se pone al cuello para oficiar misa./ Banda larga de piel que usan las señoras para abrigarse el cuello.

estolidez. f. Falta de inteligencia.

estoma. m. Bot. Cada una de las diminutas aberturas que tienen las hojas en su epidermis.

estomacal. a. Pert. al estómago./ Que es conveniente y aprovecha para el estómago.

estómago. m. Porción ensanchada del tubo digestivo, en cuyas paredes están las glándulas que segregan el jugo gástrico y en la cual se quimifican los alimentos.

estomatitis. f. Pat. Inflamación de la mucosa bucal.

estomatología. f. Parte de la medicina que estudia la boca y sus enfermedades.

estonio, nia. a. y s. Dícese del individuo perteneciente a un pueblo de origen finés, que habita en Estonia.

estopa. f. Parte basta del lino o del cáñamo que queda en el rastrillo cuando se peina./ Tela gruesa hecha con la hilaza de la estopa.

estoque. m. Espada angosta, con la cual sólo se puede herir de punta./ Arma blanca en forma de varilla o espada.

estorbar. tr. Poner obstáculo a la ejecución de una cosa./ fig. Incomodar, molestar.

estornino. m. Ave de cabeza pequeña, con plumaje negro y pintas blancas.

estornudar. i. Arrojar con estrépito por la nariz y la boca el aire de los pulmones.

estornudo. m. Acción y efecto de estornudar.

estovaína. f. Anestésico local que se usa mucho en oftalmología.

estrabismo. m. Defecto de uno o de ambos ojos que impide el paralelismo de los ejes de la visión.

Estatua de Ramsés II en Karnak, Egipto (África).

estrada. f. Camino

estrado. m. Sala de ceremonias./ Sitio de honor, algo elevado, en un salón de actos./ Tarima alfombrada usada en actos solemnes.// pl. Salas de los tribunales.

estrafalario, ria. a. Desaliñado./ Extravagante en la manera de pensar o actuar.

estragar. tr./ prl. Viciar, corromper./ Causar estrago.

estrago. m. Destrucción, matanza./ Ruina, daño.

estragón. m. Hierba compuesta, cuyas hojas se usan como condimento.

estramonio. m. Hierba de hojas grandes, dentadas y anchas, que se usa como remedio para el asma.

estrangular. tr./ prl. Ahogar oprimiendo el cuello hasta impedir la respiración./ Cir. Interceptar la comunicación de una parte del cuerpo mediante ligadura.

estrás. m. Cristal denso que sirve para imitar piedras preciosas en bisuterías.

estratagema. f. Ardid de guerra, engaño.

estrategia. f. Arte de dirigir las operaciones militares./ Recurso, maña para dirigir un asunto.

estratigrafía. f. Geol. Parte de la geología que estudia las rocas estratificadas, sus características y disposición./ f. Arqueol. Estudio de los estratos históricos, sociales, lingüísticos, etc.

estrato. m. Capa de mineral de espesor casi uniforme.

estratosfera. f. Zona superior de la atmósfera entre doce y cien kilómetros de altura.

estrechar. tr. Reducir a menor ancho o espacio una cosa.// prl. Ceñirse, apretarse./ fig. Cercenar en el gasto, la familia, la habitación./ Establecer mayor amistad o parentesco.

estrechez. f. Escasez de tiempo o de anchura./ Enlace estrecho./ Escasez, falta de lo necesario./ Falta de amplitud moral o intelectual./ Disminución anormal de un conducto.

Estrella gigante anaranjada.
Su color indica la temperatura que posee.
En este caso, la misma de 3.000 °C.

estrecho, cha. a. Que tiene poca anchura./ Ajustado, apretado./ m. Geog. Paso angosto comprendido entre dos tierras, por el cual se comunica un mar con otro.

estregar. tr./ prl. Pasar con fuerza una cosa sobre otra, frotar.

estrella. f. Cada uno de los astros que brillan con luz propia./ fig. Destino./ Persona que sobresale en una profesión, arte./ **-de mar.** Zool. Equinodermo de cuerpo comprimido, de estrella de cinco puntas y cubierto por una concha caliza./ **-enana.** Astr. Estrella de la secuencia principal, como el Sol./ **-fugaz.** Cuerpo luminoso que se ve repentinamente en la atmósfera, moviéndose con gran velocidad./ **-matutina.** Planeta visible a ojo desnudo, cuando sale antes que el Sol./ **-vespertina.** Planeta visible a ojo desnudo cuando se pone después que el Sol.

estrellar. tr./ prl. Sembrar o llenar de estrellas./ Arrojar con violencia una cosa contra otra, haciéndola pedazos.// prl. Chocar con violencia./ fig. Fracasar.

estremecer. tr./ prl. Conmover, hacer temblar./ fig. Producir sobresalto.// prl. Temblar repentinamente.

estrenar. tr. Usar por primera vez una cosa./ Representar o ejecutar por primera vez una comedia, sinfonía, etc.// prl. Comenzar en una actividad.

estreñir. tr./ prl. Dificultar la evacuación intestinal.

estrépito. m. Estruendo./ Ostentación al realizar algo.

estreptomicina. f. Med. Antibiótico muy indicado para infecciones resistentes a la penicilina. Es muy activo frente a la tuberculosis.

estrés. m. Med. Estado de agotamiento psíquico y físico producida por el ritmo nervioso característico del mundo moderno.

estresante. a. Que produce estrés. Se aplica especialmente a situaciones, hechos, ocupaciones, etc.

estría. f. Raya en hueco que suelen tener algunos cuerpos.

estribación. f. Ramal corto y lateral de una cordillera.

estribar. i. Descansar el peso de una cosa sobre otra firme, fig. Apoyarse.// tr. Apoyar el jinete los pies en el estribo

estribillo. m. Expresión en verso que se repite después de cada estrofa en algunas composiciones líricas./ Voz o frase que se repite con frecuencia.

estribo. m. Pieza de metal, madera o cuero en que el jinete apoya el pie./ Especie de escalón que sirve para subir o bajar de algunos vehículos./ fig. Apoyo, fundamento./ Ramal de montañas que se desprende de una cordillera.

estribor. m. Lado derecho del navío mirando de popa a proa.

estricto, ta. a. Estrecho, ajustado a la necesidad o a la ley

estridente. a. Apl. al sonido agudo y chirriante.

estrígido, da. a. Zool. Dícese de las aves de la familia estrígidos, rapaces nocturnas de tamaño variable, plumaje apagado, cabeza grande, ojos redondos, etc. A ella pertenecen la lechuza, el búho, el mochuelo.

estrofa. f. Parte en que se divide un poema; puede estar compuesta por igual o por distinto número de versos.

estrógeno. m. Biol. Hormona sexual femenina. Estimula el desarrollo de los caracteres sexuales secundarios y regula el período menstrual.

estroncio. m. Elemento químico. Símb., Sr.; n. at., 38; p. ta., 87,63.

estropear. tr./ prl. Maltratar a uno dejándolo lisiado./ Maltratar o deteriorar una cosa.

estructura. f. Distribución y orden de las partes de un todo./ Soc. Conformación de las clases sociales que surge de una determinada forma de producción y propiedad.

estructuración. f. Acción y efecto de estructurar.

estructuralismo. m. Ling., Lit. y Fil. En general, sistema de pensamiento y método de investigación que intenta aprehender la realidad que estudia, a través de su estructura propia. Surge a partir de Ferdinand de Saussure, lingüista que a principios del siglo XX fundó la noción de lengua como sistema arbitrario de signos. Este concepto, y otros relacionados con él, se extendieron a la antropología (Levy-Strauss), la filosofía (Althusser, Blanchot), el psicoanálisis (Lacan), la teoría literaria (Todorov, Barthes).

estructuralista. a. Perteneciente o relativo al estructuralismo./ Que profesa el estructuralismo.

estructurar. tr. Ordenar y distribuir las partes que componen un todo.

estruendo. m. Ruido grande./ fig. Confusión, bullicio. Pompa.

estrujar. tr. Apretar una cosa para sacarle el zumo./ Apretar a uno, comprimirlo fuerte y violentamente./ fig. y fam. Agotar, sacar el mayor provecho.

estuario. m. Estero./ Desembocadura de un río caracterizada por la considerable penetración de las aguas marinas.

stuche. m. Caja para guardar ordenadamente un objeto o varios./ Por ext. lo que resiste y protege una cosa.

studiante. a. Que estudia.// s. Persona que actualmente está cursando en una universidad u otra institución educativa.

studiar. tr. Ejercitar el entendimiento para comprender o entender algo./ Cursar en las universidades o en otros centros de enseñanza./ Aprender o tomar de memoria.

studio. m. Esfuerzo que pone el entendimiento para conocer y aprender una cosa./ Obra en que un autor estudia una cuestión./ Pieza donde estudian y trabajan los que profesan las artes./ *Mús.* Composición para ejercitarse en ciertas dificultades./ *Pint.* Boceto de una obra.

stufa. f. Aparato que sirve para calentar las habitaciones./ Invernáculo./ Aparato para secar o calentar una cosa.

stupendo, da. a. Admirable, asombroso.

stupidez. f. Torpeza en comprender las cosas./ Dicho o hecho propio de un estúpido.

stúpido, da. a. Muy torpe para comprender las cosas.

stupor. m. Disminución de la actividad de las funciones intelectuales, acompañada de cierto aspecto de indiferencia./ fig. Pasmo, asombro.

stupro. m. Relación sexual lograda con engaño o falsedad.

sturión. m. Pez muy grande y comestible, con cuyos huevos se prepara el caviar.

etanol. m. Alcohol etílico.

etapa. f. Cada uno de los lugares en que se hace noche cuando la tropa marcha./ Avance parcial en el desarrollo de una acción u otra.

etcétera. f. Voz que se emplea para interrumpir el discurso indicando que en él se omite lo que quedaba por decir. Se abrevia *etc.*

éter. m. (poét.) Cielo./ Fluido invisible que se suponía llenaba todo el espacio./ *Quím.* Nombre genérico aplicado a compuestos alcohólicos.

etéreo, a. a. Perteneciente al éter./ poét. Rel. al cielo.

eternidad. f. Cualidad de eterno./ El tiempo considerado como extensión sin principio ni fin./ Inmortalidad del alma.

eternizar. tr. Hacer durar, prolongar en exceso. Ú.t.c.prl./ Perpetuar la duración de algo.

eterno, na. a. Que no tiene fin.

ético, ca. a. Perteneciente a la ética.// m. Moralista, que estudia o enseña moral.// f. Parte de la filosofía que trata de la moral y las obligaciones del hombre.

etimología. f. Origen de las palabras, razón de su existencia, significado y forma./ *Gram.* Estudio de estos aspectos de las palabras.

etimológico, ca. a. Perteneciente o relativo a la etimología.

etiología. f. *Fil.* Estudio de las causas./ *Med.* Estudio de las causas de las enfermedades.

etíope. a. y s. De Etiopía.

etiqueta. f. Ceremonial de las costumbres que se deben guardar en los actos públicos solemnes./ Rótulo.

etnia. f. Agrupación natural de individuos de igual cultura.

etnocentrismo. m. Tendencia a considerar absolutos, naturales e incuestionables los modelos culturales del grupo al que se pertenece.

etnografía. f. Ciencia que tiene como objeto el estudio y la descripción de las razas y los pueblos.

etnógrafo, fa. s. El que practica la etnografía.

etnolingüista. s. El que practica la etnolingüística.

etnolingüística. f. Rama de la lingüística que estudia las lenguas desde el punto de vista etnográfico, en especial las de los pueblos que no poseen escritura.

etnología. f. Ciencia que estudia las razas y los pueblos.

etnólogo, ga. s. El que practica la etnología.

etología. f. Ciencia que estudia el comportamiento de los animales en relación con su ambiente. Fue fundada por Konrad Lorenz a fines de la década del veinte.

etrusco, ca. a. y s. De Etruria./ m. *Ling.* Lengua de los etruscos.

eucalipto. m. Árbol mirtáceo de tronco recto muy alto.

Eucaliptos resistentes y gigantescos, cuya madera se utiliza en la construcción y para la obtención de celulosa.

eucaristía. f. Sacramento mediante el cual, según la doctrina católica, el pan y el vino se convierten en cuerpo y sangre de Cristo por las palabras que pronuncia el sacerdote durante la celebración de la misa.

euclidiano, na. a. Relativo a Euclides./ Aplícase especialmente a la geometría tradicional, basada en los principios de dicho sabio griego.

eufemismo. m. Modo de evitar una palabra desagradable para el hablante, sustituyéndola por otra o por una perífrasis que alude indirectamente el mismo significado.

euforbiáceo, a. a. y s. Dícese de plantas dicotiledóneas de jugo lechoso y flores unisexuales.// f. pl. Familia de estas plantas.

euforia. f. Aptitud para soportar las contrariedades y el dolor./ Estado de salud./ Exaltación del ánimo que se traduce en alegría y optimismo expansivos.

euglena. f. Organismo unicelular de características vegetales y animales.

eunuco. m. Hombre castrado que generalmente en los serrallos, custodia a las mujeres./ Ministro o empleado favorito de los antiguos monarcas de Oriente.

eurocomunismo. m. *Pol.* Corriente a la que adhirieron algunos partidos comunistas europeos (sobre todo el italiano), aceptando las reglas de la democracia liberal y dejando de lado el marxismo-leninismo.

europeo, a. a. Natural de Europa.

europio. m. Elemento químico. Símb., Eu.; n. at., 63; p. at., 152.

eutanasia. f. Muerte sin sufrimiento físico.

eV. *Fís.* Símbolo del electrón-voltio, unidad de medida de la física nuclear, equivalente a la energía adquirida por un electrón acelerado con una diferencia de potencial de un voltio.

evacuar. tr. Desocupar alguna cosa./ Expeler un ser orgánico humores o excrementos.

evadir. tr./ prl. Evitar un daño o peligro inminente./ Fugarse.

evaluar. tr. Valorar./ Estimar el valor de algo inmaterial./ Estimar los conocimientos de un alumno.

evangélico, ca. a. Relativo al Evangelio./ Relativo a las Iglesias reformadas./ s. Perteneciente a esas Iglesias.

evangelio. m. Historia de Jesucristo, su vida y doctrina, contenida en el primer libro del Nuevo Testamento./ Parte de la misa./ fig. Verdad indiscutible.

evangelismo. m. Doctrina de las Iglesias protestantes evangélicas.

evangelista. m. Cada uno de los cuatro escritores sagrados que escribieron los evangelios./ Evangélico.

evaporar. tr./ prl. Convertir en vapor un líquido./ fig. Desvanecer, disipar./ Desaparecer sin ser notado.

evasión. f. Evasiva, fuga.

evasiva. f. Recurso para eludir una dificultad.

evento. m. Acontecimiento, suceso imprevisto.

eventual. a. Sujeto a cualquier evento.

evidencia. f. Certeza clara y manifiesta./ *Amér.* Prueba a favor o en contra.

evidenciar. tr. Hacer patente y manifiesta la certeza de una cosa.

evitar. tr. Apartar algún daño, peligro o molestia; impedir que suceda./ Huir de incurrir en algo.

evocar. tr. Llamar, hacer aparecer./ fig. Traer alguna cosa a la memoria.

evolución. f. Acción y efecto de evolucionar./ Desarrollo de las cosas o de los organismos por medio del cual pasan de un estado a otro./ Movimiento, maniobra militar./ fig. Mudanza, cambio.

evolucionar. i. Pasar de un estado a otro./ Mudar de conducta o actitud.

evolucionismo. m. Doctrina que aplica, a todo tipo de conocimientos, la ley universal de la transformación de lo simple a lo complejo./ *Antrop.* Aplícase especialmente a la ley de la evolución de las especies, formulada por Charles Darwin.

evolucionista. a. y s. Relativo al evolucionismo.

exacción. f. Acción y efecto de exigir impuestos, multas, etc./ Cobro injusto y violento.

exacerbar. tr./ prl. Irritar, causar muy grave enfado./ Avivar una pasión, enfermedad, molestia, etc.

exactitud. f. Fidelidad en la ejecución de una cosa.

exacto, ta. a. Que posee exactitud.

exagerar. tr. Dar proporciones excesivas a una cosa.

exaltar. tr. Elevar a una persona a mayor dignidad./ Realzar con excesivo encarecimiento.// prl. Dejarse arrebatar por una pasión, perdiendo la moderación y la calma.

examen. m. Indagación que se hace acerca de las cualidades y circunstancias de una cosa o de un hecho./ Prueba que se hace de la aptitud o idoneidad de alguien.

examinar. tr. Inquirir, investigar con diligencia y cuidado una cosa./ Probar la suficiencia o idoneidad de alguien.

exangüe. a. Desangrado, falto de sangre./ fig. Sin fuerzas, aniquilado./ Muerto, sin vida.

exánime. a. Sin señales de vida./ Sumamente debilitado.

exasperar. tr./ prl. Lastimar, irritar una parte delicada./ fig. Encolerizar, dar motivo de mucho enfado.

excarcelar. tr. Poner en libertad al preso.

excavar. tr. Hacer hoyo o cavidad./ Quitar o descubrir la tierra alrededor de las plantas.

exceder. tr. Ser una persona o cosa más grande o aventajada que otra.// i./ prl. Ir más allá de lo lícito o razonable.

excelencia. f. Superior calidad o bondad./ Tratamiento de respeto que se da a algunas personas.

excelente. a. Que sobresale en bondad, mérito o estimación.

Explotar los recursos naturales en forma desmedida constituye una afrenta a la humanidad.

excelso, sa. a. Muy elevado, alto, eminente.

excentricidad. f. Rareza o extravagancia de carácter/ *Geom.* Distancia entre el centro de la elipse y uno de su focos.

excéntrico, ca. a. De carácter raro, extravagante./ *Geor* Que está fuera del centro o que tiene un centro diferente/ *Mec.* Pieza que gira alrededor de un punto que no es s centro de figura.

excepción. f. Acción y efecto de exceptuar./ Cosa que s aparta de la regla general de las demás de su especie.

exceptuar. tr./ prl. Excluir a alguien o algo de la regla c mún.

exceso. m. Parte que excede./ Lo que sale de los límites d lo ordinario o lo lícito./ Abuso, violación de la ley. Ú.m. e pl.

excipiente. m. Sustancia inerte, que se mezcla con los m dicamentos para facilitar su uso.

excitar. tr. Mover, estimular./ *Biol.* Producir, estimular u aumento de la actividad de una célula, órgano u organi mo.

exclamación. f. Voz, grito o frase en que se expresa ur fuerte emoción.

exclamar. tr. Emitir palabras con fuerza o vehemencia pa expresar un vivo afecto, o para dar vigor a lo que se dic

excluir. tr. Echar a una persona o cosa del lugar que ocup ba./ Descartar o negar la posibilidad de alguna cosa.

exclusivo, va. a. Que excluye o tiene fuerza para exclui Único, solo, excluyendo a cualquier otro.

excomulgar. tr. Apartar de la comunión de los fieles y d uso de los sacramentos./ fig. y fam. Declarar a alguien fu ra del trato de los demás.

excomunión. f. Acción y efecto de excomulgar.

excoriar. tr. Gastar o arrancar el cutis, quedando la carr descubierta. Ú.m.c.prl.

excrecencia. f. Carnosidad que se cría en animales y plai tas.

excremento. m. Residuos del alimento, que después c hecha la digestión despide el cuerpo./ Materia asqueros

excretar. i. Expeler el excremento./ Expeler las sustanci elaboradas por las glándulas.

exculpar. tr./ prl. Descargar de culpa.

excursión. f. Correría./ Ida a algún paraje para estudio, r creo o ejercicio físico.

excusa. f. Acción y efecto de excusar./ Motivo de disculp

excusar. tr./ prl. Exponer causas o razones para sacar libre uno de la culpa que se le imputa./ Rehusar hacer una cos

execrar. tr. Condenar y maldecir./ Aborrecer, meditar.

exégesis. f. Interpretación de textos, especialmente de l Sagradas Escrituras.

exégeta. s. El que practica la exégesis.

exención. f. Efecto de eximir o eximirse.

exento, ta. a. Libre de una cosa.

exequias. f. pl. Honras fúnebres.

exhalar. tr. Despedir gases, vapores u olores./ fig. Lanz suspiros, quejas, etc.

exhausto, ta. a. Enteramente apurado y agotado.

exhibición. f. Acción y efecto de exhibirse.

exhibir. tr./ prl. Manifestar, mostrar en público.

exhortar. tr. Inducir a uno con palabras a que haga algo.

exhorto. m. *Der.* Despacho que libra un juez a otro pa que lleve a cabo alguna acción.

exhumar. tr. Desenterrar un cadáver o restos humanos fig. Desenterrar, sacar a luz lo olvidado.

exigir. tr. Cobrar, sacar a uno por autoridad pública dinero otra cosa./ Pedir una cosa algún requisito necesario par que se haga o perfeccione.

exiguo, gua. a. Insuficiente, escaso.

exiliar. tr. Expulsar a uno de un territorio.// prl. Expatriars especialmente por motivos políticos.

exilio. m. *Amér.* Destierro.

eximio, mia. a. Muy excelente.

eximir. tr./ prl. Libertar de cargas, cuidados, culpas, etc.

existencia. f. Acto de existir./ Vida del hombre.// pl. Cor Cosas almacenadas para su venta o empleo.

expresión

Evolución de las estrellas.

Supergigante · Supernova · Nebulosa planetaria · Pulsar · Agujero negro · Enana negra

Nebulosa · Formación de estrellas · Cúmulo estelar · Desintegración del cúmulo · Expansión · Enana blanca

xistencialismo. m. *Fil.* Sistema filosófico contemporáneo, con muchas tendencias internas y matices. En general, pone el acento en la propia existencia del hombre, que es prioritaria respecto a su esencia. Sin embargo, hay formas de existencialismo religioso (Gabriel Marcel), trascendental (Martin Heidegger, Karl Jaspers), ateo (Jean Paul Sartre), etc.

xistencialista. a. Relativo al existencialismo./ Que profesa el existencialismo.

xistir. i. Tener una cosa ser real y verdadero./ Tener vida.

xito. m. Resultado feliz de un negocio, actuación, etc.

xocrino, na. a. *Biol.* Díc. de las glándulas cuya secreción se vierte al exterior o al aparato digestivo.

xodo. m. Salida de los israelitas de Egipto./ Libro segundo del Pentateuco que narra este hecho./ Emigración de un pueblo.

xoesqueleto o exosqueleto. m. Esqueleto externo de algunos animales como los artrópodos.

xogamia. f. *Antrop.* Práctica cultural de contraer matrimonio con miembros de otro grupo o tribu.

xógeno, na. a. Díc. de lo que se origina en el exterior de alguien o algo.

xonerar. tr./ prl. Aliviar, descargar el peso u obligación./ Privar o destituir de un empleo.

xorbitancia. f. Exceso notable.

xorcismo. m. Conjuro contra el espíritu maligno.

xordio. m. Preámbulo de una obra o discurso.

xornar. i. Adornar.

xorreico, ca. a. *Geog.* Díc. de las cuencas cuyas aguas superficiales desembocan en el mar.

xótico, ca. a. Extranjero. Dícese comúnmente de las cosas./ Extraño, chocante, extravagante.

xpandir. tr./ prl. Extender, dilatar, difundir.

xpansión. f. Acción y efecto de expandir o expandirse./ Recreo, solaz./ Acción y efecto de expresar un sentimiento.

xpatriarse. prl. Abandonar uno su patria.

xpectativa. f. Esperanza de conseguir una cosa.

xpectorar. tr. Arrojar por la boca las secreciones que se depositan en la laringe, la tráquea, etc.

xpedición. f. Acción y efecto de expedir./ Prontitud en decir o hacer./ Excursión para realizar una empresa en punto distante./ Conjunto de personas que realizan dicho viaje.

xpediente. m. Conjunto de los papeles rel. a un asunto.

xpedir. tr. Dar curso a las causas y negocios./ Despachar documentos./ Producir un auto o decreto.

xpeler. tr. Arrojar, echar alguna parte a una persona o cosa.

xpender. tr. Gastar./ Vender efectos por encargo de su dueño.

xpendio. m. Gasto, consumo./ *Amér.* Venta al menudeo.

xpensas. f. pl. Gastos, costas.

xperiencia. f. Enseñanza que se adquiere con el uso o la práctica./ Experimento.

xperimentación. f. Acción y efecto de experimentar.

experimentar. tr. Probar y examinar prácticamente una cosa./ Hacer operaciones para descubrir, comprobar o demostrar fenómenos o principios científicos./ Padecer, sufrir.

experimento. m. Observación de determinados fenómenos en condiciones de laboratorio.

experto, ta. a. Hábil, experimentado.// m. Perito.

expiar. tr. Borrar las culpas por medio de algún sacrificio./ Sufrir el delincuente la pena impuesta./ fig. Padecer malos actos o desaciertos./ Purificar.

expirar. i. Morir, acabar la vida./ Acabarse una cosa.

explanada. f. Espacio de terreno allanado./ Declive desde el camino cubierto hacia la campaña.

explayar. tr./ prl. Ensanchar, extender.// prl. Difundirse, dilatarse, extenderse./ Solazarse./ Hacer confidencias.

explicación. f. Declaración o exposición de cualquier materia para que se haga más perceptible./ Satisfacción que se da de un agravio./ Revelación del motivo de algo.

explicar. tr./ prl. Dar a conocer lo que uno piensa.// tr. Exponer una materia de modo que se haga más perceptible./ Enseñar./ Dar explicaciones.// prl. Comprender la razón de una cosa.

explícito, ta. a. Que expresa algo con claridad y precisión.

exploración. a. Acción y efecto de explorar.

explorar. tr. Reconocer o averiguar con diligencia una cosa.

explosión. f. Conmoción con estruendo, producida por la expansión súbita de un gas o el desarrollo de una fuerza./ fig. Manifestación súbita y violenta de ciertas emociones.

explotar. tr. Extraer de las minas la materia que contienen./ Sacar utilidad en provecho propio./ Aplicar en provecho propio, abusivamente, las cualidades o sentimientos de una persona, o un suceso cualquiera.// i. Hacer explosión.

expoliar. tr. Despojar con violencia o iniquidad.

exponencial. a. Relativo al exponente./ **-función exponencial.** *Mat.* Aquella cuya variable es el exponente.

exponente. a. y s. Que expone./ *Mat.* Número o potencia al que se ha de elevar otro número o expresión.

exponer. tr. Poner de manifiesto./ Presentar una cosa, exhibirla./ Colocar a la intemperie./ Declarar el sentido de algo./ Arriesgar, aventurar, poner en peligro. Ú.t.c.prl.

exportar. tr. Enviar mercaderías del propio país a otro.

exposición. f. Acción y efecto de exponer./ Muestra pública de artículos de industria o de artes y ciencias./ Representación que se hace por escrito, pidiendo una cosa./ En las obras literarias, parte en que se dan causas de la acción./ Espacio de tiempo para impresionar una placa fotográfica.

expresar. tr. Manifestar con palabras lo que uno quiere dar a entender.// prl. Darse a entender por medio de la palabra u otra manera./ Dar muestras del estado de ánimo.

expresión. f. Declaración de una cosa para darla a entender./ Palabra o locución./ Efecto de expresar algo sin palabras./ Viveza y propiedad con que se manifiestan los afectos en la palabra o en las manifestaciones artísticas./ *Álg.* Conjunto de términos que representa una cantidad.

expresionismo. m. *B. A.* Movimiento artístico que se caracteriza por la expresión anímica, frente a la sensorialidad del impresionismo.

expresionista. a. Relativo al expresionismo./ s. Que practica el expresionismo.

expresivo, va. a. Dícese de la persona que manifiesta con viveza lo que siente o piensa.

exprimir. tr. Extraer el líquido de una cosa apretándola o retorciéndola./ Estrujar, agotar./ Expresar.

expropiar. tr. Desposeer de una cosa a su propietario por razones de utilidad pública, indemnizándolo.

expugnar. tr. Tomar por asalto una ciudad, plaza o castillo.

expulsar. tr. Expeler, echar fuera.

exquisito, ta. a. De extraordinaria calidad, belleza, o sabor.

éxtasis. m. Estado de un individuo se halla como fuera del mundo sensible.

extemporáneo, a. a. Impropio del tiempo./ Inoportuno.

extender. tr./ prl. Hacer que una cosa ocupe más espacio que antes./ Esparcir, desparramar./ Desenvolver, desplegar./ Dar mayor amplitud a un derecho, creencia, etc./ Despachar por escrito un documento.// prl. Ocupar cierto espacio de tiempo o de terreno./ Explicar extensamente./ Propagarse, divulgarse.

extensión. f. Acción y efecto de extender./ Medida del espacio que ocupa un cuerpo.

extenuar. tr./ prl. Enflaquecer, debilitar, enervar.

exterior. a. Que está por la parte de afuera./ Rel. a otros países. // m. Traza o figura de las personas.

exteriorizar. tr./ prl. Mostrar algo al exterior.

exterminar. tr. Acabar del todo con una especie de cosas./ Devastar por fuerza de armas.

externo, na. a. Apl. a lo que obra o se manifiesta al exterior./ Apl. al alumno que permanece en la escuela sólo en las horas de clase.

extinguir. tr./ prl. Hacer que cese el fuego o la luz./ Hacer que cesen del todo ciertas cosas que desaparecen gradualmente.

extirpar. tr. Arrancar de raíz./ fig. Concluir del todo./ *Cir.* Extraer quirúrgicamente un órgano o una parte de él.

extorsionar. tr. Usurpar, arrebatar./ Causar extorsión.

extra. a. Extraordinario, óptimo.// m. Gaje, plus./ En el cine, persona que interviene como comparsa o que aparece ante la cámara sin actuación destacada.

extractar. tr. Reducir o extracto una cosa, compendiar.

extracto. m. Resumen de un escrito./ Sustancia resultante de la evaporación de ciertas disoluciones./ Catálogo o lista con los números premiados en un sorteo.

extradición. f. Entrega del delincuente refugiado en un país, por el gobierno de éste a las autoridades de otro, según requisitos del derecho internacional.

extraer. tr. Sacar./ Poner una cosa fuera de donde estaba./ *Mat.* Averiguar cuáles son las raíces de una cantidad dada.

extralimitarse. prl. Excederse en el uso de facultades.

extranjerismo. m. Afición exagerada a costumbres o valores extranjeros./ *Ling.* Palabra o frase de un idioma, empleada en otro.

extranjerizante. a. y s. Que tiene tendencia a extranjerizar.

extranjerizar. tr./ prl. Adoptar o hacer que se adopten las costumbres extranjeras.

extranjero, ra. a. Que es o viene de otro país.// m. Toda nación que no es la propia.

extrañar. tr./ prl. Desterrar a otro país./ Privar a uno del trato y comunicación que se tenía con alguien./ Ver u oír con extrañeza.// tr. Echar de menos una cosa de uso habitual./ Echar de menos a alguna persona o cosa.

extraño, na. a. De distinta nación, familia o profesión. Ú.t.c.s./ Singular, raro.

extraoficial. a. No oficial, oficioso.

extraordinario, ria. a. Fuera del orden o regla natural o común.// m. Correo especial que se despacha con urgencia.

extrapolar. tr. *Mat.* Determinar el valor de una función en un punto exterior a un intervalo del que se conocen sus valores./ Generalizar.

extraterrestre. a. Ajeno a la tierra, a la vida terrestre.

extravagancia. f. Cualidad de extravagante./ Acción extravagante.

extravagante. a. Que se hace o dice fuera del orden o común modo de obrar.

extraversión. f. Propensión a expresar los sentimientos, las emociones, etc., que caracteriza cierta personalidad.

extraviado, da. a. De costumbres desordenadas./ Dícese de la persona que anda perdida.

extraviar. tr./ prl. Hacer perder el camino./ Poner una cosa en otro lugar que el que debía ocupar.// prl. No encontrarse una cosa en su sitio o ignorarse su paradero./ Descarriarse.

extravío. m. Acción y efecto de extraviar./ fig. Desorden de las costumbres.

extremar. tr. Llevar una cosa al extremo.// prl. Esmerarse mucho en la ejecución de una cosa.

extremaunción. f. Sacramento de la Iglesia católica, en la actualidad llamado Unción de los Enfermos. Se administra a los fieles que están en peligro de morir y consiste en la unción con óleo sagrado.

extremeño, ña. a. y s. De Extremadura (comunidad autónoma española).

extremidad. f. Parte extrema o última de una cosa./ fig. El grado último que una cosa puede alcanzar.// pl. Cabeza, pies, manos y cola de los animales./ Pies y manos del hombre./ Los brazos, piernas y patas, en oposición al tronco.

extremismo. m. Tendencia a adoptar ideas extremas, especialmente en política./ Terrorismo.

extremista. s. Que profesa el extremismo./ Terrorista.

extremo, ma. a. Último./ Apl. a lo más intenso, elevado o activo de cualquier cosa.// m. Punto último a que puede llegar una cosa.// pl. Manifestación exagerada de un sentimiento.

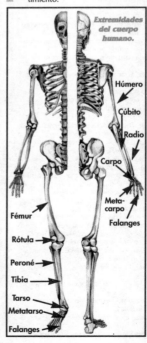

Extremidades del cuerpo humano.

Húmero
Cúbito
Radio
Carpo
Metacarpo
Falanges
Fémur
Rótula
Peroné
Tibia
Tarso
Metatarso
Falanges

extrínseco, ca. a. Externo, no esencial.

extroversión. f. Tipo de carácter que se vuelve hacia las cosas exteriores. Extraversión.

extrovertido, da. a. Dado a la extroversión.

exudar. i. Salir un líquido fuera de sus continentes propios.

exultar. i. Mostrar alegría con gran excitación.

exutorio. m. *Farm.* Remedio que se emplea para extraer o arrastrar.

eyaculación. f. Acción y efecto de eyacular./ Emisión de líquido seminal a través de la uretra, durante el orgasmo.

eyacular. tr. Expeler con rapidez y fuerza el contenido de un órgano.

eyección. f. Acción y efecto de eyectar./ Expulsión de una materia destinada a ser eliminada.

eyectar. tr. Proyectar al exterior.

f. f. Sexta letra del abecedario castellano y cuarta de sus consonantes. Su nombre es *efe*.

fa. m. Cuarta voz de la escala musical.

fábrica. f. Fabricación./ Lugar donde se fabrica una cosa./ Edificio./ Construcción hecha con piedra o ladrillos y argamasa./ Invención, artificio inmaterial.

fabricación. f. Acción y efecto de fabricar.

fabricar. tr. Hacer una cosa por medios mecánicos./ Construir una casa, un puente, etc./ fig. Disponer o hacer una cosa no material.

fábula. f. Habilila, cuento, rumor./ Ficción que disimula o encubre una verdad./ Composición literaria, por lo general en verso, en que se da una enseñanza por medio de una ficción alegórica.

fabuloso, sa. a. Falso, pura invención./ Extraordinario, increíble.

faca. f. Cuchillo corto.

facción. f. Parcialidad de gente amotinada./ Cualquiera de las partes del rostro humano. Ú.m. en pl./ Acto del servicio militar, como centinela, guardia, etc.

faccioso, sa. a. Perteneciente a una facción./ Perturbador, revoltoso.

faceta. f. Cada una de las caras o lados de un cuerpo, de un poliedro pequeño y en especial de una piedra preciosa./ fig. Cada aspecto que puede considerarse de un asunto./ *Zool.* Cada una de las córneas de los ojos compuestos de los artrópodos.

fachada. f. Aspecto exterior de conjunto./ Presencia.

facial. a. Perteneciente al rostro./ Dícese del ángulo del rostro formado por dos rectas que van desde la frente hasta los alvéolos del maxilar superior y desde este sitio hasta el conducto auditivo.

fácil. a. Que se puede hacer sin mucho trabajo./ Dicho de la mujer, liviana./ Dócil y manejable.

facilidad. f. Disposición para hacer una cosa sin gran trabajo./ Oportunidad, ocasión favorable.

facilitar. tr. Hacer fácil o posible./ Proporcionar, entregar.

facineroso, sa. a. y s. Delincuente habitual./ Malhechor, malvado.

facón. m. Cuchillo grande.

factible. a. Que se puede hacer.

factor. m. Agente comercial./ Empleado ferroviario que se ocupa de las cargas, etc./ fig. Elemento./ p. us. El que hace alguna cosa./ *Mat.* Cada uno de los elementos que forman un producto./ Submúltiplo.

factoría. f. Establecimiento de comercio instalado en país extranjero.

factura. f. Hechura./ Documento de los artículos y precios comprendidos en una compraventa comercial./ *Pint.* y *Esc.* Ejecución./ *R. de la P.* Bollo o masa pequeña de harina, dulce o azúcar.

facturar. tr. Extender facturas./ Registrar equipajes para que sean enviados a su destino.

facultad. f. Aptitud./ Poder, derecho para hacer algo./ Ciencia o arte./ En las universidades, conjunto de profesores o doctores de alguna ciencia./ Cada una de las divisiones de una universidad./ Licencia, permiso.

facultar. tr. Conceder facultades a uno para hacer alguna cosa.

facultativo, va. a. Perteneciente a una facultad./ Dícese del que profesa una facultad./ s. Médico.

fading (voz ingl.). m. *Fís.* Desvanecimiento en la intensidad de las señales captadas por un radiorreceptor./ *Cine.* Fundido. Se produce cuando la imagen se oscurece (en negro) o se ilumina hasta la saturación (en blanco).

faena. f. Trabajo corporal o mental.

faenar. tr. *Arg.* Matar reses, descuartizarlas o prepararlas para el consumo.

fagáceo, a. f. Apl. a árboles y arbustos angiospermos dicotiledóneos, como el castaño.// f. pl. Familia de estas plantas.

fagocitar. tr. *Biol.* Envolver una célula a otro microorganismo para después absorberlo o destruirlo.

fagocito. m. Célula que se halla en la sangre y en muchos tejidos animales, capaz de ingerir otras células y partículas nocivas para el organismo.

fagot. m. Instrumento de viento de más de un metro de largo.

fainá. m. *Amér.* Torta de harina de garbanzos, de forma redonda cocida al horno.

faisán. m. Ave del tamaño y aspecto de un gallo con un penacho de plumas, cola muy larga y plumaje verde rojizo. Su carne es muy estimada.

Fachada de un antiguo templo mesoamericano.

faja

faja. f. Tira de tela o de tejido de punto con que se rodea el cuerpo por la cintura./ Cualquier lista más ancha que larga./ Tira de papel que, para enviarlos, se pone a los impresos en lugar de sobre./ Insignia de ciertos cargos.

fajar. tr./ prl. Rodear, ceñir o envolver con faja o venda una parte del cuerpo./ *Amér.* Pegar, golpear.

fajo. m. Haz o atado.

falacia. f. Engaño con que se intenta dañar a otro./ Costumbre de emplear falsedades en perjuicio de otros.

falange. f. En los antiguos ejércitos griegos, cuerpo de infantería pesadamente armada./ Cuerpo de tropas numeroso./ fig. Conjunto de personas que se unen para un mismo fin./ *Anat.* Cada uno de los huesos de los dedos./ Partido político español creado por José Antonio Primo de Rivera.

falaz. a. Falso, embustero.

falcónido, da. a. Dícese de las aves rapaces diurnas cuyo tipo es el halcón.

falda. f. Parte del vestido de mujer que cae desde la cintura abajo./ Carne de la res que cuelga de las agujas./ Regazo./ fig. Parte baja de los montes o sierras.// pl. fam. Mujer o mujeres por oposición al hombre.

faldear. tr. Caminar por la falda de un monte o sierra.

falencia. f. Engaño que se padece en asegurar una cosa./ *Arg.* Carencia, defecto.

falible. a. Que puede engañarse o engañar./ Que puede fallar o faltar.

falla. f. Defecto material de una cosa./ *Amér.* Acción de faltar una persona a su palabra./ En Valencia, España, hoguera que se enciende en la noche de San José./ *Geol.* Fractura en una masa rocosa, a lo largo de la cual se producen desplazamientos de los bloques originados por ella.

fallar. tr. *Der.* Decidir un litigio o proceso.// i. Frustrarse una cosa./ Cometer o tener una falla una persona, maquinaria, etc.

falleba. f. Varilla de hierro para cerrar puertas y ventanas de dos hojas.

fallecer. i. Morir./ Concluirse o faltar una cosa.

fallido, da. a. Frustrado./ Quebrado, sin crédito.

falo. m. Miembro viril.

falsear. tr. Adulterar, corromper.// i. Perder una cosa su resistencia y firmeza./ Disonar una cuerda de un instrumento.

falsificar. tr. Adulterar, falsear.

falso, sa. a. Engañoso, falto de verdad./ Opuesto a la verdad./ Aplícase a la moneda ilegítima.

falta. f. Defecto, carencia o privación de algo./ Ausencia.

faltar. i. No existir una cosa, calidad o circunstancias en lo que debiera tenerla./ Consumirse, concluir./ No acudir a una obligación o cita./ No estar en el lugar de costumbre.

famélico, ca. a. Hambriento.

familia. f. Conjunto de ascendientes, descendientes, colaterales y afines de un linaje./ Parentela inmediata de alguien./ *Biol.* Agrupación de animales o plantas que tienen muchos caracteres comunes./ *Gram.* Conjunto de palabras que provienen de una misma raíz.

famoso, sa. a. Que tiene fama y nombre./ Excelente, pe fecto./ Que llama la atención.

fan (voz ingl.). s. Admirador, fanático, aficionado, especia mente a una estrella del espectáculo o deporte.

fanal. m. Farol grande que sirve de señal nocturna en las to rres de los faros.

fanático, ca. a. y s. Que defiende con apasionamiento un creencia, una causa o un partido.

fanerógamo, ma. a. y f. *Bot.* Dícese de la plant perteneciente a las fanerógamas./ f. pl. División veget que abarca a las plantas con semillas o espermatofitos Poseen flores, raíces, tallos y hojas.

fanfarrón, na. a. y s. Que hace alarde de lo que no es./ Er tusiasmado por algo.

fango. m. Lodo./ fig. Vilipendio, degradación.

fantasear. i. Dejar correr la fantasía.

fantasía. f. Facultad que tiene la mente de reproducir po medio de imágenes las cosas./ Imagen formada por la far tasía./ Ficción, novela, pensamiento ingenioso y elevado.

fantástico, ca. a. Que existe sólo en la imaginación./ fig Presuntuoso, vano.

faquir. m. Santón mahometano que vive de limosna.

Far West (voz ingl.). "Lejano Oeste." Nombre con que s designaba la vasta región de EE.UU. situada al O del Mis sissippi, durante los tiempos de la colonización. Su "con quista" es origen de una épica popularizada por la literatu ra y el cine.

faradio. m. *Fís.* Unidad de capacidad eléctrica en el sistem Georgi.

farándula. f. Profesión de los comediantes.

faraón. m. Título de los antiguos reyes de Egipto.

fardo. m. Lío grande de ropa u otra cosa.

farináceo, a. a. De la naturaleza de la harina o parecido ella./ f. pl. Plantas con las cuales se produce harina, como el trigo, el maíz, el centeno, etc.

faringe. f. *Anat.* Porción ensanchada del tubo digestivo, si tuada entre la boca y la parte posterior de las fosas nasales

faringitis. f. *Med.* Inflamación de la mucosa de la faringe.

fariseo. m. Entre los judíos, miembro de una secta que afectaba rigor y austeridad y no observaba la ley./ fig. Hi pócrita.

farmacéutico, ca. a. Pert. a la farmacia.// s. Quien ha estudiado farmacia.

farmacia. f. Ciencia cuyo objeto es preparar y emplear los medicamentos./ Despacho del farmacéutico./ Profesión de esta ciencia.

fármaco. m. Medicamento.

faro. m. Torre alta en las costas, con luz, para aviso a los navegantes./ Farol potente./ Cada uno de los fanales delanteros de los vehículos automotores./ fig. Luz, guía intelectual y moral.

farol. m. Caja de materia transparente, dentro de la cual se pone luz.

Fecundación de la flor del ciruelo.

El grano de polen da origen al tubo polínico — Tubo polínico — Células espermáticas (gametas masculinas) — Pared del ovario = hoja carpelar — Semilla — Fruto — Semilla — Óvulo — Pedúnculo floral — Pedúnculo frutal

farola. f. Farol grande.

farra. f. Diversión ruidosa./ *R. de la P.* Burla.

farsa. f. En la Antigüedad, nombre que se daba a las comedias./ Pieza cómica./ fig. Enredo, engaño.

farsante. a. El que representaba farsas, comediante./ Dícese de quien finge o simula.

farsesco, ca. a. Perteneciente o relativo a la farsa.

fascículo. m. Conjunto de hojas impresas en que se divide un libro que se publica por partes.

fascinación. f. Hechizo, engaño, alucinación.

fascinar. tr. Encantar, alucinar, hechizar.

fascismo. m. Movimiento político italiano liderado por Benito Mussolini. Gobernó entre 1922 y 1944. Impuso un estado totalitario, corporativo e imperialista.

fascista. a. Rel. al fascismo./ s. Partidario del fascismo.

fase. f. Cada uno de los distintos estados sucesivos de un fenómeno natural o histórico.

fastidiar. tr./ prl. Causar asco o hastío una cosa./ fig. Enfadar, molestar.

fastuosidad. f. Ostentación, boato.

fatal. a. Pert. al hado, inevitable./ Desventurada, infeliz./ Halo./ Mortal.

fatalidad. f. Calidad de fatal./ Desgracia, infortunio.

fatiga. f. Cansancio, trabajo excesivo./ Molestia causada por la respiración dificultosa./ fig. Incomodidad. Ú.m. en pl.

fatigar. tr./ prl. Causar fatiga./ tr. Molestar, importunar.

fatuidad. f. Calidad de fatuo.

fatuo, tua. a. Falto de razón o entendimiento./ Lleno de vanidad.

fauces. f. pl. Parte posterior de la boca de los mamíferos.

fauna. f. Conjunto de especies animales propias de un determinado region.

fáustico, ca. a. Relativo a Fausto, personaje trágico que vende su alma al Diablo a cambio de sabiduría y juventud.

fauvismo. m. *Pint.* Movimiento surgido en París a principios del siglo XX. Se dedicaba a exaltar los colores puros, la expresión de la luz y la construcción del espacio por el color.

favor. m. Ayuda, socorro.

favorecer. tr. Ayudar./ Apoyar una empresa, intento, etc.

favorito, ta. a. Que es preferentemente estimado./ Persona predilecta de un rey o personaje.

fax. m. Sistema de telecomunicación que combina un teléfono y una impresora. Permite transmitir por línea telefónica documentos e impresos./ Aparato para transmitir y recibir fax.

faz. f. Rostro./ Lado de una cosa.

fe. f. *Teol.* La primera de las tres virtudes teologales./ Confianza que se tiene en una persona o cosa./ Creencia que se da a las cosas por la autoridad de quien las dice./ Seguridad, aseveración de que una cosa es cierta./ Documento que certifica la verdad de una cosa.

fealdad. f. Calidad de feo./ fig. Torpeza, indignidad.

febrero. m. Segundo mes del año, de 28 días en los años comunes y 29 en los bisiestos.

febrífugo, ga. a. Que quita las fiebres.

febril. a. Pert. a la fiebre./ Desasosegado, ardoroso.

fecal. a. Pert. o relativo al excremento del intestino.

fecha. f. Indicación de tiempo.

fechoría. f. Mala acción.

feculento, ta. a. Que contiene fécula./ Que tiene heces.

fecundación. f. Acción y efecto de fecundar./ *Biol.* Unión de los gametos masculino y femenino para formar el cigoto./ **- artificial.** La que se realiza por medio de una inseminación, es decir, fuera del acto sexual./ **-in vitro.** La que se realiza por medio de la extracción del óvulo y de su fecundación en una probeta, para luego ser reimplantado en el útero.

fecundar. tr. Hacer productiva una cosa.

fecundo, da. a. Que produce o se produce en virtud de los medios naturales./ Abundante, fértil.

fedayín. a. y s. Nombre común de los guerrilleros palestinos que combaten contra Israel desde 1949 para recuperar su territorio.

federación. f. Entidad o Estado formados a partir de otros que se unen, manteniendo cierta autonomía.

Fenicios. Sus embarcaciones, aun precarias, cruzaron los mares y relacionaron los continentes.

federalismo. m. Sistema por el cual varios estados, conservando su independencia administrativa y judicial, ceden a un poder central parte de su autoridad./ Doctrina política que impulsa este sistema

feed-back (voz ingl.). f. *Electr.* Realimentación, retroacción./ En psicología y pedagogía, proceso interior de asimilar e integrar situaciones o conocimientos.

feérico, ca. a. Gal. por maravilloso, encantador.

fehaciente. a. Que hace fe en juicio.

feldespato. m. *Miner.* Silicato de alúmina y otros minerales que forma parte de numerosas rocas.

felicidad. f. Satisfacción, contento./ Suerte feliz.

felicitar. tr./ prl. Expresar a una persona la satisfacción que se experimenta con motivo de algún suceso favorable para ella./ Manifestar buenos deseos a otra persona.

feligrés, sa. a. Persona que pertenece a una parroquia.

felino, na. a. Perteneciente o relativo al gato.// a./ m. *Zool.* Dícese de los animales que pertenecen a la familia cuyo tipo es el gato.

felonía. f. Deslealtad, traición.

felpa. f. Tejido que tiene pelo por un lado./ fig. y fam. Zurra de golpes.

felpudo. m. Estera pequeña generalmente afelpada.

femenino, na. a. Propio de mujeres./ Dícese del ser dotado de órganos para ser fecundado./ fig. Endeble, débil./ Dícese del género gramatical de los nombres de mujer o animal hembra, así como el de las cosas que el uso comprende en él.

feminismo. m. Doctrina y movimiento que impulsa la igualdad de derechos para la mujer en relación con el hombre.

fémur. m. Hueso del muslo.

fenecer. tr. Poner fin, terminar.// i. Morir./ Acabarse una cosa.

fenianismo. m. Movimiento nacionalista y separatista irlandés.

feniano, na. a. Relativo al fenianismo./ s. El que profesa el fenianismo.

fenicio, cia. a. De Fenicia, antigua región del Mediterráneo oriental.

fenilanina. f. Aminoácido que forma parte de varias clases de proteínas.

fénix. m. *Mit.* Ave fabulosa. Los antiguos creían que era única y, una vez quemada, renacía de sus cenizas./ Por ext. Persona única y extraordinaria, que se destaca en alguna disciplina.

fenómeno. m. Toda manifestación, ya sea material o espiritual./ Cosa extraordinaria.

fenomenología. f. Descripción de un fenómeno./ *Fil.* Corriente de pensamiento que se basa en el estudio de las esencias y las existencias en tanto fenómenos, es decir, tal como se aparecen a la conciencia humana.

fenomenológico, ca. a. Perteneciente o relativo al fenómeno o a la fenomenología.

fenotipo. m. *Biol.* Conjunto de características externas de un individuo, definidas por el genotipo y las modificaciones provocadas por el medio ambiente.

feo, a. a. Que carece de belleza y hermosura./ fig. Que causa horror o aversión.

feofíceas. f. pl. *Bot.* Clase de algas pluricelulares de color amarillo o pardo. Habitan en aguas marinas, a mayor profundidad que las algas verdes.

feófitos. m. pl. Feofíceas.

feracidad. f. Fertilidad de los campos.

feraz. a. Fértil, que da frutos en abundancia.

féretro. m. Caja en que se lleva a enterrar a los muertos.

feria. f. Mercado en paraje público y días señalados./ Vacaciones judiciales./ Conjunto de instalaciones recreativas que se montan en determinadas fiestas y en determinadas poblaciones./ Instalación donde se exhiben periódicamente productos de un determinado ramo industrial.

feriado, da. a. Día de descanso en semana.

fermentación. f. *Biol.* y *Quím.* Modificación química que se produce en ciertos compuestos orgánicos por la acción de microorganismos llamados fermentos.

fermentar. i. Descomponerse una sustancia por la acción de un fermento.// tr. Producir la fermentación.

fermento. m. *Biol.* Microorganismo que posee la virtud de producir fermentaciones.

fermio. m. Elemento químico. Símb., Fm. Es radiactivo y se obtiene bombardeando el U 238 con iones de O.

feroz. a. Que procede con ferocidad y dureza.

férreo, a. a. De hierro o que tiene sus propiedades./ fig. Duro, tenaz.

ferretería. f. Comercio donde se venden objetos de hierro en su mayoría./ Conjunto de estos artículos.

ferrocarril. m. Camino formado por dos filas de rieles o carriles paralelos./ Tren que circula por dicho camino.

ferroviario, ria. a. Pert. o relativo al ferrocarril.// m. Empleado del ferrocarril.

ferruginoso, sa. a. Apl. al mineral que contiene hierro./ Aguas minerales que contienen alguna sal de hierro.

fértil. a. Dícese de la tierra que produce mucho./ fig. Abundante, fecundo./ Refiriéndose a personas o animales, que tiene capacidad de reproducción.

fertilidad. f. Calidad de fértil.

fervor. m. Celo ardiente y afectuoso./ fig. Devoción religiosa.

festejar. tr. Agasajar, hacer festejos./ Galantear, requebrar.

festividad. f. Fiesta o solemnidad con que se festeja algo./ Día festivo.

festivo, va. a. Chistoso./ Alegre, regocijado./ Aplícase al día de fiesta.

fetiche. m. Objeto al cual algunos pueblos primitivos le atribuyen poderes sobrenaturales./ Amuleto.

fetichismo. m. Culto de los fetiches./ *Psic.* Tendencia de algunos individuos a asociar un objeto inanimado (o parte del cuerpo humano) con situaciones emocionales relacionadas con el impulso sexual.

fetichista. s. Que padece de fetichismo.

fetidez. f. Hedor.

feto. m. Producto de la concepción de una hembra vivípara hasta que nace y desde que deja de ser embrión./ Este mismo producto abortado.

feudal. a. Relativo al feudo./ Dícese del sistema político y social predominante en la Edad Media.

feudalismo. m. Regimen feudal u organización política y social basada en los feudos.

feudo. m. Tierra concedida por un soberano a sus vasallos a cambio de fidelidad y tributo./ Tributo cuya condición se otorgaba el feudo.

fiambre. m. Dícese del manjar que después de asado o cocido se deja enfriar para no comerlo caliente.

fianza. f. Obligación accesoria que uno hace para seguridad de que otro pagará lo adeudado o cumplirá aquello a lo que se había comprometido.

fiar. tr. Asegurar uno que otro cumplirá lo que promete./ Vender sin tomar el precio de contado.

fiasco. m. Fracaso, chasco.

fibra. f. Cada uno de los filamentos que constituyen un tejido orgánico o la textura de un mineral, o cada uno de los obtenidos por procedimientos químicos y de principal uso en la industria textil./ Raíz pequeña./ fig. Firmeza, vigor./ **óptica.** *Fís.* Cuerpo sintético, por lo general flexible, por cuyo interior se propagan rayos luminosos. Tiene un coeficiente de absorción muy pequeño.

fibroblasto. m. *Biol.* Cada una de las células del tejido conjuntivo.

fibrocemento. m. Cemento mezclado con polvo de amianto. Se utiliza para tubos y placas premoldeadas.

fibrosis. f. *Pat.* Formación de tejido fibroso en otro tejido o víscera.

fibroso, sa. a. Que tiene muchas fibras.

ficción. f. Acción de fingir./ Invención poética o literaria.

ficcional. a. Perteneciente o relativo a la ficción.

ficha. f. Pieza pequeña de marfil, hueso, etc., para señalar los tantos en el juego./ Hoja o cédula de cartulina donde se anotan las características de personas o cosas que se quieren catalogar./ *Cinem.* y *TV.* Lista en que se enumeran los componentes del equipo técnico de una película.

fichar. tr. Hacer la ficha de una persona o cosa./ fig. y fam. Poner a una persona o cosa entre aquellas de las que se desconfía./ Contratar a un deportista para que forme parte de un equipo o club.

fichero. m. Mueble donde se guardan ordenadamente fichas y documentos.

ficus. m. Género de plantas arbustivas o arbóreas de la familia moráceas. Pertenecen a él la higuera y el sicomoro.

fidedigno, na. a. Digno de fe y crédito.

fideicomiso o **fideicomiso.** m. Donación de una herencia a una persona para que con ella haga lo que se le encarga.

fidelidad. f. Lealtad, cumplimiento absoluto de la fe que una persona debe a otra./ Exactitud en el cumplimiento de una cosa.

fiduciario, ria. a. Que depende de la confianza y crédito que merezca.

fiebre. f. Fenómeno patológico caracterizado por elevación de la temperatura del cuerpo, la alteración de la frecuencia del pulso y la respiración y otros síntomas./ Agitación producida por sentimientos./ **-aftosa.** Glosopeda, fiebre que ataca los ganados./ **-amarilla.** Enfermedad endémica de los países tropicales./ **-de Malta** o **mediterránea.** Enfermedad infecciosa causada por bacterias, que es transmitida al hombre por el ganado vacuno o porcino. Tambien se llama brucelosis./ **-tifoidea.** Infección intestinal causada por el bacilo de Eberth.

fiel. a. Persona que corresponde a la confianza puesta en ella.// m. Creyente de alguna religión.

fieltro. m. Especie de paño no tejido, hecho del conglomerado de borra, lana o pelo.

fiera. f. Animal sanguinario y carnicero./ fig. Persona cruel. Animal mamífero, unguiculado, con cuatro extremidades para la marcha.

fiero, a. a. No domesticado./ Feo.

fiesta. f. Alegría, regocijo./ Día de celebración solemne, religiosa o civil./ Regocijo público./ Agasajo, caricia, muestra de afecto. Ú.m. en pl./ Día de asueto.

figura. f. Forma exterior de un cuerpo./ Cara, faz./ Pintura o escultura que representa el cuerpo de un hombre o animal./ Cosa que significa o representa otra./ *Geom.* Espacio cerrado por líneas.

figurado, da. a. Dícese del lenguaje en que las palabras tienen otros sentidos, además del propio.

Feria de Mesoamérica, popular entre los habitantes por la variedad de productos que ofrece.

igurar. tr. Aparentar, fingir.// i. Pertenecer a un número determinado de personas.// prl. Imaginar.

igurativo, va. a. Que es o sirve de representación o figura de otra cosa./ Dícese del arte y del artista que representa la realidad de manera fiel y exterior, por oposición al arte abstracto.

ijar. tr. Clavar, asegurar un cuerpo en otro./ Pegar con engrudo u otra sustancia./ Hacer estable una cosa. Ú.t.c.prl./ Notar, reparar.

ijo, ja. p.p. irreg. de **fijar**.// a. Firme, asegurado./ Inmutable, que no cambia.

ilamento. m. Cuerpo filiforme.

ilantropía. f. Amor al género humano.

ilatelia. f. Estudio de los sellos o estampillas de correos./ Costumbre de coleccionarlas.

ilete. m. Miembro de moldura, a manera de lista angosta y larga./ Pequeña lonja de carne magra o de pescado./ Línea fina que sirve de adorno en un dibujo./ Remate con hilo enlazado para reforzar el borde de ciertas ropas.

ilial. a. Perteneciente al hijo./ Apl. al establecimiento que depende de otro. Ú.t.c.s.

ilibustero. m. Nombre que se dio a los piratas que en siglo XVII infestaron el Mar de las Antillas.

ilicida. a. y s. Que mata a su hijo.

iliforme. a. Que tiene forma de hilo./ Med. Dícese del pulso muy débil.

iligrana. f. Obra de hilos de oro o plata unidos con delicadeza./ fig. Cosa delicada y pulida.

ilipino, na. a. De Filipinas.

ilisteo, a. a. y s. Díc. del individuo de una nación enemiga de los israelitas./ fig. Persona vulgar y despreciable.

ilosilicato. m. Miner. Silicato cuyo retículo cristalino está formado por superposición de estratos de tetraedros de SiO_4.

ilmar. tr. Tomar vistas cinematográficas, impresionar una película cinematográfica.

ilme. m. Película cinematográfica.

ilo. m. Borde de un instrumento cortante./ fam. Arg. Amorío.

ilogénesis o **filogenia.** f. Biol. Evolución del grupo al que pertenece determinada especie.

ilología. f. Estudio científico de una lengua.

ilón. m. Masa metalífera o pétrea que rellena una antigua hendidura o quiebra./ Negocio o asunto del que se espera sacar mucho provecho.

iloso, sa. a. Amér. Afilado, que tiene filo.

ilosofar. i. Discurrir, analizar con filosofía./ fam. Meditar.

ilosofía. f. Ciencia que estudia la esencia, propiedades, causas y efectos de las cosas naturales y humanas./ Sistema filosófico./ fig. Serenidad o fortaleza para soportar las contrariedades.

ilósofo. m. Persona que estudia, profesa o sabe la filosofía.

iltración. f. Acción y efecto de filtrar o filtrarse./ Separación de las partículas sólidas que se hallan en un líquido, o de las líquidas que se hallan en un medio gaseoso.

iltrar. tr. Hacer pasar un líquido por un filtro.// i. Penetrar un líquido a través de un cuerpo sólido. Ú.t.c.prl.

iltro. m. Sustancia porosa o masa de arena y piedrecillas a través de la cual se hace pasar un líquido para clarificarlo./ Bebida a la que se atribuía el poder de conseguir el amor de una persona.

in. m. Término, remate o consumación de una cosa./ Motivo u objeto./ Límite, confín.

inado, da. s. Persona muerta.

inal. a. Que pone fin a una cosa.// m. Fin.// f. Última competición en un campeonato.

inalizar. tr. Dar fin.// i. Extinguirse.

inanciar. tr. Proporcionar el capital para un negocio, empresa, etc.

inanciero, ra. a. Rel. a la hacienda pública o a las cuestiones bancarias./ El que se dedica a actividades relacionadas con estas materias; banquero, capitalista.// f. Entidad que otorga préstamos a quienes compran a crédito, con su interés correspondiente.

Ferrocarril. La tecnología actual lo convirtió en un excelente y poderoso medio de transporte.

inanzas. f. pl. Caudales, bienes./ Hacienda pública./ Ciencia que estudia la administración de los bienes públicos./ Estado de la economía de una persona, una empresa o un país.

inar. i. Fallecer.

inca. f. Propiedad inmueble.

inés, sa. a. Finlandés. Ú.t.c.s.// m. Lengua predominante en Finlandia.

ineza. f. Pureza y bondad de las cosas./ Acción obsequiosa.

ingir. tr./ prl. Dar a entender lo que no es cierto.

iniquitar. tr. Saldar una cuenta./ Concluir, acabar.

inito, ta. a. Que tiene fin o límite.

inura. f. Delicadeza, buena calidad./ Urbanidad, cortesía.

iordo. m. Golfo estrecho y profundo, entre montañas, típico de la costa de Noruega.

irma. f. Nombre y apellido o título que una persona pone al pie de un escrito, obra de arte, etc./ Razón social o casa de comercio.

irmamento. m. La bóveda celeste./ Cielo.

irmar. tr. Poner una firma.

irme. a. Fuerte, estable./ fig. Constante, que no se deja dominar.

irmeza. f. Estabilidad, fortaleza./ Entereza, constancia./ Arg. Baile popular de mímica graciosa cuya letra es de carácter amoroso.

iscal. a. Relativo al fisco.// m. El que en los tribunales ejerce el ministerio público./ Encargado de promover los intereses del fiscal./ fig. El que averigua o delata los hechos de alguien.

iscalizar. tr. Desempeñar el cargo de fiscal./ Vigilar, controlar.

isco. m. Tesoro público.

ísica. f. Ciencia que estudia los cuerpos y sus propiedades y leyes, mientras no cambia su composición, así como también los agentes naturales con los fenómenos producidos en los cuerpos por su influencia.

ísico, ca. a. Perteneciente a la física./ Perteneciente a la naturaleza corpórea.// s. Persona que profesa la física.// m. Exterior de una persona; lo que forma su naturaleza.

isiocracia. f. Doctrina económica surgida en Francia durante el siglo XVIII, opuesta al mercantilismo. Atribuía el origen de la riqueza sólo a la tierra y la agricultura.

isiócrata. s. Partidario de la fisiocracia.

isiología. f. Ciencia que estudia las funciones de los seres orgánicos.

isiológico, ca. Perteneciente o relativo a la fisiología.

isiólogo, ga. s. Que practica la fisiología.

isión. f. Fís. Ruptura del núcleo de un átomo pesado al ser bombardeado por neutrones. Produce radioactividad y libera gran cantidad de energía.

isonomía. f. Aspecto peculiar del rostro de una persona./ fig. Aspecto exterior de las cosas.

ístula. f. Caño o conducto por donde corre un líquido./ Conducto anormal que se abre en la piel o en las mucosas.

isura. f. Hendidura, grieta o raja./ Med. Fractura longitudinal de un hueso.

itófago. m. Biol. Organismo que se alimenta de sustancias vegetales.

fitogeografía

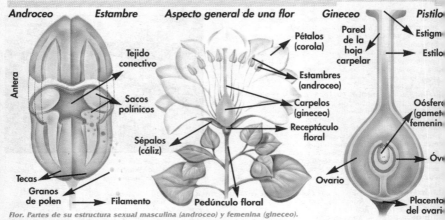

Androceo   **Estambre**   **Aspecto general de una flor**   **Gineceo**   **Pistilo**

Antera

Tejido conectivo

Sacos polínicos

Tecas

Granos de polen → Filamento

Pedúnculo floral

Pétalos (corola)

Estambres (androceo)

Carpelos (gineceo)

Receptáculo floral

Sépalos (cáliz)

Pared de la hoja carpelar

Estigm

Estilo

Oósfera (gamet femenin

Óv

Ovario

Placenta del ovari

Flor. Partes de su estructura sexual masculina (androceo) y femenina (gineceo).

fitogeografía. f. Estudio de los vegetales según su distribución geográfica y su relación con la geografía.

fitoplancton. m. *Biol.* Conjunto de algas microscópicas que viven en la superficie del agua. Es el comienzo de numerosas cadenas alimentarias.

fláccido, da o **flácido, da.** a. Flojo, sin consistencia.

flaco, ca. a. Que tiene pocas carnes./ Flojo, sin fuerzas.

flagelado, da. a. y m. *Zool.* Dícese de los animales de la clase flagelados./ m. pl. *Zool.* Clase de protozoos que poseen uno o varios flagelos como órgano locomotor. Son organismos muy primitivos, generalmente acuáticos.

flagelar. tr. Azotar. Ú.t.c.prl./ Vituperar, fustigar.

flagelo. m. Instrumento para azotar./ fig. Calamidad, plaga./ *Biol.* Prolongaciones finas y móviles que poseen algunos microorganismos y les sirven para su movilidad.

flagrante. a. Que se está ejecutando actualmente.

flamante. Resplandeciente./ Nuevo.

flamear. i. Ondear las banderas o la vela del buque por estar al filo del viento.

flamenco, ca. a. y s. De Flandes (actual Bélgica)./ Díc. de lo andaluz./ *Arte.* Díc. de las importantes y numerosas corrientes artísticas que se desarrollaron en Flandes./ m. *Ling.* Idioma emparentado con el neerlandés./ *Mús.* Expresión musical andaluza, gmente. cantada, de origen incierto aunque con algunas influencias aparentes de la música gitana y árabe./ *Zool.* Ave de patas y cuello largos, pico curvo y plumaje blanco o rosado que habita en bañados.

flan. m. Postre hecho con huevos, azúcar y leche batidos.

flanco. m. Parte lateral de un cuerpo, ejército, etc.

flaquear. i. Ir perdiendo la fuerza./ Decaer de ánimo, aflojar, ceder.

flaqueza. f. Extenuación./ Debilidad./ fig. Desliz.

flash-back (voz ingl.). m. *Cine.* Toma o secuencia intercalada en un filme, que muestra una acción anterior al presente narrativo. Equivale al racconto.

flauta. f. Instrumento músico de viento, en forma de tubo, con embocadura y agujeros./ **-travesera** o **traversa.** La que se coloca de través, de izquierda a derecha, para ejecutarla.

flautista. m. y f. Persona que por gusto o profesión toca la flauta.

flebitis. f. *Pat.* Inflamación de las venas.

flecha. f. Arma arrojadiza con un asta de punta afilada, que se dispara con un arco.

flechar. tr. Estirar la cuerda del arco./ Herir con flechas./ fig. y fam. Inspirar amor.

fleco. m. Adorno compuesto por hilos colgantes./ Borde de las telas deshilachado por el uso.

fleje. m. Aro de hierro que asegura las duelas de toneles y cubas y los fardos.

flema. f. Mucosidad que se arroja por la boca./ fig. Lentitud pachorra.

flemático, ca. a. Tardo, lento.

fletar. tr. Alquilar una embarcación./ Embarcar mercadería o personas para transportarlas.

flete. m. Precio estipulado por el alquiler de la nave./ Carg de un buque./ *Arg.* Caballo veloz.

flexible. a. Que puede doblarse fácilmente.

flexión. f. Acción y efecto de flexionar./ *Gram.* Alteració que se produce en las voces, con cambio de desinencia.

flexional. a. Perteneciente o relativo a la flexión./ *Ling.* D cese de las lenguas que flexionan, es decir, cuya morfologí se basa en la variación de las desinencias de sus palabras.

flexionar. tr. Doblar, encorvar.

flirtear. i. Coquetear, galantear.

floema. f. *Bot.* Tejido vegetal fibroso que conduce la savi elaborada.

flojo, ja. a. Mal atado, poco apretado./ De poca actividad fortaleza o vigor./ fig. Perezoso, descuidado. Ú.t.c.s./ *Arg* Cobarde.

flor. f. *Bot.* Conjunto de los órganos reproductores de la plantas, compuesto por lo general de cáliz, corola, estam bres y pistilo./ fig. Lo mejor y más escogido./ Piropo, re quiebro. Ú.m. en pl./ **-de lis.** Flor de lirio estilizada, qu forma parte de escudos de armas y ocasionalmente s considera símbolo de la nación francesa.

flora. f. Conjunto de plantas de un país, región o comarca.

florecer. i. Echar flor. Ú.t.c.tr./ fig. Prosperar./ Hacerse céle bre una persona o cosa en una época determinada.

florentino, na. a. De Florencia.

florescencia. f. *Bot.* Acción de florecer./ Época en que la plantas florecen.

floresta. f. Sitio arbolado, frondoso y ameno.

florete. m. Espadín de cuatro puntas para adiestrarse en l esgrima.

floricultura. f. Cultivo de las flores.

florilegio. m. Antología, colección de trozos literarios se lectos.

florista. m. y f. Persona que fabrica flores artificiales./ Quier vende flores.

flota. f. Conjunto de barcos mercantes./ Armada de gue rra./ *Arg.* Conjunto de camiones de transporte de merca dería.

flotador, ra. a. Que flota.// m. Cuerpo que se destina a flo tar en un líquido./ Aparato para determinar el nivel de u líquido o regular su salida./ Pieza hecha de caucho, corche o plástico, llena de aire, que sujeta generalmente al cuer po de quien se introduce en el agua, ayuda a que éste no se hunda.

flotar. i. Mantenerse un cuerpo sobre la superficie de un líquido o en suspensión si está sumergido en un fluido aeriforme./ Ondear en el aire.

fluctuar. i. Oscilar un cuerpo sobre las aguas./ fig. Titubear, dudar./ Oscilar los cambios, los precios, etc.

fluidez. f. Calidad de fluido.

fluido, da. a. y s. Dícese del cuerpo líquido o gaseoso./ Aplícase al lenguaje o estilo corriente y fácil.

flujo. m. Movimiento de los líquidos o fluidos./ Movimiento de ascenso de la marea./ Econ. Movimiento de las variables macroeconómicas medidas en función del tiempo.

fluminense. a. y s. De Río de Janeiro (Brasil) o de Los Ríos (Ecuador).

flúor. m. Metaloide gaseoso, irrespirable y tóxico, de gran energía química. Símb. F.; n. at., 9; p. at., 19.

fluorescencia. f. Luminiscencia que muestran algunos cuerpos sometidos a la acción de la luz.

fluvial. a. Perteneciente a los ríos.

foca. f. Mamífero carnicero que por lo común vive en el mar. Tiene un cuerpo en forma de pez y nada perfectamente, pero en tierra anda con dificultad y arrastrándose.

foco. m. Fís. Punto donde convergen los rayos luminosos y caloríficos reflejados o refractados./ Lámpara eléctrica./ fig. Lugar donde una cosa está reconcentrada y desde donde se propaga o ejerce influencia.

fofo, fa. a. Blando, esponjoso.

fogata. f. Fuego de combustible que levanta llama.

fogón. m. Sitio para hacer fuego y guisar./ En las máquinas de vapor, sitio para el combustible./ Arg. Reunión alrededor del fuego.

fogonazo. m. Llama de un disparo./ Llamarada instantánea de algunas materias.

fogosidad. f. Impetuosidad, ardimiento.

fogoso, sa. a. Ardiente.

foguear. tr. Limpiar un arma de fuego./ fig. Acostumbrar a una persona a inconvenientes y trabajos.

foja. f. For. Hoja de papel en un proceso.

folclore. m. Folklore.

folclórico, ca. a. Perteneciente o relativo al folclore.

folclorista. s. Que practica el folclore, sobre todo musicalmente.

foliar. tr. Numerar las hojas.

folículo. m. Glándula que rodea y protege ciertos órganos de los animales superiores.

folio. m. Hoja del libro o cuaderno.

folklore. m. Conjunto de tradiciones y costumbres de un pueblo.

follaje. m. Conjunto de las hojas de los árboles y otros vegetales./ fig. Abundancia de palabras superfluas.

folletín. m. dim. de folleto./ Novela o escrito extenso que se publica por partes.

folleto. m. Obra impresa en forma de libro, pero más chico.

fomentar. tr. Dar calor para vivificar./ fig. Excitar, dar pábulo.

fomento. m. Calor que se da a una cosa./ Protección./ Medicamento líquido que se aplica sobre la piel por medio de paños.

fonación. f. Emisión de sonidos por parte de los seres vivos. En el hombre, articular el sonido en forma de palabras.

fonador. a. Se aplica a los órganos usados en la emisión del lenguaje hablado.

fonda. f. Establecimiento donde se da hospedaje y se sirven comidas.

fondear. tr. Reconocer el fondo del agua.// i. Anclar o asegurar una embarcación por pesos que descansan en el fondo.

fondo. m. Parte inferior de cosa hueca./ Lecho de un río, del mar, etc./ Lo esencial de una cosa.// pl. Caudal, bienes.

fonema. m. Ling. Cada uno de los sonidos articulados de la lengua./ La más pequeña unidad fonológica de la lengua.

fonendoscopio. m. Aparato para practicar la auscultación.

fonético, ca. a. y s. Perteneciente a la voz humana o al sonido en general./ Aplícase a todo alfabeto cuyos elementos (letras) representan sonidos./ f. Parte de la lingüística que estudia los sonidos.

foniatría. f. Parte de la medicina que se refiere a los defectos y enfermedades de la voz.

fonógrafo. m. Fís. Aparato que inscribe o reproduce las vibraciones del sonido.

fonología. f. Rama de la lingüística que estudia los elementos fónicos, especialmente su valor funcional dentro del sistema de cada lengua.

fonológico, ca. a. Perteneciente o relativo a la fonología.

fonólogo, ga. s. Que practica la fonología.

fontanela. f. Cada espacio membranoso del cráneo, antes de su total osificación.

forajido, da. a. Apl. al delincuente que anda huyendo de la justicia./ Malhechor, bandolero.

foráneo, a. a. Extraño, forastero.

forastero, ra. a. Que es de fuera del lugar. Ú.t.c.s./ fig. Ajeno, extraño./ fig. Resistir, hacer oposición.

forcejear. i. Hacer fuerza para vencer una resistencia.

fórceps. m. Instrumento en forma de tenaza, que se usa para la extracción de las criaturas en partos difíciles.

forestación. f. Acción de poblar un terreno con árboles.

forja. f. Fragua de platero./ Acción y efecto de forjar.

Corte longitudinal esquematizado del aparato fonador.

Fonación. El aparato fonador, utilizado por el hombre para emitir sonidos diferentes. Por ejemplo, cuando pronunciamos vocales mantenemos nuestros labios y dientes separados.

forjar. tr. Dar forma con el martillo a los metales./ Fabricar y formar./ fig. Inventar, fingir, idear.

forma. f. Aspecto exterior de los cuerpos materiales./ Modo de proceder en una cosa./ Molde en que se vacía y forma algo./ Estilo o modo de expresar las ideas.

formación. f. Acción y efecto de formar o formarse./ Reunión ordenada de las tropas para diversos actos de servicio.

formal. a. Perteneciente o relativo a la forma./ Aplícase a la persona seria./ Dícese de la lógica aristotélica y de la aplicada en las operaciones matemáticas.

formalismo. m. Observancia rigurosa de la forma, formalidad o método./ Lit. Teoría y método que estudia la literatura dando importancia excluyente a la forma por sobre el contenido./ Fil. Sistema que privilegia las formas o leyes del pensamiento en el acto de conocer la realidad./ Mat. Tendencia que destaca la estructura por sobre los significados.

formalista. s. Que practica el formalismo.

formalizar. tr. Revestir una cosa de los requisitos legales./ Concretar.

formar. tr. Dar forma./ Componer varias personas o cosas el todo del que son partes./ Reunir o poner las tropas en orden./ Educar, crear.// prl. Adquirir una persona completo desarrollo.

Fotografía. Arte que reproduce las imágenes de lo vivido o conocido mediante el empleo de cámaras fotográficas.

formato. m. Forma y tamaño de un impreso, de un libro, de una revista, etc.

formidable. a. Que infunde miedo./ Muy grande, enorme.

formol. m. Sustancia que se obtiene del alcohol metílico y se usa como desinfectante.

formón. m. Instrumento de carpintería, semejante al escoplo, pero más fino y de boca más ancha./ Sacabocados con que se sacan las hostias y otras cosas de forma circular.

formoseño, ña. a. De Formosa, provincia de la República Argentina.

fórmula. f. Modo establecido de hacer o decir algo./ *Mat.* Representación simbólica de un cálculo u operación./ *Quím.* Representación simbólica de la composición de un cuerpo.

formulación. f. Conjunto de normas que sirven para escribir correctamente fórmulas químicas, matemáticas, etc.

formular. tr. Reducir a términos claros y precisos./ Recetar./ Expresar, manifestar.

formulario, ria. a. Relativo o perteneciente a las fórmulas./ m. Impreso que contiene fórmulas que deben completarse para el trámite o ejecución de procedimientos legales o comerciales.

fornicar. i./tr. Tener cópula carnal fuera del matrimonio.

fornido, da. a. Robusto, fuerte y de mucho hueso.

foro. m. Plaza donde se trataban en Roma los negocios públicos./ Por ext., sitio en que los tribunales determinan las causas./ Curia y todo lo concerniente a la abogacía y a la práctica de los tribunales./ En teatro, fondo del escenario.

forraje. m. Pasto para el ganado.

forrar. tr. Poner forro o funda a una cosa.// prl. Enriquecerse.

forro. m. Cubierta, abrigo o resguardo interior o exterior con que se reviste una cosa.

fortalecer. tr./ prl. Fortificar.

fortaleza. f. Fuerza y vigor./ Tercera de las cuatro virtudes cardinales que consiste en vencer el temor sin llegar a la temeridad./ Defensa natural que tiene un lugar por su situación./ Recinto fortificado.

fortificar. tr. Dar vigor y fuerza./ Hacer fuerte un lugar construyendo obras de defensa. Ú.t.c.prl.

fortín. m. Fuerte pequeño.

FORTRAN. m. *Inform.* Lenguaje de procesamiento de datos cuya estructura es similar a la del lenguaje aritmético.

fortuito, ta. a. Que sucede casualmente./ Imprevisto, inopinado.

fortuna. f. Hacienda, capital./ Suerte.

forúnculo. m. Furúnculo.

forzar. tr. Hacer fuerza o violencia./ Violar a una mujer./ *fig.* Obligar a hacer algo.

fosa. f. Hoyo en la tierra para enterrar uno o más cadáveres.

fosfatado, da. a. *Quím.* Que tiene fosfato.

fosfato. m. *Quím.* Sal o éter de un ácido fosfórico.

fosforecer. i. Despedir fosforescencia o luminiscencia.

fosforescencia. f. Luminiscencia.

fósforo. m. Elemento químico sólido blanco, negro o rojo venenoso; por lo general se lo extrae de los huesos. Es combustible y luminoso. Símb., P.; n. at., 15; p.at., 30,98./ Palillo con cabeza de fósforo, que sirve para encender./ *fig.* y fam. Capacidad, inteligencia.

fósil. a. Apl. al animal o planta más o menos petrificado. Ú.t.c.s.m./ Por ext., aplícase a la impresión o vestigio que indica la existencia de organismos. No pertenece a la época geológica actual./ *fig.* y fam. Viejo, anticuado.

fosilización. f. Acción y efecto de fosilizarse./ *Geol.* Sustitución de la materia orgánica por materia mineral, en un organismo primitivo cuyas características morfológicas se conservan en su mayor parte.

fosilizarse. prl. Convertirse en fósil un cuerpo orgánico./ *fig.* Estancarse.

foso. m. Hoyo./ Excavación profunda alrededor de una fortaleza./ Piso inferior del escenario./ Excavación para arreglar el motor de los vehículos desde abajo.

fot. m. Unidad de iluminación que equivale a diez mil lux.

foto. f. Afijo que significa luz./ f. Apócope de fotografía.

fotocélula. f. Aparato que posee una superficie fotosensible emisora de electrones y un colector que los recoge, permitiendo detectar perturbaciones de la luz entre ambos. Se utiliza en la industria y en sistemas de seguridad.

fotocomposición. f. *Art. Gráf.* Sistema de composición de tipos de imprenta por medio de la proyección de imágenes luminosas de las letras y demás caracteres.

fotocopia. f. Reproducción fotográfica de manuscritos impresos sobre papel.

fotocromo. m. *Art. Gáf.* Película impresa en colores.

fotofobia. f. Horror patológico a la luz.

fotogenia. f. Calidad de la persona que posee condiciones buenas para ser fotografiada.

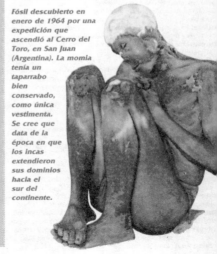

Fósil descubierto en enero de 1964 por una expedición que ascendió al Cerro del Toro, en San Juan (Argentina). La momia tenía un taparrabo bien conservado, como única vestimenta. Se cree que data de la época en que los incas extendieron sus dominios hacia el sur del continente.

otogénico, ca. a. Que favorece la acción química de la luz./ Dícese de lo que tiene buenas condiciones para ser reproducido fotográficamente.

otograbado. m. Procedimiento fotográfico para reproducir imágenes o letras sobre planchas metálicas.

otograbar. tr. Grabar por medio de fotografía.

otografía. f. Arte de fijar y reproducir las imágenes recogidas en el fondo de una cámara oscura, impresionando con luz una película sensibles./ Estampa que así se obtiene./ Sitio donde se ejerce este arte.

otografiar. tr. Hacer fotografías./ fig. Describir en términos precisos.

otográfico, ca. a. Pert. o relativo a la fotografía.

otógrafo, fa. s. El que practica la fotografía.

otograma. m. Cada una de las imágenes que componen una película cinematográfica.

AGUA + DIÓXIDO DE CARBONO + CLOROFILA + ENERGÍA → ALIMENTO (GLUCOSA) + OXÍGENO / LUZ

FOTOSÍNTESIS

Fotosíntesis.
Las plantas son los únicos seres vivos capaces de fabricar su propio alimento mediante este proceso.

fotogrametría. f. Conjunto de técnicas que permiten hallar las dimensiones reales de un objeto, utilizando fotografías del mismo.

fotólisis. f. *Fís.* Proceso de ruptura de las moléculas por acción de la luz.

fotólito. m. *Art. Gráf.* Cliché fotográfico que reproduce el original sobre película transparente.

fotomecánico, ca. a. *Art. Gráf.* Dícese de los procesos de fotograbado y de la impresión tipográfica realizada con las planchas obtenidas con ellos.

fotómetro. m. Instrumento utilizado para medir la intensidad de un foco luminoso.

fotomontaje. m. Procedimiento consistente en yuxtaponer fotografías para lograr un efecto artístico o ideológico que, separadas, no hubieran producido.

fotón. m. *Fís.* Partícula sin masa de energía electromagnética.

fotoquímica. f. Estudio de los efectos químicos provocados por las relaciones entre la luz y la materia.

fotosfera. f. Capa solar de la que procede la mayor parte de la radiación electromagnética visible en luz blanca.

fotosíntesis. f. Síntesis de los azúcares en las plantas por acción de la luz sobre el anhídrido carbónico y el agua.

fototaxia. f. *Biol.* Movimientos que realizan los seres vivos en respuesta a determinados estímulos luminosos.

fototropismo. m. Tropismo producido por estímulo de la luz.

fourierismo. m. Movimiento creado por Charles Fourier, que propugnaba una suerte de cooperativismo integral y autosuficiente.

fourierista. s. Partidario del fourierismo.

frac. m. Vestidura de hombre, de etiqueta, que por delante llega hasta la cintura y por detrás termina en dos faldones.

fracasar. i. Destrozarse, hacerse pedazos./ Frustrarse un proyecto.

fracaso. m. Caída estrepitosa y con rompimiento./ fig. Resultado adverso.

fracción. f. División de una cosa en partes./ *Mat.* Número quebrado.

fractura. f. Acción y efecto de fracturar o fracturarse.

fracturar. tr./ prl. Romper con esfuerzo una cosa.

fragancia. f. Olor suave y delicioso.

fragata. f. Buque de tres palos, con vergas en los tres.

frágil. a. Quebradizo, y que con facilidad se hace pedazos./ Perecedero, caduco.

fragmento. m. Parte o porción pequeña de algunas cosas./ fig. Parte de un libro o escrito.

fragor. m. Ruido, estruendo.

fragua. f. Fogón para caldear los metales que se van a forjar.

fraguar. tr. Frotar metales./ fig. Idear, discurrir.// i. *Albañ.* Trabarse el yeso, la cal, el cemento, etc..

fraile. m. Religiosos de ciertas órdenes.

frambuesa. f. Fruto del frambueso, semejante a la zarzamora, de color rojo, olor fragante y sabor agridulce y muy agradable.

frambueso. m. Planta rosácea de flores blancas.

francés, sa. a. De Francia. Ú.t.c.s.// m. Idioma francés.

francio. m. Elemento químico. Símb., Fr.; n. at., 87; p. at., 223 (el isótopo más estable).

francmasón, na. Persona que pertenece a la francmasonería.

francmasonería. f. Asociación secreta en que se utilizaban símbolos tomados de la albañilería.

franco, ca. a. Liberal, dadivoso./ Libre, desembarazado./ Libre de obligación o trabajo./ Exento, que no paga./ Sencillo y leal en su trato.// m. Unidad monetaria de Francia y otros países.

franja. f. Guarnición tejida de hilo de oro, plata, seda./ Faja o tira.

franquear. tr. Libertar, exceptuar de una contribución, u otra cosa./ Conceder algo con generosidad./ Desembarazar, librar de estorbo./ Pagar con sellos lo que se envía por correo./ Gal. por pasar, atravesar.// prl. Confesar, descubrir uno su intimidad a otro.

franqueza. f. fig. Sinceridad, llaneza.

franquicia. f. Exención de pagar derechos.

frasco. m. Vaso de cuello recogido, de vidrio u otra materia./ Su contenido.

frase. f. Conjunto de palabras que basta para formar sentido.

fraternidad. f. Unión entre hermanos o entre los que se tratan como tales.

fraternizar. i. Tratarse como hermanos.

fraterno, na. a. Perteneciente a los hermanos.

fratricida. a. y s. Que mata a su hermano.

fraude

fraude. m. Engaño, dolo, acción dañosa./ Delito que comete el encargado de vigilar intereses públicos o privados, cuando se confabula con los contrarios.

fray. m. Apócope de fraile.

frazada. f. Manta de abrigo que se pone sobre la cama.

frecuencia. f. Repetición a menudo de un acto o suceso./ *Estad.* Agrupación o conjunto de fenómenos o elementos referido a una clase determinada./ *Fís.* y *Elec.* El número de veces que se repite un proceso periódico por unidad de tiempo.

frecuente. a. Repetido a menudo./ Común, usual.

free lance (voz ingl.). a. y s. Dícese del trabajador que actúa por cuenta propia, especialmente algunos profesionales (periodista, publicista, etc.).

fregar. tr. Restregar una cosa con otra./ Limpiar algo restregándolo con estropajo, cepillo, etc./ *Amér.* Molestar, fastidiar.

freír. tr./ prl. Cocer en aceite o grasa hirviendo.

frenesí. m. Delirio furioso./ fig. Exaltación violenta del ánimo.

frenillo. m. Ligamento que sujeta la lengua por la parte inferior./ Ligamento que sujeta el prepucio./ Pliegue mucoso que une el labio con la encía.

frente. f. Parte superior del rostro desde las cejas hasta el cabello.// m. Parte delantera de una cosa./ *Mil.* Sector donde se combate con cierta continuidad en una guerra.

fresa. f. Planta de tallos rastreros, flores amarillentas o blancas y fruto casi esférico, rojo, suculento y fragante./ Fruto de esta planta./ Herramienta que forma parte de la fresadora.

fresadora. f. Máquina que sirve para labrar metales.

fresar. tr. Labrar metales por medio de la fresadora.

fresco, ca. a. Moderadamente frío./ Reciente./ Desvergonzado./ Apl. a las telas delgadas y ligeras.// m. Frío moderado./ *Arte.* Técnica pictórica que consiste en aplicar colores minerales, disueltos en agua, sobre un muro preparado para ello.

fresno. m. Árbol de madera blanca y elástica.

freudiano, na. a. Perteneciente o relativo a Sigmund Freud y sus teorías.

freudismo. m. Sistema de pensamiento basado en las teorías psicoanalíticas de Sigmund Freud.

frialdad. f. Sensación proveniente de la falta de calor./ Impotencia sexual./ fig. Indiferencia, poco interés.

friccionar. tr. Restregar, dar friegas, frotar.

friega. f. Remedio que se hace restregando alguna parte del cuerpo con un paño o cepillo o con las manos.

frigio, gia. a. Natural de Frigia./ Dícese del gorro usado por los frigios adoptado como emblema de la libertad.

Frigorífico. Vista de la cámara donde se guardan las reses para su conservación mediante el frío.

Fuente. En general se encuentran en plazas y parques, de diferentes estilos y con figuras representativas de distintos períodos artísticos.

frigoría. f. Unidad que se utiliza en la industria frigorífica. Equivale a la cantidad de calor que es necesario sustraer un kilo de agua, para que su temperatura descienda 1 grado centígrado.

frigorífico, ca. a. Que produce enfriamiento.// m. *Amér.* Establecimiento donde se preparan las carnes para conservarlas./ Nevera, heladera.

frijol. m. Judía, planta y legumbre.

frío, a. a. Apl. a los cuerpos cuya temperatura es inferior a la del ambiente./ fig. Indiferente, desafecto./ Falto de gracia o agudeza.// m. Disminución notable del calor./ Sensación que experimenta el cuerpo animal por contacto con otro de temperatura más baja.

friso. m. *Arq.* Parte del cornisamento, por lo común ornamentada, entre el arquitrabe y la cornisa./ Faja en la parte inferior de una pared, pintada de otro color o hecha de otro material.

frívolo, la. a. Ligero, inconstante./ De poca importancia o aprecio.

fronda. f. Arboleda./ Conjunto de ramas y hojas que forman la espesura.

frondoso, sa. a. Abundante de hojas y ramas.

frontal. a. Relativo a la frente.// m. *Anat.* Dícese del hueso que forma la frente./ Paramento que adorna la parte delantera del altar.

frontispicio. m. Fachada de un edificio, libro, etc./ Frontón.

frontón. m. Pared contra la cual se lanza la pelota en los juegos./ Lugar donde se practica el juego de pelota./ *Arq.* Remate de un pórtico o fachada de forma triangular.

frotar. tr./ prl. Pasar con fuerza y muchas veces una cosa sobre otra.

fructificar. i. Dar fruto las plantas./ Producir utilidad.

fructosa. f. Monosacárido, muy extendido en el reino vegetal, que fue descubierto como producto de hidrólisis del azúcar de caña.

frugal. a. Moderado en comer y beber./ Apl. asimismo a las cosas en que se manifiesta dicha parquedad.

frugívoro, ra o **fructívoro, ra.** a. y s. Aplícase al animal que se alimenta de frutos.

fruición. f. Goce intenso del bien que uno posee./ Complacencia, deleite en general.

frunce. m. Pliegue o serie de pliegues que se hacen en una tela.

fruncir. tr. Arrugar la frente y las cejas en señal de disgusto o ira./ Hacer frunces o pliegues en una tela.

fruslería. f. Cosa, dicho o hecho de poca importancia.

frustrar. tr. Privar a uno de lo que esperaba./ Malograr, dejar sin efecto un intento.

fruta. f. Fruto comestible de las plantas y árboles.

...tal. a. Apl. al árbol que da fruta. Ú.t.c.s.

...ticultura. f. Cultivo de las plantas que producen frutas./ Arte que lo enseña.

...tilla. f. dim. de fruta./ *Amér. Merid.* Fresón, fruto de un resal oriundo de Chile, de tamaño mayor que la fresa, y sabor más ácido.

...uto. m. *Bot.* Producto del desarrollo del ovario fecundado. Es propio de las fanerógamas y contiene las semillas./ fig. Cualquier producción útil de la tierra./ Producción del trabajo o del ingenio humano./ Utilidad, provecho.

...ego. m. Calor y luz simultáneos que se producen por la combustión.

...eguino, na. a. De Tierra del Fuego, provincia de la República Argentina.

...ente. f. Manantial de agua que brota de la tierra./ Aparato artificial, con caños por los que se hace brotar el agua en jardines, plazas, etc./ Construcción donde asoman los caños de fuente que arrojan el agua./ Plato grande./ Su contenido./ fig. Fundamento, origen.

...era. adv. A o en la parte exterior de cualquier término.

...ero. m. Ley municipal./ Jurisdicción, poder./ Nombre de ciertas compilaciones de leyes./ Exención, privilegio. Ú.m. en pl./ fig. y fam. Arrogancia, presunción.

...erza. f. Vigor, robustez y capacidad para mover una cosa que tenga peso o haga resistencia./ Virtud y eficacia natural de las cosas./ Acto de obligar./ *Fís.* Magnitud vectorial que al actuar sobre un cuerpo produce una aceleración./ pl. Tropas y aprestos militares./ **-armada.** Conjunto de los ejércitos de un país./ **-centrífuga.** *Fís.* Fuerza de igual dirección y módulo que la centrípeta, pero cuyo sentido es opuesto./ **-centrípeta.** *Fís.* Fuerza de dirección normal a la trayectoria del cuerpo./ **-de cohesión.** *Fís.* La ejercida entre las moléculas de un mismo cuerpo, a las que mantiene unidas./ **-de inercia.** *Fís.* La que la masa de un cuerpo opone a las fuerzas externas, de acuerdo con el principio de acción y reacción, y lo mantiene en el estado de reposo o de movimiento en que se encuentre./ **-electromotriz.** *Fís.* Capacidad de un sistema para convertir la energía eléctrica en otra forma de energía y viceversa./ **-gravitatoria.** La que se desarrolla entre dos cuerpos cuando se encuentran en un campo gravitatorio./ **-mayor.** La que, por no poderse prever o resistir, exime del cumplimiento de alguna obligación./ **-productivas.** pl. *Econ.* Conjunto de elementos materiales y sociales que intervienen en el proceso productivo.

fuga. f. Huida apresurada./ Salida accidental de un gas o de un líquido./ *Mús.* Composición que gira sobre un tema y su imitación repetidos en diferentes tonos.

fugarse. prl. Escaparse, huir.

fugaz. a. Que huye y desaparece velozmente./ fig. Que dura poco.

fugitivo, va. a. Que anda huyendo y escondiéndose./ Perecedero, de corta duración.

fulgor. m. Resplandor y brillantez con luz propia.

fumarola. f. Grieta de la tierra por la que salen vapores o gases.

fumigar. tr. Desinfectar por medio de humo, gas o vapores.

función. f. Ejercicio de un órgano o aparato./ Acción y ejercicio de un empleo, oficio o facultad./ Acto público, comité, espectáculo./ *Mat.* Relación entre dos magnitudes de modo que a cada valor de una de ellas corresponde determinado valor de otra.

funcional. a. Relativo a las funciones, en especial a las vitales./ Dícese de la arquitectura, muebles, construcciones y utensilios donde se prescinde de lo accesorio./ Práctico, eficaz, utilitario.

funcionalismo. m. *Soc.* Método que explica los fenómenos sociales a partir de la función que cumplen en el conjunto de las instituciones./ *Arte.* Movimiento arquitectónico basado en el principio de que la forma debe responder a la función, contra el abuso de elementos secundarios.

funcionalista. a. Perteneciente o relativo al funcionalismo./ s. El que practica el funcionalismo.

funcionar. i. Ejecutar sus funciones una persona o máquina.

funcionario. m. Empleado público.

funda. f. Cubierta que se pone a una cosa para resguardarla.

fundación. f. Acción y efecto de fundar./ Principio, erección de una cosa.

fundamentalismo. m. Movimiento que se basa en la interpretación literal de la Biblia./ **-islámico.** Movimiento religioso-político musulmán que se funda en una estricta observancia del Corán.

fundamentalista. a. Perteneciente o relativo al fundamentalismo.// s. El que practica el fundamentalismo.

fundamentar. tr. Echar los cimientos a un edificio./ Establecer, hacer firme una cosa.

fundamento. m. Cimiento y principio de un edificio u otra cosa./ Razón en que se funda una cosa./ fig. Principio, raíz, origen.

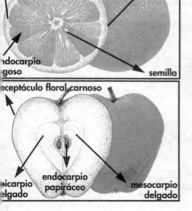

Frutos de diferentes tipos donde se han realizado cortes longitudinales para observar sus partes.

fundar

Furgones utilizados para el transporte de mercaderías.

fundar. tr. Edificar una ciudad, hospital, etc./ Erigir, instituir, crear./ fig. Apoyar con razones una cosa.

fundente a. Que facilita la fundición o la fusión./ Fís. Elemento o sustancia que se funde./ Med. Dícese de la sustancia que cura una inflamación.

fundición. f. Acción y efecto de fundir o fundirse./ Fábrica donde se funden metales./ Metal. Conjunto de operaciones y técnicas destinadas a la licuación de metales para su posterior colada en moldes especiales, a fin de obtener determinadas piezas luego de su solidificación.

fundir. tr. Derretir metales, minerales u otros cuerpos sólidos.

fundo. m. Heredad, finca rústica.

fúnebre. a. Rel. a los difuntos./ fig. Luctuoso, muy triste.

funeral. a. Perteneciente al entierro o exequias.// m. Solemnidad con que se hacen.

funerario, ria. a. Funeral.// f. Empresa que se ocupa de los entierros.

funesto, ta. a. Adverso, que origina pesares./ Triste, luctuoso.

fungicida. a. y m. Dícese del producto que destruye los hongos.

funicular. m. Apl. al vehículo o artefacto movido por medio de una cuerda, cable o cadena.

furcio. m. Arg. Error grosero que comete el que habla.

furgón. m. Carro largo y fuerte de cuatro ruedas y cubierto./ Vagón cerrado.

furia. f. Ira exaltada./ Acceso de locura o demencia./ Persona colérica./ Agitación, prisa.

furibundo, da. a. Airado, colérico, propenso a enfurecerse.

furioso, sa. a. Poseído de furia./ Loco./ fig. Violento, terrible.

furor. m. Cólera, ira exaltada./ Agitación violenta que exterioriza el demente.

furtivo, va. a. Que se hace a escondidas.

furúnculo. m. Tumor inflamatorio que se forma en el espesor de la piel y produce supuración.

fusa. f. Nota musical que equivale a media semicorchea.

fuselaje. m. Cuerpo del avión que tiene forma ahuesada.

fusible. a. Que puede fundirse.// m. Hilo o chapa metálica que se coloca en las instalaciones eléctricas para interrumpir la corriente, fundiéndose automáticamente cuando ésta se hace excesiva.

fusil. m. Arma de fuego, portátil, propia de los soldados de infantería.

fusilar. tr. Ejecutar a uno con una carga de fusilería./ fig. fam. Plagiar una obra sin citar la fuente.

fusión. f. Efecto de fundir o fundirse./ -nuclear. Fís. Proceso de combinación de dos núcleos ligeros para formar uno más pesado, con mucho desprendimiento de energía.

fusionar. tr./ prl. Unir intereses, ideas o partidos.

fusor. m. Vaso o recipiente que sirve para fundir.

fuste. m. Madera, vara./ Parte de la columna entre la basa y el capitel./ Cada una de las dos piezas de madera de silla de montar./ fig. Nervio, sustancia.

fustigar. tr. Azotar./ fig. Vituperar, censurar con acritud.

fútbol o futbol. m. Juego entre dos equipos, de once jugadores, que consiste en tratar que una pelota impulsada por los pies entre en la meta contraria. Su reglamentación data de 1863.

futbolista. s. Persona que juega al fútbol.

fútil. a. De poca importancia.

futilidad. f. Poca o ninguna importancia de una cosa.

futurismo. m. Actividad que se orienta al futuro./ Arte Lit. Movimiento surgido en Italia a principios de siglo, sobre todo impulsado por el poeta Marinetti. Exaltaba ciencia y la tecnología como fuentes de belleza.

futurista. a. Perteneciente o relativo al futurismo.// s. que practica el futurismo.

futuro, ra. a. y s. Que está por venir./ Gram. Dícese del tiempo de verbo que indica la acción que no ha ocurrido todavía.

futurología. f. Conjunto de los estudios que intentan predecir científicamente el futuro del hombre.

futurólogo, ga. s. El que se dedica a la futurología.

Fútbol. Uno de los deportes más populares en América.

. f. Séptima letra del abecedario castellano y quinta de sus consonantes. Su nombre es *ge.*

abacho, cha. a. y s. Natural de algunos pueblos de los Pirineos./ fam. desp. Francés.// m. fam. Lenguaje español con muchos galicismos.

abán. m. Prenda de abrigo, sobretodo.

abardina. f. Tela impermeable./ Abrigo hecho de esa tela.

abarra. f. Embarcación para transportes, mayor que la lancha.

abela. f. Tributo, impuesto./ fig. carga.

abinete. m. Pieza o aposento, generalmente de recibo, menor que la sala./ Dícese del conjunto de los ministros de un estado./ Colección de objetos curiosos propios de un arte o ciencia.

abonés, sa. a. y s. De Gabón.

acela. f. Antílope de formas elegantes y gran agilidad. Es un poco menor que el corzo y habita en África y Asia.

aceta. f. Periódico de noticias literarias, políticas, etc.

acetilla. f. Sección que en los periódicos se destina a noticias breves.

achí. f. Mujer, muchacha.

achupín. m. Español que se establecía en América.

adolinio. m. Elemento químico. Símb., Gd.; p. at., 156,9; n. at., 64.

afa. f. Grapa.// pl. Anteojos con enganches para afianzarlos en las orejas.

agá. a. Caduco, antiguo, achacoso.

aita. f. Instrumento músico de viento compuesto de un saco de aire y tres tubos.

aitero, ra. s. Persona que por oficio toca la gaita.

aje. m. Emolumento que corresponde a un cargo o empleo. Ú.m. en pl./ **-gajes del oficio.** loc. irónica. Molestias o perjuicios propios de un cargo o empleo.

ajo. m. Rama de árbol./ Racimo de cualquier fruta./ División interior de algunas frutas.

al. m. Unidad de aceleración en el sistema cegesimal.

ala. f. Vestido lucido./ Gracia, garbo, gallardía./ Lo más selecto y primoroso de una cosa.// pl. Trajes, joyas, adornos de lujo.

aláctico, ca. a. Pert. a la galaxia.

alactófago, ga. a. Que se alimenta de leche.

alactorrea. f. Secreción excesiva de leche.

alactosa. f. Monosacárido que forma parte de la lactosa.

alactosemia. f. Presencia de galactosa en la sangre.

alaicoportugués, sa. a. y m. Dícese de la lengua que se habla en Galicia y Portugal.

alán. a. Hombre airoso y bien parecido./ Actor que hace alguno de los principales papeles en una representación, excluido el de característico./ El que galantea.

alano, na. a. Bien adornado./ Elegante, gallardo.

alante. a. Atento, amable, obsequioso con las damas.

alantear. tr. Requebrar a una mujer./ Intentar captar su amor.

galanura. f. Adorno vistoso./ Gracia, gentileza./ Elegancia en la expresión.

galápago. m. Reptil del orden de los quelonios, semejante a la tortuga, cuyos dedos están reunidos por membranas interdigitales, por ser de vida acuática. La cabeza y las extremidades son enteramente retráctiles dentro del caparazón.

galardón. m. Premio por los merecimientos o servicios.

galardonar. tr. Premiar los servicios o méritos.

galaxia. f. *Astron.* Cada uno de los sistemas estelares semejantes a la Vía Láctea que se encuentran esparcidos por el Universo.

galeno. m. fam. Médico.

galeón. m. Nave de gran porte, semejante a la galera.

galeote. m. El que remaba forzado en las galeras.

galera. f. Carro, para transportar personas, grande, con cuatro ruedas./ Embarcación de vela y remo./ *Amér.* fam. Sombrero de copa./ Caja para poner las líneas de letras y formar la galerada.// pl. Antigua pena de servir remando en las galeras.

galerada. f. *Impr.* Trozo de composición que se pone en una galera./ *Impr.* Prueba que se saca para corregir, de esa composición.

galería. f. Pieza larga y espaciosa, rodeada de numerosas ventanas o sostenida por columnas./ Corredor descubierto o con vidrieras./ Colección de pinturas./ Camino subterráneo en las minas./ Paraíso del teatro y público que concurre a él.

Galería formada por frondosas enredaderas.

galés, sa. a. y s. De Gales.// m. *Ling.* Lengua céltica que se habla en el país de Gales.

galgo, ga. a. y s. Casta de perro muy ligero, con cabeza pequeña, hocico puntiagudo, cuerpo delgado y patas largas.// f. Palo grueso que se ata a la caja del carro y sirve de freno.

galicado, da. a. Aplícase al estilo o palabra afrancesados.

galicismo. m. Vocablo del francés, empleado en otra lengua.

galio. m. Elemento químico. Símb., Ga.; p. at., 69,72; n. at., 31.

galladura. f. Pinta como de sangre que se halla en el huevo de gallina fecundada.

gallar. tr. Cubrir el gallo a la gallina.

gallardete. m. Tira o faja volante que se usa como insignia.

gallardía. f. Bizarría./ Esfuerzo, valor.

gallareta. f. Foja, ave.

galleguismo. m. Palabra o expresión propia del idioma gallego.

galleta. f. Bizcocho./ Pasta que se compone de harina, azúcar y otras sustancias, dividida en trocitos de forma diversa y cocida al horno./ *fam.* Bofetada./ *Arg.* Calabaza pequeña, chata, redonda y sin asa, para tomar mate.

galletita. f. *Arg.* Pasta de harina, huevos y leche, dividida en trocitos./ Cualquiera de estos trocitos.

galliforme. a. Apl. a aves de cuerpo por lo común robusto y pesado, patas cortas, alas cortas, redondeadas y poco aptas para el vuelo, pico algo encorvado y fuerte y cola muy desarrollada, como las gallinas, perdices, etc.// f. pl. Orden de estas aves.

gallina. f. Hembra del gallo, de tamaño menor que éste, cresta rudimentaria y tarsos sin espolones.// m. y f. *fig.* y *fam.* Persona cobarde y medrosa.

gallináceo, a. a. Perteneciente a la gallina./ *Zool.* Aplícase a las aves que tienen dos membranas entre los dedos anteriores, un solo dedo en la parte posterior, el pico algo encorvado y una membrana blanca y azulada delante de los oídos, como el gallo, la perdiz, etc.// f. pl. Orden de dichas aves.

gallinero. m. Sitio donde se crían la aves de corral./ Paraíso de un teatro.

gallo. m. Ave galliforme de corral, de aspecto arrogante, cresta roja y tarsos con espolones largos y afilados./ Pez marino acantopterigio con aleta en forma de cresta de gallo./ *fig.* y *fam.* Nota falsa al cantar o hablar./ El que todo lo manda o pretende mandar./ *Amér.* Hombre fuerte, valiente.

galocha. f. Calzado de madera o de hierro, para andar por la nieve./ Calzado de goma que suele usarse sobre el calzado común para andar cuando llueve.

galón. m. Tejido fuerte y angosto, a modo de cinta./ Distintivo que llevan en el brazo o en la bocamanga los diferentes grados del ejército o de otras fuerzas.

galopar. i. Ir a galope el caballo./ Cabalgar una persona en un caballo al galope.

galope. m. Marcha más rápida del caballo.

galpón. m. *Amér.* Cobertizo grande.

galvanismo. m. Electricidad desarrollada por el contac de dos metales distintos con un líquido interpuesto./ Pr piedad de excitar músculos o nervios de animales vivos muertos mediante la electricidad.

galvanizar. tr. Aplicar el galvanismo a un animal./ *fig.* In fundir vigor, animar./ *Metal.* Aplicar una capa de metal se bre otro empleando electricidad.

galvanotecnia. f. Conjunto de técnicas de galvanización de corrosión electrolítica.

gama. f. Escala musical./ Escala o gradación de colores.

gamada. a. y f. Cruz con la forma de la letra griega gamm emblema del partido nazi.

gamba. f. Crustáceo decápodo./ *R. de la P.* vulg. Pierna.

gambiano, na o **gambiense.** a. y s. De Gambia.

gamella. f. Arco formado en cada extremo del yugo de lo bueyes, etc.// Artesa para dar de comer a los animales.

gameto. m. *Biol.* Cada una de las dos células sexuale masculina y femenina, que se unen para formar el huev de los animales y de las plantas.

gammo. f. Tercera letra del alfabeto griego./ Unidad d peso equivalente a una millonésima parte del gramo./ **rayos gamma.** *Fís.* Radiación.

gamo. m. Mamífero europeo de pelaje rojizo con mancha y cabeza con cuernos en forma de palas.

gamopétalo, la. a. y f. *Bot.* Apl. a las corolas de una so pieza.

gamuza. f. Especie de antílope, cuyo tamaño es el de un cabra grande./ Piel de la gamuza./ Paño de tacto y aspec to semejantes al de la piel de la gamuza.

gana. f. Ansia, deseo, voluntad, apetito.

ganadería. f. Multitud de ganado./ Crianza de ganados Raza de ganado que suele llevar el nombre del ganadero

ganado, da. p.p. de **ganar**.// a. Apl. a lo que se gana.// m Conjunto de bestias mansas, que nacen y andan juntas.

ganancia. f. Utilidad que resulta del comercio o de otra ac tividad./ Diferencia entre el precio de venta y el de costo

ganapán. m. El que hace trabajos rudos o lo que le man dan./ *fig.* y *fam.* Hombre rudo.

gancho. m. Instrumento corvo y puntiagudo, propio par prender o colgar algo./ *fig.* y *fam.* El que solicita a otro co maña para algún fin./ *Amér.* Horquilla para sujetar el pe lo./ *Arg.* Ayuda.

gandul, la. a. y s. *fam.* Vagabundo, holgazán.

ganga. f. Cosa apreciable que se adquiere a poca costa.

ganglio. m. Tumor pequeño que se forma en tendones y mús culos./ *Anat.* Nudo en los nervios o en los vasos linfáticos.

gangoso, sa. a. Que habla gangueando.

gangrena. f. Descomposición y muerte de un tejido anima por falta de irrigación sanguínea, traumatismo o infección va acompañada de la formación de pus.

Ganado vacuno en la llanura pampeana, cuyos suelos son propicios para la pastura de los mismos.

ganguear. i. Hablar con resonancia nasal.

ganoideo, a. a. y m. *Zool.* Díc. de peces de esqueleto cartilaginoso u óseo, boca ventral y escamas con brillo esmaltado.

gansada. f. fig. y fam. Dicho o hecho tonto.

ganso, sa. s. Ave palmípeda doméstica.

ganzúa. f. Alambre fuerte y doblado por un extremo, con que pueden abrirse las cerraduras.

garabato. m. Rasgo débil e irregular hecho al escribir./ Garfio de hierro para asir o colgar cosas.

garaje. m. Local donde se guardan automóviles.

garante. a. y s. Que da garantía.

garantía. f. Fianza, prenda./ Lo que protege contra un riesgo.

garantir. tr. Garantizar.

garantizar. tr. Dar o prestar garantía.

garbanzo. m. Planta leguminosa, con fruto en vaina abultada, pelosa, con una o dos semillas amarillentas./ Semilla de dicha planta que es muy nutritiva.

garbo. m. Gallardía, gentileza./ fig. Gracia, atracción.

garfio. m. Instrumento de hierro, corvo y puntiagudo, propio para aferrar cosas.

gargajo. m. Flema que se arroja de la garganta.

garganta. f. Parte anterior del cuello./ Espacio interior entre el velo del paladar y la entrada del esófago y la laringe./ Angostura de ríos, montes u otros parajes.

gargantilla. f. Collar de adorno, ceñido a la garganta./ Cualquiera de las cuentas con que se forma un collar.

gárgara. f. Acción de mantener un líquido en la garganta, con la boca hacia arriba y, sin tragarlo, expeler el aliento.

gárgola. f. Canal o caño, por lo común adornado, por donde se vierte el agua de los tejidos o de las fuentes.

garguero o gargüero. m. Parte superior de la tráquea.

garita. f. Casilla de madera o torrecilla de fábrica para abrigo de vigilantes o centinelas./ *Arg.* Plataforma desde donde se dirige el tránsito.

garito. m. Lugar de juego clandestino.

garlopa. f. Cepillo de carpintero largo y con puño, para igualar la superficie de la madera cepillada.

garra. f. Mano o pie del animal, cuando están armados de uñas corvas, fuertes y agudas.

garrafa. f. *Arg.* Vasija metálica y de cierre hermético para contener gases y líquidos muy volátiles.

garrafal. a. Díc. de ciertas guindas y cerezas grandes./ fig. y fam. Apl. en mal sentido a cosas exorbitantes./ Díc. de un error grande e injustificable.

garrapata. f. Arácnido traqueal que vive parásito de otros animales.

garriga. f. Formación vegetal mediterránea.

garrocha. f. Vara larga para saltos gimnásticos./ Vara en cuya extremidad inferior hay un hierro provisto de un arponcillo, usada en general para picar toros.

garrón. m. Espolón de ave./ Extremo de la pata de algunos animales.

garrote. m. Palo grueso que puede manejarse a modo de bastón./ Ligadura fuerte para oprimir los brazos o los muslos./ Instrumento que se usaba para estrangular a los reos.

garrucha. f. Polea.

garúa. f. *Amér.* Llovizna.

garza. f. Ave zancuda, de cabeza pequeña, pico prolongado, y moño gris y largo, que habita al borde de los ríos y pantanos.

gas. m. Fluido aeriforme a la presión y temperatura ordinarias./ Estado de la materia que se caracteriza por la escasa cohesión de sus moléculas./ Carburo de hidrógeno, con mezcla de otros gases, que se usa para la calefacción, el alumbrado y la fuerza motriz.// pl. Vapores del estómago y los intestinos.

gasa. f. Tela muy suave y transparente./ Banda de tejido muy abierto, que se usa en cirugía y enfermería.

gaseiforme. a. Que se encuentra en estado de gas.

gaseoso, sa. a. Gaseiforme./ Apl. al líquido que exhala gases.// f. Bebida efervescente, refrescante y sin alcohol.

gasificación. f. Acción y efecto de pasar un líquido al estado de gas.

Gatos. Felinos fácilmente domesticables, son una gran compañía para el hombre, en particular, para los niños.

gasificar. tr. Determinar la gasificación de las sustancias tratadas químicamente./ Transformar un líquido en gas.

gasista. m. El que trabaja en el arreglo y colocación de aparatos de gas.

gasoducto. m. Cañería para conducir el gas desde el lugar donde se produce hasta los depósitos de abastecimiento.

gasógeno. m. Aparato que se emplea para obtener gases./ Aparato que, instalado en algunos automóviles, produce carburo de hidrógeno que se emplea como carburante./ Mezcla de bencina y alcohol que se emplea para sacar manchas y para el alumbrado.

gasóleo o gasoil. f. Fracción destilada del petróleo crudo, purificado especialmente para eliminar el azufre. Es empleado normalmente en los motores Diesel.

gasolina. f. Combustible empleado en los motores de combustión interna, como automóviles, etc., compuesto de hidrocarburos líquidos volátiles e inflamables obtenidos del petróleo.

gasolinera. f. Lancha automóvil que cuenta con un motor de gasolina./ Depósito de gasolina para la venta al público./ Establecimiento donde se vende gasolina.

gasometría. f. Método de análisis químico que se basa en la medición de los gases desprendidos en las reacciones.

gasométrico, ca. a. Relativo a la gasometría.

gasómetro. m. Instrumento para medir gases./ Aparato que es empleado en las fábricas de gas para que éste salga uniformemente por medio de una presión constante./ Lugar donde se encuentra este aparato.

gastar. tr./ prl. Emplear el dinero en una cosa./ Consumir. Ú.t.c.prl./ Tener habitualmente./ Usar, llevar, poseer.

gasterópodo. a. Apl. a los moluscos que tienen en el vientre un pie carnoso sobre el que se arrastran, como el caracol. Ú.t.c.s.// m. pl. Orden de estos animales.

gastralgia. f. Dolor de estómago.

gástrico, ca. a. Perteneciente al estómago./ Dícese del jugo del estómago que actúa en la digestión para disolver los alimentos.

gastritis. f. Inflamación del estómago.

gastroduodenal. a. Rel. al estómago y al duodeno.

gastrointestinal. a. Rel. al estómago y al intestino.

gastronomía. f. Arte de preparar una buena comida./ Afición a comer manjares exquisitos.

gateado, da. a. *Arg.* Dícese de la caballería de pelo rubio con rayas negruzcas.

gatear. i. Andar como el gato.

gatillo. m. Tenazas para extraer muelas./ Disparador de las armas de fuego.

gato, ta. s. Mamífero doméstico, de pelaje suave y patas cortas, de gran utilidad porque persigue a los ratones./ Cric, instrumento para levantar pesos a poca altura./ *Arg.* Danza del campo que se baila en pareja, y música de esta danza./ **-montés.** Especie de gato salvaje.

gauchada. f. *Amér.* Acción propia de un gaucho./ Servicio o favor ocasional.

gauchaje. m. *Amér.* Conjunto o reunión de gauchos.

gauchesco, ca. a. Rel. al gaucho./ Díc. del género literario en que el tema central es el gaucho y sus costumbres.

gaucho, cha. a. Díc. del natural de las pampas argentinas, uruguayas y del sur de Brasil./ *Arg.* Díc. de la persona que hace favores./ *Arg., Chile* y *Urug.* Díc. del buen jinete.

gaveta. f. Cajón corredizo en los escritorios.

gavilán. m. Ave falconiforme de color gris oscuro por encima, y rojizo o blanco por debajo, que puede alcanzar unos 40 cm de largo.

gavilla. f. Conjunto de mieses, ramas, hierba, etc./ fig. Unión de muchas personas de baja condición.

gaviota. f. Ave marina de plumaje gmente. blanco y dorso ceniciento, que se alimenta de peces y anida en grandes colonias sobre los acantilados de la costa atlántica.

gavota. f. Danza antigua y música de esta danza.

gay (voz ingl.). a. y s. Homosexual./ Homosexual que lucha por los derechos civiles en las minorías sexuales y contra su discriminación.// a. Perteneciente o relativo a la homosexualidad.

gayola. f. Jaula./ fig. y fam. Cárcel.

gazapo. m. Cría del conejo./ fig. y fam. Hombre astuto./ *Art. gráf.* Errata.

gaznate. m. Garguero.

gazpacho. m. Sopa fría, con trocitos de pan con aceite, vinagre, etc.

géiser. m. Fuente termal intermitente, en forma de surtidor.

gelatina. f. Proteína obtenida por cocción de huesos o tendones en agua.

gélido, da. a. poét. Muy frío, o helado.

gema. f. Nombre genérico de las piedras preciosas./ *Bot.* Yema o botón de los vegetales.

gemación. f. *Bot.* Primer brote de la gema./ *Zool.* Reproducción asexual de algunos vertebrados por intermedio de yemas.

gemelo, la. a. Dícese de cada uno de los dos o más hermanos nacidos de un parto./ Apl. a dos elementos iguales.// m. pl. Instrumento con dos tubos para mirar de lejos con los dos ojos./ Juego de botones para puños.

gemido. m. Acción y efecto de gemir.

gemir. i. Expresar el dolor con voz lastimera.

gémula. f. *Biol.* Germen de reproducción asexual que se forma en el interior de un ser vivo.

gen. m. *Biol.* Partícula dispuesta alrededor de los cromosomas, formado por un segmento de ADN, que transmite los caracteres hereditarios.

gendarme. m. *Arg.* Agente militarizado de la policía de fronteras.

genealogía. f. Serie de progenitores y ascendientes de cada individuo./ Ciencia auxiliar de la historia, que estudia el parentesco, origen y descendencia de familias y personas./ Escrito que contiene estos datos.

genealógico, ca. a. Perteneciente o relativo a la genealogía.

generación. f. Acción de engendrar./ Sucesión de descendientes en línea recta./ Conjunto de todos los vivientes coetáneos.

general. a. Común a todos los individuos./ Común, frecuente, usual.// m. El que tiene uno de los grados superiores de la milicia./ En las órdenes religiosas, prelado superior.

generalización. f. Acción y efecto de generalizar.

generalizar. tr. Hacer pública o común una cosa. Ú.t.c.prl./ Abstraer lo común y esencial a muchas cosas para formar un concepto general.

generatriz. a. *Geom.* Díc. de la línea generadora. Ú.t.c.s.

genérico, ca. a. Común a muchas especies.

género. m. Especie./ Clase./ Cualquier mercadería./ Cualquier clase de tela./ Accidente gramatical que sirve para indicar el sexo que tienen las personas, animales o plantas o que se le atribuye a las cosas./ *Biol.* Conjunto de especies con caracteres comunes./ En las artes, cada una de las diferentes categorías en que pueden agruparse las obras según sus rasgos comunes./ **-literario.** Cada una de las diferentes categorías en que se pueden agrupar las obras literarias. Tradicionalmente se distinguen tres géneros: lírico, épico y dramático.

generosidad. f. Nobleza./ Largueza, liberalidad.

generoso, sa. a. Que obra con magnanimidad y nobleza de ánimo./ Dadivoso, liberal./ Vino más fuerte y añejo, mejor elaborado que el común.

génesis. m. Primer libro de la Biblia en el que se narra el origen del mundo y de la humanidad.// f. Origen de una cosa./ *Fil.* Proceso de formación de una idea.

genética. f. Rama de la biología que estudia los cambios y la herencia de los seres vivos./ *Ped.* y *Psíc.* Estudio del desarrollo, los cambios y las etapas que atraviesa la mente humana, en especial la del niño y el adolescente.

genético, ca. a. Perteneciente o relativo a los genes./ Relativo a la genética.

genial. a. Propio del genio./ Sobresaliente, con genio creador.

genio. m. Índole o inclinación de cada uno./ Facultad capaz de crear o inventar./ Grande ingenio, inteligencia extraordinaria o facultad capaz de crear algo./ El que está dotado de esa cualidad./ Deidad a quien los antiguos gentiles suponían engendradora de todo lo existente en la naturaleza.

genital. a. Que sirve para la generación.// m. Testículo.

genitivo, va. a. Apto para engendrar o producir.

genitourinario, ria. a. Perteneciente o relativo a los aparatos de la generación y de la orina.

genocidio. m. Exterminio sistemático de un grupo social.

genotipo. m. *Biol.* Conjunto hereditario o genético que los organismos reciben de sus padres a través de los gametos.

gente. f. Pluralidad de personas./ Nación, pueblo./ fam. Parentela, familia./ **-bien.** Gal. por personas distinguidas.

*Gaucho con su atuendo característico,
singular habitante de las pampas.*

gentil. a. Pagano o idólatra. Ú.t.c.s./ Brioso, galán./ Notable

gentilicio, cia. a. Rel. a las naciones./ Rel. a la familia o linaje.// a./ m. Apl. a los adjetivos y sustantivos que indican lugar o país de origen o de residencia habitual de personas y animales.

gentío. m. Muchedumbre, afluencia de mucha gente.

gentuza. f. La gente más despreciable.

genuino, na. a. Legítimo, puro, natural, propio.

geobiología. f. Ciencia que estudia la relación de la evolución de la Tierra relacionada con la evolución de los organismos vivos.

geocéntrico, ca. a. Relativo al centro de la Tierra./ Dícese de las cosmologías que creían que la Tierra era el centro del universo.

geocentrismo. m. Creencia de que la Tierra es el centro del universo, en sentido real o figurado.

Girasol. Plantación de esta oleaginosa, originaria de Perú, y utilizada en la elaboración de aceite comestible.

geodesia. f. Ciencia matemática para determinar la forma y magnitud de la Tierra y construir los mapas correspondientes.

geodésico, ca. a. Perteneciente o relativo a la geodesia.

geodesta. s. Persona que profesa la geodesia.

geodímetro. m. Instrumento de precisión para calcular la distancia geodésica.

geófago, ga. a. y s. Que come tierra.

geofísica. f. Parte de la geología que se ocupa de la física terrestre.

geogenia. f. Parte de la geología que se ocupa del origen y formación de la Tierra.

geogénico, ca. a. Relativo a la geogenia.

geognosia. f. Parte de la geología que se ocupa de la composición de las rocas que forman la Tierra.

geografía. f. Ciencia que trata de la descripción de la Tierra./ **-económica.** Parte de la geografía humana que estudia la producción y distribución de la riqueza./ **-física.** Parte de la geografía que estudia el clima, el relieve, la hidrografía, etc./ **-humana.** La que trata de los hechos en que interviene el hombre, como la distribución de la población, etc./ **-política.** La que se interesa por los fenómenos políticos, como los distintos tipos de gobierno, las fronteras entre los países, etc.

geográfico, ca. a. Perteneciente o relativo a la geografía.

geógrafo, fa. s. Persona que ha estudiado y profesa la geografía.

geoide. m. Forma teórica de la Tierra.

geolingüística. f. Parte de la lingüística que estudia la lengua desde el punto de vista su distribución geográfica: sus variedades regionales, su expansión desde una metrópoli, etc.

geología. f. Ciencia que se ocupa de la forma exterior e interior de la Tierra, de las materias que la componen y de su constitución y distribución desde su origen.

geológico, ca. a. Perteneciente o relativo a la geología.

geólogo, ga. s. El que estudia o profesa la geología.

geomedicina. s. Estudio de la distribución geográfica de las enfermedades.

geómetra. s. Persona que se dedica a la geometría.

geometría. f. Parte de la matemática que estudia las propiedades y medidas de la extensión, de las figuras del plano y del espacio./ **-analítica.** La que estudia las propiedades de las líneas y superficies a través de ecuaciones que las representan./ **-descriptiva.** La que resuelve problemas en el espacio a través de representaciones del mismo sobre un plano./ **-elíptica.** La que toma como postulado la inexistencia de rectas paralelas./ **-euclídea o euclideana.** La que se basa en los postulados de Euclidesy estudia problemas del plano y del espacio./ **-no euclídea.** Aquella que prescinde de ciertos postulados de Euclides.

geomorfología. f. Ciencia que estudia la evolución del relieve terrestre.

geopolítica. f. Teoría que estudia la vida de los pueblos, como condicionada por el territorio que ocupan y su interacción con los pueblos cercanos.

geoquímica. f. Rama de la geología que estudia la distribución geográfica de los elementos químicos.

gerencia. f. Cargo y gestión del gerente./ Oficina del gerente.

gerencial. a. Perteneciente o relativo a la gerencia.

gerente. m. El que en una empresa mercantil lleva la firma y dirige los negocios.

geriatría. f. Parte de la medicina que estudia la vejez y sus enfermedades.

germánico, ca. a. Pert. o rel. a Alemania o sus habitantes.

germanio. m. Elemento químico. Símb., Ge.; n. at., 32; p. at., 72,6.

germanismo. m. Vocablo o giro de origen alemán o propio de la lengua alemana, empleado en otra lengua.

germano, na. a. y s. Dícese de los pueblos indoeuropeos que invadieron el Imperio Romano desde el siglo IV.

germanófilo, la. a. y s. Que simpatiza con Alemania o los alemanes.

germen. m. Rudimento de un ser orgánico./ Parte de la semilla de la que brota la planta./ fig. Origen de una cosa.

germinar. i. Brotar las plantas./ Comenzar a crecer la semilla./ fig. Empezar a desarrollarse; aparecer.

gerontocracia. f. Gobierno de los ancianos.

gerontología. f. Ciencia que estudia la vejez y los fenómenos que la acompañan.

gerontólogo, ga. s. El que profesa la gerontología.

gerundio. m. *Gram.* Forma verbal invariable, que termina en *-ando* o en *-iendo* y que funciona sintácticamente como adverbio.

gesta. f. Conjunto de hechos memorables de algún personaje o pueblo.

gestación. f. Tiempo que dura la preñez./ *Zool.* Período en el que se desarrolla el embrión de los mamíferos vivíparos.

gestalt (voz alemana). f. *Psic.* Experiencias y conductas que conforman una estructura superior a sus componentes individuales.

gestar. tr. Llevar la madre el feto en sus entrañas.// prl. fig. Prepararse o crecer sentimientos, ideas o tendencias.

gesticular. i. Hacer gestos.

gestionar. tr. Hacer diligencias.

gesto. m. Expresión del rostro o de las manos con que se expresan los diversos estados de ánimo./ Mueca./ Semblante, cara./ Gal. por rasgo, ademán, acción.

giba. f. Joroba./ fig. y fam. Corcova o joroba.

gigantesco, ca. a. Rel. a los gigantes./ Sobresaliente en su línea.

gimnasia. f. Arte de desarrollar el cuerpo por medio de ciertos ejercicios./ Estos ejercicios.

gimnasio. m. Lugar destinado a la gimnasia.

gimnasta. m. Persona que practica ejercicios gimnásticos.

gimnástico, ca. a. Perteneciente o relativo a la gimnasia.

gimnospermo, ma. a. y s. *Bot.* Dícese de las plantas fanerógamas, que se diferencian de las angiospermas por tener la semilla sobre una hoja fértil.

gimotear. i. fam. o desp. de **gemir.** Gemir sin causa suficiente.

gimoteo. m. Acción de gimotear.

ginebra. f. Bebida alcohólica aromatizada con enebro./ Instrumento de percusión./ Juego de naipes.

gineceo. m. Aposento retirado que los griegos destinaban a las mujeres./ *Bot.* Parte de la flor formada por los pistilos.

ginecología. f. Parte de la medicina que trata de las enfermedades propias del aparato reproductor femenino.

ginecólogo, ga. s. El que profesa la ginecología.

gingival. a. Pert. o relativo a las encías.

gingivitis. f. Inflamación de las encías.

girar. i. Moverse alrededor o circularmente./ fig. Versar una conversación sobre un tema./ Emitir órdenes de pago. Ú.t.c.tr.

girasol. m. Planta compuesta, originaria de América del Norte, con flores grandes y amarillas que tienen la característica de orientarse siempre hacia el sol. De sus semillas se obtiene aceite comestible.

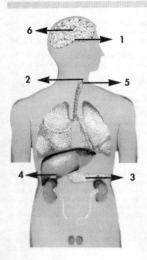
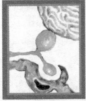

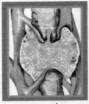

1. Pituitaria **2. Tiroides** **3. Páncreas**

4. Suprarrenales **5. Paratiroides** **6. Hipófisis**

Glándulas que conforman el cuerpo humano.

giratorio, ría. a. Que gira o se mueve alrededor.

giro. m. Movimiento circular./ Acción y efecto de girar./ Dirección que se da a una conversación, un asunto, etc./ Movimiento de fondos por medio de documentos.

girondino, na. a. y s. De la Gironda, región de Francia./ Dícese de los miembros de un partido político formado durante la Revolución Francesa y de este partido que expresaba los intereses de la gran burguesía.

gitano, na. a. Dícese de una raza de gentes errantes originaria de la India. Ú.t.c.s./ Propio de los gitanos o parecido a ellos./ Que posee arte y gracia para ganar voluntades. Ú.t.c.s.

glaciación. f. *Geol.* Período durante el que grandes zonas de la superficie terrestre, debido al enfriamiento del clima, se cubren de casquetes glaciares y glaciares de montaña.

glacial. a. Que hace helar./ Frío./ Apl. a las tierras y mares de las zonas glaciares.

glaciar. m. Masa de hielo originada en las altas latitudes o en las altas montañas que por gravedad, se desplaza en busca de un nivel inferior.

glacis. m.*Geol.* Superficie erosiva de un terreno, propia de regiones secas.

gladiador. m. El que en los juegos públicos de los romanos luchaba contra otro hombre o una fiera hasta morir o matar.

gladio, gladiolo o **gladíolo.** m. Planta con flores de diversos colores y tallos largos.

glande. m. Extremidad del pene, constituida por una expansión del cuerpo esponjoso./ Pequeña elevación ubicada en la extremidad del clítoris, eréctil y muy sensible.

glándula. f. Dilatación celular y globosa de ciertas plantas que contiene algún líquido./ Órgano secretor de humores.

glandular. a. Propio de las glándulas.

glasé. m. Tafetán muy brillante./ Por ext., tela, tejido o papel que tienen esa misma propiedad.

glaseado, da. a. Que se parece al glasé.

glauco, ca. a. Verde claro.// m. Molusco gasterópodo marino, sin concha, de color azul con reflejos verdes nacarados.

glaucoma. f. *Pat.* Afección ocular caracterizada por aumento de la presión ocular y disminución del campo visual.

gleba. f. Terrón levantado con el arado./ Tierra, generalmente la cultivada.

glicerina. f. Líquido incoloro, espeso y dulzón que se extrae de los cuerpos grasos y se emplea en perfumería, medicina e industria, especialmente en la fabricación de nitroglicerina.

glicina. f. Planta trepadora, ornamental, con flores azules o violetas.

gliptodonte. m. Mamífero desdentado, fósil, especie de armadillo gigante, del terreno cuaternario de América del Sur.

global. a. Tomado en conjunto.

globalización. f. *Ped.* Método de educación que considera las materias de estudio como un conjunto, y después pasa a diferenciarlas progresivamente./ Proceso de internacionalización de fenómenos anteriormente locales, sea en la economía, en la política, etc., por efecto, sobre todo, de la influencia de los medios masivos de comunicación.

globo. m. Cuerpo esférico./ Tierra, planeta./ fig. y fam. Mentira./ **-sonda.** El que se utiliza para mediciones meteorológicas, y para ello transporta diversos instrumentos./ **-terráqueo** o **terrestre.** Planeta Tierra./ Esfera de diversos materiales, en cuya superficie se representa la disposición de las tierras y mares del planeta.

globulina. f. *Biol.* Proteína compuesta por veinte aminoácidos, insoluble o poco soluble en agua.

glóbulo. m. Pequeño cuerpo esférico./ *Fisiol.* Corpúsculo redondeado que se halla en la sangre, la linfa y el quilo.

gloria. f. Buenaventuranza./ Cielo, mansión en que los ángeles, los santos, y los bienaventurados gozan de la presencia de Dios./ Fama y honor./ Magnificencia, esplendor.// m. Canto o rezo de la misa.

gloriar. tr. Glorificar.// prl. Jactarse de algo.

glorieta. f. Espacio redondo, cercado, en los jardines.

glorificar. tr. Hacer glorioso./ Ensalzar, enaltecer.

glorioso, sa. a. Digno de honor y alabanza./ Pertenecien a la gloria o bienaventuranza.

glosa. f. Explicación o comentario de un texto./ Cierta composición poética en que se repiten unos versos al final de las estrofas./ Nota a un documento o cuenta.

glosario. m. Catálogo de palabras especiales o poco conocidas, utilizadas en algún escrito, con la explicación de cada una de ellas.

glosema. *Ling.* Unidad mínima capaz de transmitir un significado.

osemática. f. *Ling.* Teoría del lenguaje desarrollada por el danés Hjelmslev.

osolalia. f. Perturbación del lenguaje por la que el que la padece crea palabras habitualmente ininteligibles./ *Rel.* Fenómeno de "hablar en lenguas", es decir, emitir un lenguaje particular de impulso místico.

osopeda. f. *Vet.* Enfermedad del ganado, caracterizada por la presencia de vesículas en la boca y entre las pezuñas. Se la conoce también como estomatitis.

otis. f. Abertura triangular de la laringe, situada entre las cuerdas vocales inferiores.

otonería. f. Calidad de glotón./ Inclinación excesiva a la comida y a la bebida.

ucemia. f. Presencia de glucosa en la sangre.

úcido. m. *Quím.* Nombre genérico de los compuestos de carbono, hidrógeno y oxígeno.

ucosa. f. Azúcar que se encuentra en muchos frutos y en la sangre.

uten. m. Cualquier sustancia pegajosa que puede servir para unir una cosa con otra./ Sustancia albuminoidea, que se encuentra juntamente con el almidón en las harinas.

úteo, a. a. Pert. a la nalga.

neis. m. Roca pizarrosa de la misma composición que el granito.

nomo. m. Ser fantástico al cual se le asignó la figura de un enano que habitaba en las minas.

noseología. f. *Fil.* Doctrina o teoría del conocimiento.

nosticismo. m. Doctrina filosófico-religiosa de la primera etapa de la Iglesia católica, que pretendía tener un conocimiento intuitivo y misterioso de las cosas divinas.

nóstico, ca. a. a. Perteneciente o relativo al gnosticismo.// s. El que profesa dicha doctrina.

obernante. a. y s. Que gobierna.

obernar. tr. Mandar con autoridad o regir una cosa. Ú.t.c.i./ Guiar, dirigir. Ú.t.c.prl.// i. Obedecer al timón la nave.

obierno. m. Acción de gobernar o gobernarse./ Conjunto de los que gobiernan./ Cargo de gobernador./ Edificio donde se encuentra su despacho./ Tiempo que dura su mando.

ol. m. En fútbol y otros deportes, acción de colocar la pelota en el arco.

ola. f. Garganta./ Pieza de armadura que resguardaba la garganta./ Adorno que se colocaba alrededor del cuello.

oleta. f. Velero pequeño y ligero, de dos o tres palos y bordas poco elevadas.

olf. m. Juego de origen escocés, en el que se introduce una pelota pequeña impulsada por un palo en una serie de hoyos.

olfista. s. El que practica el golf.

olfo. m. Gran porción de mar que se interna en la tierra, entre dos cabos.

Glaciar. Enorme masa de hielo al pie de una montaña.

golondrina. f. Ave de paso, de color azulado y blanco, alas en punta y cola larga.Emigra en otoño a regiones más cálidas.

golosina. f. Manjar delicado y gustoso./ Deseo o apetito de una cosa./ fig. Cosa más agradable que provechosa.

goloso, sa. a. Afecto a comer golosinas.

golpe. m. Choque de dos cuerpos./ Abundancia de una cosa./ Infortunio que acomete de pronto.

golpear. tr. Dar repetidos golpes. Ú.t.c.i.

goma. f. Sustancia viscosa que fluye de diversos vegetales y que, disuelta en agua, sirve para pegar./ Tira de goma elástica./ Caucho.

gomero, ra. a. Pert. o relativo a la goma.// m. Árbol de la goma.// f. Honda, instrumento para disparar piedras.

gónada. f. Glándula sexual masculina o femenina.

góndola. f. Embarcación pequeña de recreo, sin cubierta ni palos, y con una carroza. Se utiliza sobre todo en Venecia.

gong. m. Disco de metal sonoro que se golpea con un mazo.

gongorino, na. a. Rel. a la poesía del español Góngora.

gongorismo. m. Palabra, expresión o estilo propio de Góngora./ Culteranismo.

*Golf.
Deporte de
precisión y
concentración
practicado
por hombres,
mujeres y
niños.*

goniometría. f. Rama de la tecnología que se dedica a la medición de los ángulos.

goniómetro. m. Instrumento que se utiliza para medir ángulos.

gonococo. m. Bacteria que produce la gonorrea o blenorragia, enfermedad venérea.

gonorrea. f. Enfermedad infecciosa de la uretra o vagina, causada por el gonococo y caracterizada por flujo purulento e inflamación.

gordo, da. a. De muchas carnes./ Corpulento y abultado.

gordura. f. Grasa, tejido adiposo que existe entre los órganos./ Abundancia de grasas y carnes en las personas y animales./ *Arg.* y *P. Rico.* Nata de la leche.

gorgojo. m. Insecto que vive entre las semillas de los cereales y causa mucho perjuicio.

gorgoritear. i. fam. Gorjear, hacer gorgoritos.

gorgorito. m. fam. Quiebro que se hace con la voz, gmente. al cantar.

gorgotear. i. Producir ruido, en alguna cavidad, un gas o un líquido al moverse./ Borbotear o borbotar.

gorgoteo. m. Acción y efecto de gorgotear.

Gorila. Mamífero primate de gran tamaño.

gorguera. f. Adorno del cuello hecho con lienzo plegado.

gorila. m. Mono antropomorfo de color pardo oscuro y altura similar al hombre. Sus pies tienen tres dedos unidos por una piel. Habita en África.

gorjear. i. Hacer quiebros con la voz al cantar.

gorjeo. m. Quiebro de la voz./ Canto de algunas aves.

gorra. f. Prenda para cubrir la cabeza, sin copa ni alas y con viscera o sin ella.

gorrión. m. Pájaro pequeño, de plumaje pardo, con manchas negras y rojizas, que se alimenta de insectos y granos.

gorro. m. Prenda redonda, de tela, para cubrir la cabeza.

gota. f. Partecilla de agua u otro licor./ Pat. Enfermedad que causa hinchazón muy dolorosa en ciertas articulaciones pequeñas y se caracteriza por el exceso de ácido úrico en la sangre.

gótico, ca. a. Perteneciente a los godos./ Apl. a lo escrito o impreso en letra gótica./ Dícese del arte desarrollado desde el siglo XII hasta el Renacimiento. Ú.t.c.s.// m. Lengua germánica hablada por los godos.

gozar. tr./ i. Tener y poseer alguna cosa./ Tener gusto p una cosa./ Sentir placer y deleite.

gozne. m. Herraje articulado con que se fijan las hojas de l puertas y ventanas al quicial para que giren./ Bisagra.

gozo. m. Movimiento del ánimo que se complace en esp ranza de cosas halagüeñas./ Alegría.

grabación. f. Acción y efecto de grabar.

grabado. m. Arte de grabar./ Procedimiento para graba Estampa obtenida por este procedimiento.

grabador, ra. a. Persona que se ocupa del arte del grab do.// m. Aparato que se utiliza para grabar sonidos.

grabar. tr. Señalar con incisión o abrir en hueco o relieve sobre una superficie, un letrero o representació de cualquier objeto.// tr. Registrar sonidos de modo que puedan reproducir.// tr./ prl. Fijar en el ánimo un concep to, un sentimiento o un recuerdo.

gracejo. m. Gracia y donaire festivo en hablar o escribir.

gracia. f. Benevolencia, actitud amistosa o protectora hac alguien./ Nombre de cada uno./ Beneficio, concesión gr tuita./ Afabilidad en el trato./ Donaire, garbo./ Chiste, ag deza.

gracioso, sa. a. Que tiene atractivo o donaire./ Chistos agudo./ Que se da de gracia.

grácil. a. Sutil, delgado o menudo.

grada. f. Peldaño./ Asiento a manera de escalón corrido, e los espectáculos públicos.

gradación. f. Serie de cosas ordenada gradualmente.

grado. m. Peldaño./ Cada uno de los diversos estados, v lores o calidades que, en relación de menor a mayor, pue de tener una cosa./ Título que se da a quien se gradúa e una facultad./ División de la enseñanza en ciertas escue las./ Unidad de medida./ Geom. Cualquiera de las tres cientas sesenta partes iguales en que se considera dividí da la circunferencia.

graduación. f. Acción y efecto de graduar o graduarse.

graduado, da. a. y s. Apl. a quien ha terminado una carre ra universitaria.

gradual. a. Que está en grados o va por grados./ Progres vo./ Parte de la misa, entre la epístola y el evangelio.

graduar. tr. Dar a una cosa el grado debido./ Marcar lo grados en que se divide algo./ Conferir un título univers tario.

grafía. f. Manera de escribir o representar los sonidos y, e especial, empleo de una letra o de un determinado signo

gráfico, ca. a. Rel. a la escritura./ Apl. a las descripcione etc., que se representan por medio de figuras o signos. Apl. a la manera de hablar con claridad.// m. Cuadro com parativo.

Gótico. Estilo arquitectónico con que se realizaron construcciones de gran magnitud como la fachada de la catedral de Siena, en Toscana (Italia), iniciada en el siglo XII y finalizada en el XIV.

rafito. m. Mineral de color negro grisado que se usa para fabricar lápices y crisoles refractarios.

ragea. f. Confites muy menudos./ Píldora, porción de materia medicamentosa recubierta de una sustancia azucarada.

ramática. f. Estudio de los elementos del lenguaje./ **-comparada.** La que estudia las relaciones que se pueden establecer entre dos o más lenguas./ **-descriptiva.** La que se limita a describir, sin fijar normas sobre lo correcto o incorrecto./ **-estructural.** La que concibe la lengua como un sistema cerrado, constituido por oposiciones y relaciones puramente formales./ **-normativa.** La que establece los criterios de corrección e incorrección de una lengua./ **-universal.** Según el lingüista norteamericano Noam Chomsky, sistema de reglas que subyace en todas las lenguas del mundo.

ramatical. a. Rel. a la gramática./ Que cumple sus reglas.

ramaticalidad. f. Calidad de gramatical.

ramático, ca. Gramatical.// m. El entendido en gramática o que escribe sobre ella.

ramatología. f. Ling. Estudio de la escritura, como fenómeno significativo de la cultura o como entidad autónoma de la lengua hablada.

ramilla. f. Arg. Planta gramínea que se emplea como forrajera y como césped.

ramíneo, a. a. Bot. Aplícase a plantas monocotiledóneas de tallos cilíndricos y nudosos, flores en espiga o panoja y grano seco como los cereales y las cañas.// f. pl. Bot. Familia de dichas plantas.

ramo. m. Unidad de peso y masa. Milésima parte del kilogramo, equivalente a 1 cm³ de agua destilada a cuatro grados centígrados de temperatura.

ramófono. m. Aparato que reproduce el sonido grabado previamente en un disco.

rampa. f. Grapa, pieza metálica.

rana. f. Cochinilla./ Quermes./ Excrecencia de este insecto, que al ser exprimida produce color rojo.// m. Este color.

ranada. f. Fruto del granado, refrescante y medicinal, de corteza correosa y delgada y múltiples granos encarnados./ Proyectil explosivo.

ranado, da. a. Escogido, notable, principal.// m. Árbol de tronco grueso y tortuoso y flores rojas de pétalos doblados.

ranate. m. Piedra fina compuesta de silicato doble de alúmina y de hierro u otros óxidos metálicos./ Color rojo oscuro.

rande. a. Que excede en tamaño, importancia, dotes, intensidad, etc. a lo común y regular.// m. Prócer, magnate.

randeza. f. Tamaño excesivo de una cosa./ Majestad y poder./ Tamaño, extensión.

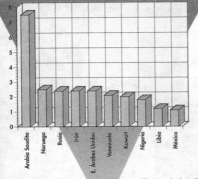

Gráfico de barras que representa en millones de barriles diarios, la cantidad de petróleo que exporta cada uno de los países mencionados.

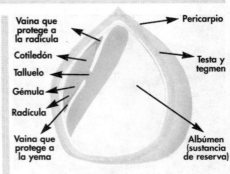

Grano de maíz. Su aspecto interno.

grandilocuencia. f. Elocuencia elevada y abundante./ Estilo sublime.

grandilocuente. a. Que tiene grandilocuencia.

grandioso, sa. a. Sobresaliente, magnífico.

grandor. m. Tamaño, magnitud de las cosas.

graneado, da. a. Reducido a grano./ Salpicado de pintas./ Dícese del fuego que hacen los soldados cuando es sin interrupción e individual.

granel (a). m. adv. Sin envase, sin empaquetar./ fig. En abundancia.

granero. m. Sitio en donde se recoge el grano./ fig. Territorio muy abundante en grano y que abastece de él a otros países.

granito. m. Roca compacta y dura que se compone de feldespato y mica.

granizada. f. Lluvia de granizo./ fig. Multitud de cosas que caen./ Arg. y Chile. Bebida helada.

granizar. i. Caer granizo.

granizo. m. Precipitación atmosférica constituida por agua congelada según formas redondeadas, que se origina en las nubes tormentosas./ fig. Granizada, cosas que caen.

granja. f. Hacienda de campo, cerca de un poblado, para la cría de aves de corral y ganado porcino./ Finca de campo para el cultivo y la explotación de productos rurales.

grano. m. Semilla y fruto de las mieses./ Semillas de otras plantas./ Semillas o frutos que forman con otros un agregado./ Porción menuda de algunas otras cosas./ Especie de tumorcillo.

granuja. f. Uva desgranada y separada del racimo./ Granillo interior de la uva y otras frutas.// m. fam. Pilluelo, muchacho vagabundo./ fig. Bribón, pícaro.

granujiento, ta. a. Que tiene muchos granos.

granulación. f. Pat. Crecimiento de tejido conjuntivo vascular, propio de enfermedades como la tuberculosis.

grapa. f. Pieza de hierro u otro metal, cuyos dos extremos, doblados y aguzados, se clavan para unir o sujetar dos tablas.

grasa. f. Sebo, manteca.// Suciedad de la ropa.// Lubricante graso.

gratificación. f. Recompensa de un servicio eventual.

grátil. m. Mar. Parte media de la verga de una embarcación./ Orilla de la vela por la que ésta se sujeta al palo.

gratis. adv. Sin precio, sin interés.

gratitud. f. Sentimiento por el cual nos consideramos obligados a estimar el beneficio recibido y a corresponder a él.

grato, ta. a. Gustoso, agradable./ Gratuito, gracioso, de balde.

gratuidad. f. Calidad de gratuito.

gratuito, ta. a. De balde, gratis./ Arbitrario, sin fundamento.

grava. f. Piedra machacada para cubrir el piso de los caminos.

gravamen. m. Carga, obligación./ Carga impuesta sobre un inmueble o caudal.

gravar. tr. Imponer un gravamen.

*Grietas ocasionadas en las rocas
por acción de los vientos y del agua.*

grave. a. Grande, de mucha importancia./ Apl. al que está enfermo de cuidado./ Serio; que causa respeto y veneración./ Arduo, difícil./ Se dice del sonido hueco y bajo./ *Gram.* Apl. a la palabra que lleva acento prosódico en su penúltima sílaba.

gravedad. f. Compostura, seriedad, circunspección./ Grandeza, importancia./ *Fís.* Atracción entre un cuerpo celeste y los situados en su superficie./ Cualidad o estado de grave.

gravidez. f. Preñez.

gravilla. f. Fragmento de roca con un diámetro máximo de 10 mm.

gravitación. f. Acción y efecto de gravitar./ *Fís.* Fuerza de atracción que existe entre dos masas.

gravitar. i. Propender un cuerpo a caer o cargar sobre otro en virtud de su peso./ *fig.* Cargar, imponer una carga.

gravoso, sa. a. Molesto, pesado./ Que ocasiona gastos.

graznar. i. Dar graznidos.

graznido. m. Voz de algunas aves como el cuervo y el ganso.

grecismo. m. Helenismo.

grecizar. tr. Helenizar./ Dar forma griega a palabras de otro idioma.

greco, ca. a. y s. Griego.

grecolatino, na. a. Relativo a griegos y latinos.

grecorromano, na. a. Relativo a griegos y romanos.

greda. f. Arcilla arenosa, que se emplea para quitar manchas y desengrasar paños.

gregario, ria. a. Dícese del que está en compañía de otros sin distinción./ Dícese de los animales que viven en manadas o rebaños./ Dícese del que sigue con servilismo las ideas ajenas.

gregarismo. m. *Zool.* Tendencia de ciertas especies animales a vivir agrupadas en unidades superiores al individuo.

gregoriano, na. a. Dícese del canto litúrgico de la Iglesia romana, según la forma del siglo IX./ Dícese del año, calendario y era que reformó Gregorio XIII en 1582.

gremial. a. Perteneciente al gremio.

gremialista. s. Persona que actúa en un gremio.

gremio. m. Conjunto de personas que tienen un mismo oficio o profesión, y que se rigen por un estatuto.

greña. f. Cabellera despeinada y revuelta. Ú.m. en pl./ Lo que está enredado y entretejido con otra cosa.

gresca. f. Bulla, gritería, algazara./ Riña, pendencia.

grey. f. Rebaño./ *fig.* Conjunto de individuos que tienen algún carácter común.

griego, ga. a. De Grecia. Ú.t.c.s.// m. Idioma de los griegos.

grieta. f. Abertura longitudinal en la tierra o en un cuerpo sólido.

grifo, fa. a. Dícese de los cabellos enmarañados o crespos.// m. Animal fabuloso, con la mitad superior del cuerpo de águila y la inferior de león./ Llave colocada en la boca de las cañerías.

grillo. m. Insecto de color negro rojizo. El macho produce un sonido agudo al frotar con fuerza los élitros.

gringo, ga. a. y s. Extranjero, especialmente todo el que habla una lengua que no sea la española.

gripe. f. Enfermedad infecciosa aguda con fiebre y catarro.

gris. a. Apl. al color que resulta de mezclar el blanco y el negro.

grisú. m. Gas pernicioso de las minas de hulla, que se torna inflamable al mezclarse con el aire.

gritar. i. Levantar la voz más de lo acostumbrado./ Manifestar el público desagrado con demostraciones ruidosas. Ú.t.c.tr.

groenlandés, sa. a. y s. De Groenlandia.

grosella. f. Fruto del grosellero.

Grecorromano. Su arquitectura se caracteriza por la variedad de elementos árabes y bizantinos de las decoraciones.

Los guaraníes, rama de la poderosa familia lingüística Tupí-guaraní, de origen amazónico, poseían viviendas estables y su economía se basó en la agricultura. En la ilustración, guaraníes actuales recolectando yerba mate.

grosellero. m. Arbusto de la familia saxifragáceas, cuyo fruto es la grosella.

grosería. f. Descortesía, falta de atención y respeto./ Tosquedad en el trabajo manual./ Ignorancia, rusticidad.

grotesco, ca. a. Ridículo y extravagante./ Irregular, tosco./ a. y m. *Arg.* Género teatral que une lo cómico con lo dramático.

grúa. f. Máquina para levantar pesos y llevarlos de un punto a otro./ Vehículo automóvil provisto de grúa para remolcar otro.

grueso, sa. a. Corpulento y abultado.// m. Cuerpo de una cosa.// f. Número de doce docenas.

gruido. a. y m. *Zool.* Dícese de las aves de la familia gruidos.

gruiforme. s. Apl. a las aves insectívoras como la chuña.

grulla. f. Ave zancuda con pico cónico y prolongado, cuello largo, alas redondas y grandes y plumaje gris.

grumete. m. Muchacho aprendiz de marinero.

grumo. m. Parte coagulada de un líquido.

gruñido. m. Voz de ciertos animales./ Sonidos roncos, inarticulados, que una persona emite para expresar mal humor.

gruñir. i. Dar gruñidos./ fig. Mostrar desagrado o disgusto murmurando entre dientes.

grupa. f. Anca.

grupo. m. Pluralidad de seres o cosas que forman un conjunto./ Conjunto de figuras./ *Arg.* Engaño, mentira./ *Quím.* Cada una de las columnas del sistema periódico que clasifica elementos con similares características./ -sanguíneo. Cada uno de los tipos en que se clasifica la sangre de los mamíferos según contenga o no ciertos elementos.

gruta. f. Cavidad natural abierta en peñas.

guacamayo. m. Ave de América, especie de papagayo, con plumaje de varios colores y cola muy larga.

guacho, cha. a. Huérfano./ Desamparado, solitario./ *Arg., Chile* y *Perú.* Expósito.

guaco. m. *Amér.* Objeto de cerámica que se encuentra a menudo en los sepulcros de los indios.

guadaña. f. Instrumento para segar a ras de tierra formado por una cuchilla puntiaguda, menos corva y más ancha que la hoz, enastada en un mango largo.

guagua. f. *Amér.* Niño de pecho.

guajira. f. Cierto canto popular de los campesinos cubanos.

gualdo, da. a. De color amarillo.

gualdrapa. f. Cobertura para cubrir y adornar las ancas de la caballería.// fig. y fam. Jirón de la ropa, por lo general sucio.

gualicho. m. *Amér.* Diablo, genio del mal./ Maleficio, hechizo.

guampa. f. *Arg.* y *Urug.* Asta, cuerno.

guanaco. m. Rumiante de América del Sur parecido a la llama. Es útil como bestia de carga y con su pelo se fabrican tejidos muy resistentes./ *Amér.* Tonto, necio.

guano. m. Materia excrementicia que abunda en las costas de Perú y de Chile. Se usa como abono en la agricultura.

guante. m. Prenda para cubrir la mano.

guapeza. f. Ánimo, valor en los peligros./ Vestido ostentoso.

guapo, pa. a. fam. Bien parecido./ *Amér.* Animoso, bizarro, que desprecia los peligros./ Ostentoso en el vestir.// m. Perdonavidas, pendenciero.

guaracha. f. *Cuba* y *P. Rico.* Baile semejante al zapateado./ Canción popular.

guarangada. f. *Amér.* Hecho o dicho propio del guarango.

guarango, ga. a. *Amér.* Mal educado, grosero.

guaranguería. f. *Amér.* Condición de guarango./ Guarangada.

guaraní. a. Aplícase al individuo de un pueblo que se extendía desde el Amazonas hasta el Río de la Plata. Ú.t.c.s./ Perteneciente o relativo a este pueblo.// m. Lengua que se habla en la actualidad en Paraguay y zonas limítrofes de Argentina.

guarda. m. y f. Persona encargada de cuidar o guardar una cosa./ f. Acción de guardar o conservar./ Tutela.

guardapolvo. m. Cubierta que se pone encima de una cosa para preservarla del polvo./ Sobretodo de tela liviana.

guardar. tr. Cuidar y custodiar algo./ Tener cuidado de una cosa y vigilancia sobre ella./ No gastar, ser mezquino.// prl. Precaverse de un peligro./ Abstenerse de hacer una cosa.

guardería. f. Lugar donde se cuida a los niños algunas horas.

guardia. f. Conjunto de soldados que defienden un puesto./ Custodia, protección./ *Esgr.* Modo de estar en defensa.// m. Miembro de ciertos cuerpos de tropa.

guardián, na. s. Persona que guarda una cosa y cuida de ella./ Prelado ordinario de los conventos franciscanos.

guarecer. tr. Acoger, preservar de un daño.

guarida. f. Lugar de refugio de los animales./ Refugio, amparo./ fig. Paraje al que se concurre con frecuencia.

guarismo. m. Signo o cifra que expresa una cantidad.

guarnecer. tr. Poner guarnición./ Adornar./ Proveer, equipar.

guarnición. f. Adorno que se pone en los vestidos, colgaduras y otras cosas./ Engaste de oro u otro metal, etc., de las piedras preciosas./ Guardamano, defensa de la empuñadura de la espada y otras armas para preservar la mano./ Tropa que defiende una plaza, buque, etc.// pl. Arreos de la caballería.

guaso, sa. a. fig. *Amér.* Tosco, grosero.// f. fam. Burla, chanza.

guatambú. m. Árbol característico de la selva subtropical sudamericana, cuya madera se utiliza en la fabricación de muebles.

guatemalteco, ca. a. De Guatemala. Ú.t.c.s.

guayaba. f. Fruto del guayabo.

Guacamayos de llamativos colores habitan en las regiones de clima tropical.

Los guaycurúes estaban divididos en parcialidades (abipones, mocovíes, matacos, entre otras). Fueron sumamente agresivos y belicosos. El principal elemento que incorporaron de los europeos fue el caballo, lo que les permitió incursionar en otros pueblos, obligándolos a trasladarse.

guayabera. f. Chaquetilla de tela ligera.

guayabo. m. Árbol de la familia mirtáceas, cuyo fruto es la guayaba.

guayacán. m. Árbol de tronco grueso y copa semiesférica cuando alcanza su desarrollo. Puede medir alrededor de 18 m. Su madera es utilizada en carpintería y para la elaboración de aserrín que se emplea en curtiembres.

guaycurú o **guaicurú.** Grupo de pueblos amerindios que habitaba en la región del Chaco paraguayo. Se extendieron hasta Bolivia y Argentina. Eran esencialmente nómadas y vivían de la recolección, la pesca y la caza. Actualmente viven sus descendientes en la misma región paraguaya.

gubernamental. a. Perteneciente al gobierno del Estado.

gubernativa, va. a. Perteneciente al gobierno.

gubia. f. Formón delgado para labrar superficies curvas./ Aguja de para reconocer los fogones de las piezas de artillería.

guedeja. f. Cabellera larga./ Melena del león.

guerra. f. Lucha armada entre dos o más naciones o entre bandos de una misma nación./ Disidencia, pugna./ fig. Oposición entre dos cosas./ **-civil.** La que se produce entre habitantes de un mismo país./ **-fría.** Guerra de nervios llevada contra un posible enemigo.

guerrero, ra. a. Rel. a la guerra./ Que guerrea./ Que es inclinado a la guerra.// m. Soldado.// f. Chaqueta ajustada y abrochada desde el cuello.

guerrilla. f. Partida de gente armada que al mando de un jefe particular, acosa y molesta al enemigo.

guerrillero, ra. s. Persona que lucha en la guerrilla.

guía. m. y f. Persona que indica a otra el camino./ fig. Persona que enseña y dirige a otra.// f. Libro de preceptos o datos.

guiar. tr. Ir delante mostrando el camino./ Conducir un vehículo./ Dirigir, enseñar, encaminar.// prl. Dejarse uno conducir o llevar por otro, o por señales, indicios, etc.

guijarro. m. Canto rodado.

guillotina. f. Máquina para decapitar a los condenados a muerte./ Máquina de cortar papel.

guinche. m. *Arg.* Grúa.

guinda. Árbol, especie de cerezo, de hojas más pequeñas y fruto más redondo y por lo común, ácido.

guinea. f. Antigua moneda de oro inglesa.

guineano, na. a. y s. De Guinea, región del África central, o de los varios países del mismo nombre.

guiñada. f. Acción de guiñar el ojo./ Desvío hacia un lado u otro del rumbo a que se navega, de la proa del buque.

guiñar. tr. Cerrar un ojo momentáneamente quedando el otro abierto, en general, como señal de entendimiento./ *Mar.* Dar guiñadas un buque.

guión. m. Conjunto de notas o apuntaciones que sirven de guía./ División de un argumento cinematográfico en diálogos, parlamentos y escenas./ Argumento./ Signo ortográfico (-) que se pone al fin del renglón que termina con parte de una palabra. Se usa para unir las dos partes de una palabra compuesta. También se utilizan guiones más largos para señalar incisos, indicar el comienzo de un diálogo cuando habla cada interlocutor y para reemplazar en índices, diccionarios, etc., al vocablo con que empieza otra línea anterior o que encabeza las diversas acepciones de un artículo.

guisa. f. Modo, manera.// **-a guisa.** m. adv. A modo.

guisado. p.p. de **guisar.**// m. Comida hecha con salsa donde se cocinan los alimentos después de haberlos rehogado.

guisante. m. Planta leguminosa, de fruto en vaina./ Semilla de esta planta.

guisar. tr. Preparar los manjares mediante la acción del fuego.

guiso. m. Comida guisada.

güisqui. m. Whisky.

guitarra. f. Instrumento musical formado por una caja con una abertura central y seis cuerdas que se pulsan con los dedos.

guitarrista. m. y f. Persona diestra en tocar la guitarra.

guitarrón. m. *Chile.* Guitarra de 25 cuerdas./ fig. y fam. Hombre sagaz y picarón.

gula. f. Exceso en la comida o bebida.

gurí. m. *Amér.* Muchacho indio./ Niño.

gusano. m. Nombre vulgar de las larvas vermiformes de muchos insectos, como algunas moscas y coleópteros y las orugas de los lepidópteros.

gusarapo, pa. s. Cada uno de los animales en forma de gusano que se crían en los líquidos.

gustar. tr. Sentir en el paladar el sabor de las cosas.

gusto. m. Sentido con el que se percibe y distingue el sabor.

gustoso, sa. a. Sabroso./ Que hace algo con gusto./ Agradable.

gutural. a. Perteneciente o relativo a la garganta./ *Gram.* Dícese de las consonantes que se articulan contra el velo del paladar, como la g, la j y la k.

guyanés, sa. a. De Guyana. Ú.t.c.s.

Guinda. Fruto ideal, por su textura y sabor, para acompañar menúes sofisticados.

h. f. Octava letra del abecedario castellano y sexta de sus consonantes. Su nombre es *hache*. Es muda.

haba. f. Planta, anual, leguminosa, cuyo fruto en vaina contiene semillas comestibles./ Tumor en el paladar de las caballerías.

habano, na. a. Perteneciente a la Habana, y por ext., a la isla de Cuba./ Dícese del color del tabaco claro.// m. Cigarro, puro de Cuba.

hábeas corpus. m. Institución jurídica que garantiza la libertad personal del individuo a fin de evitar arrestos y detenciones arbitrarias. Consiste en el derecho de todo ciudadano detenido o preso a que el juez lo oiga y resuelva si su arresto fue o no legal y si debe quedar o no en libertad.

haber. m. Retribución periódica de un servicio.// pl. Hacienda, conjunto de bienes./ *Com.* Una de las dos partes en que se dividen las cuentas corrientes y en la que se registran las cantidades que se acreditan.

habichuela. f. Judía, planta leguminosa./ Fruto y semilla de esta planta.

hábil. a. Inteligente, capaz y dispuesto./ *For.* Apto para una cosa.

habilidad. f. Inteligencia, capacidad para una cosa./ Destreza en ejecutar una cosa./ Cualquiera de las cosas que con destreza ejecuta una persona.

habilitación. f. Acción y efecto de habilitar.

habilitar. tr. Hacer a una persona o cosa hábil o apta./ Dar a uno el capital necesario para que pueda negociar por sí./ Dar a uno lo necesario para un fin. Ú.t.c.prl./ *Amér.* Conceder habilitación o participación en las utilidades.

habitación. f. Edificio o parte de él que sirve para ser habitado./ Aposento de una casa./ Acción y efecto de habitar.

habitante. m. Cada una de las personas que constituyen la población de una nación, ciudad, etc.

habitar. tr./ i. Vivir en un lugar o casa.

hábitat. m. Sitio habitado por una raza, un animal, una planta en el estado de naturaleza./ *Ecol.* Conjunto de factores ambientales en los que vive, de un modo natural, una determinada especie animal y vegetal.

hábito. m. Traje o vestido./ Costumbre adquirida por actos repetidos./ Insignia que distingue las órdenes militares.

habituar. tr. Acostumbrar o hacer acostumbrar. Ú.m.c.prl.

habitué. s. Galicismo por concurrente asiduo.

habla. f. Facultad de hablar./ Acto de hablar./ Idioma, lenguaje, dialecto./*Ling.* Según F. de Saussure, acto individual de ejecución del lenguaje, por oposición a la lengua, que es el sistema virtual.

hablar. i. Proferir palabras para darse a entender./ Conversar./ Pronunciar un discurso./ Expresarse.// tr./ prl. Convenir, tratar.// tr. Tratar de algo por escrito./ Dirigir la palabra.

hablilla. f. Rumor, mentira que circula en el vulgo.

hacendado, da. a. Que tiene hacienda en bienes raíces./ *Amér.* Dícese del que se dedica a la cría del ganado./ *Arg.* Estanciero.

hacendoso, sa. a. Diligente en las faenas domésticas.

hacer. tr. Producir una cosa./ Formar una cosa./ Ejecutar una acción o trabajo./ Formar algo con la imaginación./ Causar.// prl. Volverse, transformarse.// i. Importar, convenir.// imp. Acaecer, experimentarse, sobrevenir algo referente al buen o mal tiempo.

hacha. f. Herramienta cortante que se compone de una cuchilla acerada, algo curva.// f. Vela de cera, grande y gruesa.

hachón. m. Mecha de esparto y alquitrán que se enciende para alumbrar.

hacia. prep. que expresa dirección.// prep. temporal. Alrededor de, cerca de.

hacienda. f. Finca agrícola./ Bienes y riquezas que uno tiene./ *Amér.* Ganado./ *Arg.* Conjunto de ganados que hay en una estancia o granja.

hacina. f. Conjunto de haces colocados en forma ordenada y apretados unos sobre otros.

hacinar. tr./ prl. Colocar los haces unos sobre otros formando hacina./ Amontonar, juntar sin orden.

hada. f. Ser fantástico con figura de mujer, al que se le atribuían poderes mágicos.

hado. m. Divinidad que, según los gentiles, obraba irresistiblemente./ Destino.

Hacienda vacuna cuya carne es de gran calidad
y alto consumo.

hafnio. m. Elemento químico. Símb., Hf.; n. at., 72.

hagiografía. f. Historia de las vidas de los santos.

hagiógrafo, fa. s. El que escribe vidas de santos.

haitiano, na. a. y s. De Haití.

halagar. tr. Dar a uno muestras de afecto./ Adular, lisonjear./ fig. Agradar.

halago. m. Acción y efecto de halagar./ Cosa que halaga.

halar. tr. Tirar de un cabo, de una lona./ Tirar de un remo al bogar./ Amér. Tirar hacia sí de una cosa.

halcón. m. Ave rapaz diurna, de pico fuerte y curvo, y plumaje pardo. Se la domestica con facilidad y se empleaba antiguamente en la caza de cetrería. El macho es más pequeño que la hembra.

hálito. m. Aliento que sale por la boca./ Soplo suave y apacible del aire.

hallar. tr. Dar con una persona o cosa sin buscarla./ Encontrar.

hallazgo. m. Acción y efecto de hallar./ Ocurrencia.

halo. m. Cerco luminoso que suele aparecer alrededor del Sol y de la Luna./ Aureola, círculo.

halógeno, na. a. Quím. Dícese de los metaloides que forman sales haloideas.

haloideo, a. a. Quím. Dícese de las sales formadas por la sola combinación de un metal y un metaloide.

halotropismo. m. Bot. Movimiento o tropismo determinado por la salinidad.

hamaca. f. Tira ancha de lona o tejido fuerte que, colgada horizontalmente por sus extremos, sirve de cama o columpio./ R. de la P. Columpio./ Mecedora.

hambre. f. Necesidad y gana de comer./ Carestía, escasez./ fig. Ansia vehemente de una cosa.

hambriento, ta. a. Que tiene hambre./ fig. Deseoso.

hampa. f. Género de vida de los que cometen robos y otros desafueros./ Conjunto de maleantes.

hampón. a. y s. Valentón, perdonavidas, bribón, holgazán.

hámster. m. Mamífero roedor europeo.

hangar. m. Cobertizo para guardar aviones.

haragán, na. a. Que rehúye el trabajo y pasa ocioso la vida. Ú.m.c.s.

haraganear. i. Pasar la vida en el ocio, holgazanear.

haraganería. f. Ociosidad, aversión al trabajo.

harapo. m. Andrajo.

haraquiri. m. Forma de suicidio practicada en el Japón, que consiste en abrirse el vientre con un arma blanca.

haras. m. R. de la P. Establecimiento para la reproducción y cría de caballos de carrera.

Helecho serrucho.

Posee esporos (pequeños corpúsculos de reproducción asexual que caracteriza a estas plantas criptógamas).

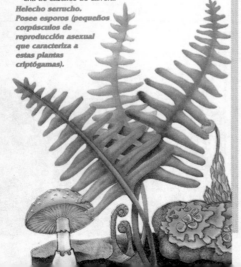

hardware (voz ingl.). Comp. Conjunto de componentes físicos (placas, pantalla, cables, etc.) que constituyen una computadora o un sistema de computación.

harén. m. Conjunto de esposas y concubinas de un jefe de familia polígamo, especialmente entre los musulmanes./ Casa o parte de ella destinada a estas mujeres y sus servidores.

harina. f. Polvo que resulta de moler trigo u otras semillas o de ciertos tubérculos y legumbres./ Este mismo polvo despojado del salvado o la cascarilla.

harnero. m. Criba.

harpía. f. Arpía.

hartar. tr./ prl./ i. Saciar el apetito de beber y comer./ Satisfacer el deseo de una cosa.// tr. Fastidiar, cansar.

harto, ta. p.p. irreg. de **hartar.**// a. Excesivo.// adv. Con exceso.

hasta. prep. que expresa el término de lugares, acciones y cantidad.// conj. copul. para ponderar o exagerar una cosa. Significa lo mismo que también o aun.

hastiar. tr./ prl. Fastidiar.

hastío. m. Repugnancia a la comida./ fig. Disgusto, tedio.

hatajo. m. Pequeño grupo de ganado./ despect. Grupo de personas o cosas.

hato. m. Ropa y pequeño ajuar de uso preciso y ordinario./ Porción de ganado./ Amér. Hacienda de campo destinada a la cría de ganado mayor./ Compañía de gente malvada./ Hatajo.

haya. f. Árbol de hasta treinta metros de alto cuya madera es liviana y resistente.

haz. m. Porción atada de mieses, hierbas, leña u otras cosas./ Conjunto de rayos luminosos de un mismo origen, o de rectas que pasan por un punto.

haza. f. Porción de tierra para labrar o sembrar.

hazaña. f. Acción o hecho singular, ilustre o heroico.

hazañoso, sa. a. Que ejecuta hazañas./ Aplícase a los hechos heroicos.

hazmerreír. m. Persona que sirve de diversión a los demás.

hebdomadario, ria. a. Semanal.// m. Semanario.

hebra. f. Porción de hilo que se mete por el ojo de la aguja para coser./ Fibra de la carne./ Filamento de una materia textil./ Vena o filón./ Cierta picadura de tabaco./ Hilo de las materias viscosas que tienen cierto grado de concentración./ fig. Hilo del discurso.

hebraísmo. m. Profesión de la ley de Moisés./ Giro o modo de hablar propio de la lengua hebrea.

hebraísta. s. El que profesa el hebraísmo.

hebraizante. p. act. de **hebraizar.**// a. Que emplea hebraísmos./ Persona que cultiva la lengua o literatura hebrea. Ú.t.c.s./ Que practica la ley judaica. Ú.t.c.s.

hebraizar. i. Emplear expresiones propias de la lengua hebrea.

hebreo, a. Aplícase al pueblo que conquistó y habitó la Palestina. También es llamado israelita o judío. Apl. a pers., ú.t.c.s./ Perteneciente o relativo a este pueblo./ Aplícase al que profesa la ley de Moisés, así como israelita o judío./ Perteneciente a los que la profesan.// m. Idioma hebreo.

hecatombe. f. Cualquier sacrificio solemne en que es crecido el número de víctimas./ Matanza.

hechicería. f. Arte supersticioso de hechizar./ Hechizo.

hechizar. tr. Según la credulidad popular, causar grave daño con prácticas supersticiosas./ fig. Encantar, cautivar.

hechizo. m. Elemento o práctica supersticiosa de que se vale el hechicero para lograr los fines de su arte./ fig. Encanto, atractivo intenso.

hecho, cha. p. p. irreg. de **hacer.**// a. Perfecto, maduro./// m. Acción, obra./ Suceso./ Asunto de que se trata./ Der. Caso que da motivo a la causa.

hechura. f. Acción de hacer./ Cualquier cosa respecto del que la ha hecho./ Forma exterior que se da a las cosas./ Trabajo del sastre o de la costurera cuando el cliente da la tela./ fig. Una persona con respecto a otra, a la cual debe su empleo, fortuna o cuanto tiene y representa.

Helicóptero con soldados sobrevolando un humilde poblado.

ectárea. f. Medida de superficie que equivale a diez mil metros cuadrados.

ectogramo. m. Medida de capacidad equivalente a cien gramos.

ectolitro. m. Medida de capacidad que equivale a cien litros.

ectómetro. m. Medida de longitud de cien metros.

edentina. f. Olor malo y penetrante./ Lugar donde lo hay.

eder. i. Despedir un olor muy malo y penetrante./ fig. Fastidiar, ser intolerable.

ediondo, da. a. Que hiede./ Sucio, torpe y obsceno./ fig. Enfadoso, insufrible.

edonismo. m. Doctrina que sostiene como fin supremo de la vida la prosecución de los placeres.

edonista. s. El que practica el hedonismo.

edor. m. Olor desagradable.

egeliano, na. a. Rel. a Hegel o a su sistema filosófico.

egemonía. f. Supremacía política o económica que un Estado ejerce sobre otro.

eladera. f. Mueble para conservar fríos los alimentos.

elado, da. a. Muy frío./ Suspenso, atónito./ Esquivo, desdeñoso.// m. Bebida o manjar helado.

elar. tr. Congelar, cuajar la acción del frío un líquido. Ú.m.c.i. y c.prl./ fig. Sobrecoger, pasmar./ Acobardar, desalentar.// prl. Ponerse una cosa o una persona muy fría o yerta./ Secarse las plantas por el frío.

elecho. m. *Bot.* Nombre común de las pteridófitas./ pl. *Bot.* Familia de estas plantas.

elenismo. m. Palabra o construcción propia o procedente del idioma griego./ Influencia ejercida por la civilización y la cultura griegas.

elenista. s. El que se dedica al estudio de la lengua y la cultura griegas.

elenístico, ca. a. Relativo al helenismo./ *Hist.* Dícese del período que va desde la muerte de Alejandro Magno hasta la anexión de Egipto por parte de Roma.

eleno, na. a. Griego.

elero. m. Masa de hielo que en las altas cumbres rodea las nieves perpetuas.

élice. f. Parte más externa del pabellón de la oreja del hombre./ Espiral./ Conjunto de aletas que giran alrededor de un eje y producen una fuerza propulsora./ *Geom.* Curva de longitud indefinida que da vueltas en la superficie de un cilindro.

elicoide. m. *Geom.* Superficie engendrada por una recta que se mueve apoyándose en una hélice y en el eje del cilindro donde está contenida, con el cual forma siempre el mismo ángulo.

elicóptero. m. Aparato de aviación cuya propulsión se debe a unas hélices horizontales.

elio. m. Cuerpo simple y gaseoso que se descubrió en la atmósfera solar. Símb., He; n. at., 2; p. at., 4,003.

eliocéntrico, ca. a. Que tiene por centro al Sol.

eliocentrismo. m. Sistema cosmológico copernicano, que postula al Sol como centro del universo.

eliófilo, la. a. Que busca o ama la luz.

eliograbado. m. Método para grabar mediante la luz del sol.

eliotropo. m. Planta originaria de Perú, de pequeñas flores azuladas que despiden un olor de vainilla.

elmíntico, ca. a. Relativo a los helmintos./ Díc. del remedio que se utiliza para combatirlos.

elminto. m. Gusano.

elvético, ca. a. De Helvecia (hoy Suiza).

ematíe. m. Glóbulo rojo de la sangre.

ematites. f. Mineral de hierro oxidado, rojizo o pardo, que por su dureza se emplea para bruñir metales.

ematocito. m. Célula sanguínea.

ematófago, ga. a. *Zool.* Díc. del animal que se alimenta de sangre.

ematología. f. Parte de la medicina que trata de la sangre y sus enfermedades.

ematólogo, ga. s. El que profesa la hematología.

ematoma. m. Tumor en cualquier parte del cuerpo ocasionado por contusión. Se debe al derrame de sangre en los intersticios del tejido conjuntivo.

embra. f. Animal del sexo femenino./ En las plantas, individuo que da fruto./ Pieza que tiene un hueco o agujero por donde otra se introduce o encaja./ Mujer, persona del sexo femenino.

emeroteca. f. Biblioteca en la que se guardan, a disposición del público, diarios y publicaciones periódicas.

emiciclo. m. Semicírculo./ Espacio central del salón de acciones de los cuerpos legislativos.

emiplejía o **hemiplejia.** f. Parálisis de un lado del cuerpo.

emisferio. m. Cada una de las dos mitades iguales de una esfera.

emistiquio. m. Mitad de un verso, separada de la otra por la cesura.

emofilia. f. Enfermedad hereditaria cuya característica es la dificultad de coagulación de la sangre, por lo que las hemorragias son abundantes y hasta incoercibles.

emoglobina. f. Sustancia colorante de los glóbulos rojos de la sangre.

emoptisis. f. Hemorragia de la membrana mucosa pulmonar, caracterizada por la expectoración de sangre.

emorragia. f. Flujo de sangre.

emorroide. f. Tumorcillo sanguíneo en la parte exterior del ano o en la extremidad del intestino grueso, causado por várices en la red venosa.

enchir. tr./ prl. Llenar.

ender. tr. Hacer o causar una hendidura. Ú.t.c.prl.

endidura. f. Abertura prolongada que no llega a dividir del todo un cuerpo sólido.

eno. m. Planta gramínea de hojas estrechas y agudas y flores en panoja abierta./ Hierba segada y seca para el ganado.

hepático, ca. a. Perteneciente al hígado./ Que sufre del hígado./ Apl. a plantas criptógamas semejantes a los musgos.

hepatitis. f. Pat. Inflamación del hígado, generalmente de origen virósico.

heptaedro. m. Sólido de siete caras o planos.

heptagonal. a. De figura de heptágono o parecido a él.

heptágono. a. y s. Geom. Aplícase al polígono de siete lados.

heptámetro. a. y s. Verso que consta de siete pies.

heptasílabo, ba. a. y s. De siete sílabas.

heráldico, ca. a. Perteneciente al blasón y al que lo estudia.// f. Ciencia de las figuras y colores de los escudos de armas.

heraldo. m. Oficial medieval que transmitía mensajes y ordenaba las ceremonias públicas./ Mensajero.

herbáceo, a. a. Que tiene las características de la hierba.

herbario, ria. a. Relativo a las hierbas o plantas.// s. Persona que se ocupa de la botánica.// m. Bot. Colección de plantas secas./ Zool. Primera cavidad del estómago de los rumiantes.

herbicida. a. y s. Dícese de los productos químicos que combaten la maleza.

herbívoro, ra. a. Apl. a todo animal que se alimenta de vegetales, y especialmente al que pace hierbas. Ú.t.c.s.

herbolario, ria. a. Quien se dedica a coleccionar o vender hierbas y plantas.// m. Comercio donde se venden hierbas medicinales.

herciniano, na. a. Geol. Perteneciente o relativo al movimiento orogénico ocurrido durante los períodos carbonífero y cámbrico. Pertenecen a él los macizos de los Vosgos, Bohemia y Sudetes.

heredad. f. Porción de terreno cultivado perteneciente a un dueño./ Hacienda de campo, posesiones o bienes raíces.

heredar. tr. Suceder a otro en la posesión de bienes que tenía al morir./ Darle a uno posesiones o bienes raíces./ Repetir los seres vivos los caracteres anatómicos y fisiológicos de sus progenitores.

heredero, ra. a. Dícese de la persona a quien pertenece una herencia. Ú.t.c.s./ fig. Que tiene cualidades o inclinaciones de sus padres.

hereditario, ria. a. Perteneciente a la herencia o que se adquiere por ella./ Apl. a las inclinaciones, costumbres, enfermedades que pasan de padres a hijos.

hereje. m. Cristiano que disiente de la fe o presencia religiosa./ Desvergonzado.

herejía. f. Doctrina que la Iglesia considera contraria a la fe católica./ Error científico o artístico contra los principios ciertos./ Palabra o dicho injurioso./ Atrocidad.

herencia. f. Derecho de heredar./ Lo que se hereda./ Biol. Conjunto de caracteres que son heredados por los seres vivos de sus progenitores.

heresiarca. s. Hereje.

herético, ca. a. Relativo a la herejía o los herejes.

herida. f. Rotura en la carne producida por un choque o arma./ Agravio.

herir. tr. Romper las carnes con un instrumento./ Golpea[r] dar un cuerpo contra otro./ Bañar el sol una cosa con su[s] rayos./ Tocar, pulsar un instrumento de cuerda./ Hacer l[os] objetos impresión en la vista o en el oído./ fig. Agravia[r] ofender./ Afligir, atormentar el ánimo.

hermafrodita. a. Zool. Individuo que presenta órganos r[e]productores masculinos y femeninos./ Bot. Vegetal cuy[as] flores poseen juntos estambres y pistilos.

hermano, na. s. Persona que, con respecto a otra, tien[e] los mismos padres, o solamente el mismo padre o la mi[s]ma madre./ Tratamiento que se dan los cuñados./ Leg[o] de una cofradía./ Una cosa respecto de otra a la que s[e] parece.

hermético, ca. a. Dícese de lo que cierra una abertura d[e] modo que no permita pasar el aire ni otro fluido./ fig. In[im]penetrable, cerrado.

hermoso, sa. a. Dotado de hermosura./ Excelente, gra[n]dioso, perfecto./ Sereno, apacible.

hermosura. f. Belleza de las cosas./ Por ext., lo agradabl[e] o placentero./ Mujer hermosa.

hernia. f. Tumor blando, producido por la salida total o pa[r]cial de una víscera u otra parte blanda.

héroe. m. El que los antiguos paganos creían nacido de u[n] dios o una diosa y de una persona humana./ Persona qu[e] lleva a cabo una acción heroica./ Personaje principal de u[n] poema u obra dramática, cinematográfica, novela, etc.

heroico, ca. a. Dícese de las personas famosas por sus h[a]zañas o virtudes y también por sus acciones./ Aplícase a [la] poesía épica donde, en elevado estilo, se cantan o narra[n] hechos memorables.

heroína. f. Droga obtenida de la morfina, en forma de po[l]vo blanco y amargo, con propiedades sedantes. Es adict[i]va./ Mujer ilustre y famosa por sus grandes hechos./ [La] que realiza un hecho heroico./ Protagonista de una ob[ra] dramática o narrativa, como una novela.

heroísmo. m. Esfuerzo eminente de ánimo, que lleva [al] hombre a realizar hechos extraordinarios./ Acto heroico.

herradura. f. Hierro que se clava a las caballerías en l[os] cascos, para que no se les estropeen.

herraje. m. Conjunto de piezas de hierro o acero con qu[e] se guarnece un artefacto.

herramienta. f. Instrumento con que trabajan los artes[a]nos./ Conjunto de esos instrumentos.

herrar. tr. Ajustar y clavar las herraduras a las caballerías[./] Marcar con un hierro encendido los ganados, artefacto[s] etc./ Guarnecer de hierro cualquier instrumento.

herrería. f. Oficio de herrero./ Taller en que se funde o fo[r]ja el hierro./ Tienda del herrero.

herrero. m. Dícese de la persona que trabaja el hierro e[n] forma artesanal, en un pequeño taller.

herrumbre. f. Orín del hierro./ Sabor a hierro que toma[n] algunos objetos.

hertz. m. Fís. Unidad de frecuencia correspondiente a u[n] período de un segundo. También se denomina ciclo/s[e]gundo y su símb. es Hz.

Herbívoro.
La cebra es
uno de los
animales
herbívoros por
excelencia,
que habita
en la sabana
africana.

ertziano, na. a. f. *Fís.* Dícese de las ondas electromagnéticas.

ervir. i. Agitarse el agua y hacer burbujas por estar a elevada temperatura.

ervor. m. Acción y efecto de hervir./ fig. Fogosidad, viveza y acaloramiento de las pasiones.

esitar. i. Dudar, vacilar, titubear.

etaira o **hetera.** f. En la antigua Grecia, cortesana de elevada condición./ Prostituta.

eterodoxo, xa. a. Hereje o que sustenta una doctrina opuesta al dogma católico./ Por extensión, no conforme con algún sistema o doctrina. Ú.t.c.s.

eterogéneo, a. a. Compuesto de partes de diversa naturaleza.

eteromorfismo. m. *Quím.* Propiedad de algunas sustancias que, con organización y estructuras idénticas, se presentan bajos formas distintas.

eterosexual. a. y s. Dícese de la relación sexual entre individuos de distinto sexo y del individuo que la practica./ *Bot.* Dícese de las plantas con flores masculinas y femeninas.

eterótrofo, fa. a. y s. *Biol.* Dícese del organismo viviente que necesita para su alimentación materias orgánicas sintetizadas por otros organismos./ a. Dícese de esa clase de alimentación.

ético, ca. a. Tísico. Ú.t.c.s./ Relativo a esta enfermedad./ Muy delgado.

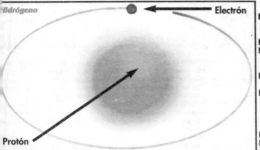

El átomo de hidrógeno es el más simple y liviano que existe. Posee un solo protón en su núcleo y un solo electrón girando afuera.

exaedro. m. Sólido de seis caras.

exágono, na. a. Apl. al polígono de seis ángulos y seis lados. Ú.t.c.s.m.

exámetro. m. Dícese del verso que en la poesía griega constaba de seis pies.

ez. f. Sedimento de los líquidos. Ú.m. en pl./ fig. Lo más vil y despreciable de algo.// pl. Excrementos.

ialino, na. a. Diáfano como el vidrio o parecido a él.

iato. m. Encuentro de dos vocales que se pronuncian en sílabas distintas./ Cacofonía que se produce cuando se encuentran vocales que no forman diptongo.

ibernación. f. Estado fisiológico que presentan ciertos mamíferos como adaptación a condiciones invernales extremas, con descenso de la temperatura corporal hasta cerca de 0 grados y disminución general de las condiciones metabólicas./ Sueño invernal en animales, ya sean vertebrados o invertebrados./ Estado semejante que provocan en las personas ciertas drogas.

ibridación. f. Producción de híbridos.

ibrido, da. a. *Biol.* Apl. al animal o al vegetal producto de dos individuos de distinta especie./ Aplícase a lo producido por elementos de diferente naturaleza.

idalgo, ga. s. Persona de clase noble y distinguida./ Perteneciente o relativo a esa persona./ fig. De sentimientos nobles y generosos.

Herrería. Antiguo taller de fundición y labrado del hierro en grueso.

hidra. f. Culebra acuática, venenosa./ Pólipo cuyo cuerpo consiste en un tubo cerrado por un extremo y con algunos tentáculos por el otro.

hidratación. f. Acción y efecto de hidratar./ *Quím.* Fijación del agua por las moléculas de un cuerpo.

hidratar. tr./ prl. Combinar un cuerpo con el agua.

hidrato. m. *Quím.* Producto que resulta de la combinación de agua con una sustancia química./ **-de carbono.** Glúcido.

hidráulica. f. *Mec.* Estudio del equilibrio y movimiento de los fluidos.

hidráulico, ca. a. Rel. a la hidráulica./ Que se mueve por el agua./ Dícese de las cales o cementos que se endurecen con el agua.// f. Parte de la mecánica que se refiere a los fluidos./ Arte de dirigir, canalizar y aprovechar las aguas.

hídrico, ca. a. Que contiene agua o hidrógeno.

hidrocarburo. m. Cada uno de los compuestos resultantes de la combinación del carbono con el hidrógeno.

hidrodinámico, ca. a. Relativo a la hidrodinámica./ *Fís.* Rama que estudia el movimiento de los fluidos sometidos a la acción de fuerzas.

hidroelectricidad. f. Energía eléctrica obtenida por fuerza hidráulica.

hidroeléctrico, ca. a. Relativo a la hidroelectricidad.

hidrófilo, la. a. Dícese de la materia que absorbe el agua con facilidad./ Que vive en el agua o en sus proximidades.// m. Coleóptero acuático.

hidrofobia. f. Aversión al agua y a los líquidos en general, que suelen padecer los que han sido mordidos por animales rabiosos./ Rabia (enfermedad).

hidrófobo, ba. a. y s. Que padece hidrofobia.

hidrófugo, ga. a. Dícese de las sustancias que evitan la humedad y las filtraciones.

hidrógeno. m. Elemento químico. Gas incoloro, inodoro e inflamable. Es el cuerpo más ligero que se conoce. Combinado con el oxígeno forma el agua. Símb., H; n. at., 1; p. at., 1,008.

hidrografía. f. Parte de la geografía que describe los ríos, mares y corrientes de agua.

hidrólisis. f. *Quím.* Descomposición de un compuesto químico por la acción del agua.

hidrología. f. Ciencia que estudia las aguas superficiales desde el punto de vista geológico.

hidrometría. f. *Fís.* Cálculo del caudal, la velocidad y la presión de los líquidos en movimientos.

hidropesía. f. Derrame de líquido en una cavidad del cuerpo o entre las células.

hidrosfera. f. Geog. y Geol. Conjunto de las aguas superficiales de la Tierra (oceánicas, lacustres y vapor de agua atmosférico).

hidrostático, ca. a. Perteneciente o relativo a la hidrostática.// f. Fís. Parte de la mecánica que estudia el equilibrio de los fluidos.

hidróxido. m. Quím. Cuerpo compuesto de agua y un óxido metálico.

hidrozoo. a. y m. pl. Zool. Clase de animales acuáticos caracterizados por ciclos biológicos que alternan las fases pólipo y medusa.

hiedra. f. Planta trepadora siempre verde que se adhiere con fuerza a los cuerpos contiguos y daña con su espeso follaje a los árboles a los que se agarra.

hiel. f. Bilis./ fig. Amargura, aspereza.// pl. Trabajos, adversidades, disgustos.

hielo. m. Agua convertida en cuerpo sólido y cristalino./ Acción de helar o helarse./ fig. Frialdad en los afectos.

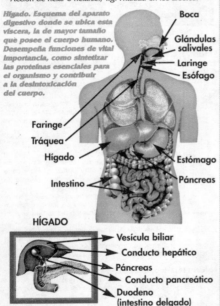

Hígado. Esquema del aparato digestivo donde se ubica esta víscera, la de mayor tamaño que posee el cuerpo humano. Desempeña funciones de vital importancia, como sintetizar las proteínas esenciales para el organismo y contribuir a la desintoxicación del cuerpo.

Boca
Glándulas salivales
Laringe
Esófago
Faringe
Tráquea
Hígado
Estómago
Páncreas
Intestino

HÍGADO

Vesícula biliar
Conducto hepático
Páncreas
Conducto pancreático
Duodeno (intestino delgado)

hiena. f. Nombre común a varias especies de una familia de carnívoros que habitan en Asia y África. Su pelaje áspero es gris amarillento con listas o manchas más oscuras en el lomo y en los flancos. Llegan a medir hasta siete decímetros de altura en la cruz y un poco menos en la grupa. Es animal nocturno, carroñero, de aspecto y olor desagradables.

hierático, ca. a. Pert. o rel. a las cosas sagradas o a los sacerdotes./ Apl. a cierta escritura egipcia que era una abreviación de la jeroglífica./ Díc. de la escritura y pintura religiosas de formas tradicionales./ fig. Excesivamente solemne.

hierba. f. Toda planta pequeña cuyo tallo es tierno y perece después de dar la simiente en el mismo año, o a lo más al segundo./ Conjunto de las hierbas de un terreno.

hierbabuena. f. Planta herbácea, de olor agradable, que se emplea en condimentos./ Nombre de otras plantas semejantes como el poleo y el sándalo.

hierofanta o **hierofante.** m. Sacerdote que en la an[tigua] Grecia dirigía las ceremonias de iniciación, en los misteri[os] sagrados.

hierra. f. Acción y efecto de marcar con hierro el ganad[o].

hierro. m. Elemento químico (metal) dúctil y maleable. Es [el] de mayor uso en la industria y en el arte. Símb., Fe; n. a[t.] 26; p. at., 55,85./ Marca que se pone a los ganados./ Arm[a] o instrumento de hierro o de acero.// pl. Cadenas o grillo[s].

hígado. m. Víscera voluminosa de los vertebrados, que s[egre]grega bilis./ Zool. Por ext., cierta glándula de algunos [in]vertebrados que cumple funciones semejantes a las del h[í]gado en los vertebrados./ fig. Valentía, ánimo. Ú.m. en p[l].

higiene. f. Parte de la medicina que trata de las normas [de] conservación de la salud mediante el estudio de las rela[ci]ciones del ser humano con el medio ambiente a fin de me[jorar las condiciones sanitarias./ fig. Aseo, limpieza.

higienizar. tr. Disponer una cosa conforme a la higiene./ prl. Limpiarse, bañarse.

higo. m. La fruta más tardía de la higuera./ **-chumbo** o [-] **tuna.** Fruto del nopal.

higrófilo, la o **higrófito, ta.** a. y s. Biol. Dícese de [las] plantas que viven en lugares muy húmedos.

higuera. f. Árbol móreo, de madera blanca y floja, ho[jas] grandes y savia lechosa. Da primero la breva y después [el] higo.

hijastro, tra. s. Respecto de uno de los cónyuges, hijo o [hi]ja del otro.

hijo, ja. s. Persona o animal respecto de sus padres./ Cu[al]quier persona, respecto del país, provincia o territorio d[on]de ha nacido./ Religioso o religiosa respecto del fundad[or] de la orden a la que pertenece.

hilacha. f. Pedazo de hilo que se desprende de la tela.

hilado. m. Acción de hilar./ Porción de seda, lana, algodó[n] etc., reducida a hilo.

hilador, ra. s. Persona que hila.// f. Máquina para hilar.

hilandería. f. Arte de hilar./ Fábrica de hilados.

hilar. tr. Reducir a hilo la seda, lana, algodón, etc./ Sacar [de] sí ciertos insectos la hebra o hilo para formar su capullo, [te]la, etc./ fig. Discurrir, inferir unas cosas de otras.

hilaridad. f. Risa y alegría ruidosa.

hilaza. f. Hilado, reducido a hilo./ Hilo grueso y desigual[.]

hilera. f. Orden en línea de personas o cosas./ Instrumen[to] para reducir a hilo cualquier metal.

hilo. m. Hebra larga y delgada que se obtiene de una mat[e]ria textil./ Tela de lino o cáñamo./ Alambre muy delgado[./] Hebra que forman las arañas, gusanos de seda, etc./ fig. [/] Chorro muy delgado de un líquido./ Continuación o se[rie] del discurso, etc.

Hielo sobre los caminos, en la época invernal.

Hipocampo, también conocido como caballito de mar.

hilván. m. Costura provisional de puntadas largas./ Hilo que se usa para hilvanar.

hilvanar. tr. Unir con puntadas largas lo que se ha de coser después./ fig. Hacer, proyectar algo con precipitación.

himeneo. m. Boda o casamiento./ Epitalamio.

himenóptero, ra. a. *Zool.* Aplícase a los insectos que, como las avispas y abejas, tienen alas membranosas con pocos nervios y celdillas grandes.// m. pl. *Zool.* Orden de estos insectos.

himno. m. Composición lírica destinada a expresar sentimientos inspirados en algo digno de alabanza.

himplar. i. Emitir su voz la onza o la pantera.

hincapié. m. Acción de afirmar el pie para hacer fuerza o sostenerse./ -hacer hincapié. frs. fig. y fam. Insistir con tesón.

hincar. tr. Introducir una cosa en otra./ Apoyar una cosa en otra como para clavarla.// prl. Ponerse de rodillas.

hincha. f. Odio o enemistad.// s. *Amér.* Admirador.

hinchado, da. p. p. de **hinchar.**// a. Vano, presumido./ Dícese del lenguaje, estilo, etc., redundante, afectado.// f. *Amér.* Grupo de aficionados a un deporte.

hinchar. tr. Hacer que aumente de volumen algún objeto llenándolo de aire u otra cosa. Ú.t.c.prl./ fig. Exagerar un suceso o una noticia./ Amplificar el contenido de un texto.// prl. Aumentar el volumen de una parte del cuerpo, a causa de un golpe, herida, etc./ fig. Envanecerse.

hinchazón. f. Efecto de hincharse./ Vanidad, soberbia./ Vicio del estilo hinchado o afectado.

hindú. a. De la India.

hinduismo. m. Doctrina que se desarrolló en la India desde el siglo IX, a partir del brahmanismo. Su esencia consiste en no dañar ninguna forma de vida.

hinduista. m. Que profesa el hinduismo.

hinojo. m. Planta herbácea, de flores pequeñas y amarillas, que se usa en medicina y como condimento.

hipar. i. Padecer hipo.

hipérbaton. m. Figura de construcción que consiste en invertir el orden más frecuente de las palabras en el discurso.

hipérbola. f. *Geom.* Curva cónica. Está definida por los puntos del plano cuya diferencia de distancias a dos puntos fijos, llamados focos, es constante en valor absoluto.

hipérbole. f. Figura retórica, consistente en aumentar o disminuir con exceso la verdad de las cosas.

hiperbólico, ca. a. a. Perteneciente o relativo a la hipérbole./ Exagerado, excesivo, desmesurado./ *Geom.* Perteneciente o relativo a la hipérbola.

hiperbóreo, a. a. Aplícase a las regiones muy septentrionales y a los pueblos, animales y plantas que habitan en ella.

hipermetropía. f. Defecto de la visión en el que se perciben confusamente los objetos próximos.

hiperrealismo. m. Movimiento artístico de tipo figurativo. Su objetivo es reflejar la realidad mediante una imitación casi fotográfica.

hiperrealista. a. Perteneciente o relativo al hiperrealismo.// s. El que pertenece a dicho movimiento artístico.

hipersensibilidad. f. Sensibilidad mayor que la normal.

hiperstena. f. *Miner.* Silicato de hierro y magnesio que cristaliza en el sistema rómbico.

hipertrofia. f. Aumento anormal y excesivo de un órgano.

hipertrofiarse. prl. Aumentar excesivamente un órgano.

hípico, ca. a. Rel. al caballo.

hipnosis. f. Estado de semiinconciencia inducido de manera artificial, en el que se supone que el inconsciente se manifiesta con más facilidad.

hipnótico, ca. a. Relativo al hipnotismo.

hipnotismo. m. Método para inducir el sueño magnético.

hipnotizador, ra. s. El que practica el hipnotismo.

hipo. m. Movimiento convulsivo del diafragma, con respiración interrumpida y ruido.

hipoacusia. f. *Med.* Disminución de la agudeza auditiva.

hipocampo. m. Pez llamado también caballo marino.

hipocondría. f. Afección nerviosa que se caracteriza por la tristeza habitual.

hipocresía. f. Fingimiento de cualidades o sentimientos contrarios a los que realmente se tienen.

hipócrita. a. Que finge lo que no es o siente.

hipodérmico, ca. a. Que se pone debajo de la piel.

hipódromo. m. Lugar destinado para carreras de caballos y carros.

Hilandería. Vista interior de una moderna planta industrial, en la República Oriental del Uruguay.

hipófisis

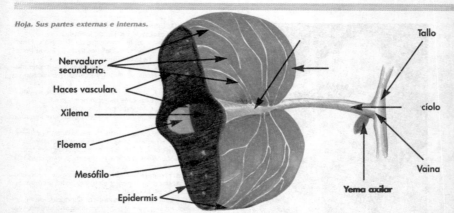

Hoja. Sus partes externas e internas.

Nervaduras secundarias
Haces vasculares
Xilema
Floema
Mesófilo
Epidermis

Tallo
cíolo
Vaina
Yema axilar

hipófisis. f. Glándula de secreción interna, situada en la base del encéfalo, que regula el funcionamiento de otras glándulas.

hipogeo. m. En la antigüedad, bóveda subterránea en que se conservaban los cadáveres sin quemarlos.

hipogrifo. m. Animal fabuloso, mitad caballo y mitad grifo.

hipopótamo. m. Mamífero paquidermo de piel gruesa, cuerpo voluminoso y piernas cortas, que vive en el África, al S. del Sáhara.

hipotálamo. m. *Anat.* Porción central del encéfalo que regula las principales funciones vegetativas.

hipoteca. f. Finca afectada a la garantía del pago de un crédito.

hipotecar. tr. Gravar bienes inmuebles en garantía del cumplimiento de alguna obligación.

hipotecario, ria. a. Perteneciente o relativo a la hipoteca./ Dícese de los créditos respaldados por hipoteca y de las instituciones que los otorgan.

hipotenusa. f. Lado opuesto al ángulo recto en un triángulo rectángulo.

hipótesis. f. Suposición de una cosa para sacar una consecuencia./ *Fil.* Antecedente de una proposición. Junto con la tesis y la síntesis constituyen los tres momentos del razonamiento dailéctico.

hipotético, ca. a. Relativo a la hipótesis./ Supuesto./ Inseguro, poco probable.

hirsuto, ta. a. Aplícase al pelo disperso y duro y a lo que está cubierto de él o de púas o espinas.

hisopo. m. Mata olorosa, muy utilizada en perfumería y medicina./ Aspersorio para el agua bendita./ *Amér.* Brocha.

hispánico, ca. a. De España./ De la antigua Hispania.

hispanidad. f. Conjunto de todos los países hispanos.

hispanismo. m. Giro o modo de hablar propio de la lengua española./ Empleo de vocablos o giros españoles en otro idioma./ Inclinación al estudio de la lengua y literatura españolas y a todo lo concerniente a España.

hispano, na. a. y s. Español.

hispanoamericano, na. a. Perteneciente a españoles y americanos./ Rel. a los pueblos de la América española. Apl. a pers., ú.t.c.s.

híspido, da. a. De pelo duro y áspero; erizado, hirsuto.

histeria. f. Histerismo.

histerismo. m. *Pat.* Enfermedad nerviosa, más propia de la mujer que del hombre, que se caracteriza por la diversidad de síntomas funcionales y a veces por ataques convulsivos.

histología. f. Parte de la anatomía que estudia los tejidos.

historia. f. Narración y exposición verdadera de los acontecimientos pasados de la humanidad./ Conjunto de los sucesos referidos por los historiadores./ Obra histórica./ Relación de cualquier género de aventura o suceso./ fig. y fam. Chiste, enredo. Ú.m. en pl.

historiador, ra. s. Persona que investiga o escribe historia.

historial. a. Perteneciente a la historia.// m. Reseña circunstanciada de los antecedentes de un negocio, de la carrera o servicios de un funcionario, etc.

historiar. tr. Componer, contar o escribir historias./ Narrar las vicisitudes de una persona o cosa./ Pintar un suceso en cuadros, estampas o tapices.

histórico, ca. a. Perteneciente a la historia./ Cierto, real, por contraposición a lo que es legendario o fabuloso./ Digno de figurar en la historia./ Aplícase a la obra literaria, gmente. narrativa o dramática que alude a personajes o hechos recordados por la historia./ Aplícase a la persona que tuvo existencia real o al acontecimiento que verdaderamente sucedió.

historieta. f. dim. de **historia**./ Fábula, cuento o relación breve.

historiografía. f. Arte de escribir la historia./ Bibliografía histórica.

histrión. m. El que representaba disfrazado en la comedia o tragedia antigua./ Actor cómico./ fig. Hipócrita, farsante.

hito, ta. a. Unido, inmediato.// m. Mojón o poste indicador./ Blanco, punto de vista para acertar el tiro.

HIV. *Med.* Siglas que identifican al virus que provoca el sida.

hocicar. i. Dar de hocicos en el suelo, o contra algo./ Tropezar con una dificultad insalvable.

hocico. m. Parte de la cabeza de algunos animales, en que están la boca y las narices./ Boca del hombre cuando tiene los labios muy abultados./ fig. y fam. Cara, rostro./ Gesto de enojo.

hockey. (voz inglesa). m. Juego entre dos equipos que tratan de introducir una pelota en la portería contraria, con la ayuda de un palo.

hogar. m. Sitio donde se coloca la lumbre en las cocinas, chimeneas, etc./ Hoguera./ Casa.

hogaza. f. Pan grande que pesa más de dos libras./ Pan de salvado o harina mal cernida.

hoguera. f. Porción de materias encendidas que levantan mucha llama.

hoja. f. Cada una de las partes, verdes, planas y delgadas, que nacen en la extremidad de los vegetales./ Pétalo./ Lámina delgada de cualquier materia./ Cada una de las partes iguales que resultan al doblar el papel para formar el pliego de libros y cuadernos./ Cuchilla de las armas blancas y herramientas./ Cada una de las capas delgadas en que se suele dividir la masa./ En las puertas o ventanas, parte que se abre y se cierra.

hojalata. f. Lámina de hierro o acero con revestimiento de estaño.

hojaldre. amb. Masa que al cocerse en el horno hace muchas hojas delgadas superpuestas.

hojarasca. f. Conjunto de las hojas que han caído de los árboles./ Frondosidad inútil de algunos árboles o plantas./ fig. Cosa sin sustancia e inútil.

hojear. tr. Pasar ligeramente las hojas de un libro o cuaderno./ Leer de prisa algunos pasajes de un libro.// i. Moverse las hojas de los árboles.

hojoso, sa. a. De muchas hojas.

holandés, sa. a. De Holanda.// m. Idioma hablado en Holanda.

holgado, da. a. Desocupado./ Ancho, que sobra para lo que ha de contener./ Que no tiene apuros económicos.

holganza. f. Descanso, reposo./ Ociosidad.

holgar. Descansar, tomar aliento./ No trabajar.// prl. Divertirse, entretenerse con gusto.

holgazán, na. a. y s. Apl. a la persona que no quiere trabajar.

holístico, ca. a. Global, globalizador. Apl. a enfoques y doctrinas integradoras de diversos conocimientos o métodos.

hollar. tr. Pisar, comprimir una cosa, poniendo sobre ella los pies./ fig. Abatir, humillar.

hollejo. m. Pellejo que cubre algunas frutas y legumbres.

hollín. m. Sustancia crasa y negra que lleva el humo en dispersión, procedente de la combustión.

holmio. m. Elemento químico. Símb., Ho.; n. at., 67; p. at., 164,97.

holocausto. m. Entre los israelitas, sacrificio especial en que se quemaba toda víctima./ Gran matanza de personas./ Acto de abnegación total que se realiza por amor.

holoceno. m. *Geol.* Último período del cuaternario, iniciado hace unos diez mil años. Comprende los tiempos posteriores a la última glaciación.

hombre. m. Animal racional./ Varón./ El que ha llegado a la edad adulta./ En lenguaje vulgar, marido.

hombrear. i. Presumir de hombre./ Hacer fuerza con los hombros para levantar una cosa.

hombrera. f. Pieza de la armadura antigua que protegía los hombros./ Adorno de algunos vestidos y uniformes en la parte correspondiente a los hombros./ Almohadilla que se pone en la parte superior de la ropa./ Cordón o pieza de paño con galones que se colocan en los hombros de los uniformes militares.

hombría. f. Calidad de hombre./ Entereza, valor./ **-de bien.** Honradez.

hombro. m. Parte superior y lateral del tronco, de donde nace el brazo, en el hombre y los cuadrumanos.

hombruno, na. a. Aplícase a la mujer que se parece al hombre, y las cosas en que estriba este parecido.

homenaje. m. Juramento de fidelidad hecho a un rey o señor./ Respeto hacia una persona.

homeopatía. f. Sistema terapéutico que utiliza como remedio pequeñas dosis de sustancias que producen en el hombre sano síntomas parecidos a la enfermedad que se pretende curar.

homicida. a. y s. Que ocasiona la muerte de la persona.

homicidio. m. Muerte causada a una persona por otra.

homilía. f. Explicación o discurso dirigido a los fieles sobre materia religiosa u otras que afectan a la comunidad.

homínido, da. a. y m. *Zool.* Dícese de los primates que pertenecen a la familia homínidos. Cuenta con una sola especie, el hombre.

homófono, na. a. *Gram.* Apl. a las palabras que tienen el mismo sonido, pero distinto significado./ Dícese del canto o de la música cuyas voces tienen todas el mismo sonido.

homogéneo, a. a. Perteneciente a un mismo género./ Que sus partes tienen igual naturaleza.

homógrafo, fa. a. *Gram.* Apl. a las palabras de distinta significación que se escriben de igual manera.

homologar. tr. Registrar y autorizar oficialmente una determinada técnica o producto, el resultado de una prueba deportiva, etc./ *Der.* Confirmar el juez ciertos actos y acuerdos de las partes para darles firmeza.

homólogo, ga. a. *Geom.* Dícese de los lados que en las figuras semejantes están colocados en el mismo orden./ *Lóg.* Apl. a las palabras que significan una misma cosa./

Hongos de múltiples variedades viven sobre materias descompuestas. Algunos de ellos son comestibles, otros altamente venenosos.

Apl. a las sustancias orgánicas que tienen igual función química y sufren idénticas metamorfosis./ *Zool.* y *Bot.* Aplícase a los órganos o partes del cuerpo que son semejantes por su origen en el embrión, por sus relaciones con otros órganos o por su posición en el cuerpo, aunque tengan aspecto o función diferentes, como las alas de las aves y las extremidades anteriores de los mamíferos.

homonimia. f. Calidad de homónimo.

homónimo, ma. a. *Gram.* Dícese de las palabras que tienen la misma forma y distinto significado./ Dícese de dos o más personas o cosas que llevan el mismo nombre. Ú.t.c.s.

homosexual. a. Que tiene relación sexual con personas de su mismo sexo.

homosexualidad. f. Inclinación erótica hacia individuos del mismo sexo.

honda. f. Tira de cuero o trenza de lana o esparto para arrojar piedras con violencia./ Horquilla para tirar piedritas.

hondo, da. a. Que tiene profundidad./ Dícese de la parte más baja del terreno./ Recóndito./ Tratándose de un sentimiento, intenso./ m. Parte inferior de una cosa cóncava o hueca.

hondonada. f. Espacio de terreno hondo./ Valle profundo.

hondura. f. Profundidad de una cosa.

hondureño, ña. a. De Honduras.

honestidad. f. Recato en la persona, acciones y palabras./ Urbanidad, decoro, modestia.

honesto, ta. a. Decente, decoroso./ Pudoroso, recatado./ Justo, razonable./ Honrado.

hongo. m. *Bot.* Planta sin clorofila ni otro pigmento similar, de tamaño muy variado. Vive sobre material en descomposición o son parásitos. Actualmente se los considera un reino aparte./ Esponja gelatinosa./ Sombrero de copa baja, rígida, casi semiesférica.

honor. m. Cualidad que impulsa al hombre a comportarse de modo que merezca consideración y respeto de la gente./ Buena reputación o gloria que resulta de las acciones heroicas o de la virtud./ Dignidad, empleo, cargo.

honorable. a. Digno de ser honrado.

honorario, ria. a. Que sirve para honrar./ Apl. al que tiene los honores de una dignidad o empleo, pero no su propiedad.// pl. Sueldo que se da por un trabajo./ Estipendio, remuneración por algún trabajo en alguna profesión. Ú.m. en pl.

honra. f. Dignidad, conducta intachable./ Buena fama, reputación, decoro.// pl. Oficio solemne que se hace por los difuntos.

honradez. f. Calidad de honrado./ Proceder recto./ Buena opinión y fama.

honrado, da. a. Que procede con honradez.

honrar. tr. Respetar a una persona./ Premiar su mérito./ Dar honor.// prl. Tener a honra ser o hacer alguna cosa.

honroso, sa. a. Que da honra./ Decente.

hora. f. Cada una de las veinticuatro partes en que se divide el día./ Tiempo oportuno para algo.

horadar. tr. Agujerear una cosa atravesándola.

horario, ria. a. Perteneciente a las horas.// m. Saetilla o mano del reloj que señala las horas./ Cuadro indicador de las horas en que deben realizarse determinados actos.

horca. f. Conjunto de tres palos en el cual morían colgados los condenados a esta pena./ Palo que termina en dos puntas, usados por los labradores en sus tareas o para sostener las ramas de los árboles, armar los panales, etc.

horcón. m. Palo que remata en dos puntas que sostiene las ramas de los árboles, etc./ *Amér.* Madero vertical para sostener vigas de un tejado.

horda. f. Grupo de salvajes nómadas.

horizontal. a. Que está en el horizonte o paralelo a él./ Dícese de la línea, disposición o dirección que va de derecha a izquierda o viceversa. Ú.t.c.s.

horizonte. m. Línea que limita la superficie terrestre que alcanza la vista, en ella parecen unirse el cielo y la tierra./ Espacio de la superficie del globo, encerrado en esa línea.

horma. f. Molde con que se forma una cosa.

hormiga. f. Insecto cuyo cuerpo tiene dos estrechamientos. Vive en sociedad, en hormigueros, y sólo las hembras fecundas y los machos tienen alas./ Enfermedad de la piel que causa comezón.

hormigón. m. Mezcla compuesta de piedras menudas y mortero de cal y arena.

hormiguero. m. Lugar donde se crían y habitan las hormigas./ Lugar donde hay mucho movimiento.

hormiguicida. a. y m. Dícese de los productos químicos que se utilizan para matar hormigas.

hormona. f. Sustancia segregada por las glándulas de secreción interna. Transportada por el torrente circulatorio, regula la mayor parte de los mecanismos metabólicos.

hornacina. f. Hueco en forma de arco que suele dejarse en el grueso de una pared y a veces en los muros de los templos, para colocar en ellos una imagen.

Horno de fundición de estaño.

Horizonte.
Vista de un atardecer en el que se aprecia el mismo.

hornada. f. Cantidad de pan u otras cosas que se cuece de una vez en el horno.

hornalla. f. *Amér.* Horno metálico de un establecimiento industrial./ *Amér.* Brasero de metal empotrado en los fogones de las cocinas.

hornear. i. Ejercer el oficio de hornero./ *Amér.* Meter en el horno.

hornero, ra. s. Persona que tiene por oficio cocer pan en el horno.// m. *Amér.* Pájaro de color pardo acanelado que hace su nido de barro y en figura de horno.

horno. m. Edificio para caldear./ Aparato para transformar con ayuda del calor las sustancias minerales./ Caja de hierro en ciertas cocinas, para asar o calentar viandas./ **-alto horno.** El de forma de cuba destinado a reducir los minerales de hierro.

horóscopo. m. Observación del estado del cielo al tiempo del nacimiento de uno, que hacían los astrólogos y por la cual pretendían adivinar los sucesos de su vida.

horqueta. f. dim. de horca./ Horcón./ Parte del árbol donde se juntan en ángulo agudo el tronco y una rama gruesa./ *Amér.* División de un camino en dos.

horquilla. f. Vara larga, terminada en uno de sus extremos por dos puntas./ Adminículo de alambre, carey, etc., con dos puntas iguales, que usan las mujeres para sujetar el cabello.

horrendo, da. a. Que causa horror.

horripilar. tr./ prl. Hacer que se ericen los cabellos./ Causar horror o espanto.

horro, rra. a. Dícese del esclavo que ha alcanzado la libertad./ Libre, desembarazado./ Dícese de la yegua, vaca, etc., que no queda preñada./ fig. Dícese del tabaco ordinario y que no arde bien.

horror. m. Sentimiento causado por una cosa terrible, acompañado de temblor o de temor./ fig. Atrocidad. Ú.m. en pl.

horrorizar. tr. Causar horror.// prl. Experimentarlo uno mismo, llenarse de espanto.

hortaliza. f. Verduras y otras plantas comestibles que se cultivan en las huertas.

hortelano, na. a. Perteneciente a huertas.// m. Persona que cuida y cultiva huertas.// m. Pájaro de plumaje gris verdoso y amarillento, y cola ahorquillada.

hortensia. f. Arbusto japonés de flores hermosas de color rosa, violetas o azules.

orticultura. f. Parte de la agricultura que estudia el cultivo de las huertas./ Arte que lo enseña.

osco, ca. a. Dícese del color moreno muy oscuro./ Ceñudo e intratable.

ospedaje. m. Alojamiento y asistencia que se da a una persona./ Cantidad que se paga por estar de huésped.

ospedar. tr./ prl. Recibir huéspedes, darles alojamiento.

ospicio. m. Casa destinada para albergar enfermos y pobres.

ospital. m. Establecimiento donde se asiste a los enfermos.

ospitalario, ria. a. Que alberga y ayuda a los extranjeros y necesitados.

ospitalidad. f. Virtud que se ejercita recogiendo pobres, desvalidos, etc. y prestándoles la debida asistencia en sus necesidades./ Buena acogida que se hace a los extranjeros o visitantes.

ospitalizar. tr. Ingresar en un hospital o clínica a un enfermo. Ú.t.c.prl.

ostería. f. Casa en que por dinero se da comida y alojamiento.

ostia. f. Lo que se ofrece en sacrificio./ Hoja redonda y delgada de pan ázimo./ Por ext., oblea hecha para comer.

ostigar. tr. Azotar, castigar con látigo o cosa semejante./ fig. Perseguir a uno, burlándose de él.

ostil. a. Contrario y enemigo.

Los huarpes sufrieron el proceso de araucanización que los dispersó y les provocó un profundo desarraigo que hizo disminuir sus índices de natalidad hasta desaparecer. No obstante se sabe, por relatos de cronistas españoles y hallazgos arqueológicos, que eran altos y delgados, y expertos encomenderos.

hostilidad. f. Calidad de hostil./ Acción hostil./ Agresión armada de un pueblo o tropa, que configura el estado de guerra./ **-romper las hostilidades.** fr. Dar comienzo a la guerra atacando al enemigo.

hostilizar. tr. Hacer daño a enemigos.

hotel. m. Hostería capaz de albergar a un número más o menos grande de viajeros o huéspedes./ Casa particular aislada de las colindantes./ Hostería.

hotelería. f. Industria que, mediante pago, proporciona albergue, alimento y otros servicios.

hotentote, ta. a. y s. Dícese del individuo de un pueblo cercano al cabo de Buena Esperanza, África.

hoy. adv. En este día, en el día presente./ En el tiempo presente.

hoya. f. Concavidad grande formada en la tierra./ Sepultura./ Llanura rodeada de montañas/ Hoyo en que se arremolinan las aguas./ *Amér.* Cuenca de un río.

hoyo. m. Concavidad natural o artificial de la tierra o de alguna superficie./ Sepultura.

hoyuelo. m. Hoyo pequeño sobre el mentón o el que se les forma en la mejilla a algunas personas cuando se ríen.

hoz. f. Instrumento para segar compuesto de una hoja acerada, corva, afianzada en un mango de madera.

huarpe. m. Individuo de un pueblo indígena que habitaba la zona de Cuyo y San Luis en Argentina antes de la colonización. Eran cazadores y recolectores.

hucha. f. Arca grande./ Alcancía./ Dinero que se guarda.

hueco, ca. a. Cóncavo, vacío. Ú.t.c.s./ De sonido retumbante y profundo./ Esponjoso y mullido./ fig. Vano, presumido./ Dícese del lenguaje afectado y trivial.// m. Intervalo de tiempo y lugar./ Empleo vacante./ Abertura en un muro que sirve de puerta, ventana, etc.

huecograbado. m. Procedimiento por el que se obtienen grabados para las máquinas rotativas./ Estampa así obtenida.

huelga. f. Espacio de tiempo en que uno no trabaja./ Paro colectivo en el trabajo, hecho de común acuerdo entre personas del mismo oficio, con el fin de lograr conquistas laborales, sociales o políticas./ Recreación, diversión.

huella. f. Señal que deja el pie del hombre o del animal por donde ha pasado./ Acción de hollar./ Señal que deja una lámina o forma de imprenta en el papel u otra cosa en que se estampa./ *Arg.* y *Urug.* Cierto baile campesino.

huemul. m. *Arg.* y *Chile.* Especie de ciervo de los Andes.

huérfano, na. a. Persona que carece de uno o ambos padres.

huero, ra. a. Apl. al huevo no fecundado./ Vano, sin substancia./ *Amér.* Dícese del huevo podrido.

huerta. f. Terreno destinado al cultivo de legumbres y árboles frutales.

huerto. m. Sitio de corta extensión en que se plantan árboles frutales, verduras y legumbres.

hueso. m. Cada una de las piezas duras y resistentes, de color blanquecino, que forman el esqueleto de los vertebrados./ Parte dura y compacta dentro de algunas frutas en que está contenida la semilla.

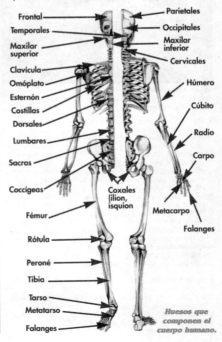

Frontal — Parietales
Temporales — Occipitales
Maxilar superior — Maxilar inferior
— Cervicales
Clavícula
Omóplato — Húmero
Esternón — Cúbito
Costillas
Dorsales — Radio
Lumbares — Carpo
Sacras
Coccígeas — Coxales (ilion, isquion)
Fémur — Metacarpo
— Falanges
Rótula
Peroné
Tibia
Tarso
Metatarso
Falanges

Huesos que componen el cuerpo humano.

huésped, da. s. Persona alojada en casa ajena./ Persona que hospeda en su casa a otra.// Mesonero./ *Ecol.* Organismo que es parasitado por otro.

hueste. f. Ejército en campaña. Ú.m. en pl./ fig. Conjunto de los secuaces de una persona o de una causa.

huesudo, da. a. Que tiene o muestra mucho hueso.

huevo. m. *Biol.* Célula resultante de la unión del gameto masculino con el femenino en la reproducción sexual./ Cuerpo procedente de la segmentación de la célula huevo, que contiene el germen del nuevo individuo./ Cualquiera de los óvulos de ciertos animales que son fecundados por los espermatozoides del macho después de haber salido del cuerpo de la hembra.

huir. i./ prl./ tr. Apartarse velozmente por miedo o por otro motivo, para evitar un daño, disgusto o molestia./ Con voces que expresan idea de tiempo, pasar velozmente./ Alejarse con velocidad una cosa./ i./ tr. Apartarse de una cosa mala o perjudicial; evitarla.

Huso. Herramienta empleada por las mujeres aborígenes de Perú, Bolivia y el NO de Argentina para unir hebras, preparándolas para la confección de hilados.

hule. m. Caucho o goma elástica./ Tela impermeable pintada de óleo y barnizada.

hulla. f. Combustible mineral sólido procedente de la fosilización de sedimentos vegetales de período carbonífero.

humanidad. f. Naturaleza humana./ Género humano./ Compasión por las desgracias ajenas, piedad./ Bondad, afabilidad./ fam. Corpulencia.// pl. Conjunto de disciplinas que se ocupan de la actividad artística, literaria, filosófica, etc. del hombre.

humanismo. m. Cultivo y estudio de las humanidades./ Doctrina desarrollada por los humanistas del Renacimiento, que revalorizaron el pensamiento y el arte clásicos, sobre todo frente a la escolástica./ *Fil.* Cualquier sistema de pensamiento que coloca al hombre como centro y medida del universo.

humanista. m. y f. Persona instruida en letras humanas.

humanitario, ria. a. Que mira o atañe al bien del género humano./ Humano, caritativo, solidario con sus semejantes.

humanitarismo. m. Humanidad, compasión por las desgracias de los demás.

humanizar. tr./ prl. Hacer a uno afable, familiar, humano./ Mitigar la crueldad./ prl. Ablandarse.

humano, na. a. Perteneciente al hombre o propio de él./ fig. Persona que se compadece de la desgracia ajena.// m. Hombre. Ú.m. en pl.

humareda. f. Humo abundante.

humear. i./ prl. Arrojar y echar de sí humo.// i. Arrojar va ho o vapor que se parece al humo.// tr. *Amér.* Fumigar.

humectar. tr. Humedecer.

humedad. f. Calidad de húmedo./ Agua de que está im pregnado un cuerpo o que, en estado de vapor, se me cla con el aire.

humedecer. tr. Mojar ligeramente algo. Ú.t.c.prl.

húmedo, da. a. Que participa de la naturaleza del agua Ligeramente impregnado de agua o de otro líquido.

húmero. m. Hueso largo del brazo.

humildad. f. Virtud que consiste en el conocimiento c nuestras limitaciones y en obrar conforme a él./ Bajeza c nacimiento./ Sumisión, acatamiento.

humilde. a. Que tiene o ejerce humildad./ Pobre, bajo Que carece de nobleza.

humillación. f. Acción y efecto de humillar o humillarse

humillante. Que humilla./ Degradante, deprimente.

humillar. tr. Inclinar una parte del cuerpo en señal de su misión y acatamiento./ Abatir el orgullo de una persona./ prl. Hacer acto de humildad.

humita. f. *Amér.* Cierta comida de maíz tierno rallade mezclado con ají y otros condimentos envueltos en hoja de mazorca./ Cierto guisado hecho con maíz tierno.

humo. m. Producto gaseoso de una combustión incompl ta./ Vapor que exhala cualquier cosa que fermenta./ fig Vanidad, presunción, altivez, fatuidad.// pl. Hogares o c sas.

humor. m. Cualquiera de los líquidos del cuerpo./ Genio índole, especialmente cuando se da a entender con un demostración exterior./ Jovialidad, agudeza./ **-buen hu mor.** Propensión a mostrarse alegre./ **-mal humor.** Di gusto más o menos habitual.

humorismo. m. Estilo literario en que se unen la graci con la ironía y lo alegre con lo triste./ Jovialidad, jocos dad.

humus. m. Materia orgánica del suelo procedente de descomposición de los restos vegetales o animales.

hundir. tr./ prl. Sumir, meter en lo hondo.

húngaro, ra. a. De Hungría.// m. Magiar.

huracán. m. Viento muy fuerte que, a modo de torbellin gira en grandes círculos.

huraño, ña. a. Que huye de las gentes.

hurgar. tr. Remover una cosa./ Tocar, manosear./ fig. Inc tar, conmover.

hurí. f. Cada una de las mujeres muy bellas que, según fantasía religiosa de los musulmanes, se encontraban su paraíso para acompañar a los bienaventurados.

hurón. m. Mamífero carnicero de pelaje gris rojizo, cabez pequeña, hocico agudo, patas cortas y glándulas anale que despiden un olor muy desagradable. Se lo domestic con facilidad y se utiliza para la caza de ratas y conejos fig. y fam. Persona curiosa y que todo lo averigua./ Perso na huraña. Ú.t.c.a.

huroniano, na. a. *Geol.* Relativo al movimiento orogéni co ocurrido en el precámbrico, característico de los terre nos del norte de Canadá.

hurtar. tr. Tomar o retener bienes ajenos contra la voluntad de su dueño./ fig. Llevar el mar o el río las tierras penetran do en ellas./ Apartar, desviar.// prl. fig. Esconderse, de viarse.

hurto. m. Acción de hurtar./ Cosa hurtada.

húsar. m. Soldado de caballería vestido a la húngara.

husmear. tr. Rastrear con el olfato una cosa./ fig. y fam Andar indagando con disimulo.// i. Comenzar a despedi mal olor alguna cosa.

huso. m. Instrumento manual que sirve para hilar torcien do la hebra y devanando en él lo hilado./ Instrumento pa ra unir y retorcer dos o más hilos./ Cierto instrumento de hierro, propio para devanar la seda./ **-esférico.** *Geom* Parte de una superficie esférica delimitada por dos sem planos que parten de un mismo diámetro./ **-horario.** Cad da una de las veinticuatro partes en que se divide la su perficie terrestre, a fin de establecer la hora legal.

f. Novena letra del abecedario castellano. Es vocal cerrada./ En la numeración romana, letra numeral que equivale a uno.

ero, ra o **íbero, ra.** a. De la Iberia europea, o de la asiática. Ú.t.c.s.

eroamericano, na. a. Perteneciente o relativo a los países del continente americano colonizados por España o Portugal. Ú.t.c.s.

ice. m. Cierto tipo de cabra montés.

ídem. adv. lat. Significa allí mismo o en el mismo lugar. Se usa para repetir citas en índices, partidas, etc.

Irapitá. m. *Arg.* y *Parag.* Árbol corpulento, maderable, que posee propiedades medicinales.

Is. f. Ave zancuda de pico largo y arqueado venerada por los antiguos egipcios.

eberg. m. Gran masa de hielo flotante.

ho. m. Planta gramínea que nace en los páramos de los Andes.

nografía. f. *Arq.* Delineación de la planta de un edificio.

nográfico, ca. a. Perteneciente o relativo a la icnografía o realizado según ella.

onicidad. f. Calidad de icónico.

ónico, ca. a. Relativo al ícono./ Aplícase al signo que posee características de ícono.

ono. m. Nombre de las imágenes sagradas de las iglesias orientales./ Signo que mantiene una relación de semejanza con el objeto representado.

onoclasia. f. Doctrina de los iconoclastas.

onoclasta. a. y s. Individuo perteneciente a un movimiento religioso que, durante el siglo VIII, se oponía al culto de las imágenes e incluso llegó a proponer y llevar a cabo destrucciones de las mismas./ Por ext., se denomina así a quienes rechazan o combaten la autoridad de determinados maestros, normas, sistemas o doctrinas.

onografía. f. Tratado descriptivo o colección de imágenes./ Conjunto de representaciones gráficas de un personaje, una época, un tema, etc.

onográfico, ca. a. Relativo a la iconografía.

onología. f. Representación de las virtudes, vicios u otros elementos naturales o morales, mediante la apariencia o figura de personas.

onoscopio. m. *TV.* Tubo de rayos catódicos que transforma en señales eléctricas la imagen, para su transmisión.

onostasio. m. En las iglesias cristianas orientales, biombo con puertas, situado delante del altar, que oculta al sacerdote durante la consagración.

or. m. Denominación que la antigua cirugía aplicaba al líquido seroso que exhalaban ciertas úlceras malignas.

osaedro. m. *Geom.* Poliedro regular de veinte caras que son triángulos equiláteros./ **-regular.** El que tiene por caras veinte triángulos equiláteros iguales.

tericia. f. *Pat.* Síndrome que se caracteriza por un exceso de pigmentos biliares en la sangre, que le dan a la piel una coloración amarilla./ *Bot.* Afección de las plantas que por excesiva humedad, frío u otras causas se ponen amarillas.

ictiosauro. m. Reptil gigantesco propio de la época secundaria, con sus extremidades transformadas en aletas para adaptarse a la vida acuática.

ida. f. Acción de ir de un sitio a otro./ fig. Ímpetu.

idea. f. Representación mental de una cosa./ Imagen que del objeto percibido queda en la mente./ Conocimiento puro, racional./ Intención de hacer una cosa./ Concepto, opinión o juicio./ pl. Opiniones, creencias, convicciones.

ideal. a. Perteneciente o relativo a la idea./ Excelente, perfecto en su línea.// m. Modelo o ejemplar de perfección.

idealismo. m. Doctrina filosófica que considera la idea como principio del ser y del conocer./ Altruismo, desprendimiento, desprecio de los bienes y valores materiales./ Aptitud para idealizar.

idealista. a. y s. Dícese de la persona que profesa la doctrina del idealismo./ Que propende a representar las cosas de modo ideal./ Desprendido, generoso, que sostiene ideales elevados.

idealización. f. Acción y efecto de idealizar.

idealizar. tr. Dar carácter ideal a las cosas, elevándolas por encima de la realidad sensible.

idear. tr. Formar idea de una cosa./ Proyectar, inventar.

ideario. m. Repertorio de las principales ideas de un autor, de una escuela o de una colectividad.

Ibis, ave zancuda de unos 65 cm de longitud. Habita en el manglar (formación típica del clima subtropical).

ídem. Palabra latina que significa el mismo o lo mismo. Ú. para repetir partidas, citas, etc.

idéntico, ca. a. Dícese de lo que es igual a otra cosa con que se compara. Ú.t.c.s.

identidad. f. Calidad de idéntico./ Señas personales de alguien./ Hecho de ser una persona o cosa la que se supone./ *Mat.* Igualdad que se realiza siempre, cualquiera que sea el valor de las variables que contiene.

identificación. f. Acción de identificar./ Elemento que sirve para identificar personas o cosas.

identificar. tr. Hacer que dos o más cosas distintas aparezcan como idénticas. Ú.m.c.prl./ *Der.* Reconocer si una persona es la supuesta.

ideografía. f. Representación de ideas, palabras o frases por medio de ideogramas.

ideográfico, ca. a. Relativo a la ideografía./ Aplícase a las lenguas que se basan en ideogramas.

ideograma. m. Imagen convencional o simbólica que significan una idea./ Símbolo que expresa una palabra, una frase, etc.

ideología. f. Conjunto de ideas y creencias que caracterizan a un grupo social, político, religioso./ Parte de la filosofía que estudia el origen y clasificación de las ideas./ Sistema de representaciones que dependen de la ubicación social del individuo o grupo social al que condicionan, y que de alguna forma enmascaran la realidad económico-social.

ideológico, ca. a. Perteneciente o relativo a la ideología.

ideólogo, ga. s. Persona que se dedica a la ideología.

idílico, ca. a. Rel. al idilio.

idilio. m. Composición poética bucólica, de carácter amoroso./ fig. y fam. Coloquio amoroso, y por ext., relaciones entre enamorados.

idiolecto. m. *Ling.* Conjunto de rasgos lingüísticos que caracterizan el registro personal de un hablante.

idioma. m. Lengua propia de un pueblo o nación, o común a varias./ Manera peculiar de hablar.

idiomático, ca. a. Perteneciente o relativo a un idioma en particular. Dícese especialmente de palabras o expresiones hechas, propias de ese idioma.

idiosincrasia. f. Índole del temperamento y carácter de cada persona.

idiota. a. y s. Que padece de idiotez./ Ignorante.

idiotez. f. Falta completa y congénita de las facultades intelectuales.

idiotismo. m. Ignorancia./ Modo de hablar propio de una lengua pero contrario a las reglas gramaticales.

idólatra. a. y s. Que adora ídolos o falsas deidades./ Que ama con exceso a alguien o algo.

idolatrar. tr./ i. Adorar ídolos./ fig. Amar con exceso a una persona o cosa.

idolatría. f. Adoración que se hacía a los ídolos y falsas de dades.

ídolo. m. Figura de una falsa deidad a que se da adoración fig. Persona o cosa amada con exceso.

idoneidad. f. Calidad de idóneo.

idóneo, a. a. Díc. de la persona que tiene aptitud para un cosa.

iglesia. f. Congregación de los fieles regida por Jesucristo el Papa./ Conjunto del clero y pueblo católico de un país Cada una de las confesiones cristianas./ Templo cristiano **-anglicana.** La oficial de Gran Bretaña. Si bien, por su o gen, es una rama del protestantismo, en la actualidad es iglesia reformada que más cercana está del catolicismo./ **católica.** La nacida alrededor de la figura de Jesucristo continuada por los pontífices o papas./ **-militante.** Congregación de los que viven en la fe católica durante la vida rrenal./ **-oriental.** La que estaba incluida en el Imperio Oriente./ **-ortodoxa.** Cada una de las iglesias orientales q se separaron de Roma durante el cisma de Oriente./ **-refo mada.** Nombre genérico de las comunidades protestante

iglú. m. Vivienda esquimal de forma semiesférica, constru da con bloques de hielo.

ignaro, ra. a. Ignorante.

ígneo, a. a. De fuego o que tiene algunas de sus propied des./ De color de fuego./ *Geol.* Dícese de las rocas orig nadas en el interior de la corteza terrestre a elevada te peratura.

ignición. f. Estado de un cuerpo que arde o está incande cente.

ignífugo, ga. a. Que protege contra el fuego.

ignipotente. a. poét. Poderoso en el fuego.

ignívomo, ma. a. Que vomita fuego.

ignominia. f. Afrenta pública que padece una persona.

ignorancia. f. Falta de letras, ciencias y noticias.

ignorante. p. act. de **ignorar.** Que ignora.// a. Que no s be o carece de noticias de las cosas. Ú.t.c.s.

ignorar. tr. No saber o carecer de noticias de una o much cosas.

ignoto, ta. a. Dícese de lo no conocido ni descubierto.

igual. a. De la misma naturaleza, cantidad o calidad de o cosa./ Liso, llano./ Constante, que no varía./ De la misr condición o categoría. Ú.t.c.s./ *Mat.* Signo de la igualda que está formado por dos rayas horizontales paralelas (=

iguala. f. Acción y efecto de igualar o igualarse./ Ajus pacto en los tratos./ Estipendio que se da por este ajust

igualado, da. p. p. de **igualar.**// a. Aplícase al ave que arrojado el plumón y tiene igual la pluma.

igualar. tr. Poner al igual con otra a una persona o cos Ú.t.c.prl./ Allanar, poner llana una superficie./ Pactar, co venir. Ú.t.c.prl./ Juzgar a uno o estimarle como a otro.// Ser una cosa igual a otra. Ú.t.c.prl.

Ideogramas del alfabeto chino, mediante los cuales se expresan ideas.

ualdad. f. Conformidad de una cosa con otra./ *Mat.* Expresión de la equivalencia entre dos cantidades./ Calidad de igual.

ualitario, ria. a. Que contiene igualdad, o tiende a ella.

uana. f. Reptil saurio de América, de alrededor de un metro y medio de longitud, de color verdoso con manchas amarillentas. Su carne y huevos son comestibles.

uanodonte. m. *Paleont.* Reptil saurio de unos doce metros de largo, con las patas anteriores cortas y las posteriores fuertes y muy desarrolladas. Era herbívoro y sus restos se encuentran fósiles en terrenos de la era secundaria.

ada. f. *Anat.* Cada una de las dos cavidades situadas simétricamente entre las costillas falsas y los huesos de las caderas./ Dolor o mal que se padece en esas partes./ *Zool.* Parte anterior e inferior del cuerpo de los peces.

ar. m. Cualquiera de las dos cavidades situadas entre las costillas falsas y los huesos de la cadera.

ación. f. Acción y efecto de inferir una cosa de otra./ Enlace ordenado de las partes de un discurso.

egal. a. Que es contra la ley.

egalidad. f. Falta de legalidad.

egible. a. Que no puede o no debe leerse.

egitimidad. f. Falta de alguna circunstancia o requisito para que una cosa sea legítima.

egítimo, ma. a. No legítimo, falso.

eon. m. Tercera porción del intestino delgado de los mamíferos, que va desde la terminación del yeyuno hasta el ciego.

eso, sa. a. Que no ha recibido lesión o daño.

etrado, da. a. Que carece de instrucción.

íaco, ca. o **ilíaco, ca.** a. Rel. al íleon.

ícito, ta. a. No permitido que la ley ni la moral.

imitable. a. Que no se puede limitar.

imitado, da. a. Que no tiene límites.

ion. m. Parte lateral del hueso innominado.

ógico, ca. a. Falto de lógica, o que va contra sus reglas.

ota. a. y s. Esclavo de los lacedemonios./ fig. El que está desposeído de los derechos o goces de ciudadano.

uminación. f. Acción y efecto de iluminar./ Adorno y disposición de muchas luces.

uminar. tr. Alumbrar, dar luz./ Adornar con muchas luces./ Dar color a las figuras, letras, etc./ fig. Ilustrar con ciencias o estudios el entendimiento.

usión. f. Concepto, imagen o representación sin verdadera realidad, sugeridos por la imaginación o por engaño de los sentidos./ Esperanza infundada.

usionarse. prl. Forjarse ilusiones.

usionismo. m. *Amér.* Arte del prestidigitador.

usionista. s. Prestidigitador.

uso, sa. a. y s. Engañado./ Soñador, que se ilusiona fácilmente.

usorio, ria. a. Capaz de engañar./ De ningún valor o efecto, nulo.

ustración. f. Acción y efecto de ilustrar o ilustrarse./ Grabado o dibujo que adorna un libro./ Movimiento filosófico europeo de los siglos XVII y XVIII que proclamaba la confianza en la razón y propugnaba la secularización de la cultura.

ustrado, da. p. p. de **ilustrar.**// a. Dícese de la persona culta, muy instruida.

ustrar. tr./ prl. Dar luz al entendimiento./ Hacer ilustre./ Instruir, civilizar.// tr. Aclarar un punto o materia./ Adornar un impreso con láminas o grabados alusivos./ fig. Hacer ilustre.

ustrativo, va. a. Que ilustra.

ustre. a. De distinguida casta o linaje./ Célebre, insigne, famoso.

ustrísimo, ma. a. Superlativo de ilustre que se da como tratamiento a ciertas personas.

imagen. f. Figura, representación de una cosa./ Estatua, efigie, o pintura de Jesucristo, de la Virgen o de un santo./ Reproducción de la figura de un objeto por los rayos de luz./ *Ret.* Representación eficaz de una cosa por medio del lenguaje.

Iguana. Reptil que alcanza más de un metro de longitud. Su cuero y su grasa son utilizados con fines comerciales.

imaginación. f. Facultad de la mente de representarse las imágenes de las cosas./ Aprensión falsa de una cosa.

imaginar. i. Representar en la mente una cosa; crearla con la imaginación.// tr. Presumir, sospechar.

imaginario, ria. a. Que sólo tiene existencia en la imaginación, que no tiene realidad.// f. Soldado de guardia.

imaginativo, va. a. Que continuamente imagina o piensa.

imaginismo. m. Escuela poética angloamericana de mediados del siglo XX, opuesta al romanticismo. Su principal representante fue Ezra Pound, e impulsaba la utilización de imágenes, ritmo y color.

imaginista. a. Relativo al imaginismo.// s. El que practica el imaginismo.

imán. m. Mineral de hierro de color negro parduzco y dureza casi igual a la del vidrio que tiene la propiedad de atraer el hierro, el acero y, en grado menor, otros metales.

imanación. f. Acción y efecto de imanar.

imanar. tr./ prl. Comunicar a un cuerpo las propiedades magnéticas.

imantación. f. Imanación.

imantar. tr./ prl. Imanar.

imbécil. a. y s. Necio, escaso de razón.

imbecilidad. f. Calidad de imbécil./ Dicho o hecho propio del imbécil.

imberbe. a. Dícese del joven que no tiene barba.

imbornal. m. Boca o agujero por donde se vacía el agua de lluvia de los terrados./ Agujero para dar salida al agua depositada en las cubiertas de los buques.

imborrable. a. Indeleble.

imbricado, da. a. Dícese de las hojas y de las semillas que están sobrepuestas unas en otras, como las tejas y las escamas.

imbricar. tr. *Amér.* Sobreponer una cosa sobre otra a la manera de las tejas.

imbuir. tr. Infundir, persuadir.

imitable. a. Que se puede imitar./ Digno de imitación.

imitación. f. Acción y efecto de imitar.

imitado, da. p. p. de **imitar.**// a. Hecho a imitación de otra cosa.

imitar. tr. Ejecutar una cosa a ejemplo o semejanza de otra.

imitativo, va. a. Perteneciente o relativo a la imitación.

impaciencia. f. Falta de paciencia.

impacientar. tr. Hacer que uno pierda la paciencia.// prl. Perder la paciencia.

impaciente. a. Que no tiene paciencia.

impacto. m. Choque de un proyectil u otro objeto contra un blanco./ *Amér.* Efecto causado por una acción, una idea, etc.

impago, ga. a. fam. *Amér.* Dícese de la persona a quien no se le ha pagado o de lo que aún no se ha pagado.

impala. m. Antílope africano, que se caracteriza por sus cuernos dispuestos en forma de lira.

impalpable. a. Que no produce sensación al tacto./ fig. Que apenas la produce.

impar. a. Que no tiene par o igual.// a./ m. *Arit.* Apl. al número que no es divisible por dos.

imparcial. a. y s. Que juzga o procede con imparcialidad.

imparcialidad. f. Falta de prejuicio en favor o en contra de personas o cosas que permite juzgar o proceder con rectitud.

imparisílabo, ba. a. Aplícase a los nombres griegos y latinos que en los casos oblicuos del singular tienen mayor número de sílabas que en el nominativo.

impartir. tr. Repartir, comunicar./ *Amér.* Dar, proporcionar.

impasibilidad. f. Calidad de impasible.

impasible. a. Incapaz de sufrir./ Indiferente, imperturbable.

impavidez. f. Valor./ Presencia de ánimo ante los peligros.

impávido, da. a. Libre de pavor; que tiene serenidad ante el peligro.

impecable. a. Incapaz de pecar./ fig. Sin defecto.

impedancia. *Elec.* Resistencia aparente de un circuito al flujo de corriente alterna.

impedido, da. p.p. de **impedir.**// a. y s. Que está imposibilitado de andar o de hacer uso de sus miembros.

impedimento. m. Obstáculo, estorbo./ Cualquier circunstancia que hace ilícito o nulo el matrimonio.

impedir. tr. Estorbar, imposibilitar la ejecución de una cosa.

impeler. tr. Dar empuje para producir movimiento./ fig. Estimular, incitar.

impenetrabilidad. f. Propiedad de los cuerpos por la cual uno no puede estar en el mismo lugar que ocupa otro.

impenetrable. a. Que no se puede penetrar./ fig. Que es difícil de comprender o no se puede descifrar.

impenitente. a. Obstinado en el pecado; que persiste en él sin arrepentimiento. Ú.t.c.s.

imperar. i. Ejercer la dignidad imperial./ Mandar, dominar.

imperativo, va. a./ m. Que impera o manda.// m. *Gram.* Modo del verbo, que en castellano tiene solamente un tiempo, con el que se expresa orden, ruego o mandato.

imperceptibilidad. f. Calidad de imperceptible.

imperceptible. a. Que no se puede percibir.

imperdible. a. Que no puede perderse.// m. Alfiler que se abrocha quedando su punta dentro de un gancho, de manera que no pueda abrirse con facilidad.

imperdonable. a. Que no se debe o puede perdonar.

imperecedero, ra. a. Que no perece./ fig. Inmortal.

imperfección. f. Falta de perfección./ En lo moral, falta o defecto leve.

imperfecto, ta. a. No perfecto./ Comenzado y no acabado o perfeccionado.

imperial. a. Rel. al emperador o al imperio.// f. Sitio con asiento que algunos carruajes tienen en el piso superior.

imperialismo. m. Sistema político de un estado que tiende a someter a otro u otros, económica y políticamente.

imperialista. a. Relativo al imperialismo./ a. y s. Partidario del imperialismo.

impericia. f. Falta de pericia o habilidad en una ciencia o arte.

imperio. m. Acción de imperar o de mandar con autoridad./ Dignidad del emperador./ Tiempo que dura el gobierno de éste./ Tiempo en que hubo emperadores en determinado país./ Estados sujetos al dominio de un emperador./ Altanería, orgullo, altivez.

imperioso, sa. a. Que manda con imperio./ Que lleva consigo necesidad o exigencia; apremiante.

impermeabilidad. f. Calidad de impermeable.

impermeabilización. f. Acción y efecto de impermeabilizar.

impermeabilizar. tr. Hacer impermeable alguna cosa.

impermeable. a. Impenetrable al agua u otros líquidos.// m. Sobretodo hecho con tela impermeable.

impersonal. a. Que no tiene personalidad o no la manifiesta./ Que personalmente no se aplica a nadie./ *Gram.* Dícese del verbo que se emplea solamente en la tercera perso generalmente del singular, de todos los tiempos y mod en las formas simples y compuestas del infinitivo y ger dio y en la simple del participio, sin referencia a sujeto, cito o expreso.

impertinencia. f. Dicho o hecho inoportuno o fuera propósito.

impertinente. a. Que no viene al caso, inoportuno o i procedente.// m. pl. Anteojos con mango, de uso feme no. .

imperturbable. a. Que no se perturba.

impétigo. f. *Pat.* Dermatosis infecciosa crónica, que se racteriza por la aparición de vesículas que contienen a de pus.

impetrar. tr. Conseguir una gracia que se ha pedido c ruegos./ Solicitar una gracia con ahínco.

ímpetu. m. Movimiento acelerado y violento./ Fuerza, v lencia./ Empuje, acometida.

impetuosidad. f. Ímpetu.

impetuoso, sa. a. Violento, precipitado.

impiedad. f. Falta de piedad o de religión.

impío, a. a. Que no tiene piedad./ fig. Irreligioso.

implacable. a. Que no se puede aplacar o templar./ D piadadamente inflexible, inexorable.

implantación. f. Acción y efecto de implantar.

implantar. tr. Establecer y poner en ejecución doctrin nuevas, instituciones, costumbres.

implemento. m. Utensilio, herramienta. Ú.m. en pl.

implicación. f. Contradicción, oposición de los términ entre sí./ *Der.* Estado de una persona relacionada con delito.

implicar. tr. Envolver, enredar. Ú.t.c.prl./ fig. Contener, var en sí, significar.// i. Obstar, encerrar contradicción.

implícito, ta. a. Dícese de lo que se entiende incluido otra cosa sin expresarlo.

implorar. tr. Pedir con ruegos una cosa, suplicar.

implosión. f. Acción de romperse hacia adentro con truendo las paredes de una cavidad cuya presión inte es menor que la externa./ Disminución brusca del tama de un astro.

implume. a. Que no tiene plumas.

impluvio. m. En las casas romanas, espacio descubierto, medio del atrio, por donde entraban las aguas de lluv que eran recogidas en un pequeño depósito que tenía el centro.

impoluto, ta. a. Limpio, sin mancha, inmaculado.

imponderable. a. Que no puede pesarse./ Que excede toda ponderación./ Excelente.// m. pl. fig. Conjunto circunstancias difíciles de estimar o prever, que influy en el desarrollo de un asunto, en la marcha de los ac tecimientos.

imponencia. f. *Amér.* Grande majestad.

imponer. tr. Poner carga, obli ción u otra cosa./ Imputar, a buir falsamente una cosa./ Por dinero a rédito.// tr./ prl. Instr enseñar o enterar de una cosa tr./ i. Infundir respeto o mied

imponible. a. Que se pue gravar con impuesto o tribut

impopular. a. Que no es popu o grato a la multitud.

impopularidad. f. Falta de p pularidad.

importación. f. Acción de i portar./ Conjunto de produc importados.

importador, ra. a. y s. Que i porta o introduce mercadе extranjeras.

importancia. f. Calidad de que importa o de lo que es m conveniente.

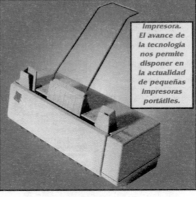

Impresora. El avance de la tecnología nos permite disponer en la actualidad de pequeñas impresoras portátiles.

portante. p. act. de **importar.** Que importa.// a. Que es de importancia.

portar. i. Convenir, interesar, hacer al caso, ser de consecuencia.// tr. Valer tal cantidad una cosa./ Introducir en un país artículos, costumbres y juegos de otro./ Llevar consigo.

porte. m. Cantidad de dinero que cuesta una cosa o suma a que asciende un crédito, saldo o deuda.

portunar. tr. Incomodar, molestar con una solicitud o pretensión.

portunidad. f. Calidad de importuno./ Molestia causada por una solicitud o pretensión.

portuno, na. a. Inoportuno./ Molesto, enfadoso.

posibilidad. f. Falta de posibilidad para que una cosa exista, o para realizarla.

posibilitado, da. p. p. de **imposibilitar.**// a. Privado de movimiento, tullido.

posibilitar. tr. Quitar la posibilidad de hacer o conseguir una cosa.

posible. a. No posible./ Muy difícil. Ú.t.c.s.m.

posición. f. Acción de imponer o imponerse./ Carga u obligación que se impone.

postar. tr. Fijar la voz en las cuerdas vocales para emitir el sonido sin vacilación ni temblor.

postor, ra. a. y s. Que atribuye falsamente a alguien alguna cosa./ Que finge o engaña con apariencia de verdad.

postura. f. Imputación falsa y maliciosa./ Ret. Figura que consiste en imprecar.

potencia. f. Falta de poder para hacer una cosa./ Incapacidad de engendrar o concebir./ Disminución de la capacidad para realizar el acto sexual.

potente. a. Que no tiene potencia./ Dícese de quien es incapaz de engendrar, concebir o de realizar el acto sexual. Ú.t.c.s.

practicable. a. Que no se puede practicar./ Apl. a los caminos o parajes por los que no se puede andar o cuesta mucho hacerlo.

precar. tr. Proferir palabras manifestando vivo deseo de que alguien reciba mal o daño.

preciso, sa. a. No preciso, indefinido, indeterminado.

pregnar. tr./ prl. Introducir en un cuerpo las moléculas de otro, sin que se combinen.

premeditación. f. Falta de premeditación.

premeditado, da. a. No premeditado./ Irreflexivo.

prenta. f. Arte de imprimir./ Oficina o taller donde se imprime.

prescindible. a. Apl. a aquello de que no se puede prescindir.

prescriptible. a. Que no puede prescribir.

presentable. a. Que no es digno de presentarse o de ser presentado.

presión. f. Acción y efecto de imprimir./ Marca o señal que una cosa deja en otra apretándola./ Calidad o forma de letra con que está impresa una obra./ Obra impresa./ fecto que causa en un cuerpo otro extraño./ fig. Movimiento que las cosas producen en el ánimo.

presionable. a. Que se impresiona con facilidad.

presionante. a. Que impresiona.

presionar. tr./ prl. Fijar en el ánimo de alguno una impresión o idea, o hacer que la conciba con fuerza y viveza./ Exponer una superficie preparada a las vibraciones acústicas o luminosas, de manera que se impriman y puedan ser reproducidas por procedimientos fonográficos o fotográficos./ Conmover el ánimo profundamente.

presionismo. m. Movimiento artístico que consiste en considerar o reproducir la naturaleza atendiendo más a la impresión que causa que a lo que ella es en realidad.

presionista. a. Perteneciente o relativo al impresionismo.// s. Artista que pertenece a dicha escuela o movimiento.

preso, sa. p. p. irreg. de **imprimir.**// m. Obra impresa.

presor, ra. a. Que imprime. Apl. a la máquina o al aparato que imprime. Ú.t.c.s.// s. Quien imprime con arte./

Impresionismo. La pincelada vibrante de Paul Gauguin, uno de los artistas que impulsó este movimiento artístico.

Propietario de una imprenta./ f. Comp. Dispositivo periférico de un ordenador que imprime textos, cifras, gráficos, etc., en papel continuo o folios individuales.

imprevisible. a. Que no se puede prever.

imprevisión. f. Falta de previsión, irreflexión.

imprevisor, ra. a. Que no prevé.

imprevisto, ta. a. No previsto.// m. pl. En lenguaje administrativo, gastos no previstos para los cuales no hay crédito habilitado.

imprimir. tr. Señalar en el papel u otra materia por medio de presión las letras y otros caracteres de las formas./ Estampar un sello u otra cosa por medio de la presión./ fig. Fijar en el ánimo algún afecto o idea.

improbabilidad. f. Calidad de improbable.

improbable. a. No probable.

improbidad. f. Falta de probidad; perversidad, iniquidad.

ímprobo, ba. a. Falto de probidad, malvado./ Apl. al trabajo excesivo y continuado.

improcedencia. f. Inoportunidad; falta de fundamento o de derecho.

improcedente. a. No conforme a derecho./ Inadecuado.

improductivo, va. a. Que no produce.

impromptu. m. Mús. Composición musical improvisada por el ejecutante./ Por ext., cualquier pieza de música que se escribe dándole este carácter.

impronta. f. Reproducción de imágenes en hueco o de relieve en cualquier material blando y dúctil, como cera, lacre, etc./ fig. Marca o señal que en el orden moral deja una cosa en otra.

impronunciable. a. De muy difícil o de imposible pronunciación.

improperio. m. Injuria grave de palabra, denuesto.

impropio, pia. a. Falto de las cualidades convenientes./ Ajeno, extraño.

improrrogable. a. Que no se puede prorrogar.

impróvido, da. a. Desprevenido, desapercibido.

improvisación. f. Acción y efecto de improvisar./ Obra improvisada, especialmente en música.

improvisar. tr. Hacer una cosa de pronto, sin estudio ni preparación previos.

improviso, sa. a. Que no se prevé o previene.// **-de improviso.** m. adv. De pronto.

imprudencia. f. Falta de prudencia.

imprudente. a. y s. Que no tiene prudencia.

impúber. a. y s. Que no ha llegado todavía la pubertad.

impudicia. f. Desvergüenza, descaro.

impúdico, ca. a. Deshonesto, carente de pudor.

impudor. m. Falta de pudor y de honestidad.

impuesto, ta. p. p. irreg. de **imponer.**// m. Tributo, carga. Contribución con el que el Estadao grava los bienes, las ganancias y el trabajo de empresas e individuos para solventar el gasto público.

impugnación. f. Acción y efecto de impugnar.

impugnar. tr. Combatir, contradecir, refutar.

impulsar. tr. Dar impulso, impeler.

impulsión. f. Impulso.

impulsivo, va. a. Apl. a lo que impele o puede impeler./ Dícese del que habla o procede sin reflexión ni cautela.

Inca. Pueblo aborigen que se extendió a lo largo de los actuales territorios del Perú, Bolivia, norte de Chile y NO de Argentina, fundando un extraordinario imperio.

impulso. m. Acción y efecto de impulsar o de impeler./ Instigación, sugestión./ *Fís.* Producto de la intensidad de la fuerza por su tiempo de duración./ *Psic.* Tendencia irreflexiva e irrefrenable a ejecutar un acto.
impulsor, ra. a. y s. Que impulsa o impele.
impune. a. Que queda sin castigo.
impunidad. f. Falta de castigo.
impureza. f. Mezcla de partículas extrañas a un cuerpo o materia./ Falta de pureza o castidad.
impuro, ra. a. No puro.
imputable. a. Que se puede imputar.
imputar. tr. Atribuir una culpa, delito o acción./ Señalar la aplicación de una cantidad, bien al entregarla o al tomar razón de ella en cuenta.
inabarcable. a. Que no se puede abarcar.
inabordable. a. Que no puede ser abordado.
inacabable. a. Que no se puede acabar.
inaccesible. a. No accesible.
inacción. f. Falta de acción o movimiento, inercia, ociosidad.
inaceptable. a. No aceptable.
inactividad. f. Carencia de actividad o diligencia.
inactivo, va. a. Falto de acción o movimiento; inerte, ocioso.
inadaptación. f. Falta de adaptación.
inadecuado, da. a. Que no es adecuado.
inadmisible. a. No admisible.
inadvertido, da. a. Dícese del que no advierte o repara en las cosas que debiera./ No advertido.
inafectado, da. a. No afectado.

inaguantable. a. Que no se puede aguantar o sufrir.
inalámbrico, ca. a. Apl. a cualquier sistema de comunicación eléctrica sin alambres conductores.
inalcanzable. a. Que no se puede alcanzar.
inalienable. a. Que no se puede enajenar.
inalterabilidad. f. Calidad de lo que no ha sufrido o no tiene alteración.
inalterable. a. Que no se puede alterar.
inalterado, da. a. Que no tiene alteración.
inambú. m. Ave sudamericana de unos 40 cm de largo y plumaje rojo.
inamistoso, sa. a. No amistoso.
inamovible. a. Que no es amovible.
inanición. f. Debilidad notable por falta de alimento.
inanimado, da. a. Que no tiene vida.
inánime. a. Exánime./ Inanimado.
inapelable. a. Apl. a la sentencia o fallo que no admite apelación./ fig. Inevitable, irremediable, fatal.
inapetencia. f. Falta de apetito o de ganas de comer.
inapetente. a. Falto de apetencia.
inaplazable. a. Que no se puede aplazar.
inaplicable. a. Que no se puede aplicar.
inapreciable. a. Que no se puede apreciar por su gran valor, suma pequeñez o por otra causa.
inaprensivo, va. a. Que no tiene aprensión.
inarmónico, ca. a. Que carece de armonía.
inarticulado, da. a. No articulado./ Dícese de los sonidos de la voz que no llegan a formar palabras.
inatacable. a. Que no se puede atacar.
inaudible. a. Que no puede oírse.
inaudito, ta. a. Nunca oído./ fig. Infame, monstruoso, vituperable en extremo.
inauguración. f. Acto de inaugurar.
inaugural. a. Perteneciente o relativo a la inauguración.
inaugurar. tr. Dar principio a una cosa con cierta pompa./ Abrir solemnemente un establecimiento público./ Celebrar el estreno de una obra de utilidad pública.
inca. m. Rey, príncipe o varón de estirpe regia entre los antiguos peruanos./ Pueblo aborigen que construyó su imperio entre los siglos XI a XVI./ Moneda de oro del Perú equivalente a varios soles.
incaico, ca. a. Perteneciente o relativo a los incas.
incalculable. a. Que no se puede calcular.
incalificable. a. Que no se puede calificar./ Vituperable en extremo.
incandescencia. f. Calidad de incandescente.
incandescente. a. Candente./ Dícese de ciertos cuerpos que por acción del fuego toman un color rojo vivo o casi blanco.

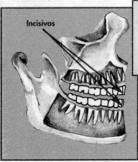

Incisivos

Incisivo. Este tipo de dientes presenta una corona estrecha y filosa. Su función es la de cortar los alimentos.

incansable. a. Que no se cansa o es muy difícil de cansar.

incapacidad. f. Falta de capacidad./ fig. Rudeza, torpeza; falta de entendimiento o destreza./ Der. Ineptitud legal para ejecutar ciertos actos o para ejercer determinados oficios públicos.

incapacitar. tr. Inhabilitar.

incapaz. a. Que carece de capacidad para una cosa; inepto./ fig. Falto de talento.

incásico, ca. a. Incaico.

incautación. f. Acción y efecto de incautarse.

incautarse. prl. Tomar posesión un tribunal u otra autoridad competente de dinero u otros bienes.

incauto, ta. a. Que no tiene cautela.

incendiar. tr./ prl. Poner fuego a cosas que no están destinadas a arder, como edificios, bosques, etc.

incendiario, ria. a. y s. Que incendia con malicia./ fig. Escandaloso, subversivo.

incendio. m. Fuego grande que abrasa lo que no está destinado a arder, como edificios, bosques, etc.

incensada. f. Cada uno de los vaivenes del incensario en el acto de incensar./ fig. Adulación, lisonja.

incensar. tr. Dirigir con el incensario el humo del incienso hacia una persona o cosa./ fig. Lisonjear.

incensario. m. Braserillo con tapa y cadenillas, que se usa para incensar.

incentivación. f. Acción y efecto de incentivar.

incentivar. tr. Arg. Otorgar premios o mejor retribución para aumentar la cantidad o la calidad de trabajo.

incentivo, va. a. m. Que mueve o incita a desear o hacer una cosa.

incertidumbre. f. Falta de certidumbre; duda, perplejidad.

incesante. a. Que no cesa.

incesto. m. Unión carnal entre parientes entre los cuales está prohibido el matrimonio.

incestuoso, sa. a. Que comete incesto. Ú.t.c.s./ Perteneciente al incesto.

incidencia. f. Lo que sucede en el curso de un asunto o negocio y tiene con él relación./ Geom. Caída de una línea, de un plano o de un cuerpo, o la de un rayo luminoso sobre otro cuerpo, plano, línea o punto.

incidental. a. Relativo al incidente, ocasional.

incidente. a. y s. Que sobreviene en el curso de un negocio o asunto y tiene con él relación./ Der. Cualquiera de las cuestiones accesorias que surgen en un juicio o pleito./ Hecho desagradable, como una riña, discusión, etc., entre dos o más personas.

incidir. i. Caer o incurrir en una falta, error, delito, etc./ Amér. Recaer, gravar.

incienso. m. Sustancia que despide olor aromático y se quema como perfume en las ceremonias religiosas./ Mezcla de sustancias resinosas que al arder despiden olor agradable./ Adulación./ Amér. Planta medicinal que se cultiva en los jardines y de olor parecido al del incienso.

incierto, ta. a. No cierto o no verdadero./ Inconstante, no seguro, no fijo./ Desconocido, no sabido.

incineración. f. Acción y efecto de incinerar.

incinerador, ra. a. Que incinera o reduce una cosa a cenizas.// m. Quemador.

incinerar. tr. Reducir a cenizas. Dícese comúnmente de los cadáveres.

incipiente. a. Que empieza.

incipit. m. Término que en las descripciones bibliográficas se emplea para designar las primeras palabras de un escrito e impreso antiguo.

incisión. f. Hendidura que se hace en un cuerpo con instrumento cortante./ Cesura.

incisivo, va. a. Apto para abrir o cortar./ Dícese de cada uno de los dientes situados en la parte central y anterior de la mandíbula de los mamíferos. Ú.t.c.s./ fig. Mordaz, punzante.

inciso, sa. a. Dicho del estilo, cortado.// m. Gram. Miembro de un período que encierra un sentido parcial./ Coma, signo ortográfico.

incitación. f. Acción y efecto de incitar.

incitante. p. act. de incitar. Que incita.

incitar. tr. Estimular a alguien para que ejecute una cosa.

incivil. a. Que carece de civilidad o cultura.

incivilidad. f. Carencia de civilidad, descortesía.

incivilizado, da. a. No civilizado.

inclemencia. f. Falta de clemencia./ fig. Rigor del tiempo atmosférico, en especial en el invierno.

inclemente. a. Que no tiene clemencia.

inclinación. f. Acción y efecto de inclinar o inclinarse./ Reverencia que se hace con la cabeza o el cuerpo./ Afecto, amor, propensión a una cosa.

inclinar. tr./ prl. Apartar una cosa de su posición perpendicular a otra.// tr. Impulsar, persuadir a uno a que haga o diga lo que dudaba hacer o decir.// prl. Tener propensión a algo.

ínclito, ta. a. Ilustre, esclarecido, afamado.

incluir. tr. Poner una cosa dentro de otra o dentro de sus límites./ Contener una cosa a otra, o llevarla implícita./ Comprender un número menor en otro mayor, o una parte en su todo.

inclusión. f. Acción y efecto de incluir./ Mat. Relación de orden entre los elementos de una familia de conjuntos.

Incendio. Grupo de bomberos combatiendo el avance del fuego en una construcción.

inclusive. adv. Con inclusión.

incluso, sa. p. p. irreg. de incluir.// prep. Hasta.// adv. m. Con inclusión de.

incluyente. p. act. de incluir. Que incluye.

incoar. tr. Comenzar una cosa. Aplícase a un proceso, pleito u otra actuación oficial.

incoativo, va. a. Que indica el principio de una acción o de una cosa./ Gram. Dícese de un tipo de verbo.

incobrable. a. Que no puede cobrarse o es de muy difícil cobranza.

incógnito, ta. a./ m. No conocido.// f. Mat. Cantidad desconocida que es preciso determinar en una ecuación.

incognoscible. a. Que no se puede conocer.

incoherencia. f. Falta de coherencia.

incoherente. a. No coherente.

incoloro, ra. a. Que carece de color.

incólume. a. Sano, sin lesión.

incombustible. a. Que no se puede quemar.

*Incrustaciones de turquesa, jade y obsidiana,
en una máscara ritual de origen maya.*

incomible. a. Que no se puede comer.

incomodidad. f. Falta de comodidad./ Molestia./ Disgusto, enojo.

incomodo. m. Falta de comodidad.

incómodo, da. a. Que incomoda./ Que carece de comodidad.

incomparable. a. Que no tiene o no admite comparación.

incompasivo, va. a. Sin compasión./ Despiadado.

incompatibilidad. f. Oposición de una cosa para unirse con otra, o de dos o más personas entre sí./ *Der.* Impedimento legal para ejercer una función determinada o desempeñar dos o más cargos a la vez./ *Med.* Oposición entre dos medicamentos o sustancias, que en caso de unión o combinación generan peligro de efectos nocivos.

incompatible. a. No compatible con otra cosa.

incompetencia. f. Falta de competencia o jurisdicción.

incompetente. a. Falto de competencia.

incompleto, ta. a. No completo.

incomprendido, da. a. y s. Dícese de la persona cuyos valores no han sido reconocidos o apreciados.

incomprensible. a. Que no puede comprenderse.

incomprensión. f. Falta de comprensión.

incomunicable. a. Que no se puede comunicar.

incomunicación. f. Acción y efecto de incomunicar o incomunicarse./ Aislamiento temporal de procesados o de testigos.

incomunicado, da. a. Que no tiene comunicación./ Dícese de los detenidos y presos a quienes se impide por cierto tiempo toda comunicación con el exterior de su prisión.

incomunicar. tr. Privar de comunicación a personas o cosas.// prl. Aislarse, apartarse del trato con otras personas.

inconcebible. a. Que no puede concebirse o comprenderse.

inconciliable. a. Que no se puede conciliar.

inconcluso, sa. a. No concluido.

incondicional. a. Absoluto, sin restricción ni requisito.// m. El adepto a una persona o idea, sin condición o limitación.

inconducente. a. No conducente para un fin.

inconexo, xa. a. Que no tiene conexión con una cosa.

inconfesable. a. Apl. a lo que por ser vergonzoso o vil no puede confesarse.

inconfundible. a. No confundible.

incongruencia. f. Falta de congruencia.

incongruente. a. No congruente.

inconmensurable. a. No conmensurable.

inconmovible. a. Que no se puede conmover o alterar; perenne, firme./ Fuerte, sólido.

inconquistable. a. Que no se puede conquistar./ fig. Que no se doblega con ruegos ni dádivas.

inconsciente. a. No consciente.

inconsecuencia. f. Falta de consecuencia en las acciones o palabras.

inconsecuente. a. y s. Que procede con inconsecuencia.

inconsiderado, da. a. No considerado ni reflexionado./ Falto de consideración y reflexión.

inconsistencia. f. Falta de consistencia.

inconsistente. a. Que no tiene consistencia.

inconsolable. a. Que no puede ser consolado o consolarse.

inconstancia. f. Falta de estabilidad./ Facilidad y ligereza con que uno cambia de opinión, amigos, sentimientos, etc.

inconstante. a. No constante ni estable./ Que con facilidad cambia de opiniones, pensamientos, aficiones, etc.

inconstitucional. a. No conforme con la constitución del Estado.

inconstitucionalidad. f. Calidad de inconstitucional.

inconsulto, ta. a. Que se hace sin consideración ni consejo.

incontable. a. Que no puede contarse./ Muy difícil de contar, numerosísimo.

incontaminado, da. a. No contaminado.

incontenible. a. Que no puede ser contenido o refrenado.

incontestable. a. Que no se puede impugnar ni dudar con fundamento./ Evidente.

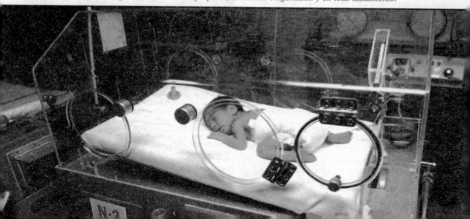

Incubadora. Este aparato permite mantener a los recién nacidos prematuros a una temperatura fija y adecuada, con un grado de humedad apropiado, la debida oxigenación y en total aislamiento.

incontinencia. f. Vicio opuesto a la continencia, en especial en el freno de las pasiones carnales./ *Pat.* Enfermedad que consiste en no poder retener la orina.

incontinenti. adv. t. Prontamente, al instante, sin dilación.

incontrarrestable. a. Que no se puede contrarrestar.

incontrastable. a. Que no se puede vencer o conquistar./ Que no puede impugnarse./ fig. Que no se deja convencer o reducir.

incontrolable. a. Que no se puede controlar.

incontrolado, da. a. Que no se puede controlar./ Que carece de control o gobierno, que obra por su propia cuenta, sin someterse a ninguna dirección. Ú.t.c.s.

incontrovertible. a. Que no admite duda ni disputa.

inconvenible. a. Que no es conveniente o conveníble.

inconveniencia. f. Incomodidad, desconveniencia./ Disconformidad./ Inverosimilitud de una cosa./ Despropósito.

inconveniente. a. No conveniente.// m. Impedimento, obstáculo que existe para hacer una cosa./ Daño y perjuicio que resulta de ejecutarla.

inconversable. a. Apl. a la persona intratable por su genio.

inconvertible. a. No convertible.

incordiar. tr. Incomodar, molestar.

incordio. m. Bubón, tumor./ fig. fam. Persona o cosa muy molesta o fastidiosa.

incorporación. f. Acción y efecto de incorporar o incorporarse.

incorporal. a. Incorpóreo./ Dícese de lo que no se puede tocar.

incorporar. tr. Unir dos o más cosas para que formen un todo./ Sentar o reclinar el cuerpo que estaba echado o tendido.

incorpóreo, a. a. No corpóreo.

incorrección. f. Calidad de incorrecto./ Dicho o hecho incorrecto.

incorrecto, ta. a. No correcto.

incorregible. a. No corregible./ Apl. al que por su terquedad no quiere enmendarse.

incorrupción. f. Estado de una cosa que no se corrompe.

incorruptibilidad. f. Calidad de incorruptible.

incorruptible. a. No corruptible./ fig. Que no puede ser pervertido.

incredibilidad. f. Imposibilidad o dificultad que existe para que sea creída una cosa.

incredulidad. f. Dificultad en creer una cosa./ Falta de fe o creencia religiosa.

incrédulo, la. a. y s. Que no cree, en especial, que no tiene creencias religiosas./ Que no cree con facilidad.

increíble. a. Que no puede creerse./ fig. Muy difícil de creer.

incrementar. tr. Aumentar, acrecentar.

incremento. m. Aumento, acrecentamiento./ *Gram.* En la lengua latina, aumento de sílabas que tienen ciertos casos de la declinación y ciertas formas del verbo./ *Gram.* En castellano, aumento de letras que tiene cualquier vocablo derivado en relación con el primitivo./ *Mat.* Cantidad en que aumenta una variable.

increpación. f. Represión fuerte, agria y severa.

increpar. tr. Reprender con dureza y severidad.

incriminación. f. Acción y efecto de incriminar.

incriminar. Inculpar con fuerza o insistencia./ Exagerar un delito o defecto, presentándolo como crimen.

incruento, ta. a. No sangriento.

incrustación. f. Acción y efecto de incrustar./ Cosa incrustada.

incrustar. tr. Embutir en una superficie lisa y dura piedras, metales, maderas, etc, formando dibujos.

incubación. f. Acción y efecto de incubar./ *Med.* Período de desarrollo de una enfermedad desde que empieza a obrar la causa hasta que se manifiestan sus efectos.

incubadora. f. Aparato o local que debidamente caldeado produce la incubación artificial de los huevos que se depositan en su interior./ Aparato similar al anterior para niños nacidos prematuramente.

Incubación. Moderna planta avícola, en la que puede observarse el método empleado para que las aves empollen los huevos.

incubar. tr. Empollar el ave los huevos./ prl. *Med.* Desarrollarse una enfermedad desde sus inicios hasta sus primeros síntomas.

incuestionable. a. No cuestionable.

inculcar. tr./ prl. Apretar una cosa contra otra./ fig. Repetir con empeño muchas veces una cosa a uno./ Infundir en el ánimo de alguien conceptos, ideas, etc.// prl. fig. Obstinarse uno en su parecer.

inculpabilidad. f. Inocencia, exención de culpa.

inculpable. a. Que no tiene culpa.

inculpar. tr. Acusar a alguien de una cosa.

incultivable. a. Que no puede cultivarse.

inculto, ta. a. Que no tiene cultivo ni labor./ fig. De modales rústicos o de poca instrucción.

incultura. f. Falta de cultivo o de cultura.

incumbencia. f. Obligación de hacer una cosa.

incumbir. i. Estar a cargo de alguien una cosa.

incumplimiento. m. Falta de cumplimiento.

incurable. a. y s. Que no se puede curar o no puede sanar./ fig. Que no tiene enmienda ni remedio.

incuria. f. Poco cuidado, negligencia.

incurrir. i. Caer en falta o cometer error.

incursión. f. Acción de incurrir./ Correría.

indagación. f. Acción y efecto de indagar.

indagar. tr. Averiguar, inquirir una cosa, investigar.

indagatorio, ria. a. Que conduce o encamina a la averiguación de un hecho.// f. *Der.* Declaración que, sin recibirle juramento, se toma al presunto reo.

indebido, da. a. Que no es obligatorio ni exigible./ Ilícito, injusto.

indecencia. f. Falta de decencia o de modestia./ Acción indecente y vituperable.

indecente. a. Indecoroso, falto de decencia.

indecible. a. Que no puede decirse o explicarse.

indecisión. f. Carencia de decisión, irresolución.

indeciso, sa. a. Dícese de la cosa sobre la cual no ha caído resolución./ Irresoluto, falto de decisión. Ú.t.c.s.

indeclinable. a. Que necesariamente tiene que hacerse o cumplirse./ *Gram.* Dícese de las partes de la oración que no se declinan.

indecoro. m. Falta de decoro.

indecoroso, sa. a. Que carece de decoro, o lo ofende.

indefectible. a. Que no puede faltar o dejar de ser.
indefensión. f. Falta de defensa./ Situación del que carece de ella.
indefenso, sa. a. Que carece de medios de defensa.
indefinible. a. Que no puede definirse.
indefinido, da. a. No definido./ Sin término conocido o señalado.
indeformable. a. Que no se puede deformar.
indeleble. a. Que no se puede borrar o quitar.
indelegable. a. Que no puede delegarse.
indeliberación. f. Falta de deliberación o reflexión.
indeliberado, da. a. Hecho sin deliberación, irreflexivo.
indelicado, da. a. Falto de delicadeza.
indemne. a. Libre de daño.
indemnidad. f. Situación o estado del que está libre de sufrir daño o perjuicio.
indemnización. f. Acción y efecto de indemnizar./ Cosa con la que se indemniza.
indemnizar. tr./ prl. Resarcir de un daño o perjuicio.
indemostrable. a. No demostrable.
independencia. f. Condición de independiente./ Libertad, autonomía, especialmente la de un Estado que no depende de otro./ Firmeza de carácter, entereza.
independentismo. m. Movimiento que propugna o reclama la independencia política en un país que no la posee.
independentista. s. Partidario del independentismo.
independiente. a. Que no tiene dependencia./ Autónomo./ Apl. a la persona que sostiene sus derechos u opiniones sin doblegarse ante amenazas o halagos.// adv. m. Con independencia.
independizar. tr./ prl. Hacer independiente.
indescifrable. a. Que no se puede descifrar.
indescriptible. a. Que no se puede describir.
indeseable. a. y s. Dícese de la persona cuya permanencia en un país es considerada por las autoridades peligrosa para la tranquilidad pública./ Dícese de la persona cuyo trato no es recomendable por sus condiciones morales.
indestructible. a. Que no se puede destruir.
indeterminación. f. Carencia de determinación en las cosas o de resolución en las personas.
indeterminado, da. a. No determinado./ Indeciso, que no se resuelve a algo.
indiada. f. Amér. Conjunto o multitud de indios.
indianista. a. y s. Persona que cultiva las lenguas y literatura del Indostán.

Indígena. Anciano perteneciente a la comunidad toba, grupo aborigen oriundo de la región chaqueña (Argentina).

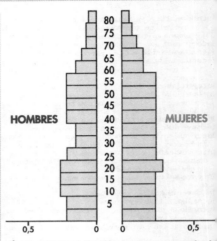

Índice poblacional. Pirámide que marca pautas sobre la evolución de un grupo determinado de individuos.

indiano, na. a. y s. Natural, pero no originario de América.// a. Perteneciente a América./ Perteneciente a las Indias Orientales.
indicación. f. Acción y efecto de indicar.
indicar. tr. Dar a entender o significar una cosa con indicios o señales.
indicativo, va. a. y s. Que indica o se emplea para indicar./ Gram. Dícese del modo verbal con que se indica afirmación absoluta.
índice. a. Dícese del segundo dedo de la mano, que generalmente sirve para señalar, de lo cual tomó su nombre. Ú.t.c.s.// m. Indicio o señal de una cosa./ Lista o enumeración por orden de libros, capítulos o cosas notables./ Catálogo contenido en uno o muchos volúmenes, en el cual por orden alfabético o cronológico, están escritos los autores o materias de las obras que se conservan en una biblioteca./ Cualquiera de las manecillas de un reloj, y, en general, las agujas y otros elementos indicadores de los instrumentos graduados, como barómetros, termómetros, etc./ Indicador de un cuadrante solar./ Álg. y Arit. Número o letra que se coloca en la abertura del signo radical y sirve para indicar el grado de la raíz.
indicial. a. Perteneciente o relativo al índice.
indiciar. tr. Dar indicios de algo./ Sospechar una cosa por indicios.
indiciario, ria. a. Indicial.
indicio. m. Acción o señal que da a conocer lo oculto.
índico, ca. a. Perteneciente a las Indias Orientales.
indiferencia. f. Estado del ánimo en que no se siente inclinación ni repugnancia hacia una cosa./ fig. Frialdad, desinterés hacia una persona o cosa.
indiferente. a. No determinado por sí a una persona o cosa más que a otra.
indígena. a. y s. Originario del país de que se trata.
indigencia. f. Falta de recursos para alimentarse, vestirse, etc.
indigenismo. m. Condición de indígena./ Exaltación y estudio de las costumbres, culturas, tradiciones de las razas indígenas, en especial de las de América.
indigenista. s. El que profesa el indigenismo.
indigente. a. y s. Que no tiene medios de subsistencia.
indigestarse. prl. No sentar bien un manjar o comida.
indigestión. f. Falta de digestión./ Digestión difícil o defectuosa.

indigesto, ta. a. Que no se digiere o se digiere con dificultad.

indignación. f. Enojo vehemente, ira, enfado contra una persona o cosa.

indignar. tr./ prl. Irritar, enfadar vehementemente a uno.

indignidad. f. Falta de mérito para una cosa./ Acción impropia o reprobable./ Acción vil.

indigno, na. a. Que no tiene mérito ni disposición para una cosa./ Impropio de la calidad y mérito de una persona./ Vil, perverso, despreciable.

índigo. m. Color entre azul y violeta.

indio, dia. a. De la India./ Perteneciente a ella.// a. y s. Apl. al antiguo poblador de América y al que hoy se considera como descendiente de aquél sin mezcla de otra raza.

indirecto, ta. a. Que no va rectamente a un fin.// f. Dicho o medio de que se vale uno para dar a entender lo que no quiere decir con claridad.

indisciplina. f. Falta de disciplina.

indisciplinado, da. a. Falto de disciplina.

indisciplinarse. prl. Faltar a la disciplina.

indiscreción. f. Falta de discreción y prudencia./ Acto o dicho indiscreto.

indiscreto, ta. a. Que obra sin discreción. Ú.t.c.s./ Que se hace sin discreción.

indisculpable. a. Que no tiene disculpa./ fig. Que difícilmente se puede disculpar.

indiscutible. a. No discutible.

indisoluble. a. Que no se puede disolver o desatar.

indispensable. a. Que no se puede dispensar ni excusar./ De absoluta necesidad.

indisponer. tr./ prl. Privar de la disposición conveniente, o quitar la preparación necesaria para un fin.// tr. Malquistar./ Causar indisposición o alteración de la salud.// prl. Sentirse indispuesto.

indisposición. f. Falta de disposición y de preparación para una cosa./ Quebranto leve de la salud.

indisputable. a. Que no admite disputa o discusión.

indistinguible. a. Que no se puede distinguir./ fig. Muy difícil de distinguir.

indistinto, ta. a. Que no se distingue de otra cosa./ Indeterminado./ Que no se percibe de modo claro y distinto.

individual. a. Rel. al individuo./ Particular, propio y característico de una cosa.

individualismo. m. Aislamiento egoísta./ Sistema filosófico que considera al individuo como fundamento y fin, con respecto a las relaciones sociales, morales y políticas./ Propensión a obrar según el propio albedrío, con exclusión de los demás.

individualista. a. Perteneciente o relativo al individualismo.// m. El que practica dicha actitud, o es partidario de ese sistema.

individualizar. tr. Individuar.

individuar. tr. Especificar una cosa./ Determinar, clasificar los individuos dentro de su especie.

individuo, dua. a. Individual./ Indivisible.// m. Cada uno de los seres organizados respecto de su especie./ Persona pert. a una clase o corporación.// m. y f. Persona cuyo nombre y condición no se saben o no se quieren decir.

indivisibilidad. f. Calidad de indivisible.

indivisible. a. Que no puede ser dividido.

indiviso, sa. a. y s. Que no está dividido o separado en partes.

indochino, na. a. y s. De Indochina.

indócil. a. Que no es dócil.

indocilidad. f. Calidad de indócil.

indocto, ta. a. Que no tiene instrucción; inculto.

indocumentado, da. a. Dícese de quien no lleva o no tiene documentos oficiales de identificación. Ú.t.c.s./ Que no tiene prueba o testimonio válidos./ fig. Dícese de la persona falta de arraigo y respetabilidad.

indoeuropeo, a. a. Dícese de las razas y lenguas procedentes de un origen común y extendidas desde la India hasta el occidente de Europa.

índole. f. Condición e inclinación natural propia de cada uno./ Naturaleza y condición de las cosas.

indolencia. f. Calidad de indolente.

indolente. a. Que no se afecta o conmueve./ Flojo, perezoso./ Que no duele.

indoloro, ra. a. Que no produce dolor.

indomable. a. Que no se puede domar.

indómito, ta. a. No domado./ Que no se puede domar./ fig. Difícil de sujetar o reprimir.

indonesio, sia. a. y s. De Indonesia.

indostánico, ca. a. Rel. al Indostán.

indubitable. f. Indudable.

indubitado, da. a. Que no admite duda, cierto.

inducción. f. *Fil.* Razonamiento que consiste en sacar una conclusión general de premisas particulares./ **-eléctrica.** *Fís.* Vector cuyo módulo representa la carga desplazada por unidad de superficie./ **-magnética.** *Fís.* Acción de un campo magnético sobre un conductor, por el cual circula una corriente eléctrica.

Indómito. Los espectáculos de doma de potros salvajes constituyen un ameno pasatiempo para quienes lo presencian como espectadores. Sin embargo, para los jinetes resultan una dura competencia en la que los reflejos y las destrezas del hombre que cabalga resultan toda una osadía frente a las condiciones físicas del animal.

Infancia. Durante esta etapa de la vida, el juego es una de las principales actividades para el desarrollo psicofísico del niño.

inducir. tr. Instigar, persuadir./ *Fís.* Producir un cuerpo electrizado fenómenos eléctricos en otro situado a cierta distancia./ *Lóg.* Ascender el entendimiento desde el conocimiento de los fenómenos a la ley que los contiene o los rige.

inductivo, va. a. Que se realiza por inducción./ Perteneciente a ella.

indudable. a. Que no puede ponerse en duda.

indulgencia. f. Facilidad en perdonar las culpas o en conceder gracias./ Remisión de ciertas penas que concede la iglesia.

indulgente. a. Que con facilidad concede perdón o gracia.

indultar. tr. Perdonar a uno, en todo o en parte, la pena que tiene impuesta, o conmutarla por otra menos grave./ Exceptuar de una ley u obligación.

indulto. m. Perdón o remisión de una pena./ Gracia o privilegio que exceptúa de una ley u obligación.

indumentario, ria. a. Rel. al vestido.// f. Estudio de la historia del traje./ Vestido, conjunto de prendas de vestir.

industria. f. Habilidad para hacer una cosa./ Conjunto de las operaciones materiales ejecutadas para la obtención, transformación o transporte de productos naturales./ Suma y conjunto de las industrias de uno o varios géneros de un país o de parte de él.

industrial. a. Pert. a la industria.// m. Persona que se dedica al ejercicio de una industria.

industrialismo. m. Tendencia al predominio del desarrollo y los intereses de la industria.

industrialista. a. Perteneciente o relativo al industrialismo.// s. Partidario de dicha tendencia.

industrialización. f. Acción y efecto de industrializar.

industrializar. tr. Hacer que una cosa sea objeto de industria o elaboración./ Incrementar la producción industrial.

industrioso, sa. a. Que obra con industria o destreza. Que se hace con industria./ Que se dedica con tesón al trabajo.

inédito, ta. a. Escrito y no publicado./ Apl. al autor cuyas obras no se han publicado aún.

ineducado, da. a. Que carece de educación o de buenos modales.

inefabilidad. f. Calidad de inefable.

inefable. a. Que es imposible explicar con palabras.

ineficacia. f. Falta de eficacia.

ineficaz. a. No eficaz.

inelegancia. f. Falta de elegancia.

ineludible. a. Que no se puede eludir.

inenarrable. a. Inefable.

inepcia. f. Necedad.

ineptitud. f. Falta de capacidad o aptitud.

inepto, ta. a. y s. No apto o a propósito para una cosa./ Incapaz, necio.

inequívoco, ca. a. Que no admite duda o equivocación.

inercia. f. Flojedad, inacción, desidia./ Incapacidad de los cuerpos para salir del estado de reposo o de movimiento sin intervención de fuerzas extrañas.

inerme. a. Que está sin armas./ *Bot.* y *Zool.* Que no tiene espinas, pinchos ni aguijones.

inerte. a. Inactivo, ineficaz, estéril./ Flojo, negligente, desidioso.

inervación. f. Acción o influencia del sistema nervioso en las funciones orgánicas./ Distribución de los nervios en un órgano o parte del cuerpo.

inescrupuloso, sa. a. Que carece de escrúpulos.

inescrutable. a. Que no se puede saber o averiguar.

inesperado, da. a. Que sucede sin haberse esperado.

inestimable. a. Que está sin estimar ni tasar./ Que no se estima como se merece.

inestimado, da. a. Que está sin estimar ni tasar./ Que no se estima tanto como se debiera.

inevitable. a. Que no se puede evitar./ Necesario, fatal.

inexactitud. f. Falta de exactitud.

inexacto, ta. a. Que no tiene exactitud.

inexcusable. a. Que no se puede excusar.

inexistencia. f. Falta de existencia.

inexistente. a. Que carece de existencia.

inexorable. a. Que no se deja vencer por los ruegos o súplicas./ Imperturbable.

inexperiencia. f. Falta de experiencia.

inexperto, ta. a. y s. Que no tiene experiencia.

inexplicable. a. Que no se puede explicar.

Industria. Vista aérea de una planta industrial donde se elaboran productos lácteos.

explorado, da. a. Que no se ha explorado.

expresivo, va. a. Falto de expresión.

expugnable. a. Que no se puede tomar o conquistar por las armas./ Que no se deja persuadir ni vencer.

extinguible. a. No extinguible./ fig. Que es de perpetua o larga duración.

falibilidad. f. Calidad de infalible.

falible. a. Que no puede engañar ni engañarse./ Seguro, cierto.

famación. f. Acción y efecto de infamar.

famante. p. act. de infamar. Que infama.

famar. tr./ prl. Quitar la fama, honra y estimación.

fame. a. y s. Que carece de honra y estimación./ De mala índole, vil en su especie.

famia. f. Deshonra, descrédito./ Maldad, perversidad, vileza.

fancia. f. Edad del niño desde que nace hasta los siete años./ fig. Conjunto de niños de tal edad.

fante. m. Niño que aún no ha llegado a la edad de siete años./ Soldado que sirve a pie./ En la monarquía hispana, cualquiera de los hijos varones y legítimos del rey, nacidos después del príncipe o la princesa.

fantería. f. Tropa que sirve a pie.

fanticida. a. y s. Dícese de la persona que mata a un niño o infante.

fanticidio. m. Muerte violenta que se da a un niño.

fantil. a. Perteneciente a la infancia./ fig. Inocente, cándido, inofensivo.

fantilismo. m. Persistencia de caracteres propios de la infancia en la adolescencia o en la edad adulta./ Ingenuidad, candor.

farto. m. Aumento de tamaño u obstrucción de un órgano./ Pat. Zona circunscrita de necrosis en un órgano, privada de su riego sanguíneo por obstrucción de la arteria correspondiente, generalmente por embolia o trombosis.

fatigable. a. Incansable.

fausto, ta. a. Desgraciado, infeliz.

fección. f. Acción y efecto de inficionar.

feccionar. tr. Inficionar.

feccioso, sa. a. Que es causa de infección.

fectar. tr./ prl. Inficionar.

fecto, ta. a. Inficionado, contagiado.

fecundidad. f. Calidad de infecundo.

fecundo, da. a. No fecundo.

feliz. a. y s. Desgraciado./ fam. Apocado, bondadoso, tolerante.

ferencia. f. Acción y efecto de inferir.

ferior. a. Que está debajo de otra cosa o más bajo que ella./ Que es menos que otra cosa./ Que está subordinado a otro./ Biol. Aplícase a los seres vivos de organización más sencilla y que se suponen más primitivos, por ejemplo, la algas son vegetales inferiores; los peces son vertebrados inferiores.

ferioridad. f. Calidad de inferior.

ferir. tr. Sacar consecuencias, inducir una cosa de otra./ Tratándose de heridas, agravios, etc., causar, ocasionar.

fernal. a. Que es del infierno o pertenece a él./ Muy malo, dañoso o perjudicial.

festar. tr./ prl. Corromper, contagiar.// tr. Invadir los animales o las plantas perjudiciales los campos cultivados y aun las casas.

ficionar. tr. Corromper, contagiar.

fidelidad. f. Falta de fidelidad; deslealtad.

fidencia. f. Falta a la confianza debida a otro, deslealtad.

fiel. a. Falto de fidelidad; desleal.// a. y s. Que no profesa la fe católica.

fierno. m. Lugar destinado al eterno castigo de los malos, después de la muerte./ Tormento y castigo que allí se sufre./ Sitio donde creían los paganos que iban las almas después de la muerte./ fig. y fam. Lugar de mucho alboroto y discordia./ Dicha discordia.

fijo. a. y m. Gram. Afijo con significado propio que se encuentra en el interior de una palabra.

filtración. f. Acción y efecto de infiltrar.

infiltrar. tr./ prl. Introducir suavemente un líquido entre los poros de un sólido./ fig. Infundir en el ánimo ideas, doctrinas o nociones.

ínfimo, ma. a. Que en su situación está muy bajo./ Apl. a lo que es último y más inferior que lo demás./ Dícese de lo más vil y despreciable.

infinidad. f. Calidad de infinito./ fig. Gran número de cosas, muchedumbre.

infinitesimal. a. Mat. Dícese de las cantidades infinitamente pequeñas y de lo que se relaciona con ellas.

infinitivo. m. Voz que da nombre al verbo.// a. y s. Gram. Modo del verbo que no expresa número, persona ni tiempo determinados.

infinito, ta. a. Que no tiene ni puede tener término./ Muy numeroso, grande y excesivo en cualquier línea.// m. Mat. Signo en forma de un ocho tendido (∞), que sirve para expresar un valor mayor que cualquier cantidad asignable.// adv. Excesivamente, muchísimo.

*Infeccioso.
El mosquito anofeles, trasmisor del paludismo. En el gráfico se muestra cómo el mismo actúa portando las esporas del plasmodio malariae.*

infinitud. f. Infinidad, calidad de infinito.

inflación. f. Acción y efecto de inflar./ Tendencia al desequilibrio en una economía, producida por la excesiva emisión de billetes que da lugar al aumento general de los precios o de los créditos./ fig. Vanidad, engreimiento.

inflacionario, ria. a. Perteneciente o relativo a la inflación monetaria./ Que produce inflación.

inflador. m. Amér. Aparato para inflar las cámaras de los automóviles y bicicletas, balones, etc.

inflamable. a. Fácil de inflamarse.

inflamación. f. Acción y efecto de inflamar o de inflamarse./ Alteración patológica en una parte cualquiera del organismo, caracterizada por aumento de calor, enrojecimiento, hinchazón y dolor.

inflamar. tr./ prl. Encender una cosa levantando llama./ Acalorar, enardecer las pasiones.// prl. Producirse inflamación en alguna parte del organismo.

inflamatorio, ria. a. Que causa inflamación, o procede de ella.

inflar. tr./ prl. Hinchar una cosa con aire o con gas./ fig. Exagerar, abultar./ fig. Ensoberbecer, engreír. Ú.m.c.prl.

inflexibilidad. f. Calidad de inflexible./ fig. Constancia y firmeza.

inflexible. a. Incapaz de torcerse o doblarse./ fig. Que no se deja conmover ni doblegar.

inflexión. f. Torcimiento de una cosa que estaba recta o plana./ Hablando de la voz, elevación o alteración que se hace con ella./ *Geom.* Punto en que cambia de sentido una curva./ *Gram.* Cada una de las terminaciones del verbo, del pronombre y de las demás partes variables de la oración.

infligir. tr. Imponer penas y castigos corporales.

inflorescencia. f. *Bot.* Forma con que aparecen colocadas las flores al brotar en las plantas.

influencia. f. Acción y efecto de influir./ Poder, autoridad de una persona.

influenza. f. Gripe.

influir. tr. Producir unas cosas sobre otras ciertos efectos./ fig. Ejercer ascendiente, predominio o fuerza moral./ Contribuir al éxito de un negocio.

influjo. m. Influencia, acción y efecto de influir./ Flujo de la marea.

Inflorescencia en racimo, de plantas ornamentales.

influyente. p. act. de **influir.** Que influye.

información. f. Acción y efecto de informar o informarse./ Averiguación jurídica y legal de un hecho./ Adquisición o comunicación de conocimientos./ Reseña dada por los medios de comunicación./ Oficina donde se dan informes.

informal. a. Que no guarda las reglas debidas./ Que no es formal.

informalidad. f. Calidad de informal.

informante. p. act. de **informar.** Que informa./ Soplón, delator de la policía.

informar. tr./ prl. Enterar, dar noticia de una cosa.// i. Dictaminar un cuerpo consultivo o persona competente./ *Der.* Hablar en los estrados los fiscales y abogados.

informática. f. Conjunto de los conocimientos y las técnicas que se ocupan del tratamiento automático de la información por medio de ordenadores electrónicos.

informativo, va. a. Apl. a lo que informa o da noticias.

informe. m. Acción y efecto de informar o dictaminar./ Conjunto de datos acerca de una persona o asunto determinado./ *Der.* Exposición del fiscal o del abogado.

infortunado, da. a. Desafortunado. Ú.t.c.s.

infortunio. m. Suerte desgraciada; fortuna adversa, desdicha.

infracción. f. Transgresión de una ley, pacto o tratado.

infractor, ra. a. y s. Transgresor.

infranqueable. a. Imposible o difícil de franquear o abrir camino.

infrarrojo, ja. a./ m. Dícese de los rayos del espectro l[...] minoso que se hallan más allá del rojo, invisibles al ojo h[...] mano y caracterizados por sus efectos caióricos.

infrascrito, ta. a. y s. Que firma al fin de un escrito./ Dich[...] más abajo o al final de un escrito.

infrecuente. a. No frecuente.

infringir. tr. Quebrantar leyes, órdenes, pactos u ordena[...] zas.

infructuoso, sa. a. Ineficaz, inútil para algún fin.

ínfula. f. Adorno de lana blanca a modo de venda, con d[...] cintas caídas a los lados, que ceñía la cabeza de los sace[...] dotes paganos o que se ponía también en la de las víct[...] mas. Ú.m. en pl./ Cada una de las dos tiras anchas qu[...] penden por la parte de atrás de la mitra de los obispos./ pl. fig. Presunción, vanidad.

infundado, da. a. Que carece de fundamento, real o r[...] cional.

infundio. m. Mentira, patraña o noticia falsa.

infundir. tr. *Teol.* fig. Comunicar Dios al alma un don o gra[...] cia./ fig. Causar en el ánimo un impulso moral o afectivo[...]

infusión. f. Acción y efecto de infundir./ Acción de extrae[...] de las sustancias orgánicas las partes solubles en agua, [...] una temperatura mayor que la del ambiente y menor qu[...] la de ebullición./ Producto así obtenido.

ingeniar. tr. Trazar o inventar ingeniosamente.// prl. Discu[...] rrir los medios para conseguir o ejecutar una cosa.

ingeniería. f. Arte de aplicar los conocimientos científicos en todas sus posibilidades, a la utilización de la materia de la energía, mediante invenciones o costrucciones útile[...] para el hombre.

ingeniero, ra. s. Persona que ejerce o profesa la ingenie[...] ría.

ingenio. m. Facultad en el hombre para discurrir o inven[...] tar./ Máquina o artificio mecánico./ Intuición, facultade[...] poéticas o creadoras./ Industria, maña o artificio para con[...] seguir lo que se desea./ **-de azúcar.** Conjunto de aparato[...] para moler la caña y elaborar el azúcar./ Finca que contie[...] ne el cañamelar y las instalaciones de beneficio.

ingeniosidad. f. Calidad de ingenioso./ fig. Idea o especie artificiosa y sutil. Ú. por lo común como despect.

ingenioso, sa. a. Que tiene ingenio./ Dicho o hecho co[...] ingenio.

ingénito, ta. a. No engendrado./ Nacido con uno, innato[...] connatural.

ingente. a. Muy grande.

ingenuidad. f. Sinceridad, buena fe en lo que se dice o ha[...] ce; candor.

ingenuo, nua. a. Sincero, sin doblez, candoroso.

ingerencia. f. Injerencia.

ingerir. tr. Introducir por la boca alimentos, bebidas, medi[...] camentos, etc.

ingestión. f. Acción de ingerir.

ingle. f. Parte del cuerpo donde convergen los muslos co[...] el vientre.

inglés, sa. a. y s. De Inglaterra.// m. Lengua inglesa.

ingratitud. f. Desagradecimiento./ Acción ingrata.

ingrato, ta. a. Desagradecido./ Áspero, desagradable./ Dí[...] cese de lo que no corresponde al trabajo que cuesta.

ingravidez. f. Calidad de ingrávido.

ingrávido, da. a. Ligero y tenue como la gasa o la niebla[...] que no pesa.

ingrediente. m. Cualquier cosa que entra con otras en l[...] composición de un remedio, comida, bebida, etc.

ingresar. i. Entrar. Ú.t.c.tr./ Entrar a formar parte de una cor[...] poración o comunidad.

ingreso. m. Acción de ingresar./ Entrada./ Caudal, dinero[...] recibido.

inguinal o **inguinario.** a. Perteneciente o relativo a las in[...] gles.

inhábil. a. Falto de habilidad./ Que no contiene condiciones para hacer una cosa./ Que no puede desempeñar un cargo, empleo o dignidad, por un delito o tacha, o por falta de algún requisito.

inhabilidad. f. Calidad de inhábil.

Inmersión de un buzo en busca de los misterios que esconde el mar.

inhabilitación. f. Acción y efecto de inhabilitar o inhabilitarse.

inhabilitar. tr. Declarar a uno incapaz de ejercer cargos públicos, o de ejercitar derechos civiles o políticos.// tr./ prl. Imposibilitar para una cosa.

inhabitado, da. a. No habitado.

inhalación. f. Acción de inhalar.

inhalador. m. Aparato para hacer inhalaciones.

inhalar. tr. *Med.* Aspirar gases o líquidos pulverizados, con fines terapéuticos.

inherente. a. Que por naturaleza está unido inseparablemente a otra cosa.

inhibición. f. Acción y efecto de inhibir o inhibirse./ *Psicol.* Resistencia persistente en un sujeto a la realización de una tendencia física o psíquica.

inhibir. tr. Impedir que un juez prosiga actuando en una causa.// tr./ prl. Suspender transitoriamente una función o actividad del organismo por acción de un estímulo.// prl. Desentenderse de un asunto.

inhibitorio, ria. a./ f. Apl. al despacho, decreto, etc., que inhiben al juez.

inhospitalario, ria. a. Falto de hospitalidad./ Apl. a lo que no ofrece seguridad ni abrigo.

inhospitalidad. f. Falta de hospitalidad.

inhóspito, ta. a. Inhospitalario, que no ofrece abrigo ni seguridad.

inhumano, na. a. Sin humanidad; bárbaro, cruel.

inhumar. tr. Enterrar un cadáver.

iniciación. f. Acción y efecto de iniciar o iniciarse.

inicial. a. Perteneciente al principio de las cosas.// f. Letra con que comienza una palabra, un capítulo, un verso, etc.

iniciar. tr. Comenzar una cosa./ Enterar a uno de una cosa secreta./ Hacerle participar de una ceremonia secreta.// tr./ prl. fig. Instruir en cosas abstractas.

iniciativa. f. Derecho de hacer una proposición./ Acción de ejercerlo./ Acción de anticiparse a los demás en decir o hacer una cosa./ Cualidad personal que inclina a dicha acción.

inicio. m. Comienzo, principio.

inicuo, cua. a. Contrario a la equidad./ Injusto, malvado.

inigualable. a. Que no se puede igualar.

imaginable. a. No imaginable.

ininteligible. a. No inteligible, incomprensible.

ininterrumpido, da. a. No interrumpido, continuo.

iniquidad. f. Maldad, injusticia grande.

injerencia. f. Acción y efecto de injerirse.

injerir. tr. Incluir una cosa en otra.// prl. Entremeterse, inmiscuirse en un asunto o negocio.

injertar. tr. Incluir en un árbol alguna parte de otro con yema para que pueda brotar.

injerto, ta. p. p. irreg. de **injertar**.// m. Parte de una planta con una o más yemas que se usa para injertar./ Acción de injertar./ Planta injertada.

injuria. f. Agravio, ofensa, ultraje./ fig. Daño que causa una cosa./ Dicho o hecho contrario a la razón y a la justicia.

injuriar. tr. Agraviar, ultrajar, afrentar.

injurioso, sa. a. Que injuria.

injusticia. f. Acto contrario a la justicia./ Falta de justicia.

injustificado, da. a. Sin justificación.

injusto, ta. a. Que no es justo.

inmaculado, da. a. Sin mancha, limpio, puro.

inmanencia. f. Calidad de inmanente.

inmanente. a. Dícese de lo que es inherente a algún ser, o va unido inseparablemente a su esencia.

inmarcesible. a. Que no se puede marchitar.

inmaterial. a. No material.

inmaterialidad. f. Calidad de inmaterial.

inmediación. f. Calidad de inmediato.// pl. Contornos, proximidades alrededor de un lugar.

inmediatez. f. Proximidad./ Calidad de inmediato.

inmediato, ta. a. Contiguo o muy cercano./ Que sucede sin tardanza.

inmejorable. a. Que no se puede mejorar.

inmemorial. a. Tan antiguo que no se tiene memoria de cuándo comenzó.

inmensidad. f. Infinidad en la extensión./ fig. Muchedumbre, número o extensión muy grande.

inmenso, sa. a. Que no tiene medida; infinito o ilimitado./ fig. Muy grande.

inmensurable. a. Que no se puede medir./ fig. Que es muy difícil de medir.

inmerecido, da. a. No merecido.

inmersión. f. Acción de introducir o introducirse una cosa en un líquido.

inmigración. f. Acción y efecto de inmigrar.

inmigrante. p. act. de inmigrar. Que inmigra.

inmigrar. i. Llegar a un país para establecerse en él.

inmigratorio, ria. a. Perteneciente o relativo a la inmigración.

inminencia. f. Calidad de inminente.

inminente. a. Que amenaza o ha de suceder prontamente.

inmiscuir. tr. Mezclar una sustancia con otra.// prl. fig. Entrometerse en un negocio o asunto.

inmobiliario, ria. a. Rel. a cosas inmuebles.

inmoderado, da. a. Que no tiene moderación.

inmodestia. f. Falta de modestia.

inmodesto, ta. a. Que no es modesto.

inmolar. tr. Sacrificar degollando a una víctima./ Sacrificar, hacer sacrificios.// prl. fig. Dar la vida, los bienes, etc., en honor o provecho de alguien o algo.

inmoral. a. Opuesto a la moral o a las buenas costumbres.

inmoralidad. f. Falta de moralidad./ Irregularidad en las costumbres./ Acto inmoral.

inmortal. a. No mortal./ Que no puede morir./ fig. Que dura tiempo indefinido.

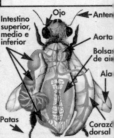

Insectos que pueblan el medio ambiente y, en detalle vista dorsal de una mosca.

Intestino superior, medio e inferior

Ojo

Antena

Aorta

Bolsas de aire

Ala

Patas

Corazón dorsal

inmortalidad. f. Calidad de inmortal./ fig. Duración indefinida en la memoria de los hombres.

inmortalizar. tr./ prl. Perpetuar una cosa en la memoria de los hombres.

inmotivado, da. a. Sin motivo.

inmóvil. a. Que no se mueve./ Invariable, firme, constante.

inmovilizar. tr. Hacer que una cosa quede inmóvil./ Com. Invertir el caudal en bienes de lenta realización./ Der. Coartar la libre transmisión de bienes.// prl. Quedarse inmóvil.

inmueble. a./ m. Apl. a los bienes que no pueden ser trasladados, como tierras, edificios, minas, etc.// m. Edificio, casa.

inmundicia. f. Suciedad, porquería, basura./ fig. Deshonestidad, impureza.

inmundo, da. a. Sucio, asqueroso./ fig. Impuro, deshonesto.

inmune. a. Exento de ciertos oficios, cargos, gravámenes o penas./ No atacable por ciertas enfermedades./ Biol. Relativo a las causas, mecanismos o efectos de la inmunidad.

inmunidad. f. Calidad de inmune./ Biol. y Med. Estado de resistencia, natural o adquirida, que poseen ciertos individuos o especies frente a determinadas acciones patógenas de microorganismos o sustancias extrañas.

inmunitario, ria. a. Perteneciente o relativo a la inmunidad.

inmunizar. tr. Hacer inmune.

inmunodeficiencia. f. Estado patológico del sistema inmunitario debido al cual la inmunidad es inadecuada y por consiguiente la resistencia del organismo a las infecciones es mucho menor que la normal. El sida es un ejemplo de inmunodeficiencia adquirida.

inmunología. f. Parte de la medicina que se dedica a los estudios relacionandos con la inmunidad biológica.

inmutable. a. No mudable.

inmutar. tr. Variar o mudar una cosa.// prl. fig. Sentir alguna conmoción repentina del ánimo, manifestándola por la alteración de la voz o del semblante.

innato, ta. a. Como nacido con la misma persona, connatural.

innecesario, ria. a. No necesario.

innegable. a. Que no se puede negar.

innoble. a. Que no es noble./ Vil, abyecto.

innocuo, cua. a. Inocuo.

innominable. a. Que no se puede nombrar.

innovación. f. Acción de innovar.

innovador, ra. a. y s. Que innova.

innovar. tr. Cambiar las cosas, introduciendo novedades.

innumerable. a. Que no puede reducirse a número./ Incontable./ Muy abundante.

inocencia. f. Estado del que se halla libre de culpa./ Falta de culpabilidad./ Sencillez, candor.

inocente. a. y s. Libre de culpa./ Cándido, sin malicia, fácil

de ser engañado./ Apl. al niño que no ha llegado al uso de la razón.

inocuidad. f. Calidad de inocuo.

inoculación. f. Acción de inocular.

inocular. tr./ prl. Comunicar artificialmente una enfermedad contagiosa en el organismo./ fig. Pervertir, contaminar.

inocuo, cua. a. Que no daña./ fig. Que no es eficaz.

inodoro, ra. a. Que no tiene olor./ Apl. a ciertos aparatos que se colocan en los excusados, para impedir el paso de los malos olores. Ú.t.c.s.m.

inofensivo, va. a. Incapaz de ofender./ fig. Que no puede dañar.

inolvidable. a. Que no puede o no debe olvidarse.

inoperante. a. Ineficaz, inepto.

inopia. f. Indigencia, pobreza.

inopinado, da. a. Que sucede impensadamente; inesperado.

inoportunidad. f. Calidad de inoportuno.

inoportuno, na. a. Fuera de tiempo o de propósito.

inorgánico, ca. a. Sin órganos para la vida, como los minerales./ Dícese de la parte de la química que trata de los compuestos de origen mineral./ fig. Falto de ordenación o correspondencia.

inoxidable. a. Que no puede oxidarse.

input (voz ingl.). m. Econ. Insumo

inquebrantable. a. Que no puede quebrantarse o permanece sin quebranto.

inquietante. p. act. de inquietar. Que inquieta.

inquietar. tr./ prl. Quitar la tranquilidad o el sosiego.

inquieto, ta. a. Que no está quieto./ fig. Sin sosiego por una agitación de ánimo.

inquietud. f. Falta de quietud./ Alboroto, conmoción.

inquilinato. m. Alquiler de una casa o parte de ella/ Amér. Casa de vecindad.

inquilino, na. s. Persona que ha tomado una casa o parte de ella en alquiler.

inquina. f. Mala voluntad, aversión.

inquirir. tr. Indagar o examinar cuidadosamente una cosa, investigar.

inquisición. f. Acción de inquirir./ Tribunal eclesiástico que inquiría y castigaba los delitos contra la fe.

inquisitivo, va. a. Que inquiere y averigua empeñosamente./ Perteneciente a la indagación o averiguación.

insaciable. a. Que tiene apetitos o deseos que no pueden saciar.

insalivar. tr. Mezclar en la cavidad bucal los alimentos con la saliva.

insalubre. a. Malsano, que daña la salud.

insalubridad. f. Falta de salubridad.

insania. f. Locura.

insano, na. a. Loco, demente.

insatisfactorio, ria. a. Que no produce satisfacción.

nsatisfecho, cha. a. No satisfecho.

nscribir. tr. Grabar letreros en piedra, metal, etc./ *For.* Tomar razón, en algún registro, de las declaraciones o documentos./ *Geom.* Trazar una figura dentro de otra, de manera que sin confundirse ni cortarse, tengan varios puntos de contacto./ tr./ prl. Apuntar el nombre de una persona entre los de otras para un objeto determinado.

nscripción. f. Acción y efecto de inscribir./ Escrito breve grabado en piedra, metal, etc. para conservar la memoria de una cosa, suceso o persona./ Asiento o anotación en un registro.

nscrito, ta. p. p. irreg. de **inscribir.**

nsecticida. a./ m. Que sirve para matar insectos.

nsectívoro, ra. a. y s. Que se alimenta de insectos.// m. pl. *Zool.* Orden de los animales que se alimentan principalmente de insectos.

nsecto. m. *Zool.* Animal artrópodo de respiración traqueal, con el cuerpo dividido distintamente en cabeza, tórax y abdomen, tres pares de patas, por lo común uno o dos pares de alas y una cubierta externa de quitina que hace las veces de esqueleto de los vertebrados.// pl. Clase de estos animales.

nseguridad. f. Calidad de inseguro.

nseguro, ra. Carente de seguridad.

nseminación. f. *Biol.* Conjunto de procesos por los que el semen llega al óvulo luego de la copulación./ **-artificial.** Proceso que se efectúa fuera de la relación sexual.

nsensatez. f. Falta de sensatez, necedad./ fig. Acto o dicho insensato.

nsensato, ta. a. y s. Tonto, sin sentido, necio.

nsensibilidad. f. Falta de sensibilidad./ fig. Falta de sentimientos.

nsensibilizar. tr./ prl. Privar de sensibilidad, quitarla.

nsensible. a. Que carece de sensibilidad o que no tiene sentido./ Privado de sentido por alguna causa./ fig. Que no tiene sentimiento.

nseparable. a. Que no se puede separar./ Dícese de las cosas difíciles de separar./ Dícese de las personas muy unidas.

nsepulto, ta. a. No sepultado.

nserción. f. Acción y efecto de inserir o insertar.

nsertar. tr. Incluir una cosa en otra.// prl. *Bot.* y *Zool.* Introducirse un órgano en otro, o adherirse a su superficie.

nservible. a. Que no sirve o no está en condiciones de servir.

nsidia. f. Asechanza.

nsidioso, sa. a. Hecho con asechanzas.// a. y s. Que arma asechanzas./ Malicioso, con apariencias inofensivas.

nsigne. a. Célebre, famoso.

nsignia. f. Señal o divisa honorífica./ Estandarte o bandera./ Pendón, medalla o imagen de una cofradía o hermandad.

norgánico. Calcita, mineral presente en rocas calizas y en extensas masas de rocas sedimentarias.

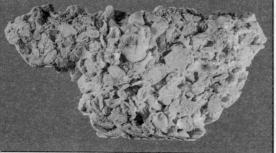

Inscripción realizada en una piedra, que se encuentra en el Museo Arqueológico La Laja, Albardón (San Juan - Argentina).

Insignificancia. a. Pequeñez, inutilidad, insuficiencia.

Insignificante. a. Escaso, pequeño, insuficiente.

Insinceridad. f. Carencia de sinceridad.

Insincero, ra. a. Falto de sinceridad./ Simulado.

Insinuación. f. Acción y efecto de insinuar o insinuarse.

Insinuar. tr. Dar a entender una cosa no haciendo más que indicarla ligeramente.// prl. Introducirse con maña en el ánimo de alguien, ganando su afecto.

Insipidez. f. Calidad de insípido.

Insípido, da. a. Que carece de sabor o no alcanza a tener el que debiera./ fig. Que carece de gracia, espíritu o viveza.

Insipiencia. f. Carencia de sabiduría o de juicio.

Insistencia. f. Permanencia, reiteración y perseverancia acerca de una cosa.

Insistente. p. act. de **insistir.** Que insiste.

Insistir. i. Instar reiteradamente./ Persistir en una cosa./ Descansar una cosa en otra.

ínsito, ta. a. Propio de una cosa, como nacido de ella.

Insociable. a. Intratable, huraño, hosco.

Insolación. f. Acción de insolar./ Enfermedad causada por la excesiva exposición a los rayos del sol./ Tiempo que luce el sol sin nubes durante el día.

Insolar. tr. Poner al sol una cosa.// prl. Padecer insolación.

Insolencia. f. Acción insolente./ Dicho o hecho ofensivo e insultante./ Atrevimiento, descaro, falta de respeto.

Insolentar. tr./ prl. Hacer a uno insolente y atrevido.

Insolente. a. y s. Que comete insolencias./ Orgulloso, soberbio, desvergonzado.

insólito, ta. a. No común.

Insolubilidad. f. Calidad de insoluble.

Insoluble. a. Que no puede disolverse./ Que no se puede resolver.

Insolvencia. f. Incapacidad de pagar una deuda.

Insolvente. a. y s. Que no tiene con qué pagar las deudas.

Insomne. a. Desvelado, que no duerme.

Insomnio. m. Vigilia, desvelo./ Dificultad para dormir.

Insondable. a. Que no se puede sondear./ fig. Que no se puede averiguar o saber a fondo; secreto, incomprensible.

Insonoro, ra. a. Que carece de sonoridad.

Insoportable. a. Insufrible, intolerable./ Muy molesto e incómodo.

Insoslayable. a. Que no se puede soslayar.

Insostenible. a. Que no puede ser sostenido./ fig. Que no se puede defender con razones.

Inspección. f. Acción y efecto de inspeccionar./ *For.* Examen o reconocimiento de una cosa o lugar que hace el juez./ Oficina y cargo de inspector.

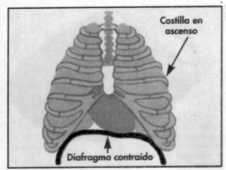

Costilla en
ascenso

Diafragma contraído

*Inspiración. Esquema del proceso de ventilación
pulmonar, por el cual penetra el aire en los pulmones.*

Inspeccionar. tr. Examinar, reconocer una cosa con atención.

Inspector, ra. a. y s. Que examina y reconoce.// s. Empleado que tiene a su cargo la inspección y vigilancia.

Inspiración. f. Acción y efecto de inspirar./ fig. Efecto de sentir estímulo interior propicio para la creación artística./ Cosa inspirada.

Inspirar. tr. Aspirar./ fig. Infundir o hacer nacer afectos, ideas, designios, etc./ Sugerir ideas para la composición de la obra literaria o artística.// prl. fig. Sentir inspiración.

Inspiratorio, ria. a. Rel. a la inspiración respiratoria.

Instalación. f. Acción y efecto de instalar o instalarse./ Conjunto de cosas instaladas.

Instalar. tr./ prl. Poner en posesión de un empleo, cargo o beneficio./ Colocar.// prl. Establecerse.

Instancia. f. Acción y efecto de instar./ Memorial./ For. Cada uno de los grados jurisdiccionales que la ley tiene establecidos para ventilar y sentenciar juicios./ **-a instancia**, o **a instancias de.** frs. adv. A petición de, a ruegos de.

Instantáneo, a. a. Que sólo dura un instante.// f. Fotografía que se obtiene instantáneamente.

Instante. p. act. de **Instar**. Que insta.// m. Segundo./ Tiempo brevísimo.// **-a cada instante.** m. adv. fig. A cada paso, con frecuencia.

Instar. tr. Repetir la petición o insistir con ahínco en ella.// i. Urgir la ejecución de una cosa.

Instaurar. tr. Establecer, fundar, instituir./ Renovar, restablecer.

Instigación. f. Acción y efecto de instigar.

Instigar. tr. Incitar a que se haga una cosa, inducir.

Instilación. f. Acción y efecto de instilar.

Instilar. tr. Echar gota a gota un líquido en otra cosa./ fig. Infundir insensiblemente en el ánimo una idea, afecto, etc.

Instintivo, va. a. Que es efecto o resultado del instinto.

Instinto. m. Estímulo interior que mueve a los animales a una acción dirigida a la conservación o reproducción./ Psic. por ext., Razón profunda, pero no conciente para el que la realiza, que impulsa un acto, actitud o sentimiento humano.

Institución. f. Establecimiento de una cosa./ Cosa fundada o establecida./ Organización fundamental de un Estado, nación o sociedad.

Institucional. a. Perteneciente o relativo a la institución.

Instituir. tr. Fundar; establecer, crear algo o darle principio.

Instituto. m. Corporación científica, benéfica, literaria, etc./ Edificio en que tiene asiento alguna de dichas corporaciones./ Establecimiento de enseñanza./ Constitución o regla de ciertos cuerpos o colectividades.

Institutriz. f. Maestra o persona encargada de la educación o instrucción de uno o más niños, en el hogar doméstico.

Instrucción. f. Acción de instruir o instruirse./ Caudal de conocimientos adquiridos./ Der. Curso que sigue un proceso o expediente./ Conjunto de reglas para algún fin./ pl. Órdenes que se dictan a jefes del ejército, diplomáticos, etc./ Inform. Expresión que se forma con números letras que indica la operación que debe realizar y los datos correspondientes, en un computador.

Instructivo, va. a. Dícese de lo que instruye o sirve para instruir.

Instructor, ra. s. Que instruye.

Instruido, da. a. Que tiene bastante caudal de conocimientos adquiridos.

Instruir. tr. Enseñar./ Comunicar sistemáticamente conocimientos o doctrinas./ Der. Formalizar un proceso o expediente./ Informar del estado de una cosa. Ú.t.c.prl.

Instrumentación. f. Acción y efecto de instrumentar.

Instrumental. a. Perteneciente a los instrumentos músicos.// m. Conjunto de instrumentos de una orquesta o de una banda./ Conjunto de instrumentos destinados a un fin.

Instrumentar. tr. Arreglar una composición musical para varios instrumentos./ Cir. Preparar, disponer el instrumental.

Instrumentista. m. y f. Músico de instrumento./ Persona que fabrica instrumentos musicales, quirúrgicos, etc./ Persona que cuida de los instrumentos quirúrgicos y los proporciona a quien realiza la intervención.

Instrumento. m. Conjunto de diversas piezas que sirve para determinado trabajo./ Máquina./ Lo que se utiliza para hacer una cosa./ Escritura, papel o documento con que se prueba o justifica alguna cosa./ Conjunto de piezas que sirve para producir sonidos musicales./ fig. Lo que sirve de medio para conseguir un fin.

Insubordinación. f. Falta de subordinación./ Rebelión.

Insubordinado, da. a. y s. Que falta a la subordinación rebelde.

Insubordinar. tr. Introducir la insubordinación.// prl. Sublevarse, quebrantar la subordinación.

Insubstancial. a. De poca o ninguna substancia.

Insuficiencia. f. Falta de suficiencia./ Falta de inteligencia Escasez o cortedad de una cosa.

Insuficiente. a. No suficiente.

Insuflación. f. Acción y efecto de insuflar.

Insuflar. tr. Introducir a soplos un gas, un líquido o una substancia pulverizada en una cavidad u órgano.

Insufrible. a. Que no se puede sufrir./ Muy difícil de sufrir

ínsula. f. Isla./ fig. Lugar o gobierno pequeño.

Insular. a. Isleño. Apl. a personas, ú.t.c.s.

*Instalación.
La instalación
de modernos y
avanzados
centros de
diagnóstico
y tratamiento
de las
enfermedades
conforma una
necesidad
cada vez más
imperiosa en el
mundo actual.
Esto permitirá
combatir con
mayor eficacia
los flagelos
que atentan
contra la
humanidad.*

Insulina. f. Hormona segregada por el páncreas que regula la cantidad de glucosa existente en la sangre. Sus preparados farmacéuticos se utilizan en el tratamiento de la diabetes sacarina y otras enfermedades.

Insulsez. f. Calidad de insulso.

Insulso, sa. a. Insípido, falto de sabor./ fig. Carente de gracia o viveza.

Insultante. p. act. de **insultar**. Que insulta.// a. Apl. a las palabras y hechos con que se insulta. ·

Insultar. tr. Ofender a uno con palabras o acciones.

Insulto. m. Acción y efecto de insultar.

Insumir. tr. Econ. Invertir dinero./ Amér. Costar.

Insumo. m. Econ. Bien empleado en la producción de otros bienes.

Insuperable. a. No superable.

Insurgente. a. y s. Rebelde, sublevado, insurrecto.

Insurrección. f. Sublevación de un pueblo, nación, etc. contra un gobierno, autoridad, etc.

Insurreccionar. tr. Instigar a la insurrección.// prl. Rebelarse contra las autoridades, sublevarse.

Insurrecto, ta. a. y s. Sublevado contra la autoridad pública; rebelde.

Insustancial. a. Insubstancial.

Insustituible. a. Que no puede ser sustituido; indispensable.

Intachable. a. Que no merece tacha./ Perfecto.

Intacto, ta. a. No tocado./ Que no ha sufrido deterioro o alteración./ fig. Puro, sin mezcla.

Intangible. a. Que no debe o no puede tocarse.

Integración. f. Acción y efecto de integrar./ Mat. Operación que se realiza para averiguar la función primitiva de una función diferencial.

Integral. a. Total, completo, global./ Aplícase a las partes que componen un todo./ Dícese de la harina que se consume completa, sin tamizar ni procesar, y del pan que se hace con ella./ Mat. Nombre del signo de la integración./ a. y f. Dícese de la ecuación o función en la que intervienen estos signos.

Integrante. p. act. de **integrar**. Que integra.// a. Integral.

Integración. f. Acción y efecto de integrar.

Integrar. tr./ prl. Dar integridad a una cosa./ Componer un todo con sus partes integrantes./ Reintegrar.

Integridad. f. Calidad de íntegro./ fig. Virginidad.

Íntegro, gra. a. Que no carece de ninguna de sus partes./ fig. Desinteresado, recto, probo.

Intelecto. m. Entendimiento, inteligencia.

Intelectual. a. Perteneciente o relativo al entendimiento./ Dedicado al cultivo de las letras o ciencias. Ú.t.c.s.

Intelectualidad. f. Entendimiento./ fig. Conjunto de personas cultas de un país, región, etc.

Inteligencia. f. Potencia intelectiva./ Facultad de entender./ Facultad de conocer./ Conocimiento, acto de entender./ Habilidad y experiencia./ Trato o correspondencia secreta de personas o naciones entre sí.

Inteligente. a. Dotado de inteligencia.// a. y s. Sabio, instruido.

Inteligible. a. Que puede ser entendido./ Que se oye clara y distintamente.

Intemperancia. f. Falta de temperancia.

Intemperante. a. Falto de temperancia.

Intemperie. f. Destemplanza o desigualdad del tiempo atmosférico./ **-a la intemperie.** m. adv. Al raso, a cielo descubierto.

Intempestivo, va. a. Inoportuno, fuera de tiempo y sazón.

Intención. f. Propósito; determinación de la voluntad hacia un fin./ fig. Instinto dañino de algunos animales./ Advertencia cautelosa.

Intencionado, da. a. Que tiene alguna intención. Úsase con los advs. bien, mal, mejor y peor.

Intencional. a. Perteneciente o relativo a la intención./ Deliberado, hecho a sabiendas o con intención.

Intendencia. f. Dirección y gobierno de una cosa./ Empleo, casa o jurisdicción del intendente.

Intendente. m. Jefe superior económico./ Amér. Alcalde, jefe de la administración municipal.

Intensar. tr./ prl. Hacer que una cosa aumente su intensidad.

Intensidad. f. Grado de energía de un agente natural o mecánico, de una cualidad, de una expresión, etc./ Cantidad de electricidad que pasa por una sección de un conductor en la unidad de tiempo./ fig. Vehemencia.

Intensificar. tr./ prl. Intensar.

Intensivo, va. a. Que intensa.

Intenso, sa. a. Que tiene intensidad./ fig. Muy vehemente y vivo.

Intentar. tr. Tener intención de hacer una cosa./ Pretender o procurar.

Intento, ta. m. Propósito, intención./ Cosa intentada.

Intentona. f. fam. Intento temerario, y especialmente si se ha malogrado.

Interacción. f. Acción y efecto de interaccionar.

Interaccionar. i. Ejecutar una acción recíproca.

Interamericano, na. a. Rel. a las relaciones entre países de América.

Interandino, na. a. Dícese de las relaciones entre las naciones que están a uno y otro lado de los Andes.

Instrumentos con que las orquestas ejecutan música.

Intercalar. tr. Interponer una cosa entre otras.

Intercambiable. a. Dícese de cada una de las piezas similares pertenecientes a objetos iguales, que pueden cambiarse entre sí.

Intercambiar. tr. Cambiar mutuamente proyectos, informes, etc.

Intercambio. m. Cambio recíproco de servicios, personas o cosas entre corporaciones o países.

Interceder. i. Rogar o mediar por otro para librarse de un mal.

Intercedir. tr. Vedar, prohibir.

Interceptar. tr. Impedir que una cosa llegue al lugar o a la persona a que se destina.

Intercesión. f. Acción y efecto de interceder.

Intercomunicación. f. Comunicación recíproca./ Comunicación telefónica entre las distintas dependencias de un edificio, recinto, etc.

Intercontinental. a. Que llega de un continente a otro, o está entre ellos.

Intercostal. a. Que está entre las costillas.

Interdependencia. f. Dependencia recíproca.

Interdicción. f. Acción y efecto de interdecir.

Interdicto. ta. p. p. irreg. de **intercedir**.// m. Entredicho./ Der. Juicio posesorio sumario o sumarísimo.

Interés. m. Provecho, utilidad./ Beneficio producido por el capital./ Inclinación del ánimo hacia un objeto o persona.// pl. Bienes de fortuna./ Conveniencia o necesidad de carácter colectivo.

Interesado, da. a. y s. Que tiene interés en una cosa./ Que se deja llevar o dominar por el interés.

interesante. a. Que interesa.

interesar. i./ prl. Tener interés.// tr. Dar parte a uno en una negociación en que pueda tener utilidad o interés./ Hacer tomar parte en los negocios o intereses ajenos./ Atraer la atención con lo que se dice o escribe./ Inspirar interés o afecto.

interestelar. a. Apl. al espacio comprendido entre dos o más astros.

interferencia. f. Acción y efecto de interferir.

interferir. tr./ prl. Cruzar, interponer algo en el camino de una cosa.// tr./ i. *Fís.* Causar interferencia.

ínterin. adv. t. Entretanto, mientras.

interinato. m. Empleo o cargo interino.

interino, na. a. y s. Que sirve por algún tiempo supliendo la falta de una persona o cosa.

interior. a. Que está en la parte de adentro./ Dícese de la habitación sin vista a la calle./ fig. Que solamente se siente en el alma./ fig. Perteneciente a la nación, en contraposición con lo extranjero.// m. Parte interior de una cosa./ Parte central no costera o fronteriza, de un país.

Formación interestelar. Acumulaciones pequeñas de estrellas que rotan junto con la galaxia formando cúmulos estelares.

interioridad. f. Calidad de interior.// pl. Asuntos o hechos privativos de las personas, familias o corporaciones.

interiorizar. tr./ prl. *Amér.* Informar detalladamente, enterar.

interjección. f. *Gram.* Voz que expresa alguna impresión súbita, como sorpresa, dolor, asombro, etc.

interlocutor, ra. s. Cada una de las personas que toman parte en un diálogo.

interludio. m. Composición breve que se ejecuta a modo de intermedio en la música instrumental.

intermediar. i. Mediar, estar una cosa en medio de otras.

intermediario, ria. a. y s. Que media entre dos o más personas, especialmente entre el productor y el consumidor.

intermedio, dia. a. Que está en medio de los extremos de lugar o tiempo.// m. Espacio o intervalo entre dos tiempos o acciones./ *Música*, baile, etc., que se ejecuta entre los actos de una pieza teatral o en los intervalos de una función cinematográfica.

interminable. a. Que no tiene fin o término.

intermisión. f. Interrupción temporaria de una labor u otra cosa.

intermitencia. f. Calidad de intermitente.

intermitente. a. Que se interrumpe y prosigue o se repite./ Que obra por intervalos.

intermuscular. a. Que está situado entre los músculos.

internación. f. Acción y efecto de internar o internarse.

internacional. a. Rel. a dos o más naciones.

internacionalismo. m. Sistema político propuesto por los partidos marxistas consistente en la unión internacional de los obreros y de sus organizaciones para luchar por sus reivindicaciones.

internado, da. p. p. de **internar.**// m. Estado del alumno interno./ Conjunto de estos alumnos./ *Arg.* Colegio de alumnos internos.

internar. tr. Conducir tierra adentro o una persona o cosa.// prl. Avanzar hacia adentro, por tierra o por mar.// i. Penetrar./ prl. *Arg.* Ingresar a una institución médica para una curación o una intervención quirúrgica.

Internet. s. *Comp.* Red de ordenadores que permite intercambiar información entre usuarios de todo el mundo.

interno, na. a. Interior./ Apl. al alumno que vive dentro de un establecimiento de enseñanza. Ú.t.c.s.

interoceánico, ca. a. Que comunica dos océanos./ Que está entre dos océanos.

interpelación. f. Acción de interpelar.

interpelar. tr. Pedir auxilio o protección./ En el régimen parlamentario, usar un diputado o senador de la palabra, para iniciar o plantear una discusión ajena a los proyectos de ley y a las proposiciones./ Compeler a alguien a que dé explicaciones sobre un hecho.

interplanetario, ria. a. Dícese del espacio entre dos o más planetas.

interpolar. tr. Poner entre otras una cosa; intercalar./ Introducir palabras o frases en el texto de un manuscrito antiguo o en escritos u obras ajenas./ Interrumpir brevemente la continuación de una cosa.

interponer. tr. Poner una cosa entre otras./ Formalizar algún recurso legal mediante un pedimento.// tr./ prl. fig. Poner intercesor.

interposición. f. Acción y efecto de interponer o interponerse.

interpretación. f. Acción y efecto de interpretar.

interpretar. tr. Explicar el sentido de una cosa./ Traducir de una lengua a otra./ Entender, o tomar en buen o mal sentido, una acción o palabra.

interpretativo, va. a. Que sirve para interpretar.

intérprete. m. y f. Persona que interpreta./ Persona que traduce de una lengua a otra./ Actor que representa un papel.

interpuesto, ta. p. p. irreg. de **interponer.**

interrogación. f. Pregunta./ Signo ortográfico (¿?) que se pone al principio y fin de palabra o frase interrogativa.

interrogante. p. act. de **interrogar.** Que interroga. Ú.t.c.s./ amb. Pregunta./ Problema no aclarado, incógnita, cuestión dudosa.

interrogar. tr. Preguntar.

interrogativo, va. a. *Gram.* Que implica o denota interrogación.

interrogatorio. m. Serie de preguntas formuladas por escrito./ Documento en que están contenidas./ Acto de dirigirlas a quien debe contestarlas.

interrumpir. tr. Impedir la continuación de una cosa./ Suspender temporalmente.

interrupción. f. Acción y efecto de interrumpir.

interruptor, ra. a. Que interrumpe./ m. Elemento básico de un circuito que abre o cierra el paso de corriente eléctrica.

intersección. f. *Geom.* Punto común a dos líneas que se cortan./ *Geom.* Encuentro de dos líneas, dos superficies o dos sólidos que se cortan recíprocamente.

intersticio. m. Espacio pequeño entre dos cuerpos o entre dos partes de un mismo cuerpo./ Intervalo.

intertextual. a. *Lit.* Perteneciente o relativo a la intertextualidad.

intertextualidad. f. *Lit.* Propiedad de ciertos textos de remitirse a otros en forma de cita, alusión, homenaje, parodia, plagio, etc.

intertropical. a. Rel. a los países que están entre los dos trópicos, y a sus habitantes.

interurbano, na. a. Apl. a los servicios de comunicación establecidos entre distintos barrios de una misma ciudad.

intervalo. m. Distancia entre dos lugares o tiempo entre dos períodos./ *Mat.* Conjunto de los valores que toma una magnitud entre dos límites dados./ *Mús.* Diferencia de tono entre los sonidos de dos notas musicales.

intervención. f. Acción y efecto de intervenir./ Oficina del interventor./ Operación quirúrgica.

intervenir. i. Participar en un asunto./ Interponer alguien su autoridad./ Mediar.// tr. Examinar y censurar cuentas con autoridad suficiente./ Dirigir temporalmente una o varias potencias algunos asuntos interiores de otra./ *Cir.* Operar.

intestinal. a. Pert. a los intestinos.

intestino, na. a. Interno, interior.// m. Conducto membranoso, muscular, que se halla plegado en muchas vueltas en la cavidad abdominal y sirve principalmente para terminar la digestión y absorber los alimentos.

intimar. tr. Hacer saber una cosa con autoridad.// prl. Introducirse en el afecto de uno. Ú.t.c.i.

intimidad. f. Amistad íntima./ Parte muy personal, gmente. reservada, de los asuntos o afectos de una persona o familia.

intimidar. tr./ prl. Causar miedo, infundirlo.

íntimo, ma. a. Más interior./ Apl. al amigo de confianza y a la amistad muy estrecha.

intitular. tr. Poner título a un libro u otro escrito.// tr./ prl. Dar a una persona o cosa un título particular.

intocable. a. y s. Intangible, que no se puede tocar.

intolerable. a. Que no se puede tolerar.

intolerante. a. y s. Falto de tolerancia.

intoxicación. f. Acción y efecto de intoxicar o intoxicarse.

intoxicar. tr./ prl. Envenenar.

intracelular. a. *Biol.* Que está u ocurre dentro de la célula.

intramuscular. a. Que está o se pone dentro de los músculos.

intranquilidad. f. Desasosiego, falta de tranquilidad.

intranquilizar. tr. Quitar la tranquilidad, desasosegar.

intranquilo, la. a. Que carece de tranquilidad.

intransferible. a. Que no puede transferirse.

intransigente. a. Que no transige./ Que no hace concesiones.

intransitable. a. Apl. al lugar por donde no se puede o es muy difícil transitar.

intrascendente. a. Que no es trascendente, insignificante.

intratabilidad. f. Calidad o condición de intratable.

intratable. a. Que no puede tratarse./ fig. De genio áspero, insociable.

intravenoso, sa. a. Que se pone o está dentro de una vena.

intrepidez. f. Arrojo, valor./ fig. Osadía, temeridad, irreflexión.

intrépido, da. a. Valeroso, que no teme a los peligros./ fig. Osado, que obra o habla sin reflexión.

intriga. f. Acción que se ejecuta con astucia y ocultamente, para conseguir un fin./ Enredo, embrollo.

intrigante. p. act. de **intrigar.** Que intriga.

intrigar. i. Usar de intrigas.// tr. Inspirar curiosidad una cosa, inquietar.

intrincado, da. p. p. de **intrincar.**// a. Enredado, complicado, confuso.

Inundación producida por el desborde de un río, anegando los poblados aledaños.

intrincar. tr. Enredar, enmarañar una cosa. Ú.t.c. prl./ fig. Confundir u oscurecer los pensamientos o ideas.

intrínseco, ca. a. Íntimo, propio de sí, esencial.

introducción. f. Acción y efecto de introducir o introducirse./ Preparación, disposición para llegar a un fin./ Principio de una obra literaria/ Exordio, preámbulo./ Parte inicial de una obra musical./ Parte inicial.

introducir. tr./ prl. Dar entrada en un lugar./ Hacer que uno sea recibido en un lugar./ fig. Ocasionar.// prl. Meterse uno en lo que no le corresponde.

introito. m. Principio de un escrito o de una oración./ Lo primero que dice el sacerdote en el altar al dar principio a la misa.

intromisión. f. Acción y efecto de entrometer o entrometerse.

introversión. f. Actitud psicológica por la que se presta mayor importancia a la vida interior que a la realidad externa.

introvertido, da. a. Rel. a la introversión.// a. y s. Dado a la introversión.

intrusión. f. Acción de introducirse sin derecho en un sitio, dignidad, empleo, etc.

intruso, sa. a. y s. Que se ha introducido sin derecho./ Detentador de alguna cosa alcanzada por intrusión.

intuición. f. *Fil.* Modo de conocimiento en que el objeto es captado clara, íntima e instantáneamente por el entendimiento, sin necesidad de razonamiento./ fam. Facilidad de conocer las cosas a primera vista o de darse cuenta de ellas cuando aún no son patentes para todos./ *Teol.* Visión beatífica.

intuir. tr. Percibir clara e instantáneamente una verdad o idea sin el proceso del razonamiento.

inundación. f. Acción y efecto de inundar o inundarse./ fig. Multitud, abundancia excesiva de una cosa.

inundar. tr./ prl. Cubrir el agua u otro líquido un lugar./ fig. Llenar con exceso.

inusitado, da. a. No usado, raro.

inútil. a. No útil.

inutilidad. f. Calidad de inútil.

inutilizar. tr./ prl. Hacer inútil o inservible una cosa.

invadir. tr. Acometer, entrar por fuerza en algún sitio./ fig. Entrar sin derecho o justificación en funciones ajenas.

invalidar. tr. Declarar inválida o hacer nula una cosa.

invalidez. f. Calidad de inválido.
inválido, da. a. y s. Que no tiene fuerza ni vigor./ fig. Nulo./ Dícese de la persona que adolece de un defecto físico o mental.
invalorable. a. Que no se puede valorar.
invariable. a. Que no sufre o no puede sufrir variación.
invasión. f. Acción y efecto de invadir./ Difusión rápida de microbios patógenos en un organismo./ Irrupción de una fuerza militar en un país./ Por extensión, ocupación general de un lugar.
invasor, ra. a. y s. Que invade.
invectiva. f. Discurso o escrito violento o mordaz contra personas o cosas.
invencible. a. Que no puede ser vencido.
invención. f. Acción y efecto de inventar./ Cosa inventada./ Hallazgo./ Ficción, engaño./ Ret. Elección y disposición adecuada de los argumentos del discurso.
inventar. tr. Hallar o descubrir una cosa nueva o no conocida./ Crear, imaginar el artista su obra./ Fingir hechos falsos.
inventario. m. Asiento de los bienes y demás cosas pertenecientes a una persona o comunidad./ Documento en que se expresan dichos bienes.
inventivo, va. a. Que posee facultad y disposición para inventar./ Dícese de las cosas inventadas.// f. Facultad, disposición para inventar.
invento. m. Creación. Objeto o idea que se crea o se imagina./ fig. Mentira. Ú. m. en plural.
inventor, ra. a. y s. Que inventa.
inverecundo, da. a. y s. Que no tiene vergüenza.
invernación. f. Hibernación.
invernáculo. m. Lugar cubierto y abrigado artificialmente para cultivar las plantas protegiéndolas del frío.
invernada. f. Estación de invierno./ Amér. Invernadero para el ganado./ Campo para el engorde del ganado./ Este ganado y tiempo que permanece en dicho campo.
invernadero. m. Sitio a propósito para pasar el invierno, y destinado a este fin./ Paraje destinado para que pasten los ganados en dicha estación./ Lugar protegido donde se cultivan plantas en condiciones ambientales adecuadas.
invernar. i. Pasar el invierno en un lugar./ Ser tiempo de invierno./ Arg. y Bol. Pasar el ganado en invernadas.
inverosímil. a. No verosímil./ Que no tiene apariencia de verdad.
inverosimilitud. f. Calidad de inverosímil.
inversión. f. Homosexualidad./ Cambio en el orden regular y esperable de una frase./ Econ. Empleo del capital en la producción de bienes o en el aumento de la reserva.
inversionista. a. y s. Persona que hace inversiones de capital.

inverso, sa. p. p. irreg. de **invertir.**// a. Alterado, trastornado.// -a, o por, la **inversa.** m. adv. Al contrario.
inversor, ra. a. y s. Que invierte.// m. Elect. Aparato para invertir o cambiar el sentido de la corriente eléctrica en un circuito.
invertebrado, da. a./m. Zool. Dícese de los animales sin columna vertebral.
invertido, da. p. p. de **invertir.**// m. Sodomita, homosexual.
invertir. tr. Alterar las cosas o su orden natural./ Emplear los caudales en aplicaciones productivas./ Ocupar el tiempo de una u otra manera./ Mat. En una proporción, cambiar los lugares que ocupan respectivamente los dos términos de cada razón.
investidura. f. Acción y efecto de investir./ Carácter que se adquiere con ciertos empleos o dignidades.
investigación. f. Acción y efecto de investigar.
investigador, ra. s. Que investiga.
investigar. tr. Hacer diligencias para descubrir o averiguar una cosa./ Realizar actividades intelectuales y experimentales de un modo sistemático con el propósito de aumentar los conocimientos sobre una determinada materia.
investir. tr. Conferir una dignidad o cargo.
inveterado, da. a. Antiguo, arraigado.
invicto, ta. a. No vencido; siempre triunfante.
invierno. m. Estación del año, que comienza en el solsticio del mismo nombre y finaliza en el equinoccio de primavera./ Época más fría del año, que en el hemisferio austral comprende desde el 21 de junio hasta el 21 de septiembre, y en el septentrional, del 21 de diciembre hasta el 21 de marzo.
inviolabilidad. f. Calidad de inviolable.
inviolable. a. Que no se debe o no se puede violar./ Que goza de la prerrogativa de inviolabilidad.
inviolado, da. a. Que se conserva en toda su pureza e integridad.
invisibilidad. f. Calidad de invisible.
invisible. a. Que no puede ser visto.
invitación. f. Acción y efecto de invitar./ Tarjeta o cédula con que se invita.
invitar. tr. Convidar./ Incitar.
invocación. f. Acción y efecto de invocar.
invocar. tr. Llamar a otro en auxilio./ Acogerse, alegar una razón, ley o costumbre.
involucrar. tr. Incluir cuestiones o asuntos extraños al principal objeto en los discursos o escritos./ Abarcar, comprender.// tr./ pr. Complicar a alguien en un asunto.
involuntario, ria. a. No voluntario, o no intencionado.
invulnerabilidad. f. Calidad de invulnerable.

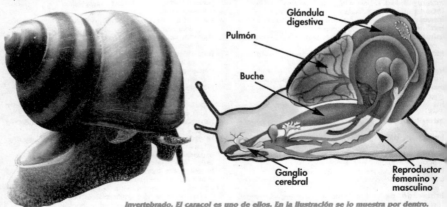

Glándula
digestiva

Pulmón

Buche

Ganglio
cerebral

Reproductor
femenino y
masculino

Invertebrado. El caracol es uno de ellos. En la ilustración se lo muestra por dentro.

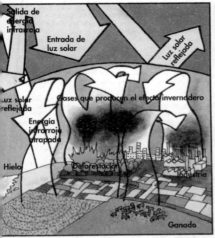

Efecto invernadero, derivado de un cambio climático originado en la alta concentración de anhídrido carbónico en la atmósfera.

invulnerable. a. Que no puede ser herido.

inyección. f. Acción y efecto de inyectar./ Sustancia que se inyecta mediante una aguja hueca, en los tejidos y venas.

inyectable. a./ m. Dícese de la sustancia o medicamento propios para ser usados en inyecciônes.

inyectar. tr. Introducir a presión un gas, un líquido o sustancia fluida, en el interior de un cuerpo o cavidad.

iodo. m. Quím. Yodo.

ión. m. Electr. Átomo o grupo de átomos con una carga eléctrica, positiva o negativa./ Quím. Radical de uno o dos átomos, que al disolverse las sustancias se disocia de éstas y da a las soluciones el carácter de la conductividad eléctrica.

iónico, ca. a. Relativo a los iones./ Quím. Dícese de determinado tipo de enlace.

ionización. f. Fís. Fenómeno por el que un átomo o un grupo de átomos se transforman en iones.

ionoscopio. m. Dispositivo utilizado en televisión para captar imágenes.

ionosfera. f. Capa de la atmósfera que se ubica entre los 80 y los 400 km. Sus componentes se encuentran ionizados por la acción de los rayos ultravioletas.

ipecacuana. f. Planta sudamericana de tallos sarmentosos, con capítulos de pequeñas flores blancas y fruto en baya. Su raíz se utiliza en medicina como emética, tónica, purgante y sudorífica./ Raíz de esta planta.

ir. i./ prl. Moverse de un lugar hacia otro.// i. Venir./ Caminar de acá para allá./ Distinguirse una persona o cosa de otra./ Úsase para indicar hacia dónde se dirige un camino./ Extenderse una cosa, comprender desde un punto a otro.// prl. Morirse o estarse muriendo./ Deslizarse, perder el equilibrio./ Gastarse o perderse una cosa.

ira. f. Pasión del alma que mueve a indignación y enojo./ fig. Furia o violencia de los elementos.

iracundia. f. Propensión a la ira./ Cólera, enojo.

iracundo, da. a. y s. Propenso a la ira.

iraní. a. y s. Del moderno estado de Irán.

iranio, nia. a. y s. Del antiguo Irán.

iraquí. a. y s. De Irak.

irascible. a. Fácil de irritarse.

iridescencia. f. Calidad de iridiscente.

iridio. m. Metal blanco, amarillento, quebradizo, algo más pesado que el oro. Símb. Ir.; p. at., 193,10; n. at., 77.

iridiscente. a. Que presenta o refleja los colores del iris.

iris. m. Arco de colores que se forma en las nubes cuando el Sol refracta y refleja su luz en la lluvia. También se observa este arco en las pulverizaciones de agua heridas por el sol en determinadas posiciones./ Disco membranoso del ojo de color vario en cuyo centro está la pupila.

irisar. i. Presentar un cuerpo reflejos de luz con todos o algunos de los colores del arco iris.

irlandés, sa. a. y s. De Irlanda.// m. Lengua de los irlandeses.

ironía. f. Burla fina y disimulada./ Figura retórica por la que se da a entender lo contrario de lo que se dice.

irónico, ca. a. Que implica ironía, o rel. a ella.

irracional. a. y s. Que carece de razón./ Opuesto a la razón./ Mat. Apl. a las raíces o cantidades radicales que no pueden expresarse exactamente con números enteros ni fraccionarios.

irradiar. tr. Despedir un cuerpo rayos de luz, calor u otra energía en todas direcciones./ Someter un cuerpo a la acción de rayos.

irrazonable. a. No razonable.

irreal. a. Que no es real./ Carente de realidad.

irrealidad. f. Condición de lo que no es real.

irrealizable. a. Que no se puede realizar.

irreconciliable. a. Apl. al que no quiere volver a la amistad con otro.

irrecuperable. a. Que no se puede recuperar.

irrecusable. a. Que no se puede recusar.

irredento, ta. a. Sin redimir./ Dícese en especial del territorio que una nación pretende anexarse por razones de raza, historia o idioma.

irreductible. a. Que no se puede reducir.

irreemplazable. a. Que no se puede reemplazar.

irreflexivo, va. a. Que no reflexiona./ Que se dice o se hace sin reflexionar.

irreformable. a. Que no se puede reformar.

irrefrenable. a. Que no se puede refrenar.

irrefutable. a. Que no se puede refutar.

irregular. a. Contrario a la regla; fuera de ella./ Que no sucede comúnmente./ Raro, infrecuente./ Geom. Apl. al polígono y al poliedro que no son regulares./ Gram. Dícese de la palabra derivada o formada de otra, que se aparta en su formación de las reglas seguidas por las de su clase.

irregularidad. f. Calidad de irregular./ fig. y fam. Malversación, estafa, etc., en la administración pública o privada.

irrelevante. a. Sin importancia o significación.

irremediable. a. Que no puede remediarse.

irremisible. a. Que no se puede remitir o perdonar.

irrenunciable. a. Que no se puede renunciar.

irreparable. a. Que no se puede reparar.

irreprensible. a. Que no merece represión.

irreprimible. a. Que no se puede reprimir.

irreprochable. a. Que no puede ser reprochado.

irresistible. a. Que no se puede resistir.

irresolución. f. Carencia de resolución.

irrespetuosidad. f. Calidad de irrespetuoso.

irrespetuoso, sa. a. Que no es respetuoso.

irrespirable. a. Que no puede o no debe respirarse./ Que difícilmente puede respirarse.

irresponsabilidad. f. Calidad de irresponsable.

irresponsable. a. y s. Díc. de la persona a quien no se puede exigir responsabilidad.

irreverencia. f. Falta de reverencia./ Dicho o acto irreverente.

irreversible. a. Que no puede revertirse.

irrevocable. a. Que no se puede revocar.

irrigación. f. Acción y efecto de irrigar.

irrigador. m. Med. Instrumento propio para irrigar.

irrigar. tr. Rociar con una sustancia líquida alguna parte del cuerpo u otra cosa./ Llevar la sangre a los tejidos a través de los vasos./ Regar un terreno.

irrisión. f. Burla, a costa de alguien o algo, con que se provoca a risa.

irrisorio, ria. a. Que provoca risa y burla.

irritabilidad. f. Propensión a irritarse o conmoverse con violencia y facilidad.

irritable. a. Capaz de irritación o irritabilidad./ Que se puede anular o invalidar.

irritación. f. Acción y efecto de irritar o irritarse.

irritante. p. act. **de irritar.** Que irrita.

irritar. tr./ prl. Hacer sentir ira./ Excitar otros afectos o inclinaciones naturales./ Med. Producir excitación morbosa en un órgano o parte del cuerpo.

irrompible. a. Que no se puede romper.

irrumpir. i. Entrar violentamente en un lugar.

irrupción. f. Acontecimiento impetuoso e inesperado./ Invasión, entrada impetuosa en un lugar.

irupé. m. Parag. Nombre guaraní de la victoria regia.

Irupé. Su hábitat son los bañados y esteros.

isabelino, na. a. Relativo a cualquiera de las reinas que llevaron el nombre de Isabel en España o Inglaterra./ Dícese de los caballos de color de perla, entre blanco y amarillo.

isla. f. Porción de tierra rodeada de agua por todas partes./ fig. Conjunto de árboles o monte de escasa extensión, aislado, que no esté junto a un río.

islam. m. Islamismo./ Conjunto de territorios unificados por la fe musulmana.

islamismo. m. Conjunto de dogmas y preceptos morales que constituyen la religión que predicó Mahoma.

islamita. a. y s. Que profesa el islamismo.

islandés, sa. a. De Islandia.// m. Idioma hablado en Islandia.

isleño, ña. a. y s. Natural de una isla./ Perteneciente a una isla.

islote. m. Isla pequeña y sin habitantes./ Peñasco muy grande, rodeado de mar.

isobara. f. Lugar geométrico o geográfico de los puntos de un sistema que poseen igual presión.

isoca. f. Arg. y Par. Larva de mariposa que invade y devora los cultivos.

isogamia. f. Biol. Fecundación característica de animales y vegetales inferiores, en la que es imposible distinguir los gametos de ambos sexos.

isogeno, na. a. Del mismo origen.

isomería. f. Calidad de isómero.

isómero. m. Quím. Compuesto que posee la misma fórmula química que otro, pero distintas propiedades.

isomorfismo. m. Calidad de isomorfo./ En cristalografía, igualdad o semejanza de formas cristalinas entre sustancias de parecida composición química./ Ling. Semejanza de rasgos estructurales entre los planos fónico y semántico de una lengua.

isomorfo, fa. a. De forma igual o muy parecida./ Aplícase a los cuerpos de distinta composición química pero igual forma cristalina.

isósceles. a. Dícese de los triángulos que tienen solamente dos de sus ángulos iguales.

isostasia. f. Geol. Condición ideal de equilibrio a la que tienden todos los bloques de la corteza terrestre.

isoterma. f. Lugar geométrico o geográfico de los puntos de un sistema que poseen igual temperatura.

isotopo. a. y m. Quím. Dícese de los elementos que poseen igual n. at. pero diferente masa.

isquemia. f. Pat. Falta de afluencia sanguínea a un tejido u órgano. Su persistencia conduce a una necrosis.

isquion. m. Hueso embrionario que en los mamíferos adultos se une al ilion y al pubis.

israelita. a. Hebreo. Ú.t.c.s./ Del antiguo reino de Israel. Ú.t.c.s./ Perteneciente a este reino.

ístmico, ca. a. Rel. a un istmo.

istmo. m. Geog. Lengua de tierra que une dos continentes o una península con un continente./ **-de las fauces.** Zool. Abertura entre la cavidad de la boca y la faringe, limitada por el velo del paladar, los pilares y la base de la lengua. **-del encéfalo.** Zool. Parte del encéfalo, donde se unen el cerebro y el cerebelo.

italianismo. m. Giro o modo de hablar propio de la lengua italiana.

italianista. s. Persona que estudia o conoce la cultura y la lengua italianas.

italiano, na. a. y s. De Italia.// m. Lengua italiana.

ítem. adv. lat. que se usa para distinguir capítulos en una escritura u otro documento, y también por señal de adición.// m. Cada uno de dichos artículos o capítulos./ fig. Aditamento, añadidura.

iterbio. m. Elemento químico. Símb., Yb.; n. at., 70; p. at. 175,5.

itinerario, ria. a. Perteneciente a caminos.// m. Descripción de un camino, expresando los lugares por donde se ha de pasar.

itrio. m. Elemento químico. Símb., y.; n. at., 39; p. at. 88,92.

izar. tr. Hacer subir alguna cosa tirando de la cuerda de que está colgada.

izquierdista. a. Perteneciente a las tendencias o doctrinas políticas de izquierda.// m. y f. Partidario de ellas.

izquierdo, da. a. Dícese de lo que cae o mira hacia la mano izquierda./ Zurdo./ fig. Torcido, no recto.// f. Mano izquierda./ Conjunto de partidos políticos que procuran cambios en la estructura de un país, sustentando las teorías más radicales.

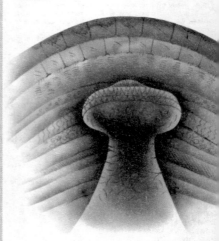

Isostasia. Esquema de acción del equilibrio isostático que acompaña a un plegamiento.

f. Décima letra del abecedario castellano, y séptima de sus consonantes. Su nombre es *jota*.

ja, ja, ja! interj. con que se denota la risa.

jabalí. m. Mamífero paquidermo, variedad salvaje del cerdo, de cabeza aguda, orejas siempre rígidas, colmillos grandes y salientes y pelaje gris.

jabalina. f. Hembra del jabalí./ Arma arrojadiza, a modo de venablo, que se usaba en la caza mayor./ Vara de madera, de una longitud mínima de 2,60 m, terminada en una punta de hierro, que se lanza en los ejercicios atléticos.

jabardillo. m. Bandada numerosa y susurradora de insectos o avecillas./ fig. y fam. Multitud de gente, tropel.

jabardo. m. Enjambre poco numeroso que produce una colmena./ fig. y fam. Multitud de gente.

jabato. m. Cachorro del jabalí.

jabeque. m. Embarcación de tres palos, con velas latinas, que también suele navegar a remo./ fig. y fam. Herida en el rostro, hecha con arma blanca.

jabí. m Árbol leguminoso de la América intertropical, de madera muy dura, rojiza y compacta.

jabillo. m. Árbol de la América tropical, muy alto y ramoso. Con su madera, blanda y muy fibrosa, se hacen canoas.

jabón. m. Sustancia pastosa que se obtiene por combinación de los ácidos grasos con un álcali, que se usa para lavar./ Pastilla o pan de esta pasta./ *Amér.* Susto, miedo.

jabonado, da. p. p. de **jabonar**.// m. Jabonadura.

jabonadura. f. Acción y efecto de jabonar.// pl. Agua mezclada con el jabón y su espuma./ Espuma formada al jabonar.

jabonar. tr. Fregar con jabón y agua la ropa u otras cosas, para lavarlas./ Humedecer la barba con agua jabonosa para afeitarla.

jaboncillo. m. Pastilla de jabón aromático./ Árbol sapindáceo de América. La pulpa de su fruto produce con el agua una especie de jabón.

jabonera. i. Recipiente para colocar el jabón.

jabonería. f. Fábrica o tienda de jabón.

jabonoso, sa. a. De jabón o que tiene su naturaleza.

jaca. f. Caballo de poca alzada.

jácara. f. Romance festivo./ Cierta música./ Especie de danza./ Reunión de gente alegre que de noche mete ruido y canta por las calles./ fig. Molestia.

jacarandá. m. Árbol americano de flores azules, frondoso ramaje y gran altura. Su madera es muy apreciada en tornería.

jacarandoso, sa. a. fam. Alegre, gracioso.

jacarear. i. Cantar jácaras a menudo./ fig. y fam. Andar por las calles cantando y haciendo ruido./ Fastidiar a uno con palabras impertinentes.

jacilla. f. Huella o señal que deja una cosa en la tierra donde ha estado algún tiempo.

jacinto. m. Planta anual liliácea, de hermosas flores olorosas./ Flor de dicha planta.

jaco. m. Caballo pequeño, ruin y macilento./ Cota de malla, de manga corte./ Jubón de tela tosca que en la antigüedad usaron los soldados.

jacobinismo. m. Ideología de los jacobinos./ *Pol.* Tendencia extrema en la defensa de las libertades y los derechos individuales.

jacobino, na. a. y s. Apl. a uno de los partidos más demagógicos y sanguinarios que había en Francia en tiempo de la Revolución y a sus integrantes./ Por ext., apl. al partidario de la revolución violenta y sanguinaria.

jactancia. f. Alabanza presuntuosa que hace alguien de sí mismo.

jactancioso, sa. a. y s. Que se jacta.

jactarse. prl. Alabarse uno presuntuosamente de sus méritos o de los que se atribuye.

jaculatorio, ria. a. Breve y fervoroso.// f. Oración breve y ferviente.

jade. f. Piedra semipreciosa muy dura, de aspecto jabonoso, blanquecina o verdosa con manchas rojizas o moradas.

jadeante. p. act. de jadear. Que jadea.

jadear. i. Respirar anhelosamente a causa del cansancio por un trabajo o ejercicio violento.

Jabalí verrugoso, ungulado salvaje de las regiones boscosas de África.

jadeo. m. Acción de jadear.

jaez. m. Cualquier adorno puesto a las caballerías. Ú.m. en pl.

jagua. f. Árbol de la América intertropical, de fruto agridulce y madera fuerte y elástica./ Fruto de este árbol.

jaguar. m. *Amér.* Yaguar.

jaguareté. m. *Amér.* Yaguareté.

jagüel. m. *Amér.* Jagüey.

jagüey. m. Bejuco moráceo de Cuba./ *Amér.* Pozo o zanja lleno de agua.

jaharrar. tr. Cubrir el paramento de una pared con una capa de yeso o mortero.

jaharro. m. Acción y efecto de jaharrar.

jaiba. f. *Amér.* Nombre que se da a muchos crustáceos decápodos branquiuros, cangrejos de río y cangrejos de mar.// m. y f. *Antill., Méx.* y *P. Rico.* Persona lista, astuta./ *Cuba.* Persona perezosa.

jalado, da. a. *Amér.* Ebrio./ *Amér.* Galante, obsequioso.// f. *Amér.* Reprimenda.

jalapa. f. Raíz de una planta americana. Se usa como purgante enérgico. Es blanca por fuera y negruzca por dentro.

jalar. tr. fam. Halar./ Tirar, atraer.

jalde. a. Amarillo subido.

jalea. f. Conserva transparente, hecha de zumo de frutas./ Medicamento muy azucarado y de consistencia gelatinosa./ **-real.** Secreción de las glándulas de las abejas obreras destinada a alimentar las larvas y la abeja reina.

jalear. tr. En la caza, llamar a los perros./ Animar a los que bailan, cantan, etc., con expresiones, palmas, etc.

jaleo. m. Acción y efecto de jalear./ Baile popular andaluz./ fam. Jarana, fiesta bulliciosa./ Pendencia, reyerta.

jalifa. m. En Marruecos, lugarteniente o delegado del sultán.

jalifato. m. Dignidad de jalifa./ Territorio en que ejerce su autoridad.

jalisciense. a. y s. De Jalisco, est. de México.

jalón. m. Vara o estaca con regatón de hierro, que se clava en tierra como señal en las alineaciones y mediciones de terrenos./ *Amér.* Tirón./ Distancia, trecho./ fig. Etapa o punto de referencia en la vida de alguien o en el desarrollo de algo.

jalonar. tr. Clavar jalones para señalar una medición./ fig. Avanzar en determinado proceso o evolución, marcando etapas o situaciones.

jamaicano, na o **jamaiquino, na.** a. y s. De Jamaica.

jamás. adv. Nunca.

jamba. f. *Arq.* Cualquiera de las dos piezas verticales que, e puertas y ventanas, sostienen el dintel o el arco de éstas.

jambaje. m. Conjunto de las dos jambas y el dintel que fo man el marco de una puerta o ventana.

jamelgo. m. fam. Caballo flaco y desgarbado por hambrie to.

jamerdar. tr. Limpiar los vientres de las reses./ fam. Limpi mal y de prisa.

jamón. m. Carne curada de la pierna del cerdo.

jangada. f. fam. Salida necia y fuera de tiempo./ Balsa o a madía de troncos unidos entre sí.

japonés, sa. a. y s. Del Japón.// m. Idioma japonés.

jaque. m. Jugada de ajedrez en que el rey o la reina de u jugador están amenazados por alguna pieza del otro./ P labra con que se avisa esa situación./ **-mate.** En el ajedre mate.

jaquear. tr. Dar jaque en el ajedrez./ fig. Hostigar al enem go.

jaqueca. f. Dolor de cabeza que ataca gmente. un lado d ella.

jaquetón. m. Tiburón de hasta diez metros de largo.

jáquima. f. Cabezada de cordel, que sirve de cabestro.

jara. f. Arbusto cistíneo, siempre verde, de flores grandes blancas./ Palo puntiagudo endurecido al fuego, que se u como arma arrojadiza./ *Méx.* Flecha.

jarabe. m. Bebida que se hace con azúcar cocida en agua zumos refrescantes o sustancias medicinales./ fig. Cua quier bebida demasiado dulce./ *Amér.* Baile popular me× cano.

jaral. m. Sitio poblado de jaras.

jaramago. m. Planta herbácea crucífera, con tallo enhies y flores pequeñas y amarillas, que suele crecer en los e combros.

jarana. f. Diversión bulliciosa./ Pendencia, tumulto.

jaranear. i. fam. Andar en jaranas.

jarcia. f. Carga de muchas cosas distintas para un uso./ Co junto de muchas cosas diversas o desordenadas./ Cabos aparejos de un barco. Ú.m. en pl./ Aparejos para pescar

jardín. m. Terreno en donde se cultivan plantas, en especi ornamentales./ En los buques, retrete./ **-botánico.** Terr no donde se cultivan plantas para el estudio o el conoc miento de la botánica./ **-de infantes.** *Amér.* Establecimie to para la educación de niños de edad pre-escolar./ **-zo lógico.** Lugar en donde se mantienen en condiciones ad cuadas, para su exhibición pública, animales de divers especies.

Jardín.

Japonés. Jardín con la característica glorieta.

ardinera. f. Mueble para colocar macetas con plantas de adorno o las mismas plantas./ Coche ligero, de cuatro ruedas y cuatro asientos.

ardinería. f. Arte de cultivar los jardines.

ardinero, ra. s. Persona que por oficio cuida y cultiva un jardín.

areta. f. Dobladillo hecho de modo que pueda pasarse por dentro una cinta, cordón, etc./ *Mar.* Cabo para asegurar y sujetar los palos, que se amarra y tensa de obenque a obenque.

arifo, fa. a. Rozagante, vistoso, bien compuesto.

arocho, cha. a. y s. *Amér.* De Veracruz, ciudad mexicana.

arope. m. Jarabe./ fig. Bebida desagradable; trago amargo.

arra. f. Vasija de cuello y boca anchos y una o dos asas.

arrete. m. Corva de la rodilla./ Corvejón de la pierna./ Parte alta y carnuda de la pantorrilla hacia la corva.

arretera. f. Liga con hebilla, para atar la media o el calzón por el jarrete.

arrón. m. Pieza arquitectónica en forma de jarro./ Vaso grande de adorno, labrado artísticamente.

aspe. m. Piedra silícea, dura y opaca intensamente coloreada./ Mármol veteado.

aspeado, da. a. Veteado como el jaspe.

aspear. tr. Pintar imitando las vetas y salpicaduras del jaspe.

auja. f. Nombre que se aplica a lo que se desea presentar como modelo de prosperidad y abundancia.

aula. f. Caja hecha con listones o enrejados de alambre, mimbre, etc., y dispuesta para encerrar animales./ Encierro hecho con enrejados de hierro o de madera./ Embalaje de madera formado con tablas o listones./ *Amér.* Vagón para el transporte de ganado por ferrocarril.

auría. f. Conjunto de perros que cazan dirigidos por un perrero.

avanés, sa. a. y s. De Java.// m. *Ling.* Idioma de los javaneses.

ayán, na. a. Persona alta, robusta y muy forzuda.

azmín. m. Arbusto oleáceo originario de Persia, de flores blancas y olorosas, reunidas en cimas y tallos algo trepadores./ Flor de este arbusto.

azmíneo, a. *Bot.* Dícese de plantas oleáceas, dicotiledóneas, erguidas o trepadoras, con hojas opuestas y sencillas o alternas y compuestas, flores hermafroditas y fruto en baya con dos semillas, como el jazmín. Ú.t.c.s.

azz. m. Género musical derivado de los cantos y melodías de los negros estadounidenses.

¡je, je, je! interj. con que se representa la risa.

jeans (voz ingl.). m. pl. Pantalón vaquero.

jebe. m. Alumbre./ *Amér.* Goma elástica./ *Bot.* Árbol de la región amazónica de Brasil, perteneciente a la familia de las euforbiáceas, del que se extrae un látex que proporciona un excelente caucho natural.

jeep (voz ingl.). m. Vehículo automotor de gran potencia, construido en EE.UU. durante la Segunda Guerra Mundial. Es apropiado como transporte para todo tipo de camino.

jefa. f. Superiora de un cuerpo u oficio./ Mujer del jefe.

jefatura. f. Dignidad o cargo de jefe./ Puesto de policía bajo las órdenes de un jefe.

jefe. m. Superior de un cuerpo u oficio./ Adalid./ Cabeza o presidente de una corporación o partido.

Jehová. m. Castellanización de Yahvé, nombre de Dios en lengua hebrea.

jején. m. Insecto díptero, más pequeño que el mosquito y de picadura muy irritante.

jeme. m. Distancia que existe desde el extremo del pulgar al índice, separados todo lo posible el uno del otro.

jengibre. m. Planta de la India, de flores en espiga y corola purpúrea, cuyo rizoma, de sabor acre y picante, se usa en medicina y como condimento.

jenízaro, ra. a. y s. Soldado de las fuerzas regulares de infantería organizadas por los turcos en el siglo XIV.

jeque. m. Jefe o régulo entre los musulmanes y otros pueblos musulmanes, que como soberano o feudatario gobierna y manda un territorio o provincia.

jerarca. m. Superior y principal en la jerarquía de la Iglesia./ Por ext., persona que goza de autoridad en un partido o facción.

jerarquía. f. Orden entre los coros angélicos y los diversos grados de la Iglesia./ Por ext., órdenes y grados de otras personas y cosas.

jerárquico, ca. Perteneciente o rel. a la jerarquía.

jerarquizar. tr. Organizar alguna cosa de modo jerárquico.

jeremiada. f. Lamentación o muestra exagerada de dolor.

jeremías. m. y f. fig. Persona que se queja continuamente.

jerez. m. fig. Vino blanco y de fina calidad, que se elabora en Jerez de la Frontera (España).

jerga. f. Tela tosca./ Jergón./ Lenguaje especial empleado por los individuos de ciertas profesiones y oficios./ Jeringoza.

jergón. m. Colchón de paja, esparto, hojas, etc., sin bastas.

jerife. m. Descendiente de Mahoma por su hija Fátima, esposa de Alí./ Individuo de la dinastía que reina en Marruecos./ Antiguo jefe superior de la ciudad de La Meca.

Jarrón artesanal, fabricado con barro cocido.

Jinetear. Una actividad muy usual en el campo, donde el jinete demuestra su habilidad.

jerigonza. fig. y fam. Lenguaje de mal gusto, difícil de entender./ Jerga, lenguaje especial.

jeringa. f. Instrumento que sirve para inyectar ciertos líquidos. Está compuesto de un tubo que termina en su parte anterior en un cañoncito delgado, dentro del cual juega un émbolo.

jeringar. tr. Arrojar o inyectar un líquido por medio de la jeringa./ tr./ prl. fig. y fam. Molestar.

jeringuilla. f. Arbusto de hojas aovadas, en punta lampiña, y flores en racimo, blancas y olorosas./ Flor de este arbusto.

jeroglífico, ca. a. Aplícase a la escritura en que no se representan las palabras con signos fonéticos, sino el significado de las palabras con figuras o símbolos. Usaron este género de escritura los egipcios y los mayas, entre otros pueblos.// m. Figura usada en esta escritura.

jerosolimitano, na. a. y s. De Jerusalén.

jerpa. f. Sarmiento estéril que echa la vid en la parte inferior, junto al tronco.

jersey. m. Prenda de vestir de punto, que se ajusta al cuerpo y cubre de los hombros a la cintura.

Jesucristo. m. Jesús.

jesuita. a. y s. Dícese del religioso de la Compañía de Jesús, fundada por San Ignacio de Loyola en 1534.

jesuítico, ca. a. Perteneciente a la Compañía de Jesús.

Jesús. m. Nombre que se da a la segunda persona de la Santísima Trinidad, el Hijo de Dios, hecho hombre.

jet (voz inglesa). m. Nombre que se da a los aviones de reacción.

jeta. f. Boca saliente./ Cara, rostro./ Hocico del cerdo.

jíbaro, ra. a. y s. Apl. al individuo de ciertas tribus indígenas nómadas del Alto Marañón (Ecuador), entre Manseriche y el río Pastaza. Se los ha llamado cazadores de cabezas, por su costumbre de preparar como trofeo las cabezas de sus enemigos, reduciéndolas al tamaño de un puño./ fig. Campesino, silvestre, rústico.

jibia. f. Molusco cefalópodo comestible de cuerpo oval y diez tentáculos con la concha incluida en el tegumento, similar al calamar.

jícara. f. Taza pequeña de loza./ *Amér.* Vasija pequeña de madera, hecha de la corteza de la güira./ Vasija pequeña de loza, apropiada para tomar chocolate.

jifería. f. Ejercicio de matar las reses y desollarlas.

jifero, ra. a. Perteneciente al matadero./ fig. y fam. Soez, sucio.// m. Cuchillo para matar y descuartizar las reses./ El que mata y descuartiza las reses.

jilguero. m. Pájaro domesticable, de plumaje pardo en el lomo, blanco manchado de rojo en la cara, negro en la cabeza, y con collar blanco. Su canto es muy agradable.

jilote. m. *Amér.* Mazorca de maíz, cuando no han cuajado aún sus granos.

jineta. f. Modo de montar a caballo, con los estribos cortos y las piernas en posición vertical desde la rodilla abajo. Galón que llevan algunos miembros de los cuerpos uniformados y que denota su graduación o antigüedad./ Charretera de seda que usaban los sargentos.

jinete. m. Soldado de a caballo que peleaba con lanza y adarga./ El que cabalga./ El que es diestro en equitación.

jineteada. f. *Arg.* Acción y efecto de jinetear./ *Arg.* Fiesta de campo donde los jinetes exhiben su destreza.

jinetear. i. *Arg.* Montar potros luciendo el jinete su habilidad y destreza.

jinglar. i. Balancearse de una parte a otra, mecerse.

jipijapa. f. Tira fina y flexible, que se saca de hojas vegetales y se utiliza para tejer sombreros y otras cosas.// m. Sombrero hecho de estas tiras.

jira. f. Pedazo largo que se corta o rasga de una tela./ Merienda o comida campestre./ Excursión de un grupo de personas.

jirafa. f. Mamífero rumiante, de cinco metros de altura, cuello muy largo y esbelto, cabeza pequeña, extremidades abdominales más cortas que las toráxicas y pelaje gris con manchas leonadas poligonales. Es originario de África.

jiráfido, da. a. y s. *Zool.* Dícese de los animales de la familia de los jiráfidos, como la jirafa y el okapi.

jirel. m. Gualdrapa rica del caballo.

jirón. m. Pedazo desgarrado del vestido o de otra prenda./ Pendón que remata en punta.

¡jo! interj. Voz para detener a las caballerías.

jobo. m. Árbol americano, de fruto amarillo parecido a la ciruela.

jockey. m. Yoquey.

jocosidad. f. Calidad de jocoso./ Chiste, donaire, gracia.

jocoso, sa. a. Gracioso, alegre, chistoso.

Jeroglíficos egipcios en este bajorrelieve que decora la tumba de Tutankamón.

ónico. Estilo arquitectónico del templo de Atenea Nike, en Atenas (Grecia).

)cundo, da. a. Plácido, agradable, alegre.

)dón, na. a. y s. *R. de la P.* Bromista.

)faina. f. Vasija de gran diámetro y poca profundidad, que sirve principalmente para lavarse la cara y las manos.

)lgorio. m. fam. Regocijo, fiesta, diversión bulliciosa.

)nico, ca. a. y s. De Jonia. Aplícase a personas./ *Arq.* Dícese de un orden arquitectónico que tiene la columna de unos nueve módulos o diámetros de altura, el capitel adornado con grandes volutas y dentículos en la cornisa./ *Ling.* Dícese de uno de los cuatro dialectos del griego antiguo.

)nio, nia. a. y s. De Jonia, región de Grecia.

)po. m. *Amér.* Mechón de pelo levantado sobre la frente.

)rdano, na. a. y s. De Jordania.

)rgulnería. f. Hechicería.

)rnada. f. Camino que se anda en un día, yendo de viaje./ Todo el viaje o camino./ fig. Tiempo que dura la vida del hombre.

)rnal. m. Estipendio que gana el trabajador por cada día de trabajo./ Este mismo trabajo.// **-a jornal.** m. adv. Mediante determinado salario diario.

)rnalero, ra. s. Persona que trabaja a jornal, por salario diario.

)roba. f. Corcova./ fig. y fam. Molestia, impertinencia.

)robado, da. a. y s. Corcovado.// a. fam. Fastidiado, apurado, en mala situación.

)robar. tr./ prl. fig. fam. Gibar, molestar.

)ropo. m. *Amér.* Baile popular con zapateado y figuras, cuya música es de aires muy alegres.

)ta. f. Nombre de la letra j./ Cosa mínima. Úsase siempre con negación.// Baile popular de muchas regiones de España./ Música de este baile./ Copla que se canta con esta música.

)ule. m. *Electr.* Nombre del julio en la nomenclatura internacional.

)ven. a. y s. De poca edad.// m. y f. Persona que está en la juventud.

)vial. a. Alegre, festivo, placentero.

)vialldad. f. Buen humor, alegría.

)ya. f. Pieza de oro, plata o platino, con o sin perlas o piedras preciosas, que usan como adorno las personas, en especial las mujeres. Alhaja./ fig. Cosa o persona de gran valía.

)yel. m. Joya pequeña.

)yería. f. Comercio de joyas./ Tienda donde se venden./ Taller donde se construyen.

)yero, ra. s. Persona que hace o vende joyas.// m. Armario o estuche para guardar joyas.

joystick (voz ingl.). m. *Comp.* Pequeña palanca móvil, generalmente con botones, que actúa como dispositivo periférico para operar juegos o realizar trabajos.

juanete. m. Hueso del nacimiento del dedo grueso del pie, cuando sobresale mucho./ Pómulo muy abultado.

jubilación. f. Acción y efecto de jubilar o jubilarse./ Renta que disfruta la persona jubilada.

jubilado, da. a. y s. Aplícase al que se le ha concedido la jubilación.

jubilar. tr. Eximir del servicio, por razón de ancianidad o imposibilidad física, a un funcionario o empleado, al que se le otorga una pensión vitalicia.// prl. Obtener la jubilación.

jubileo. m. Fiestas públicas que celebraban los israelitas cada cincuenta años./ Entre cristianos, indulgencia plenaria y universal concedida por el Papa en ciertas ocasiones.

júbilo. m. Alegría vivamente expresada.

jubiloso, sa. a. Gozoso, lleno de júbilo.

jubo. m. Culebra pequeña de Cuba.

jubón. m. Vestidura ajustada al cuerpo, que cubre de los hombros hasta la cintura.

júcaro. m. Árbol de las Antillas, de flores sin corola y fruto semejante a la aceituna.

judaico, ca. a. Perteneciente a los judíos.

judaísmo. m. Profesión de la fe judía./ Hebraísmo./ Religión judía.

judaizar. i. Convertirse al judaísmo./ Practicar ceremonias de la ley judaica.

judas. m. Hombre traidor, pérfido.

judeocristiano, na. a. Dícese de la tradición cultural y religiosa característica de Occidente, basada en los preceptos morales del judaísmo y del cristianismo.

judeoespañol, la. a. Dícese de los judíos expulsados de España en el s. XV, pero que conservaron en Oriente la lengua y costumbres españolas. También llamados sefardíes. Ú.t.c.s.

judería. f. Barrio en que habitan los judíos/ Contribución que pagaban los judíos.

judía. f. Planta leguminosa, de fruto comestible, tanto seco como verde. Hay varias especies que se diferencian por el volumen, color y forma de las vainas y semillas./ Fruto de dicha planta./ Su semilla.

Jirafa. Este típico habitante de la sabana africana es el más alto de los animales que existen en el mundo.

Juego de pelota de El Tajín, una de las culturas más importantes del antiguo México y a quien se atribuye la invención del mismo. Consistía en embocar una pelota de caucho macizo en un aro de piedra.

judicatura. f. Ejercicio de juzgar./ Empleo o dignidad de juez./ Tiempo que dura./ Cuerpo formado por los jueces de un país.

judicial. a. Perteneciente al juicio, a los jueces o a la administración de justicia.

judío, a. a. y s. Hebreo./ De Judea.// f. Planta leguminosa, anual, con fruto en vainas aplastadas y semillas en forma de riñón./ Fruto de esta planta./ Semillas del fruto de esta planta.

judo. m. Deporte y arte marcial derivado de un antiguo método japonés de lucha sin armas. Se compone de más de 300 golpes y tomas.

judoka. s. Luchador o practicante de judo.

juego. m. Acción y efecto de jugar./ Ejercicio de recreo sujeto a reglas./ Forma en que están unidas dos cosas, de manera que puedan tener movimiento sin separarse./ El mismo movimiento./ Conjunto de cosas que sirven para un mismo fin. *Juego de cubiertos.*/ Visos cambiantes que resultan de la disposición de ciertas cosas. *Juego de luces.*/ **-de azar.** Aquel en que el resultado no depende de la habilidad o ingenio del jugador, sino del azar./ **-de ingenio.** Ejercicio del entendimiento, que consiste en resolver algún problema propuesto, según ciertas reglas./ **-de instrucciones.** Comp. Conjunto de instrucciones ejecutables por una computadora, formado por instrucciones aritméticas, lógicas y de transferencia de información./ **-de manos.** Acción de darse palmadas las personas entre sí, por afecto o por diversión./ Agilidad de manos con que burlan la vista del espectador los titiriteros, prestidigitadores, etc./ **-de palabras.** Artificio que consiste en usar palabras con sentido equívoco.// pl. Fiestas y espectáculos públicos, gmente. deportivos./ **-teoría de los juegos.** Parte de la teoría general de la decisión que estudia el comportamiento adecuado de un individuo, y sus alternativas de actuación, en situaciones en las que intervienen otras personas.

jueguito. m. Juego vistoso de un deporte, pero sin efectividad práctica, especialmente en el fútbol.

juerga. f. fam. Recreación./ Diversión ruidosa de varias personas.

juerguista. a. y s. Amigo de las juergas.

jueves. m. Quinto día de la semana./ **-santo.** El de la Semana Santa.

juez. m. El que tiene autoridad para juzgar y sentenciar./ En ciertos juegos o certámenes, el que hace observar las reglas y el que distribuye los premios./ El que es nombrado para resolver una duda./ Árbitro, en algunas competiciones deportivas./ **-árbitro** o **arbitrador.** El que designan las partes litigantes, para fallar con arreglo a derecho./ **-de paz.** Juez civil encargado de resolver cuestiones de menor importancia./ **-de primera instancia** o **de instrucción.** El que tramita la primera etapa de los juicios o instruye los sumarios./ **-de raya.** El que falla sobre el resultado de una carrera de caballos.

jugada. f. Acción de jugar el jugador./ Resultado de esta acción./ fig. Mala acción inesperada contra alguien. Treta.

jugador, ra. a. y s. Que juega./ Que tiene el vicio de jugar. Hábil o diestro en algún juego.

jugar. i. Hacer algo con el solo fin de entretenerse o divertirse./ Hacer travesuras, retozar./ Divertirse tomando parte en uno de los juegos sometidos a reglas./ Tomar parte en un juego para satisfacer el vicio o para ganar dinero./ Realizar el jugador un acto propio del juego./ Corresponderse hacer juego dos cosas entre sí./ *Amér.* Moverse una cosa dentro de otra por no estar ajustada./ Con la prep. con burlarse de alguno.// tr. Llevar a cabo una partida de juego./ Hacer uso de las cartas o piezas que se emplean en ciertos juegos./ tr./ prl. Arriesgar, aventurar.

jugarreta. f. fam. Jugada inhábil./ fig. y fam. Treta, mala pasada.

juglar. a. Chistoso, gracioso.// m. El que por dinero y ante el pueblo cantaba, bailaba, etc. para divertir./ El que mediante estipendio o dádivas cantaba o recitaba poesías de los trovadores, para recrear a los reyes o a los grandes señores.

juglaresco, ca. a. Propio del juglar, o concerniente a él.

juglaría o **juglería.** f. Arte, modo propio de los juglares, característico de la Edad Media.

jugo. m. Zumo sacado de sustancias animales o vegetales./ fig. Lo sustancial y provechoso de una cosa./ **-digestivo.** Sustancias que van tratando el bolo alimenticio en su recorrido por el tracto digestivo./ **-gástrico.** Líquido ácido que en el acto de la digestión segregan ciertas glándulas situadas en la membrana mucosa del estómago.

jugosidad. f. Calidad de jugoso.

jugoso, sa. a. Que tiene jugo./ fig. Sustancioso./ fig. Valioso.

juguete. m. Objeto con que se entretienen los niños./ Burla, chanza.

juguetear. i. Entretenerse jugando y retozando.

jugueteo. m. Acción y efecto de juguetear.

juguetería. f. Comercio de juguetes./ Tienda o local donde se venden.

juguetón, na. a. Apl. a la persona o animal que juega.

juicio. m. Facultad del entendimiento por la que el hombre juzga y compara./ *Lóg.* Comparación de dos ideas./ Sana razón, en oposición a la demencia./ Opinión./ *Der.* Conocimiento de una causa en la que el juez ha de dictar sentencia./ **-perder el juicio.** fig. Volverse loco.

juicioso, sa. a. Que tiene juicio y obra con prudencia y cordura. Ú.t.c.s./ Hecho con juicio.

jujeño, ña. a. y s. De Jujuy.

julepe. m. Poción de agua destilada, jarabes y otras sustancias medicinales./ fig. y fam. Castigo, reprimenda./ fig. *Amér.* Temor, miedo, susto.

julepear. tr./ prl. *Amér.* Asustar.// tr. Atormentar./ Reprender, castigar.

juliana. f. Planta herbácea de la familia crucíferas. Posee tallo ramoso, hojas oblongas, flores lilas o blanquecinas y frutos en cápsula./ Sopa o ensalada hecha con diferentes verduras y hierbas picadas.

julio. m. Séptimo mes del año; consta de treinta y un días./ *Electr.* Unidad de trabajo. Equivale a diez millones de ergios y se define por la fuerza de un newton que se desplaza un metro por su recta de acción.

jumbo. m. Denominación genérica de los gigantes y modernos aviones de transporte.

jumento. m. Asno.

juncáceo, a. a. y s. *Bot.* Dícese de plantas angiospermas, monocotiledóneas, propias de los terrenos húmedos, semejantes a las gramíneas, como el junco de las esteras.// f. pl. *Bot.* Familia de estas plantas.

juncal. a. Perteneciente o rel. al junco.// m. Juncar.

juncar. a. Sitio poblado de juncos.

júnceo, a. a. y s. *Bot.* Juncáceo.

juncia. f. Planta herbácea y medicinal.

junco. m. Planta de cañas o tallos lisos y flexibles, que se cría en parajes húmedos./ Cada uno de los tallos de esta planta.// m. Embarcación pequeña, usada en las Indias Orientales.// m. Nombre de varias especies de aves paseriformes americanas.

juncoso, sa. a. Parecido al junco./ Dícese del terreno que produce juncos.

jungla. f. Terreno bajo y pantanoso cubierto de vegetación muy espesa y enmarañada.

junio. m. Sexto mes del año; consta de treinta días.

júnior. m. Voz latina que significa "más joven". Se usa para distinguir a padre e hijo, que tienen el mismo nombre.

júnker (voz alemana). m. Clase de los terratenientes nobles de tendencia conservadora. Jugaron un papel muy importante en la unidad de la nación alemana en el s. XIX.

junquera. f. Junco, planta./ Sitio poblado de juncos.

junqueral. m. Juncar.

junquillo. m. Planta ornamental, especie de narciso, con tallo liso parecido al junco, y flores amarillas muy olorosas.

junta. f. Reunión de varias personas para tratar de un asunto./ Cualquiera de las sesiones que celebran./ Todo que forman varias cosas unidas./ Conjunto de las personas que dirigen una colectividad./ Juntura./ *Mec.* Elemento de unión entre dos piezas./ **-de**

dilatación. *Ing.* Espacio que se deja entre dos piezas o materiales para permitir su dilatación.

juntar. tr. Unir entre sí algunas cosas./ Acopiar, reunir.// tr./ prl. Congregar.// prl. Arrimarse, acercarse a uno./ Andar con alguien, acompañarse./ Tener acto carnal.

junto, ta. p. p. irreg. de **juntar.**// a. Unido, cercano.// adv. l. Cerca de.// adv. m. Juntamente, a un tiempo./ **-en junto.** En total.

juntura. f. Parte en que se juntan y unen dos o más cosas./ *Zool.* Unión de los huesos.

jupiterino, na. a. Perteneciente o relativo a Júpiter.

jura. f. Acción de jurar./ Juramento por Dios.

jurado, da. p. p. de **jurar.**// a. Que ha prestado juramento.// m. Tribunal no profesional ni permanente, cuyo cometido es determinar y declarar el hecho justiciable o la culpabilidad del acusado./ Cada uno de los individuos que componen dicho tribunal./ Miembro del tribunal examinador en exámenes, exposiciones, concursos, etc./ Conjunto de estos individuos.

juramentar. tr. Tomar juramento a uno.// prl. Obligarse con un juramento.

Juncos y junquillos que crecen en las orillas de los cursos de agua, bañados y esteros.

juramento. m. Afirmación o negación solemne de una cosa, poniendo por testigo a Dios./ Voto, blasfemia, reniego.

jurar. tr. Afirmar o negar una cosa, poniendo por testigo a Dios./ Someterse solemnemente a los preceptos constitucionales de un país, deberes de determinados cargos, etc.// i. Echar votos, blasfemias o reniegos.

jurásico, ca. a. y m. *Geol.* Dícese del segundo período de la era mesozoica, caracterizado por predominio de los grandes reptiles y la aparición de las aves. Entre los vegetales predominan las gimnospermas y aún no aparecieron las angiospermas. Duró aproximadamente unos 50 millones de años./ a. Relativo a los terrenos de este período.

juridicidad. f. Calidad de lo jurídico./ Tendencia al predominio de las soluciones ajustadas al derecho en los problemas políticos y sociales.

jurídico, ca. a. Rel. al derecho; que se ajusta a él o le atañe.

jurisconsulto, ta. s. Jurista./ Persona que profesa la ciencia del derecho, dedicándose a resolver consultas legales.

jurisdicción. f. Autoridad que tiene uno para gobernar y hacer ejecutar las leyes o para aplicarlas en juicio./ Territorio en que un juez ejerce su autoridad./ Término de un lugar o provincia.

jurisdiccional. a. Perteneciente a la jurisdicción.

jurispericia. f. Jurisprudencia.

jurisprudencia. f. Ciencia del Derecho./ Enseñanza doctrinal que deriva de los fallos de autoridades judiciales superiores./ Norma de juicio, que se funda en la práctica seguida en ocasiones iguales, y que suple las omisiones de la ley.

jurista. m. Persona que profesa o estudia la ciencia del derecho./ El que tiene derecho a una cosa.

justa. f. Lucha o combate singular a caballo y con lanza./ Torneo en que los caballeros acreditaban su destreza para manejar las armas./ fig. Competición o certamen intelectual, científico o literario.

Juzgar. Pintura medieval titulada "El juicio de las almas", donde las buenas acciones muestran mayor peso que las malas.

justedad. f. Calidad de justo./ Igualdad o exactitud de una cosa.

justeza. f. Justedad.

justicia. f. Virtud que inclina a dar a cada uno lo que le pertenece./ Orden de convivencia humana consistente en la igualdad de todos los miembros de la comunidad, ya sea frente a las leyes como en el reparto de bienes./ Derecho, equidad, razón./ Lo que se debe hacer según derecho o razón./ Ministro o tribunal que ejerce justicia./ Poder judicial./ Castigo público.

justiciable. a. Sujeto a ley o castigo.

justicialismo. m. Movimiento político y social de la Argentina, fundado por el general Juan Domingo Perón. Se basa en la doctrina social de la Iglesia católica para desarrollar un capitalismo moderado.

justicialista. a. y s. Perteneciente al justicialismo.

justiciero, ra. a. Que observa y hace observar la justicia de modo estricto.

justificación. f. Conformidad con lo justo./ Prueba convincente de una cosa.

justificado, da. p. p. de **justificar**.// a. Conforme a justicia y razón./ Que obra según justicia o razón./ *Art. Gráf.* Dícese del texto cuyas líneas han sido justificadas.

justificante. p. a. de **justificar**.// a. Dícese de lo que justifica o prueba./ m. Documento de justificación o prueba.

justificar. tr. *Teol.* Hacer Dios justo a uno./ Probar una cosa convincentemente con razones, documentos y testigos./ Hacer justa una cosa.// tr./ prl. Probar la inocencia de alguien./ *Art. Gráf.* y *Comp.* Igualar el largo de las líneas de un texto.

justificativo, va. a. Que sirve para justificar. Ú.m.c.s.m.

justipreciar. tr. Apreciar una cosa, o tasarla.

justiprecio. m. Acción y efecto de justipreciar./ Valoración.

justo, ta. a. Que obra conforme a la justicia y razón./ Que ajusta bien./ Dícese de lo que está acorde con la justicia./ Exacto, que no tiene ni más ni menos.// a. y s. Que vive según la ley de Dios.

juvenil. a. Perteneciente a la juventud./ *Biol.* Rel. a la fase o estado de desarrollo de los seres vivos que es inmediatamente anterior al estado adulto.

juventud. f. Edad comprendida entre la niñez y la madurez./ Conjunto de jóvenes./ Estado o condición de la persona joven./ Primeros tiempos de alguna cosa./ Energía, vigor, frescura.

juzgado. m. Junta de jueces que concurren a sentenciar./ Tribunal de un solo juez./ Territorio de su jurisdicción./ Sitio, edificio o lugar donde se juzga./ Judicatura, dignidad de juez.

juzgador, ra. a. Que juzga. Ú.t.c.s

juzgamundos. s. fig. y fam. Persona que gusta de murmurar.

juzgar. tr. Deliberar y sentenciar la autoridad competente, acerca de la culpabilidad o la razón que asiste a alguien en cualquier asunto./ Creer una cosa, estar persuadido de ella./ Formar dictamen u opinión acerca de alguien o de algo.

juzgón, na. a. *Amér.* Criticón.

Justa que realizaban los antiguos caballeros de los Imperios en la época medieval y que significaba una competencia donde los jinetes demostraban su habilidad y destreza en el manejo de las armas.

k. f. Undécima letra del abecedario castellano y octava de sus consonantes. Su nombre es *ka*.

ka. f. Nombre de la letra k./ En la antigua religión egipcia, parte inmaterial del ser humano.

kabuki. m. Drama popular japonés, en el que alternan el diálogo, la danza y la música, generalmente de tema histórico.

kafkiano, na. a. Perteneciente o relativo a Franz Kafka, a su estilo literario y a los temas de sus cuentos y novelas./ Por ext., monstruoso, fantástico, tortuoso, burocrático.

káiser. m. Título de algunos emperadores alemanes.

kaiserina. f. Título que se daba a la emperatriz alemana.

kaki. m. Caqui.

kalka. a. y s. Dícese de individuos del pueblo mongol, etnia mayoritaria de la República Popular de Mongolia.

kamacita. f. *Miner.* Aleación de hierro y níquel, frecuente en los meteoritos.

kame. m. Montículo de arena y grava que se forma cerca de un glaciar.

kamikaze. m. Piloto japonés suicida de la Segunda Guerra Mundial, que se sacrificaba su vida estrellando su avión cargado de explosivos contra el objetivo del ataque./ Este avión.

kan. m. Título de príncipe para los tártaros y mongoles.

kanato. m. Cargo y funciones del Kan.// m. Territorio bajo su jurisdicción.

kancha. f. Cancha.

kantiano, na. a. Perteneciente o relativo al kantismo.

kantismo. m. Sistema filosófico ideado por Emanuel Kant a fines del siglo XVIII. Se funda en la crítica del entendimiento y la sensibilidad, considerándolos el fundamento de nuestro conocimiento del mundo.

karata. f. Género de plantas bromeliáceas parecidas al ananá.

karate. m. *Dep.* Modalidad de lucha japonesa, que se basa en golpes secos efectuados con el borde de la mano, los codos o los pies. Es principalmente un arte de defensa personal.

karateca. s. Persona que practica el karate.

karen. a. y s. Dícese de un pueblo de Birmania, en su mayoría budista.// m. *Ling.* Lengua de este pueblo.

karma (voz sánscrita). m. Término común al brahmanismo, hinduismo y budismo, que alude a los actos de un ser y su retribución, el conjunto de ambos como explicación del dolor y la desigualdad del mundo.

karst. m. *Geol.* Tipo de relieve de las regiones formadas por calizas y otras rocas calcáreas a causa de su permeabilidad.

kart o **karting** (voz ingl.). m. Vehículo de una sola plaza, sin suspensión, caja de cambios ni carrocería, que se utiliza en carreras deportivas./ Deporte de los aficionados a este tipo de carreras.

katangueño, ña. a. y s. De Katanga, Zaire.

kayac o **kayak.** m. Canoa de pesca utilizada en Groenlandia, que suele construirse con madera y piel de foca./ Canoa deportiva, generalmente hecha de tela alquitranada.

kea. m. Ave trepadora de plumaje verde con manchas amarillas y pardas en el lomo.

kelvin. m. Unidad de temperatura termodinámica en Sistema Internacional de Unidades, llamada anteriormente *grado kelvin*. Su símb. es k.

ken. m. División administrativa japonesa equivalente a provincia.

keniano, na. a. y s. De Kenia.

keniata. a. y s. De Kenia.

kenotrón. m. Aparato electrónico para rectificar corrientes alternas de poca intensidad y alta tensión.

kepis. m. Quepis, gorro militar.

kerenskista. a. y s. *Pol.* Dícese de los regímenes y gobiernos extremadamente débiles como resultado de una situación revolucionaria, por analogía con el de Alexander Kerenski, derribado por la Revolución Bolchevique en octubre de 1917.

kerigma. m. *Rel.* Primer anuncio efectuado por Jesucristo a los no creyentes.

kerigmático, ca. a. Rel. Perteneciente o relativo al kerigma.

kermesse. f. Denominación que en Holanda reciben las fiestas parroquiales celebradas durante las ferias./ Por ext., Fiesta popular al aire libre, con juegos, premios, etc.

kero. m. *Perú.* Vasija de madera usada en las antiguas ceremonias incas.

kerosene. m. Queroseno.

keroseno. m. Queroseno.

keynesianismo. m. Doctrina económica de John Maynard Keynes. Propuso revitalizar la política monetaria y crediticia, a través de la intervención del Estado, para favorecer el crecimiento y superar la crisis del capitalismo, en especial sus consecuencias de recesión y desempleo. Introduce la noción del dinero como activo financiero.

keynesiano, na. a. Perteneciente o relativo al keynesianismo.// m. Adepto de esta doctrina económica.

khan. m. Kan.

khmer. a. y s. Individuo de un pueblo mongoloide que habita en Camboya, Tailandia y Vietnam.// Camboyano.// *Ling.* Lengua del grupo mon-khmer hablada por este pueblo.

kibutz o **kibbutz** (voz hebrea). m. Explotación agrícola cooperativa y autogestionaria israelí.

killárea. f. Extensión de superficie que tiene mil áreas.

killstrón. m. Generador de microondas en el que los electrones pasan entre dos rejillas muy próximas y llegan a una primera cavidad en la que forman grupos (leadas) que se separan unos de otros al recorrer cierta distancia y son reforzados en una segunda cavidad, llamada razonador de salida.

kilo. m. Prefijo que significa mil.// m. Kilogramo.

kilobyte. m. *Comp.* Unidad de medida de memoria central y de dispositivos de almacenamiento externos. Equivale a 1.024 bytes.

kilocaloría. m. *Fís.* Unidad calórica equivalente a mil calorías.

kilociclo. m. *Fís.* Unidad eléctrica, que equivale a mil ciclos u oscilaciones por segundo.

kilográmetro. m. *Fís.* Unidad de trabajo mecánico equivalente a la fuerza necesaria para levantar un kilogramo a un metro de altura.

kilogramo. m. Unidad métrica fundamental de masa y peso, que iguala la masa o peso de un cilindro de plástico-iridio guardado en la Oficina Internacional de Pesos y Medida, en la ciudad de París, y aproximadamente igual a la masa o peso de mil centímetros cúbicos de agua a la temperatura de su máxima densidad (cuatro grados centígrados)./ Peso de un kilogramo./ Cantidad de alguna materia que pesa un kilogramo./ **-fuerza.** *Fís.* Unidad de fuerza igual al peso de un kilogramo sometido a la gravedad normal.

kilohercio. m. *Fís.* Unidad de frecuencia equivalente a mil hercios.

kilojulio. m. *Fís.* Unidad legal de trabajo en el sistema MTS, equivalente a mil julios.

kilolitro. m. Medida de capacidad equivalente a mil litros, o sea, un metro cúbico.

kilometraje. m. Cantidad de kilómetros recorridos por un vehículo./ Distancia en kilómetros que media entre dos puntos.

kilométrico, ca. a. Relativo al kilómetro./ fig. De larga duración.

kilómetro. m. Medida de longitud equivalente a mil metros./ **-cuadrado.** Medida de superficie equivalente a un cuadrado de mil metros por lado./ **-cúbico.** Medida de volumen equivalente a un cubo de mil metros por lado.

kilopond o **kilopondio.** m. *Fís.* Unidad de fuerza en el sistema técnico.

kilotonelada o **kilotón.** f. *Fís.* Unidad de energía que equivale a la liberada por la explosión de una bomba de 1.000 toneladas de trinitrotolueno. Se utiliza para designar la potencia de las bombas atómicas.

kilovar. m. *Fís.* Unidad de potencia de una reactancia equivalente a mil vars.

kilovatio. m. *Fís.* Unidad de potencia, equivalente a mil vatios.

kilovoltio. m. *Fís.* Unidad de fuerza electromotriz. Equivale a mil voltios.

kimono. m. Quimono.

kinescopio. m. Tubo de imagen en televisión.

kinesiología. f. Técnica de curación por medio de masajes y ejercicios.

kinesiológico, ca. a. Perteneciente o relativo a la kinesiología.

kinesiólogo, ga. s. Que práctica la kinesiología.

kinesioterapeuta. s. Kinesiólogo.

kinesioterapia. f. Kinesiología.

kinestesia. f. Sensibilidad nerviosa derivada de la información de los órganos propiorreceptores./ Estudio de las reacciones musculares y de la forma de educarlas.

kinestésico, ca. a. Perteneciente o relativo a la kinestesia.

kinetina. f. *Bot.* Sustancia de acción hormonal de las plantas superiores. Actúa como acelerador de la división celular en el crecimiento vegetal.

kinetoscopio. m. Aparato, inventado por Edison, que combina un proyector fotográfico y un fonógrafo. De esa manera, produce la ilusión del movimiento. Es un antecedente del cine.

kiosko. m. Quiosco.

kit (voz ingl.). m. Conjunto de piezas que el usuario puede montar por sí mismo. Es un sistema que permite el abaratamiento de los productos.

kiwi. m. *Zool.* Ave del orden de las apterigiformes, del tamaño de una gallina, con plumaje pardo y negruzco, lacio, alas atrofiadas y pico largo y curvado hacia el suelo. Es de costumbres nocturnas y se alimenta de gusanos, insectos y yemas vegetales. Habita en Nueva Zelanda./ Fruta originaria de Nueva Zelanda, caracterizada por su sabor agridulce y su contenido vitamínico./ Arbusto que da este fruto.

kleenex (voz ingl.). m. Pañuelo de papel.

klistrón. m. Tubo electrónico para frecuencias muy elevadas.

kmer. m. Khmer, nombre de la República de Camboya, desde 1970.

knock-out (voz ingl.). *Dep.* En boxeo, golpe que pone a uno de los contendientes fuera de combate.

know how (voz ingl.). Conocimiento, tecnología de un proceso.

koala o **coala.** m. *Zool.* Mamífero marsupial arborícola de Australia. Vive por parejas en los bosques.

kob. m. *Zool.* Mamífero de la familia de los bóvidos, de cuernos enroscados y casi un metro y medio de altura. Habita en África Central.

koljós o **koljoz.** m. Cooperativa de producción agrícola, según el sistema de colectivización de la agricultura que se implementó en el ex régimen soviético.

koljosiano, na. a. Perteneciente o relativo al koljós.// s. Persona que trabaja en un koljós.

kraft (voz al.). a. Dícese del papel para embalaje. Ú.t.c.s.m.

krausismo. m. Sistema filosófico creado por Karl Krause en el s. XIX. Combina el liberalismo, el anticlericalismo y la renovación pedagógica.

krausista. a. Perteneciente o relativo al krausismo./ s. Partidario del krausismo.

kremlin (voz rusa). Parte fortificada de una ciudad./ Por anton., dícese de la sede del gobierno ruso en Moscú.

krill. m. Crustáceo microscópico, de las regiones frías del océano Atlántico. Es considerado la mayor reserva alimenticia de la humanidad.

kudú. m. *Zool.* Antílope africano, de color ocre y franjas blancas. Es un rumiante de la familia de los bóvidos.

kulak (voz rusa). m. Campesino ruso que poseía tierras propias y una situación económica acomodada. Fueron eliminados como sector social por el stalinismo en 1928.

kurdo, da. a. y s. Individuo de un pueblo de pastores del Cáucaso, que vive en la región del Kurdistán, de religión musulmana. Este pueblo ha quedado divido en varios estados y lucha permanentemente por su reunificación y su reconocimiento como nación.// m. *Ling.* Lengua indoeuropea de clase irania hablada por dicho pueblo.

kuwaití. a. y s. De Kuwait.

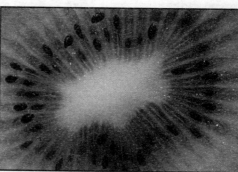

Kiwi.
Su fruto
es muy
consumido
por el alto
valor
nutritivo
que posee.

, f. Décimosegunda letra del abecedario castellano, y novena de sus consonantes. Su nombre es *ele*./ En la numeración romana, letra numeral que equivale a cincuenta.

la. Artículo determinado femenino singular.// Forma del pronombre personal de tercera persona en género femenino y número singular.// m. Sexta nota de la escala musical.

lábaro. m. Estandarte de los emperadores romanos, en el cual Constantino mandó poner la cruz y el monograma de Cristo./ Este monograma./ Por ext., la cruz sin el monograma.

laberíntico, ca. a. Relativo al laberinto./ fig. Confuso, intrincado, enmarañado.

laberinto. m. Lugar formado por calles y encrucijadas, dispuestas de modo que sea muy difícil encontrar la salida./ fig. Cosa confusa y enredada./ Parte interna del oído de los vertebrados.

labia. f. fam. Verbosidad persuasiva y gracia en el hablar.

labiada. a. Dícese de la corola gamopétala irregular dividida en dos partes o labios.

labiado, da. a. y s. Dícese de las plantas angiospermas dicotiledóneas de corola labiada, como la albahaca, el romero, la menta, etc.// f. pl. Familia de estas plantas.

labial. a. Rel. a los labios.

labihendido, da. a. Que tiene el labio superior hendido o partido.

lábil. a. Que se desliza con facilidad./ Frágil, débil, caduco./ *Quím.* Dícese del compuesto que fácilmente se puede transformar en otro más estable.

labio. m. Cada una de las dos partes exteriores, carnosas y movibles de la boca, que cubren la dentadura./ fig. Borde de ciertas cosas./ fig. Órgano del habla. Ú.t. en pl./ **-leporino.** Hendidura congénita de uno de los labios, por lo general el superior, de modo semejante al de la liebre.

labiodental. a. *Ling.* Dícese de la consonante que se articula acercando el labio inferior a los bordes de los dientes incisivos superiores, como la f./ *Ling.* Dícese de la letra que representa este sonido. Ú.t.c.s.f.

labor. f. Trabajo./ Labranza, en especial de las tierras que se siembran. Dicho de las tareas agrícolas, ú.m. en pl./ *Amér.* Finca pequeña destinada a la agricultura./ Obra de coser, bordar, etc.// pl. Adorno hecho a mano o tejido en la tela.

laborable. a. Que se puede trabajar./ Que se trabaja.

laboral. a. Perteneciente o relativo al trabajo.

laborar. tr. Trabajar./ Labrar./ Gestionar con algún propósito; intrigar.

laboratorio. m. Local donde se hacen experimentos e investigaciones químicas, farmacéuticas, etc./ Por ext., oficina o taller de trabajo o investigaciones científicas y técnicas.

laborear. tr. Labrar o trabajar una cosa./ Excavar una mina.

laboriosidad. f. Afición o aplicación al trabajo.

laborioso, sa. a. Trabajador, amigo del trabajo./ Trabajoso.

laborista. a. *Pol.* Partido político de ideario socialista u obrerista, en Inglaterra y por ext. en otros países./ Aplicase al individuo perteneciente a este partido. Ú.t.c.s./ Relativo a este partido.

laborterapia. f. *Med.* Tratamiento de las enfermedades psíquicas o mentales a través del trabajo.

labrado, da. p. p. de **labrar.**// a. Apl. a las telas que tienen alguna labor.// m. Acción de labrar piedra, madera, etc.

labrador, ra. a. y s. Que labra la tierra.// s. Persona que tiene hacienda de campo y la cultiva por cuenta propia.

labrantío, a. a. Apl. a la tierra o campo de labor. Ú.t.c.s.m.

labranza. f. Cultivo de los campos./ Tierras de labor; hacienda./ Labor; trabajo de cualquier arte u oficio.

labrar. tr. Trabajar en un oficio./ Trabajar una materia dándole forma conveniente para usar de ella./ Cultivar la tierra./ Arar./ Coser o bordar./ fig. Hacer, causar, formar.

labriego, ga. s. Labrador rústico.

labro. m. ant. Labio./ *Zool.* Pieza impar movible que limita por delante la boca de los insectos, muy evidente en los masticadores, y confuso a veces o modificado en los demás.

laca. f. Materia resinosa, translúcida, quebradiza y de color encarnado que se forma en las ramas de algunos árboles de la India por la exudación que producen las picaduras de ciertos insectos./ Barniz duro y lustroso que se obtiene de esa sustancia, muy usada por chinos y japoneses.

Laboratorio de investigación científica.

lacandón, na. a. y s. Individuo de un pueblo amerindio de la familia maya-quiché, que habita en parte de Guatemala y de México (Chiapas)./ Dícese de la selva mexicana donde habita este pueblo.

lacayo. m. Criado de librea./ Cualquiera de los dos soldados de a pie que por lo común acompañaban a los caballeros en la guerra./ fig. y fam. Individuo servil que adula a un poderoso.

lacedemonio, nia. a. De Lacedemonia, país de la antigua Grecia. Ú.t.c.s./ Relativo a este país.

lacerado, da. p. p. de **lacerar.**// a. Desdichado, infortunado.

lacerar. tr./ prl. Lastimar, golpear, herir./ fig. Dañar, mancillar, vulnerar.

lacería. f. Pobreza, miseria./ Fatiga, trabajo, molestia.

lacértido, da. a. Zool. Dícese de los reptiles saurios, pentadáctilos, bien desarrollados, con cola larga, frágil y regenerable, provistos de párpados y lengua bífida. Son de tamaño variable y entre ellos se encuentran el lagarto y la lagartija.// m. pl. Zool. Familia de estos animales.

lacio, cia. a. Marchito, ajado./ Flojo, decaído, sin vigor./ Dícese del cabello sin ondas ni rizos.

lacónico, ca. a. Breve, conciso./ Que habla o escribe de este modo.

laconismo. m. Calidad de lacónico.

lacra. f. Señal de una enfermedad./ Defecto o vicio físico o moral.

lacrador. m. Sello que se estampa o imprime en el lacre.

lacrar. tr. Cerrar con lacre./ Contagiar una enfermedad, dañar la salud de alguien. Ú.t.c.prl./ fig. Perjudicar a alguien en sus intereses.

lacre. m. Pasta sólida, de goma laca y trementina con bermellón, que derretida se usa para sellar sobres, documentos, etc.// a. fig. De color rojo. Ú.m. en América.

lacrimal. a. Perteneciente a las lágrimas.

lacrimógeno, na. a. Que causa lagrimeo. Dícese especialmente de ciertos gases volátiles que irritan los ojos e impiden la visión./ fig. y fam. Dícese de los espectáculos teatrales, cinematográficos, televisivos, etc., que buscan o logran provocar lágrimas en los espectadores.

lacrimoso, sa. a. Que tiene lágrimas./ Que hace llorar.

lactancia. f. Acción de mamar./ Período en que la criatura mama o se alimenta de leche.

lactante. p. act. de **lactar.** Que lacta o mama.// m. y f. Criatura en el período de la lactancia.

lactar. tr. Amamantar./ Criar con leche.// i. Alimentarse con leche.

lácteo, a. a. Rel. a la leche o parecido a ella.

lactescente. a. De aspecto de leche.

láctico, ca. a. Relativo a la leche./ Quím. Dícese del fermento que convierte la lactosa en ácido láctico.

lactífero, ra. a. Zool. Aplícase a los conductos por donde pasa la leche hasta llegar a los pezones de las mamas.

lactosa. f. Quím. Azúcar naturalmente contenida en el suero de la leche, del cual se extrae por cristalización. También llamada azúcar de leche, por los ácidos que contiene, se descompone en glucosa y galactosa. Se utiliza en medicina como diurético y como excipiente.

lacustre. a. Rel. a los lagos./ Dícese de la vivienda primitiva construida sobre estacas en medio de un lago o a orillas de él.

ladeado, da. p. p. de **ladear.**// a. Que está torcido o inclinado./ Bot. Dícese de las hojas, flores, espigas y otras partes de una planta cuando todas miran a un solo lado.

ladear. tr./ prl. Inclinar y torcer hacia un lado una cosa. Ú.t.c.i.// i. Caminar, andar por una ladera./ fig. Declinar, desviar del camino recto.// prl. fig. Inclinarse a una cosa, dejarse llevar de ella./ fig. Estar una persona o cosa al igual de otra.

ladeo. m. Acción y efecto de ladear o ladearse.

ladera. f. Declive de un monte o de una altura.

ladero, ra. a. Rel. al lado./ Lateral./ Amér. Díc. de la persona que colabora con otra.// m. fig. y fam. Compinche, camarada.

ladilla. f. Insecto parásito de forma aplastada y redonda y color amarillento, que vive en las partes velludas del cuerpo humano y produce picaduras muy molestas.

ladino, na. a. Aplicábase al castellano antiguo./ fig. Astuto, sagaz./ Amér. Dícese del indio que habla bien el castellano. // m. Dialecto español.

lado. m. Costado de la persona o el animal, entre el brazo y el hueso de la cadera./ Lo que está a la derecha o a la izquierda de un todo./ Costado del cuerpo del animal desde el pie a la cabeza./ Cualquiera de los parajes que están alrededor de un cuerpo./ Anverso o reverso de una moneda o medalla./ Sitio./ Cada una de las caras de una tela o de otra cosa./ fig. Cualquiera de los aspectos en que puede considerarse una persona o cosa./ Modo, medio o camino que se toma para una cosa./ Geom. Cada una de las líneas que forman un ángulo o que limitan un polígono./ Geom. Arista de los poliedros regulares.// **-al lado.** m. adv. Muy próximo.

ladrador, ra. a. Que ladra.

ladrar. i. Dar ladridos el perro./ fig. y fam. Insultar o criticar ásperamente a alguien./ Amenazar sin acometer.

ladrido. m. Voz del perro./ fig. Calumnia, murmuración.

ladrillado. m. Suelo revestido de ladrillos.

ladrillazo. m. Golpe que se da con un ladrillo.

ladrillo. m. Masa de arcilla en forma de paralelepípedo rectangular, que, cocida, sirve para construir muros, hacer pisos, etc.

ladrón, na. a. y s. Que hurta o roba.

Lago Nahuel Huapi. Imponente espejo de agua en el sur argentino.

ladronear. i. Vivir de hurtos, rapiñas y robos.

lagaña. f. Legaña.

lagañoso, sa. a. Legañoso.

lagar. m. Recipiente donde se pisa la uva para obtener el mosto./ Sitio donde se prensa la aceituna para obtener aceite o donde se machaca la manzana para preparar sidra./ Edificio en que hay un lagar.

lagartija. f. Lagarto pequeño, de color pardo verdoso, muy ligero y espantadizo, que vive en los huecos de los muros y entre los escombros.

lagarto. m. Reptil saurio de cabeza ovalada, cuerpo cilíndrico y patas cortas, muy ágil e inofensivo, útil para la agricultura por la gran cantidad de insectos que devora.// a. y s. fig. fam. Hombre taimado, pícaro.

lago. m. Gran masa permanente de agua depositada en hondonadas del terreno, con o sin comunicación con el mar.

lagotear. i./tr. fam. Hacer halagos y zalamerías para conseguir algo.

lagotería. f. Halago para congraciarse y conseguir un fin.

lágrima. f. Cada gota del líquido que segregan y que vierten los ojos. Ú.m. en pl./ Gota de humor que destilan las vides y otros árboles, después de la poda.

lagrimal. a. Apl. a los órganos de secreción de las lágrimas.// m. Extremidad del ojo próxima a la nariz.

lagrimar. i. LLorar.

lagrimear. i. Derramar lágrimas con frecuencia una persona.

Ladera de la cordillera de los Andes meridionales.

lagrimeo. m. Acción de lagrimear./ Flujo de lágrimas producido por irritación del ojo u otro motivo, independiente de toda emoción del ánimo.

lagrimoso, sa. a. Díc. de los ojos tiernos y húmedos y de la persona o animal que así los tiene./ Que hace llorar.

laguna. f. Depósito natural de agua de menores dimensiones que un lago./ En lo impreso o manuscrito, espacio en blanco por algo que se ha omitido o por haberse borrado lo escrito./ En un conjunto o serie, vacío o solución de continuidad.

lagunoso, sa. a. Que es abundante en lagunas.

laicismo. m. Doctrina que defiende la independencia del hombre y de la sociedad, y en especial del Estado, de toda influencia eclesiástica o religiosa.

laico, ca. a. y s. Lego, que no tiene órdenes clericales.// a. Dícese de la escuela o enseñanza sin instrucción religiosa.

laísmo. m. Gram. Empleo incorrecto de la forma "la" en función de objeto indirecto, en lugar de "le".

laja. f. Lancha de piedra./ Bajo de piedra./ Piedra lisa y delgada.

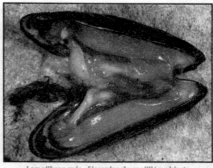

Lamellbranquio. Ejemplar de mejillón abierto.

lama. f. Cieno blando y oscuro propio del fondo de los mares, ríos y lugares con agua estancada.// m. Sacerdote budista del Tíbet.

lamaísmo. m. Secta budista del Tíbet, que data del siglo VII a. de C.

lamaísta. a. y s. Que profesa el lamaísmo.

lamarckismo. m. Biol. Teoría de la evolución de las especies por adaptación biológica, defendida por Lamarck.

lamelibranquio, quia. a. y s. Zool. Dícese de los moluscos con una concha de dos valvas como las ostras y las almejas.// m. pl. Zool. Clase de estos moluscos.

lamelicornio, nia. a. y s. Zool. Dícese de los insectos coleópteros que poseen antenas formadas por una serie de artejos rematados en un ensanchamiento en forma de hojuelas o laminillas.// m. pl. Zool. Grupo de estos insectos.

lamelirrostro, tra. a. y s. Zool. Dícese de las aves palmípedas que tienen el pico ancho y ligeramente abombado, revestido de una membrana blanda con bordes provistos de laminillas transversales, como el ganso.// m. pl. Zool. Grupo de estas aves.

lamentable. a. Que es digno de llorarse o merece ser sentido./ Que infunde tristeza.

lamentación. f. Queja acompañada de suspiros, llanto u otras muestras de dolor.

lamentar. tr./ i./ prl. Sentir una cosa con llanto u otras demostraciones de dolor.

lamento. m. Lamentación, queja con llanto u otras muestras de aflicción.

lamer. tr./ prl. Pasar la lengua repetidamente por una cosa.// tr. fig. Tocar una cosa a otra con blandura y suavidad.

lámina. f. Plancha delgada de un metal o de una materia cualquiera./ Estampa, figura que se traslada al papel u otra materia./ Plancha de cobre u otro material grabada para estampar./ Figura o grabado impreso.

laminación. f. Acción de laminar.

laminado, da. p. p. de laminar.// a. Guarnecido de láminas o planchas de metal.// m. Acción y efecto de laminar o proceder a la laminación.

laminador. m. Máquina para estirar los metales maleables en láminas./ El que tiene por oficio hacer láminas metálicas.

laminar. a. Que tiene forma de lámina.// tr. Hacer láminas metálicas con el laminador./ Guarnecer o adornar con láminas.

lampalagua. f. Amér. Boa.

lámpara. f. Utensilio para dar luz, de diferentes formas y disposición según sea de combustible líquido, de gas o de electricidad./ En los aparatos de radio y televisión, ampolla de cristal con elementos metálicos y filamento incandescente./ Mancha de aceite que cae en la ropa./ Aparato para soldar.

lamparilla. f. dim. de **lámpara**./ Candelilla nocturna alimentada con aceite.

lamparón. m. Mancha de aceite en la ropa; lámpara.

Lapacho rosado, de extraordinario colorido.

lampazo. m. Planta compuesta, de flores purpúreas con puntas largas y espinosas en forma de gancho./ *Mar.* Manojo de trapos u otros objetos similares que se utiliza para enjugar la humedad en la cubierta y el costado de los buques./ Estropajo.

lampiño, ña. a. Apl. al hombre que no tiene barba./ Que tiene poco pelo o vello.

lamprea. f. Nombre común de varios peces ciclóstomos de cuerpo cilíndrico, con siete pares de bolsas branquiales y boca en forma de embudo con la que se adhieren a los objetos sumergidos y sujetan a sus presas, a modo de ventosa. Su carne es muy estimada./ Pez de río, parecido al de mar, cuya principal diferencia es no medir más de 30 cm de longitud; es también comestible.

lana. f. Pelo de las ovejas, carneros, y el de otros animales parecido a la lana./ Tejido que se hace con él.

lanar. a. Dícese del ganado o res que tiene lana.

lance. m. Acción y efecto de lanzar o arrojar./ Ocasión crítica./ Encuentro, riña./ Cada uno de los accidentes algo notables que ocurren en el juego./ En las obras literarias, situación interesante o notable./ *Taur.* Suerte de capa./ **-de honor.** ant. Desafío entre dos para un duelo.

lanceolado, da. a. *Bot.* De figura semejante a la punta de una lanza.

lancero. m. Soldado armado con lanza./ El que lleva lanza, como los toreros.

lanceta. f. dim. de lanza./ Instrumento muy cortante, que sirve para sangrar, abrir ciertos tumores, etc.

lancha. f. Piedra naturalmente plana y de poco grueso./ Bote grande, para el servicio de los buques y para transportar cargas y pasajeros entre los lugares próximos a la costa.

lanchón. m. Lancha grande.

landa. m. Llanura arenosa en la que sólo crecen hierbas y matorrales.

landó. m. Coche de cuatro ruedas con capota delantera y trasera.

lanero, ra. a. Rel. a la lana./ m. El que trata en lanas./ Almacén en que se guarda la lana.

langosta. f. Insecto ortóptero, con el tercer par de patas muy robusto y a propósito para saltar. Se alimenta de vegetales y constituye plaga./ Crustáceo marino de color oscuro, que se vuelve rojo por la cocción. Su carne es muy apreciada.

langostín o **langostino.** m. Crustáceo marino comestible más pequeño que la langosta de mar.

languidecer. i. Adolecer de languidez./ Perder el vigor.

languidez. f. Flaqueza, debilidad, abatimiento./ Falta de espíritu o de energía.

lánguido, da. a. Débil, fatigado./ De poco valor y energía.

lanificio. m. Arte de labrar la lana./ Tejido u obra de lana.

lanígero, ra. a. Que tiene pelusa o pelo parecido a la lana.

lanilla. f. Tejido delgado hecho con lana fina./ Pelillo que le queda al paño por el derecho.

lanolina. f. Grasa que se extrae de la lana; se emplea en la preparación de pomadas y cosméticos.

lanoso, sa. a. Lanudo.

lantánido. m. *Quím.* Elemento del grupo de los lantánidos, también llamados tierras raras, comprendidos entre los números atómicos 57 y 71.

lantano. m. Elemento químico. Símb., La.; n. at., 57; p. at., 138,92. Se usa en óptica y metalurgia.

lanudo, da. a. Que tiene mucha lana o vello.

lanza. f. Arma ofensiva formada por un asta en cuya extremidad está fijo un hierro puntiagudo y cortante./ Vara de madera unida por uno de sus extremos al juego delantero de un carruaje para darle dirección, y a cuyos lados se enganchan las caballerías.

lanzacohetes. a./ m. Dícese de la instalación, artefacto o simple tubo, destinados a apuntar cohetes y, en determinados casos, a hacerlos funcionar.

lanzadera. f. Instrumento que usan los tejedores para tramar./ Pieza de la máquina de coser, donde va el carrete o la bobina.

lanzado, da. a. Impetuoso, decidido.// f. Golpe que se da con la lanza./ Herida que con él se produce.

lanzallamas. m. Aparato para lanzar a distancia un chorro de líquido inflamado.

lanzamiento. m. Acción de lanzar o arrojar una cosa./ Acción de partir un cohete, una aeronave o un proyectil, mediante un sistema de propulsión./ **-de disco, de jabalina, de martillo** o **de peso.** *Dep.* Pruebas de atletismo que consisten en arrojar alguno de estos objetos, lo más lejos posible y siguiendo ciertas reglas.

lanzar. tr./ prl. Arrojar.// tr. Soltar, dejar libre./ Vomitar./ *Der.* Quitar a uno la posesión o tenencia de alguna cosa.// prl. Emprender algo con muchos ánimos.

laña. f. Grapa, pieza de metal para unir o sujetar.

laosiano, na. a. y s. De Laos.// m. *Ling.* Lengua hablada en este país.

lapa. f. Molusco gasterópodo marino comestible. Vive asido fuertemente a las piedras de la costa./ Telilla o nata que ciertas criptógamas forman en la superficie de algunos líquidos.

lapachal. m. Sitio poblado de lapachos.

lapacho. m. Árbol sudamericano cuya madera, fuerte e incorruptible, se emplea en la construcción y ebanistería./ Madera de este árbol.

laparatomía. f. *Cir.* Operación consistente en abrir la pared abdominal y el peritoneo.

lapicera. f. *Amér.* Portaplumas./ **-fuente.** Estilográfica.

lapicero. m. Instrumento en que se pone el lápiz./ Lápiz./ *Amér.* Portaplumas.

lápida. f. Piedra llana en que ordinariamente se pone una inscripción./ Losa.

lapidar. tr. Matar a pedradas, apedrear.

lapidario, ria. a. Rel. a las piedras preciosas./ Rel. a las inscripciones que se ponen en las lápidas./ Dícese del enunciado que parece digno de ser esculpido en una lápida por su concisión y gravedad.// m. El que labra piedras preciosas o comercia con ellas.// f. Arte de tallar o labrar piedras.

lapislázuli. m. Mineral de color azul intenso, que se usa en objetos de adorno y joyería.

lapita. a. Aplícase a un pueblo de los tiempos heroicos de Grecia, que habitaba en Tesalia, cerca del Olimpo, famoso por su lucha contra los centauros en las bodas de Piritoo, héroe de aquellos tiempos. Ú.m.c.m.pl./ Dícese también de sus individuos. Ú.t.c.s./ Perteneciente a este pueblo.

lápiz. m. Cualquier sustancia mineral que se usa para dibujar./ Barrita de grafito encerrada en un prisma o cilindro de madera, que se usa para escribir o dibujar.

lapso. m. Paso o transcurso./ Curso de un espacio de tiempo./ Caída en un error.

lapsus cálami. expr. latina que significa error cometido al correr de la pluma, mientras se escribe.

lapsus linguae. expr. latina que significa error en la lengua y se comete cuando, queriendo decir una cosa, se dice otra.

laqueado, da. a. Barnizado con laca.

laquear. tr. Barnizar con laca.

lar. m. En la mitología romana, cada uno de los dioses protectores de la casa u hogar. Ú.m. en pl./ Hogar, lugar para la lumbre.// pl. fig. Casa propia, hogar.

lardar. tr. Lardear.

lardear. tr. Untar con grasa o lardo lo que se va a asar.

lardo. m. Lo gordo del tocino./ Grasa o unto de los animales.

largada. f. Chile y R. de la P. Acción y efecto de largar o iniciar la marcha en una competición deportiva.

largar. tr. Soltar, dejar libre./ Aflojar, soltar de a poco.// prl. fam. Irse precipitadamente./ Hacerse la nave a la mar.

largo, ga. a. Que tiene más o menos longitud./ Que tiene excesiva longitud./ fig. Generoso./ Persona alta./ fig. Dilatado, extenso.// m. Largor, longitud./ Movimiento de la música, equivalente a lento./ Composición o parte de ella, escrita en este movimiento.

larguero. m. Cada uno de los palos o barrotes que se ponen a lo largo de una obra de carpintería, como los de las camas, ventanas, etc./ Almohada larga, cabezal.

larguirucho, cha. a. fam. Apl. a las personas y cosas desproporcionadamente largas.

laringe. f. Parte superior de la tráquea de los vertebrados de respiración pulmonar y que en los mamíferos sirve también como órgano de fonación; comunica con el fondo de la boca y se une interiormente a la tráquea.

laringitis. f. Inflamación de la laringe.

laringología. f. Parte de la patología que estudia las enfermedades de la laringe.

laringólogo, ga. s. Especialista en enfermedades de la laringe.

laringoscopia. f. Med. Exploración de la laringe.

laringoscopio. m. Instrumento para explorar la laringe.

laringotomía. f. Cir. Incisión efectuada en la laringe para extraer cuerpos extraños, extirpar tumores, etc.

larva. f. Zool. Forma de algunos animales cuyo aspecto difiere del que tendrán cuando adultos./ Insecto al salir del huevo y antes de su primera transformación./ Batracio en su primera edad.

larvado, da. a. Apl. a las enfermedades que se presentan con síntomas engañosos.

larvario, ria. a. Biol. Perteneciente o relativo a las larvas de los animales y a las fases de su desarrollo.

las. art. determinado femenino plural./ Forma del pron. personal de tercera persona femenino plural.

lascivo, va. a. Perteneciente a la lascivia. // a. y s. Que tiene lascivia./ Lujurioso./ Errático, juguetón.

láser. m. Dispositivo electrónico que amplifica de manera extraordinaria un haz de luz monocromático y coherente./ Ese rayo de luz.// a. Díc. de los rayos emitidos por ese aparato.

laso, sa. a. Cansado, desfallecido./ Flojo./ Apl. al hilo y a la seda sin torcer.

lastar. tr. Suplir lo que otro debe pagar, con derecho a reintegrarse./ fig. Padecer en pago de una culpa propia o ajena.

lástima. f. Compasión y ternura por los males ajenos.

lastimadura. f. Acción y efecto de lastimar o lastimarse.

lastimar. tr./ prl. Hacer daño o herir.// tr. fig. Agraviar, ofen-

Langosta cuya carne, de exquisito sabor, es muy apreciada.

der. // prl. Dolerse, compadecerse del mal ajeno./ Quejarse.

lastimero, ra. a. Que mueve a lástima y compasión.

lastimoso, sa. a. Que provoca lástima.

lastre. m. Piedra u otro peso que se pone en el fondo de la embarcación para que se sumerja hasta donde convenga./ fig. Juicio, sensatez.

lata. f. Hojalata./ Envase hecho de hojalata./ fam. Conversación fastidiosa y, en general, todo lo que causa hastío.

latencia. f. Calidad de latente./ Biol. Período de inactividad aparente de algunos animales o plantas./ Med. Período de incubación de alguna enfermedad./ Psic. Período de la infancia en que parecen desaparecer los conflictos de la sexualidad para reaparecer en la adolescencia.

latente. a. Oculto y escondido./ Que no se manifiesta en síntomas exteriores.

lateral. a. Que está al lado de una cosa./ fig. Lo que no viene por línea recta.

lateralidad. f. Predominio funcional de un lado del cuerpo humano sobre el otro.

látex. m. Sustancia lechosa que mana de algunos vegetales, de la que se obtiene caucho, goma, resina, etc.

laticífero, ra. a. Bot. Dícese de los vasos de los vegetales que conducen el látex.

latido. m. Golpe producido por el movimiento de contracción y dilatación del corazón y las arterias./ Golpe que se siente en ciertas partes inflamadas muy sensibles./ Ladrido del perro.

latifundio. m. Finca rural de gran extensión.

latifundista. s. Propietario de uno o varios latifundios.

latigazo. m. Golpe dado con el látigo./ Chasquido del látigo./ fig. Represión áspera e inesperada.

látigo. m. Azote de cuero u otra materia, largo y flexible./ Cuerda o correa con que se asegura y aprieta la cincha.

latiguillo. m. dim. de látigo./ fig. y fam. Exceso declamatorio del orador o del actor, que procura obtener un aplauso exagerando la expresión de los afectos.

latín. m. Lengua del Lacio que hablaban los antiguos romanos, de la cual derivan las lenguas romances.

latinajo. m. fam. despect. Latín malo y macarrónico./ Voz o frase latina usada en otro idioma. Ú.m. en pl.

latiniparla. f. ant. Lenguaje de aquellos que emplean voces latinas españolizadas.

latinismo. m. Palabra o giro propios de la lengua latina./ Empleo de esos giros en otra lengua.

latino, na. a. y s. Del Lacio o de los pueblos italianos de que era metrópoli la antigua Roma./ Perteneciente a la lengua latina o propio de ella./ Rel. a la Iglesia de Occidente./ Se dice de los naturales de los pueblos europeos en que se hablan lenguas derivadas del latín y de lo rel. a ellos.

latinoamericano, na. a. y s. De Latinoamérica.

Industria lechera. Vista de una importante planta industrial láctea en la República Oriental del Uruguay.

latir. i. Dar latidos el corazón, las arterias y a veces los capilares y algunas venas./ Dar latidos el perro.

latitud. f. La menor de las dos dimensiones principales que tienen las cosas o figuras planas, en contraposición a la mayor, llamada longitud./ *Geog.* Distancia en grados desde un punto de la superficie terrestre al ecuador.

lato, ta. a. Dilatado, extendido./ fig. Apl. al sentido que por extensión se da a las palabras, y que no es el que literalmente les corresponde.

latón. m. Aleación de cobre y cinc, de color amarillento.

latoso, xa. a. Fastidioso, pesado, molesto.

latrocinio. m. Hurto o costumbre de hurtar o defraudar a los demás en sus intereses.

laucha. f. *Amér.* Especie de ratón pequeño.// m. *Amér.* Hombre listo. Ú.t.c.f.

laúd. m. Instrumento musical de cuerdas, de caja cóncava y prominente en su parte inferior./ Embarcación pequeña del Mediterráneo.

laudable. a. Digno de alabanza.

láudano. m. Medicamento líquido a base de opio, vino blanco, azafrán y otras sustancias./ Extracto alcohólico de opio.

laudatorio, ria. a. Que alaba o contiene alabanza.// f. Escrito u oración en alabanza de alguien o algo.

laudo. m. *Der.* Fallo emitido por los árbitros.

lauráceo, a. a. Semejante al laurel./ *Bot.* Díc. de plantas dicotiledóneas de hojas persistentes, flores en umbela o panoja y fruto en baya o drupa, como el laurel y la canela. Ú.t.c.s.f.// f. pl. *Bot.* Familia de estas plantas.

laureado, da. a. y s. Que ha sido premiado con honor y gloria.

laurear. tr. Coronar con laurel./ fig. Premiar, honrar.

laurel. m. Árbol siempre verde, con tronco liso, hojas aromáticas, flores de color blanco verdoso, pequeñas, y fruto en baya. Sus hojas se emplean como condimento y en algunas preparaciones farmacéuticas./ fig. Corona, triunfo, premio.

laurencio o lawrencio. m. Elemento químico. Símb., Lw.; n. at., 103. No existe en la naturaleza, fue creado artificialmente en 1961.

laureola o lauréola. f. Corona de laureles que se daba en premio a las acciones heroicas, entre los gentiles.

lauro. m. Laurel./ fig. Gloria, fama, alabanza.

laus Deo. expr. lat. que significa *Gloria a Dios* y se emplea al poner término a una obra.

lava. f. Material rocoso fundido originado en zonas profundas de la corteza terrestre y que alcanza la superficie debido a las erupciones volcánicas./ *Min.* Operación de lavar los metales para sacarles sus impurezas.

lavable. a. Que puede lavarse.

lavabo. m. Mesa con recado para la limpieza y aseo personal./ Cuarto de aseo./ Lavamanos.

lavacoches. m. Persona encargada de limpiar los coches en las estaciones de servicio y garajes.

lavadero. m. Lugar donde se lava./ Sitio dispuesto para lavar la ropa./ Paraje del lecho de un río o arroyo, donde se recogen y lavan arenas auríferas.

lavado, da. p. p. de **lavar**.// m. Lavamiento./ Pintura a la aguada, de un solo color.

lavador, ra. a. y s. Que lava. // f. *Amér.* Máquina lavadora.

lavadura. f. Acción y efecto de lavar o lavarse.

lavaje. m. Lavado de las lanas./ Acción de lavar o lavarse.

lavamanos. m. Depósito de agua con pila, caño, y llave para lavarse las manos.

lavanda. f. Espliego, mata muy aromática con flores azules en las espigas./ Su semilla.

lavandería. f. *Amér.* Establecimiento para el lavado de ropa.

lavandero, ra. s. Persona que por oficio lava la ropa.

lavandina. f. *Amér.* Lejía, líquido para blanquear la ropa después de lavada.

lavar. tr./ prl. Limpiar con agua u otro líquido.// tr. fig. Quitar un defecto o descrédito; purificar./ *Min.* Purificar un mineral por medio del agua.

lavarropas. m. *Amér.* Lavadora.

lavativa. f. Enema./ Instrumento para dar enemas./ fig. Incomodidad, molestia.

lavatorio. m. Acción de lavar o lavarse./ Ceremonia de lavar los pies a algunos pobres, que se hace el Jueves Santo./ *Amér.* Lavamanos.

laxante. p. act. de **laxar**.// Que laxa. m. Medicamento para mover el vientre, menos enérgico que el purgante.

laxar. tr./ prl. Ablandar, disminuir la tensión de una cosa./ i. Dar o tomar un laxante.

laxativo, va. a./ m. Que laxa.

laxitud. f. Calidad de laxo.

laxo, xa. a. Que no tiene la debida tensión./ Flojo./ fig. Apl a la moral relajada.

laya. f. Calidad, género, especie.

lazada. f. Nudo que puede desatarse fácilmente tirando de uno de los cabos./ Lazo de adorno.

lazareto. m. Lugar donde hacen la cuarentena los viajeros procedentes de lugares sospechosos de enfermedad contagiosa.

lazarillo. m. Muchacho que guía a un ciego.

lazo. m. Nudo de cintas o cosa semejante que sirve de adorno./ Lazada./ Trenza o cuerda con una lazada corrediza en uno de sus extremos, para apresar caballos, toros, etc./ fig. Ardid, asechanza./ Unión, vínculo./ *Arq.* Adorno de líneas y florones enlazados entre sí.// /- **caer uno en el lazo.** fr. fig. y fam. Ser engañado mediante un ardid.

le. Forma del pronombre personal de tercera persona masculino o femenino singular.

leal. a. y s. Que guarda fidelidad a personas y cosas./ Fiel./ Verídico, legal.

lealtad. f. Cumplimiento de lo exigido por las leyes de la fidelidad y del honor./ Fidelidad y amor que ciertos animales manifiestan al hombre./ Legalidad, veracidad.

lebrel. a. y s. Díc. de ciertos perros aptos para cazar liebres.

lección. f. Lectura, acción de leer./ Conjunto de conocimientos que un maestro les da a sus discípulos un maestro./ Enseñanza./ Parte o capítulo en que están divididos algunos escritos./ Todo lo que el maestro indica cada vez para que estudie el alumno./ fig. Cualquier amonestación, ejemplo o acción que nos enseña cómo conducirnos.

lecha. f. Líquido seminal de los peces./ Cualquiera de las dos bolsas en que se contiene.

lechada. f. Masa fina con cal o yeso para blanquear paredes y unir piedras o ladrillos.

lechal. a. Aplícase al animal de cría que mama. Ú.t.c.s.m.

leche. f. Líquido blanco y opaco segregado por las glándulas mamarias de las hembras de los mamíferos para alimentar a sus hijos o crías. Es una suspensión en agua de grasa, lactosa, proteínas y sustancias minerales.

lechera. f. Vasija en que se guarda o se sirve la leche.

lechería. f. Sitio donde se vende leche.

lechero, ra. a. Rel. a la leche./ Que contiene leche o tiene algunas de sus propiedades./ Apl. a las hembras de animales que se tienen para que den leche.// s. Persona que vende leche.// f. Vasija en que se tiene o en que se sirve la leche.

lechigada. f. Conjunto de animalitos que han nacido en un parto y se crían juntos en un mismo sitio./ Camada.

lechiguana. *Arg., Bol. y Urug.* Especie de avispa que produce miel./ Panal que construye.

lecho. m. Cama con colchón, sábanas, etc., para descansar y dormir./ Especie de escaño que usaban orientales y romanos para comer./ Cauce de un río o arroyo./ Fondo del mar o de un lago.

lechón. m. Cría del cerdo cuando todavía mama./ Por ext., cerdo de cualquier edad./ fig. y fam. Hombre desaseado.

lechona. f. Hembra del lechón o cerdo./ fig. y fam. Mujer sucia, desaseada.

lechoso, sa. a. Que tiene apariencia o cualidades de la leche.

lechuga. f. Planta compuesta, cultivada en huerta, de hojas grandes y comestibles, de la que hay muchas variedades.

lechuguino, na. a. y s. Persona muy compuesta y que sigue la moda estrictamente.// m. Lechuga pequeña./ Muchacho imberbe que se mete a galantear.

lechuza. f. Ave rapaz nocturna, de cabeza voluminosa, pico corto y ojos redondos, grandes y brillantes./ fig. Mujer parecida a este ave. Ú.t.c.a.

lectivo, va. a. Dícese del período en que hay clases./ Escolar.

lector, ra. a. y s. Que lee.// m. En las comunidades religiosas, el encargado de enseñar filosofía, teología o moral./ Clérigo que ha recibido las órdenes del lectorado./ En la enseñanza de idiomas extranjeros en los colegios y universidades, profesor auxiliar cuya lengua materna es la que se enseña./ Aparato para leer microfilmes y microfichas./ m. *Comp.* Dispositivo externo capaz de identificar códigos de barras, marcas, caracteres alfanuméricos, etc.

lectorado. m. *Hist.* Orden de lector, la segunda de las antiguas órdenes menores.

lectura. f. Acción de leer./ Obra o cosa leída./ Cultura de una persona.

leer. tr. Pasar la vista por lo escrito o impreso en voz alta para entenderlo./ Interpretar un texto./ fig. Penetrar el interior de una persona por lo que revela su exterior.

legación. f. Empleo de legado./ Cargo que da un gobierno a un individuo para que lo represente ante otro gobierno extranjero./ Casa u oficina del legado.

legado. m. Mandato que hace un testador a una o varias personas naturales o jurídicas./ Representante de un gobierno ante otro extranjero.

legajo. m. Atado de papeles./ Conjunto de papeles reunidos por tratar de una misma materia.

legal. a. Determinado por ley y conforme a ella./ Íntegro, probo, fiel a los deberes de su cargo.

legalidad. f. Calidad de legal./ Régimen político establecido por la ley fundamental del Estado.

legalista. a. y s. Que antepone a cualquier otra consideración la aplicación literal de las leyes.

legalización. f. Acción y efecto de legalizar.

legalizar. tr. Dar estado legal a una cosa./ Comprobar y certificar la autenticidad de un documento o una firma.

légamo. m. Cieno o barro pegajoso./ Parte arcillosa de las tierras de labor.

legamoso, sa. a. Que tiene légamo.

légano. m. Légamo.

leganoso, sa. a. Legamoso.

legaña. f. Humor de los ojos que se seca en el borde de los párpados y en los ángulos de la abertura ocular.

legañoso, sa. a. y s. Que tiene muchas legañas.

legar. tr. Dejar una persona a otra alguna manda en su testamento./ Enviar a uno de legado./ Transmitir ideas, costumbres, cultura, etc.

legendario, ria. a. Rel. o perteneciente a las leyendas.// m. Libro en que se refieren vidas de santos.

legibilidad. f. Cualidad de lo que es legible.

legible. a. Que se puede leer.

legión. f. Cuerpo de tropa romana./ Nombre que suele darse a ciertos cuerpos de la tropa./ fig. Multitud, muchedumbre.

legionario, ria. a. Perteneciente a la legión.// a./ m. Soldado que servía en una legión romana./ Soldado de una legión.

legislación. f. Conjunto de leyes por las cuales se gobierna un Estado, o una materia determinada./ Ciencia de las leyes.

legislador. a. y s. Que legisla.

legislar. i. Dictar leyes o establecerlas. Ú.t.c.tr.

legislativo, va. a. Apl. al derecho de hacer leyes./ Apl. al código de leyes.

legislatura. f. Tiempo durante el cual funcionan los cuerpos legislativos./ Conjunto de los cuerpos legislativos.

legista. m. y f. Letrado o profesor de leyes o de jurisprudencia./ El que las estudia.

legitimación. f. Acción y efecto de legitimar.

legitimar. tr. Convertir en legítima una cosa./ Justificar o probar la verdad de una cosa o la calidad de una persona o cosa conforme a las leyes./ Hacer legítimo al hijo que no lo era./ Certificar la autenticidad de un documento o una firma.

legitimidad. f. Calidad de legítimo.

legítimo, ma. a. De acuerdo con las leyes./ Cierto, verdadero./ Apl. al hijo nacido del legítimo matrimonio.

lego, ga. a. y s. Que no tiene órdenes clericales./ Falto de instrucción en una materia.

legra. f. *Cir.* Instrumento para legrar.

Lechuza de las vizcacheras, ave de hábitos nocturnos que se alimenta de lagartos, serpientes y pequeños mamíferos.

legrado, da. p. p. de **legrar.**// m. Acción y efecto de legrar./ **-uterino.** Acción de raer la mucosa uterina. Vulgarmente se conoce con el nombre de raspado.

legrar. tr. *Cir.* Raer la superficie de los huesos./ Raer la mucosa del útero.

legua. f. Medida itineraria que equivale a 5.572,7 m.

leguleyo. m. El que trata de leyes sin cabal conocimiento de ellas.

legumbre. f. Todo fruto o semilla que se cría en vainas./ Por ext., hortaliza.

leguminoso, sa. a. Díc. de las plantas dicotiledóneas con flores de corola irregular, amariposada, hojas alternas y fruto en legumbre con varias semillas sin albumen, como el garbanzo, la acacia, etc. Ú.t.c.s.f.// f. pl. Familia de estas plantas.

leída. f. Acción de leer.

leído. p. p. de **leer.**// a. Dícese de la persona que ha leído mucho y tiene erudición.

leísmo. m. *Gram.* Uso, gramaticalmente incorrecto, del pronombre *le* (dativo) en lugar de los pronombres *lo* y *la* (acusativo).

leitmotiv (voz al.). m. En una composición musical o poética, tema que se repite periódicamente./ Por ext., tema principal u obsesivo de una obra, un discurso, etc.

lejanía. f. Parte distante de un lugar, visible desde éste.

lejano, na. a. Distante, apartado, remoto.

lejía. f. Agua con sales alcalinas disueltas que sirve para limpiar./ fig. y fam. Reprensión fuerte o satírica.

lejos. adv. l. y t. En lugar o tiempo distante o remoto.

lelo, la. a. y s. Bobo, tonto.

lema. m. Título o argumento que precede a ciertas composiciones literarias./ Letra o sentencia que se pone en los emblemas y símbolos para hacerlos más comprensibles./ Tema de un discurso./ Frase que expresa un pensamiento que sirve de principio y guía de la conducta de una persona, grupo o partido.

lemming. m. Pequeño roedor que habita en el hemisferio norte.

lemnáceo, a. a./ f. Dícese de las plantas acuáticas, angiospermas, monocotiledóneas, con tallo y hojas transformados en una fronda verde, pequeña y en figura de disco, como la lenteja de agua.// f. pl. Familia de dichas plantas.

lemosín, na. a. y s. De Limoges.// m. *Ling.* Lengua de Oc.

lempira. m. Moneda de Honduras.

lémur. m. Género de mamíferos cuadrumanos de hocico prolongado y cola muy larga, propios de África y Madagascar.// m. pl. *Mit.* Genios maléficos, entre los romanos y etruscos./ fig. Duendes.

lemúridos. m. pl. *Zool.* Familia de mamíferos cuadrumanos, prosimios, de hábitos nocturnos. Su tipo es el lémur.

lencería. f. Conjunto de lienzos distintos./ Negocio de lienzos./ Tienda o comercio en que se venden.

lengua. f. Órgano muscular en la cavidad de la boca de los vertebrados que sirve para gustar, deglutir y para articular los sonidos de la voz./ Conjunto de palabras y modos de hablar de un pueblo; idioma./ Badajo de la campana./ Lengüeta, fiel de la balanza./ *Ling.* A partir de Saussure, se denomina así al sistema de signos, de carácter social, exterior al individuo, que éste utiliza, pero que no puede crear ni modificar./ **-aglutinante.** Aquella en que predomina la aglutinación de diversos afijos a los radicales, como el turco o el coreano./ **-analítica.** Aquella en que las relaciones gramaticales se expresan mediante artículos independientes./ **-de fuego.** Cualquiera de las llamas de un incendio./ **-de gato.** Planta rubiácea./ **-de flexión.** Aquella en que las palabras varían su raíz y desinencia para señalar las relaciones gramaticales, como el castellano, inglés, etc./ **-de oc.** La que se habló en el mediodía de Francia y cultivaron los trovadores, llamada también provenzal o lemosín. Oc significa sí en dicha lengua./ **-de oíl.** Francés antiguo, es decir, la lengua hablada antiguamente en Francia, al norte del río Loira. Oíl significa sí en dicha lengua./ **-de tierra.** Peda-

zo de tierra estrecho que entra en el mar, en un río, etc./ **-madre.** Aquella de la que se han derivado otras./ **-materna.** La que se habla de un país, respecto de los naturales de éste./ **-monosilábica.** La que se compone de monosílabos invariables y en la cual las relaciones entre las palabras se expresan por colocación de éstas./ **-muerta.** La que ya no se habla como natural de un país o región./ **-sintética.** Aquella en que las relaciones gramaticales se expresan por medio de afijos.// **-viperina.** m. y f. Persona mordaz y murmuradora./ **-viva.** La que actualmente se habla en un país o región./ **-lenguas arias** o **indoeuropeas.** Las que hablan los pueblos indoeuropeos, como el griego, el iranio, etc./ **-media lengua.** fig. y fam. Persona que pronuncia imperfectamente./ Esta misma pronunciación imperfecta./ **-malas lenguas.** fig. y fam. El conjunto de los calumniadores y murmuradores./ fig. El común de las gentes./ **-irse** o **írsele** a uno **la lengua.** frs. fig. y fam. Decir inconsideradamente aquello que no se quería o debía revelar./ **-morderse** uno **la lengua.** frs. fig. Contenerse en hablar, callar lo que se quiere decir./ **-tirar de la lengua a uno.** frs. fig. y fam. Provocarle para que hable acerca de algo.

León. Mamífero de la familia de los félidos, que se alimenta de carne de otros animales a los que caza. Habita en las selvas, es muy voraz pero raramente ataca al hombre.

lenguado. m. Pez comestible de cuerpo muy comprimido y oblongo y carne exquisita.

lenguaje. m. Conjunto de sonidos articulados con que el hombre expresa lo que piensa o siente./ Idioma de un pueblo o nación, o común a varios; lengua./ fig. Conjunto de señales con que se da a entender una cosa./ Manera de expresarse./ Estilo y modo de hablar y de escribir de cada uno./ Uso del habla o facultad de hablar./ *Inform.* Conjunto de signos y reglas que permiten la comunicación con un ordenador./ *Comp.* Sistema de signos y símbolos que permiten construir programas con los que un ordenador puede operar./ **-de alto nivel.** *Inform.* Lenguaje que facilita la comunicación con un computador por medio de signos convencionales cercanos a los de un lenguaje natural./ **-de máquina.** *Inform.* Combinación de dígitos binarios, por medio del cual un ordenador funciona correctamente./ **-ensamblador.** *Inform.* Lenguaje muy parecido al de máquina, con modificaciones mnemotécnicas que facilitan su empleo. Es de nivel inmediatamente superior al de máquina.

lenguaraz. a. y s. Que conoce dos o más lenguas./ Atrevido en el hablar.

lengüeta. f. Epiglotis./ Fiel de la balanza./ Laminilla movible de metal que tienen algunos instrumentos músicos de viento y algunas máquinas hidráulicas o de aire./ Tira de piel cosida por dentro de los zapatos, en la parte del cierre, por debajo de los cordones./ *Amér.* Charlatán, chismoso.

lengüetazo. f. *Amér.* Acción rápida de tomar una cosa con la lengua o lamerla.

lengüetear. i. Sacar la lengua de la boca y moverla repetidamente./ Lamer.

lenidad. f. Blandura, falta de energía para exigir el cumplimiento de los deberes o para castigar las faltas.

lenificar. tr. Suavizar, ablandar.

Lente cónica utilizada en cámaras fotográficas.

ninismo. m. *Pol.* Doctrina de Lenin, quien basándose en Marx promovió y condujo la revolución soviética en 1917, a la cabeza de los bolcheviques.

ninista. a. Relativo al leninismo.// s. Partidario de Lenin o que profesa su doctrina.

nitivo, va. a. Que ablanda y suaviza.// m. Medicamento que ablanda y suaviza./ fig. Medio para aliviar los sufrimientos del ánimo.

nte. amb. Cristal con caras cóncavas o convexas, que se emplea en instrumentos ópticos. Ú.m.c.m.// m. pl. Cristales de igual clase, con armadura apropiada para acercarlos cómodamente a los ojos.

nteja. f. Planta herbácea leguminosa de flores blancas y fruto en vaina pequeña, con dos o tres semillas pardas comestibles./ Fruto de esta planta./ **-de agua.** f. *Bot.* Planta lemnácea que flota en las aguas estancadas y cuyas frondas tienen el tamaño y la forma del fruto de la lenteja.

ntejuela. f. Planchita redonda de metal brillante que se usa en los bordados.

nticular. a. De forma parecida a la lenteja.// m. Huesecillo del oído, apófisis del yunque. Ú.t.c.a.

ntilla. f. Lente pequeño que por contacto se adapta a la córnea del ojo.

ntisco. m. Planta de tallos leñosos, cuya madera rojiza, dura y aromática se utiliza en ebanistería. De sus ramas se saca almáciga, y de sus frutos, aceite para el alumbrado.

ntitud. f. Tardanza con que se ejecuta una cosa; calma.

nto, ta. a. Tardo y pausado./ Poco vigoroso o eficaz.

ña. f. Parte de los árboles y de las matas que se destina para la lumbre, cortada y dividida en trozos./ fig. Castigo, paliza.

ñador, ra. s. Persona que se ocupa en cortar leña.

ñazo. m. fam. Garrotazo.

ñera. f. Sitio o mueble para guardar leña.

ño. m. Trozo de árbol cortado y limpio de ramas./ Madera.

ñoso, sa. a. Apl. a la parte más consistente de los vegetales./ Que tiene dureza y consistencia como la de la madera.

:o o **León.** Quinto signo del Zodíaco./ *Astron.* Constelación zodiacal que se halla delante del mismo signo y un poco hacia el oriente.

ón. m. Mamífero carnicero, de pelaje entre amarillo y rojo, cabeza grande, cola larga y dientes y uñas muy fuertes. El macho se distingue por una melena que le cubre la nuca y el cuello.

ona. f. Hembra del león./ fig. Mujer audaz, valiente.

onado, da. a. De color rubio oscuro.

onino, na. a. Rel. al león./ Dic. del contrato poco equitativo en que toda la ganancia se atribuye a una de las partes.

ontina. f. Cadena de reloj de bolsillo, corta y gruesa.

opardo. m. Mamífero carnicero con aspecto de gato grande y pelaje rojizo con manchas negras y redondas. Es muy cruel y sanguinario.

pidóptero. a./ m. *Zool.* Apl. a los insectos que, después de su metamorfosis, tienen cuatro alas anchas y cubiertas de pequeñas escamas imbricadas, como las mariposas.// m. pl. Orden de estos insectos.

pisma. f. Insecto tisanuro de cuerpo cilíndrico, cubierto de escamas plateadas, antenas largas y filiformes y abdomen terminado por tres cerdillas articuladas. Originario de América, es nocturno, y roe el cuero, el papel y el azúcar.

porino, na. a. Rel. a la liebre./ Dícese del labio superior hendido por defecto congénito.

pra. f. Enfermedad infecciosa crónica, caracterizada por lesiones en la piel, insensibilidad y trastornos nerviosos.

proso, sa. a. y s. Que padece lepra.

ptocéfalo. m. *Zool.* En la anguila, estado larvario precoz, anterior a la fase de angula.

rdo, da. a. Pesado y torpe en el andar./ fig. Tardo y torpe para hacer y comprender algo.

s. Forma del pron. personal de tercera persona masculino o femenino plural.

sión. f. Daño corporal causado por una herida, golpe o enfermedad./ fig. Perjuicio, daño.

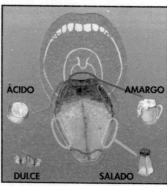

Lengua y gusto. Áreas de percepción gustativa de los cuatros sabores básicos: dulce, salado, ácido y amargo.

lesionar. tr. Causar lesión. Ú.t.c.prl.

lesivo, va. a. Que daña o perjudica.

leso, sa. a. Dañado, ofendido, agraviado.

letal. a. Mortífero, que puede causar la muerte.

letanía. f. Súplica a Dios, formada por una serie de invocaciones breves./ fig. Lista de muchos nombres o locuciones.

letárgico, ca. a. Que padece letargo./ Perteneciente a él.

letargo. m. *Med.* Síntoma de diversas enfermedades, consistente en un estado de somnolencia profunda y prolongada./ *Zool.* Tipo especial de hibernación de algunos mamíferos de zonas frías./ fig. Modorra, torpeza, insensibilidad.

letra. f. Signo o figura con que se representan los sonidos y articulaciones de un idioma./ Estos mismos sonidos y articulaciones./ Forma particular que tiene dicho signo, propia de la persona que lo escribe, o del tiempo o lugar en que se escribe./ Pieza de metal con una letra u otro signo relevado en una de sus bases, para que pueda imprimirse./ *Impr.* Conjunto de estas piezas./ Significación propia y exacta de las palabras, a diferencia del sentido figurado./ Especie de romance corto, cuyos primeros versos se suelen glosar./ Conjunto de las palabras puestas en música./ Lema./ fig. y fam. Astucia y sagacidad./ pl. Conjunto de las ciencias humanísticas./ **-bastarda.** La de mano, inclinada a la derecha, inventada en Italia en el s. XV./ **-bastardilla.** La de imprenta que imita a la bastarda./ **-cursiva.** La de mano, que se liga mucho para escribir de prisa./ **-de cambio.** *Com.* Documento comercial de pago, que comprende el giro de una cantidad en efectivo que hace una persona denominada librador a la orden de otra llamada tomador, al plazo que se expresa y que ha de satisfacer otra llamada librado./ **-de molde.** La impresa./ **-florida.** La mayúscula con algún adorno./ **-gótica.** La de forma rectilínea y angulosa, aún utilizada en Alemania./ **-inglesa.** La más inclinada que la bastarda./ **-itálica.** La bastardilla./ **-mayúscula.** La de mayor tamaño y distinta figura que la minúscula, que se utiliza como inicial de todo nombre propio, al comienzo de oración, etc./ **-minúscula.** La que constantemente se emplea en la escritura./ **-muda.** La que no se pronuncia: la *h* de *hueso* y la *u* de *que*./ **-muerta.** fig. Escrito o máxima en que se previene algo que no se cumple o está sin efecto./ **-negrilla** o **negrita.** La especial gruesa que resalta de los tipos ordinarios./ **-numeral.** La que representa número, como la usada por los romanos./ **-redonda** o **redondilla.** La que es derecha y circular./ **-versal.** La mayúscula./ **-versalita.** *Impr.* Mayúscula de igual tamaño que la minúscula./ **-letras humanas.** Literatura, en especial la griega y latina./ **-bellas** o **buenas letras.** Literatura./ **-primeras letras.** Rudimentos de la enseñanza.// **-a la letra.** m. adv. Literalmente, según la significación natural de las palabras./ Enteramente, sin añadir ni quitar nada./ fig. Puntualmente.// **-al pie de la letra.** m. adv. A la letra.

letrado, da

letrado, da. a. Docto o instruido./ fam. Que presume de discreto y habla sin fundamento.// m. Abogado.

letrero. m. Palabra o conjunto de palabras escritas para publicar una cosa./ *Arg.* Cartel, anuncio artístico.

letrilla. f. Composición poética de versos cortos.

letrina. f. Lugar destinado para verter las inmundicias y expeler los excrementos./ fig. Cosa de aspecto asqueroso.

leucemia. f. *Med.* Enfermedad caracterizada por un aumento anormal del número de leucocitos en la sangre.

leucocito. m. *Biol.* Célula esférica, incolora, con citoplasma viscoso, que se encuentra en la sangre y en la linfa y asegura la defensa contra cuerpos extraños./ Glóbulo blanco.

leucocitosis. f. *Med.* Aumento del número de leucocitos en la sangre.

leucoma. f. Manchita blanca y opaca en la córnea transparente del ojo.

leucopenia. f. *Med.* Disminución del número de leucocitos en la sangre por debajo del límite normal.

leucoplasto. m. *Bot.* Órgano de las células vegetales, carente de pigmento y que sirve como centro de almacenamiento de almidón procedente de la fotosíntesis.

leudar. tr. Hacer que la masa fermente con levadura.// prl. Fermentar la masa con levadura.

leudo, da. a. Apl. al pan o masa fermentados con levadura.

leva. f. Partida de las embarcaciones del puerto./ Reclutamiento de gente para la milicia./ Palanca de madera.

levadizo, za. Que se levanta o se puede levantar.

levadura. f. Microorganismo que produce fermentaciones./ Masa constituida por estos microorganismos./ Sustancia que excita la fermentación.

levantado, da. p. p. de **levantar**.// a. Sublime, elevado.// f. Acción de levantarse o dejar la cama

levantamiento. m. Acción y efecto de levantar o levantarse./ Sedición, rebelión popular.

levantar. tr./ prl. Mover de abajo hacia arriba una cosa./ fig. Rebelar, sublevar./ Enderezar./ Sublevar./ Poner algo en sitio más alto del que ocupaba.// tr. Dirigir hacia arriba la mirada, la puntería, etc./ Quitar una cosa del lugar que ocupa./ Edificar./ Dicho de ciertas cosas que forman bulto sobre otras, producirlo./ fig. Fundar, erigir./ Dejar sin efecto ciertas penas impuestas./ Alzar la voz./ Aumentar el precio de algo./ Esforzar./ Reclutar.// prl. Sobresalir de una superficie./ Dejar la cama.

levante. m. Oriente./ Este./ Países de la parte oriental del Mediterráneo./ Viento que sopla de la parte oriental.

levantisco, ca. a. De genio inquieto y turbulento.

levar. tr. Arrancar el ancla fondeada./ Reclutar gente.

leve. a. De poco peso, ligero./ fig. De poca importancia, venial.

levedad. f. Calidad de leve./ Inconstancia de ánimo, veleidad.

levigar. tr. Desleír en agua una sustancia pulverurenta para que precipite la parte más tenue.

levita. m. Israelita de la tribu de Leví, consagrado al servicio del templo.// f. Prenda masculina ajustada al cuerpo, cuyos faldones, a diferencia de los del frac, se cruzan por delante.

levitación. f. Acción y efecto de levitar./ *Pat.* Sensación de mantenerse en el aire sin ningún punto de apoyo.

levitar. i. Elevarse en el espacio sin apoyo de agentes físicos conocidos.

lexema. m. *Ling.* Unidad de significación de una palabra o una raíz./ Elemento significativo de una palabra.

lexical. a. Perteneciente o relativo al léxico.

lexicalizado, da. p. p. de **lexicalizar**.// a. Dícese de la figura que se ha incorporado al léxico general, como "al pie de un árbol" o "los brazos del sillón".

lexicalizar. tr./prl. Transformar en uso léxico general el que era figurado./ Hacer que un sintagma llegue a funcionar como una unidad léxica.

léxico, ca. a. Rel. al léxico.// m. Conjunto de las palabras de un idioma./ Diccionario de la lengua griega./ Por ext., diccionario de cualquier otra lengua./ Conjunto de voces, giros y modismos de un autor.

Libertad.
Estatua de la Libertad, emplazada en la ciudad de New York, EE.UU.

lexicología. f. Estudio de las unidades léxicas de una lengua y de las relaciones sistemáticas que se establecen entre ellas.

lexicólogo, ga. s. Persona especializada en lexicología.

ley. f. Regla y norma constante e invariable de las cosas./ Precepto dictado por la autoridad, por el que se manda o prohíbe una cosa, con arreglo a la justicia./ Religión./ Lealtad, fidelidad./ Cantidad de oro o plata finos que han de contener las ligas de barras, alhajas o monedas./ Estatuto o condición establecida para un acto particular./ Conjunto de las leyes o cuerpo del derecho civil./ **-antigua** o **de Moisés.** Preceptos que Dios dio al pueblo hebreo por medio de Moisés./ **-del embudo.** fig. y fam. La que se aplica con desigualdad, con rigor a unos y con amplitud a otros./ **-marcial.** La que se dicta en estado de guerra o con emergencia para mantener el orden./ **-natural.** Dictamen de la recta razón./ **-sálica.** La que excluía del trono a las mujeres./ **-seca.** La que prohíbe el tráfico y consumo de bebidas alcohólicas./ **-de buena ley.** loc. fig. De excelentes condiciones.

leyenda. f. Narración de hechos más tradicionales o maravillosos que históricos o ciertos./ Inscripción de las monedas o medallas./ Acción de leer./ Lo que se lee.

lezna. f. Instrumento para agujerear, coser y pespuntar, de punta muy aguda.

lía. f. Soga de esparto, trenzada.

liana. f. *Amér.* Bejuco.

liar. tr. Atar con lías./ Atar los fardos y cargas./ Envolver una cosa./ Formar cigarrillos envolviendo la picadura en el papel de fumar./ tr./ prl. Envolver a uno en un compromiso

libanés, sa. a. y s. Del Líbano.

libar. tr. Chupar con suavidad un jugo./ Degustar un licor.

libelista. s. Autor de libelos.

libelo. m. Escrito en que se denigra o infama./ *For.* Pedimento o memorial.

libélula. f. Caballito del diablo.

liberación. f. Acción de poner en libertad./ Cancelación de las cargas que gravan un inmueble./ Culminación de la lucha por la expulsión del ocupante extranjero de un territorio.

liberado, da. p. p. de **liberar**.// a. *Com.* Aplícase a las acciones cuyo valor no se satisface en dinero, porque está cubierto por cosas aportadas o por servicios hechos a la sociedad.

liberador, ra. a. y s. Libertador.

liberal. a. Que obra con liberalidad./ Dícese de las artes que requieren principalmente el ejercicio de la inteligencia./ Que es partidario del liberalismo. Ú.t.c.s.

liberalidad. f. Generosidad, desprendimiento./ Virtud que consiste en distribuir uno con generosidad sus bienes.

liberalismo. m. Sistema que proclama el predominio de la iniciativa privada, la libertad individual, el librecambio y el Estado laico./ Doctrina y partido de los liberales.

liberalizar. tr./ prl. Hacer liberal en el orden político a alguien o a algo.

liberar. tr. Libertar, eximir de una obligación, de dominación o de una deuda.

liberiano, na. a. y s. De Liberia.

libérrimo, ma. a. superl. de **libre**.

libertad. f. Facultad natural del hombre que le permite obrar a voluntad./ Estado del que no es esclavo./ Estado del que no está preso./ Falta de subordinación./ Facultad de hacer y decir cuanto no se oponga a las leyes./ Licencia o familiaridad./ Prerrogativa, privilegio. Ú.m. en pl./ **-condicional.** La que se otorga al preso en el último período de su condena y que está sujeta a su ulterior comportamiento.

libertado, da. p. p. de **libertar**.// a. Osado, atrevido./ Libre, sin sujeción.

libertador, ra. a. y s. Que liberta.

libertar. tr./ prl. Poner en libertad./ Sacar de la esclavitud./ Eximir a uno de una obligación, deuda, etc.

libertario, ria. a. y s. Que defiende la libertad absoluta.

libertinaje. m. Desenfreno en las palabras o actos.

libertino, na. a. y s. Apl. a la persona entregada al libertinaje.

liberto, ta. s. Esclavo a quien se ha dado la libertad.

libídine. f. Lascivia, lujuria.

libidinoso, sa. a. Lascivo, lujurioso.

libido. f. *Psic.* En la teoría de Freud, energía del instinto sexual que se manifiesta en muchos aspectos de la psiquis, distintos de los específicamente sexuales.

libio, bia. a. y s. De Libia.

libra. f. Unidad de peso inglesa, equivalente a 453,6 gramos./ Moneda imaginaria. Su valor varía según los países./ Medida cuya capacidad equivale a una libra de un líquido./ Séptimo signo del Zodíaco./ *Astron.* Constelación zodiacal que se halla delante del signo de este nombre./ **-esterlina.** Moneda inglesa de oro.

libración. f. Movimiento como de oscilación o balanceo que efectúa un cuerpo perturbado en su equilibrio./ *Astron.* Movimiento aparente de oscilación y balanceo de la Luna, que permite ver parte de su cara oculta.

librado, da. p. p. de **librar**.// s. Persona o institución contra la cual se gira una letra de cambio.

librador, ra. a. y s. Que libra.

libramiento. m. Acción y efecto de librar de un daño, trabajo, etc./ Libranza.

libranza. f. Orden de pago contra uno que tiene fondos a disposición del que la expide.

librar. tr./ prl. Sacar de un trabajo, mal o peligro.// tr. Poner confianza en una persona o cosa./ *Com.* Expedir letras de cambio, libranzas, cheques y otras órdenes de pago.// i. Parir la mujer./ Echar la placenta la mujer que pare.

libre. a. Que tiene facultad para obrar o no./ Que no es esclavo./ Que no está preso./ Atrevido, licencioso./ Suelto./ Exento, dispensado./ Soltero./ Independiente./ Inocente, sin culpa.

librea. f. Traje dado a ciertos criados por sus patronos.

librecambio. m. Libre cambio./ *Econ.* Sistema de libre comercio entre los países, sin trabas aduaneras.

librepensador, ra. a. y s. Partidario del librepensamiento.

librepensamiento. m. Doctrina que afirma o defiende el derecho a pensar libremente y con independencia de todo criterio religioso.

librería. f. Biblioteca./ Tienda donde se venden libros./ Mueble con estantes para colocar libros./ Ejercicio del librero.

librero, ra. a. Persona que tiene por oficio vender libros.

libresco, ca. a. Rel. a los libros.

libreta. f. Cuaderno o libro pequeño para escribir anotaciones o cuentas.

libreto. m. Texto escrito para ser recitado./ Obra dramática para ser puesta en música.

libro. m. Conjunto de hojas de papel, vitela, etc., por lo común impresas, cosidas o encuadernadas en un volumen./ Obra científica o literaria, de bastante extensión como para formar volumen./ Cada una de sus partes, si es de gran extensión./ Libreto./ Tercera parte de las cuatro que tiene el estómago de los rumiantes./ **-de texto.** El que utilizan los escolares para seguir sus cursos./ **-diario.** Aquel en que, diariamente, se anotan todas las operaciones comerciales en el orden en que se producen./ **-mayor.** Aquel en que el comerciante debe anotar, por orden de fecha, todas sus cuentas corrientes./ **-talonario.** Aquel en que queda un comprobante de cada uno de los recibos o documentos de él cortados.// **-libros de caballería.** Género literario que durante los siglos XV y XVI fue muy popular en Europa. Se basaba en la narración de aventuras fantásticas de emperadores, reyes y caballeros.

licantropía. f. *Med.* Manía por la cual el enfermo imagina estar transformado en lobo e imita sus aullidos.

licántropo, pa. s. *Med.* El que padece licantropía.

licencia. f. Facultad o permiso para hacer una cosa./ Abusiva libertad en el decir u obrar./ **-poética.** Infracción de las reglas gramaticales o las leyes del estilo que se admite en poesía.

licenciado, da. p. p. de **licenciar**.// a. Díc. de la persona que se precia de entendida./ Dado por libre.// s. Persona que ha obtenido un grado que le habilita para ejercer una profesión.// m. Tratamiento que se da a los abogados./ Soldado que ha recibido su licencia.

Libertadores. Dos de los grandes libertadores de América: San Martín y Bolívar.

licenciamiento. m. Licenciatura./ Acción y efecto de licenciar a los soldados.

licenciar. tr. Dar licencia o permiso./ Despedir a uno./ Conferir el grado de licenciado./ Dar a los soldados su licencia.// prl. Tomar el grado de licenciado.

licenciatura. f. Grado de licenciado./ Acto de recibirlo.

licencioso, sa. a. Libre, disoluto.

liceo. m. Uno de los tres ant. gimnasios de Atenas, donde enseñaba Aristóteles./ Escuela aristotélica./ Nombre de ciertas sociedades literarias o recreativas./ *Amér.* Instituto de enseñanza secundaria.

licinia. f. *Bot.* Cada una de las tirillas largas y de forma irregular en que se dividen las hojas o pétalos de algunas plantas.

licitación. f. *Der.* Acción y efecto de licitar./ *Amér.* Concurso entre los que aspiran a encargarse de realizar una obra, entregar ciertas mercaderías o prestar un servicio bajo determinadas condiciones, a fin de que el interesado, gmente. el Estado, elija la propuesta que ofrezca mayores ventajas.

licitador, ra. s. Persona que licita.

licitar. tr. Ofrecer precio por una cosa que se vende en subasta.

lícito, ta. a. Justo, permitido./ Legal./ Que es de la ley exigida.

licnoblo, bla. a. y s. Aplícase a quien hace de la noche día, es decir, que vive con luz artificial.

licor. m. Cuerpo líquido./ Bebida espirituosa, compuesta de agua, alcohol, azúcar y esencias aromáticas variadas.

licoroso, sa. a. Dícese del vino espirituoso y aromático.

lictor. m. Entre los romanos, magistrado o servidor de la justicia.

licuación. f. Acción y efecto de licuar o licuarse./ *Fís.* Cambio de estado de gas a líquido, debido a cambios de presión o de temperatura.

licuado, da. a. Convertido en líquido.// m. Bebida batida y refrescante, generalmente con frutas.

licuar. tr./ prl. Liquidar, hacer líquida una cosa sólida./ Fundir un metal sin que se derritan las demás materias con que se encuentra combinado.

licuefacción. f. Acción y efecto de licuar o licuarse.

licuefacer. tr./ prl. Licuar.

licuefactor. m. Condensador de gases.

lid. f. Combate, pelea./ *fig.* Disputa, discusión.// **-en buena lid.** m. adv. Por buenos medios.

líder. m. Jefe, dirigente, conductor.

liderar. tr. Dirigir o estar a la cabeza de un grupo, partido político, competición, etc.

liderato o **liderazgo.** m. Condición de líder o ejercicio de sus actividades.

lidiar. i. Batallar, pelear./ *fig.* Tratar con personas que causan molestia./ *fig.* Hacer frente u oposición a uno.// tr. Torear.

lido. m. *Geog.* Litoral arenoso frente a una bahía o a una laguna, a la que puede cerrar por completo.

liebre. f. Mamífero roedor, de cuerpo estrecho con pelaje suave y espeso y orejas muy largas, algo mayor que el conejo. Es tímido y de veloz carrera.

liendre. f. Huevo del piojo.

lienzo. m. Tela que se fabrica de algodón, lino, etc./ Pintura que está sobre lienzo./ Pañuelo de bolsillo./ Fachada de un edificio o pared que va de una parte a otra./ Porción de muralla, en línea recta.

LIFO (siglas de la expresión ingl. *last in-first on*, último entrado, primero salido). *Com.* Sistema de valuación de mercaderías en el que se computa como valor de costo de las mercaderías el precio del último lote comprado.

liga. f. Cinta de tejido elástico con que se aseguran las medias./ Unión o mezcla./ Aleación./ Confederación de naciones o Estados./ Agrupación de individuos o colectividades humanas con algún designio común./ *R. de la P.* fam. Suerte, fortuna. Ú.m. con el verbo tener.

ligación. f. Acción y efecto de ligar.

ligado. m. Unión o enlace de las letras de una escritura./ Modo musical de ejecutar notas diferentes sin interrupción de sonido.

ligadura. f. Vuelta que se da con liga, venda, etc., alrededor de algo para sujetarlo./ Sujeción con que una cosa está unida a otra./ Acción y efecto de ligar o unir./ *fig.* Sujeción.

ligamento. m. Acción de ligar./ Cordón fibroso muy resistente, que liga los huesos de las articulaciones./ Pliegue membranoso que enlaza o sostiene cualquier órgano del cuerpo de un animal.

ligar. tr. Atar./ Alear./ Mezclar otro metal con el oro o con la plata./ Unir, enlazar./ Obligar./ *R. de la P.* fam. Tocar a uno en suerte una cosa. Ú.t.c.i. y prl.// prl. Confederarse, unirse para un fin.

ligazón. f. Unión estrecha entre dos cosas entre sí; trabazón.

ligereza. f. Agilidad, prontitud./ Levedad./ *fig.* Inconstancia./ Dicho o hecho de cierta importancia, pero irreflexivo.

ligero, ra. a. De poco peso./ Ágil, veloz./ Dícese del sueño que se interrumpe fácilmente./ Leve, de poca importancia./ *fig.* Apl. al alimento de fácil digestión./ Inconstante, versátil.// **-a la ligera.** m. adv. Aprisa, con rapidez./ *fig.* Sin aparato ni ceremonia.

lignario, ria. a. De madera o perteneciente a ella.

lignina. f. *Quím.* Sustancia que impregna los tejidos de la madera, a la que proporciona su consistencia característica.

lignito. m. Carbón fósil.

ligur o **ligurino, na.** a. y s. De Liguria, región de la Italia antigua.

ligustre. m. Flor del ligustro.

ligustrina. f. Variedad de ligustro, de hoja más pequeña.

ligustro. m. Arbusto ramoso, de flores blancas y pequeñas, que se emplea para formar cercos.

lija. f. Pez selacio de piel sin escamas, pero áspera y cubierta de una especie de granillos muy duros./ Piel de éste otro selacio que, seca, sirve para alisar./ Papel con vidrio molido, o arena muy fina, encolado en uno de sus lados, que se usa para pulir o alisar.

Limeños. Niños de la ciudad capital de Perú, atendiendo las instrucciones para un juego de pelota.

Lima y limón. Dos frutos esenciales para la buena salud.

lijar. tr. Pulir con lija o con papel de lija.

lila. f. Arbusto oleáceo muy ramoso, con hermosas flores moradas o blancas, olorosas./ Su flor.// a./ m. Color morado claro, como el de esta flor.

liliáceo, a. a. f. *Bot.* Apl. a las plantas angiospermas monocotiledóneas de raíz bulbosa, como el tulipán, la azucena y el ajo.// f. pl. Familia de estas plantas.

liliputiense. a. y s. fig. Dícese de la persona en extremo pequeña y endeble.

lima. f. Fruto comestible del limero, de corteza amarilla y pulpa algo dulce./ Instrumento de acero templado, con la superficie estriada, que se usa para desgastar y alisar los metales y otras materias duras.

limadura. f. Acción y efecto de limar.// pl. Partes muy menudas que se arrancan de alguna pieza de metal, con la lima.

limar. tr. Cortar, alisar o pulir con la lima./ fig. Pulir una obra./ Disminuir, debilitar una cosa.

limbo. m. Lugar donde estaban detenidas las almas de los santos y patriarcas antiguos./ Lugar adonde van las almas de los que, antes del uso de la razón, mueren sin el bautismo./ Borde de una cosa./ *Bot.* Lámina o parte ensanchada de las hojas, pétalos y sépalos.// **-estar en el limbo.** frs. fig. y fam. Estar distraído, como alelado.

limeño, ña. a. y s. De Lima.

limero, ra. s. Persona que vende limas.// m. Árbol con flores blancas, pequeñas y olorosas. Su fruto es la lima.

limícolo, la. a. *Biol.* Dícese de los organismos que viven en el limo, barro o lodo. Ú.t.c.s.// f. pl. *Zool.* Grupo de aves de las costas o riberas, como el chorlito, la chocha y la avefría.

limitación. f. Acción y efecto de limitar o limitarse./ Término o distrito.

limitado, da. p. p. de **limitar.**// a. De poco entendimiento.

limitar. tr. Poner límites a un terreno.// tr./ prl. fig. Ceñir, reducir.

límite. m. Término, confín o lindero de naciones, provincias, etc./ fig. Fin, término./ *Mat.* En una secuencia infinita de magnitudes, la magnitud fija a la que se aproxima cada vez más los términos de la secuencia./ **-inferior.** *Mat.* La magnitud máxima que es inferior a todas las demás, en un conjunto de magnitudes./ **-superior.** *Mat.* En un conjunto de magnitudes, la magnitud mínima superior a todas las demás.

limítrofe. a. Fronterizo, aledaño, lindante.

limnología. f. Estudio científico de los lagos y las lagunas./ Por ext., biología de las aguas dulces en general, y estudio de los factores no bióticos de ellas.

limo. m. Lodo, fango./ *Geol.* Depósito sedimentario detrítico formado por partículas de muy pequeño tamaño. Son típicos de lagos,, pantanos y aguas tranquilas.

limón. m. Fruto del limonero, de corteza amarilla y pulpa jugosa de sabor ácido agradable./ Limonero.

limonada. f. Bebida hecha con agua, azúcar y zumo de limón.

limonar. m. Sitio poblado de limoneros.

limonera. f. Cada una de las dos varas de un carruaje.

limonero, ra. s. Persona que vende limones.// m. Árbol siempre verde con tronco liso y ramoso y flores olorosas. Su fruto es el limón.

limosna. f. Lo que se da para socorrer al necesitado.

limosnear. i. Mendigar, pedir limosnas.

limosnero, ra. a. Inclinado a dar limosna./ *Amér.* Mendigo. Ú.t.c.s.// m. Encargado de recoger y distribuir limosnas.

Lince. Ejemplar del mismo, que habita especialmente en las zonas altas de Canadá.

limpiabotas. m. El que por oficio limpia y lustra el calzado.

limpiador, ra. a. y s. Que limpia.

limpiaparabrisas. m. Mecanismo que se aplica a la parte exterior del parabrisas, formado por dos brazos frotadores que barren el agua o la nieve con el movimiento pendular que les imprime un pequeño motor eléctrico.

limpiar. tr./ prl. Quitar la suciedad de una cosa.// tr. Purificar./ Ahuyentar de un sitio a los que causan perjuicios./ fig. y fam. Hurtar, robar./ En el juego, ganar a uno su dinero.

limpidez. f. Calidad de límpido.

límpido, da. a. Limpio, inmaculado, puro.

limpieza. f. Calidad de limpio./ Acción y efecto de limpiar o limpiarse./ fig. Pureza./ Integridad, buen proceder en los negocios./ Destreza y precisión con que se ejecutan ciertas cosas./ En los juegos, cumplimiento estricto de sus reglas.

limpio, pia. a. Sin mancha o suciedad./ Sin mezcla de otra cosa./ Que tiene el hábito de la pulcritud y el aseo./ fig. Libre de cosa que dañe.// **-en limpio.** m. adv. En claro y sin enmiendas.

linaje. m. Ascendencia o descendencia de una familia./ fig. Clase o condición de una cosa.

linaza. f. Semilla del lino. De ella se obtiene un aceite usado en pinturas y barnices; su harina se emplea como emoliente.

lince. m. Mamífero carnicero, parecido al gato cerval, de pelaje más o menos bermejo, moteado, y orejas puntiagudas terminadas en un pincel de pelos negros.// a. y s. Persona sagaz.// a./ m. fig. Perspicaz, apl. a la vista.

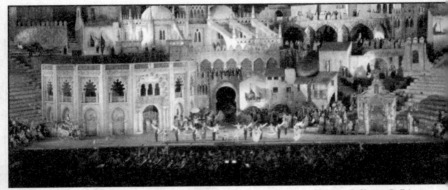

Lírica. Un aspecto de la ópera Aída, de Giuseppe Verdi, representada en la Arena de Verona (Italia).

linchamiento. m. Acción de linchar.

linchar. tr. Ejecutar sin formación de proceso y en tumulto a un criminal o presunto delincuente.

lindar. i. Estar contiguos dos territorios o fincas.

linde. amb. Límite./ Término, línea que divide las heredades.

lindero, ra. a. Que linda.

lindeza. f. Calidad de lindo./ Hecho o dicho gracioso.// pl. irónicamente: improperios, insultos.

lindo, da. a. Hermoso, apacible y grato a la vista./ fig. Primoroso, exquisito.// **-de lo lindo.** m. adv. Con primor o excelencia./ Mucho, con exceso.

lindura. f. Lindeza.

línea. f. En geometría, extensión considerada en una sola de sus dimensiones: la longitud./ Vía terrestre, marítima o aérea./ Raya en un cuerpo./ Serie de personas o cosas, una detrás de otra./ Clase, especie, género./ Serie de personas enlazadas por parentesco./ Serie de trincheras para la defensa o el ataque./ fig. Límite, confín./ Formación de tropas en orden de batalla./ **-curva.** La que no es recta en ninguno de sus puntos./ **-de flotación.** La divisoria entre la parte sumergida del casco de un buque y la que queda fuera del agua./ **-de puntos.** Puntos suspensivos./ **-férrea.** Vía férrea./ **-horizontal.** La que corre en dirección paralela al horizonte./ **-mixta.** La compuesta de recta y curva./ **-oblicua.** La que cae sobre otra pero no forma ángulo recto./ **-quebrada.** La compuesta de varias rectas, sin ser recta./ **-recta.** Sucesión de generaciones de padres e hijos./ Geom. La más corta entre dos puntos./ **-vertical.** La perpendicular al horizonte./ **-en toda la línea.** frs. fig. Por completo.

lineal. a. Perteneciente a la línea./ Apl. al dibujo que se representa por medio de líneas.

linealidad. f. Calidad de lineal./ Ling. Según Saussure, una de las dos características del signo lingüístico, que depende del carácter fónico del significante acústico.

linear. tr. Tirar líneas./ Bosquejar.

linfa. f. Humor acuoso, parte del plasma sanguíneo, que circula por los vasos linfáticos. Contiene leucocitos y sirve de intermediario entre la sangre y las células.

linfático, ca. a. Rel. a la linfa.// a. y s. Abundante en linfa.

linfoblasto. m. Biol. Célula madre de los linfocitos.

linfocito. m. Variedad de leucocito que se origina en el tejido linfoide o la médula ósea. Está formado por un núcleo único, rodeado de escaso citoplasma, e interviene en la reacción inmunitaria.

linfoide. a. Perteneciente o relativo a la linfa.

linfoma. m. Pat. Tumor en los ganglios linfáticos.

linfopatía. f. Pat. Nombre genérico con que se designa a las enfermedades del sistema linfático.

lingote. m. Barra de metal en bruto.

lingual. a. Rel. a la lengua./ Fon. Aplícase a las consonantes que se pronuncian con el ápice de la lengua, como la l./ Fon. Dícese de la letra que representa este sonido.

lingüista. s. Persona versada en lingüística.

lingüístico, ca. a. Relativo a la lingüística.// f. Ciencia del lenguaje./ Estudio histórico y comparativo de las lenguas.

linimento. m. Preparación a base de aceites o alcoholes que se aplica exteriormente en fricciones, menos espeso que el ungüento.

lino. m. Planta herbácea, anual, de raíz fibrosa, con flores azules y tallo recto y hueco del que se extrae una fibra textil. De la semilla se obtiene un aceite secante que se emplea en tintura y en la fabricación de hule y tintas de imprenta. También de la semilla, molida, resulta la llamada harina de linaza, usada como emoliente./ Tela hecha con las fibras de esta planta.

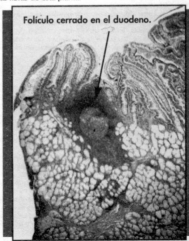

Folículo cerrado en el duodeno.

Órganos linfáticos. El nódulo linfático es la estructura de menor tamaño de todo el sistema linfático y es el encargado de elaborar los linfocitos.

linóleo. m. Tela fuerte e impermeable de yute cubierto con una capa de corcho en polvo amasado con aceite de linaza.

linón. m. Tela de hilo muy ligera.

linotipia. f. Máquina de componer, con teclado de escribir, que funde líneas enteras en un solo bloque.

linotipista. m. y f. Persona que maneja una linotipia.

linotipo. m. y f. Amér. Linotipia.

linterna. f. Farol fácil de llevar en la mano./ Faro./ **-mágica.** Aparato óptico provisto de lentes, que sirve para proyectar amplificadas en un lienzo o pared figuras pintadas en tiras de vidrio muy iluminadas.

linyera. m. Amér. Vagabundo que vive de la caridad y de pequeños hurtos./ Amér. Saco de lona para guardar ropa.

lío. m. Porción de ropa o de otras cosas atadas./ fig. y fam. Embrollo.

lípido. m. Nombre genérico de las sustancias orgánicas llamadas grasas./ Biol. Principio genérico compuesto por carbono, hidrógeno y oxígeno. Funciona como sustancia energética de reserva.

lipotimia. f. Pérdida súbita y pasajera del sentido y el movimiento, acompañada de palidez de la cara.

liquen. m. Planta criptógama formada por la simbiosis de un hongo y un alga. Crece en los lugares húmedos y forma costras sobre las rocas o las paredes. Existen líquenes alimenticios, medicinales y tintóreos.

liquidación. f. Acción de liquidar./ Venta con rebaja de precios que hace una casa de comercio.

liquidar. tr./ prl. Hacer líquida una cosa sólida o gaseosa.// tr. Ajustar una cuenta./ Poner término a una cosa o a un estado de cosas./ Saldar una deuda./ Vender al por menor con rebaja de precios./ Deshacerse de una persona que estorba; matarla.

liquidez. f. Calidad de líquido./ Com. Relación entre el conjunto de dinero en caja y de bienes fácilmente convertibles en dinero, y el total del activo./ Econ. Relación entre la cantidad global de dinero circulante y los activos de una economía.

líquido, da. a./ m. Díc. del cuerpo cuyas moléculas se adaptan a la forma de la cavidad que lo contiene, y tienden siempre a ponerse a nivel./ Apl. al saldo que resulta de la comparación del debe con el haber./ Econ. Dinero disponible.

lira. f. Instrumento músico antiguo compuesto de varias cuerdas tensas en un marco./ Moneda italiana de plata./ Combinación métrica de cinco versos (heptasílabos el primero, el tercero y el cuarto, y endecasílabos los otros dos) que riman el primero con el tercero y el segundo con el cuarto y el quinto./ Combinación métrica de seis versos de distinta medida que riman los cuatro primeros alternadamente y los dos últimos entre sí./ fig. Inspiración, numen del poeta.

lírica. f. Género literario cuyas obras, gmente. en verso, expresan sentimientos íntimos del autor, y se proponen suscitar en el oyente o lector sentimientos análogos.

lírico, ca. a. Perteneciente a la lira, a la poesía propia para el canto o a la lírica./ Aplícase a la obra literaria que pertenece a la lírica o a su autor./ Propio de la poesía lírica o apto para ella./ Que promueve una profunda comunión espiritual con los sentimientos manifestados por el poeta./ Que promueve en el ánimo un sentimiento intenso o sutil, semejante al producido por la poesía lírica./ Aplícase a las obras teatrales total o fundamentalmente musicales.

lirio. m. Planta herbácea, de hojas erguidas con flores grandes, de seis pétalos azules o morados y a veces blancos, y rizoma rastrero y nudoso./ Su flor./ **-blanco.** Azucena.

lirismo. m. Calidad de lírico./ Empleo indebido del estilo lírico.

lirón. m. Mamífero roedor parecido al ratón, pero más grande. Pasa el invierno adormecido y oculto./ fig. Persona dormilona.

lis. amb. Lirio.

lisboeta, lisbonés, sa. a. y s. De Lisboa.

lisiado, da. p. p. de lisiar.// a. y s. Dícese de la persona con alguna imperfección orgánica.

lisina. f. Anticuerpo con la facultad de desintegrar células orgánicas y bacterias.

liso, sa. a. Sin asperezas, sin realces ni adornos./ Plano, igual./ Apl. a las telas que no son labradas y a los vestidos carentes de adornos.// f. Pez de algunos ríos.

lisonja. f. Alabanza afectada, adulación.

lisonjear. tr. Adular./ fig. Agradar, deleitar.// tr./ prl. Dar motivo de envanecerse o engreírse.

lisonjero, ra. a. Que lisonjea. Ú.t.c.s./ fig. Que deleita, que agrada.

LISP. m. Comp. Lenguaje de alto nivel especializado en el tratamiento de listas.

lista. f. Tira./ Línea que se forma en un cuerpo cualquiera./ Catálogo, enumeración.

listado, da. a. Que forma o tiene listas.

listo, ta. a. Diligente, pronto./ Preparado, dispuesto para hacer una cosa./ Sagaz, avisado.

listón. m. Pedazo de tabla angosta, que sirve para hacer marcos y para otros usos./ Cinta de seda angosta./ Barra colocada horizontalmente sobre dos soportes, para marcar la altura que se ha de saltar en ciertas pruebas.

lisura. f. Calidad de liso./ Igualdad y tersura de la superficie de una cosa.

Líquen adherido a las ramas de los árboles.

litera. f. Vehículo antiguo con capacidad para una o dos personas, a modo de caja de coche, con dos varas laterales que se apoyaban en dos caballerías, una puesta delante y otra detrás./ Cada una de las camas fijas en buques, trenes, etc.

literal. a. Conforme a la letra del texto, o al sentido exacto y propio de las palabras./ Apl. a la traducción ajustada al orden y sentido de cada palabra del original.

literario, ria. a. Rel. a la literatura./ Que responde a las exigencias de estilo o a las convenciones de la literatura./ Que sólo se encuentra en las obras literarias.

literato, ta. a. y s. Apl. a la persona versada en literatura, y a quien la cultiva o profesa.

literatura. f. Arte bello que utiliza como instrumento la palabra./ Teoría de las composiciones literarias./ Conjunto de las obras literarias de un género, época o país./ Por ext., el conjunto de las que tratan de una ciencia o arte./ **-de masas o popular.** La que por sus contenidos, géneros y estilos está dirigida a un consumo masivo y es frecuentemente despreciada por la crítica académica.

lítico, ca. a. Perteneciente o relativo a la piedra./ Dícese del ácido úrico.

litigar. tr. Pleitear.// i. fig. Contender, altercar.

litigio. m. Pleito./ fig. Contienda, disputa.

litio. m. Metal muy liviano, de color blanco. Símb., Li.; n. at., 3; p. at., 6,940.

litogenesia. f. Parte de la geología que estudia las causas del origen y formación de las rocas.

litografía. f. Procedimiento de copiado según el cual se dibuja o escribe con tinta o lápiz graso en piedra para hacer después reproducciones por medio de una prensa especial./ Copia obtenida por este procedimiento./ Taller en que se hacen estas copias.

litología. f. Parte de la geología que se dedica a la descripción de las rocas.

litoral. a. Perteneciente a la orilla o costa del mar.// m. Costa de un mar; zona marítima de un territorio.

litosfera. f. Envoltura rocosa que constituye la corteza exterior sólida del globo terrestre.

lítote. f. *Ret.* Figura retórica que consiste en exagerar por defecto, como una afectación de modestia, pero dando a entender lo contrario de lo que se dice.

litráceo, a. a. y s. *Bot.* Dícese de plantas angiospermas, dicotiledóneas, hierbas o arbustos, con hojas enteras y fruto capsular, como la salicaria.// f. pl. *Bot.* Familia de estas plantas.

litro. m. Unidad de capacidad del sistema métrico decimal, que equivale a un decímetro cúbico.

Llama. Habitante de las frías regiones montañosas de América, es muy codiciada por su pelo, con el que se elaboran prendas de abrigo.

liturgia. f. Orden y forma que ha aprobado la Iglesia para celebrar los oficios divinos.

liviandad. f. Calidad de liviano./ fig. Acción liviana; ligereza.

liviano, na. a. Leve, de poco peso./ fig. Inconstante./ De poca importancia, leve./ Lascivo.

lividez. f. Calidad de lívido.

lívido, da. a. Amoratado, que tira a morado.

livor. m. Color cárdeno./ fig. Envidia, odio, malignidad.

lixiviar. tr. *Quím.* Tratar una sustancia compleja, con el disolvente adecuado, para obtener la pasta soluble de ella.

llaga. f. Úlcera en el cuerpo./ fig. Infortunio, mal que causa dolor y pesadumbre.

llagar. tr. Hacer llagas, producirlas.

llagativo, va. a. Que causa o puede causar llagas.

llagoso, sa. a. Que tiene llagas.

llama. f. Masa gaseosa en combustión que se eleva de los cuerpos que arden. Despide luz y calor.// f. Mamífero rumiante, propio de la América Meridional./ Variante doméstica del guanaco, sirve como bestia de carga. Se utilizan su leche, carne, cuero y pelo, que se esquila anualmente.

llamada. f. Llamamiento./ Señal que en escritos sirve para llamar la atención desde un lugar hacia otro en que hay una cita, nota, etc./ Toque militar para que la tropa entre en formación.

llamado. m. Llamamiento.

llamador, ra. s. Persona que llama.// m. Aldaba para llamar./ Botón del timbre eléctrico.

llamamiento. m. Acción de llamar.

llamar. tr. Dar voces, hacer ademanes para que uno venga o para advertirle alguna cosa./ Invocar, pedir auxilio oral o mentalmente./ Convocar, citar./ Nombrar./ Inclinar hacia un lado una cosa.// i. Hacer sonar un timbre, campana, etc., para que abran o alguien acuda.// prl. Tener tal o cual nombre o apellido.

llamarada. f. Llama que se levanta del fuego y se apaga pronto./ fig. Encendimiento rápido y momentáneo del rostro./ Movimiento repentino y breve del ánimo.

llamativo, va. a. fig. Que llama la atención exageradamente.

llameante. p. act. de **llamear**. Que llamea.

llamear. i. Echar llamas.

llanada. f. Llanura, campo o terreno dilatado y llano.

llanamente. adv. m. fig. Con ingenuidad y sencillez./ Sin ostentación.

llanero, ra. Habitante de las llanuras.// a. y s. De los Llanos Orientales de Colombia.

llaneza. f. fig. Sencillez, familiaridad en el trato./ Confianza, familiaridad./ Sencillez notable en el estilo.

llano, na. a. Igual, sin altos ni bajos./ Allanado, conforme./ fig. Sencillo, sin presunción./ fig. Libre, franco./ fig. Claro, evidente./ fig. Corriente, fácil./ fig. Dícese de las palabras graves, que llevan su acento en la penúltima sílaba./ Apl. al estilo sencillo y sin adornos.// m. Llanura.

llanque. m. *Perú.* Especie de sandalia.

llanta. f. Cerco metálico exterior de las ruedas de los automóviles, coches y carros.

llantén. m. Planta herbácea de sitios húmedos cuyas hojas cocidas se emplean como medicina.

llantera. f. fam. Llanto continuo y ruidoso; llorera.

llantina. f. fam. Llorera.

llanto. m. Derramamiento de lágrimas, acompañado, por lo general, de sollozos y lamentos.

llanura. f. Igualdad de la superficie de una cosa./ *Geog.* Gran extensión de terreno llano, sin altos ni bajos, con escasa altitud sobre el nivel del mar./ -**abisal.** Planicie del fondo del mar.

llapa. f. *Amér.* Yapa, donativo, añadidura./ *Arg.* Yapa, parte fuerte del lazo, en que va la argolla.

llapar. tr. Añadir, yapar.

llareta. f. *Bot. Chile.* Nombre de los céspedes que, a modo de almohadillas, crecen en las peñas andinas por encima de los 3.000 m de altura.

llatar. m. Cercado hecho con troncos tendidos sobre estacas verticales.

llave. f. instrumento metálico que sirve para abrir o cerrar una cerradura./ Instrumento para apretar o aflojar las tuercas./ Instrumento para facilitar o impedir el paso de un fluido por un conducto./ Instrumento para dar cuerda a los relojes./ Aparato de metal, colocado en algunos instrumentos músicos de viento, y sirve para abrir y cierra el paso del aire./ fig. Medio para descubrir lo secreto./ Principio que facilita el conocimiento de otras cosas./ En lo impreso o escrito, corchete, signo para abarcar palabras, cifras, etc./ Prima que se paga por el traspaso de un negocio o de un local comercial./ Cosa que sirve de defensa o resguardo a otra u otras./ Clave, signo que determina el nombre de las notas en el pentagrama./ -**maestra.** La hecha de manera que pueda abrir y cerrar todas las cerraduras de una casa./ -**debajo de siete llaves.** expr. fig. que denota que una cosa está muy resguardada y segura.

llavero, ra. s. Persona encargada de la custodia de las llaves de un edificio, cárcel, etc.// m. Anillo de metal, cuero, etc., para llevar llaves.

llavín. m. Llave pequeña.

llegada. f. Acción y efecto de llegar a un lugar.

legar. i. Venir, arribar de un sitio a otro./ Durar hasta un tiempo determinado./ Tocar por su turno una cosa o acción a uno./ Conseguir el fin a que se aspira./ Alcanzar una cosa./ Empezar a correr un cierto y determinado tiempo./ Venir o ser el tiempo de una determinada cosa./ Importar, ascender.// prl. Acercarse./ Unirse, adherirse.

lenar. tr./ prl. Ocupar por entero con alguna cosa un espacio vacío.// tr. fig. Ocupar con dignidad un cargo./ Agradar, satisfacer./ Cargar, colmar.// prl. fam. Hartarse de comida o bebida./ fig. y fam. Enojarse después de haber sufrido algún tiempo.

lenazo. m. Lleno, gran concurrencia a un espectáculo.

leno, na. a. Ocupado completamente por otra cosa, henchido.// m. Plenilunio./ Concurrencia que ocupa todas las localidades de un local de espectáculos./ fam. Abundancia, copia./ **-de lleno.** m. adv. Del todo, enteramente./ f. Crecida que hace desbordar un río o arroyo.

lenura. f. Gran abundancia, plenitud.

leta. f. Tallo recién nacido de la semilla o del bulbo de una planta.

leuque. m. Árbol conífero de Chile, de fruto comestible.

levadero, ra. a. Fácil de sufrir, tolerable.

levar. tr. Transportar una cosa de una parte a otra./ Soportar, sufrir./ Separar violentamente una cosa de otra./ Indicar, dirigir./ Traer puesta la ropa, etc., o en los bolsillos, dinero u otra cosa./ Persuadir, inducir.// **-llevarse bien o mal.** frs. fam. Congeniar, o no, dos o más personas.// **-llevar y traer.** frs. fig. y fam. Andar en cuentos y chismes.

loica. f. fam. Chile. Pájaro similar al estornino.

loradera. f. Acción de llorar mucho con pocos motivos.

lorar. i./ tr. Derramar lágrimas./ fig. Destilar, caer gota a gota un líquido.// tr. fig. Lamentar, sentir mucho una cosa./ Encarecer sufrimientos o necesidades.

lorera. f. Lloro fuerte y continuado.

loriquear. i. Llorar débil y monótonamente.

loriqueo. m. Acción de lloriquear.

loro. m. Acción de llorar./ Llanto.

lorón, na. a. Rel. al llanto.// a. y s. Que llora mucho o fácilmente.// m. Penacho de plumas largas, flexibles y péndulas.// f. Plañidera.// f. pl. Amér. Espuelas grandes, nazarenas.

loroso, sa. a. Que tiene señales de haber llorado./ Que causa tristeza y llanto.

lovedizo, za. a. Dícese de las azoteas, techos, etc., que por defecto dejan pasar el agua de lluvia.

lover. i./ tr. Caer agua de las nubes.// i. fig. Caer algo sobre uno con abundancia.// prl. Calarse con las lluvias las bóvedas, tejados, azoteas, etc.// **-como llovido.** loc. adv. fig. De manera imprevista.// **-llover sobre mojado.** frs. fig.

Venir preocupaciones o molestias sobre otras.

llovizna. f. Lluvia menuda que cae con suavidad.

lloviznar. Caer llovizna.

lloviznoso, sa. a. Amér. Dícese del tiempo o lugar en que son frecuentes las lloviznas.

lluvia. f. Acción de llover./ fig. Afluencia de muchas cosas juntas./ fig. Abundancia, copia, muchedumbre./ **-ácida.** Precipitación en la atmósfera de las emisiones industriales de contaminantes ácidos, v. gr. óxidos de azufre y de nitrógeno, metales, etc.

lluvioso, sa. a. Apl. al tiempo o país en que llueve mucho o al país donde llueve con frecuencia.

lo. Artículo determinado, neutro.// Forma del pron. personal de tercera persona, masculino o neutro, singular.

loa. f. Acción y efecto de loar./ Poema dramático breve, en que se alaba a una persona o se celebra un acontecimiento.

loable. a. Laudable

loar. tr. Elogiar, alabar.

loba. f. Hembra del lobo./ Sotana.

lobato. m. Cachorro del lobo.

lobectomía. f. Cir. Ablación quirúrgica de un lóbulo (del pulmón, cerebro, etc.).

lobeliáceo, a. a. y s. Bot. Dícese de hierbas o matas angiospermas dicotiledóneas, con hojas alternas, flores axilares y fruto capsular con muchas semillas, como el quibey.// f. pl. Bot. Familia de estas plantas.

lobería. f. Amér. Sitio donde acostumbran a reunirse en tierra los lobos marinos.

lobezno. m. Lobato./ Lobo pequeño.

lobo. m. Mamífero carnicero salvaje, de cabeza aguzada y aspecto de perro mastín. Es enemigo terrible del ganado./ **-de mar.** fig. y fam. Marino viejo y experimentado./ **-marino.** Foca.

lóbrego, ga. a. Oscuro, tenebroso./ fig. Triste, melancólico.

lobreguez. f. Oscuridad, falta de luz. / Dicho de un bosque, espesura sombría.

lóbulo. m. Cada una de las partes que sobresalen, a manera de ondas, en el borde de una cosa./ Porción, inferior, carnosa, de la oreja./ Porción redondeada y saliente de un órgano.

lobuno, na. a. Rel. al lobo.

locación. f. Acción de arrendar algo./ Der. Contrato de arrendamiento.

locador, ra. s. El que da en alquiler.

local. a. Rel. al lugar./ Rel. a un territorio, país o comarca./ Municipal o provincial, por oposición a general o nacional./ Que sólo afecta a una parte del cuerpo: anestesia local.// m. Sitio cercado o cerrado y cubierto.

Litoral atlántico argentino, hábitat de focas y pingüinos que conforman una importante reserva natural.

localidad. f. Calidad de local./ Lugar o pueblo./ En los locales de espectáculos públicos, plaza o asiento.

localismo. m. Preferencia por un determinado sitio o lugar./ Palabra o locución que tiene uso en determinada localidad.

localización. f. Acción y efecto de localizar.

localizar. tr./ prl. Encerrar en límites determinados.// tr. Averiguar el lugar en que se halla una persona o cosa.

locatario, ria. s. El que toma en alquiler.

locativo, va. a. Relativo al contrato de locación o arriendo./ *Gram.* Caso de la declinación que expresa el lugar en que algo ocurre o se encuentra. Ú.t.c.s.m.

loción. f. *Farm.* Lavadura./ Producto para la limpieza del cabello./ *Amér.* Perfume poco concentrado.

lock-out (voz ingl.). m. Suspensión de las actividades laborales decididas por los patrones para combatir las reivindicaciones obreras.

loco, ca. a. y s. Que ha perdido la razón./ De poco juicio.// a. fig. Que excede en mucho a lo común.

locomoción. f. Acción de trasladar o trasladarse de un punto a otro.

locomotor, ra. a. Que sirve para la locomoción.// f. Máquina autopropulsada que arrastra los vagones de un tren.

locomotriz. f. Locomotora.

locro. m. Guisado sudamericano de carne, papas, maíz o trigo y otros ingredientes.

locuaz. a. Que habla mucho o excesivamente.

locución. f. Modo de hablar./ Frase./ Conjunto de palabras que no constituyen oración.

locura. f. Privación de la razón./ Conducta imprudente, disparate./ fig. Exaltación del ánimo.

locutor, ra. s. Persona que habla ante el micrófono de las estaciones de radio o televisión para dar avisos, noticias, etc./ *Ling.* En la teoría de la enunciación, aquel que habla, el sujeto empírico que emite un enunciado.

locutorio. m. Habitación para visita en los conventos y en las cárceles./ Departamento, en las estaciones telefónicas, destinado al uso individual del teléfono por el público.

lodazal. m. Sitio lleno de lodo.

lodo. m. Mezcla de tierra y agua, en especial la producida por la lluvia./ Barro.

lodoso, sa. a. Cubierto o lleno de lodo.

Loros que constituyen una de las especies faunísticas más vistosas, coloridas y curiosas de Australia.

loes. m. *Geol.* Depósito sedimentario de origen eólico, formado por un limo calcáreo amarillento y fino.

lofobranquio, quia. a. y s. *Zool.* Dícese de los peces teleósteos, de cuerpo alargado, boca sin dientes en forma de hocico tubular y branquias lobuladas en figura de penacho, como el caballo o caballito de mar o marino.

logaritmo. m. *Mat.* Exponente a que se debe elevar una cantidad positiva llamada base, para que resulte un número determinado. Los más utilizados son el de base 10 y el llamado neperiano, con base e.

logia. f. Local donde se reúnen los francmasones./ Asamblea de los francmasones.

logicismo. m. Filosofía que se fundamenta en el predominio de la lógica.

lógico, ca. a. Perteneciente a la lógica./ Que la estudia y sabe. Ú.t.c.s./ Dícese de toda consecuencia natural, del suceso cuyos antecedentes justifican lo sucedido, etc. // f. Ciencia que estudia las leyes y modos del conocimiento científico./ fig. y fam. Modo de razonar propio de cada uno.

LOGO. m. *Comp.* Lenguaje de programación para la enseñanza que utiliza especialmente gráficos. Es un lenguaje de alto nivel pero muy sencillo, para que puedan utilizarlo los niños.

logógrafo. m. Cronista que, en la antigua Grecia, recogía las leyendas y tradiciones de los pueblos.

logogrifo. m. Pasatiempo en el que se trata de deducir un conjunto de palabras a partir de sus definiciones y las letras de otras palabras cuyo significado es enigmático.

logopeda. s. Persona experta en la técnica de logopedia.

logopedia. f. Conjunto de métodos para lograr una fonación normal en los niños que tienen dificultades de pronunciación.

logotipo. tr. Forma que caracteriza el nombre o la marca de un producto, una empresa, etc.

lograr. tr. Conseguir lo que se desea.// prl. Llegar una cosa a su perfección.

logro. m. Acción y efecto de lograr./ Lucro./ Usura.

loma. f. Pequeña altura prolongada.

lomada. f. *Arg.* Loma.

lombriz. f. Animal anélido, de cuerpo blando, delgado y cilíndrico, propio de los terrenos húmedos./ **-intestinal** Animal parásito que vive en los intestinos del hombre y los animales./ **-solitaria.** Tenia.

lomera. f. Correa que se acomoda al lomo de las caballerías para sujetar las otras piezas de la guarnición./ Trozo de piel o de tela que se coloca en el lomo del libro para la encuadernación.

lomo. m. Parte inferior y central de la espalda. Ú.m. en pl./ El espinazo, desde la cruz hasta las ancas, en los cuadrúpedos./ Parte del libro opuesta al corte de las hojas./ Tierra que levanta el arado entre los surcos./ Parte opuesta al filo en los instrumentos cortantes.// pl. Las costillas.

lona. f. Tela fuerte de algodón o cáñamo de que se hacen los toldos, bolsas, velas de navíos, etc.

londinense. a. y s. De Londres.

loneta. f. *Amér.* Lona delgada.

longánime. a. Que tiene longanimidad.

longanimidad. f. Grandeza y constancia de ánimo en las adversidades.

longaniza. f. Pedazo largo de tripa angosta rellena de carne de cerdo picada.

longevo, va. a. De mucha edad, muy viejo.

longitud. f. La mayor de las dos dimensiones de una figura plana o de un objeto, en contraposición a la latitud, que es la menor./ *Geog.* Distancia de un lugar al primer meridiano, expresada en grados en el ecuador./ *Comp.* Cantidad de bytes que conforman un registro o una instrucción./ **-de onda.** *Fís.* Distancia entre dos puntos que corresponden a una misma fase en dos ondas.

longitudinal. a. Perteneciente a la longitud./ Hecho o colocado en el sentido o dirección de ella.

lonja. f. Cosa larga, ancha y poco gruesa, que se separa de otra./ *R. de la P.* Cuero descarnado y sin pelo./ Extremidad del látigo o del rebenque.

onjazo. m. Golpe dado con la lonja de un rebenque.

ontananza. f. Términos de un cuadro más distantes del plano principal./ Lejanía./ **-en lontananza.** m. adv. A lo lejos, en la lejanía.

oor. m. Alabanza, elogio, loa.

oquero, ra. s. El que cuida locos.// m. fam. Barullo molesto./ *Arg.* Casa de locos.

orantáceo, a. a. y s. *Bot.* Dícese de las plantas dicotiledóneas, semiparásitas, siempre verdes, con hojas enteras y fruto en baya mucilaginosa, cuyo ejemplo es el muérdago.// f. pl. *Bot.* Familia de estas plantas.

ord. m. Título honorífico inglés. En pl., lores.

origa. f. Armadura para la defensa del cuerpo, hecha de pequeñas láminas imbricadas, por lo común de acero./ Coraza bélica del caballo.

oro. m. Papagayo./ fig. y fam. Persona que habla mucho./ Mujer fea y vieja, cargada de afeites.

os. art. determinado masculino plural./ Forma del pron. personal de tercera persona masculino plural.

osa. f. Piedra plana y de poco grosor, propia para pavimentar y otros usos./ fig. Sepulcro.

osange. m. Figura de rombo que se coloca de modo que uno de los ángulos agudos quede por pie y el otro por cabeza.

osar. tr. Enlosar, cubrir el suelo con losas.

ote. m. Cada una de las partes en que se divide un todo./ *Arg.* Fracción de terreno./ Conjunto de objetos similares que se agrupan con un fin determinado.

Locomotora utilizada para el traslado de pasajeros.

lotear. tr. *Amér.* Dividir un terreno en lotes.

lotería. f. Rifa legalmente autorizada./ Juego público en que se premian con diferentes cantidades varios billetes sacados a la suerte entre gran número de los mismos, puestos en venta./ Juego casero con cartones numerados, en que se imita al anterior./ fig. Cosa incierta.

loto. Planta acuática de flores de gran diámetro y perfumadas, de color blanco azulado./ Flor y fruto de esta planta./ Árbol de África, de fruto comestible./ Fruto de este árbol.

loxodromia. f. *Mar.* Curva que en la superficie terrestre forma un mismo ángulo en su intersección con todos los meridianos, y sirve para navegar con rumbo constante.

loza. f. Barro fino, cocido y barnizado./ Vajilla hecha con este barro./ Conjunto de objetos de loza destinados al ajuar doméstico.

lozanía. f. Verdor y frondosidad de las plantas./ Viveza y gallardía, nacidas del vigor, en hombres y animales./ Altivez, orgullo.

lozano, na. a. Que tiene lozanía.

lubricación. f. Acción y efecto de lubricar.

lubricante. p. act. de **lubricar.**// a./ m. Dícese de toda sustancia útil para lubricar.

lubricar. tr. Hacer resbaladiza una cosa.

lubricidad. f. Calidad de lúbrico.

lúbrico, ca. a. Resbaladizo./ fig. Propenso a la lujuria./ Libidinoso, lascivo.

lubrificación. f. Lubricación.

lubrificar. tr. Lubricar.

lucero. m. El planeta Venus./ Cualquier astro de los de mayor tamaño y brillo.

lucha. f. En atletismo, combate entre dos contendientes, que consiste en obligar al contrario a tocar el suelo con los dos hombros./ Lid, combate./ fig. Disputa, contienda./ **-biológica.** *Ecol.* Uso de una especie depredadora para reducir o eliminar la población de otra especie considerada nociva./ **-de clases.** Conflicto de intereses entre las distintas clases sociales, especialmente entre los propietarios de los medios de producción y los explotados./ **-grecorromana.** Combate deportivo en el que se intenta inmovilizar contra el suelo, de espaldas, al adversario./ **-libre.** Aquella en la que, siguiendo ciertas reglas, se aplican llaves y golpes permitidos, hasta que uno de los dos adversarios se dé por vencido.

luchador, ra. s. Persona que lucha.

luchar. i. Contender dos personas a brazo partido./ Combatir, pelear./ fig. Bregar, disputar.

lucidez. f. Calidad de lúcido.

lucido, da. p. p. de **lucir.**// a. Que hace las cosas o se desempeña con lucimiento, gracia y esplendor.

lúcido, da. a. poét. Luciente.// s. fig. Claro en su expresión, razonamiento, etc.

luciente. p. act. de **lucir.** Que luce.

luciérnaga. f. Insecto coleóptero cuya membrana despide por el abdomen una luz fosforescente.

lucifer. m. El lucero de la mañana./ fig. Hombre malo y soberbio.

lucífero, ra. a. poét. Luminoso, resplandeciente, que da luz.// m. El lucero de la mañana.

lucífugo, ga. a. y m. *Zool.* Dícese de los animales que tiene un reacción fototáxica negativa.

lucimiento. f. Acción de lucir.

lucir. i. Brillar, resplandecer./ Corresponder el provecho al trabajo.// i./ prl. Sobresalir, aventajar.// tr. Comunicar luz y claridad./ Manifestar la riqueza, la autoridad, etc.// prl. Vestirse y adornarse con esmero./ fig. Quedar con lucimiento.

lucrar. tr. Lograr lo deseado.// prl. Obtener lucro o provecho de algún negocio.

lucrativo, va. a. Que produce lucro.

lucro. m. Ganancia, provecho que se obtiene de una cosa.

luctuoso, sa. a. Triste y digno de ser llorado.

lucubrar. tr. Meditar o trabajar en obras de ingenio, con esmero, especialmente las vigilias.

lúcumo. m. *Amér.* Árbol cuyo fruto comestible se emplea para preparar refrescos.

ludibrio. m. Escarnio, burla, desprecio.

lúdico, ca. a. Lúdicro.

lúdicro, cra. a. Rel. al juego.

ludir. tr. Frotar, restregar una cosa contra otra.

luego. adv. t. Prontamente./ Después.// conj. Expresa consecuencia.

luengo, ga. a. Largo.

lugar. m. Espacio que ocupa o puede ocupar un cuerpo./ Ciudad, pueblo./ Sitio, paraje./ Tiempo, oportunidad.

lugareño, ña. a. y s. Natural o habitante de una población pequeña.// a. Concerniente a las poblaciones pequeñas.

lugarteniente. m. Persona que tiene autoridad y poder para sustituir a otro en un cargo o ministerio.

lúgubre. a. Triste, melancólico, funesto, luctuoso.

lujo. m. Exceso en el adorno, en la pompa y en el regalo.

lujoso, sa. a. Que tiene o gasta lujo./ Apl. a la cosa con que se ostenta el lujo.

lujuria. f. Apetito desordenado de los deleites carnales./ Exceso en algunas cosas.

lujuriar. i. Cometer el pecado de lujuria.

lujurioso, sa. a. Que tiene lujuria./ Entregado a la lujuria.

lumbago. m. Dolor en la región lumbar.

lumbar. a. Rel. a los lomos y la cadera.

lumbre. f. Carbón u otra materia combustible encendida./ Luz de los cuerpos en combustión./ fig. Esplendor, lucimiento.

lumbrera. f. Cuerpo que despide luz./ Tragaluz./ fig. Persona que ilumina y enseña a otros por su saber.

lumen. m. *Ópt.* Unidad de flujo luminoso.

luminar. m. Astros que despiden luz y claridad.

luminaria. f. Luz que se pone en señal de fiesta pública en calles, balcones, etc. Ú.m. en pl.

lumínico, ca. a. Rel. a la luz.

luminiscencia. f. Propiedad de despedir luz sin desprender calor, y visible casi únicamente en la oscuridad, como la que se observa en las luciérnagas, minerales de uranio, etc.

luminosidad. f. Calidad de luminoso./ *Astron.* Flujo total de energía de un astro, independientemente de su distancia a la Tierra.

luminoso, sa. a. Que despide luz./ fig. Dícese del proyecto, ideas, etc., claros y admirables.

luminotecnia. f. Arte de la iluminación con luz artificial con propósitos decorativos o fines industriales.

lumpen o **lumpenproletariado.** m. Capa más miserable del proletariado, formada por los obreros ocasionales, los desocupados y los vagabundos.

luna. f. El satélite único de la Tierra, de la que dista 381.472 km. No tiene luz propia y refleja la que recibe del Sol. Tiene 3.470 km de diámetro y un volumen de 21.940 millones de km³, es decir, alrededor de 50 veces menor que el de la Tierra./ Luz reflejada por este satélite./ Cristal de las vidrieras o escaparates, o cristal azogado de un espejo./ **-creciente.** *Astron.* La Luna desde su conjunción hasta el plenilunio./ **-de miel.** *Astron.* Temporada subsiguiente al matrimonio./ **-llena.** *Astron.* La Luna en el tiempo de su oposición con el Sol, cuando se ve iluminada toda la parte que mira a la Tierra./ **-menguante.** *Astron.* La Luna desde el plenilunio hasta su conjunción./ **-nueva.** *Astron.* La Luna en el tiempo de su conjunción con el Sol, cuando éste no ilumina la parte que mira a la Tierra./ **-media luna.** Figura que representa a la Luna al fin del cuarto menguante./ Adorno o joya que tiene esta figura./ m. fig. Islamismo./ fig. Imperio turco./ **-estar en la luna.** frs. fig. y fam. Estar distraído o fuera de la realidad.

lunar. a. Perteneciente a la luna.// m. Pequeña mancha en la piel./ fig. Mancha, nota infamante./ Defecto de poca importancia en comparación con la bondad de la cosa en que se nota./ Pinta sobre un fondo de distinto color.

lunático, ca. a. Que padece locura por intervalos. Ú.t.c.s./ fig. Caprichoso, maniático.

lunes. m. Segundo día de la semana.

luneta. f. Cristal de los anteojos./ En los teatros, butaca frente al escenario en la planta inferior.

lunfardo. m. *Arg.* Habla de la gente de malvivir de Buenos Aires y alrededores cuyo uso se extendió posteriormente.

lupa. f. Lente de aumento, de corto foco, con un mango adecuado para su uso.

lupanar. m. Mancebía, casa de mujeres públicas.

lúpulo. m. Planta trepadora, cuyos frutos, en forma de piña globosa, se emplean para aromatizar y dar sabor a la cerveza.

lusitano, na. a. y s. Portugués./ De Lusitania.

lustrabotas. *Arg.* Limpiabotas.

lustrar. tr. Dar lustre o brillo a una cosa.

lustre. m. Brillo de las cosas tersas./ fig. Esplendor, gloria.

lustro. m. Espacio de cinco años.

lustroso, sa. a. Que tiene lustre o brillo.

lutecio. m. Elemento químico. Símb., Lu.; n. at., 71; p. at., 174,99.

luteranismo. m. Doctrina de Lutero./ Cuerpo o comunidad de los sectarios de Lutero.

luterano, na. a. y s. Que profesa el luteranismo.// a. Rel. a Lutero.

luto. m. Signo exterior de pena y duelo por la muerte de una persona./ Vestido negro que se usa por la muerte de alguien./ Duelo, pena, aflicción.

lux. m. *Fís.* Unidad de iluminación. Es la iluminación de un... superficie que recibe un lumen en cada metro cuadrado.

luxación. f. Dislocación de un hueso./ Desplazamiento d... dos huesos en una articulación.

luxemburgués, sa. a. y s. De Luxemburgo.

luz. f. Agente físico que ilumina y hace visible lo que nos ro... dea./ Claridad que irradian los cuerpos en combustión, igni... ción o incandescencia./ Utensilio que sirve para alumbrar./ Área interior de la sección transversal de un tubo./ fig. Persona o cosa capaz de guiar o ilustrar./ fig. Día, tiempo que dura la claridad del Sol./ *Arg.* Cualquiera de las ventanas... troneras por donde se da luz a un edificio. Ú.m. en pl./ *Arg...* Dimensión horizontal interior de un vano o de una habita... ción./ *Arg.* Distancia horizontal entre los apoyos de una vi... ga, un arco, etc.// pl. fig. Cultura, ilustración./ **-artificial...** Claridad que irradia un cuerpo en combustión o incandes... cente./ **-cenital.** En una habitación, la que se recibe por e... techo./ **-eléctrica.** La que se produce por medio de la elec... tricidad./ **-mala.** *Arg.* y *Urug.* Fuego fatuo, que aparece so... bre las sepulturas./ **-natural.** La que no es artificial; como l... del Sol o la de un relámpago./ **-negra.** Luz ultravioleta, in... visible. Se hace perceptible cuando incide sobre substancia... fosforescentes o fluorescentes./ **-verde.** loc. verbal. Con al... gunos verbos, como dar, obtener, etc., tener el camin... abierto y dispuesto para el logro de un asunto, empresa... etc.- **media luz.** La que es escasa y no se transmite direc... tamente.// **-a toda luz,** o **a todas luces.** m. adv. fig. Por to... das partes, de todos modos,/ Sin duda, evidente.// **-dar a... luz.** frs. poét. Publicar una obra./ Parir la mujer./ **-dar luz...** Alumbrar el cuerpo luminoso, o disponer el paso para la... luz.// **-entre dos luces.** m. adv. fig. Al amanecer./ fig. A... atardecer./ **-sacar a luz.** frs. poét. Publicar una obra./ fig... Descubrir lo que estaba oculto./ **-salir a luz.** frs. fig. Ser pro... ducida una cosa./ fig. Publicarse algo./ fig. Descubrirse l... oculto./ **-ver la luz.** frs. Nacer (hablando de personas).

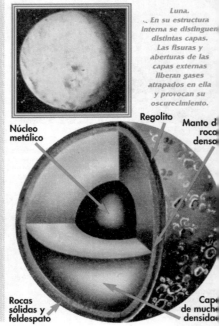

Luna.
En su estructura
interna se distinguen
distintas capas.
Las fisuras y
aberturas de las
capas externas
liberan gases
atrapados en ella
y provocan su
oscurecimiento.

Regolito

Manto d...
roca...
densa...

Núcleo
metálico

Rocas
sólidas y
feldespato

Cape...
de muche...
densida...

m. f. Décimotercera letra del abecedario castellano y décima de sus consonantes. Su nombre es *eme*./ Letra numeral, que en la numeración romana equivale a mil.

macabeo, a. a. Dícese de los individuos pertenecientes a una familia judía que se opuso a la helenización efectuada por Antíoco IV de Siria.

macabro, bra. a. Dícese de lo que recuerda la muerte en sus aspectos repulsivos.

macaco. m. Cuadrumano más pequeño que la mona, muy parecido a ella, con cola, y el hocico saliente y frente deprimida.// a. *Amér.* Tonto, necio.

macadam o **macadán.** m. Mezcla de piedra con aglomerante, que se utiliza en la pavimentación de las vías públicas.

macana. f. Arma ofensiva de madera a manera de machete, que usaban los indios americanos./ fig. *Amér.* Disparate, desatino./ fig. *Arg.* Mentira./ fig. y fam. Cosa mal hecha.

macanear. i. *Arg.* Hacer mal una cosa./ fam. *Amér.* Decir mentiras.

macanudo, da. a. Extraordinario, grande./ *Arg.* Excelente, magnífico, soberbio.

macarrón. m. Pasta alimenticia hecha con harina de trigo amasada, que tiene forma de canuto alargado.

macartismo. m. Época en la que, en EE.UU., se pusieron en práctica medidas persecutorias contra presuntos comunistas, lideradas por el senador McCarthy./ Por ext., persecución con la excusa de combatir el comunismo o la subversión.

macartista. a. Relativo al macartismo.// s. Persona que tiene actitudes macartistas.

macedonio, nia. a. y s. De Macedonia.// m. *Ling.* Idioma indoeuropeo hablado en dicha región antigua./ Idioma de origen eslavo hablado por los habitantes actuales de Macedonia.

macerar. tr. Ablandar una cosa, golpeándola o manteniéndola sumergida en un líquido./ Mortificar la carne sometiéndola a penitencia. Ú.t.c.prl./ Reblandecer la piel o los demás tejidos un prolongado contacto con un líquido o la humedad. Ú.t.c.prl.

maceta. f. Mango de algunas herramientas./ Martillo con cabeza de dos bocas iguales y mango corto./ Vaso de barro cocido para criar plantas.

macetero. m. Aparato o mueble para colocar macetas de plantas.

macetón. m. aum. de maceta.

mach. m. Unidad de velocidad equivalente a la del sonido en el aire.

machacar. tr. Golpear una cosa para deformarla o quebrantarla./ Reducir una cosa sólida a fragmentos relativamente pequeños, pero sin triturarla./ i. fig. Porfiar, insistir inoportunamente.

machetazo. m. Golpe de machete.

machete. m. Arma ancha y corta, a modo de espada, pero muy pesada y de un solo filo./ Cuchillo grande para desmontar, cortar la caña de azúcar, etc.

machetear. tr. Golpear con el machete.

macho. m. Animal del sexo masculino./ Mulo./ Planta que fecunda a otra de la misma especie./ Pieza de un artefacto que penetra o engancha en otra./ Pilar o columna que sostiene o fortalece algo.// a. fig. Robusto, vigoroso. Ú.t.c.s.

machucadura. f. Acción y efecto de machucar.

machucar. tr. Golpear una cosa, herirla, magullarla.

machucón. m. Machucadura.

macilento, ta. a. Flaco, descolorido, triste.

macillo. m. Pieza del piano que golpea la cuerda correspondiente, a impulso de la tecla.

macizo, za. a. y m. Lleno, sin huesos, sólido./ fig. Sólido, grueso, fuerte.// m. fig. Conjunto de construcciones cercanas entre sí./ Prominencia del terreno, o grupo de alturas o montañas./ fig. Conjunto agrupado de plantas, flores, etc.

macramé. m. Labor manual consistente en un trabajo de caídos a base de nudos y trenzados con cordel.

macrobiótica. f. Parte de la medicina que estudia los medios de prolongar la vida humana.// a. Dícese de la alimentación que tiende a dicho fin.

macrocéfalo, la. a. y s. Dícese del animal que tiene la cabeza desproporcionadamente grande con respecto al cuerpo o a la especie a la que pertenece.

macrocosmo o **macrocosmos.** m. El universo, considerado como semejante o relacionado con el hombre (microcosmo).

Macetas.

macroeconomía. f. Estudio de las actividades económicas por grandes conjuntos, con el fin de proporcionar una base de acción a la política económica del Estado.

macroeconómico, ca. a. Perteneciente o relativo a la macroeconomía.

macromolécula. f. *Quím.* Molécula de peso molecular elevado, formada por miles de átomos (como las proteínas, los plásticos, etc.).

macroscópico, ca. a. Lo que se ve a simple vista, sin ayuda del microscopio.

macrosentencia. f. *Comp.* Sentencia que dentro de un programa engloba otras sentencias del mismo lenguaje.

macruro, ra. a. y s. *Zool.* Dícese de los crustáceos que tienen abdomen largo, como las langosta o los langostinos.

mácula. f. Mancha./ Lo que afea y desdora./ Cualquiera de las manchas oscuras que presenta el disco del sol o de la luna.

madama. f. Voz de tratamiento, de origen francés, equivalente a señora./ fam. Dueña o regenta de prostíbulo.

madeira. f. Vino de las islas Madeira

madeja. f. Hilo recogido en vueltas iguales para poderlo devanar con facilidad.

madera. f. Parte sólida de los árboles que está cubierta por la corteza./ Materia de que se compone el casco de las caballerías./ Disposición natural para una actividad.

maderaje. m. Conjunto de maderas que se emplean en una construcción.

maderamen. m. Maderaje.

maderero, ra. a. Perteneciente o rel. a la industria de la madera.// m. El que comercia en maderas./ El que se ocupa en transportar maderas.

madero. m. Pieza larga de madera en rollo o escuadrada./ fig. Nave, embarcación.

madrás. m. Tela fina de seda o algodón, a cuadros.

madrastra. f. Mujer del padre, respecto a los hijos que éste tiene de un matrimonio anterior.

madraza. f. fam. Madre que mima mucho a sus hijos.

madre. f. Hembra que ha parido./ Mujer que ha tenido un hijo o hijos, respecto de ellos./ Título que se da a las religiosas./ Lecho de un río o arroyo./ fig. Origen, causa de donde proviene una cosa.

madreperla. f. Molusco bivalvo muy apreciado por las perlas que contiene y por el nácar que constituye su concha.

madrépora. f. Animal invertebrado marino, provisto de un esqueleto calcáreo ornamentado.

madreselva. f. Nombre de varias especies de plantas arbustivas, de hojas elípticas, flores verticiladas y frutos en baya.

madrigal. m. *Lit.* Composición poética, habitualmente breve, de contenido amoroso./ *Mús.* Composición para varias voces, sin acompañamiento, surgida en Italia entre los siglos XVI y XVII.

madrigalista. s. Compositor de madrigales.

madriguera. f. Cueva donde habitan ciertos animales./ fig. Sitio oculto en que se refugian maleantes.

madrileño, ña. a. y s. De Madrid.

madrina. f. Mujer que asiste a otra persona al recibir ést[e] algunos sacramentos, como el bautismo, el matrimonio, etc./ Yegua que sirve de guía a una manada de ganado ca[ballar]./ Correa que une los bocados de una pareja de caba[llerías para obligarlas a marchar con igualdad./ fig. Mujer que protege o ayuda a otra persona.

madrugada. f. Amanecer./ Alba./ Acción de madrugar.

madrugar. i. Levantarse al amanecer o muy temprano./ fig. Ganar tiempo en alguna empresa, anticiparse.

maduración. f. Acción y efecto de madurar o madurarse.

madurar. tr. Dar sazón a los frutos./ fig. Meditar una idea[,] un proyecto, etc./ Activar la supuración en los tumores./ i. Ir tomando sazón los frutos./ fig. Crecer en edad y juicio[.]

madurez. f. Edad de la persona que ha alcanzado su plen[i]tud vital y no ha llegado a la vejez./ Sazón de los frutos.

maduro, ra. a. Que ha alcanzado la madurez./ fig. Sensa[to], prudente./ Dícese de la persona entrada en años.

maese. m. Maestro.

maestranza. f. Sociedad de caballeros que practican l[a] equitación./ Conjunto de talleres y oficinas donde se cons[t]ruyen y arreglan los útiles de artillería./ Conjunto de ope[ra]rios, talleres y oficinas de un arsenal.

maestre. m. Superior de una orden militar./ Persona quien, después del capitán, correspondía el gobierno eco[ó]nómico de los buques mercantes.

maestría. f. Destreza y arte de enseñar o ejecutar una cos[a.]

maestro, tra. a. Dícese de la obra que sobresale entre la[s] de su clase.// s. Persona que tiene título para enseñar un[a] ciencia, arte u oficio.

mafia. f. Organización clandestina de criminales sicilianos[.] Por ext., dícese de cualquier organización clandestina d[e] criminales.

mafioso, sa. s. Integrante de una mafia.

magallánico, ca. a. Relativo al estrecho de Magallanes.

magazine (voz ingl.). m. Revista ilustrada.

magdalena. f. Bollo pequeño, de masa de harina y huevo[s./] fig. Mujer llorosa, penitente o muy arrepentida.

magenta. f. Apl. al color carmesí oscuro.

magia. f. Ciencia o arte de hacer cosas extraordinarias y ad[mirables. Pretende producir efectos contrarios a las leye[s] naturales./ fig. Encanto, atractivo, hechizo.

magiar. a. y s. Individuo de un pueblo asiático que se esta[bleció en Hungría en el siglo IX.// m. *Ling.* Lengua habla[da] por los magiares.

mágico, ca. a. Rel. a la magia./ Maravilloso, extraordina[rio.// s. Quien ejerce la magia.

magisterio. m. Tarea propia del maestro o de cualquier pe[rsona que imparte enseñanzas./ Cargo o profesión de maes[tro./ Conjunto de maestros de una nación, provincia, etc.

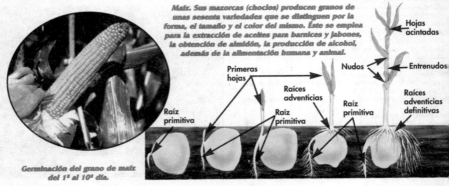

Maíz. Sus mazorcas (choclos) producen granos de unas sesenta variedades que se distinguen por la forma, el tamaño y el color del mismo. Éste se emplea para la extracción de aceites para barnices y jabones, la obtención de almidón, la producción de alcohol, además de la alimentación humana y animal.

Hojas acintadas

Primeras hojas

Nudos

Entrenudos

Raíces adventicias

Raíz primitiva

Raíz primitiva

Raíz primitiva

Raíces adventicias definitivas

Germinación del grano de maíz del 1ª al 10ª día.

magistrado. m. Funcionario de jerarquía en el orden civil./ Miembro superior de un tribunal de justicia./ Dignidad o empleo de juez o ministro superior.

magistral. a. Rel. al ejercicio del magisterio./ Díc. de lo que se hace con maestría.// m. Apl. al medicamento que sólo se utiliza por prescripción médica./ Mezcla de óxido férrico y sulfato cúprico, empleada para limpiar minerales de plata.

magistratura. f. Dignidad y cargo de magistrado./ Tiempo en que se ejerce./ Conjunto de los magistrados.

magma. a. Apl. a la sustancia espesa que sirve de soporte a los tejidos o a ciertas formaciones inorgánicas y que permanece después de exprimir las partes más fluidas de aquéllos./ m. Masa mineral de las profundidades de la tierra, en estado pastoso por el calor central, y cuya solidificación da origen a las rocas eruptivas.

magnanimidad. f. Cualidad de magnánimo; generosidad, grandeza.

magnánimo, ma. a. Generoso, espléndido.

magnate. m. Persona muy ilustre y principal por su cargo y poder.

magnesia. f. Sustancia blanca, suave e insípida. Es óxido de magnesio y se usa en medicina como purgante.

magnesio. m. Metal blanco brillante, parecido a la plata, que arde con una luz clara y brillante. Símb., Mg.; n. at., 12; p. at., 24,32.

magnético, ca. a. Rel. al imán./ Que tiene sus propiedades.

magnetismo. Cualidad de atraer de la piedra imán./ Conjunto de fenómenos producidos por corrientes eléctricas.

magnetizar. tr. Dar a un cuerpo la propiedad magnética./ fig. Atraer, ejercer dominio.

magnetosfera. f. Región del espacio, compuesta por electrones y protones solares que son captados por el magnetismo del planeta que la posee.

magnicida. s. El que comete magnicidio.

magnicidio. m. Muerte violenta dada a una persona muy principal por su cargo o poder.

magnificar. tr./ prl. Engrandecer, ensalzar, alabar.

magnífico, ca. a. Admirable, espléndido, suntuoso./ Título de ciertas personas ilustres.

magnitud. f. Tamaño de un cuerpo./ fig. Grandeza, importancia de una cosa./ Tamaño aparente de las estrellas según la intensidad de su brillo.

magno, na. a. Grande./ Apl. como epíteto a ciertas personas ilustres.

magnolia. f. Árbol americano de flores muy blancas y olorosas./ Flor o fruto de este árbol.

mago, ga. a. y s. Que ejerce la magia./ Dícese de los tres reyes que adoraron a Jesús recién nacido.

magrear. tr. fig. fam. Manosear, palpar lascivamente.

magreo. m. Acción de magrear.

magro, gra. a. Flaco y con poca grosura.// m. fam. Carne magra del cerdo, próxima al lomo.

maguey. s. *Amér.* Planta.

magulladura. f. Magullamiento.

magullamiento. m. Acción y efecto de magullar o magullarse.

magullar. tr./ prl. Causar a un cuerpo contusión, sin llegar a herirlo, golpeándolo o comprimiéndolo con violencia.

mahatma. m. En India, importante personalidad espiritual.

mahometano, na. a. y s. Que profesa la religión de Mahoma./ Relativo a Mahoma o a su religión.

mahometismo. m. Religión de Mahoma.

mailing (voz ingl.). m. *Comp.* Impresión automatizada de cartas, a partir de un fichero de direcciones, con un texto fijo pero membretes personalizados.

maimonismo. m. Sistema del filósofo judeoespañol medieval Maimónides.

mainframe (voz ingl.). m. *Comp.* Computadora muy grande y potente, capaz de procesar una gran cantidad de información y hacer numerosos trabajos al mismo tiempo.

maitines. m. pl. Primera de las horas canónicas, que se reza antes del amanecer.

maíz. m. Planta gramínea originaria de América, de tallo grueso, que, según las especies, tiene de uno a tres me-

Magnetismo. La magnetita se conoce también como piedra de imán porque dado su fuerte magnetismo, actúa como el imán natural. En la ilustración, el imán atrae limadura de hierro.

tros de altura, y produce mazorcas con granos gruesos de color anaranjado, amarillo o blanco, muy nutritivos./ Grano de esta planta.

maizal. m. Terreno sembrado de maíz.

majada. f. Lugar donde se recogen de noche el ganado y los pastores./ *Arg.* Manada de ganado lanar.

majadería. f. Dicho o hecho necio, imprudente o molesto.

majadero, ra. a. Inoportuno, necio, pedante.

majestad. f. Calidad de algo sublime o grave, capaz de infundir respeto./ Título que se atribuye a Dios, a emperadores y a reyes./ Grandeza.

majestuoso, sa. a. Que tiene majestad.

mal. a. Apócope de malo.// m. Lo contrario al bien./ Daño, ofensa./ Desgracia./ Enfermedad, dolencia.

malabarismo. m. Ejercicio de equilibrio y destreza.

malabarista. m. y f. Persona que hace ciertos juegos de destreza y equilibrio.

malagueño, ña. a. y s. De Málaga.

malambo. m. *Arg.* y *Urug.* Danza popular entre los hombres del campo, que se baila zapateando./ Música de esta danza.

malandrín, na. a. y s. Perverso, maligno, bellaco.

malaquita. f. Carbonato básico de cobre, de color verde y brillo de vidrio. Se utiliza en joyería.

malar. a. *Anat.* Rel. a la mejilla.// m. *Anat.* Hueso que constituye el pómulo.

malaria. f. Paludismo.

malasangre. a. y s. Díc. de las personas de malas intenciones.

malaventurado, da. a. Infortunado, infeliz, de mala ventura.

malayo, ya. a. y s. De Malaysia.// m. *Ling.* Lengua oficial de dicho país.

malbaratar. tr. Vender a bajo precio, malvender./ Disipar, derrochar.

malcriar. tr. Educar mal a los hijos, consintiendo demasiado en sus gustos y caprichos.

maldad. f. Calidad de malo./ Acción mala e injusta.

maldecir. tr. Echar maldiciones contra alguien o algo.// i. Denigrar a alguien, hablando en su perjuicio.

maldición. f. Imprecación contra una persona o cosa, y en particular deseo de que al prójimo le ocurra algún daño.

maldito, ta. a. y s. Perverso, de malas costumbres./ Condenado por la justicia divina.

maleabilidad. f. Calidad de maleable.

maleable. a. Apl. a los metales que pueden extenderse en planchas o láminas.

maleante. p. act. de **malear.** Que malea.// a./ m. y f. Maligno, burlador./ Delincuente.

malear. tr./ prl. Echar a perder una cosa, dañarla./ fig. Pervertir.

malecón. m. Murallón que protege contra las crecidas de mares o ríos y que, a veces, sirve de embarcadero o muelle.

maledicencia. f. Acción de maldecir o hablar mal de uno.

maleficio. m. Daño producido por arte de hechicería./ Hechizo con que se pretende ocasionar daño.

maléfico, ca. a. Que hace daño a otro con maleficios./ Que causa daño.// m. Hechicero.

malentender. tr. Entender equivocadamente.

malentendido. m. Mala interpretación, desacuerdo en el entendimiento de una cosa.

maleolar. a. Perteneciente o relativo al maléolo.

maléolo. m. Anat. Cada una de las eminencias óseas del extremo inferior de la pierna, una interna y otra externa.

malestar. m. Incomodidad indefinible, desazón.

maleta. f. Cofre pequeño de cuero o lana, que sirve para guardar cosas y se puede llevar a mano.// m. fam. El que se desempeña mal en su profesión u oficio.

maletín. m. Maleta pequeña.

malevo, va. a. y s. R. de la P. Malhechor, delincuente, matón.

malevolencia. f. Mala intención, deseo de perjudicar.

malévolo, la. a. y s. Inclinado o propenso a hacer mal.

maleza. f. Abundancia de hierbas malas./ Espesura formada por gran cantidad de arbustos./ Cualquier hierba mala.

malformación. f. Deformidad o defecto congénito en alguna parte del organismo.

malgache. a. y s. Nativo de Madagascar./ Rel. a Madagascar.// m. Ling. Lengua hablada por los nativos de Madagascar.

malgastar. tr. Gastar en cosas malas o inútiles el dinero, el tiempo, la paciencia, los agasajos, etc.

malhablado, da. a. y s. Atrevido o desvergonzado en el hablar.

malhechor, ra. a. y s. Que comete delitos o tiene el hábito de cometerlos.

malherir. i. Herir gravemente.

malhumor. m. Mal humor.

malhumorado, da. a. Que está de mal humor.

malicia. f. Calidad de malo./ Perversidad./ Propensión a lo malo./ Bellaquería, doblez./ Inclinación a pensar mal./ Sagacidad./ fam. Sospecha o recelo.

maliciar. tr./ prl. Recelar o sospechar algo con malicia.

malicioso, sa. a. Que por malicia interpreta las cosas por el lado malo. Ú.t.c.s./ Que encierra malicia.

maligno, na. a. Propenso a pensar u obrar mal. Ú.t.c.s./ De mala índole./ Pat. Dícese del tumor o la enfermedad muy grave.

malintencionado, da. a. Que tiene mala intención.

malla. f. Cada uno de los cuadriláteros que constituyen el tejido de una red./ Tejido metálico de pequeños anillos o eslabones enlazados entre sí de que se hacían las cotas./ Amér. Traje de baño.

mallorquín, na. a. y s. De Mallorca.// m. Ling. Variedad del catalán que se habla en la isla de Mallorca.

malo, la. a. Que carece de bondad./ Dañoso o perjudicial para la salud./ Que se opone a la razón o a la ley./ De mala vida y costumbres. Ú.t.c.s./ Enfermo./ Dificultoso, difícil./ Desagradable, enfadoso./ fam. Travieso.

malograr. tr. Perder, no aprovechar una cosa.// prl. Frustrarse un intento o pretensión./ No llegar una persona o cosa a su natural desarrollo o perfeccionamiento.

maloliente. a. Que exhala mal olor.

malón. m. Amér. Correría o ataque inesperado de los indios./ Felonía, traición

malonear. i. Realizar un malón.

malquerer. tr. Tener mala voluntad hacia una persona o cosa.

malquistar. tr. prl. Poner mal a una persona con otra u otras.

malsano, na. a. Dañoso a la salud./ Enfermizo, de poca salud.

malta. m. Cebada que se hace germinar y tostar. Se emplea en la fabricación de cerveza y otras bebidas. Ú.t.c.f.

malteado. m. Operación que se realiza para convertir los granos de trigo o cebada en malta.

maltés, sa. a. y s. De Malta.// m. Lengua hablada en la isl de Malta.

maltraer. tr. Insultar, maltratar./ Reprender severamente.

maltratar. tr./ prl. Tratar mal a uno de palabra u obra.// tr Echar a perder, menoscabar.

maltrato. m. Acción y efecto de maltratar o maltratarse.

maltrecho, cha. a. Que está en mal estado./ Maltratado.

malva. f. Planta de flores moradas.

malváceo, a. a. Bot. Apl. a plantas, hierbas o matas dico tiledóneas, con hojas alternas y fruto seco.// f. pl. Bot. Fa milia de estas plantas.

malvado, da. a. y s. Muy malo, perverso.

malvavisco. m. Planta herbácea de la familia malváceas que tiene aplicaciones medicinales.

malversación. f. Acción y efecto de malversar.

malversar. tr. Invertir ilícitamente los caudales ajenos, dán doles diferente uso de aquél a que se destinaban.

malvinense. a. y s. De las islas Malvinas.

malviviente. a. Que lleva mala vida.

malvón. m. Amér. Planta de flores de colores vivos.

mama. f. Glándula que en las hembras de los mamíferos sir ve para la secreción de la leche./ fam. Mamá.

Cráneo de mamut.

mamá. f. fam. Madre.

mamadera. f. Instrumento con el que, durante el período de lactancia, se descargan los pechos de las mujeres Amér. Biberón.

mamalogía. f. Parte de la zoología que estudia los mami feros.

mamar. tr. Chupar la leche de los pechos./ Adquirir o apren der algo en la infancia.// prl. vulg. Amér. Emborracharse.

mamario, ria. a. Perteneciente a las mamas.

mamarracho. m. fam. Figura defectuosa y ridícula. Cos mal hecha o mal pintada./ fam. Hombre informal.

mambo. m. Baile cubano.

mamboretá. m. Arg. Insecto de color verde o ceniciento cuerpo delgado y largo.

mameluco. m. Soldado de una milicia privilegiada d Egipto./ Prenda enteriza de vestir, compuesta de camiset y calzoncillos o pantalón y blusa./ fig. y fam. Hombre mu necio y tonto.

mamerto, ta. a. Arg. y Ecuador. Tonto, apocado, torpe.

mamífero, a. a. y s. Zool. Apl. a los animales vertebrados cu yas hembras tienen glándulas que segregan leche, con l que alimentan a sus crías.// m. pl. Zool. Clase de estos an males.

mamila. f. Parte principal de la teta de la hembra, con ex cepción del pezón.

mamón, na. a. y s. Que todavía mama./ Que mama mu cho./ Chupón de un árbol. Bot. Árbol sapindáceo de l América intertropical, de fruto acídulo y comestible./ S fruto.

mamotreto. m. Cuaderno de apuntes./ fig. y fam. Legajo libro muy abultado./ Objeto grande, armatoste.

mampara. f. Tabique movible o fijo, para cubrir una puerta dividir una habitación, etc.

mamporro. m. Golpe, coscorrón.

mampostería. f. Obra de albañilería.

mampostero. m. Albañil que trabaja en la mampostería.

mamut. m. Especie de elefante fósil de la época cuaterna ria, más grande que el actual y con piel cubierta de pe largo; los colmillos de la mandíbula superior eran curvos extraordinariamente desarrollados (se hallan algunos de tres metros de largo). Habitaba en los climas fríos.

maná. m. Milagroso alimento que envió Dios al pueblo de Israel durante la travesía del desierto./ Sustancia líquida azucarada que fluye o se extrae de algunas plantas, como el eucalipto o el fresno.

manada. f. Rebaño de ganado al cuidado de un pastor./ Conjunto de ciertos animales de una misma especie que andan reunidos.

manager (voz ingl.). s. El que dirige un establecimiento, un negocio, una empresa, etc./ El que representa a un artista, un deportista, etc.

managüense. a. y s. De Managua, Nicaragua.

manantial. m. a. Apl. al agua que mana.// m. Nacimiento de las aguas.// fig. Origen de una cosa.

manar. i./ tr. Brotar un líquido de una parte./ Abundar una cosa.

manatí. m. Vaca marina.

mancar. tr./ prl. Herir a uno en las manos, imposibilitándole su uso. Se suele extender a otros miembros.

mancarrón, na. a. y s. Caballo malo.

manceba. f. Concubina.

mancebía. f. Casa de prostitución./ Travesura juvenil.

mancebo. m. Joven de pocos años./ Hombre soltero.

mancha. f. Marca de suciedad que una cosa hace en un cuerpo./ Parte de alguna cosa con distinto color del dominante en ella./ fig. Deshonra, desdoro./ Arg. Cierto juego de niños./ Pint. Pintura de estudio o en boceto sin terminar.

manchar. tr./ prl. Poner sucia una cosa dejando en ella una mancha./ fig. Ser causa de deshonor o vergüenza.

manchego, ga. a. y s. De La Mancha.

manchón. aument. de **mancha.**// m. En sembrados, pedazo de terreno en que las plantas nacen muy juntas.

manchuriano, na. a. y s. De Manchuria, China.

mancillar. tr./ prl. Manchar el honor, la fama, etc.: deshonrar./ Afear, deslucir.

manco, ca. a. Apl. a la persona o animal a quien falta un brazo o mano o tiene perdido su uso. Ú.t.c.s./ fig. Defectuoso, falto de alguna parte necesaria.

mancomunar. tr./ prl. Unir para un fin, personas, caudales o fuerzas.// prl. Unirse, asociarse.

mandadero, ra. s. Persona que se ocupa de llevar encargos o recados.

mandado. m. Orden, mandamiento./ Comisión, encargo.

mandamás. s. Persona que asume funciones de mando.

mandamiento. m. Precepto u orden de un superior./ Cualquiera de los preceptos del Decálogo de la Iglesia.

mandar. tr. Ordenar el superior./ Imponer una orden o precepto./ Legar en testamento./ Enviar.// i./ tr. Gobernar, tener el mando.// prl. Manejarse uno por sí mismo, moverse un ayuda de otro.

mandarín. m. En la China y otros países de Asia, el que ejerce el gobierno de una ciudad o la administración de la justicia./ fig. y fam. El que ejerce un cargo y es tenido en poco./ Ling. Dialecto chino septentrional, la lengua más hablada del mundo.

Mandril, nombre que se ha dado a este cuadrumano en Guinea (África) y con el cual se le conoce en la actualidad.

Manchego. El famoso personaje "Don Quijote de la Mancha" (de Miguel de Cervantes Saavedra), representado por Picasso.

mandarina. f. Variedad de naranja pequeña, de pulpa muy dulce y cáscara muy fácil de separar.

mandarinato. m. Cargo de mandarín.

mandarino. m. Variedad de naranjo, cuyo fruto es la mandarina.

mandatario. m. El que, por el mandato o contrato consensual, acepta del mandante representarlo personalmente./ Arg., Col. y Chile. Gobernante, magistrado.

mandato. m. Orden, precepto que un superior impone a los súbditos./ Encargo, representación que por la elección se confiere a los diputados, concejales, etc./ Contrato consensual por el que una de las partes confía a la otra su representación personal o la gestión de algún asunto.

mandíbula. f. Cada una de las dos piezas que limitan la boca de los animales, donde se implantan los dientes.

mandil. m. Delantal que se usa en ciertos oficios./ Arg. Pieza de fieltro o tela que se pone a las cabalgaduras bajo la montura.

mandinga. a. y s. Dícese de los negros del Sudán Occidental.// m. Amér. El diablo.

mandioca. f. Arbusto de la América tropical, de cuya raíz se extrae almidón, tapioca y harina./ Esta misma harina.

mando. m. Autoridad y poder del superior sobre los súbditos.

mandoble. m. Cuchillada o golpe que se da esgrimiendo el arma con ambas manos./ Amonestación.

mandolina. f. Instrumento musical de cuatro cuerdas.

mandón, na. a. y s. Que manda más de lo que debe./ Autoritario.

mandrágora. f. Planta herbácea usada en medicina como narcótico.

mandril. m. Cuadrumano de cola corta, hocico alargado y nariz roja, que vive cerca de las costas occidentales de África.

manduví. m. Arg. y Parag. Pez de río, de carne sabrosa.

manea. f. Maniota, maneador.

maneador. m. Amér. Tira larga de cuero para atar las manos de los caballos y otros usos.

manear. tr. Poner maneas a una caballería.

manecilla. f. Broche para cerrar ciertas cosas, en especial los devocionarios./ Signo en figura de mano que se pone en impresos y manuscritos./ En el reloj y otros instrumentos, saetilla para señalar las horas, los grados, etc.

manejar. tr. Usar o traer entre las manos una cosa.// tr./ prl. Gobernar, dirigir.// prl. Moverse, adquirir agilidad después de haber estado impedido.

manejo. m. Acción y efecto de manejar o manejarse./ fig. Dirección y gobierno de un negocio./ Maquinación, intriga.

manera. f. Modo con que ocurre o se ejecuta una cosa./ Porte o modales de una persona. Ú. más en pl.

manga. f. Parte de la prenda de vestir, en que se mete el brazo./ Tubo largo y flexible que se adapta a las bombas y a las bocas de riego, para dirigir el agua./ Esparavel./ Colador de tela de forma cónica./ Columna de agua que se eleva desde el mar con movimiento giratorio a causa de un torbellino atmosférico./ Anchura máxima de un buque./ Amér. Grupo o cantidad numerosa de personas o animales de una clase o especie.

manganeso. m. Metal gris, muy oxidable. Se utiliza en la fabricación del acero. Símb., Mn.; n. at., 25; p. at., 54,93.

mangar. tr. fam. Hurtar, robar./ Pedir, mendigar.

mangle. m. Arbusto tropical, cuyas hojas, frutos y corteza se emplean en curtiduría.

mango. m. Parte por donde se toma con la mano un utensilio o instrumento./ Árbol originario de la India de fruto carnoso y comestible./ Su fruto.

mangosta. f. Mamífero carnívoro de África.

mangrullo. m. *Arg.* Atalaya dispuesta entre las ramas de un árbol, o especie de torre rústica, de troncos, desde cuya plataforma vigilaba el centinela.

manguera. f. Manga, tubo largo y flexible de riego.

manguruyú. m. Especie de bagre muy grande.

maní. m. Cacahuete.

manía. f. Forma de locura que se caracteriza por delirio y propensión al furor./ Extravagancia, preocupación caprichosa por un tema o cosa./ Afecto o deseo desordenado./ fam. Ojeriza.

maníaco, ca o **maniaco, ca.** a. y s. Que padece una manía.

maniatar. tr. Atar las manos.

maniático, ca. a. y s. Que tiene manías.

manicomio. m. Hospital para la observación y tratamiento de los enfermos mentales.

manicorto, ta. a. fam. Poco generoso, tacaño.

manicuro, ra. s. Persona cuyo oficio es cuidar las manos, especialmente cortando y puliendo las uñas.

manierismo. m. Tendencia artística surgida en Italia a principios del siglo XVI, como reacción ante la perfección formal típica del Renacimiento. Sus máximos representantes fueron Miguel Ángel (en Italia) y El Greco (en España).

manierista. a. Perteneciente o relativo al manierismo.// s. Que practica el manierismo.

manifestación. f. Acción y efecto de manifestar o manifestarse./ Reunión pública, por lo general al aire libre, en que los concurrentes dan a conocer con su presencia sus sentimientos o deseos.

manifestar. tr./ Declarar, dar a conocer./ Descubrir, poner a la vista.

manifiesto, ta. p. p. irreg. de **manifestar.**// a. Patente, claro.// m. Escrito donde se hace pública una declaración de interés general o los principios de una doctrina./ Documento donde consta la clase, cantidad y destino de las mercancías de un buque.

manija. f. Mango, manubrio o puño de ciertos utensilios y herramientas./ Maniota./ *Arg.* Trenza o cordón del cabo del rebenque, para asegurarla a la muñeca.

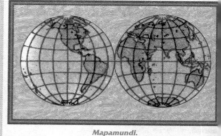

Mapamundi.

manilense o **manileño, ña.** a. y s. De Manila, Filipinas.

maniobra. f. Cualquier operación que se ejecuta con las manos./ fig. Manejo o engaño en un asunto o negocio./ Arte en el gobierno de las embarcaciones./ Evolución de las tropas durante los ejercicios.// pl. Operaciones de los trenes en las vías férreas, o de otros vehículos para cambiar el rumbo.

maniobrar. i. Realizar maniobras.

maniota. f. Cuerda o cadena de hierro para atar las manos de un animal e impedir que huya.

manipulador, ra. a. y s. Que manipula.// m. Aparato telegráfico de transmisión por línea./ *Comp.* Programa utilizado para el control de un periférico o para comunicarse con él.

manipular. tr. Operar, trabajar con las manos./ fig. y fam. Manejar uno los negocios a su modo, o entremeterse en los ajenos.

maniqueísmo. m. Secta fundada en el siglo III por Mani. Su principio esencial fue la oposición entre dos órdenes divinos, el bien y el mal./ Actitud simplista que consiste en dividir una realidad compleja en dos categorías simples, lo bueno y lo malo.

maniqueo, a. a. Relativo al maniqueísmo. Ú.t.c.s.

maniquí. m. Figura movible que puede ser colocada en diversas actitudes./ Armazón en figura de cuerpo humano, que se emplea para probar y arreglar prendas de vestir./ fig. y fam. Persona pacata y débil que se deja dominar por los demás.

manirroto, ta. a. y s. Pródigo, derrochador.

manivela. f. Manubrio o manija./ Instrumento mecánico que imprime un movimiento giratorio.

manjar. m. Cualquier comestible./ Comida apetitosa./ fig. Recreo, deleite del espíritu.

mano. f. Parte del cuerpo humano, que comprende desde la muñeca inclusive hasta la punta de los dedos./ Pie delantero de los cuadrúpedos./ *Zool.* Tipo de extremidad par cuyo esqueleto está dispuesto siempre de la misma forma terminado gmente. en cinco dedos; conforma el llamado quiridio, característico de los vertebrados tetrápodos./ *Zool.* Extremidad cuyo dedo pulgar puede oponerse a los otros./ Trompa del elefante./ Cada uno de los lados, derecho e izquierdo, a que cae o sucede una cosa respecto de la situación de otra./ Capa de color, barniz, etc., que se da a una cosa./ Conjunto de veinticinco pliegos de papel, vigésima parte de una resma./ El primero en orden de los que participan en un juego./ fig. Destreza, habilidad./ Amparo, auxilio.

manojo. m. Haz de cosas que se pueden tomar con la mano.

Maní. Fruto comestible, de alto valor calórico.

manómetro. m. *Fís.* Instrumento que se utiliza para medir presiones en líquidos o gases.

manopla. f. Pieza de la armadura antigua, con la que se cubría la mano./ Guante sin separaciones entre los dedos./ *Arg.* Arma contundente, especie de guante metálico que cubre sólo los nudillos.

manosear. tr. Tocar una cosa repetidamente con las manos, a veces ajándola.

manoseo. m. Acción de manosear.

manotada. f. Golpe que se da con la mano.

manotazo. m. Manotada.

manotear. tr. Dar golpes con las manos./ Mover las manos para dar mayor fuerza a lo que se habla, o para mostrar un sentimiento.

manquedad o **manquera.** f. Falta de mano o brazo./ Impedimento en el uso de alguno de estos miembros./ fig. Falta o defecto.

mansalva (a). m. adv. Sin ningún peligro, sobre seguro.

mansedumbre. f. Calidad de manso./ Suavidad, benignidad de carácter.

mansión. f. Detención, estancia en un lugar./ Morada, albergue./ *Amér.* Casa suntuosa.

manso, sa. a. Benigno y suave en la condición./ Apl. a los animales que no son bravos./ fig. Apacible, sosegado. Díc. de ciertas cosas inanimadas.

Mujer mapuche, habitante de la Patagonia argentina.

manta. f. Prenda de lana o de algodón, de forma rectangular, que sirve para abrigar.

mantear. tr. Arrojar con violencia y repetidamente al aire a una persona con una manta, tirando varios a un tiempo de sus orillas.

manteca. f. Grasa, generalmente animal./ Sustancia oleosa y crasa de la leche, y de ciertos frutos, como el cacao.

mantecado. m. Bollo amasado con manteca, generalmente de cerdo./ Helado.

mantecoso, sa. a. Que tiene mucha manteca, o se parece a ella.

mantel. m. Tela o lienzo con que se cubre la mesa de comer.

mantelería. f. Juego que consta de mantel y servilletas.

mantener. tr./ prl. Proveer a uno del alimento necesario.// tr. Conservar una cosa, darle vigor y permanencia./ Sostener una cosa./ Defender una opinión o sistema./ Sostener un torneo, justa, etc./ prl. Perseverar, persistir./ fig. Alimentarse.

mantenimiento. m. Efecto de mantener o mantenerse./ Alimento.

mantequilla. f. Sustancia grasa y blanda que se extrae de la leche vacuna.

mantilla. f. Paño de seda, tul, encaje u otro tejido, que usan las mujeres para cubrirse la cabeza./ Pieza de tela con que se envuelve por encima de los pañales a los niños de pecho.

mantillo. m. Capa superior del suelo, que se forma en gran parte por la descomposición de materias orgánicas./ Abono resultante de la fermentación y putrefacción del estiércol.

mantis. f. Mamboretá.

manto. m. Prenda de vestir larga y suelta, a manera de capa, que usaban las mujeres./ Capa que usan algunos religiosos./ Rica vestidura de ceremonia, insignia de príncipes soberanos o de caballeros de órdenes militares./ fig. Lo que encubre y oculta una cosa.// m. Capa mineral, que yace horizontalmente, de poco espesor.

mantón. m. Pañuelo grande de abrigo que se pone sobre los hombros.

manuable. a. Fácil de manejar.

manual. a. Que se ejecuta con las manos./ Manuable./ De fácil ejecución.// m. Libro que contiene el compendio de una ciencia o arte.

manualidad. f. Trabajo manual. Ú.m. en pl.

manubrio. m. Empuñadura o manija para hacer girar una rueda, un eje, etc.

manufactura. Obra hecha a mano o a máquina./ Fábrica o lugar donde se fabrica.

manumisión. f. Acción y efecto de manumitir.

manumitir. tr. Dar libertad al esclavo.

manuscribir. tr. Escribir a mano.

manuscrito, ta. a. Escrito a mano.// m. Papel o libro así escrito.

manutención. f. Acción y efecto de mantener o mantenerse./ Conservación y amparo.

manzana. f. Fruto del manzano, de forma globosa, corteza lisa y pulpa carnosa de sabor acídulo o algo azucarado./ *Arg.* y *Chile.* Espacio cuadrado de terreno edificado o no, pero circunscripto por calles por sus cuatro lados.

manzanilla. f. Hierba compuesta, con hojas abundantes y flores olorosas de centro amarillo y circunferencia blanca./ Fruto de esta planta./ Infusión de esta flor, de uso medicinal./ Especie de aceituna pequeña./ Vino blanco, aromático y seco, que se produce en Andalucía, España.

manzano. m. Árbol rosáceo, del cual hay muchas variedades. Tiene copa ancha, flores blancas en umbela y su fruto es la manzana.

maña. f. Habilidad./ Astucia./ Mala costumbre, vicio. Ú.m. en pl.

mañana. f. Tiempo que transcurre desde que amanece hasta mediodía./ Tiempo desde la medianoche hasta el mediodía. // m. Tiempo futuro próximo a nosotros.// adv. t. En el día que seguirá inmediatamente al de hoy./ fig. En tiempo venidero.

mañanita. f. Prenda de vestir femenina, que cubre aproximadamente desde los hombros hasta la cintura.

mañero, ra. a. Sagaz, astuto./ Fácil de tratar, hacer o manejar./ *Arg.* Mañoso.

mañoso, sa. a. Que tiene muchas mañas.

maoísmo. m. Sistema doctrinario creado por el político revolucionario chino Mao Tse-Tung, como una vertiente del marxismo-leninismo disidente respecto de la ortodoxia soviética y que pone el acento en la "revolución cultural".

maoísta. a. Relativo al maoísmo.// s. Partidario de dicha doctrina.

maorí. a. y s. Dícese de los individuos que pertenecen a un pueblo de la Polinesia que se estableció en Nueva Zelanda entre los siglos XII y XIV.// a. Relativo a este pueblo.// m. *Ling.* Lengua hablada por los maoríes.

mapa. m. Representación geográfica de la Tierra, o de parte de ella, en una superficie plana./ -**mudo.** El geográfico que carece de indicaciones toponímicas.

mapamundi. m. Mapa que representa toda la superficie terrestre dividida en dos hemisferios.

mapuche. a. y s. Araucano.

maqueta. f. Reproducción a escala reducida de una construcción, máquina, o cualquier obra proyectada.

maquiavélico, ca. a. Perteneciente o relativo al maquiavelismo o a Maquiavelo.

maquiavelismo. m. Doctrina de Maquiavelo, que aconsejaba, cuando fuere necesario, el empleo de la mala fe para sostener la política del Estado./ fig. Manera de proceder con astucia y perfidia.

maquillaje. m. Acción y efecto de maquillar./ Cosméticos para maquillar.

maquillar. tr./ prl. Componer con cosméticos el rostro./ En el teatro, caracterizar, pintar el rostro, las manos, etc., de acuerdo con el personaje que se ha de representar.

máquina. f. Artificio para aprovechar o dirigir la acción de una fuerza./ Tramoya de los teatros./ fig. Conjunto de las diversas partes ordenadas de un todo.

maquinación. f. Asechanza artificiosa y oculta, dirigida generalmente a mal fin.

maquinal. a. Rel. a la máquina./ fig. Aplícase a los actos y movimientos que se efectúan sin deliberación.

maquinar. tr. Urdir, tramar algo ocultamente y con artificio./ Trabajar una pieza por medio de una máquina.

maquinaria. f. Arte que enseña a fabricar las máquinas./ Conjunto de máquinas.

maquinismo. m. Tendencia a emplear predominantemente máquinas en los procesos productivos.

maquinista. s. Persona que inventa, fabrica o maneja máquinas.

maquis (voz francesa). m. Terreno cubierto de matorrales.// s. Militante clandestino de la Resistencia Francesa, que combatió duramente la ocupación alemana durante la Segunda Guerra Mundial, a través de grupos guerrilleros irregulares.

mar. amb. Masa de agua salada que cubre la mayor parte de la superficie de la Tierra./ Cada una de las partes en que está dividida./ fig. Nombre que se da a ciertos lagos, como el Muerto, el Caspio, etc./ Gran abundancia de alguna cosa./ **-de fondo.** Agitación del agua provocada por temporales o vientos tormentosos en alta mar.

mara. f. *Arg.* y *Chile.* Mamífero roedor, semejante a la liebre.

marabunta (voz br.). f. Nombre indígena de las migraciones masivas de hormigas legionarias que a su paso devoran todo lo comestible que encuentran. Son peligrosas, ya que su aparición e itinerario son imprevisibles./ fig. Conjunto de gente tumultuosa, alborotada.

maraca. f. *Amér.* Instrumento músico que consiste en una calabaza seca con granos de maíz en el interior.

maraña. f. Maleza, espesura de arbustos./ Hebras bastas de la parte exterior del capullo de seda./ Enredo de los hilos o del cabello./ Embuste./ Lance de difícil salida.

marasmo. m. Extremado enflaquecimiento del cuerpo./ Agotamiento, inmovilidad, en lo moral o físico.

maratón. m. y a veces f. Carrera pedestre de resistencia, de 42 km 195 m, que se practica en los juegos olímpicos./ Por ext., cualquier carrera pedestre de recorrido extenso.//

Maquinaria utilizada para levantar las cosechas de cereales.

m. fig. Actividad o conjunto de actividades que se desarrollan con mucha prisa, en menos tiempo del que requerirían si se realizasen con ritmo normal.

maravedí. m. Moneda española que ha tenido diferentes valores y calificativos. Tiene tres pl.: *maravedís, maravedíses y maravedíes.*

maravilla. f. Suceso o cosa extraordinaria que causa admiración./ Admiración.

maravillar. tr./ prl. Causar admiración, asombrar.

maravilloso, sa. a. Extraordinario, excelente, admirable.

marbete. m. Rótulo de papel que se adhiere a las mercancías o a los envases, y en que se hace constar la marca de fábrica, o el nombre del producto, el precio, etc./ Cédula que se adhiere a los bultos o equipajes y en la cual se anota el lugar de destino y el número del registro.

marca. f. Provincia, distrito fronterizo./ Acción de marcar. Señal./ Instrumento para marcar una cosa.

marcación. f. Acción y efecto de marcar o marcarse.

marcapasos. m. *Med.* Aparato que sirve para estimular el músculo cardíaco, mediante el paso de una corriente eléctrica.

marcar. tr. Señalar o poner marca./ Bordar en la ropa las iniciales o los blasones de su dueño./ fig. Señalar a uno por alguna cualidad notable./ Señalar, fijar./ Prescribir, determinar./ Indicar un aparato cantidades o magnitudes./ Dar indicio de algo./ Señalar en el disco del teléfono los números de otro para comunicar con él./ Aplicar, destinar./ fig. En los deportes en que juegan equipos combinados, contrarrestar con eficacia un jugador el juego de su contrario.

marcha. f. Acción de marchar./ Grado de velocidad en el andar de un buque, locomotora, etc./ Pieza de música con ritmo adaptado al paso del hombre./ Actividad o funcionamiento de un mecanismo, órgano o entidad.

marchante. a. Mercantil.// s. Traficante, comerciante.

marchar. i./ prl. Caminar, ir o partir de un lugar.// i. fig. caminar la tropa con cierto orden./ Andar, moverse, funcionar un artefacto./ fig. Seguir su curso, desenvolverse una cosa.

marchitar. tr./ prl. Ajar, deslucir, quitar la frescura a las flores, hierbas, etc./ Enflaquecer, quitar el vigor, la hermosura.

marchito, ta. a. Falto de vigor y lozanía; ajado.

marcial. a. Perteneciente a la guerra./ fig. Varonil, bizarro.

marciano, na. a. Rel. al planeta Marte.// m. Supuesto habitante del planeta Marte.

marco. m. Moneda de varios países./ Cerco que ciñe o rodea algunas cosas./ Bastidor de puertas o ventanas.

Mariposas, fácilmente identificables por su colorido.

area. f. Movimiento periódico y alternativo de ascenso y descenso de las aguas del mar./ **-negra.** Ecol. Mancha de petróleo que llega hasta la costa, generalmente proveniente de un barco petrolero accidentado.

arear. tr. Gobernar una embarcación.// prl. Sentirse indispuesto, con el estómago revuelto y la cabeza turbada./ fig. Embriagarse.

arejada. f. Movimiento tumultuoso de grandes olas./ fig. Exaltación colectiva de los ánimos, manifestada sordamente./ Movimiento impetuoso de mucha gente apiñada.

aremoto. m. Agitación grande de,las aguas del mar, por efecto de una sacudida del fondo, que tiene por causa movimientos sísmicos.

areo. m. Efecto de marearse./ fig. y fam. Molestia, ajetreo, enfado.

arfil. m. Sustancia dura y blanca, cubierta por el esmalte, que es el principal componente de los dientes de los vertebrados./ Sustancia de que están formados los colmillos del elefante. Es pesada, compacta, dura, muy blanca y capaz de hermoso pulimiento./ fig. Obra artística, hecha de marfil.

arfileño, ña. a. Hecho de marfil, o parecido a él.

arga. f. Geol. Roca sedimentaria que se utiliza mucho en la industria del cemento. Contiene grandes proporciones de carbonatos.

argarina. f. Sustancia grasa alimenticia, de consistencia blanda, que se hace con diversos aceites y grasas de plantas, de pescados u otros animales.

argarita. f. Perla de los moluscos./ Planta herbácea de flores de centro amarillo y corola blanca.

argen. amb. Orilla, extremidad de una cosa./ Espacio en blanco a cada uno de los cuatro lados de una página manuscrita o impresa./ Apostilla, acotación./ fig. Ocasión, oportunidad.

arginal. a. Rel. al margen./ Que está al margen./ De importancia secundaria.

arginar. tr. Dejar márgenes en un escrito./ Festonear./ Dejar de lado un asunto o cuestión./ Prescindir de alguien.

ariachi. m. Música popular mexicana, conjunto instrumental que la ejecuta, y cada uno de sus integrantes.

ariano, na. a. Relativo a la Virgen María, y sobre todo al culto que se le rinde.

arica. f. Urraca./ m. fig. fam. Homosexual, afeminado.

aricón. a./m. Marica.

ariconada. f. Acción propia de maricones.

ariconear. i. Realizar acciones propias de maricones.

arido. m. Hombre casado, con respecto a su mujer.

ariguana. f. Cáñamo de la India, cuyas hojas secas producen un efecto narcótico al fumarla.

arihuana. f. Mariguana.

arimacho. m. Mujer que se parece a un hombre.

arina. f. Parte de la tierra junto al mar./ Arte de navegar./ Conjunto de los buques de una nación./ Cuadro o pintura que representa el mar./ Conjunto de las personas que prestan servicio en la armada./ **-mercante.** Conjunto de los buques de un país, que se emplean para el comercio.

arine (voz ingl.). m. Soldado de infantería de marina (en EE.UU. y Gran Bretaña).

arinero, ra. a. Dícese de lo que pertenece a la marina o a los marineros.// m. Hombre que presta servicio en una embarcación.

arino, na. a. Perteneciente al mar./ m. Hombre que sirve en la marina o se ejercita en náutica.

arioneta. f. Títere que se mueve por medio de hilos u otro artificio./ Fantoche.

ariposa. f. Insecto lepidóptero con boca chupadora y cuatro alas cubiertas de escamas./ Lamparilla para alumbrar./ Tuerca para ajustar tornillos./ Pájaro de la isla de Cuba, de muy agradable canto.

ariposear. i. fig. Andar insistentemente alrededor de alguien./ Mariconear.

ariposón. m. fig. y fam. Maricón.

ariquita. f. Insecto coleóptero que se caracteriza por sus élitros rojos o amarillos con puntos negros.// m. fam. Maricón, homosexual.

Máscara de albatro perteneciente a la cultura teotlhuacana (pueblo predecesor del azteca, que habitó en el valle central de México).

mariscal. m. En la milicia ant., oficial muy preeminente, inferior al condestable./ Grado supremo en los ejércitos de algunos países.

marisco. m. Cualquier animal marino invertebrado, y en especial, los moluscos y crustáceos comestibles.

marisma. f. Terreno bajo y pantanoso, que inundan las aguas del mar.

marital. a. Perteneciente al marido o a la vida conyugal.

marítimo, ma. a. Del mar.

marjal. m. Terreno bajo y pantanoso.

marketing (voz ing.). m. Conjunto de teorías y métodos empleados para estudiar las características de un mercado determinado y diseñar los productos destinados a él y las técnicas comerciales más apropiadas para imponerlos.

marlo. Amér. Espiga desgranada de maíz.

marmita. f. Olla de metal, con tapadera ajustada y una o dos asas.

mármol. m. Piedra caliza, compacta y cristalina, susceptible de pulimiento, usada en decoración y escultura.

marmóreo, a. a. De mármol./ Parecido al mármol.

marmota. f. Mamífero roedor, herbívoro, domesticado, del tamaño de un gato. Pasa el invierno dormida en su madriguera./ fig. Persona que duerme mucho.

maroma. f. Cuerda gruesa.

marplatense. a. y s. De Mar del Plata, Argentina.

marqués, sa. s. Título de nobleza, en algunos países, intermedio entre el de conde y el de duque.

marquesado. m. Título o dignidad de marqués./ Territorio en el que se ejerce.

marquesina. f. Cobertizo que avanza sobre una puerta, escalinata, etc., para proteger de la lluvia./ Cubierta que se coloca sobre la tienda de campaña.

marrano, na. s. Puerco.// a. y s. fig. y fam. Persona sucia y desaseada, o que procede con bajeza.

marrar. tr./ i. Fallar, errar, no acertar.

marrón. a. De color castaño. Ú.t.c.s.

marroquí o **marroquín, na.** a. y s. De Marruecos.// m. Ling. Dialecto árabe hablado en dicho país.

marsellés, sa. a. y s. De Marsella.// s. Chaquetón de paño con adornos.

marsopa o **marsopla.** f. Mamífero cetáceo de la familia de los delfínidos, de color blanquecino en el vientre y negruzco en el dorso.

marsupial. a. Zool. Apl. a mamíferos cuyas hembras dan a luz prematuramente e incuban a sus crías en una bolsa ventral, o marsupio, en donde están las mamas; como el canguro de Australia y la zarigüeya de América. Ú.t.c.s.// m. pl. Zool. Taxón de estos animales, llamados también didelfos.

marsupio. m. Bolsa que poseen los marsupiales en el estómago, y en las que se encuentran las mamas.

marta. f. Mamífero carnicero, de cabeza chica, patas cortas y hocico agudo. Su piel, de pelaje espeso y suave, es muy estimada./ **-cebellina** o **cibellina.** Especie de marta un poco menor que la común, de piel estimadísima por su finura./ Piel de este animal.

martes. m. Tercer día de la semana.

martillar. tr. Golpear con el martillo.// tr./ prl. Oprimir, atormentar.

martillazo. m. Golpe fuerte de martillo.

martilleo. m. Acción y efecto de martillar./ fig. Cualquier ruido parecido al de los golpes repetidos del martillo.

martillo. m. Herramienta de percusión compuesta de una cabeza de hierro y un mango./ Huesecillo de la parte media del oído.

martín pescador. m. Ave coraciforme, de pico largo y agudo, y plumaje anaranjado y azul.

martinete. m. Ave zancuda de pico largo, que vive cerca de los ríos y lagos./ Penacho de plumas de esta ave./ Mazo macillo de gran peso./ Macillo.

martingala. f. Cada una de las calzas que los hombres de armas llevaban bajo los quijotes. Ú.m. en pl./ fig. y fam. Ardid con que se engaña./ Entre jugadores, cualquier combinación para tener mayores posibilidades de ganancia.

mártir. m. y f. Persona que padece de martirio en defensa de la religión./ Por ext., persona que muere o padece mucho en defensa de una creencia o una causa./ fig. Persona que sufre grandes trabajos o penalidades.

martirio. m. Muerte o sufrimiento padecidos por causa de la religión o los ideales u opiniones.

martirizar. tr. Hacer padecer martirio./ fig. Afligir, atormentar. Ú.t.c.prl.

marxismo. m. Sistema filosófico, económico y político elaborado por Marx y sus discípulos. Basado en el materialismo histórico y dialéctico. Según Marx, la conciencia del hombre es producto de su existencia material, la estructura económica es la base de toda la sociedad y todo cambio de un modo de producción a otro se realiza de manera revolucionaria a través de la lucha de clases.

marxista. a. Relativo al marxismo.// s. Partidario de dicha doctrina.

marzo. m. Tercer mes del año; tiene treinta y un días.

mas. conj. adversativa. Pero.

más. adv. c. con que se denota idea de exceso, aumento, ampliación o superioridad./ Indica a veces aumento indeterminado de cantidad expresa./ Indica asimismo, idea de preferencia./ Ú. c. sustantivo.// m. Signo de la suma o adición, representado por una crucecita (+).

masa. f. Mezcla de un líquido con una materia pulverizada, de la cual resulta un todo blando, espeso y consistente./ Volumen, conjunto, reunión, multitud./ fig. Cuerpo o totalidad de una hacienda, u otra cosa considerada en grueso./ Conjunto o concurrencia de algunas cosas./ Cantidad de materia contenida en un cuerpo./ Arg. Masita, pastelito de confitería./ Pueblo, las clases populares. Ú.m. en pl.

Mascarones que adornan las canoas asiáticas.

Mate. Tradicional bebida del habitante rioplatense.

masacrar. tr. Asesinar a personas, gmente. indefensas.

masaje. m. Frotamiento, percusión y amasamiento sobre zonas de la superficie corporal, con la mano o con aparatos especiales, para estimular la circulación y ablandar estructuras.

masajear. tr. Dar masajes.

mascar. tr. Partir y triturar con la dentadura./ fig. y fam. Mascullar.

máscara. f. Figura de cartón, tela o alambre, con que una persona puede taparse el rostro./ Disfraz extravagante. fig. Pretexto, simulación.// m. y f. Persona enmascarada.

mascarada. f. Fiesta en la que participan personas enmascaradas.

mascarilla. f. Máscara que solamente cubre desde la frente hasta el labio superior./ Vaciado que se saca sobre el rostro de una persona o de una escultura, y principalmente de un cadáver.

mascarita. m. y f. Máscara, persona enmascarada.

mascarón. m. aum. de máscara./ Cara disforme o fantástica que se usa como adorno en algunas obras arquitectónicas.

mascota. f. Persona, animal o cosa considerados de buena suerte.

masculino, na. a. Que está dotado de órganos para fecundar./ Rel. a este ser./ Propio del varón./ Gram. Dícese del género de los sustantivos que se refieren al varón o al animal macho y de otros que por su uso, etimología o terminación están comprendidos en esta clase./ Varonil, enérgico.

mascullar. tr./ i. Hablar entre dientes, o pronunciar mal las palabras.

masificación. f. Soc. Proceso social por el cual un grupo desarrolla características de masa.

masivo, va. a. Rel. a las masas humanas./ Dícese de lo que se aplica en gran cantidad.

masón. m. Miembro de la masonería.

masonería. f. Sociedad secreta que profesa la fraternidad universal; sus miembros se reconocen mediante signos especiales y se agrupan en logias, a las que acceden luego de complicadas ceremonias de iniciación.

masónico, ca. a. Perteneciente o relativo a la masonería y los masones.

masoterapia. f. Med. Tratamiento que se basa en la aplicación sistemática de masajes.

mass media (voz ingl.). m. pl. Soc. Comunicación de masas, acción del conjunto de los medios masivos de comunicación (radio, prensa, televisión, etc.).

mastectomía. f. Med. Extirpación de la glándula mamaria.

masticar. tr. Mascar, desmenuzar la comida con los dientes./ fig. Meditar, cavilar.

ástil. m. Palo de un barco./ Cualquiera de los palos derechos que sirven para mantener una cosa./ Parte más estrecha de la guitarra y otros instrumentos de cuerda, donde están los trastes.

astín, na. a. y s. Cierta casta de perros de presa, grandes y fornidos, de fuertes dientes, pescuezo corto y grueso, muy valerosos y leales.

astodonte. m. Mamífero paquidermo fósil, parecido al elefante, pero de mayor tamaño./ Persona muy corpulenta.

asturbación. f. Acción y efecto de masturbar o masturbarse.

asturbarse. prl. Procurarse en soledad el goce sexual.

ata. f. Arbusto de poca altura, ramificado y leñoso./ Ramito o pie de una hierba.

ataco, ca. a. y s. Díc. del indio de una tribu que habita la región occidental del Chaco, a orillas del Pilcomayo y el Bermejo./ m. Lengua de dichos indios.

atadero. m. Sitio donde se mata y desuella el ganado destinado para el abasto público./ fig. y fam. Trabajo muy incómodo.

atafuego. m. Aparato para apagar los fuegos.

atambre. m. Amér. Capa de carne y grasa que se saca de entre el costillar y el cuero de los animales vacunos.

atamoscas. m. Instrumento o sustancia que se emplea para matar moscas.

atafuego. Mangueras conectadas a las bocas de salida del agua son utilizadas contra incendios.

atanza. f. Acción y efecto de matar./ Mortandad de personas ejecutadas en una batalla, motín, etc.

atar. tr./ prl. Quitar la vida./ Herir y llagar la bestia por el roce del aparejo.// tr. En los juegos de naipes, echar una carta superior a la del contrario./ fig. Desazonar, molestar./ Estrechar, violentar./ Apagar./ Extinguir, reducir a la nada./ Rebajar un color o un tono fuerte o desapacible.// prl. fig. Trabajar con afán y sin descanso.

atarife. m. El que mata las reses en el matadero.

atasanos. m. fig. y fam. Mal médico.

atasellos. m. Estampilla con que se inutilizan los sellos de las cartas en las oficinas de correo.

ate. a. Amortiguado, falto de brillo./ m. Lance con que se pone fin al juego de ajedrez, cuando el rey de uno de los jugadores no puede salvarse de las piezas del contrario./ Amér. Calabaza que, seca y vaciada, tiene ciertos usos domésticos./ Infusión de hojas de yerba mate, que se toma directamente de la vasija o del mate, sorbiendo con bombilla. También se sirve en taza, como el té.

ateada. f. R. de la P. Acción de matear.

atear. i. R. de la P. Tomar mate.

atemática. f. Ciencia que estudia las cantidades y las figuras del plano y del espacio y las relaciones que se establecen entre ellas

atemático, ca. a. Rel. a la matemática./ fig. Exacto, preciso.// s. Persona que sabe o profesa la matemática.

atería. f. Sustancia que compone los cuerpos físicos. Tiene extensión, inercia y gravitación./ Sustancia de las co-

sas./ Asunto de una obra literaria, científica, etc./ fig. Cualquier punto o negocio de que se trata./ Causa, motivo./

material. a. Rel. a la materia./ Opuesto a lo espiritual./ fig. Grosero, basto.// m. Ingrediente./ Cualquiera de las materias que se necesitan para una obra, o el conjunto de ella. Ú.m. en pl./ Conjunto de máquinas, instrumentos, herramientas, etc., que se necesita para el ejercicio de una profesión o el desempeño de un servicio.

materialidad. f. Calidad de material./ Apariencia, superficie exterior de las cosas.

materialismo. m. Fil. Doctrina que niega la existencia de sustancias o realidades espirituales, considerando la materia como principio fundante de toda realidad. Por lo tanto, se opone a todo idealismo, espiritualismo, etc. / **-histórico.** Forma de materialismo que analiza la historia desde el punto de vista de sus condiciones materiales./ **-dialéctico.** Base lógica y filosófica del marxismo, en tanto afirma la existencia de un progreso histórico basado en la sucesión de los tres momentos dialécticos: tesis, antítesis y síntesis.

materialista. a. y s. Partidario del materialismo.// a. Relativo a dicha doctrina.// s. Persona muy apegada a los bienes materiales.

materializar. tr. Considerar como material lo que no lo es./ Efectuar, realizar algo./ Hacer concreto y efectivo un proyecto, proposición, etc.// prl. Dejar uno que prepondere en sí mismo la materia sobre el espíritu.

maternal. a. Materno.

maternidad. f. Estado o calidad de madre./ Establecimiento donde se atiende a las mujeres parturientas.

materno, na. a. Perteneciente a la madre.

matinal. a. Matutino.

matiz. m. Unión de diversos colores mezclados proporcionadamente en bordados, pinturas, etc./ Gradación de un color o de un sonido musical./ fig. En las obras artísticas o literarias, tono de especial colorido y expresión./ Carácter peculiar de ciertas cosas.

matizar. tr. Juntar diversos colores de modo que sean agradables a la vista./ Dar un color determinado matiz./ fig. Graduar los sonidos delicadamente al expresar la idea musical.

matón, na. s. fig. y fam. Pendenciero, valentón.

matorral. m. Terreno inculto, cubierto de malezas y matas.

matraca. f. Rueda de tabla en forma de aspa que produce ruidos.

matraz. m. Recipiente de vidrio, con forma esférica, fondo chato y cuello largo, muy utilizado en los laboratorios químicos para hervir líquidos.

matriarcado. m. Época y sistema de organización social basado en la primacía del parentesco por línea materna.

matriarcal. a. Perteneciente o relativo al matriarcado.

Mataco. Aborigen del Chaco (Argentina).

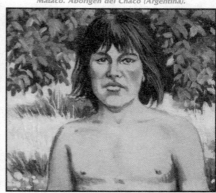

matricidio. m. Delito de matar alguien a su madre.

matrícula. f. Lista o catálogo de los nombres de las personas que se asientan para un fin determinado./ Documento en que consta dicha anotación.

matricular. tr./ prl. Inscribirse o hacer inscribir en una matrícula.

matrimonial. a. Rel. al matrimonio.

matrimonio. m. Unión sexual y de bienes concertada de por vida entre un hombre y una mujer, mediante determinados ritos religiosos o formalidades legales./ fam. Marido y mujer.

matriz. a. fig. Principal, materna, generadora./ fig. Apl. a la escritura que queda en el oficio para ser cotejada, en caso de duda, con el original y las copias.// f. Zool. Víscera hueca de la mujer y de las hembras de los mamíferos, destinada a contener el feto hasta el momento del parto./ Molde en que se funden objetos de metal que han de ser idénticos./ Tuerca./ Comp. Grupo de datos relacionados entre sí y almacenados todos juntos en la memoria bajo un mismo nombre./ Mat. Cuadro de números dispuestos en filas y columnas.

matrizado. m. Operación por medio de la cual se da forma a una pieza, generalmente prensándola en caliente dentro del molde.

matrona. f. Madre de familia, de cierta edad./ Comadrona.

matungo, ga. a. Arg. Caballo débil y flaco.

matusalén. m. fig. Hombre muy anciano.

matutino, na. a. Rel. a la mañana./ Que ocurre o se hace de mañana.// m. Amér. Diario que sale a la venta por la mañana.

maullar. i. Dar maullidos el gato.

maullido. m. Voz del gato.

máuser. m. Fusil de repetición.

mausoleo. m. Sepulcro monumental y suntuoso.

maxilar. a. Rel. a la mandíbula.// a. y s. Dícese de cada uno de los tres huesos que constituyen la mandíbula.

máxima. f. Regla o proposición admitida por los que profesan una facultad o ciencia./ Sentencia, apotegma para la dirección de las acciones morales./ Norma, idea a que se ajusta la manera de obrar.

máxime. adv. Principalmente.

maximizar. tr. Mat. Buscar el máximo de una función./ Ind. y Com. Aumentar hasta el máximo posible las ganancias, la productividad o la eficiencia.

máximo, ma. a. superl. de grande./ Dícese de lo que es lo más grande en su género o especie.// m. Límite superior o extremo a que puede llegar una cosa.

maya. a. Dícese del individuo de un pueblo centroamericano muy antiguo, que habita en la parte sur de México y en el actual territorio de Guatemala, y que, antes de la llega-

Mecánico revisando el motor de un automóvil.

Mayas.
Vista de las ruinas de Uxmal, testimonio de este pueblo.

da de los españoles, alcanzó una civilización notable Ú.t.c.s./ a. Perteneciente o rel. a dicho pueblo.// m. Lengua de los mayas.

mayéutica. f. Método que empleaba Sócrates, consistente en suscitar la aparición de la verdad mediante preguntas hábilmente dirigidas.

mayo. m. Quinto mes del año; tiene treinta y un días.

mayólica. f. Loza común con esmalte metálico.

mayonesa. f. Salsa fría que se hace mezclando lentamente aceite y yemas de huevos crudos.

mayor. a. comp. de grande./ Que excede a una cosa en cantidad o calidad.// pl. Abuelos, progenitores, antepasados. // f. Primera proposición del silogismo.// -por mayor. m. adv. En cantidad grande.// -al por mayor. expr. adv Por mayor.

mayordomo. m. Persona a cuyo cargo está el gobierno económico de una hacienda o de una casa./ Administrador de una hacienda rústica o estancia.

mayoría. f. Calidad de mayor./ Mayor edad./ Mayor número de votos iguales o conforme en una votación./ Parte mayor de los individuos que constituyen una nación, ciudad, cuerpo, etc.

mayoridad. f. Mayoría, calidad de mayor, o de mayor de edad.

mayorista. m. y f. Comerciante que vende al por mayor.// a. Apl. al comercio en que se vende o se compra al por mayor.

mayúsculo, la. a. Algo mayor que lo ordinario en su especie./ fam. Muy grande, extraordinario, enorme.

maza. f. Arma antigua de palo con hierro, o toda de hierro, con la cabeza gruesa./ Intrumento de madera dura que se emplea para machacar el lino, el esparto, y para otros usos./ Pelota forrada de cuero y con mango de madera, para tocar el bombo./ Pieza del martinete, que golpea sobre los pilotes.

mazamorra. f. Comida compuesta de harina de maíz con azúcar o miel./ fig. Cualquier cosa reducida a trozos menudos./ Arg. Maíz quebrado, que una vez hervido se come con leche o sin ella, y azúcar.

mazapán. m. Pasta de almendras molidas y azúcar.

mazmorra. f. Prisión subterránea.

mazo. m. Martillo de madera./ Grupo de cosas puestas juntas.

mazorca. f. Espiga densa y apretada de frutos, como la del maíz o del cacao.

mazurca. f. Danza polaca y su música.

mbayá. m. Parag. Grupo aborigen, también conocido como caduveo, que habitó entre los ríos Pilcomayo y Verde. Provocaban guerras cuyo único objetivo era la subsistencia que le aseguraban las cosechas de los guaraníes.

ne. Forma del pronombre personal de primera persona en género masculino o femenino y número singular. No admite preposición y se puede usar como sufijo: *me miró, mírame.*

neandro. m. Recoveco de un camino o de un río./ *Arg.* Adorno complicado y de enlaces sinuosos.

near. i./ tr./ prl. Orinar.

mecánica. f. Parte de la física que estudia el movimiento de los cuerpos, las fuerzas que condicionan esos movimientos y la relación entre las fuerzas que actúan sobre los cuerpos en equilibrio./ Leyes y utilización de las máquinas./ Aparato o resorte interior que da movimiento a las máquinas.

mecanicismo. m. *Fil.* Doctrina que explica todo fenómeno por leyes mecánicas, como si el universo entero fuera una máquina, lo que implica un alto grado de determinismo.

mecanicista. a. y s. Partidario del mecanicismo.// a. Relativo a dicha doctrina.

mecánico, ca. a. Perteneciente o relativo a la mecánica o a las máquinas./ m. Persona que realiza reparaciones de máquinas.

mecanismo. m. Artificio o estructura de un cuerpo, natural o artificial, y combinación de las partes que lo constituyen./ Medios prácticos usados en las artes.

mecanizar. tr. Aplicar el uso de máquinas.

mecanografía. f. Técnica de escribir a máquina.

mecanografiar. tr. Escribir con máquina.

mecedor, ra. a. Que mece o sirve para mecer.// m. Instrumento de madera para menear o mecer líquidos./ Columpio./ Silla de brazos, cuyos pies descansan sobre dos arcos y en la cual puede mecerse el que se sienta.

mecenas. m. fig. Persona adinerada e influyente que patrocina a los literatos o artistas.

mecer. tr./ prl. Mover una cosa acompasadamente de un lado a otro sin que mude de lugar.// tr. Mover y menear un líquido.

mecha. f. Cuerda retorcida o cinta tejida hecha de filamentos combustibles, que se coloca en los mecheros de ciertos aparatos de alumbrado, o caloríferos./ Cuerda o tubo de algodón o papel con algún inflamable para dar fuego a minas o barrenos./ Porción de hilas atadas que se usa para curaciones y operaciones quirúrgicas./ Mechón de pelo, hilo o hebra.// pl. fig. y fam. *Arg.* Cabello largo y mal peinado.

mechar. tr. Meter mechas de tocino en la carne.

mechera. f. Ladrona de tiendas.

mechero. m. Canutillo que contiene la mecha para alumbrar./ Cañón de los candeleros donde se coloca la vela./ Utensilio para dar luz o calor./ Boquilla de los aparatos de alumbrado.

mechón. m. Porción de pelos, hebras o hilos, separada de un conjunto.

meconio. m. Materia viscosa, generalmente de color verdoso, que el recién nacido expulsa por el ano.

medalla. f. Pieza de metal, comúnmente redonda, acuñada, con alguna figura, emblema o inscripción./ Premio o distinción honorífica que se da en concursos o exposiciones.

medallón. m. aum. de medalla./ Bajorrelieve redondo u ovalado./ Joya en forma de cajita chata en que se ponen retratos, rizos u otras cosas de recuerdo.

médano. m. Duna de constitución simple cuya formación se relaciona con la acción eólica./ Montón de arena casi a flor de agua.

media. f. Mitad./ Promedio./ Prenda de punto que cubre el pie y la pierna./ *Amér.* Calcetín.

mediación. f. Acción y efecto de mediar.

mediador, ra. a. y s. Que media para resolver una diferencia.

medialuna. f. Cualquier cosa que tiene la forma de una media luna./ Bollo en forma de media luna./ Símbolo de los musulmanes.

medianero, ra. a. Que se encuentra en medio de dos cosas./ Dícese de la persona que media o intercede por alguien. Ú.m.c.s.// f. Pared común a dos casas contiguas.

medianía. f. Término medio entre dos extremos./ fig. Persona que carece de prendas relevantes.

mediano, na. a. De calidad intermedia./ Ni muy grande ni muy pequeño.

medianoche. f. Hora en que el Sol está en el punto opuesto al de mediodía.

mediar. i. Llegar a la mitad de una cosa./ Interceder, pedir por uno./ Interponerse entre dos que riñen, tratando de reconciliarlos./ Estar una cosa en medio de otras./ Dicho del tiempo, transcurrir./ Suceder entremedias una cosa.

mediato, ta. a. Lo que en tiempo, lugar o grado está próximo a una cosa, mediando otra entre las dos.

medicación. f. Administración de medicamentos.

medicamento. m. Sustancia que puede producir un efecto curativo.

medicina. f. Ciencia y arte de conocer, prevenir, aliviar y curar las enfermedades del cuerpo humano./ Medicamento./ **-legal.** Rama de la medicina que estudia la aplicación del derecho a la medicina, y viceversa.

medicinal. a. Perteneciente a la medicina./ Dícese de las cosas que tienen virtudes curativas.

medición. f. Acción y efecto de medir.

Medicamentos encapsulados o con forma de pastillas son el complemento de la medicina en el arte de prevenir y curar las enfermedades.

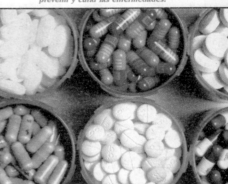

médico, ca. s. Rel. a la medicina.// m. El que se halla legalmente autorizado para profesar y ejercer la medicina./ **-de cabecera.** El que asiste habitualmente a una familia./ **-forense.** El que está adscrito oficialmente a un juzgado.

medida. f. Acción de medir./ Expresión comparativa de cantidades o dimensiones./ Proporción o correspondencia de dos cosas entre sí./ Grado, intensidad./ Aquello que sirve para medir./ Número y clase de sílabas que debe tener un verso./ Disposición, prevención. Ú.m. en pl./ Prudencia, moderación.

medidor, ra. a. Que mide. Ú.t.c.s.// m. *Amér.* Contador, aparato para medir el gas, la electricidad, etc.

medieval. a. Rel. a la Edad Media.

medievo o **medioevo.** m. Edad Media.

medio, dia. a. Igual a la mitad de una cosa.// m. Parte que queda a igual distancia de dos extremos./ Diligencia para conseguir algunas cosas./ Elemento en que vive o se mueve una persona, animal o cosa.// pl. Caudal, bienes, rentas.// adv. m. No por entero.

mediocre. a. Intermedio, mediano.

mediocridad. f. Calidad de mediocre./ Estado de una cosa entre bueno y malo, entre grande y pequeño.

mediodía. m. Hora en que está el Sol en el punto más alto de su elevación sobre el horizonte.

medioevo. m. Edad Media.

mediomundo. m. Red circular con mango, para pescar.

medir. tr. Determinar la longitud, extensión, volumen o capacidad de una cosa./ Comparar cosas inmateriales.// i. Tener determinada dimensión.// prl. fig. Moderarse, contenerse.

meditabundo, da. a. Que medita o reflexiona en silencio.

meditación. f. Acción y efecto de meditar.

meditar. tr. Aplicar con atención el pensamiento a la consideración de una cosa, discurrir.

mediterráneo, a. a./ m. Dic. de lo que está rodeado de tierra.

médium. m. Persona que se comunica con los espíritus, o con la cual los espíritus se comunican.

medrar. i. Crecer los animales y plantas./ fig. Mejorar uno de fortuna.

medroso, sa. a. y s. Temeroso, pusilánime.// a. Que infunde miedo.

medula o **médula.** f. Sustancia grasa, que se halla dentro de algunos huesos de los animales./ Sustancia esponjosa que se encuentra dentro de los troncos y tallos de ciertas plantas./ fig. Lo esencial de una cosa no material./ **-espinal.** Prolongación del encéfalo, que ocupa el conducto vertebral, desde el agujero occipital hasta la región lumbar.

medular. a. Rel. a la médula.

medusa. f. Animal marino, con cuerpo en forma de campana, provisto de tentáculos.

Medusas de vistosos colores habitan los mares.

mefítico, ca. a. Dícese del aire que puede ser perjudicial si se respira.

megabyte (voz ingl). m. *Comp.* Unidad de almacenamiento de información equivalente a 1.024 kilobytes y aprox. a un millón de bytes.

megáfono. m. Bocina de gran tamaño usada para aumentar la intensidad de la voz./ Instrumento acústico dispuesto en los receptores para ampliar las ondas sonoras.

megalito. m. Monumento prehistórico con grandes piedras sin labrar.

megalomanía. f. Delirio de grandeza.

megalómano, na. a. Que padece megalomanía.

megalópolis. f. Gran concentración urbana, generalmente constituida por dos o más ciudades unidas por autopistas, suburbios, etc.

megaterio. m. Mamífero fósil americano, de tamaño mayor al de un elefante.

mejicano, na. a. y s. Mexicano.

mejilla. f. Cualquiera de las dos prominencias en el rostro humano debajo de los ojos.

mejillón. m. Molusco acéfalo marino, comestible, con dos valvas de color negro azulado.

mejor. a. comp. de bueno. Superior a otra cosa.// adv. m. comp. de bien. Más bien, de manera más conveniente./ Antes o más, denotando idea de preferencia.

mejorar. tr. Adelantar, acrecentar, hacer que una cosa pase de un estado bueno a otro mejor./ Pujar./ Dejar mejora por testamento a algún heredero.// i./ prl. Restablecerse, ir recuperando la salud el enfermo./ Ponerse el tiempo más benigno y apacible./ Alcanzar un lugar o grado superior a que se tenía.

mejoría. f. Alivio de una dolencia o enfermedad.

melancolía. f. Tristeza vaga, honda y permanente./ Monomanía en que dominan las afecciones morales tristes.

melancólico, ca. a. Rel. a la melancolía.// a. y s. Que tiene melancolía.

melaza. f. Líquido denso y viscoso que queda después de la cristalización del azúcar.

melena. f. Cabello que desciende por junto al rostro, hasta los hombros./ Cabello suelto./ Crin del león.

melifluo, flua. a. Que tiene miel o se parece a ella./ fig. Amable y dulce en el trato o la expresión.

melindre. m. Fruta de sartén, que se hace con harina y miel./ Dulce de pasta de mazapán, bañado con azúcar blanco./ fig. Afectada delicadeza al hablar o en los ademanes.

melindroso, sa. a. Que tiene muchos melindres.

mella. f. Hendedura o rotura en el filo de un arma o herramienta o en el borde o en un ángulo saliente de otro objeto./ Vacío o hueco que queda en algo por faltar lo que allí estaba./ fig. Merma, menoscabo.

mellar. tr./ prl. Hacer mellas./ Menoscabar, disminuir una cosa inmaterial.

mellizo, za. a. y s. Gemelo, dicho de los hermanos.

melocotón. m. Melocotonero./ Fruto de este árbol.

melodía. f. Dulzura y suavidad de la voz o de un instrumento musical./ Composición en que se desarrolla una idea musical./ Cualidad del canto por la que es grato al oído.

melodioso, sa. a. Dulce y grato al oído.

melodrama. m. Drama puesto en música, ópera./ Obra dramática de carácter sensiblero, hecha con menoscabo del buen gusto.

melón. m. Planta cucurbitácea, anual, con tallos rastreros, flores amarillas y fruto de carne abundante, aromático, aguanoso y dulce./ Fruto de esta planta.

meloso, sa. a. Parecido a la miel./ fig. Blando, dulce, suave.

membrana. f. Piel delgada a modo de pergamino./ Lámina muy delgada de un metal./ *Bot.* y *Zool.* Tejido elástico, delgado y flexible, que cubre ciertas vísceras y absorbe o segrega humores, en los seres orgánicos.

membrete. m. Anotación provisional./ Nombre o título de una persona, oficina o corporación estampado en la parte posterior del papel de escribir.

membrillo. m. Arbusto rosáceo, de fruto en poma amarilla, aromático, de carne áspera y granujienta, con semillas mucilaginosas, originario de Asia Menor./ Fruto de este arbusto.

memorable. a. Digno de que se recuerde.

memorándum. m. Librito para anotar lo que uno debe recordar./ Comunicación diplomática en que se recapitulan hechos o razones que se deben considerar para la resolución de un asunto importante./ *Com.* Circular recordatoria.

memorar. tr. y prl. Recordar, hacer memoria de una cosa.

memoria. f. Facultad por medio de la cual se retiene y recuerda lo pasado./ Recuerdo./ Monumento que perpetúa el recuerdo de algo./ Relación de gastos, operaciones administrativas, etc., concernientes a un negocio o asunto, y a modo de inventario./ Estudio o escrito acerca de una materia.// pl. Relación escrita que uno hace de su vida pública o privada./ *Comp.* Cualquier dispositivo en el cual se puede almacenar y retener información, y desde el cual se la puede recobrar para uso posterior./ **-central.** *Comp.* Parte física del computador que contiene los datos y los programas en ejecución./ **-de masa.** *Comp.* Periférico capaz de almacenar gran cantidad de información como las unidades de disco./ **-virtual.** *Comp.* Aquélla adicional, en la que la información se almacena en discos como si éstos fueran parte de la memoria, es decir, sin necesitar órdenes del usuario.

memorial. m. Libro de notas./ Boletín de algunas colectividades o instituciones.

memorizar. tr. Fijar algo en la memoria.

menaje. m. Muebles y accesorios de una casa./ Administración de una casa./ Material pedagógico de una escuela.

mención. f. Recuerdo que se hace de una persona o cosa, nombrándola.

mencionar. tr. Hacer mención de una persona o cosa./ Referir o recordar una cosa.

mendacidad. f. Costumbre o hábito de mentir.

mendaz. a. y s. Mentiroso.

mendelevio. m. Elemento químico. Símb., Md.; n. at., 101; p. at., 256 (isótopo más estable).

mendicidad. f. Estado de mendigo./ Acción de mendigar, pedir, solicitar.

mendigar. tr. Pedir limosna de puerta en puerta./ fig. Solicitar con humillación el favor de alguien.

mendigo, ga. s. Persona que pide limosna habitualmente.

mendocino, na. a. y s. De Mendoza, provincia de la República Argentina.

mendrugo. m. Pedazo de pan duro o desechado./ fig. Tonto, necio.

menear. tr./ prl. Mover una cosa de una parte a otra.// prl. fig. y fam. Hacer con prontitud una cosa.

meneo. m. Acción de menear o menearse.

menester. m. Necesidad o falta de una cosa./ Empleo, ejercicio, ocupación.

menesteroso, sa. a. y s. Necesitado de una o muchas cosas.

menguado, da. a. y s. Cobarde, de poco ánimo y espíritu./ Tonto, simple./ Miserable, mezquino.

menguar. i. Irse consumiendo una cosa./ Disminuir./ Decrecer la parte iluminada de la luna.// tr. Amenguar.

menhir. m. Monumento megalítico constituido por una piedra larga clavada verticalmente en el suelo.

meninge. f. Cada una de las tres membranas que envuelven el encéfalo y la médula espinal. Se denominan duramadre, aracnoides y piamadre.

Menhir en el valle del Tafí, sector tucumano de los valles Calchaquíes (Argentina). Desde 1977 estos menhires están agrupados en una loma junto al lago del dique de la Angostura.

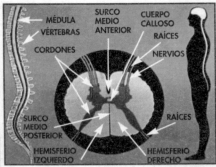

Médula espinal. Su estructura interna y localización en el cuerpo humano.

meningitis. f. Pat. Inflamación de las meninges.

menisco. m. Superficie libre, cóncava o convexa, de un líquido contenido en un tubo estrecho./ Vidrio cóncavo por una cara y convexo por la otra./ Cartílago de forma semilunar como los de la rodilla.

menonita. a. y s. Rel. Miembro de una secta anabaptista que fue fundada por el protestante Menno Simonsz.

menopausia. f. Cese natural de la menstruación en la mujer, al alcanzar el climaterio./ Época de la vida de la mujer en que deja de presentarse la menstruación.

menor. a. comp. de pequeño. Que tiene menos cantidad que otro de la misma especie./ Menor de edad. Ú.t.c.s.// **-de edad.** a. y s. Díc. de la persona que no ha llegado a la mayor edad legal.

menoría. f. Subordinación o inferioridad./ Menor edad./ fig. Tiempo de la menor edad.

menos. adv. comp. con que se denota la idea de falta, disminución, inferioridad, limitación o restricción.// adv. m. Excepto.// m. Signo de sustracción o resta que se representa por medio de una rayita horizontal (-).

menoscabar. tr./ prl. Disminuir las cosas, reducirlas a menos.// tr. fig. Deteriorar, deslucir./ Causar mengua en la honra o reputación.

menoscabo. m. Acción de menoscabar.

menospreciar. tr. Tener en menos de lo que merece a alguien o a algo./ Despreciar.

menosprecio. m. Poca estimación o aprecio./ Desprecio, desdén.

mensaje. m. Recado de palabra que envía una persona a otra./ Comunicación oficial entre poderes públicos.

mensajero, ra. a. y s. Persona que lleva un mensaje, noticia o recado a otra.

menstruación. f. Acción de menstruar./ Menstruo.

menstruar. i. Evacuar el menstruo.

menstruo. m. Sangre que evacúan naturalmente todos los meses las mujeres y las hembras de ciertos animales.

mensú. m. Arg. y Par. Obrero asalariado o a jornal, especialmente el empleado en los yerbatales de la región guaraní.

mensual. a. Que sucede cada mes./ Que dura un mes.

mensualidad. f. Salario o asignación que se paga cada mes.

ménsula. f. Miembro o adorno arquitectónico perfilado con diversas molduras, que sobresale de un plano vertical y sirve de apoyo a alguna parte de un edificio o monumento.

mensurar. tr. Medir.

menta. f. Planta herbácea, labiada, con especies muy olorosas, usadas en condimento, tisanas, etc.

mental. a. Rel. a la mente.

mentalidad. f. Capacidad mental./ Cultura o manera de pensar propias de una persona, un país, etc.

mentalismo. m. Práctica esotérica o teatral que consiste en exhibiciones de habilidades paranormales, como el ilusionismo, la lectura del pensamiento, etc.

mentar. tr. Nombrar o mencionar una cosa.

mente. f. Facultad intelectual./ Inteligencia, entendimiento./ Designio, voluntad, propósito.

mentecato, ta. a. y s. Tonto, falto de juicio, privado de razón o inteligencia.

mentir. i. Manifestar lo contrario de lo que se sabe, cree o piensa./ Inducir a error.// tr. Faltar a lo prometido.

mentira. f. Expresión contraria a lo que se sabe o piensa.

mentiroso, sa. a. Que acostumbra mentir. Ú.t.c.s./ Engañoso, falso, fingido.

mentol. m. Parte sólida de la esencia de menta piperita. Puede considerarse como un alcohol secundario.

mentón. m. Barbilla o prominencia de la mandíbula inferior.

mentor. m. Consejero o guía de otro.

menú. m. Lista de los platos de una comida./ Minuta./ Comp. Conjunto de programas entre los cuales el usuario puede escoger el que desee utilizar.

menudencia. f. Pequeñez de una cosa./ Cosa de poco valor.// pl. Chorizos y otros despojos semejantes del cerdo.

menudo, da. a. Chico, delgado, pequeño./ De poca importancia./ Dícese del dinero en monedas pequeñas./ Apl. al que con gran cuidado examina las cosas.// m. pl. Entrañas, manos y sangre de las reses que se matan./ En las aves, pescuezo, alones, molleja, intestinos, etc.// **-a menudo.** m. adv. Con frecuencia y muchas veces.

meñique. a. y s. Nombre del dedo más pequeño de la mano.

meollo. m. Seso, masa nerviosa de la cavidad del cráneo./ fig. Lo más importante de algo./ Juicio, entendimiento.

mequetrefe. m. fam. Persona entremetida, de poca formalidad.

mercachifle. m. Buhonero./ despect. Comerciante de poca importancia.

mercader. m. El que comercia con mercancías.

mercadería. f. Mercancía.

mercado. m. Lugar público destinado para vender o comprar mercaderías, y en especial las cosmestibles./ Plaza o país, de grande y especial importancia comercial.

mercancía. f. Trato de vender y comprar comerciando en géneros./ Todo género vendible./ Cosa que se hace objeto de compra o venta.

mercante. p. act. de **mercar.** Que merca. Ú.t.c.s.// a. Mercantil./ Apl. al buque destinado preferentemente al transporte de mercancías.

mercantil. a. Rel. al mercader, a la mercadería o al comercio.

mercantilismo. m. Espíritu mercantil./ Econ. Sistema económico vigente en los siglos XVII y XVIII, que propugnaba el desarrollo y el predominio del comercio como fuente de riquezas, y que destaca la posesión de metales preciosos.

mercantilista. a. Perteneciente o relativo al mercantilismo.// s. Partidario de este sistema o doctrina.

merced. f. Dádiva, gracia o beneficio./ Voluntad, arbitrio./ Tratamiento de cortesía.

mercedario, ria. a. y s. Dícese del religioso o religiosa de la Orden de la Merced.

mercenario, ria. a. Apl. a la tropa que sirve a un estado extranjero mediante pago.// a. y s. De la Orden de la Merced./ Quien, por dinero, se somete a la voluntad de alguien.

mercería. f. Trato y comercio de artículos menudos y de escaso valor, como cintas, botones, alfileres, etc./ Comercio en que se venden.

mercurio. m. Metal líquido blanco y brillante como la plata, más pesado que el plomo. Se emplea en medicina y en la industria./ Azogue. Símb., Hg; n. at., 80; p. at., 200,61.

merecer. tr. Ser o hacerse digno de premio o castigo./ Ligar, conseguir./ Tener determinado valor una cosa.// i. Hacer méritos.

merendar. i. Tomar la merienda.// tr. Tomar una u otra cosa en la merienda.

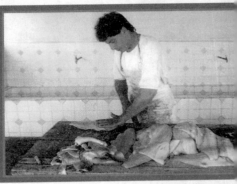

Merluza. Proceso de fileteado para su venta al público.

merengue. m. Dulce hecho con claras de huevo y azúcar y cocido al horno.

meretriz. f. Ramera.

meridiano, na. a. Perteneciente o relativo a la hora del mediodía./ fig. Muy claro.// m. Astron. Círculo máximo de la esfera celeste, que pasa por los polos.

meridional. a. y s. Rel. al Sur o Mediodía.

merienda. f. Comida ligera que se hace por la tarde antes de la cena.

merino, na. a. y s. Apl. a las ovejas y carneros de lana corta, rizada y muy fina./ El que cuida del ganado y sus pastos.

mérito. m. Acción que hace digno a uno de premio o de castigo./ Resultado de las buenas acciones que hace a uno digno de aprecio./ Refiriéndose a las cosas, lo que les hace tener valor.

meritorio, ria. a. Digno de premio.// m. Empleado que trabaja sin sueldo.

merluza. f. Pez marino de carne muy apreciada.

merma. f. Acción y efecto de mermar./ Porción que se consume por sí o que se sustrae de una cosa.

mermar. i./ prl. Disminuir o consumirse parcialmente una cosa.

mermelada. f. Conserva de frutas con miel o azúcar.

mero, ra. a. Puro, simple, sin mezcla.

merodear. i. Vagar por ciertos lugares, gmente. con malos fines, viviendo de lo que se encuentra o roba.

mes. m. Cada una de las doce partes en que se divide el año./ Número de días consecutivos desde uno determinado hasta otro de igual fecha en el mes siguiente./ Menstruo de las mujeres./ Mensualidad.

mesa. f. Mueble que se compone de una tabla lisa sostenida por uno o varios pies, por lo general de madera.

mesada. f. Dinero que se da todos los meses, especialmente los padres a los hijos.

mesar. tr./ prl. Arrancar los cabellos o las barbas con las manos.

meseta. f. Porción de piso horizontal en que termina un tramo de escalera./ Terreno llano, elevado y de gran extensión.

mesiánico, ca. a. Perteneciente o relativo al mesías.

mesianismo. m. Doctrina o creencia relativa al mesías.

mesías. m. Persona real o imaginaria que se espera para que solucione los problemas de la humanidad.

mesnada. f. Compañía de gente de armas, que antiguamente prestaba servicio a un rey o a un caballero.

mesocarpio. m. Bot. Parte intermedia del pericarpio en los frutos carnosos.

mesodermo. m. Tercera hoja blastodérmica que origina entre otros, los sistemas medular y óseo.

mesófilo. m. Bot. Espacio comprendido entre las epidermis de las hojas de los vegetales.

mesolítico, ca. a. Apl. a período transicional posterior al paleolítico./ Este período.

mesón. m. Establecimiento público donde se da hospedaje y se sirven comidas, mediante paga.

mesopotámico, ca. a. y s. De Mesopotamia.

mesosfera. f. Capa de la atmósfera terrestre que se encuentra entre la estratosfera y la ionosfera, y actúa reflejando numerosas ondas largas.

mesozoico, ca. a. y s. *Geol.* Díc. de la era geológica situada entre la primaria o paleozoica y la terciaria o cenozoica, de una duración aproximada de 160 millones de años. En ella aparecieron las aves y los mamíferos. Se divide en tres períodos: triásico, jurásico y cretácico./ Rel. a esta era.

mestizaje. m. Hibridación de la especie humana por cruza entre distintas razas.

mestizo, za. a. y s. Apl. a la persona nacida de padre y madre de raza diferente.

mesura. f. Compostura, gravedad, moderación.

mesurar. tr. Infundir mesura.// prl. Moderarse, contenerse.

meta. f. Término señalado a una carrera./ fig. Fin a que se dirigen las acciones o deseos de una persona.

metabólico, ca. a. Perteneciente o rel. al metabolismo.

metabolismo. m. Conjunto de reacciones químicas que efectúan constantemente las células de los seres vivos con el fin de sintetizar substancias complejas a partir de otras más simples o degradar aquéllas para obtener éstas.

metacarpo. m. Conjunto de cinco huesos del esqueleto de la mano.

metafísico, ca. a. Rel. a la metafísica./ fig. Oscuro, difícil de comprender.// s. Persona que profesa la metafísica.// f. Parte de la filosofía que trata del ser en sí, de sus propiedades, y de los principios primeros y universales./ fig. Manera de discurrir con demasiada sutileza./ Lo que así se discurre.

metáfora. f. Figura retórica que da a las palabras un sentido figurado, mediante una comparación tácita.

metafórico, ca. a. Rel. a la metáfora./ Que la incluye.

metal. m. Cuerpo simple, sólido a temperatura ambiente, excepto el mercurio, de brillo especial y conductor del calor y la electricidad./ fig. Timbre de la voz.

metalenguaje. m. *Ling.* Lenguaje que se utiliza para estudiar las propiedades de sí mismo o de otro lenguaje, llamado entonces "lenguaje objeto".

metálico, ca. a. De metal o pert. a él.// m. Dinero en oro, plata o cobre, a dif. del papel moneda.// f. Metalurgia.

metalingüístico, ca. a. Relativo al metalenguaje./ Dícese de la función o propiedad que tiene un código de referirse a sí mismo.

metalizar. tr. Hacer que un cuerpo adquiera propiedades metálicas.

metaloide. m. Cuerpo simple, mal conductor del calor y de la electricidad. Los metaloides, también llamados no metales, son: germanio, flúor, cloro, bromo, yodo, oxígeno, azufre, selenio, telurio, nitrógeno, fósforo, arsénico, antimonio, carbono, silicio, boro.

metalurgia. f. Arte de extraer y labrar los metales.

metamorfosear. tr./prl. Transformar.

metamorfosis. f. Transformación de una cosa en otra./ fig. Mutación, mudanza de un estado a otro./ *Zool.* Cambio que experimentan ciertos insectos y otros animales durante su desarrollo.

metano. m. Hidrocarburo gaseoso e incoloro, producido por la descomposición de sustancias vegetales. Mezclado con el aire es inflamable.

metaplasmo. m. *Gram.* Nombre genérico de las figuras de dicción.

metástasis. f. Reproducción de una enfermedad en órganos distintos de aquel en el que se originó.

metatarso. m. Conjunto de cinco huesos del esqueleto del pie, entre los dedos y el tarso.

Meridianos. Permiten establecer la longitud de un punto respecto del que se toma como referencia.

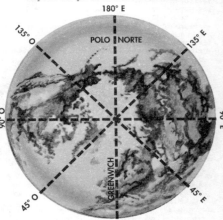

La meseta patagónica abarca una amplia extensión del territorio argentino, donde se cría, esencialmente, ganado ovino.

Microchip.
Los científicos descubrieron
que el microchip podía
desarrollarse utilizando
uno de los elementos más
abundantes en la naturaleza:
el silicio.
La fabricación de un circuito
integrado requiere un método
de micrograbado
de la superficie de los chips.

meteorito. m. Aerolito.

meteoro. m. Fenómeno atmosférico, ya sea aéreo, acuoso, luminoso, eléctrico.

meteorología. f. Ciencia que estudia la atmósfera y los meteoros.

meteorólogo, ga. a. Que profesa la meteorología.

meter. tr./ prl. Encerrar, incluir o introducir una cosa dentro de otra o en alguna parte.// tr. Promover, levantar chismes, enredos, etc./ Ocasionar, causar ruido, miedo, etc./ Inducir a uno a algún fin./ Apretar las cosas para que en poco espacio quepa más de lo que ordinariamente cabría./ Poner.// prl. Introducirse en algo para lo que no se ha sido llamado.

meticulosidad. f. Cualidad de meticuloso.

meticuloso, sa. a. y s. Medroso./ Escrupuloso, prolijo.

metódico, ca. a. Que se hace con método./ Que procede con método.

metodismo. m. Rel. Secta protestante, de gran rigidez en sus principios./ Doctrina de esta secta.

metodista. a. Relativo al metodismo.// s. Persona que practica dicho culto.

método. m. Manera de decir o hacer algo con orden./ Modo de proceder, hábito o costumbre peculiar de cada uno./ Fil. Procedimiento que se sigue en las ciencias para llegar a la verdad y enseñarla.

metonimia. f. Ling. Figura retórica que consiste en nombrar una cosa por medio de otra, basándose en una relación de contigüidad (tomando el efecto por la causa, el material por el objeto, etc.).

metonímico, ca. a. Relativo a la metonimia.

metraje. m. Cine. Longitud de una película cinematográfica. Generalmente, se divide en largo, medio y corto, aunque sus duraciones respectivas no siempre son muy definidas.

metralla. f. Munición menuda de trozos metálicos, con que se cargan las piezas de artillería.

metralleta. f. Ametralladora.

métrico, ca. a. Perteneciente o rel. al metro o medida./ Perteneciente al metro o medida del verso.// f. Arte de la medida de los versos, de sus diversas clases, y de las diferentes combinaciones con ellos pueden formarse.

metro. m. Medida del verso./ Unidad de longitud, base del sistema métrico decimal./ Instrumento para medir que tiene marcada la longitud del metro y sus divisiones./ Cantidad de materia que tiene la longitud de un metro./ **-cuadrado.** Unidad de medida de superficie, equivalente a un cuadrado de 1 m de lado./ **-cúbico.** Unidad de medida de volumen, equivalente a un cubo de 1 m de arista.

metrónomo. m. Aparato provisto de un péndulo, que se utiliza en música para indicar la velocidad a que se debe interpretar una obra.

metrópoli. f. Ciudad principal, cabeza de provincia o Estado./ La nación respecto a sus colonias./ Iglesia arzobispal.

metropolitano, na. a. y s. Relativo a la metrópoli./ m. Ferrocarril urbano aéreo o subterráneo.

mexicanismo. m. Palabra o giro propio de México.

mexicano, na. a. y s. De México.// m. Ling. Idioma azteca.

mezcla. f. Acción y efecto de mezclar o mezclarse./ Incorporación de varias sustancias o cuerpos./ Tejido hecho de hilos de distintas clases y colores./ Argamasa.

mezclador, ra. a. Que mezcla.// f. Arg. Máquina que se utiliza para fabricar la mezcla para la construcción.// a./m. Electr. Circuito dotado de dos entradas para las señales que se deben mezclar, y una salida para la señal que resulta.

mezclar. tr./ prl. Juntar, unir, incorporar dos o más sustancias. // prl. Meterse, introducirse uno entre otros.

mezcolanza. f. fam. Mezcla extraña y confusa.

mezquinar. tr./ i. Amér. Proceder con mezquindad o avaricia. // tr. Arg. Esquivar, apartar.

mezquindad. f. Calidad de mezquino./ Cosa mezquina.

mezquino, na. a. Pobre, necesitado./ Avaro, miserable./ Diminuto, pequeño.

mezquita. f. Templo en que los musulmanes practican sus ceremonias religiosas.

mezzosoprano (voz italiana). f. Mús. Voz femenina, situada entre la de soprano y la de contralto.

mi. m. Mús. Tercera nota de la escala musical.

mí. Forma del pronombre personal de primera persona en género masculino o femenino y número singular. Ú. siempre con preposición.

mi, mis. m. pron. posesivo. Apócope de mío, míos, mía, mías. Sólo se usa antepuesto a sustantivos.

miasma. f. Emanación maligna.

mica. f. Mineral compuesto de hojuelas brillantes, muy delgadas, elásticas y lustrosas, que pueden separarse fácilmente.

micado. m. Nombre que recibe el emperador del Japón.

micción. f. Acción de orinar.

micénico, ca. a. y s. Relativo a Micenas./ Dícese de una civilización que se desarrolló entre el 1700 y el 1200 a.C. alrededor de dicha ciudad de la antigua Grecia.

mico. m. Mono de tamaño pequeño.

micología. f. Parte de la biología que estudia los hongos.

micosis. f. Enfermedad causada por hongos parásitos.

microbio. m. Cualquier organismo animal o vegetal sólo visible al microscopio, que vive en el aire, en el agua y en toda clase de organismos.

microbiología. f. Parte de la biología que estudia los microbios.

microcéfalo, la. a. y s. De cabeza pequeña.

microchip (voz ingl.). m. Circuito electrónico de muy pequeñas dimensiones.

microcomputador. m. Comp. Computadora muy pequeña; también se utiliza este término para designar aquella computadora que emplea un microprocesador como unidad central de proceso.

microcosmos. m. Fil. El ser humano, en la medida en que es considerado un reflejo o una síntesis del universo (macrocosmos).

microfilm (voz inglesa) o **microfilme.** m. Película fotográfica de la que se obtienen copias de pequeño tamaño, para reducir la envergadura de los archivos./ Cada una de estas copias.

microfilmar. tr. Obtener microfilmes.

micrófono. m. Aparato que transforma las vibraciones sonoras en oscilaciones electrónicas que pueden amplificarse.

micrómetro. m. Instrumento que se emplea para medir, con gran precisión, cantidades muy pequeñas.

micrón. m. Unidad de medida equivalente a la millonésima parte de un metro.

microonda. f. *Fís.* Onda electromagnética cuya frecuencia está comprendida entre 10^9 y 10^{12} hertzios. Se aplica en radares, telecomunicaciones, alarmas, hornos domésticos.

microorganismo. m. *Biol.* Organismo de muy pequeñas dimensiones, visible sólo por microscopio óptico. Algunas especies son patógenas, pero la mayoría son indispensables para el equilibrio de la naturaleza, en procesos industriales, en medicina, etc.

microplancton. m. *Biol.* Plancton de tipo microscópico, formado por pequeñísimos animales.

microprocesador. m. *Comp.* Componente electrónico que contiene las partes fundamentales de una computadora, como la unidad de control, los registros de uso general, etc.

microscopio. m. Instrumento óptico destinado a observar ampliados objetos extremadamente diminutos. La combinación de sus lentes aumenta notablemente el tamaño de lo que se mira y hace perceptible aquello que no lo es a simple vista.

miedo. m. Perturbación angustiosa por un riesgo o mal real o imaginario./ Aprensión, recelo.

Horno microondas, utilizado cada vez más asiduamente en la elaboración de comidas, a nivel comercial y doméstico, dada la rapidez con que se efectúa la cocción de los alimentos, manteniendo los sabores propios de cada una de las sustancias empleadas. También se lo usa para descongelar y/o calentar los alimentos ya cocidos en el momento en que se los necesita.

miel. f. Sustancia viscosa, amarillenta y muy dulce, que producen las abejas.

miembro. m. Cada una de las extremidades del cuerpo del hombre o de los animales, articulada con el tronco./ En el hombre y en ciertos animales, órgano de la generación./ Individuo que forma parte de una colectividad./ Parte de un todo, unida o separada de él.

mientras. adv. t. y conj. Durante el tiempo en que. Ú.t. antepuesto a la conj. que.

miércoles. m. Cuarto día de la semana./ **-de ceniza.** Primer día de la Cuaresma.

mies. f. Cereal maduro./ Época de la siega y cosecha de granos. // pl. Los sembrados.

miga. f. Parte interior y más blanda del pan./ fig. y fam. Sustancia, virtud interior de las cosas.

migaja. f. Parte más pequeña y menuda del pan./ Porción pequeña y menuda de algo.// pl. fig. Parte pequeña de algo inmaterial./ fig. Desperdicios o sobras de uno que utiliza otro.

migración. f. Emigración./ Acción y efecto de pasar de un país a otro para establecerse en él razas o pueblos./ Viaje periódico de las aves de paso./ Desplazamiento de individuos que se produce por causas económicas, sociales o políticas.

migraña. f. Jaqueca.

migratorio, ria. a. Rel. a la migración o emigración./ Que emigra./ Rel. a la migración de ciertas aves y animales./ Rel. a estas aves y animales.

mijo. m. Planta gramínea, con hojas planas, largas y puntiagudas, y flores en panojas terminales. Es originaria de la India./ Semilla de dicha planta.

mil. a. Diez veces ciento/ Milésimo.// m. Millar.

milagro. m. Acto superior al orden natural y a las fuerzas humanas./ Cosa rara o extraordinaria.

milagroso, sa. a. Que excede a lo natural./ Que realiza milagros.

milanesa. f. *Arg.* Filete de carne rebozado con huevo y pan rallado, que generalmente se come frito.

milano. m. Ave diurna, rapaz, de plumaje rojizo, pico y tarsos cortos y cola y alas muy largas. Se alimenta de roedores, insectos y carroñas.

milenario, ria. a. Perteneciente al número mil o al millar./ fig. Apl. a lo que es antiquísimo.// m. Período de mil años.

milenio. m. Período de mil años.

milésimo, ma. a. Que sigue en orden al noningentésimo nono.// a. y s. Apl. a cada una de las mil partes iguales en que se divide un todo.

milhojas. m. Pastel de hojaldre, con diversos rellenos.

milicia. f. Arte de hacer la guerra y de disciplinar a los soldados para ella./ Servicio militar./ Tropa de guerra./ Ejército.

miligramo. m. Medida de peso que equivale a la milésima parte de un gramo.

mililitro. m. Medida de capacidad que equivale a la milésima parte de un litro.

milímetro. m. Medida de longitud que equivale a la milésima parte de un metro.

militar. a. Perteneciente o rel. a la milicia o a la guerra.// m. El que se dedica a la milicia.// i. Servir en la guerra o profesar la milicia./ fig. Pertenecer a un partido./ Concurrir en una cosa una razón o circunstancia particular.

militarismo. m. Tendencia política y social en la que predomina la mentalidad militar, o se propugna una mayor intervención de los militares en el gobierno.

militarista. a. Relativo al militarismo.// s. Partidario de esta tendencia.

militarizar. tr. Inculcar el espíritu o la disciplina militar.

milla. f. Medida itineraria; equivale a 1.852 m. Se usa en navegación./ Medida itineraria en EE.UU. y Gran Bretaña, equivalente a 1.609,34 metros./ **-marina** o **náutica.** Unidad de medida que equivale a 1.852 metros.

millar. m. Conjunto de mil unidades./ Número grande indeterminado. Ú.m. en pl.

Mezquita musulmana de Taj Majal donde se realizan ceremonias religiosas y se ora.

millardo. m. Palabra que significa mil millones y que es equivalente al vocablo inglés *"billion"*, que erróneamente suele traducirse como billón, en castellano.

millón. m. Mil millares.

millonada. f. Cantidad grande de una cosa, en especial de dinero.

millonario, ria. a. Muy rico; que posee millones en dinero o valores. Ú.t.c.s.

milonga. f. Tonada popular del Río de la Plata y danza que se ejecuta con este son. Se canta con guitarra.

mimar. tr. Hacer caricias y halagos./ Tratar con excesivo regalo y condescendencia a uno.

mimbre. amb. Mimbrera./ Cualquiera de las varillas delgadas y flexibles que produce la mimbrera.

mimbrera. f. Arbusto que se puebla desde el suelo de ramillas largas, delgadas y flexibles, que se usan en cestería y muebles.

mimeografiar. tr. Copiar mediante mimeógrafo.

mimeógrafo. m. Aparato para obtener copias de escritos, dibujos, etc.

mímesis. f. Imitación que se hace de una persona, habitualmente para burlarse de ella./ *Arte y Lit.* Representación realista de la realidad; realismo.

mimético, ca. a. Perteneciente o relativo a la mímesis o al mimetismo.

mimetismo. m. *Biol.* Propiedad que poseen algunos animales y plantas, de confundirse con el ambiente que los rodea, imitando sus formas o colores, con el objetivo de pasar inadvertidos y huir de sus predadores o atacar a sus presas.

mímico, ca. a. Perteneciente al mimo o a la mímica./ Imitativo. // f. Arte de imitar, representar o expresarse por medio de gestos o actitudes.

mimo. m. En las antiguas Grecia y Roma, farsante del género cómico./ Halago, demostración expresiva de ternura./ Regalo o excesiva condescendencia con que se suele tratar a los niños./ Actor que se vale exclusiva o preferentemente de gestos y movimientos corporales para expresarse.

mimosáceo, a. a. y f. *Bot.* Dícese de plantas angiospermas dicotiledóneas de diversos tipos, con frutos en legumbre.// f. pl. *Bot.* Familia de estas plantas.

mimoso, sa. a. Melindroso, amigo de caricias; delicado y regalón.

mina. f. Criadero de algún mineral./ Excavación para extraer algún mineral./ Paso subterráneo que se abre artificialmente./ Barrita de grafito u otra sustancia que llevan en su interior los lápices./ fig. Negocio o empleo muy lucrativo./ Lo que abunda en cosas de las que puede obtenerse mucho provecho./ vulg. *Arg.* Mujer joven.

minar. tr. Abrir caminos o galerías por debajo de tierra./ fig. Consumir, destruir poco a poco./ Colocar minas o explosivos para destruir casas, muros, etc., o impedir el avance del enemigo.

minarete. m. Torre de una mezquita.

mineral. a. Rel. al grupo de las sustancias inorgánicas que forman la corteza terrestre.// m. Cualquier sustancia inorgánica.

mineralogía. f. Parte de la geología que trata de los minerales.

minería. f. Arte de explotar las minas./ Conjunto de las minas y explotaciones mineras de un país o región.

minero, ra. a. Relativo a la minería.// m. Persona que trabaja en las minas.

mingitorio, ria. a. Rel. a la micción.// m. Urinario en forma de columna.

miniatura. f. Pintura de pequeñas dimensiones, que se hace por lo general sobre una superficie delicada./ Procedimiento para pintar miniaturas./ Pequeñez, tamaño reducido.

miniaturista. s. El que se dedica a hacer miniaturas.

minifundio. m. Finca rústica de escasa extensión y poca rentabilidad.

minimizar. tr. Quitar importancia./ Menospreciar./ Reducir a mínimo volumen.

mínimo, ma. a. superl. de pequeño. Tan pequeño que no lo hay igual ni menor.// m. Límite inferior a que puede ser reducida una cosa.

ministerio. m. Empleo de ministro./ Tiempo que dura su ejercicio./ Departamento en que se divide el gobierno de un Estado./ Edificio en que se halla la oficina o secretaría de cada departamento ministerial./ Cargo, ocupación, empleo.

ministro, tra. s. juez de la administración de justicia./ Jefe de cualquiera de los departamentos de la gobernación del Estado./ Representante o agente diplomático.

minoría. f. En las juntas, asambleas, etc., conjunto de votos dados en contra de lo que opina el mayor número de votantes./ Fracción en que se compra al por menor./ Parte menor de los integrantes de una nación, ciudad, cuerpo, etc./ Menoría, menor edad.

minoridad. f. Condición de la persona que está en la menor edad legal./ Minoría.

minorista. m. y f. Comerciante al por menor.// a. Apl. al comercio en que se vende o se compra al por menor.

minucia. f. Menudencia, cosa de poco valor e importancia.

minucioso, sa. a. Que se detiene en las cosas más pequeñas.

minué. m. Antigua danza francesa, para dos personas, de moda en el siglo XVIII./ Música de este baile.

minuendo. m. Cantidad de la que se resta otra, llamada sustraendo.

minúsculo, la. a. Que es de muy pequeñas dimensiones, o de escasa importancia.// a. / f. Dícese de la letra que se emplea constantemente en la escritura, de menor tamaño que la mayúscula.

minusválido, da. a. y s. Apl. a la persona que sufre de invalidez parcial.

minuta. f. Borrador de un contrato u otra cosa./ Apuntación para recordar una cosa./ Cuenta de honorarios./ Catálogo, lista, nómina./ En un restaurante, lista de las comidas.

minutero. m. Aguja o manecilla que señala los minutos en el reloj.

minuto, ta. a. Menudo.// m. Cada una de las 60 partes iguales en que se divide un grado de círculo./ Cada una de las 60 partes iguales en que se divide una hora.

mío, mía, míos, mías. Pronombre posesivo de primera persona, en ambos géneros y números. Con la terminación propia del masculino singular, ú.t.c. neutro.

miocardio. m. Parte musculosa del corazón de los vertebrados.

Mimetismo que realizan algunas especies para confundirse con el medio, preservando así su existencia.

iioceno. a./m. *Geol.* Dícese del cuarto período de la era terciaria, comprendido entre el oligoceno y el plioceno. Su duración es de unos 12 millones de años. En él se completaron los grandes sistemas de los Andes, los Alpes, el Himalaya./ Relativo a este período.

iiope. a./ m. y f. Que padece miopía.

iiopía. f. Defecto de la visión por el cual pueden verse nítidamente sólo los objetos próximos a los ojos, como consecuencia de formarse las imágenes delante de la retina./ fig. Incapacidad para ver las cosas que suceden.

iira. f. Pieza que en ciertos instrumentos y en las armas de fuego sirve para dirigir la vista o asegurar la puntería./ fig. Intención, propósito.

iirada. f. Acción y efecto de mirar./ Modo de mirar.

iirador, ra. a. Que mira.// m. Balcón cerrado, habitualmente con cristales o persianas./ Galería o corredor desde el que se puede contemplar un paisaje.

iiramiento. m. Acción de mirar una cosa./ Respeto y consideración que se tiene por algo, o al hacer algo. Ú.m. en pl.

iirar. tr./ prl. Fijar la vista en un objeto, aplicando la atención.// tr. Tener o llevar un fin en lo que se hace./ Estimar, apreciar una cosa./ Estar situado un edificio u otra cosa enfrente de otra./ fig. Pensar, juzgar./ Defender, amparar.

iirasol. m. Girasol.

iiríada. f. Cantidad muy grande, pero indefinida.

iiriámetro. Medida de longitud que equivale a diez mil metros.

iiriápodo. a. *Zool.* Apl. al animal que tiene muchos pies. Ú.t.c.s.m.// m. pl. *Zool.* Clase de estos animales.

iirilla. f. Abertura en una puerta, ventana, etc., para ver del otro lado sin ser visto./ Pequeña abertura en forma longitudinal o circular que tienen ciertos instrumentos topográficos, y que se emplea para dirigir visuales.

iiriñaque. m. Falda interior de tela rígida o almidonada, y a veces con aros, que solían usar las mujeres.

iirística. f. Árbol de la India; su fruto es la nuez moscada.

iirlo. m. Pájaro enteramente negro, domesticable, capaz de repetir sonidos y aun la voz humana.

iirra. f. Sustancia amarga, aromática y medicinal, que se obtiene de un árbol que crece en Arabia y Abisinia.

iirtáceo, a. a. *Bot.* Apl. a plantas dicotiledóneas de fruto capsular como el guayabo. Ú.t.c.s.f.// f. pl. *Bot.* Familia de estas plantas.

iisa. f. Sacrificio incruento, en que bajo las especies de pan y vino, ofrece el sacerdote al Eterno Padre el cuerpo y sangre de Jesucristo./ **-mayor.** La que se canta a determinada hora del día, para que concurra todo el pueblo.

iisal. m. Libro litúrgico de la religión católica, donde se encuentran descritas las ceremonias e indicados los textos que se utilizan en la celebración de la misa.

iisantropía. f. Calidad de misántropo.

iisántropo, pa. s. Persona que siente aversión por los seres humanos, o evita su trato.

iisceláneo, a. a. Compuesto de cosas distintas o de géneros diferentes.// f. Mezcla de cosas distintas./ Obra o escrito en que se tratan muchos temas inconexos y mezclados.

iiserable. a. Desdichado, infeliz./ Abatido./ Mezquino, avariento./ Vil, perverso, despreciable.

iiserere. m. Nombre que se le da al salmo 50 de la Biblia, porque empieza con esa palabra./ Canto solemne de dicho salmo, realizado en Semana Santa.

iiseria. f. Pobreza extremada./ Avaricia, tacañería./ Desgracia, infortunio.

iisericordia. f. Virtud que nos inclina a ser compasivos y clementes./ Atributo de Dios, por el cual perdona y remedia a sus criaturas.

iisericordioso, sa. a. Que posee misericordia.

iisero, ra. a. Miserable.

iisión. f. Acción de enviar o encargar./ Poder que se da a una persona para que desempeñe algún cometido./ Peregrinación que hacen los religiosos predicando el Evangelio./ Comisión temporal que un gobierno encarga a un diplomático o agente especial.

Misión jesuítica de Trinidad. Una vista de las ruinas, en la República del Paraguay.

misionero, ra. a. De Misiones, provincia de la República Argentina. Ú.t.c.s./ Rel. a la misión.// s. El que predica el Evangelio y se dedica a las misiones./ Eclesiástico que predica la religión cristiana en tierra de infieles.

misivo, va. a. Dic. del billete o carta que se envía. Ú.m.c.s.f.

mismo, ma. a. Que denota la identidad de una persona o cosa./ Igual, semejante, parecido.

misoginia. f. Odio a las mujeres.

misógino, na. s. Que odia a las mujeres.

misterio. m. Arcano o cosa secreta en una religión./ En la religión cristiana, cosa inaccesible a la razón./ Cosa recóndita e inexplicable./ Cada uno de los pasos de la vida, pasión y muerte de Jesucristo./ Pieza dramática que desarrolla algún paso bíblico o de la historia y tradición cristianas.// pl. Ceremonias secretas del culto de algunas deidades paganas.

misterioso, sa. a. Que encierra o incluye misterio./ Apl. al que da a entender cosas ocultas donde no las hay.

misticismo. m. *Rel.* Doctrina que propugna la relación directa entre el hombre y la divinidad./ Tendencia a entregarse con exceso a las cosas espirituales.

místico, ca. a. Rel. a la mística./ Que encierra misterio.// f. Parte de la teología que trata de la vida espiritual y contemplativa.// a. y s. Que se dedica a la vida espiritual.

mistificar. tr. Falsear, deformar una cosa./ Engañar, embaucar.

mita. f. En los pueblos de indios americanos, repartimiento que se hacía por sorteo para emplearlos en los trabajos públicos./ Tributo que pagaban los indios del Perú.

mitad. f. Cada una de las dos partes iguales en que se divide un todo./ Medio, parte equidistante de los extremos de una cosa.

mitema. m. *Antrop.* Unidad mínima de significación o acción dentro de un mito; por ejemplo: "Edipo mata a su padre", "Edipo se arranca los ojos".

mítico, ca. a. Perteneciente o relativo al mito.

mitigar. tr./ prl. Moderar, atenuar o suavizar.

mitin. m. Reunión pública en que se discuten asuntos políticos y sociales.

mito. m. Fábula alegórica, gmente. de carácter religioso./ m. Relato fabuloso, de algo que aconteció en un tiempo remoto y muy impreciso./ Ilustración de una idea o doctrina, en forma de relato./ Persona o cosa rodeada de extraordinaria estima.

mitografía. f. Ciencia que estudia el origen y la explicación de los mitos.

mitologema. m. *Antrop.* Conjunto de los mitemas que conforman un mito clásico, reunidas todas las fuentes y obras que se refieren a él.

mitología. f. Conjunto de los mitos referidos a los dioses y héroes fabulosos del paganismo./ Ciencia que estudia los mitos de todo tipo.

mitológico, ca. a. Perteneciente o relativo a la mitología.

mitomanía. f. Propensión a mentir y a inventar fantasías.

mitomaníaco, ca. a. Que padece mitomanía. Ú.t.c.s.

mitosis. f. *Biol.* División celular indirecta.

mitra. f. Toca alta que usan ciertas dignidades eclesiásticas./ Toca que usaban los antiguos persas./ fig. Dignidad de arzobispo u obispo.

mixto, ta. a. Mezclado./ Compuesto de varios simples. Ú.m.c.s.m./ Mestizo, dicho de animales o vegetales./ *Mat.* Apl. al número que consta de entero y fraccionario.// m. *Amér.* Pájaro pequeño, de plumaje pardo y amarillo.

mixtura. f. Mezcla de cosas diversas.

mobiliario, ria. a. Mueble./ Díc. por lo general de los efectos públicos al portador o transferibles por endoso.// m. Moblaje.

moblaje. m. Conjunto de los muebles de una casa.

mocasín. m. Calzado hecho de piel sin curtir, que usan algunos indios de la América del Norte./ *Arg.* Calzado hecho a imitación del anterior.

mochila. f. Caja forrada de cuero, en que los soldados llevan su equipo, y que se pone a la espalda sujeta con correas./ Morral./ Especie de bolsa que se lleva a la espalda y se sujeta a los hombros por medio de correas.

mocho, cha. a. Dícese de aquello a lo que le falta la punta.

mochuelo. m. Ave rapaz nocturna, de pico corto y encorvado, cara redonda y ojos grandes; es muy parecido a la lechuza y se alimenta de roedores y reptiles.

moción. f. Acción y efecto de moverse o ser movido./ Proposición que se hace en una asamblea.

moco. m. Humor espeso y pegajoso que segregan las membranas mucosas.

mocoso, sa. a. Que tiene la nariz con muchos mocos./ fig. Dícese del niño atrevido y del joven sin experiencia que presume de hombre hecho. Ú.t.c.s./ Insignificante, sin importancia.

Moluscos. Diferentes tipos habitan los mares y constituyen una fuente más de alimentación para el hombre.

Mocoví. Pueblo belicoso que habitaba el Chaco argentino. Luchó denodadamente contra las colonias españolas.

mocoví. m. Pueblo aborigen cuyos integrantes sobreviven actualmente en Chaco y Formosa (Argentina). Pertenecen a la etnia de los patagónidos. Fueron notables guerreros.

moda. f. Uso o costumbre que está en boga durante algún tiempo, sobre todo en los trajes, telas y adornos.

modal. a. Que incluye modo o determinación particular.// m. pl. Acciones externas propias de cada persona; ademanes, maneras.

modalidad. f. Manera de ser o de manifestarse una cosa./ *Ling.* En general, relación entre el sujeto de la enunciación y su interlocutor, o bien su enunciado; propiedad de ciertos enunciados de alterar su significación mediante la presencia de palabras o frases modalizadoras.

modalizador, ra. a. *Ling.* Dícese de la palabra o grupo de palabras que sirve para alterar o agregar un matiz en la significación de un enunciado.

modelar. tr. Formar con alguna materia blanda una figura o adorno./ Presentar exactamente el relieve de las figuras.// prl. fig. Ajustarse a algún modelo.

modelo. m. Ejemplar o forma que se sigue o imita./ Ejemplar digno de imitarse por su perfección./ Representación en pequeño de una cosa.// m. y f. Persona que, mediante paga, viste y exhibe ropas creadas por un modelista./ Persona que posa para un pintor o escultor.

módem. m. *Comp.* Contracción de *modulador/demodulador;* dispositivo que modula y demodula señales transmitidas mediante líneas de comunicación, por ejemplo líneas telefónicas. Mediante el mismo, es posible comunicar dos computadoras, haciendo uso de dichas líneas.

moderación. f. Acción y efecto de moderar o moderarse./ Sensatez, cordura.

moderar. tr./ prl. Ajustar una cosa, evitando el exceso./ Templar, atenuar.

modernidad. f. Calidad de moderno./ Nombre que se da a la Edad Moderna, pero en el que también se incluye a veces la Contemporánea.

modernismo. m. Excesiva inclinación por las cosas modernas./ *Arte* y *Lit.* Fenómeno cultural que surgió, a fines del siglo XIX, como reacción frente a la civilización industrial./ *Lit.* Nombre que se da en Hispanoamérica a un movimiento cuyo principal representante fue el poeta nicaragüense Rubén Darío. Se opuso al naturalismo y a la vieja retórica clásica, recurriendo a una profundización del ritmo, la musicalidad y la imaginería. Otros escritores que se destacaron en esta corriente fueron Leopoldo Lugones, Amado Nervo, Juan Ramón Jiménez, Manuel Machado.

modernista. a. Relativo al modernismo.// s. Que practica el modernismo en algunos de sus aspectos.

modernizar. tr./ prl. Dar forma o aspecto moderno a algo antiguo.

moderno, na. a. Que existe desde hace poco tiempo, nuevo.// pl. Los que viven actualmente o han vivido en épocas recientes.

modestia. f. Virtud que modera y templa las acciones externas./ Recato que observa una persona en su porte y en la estimación en sí misma./ Decencia, recato en los hechos o palabras.

modesto, ta. a. Que tiene modestia.

módico, ca. a. Moderado, limitado, escaso.

modificar. tr./ prl. Determinar cambios en las cosas que las hagan distintas de como eran./ Transformar una cosa.

modista. m. y f. Persona que tiene por oficio hacer prendas de vestir para señoras.

modo. m. Forma o manera de ser una cosa./ Urbanidad, decencia, cortesía. Ú.m. en pl./ Moderación en los hechos o dichos./ Forma o manera de hacer una cosa./ Gram. Cualquiera de las distintas maneras de manifestarse la significación de un verbo./ Mús. Disposición de los sonidos que forman una escala musical. / **-de acceso.** Comp. Proceso mediante el cual los registros se obtienen del medio de almacenamiento o se colocan en él.

modorra. f. Sueño muy pesado./ Somnolencia, letargo leve.

modulación. f. Acción y efecto de modular.

modular. i. Variar de modos en el hablar o en el canto./ Pasar de un modo o tono a otro.

módulo. m. Dimensión que convencionalmente se toma como unidad de medida, y en general, todo lo que sirve de norma o regla./ Medida comparativa de las partes del cuerpo humano en los tipos étnicos de cada grupo racial./ Medida que se usa para las proporciones de los cuerpos arquitectónicos./ Comp. Cualquier parte de un programa, que realiza un proceso completamente determinado, diferenciado del resto del programa. También se llama rutina.

modus vivendi. loc. latina. Modo de vivir; forma en que una persona se gana la vida.

mofa. f. Burla que se hace con palabras, acciones./ Escarnio.

mofeta. f. Gas que se desprende de las minas.// Mamífero carnicero semejante a la comadreja y el zorrino.

moflete. m. fam. Carrillo, esp. cuando es muy gordo.

mogol, la. a. y s. Mongol.

mogólico, ca. a. Mongólico.

mohicano, na. a. y s. Díc. del individuo de una tribu amerindia, totalmente extinguida hoy. Eran guerreros y cazadores.// a. Rel. a esta tribu.

mohín. m. Mueca o gesto.

mohíno, na. a. Triste, disgustado, apesadumbrado.// f. Enfado, enojo contra alguno.

moho. m. Hongo muy pequeño que se cría sobre la superficie de ciertos cuerpos orgánicos, produciendo su descomposición./ Capa que se forma en la superficie de un cuerpo metálico por la alteración de su materia, como el cardenillo, la herrumbre, etc.

mojar. tr./ prl. Humedecer una cosa con un líquido.// i. fig. Participar o intervenir en un negocio.

mojarra. f. Pez marino, pequeño y comestible.

mojigatería. f. Exceso de recato o falsa moralidad.

mojón. m. Señal permanente que se pone para fijar los linderos de heredades, términos y fronteras./ Por ext., señal que se pone en despoblado para que sirva de guía.

mol. m. Quím. Molécula gramo.

molar. a. Relativo a la muela.// m. Cada uno de los últimos dientes, cuya función es triturar los alimentos./ Quím. Relativo al mol.

molde. m. Pieza en la que en hueco se hace la figura que en sólido quiere darse a la materia fundida que en él se vacía./ Conjunto de letras o forma ya preparada para imprimir.

moldear. tr. Sacar el molde de una figura./ Hacer molduras./ Vaciar o formar un objeto por medio de molde.

moldura. f. Parte saliente de perfil uniforme, que sirve para adornar obras de arquitectura, carpintería, etc.

molécula. f. Fís. Asociación definida de átomos que forma una estructura estable, de volumen muy pequeño, considerada como primer elemento de la composición de los cuerpos.

molecular. a. Perteneciente o relativo a la molécula.

moler. tr. Quebrantar un cuerpo hasta reducirlo a pequeñísimas partículas, o a polvo./ fig. Cansar mucho, fatigar./ Maltratar.

molestar. tr./ prl. Fastidiar./ Contrariar, causar molestias.

molestia. f. Fatiga, perturbación./ Fastidio, enfado.

molesto, ta. a. Que causa molestia./ fig. Que siente molestia.

molibdeno. m. Elemento químico. Símb., Mo.; n. at., 42; p. at., 95,95. Se utiliza en la fabricación de aceros especiales.

molicie. f. Blandura./ fig. Afición al regalo y al ocio.

molienda. f. Acción de moler./ Porción que se muele./ Temporada en que se efectúa tal acción.

molinero, ra. a. Perteneciente al molino o a la molinería.// s. Quien tiene a su cargo un molino o trabaja en él.

molinete. m. Rueda con aspas, que se pone en una ventana para que girando renueve el aire de una habitación./ Juguete infantil que consiste en una varilla en cuya punta hay una cruz o una estrella de material liviano para que gire a impulso del viento./ Aparato giratorio puesto a la entrada o salida de algunos lugares para pasar de a uno por vez.

molino. m. Máquina para moler./ Edificio o casa donde hay molino.

molllar. a. Blando, tierno, fácil de partir o quebrantar.

molleja. f. Apéndice carnoso./ Estómago muscular de las aves.

mollera. f. Parte más alta del casco de la cabeza./ fig. Caletre, discernimiento, seso.

molusco. a. Zool. Dícese de los animales invertebrados, de cuerpo blando, desnudo o protegido en los más por una concha o capa de cierta dureza, como el mejillón, la almeja, la ostra, etc.// m. pl. Tipo de estos animales.

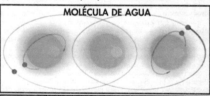

MOLÉCULA DE AGUA

MOLÉCULA DE DIÓXIDO DE CARBONO

oxígeno   carbono   oxígeno

Moléculas de agua y de dióxido de carbono. La molécula es la mínima porción en que puede separarse una sustancia sin perder sus cualidades.

momentáneo, a. a. Que dura sólo un momento.

momento. m. Mínimo espacio de tiempo./ Instante./ Tiempo en que ocurre algo./ Situación actual, circunstancia, oportunidad, ocasión./ **-al momento.** m. adv. En seguida, sin dilación.

momia. f. Cadáver que se deseca con el transcurso del tiempo o por preparación artificial, sin entrar en putrefacción.

momificar. tr./ prl. Convertir un cadáver en momia.

mona. f. Hembra del mono./ fig. y fam. Borrachera.

monacal. a. Perteneciente o relativo a los monjes.

monacato o **monaquismo.** m. Estado o profesión de monje./ Institución monástica.

Montacargas utilizado en la construcción para el transporte de materiales.

monacillo. m. Monaguillo.

monaguillo. m. Niño que ayuda en los oficios religiosos.

monarca. m. Príncipe soberano de un Estado.

monarquía. f. Estado regido por un monarca./ Forma de gobierno en que el poder supremo reside en el monarca./ fig. Tiempo durante el cual dicho régimen ha perdurado en un país.

monárquico, ca. a. Relativo a la monarquía./ Dícese del partidario de la monarquía. Ú.t.c.s.

monasterio. m. Convento donde viven en comunidad los monjes./ Por ext., casa de religiosos o religiosas.

mondadientes. m. Instrumento pequeño, terminado en punta, por lo general de madera, para limpiar los dientes y sacar lo que se mete entre ellos.

mondar. tr. Limpiar una cosa quitándole lo superfluo o extraño./ Quitar la cáscara a la fruta, la piel o la corteza a los tubérculos, o la vaina a las legumbres./ Cortar a alguien el pelo./ Limpiar el cauce de un río o canal./ Podar.

mondongo. m. Intestinos y panza de las reses./ fam. por ext., los del hombre./ Guisado hecho con mondongo.

moneda. f. Pieza de metal acuñada con una efigie o el sello del gobierno que está facultado para fabricarla, que sirve de medida común para el precio de las cosas y para facilitar los cambios.

monetario, ria. a. Rel. a la moneda.// m. Colección ordenada de monedas y medallas.

mongol, la. a. De Mongolia. Ú.t.c.s./ Rel. a este país.// m. Lengua de los mongoles.

mongólico, ca. a. Rel. a la Mongolia.// a. y s. Que padece mongolismo.

mongolismo. m. Enfermedad congénita, caracterizada, entre otras anomalías, por retraso mental, rasgos faciales mongoloides (pómulos salientes, ojos oblicuos), genitales pequeños, pubertad retardada.

monitor. m. El que avisa o amonesta a otro./ Aparato que revela la existencia de radiaciones./ Alumno distinguido que el maestro designa como su ayudante en la clase./ Comp. Pantalla especial de televisión que se utiliza en las computadoras.

monja. f. Religiosa de alguna orden eclesiástica, gmente. sujeta a clausura.

monje. m. Anacoreta./ Religioso de una orden monacal, sujeto a una regla común, que vive en monasterios.

mono, na. a. fig. y fam. Bonito, atractivo, gracioso.// m. Nombre genérico con que se designa a cualquiera de los mamíferos cuadrumanos del orden de los primates, que se distinguen por su semejanza con el hombre./ Persona que gesticula como los monos./ Figura o dibujo tosco./ Traje de faena, enterizo y hecho, por lo común, de lienzo resistente y color sufrido./ **-araña.** Primate sudamericano que recibe este nombre por sus largas patas./ **-aullador.** Primate de América del Sur, de cola prensil; emite sonidos que se oyen a gran distancia./ **-capuchino.** Primate americano de cola no prensil, ojos grandes y abundantes pelos en el cuerpo.

monobloc. m. Edificio hecho de una sola pieza, en el que generalmente hay varios apartamentos.

monocorde. a. De una sola nota./ Monótono, sin variaciones.

monocotiledóneo, a. a./ f. Bot. Apl. a las plantas que crecen solamente por el centro, y cuyas semillas tienen un solo cotiledón.// f. pl. Familia de estas plantas.

monocromo, ma. a. De un solo color.

monóculo. a. y s. De un solo ojo./ m. Lente para un solo ojo.

monofásico, ca. a. Electr. Dícese de la corriente alterna simple, de los generadores que la producen y de los motores que la utilizan.

monogamia. f. Calidad de monógamo./ Régimen familiar que prohíbe la pluralidad de esposas.

monógamo, ma. a. y s. Casado con una sola mujer./ Que se ha casado sólo una vez.

monografía. f. Descripción o tratado especial de algún asunto en particular, o de una parte de una ciencia o arte.

monográfico, ca. a. Relativo a la monografía, o que tiene características de la misma.

monograma. m. Figura formada por el enlace de dos o más letras, que se emplean como abreviatura, gmente. con iniciales de nombres.

monolito. m. Monumento de piedra de una sola pieza.

monologar. i. Recitar monólogos.

monólogo. m. Obra dramática o escena de ella en que habla un solo personaje./ Soliloquio.

monomio. m. Álg. Expresión que consta de un solo término.

monopolio. m. Privilegio exclusivo para la venta, fabricación o explotación de una cosa./ Aprovechamiento exclusivo de una industria o negocio./ Ejercicio exclusivo de una actividad./ Econ. Situación de mercado en que la oferta de un producto se reduce a un solo vendedor./ Empresa que tienen una situación de monopolio.

monopolizar. tr. Lograr el exclusivo aprovechamiento de una industria o negocio./ Acaparar.

monosacárido, da. a. Quím. Díc. de los azúcares./ m. pl. Grupo de azúcares sencillos que forman las unidades de los hidratos de carbono. Son hidrosolubles.

monosílabo, ba. a./ m. Apl. a la palabra de una sola sílaba.

monoteísmo. m. Doctrina teológica que reconoce a un solo Dios.

monotonía. f. Uniformidad de tono en el que se habla, en la música, etc./ fig. Carencia de variedad.

monotrema. a. y s. Zool. Dícese de los mamíferos que tienen cloaca como las aves, y, por lo tanto, una sola abertura por la parte posterior del cuerpo; tienen pico y huesos como éstas, ponen huevos, y sus crías chupan la leche que se derrama de las mamas (que carecen de pezón). Un ejemplo de estos animales es el ornitorrinco./ m. pl. Zool. Orden de estos animales primitivos de la región australiana.

monstruo. m. Ser producido contra el orden regular de la naturaleza./ Cosa muy grande o extraordinaria./ Persona o cosa feísima./ Persona cruel, perversa.

monstruoso, sa. a. Que es contra el orden de la naturaleza./ Muy grande o extraordinario./ Execrable en grado sumo.

monta. f. Acción y efecto de montar/ Valor, calidad intrínseca de una cosa./ R. de la P. Yóquey.

montacargas. m. Ascensor para elevar cosas de gran peso.

montaje. m. Acción y efecto de montar las piezas de un aparato o máquina./ Ordenación y ajuste de las diversas partes de un filme.

montaña. f. Elevación natural del terreno, muy grande, generalmente de forma cónica y con pendientes escarpadas. Según su origen orogénico se clasifican en montañas de acumulación, de plegamiento o de fractura.

montañismo. m. Práctica de deportes de montaña.

montar. i./ prl. Subirse encima de una cosa.// i./ prl./ tr. Subir en una cabalgadura.// i./ tr. Cabalgar.// tr. Acaballar, cubrir.// i. Armar una máquina o aparato acomodando convenientemente sus piezas./ Engastar piedras preciosas.

montaraz. a. Que se ha criado en los montes o anda por ellos./ Feroz, casi salvaje.

monte. m. Montaña, elevación grande y natural de terreno./ Tierra inculta, cubierta de vegetación arbustiva o arbórea./ Cierto juego de naipes.

montenegrino, na. a. y s. De Montenegro.

montepío. m. Depósito de dinero reunido con descuentos o contribuciones de los individuos de un cuerpo, para ayudar a sus viudas o huérfanos./ Establecimiento público o particular fundado con ese fin.

montés. a. Que está o se cría en el monte, o anda por él.

montevideano, na. a. y s. De Montevideo, Uruguay.

montículo. m. Monte pequeño, por lo común aislado, natural u obra del hombre.

monto. m. Suma de varias partidas; monta./ *Mat.* Cantidad resultante de sumar el interés al capital originario.

montón. m. Conjunto de cosas puestas desordenadamente unas encima de otras./ fig. y fam. Número considerable.

montonera. f. *Amér.* Tropa de jinetes que configuraba un verdadero ejército irregular, generalmente opuesto a las autoridades constituidas.

montonero, ra. s. Individuo que interviene en una montonera./ Guerrillero.

montura. f. Cabalgadura de una caballería./ Conjunto de los arreos necesarios para ella.

monumental. a. Rel. al monumento./ fig. y fam. Extraordinario, muy excelente.

monumento. m. Obra de arquitectura, escultura o grabado, realizada para perpetuar el recuerdo de una persona o hecho memorable./ Documento u objeto de utilidad histórica./ Obra que se hace memorable por su mérito excepcional./ Sepulcro.

Mono chimpancé. Entre los primates que conforman la especie es uno de los más sociables.

monzón. amb. Viento periódico que sopla en ciertos mares, sobre todo en el Océano Índico, donde produce lluvias torrenciales.

moño. m. Rodete que se hace con el cabello para tenerlo recogido o por adorno./ Lazo de cintas./ Grupo de plumas que sobresale en la cabeza de ciertas aves./ *Arg.* Corbata en forma de moño.// pl. Adornos femeninos superfluos o de mal gusto.

moquillo. m. Catarro que sufren algunos animales./ Enfermedad de las gallinas.

mora. f. Tardanza en cumplir una obligación./ Fruto del moral, pequeño y formado por globulillos carnosos y agridulces, de color morado./ Fruto de la morera, parecido al anterior, pero de color blanco amarillento y de sabor dulce.

moráceo, a. a. *Bot.* Díc. de árboles y arbustos dicotiledóneos, con hojas alternas, flores unisexuales y fruto en

Montaña. Hermoso paisaje con vista al lago.

drupa. Ú.t.c.s.f.// f. pl. *Bot.* Familia de estas plantas.

morado, da. a. y s. De color entre el carmín y azul.// f. Casa, residencia./ Estada prolongada en un lugar.

moral. a. Rel. a la moral./ No apreciable por los sentidos, sino por el entendimiento o la conciencia.// f. Ciencia que trata del bien y de la bondad o malicia de las acciones humanas./ Conjunto de las facultades espirituales./ Temple, ánimo.

moraleja. f. Enseñanza provechosa que se deduce de un cuento, fábula, etc.

moralidad. f. Calidad de moral./ Conformidad de las acciones y doctrinas con las reglas morales.

moralizar. tr./ prl. Corregir las malas costumbres enseñando las buenas.// i. Discurrir acerca de un asunto, de acuerdo con las enseñanzas morales.

morar. i. Habitar en un lugar, residir.

moratoria. f. Plazo otorgado para pagar una deuda vencida.

mórbido, da. a. Que padece u ocasiona una enfermedad./ Suave, delicado, muelle, blando.

morbosidad. f. Calidad de morboso.

morcilla. f. Trozo de tripa rellena de sangre cocida y condimentada./ fig. y fam. Palabras o frases de su invención que añade el actor al papel que representa.

mordaz. a. Que corroe./ fig. Que critica con acritud y maledicencia./ Áspero, picante.

mordaza. f. Instrumento que se pone en la boca para impedir hablar./ Nombre que se da a distintas herramientas que se utilizan para sujetar algo.

mordedura. f. Acción de morder./ Marca o herida producidas al morder.

morder. tr. Apretar una cosa, clavándole los dientes./ Mordiscar./ Gastar poco a poco, desgastar./ Corroer el agua fuerte la parte dibujada en una plancha o lámina./ fig. Satirizar, herir ofendiendo.

mordiente. p. a. de **morder.** Que muerde.// m. Sustancia utilizada para fijar colores en tintorerías./ Agua fuerte con que se muerde una plancha o lámina para grabarla.

mordiscar. tr. Morder con frecuencia o ligeramente, sin hacer presa./ Morder.

mordisco. m. Acción y efecto de mordiscar./ Mordedura leve./ Pedazo que se saca de algo al morderlo.

moreno, na. a. Dícese del color oscuro que tira a negro./ Dicho del color del cuerpo, el menos claro en la raza blanca./ fig. y fam. Negro, que tiene el color de este color la piel. Ú.m.c.s.

morera. f. Árbol de flores verdosas, cuyo fruto es la mora. Es originario del Asia, y sus hojas sirven de alimento al gusano de seda.

moretón. m. fam. Cardenal.

morfema. m. *Ling.* Unidad morfológica mínima que, unida a otras, forma las palabras.

morfina. m. Alcaloide sólido que se extrae del opio. Es muy amargo y venenoso; sus sales, en dosis pequeñas, se usan en medicina como anestésico y soporífero.

morfología. f. Ciencia biológica que trata de la forma y transformaciones de los seres orgánicos./ Parte de la gramática que estudia las formas de las palabras.

morfológico, ca. a. Perteneciente o relativo a la morfología.

moribundo, da. a. y s. Que está muriendo o muy cercano a morir.

morigerar. tr./ prl. Templar, moderar los excesos de los afectos y acciones.

morir. i./ prl. Dejar de vivir./ Acabar la vida./ Extinguirse o dejar de lucir la luz, el fuego, etc.// i. fig. Acabar del todo una cosa./ Sentir o padecer intensamente un afecto, pasión u otra cosa./ Cesar una cosa en su curso o movimiento.

mormón, na. s. Que adhiere al mormonismo.

mormonismo. m. Rel. Nombre que se da vulgarmente a la autodenominada Iglesia de Jesucristo de los Santos del Ultimo Día. Cree en la revelación continua, de tal manera que Dios no sólo se ha revelado en la Biblia sino también en el Libro de Mormón y a través de los jefes de la Iglesia.

moro, ra. a. y s. Natural de la parte del África Septentrional, fronteriza a España, donde se hallaba la antigua Maurita-nia./ Por ext., mahometano./ Amér. Apl. al caballo o yegua de pelo negro, con una estrella blanca en la frente.

morocho, cha. a. Dícese de cierta variedad de maíz. Ú.t.c.s./ Arg. y Urug. Moreno.

moroso, sa. a. Que incurre en morosidad. Ú.t.c.s./ Que lo implica.

morral. m. Saco que contiene el pienso y se cuelga de la cabeza de las bestias para que coman./ Saco que llevan los soldados, cazadores y viandantes para transportar sus cosas.

morrena. f. Geol. Morena./ Depósito rocoso formado por la acumulación de materiales arrastrados por los glaciares.

morrión. m. Armadura de la parte superior de la cabeza, hecha en forma del casco de ella./ Prenda del uniforme militar, que se ha usado para cubrir la cabeza, a modo de sombrero de copa, sin alas y con visera.

morro. m. Cosa redonda con figura semejante a la de la cabeza./ Guijarro pequeño y redondo./ Peñasco o monte escarpado, por el que se guían los navegantes en la costa./ Saliente que forman los labios, sobre todo si son abultados y gruesos.

morrón. m. Especie de pimiento, más grueso que el común.

morsa. f. Mamífero marino parecido a la foca, pero con dos caninos muy desarrollados, que se prolongan fuera de la mandíbula superior./ Arg. Tornillo de banco.

mortaja. f. Vestidura u otra cosa en que se envuelve el cadáver para darle sepultura.

mortal. a. y s. Que ha de morir. Ú.t.c.s.// a. Que ocasiona o puede ocasionar muerte.

mortalidad. f. Calidad de mortal./ Número proporcional de muertes en lugar y tiempo determinados.

mortandad. f. Gran número de muertes, causadas por epidemia, guerra o cataclismo.

mortecino, na. a. fig. Bajo, apagado y sin vigor.

La mula es, aún hoy, muy utilizada en distintas partes del mundo, como animal de carga y acarreo, por su resistencia al peso y a las diversidades climáticas.

Mosaico que adorna las paredes y los techos del mausoleo de Gala Placidia (Italia).

mortero. m. Utensilio a manera de vaso, que sirve para machacar./ Pieza de artillería destinada a proyectar bombas corta y de gran calibre.

mortificar. tr./ prl. Privar de vitalidad./ Castigar, dañar./ Causar molestia y pesadumbre./ fig. Reprimir las pasiones mediante el castigo del cuerpo.

mortuorio, ria. a. Rel. al muerto o a las honras que por él se hacen.

mosaico. a./ m. Apl. a la obra taraceada de vidrios, piedras, etc., de distintos colores.// m. fig. Obra heterogénea.

mosca. f. Insecto díptero muy común, de boca en forma de trompa, con la cual chupa las sustancias de que se alimenta. Tiene seis milímetros de largo, cuerpo negro, cabeza ancha, alas transparentes y patas largas.

moscardón. m. Especie de mosca grande, de color pardo oscuro.

moscatel. a./ m. Apl. a cierta variedad de uva de grano redondo y muy dulce./ Dícese del viñedo que la produce y del vino que se hace con ella.

moscón. m. Mosca más grande que la común y con las alas manchadas de rojo./ Mosca zumbadora de color azul oscuro con reflejos brillantes.

mosqueta. f. Variedad de rosal de tallo muy espinoso y flores blancas y pequeñas.

mosquete. m. Arma de fuego antigua que se disparaba apoyándola sobre una horquilla.

mosquetero. m. Soldado armado de mosquete.

mosquitero. m. Colgadura de gasa que se coloca en las camas para evitar que entren mosquitos.

mosquito. m. Insecto díptero cuya hembra chupa la sangre de personas y animales, y produce con la picadura inflamación y picazón. Tiene cuerpo cilíndrico, muy pequeño, y cabeza con dos antenas y una trompa armada con un aguijón.

mostacilla. f. Munición muy menuda.

mostaza. f. Planta de hojas amarillas y fruto con varias semillas; de éstas se saca una harina que se usa en condimentos y medicina./ Semilla de esta planta./ Salsa hecha de esta semilla.

mosto. m. Zumo exprimido de la uva, antes de fermentar y hacerse el vino.

mostrar. tr. Exponer a la vista una cosa; señalarla para que se vea./ Explicar una cosa o convencer de su certidumbre./ Hacer patente un afecto./ Dar a entender un estado de ánimo.// prl. Darse a conocer de alguna manera.

mota. f. Nudillo que se forma en el paño./ Partícula de hilo u otra cosa semejante, de distinto color al del vestido, telas, etc., donde se coloca o se pega./ fig. Defecto muy leve en cosas inmateriales./ Amér. Mechón de cabellos cortos y ensortijados; por ext., el cabello de los negros.

mote. m. Sentencia breve que incluye un secreto que necesita explicación./ Apodo.

motín. m. Tumulto sedicioso contra la autoridad./ Levantamiento, rebelión.

motivación. f. Acción y efecto de motivar./ Factor psicológico que predispone de manera consciente o inconsciente para realizar determinadas acciones.

motivar. tr. Dar motivo o causa para una cosa./ Explicar el motivo de algo.

motivo, va. a. Que mueve o tiene eficacia para mover.// m. Causa o razón./ *Mús.* Asunto o tema de una composición.

moto. f. Abreviación de motocicleta.

motocicleta. f. Vehículo de dos ruedas, parecido a la bicicleta, con cuadro de tubos y perfiles especiales, más fuerte que el de aquélla, y con motor de explosión que mueve la rueda trasera.

motonave. f. Nave de motor.

motor, ra. a. Que produce movimiento. Ú.t.c.s.// m. Máquina que da movimiento a un artefacto o a un vehículo.

motorizar. tr./ prl. Suministrar los medios mecánicos de tracción o transporte a una industria, ejército, etc.

motriz. a./ f. Que imprime movimiento./ Motora.

mouse (voz ingl.). m. *Comp.* Dispositivo para dirigir el desplazamiento del cursor o de una figura en pantalla.

mover. tr./ prl. Hacer que un cuerpo ocupe lugar distinto del que ocupa./ Por ext., agitar o menear parte de un cuerpo o una cosa.// tr. fig. Impulsar, incitar./ *Comp.* Transferir datos o información desde una parte de la memoria a otra.

movible. a. Que puede moverse por sí o que es capaz de ser movido./ fig. Variable, inconstante.

móvil. a. Movible./ Inseguro, inestable.// m. Causa, motivo./ *Mec.* Cuerpo en movimiento./ Lo que mueve o impulsa.

movilidad. f. Calidad de movible.

movilizar. tr. Poner en movimiento o actividad tropas, multitudes, etc./ Poner en pie de guerra elementos militares.

movimiento. m. Acción y efecto de mover o moverse./ Estado de los cuerpos que cambian de lugar./ *Mús.* Velocidad del compás./ fig. Alteración, conmoción, agitación./ Tendencia artística o corriente de opinión social o política.

mozo, za. a. y s. Joven./ Soltero.// s. Persona que sirve en oficios humildes.

mucamo, ma. s. *Amér.* Sirviente, criado.

muchacho, cha. s. Niño o niña que no ha llegado a la adolescencia./ Mozo o moza que sirve de criado.// a. y s. fam. Persona que está en la mocedad.

muchedumbre. f. Gran cantidad de personas o cosas.

mucho, cha. a. Abundante, que excede a lo ordinario, regular o preciso.// adv. c. Con abundancia, más de lo regular.

mucilaginoso, sa. a. Que contiene mucílago o posee sus propiedades.

mucílago. m. Materia viscosa encontrada en vegetales o preparada al disolver sustancias gomosas en agua .

mucosidad. f. Materia glutinosa, de naturaleza semejante a la del moco.

muda. f. Acción de mudar./ Conjunto de ropa que se muda o cambia de una vez./ Tiempo o acción de cambiar las aves sus plumas, o la piel ciertos animales.

mudable. a. Que muda muy fácilmente.

mudanza. f. Acción y efecto de mudar o mudarse./ Cambio, traslación de una casa o habitación a otra./ Inconstancia de los afectos o de las opiniones./ Cierto número de movimientos que se hacen a compás en las danzas y bailes.

mudar. tr. Dar o tomar otro ser o naturaleza, otro lugar, estado, etc./ fig. Cambiar, variar./ prl. Tomar otra ropa, dejando la que se usaba./ Dejar la casa en la que se vive e ir a vivir en otra.

mudo, da. a. Privado de la facultad de hablar. Ú.t.c.s./ Muy silencioso o callado.

mueble. a. Apl. a los bienes que pueden llevarse de una parte a otra. Ú.m.c.s.// m. Cada uno de los efectos, enseres o alhajas que sirven para comodidad o adorno en las casas.

mueblería. f. Taller en que se hacen muebles./ Comercio en que se venden.

mueca. f. Contorsión del rostro, por lo general burlesca.

muela. f. Disco de piedra que se hace girar para moler./ Piedra en forma de disco, que se usa para afilar./ Cada uno de los dientes posteriores a los caninos, con que se trituran los alimentos.

muelle. a. Delicado, suave, blando.// m. Construcción hecha en la orilla del mar o de un río para facilitar el embarque o desembarque de cosas y personas.// m. Pieza elás-

tica, gmente. de metal, puesta de manera que pueda utilizarse la fuerza que hace para volver a su posición natural cuando se la ha separado de ella. Sus formas y dimensiones varían según el fin a que se destina.

muérdago. m. Planta siempre verde que vive parásita sobre los troncos y ramas de los árboles.

muerte. f. Término de la vida./ Homicidio./ fig. Destrucción, aniquilamiento./ Pena capital.

muestra. f. Modelo a copiar./ Porción de mercadería para conocer la calidad del producto./ Parte representativa de un conjunto./ Rótulo que se coloca sobre la puerta de los comercios e indica la clase de mercancías que en ellos se vende o la profesión u oficio de quienes los ocupan./ fig. Señal, prueba, indicio.

muestreo. m. Acción de escoger muestras representativas de la calidad o condiciones de un todo./ Técnica empleada en esta selección.

mugido. m. Voz de los vacunos.

mugir. i. Dar mugidos./ fig. Bramar.

mugre. f. Suciedad o grasa de la lana, vestidos, etc.

mujer. f. Persona del sexo femenino./ La que ha llegado a la pubertad./ La casada, respecto del marido.

mula. f. Hembra del mulo./ fig. Mujer muy bruta.

muladar. m. Lugar en que se arroja el estiércol o la basura./ fig. Lo que ensucia.

mulato, ta. a. Apl. a la persona que ha nacido de negra y blanco o viceversa. Ú.t.c.s./ De color moreno.

muleta. f. Palo con un travesaño en un extremo que sirve para afirmar o apoyarse./ Palo del que pende un paño rojo, que utilizan los toreros./ fig. Cosa que ayuda en parte a sostener otra.

mulita. f. *Amér.* Armadillo pequeño.

mullir. tr. Esponjar una cosa para que esté blanda y suave.

mulo. m. Cuadrúpedo, nacido de asno y yegua o de caballo y asna./ fig. Hombre muy bruto.

multa. f. Pena pecuniaria.

multar. tr. Imponer pena pecuniaria por un exceso o delito.

multicolor. a. De muchos colores.

multilateral. a. De múltiples lados.

multimedia. a./ s. *Comp.* Apl. a la unión de medios físicos y aplicaciones (interactiva, secuencial) o su combinación para lograr muestras de imágenes, sonido, vídeo, etc.

múltiple. a. Vario, de muchas maneras./ Opuesto a simple.

multiplicación. f. Acción y efecto de multiplicar o multiplicarse./ *Mat.* Operación aritmética que consiste en hallar el producto de dos factores./ *Biol.* Reproducción asexual.

multiplicador, ra. a. y s. Que multiplica.// m. *Álg.* y *Arit.* Dícese del factor que indica las veces que el otro, o multiplicando, ha de tomarse como sumando.

multiplicando. a./ m. *Álg.* y *Arit.* Dícese del factor o cantidad que ha de ser multiplicado.

Muelle. Un atardecer entre el agua y la montaña.

multiplicar. tr./ prl./ i. Aumentar considerablemente los individuos de una especie.// tr. *Álg.* y *Arit.* Hallar el producto de dos factores, tomando uno de ellos, llamado multiplicando, tantas veces por sumando como unidades contiene el otro, denominado multiplicador.// prl. Desvivirse, afanarse.

múltiplo, pla. a. y s. Dícese del número o cantidad que contiene a otro u otra varias veces exactamente.

multiprocesamiento. m. *Comp.* Uso de dos o más procesadores por un sistema. Por ejemplo, un procesador controla el sistema y los otros están subordinados a él.

multiprogramación. f. *Comp.* Técnica que permite que más de un programa a la vez comparta los componentes del equipo. Esta técnica permite el procesamiento simultáneo de varios programas por un mismo computador.

multitud. f. Número grande de personas o cosas./ fig. Vulgo.

mundano, na. a. Rel. al mundo./ Dícese de quien atiende demasiado a las cosas del mundo.

mundial. a. Rel. a todo el mundo.

mundo. m. Conjunto de todas las cosas creadas./ Tierra, la esfera terrestre./ El género humano./ Sociedad humana./ Parte de ella que se caracteriza por una circunstancia o cualidad común a los que la componen./ Vida secular.

munición. f. Pertrechos y bastimentos de un ejército o una plaza de guerra./ Pedazos de plomo de forma esférica, para cargar la escopeta./ Carga de las armas de fuego./ Víveres y forrajes para mantener en el ejército hombres y animales.

municipal. a. Rel. al municipio./ *Chile.* Concejal.

municipio. m. Conjunto de habitantes de un mismo término jurisdiccional, regido por un ayuntamiento./ Este mismo ayuntamiento.

Muralla china. Recorre la frontera norte del país con un largo de alrededor de 2.400 kilómetros.

munífico, ca. a. Que es de gran generosidad.

muñeca. f. Parte del cuerpo humano, en donde se articula la mano con el antebrazo./ Figurilla de mujer o niña que sirve de juguete./ Maniquí para vestidos de mujer./ Lío redondeado, de trapo, que se embebe en un líquido, para diversos usos.

muñeco. m. Figurilla de varón, hecha de trapos, pastas u otra cosa./ fig. Hombre sin determinación propia.

muñón. m. Parte de un miembro amputado que permanece adherida al cuerpo./ Cualquiera de las dos piezas cilíndricas que unidas al cañón a uno y otro lado, y lo sostienen sobre la cureña permitiendo su rotación para arreglar la puntería.

mural. a. Del muro./ Apl. a las cosas que, extendidas, ocupan gran parte de un muro o pared.// m. Pintura que ocupa buena parte de un muro o pared.

muralla. f. Muro u obra defensiva, que rodea una plaza fuerte o territorio./ *Amér.* Pared.

murallón. m. aum. de muralla./ Muro fuerte.

murciélago. m. Quiróptero nocturno de cuerpo parecido al del ratón; tiene muy largos los dedos de las manos, que están unidos por una membrana que le permite volar. Se alimenta de insectos.

murga. f. fam. Banda de músicos callejeros.

murmullo. m. Ruido sordo y confuso que se hace hablando, cuando no se percibe lo que se dice.

murmurar. i. Hacer ruido apacible la corriente de las aguas./ Hacer ruido blando y apacible el viento, las hojas, etc.// i./ tr. Hablar entre dientes, manifestando queja o disgusto./ fig. y fam. Criticar a un ausente, censurando sus actos.

muro. m. Pared o tapia./ Muralla.

musa. f. Cada una de las deidades mitológicas que protegían las ciencias y las artes, especialmente la poesía. Habitaban en el Parnaso o en el Helicón, presididas por Apolo./ fig. Inspiración del poeta.

musaraña. f. Musgaño./ Por ext., cualquier sabandija, insecto o animal pequeño.

muscular. a. Rel. a los músculos.

musculatura. f. Conjunto y disposición de los músculos.

músculo. m. Órgano del animal compuesto pmente. de fibras carnosas. Su contracción determina los movimientos.

musculoso, sa. a. Dícese de la parte del cuerpo que tiene músculos./ De músculos muy abultados y visibles.

muselina. f. Tela fina y poco tupida, de algodón, seda, etc.

museo. m. Lugar destinado al estudio de las ciencias, las letras y las artes./ Sitio donde se guardan y exponen objetos artísticos, científicos, etc.

musgo. m. Cualquiera de las plantas briofitas, muy pequeñas, que crecen en sitios húmedos y aun dentro del agua./ Conjunto de estas plantas que cubren determinada superficie.// pl. Clase de dichas plantas.

musical. a. Rel. a la música./ Apl. a aquello en que la música interviene como elemento esencial./ fig. Dícese de los que tiene ritmo o cadencia agradable./ Apl. al género de películas que equivale a la opereta teatral. Ú.t.c.s.m.

músico, ca. a. Rel. a la música./ s. Persona que profesa o sabe el arte de la música./ f. Arte de combinar los sonidos, conforme a las normas de melodía y armonía./ Concierto de instrumentos o voces./ Composición musical./ Colección de papeles donde están escritas las obras musicales./ **-de cámara.** Nombre que se da a las obras compuestas para grupos reducidos./ **-instrumental.** La compuesta sólo para instrumentos./ **-sinfónica.** La compuesta con el esquema de la sinfonía y para gran orquesta./ **-vocal.** La compuesta para voces, solas o con instrumentos.

musicoterapia. f. *Med.* Tratamiento que se basa en la recomendación de escuchar cierto tipo de música según la dolencia que se padezca.

musitar. tr./ i. Hablar entre dientes./ Murmurar, susurrar.

muslo. m. Parte de la pierna, desde la juntura de las caderas hasta la rodilla.

mustio, tía. a. Melancólico, triste./ Lánguido, marchito. Dícese en especial de las plantas, hojas y flores.

musulmán, na. a. y s. Que profesa el islamismo.

mutante. p. act de mutar./ a. Que muta./ *Biol.* Dícese de los organismos que sufren mutaciones.

mutar. tr. Mudar, transformar.

mutilar. tr./ prl. Cortar una parte del cuerpo.// tr. Cortar o quitar una parte de alguna cosa.

mutis. m. Voz usada en el teatro para indicar que uno o más actores deben salir de la escena./ La acción de retirarse./ **-hacer mutis.** frs. Callar.

mutismo. m. Silencio voluntario o impuesto./ Mudez.

mutual. a. Mutuo./ f. *Amér.* Mutualidad.

mutualidad. f. Calidad de mutual./ Régimen de prestaciones mutuas, en que se basan ciertas asociaciones, especialmente en materia de previsión o seguros./ Denominación que adoptan algunas de ellas.

mutualismo. m. Movimiento cooperativo destinado a formar sociedades de ayuda mutua./ *Biol.* Asociación que se da entre individuos de distinta especie, de la que ambas partes resultan beneficiadas, como en el caso del liquen, que es una relación de mutualismo entre un alga y un hongo.

mutuo, tua. a. y s. Apl. a lo que se hace con reciprocidad o solidaridad entre dos o más personas, animales, o cosas.

muy. adv. Denota en las palabras a que se antepone grado sumo o superlativo de significación.

n. f. Décimocuarta letra del abecedario castellano y decimoprimera de sus consonantes. Su nombre es *ene*.

naba. f. Planta de raíz carnosa, comestible, de gran tamaño, rojiza o amarillenta.

nabab. m. Gobernador de una provincia de la India mahometana./ fig. Hombre muy rico.

nabar. m. Tierra sembrada de nabos.

nabí. m. Profeta, entre los moriscos.

nabina. f. Semilla del nabo.

nabiza. f. Hoja tierna del nabo. Ú.m. en pl.

nabo. m. Planta anual crucífera, que se cultiva mucho en las huertas. De raíz abultada, carnosa, de color blanco amarillento, se usa como alimento y forraje./ Raíz de esta planta.

nácar. m. Capa interna de la concha de ciertos moluscos, formada por una sustancia dura, blanca y brillante, con reflejos irisados.

nacarado, da. a. Que tiene el color y el brillo de nácar./ Adornado con nácar.

nacencia. f. Bulto o tumor que aparece en el cuerpo.

nacer. i. Salir del vientre materno o del huevo./ Salir un vegetal de su semilla./ Salir el pelo, vello o pluma en los animales o las hojas, flores, etc., en una planta./ fig. Aparecer un astro en el horizonte./ Brotar, prorrumpir./ Inferirse./ Proceder una cosa de otra./ Tener determinada predisposición para algo.

nacido, da. p. p. de **nacer.**// a. Natural y propio de una cosa./ Apto, adecuado para algo.

naciente. p. act. de **nacer.** Que nace.// a. fig. Muy reciente; que empieza a manifestarse./ m. Oriente, levante, este.

nacimiento. m. Acción y efecto de nacer./ Por antonomasia, el de Jesucristo./ Representación pictórica o escultórica del nacimiento de Jesucristo./ Principio de algo, o tiempo en que comienza.

nación. f. Entidad jurídica formada por el conjunto de los habitantes de un país regido por el mismo gobierno./ Territorio de ese país./ Conjunto de personas de igual origen étnico./ Por ext., el Estado.

nacional. a Perteneciente o rel. a una nación.

nacionalidad. f. Condición particular de los individuos de una nación./ Estado de la persona nacida o naturalizada en ella.

nacionalismo. m. Doctrina que exalta todo lo nacional, o lo que se considera como tal./ Apego o amor de los naturales de una nación a ella misma.

nacionalista. s. Partidario del nacionalismo.

nacionalización. f. Acción y efecto de nacionalizar./ Traspaso al Estado de una propiedad, servicio o explotación perteneciente a una empresa privada.

nacionalizar. tr. Naturalizar./ Dar carácter nacional a una cosa./ Hacer que pasen a los nacionales de un país, bienes que estaban en poder de extranjeros.

nacionalsocialismo. m. Nazismo.

nada. f. El no ser o la falta absoluta de todo ser.// pron. indef. Ninguna cosa./ Poco o muy poco.// adv. neg. De ningún modo.

nadador, ra. a. Que nada.// s. Persona hábil en natación, o que la practica como deporte.

nadar. i. Mantenerse una persona o animal sobre el agua, o avanzar sin tocar el fondo./ Flotar en un líquido./ fig. Abundar en una cosa.

nadería. f. Cosa de poca importancia o escaso valor.

nadie. pron. indef. Ninguna persona.// m. fig. Persona insignificante.

nadir. m. Punto de intersección de la vertical del lugar de observación, con la parte de la bóveda celeste situada bajo el horizonte.

nafta. f. Mezcla de hidrocarburos obtenida por destilación del petróleo que se usa como combustible y solvente. Es un líquido volátil, incoloro y sumamente inflamable.

naftalina. f. Hidrocarburo sólido muy usado como desinfectante. Procede del alquitrán de la hulla.

nahua. a. y s. Dícese de individuos de un grupo de tribus amerindias que ocuparon sobre todo la altiplanicie mexicana.

náhuatl. m. *Ling.* Lengua hablada por los indios mexicanos en la época precolombina y colonial.

naif. a. Dícese de una tendencia artística que se caracteriza por utilizar formas e imágenes simples, ingenuas, casi infantiles./ Dícese de los artistas que practican esta tendencia.

Nadar, uno de los deportes más completos para la salud y del que se organizan importantísimas competencias.

nailon. m. Material sintético nitrogenado, con el que se fabrican filamentos elásticos muy resistentes.

nalpe. m. Cada una de las cartulinas rectangulares que llevan estampadas figuras y objetos, y sirven para jugar a la baraja./ fig. Baraja.

nalga. f. Cada una de las dos porciones de carne del trasero. Ú.m. en pl./ Posaderas, asentaderas./ Parte superior de los muslos de ciertos animales.

nalgada. f. Golpe dado con o en las nalgas.

nalgudo, da. a. Que tiene nalgas gruesas.

nalguear. i. Mover exageradamente las nalgas.

nanay. Expresión familiar que se usa para negar enfáticamente.

nana. f. fam. Abuela./ En ciertas partes, canto para arrullar a los niños./ *Méx.* Niñera./ Nodriza.

nanoplancton. m. *Biol.* Componente microscópico del plancton, formado por bacterias, protozoos y algas unicelulares.

napa. f. *Amér.* Capa de agua subterránea.

napalm. m. Material inflamable con el que se cargan mortíferas bombas incendiarias. Es famoso por su uso por parte de los norteamericanos en la guerra de Vietnam.

napoleón. m. Moneda francesa de oro.

napoleónico, ca. a. Relativo a Napoleón, su política, sus ideas, etc.

napolitano, na. a. y s. De Nápoles.

naranja. f. Fruto del naranjo, globoso, con corteza rugosa o lisa y de color rojo amarillento. Su pulpa es comestible, jugosa y agridulce y se halla dividida en gajos.

naranjada. f. Zumo de naranja con agua.

naranjal. m. Sitio que tiene naranjos.

naranjero, ra. Rel. a la naranja.// s. Persona que cultiva naranjos o vende naranjas.

naranjo. m. Árbol frutal siempre verde, cuya flor es el azahar y su fruta, la naranja.

narcisismo. m. Manía de quien tiene desmedida admiración de sí mismo.

narciso. m. Planta herbácea de hojas largas y angostas, con flores blancas y olorosas, y raíz bulbosa./ fig. Persona que se admira a sí misma, o es excesivamente cuidadosa de su aspecto exterior.

narcolepsia. f. Estado que se caracteriza por peculiares ataques de sueño, breves y recurrentes.

narcoléptico, ca. a. Relativo a la narcolepsia./ Dícese de los fármacos que provocan narcolepsia.// s. Que padece dicho estado.

narcosis. f. Sueño provocado por narcóticos.

narcótico, ca. a. y s. Dícese de las sustancias que suprimen la excitabilidad de las células nerviosas, y causan sopor o entorpecimiento. Se usan como calmantes o anestésicos.

narcotizar. tr./prl. Suministrar un narcótico.

Naranja. Cítrico muy consumido por su alto contenido de vitamina C.

nardo. m. Planta de flores blancas, muy olorosas.

narigón, na. a. Narigudo. Ú.t.c.s.// m. aum. de nariz.

narigudo, da. a. De nariz grande. Ú.t.c.s. / De forma d[e] nariz.

nariz. f. Parte saliente del rostro humano entre la frente y [la] boca, con dos orificios que comunican con el aparato re[s]piratorio y la glándula pituitaria. Es órgano del olfato. Ú[.m.] en pl./ Parte de la cabeza de muchos animales vertebra[dos], que tiene la misma situación y oficio que la nariz d[el] hombre./ fig. Sentido del olfato./ Extremidad aguda d[e] ciertas cosas.

narrable. a. Que puede ser narrado.

narración. f. Acción de narrar./ Relato o exposición de he[chos] reales o ficticios.

narrador, ra. a. y s. Que narra./ *Lit.* En el análisis de texto[s] narrativos, instancia imaginaria que asume como propia [la] narración de los hechos; no debe confundirse con el aut[or] real.

La navegación por río, a través de botes, lanchas, bambagas, constituye una de las formas de obtención de alimentos para los pueblos pesqueros.

arrar. tr. Referir lo sucedido./ Relatar.

arrativa. f. Narración, acción de narrar. / Destreza en contar o referir las cosas.

arrativo, va. a. Rel. a la narración.

arratología. f. *Lit.* Parte de la teoría y el análisis literarios que se ocupa de estudiar la narración y los textos narrativos.

arratólogo, ga. a. y s. Especialista en narratología.

arval. m. Cetáceo de unos seis metros de largo, del cual se aprovechan su grasa y el marfil de su diente mayor.

asal. a. Rel. a la nariz.

ata. f. Sustancia espesa grasa, algo amarillenta, que forma una capa sobre la leche en reposo./ Sustancia espesa que sobrenada en ciertos líquidos./ fig. Lo más apreciado y principal en su línea.

atación. f. Acción y efecto de nadar./ Arte de nadar.

atal. a. Rel. al nacimiento./ Nativo. // m. Nacimiento.

atalicio, cia. a. y m. Rel. al día de nacimiento.

atalidad. f. Número proporcional de nacimientos en una población y tiempo determinados.

atatorio, ria. a. Rel. a la natación. / Propio para nadar. // m. *R. de la P.* Sitio destinado a nadar o bañarse.

atividad. f. Nacimiento, especialmente el de Jesucristo, la Virgen o el de San Juan Bautista./ Tiempo inmediato al día de Navidad.

ativismo. m. Indigenismo./ *Psic.* Teoría según la cual la representación del concepto de espacio es innata y previa a toda sensación.

ativo, va. a. Que nace naturalmente./ Rel. al país o lugar en que uno ha nacido./ Natural, nacido./ Innato./ Apl. a los metales y algunas otras sustancias minerales que se hallan puros en la naturaleza.

ato, ta. p. p. irreg. de **nacer.**// a. Apl. al título de honor o al cargo anejo a un empleo o a la calidad de alguien.

atural. a. Rel. a la naturaleza./ Hecho sin artificio./ Nativo. Ú.t.c.s./ Ingenuo, sincero en su manera de proceder./ *Mús.* Dícese de la nota no alterada por sostenido ni bemol./ Dícese del hijo de padres solteros que pueden casarse./ m. Genio, índole.

aturaleza. f. Esencia característica de cada ser./ Conjunto de todas las entidades del universo, no influidas o modificadas por el hombre./ Calidad, propiedad de las cosas./ Natural, genio, índole./ Especie, género, clase./ **-muerta.** Cuadro que representa animales muertos, o cosas inanimadas.

aturalidad. f. Calidad de natural./ Sencillez, espontaneidad.

aturalismo. m. *Fil.* Sistema de pensamiento que atribuye todas las cosas a la naturaleza, como primer principio./ *Lit.* Escuela literaria propia de la segunda mitad del siglo XIX, caracterizada por profundizar el realismo tratando de acentuar los aspectos más patológicos de la sociedad.

aturalista. a. Relativo al naturalismo.// s. Adepto de dicho sistema, o que practica esa estética.

aturalización. f. Acción y efecto de naturalizar o naturalizarse.

aturalizar. tr. Admitir a un extranjero como natural de un país./ Introducir y aclimatar en un país cosas o especies oriundas de otro. Ú.t.c.prl.// prl. Adquirir uno los derechos de los naturales de un país.

aturismo. m. Sistema basado en el empleo de medios naturales para la prevención y curación de las enfermedades.

aufragar. i. Irse a pique una embarcación, zozobrar. También se dice de las personas que van en ella./ fig. Salir mal un intento o negocio.

aufragio. m. Pérdida de un barco en el mar o río./ fig. Desastre, pérdida grande.

aufrago, ga. a. y s. Que ha sufrido naufragio.

ausea. f. Deseo de vomitar. Ú.m. en pl./ fig. Repugnancia o aversión que produce algo. Ú.m. en pl.

auseabundo, da. a. Que produce náuseas./ Repugnante./ Propenso a vómito.

ausear. i. Tener náuseas.

auseoso, sa. a. Nauseabundo.

autico, ca. a. Rel. a las naves.// f. Ciencia y arte de navegar.

Nariz.
Vista lateral
de su esqueleto.

REFERENCIAS:

1. **Apófisis ascendente del maxilar superior**
2. **Hueso propio de la nariz**
3. **Cartílago nasal accesorio**
4. **Cartílagos laterales de la nariz**
5. **Cartílagos inferiores**
6. **Cartílago del tabique**
7. **Rama interna del cartílago inferior**
8. **Rama externa del cartílago inferior**

nautilo. m. Molusco cuyo cuerpo se aloja en la celdilla mayor de su concha espiral.

nava. f. Tierra baja y llana, generalmente entre montañas.

navaja. f. Cuchillo cuya hoja se dobla sobre el mango, para que el filo quede guardado entre dos cachas.

navajada. f. Golpe dado con la navaja./ Herida que causa.

navajazo. m. Navajada.

navajero. m. Estuche en que se guardan las navajas./ Malhechor que utiliza navaja.

navajo, ja. a. y s. Dícese del individuo de una tribu indígena norteamericana, actualmente distribuida en reservas de Nuevo Méxjco y N. de Arizona.

naval. a. Rel. a las naves y a la navegación.

navarro, rra. a. y s. De Navarra.// m. *Ling.* Variante del castellano, hablada en Navarra.

nave. f. Cualquier embarcación./ Cada uno de los espacios comprendidos entre muros y arcadas a lo largo de los templos u otros edificios.

navegable. a. Apl. al río, lago, canal, etc., por donde se puede navegar.

navegación. f. Acción de navegar./ Viaje que se hace con una nave, o por el aire en avión./ Tiempo que dura dicho viaje./ *Náutica.*

navegante. p. act. de **navegar.** Que navega. Ú.t.c.s.

navegar. i. Viajar en una embarcación o nave por el agua, o por el aire en avión. Ú.t.c.tr.

Navidad. f. Natividad de Jesucristo./ Día en que se celebra. Ú.t. en pl.

navideño, ña. a. Rel. al tiempo de Navidad.

naviero, ra. a. Rel. a las naves o a la navegación.// m. Persona o sociedad propietaria y responsable de un buque y de la mercancía transportada.

navío. m. Bajel de guerra./ Buque grande.

náyade. f. *Mit.* Cada una de las ninfas que residían en ríos y fuentes, según los antiguos paganos.

nazareno, na. a. y s. De Nazareth.// f. pl. *Amér.* Espuelas grandes.

nazi o **nacionalsocialista.** a. Relativo al nazismo.// s. Partidario de dicho sistema totalitario.

nazismo o **nacionalsocialismo.** m. Movimiento político totalitario y racista que surgió en Alemania fundado por Adolfo Hitler. Accedió al poder en la década de 1930. Propugnaba la superioridad de la raza aria y su expansión mundial, lo cual llevó a la Segunda Guerra Mundial y al exterminio de seis millones de judíos en campos de concentración.

neandertalense. a. Relativo al hombre de Neanderthal.

neblina. f. Niebla baja y espesa.

nebulización. f. Acción y efecto de nebulizar.

nebulizar. tr. Transformar un líquido en partículas finísimas, que forman una especie de niebla.

nebuloso, a. a. Que abunda en nieblas./ Oscurecido por las nubes./ fig. Sombrío, triste./ Difícil de comprender.// f. Materia cósmica celeste, difusa y luminosa y de diversas formas.

Necrófago.

Aves rapaces como los halcones, las águilas y los buitres, o animales como la hiena, entre otros, se alimentan de cadáveres de otros animales, ya sea frescos o en descomposición.

necedad. f. Calidad de necio./ Hecho o dicho necio.

necesario, ria. a. Que ha de ser o suceder forzosamente./ Indispensable.

necesidad. f. Aquello a lo que no se puede resistir, o que no puede faltar./ Falta de las cosas que son menester para subsistir./ Impulso que obliga en un sentido determinado./ Riesgo o peligro que requiere pronto auxilio.

necesitado, da. p. p. de **necesitar.**// a. y s. Pobre, que no tiene lo necesario.

necesitar. tr. Obligar a hacer una cosa.// i./ prl. Tener necesidad de una persona o cosa.

necio, cia. a. y s. Que no sabe lo que debe hacer./ Terco y porfiado.// a. Dícese de lo que se hace con ignorancia, imprudencia o presunción.

necrofagia. f. *Biol.* Relación que se establece entre un ser vivo y otro muerto (cadáver), para alimentarse.

necrófago, ga. a. y m. *Biol.* Dícese del animal que se alimenta con cadáveres, frescos o en estado de descomposición. También se los llama carroñeros.

necrofilia. f. Afición por la muerte o por algunos de sus aspectos./ *Psiq.* Sexopatía que se caracteriza por una morbosa atracción sexual hacia los cadáveres.

necrófilo, la. a. Que padece necrofilia.

necrología. f. Noticia o biografía de una persona fallecid recientemente./ Lista o noticia de personas fallecidas.

necrópolis. f. Cementerio muy extenso, con muchos mo numentos fúnebres.

necropsia. f. Examen de un cadáver para establecer la cau sa de la muerte, o con fines científicos.

necrosis. f. Muerte de las células o de los tejidos de cual quier organismo vivo, producida por causas mecánicas, fí sicas o químicas.

néctar. m. Licor destinado a los dioses./ Por ext., licor ex quisito./ *Bot.* Sustancia líquida, aromática y azucarada, qu segregan las flores de las plantas para atraer a los insecto y favorecer la polinización.

nectáreo, a. a. Que destila néctar, o sabe a él.

neerlandés, sa. a. y s. De Países Bajos.// a. Relativo a es te país.// m. *Ling.* Lengua germánica que hablan los habi tantes de Países Bajos. El holandés y el flamenco son dia lectos de él.

nefando, da. a. Infame, indigno, abominable.

nefasto, ta. a. Triste, funesto, infausto./ Desgraciado, de testable.

nefridio. m. *Zool.* Conducto excretor muy elemental de al gunos invertebrados.

nefritis. m. *Pat.* Inflamación del tejido renal.

nefrología. f. Rama de la medicina que estudia el riñón y sus enfermedades.

negación. f. Acción y efecto de negar./ Falta total de una cosa./ *Gram.* Partícula o palabra que sirve para negar.

negado, da. p. p. de **negar.** // a. y s. Incapaz, inepto.

negar. tr. Decir que una cosa no es cierta./ No admitir la existencia de algo./ No conceder uno lo que se pide./ Impedir o vedar./ Esconder, disimular.// prl. Excusarse de hacer una cosa.

negativismo. m. Pesimismo, tendencia hacia lo negativo./ *Psic.* Indiferencia del sujeto ante una orden, que lo lleva a desobedecerla o a hacer lo contrario.

negativo, va. a. Que contiene negación o contradicción./ Rel. a la negación.// m. Película o placa que ha sido impresionada y revelada.

negligencia. f. Descuido, falta de aplicación./ Omisión.

negligente. a. y s. Descuidado./ Falto de aplicación, indolente.

negociación. f. Acción y efecto de negociar.

negociado, da. p. p. de **negociar.**// m. Cualquiera de las oficinas de una administración donde se despachan determinados asuntos./ Negocio./ *Amér.* Negocio ilícito.

negociante. p. act. de **negociar.** Que negocia. Ú.t.c.s.// m. Comerciante.

negociar. i. Comerciar, mercar./ Tratar asuntos privados o públicos./ Traspasar, ceder o endosar una letra, vale o efecto./ Descontar valores./ Tratar por la vía diplomática, de nación a nación, un pacto, alianza, etc.

negocio. m. Ocupación o trabajo./ Dependencia, tratado o asunto./ Acción de negociar./ Todo lo que es objeto de interés o lucro./ Provecho o utilidad que resulta de un trato o comercio./ *Chile* y *R de la P.* Comercio, tienda.

negra. f. *Mús.* Nota o figura que equivale a la mitad de la blanca o a dos corcheas.

negrero, ra. a. y s. Dedicado a la trata de negros./ fig. Que trata con dureza y avaricia a los subordinados.

negrita o **negrilla.** dimin. de **negra.**// f. *Imp.* Tipo de letra más gruesa que la común o blanca, utilizada para títulos, para destacar palabras o frases, etc.

negro, gra. a. Falto de todo color completamente; muy oscuro. Ú.t.c.s./ Apl. a la persona que tiene la piel de color totalmente oscuro, como el carbón. Ú.t.c.s./ Moreno./ Oscurecido, deslucido./ fig. Muy triste./ Desventurado, infausto.// s. *Amér.* Voz de cariño usada entre personas que se quieren bien.

negroide. a. y s. Dícese del individuo o de la etnia que posee algunos caracteres de la raza o la cultura negra.

negrura. f. Calidad de negro.

negruzco, ca. a. De color moreno algo negro.

nene, na. s. fam. Niño, pequeño.

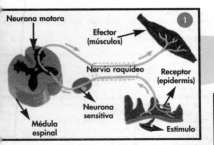

1. El esquema describe un arco reflejo.
Se llama así a la vía seguida por el impulso nervioso
para que se produzca el acto reflejo.
Por ejemplo, al pisar un clavo se produce
una reacción refleja.

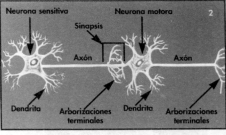

2. En este esquema se puede apreciar la relación de sinapsis entre dos neuronas. Se denomina sinapsis a la acción entre el axón de una neurona con el cuerpo o las dendritas de otra.
Las neuronas se componen de un cuerpo o soma, dendritas, una fibra única (el axón). Las dendritas y el axón son fibras nerviosas.

Neuronas. La totalidad de las funciones del cuerpo humano se llevan a cabo bajo la coordinada y perfecta acción del sistema nervioso, cuya unidad estructural y funcional es la neurona o célula nerviosa.

nenúfar. f. Planta acuática, de hojas flotantes casi redondas y flores amarillas o blancas.

neocelandés. a. De Nueva Zelanda. Ú.t.c.s./ Rel. a este país.

neoclasicismo. m. Movimiento literario y artístico que nació en Francia a fines del siglo XVII. Se caracterizó por un retorno a la antigüedad clásica, en la línea de la Ilustración.

neoclásico, ca. a. Relativo al neoclasicismo.// s. Partidario de dicho movimiento.

neodimio. m. Elemento químico. Símb., Nd.; n. at., 60.

neófito, ta. s. Persona que recientemente ha adoptado una religión./ Por ext., persona recién adherida a una causa, o incorporada a una agrupación o comunidad.

neoliberal. a. Relativo al neoliberalismo.// s. Partidario de esta doctrina.

neoliberalismo. m. Doctrina económica que predomina en la actualidad, tanto en los países desarrollados como en los países subdesarrollados. Se basa en la libre contratación, la libertad de precios y de cambio y, sobre todo, en la privatización de la economía, con una drástica reducción del sector público y de las políticas sociales.

neolítico, ca. Apl. al período prehistórico que se desarrolló entre el mesolítico y el eneolítico, conocido también como el de la piedra pulimentada. Fue de gran importancia en el desarrollo de la humanidad, ya que hicieron su aparición la agricultura y el comercio, se descubrieron técnicas artesanales y la población comenzó a hacerse sedentaria. Se construyeron numerosos monumentos funerarios megalíticos.

neologismo. m. Palabra o giro nuevo en una lengua y su uso.

neón. m. Gas que se encuentra en pequeñas cantidades en la atmósfera. Símb., Ne.; n. at., 10; p. at., 20,18.

neonato, ta. a. y s. Dícese del recién nacido.

neoplasia. f. *Pat.* Formación de tejido tumoral, habitualmente maligno.

neoplasma. m. *Pat.* Tejido celular anormal, de formación reciente.

neorrealismo. m. Tendencia artística surgida en Italia durante la última posguerra, tanto en literatura como en cine. Propuso una descripción lo más realista posible, especialmente de la vida social popular.

neorrealista. a. Relativo al neorrealismo.// s. Artista que se encuadra dentro de esta tendencia.

neoyorquino, na. a. y s. De Nueva York.// a. Relativo a esta ciudad.

nepalés, sa. a. y s. De Nepal.

neperiano, na. a. Relativo al matemático escocés John Napier./ *Mat.* Díc. de los logaritmos cuya base es el número e.

nepotismo. m. Preferencia que dan algunos a sus parientes para un empleo público.

neptunio. m. Elemento químico. Símb., Np.; n. at., 93; p. at., 237.

nereida. f. *Mit.* Cada una de las ninfas que habitaban en el mar y a las que se representaba con la mitad superior del cuerpo de mujer y la mitad inferior de pez.

nerítico, ca. a. Dícese de la zona de aguas oceánicas situadas fuera de la plataforma continental y de la fauna de aguas pelágicas.

nervadura. f. *Bot.* Conjunto de los nervios de una hoja./ Arco que forma la estructura de las bóvedas góticas.

nervio. m. Cualquiera de los cordones fibrosos, blanquecinos, que parten del cerebro, la médula espinal u otros centros, y son los órganos de la sensibilidad y del movimiento./ Haz fibroso en forma de cordoncillo, que corre a lo largo de las hojas de los vegetales, por su envés./ Cada una de las cuerdas que se colocan en el lomo de un libro para encuadernarlo./ *Arq.* Arco saliente que sirve para formar la bóveda de crucería./ Saliente en la tela del lomo del libro, producida por el cordel./ fig. Vigor y fuerza./ **-ciático.** El más grueso del cuerpo, terminación del plexo sacro, que se distribuye en los músculos posteriores del muslo, en los de la pierna y en la piel de ésta y del pie./ **-óptico.** El que transmite desde el ojo al cerebro las impresiones luminosas./ **-vago.** Nervio para que nace del bulbo de la médula espinal, desciende por las partes laterales del cuello, penetra en las cavidades del pecho y del vientre y termina en el estómago y plexo solar.

nerviosidad. f. Nervosidad.

nerviosismo. m. Nervosidad./ Excitación nerviosa pasajera.

nervioso, sa. a. Que tiene nervios./ Rel. a los nervios./ Que fácilmente se excita./ fig. Vigoroso y fuerte./ **-sistema nervioso.** *Anat.* Conjunto de nervios, ganglios y centros nerviosos que recogen las excitaciones sensoriales y coordinan las actividades vitales.

nervosidad. f. Actividad y fuerza de los nervios./ fig. Eficacia, fuerza de los argumentos y razones.

Nietos compartiendo la lectura con sus abuelos.

nervudo, da. a. Que tiene nervios fuertes o robustos./ Dícese de la persona con tendones, venas o arterias muy perceptibles.

neto, ta. a. Limpio, puro./ Dícese del precio y del peso deducidos los gastos o la tara.

neumático, ca. a. Apl. a los aparatos que operan con aire.// m. Llanta de caucho inflada con aire a presión, que se usa en vehículos.

neumococo. m. Microorganismo, agente patógeno de ciertas neumonías.

neumoconiosis. f. *Med.* Enfermedad contraída por los mineros por infiltración pulmonar de polvos minerales.

neumonía. f. Pulmonía.

neumotórax. m. Enfermedad producida por la entrada de aire en la cavidad pleural.

neuquino, na. a. y s. Del Neuquén, ciudad y provincia de la República Argentina.

neuralgia. f. Dolor continuo en un nervio, o en sus ramificaciones.

neurálgico, ca. a. Rel. a la neuralgia. / fig. Apl. al momento, lugar, situación, más importante de un asunto, problema, etc.

neurastenia. f. Enfermedad que se caracteriza por diversos estados nerviosos, y cuyos síntomas son el cansancio, la tristeza, el temor y la emotividad.

neurasténico, ca. a. Que padece de neurastenia.

neurología. f. *Anat.* Tratado del sistema nervioso.

neurólogo, ga. s. Médico especialista en el estudio y tratamiento de las enfermedades del sistema nervioso.

neurona. f. Célula nerviosa, con su cilindro eje y sus prolongaciones, las dendritas, una de las cuales, más larga que las demás, es la neurita o axón. Posee la capacidad de excitarse y transmitir el impulso nervioso a otra neurona.

neurosis. f. Trastorno del sistema nervioso, sin lesión orgánica visible.

neutonio. m. *Fís.* Unidad de fuerza en el Sistema Internacional de unidades. Equivale a la fuerza que necesita un cuerpo para adquirir una aceleración de 1 m por segundo cada segundo.

neutral. a. y s. Que no es ni de uno ni de otro, que no se inclina ni a un bando ni a otro, entre dos que disputan.

neutralidad. f. Calidad de neutral.

neutralismo. m. *Pol.* Tendencia a permanecer neutral o equidistante, en diverso tipo de conflictos, sobre todo internacionales./ *Biol.* Relación que se da entre dos seres vivos (vegetales o animales), que conviven en un mismo lugar sin molestarse; por ejemplo, los elefantes, las jirafas y las cebras, pese a consumir el mismo tipo de alimento, conviven pacíficamente.

neutralización. f. Acción y efecto de neutralizar.

neutralizar. tr./ prl. Hacer neutral./ fig. Debilitar el efecto de una causa por medio de la concurrencia de otra opuesta./ *Quím.* Hacer neutra una sustancia o una disolución en ella.

neutrino. m. *Fís.* Partícula subatómica sin carga, cuya masa es prácticamente nula.

Nevada. Los eternos picos nevados del Everest constituyen un imponente paisaje.

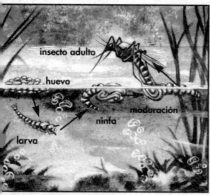

Las ninfas son el estado previo en el desarrollo total de un mosquito completado su ciclo vital.

eutro. a. *Quím.* Apl. al compuesto en que no predominan las propiedades de ninguno de los elementos./ *Zool.* Dícese de ciertos animales que no tienen sexo./ *Gram.* Apl. al género de un vocablo, cuando no es masculino ni femenino./ *Fís.* Apl. a los cuerpos que poseen igual cantidad de ambas especies de electricidad, la positiva y la negativa.

eutrón. m. *Fís.* Partícula de carga eléctrica neutra que, con el protón y el electrón, es una de las fundamentales del átomo.

evada. f. Acción y efecto de nevar./ Cantidad de nieve que cae de una vez.

evado, da. p. p. de nevar.// a. Que está cubierto de nieve./ fig. De blancura de nieve.// m. *Amér.* Cumbre muy alta, cubierta de nieves perpetuas.

evar. i. Caer nieve.// tr. fig. Ponerse algo blanco como la nieve.

evera. f. Sitio en que se guarda nieve./ Mueble frigorífico para la congelación o conservación de alimentos, enfriamiento de bebidas, etc./ fig. Habitación muy fría.

evero. m. Paraje de las montañas altas, donde se conserva nieve durante todo el año.

evisca. f. Nevada corta y de copos menudos.

ewton. m. *Fís.* Nombre del neutonio en la nomenclatura internacional.

ewtoniano, na. a. Relativo a Newton, a sus ideas y descubrimientos.

exo. m. Unión de una cosa con otra; nudo, vínculo.

i. conj. Se emplea para unir palabras o frases denotando negación.// adv. neg. Y no.

icaragüense. a. y s. De Nicaragua.

icho. m. Concavidad en el espesor de un muro, por lo común de forma semicilíndrica, en el interior de la cual se pone un objeto de adorno u otra cosa./ Por ext., cualquier concavidad hecha para colocar una cosa./ **-ecológico.** *Ecol.* Conjunto de los factores ambientales (hábitat, condiciones físicas y químicas, alimento, etc.) que facilitan el desarrollo de una especie.

icotina. f. Alcaloide líquido, venenoso, que se extrae del tabaco.

idada. f. Conjunto de los huevos puestos en el nido, o de los pajarillos mientras están en el nido.

ido. m. Especie de lecho que hacen las aves en sitios resguardados, para poner sus huevos y criar sus pollos./ Sitio donde procrean otros animales./ fig. Patria, casa o habitación de uno.

iebla. f. Nube en contacto con la tierra que oscurece la atmósfera./ Nube, mancha blanquecina en la córnea./ fig. Confusión, oscuridad.

nieto, ta. s. Hijo o hija del hijo o de la hija de una persona respecto de ésta.

nieve. f. Agua helada que se desprende de las nubes, en cristales muy pequeños, que se agrupan al caer, formando copos blancos./ Temporal en que cae mucha nieve. Ú.m. en pl.

nigeriano, na. a. y s. De Nigeria o de Níger.

nigromancia o **nigromancía.** f. Arte supersticioso de adivinar el porvenir invocando a los muertos./ fam. Magia negra o diabólica.

nihilismo. m. Negación de todo principio religioso, político y social.

nilón. m. Fibra textil sintética empleada en géneros y tejidos.

nimbo. m. Aureola./ Capa de nubes formada por agrupación de cúmulos, muy mezclado, de aspecto uniforme.

nimiedad. f. Prolijidad, minuciosidad./ Poquedad, escasez./ Pequeñez.

nimio, mia. a. Insignificante, sin importancia./ Escrupuloso, minucioso./ Prolijo./ Tacaño, mezquino.

ninfa. f. *Mit.* Cada una de las fabulosas deidades de las aguas, selvas, bosques, etc., llamadas con diversos nombres, como dríadas, nereidas, etc./ fig. Joven hermosa./ *Zool.* Insecto que ya ha pasado el estado de larva y prepara su metamorfosis última.// pl. Labios pequeños de la vulva.

ninfómana. a. Que padece ninfomanía.

ninfomanía. f. *Pat.* Aumento exacerbado del apetito sexual en la mujer.

Nido para albergar a los pichones construido con hojas.

ningún. a. Apócope de ninguno. Se usa sólo antepuesto a sustantivos masculinos.

ninguno, na. a. Ni uno solo.// pron. indef. Nulo, sin valor./ Nadie.

niñera. f. Criada que cuida niños.

niñería. f. Acción propia de niños. / fig. Dicho o hecho de poca sustancia.

niñez. f. Período de la vida humana desde la infancia hasta la pubertad./ fig. Principio de una cosa.

niño, ña. a. y s. Que se halla en la niñez./ De pocos años.

niobio. m. Elemento químico. Símb., Nb.; n. at., 41.

nipón, na. a. y s. De Japón./ Japonés.

níquel. Metal de color plateado, duro y maleable, más pesado que el hierro y difícil de oxidar. Símb., Ni.; n. at., 28; p. at., 58,69.

niquelado, da. p. p. de niquelar. // m. Acción y efecto de niquelar.

niquelar. tr. Cubrir con un baño de níquel otro metal.

nirvana. m. En la religión budista, estado de bienaventuranza absoluta al que se llega por un autodespojamiento total y la consecuente absorción en la divinidad.

níspero. m. Árbol rosáceo, de tronco tortuoso, delgado y con ramas abiertas y algo espinosas, hojas grandes y pecioladas y flores blancas./ Su fruto es la níspola./ Níspola.

níspola. f. Fruto del níspero, de color amarillo rojizo y forma aovada.

nitidez. f. Calidad de nítido.

nítido, da. a. Claro, limpio, resplandeciente, terso.

nitrato. m. Sal resultante de la combinación del ácido nítrico con una base./ **-de Chile.** Abono nitrogenado natural procedente del norte de ese país.

nitrito. m. *Quím.* Sal resultante de la combinación del ácido nitroso con una base.

nitrogenado, da. a. Que contiene nitrógeno.

nitrógeno. m. Metaloide gaseoso, incoloro, transparente, insípido e inodoro, que constituye unas cuatro quintas partes del aire atmosférico. Llámase también ázoe. Símb. N.; n. at., 7; p. at., 14,008.

nitroglicerina. f. Líquido aceitoso e inodoro, resultante de la acción del ácido nítrico en la glicerina. Estalla con gran fuerza por efecto del calor, del roce o de un choque. Mezclada con un cuerpo absorbente forma la dinamita.

nitruración. f. *Metal.* Proceso de endurecimiento superficial similar a la cementación, pero con absorción de nitrógeno y aumenta la resistencia a la fatiga de los materiales.

nivel. m. Instrumento que sirve para averiguar la diferencia de altura entre dos puntos o comprobar si tienen la misma./ Calidad de horizontal./ Altura de la superficie de un líquido./ Grado o altura a que llegan ciertos aspectos de la vida social./ fig. Altura a que llega una cosa./ Igualdad en cualquier línea./ **-de vida.** *Econ.* Cantidad de bienes y servicios que pueden comprarse con la renta nacional promedio de un país.

nivelación. f. Acción y efecto de nivelar.

nivelar. tr. Comprobar con el nivel si existe horizontalidad./ Poner un plano en la justa posición horizontal./ Por ext., poner a la misma altura dos o más cosas./ fig. Igualar dos cosas entre sí.

níveo, a. a. De nieve o semejante a ella.

no. adv. de negación que con esa significación se usa para responder o preguntar.

Nómada árabe y su larga travesía por el desierto.

nobelio. m. Elemento químico. Símb., No.; n. at., 102; at., 253.

nobiliario, ria. a. Rel. a la nobleza.

noble. a. Preclaro, ilustre, generoso./ Principe en cualquier línea.// a. y s. Persona que usa algún título del reino, por ext., sus parientes.

nobleza. f. Calidad de noble./ Conjunto de los nobles de un lugar./ Lealtad.

noche. f. Tiempo en que falta la luz del Sol sobre el horizonte./ fig. Confusión, oscuridad, tristeza.

nochebuena. f. Noche de vigilia de Navidad.

nochevieja. f. Noche comprendida entre el 31 de diciembre y el 1 de enero.

noción. f. Conocimiento o idea de una cosa./ Conocimiento elemental. Ú.m. en pl.

nocivo, va. a. Perjudicial, dañino, ofensivo, pernicioso.

noctámbulo, la. a. Que anda vagando durante la noche.

nocturno, na. a. Rel. a la noche./ Que se hace o sucede durante la noche./ Dícese de los animales que buscan su alimento por la noche y de las plantas que sólo de noche abren sus flores.// m. Serenata para piano de música triste y melancólica.

Nocturno. La lechuza es un animal de hábitos nocturnos por lo que su visión y su oído son agudísimos. Sólo busca su alimento por la noche, invadiendo vizcacheras y otras cuevas.

nodal. m. Perteneciente o relativo al nodo.

nodo. m. *Fís.* Punto de una onda estacionaria que permanece siempre en reposo./ *Mat.* Punto en que una curva se corta a sí misma, de modo que posee dos tangentes distintas en dicho punto.

nodriza. f. Ama de cría.

nódulo. m. Concreción de poco volumen.

nogal. m. Árbol juglándeo, que mide unos 15 metros de altura; tiene tronco corto y robusto, y su madera, dura, es muy apreciada en ebanistería. Su fruto es la nuez./ Madera de este árbol.

nómada o **nómade.** a. Que cambia regularmente de residencia./ Que anda errante, sin tener morada fija.

nombradía. f. Fama, reputación, renombre.

nombrado, da. p. p. de **nombrar**.// a. Afamado, célebre.

nombramiento. m. Acción y efecto de nombrar./ Despacho por el que se designa a uno para un cargo o empleo.

nombrar. tr. Decir el nombre de una persona o cosa./ Mencionar./ Elegir a alguien para un cargo, empleo u otra cosa.

nombre. m. Palabra que se da a los objetos y cualidades para distinguirlos./ Fama, reputación./ Título de una cosa por el que se la reconoce./ Apodo, mote./ *Gram.* Denominación común con que se designa a dos categorías de palabras, el sustantivo y el adjetivo./ **-de pila.** El que se da a una criatura cuando se la bautiza./ **-propio.** El que se da a una persona o cosa determinada, para distinguirla de otras de su misma clase.

nomenclador. m. Catálogo de nombres./ El que contiene la nomenclatura de una ciencia.

nomenclatura. f. Lista de nombres de personas o cosas./ Nómina./ Conjunto de palabras técnicas, propias de una ciencia.

Nogal. Su fruto es la nuez.
El color de su cáscara se denomina nogalina y es
utilizada para pintar imitando el color del nogal.

nómina. f. Catálogo de nombres.

nominal. a. Rel. al nombre./ Que tiene nombre de una cosa, pero no la realidad de ésta.

nominalismo. m. *Fil.* Sistema que niega la realidad objetiva de los conceptos o ideas, y los considera meros nombres, o convenciones. Se basa en Aristóteles pero alcanzó su apogeo en la Edad Media.

nominalista. a. Relativo al nominalismo.// s. Adepto a dicho sistema.

nominar. tr. Dar nombre a una persona o cosa./ Nombrar.

Nórdicos. La elaboración de quesos es una de las
actividades destacadas de estos pueblos.

nominativo, va. a. *Com.* Dícese de los títulos e inscripciones del Estado o de sociedades mercantiles, que precisamente han de extenderse a nombre o a favor de uno y han de seguir teniendo poseedor designado por el nombre, en oposición a los que son al portador.// m. *Gram.* Caso de la declinación que designa el sujeto de la significación del verbo y no lleva preposición.// pl. Parte de la analogía que precedía a los verbos, en los estudios de gramática latina.

nomografía. f. *Mat.* Operación de cálculo en la que las operaciones aritméticas son reemplazadas por procedimientos gráficos y los resultados se obtienen por intersección de líneas.

nonagenario, ria. a. y s. Que tiene noventa o más años y no llega a los cien.

nonato, ta. a. Que no ha nacido naturalmente, sino que ha sido extraído del claustro materno.

nono, na. a. Que sigue al octavo; noveno.

noquear. tr. En boxeo, dejar fuera de combate al contrario.

norcoreano, na. a. y s. De Corea del Norte.

nordeste o **noreste.** a./ m. Punto del horizonte entre el norte y el este. Equidista de ambos./ Viento que sopla de ese punto.

nórdico, ca. a. Rel. a los pueblos del norte de Europa./ Apl. al grupo de lenguas germánicas del norte, como el islandés, el danés, el sueco, el noruego, y a cualquiera de estas lenguas. Ú.t.c.s.m.

noria. f. Máquina para elevar agua de un pozo, movida por una palanca, de la que tira una caballería, que engrana con una rueda vertical que lleva colgado un rosario de cangilones./ Pozo gmente. ovalado del que se saca agua con la máquina.

norma. f. Escuadra para arreglar y ajustar los maderos, piedras, etc./ fig. Regla de conducta./ Principio jurídico./ *Ind.* Reglas y pautas para la fabricación de productos con medidas y calidad uniformes.

normal. a. Dícese de lo que se halla en su estado natural./ Que sirve de regla o norma./ Dícese de la escuela en que se siguen los estudios para obtener el título de maestro o maestra./ *Geom.* Perpendicular./ *Ind.*. Producido según norma./ *Quím.* Dícese de las soluciones que contienen un equivalente gramo de soluto por cada litro de disolución.

normalidad. f. Condición o calidad de normal.

normalización. f. Acción y efecto de normalizar.

normalizar. tr. Regularizar o poner en orden lo que no estaba./ Hacer que una cosa sea normal./ En técnica e industria, someter los productos a dimensiones y calidades definidos según una norma para racionalizar y uniformar la producción y fabricación.

normando, da. a. y s. De Normandía.

normativo, va. a. Que sirve de norma.// f. Conjunto de normas que pueden aplicarse a una actividad o materia.

noroeste. m. Punto del horizonte equidistamte entre el norte y el oeste. Ú.t.c.a./ Viento que sopla de ese punto.

norte. m. Polo ártico./ Punto cardinal del horizonte que cae frente a un observador a cuya derecha está el Oriente. Ú.t-.c.a./ Viento que sopla de ese punto cardinal./ fig. Guía, rumbo, destino.

norteamericano, na. a. y s. De América del Norte y especialmente de EE.UU./ Estadounidense.

norteño, ña. a. y s. Del norte.

noruego, ga. a. y s. De Noruega./ m. Lengua de este país.

nos. Forma del pronombre personal de primera persona en género masculino o femenino y número plural. No admite preposición, y puede usarse como sufijo: *nos siguió, síguenos.*

nosocomio. m. Hospital.

nosotros, tras. Nominativos masculino y femenino del pronombre personal de primera persona en número plural. Con preposición se emplea también como término.

nostalgia. f. Pena por verse lejos de la patria o de los seres queridos./ Añoranza./ fig. Pesar por el recuerdo de un bien perdido.

nostálgico, ca. a. Rel. a la nostalgia. // a. y s. Que la padece.

nota. f. Señal que se pone para conocer una cosa./ Advertencia, explicación o noticia que en un libro o escrito se pone fuera de texto./ Fama, reputación, concepto./ Calificación de un tribunal de examen./ Apuntación, anotación breve./ Comunicación diplomática./ Cualquiera de los signos que representan los sonidos./ *Amér.* Escrito periodístico que trata de un tema determinado.

notabilidad. f. Calidad de notable. / Persona muy notable por sus méritos.

notable. a. Digno de nota o cuidado./ Muy grande y excesivo.

notación. f. Acción y efecto de notar./ Sistema convencional de signos adoptados para la escritura musical o la expresión de conceptos de matemática, química, física, etc.

notar. tr. Señalar una cosa./ Advertir, reparar./ Apuntar algo con brevedad para ampliarlo después./ Poner notas a los libros o escritos./ Escribir con sus signos la música.

notariado, da. a. Dícese de lo que está autorizado ante notario o certificado por él./ m. Carrera o profesión de notario.

Norteña. Mujer del Noroeste argentino y su particular forma de trasladar al niño.

notario. m. Funcionario público autorizado para dar fe de los contratos, testamentos y otros actos extrajudiciales, según las leyes.

notero, ra. *Amér.* Colaborador que, en los periódicos o programas de radio y televisión, hace notas o artículos sobre temas de interés general.

noticia. f. Noción./ Divulgación o publicación de un hecho./ El hecho divulgado.

noticiario. m. Película o programa en que se ofrecen hechos de actualidad.

noticiero, ra. a. Que da noticias.// s. Quien da noticias como oficio./ *Arg.* Noticiario.

noticioso, sa. a. Sabedor de una cosa o que tiene noticia de ella./ Erudito, que conoce varias materias.// m. Informativo, noticiario.

notificación. f. Acción y efecto de notificar. / Documento en que consta.

notificado, da. p. p. de **notificar**.// a. y s. Dícese de la persona a quien se ha hecho la notificación.

notificar. tr. Hacer saber una resolución de la autoridad./ Por ext., dar noticia de algo, extrajudicialmente.

notocordio. m. *Zool.* Eje cartilaginoso que constituye el principal soporte del cuerpo de los cordados primitivos.

notogea. f. *Biol.* Zona biogeográfica que abarca el continente australiano. Se caracteriza por la ausencia de serpientes y escorpiones y por la presencia de una fauna propia, en la que se destacan los marsupiales.

notoriedad. f. Calidad de notorio./ Fama, nombradía.

notorio, ria. a. Público y sabido por todos.

nova. f. *Astron.* Estrella fija de poco brillo que, al explotar, aumenta brusca y notoriamente su luminosidad.

novato, ta. a. y s. Principiante en cualquier facultad o materia; nuevo.

novecientos, tas. a. Nueve veces ciento.

novedad. f. Estado o calidad de lo que es nuevo./ Mutación o cambio de lo que parecía tener estado fijo./ Hecho reciente, noticia./ Alteración de la salud./ fig. Extrañeza o admiración que causa lo que antes no se había visto ni oído.// pl. Mercaderías apropiadas a la moda.

novedoso, sa. a. Que incluye novedad.

novel. a. Nuevo, inexperto.

novela. f. Obra literaria en prosa, de cierta extensión, en que se narra una acción real o ficticia y se describen personajes y costumbres./ **-de caballería.** La protagonizada por caballeros andantes, propia de la Edad Media, y que inspiró la parodia del Quijote./ **-histórica.** La que mezcla personajes y hechos ficticios con otros reales e históricos./ **-pastoril.** La que narra historias de pastores ideales, propia de los siglos XVI y XVII./ **-picaresca.** La que narra las peripecias de un pícaro, personaje popular cuyas aventuras dan un panorama realista y escéptico de la sociedad de la época.

novelar. tr. Referir sucesos con apariencia de novela./ i. Escribir o componer novelas./ fig. Contar, relatar patrañas.

novelesco, ca. a. Propio de las novelas.

noveno, na. a. Que sigue inmediatamente al octavo.// a. y s. Dícese de cada una de las nueve partes iguales en que se divide un todo.

noventa. a. y s. Nueve veces diez./ Nonagésimo./ m. Conjunto de cifras o signos que representan el número noventa.

noviar. i. *R. de la P.* Estar de novio.

noviazgo. m. Condición de novio o novia./ Tiempo que dura.

noviciado. m. Tiempo de preparación para profesar en una religión./ Casa de novicios o cuarto en que habitan./ Conjunto de novicios./ Régimen y ejercicio de ellos./ fig. Aprendizaje.

novicio, cia. s. Persona que no ha profesado en su religión.// a. y s. fig. Principiante.

noviembre. m. Undécimo mes del año; tiene treinta días.

novillo, lla. s. Res vacuna de dos a tres años.

novio, via. s. Persona recién casada o próxima a casarse./ Persona que mantiene relaciones amorosas con propósito de matrimonio.

nubarrón. m. Nube grande, aislada y densa.

REFERENCIAS:

1. Aparato de Golgi
2. Retículo endoplasmático
3. Membrana celular
4. Membrana nuclear
5. Núcleo
6. Vesícula pinocítica
7. Nucleolo
8. Retículo endoplasmático rugoso
9. Citoplasma
10. Microtúbulos
11. Centríolos
12. Lisosomas
13. Ribosoma
14. Mitocondria

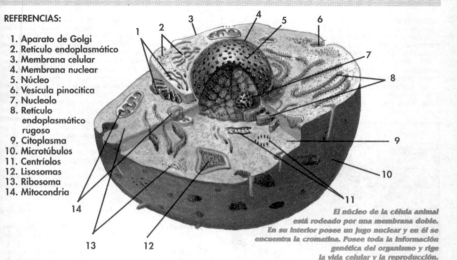

El núcleo de la célula animal está rodeado por una membrana doble. En su interior posee un jugo nuclear y en él se encuentra la cromatina. Posee toda la información genética del organismo y rige la vida celular y la reproducción.

nube. f. Condensación del vapor de agua en la atmósfera por disminución de la temperatura en el aire. Se forma por la aglomeración de dlrninutas gotas de agua y cristales de hielo en diferentes alturas de las capas bajas de la atmósfera./ Agrupación de cosas, o gran cantidad de insectos o aves que oscurece el sol./ fig. Cosa que oculta u oscurece a otra./ Pequeña mancha blanquecina en la capa exterior de la córnea, que oscurece la vista.

núbil. a. Dícese de la persona que ha llegado a la edad en que es apta para casarse.

nublado, da. p. p. de **nublar.**// a. Nuboso.// m. Nube, especialmente la que amenaza tormenta.

nublar. tr./ prl. Anublar.

nuboso, sa. a. Cubierto de nubes.

nubosldad. f. Condición de nuboso.

nuca. f. Parte alta de la cerviz, donde se une el espinazo con la cabeza.

nuclear. a. Rel. al núcleo./ *Quím.* Rel. al núcleo del átomo.

núcleo. m. Almendra o parte mollar de los frutos de cáscara dura./ Hueso de las frutas./ fig. Elemento primordial de un todo./ Parte o punto central de algo./ *Astron.* Parte más densa y luminosa de un astro./ *Biol.* Corpúsculo esencial de la célula, contenido en el citoplasma y formado fundamentalmente por cromatina./ *Ling.* Elemento fundamental de una unidad compuesta./ **-atómico.** *Fís.* Parte central del átomo, de carga positiva, que contiene la mayor parte de la masa atómica./ **-terrestre.** *Geol.* Parte más interna del globo terrestre, que se extiende de los 2900 km hasta el centro de la Tierra. Se supone está formado por níquel y hierro, de ahí el nombre de *nife* con el que se lo conoce.

nucleolado, da. a. *Biol.* Que posee núcleo.

nucleolo o **nucléolo.** m. *Biol.* Corpúsculo situado en el interior del núcleo celular. Sus funciones se relacionan con la división de los cromosomas durante la división celular.

nucleón. m. *Fís.* Partícula atómica, constitutiva del núcleo, como los protones o los neutrones.

nudillo. m. Parte exterior de la juntura de los huesos de los dedos.

nudismo. m. Desnudismo.

nudo. m. Lazo que se aprieta y cierra de manera que es difícil de soltar./ Parte del tronco de las plantas por donde salen las ramas y vástagos./ En las narraciones, enlace o trabazón de los acontecimientos que antecede al desenlace./ fig. Dificultad o punto principal de un asunto./ Lazo, unión, vínculo./ Sitio donde se unen o cruzan dos o más sistemas montañosos./ Refiriéndose a la velocidad de una embarcación, equivale a una milla./ **-gordiano.** El que, según la leyenda, ataba al yugo la lanza del carro de Gordio, antiguo rey de Frigia, y que estaba hecho con tal artificio, que no se podían descubrir los dos cabos./ fig. Dificultad insoluble.

nudoso, sa. a. Que tiene nudos.

nuera. f. Esposa de un hijo, respecto de los padres de éste.

nuestro, tra, tros, tras. Pron. posesivo de primera persona, en género masculino y femenino y número singular y plural.

nueve. a. Ocho y uno./ Noveno.// m. Cifra o signo que representa al número nueve.

nuevo, va. a. Recién hecho o fabricado./ Que se ve u oye por primera vez./ Diferente de lo ya sabido o aprendido./ Recién llegado a un país o población./ Novicio, principiante./ fig. Apl. a lo que no se ha usado o se usó poco, en oposición a lo viejo.// **-de nuevo.** m. adv. Con reiteración.

nuez. f. Fruto del nogal, es de forma aovada, con dos cortezas: la exterior lisa, de color verde y caediza, y la interna dura y rugosa, que contiene la semilla comestible, de sabor dulce y muy oleaginosa./ Prominencia que forma la laringe en la garganta./ **-moscada.** Fruto de la mirística, de figura aovada, que se usa como condimento y para extraer el aceite que contiene./ **-vómica.** Semilla de un árbol de Oceanía, de sabor acre y sin olor. Es muy venenosa, pero en dosis pequeñas tiene uso medicinal.

nulidad. f. Calidad de nulo./ Ineptitud, incapacidad./ Persona incapaz o inepta para algo.

nulo, la. a. Sin valor y fuerza legales./ Inepto, incapaz física o moralmente./ Ninguno.

numeración. f. Acción y efecto de numerar./ Arte de expresar de palabra o por escrito todos los números, con una cantidad limitada de vocablos y de cifras.// **-arábica** o **decimal.** Sistema empleado para expresar cualquier cantidad mediante los diez signos con valor absoluto o posición relativa, que los árabes introdujeron en Europa, hoy casi universal.// **-romana.** La que usaron los ant. romanos y que expresa los números empleando siete letras del alfabeto latino, que son: I = 1, V = 5, X = 10, L = 50, C = 100, D = 500 y M = 1000.

numerador. m. *Arit.* Término de la fracción que indica cuántas partes iguales de la unidad contiene./ Aparato para marcar una numeración correlativa.

numeral. a. Rel. al número.// m. pl. *Gram.* Clase de palabras que significan número, y pueden funcionar como sustantivos o adjetivos.

numerar. tr. Contar con arreglo al orden numeral.

numerario, ria. a. Que es del número o perteneciente a él.// a. y s. Dícese del individuo que pertenece a una corporación, con carácter fijo.

numérico, ca. a. Rel. a los números./ Hecho o compuesto por ellos.

Nutria. La rata nutria suele cazar por la noche. Hábil nadadora, puede permanecer hasta 8 minutos sumergida.

número. m. Expresión de una cantidad con respecto a otra que se toma por unidad./ Signo o conjunto de signos empleados para representar el número./ Cualquiera de las hojas o cuadernos correspondientes a distinta fecha de edición de una publicación periódica./ Accidente gramatical que indica, por medio de cierta diferencia en la terminación de las palabras, si éstas se refieren a una sola persona o cosa o a más de una./ pl. Cuarto libro del Pentateuco de Moisés./ **-arábigo.** Cifra que pertenece a la numeración arábiga./ **-atómico.** *Quím.* El que indica el número de protones que existen en el núcleo atómico y a su vez es el número de orden del elemento en el sistema periódico./ **-cardinal.** Cada uno de los números enteros en abstracto./ **-complejo.** *Arit.* El que se compone de la suma de un número real y otro imaginario./ **-compuesto.** *Arit.* El que se expresa con dos o más guarismos./ **-concreto.** *Arit.* El que expresa cantidad de especie determinada./ **-cuántico.** Cada uno de los números que se asignan a los distintos valores que puede tomar una magnitud cuantificable./ **-de Avogadro.** Número de moléculas que contiene una molécula gramo o mol./ **-dígito.** El que se expresa con un solo guarismo./ **-entero.** *Arit.* El que consta de una o más unidades, a diferencia de los quebrados o los mixtos./ **-fraccionario.** *Arit.* Número quebrado./ **-impar.** *Arit.* El que no es exactamente divisible por dos./ **-incompleto.** *Arit.* Número concreto que expresa unidades de una sola especie./ **-mágico.** En física nuclear, cada uno de los números 2, 8, 50, 82 y 126. Los núcleos que contiene un número mágico de protones o neutrones son de una estabilidad excepcional./ **-másico.** *Quím.* El que indica el número de nucleones que contiene un núcleo atómico./ **-mixto.** *Arit.* El que está compuesto de entero y quebrado./ **-natural.** *Arit.* Cada uno de los elementos de la sucesión 1, 2, 3…/ **-ordinal.** *Gram.* El que expresa idea de orden o sucesión./ **-par.** *Arit.* El que es exac-

tamente divisible por dos./ **-plural.** *Gram.* El de la palabra que se refiere a dos o más personas o cosas./ **-primero** o **primo.** *Arit.* El que es divisible solamente por sí mismo o por la unidad./ **-quebrado.** *Arit.* El que expresa una o varias partes alícuotas de la unidad./ **-redondo.** El que con unidades completas de cierto orden expresa una cantidad con aproximación y no exactamente./ **-romano.** El que re presenta con letras del alfabeto latino./ **-singular.** *Gram.* El de la palabra que se refiere a una sola persona o cosa./ **-de número.** loc. Dícese de cualquiera de los individuos de un corporación compuesta de limitado número de personas **-número uno.** expr. fig. y fam. Una persona o cosa cons derada con preferencia a todas las demás./ **-sin número** loc. fig. Que denota multitud innumerable.

numeroso, sa. a. Que incluye gran número de personas cosas.// pl. Muchos.

númerus clausus (expr. latina). m. Número limitado d personas que se admiten en un cargo o en un lugar.

numisma. f. Moneda acuñada.

numismático, ca. Rel. a la numismática.// f. Ciencia qu estudia las monedas y medallas, en especial las antiguas./ m. El que profesa esta ciencia.

nunca. adv. En ningún tiempo; ninguna vez.

nunclatura. f. Cargo o dignidad de nuncio./ Casa en qu habita el nuncio.

nuncio. m. El que lleva aviso a una persona por encargo es pecial de otra./ **-apostólico.** Representante diplomátic del Papa.

nupcialidad. f. Índice de nupcias que se obtiene dividien do el número anual de matrimonios por el total de los ha bitantes.

nupcias. f. pl. Casamiento, boda.

nurse (voz ingl.). f. Niñera.

nursery (voz ingl.). f. Cuarto para niños.

nutria. f. Mamífero carnicero de cuerpo delgado, pelaj pardo rojizo y patas cortas. Vive a orillas de los ríos y arro yos y se alimenta de peces; su piel es muy apreciada e peletería.

nutricio, cia. a Nutritivo. / Que procura alimento para otr persona.

nutrición. f. Acción y efecto de nutrir o nutrirse./ *Biol.* Con junto de funciones orgánicas y de reacciones físicas y qu micas cuyo objeto es la conservación y desarrollo del se mediante la asimilación de alimentos, para su posterio transformación en energía y diversos compuestos necesa rios para el organismo.

nutrido, da. p. p. de **nutrir.** // a. fig. Lleno, abundante fig. Numeroso.

nutrir. tr./ prl. Aumentar la sustancia del cuerpo animal vegetal por medio del alimento.// tr. fig. Dar nuevo vigo a una cosa, especialmente en lo moral./ fig. Llenar, colma **nutritivo, va.** a. Capaz de nutrir o alimentar.

Numismática. Monedas acuñadas de diversos países. En el detalle, medalla de las Invasiones Inglesas de 1806, en Argentina.

ñ. Décimoquinta letra del abecedario castellano y décimo segunda de sus consonantes. Su nombre es *eñe*.

ña. f. vulg. Doña, señora.

ñacanina o **ñacaniná.** f. *Arg.* Víbora grande y venenosa.

ñacara. f. *Amér. Central.* Dícese de las úlceras o llagas.

ñacunda o **ñacundá.** m. *Arg.* Ave nocturna de plumaje color canela.

ñacurutú. m. *Amér.* Ave nocturna, variedad de búho, es similar a la lechuza. Su plumaje es gris amarillento y es fácil de domesticar.

ñagaza. f. Denominación que se da al señuelo para cazar aves.

ñagué. m. *Cuba.* Pinata que comúnmente se conoce con el nombre de *túnica de Cristo.*

ñala. f. Antílope africano similar al kudú. Se diferencia de él porque sus cuernos son rectos y breves. Habita en la parte oriental y meridional de África.

ñam-ñam. a. Dícese de los individuos de un pueblo africano que habita en el E de Sudán.

ñamal. m. Dícese del plantío de ñames.

ñambar. m. *Amér. Central.* Árbol cuya madera es muy apreciada.

ñame. m. *Bot.* Planta herbácea originaria de la India, de tallos endebles y hojas grandes y acorazonadas. Posee flores masculinas y femeninas; las primeras agrupadas en espigas y las femeninas formando racimos compuestos, con frutos en cápsula. Su raíz, grande y tuberosa, es comestible. La consumen, en particular, los países de clima tropical. Se la conoce como batata de China.// m. Raíz de esta planta.// a. *Amér.* Cosa grande y deforme.// a. *Cuba.* Persona torpe e inculta.

ñamera. f. Planta que da el ñame.

ñandipá. (voz guaraní). m. *Bot.* Árbol resinoso, de fruto del tamaño de una naranja. Se lo consume especialmente en Paraguay.

ñandú. m. *Zool.* Ave corredora del orden reiformes, afín al de los estrucioniformes, similar al avestruz. De ahí su denominación de *avestruz de América.* Se diferencia del verdadero por tener tres dedos en cada pie, ser más pequeño en corpulencia y tamaño, de alas más desarrolladas y de plumaje gris poco fino. Es propio de las regiones meridionales de Sudamérica.

ñandubay. m. *Bot.* Árbol americano de madera rojiza muy dura y resistente que casi no se pudre. Es aplicable en diversos usos.

ñandutí (voz guaraní). m. *Amér.* Encaje muy fino, tejido a mano por las mujeres paraguayas, que imita la telaraña. Su nombre significa araña blanca. Se ha generalizado su uso en toda América del Sur para adorno de toda clase de ropa blanca.

ñanga. f. *Amér. Central.* Estero cuyo fondo es pantanoso./ Tierra fangosa.

ñangada. f. *Amér. Central.* Mordisco.

ñangapiré. m. *R. de la P.* Árbol de madera fina cuyo fruto, algo ácido es comestible.

ñangapirí. m. *R. de la P.* Ñangapiré.

ñango, ga. a. Desgarbado./ Débil, alicaído, sin ambiciones.

ñangotado, da. a. y s. *Ecuador.* Dícese del individuo adulador y servil.

ñangotarse. prnl. *P. Rico.* Ponerse en cuclillas./ Humillarse, someterse./ Perder el ánimo.

ñanjo. m. Planta que produce un grano, que se usa como sustituto del café.

ñáñigo, ga. a. y s. *Cuba.* Individuo perteneciente a una sociedad secreta integrada por negros, de la época colonial.

ñaño, ña. a. *Col.* Mimado, consentido./ *Arg.* y *Chile.* Hermano mayor./ *Col.* Amigo preferido./ f. Niñera.

ñapa. f. *Amér. Central.* Añadidura.

ñapango, ga. a. *Col.* Mestizo, mulato. Ú.t.c.s.

ñapinda o **ñapindá.** m. *Amér.* Mimosa muy espinosa, de flores color amarillo y aroma agradable.

ñapo. m. *Chile.* Especie de junquillo que se utiliza para tejer canastos.

ñaque. m. Montón de cosas inútiles y ridículas.

ñarra. a. *Ecuador.* Dícese de lo muy pequeño.// f. pl. *Méx.* y *Venez.* Conseguir gangas en un empleo o trabajo.

ñaruso, sa. a. *Ecuador.* Dícese del individuo picado de viruelas.

ñato, ta. f. *Amér.* Nariz.// a. Dícese de la persona o animal de nariz chata, poco prominente y como aplastada. Ú.t.c.s.// fam. *Arg.* Mal hecho, irregular.// f. *Perú.* Denominación que se le da a la muerte.

ñau. m. Miau, maullido del gato.

ñaupa. s. *Amér.* Voz que designa personas, objetos o costumbres antiguos o pasados de moda./ **-de los tiempos de ñaupa.** Antiguo o pasado de moda.

ñeblina. f. *Amér. Central.* Neblina.

ñeque. a. Que tiene vigor y fortaleza./ m. *Chile* y *Perú.* Fuerza, energía.// m. pl. *Ecuador.* Nombre que se da a los puños.

ñilfle. *Chile.* Interjección utilizada en este país para negar algo con énfasis./ ¡No!

ñilpe. m. *Chile* y *Parag.* Arbusto cuyas ramas son empleadas para el teñido.

ñilque. m. *Amér. Central.* Puñetazo, bofetada.

ñilquiñaque. m. fam. Sujeto o cosa despreciable.

ñilre. m. *Chile.* Árbol maderable, de flores solitarias y hojas elípticas y aserradas, que alcanza gran altura.

ñirre. m. Nombre común a diversas especies de plantas leñosas.

ñisñil. m. *Chile.* Planta que crece en los pantanos y de la cual se alimentan los animales del hábitat. Sus hojas son utilizadas en tejidos de cestería y para cubrir los techos de los ranchos.

Ñu. Sus frecuentes duelos se deben a la conquista de la hembra, la defensa de las crías o del territorio.

ño. m. fam. *Amér.* Forma de tratamiento de señor.

ñocha. f. *Chile.* Hierba cuyas hojas se utilizan en la elaboración artesanal de canastos, abanicos, sombreros, sogas, etc.

ñoclo. m. Dícese de la mezcla que se hace con harina, azúcar, manteca, huevos, vino y anís, de la cual se forman panecillos pequeños como una nuez que se cocinan al horno sobre papeles espolvoreados con harina.

ñongo, ga. a. *Cuba* y *Chile.* Dícese del individuo tonto y necio.

ñoña. f. *Chile.* Excremento, estiércol.

ñoñería. f. Acción o dicho propio de un ñoño.

ñoñez. f. Calidad de ñoño./ Ñoñería.

ñoño, ña. a. fam. Dícese de una persona tímida, de poco ingenio. Ú.t.c.s./ Soso, de poca gracia.

ñoqui. m. *Amér.* Masa hecha de puré de papas, harina, manteca leche y huevos, dividida en trocitos que se cocen en agua caliente y sal. Ú.m. en pl.

ñora. f. Dícese de la noria o máquina para elevar el agua de un tanque.// Guindilla, pimiento picante.

ñorbo. m. *Ecuador* y *Perú.* Flor pequeña de mucho aroma que se utiliza como adorno.

ñu. m. Antílope africano del tamaño de un caballo y aspecto parecido al de un buey, menos corpulento que éste y muy veloz. Suele vivir en rebaños, asociado con otros antílopes y con cebras.

ñublense o **ñublino, na.** a. y s. De Ñuble, Chile.

ñudillo. m. Nudillo.

ñudo. m. Nudo.// **-al ñudo.** n. adv. *Amér.* Inútilmente, sin provecho.

ñudoso, sa. a. Nudoso.

ñuño. f. *Ecuad.* y *Perú.* Nodriza.

ñuñu (voz araucana). m. Planta de fruto comestible y raíces fibrosas.

ñusta. f. *Amér.* Entre los antiguos incas, hija de los emperadores o joven perteneciente a la familia real. Por general era quien preparaba la bebida denominada chicha para los caciques.

ñutir. i. *Col.* Refunfuñar.

ñuto, ta. a. *Amér. Central.* Dícese de lo que está molido o en polvo.

Ñoquis. Pasta hecha con papas a la que puede agregársele espinaca u otros vegetales y diferentes tipos de salsas.

o. f. Decimosexta letra del abecedario castellano. Es vocal abierta

o. conj. disyuntiva. Denota diferencia, separación o alternativa entre dos o más personas, cosas o ideas. Lleva tilde cuando va entre dos cifras. / Denota, a veces, idea de equivalencia, con el significado de *o sea*, o *lo que es lo mismo*.

oasis. m. Sitio con vegetación y a veces manantiales en medio de un desierto.

obcecación. f. Ofuscación tenaz.

obcecar. tr./ prl. Cegar, ofuscar.

obedecer. tr. Cumplir la voluntad del que manda./ Ceder dócilmente un animal a la dirección que se le da./ fig. Ceder una cosa inanimada al esfuerzo que se hace para mudar su estado o forma.// i. Ser una cosa consecuencia de otra.

obediencia. f. Acción de obedecer./ Sumisión a la autoridad legítima.

obediente. p. act. de **obedecer**. Que obedece.// a. Propenso a obedecer.

obelisco. m. Monumento en forma de pilar muy alto, de cuatro caras iguales y rematado por una punta piramidal achatada.

obenque. m. *Mar.* Dícese de cada uno de los cabos que aseguran la cabeza de un palo en las embarcaciones.

obertura. f. Pieza de música instrumental que da principio a una ópera, oratorio u otra composición lírica.

obesidad. f. Calidad de obeso.

obeso, sa. a. y s. Dícese de la persona que tiene excesiva acumulación de grasa en el cuerpo.

óbice. m. Obstáculo, impedimento.

obispado. m. Dignidad de obispo./ Territorio asignado a un obispo para ejercer sus funciones.

obispal. a. Episcopal.

obispo. m. Prelado superior de una diócesis.

óbito. m. Fallecimiento de una persona.

obituario. m. Libro donde se registran las partidas de defunción o entierro.

objeción. f. Impugnación a una opinión, una idea, un plan.

objetar. tr. Oponer reparos a una idea u opinión.

objetivar. tr. Dar carácter objetivo a una cosa.

objetividad. f. Calidad de objetivo./ Objetivismo.

objetivismo. m. *Fil.* Sistema filosófico según el cual lo objetivo tienen prioridad sobre lo subjetivo.

objetivo, va. a. Perteneciente al objeto./ Imparcial./ Que está fuera del sujeto pensante.// m. Objeto, finalidad./ Lente o conjunto de lentes que se colocan en los aparatos ópticos, en la parte dirigida a los objetos./*Mil.* Blanco para ejercitarse en el tiro.

objeto. m. Todo lo que puede ser materia de conocimiento intelectual o sensible./ Materia de una ciencia./ Propósito, finalidad a que se encamina una acción.

oblación. f. Ofrenda y sacrificio que se hacen a Dios.

oblea. f. Hoja delgada de masa cocida de harina y agua.

oblicuángulo, la. a. *Geom.* Apl. a la figura o al poliedro en que no es recto ninguno de sus ángulos.

oblicuar. tr./i./prl./ Dar a una cosa dirección oblicua.

oblicuidad. f. Calidad de oblicuo./ *Geom.* Inclinación de una línea o un plano respecto de otra u otro.

oblicuo, cua. a. *Geom.* Dícese del plano o línea que se encuentra con otro u otra y no forma con él o ella ángulo recto./ Sesgado, inclinado.

obligación. f. Acción de obligar./ Imposición o exigencia que debe regir la voluntad libre./ Vínculo legal o contractual que obliga a hacer o a abstenerse de hacer algo./ *Com.* Documento donde se reconoce una deuda./ Correspondencia que debe tenerse al beneficio recibido.

obligar. tr. Mover e impeler a hacer cumplir una cosa./ Hacer fuerza en una cosa para conseguir un efecto./ Ganar la voluntad por la gratitud.// prl. Contraer una obligación.

obligatorio, ria. a. Que obliga a su cumplimiento.

obliteración. f. Acción y efecto de obliterar.

obliterar. tr. Tachar, anular./ *Med.* Obstruir, cerrar un conducto o una cavidad.

oblongo, ga. a. Más largo que ancho.

Obelisco de Buenos Aires (Argentina).

obnubilación. f. Acción y efecto de obnubilar./ Ofuscamiento./ Trastorno nervioso que hace borrosa la visión de los objetos, dificulta la asociación de ideas, etc.

obnubilar. tr./ prl. Oscurecer, ofuscar./ Impedir razonar con claridad.

oboe. m. Instrumento músico de viento, de madera.

óbolo. m. Moneda de plata de los antiguos griegos./ fig. Donativo con que se contribuye voluntariamente para un fin.

obra. f. Cosa hecha por un agente./ Cualquier producción del entendimiento artística, científica, etc./ Edificio en construcción./ Libro./ Medio, virtud./ Acción moral.

obrador, ra. a. y s. Que obra.// m. Taller donde se efectúan obras manuales.

obraje. m. Manufactura./ *Arg.* Lugar donde se industrializa la madera.

obrar. tr. Hacer una cosa./ Ejecutar un trabajo./ Ejecutar una cosa no material./ Existir, estar./ Causar efecto una cosa./ Construir.// i. Existir, estar una cosa en algún sitio.

obrerismo. m. Movimiento político y sindical que tienen por objetivo mejorar el nivel de vida de la clase obrera.

obrero, ra. a. y s. Que trabaja.// s. Trabajador manual retribuido.

obscenidad. f. Calidad de obsceno./ Cosa obscena.

obsceno, na. a. Deshonesto, ofensivo al pudor.

obscurantismo. m. Oposición sistemática a la difusión de la cultura en las clases populares.

obscurecer. tr. Privar de luz y claridad./ fig. Disminuir la estimación de las cosas./ Ofuscar la razón.// i. Ir anocheciendo./ prl. Nublarse.

obscurecimiento. m. Acción y efecto de obscurecer.

obscuridad. f. Falta de luz y claridad./ fig. Condición social humilde.

obscuro, ra. a. Carente de luz o claridad./ Que tira a negro; que se contrapone a otro color más claro de su misma clase. Ú.t.c.s./ fig. Humilde, o poco conocido./ Confuso.

obsecuencia. f. Sumisión, condescendencia.

obsecuente. a. Obediente, sumiso, rendido.

obsequiar. tr. Agasajar a uno con regalos, atenciones o servicios./ fig. Galantear, festejar.

obsequio. m. Acción de obsequiar./ Regalo, dádiva./ Rendimiento, deferencia.

obsequiosidad. f. Calidad de obsequioso.

obsequioso, sa. a. Rendido, cortés, dispuesto a hacer la voluntad de otro.

observación. f. Acción y efecto de observar.

observador, ra. a. y s. Que observa.

observancia. f. Cumplimiento exacto de lo mandado convenido por la ley, estatuto, etc.

observar. tr. Mirar y examinar atentamente./ Cumplir lo que se manda y ordena con exactitud./ Advertir, notar.

observatorio. m. Posición que sirve para observar./ Edificio con personal e instrumentos apropiados y dedicados a observaciones metereológicas o astronómicas.

obsesión. f. Idea tenaz y persistente, que asalta la mente *Psic.* Perturbación mental caracterizada por la fijación de una idea.

obsesionar. tr./ prl. Causar obsesión.

obsesivo, va. a. Perteneciente a la obsesión.

obseso, sa. a. Que sufre obsesión.

obsidiana. f. Mineral volcánico, vítreo, de color negro verde muy oscuro.

obsoleto, ta. a. Anticuado, caído en desuso./ Poco usado

obstaculizar. tr. Poner obstáculos, obstruir.

obstáculo. m. Impedimento, inconveniente.

obstante. p. act. de **obstar.** Que obsta.// **-no obstante.** m adv. Sin embargo, sin que estorbe para una cosa.

obstar. i. Impedir, estorbar.// imp. Oponerse una cosa otra.

obstetra. s. *Med.* Especialista en obstetricia.

obstetricia. f. Parte de la medicina que se ocupa de la gestación, el parto y el puerperio.

obstétrico, ca. a. y s. Que profesa la obstetricia./ Rel. a ella

obstinación. f. Terquedad, porfía, pertinacia.

obstinado, da. p. p. de **obstinarse.** Que se obstina.// Terco.

obstinarse. prl. Insistir y mantenerse en una opinión o actitud; porfiar con pertinacia.

obstrucción. f. Acción y efecto de obstruir.

obstruccionismo. m. Ejercicio de la obstrucción en las asambleas deliberantes.

obstructor, ra. a. y s. Que obstruye.

obstruir. tr. Estorbar el paso, cerrar un conducto o camino Impedir la acción.// prl. Cerrarse un agujero o conducto.

obtención. f. Acción y efecto de obtener.

obtener. tr. Lograr algo que se merece o pretende.

obturación. f. Acción y efecto de obturar.

obturador, ra. a. y s. Que sirve para obturar. // m. Dispositivo de las cámaras fotográficas con que se regula el tiempo de exposición.

obturar. tr. Tapar o cerrar un conducto o abertura.

obtusángulo. a. *Geom.* Dícese del triángulo que tiene obtuso uno de sus ángulos.

Observatorio astronómico de Chichén Itzá, Yucatán (México), construido entre los años 900 y 1.000 d.C por los mayas y que constituye una de las construcciones de mayor esplendor arquitectónico de los itzaes.

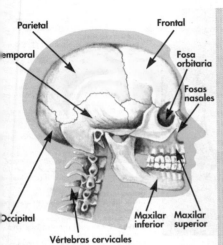

Occipital. Esquema de su localización en el cráneo del cuerpo humano.

Labels: Parietal, Frontal, Temporal, Fosa orbitaria, Fosas nasales, Occipital, Maxilar inferior, Maxilar superior, Vértebras cervicales

obtuso, sa. a. Sin punta./ fig. Necio, lento de comprensión./ *Geom.* Díc. del ángulo mayor que el recto.

obús. m. Pieza de artillería para disparar granadas./ Proyectil de artillería.

obvención. f. Utilidad o ganancia que se obtiene además del sueldo.

obviar. tr. Evitar, apartar obstáculos o inconvenientes.

obvio, via. a. Evidente./ Muy claro, manifiesto.

oca. f. Ganso (ave)./ Ansar./ Cierto juego de mesa, que consiste en una serie de casillas en espiral, pintadas sobre cartón o tabla, que se juega con dados./ *Bot.* Planta anual de flores amarillas y raíz con tubérculos feculentos, comestibles.

ocarina. f. Instrumento musical de viento, de forma ovoide y alargada, con ocho agujeros que modifican el sonido según se tapan con los dedos.

ocasión. f. Momento o circunstancia favorables./ Oportunidad para hacer una cosa./ Riesgo, peligro.

ocasional. a. Que sucede accidentalmente./ Casual.

ocasionar. tr. Ser causa de algo./ Mover o excitar./ Poner en peligro.

ocaso. m. Puesta de sol, cuando traspone el horizonte./ Occidente./ fig. Declinación, decadencia.

occidental. a. Relativo al occidente.

occidente. m. Punto cardinal del horizonte por donde se pone el sol en los días equinocciales./ Lugar de la Tierra o de la esfera celeste situado, con respecto a otro, hacia donde se oculta el sol./ fig. Conjunto de las naciones de la parte occidental de Europa y Estados Unidos, en oposición a los pueblos del este, sobre todo asiáticos.

occipital. a. Rel. al occipucio.// a./ m. Hueso del occipucio.

occipucio. m. Parte posterior e inferior de la cabeza, donde ésta se une con las vértebras del cuello.

occisión. f. Muerte violenta.

occiso, sa. a. y s. Muerto violentamente.

oceánico, ca. a. Rel. al océano.

océano. m. Conjunto de grandes mares que cubren la mayor parte de la superficie terrestre./ Cada una de sus grandes subdivisiones./ fig. Ú. para ponderar la extensión o inmensidad de algo.

oceanografía. f. Ciencia que estudia los mares, su constitución física, sus corrientes, su flora y fauna.

oceanográfico, ca. a. Rel. a la oceanografía.

oceanógrafo, fa. s. Que profesa la oceanografía.

ocelo. m. *Zool.* Ojo simple de los insectos. / *Zool.* Mancha redonda, bicolor, en las alas de algunos insectos o en las plumas de ciertas aves.

ocelote. m. Mamífero carnívoro americano, de pelaje manchado y pequeño tamaño.

ochava. f. Octava parte de un todo. / *Arg.* y *Bol.* Chaflán de un edificio.

ochavado, da. p. p. de **ochavar**.// a. Apl. a la figura que tiene ocho lados, cuatro alternados iguales entre sí y los otros cuatro iguales entre sí también, con ocho ángulos iguales.

ochavar. tr. Dar figura de ochava a una cosa.

ochenta. a./ m. Ocho veces diez.// m. Conjunto de signos con que se representa el número ochenta.

ocho. a./ m. Siete y uno.// m. Cifra con que se representa el número ocho./ Octavo.

ochocientos. a./ m. Ocho veces ciento.// m. Conjunto de signos con que se representa el número ochocientos.

ocio. m. Cesación del trabajo./ Estado de la persona que no trabaja./ Diversión u ocupación reposada.// pl. Obras de ingenio que uno forma en los ratos libres.

ociosidad. f. Vicio de no trabajar./ Haraganería.

ocioso, sa. a. y s. Que no trabaja./ Inútil, sin provecho./ Que no tiene uso en aquello a que se destina.

ociocracia. f. Gobierno de la muchedumbre o de la plebe.

ocluir. tr./ prl. Cerrar un conducto u obstruir algún orificio.

oclusión. f. Acción y efecto de ocluir.

oclusivo, va. a. Rel. a la oclusión./ Que la produce./ *Fon.* Apl. al sonido en cuya articulación los órganos de fonación forman en algún punto del canal vocal un contacto que interrumpe la salida del aire espirado./ *Fon.* Apl. a la letra que representa ese sonido, como *p, t, k.* Ú.t.c.s.f.

Ocaso. Una vista del mismo sobre el mar, en Australia.

ocre. m. Mineral terroso, amarillo, empleado en pintura.

octaedro. m. Poliedro de ocho caras o planos, que son otros tantos triángulos.

octagonal. a. Perteneciente al octágono.

octágono, na. a./ m. *Geom.* Apl. al polígono de ocho ángulos y ocho lados.

octano. m. Hidrocarburo saturado, obtenido de la gasolina. Se usa como unidad del poder antidetonante de los carburantes.

octante. m. *Astr.* Instrumento astronómico de la clase del quintante y del sextante, y de aplicación análoga, cuyo sector comprende únicamente 45 grados.

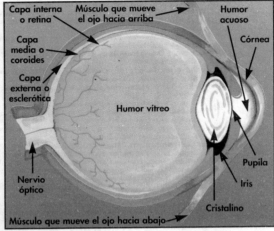

Capa interna o retina
Músculo que mueve el ojo hacia arriba
Humor acuoso
Capa media o coroides
Córnea
Capa externa o esclerótica
Humor vítreo
Pupila
Nervio óptico
Iris
Cristalino
Músculo que mueve el ojo hacia abajo

Ojo. Esquema de la conformación del ojo humano.

octava. f. Estrofa de ocho versos./ *Mús.* Intervalo de ocho tonos./ Lapso de ocho días que dura una fiesta religiosa./ **-real.** Estrofa cuya rima es *ababbcc.*

octavilla. f. Estrofa de ocho versos octosílabos./ Octava parte de un pliego de papel./ Volante de propaganda.

octavo, va. a. Que sigue en orden al séptimo.// a. y s. Cada una de las ocho partes iguales en que se divide un todo.

octeto. m. *Mús.* Composición para ocho instrumentos o voces./ Conjunto de ocho instrumentos o voces.

octingentésimo, ma. a. Que sigue en orden al septingentésimo nonagésimo nono.

octogenario, ria. a. y s. Que tiene entre ochenta y noventa años.

octogésimo, ma. a. Que sigue en orden al septuagésimo noveno.// a. y s. Dícese de cada una de las ochenta partes iguales en que se divide un todo.

octogonal. a. Octagonal.

octógono, na. a. *Geom.* Octágono. Ú.t.c.s.m.

octópodo, da. a. y s. *Zool.* Apl. a los moluscos que tienen ocho tentáculos provistos de ventosas, todos aproximadamente iguales, cuerpo en forma de bolsa y ojos fijos; como el pulpo.// m. pl. *Zool.* Suborden de estos animales.

octosilábico, ca. a. De ocho sílabas.

octosílabo, ba. a. Octosilábico.// m. Verso de ocho sílabas.

octubre. m. Décimo mes del año; tiene treinta y un días.

óctuple u **óctuplo, pla.** a. Que contiene ocho veces una cantidad.

ocular. m. Perteneciente a los ojos.// m. Lente o combinación de cristales de los anteojos y aparatos de óptica.

oculista. m. y f. Médico que se especializa en las enfermedades de los ojos./ Oftalmólogo.

ocultación. f. Acción y efecto de ocultar u ocultarse.

ocultar. tr./ prl. Esconder, tapar.// tr. Callar, disfrazar la verdad.

ocultismo. m. Ciencia que pretende conocer y utilizar las fuerzas secretas de la naturaleza.

oculto, ta. a. Que no se deja ver ni sentir; escondido./ Encubierto, tapado.

ocupación. i. Acción y efecto de ocupar./ Empleo, oficio./ Trabajo que impide emplear el tiempo en otra cosa./ *Der.* Modo de adquirir la propiedad de ciertas cosas que carecen de dueño.

ocupacional. a. Perteneciente o relativo a la ocupación.

ocupar. tr. Tomar posesión de una cosa./ Llenar un espa-

cio./ Habitar una casa./ Disfrutar un cargo o empleo./ Proporcionar trabajo./ Estorbara uno.// prl. Emplearse en un trabajo o tarea.

ocurrencia. f. Suceso casual./ Dicho original y agudo.

ocurrente. p. act. de **ocurrir.** // a. Apl. al que tiene ocurrencias o dichos agudos.

ocurrir. i. Prevenir, anticiparse./ Suceder una cosa./ Venir a las mientes. Ú.t.c.prl./ Acudir, concurrir.

oda. f. Composición poética del género lírico, gmente. de gran elevación y arrebato.

odalisca. f. Esclava del harén del gran turco./ Concubina turca.

odeón. m. *Arqueol.* En la Grecia antigua, teatro o lugar destinado para los espectáculos musicales./ Por analogía, se llaman así algunos teatros modernos de canto.

odiar. tr. Tener odio.

odio. m. Aversión y antipatía hacia una cosa o persona.

odioso, sa. a. Que merece odio.

odisea. f. fig. Viaje largo en que abundan las peripecias.

odontalgia. f. *Med.* Dolor de dientes o de muelas.

odontología. f. Estudio de los dientes y sus enfermedades.

odontológico, ca. a. Rel. a la odontología.

odontólogo, ga. s. Especialista en odontología.

odre. m. Cuero cosido y pegado, para contener líquidos.

oersted. m. *Fís.* Unidad de medida de intensidad del campo magnético en el sitema CGS.

oeste. m. Occidente, punto cardinal por donde se pone el sol.

ofender. tr. Hacer daño, maltratar a uno físicamente./ Injuriar.// prl. Enfadarse por un dicho o hecho.

ofendido, da. a. y s. Que ha recibido alguna ofensa.

ofensa. f. Acción y efecto de ofender.

ofensivo, va. a. Que ofende.// f. Situación o estado del que trata de ofender o atacar.

oferente. a. y s. Que ofrece.

oferta. f. Promesa de dar o cumplir algo./ Dádiva./ Propuesta para contratar./ Presentación de mercaderías para su venta./ *Econ.* Conjunto de bienes y servicios que productores y comerciantes ofrecen en el mercado.

ofertorio. m. Parte de la misa en la que el sacerdote ofrece a Dios la hostia y el vino./ Antífona que dice el sacerdote antes de dicho ofrecimiento.

offset. m. *Impr.* Sistema de impresión indirecto que tiene como base la litografía, en el cual un cilindro, preparado por procedimiento litográfico, imprime el texto o la ilustración en otro de caucho, y éste ya sobre papel.

oficial. a. Que es de carácter público, y no privado.// m. El que trabaja en un oficio./ El que ha terminado el aprendizaje de un oficio./ Militar de grado, desde subteniente hasta capitán.

oficialidad. f. Conjunto de oficiales de ejército./ Calidad o carácter de cosa oficial.

oficialismo. m. *Arg.* Partido político gubernamental.

oficializar. tr. Dar carácter y validez oficial a lo que no lo tenía.

oficiante. p. act. de **oficiar.** Que oficia. // m. El que oficia en las iglesias.

oficiar. tr. Celebrar oficios religiosos./ Comunicar una cosa con carácter oficial y por escrito.// i. fig. y fam. Con la preposición de, obrar con el carácter de.

oficina. f. Sitio donde se hace, se ordena o prepara algo./ Departamento donde trabajan los empleados públicos o particulares./ Laboratorio de farmacia.

oficinista. m. y f. Persona empleada en una oficina.

oficio. m. Ocupación habitual./ Cargo, ministerio./ Profesión de un arte mecánico./ Función propia de alguna cosa./ Comunicación escrita de una dependencia del estado./ Rezo cotidiano de los eclesiásticos.

oficioso, sa. a. Que se dice o hace sin tener carácter oficial./ Apl. a lo que hace o dice alguno sin formal ejercicio del cargo público que tiene./ Dícese del periódico al que se atribuye cierta relación con organismos oficiales.

ofidio, dia. a. y s. Dícese de los reptiles carentes de extremidades, de cuerpo alargado, cilíndrico y cubierto de escamas, como la boa y la víbora.// m. pl. Orden de estos reptiles.

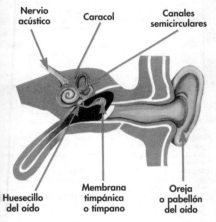

Oído.
Esquema de los órganos que componen el aparato auditivo del ser humano.

Labels in figure: Nervio acústico, Caracol, Canales semicirculares, Huesecillo del oído, Membrana timpánica o tímpano, Oreja o pabellón del oído

ofrecer. tr. Dar voluntariamente una cosa./ Prometer, obligarse./ Hacer una ofrenda.// prl. Venirse impensadamente una cosa a la imaginación./ Ocurrir o sobrevenir./ Entregarse voluntariamente a otro para hacer alguna cosa.

ofrecimiento. m. Acción y efecto de ofrecer u ofrecerse.

ofrenda. f. Don que se dedica a Dios, a la Virgen o a los santos, para implorar su auxilio o alguna cosa que se desea./ Pan, vino u otras cosas que se llevan a la iglesia por sufragio a los difuntos, al tiempo de la misa, etc./ Por ext., dádiva o servicio que se ofrece en muestra de gratitud.

ofrendar. tr. Ofrecer dones a Dios para pedir su auxilio o como cumplimiento de un voto./ Contribuir con dones para un fin.

oftalmía. f. *Med.* Inflamación de los ojos.

oftálmico, ca. a. Relativo a los ojos./ Relativo a la oftalmía.

oftalmología. f. Parte de la medicina que trata de las enfermedades de los ojos.

oftalmológico, ca. a. Rel. a la oftalmología.

oftalmólogo, ga. s. Oculista.

ofuscación. f. Ofuscamiento.

ofuscamiento. m. Turbación de la vista./ fig. Oscuridad de la razón que confunde las ideas.

ofuscar. tr./ prl. Turbar la vista./ Oscurecer./ fig. Confundir las ideas.

ogro. m. Gigante legendario que se alimentaba de carne humana, según la mitología del norte de Europa.

¡oh! interj. que se emplea para expresar muchos estados de ánimo, especialmente asombro, pena, alegría.

ohm. m. Nombre del ohmio en la nomenclatura internacional.

ohmio. m. *Fís.* Unidad de resistencia eléctrica, en el sistema basado en el metro, el kilogramo, el segundo y el amperio./ Resistencia eléctrica que da paso a una corriente de un amperio cuando entre sus extremos existe una diferencia de potencial de un voltio.

óhmetro. m. Instrumento para medir el valor de la resistencia de circuitos eléctricos o electrónicos.

oída. f. Acción y efecto de oír.// **-de** o **por oídas.** m. adv. que se usa hablando de las cosas que uno no ha visto y sólo sabe por noticias o relato de otro.

oído. m. Sentido del oír./ Aparato de la audición, situado a ambos lados de la cabeza./ Parte interna del aparato auditivo./ **-de oído.** Dícese del que aprende sin conocer el arte musical.

oidor. a. y s. Que oye.// m. Antig., ministro togado de justicia que oía y sentenciaba las causas en las audiencias.

oír. tr. Percibir los sonidos./ Atender los ruegos o súplicas de uno./ Hacerse uno cargo de aquello de que le hablan.

ojal. m. Abertura en la tela por donde pasa un botón, o cosa análoga./ Agujero que pasa de lado a lado una cosa.

ojalá. interj. Denota vivo deseo de que suceda una cosa.

ojeada. f. Mirada rápida y ligera.

ojear. tr. Dirigir los ojos y mirar a determinada parte, con atención./ Espantar la caza, acosándola hasta el sitio donde convenga cazarla./ fig. Espantar y ahuyentar de cualquier modo.

ojeo. m. Acción de ojear la caza.

ojera. f. Mancha más o menos lívida bajo los párpados inferiores. Ú.m. en pl./ Copita que sirve para bañar el ojo con algún líquido medicinal.

ojeriza. f. Enojo y mala voluntad contra alguien.

ojeroso, sa. a. Que tiene ojeras.

ojete. m. dim. de **ojo.**/ Abertura pequeña y redonda, reforzada con cordoncillo o aro metálico./ fig. vulgar. El ano.

ojiva. f. Figura formada por dos arcos iguales que se cortan enfrentando sus concavidades./ Arco con esta forma.

ojival. a. En forma de ojiva./ Dícese del estilo arquitectónico que dominó en Europa durante los tres últimos siglos de la Edad Media./ Estilo gótico.

ojo. m. Órgano de la visión./ Abertura que atraviesa de parte a parte una cosa./ Agujero de la aguja./ Anillo de algunas herramientas por donde se mete el mango./ Agujero de la cerradura./ Arco de puente./ Palabra puesta como señal al margen de manuscritos o impresos./ Atención, cuidado./ Hueco en el pan, en el queso, etc./ **-de buey.** Abertura de forma ovalada o circular, a modo de ventana.// **-a ojo.** m. adv. Sin peso, sin medida, a bulto.

Ofidios. Reptiles como la víbora se desplazan moviendo su cuerpo en una serie de ondas producidas por un flujo de contracción y relajación muscular que va desde la cabeza hasta la cola.

Los onas utilizaban el arpón para cazar animales marinos y se vestían con quillangos dado el clima frío de la región que habitaban.

ojota. f. *Amér.* Sandalia rústica usada por los indios.

okapi. m. Mamífero rumiante jiráfido que habita en África.

ola. f. Onda de gran amplitud que se forma en la superficie de las aguas./ Fenómeno atmosférico que produce variación repentina en la temperatura./ fig. Multitud de gente.

oleáceo, a. a./ f. *Bot.* Dícese de ciertos árboles y arbustos angiospermos dicotiledóneos, con hojas opuestas, como el olivo, la lila, etc.// f. pl. Familia de estas plantas.

oleada. f. Ola grande./ Embate y golpe de una ola./ Cosecha abundante de aceite./ fig. Movimiento impetuoso de mucha gente apiñada.

oleaginoso, sa. a. Apl. a las plantas y sustancias que contienen aceite.

oleaje. m. Sucesión continuada de olas.

oleína. f. *Quím.* Sustancia líquida, algo amarillenta, que entra en la composición de las grasas y mantecas y más en la de los aceites.

óleo. m. Aceite./ Por anton., el usado por la Iglesia en los sacramentos y otras ceremonias. Ú.m. en pl.// **-al óleo.** m. adv. Con colores disueltos en aceite secante.

oleoducto. m. Gran tubería con bombas, para conducir petróleo a distancia.

oleosidad. f. Calidad de oleoso.

oleoso, sa. a. Aceitoso.

oler. tr. Percibir los olores./ fig. Conocer o adivinar algo./ Indagar con curiosidad.// i. Despedir, exhalar algún olor.

olfatear. tr. Oler con persistencia. / fig. y fam. Indagar, averiguar.

olfativo, va. Rel. al sentido del olfato.

olfato. m. Sentido corporal con que se perciben los olores./ fig. Sagacidad con que uno descubre lo encubierto o disimulado.

olfatorio, ria. a. Rel. al olfato.

oligarca. s. Persona que forma parte de una oligarquía.

oligarquía. f. Forma de gobierno en que un reducido grupo de personas de una misma clase ejerce el poder.

oligoceno. a. *Geol.* Dícese del tercer período de la era terciaria, durante el cual continuó el desarrollo de los mamíferos y aparecieron los grupos de la fauna actual. Ú. t. c. s./ Perteneciente o relativo a este período./ *Geol.* Apl. al terreno que corresponde a este período. Ú. t. c. s./ Perteneciente o relativo a este terreno.

oligoelemento. m. *Quím.* Elemento químico que, aunque en pequeñísimas cantidades, es indispensable para el crecimiento y reproducción de los animales y las plantas.

oligofrenia. f. Nombre con que se designa a los distintos tipos de desarrollo deficiente de las facultades intelectuales.

oligopolio. m. *Econ.* Aprovechamiento que un reducido número de empresas hace de una industria o comercio, evitando que bajen los precios de los productos.

oligótrofo, fa. a. *Biol.* Dícese de los organismos que viven en medios con recursos alimentarios escasos.

olimpiada u **olimpíada.** f. Fiesta o juego que se celebraba cada cuatro años en la antigua ciudad griega de Olimpia./ Competencia universal de deportes. Se realiza cada cuatro años a semejanza de las fiestas deportivas de la antigua Grecia. Fue instaurada por un congreso internacional reunido en París en 1894. Participan aficionados de todo el mundo y comprende todas las modernas disciplinas deportivas.

olímpico, ca. Perteneciente al Olimpo./ De Olimpia, antigua ciudad griega./ Perteneciente a las olimpíadas./ fig. Altanero, soberbio.

oliscar. tr. Oler con cuidado y persistencia./ fig. Averiguar, inquirir.// i. Empezar a oler mal una cosa.

olisquear. tr. Oliscar.

oliva. f. Olivo./ Aceituna.

olivar. m. Terreno plantado con olivos.

olivo. m. Árbol oleáceo de tronco grueso, corto y torcido, cuyo fruto es la aceituna.

olla. f. Vasija redonda de boca ancha y con asas, para uso culinario./ Marmita.

ollar. m. Cualquiera de los dos orificios de la nariz de las caballerías.

olmeca. a. Apl. a un pueblo indígena que en los tiempos prehispánicos habitaba el golfo de México. Ú. m. c. m. pl./ Apl. también a sus individuos. Ú.t.c.s./ Perteneciente o relativo a este pueblo.

olmeda. f. u **olmedo.** m. Sitio poblado de olmos.

olmo. m. Árbol forestal y ornamental, con tronco robusto y rojizo, de excelente madera.

olor. m. Sensación recibida por el olfato./ Lo que puede producir esa sensación./ fig. Lo que motiva una sospecha en cosa oculta o por suceder./ Fama, opinión.

oloroso, sa. a. Que despide de sí fragancia.

olvidadizo, za. a. Que olvida con facilidad./ fig. Desagradecido.

olvidado, da. a. Apl. a quien olvida./ Desagradecido.

olvidar. tr./ prl./ i. Perder la memoria de una cosa.// tr./ prl. Dejar de tener afecto a una persona o cosa./ No tener en cuenta una cosa.

Ombú. Árbol característico de la pampa argentina.

olvido. m. Falta de memoria o cesación del recuerdo que se tenía de una cosa./ Cesación del cariño que se tenía./ Descuido de algo que debía tenerse presente.

omaguaca. m. Pueblo aborigen que habitó en la quebrada de Humahuaca (Argentina). Eran sedentarios, conocedores de la cerámica, rudimentos de la metalurgia, artesanías del tejido y canastería. Se alimentaban de papa, maíz, carne de guanaco y de avestruz.

ombligo. m. Cicatriz redonda que se forma en el vientre después de cortarse y secarse el cordón umbilical.

ombú. m. Árbol americano de madera poco consistente y copa muy densa.

ombudsman. m. Persona que se encarga de controlar la Administración y de defender a los ciudadanos en el momento de aplicar individualmente un derecho reconocido por la ley.

omega. f. Vigésima cuarta y última letra del alfabeto griego, *o larga*; corresponde a nuestra *o*. En Fís. se utiliza como símb. del ohmio.

ominoso, sa. a. Reprobable./ Azaroso, de mal agüero.

omisión. f. Abstención de hacer o decir./ Falta por dejar de hacer algo./Negligencia del encargado de un asunto.

omiso, sa. p. p. irreg. de **omitir.**// a. Flojo y descuidado.

omitir. tr. Dejar de hacer una cosa.// tr./ prl. Silenciar una cosa.

ómnibus. m. Vehículo para el transporte público de personas.

omnímodo, da. a. Que lo abarca y comprende todo.

omnipotencia. f. Poder omnímodo, que sólo se atribuye a Dios./ fig. Poder muy grande.

omnipotente. a. Que todo lo puede. Es atributo sólo de Dios./ fig. Que puede muchísimo.

omnisciencia. f. Atributo exclusivo a Dios, que consiste en saberlo todo, las cosas reales y las posibles.

omnisciente. a. Omniscio.

omniscio, cia. a. Que tiene omnisciencia./ fig. Muy sabio.

omnívoro, ra. a. y s. Apl. a los animales que se alimentan con toda clase de sustancias orgánicas.

omóplato u **omoplato.** m. Cada uno de los dos huesos anchos, casi planos, situados a uno y otro lado de la espalda, donde se articulan los brazos.

ona. a. Nombre con el que comúnmente se llama a los indios selkman que habitaron la zona de Tierra del Fuego (Argentina). Eran altos, de piel cobriza, ojos pequeños, pelo abundante y vestían con mantos de piel. Ú.t.c.s./ Rel. a estos indios.// m. Lengua que hablaban.

onanismo. m. Masturbación.

onanista. a. y s. Que practica el onanismo.

once. a. Diez y uno./ Undécimo.// m. Conjunto de signos con que se representa el número once.

onceavo, va. u **onzavo, va.** a. Apl. a cada una de las once partes iguales en que se divide un todo.

onceno, na. a. y s. Undécimo.

oncología. f. Parte de la medicina que trata de los tumores.

oncológico, ca. a. Relativo a la oncología.

oncólogo, ga. s. Médico especialista en oncología.

onda. f. Porción de líquido que se eleva y se deprime al perturbar su superficie./ Movimiento que se propaga en un fluido./ Curva que se forma en el pelo, las telas, etc. Ú.m. en pl./ Fís. Forma del movimiento vibratorio de un medio elástico./ **-corta.** Fís. La o. electromagnética cuya longitud se comprende entre 10 y 50 m./ **-electromagnética.** Fís. La o. producida por la variación simultánea de los campos eléctrico y magnético./ **-hertziana.** Fís. La o. electromagnética utilizada en radiodifusión./ **-larga.** Fís. Onda hertziana cuya longitud se comprende entre 600 y 2000 m./ **-media.** Fís. Onda hertziana de longitud comprendida entre 200 y 600 m.

ondeado, da. a. Cosa hecha en ondas o que las tiene.

ondear. i. Hacer ondas el agua./ Ondular./ fig. Formar ondas el pelo, las telas, etc.

ondina. f. Mit. Ninfa de las aguas.

ondonato. a. Apl. a insectos como el caballito.

ondulación. f. Acción y efecto de ondular.

ondulado, da. a. Apl. al cuerpo cuya superficie forma ondas.

ondular. i. Moverse una cosa formando ondas.// tr. Hacer ondas en el cabello.

ondulatorio, ria. a. Que se extiende en forma de ondulaciones./ Que ondula.

oneroso, sa. a. Pesado, molesto./ Apl. a lo que causa gravamen o desembolso.

ónice. m. Ágata veteada de colores alternativos claros o muy oscuros.

onírico, ca. a. Rel. a los sueños.

oniromancia u **oniromancía.** f. Arte supersticiosa de adivinar lo por venir por medio de la interpretación de los sueños.

ónix. m. Ónice.

onomancia u **onomancía.** f. Arte supersticiosa de adivinar por el nombre de una persona la dicha o la desgracia que le ha de suceder.

onomástico, ca. a. Rel. a los nombres, en particular a los propios.

onomatopeya. f. Imitación del sonido de alguna cosa, efectuada mediante un vocablo.

onomatopéyico, ca. a. Relativo a la onomatopeya./ Formado por ella.

ontogénesis u **ontogenia.** f. Biol. Formación y desarrollo del individuo a lo largo de la vida. Se refiere especialmente al período embrionario y, en su caso, a las metamorfosis larvarias.

ontogénico, ca. a. Biol. Perteneciente o relativo a la ontogenia.

Pintura al óleo. Detalle de "Huerto en flor" que se encuentra en el museo de Louvre, París (Francia).

ontología. f. Fil. Parte de la metafísica que trata del ser en general y de sus propiedades.

ontológico, ca. a. Fil. Relativo a la ontología.

onza. f. Mamífero carnicero, parecido al leopardo.

oosfera. f. Bot. Óvulo de los vegetales.

opa. a./ m. y f. Amér. Tonto, idiota.

opacar. tr. Amér. Oscurecer, nublar./ Hacer opaco.

opacidad. f. Calidad de opaco.

opaco, ca. a. Que impide el paso de la luz./ Poco brillante./ Oscuro, sombrío./ fig. Triste, melancólico.

opalescencia. f. Calidad de opalescente.

opalescente. a. Que parece de ópalo o irisado como éste.

opalino, na. a. Rel. al ópalo./ De color entre blanco y azulado con reflejos irisados.

ópalo. m. Mineral silíceo hidratado, de lustre resinoso, duro, aunque quebradizo, e iridiscente.

opción. f. Libertad o facultad de elegir./ La elección misma./ Derecho a un oficio, dignidad, etc.

ópera. f. Poema dramático puesto enteramente en música.

operación. f. Acción y efecto de operar./ *Med.* Intervención quirúrgica en el cuerpo vivo con la ayuda de instrumentos especiales./ *Mat.* Procedimiento mediante el cual, dados varios números o magnitudes, se obtienen otros./ Acción de guerra./ Negociación sobre valores o mercancías.

operador, ra. a. y s. Que opera.// m. El que maneja una máquina proyectora de películas o una cámara cinematográfica o de televisión.// El que opera una computadora.// f. *Arg.* Telefonista.

operar. tr. Intervenir quirúrgicamente.// i. Obrar una cosa y hacer el efecto para el que se destina./ Maniobrar./ Especular sobre valores; negociar sobre mercaderías./ Realizar operaciones matemáticas./ Llevar a cabo actos delictivos.

operario, ria. s. Obrero, trabajador manual.

operativo, va. a. Dícese de lo que obra y hace su efecto.

opereta. f. Obra teatral musical, especie de ópera de poca extensión, de carácter frívolo y alegre.

opláceo, a. a. Que contiene opio.

opinar. i. Formar opinión o tenerla./ Expresarla.

opinión. f. Parecer, concepto que se forma de una cosa./ Modo de juzgar./ Fama, reputación.

opio. m. Producto resultante de la desecación del jugo de las cabezas verdes de la adormidera, que se usa como narcótico. Contiene varios alcaloides, el más importante de los cuales es la morfina. Se emplea en medicina.

opiomanía. f. Adición que consiste en tener el hábito y la necesidad del opio.

opiómano, na. a. y s. Adicto al opio.

opíparo, ra. a. Banquete o comida, copioso y espléndido.

oponer. tr./ prl. Poner una cosa contra otra para estorbarla.// prl. Ser una cosa contraria o repugnante a otra./ Estar una cosa situada o puesta enfrente de otra./ Contradecir, impugnar, estorbar un designio.

oporto. m. Cierto vino dulce, fabricado especialmente en Oporto, Portugal. Es famoso por su excelencia.

oportunidad. f. Sazón, conveniencia de tiempo y lugar.

oportunismo. m. Sistema político que elimina los principios y se adapta a las circunstancias concretas.

Orangután. De cabeza redondeada, cuerpo robusto y brazos largos, su nombre proviene del malayo y significa "hombre de los bosques".

oportuno, na. a. Que se hace o sucede cuando conviene./ Ingenioso y pronto en la conversación.

oposición. f. Acción y efecto de oponer./ Minoría de las asambleas legislativas opuesta a los actos del gobierno./ P. ext., todo grupo político opositor./ Concurso de los aspirantes a una cátedra u otro cargo./ Conjunto de los adversarios políticos del gobierno./ *Astron.* Situación relativa de dos o más astros cuando sus longitudes difieren en dos ángulos rectos.

opositor, ra. s. Persona que se opone a otra./ Candidato a un cargo o cátedra que se proveerá por oposición.

opresión. f. Acción y efecto de oprimir.

opresivo, va. a. Que oprime.

opresor, ra. a. y s. Que oprime, veja o violenta a uno.

oprimir. tr. Ejercer presión sobre una cosa./ fig. Dominar por la violencia a alguien, vejándolo o tiranizándolo.

oprobiar. tr. Infamar, vilipendiar, causar oprobio.

oprobio. m. Deshonor, vergüenza, afrenta.

oprobioso, sa. a. Que causa oprobio.

optar. tr./ i. Elegir una cosa entre varias.// tr. Entrar en la dignidad o cargo a que se tiene derecho.

optativo, va. a. Que admite opción, o pende de ella.

óptico, ca. a. Rel. a la óptica.// m. El que fabrica o vende instrumentos ópticos./ f. Parte de la física, que trata las leyes y fenómenos de la luz, en especial los visibles al ojo humano.

optimismo. m. Sistema filosófico que atribuye al universo la mayor perfección posible./ Propensión a juzgar las cosas favorablemente.

optimista. a./ m. y f. Que tiene optimismo, o lo profesa.

óptimo, ma. a. superl. de **bueno.** Sumamente bueno.

opuesto, ta. p. p. irreg. de **oponer.**// a. Enemigo, adversario./ *Bot.* Apl. a las partes de la planta, cuando están encontradas o las unas nacen enfrente de las otras.

opugnación. f. Oposición que se hace con violencia./ Refutación o contradicción por fuerza de razones.

opugnar. tr. Hacer oposición con fuerza o violencia./ Asaltar una plaza o combatir un ejército./ Oponerse, contradecir.

opulencia. f. Gran riqueza, abundancia de bienes./ fig. Su perabundancia de cualquier otra cosa.

opulento, ta. a. Que tiene opulencia.

opus. m. Obra, especialmente musical.

opúsculo. m. Obra científica o literaria de poca extensión.

oquedad. f. Espacio vacío en un cuerpo sólido./ fig. Insustancialidad de lo que se habla o escribe.

ora. conj. distributiva.

oración. f. Razonamiento pronunciado en público./ Ruego que se hace a Dios y a los santos./ *Gram.* Palabra o conjunto de palabras, unidad mínima con que se expresa un sentido completo./ **-bimembre.** *Gram.* La que es divisible en sujeto y predicado./ **-unimembre.** *Gram.* La que consta de un solo miembro y por lo tanto no puede dividirse en sujeto y predicado.

oracional. a. Perteneciente o relativo a la oración.

oráculo. m. Contestación que da Dios por sí o por sus ministros./ Respuesta que las pitonisas y sacerdotes paganos pronunciaban como ofrecida por los dioses./ Lugar u objeto que representaba la divinidad cuyas respuestas se pedían./ fig. Persona que es escuchada con respeto y veneración.

orador, ra. s. Persona que ejerce la oratoria./ Persona que pide y ruega. // m. Predicador.

oral. a. Dic. de lo que se expresa con la palabra./ *Der.* Apl. al juicio de procedimiento verbal y registrado en actas.

orangután. m. Mono antropoide de dos metros de alto, piel negra y pelaje rojizo. Vive en las selvas de Borneo y Sumatra (Asia).

orar. i. Disertar en público./ Rogar a Dios.// tr. Pedir, suplicar.

orate. m. y f. Demente./ fig. y fam. Persona de poco juicio.

oratoria. f. Arte de hablar con elocuencia.

oratorio, ria. a. Perteneciente y rel. a la oratoria o al orador.// m. Lugar destinado a la oración./ Drama musical religioso.

orbe. m. Redondez, círculo./ Esfera celeste o terrestre./ Mundo, conjunto de todas las cosas creadas.

órbita. f. Curva que describen los astros en su movimiento de traslación./ Cavidad del ojo./ fig. Esfera, ámbito, espacio.

orca. f. Cetáceo de unos diez metros de longitud, propio de los mares del Norte.

orden. m. Colocación de las cosas en el lugar que les corresponde./ Regla que se sigue para hacer las cosas./ Concordancia de las cosas entre sí./ Serie, sucesión./ Sacramento por el cual se instituyen los sacerdotes y los ministros del culto./ Instituto religioso aprobado por el Papa./ *Arq.* Disposición de los cuerpos principales de un edificio. Los órdenes fundamentales de las columnas son: dórico, jónico, corintio y toscano./ *Geom.* Calificación dada a una línea según el grado de la ecuación que representa./ *Bot.* y *Zool.* Grupos en que se dividen las clases y que se subdividen en familias.// f. Mandato que se debe obedecer./ Institutos civiles o militares que premian con condecoraciones a las personas beneméritas.

ordenación. f. Acción y efecto de ordenar u ordenarse./ Disposición, prevención.

ordenada. a. y f. *Geom.* Apl. a la coordenada vertical en el sistema cartesiano.

ordenado, da. a. Que hace las cosas con orden y método.

ordenador, ra. a. y s. Que ordena.// Jefe de una ordenación de pagos./ m. *Comp.* Computadora. Máquina o sistema que a partir de unos datos de entrada es capaz de elaborar una información o resultados, siguiendo una serie de operaciones para la cual ha sido programada previamente. En un ordenador existen dos partes esenciales: el *hardware* y el *software*. El primero es el conjunto mecánico que constituye el equipo electrónico. El segundo es el conjunto de programas de que dispone el sistema para traducir y tratar la información que da el usuario.

ordenanza. f. Conjunto de disposiciones de una materia. Ú.m. en pl./ Método, orden./ La dictada para el régimen de los militares. Ú.t. en pl./ Mandato, disposición o voluntad de uno./ m. Soldado a las órdenes de un jefe u oficial./ Empleado subalterno en algunas oficinas.

ordenar. tr. Poner en orden./ Mandar que se haga una cosa./ Conferir las órdenes a uno.// prl. Recibir las órdenes sagradas.

ordeñar. tr. Extraer la leche exprimiendo la ubre de los animales.

ordinal. a. Rel. al orden.// a./ m. Adjetivo numeral de orden.

ordinariez. f. Falta de cultura y urbanidad.

ordinario, ria. a. Común, corriente, usual./ Contrapuesto a noble, plebeyo./ Basto, vulgar./ Carente de grado o distinción./ a. y s. Apl. al gasto y a la comida diaria de una casa.

ordovícico, ca. a. *Geol.* Dícese del período de la era paleozoica que se encuentra entre el cámbrico y el silúrico, en donde aparecen los primeros vertebrados, abundan los invertebrados marinos y algunas plantas colonizan el medio terrestre. Ú. t. c. s./ Perteneciente o relativo a este período./ *Geol.* Apl. a los terrenos que corresponden a este período. Ú. t. c. s./ Perteneciente o relativo a estos terrenos.

orear. tr. Airear una cosa. Ú.t.c.prl./ Refrescar el viento una cosa.

orégano. m. Planta aromática, de flores purpúreas, que se usa como condimento.

oreja. f. Parte externa del órgano del oído./ Parte lateral de algunas cosas./ fig. Persona aduladora y chismosa.

orejano, na. a. y s. Apl. a la res que no tiene marca./ *Amér.* Arisco.

orejear. i. Mover las orejas un animal./ fig. Hacer una cosa de mala gana./ tr. *Amér.* Escuchar con disimulo.

orejón. m. Trozo de fruta secado al aire y al sol. Ú.m. en pl.

oreo. m. Soplo del aire que da suavemente en una cosa.

orfanato. m. Asilo de huérfanos.

orfandad. f. Estado de huérfano./ Pensión que disfrutan algunos huérfanos./ fig. Falta de ayuda.

orfebre. m. Artífice que trabaja en orfebrería.

orfebrería. f. Arte de labrar metales preciosos, para la fabricación de joyas, ornamentos, etc.

organdí. m. Tela blanca, muy fina y transparente.

orgánico, ca. a. Rel. a los órganos y al organismo./ Díc.

Orca de gran tamaño, cuyos dientes tienen forma cónica, lo que le permite triturar a peces menores, de los que se alimenta.

del cuerpo que tiene aptitud para vivir./ Armónico o consonante./ fig. Apl. a lo que atañe a la constitución y funciones de las entidades./ *Quím.* Apl. a la sustancia cuyo componente constante es el carbono, en combinación con otros elementos.

organigrama. m. Esquema de la organización de una entidad, empresa o tarea./ *Comp.* Esquema que representa la serie encadenada de operaciones que deberá ser efectuada por un ordenador.

organillo. m. Órgano pequeño o piano que se hace sonar por medio de un cilindro movido por una manivela.

organismo. m. Conjunto de los órganos del cuerpo animal o vegetal./ Ser vivo./ fig. Conjunto de oficinas o empleos que constituyen un cuerpo o institución.

organización. f. Acción y efecto de organizar./ *Biol.* Disposición de los órganos de la vida o manera de estar organizado el cuerpo animal o vegetal./ fig. Arreglo, orden.

organizado, da. a. Orgánico, que se halla con disposición para vivir./ *Biol.* Apl. a la sustancia que tiene la estructura peculiar de los seres vivientes.

organizar. tr. Disponer el órgano para que esté acorde y templado./ fig. Ordenar o reformar una cosa o institución, de modo que sus partes cumplan una función o contribuyan a un fin.

órgano. m. *Biol.* Parte de un animal o vegetal que cumple una función determinada./ Instrumento musical de viento, con tubo, fuelles y teclado.

organogenia. f. *Biol.* Estudio de la formación y desarrollo de los órganos.

organografía. f. *Biol.* Parte de la botánica y de la zoología que tiene por objeto la descripción de los órganos de los animales y de las plantas.

organología. f. *Biol.* Tratado de los órganos de los animales y vegetales.

orgánulo. m. *Biol.* Estructura o parte de una célula destinada a realizar las funciones de un órgano; por ejemplo, el nucleolo.

orgasmo. m. Momento de máxima excitación en el acto sexual; culminación del placer sexual.

orgía u **orgia.** f. Festín en que se cometen excesos./ fig. Desenfreno.

orgullo. m. Exceso de autoestima./ Arrogancia, vanidad.

orgulloso, sa. a. y s. Que tiene orgullo.

orientación. f. Acción y efecto de orientar u orientarse.

Oriental con el atuendo típico que caracteriza al pueblo chino.

oriental. a. y s. Del este u oriente./ *R. de la P.* Uruguayo.

orientalismo. m. Conocimiento de la civilización y costumbres de los pueblos de Oriente.

orientalista. m. y f. Persona que cultiva las lenguas, literaturas, etc., de Oriente.

orientar. tr. Situar una cosa en determinada dirección, según los puntos cardinales./ fig. Encaminar./ Informar a una persona de lo que ignora o quiere saber.

oriente. m. Nacimiento de una cosa./ Punto cardinal del horizonte, por donde aparece el sol./ Lugar de la Tierra o de la esfera celeste que, respecto de otro, cae hacia donde sale el sol./ Asia y las regiones inmediatas a ella de Europa y África./ Viento del este./ fig. Mocedad o edad temprana del hombre./ Brillo especial de las perlas.

orificio. m. Agujero o boca./ *Zool.* Abertura de ciertos conductos.

origen. m. Principio y causa de una cosa./ Patria, país de donde uno o su familia provienen./ Ascendencia o familia./ fig. Causa o principio moral de una cosa./ **-de coordenadas.** *Mat.* Punto de intersección de los ejes de coordenada.

original. a. Que pertenece al origen.// a. y s. Que no es copia, imitación o traducción de otra obra literaria, científica, etc./ Apl. a la lengua en que fue escrita una obra./ Apl. a lo que en letras y artes se distingue de lo conocido por cierto carácter de novedad./ Díc. del escritor o el artista que da a sus obras este carácter de novedad./ Aplicado a personas o cosas de la vida real, singular, extraño.// m. Manuscrito o impreso que se entrega a la imprenta./ Todo escrito que se copia./ Persona retratada, respecto del retrato.

originalidad. f. Calidad de original.

originar. tr. Dar origen o lugar./ Ser causa.

originario, ria. a. Que da origen. / Que trae su origen de algún lugar, persona o cosa.

orilla. f. Límite de la tierra que la separa del mar, lago, río, etc./ Término o límite de una cosa./ Extremo o remate de una tela o de un vestido.// pl. *Arg.* y *Méx.* Arrabales.

orillar. tr. fig. Concluir, resolver un asunto.// i. Dejar orillas a las telas./ Guarnecer las orillas de las telas.// i. / prl. Arrimarse a las orillas.

orillero, ra. a. *Amér.* Relativo a los suburbios u "orillas".// s. Persona que habita o frecuenta los suburbios.

orillo. m. Orilla de una tela, en que se estampa la marca.

orín. m. Óxido rojizo que se forma en la superficie del hierro.

orina. f. Líquido que secretado en los riñones pasa a la vejiga, de donde es expelido fuera del cuerpo.

orinal. m. Vaso donde se recoge la orina.

orinar. i./ prl. Expeler la orina.// tr. Expeler otro líquido por la uretra.

oriundo, da. a. Que procede de determinado lugar, originario.

orla. f. Orilla de vestidos o telas, con algún adorno que la distingue./ Adorno que rodea un escrito, impreso, viñeta.

orlar. tr. Adornar un vestido u otra cosa con guarniciones.

ornamental. a. Rel. a la ornamentación.

ornamentar. tr. Adornar, engalanar con adorno.

ornamento. m. Adorno, atavío que hace vistosa una cosa./ fig. Calidades y prendas morales.// pl. Vestiduras sagradas y también los adornos del altar.

ornar. tr/. prl. Adornar.

ornato. m. Adorno, atavío, aparato.

ornitología. f. Parte de la zoología que estudia las aves.

ornitorrinco. m. Mamífero de Australia del tamaño de un conejo aproximadamente. Tiene mandíbulas ensanchadas y cubiertas por una lámina córnea, por lo cual su boca se asemeja al pico de un pato.

oro. m. Metal precioso, amarillo, muy dúctil y maleable, y uno de los más pesados. Símb., Au.; n. at., 79; p. at., 197,20./ fig. Caudal, riqueza./ Color amarillo como el del oro. *Ú.t.c.a.*// pl. Uno de los cuatro palos de la baraja española.

orogénesis u **orogenia.** f. Parte de la geología, que estudia el origen y la formación de las montañas./ *Geol.* Conjunto de procesos que originan una cordillera.

orografía. f. Parte de la geografía física que trata de la descripción de las montañas.

orográfico, ca. a. Perteneciente o relativo a la orografía.

orondo, da. a. Dícese de las vasijas de mucha concavidad./ fam. Hueco, esponjado, hinchado./ fig. y fam. Vanidoso.

oropel. m. Lámina de latón, muy batida y adelgazada, que imita el oro./ fig. Cosa de escaso valor y mucha apariencia.

oropéndola. f. Pájaro de plumaje amarillo, con alas y cola negras. Cuelga el nido de las ramas de los árboles de manera que se mueva al impulso del viento.

orquesta. f. Conjunto de músicos que ejecutan una obra instrumental./ Conjunto de instrumentos, en especial de cuerda y madera, que tocan unidos.

orquestación. f. Acción y efecto de orquestar.

orquestar. tr. Escribir cada una de las partes instrumentales de una composición musical para orquesta.

Orquídea. Planta de vistosas y coloridas flores, muy empleadas en ornamentación.

orquídeo, a. a. Apl. a plantas angiospermas herbáceas monocotiladóneas, vivaces, de hojas radicales y flores de forma y coloración extrañas.// f. Flor de esta planta.// f. pl. Familia de estas plantas.

ortiga. f. Planta herbácea, de hojas agudas y cubiertas de pelos que secretan un líquido urticante, capaz de producir, por contacto, irritaciones cutáneas muy dolorosas.

ortodoncia. f. Cir. Rama de la odontología, que procura corregir las malformaciones y defectos de la dentadura.

ortodoxia. f. Calidad de ortodoxo.

ortodoxo, xa. a. y s. Conforme con el dogma católico. Apl. a personas, ú.t.c.s./ Por ext., conforme con la doctrina fundamental de una secta o sistema.

ortoedro. m. Geom. Prisma cuadrangular cuyas caras y bases son rectángulos, y sus cuatro aristas laterales son perpendiculares a la base.

ortogradismo. m. Biol y Antrop. Marcha en posición erguida o bípeda, específica de la especie humana y, excepcionalmente, de algunos monos antropomorfos.

ortografía. f. Gram. Parte de la gramática que establece la manera correcta de escribir./ Geom. Delineación del alzado de un edificio u otro objeto.

ortográfico, ca. a. Rel. a la ortografía.

ortología. f. Arte de pronunciar y de hablar correctamente.

ortológico, ca. a. Rel. a la ortología.

ortopedia. f. Arte de corregir o de evitar las deformidades del cuerpo humano.

ortopédico, ca. a. Rel. a la ortopedia.

ortóptero. a. y s. Dícese de los insectos masticadores que tienen dos élitros consistentes y dos alas membranosas a lo largo, como los grillos. // m. pl. Orden de estos insectos.

oruga. f. Planta herbácea crucífera cuyas hojas se usan como condimento./ Larva de los insectos lepidópteros o mariposas./ Dispositivo de tracción o arrastre para vehículos. Consiste en un par de llantas flexibles o bandas giratorias que reemplazan a las ruedas.

orujo. m. Hollejo de la uva, después de exprimida./ Residuo de la aceituna molida y prensada.

orzuelo. m. Grano pequeño que sale en el párpado.

os. Forma del pron. de segunda persona en género masculino o femenino del número plural.

osadía. f. Audacia, atrevimiento.

osado, da. a. Valiente, que tiene osadía.

osamenta. f. Esqueleto, armazón ósea./ Conjunto de huesos.

osar. i. Atreverse, emprender algo con audacia.

osario. m. Lugar donde se reúnen los huesos que se sacan de las sepulturas./ Cualquier lugar donde se hallan huesos.

oscilación. f. Acción y efecto de oscilar./ Espacio que recorre el cuerpo oscilante, entre sus dos posiciones extremas./ Cada uno de los vaivenes de un movimiento oscilatorio./ Electr. Fluctuación de la carga circulante en un circuito cuando la energía total asociada permanece constante.

oscilante. p. act. de oscilar. Que oscila.

oscilar. i. Efectuar movimientos pendulares./ fig. Crecer y disminuir alternativamente la intensidad de algunos fenómenos./ Titubear, vacilar.

oscilatorio, ria. a. Dícese del movimiento de los cuerpos que oscilan, y también de su aptitud para oscilar.

oscilógrafo. m. Fís. Aparato para medir e inscribir valores instantáneos de la corriente y del potencial.

osciloscopio. m. Electr. Aparato para medir variaciones temporales de tensiones en un punto de un circuito.

ósculo. m. Beso.

oscurantismo. m. Obscurantismo.

oscurecer. tr. Obscurecer.

oscurecimiento. m. Obscurecimiento.

oscuridad. f. Obscuridad.

oscuro, ra. a. Obscuro.

óseo, a. a. De hueso.

osezno. m. Cachorro del oso.

osificación. f. Acción y efecto de osificarse.

osificarse. prl. Convertirse en hueso o adquirir su consistencia otro tejido orgánico.

osmio. m. Elemento químico. Símb., os.; n. at., 76. Sus aleaciones se utilizan para fabricar elementos de precisión.

ósmosis u **osmosis.** f. Paso recíproco de líquidos de distinta densidad a través de una membrana que los separa.

oso. m. Mamífero carnicero plantígrado, omnívoro, con cabeza prolongada y cola corta. Es de andar lento y puede trepar a los árboles. Vive de 40 a 45 años./ **-hormiguero.** Mamífero desdentado americano. Se alimenta de hormigas, que recoge con su lengua larga y fina./ **-marino.** Especie de foca antártica, apreciada por su piel.

osteíctio. a. y m. pl. Zool. Clase de peces que se caracteriza por poseer esqueleto óseo.

ostensible. a. Que puede manifestarse. / Manifiesto, patente.

ostensivo, va. a. Que ostenta algo.

ostentación. f. Acción y efecto de ostentar./ Jactancia, presunción./ Magnificencia exterior y visible.

ostentar. tr. Mostrar o hacer patente una cosa./ Jactarse./ Hacer alarde de grandeza y boato.

ostentoso, sa. a. Lujoso, digno de verse.

osteología. f. Med. Parte de la anatomía que trata de los huesos.

osteólogo, ga. s. Med. Especialista en enfermedades de los huesos.

osteoma. m. Med. Tumor de naturaleza ósea.

osteomielitis. f. Med. Inflamación simultánea del hueso y de la médula ósea.

osteopatía. f. Med. Término general para las enfermedades óseas.

ostra. f. Molusco acéfalo marino con concha de valvas desiguales, casi circulares. Es marisco muy apreciado.

ostracismo. m. Destierro político en la ant. Grecia./ fig. Exclusión voluntaria o forzosa de los cargos públicos.

otario, ria. a. y s. fam. Arg. Tonto e incauto.

otear. tr. Registrar desde lo alto lo que está abajo./ Escudriñar.

otitis. f. Inflamación del oído.

otología. f. Med. Rama de la medicina que estudia el oído y sus enfermedades.

otomana. f. Especie de sofá, al estilo de los que usan los turcos.

otomano, na. a. y s. Turco.

otoñal. a. Propio del otoño o perteneciente a él./ Apl. a personas, de edad madura.

otoño. m. Estación del año que empieza en el equinoccio del mismo nombre y termina en el solsticio de invierno. En el hemisferio septentrional comienza el 23 de setiembre y termina el 21 de diciembre, y en el austral comprende del 21 de marzo al 21 de junio./ fig. Edad próxima a la vejez.

Oso pardo.
Animal que soporta
el frío invernando.
Al llegar el
invierno se echa a
dormir en su cueva
sobre musgos y
ramas,
manteniendo su
temperatura
corporal
normal y
entrando en un
sueño poco
profundo.
Ante la
necesidad de
alimentarse
se despierta
con facilidad
y sale en
busca de
comida.

Oveja. La especie de la ilustración es común en Australia y tiene un importante papel en la producción de lana para la industria textil.

otorgamiento. m. Consentimiento, permiso./ *Der.* Acción de otorgar un testamento o poder./ Escritura de contrato.

otorgar. tr. Acceder a algo./ Dar./ *For.* Disponer, estipular o prometer una cosa.

otorrinolaringología. f. Parte de la patología que estudia las enfermedades del oído, la nariz y la laringe.

otorrinolaringólogo, ga. s. Especialista en otorrinolaringología.

otosclerosis. f. *Med.* Esclerosis del oído medio o interno.

otoscopia. f. *Med.* Exploración del oído.

otoscopio. m. *Med.* Aparato para reconocer el órgano del oído.

otro, tra. a. y s. Pron. indef. que se aplica a la persona o cosa distinta de aquella de que se habla.

otrora. adv. t. En otro tiempo.

otrosí. adv. c. Además.// m. *Der.* Cada una de las pretensiones o peticiones que se ponen después de la principal.

ova. f. *Bot.* Cualquiera de las algas verdes, unicelulares y filamentosas, que se crían en las aguas.

ovación. f. Uno de los triunfos menores que los romanos concedían por una victoria obtenida sin derramar sangre, o de no mucha consideración./ fig. Aplauso ruidoso que colectivamente se tributa a una persona o cosa./ Aclamación.

ovacionar. tr. Tributar colectivamente una ovación, aclamar.

ovado, da. a. Apl. al ave cuyos huevos fueron fecundados por el macho./ De forma de huevo./ Ovalado.

oval. a. De figura de óvalo.

ovalado, da. a. En forma de óvalo.

ovalar. tr. Dar figura de óvalo a una cosa.

óvalo. m. Curva cerrada, convexa y simétrica respecto de uno o dos ejes.

ovario. m. Moldura adornada con óvalos./ *Bot.* Parte inferior del pistilo, que contiene el rudimento de la semilla./ *Zool.* Órgano femenino de la reproducción, donde están contenidos los óvulos. Generalmente es par.

oveja. f. Hembra del carnero, generalmente sin cuernos y de menor peso y tamaño.

ovejero. a. y s. Que cuida ovejas.

overo, ra. a. y s. Dícese de los animales de color parecido al melocotón./ *Arg.* Dícese de los animales, en especial los caballos, cuyo pelo o plumaje está formado por manchas blancas y negras.

overol. m. *Amér.* Anglicismo por mono, traje de faena.

óvido. a. y m. Dícese de los animales rumiantes bóvidos, cubiertos de abundante lana y con cuernos, como los carneros y las cabras.

oviducto. m. *Biol.* Conducto que lleva los óvulos desde el ovario al exterior para ser fecundados. En los animales superiores se llama también trompa uterina o de Falopio y comunica el ovario con el útero.

ovillar. i. Hacer ovillos.// prl. Encogerse y recogerse haciéndose un ovillo.

ovillo. m. Bola de hilo que se forma devanando una fib... textil o plástica./ fig. Cosa enredada y de forma redonda... Montón o multitud confusa de cosas.

ovino, na. a. Dícese del ganado lanar.// m. Animal ovino.

ovíparo, ra. a. y s. Apl. a las especies animales cuyas hem... bras ponen huevos.

ovoide. a. y s. De forma de huevo.

ovoteste. m. *Biol.* Gónada con tejido testicular y ovárico. ... causa de hermafroditismo verdadero.

ovovivíparo, ra. a. y s. *Biol.* Apl. al animal de generació... ovípara, cuyos huevos se van abriendo en el trayecto de l... vías uterinas; como la víbora.

ovulación. f. *Biol.* Desprendimiento natural de un óvulo, e... el ovario, a fin de que pueda recorrer su camino y ser lu... go fecundado.

óvulo. m. *Biol.* Célula sexual femenina que se forma en ... ovario y de la que, después de ser fecundada, se desarre... llará el embrión.

oxácido. m. *Quím.* Ácido que resulta de la combinación ... un cuerpo simple con el oxígeno y el agua.

oxidación. f. Acción y efecto de oxidar u oxidarse.

oxidante. p. act. de **oxidar.**// a. Que oxida o sirve para ox... dar. Ú.t.c.s.m.

oxidar. tr./ prl. Transformar un cuerpo por la acción del ox... geno o de un oxidante.

óxido. m. *Quím.* Combinación del oxígeno con un metal ... con un metaloide.

oxigenación. f. Acción y efecto de oxigenar u oxigenarse.

oxigenado, da. a. Que contiene oxígeno.

oxigenar. tr./ prl. Combinar el oxígeno con otras sustan... cias.// prl. fig. Respirar el aire libre, airearse.

oxígeno. m. Metaloide gaseoso, elemento esencial para ... respiración, un poco más pesado que el aire y forma par... de él, del agua, de los óxidos, de casi todos los ácidos y ... la mayoría de las sustancias orgánicas. Símb., O; n. at., 8; ... at., 16.

oxímoron. m. Figura retórica que consiste en una contrad... ción en los términos, como "luz negra" o "amarga dulzura...

oxiuro. m. *Zool.* Parásito del hombre. Habita de joven en ... intestino delgado, y desciende al grueso cuando adult... Las hembras miden hasta 10 mm de longitud y llegan pa... efectuar la puesta hasta el recto, en dónde provocan ... prurito muy molesto en los rebordes del ano con sus mo... deduras. El macho no alcanza los 3 mm de longitud.

oyente. a. y s. Que oye./ Alumno que asiste a clase sin m... trícula.

ozonización. f. Acción y efecto de ozonizar.

ozonizar. tr./ prl. *Quím.* Transformar el oxígeno en ozone... Mezclar un cuerpo con el ozono.

ozono. m. *Quím.* Estado alotrópico del oxígeno, origina... por la electricidad. Tiene olor fuerte y color azul oscu... cuando se licua. Se encuentra en la atmósfera debido a ... continua acción de la electricidad, las combustiones y l... rayos ultraviolados. El ozono puro es muy inestable y e... plosivo.

ozoquerita. f. Cera mineral formada por una mezcla de h... drocarburos saturados.

Oxíge... El átomo de oxíge... participa en ... formación ... muchas molécu... que constituy... los cuerpos ... glucosa, de ag... de aminoácid... Posee dos cap... electrónicas... interior con ... electrones y ... exterior con se...

p. f. Decimoséptima letra del abecedario castellano y décimotercera de sus consonantes. Su nombre es *pe*.

pabellón. m. Tienda de campaña sostenida interiormente por un palo, en forma de cono./ Colgadura plegadiza de cama, trono, altar, etc./ Bandera nacional.

pabilo o **pábilo.** m. Cordón que hay dentro de la vela o antorcha./ Parte carbonizada de este cordón.

pábulo. m. Alimento, sustento.

pacer. tr./ i. Comer la hierba el ganado./ Pastar./ Apacentar, dar pasto a los animales.

pachorra. f. Flema, lentitud, indolencia.

paciencia. f. Virtud que permite soportar los infortunios y trabajos con resignación y serenidad./ Virtud cristiana, opuesta a la ira./ Espera y sosiego para las cosas que se desean mucho./ Lentitud en ejecutar algo.

paciente. a. Que sufre con paciencia las cosas./ Que las hace con paciencia.// m. y f. Persona que sufre corporalmente; el enfermo.

pacificar. tr. Restablecer la paz donde había guerra; reconciliar a los que estaban en desacuerdo./ prl. fig. Sosegarse y aquietarse.

pacífico, ca. a. Tranquilo, amigo de la paz.

pacifismo. m. Conjunto de doctrinas encaminadas a mantener la paz entre las naciones.

pacifista. a. Rel. al pacifismo.// s. Partidario del pacifismo.

pacotilla. f. Porción de géneros que los tripulantes de una nave pueden embarcar libre de flete./ **-de pacotilla.** frs. fig. De calidad inferior, hecho sin esmero.

pactar. tr. Asentar, poner condiciones para concluir un negocio u otra cosa entre partes./ Acordar un pacto.

pacto. m. Convenio o acuerdo en que conciertan dos o más personas o entidades, obligándose a su observancia./ Lo estatuido en tal convenio.

pacú. m. *R. de la P.* Pez de río, grande y comestible.

paddle (voz ingl.). m. Deporte similar al tenis, que se juega entre dos equipos de dos jugadores, separados por una red, y con paletas de madera de forma redondeada./ *Comp.* Periférico de entrada de datos, utilizado en las computadoras personales, mediante el cual se proporciona a la computadora un valor constante y determinado.

padecer. tr. Sufrir, sentir físicamente una enfermedad, castigo, daño, dolor, etc./ Estar poseído de una cosa nociva./ Soportar, tolerar./ fig. Recibir daño las cosas.

padecimiento. m. Acción de padecer, sufrir enfermedades o injurias.

padrastro. m. Marido de la madre, respecto de los hijos de ésta de un matrimonio anterior./ fig. Mal padre./ Piel que se levanta en la carne inmediata a las uñas de la mano.

padre. m. Varón o macho con respecto a sus hijos./ En teología, primera persona de la Trinidad./ Varón o macho que ha engendrado./ Macho que se destina en el ganado a la procreación./ Religioso o sacerdote, en señal de respeto.

padrenuestro. m. *Rel.* Oración que Jesús recomendó en el Sermón de la Montaña, según los evangelistas Lucas y Mateo. Empieza precisamente con esas palabras.

padrinazgo. m. Acto de asistir como padrino./ Título o cargo de padrino.

padrino. m. El que asiste o presenta a una persona que recibe el sacramento del bautismo, del matrimonio, etc./ fig. Protector.// pl. El padrino y la madrina./ En el duelo, los que por cuenta de los duelistas convienen los detalles del duelo y acompañan a sus protagonistas.

padrón. m. Nómina de los habitantes de un pueblo./ Patrón o dechado./ Nota pública de infamia o desdoro.

paella. f. Plato de arroz seco con carne, pescado, mariscos, legumbres, etc.

paga. f. Acción de pagar./ Cantidad de dinero con que se paga./ Sueldo de un mes.

pagadero, ra. a. Que se ha de pagar./ Que puede pagarse con facilidad.

pagado, da. p. p. de **pagar**.// a. Ufano, satisfecho de algo.

pagador, ra. a. y s. Que paga.// s. Funcionario o empleado encargado de pagar sueldos, pensiones, créditos, etc.

pagaduría. f. Casa o sitio público donde se paga.

paganismo. m. Religión de los paganos./ Conjunto de los paganos./ Época de predominio de los paganos.

paganizar. i. Profesar el paganismo./ tr. Introducir el paganismo en las costumbres o creencias.

pagano, na. a. y s. Dícese de los idólatras y politeístas, en especial, de los antiguos griegos y romanos./ Gentil.

Paganismo.
Imagen pagana, propia
de un pueblo
indígena de Sudamérica.

pagar. tr. Dar uno a otro, o satisfacer, lo que le debe./ fig. Satisfacer el delito con la pena que corresponde.// prl. Prendarse, aficionarse./ Ufanarse de algo.

pagaré. m. Documento por el cual la persona que lo firma se obliga a pagar a otra una suma de dinero en un plazo determinado.

página. f. Cada una de las dos planas de un libro o cuaderno./ Comp. Cada una de las partes en las cuales se divide la memoria de una computadora.

pago. m. Entrega de un dinero o especie que se debe./ Premio, recompensa./ Distrito de tierra, en especial de viñas y olivares./ Pueblecito o aldea./ R. de la P. Lugar donde ha nacido o vive una persona, y por ext. lugar, pueblo, región.

pagoda. f. Cierto templo oriental.

paidología. f. Ciencia que estudia todo lo relacionado con la infancia.

país. m. Nación, provincia, región, territorio.

paisaje. m. Porción de terreno considerada como espectáculo artístico./ Dibujo o pintura que lo representan.

paisajista. a. y s. Aplícase al pintor de paisajes./ Arq. Apl. al especialista en la creación de parques y jardines, y también en la planificación y conservación del entorno natural de acuerdo con las necesidades de la comunidad.

paisanaje. m. Conjunto de paisanos./ Condición de ser de un mismo país o región, y vínculo que ello representa.

paisano, na. a. y s. Que es del mismo país, comarca o lugar que otro.// m. y f. Habitante del campo, campesino.

paja. f. Caña de los cereales, sin grano y seco.

pajar. m. Sitio o lugar donde se guarda la paja.

pajarería. f. Lugar donde se venden pájaros./ Abundancia de pájaros.

pájaro. m. Nombre que, vulgarmente se da a cualquier especie de ave, aunque más especialmente se aplica a las pequeñas./ **-bobo.** Ave que anida en las costas y por sus malas condiciones para andar y volar se deja cazar con facilidad.// **-carpintero.** Ave trepadora que pica las cortezas de los árboles para sacar insectos con los que se alimenta.// **-mosca.** Pajarito propio de la América intertropical, de unos tres centímetros de largo y plumaje brillante. Se alimenta del néctar de las flores y permanece aletargado e inmóvil durante el invierno./ Colibrí.

pajarraco. m. desp. Pájaro grande del que generalmente se desconoce el nombre./ fig. y fam. Hombre disimulado y astuto.

paje. m. Criado joven, que realiza ciertos menesteres docentes y domésticos./ Cada uno de los muchachos que en las naves están destinados a aprender el oficio de marinero.

pajero, ra. a. y s. Persona que lleva paja para vender./ R. de la P. Persona sin valor, cobarde./ fam. Persona que se masturba con frecuencia.

pajilla. f. Cigarrillo hecho con una hoja de maíz./ Caña delgada que sirve para sorber.

Pájaro bobo.

pajonal. m. Terreno cubierto de paja./ Arg. Lugar poblad[e] de totoras, espadañas o juncos, propios de los terreno[s] húmedos.

pajuerano, na. a. y s. R. de la P. Aplícase a las persona[s] que han nacido en el campo o en el interior del país.

pala. f. Instrumento que consta de una plancha y un mar[n]go, y sirve para diversos usos./ Tabla de madera con u[n] mango para jugar a la pelóta./ Parte ancha del remo, co[n] la cual se hace fuerza en el agua./ Mar. Cada una de las ale[tas o partes activas de la hélice./ Mús. Parte ancha y re[n]dondeada de las llaves que tapan los agujeros en los ins[trumentos de viento./ **-mecánica.** Excavadora de cuchar[a] que se usa para remover la tierra.

palabra. f. Conjunto de sonidos articulados que expresa[n] una idea./ Representación gráfica de estos sonidos./ Facul[tad de hablar./ Promesa, oferta./ Empeño que una person[a] hace de su fe o probidad./ Derecho, turno para hablar e[n] las asambleas./ Verbo, segunda persona de la Trinidad[/] Comp. Conjunto de bits que puede manejar una computa[dora, como unidad elemental./ **-de paso.** Comp. Serie d[e] caracteres que debe reconocer un sistema para dar acces[o] a datos protegidos; también se llama contraseña.

palabrería. f. Abundancia de palabras vanas.

palabrerío. m. Palabrería.

palaciego, ga. a. Rel. al palacio./ fig. Cortesano. Ú.t.c.s.

palacio. m. Casa destinada para residencia de los reyes[/] Casa suntuosa, donde viven personajes ilustres o donde s[e] reúnen corporaciones.

palada. f. Porción de material que recoge la pala de un[a] vez./ Golpe dado al agua por la pala del remo./ Mar. C[a]da una de las revoluciones de la hélice.

paladar. m. Parte interior y superior de la boca en los ve[r]tebrados./ fig. Gusto, sabor.

paladear. tr./ prl. Tomar poco a poco el gusto de una cos[a.]

paladín. m. Caballero valiente que se distingue por sus h[a]zañas./ fig. Defensor de una persona o cosa.

paladio. m. Elemento químico. Símb., Pd.

palafito. m. Vivienda primitiva, lacustre, construida sob[re] estacas.

palafrenero. m. Criado que lleva del freno al caballo./ M[o]zo de caballo.

palanca. f. Barra rígida, que se apoya y puede girar sob[re] un punto, que sirve para transmitir una fuerza y remover[o] levantar pesos./ R. de la P. Influencia de una persona in[fluyente que se utiliza para lograr un fin determinado./ **-de mando.** Comp. Dispositivo que puede inclinarse en t[o]das las direcciones para dirigir un movimiento y que s[e] emplea para desplazar un punto, el cursor o una figura e[n] la pantalla. También se llama mouse./ **-oscilable.** M[e] Dispositivo que se utiliza como sistema de accionamien[to] de algunas máquinas herramienta.

palangana. f. Recipiente, profundo y ancho.

palanquear. tr. R. de la P. Emplear alguna persona su i[n]fluencia para que otra consiga un fin determinado.

palatal. a. Rel. al paladar./ Fon. Apl. al sonido cuya articul[a]ción se produce en cualquier punto del paladar.// f. Gra[n] Letra que representa dicho sonido.

palatinado. m. Título de uno de los príncipes palatinos [e] Alemania.

palatino, na. a. Rel. al paladar.// a. y s. Apl. al hueso p[ar] que contribuye a formar la bóveda del paladar./ Rel. o pr[o]pio de los palacios.

palco. m. Localidad independiente, con balcón, en los te[a]tros, circos, etc./ Tabladillo para presenciar desde él u[na] función.

palenque. m. Valla de madera o estacada para cerrar un t[e]rreno o defender un puesto./ Terreno cercado por una e[s]tacada para celebrar un acto solemne./ fig. Terreno en q[ue] se discute de palabra o por escrito./ Arg. y Bol. Estac[a] poste clavado en tierra para amarrar animales y otros use[s]

paleoantropología. f. Parte de la antropología que est[u]dia los fósiles del hombre para fijar cronológicamente [su] evolución; realiza un estudio comparativo de restos hum[a]nos o antropomorfos.

paleobiología. f. Rama de la biología que estudia las formas de vida de los organismos pretéritos.

paleoceno. a./m. *Geol.* Dícese del primer período de la era terciaria, situada entre el cretácico y el eoceno, cuya duración fue de unos 10 millones de años. En él se verificó un gran desarrollo de los mamíferos.

paleocristiano, na. a. Aplícase al arte cristiano primitivo, hasta el siglo XI.

paleogeografía. f. Geografía de los primeros períodos de la historia del mundo.

paleografía. f. Arte de leer la escritura y los signos de los libros y documentos antiguos.

paleográfico, ca. a. Relativo a la paleografía.

paleolítico, ca. a./m. Apl. al período más largo y antiguo de la prehistoria humana, llamado "de la piedra tallada". Comprende desde la aparición del hombre hasta las glaciaciones del cuaternario y en él aparece el hombre de Cromagnon./ Rel. a este período.

Pagoda. Templo budista de China, conservado a través de los años en la ciudad de Hong Kong.

paleología. f. Arte y ciencia de estudiar los idiomas antiguos.

paleólogo, ga. a. y s. Que conoce los idiomas antiguos.

paleontología. f. Estudio de los seres orgánicos cuyos restos o vestigios se encuentran fósiles.

paleontólogo, ga. s. Persona que se dedica a la paleontología.

paleozoico, ca. a./m. *Geol.* Dic. del primer gran período de la historia geológica, que duró unos 400 millones de años.

palestino, na. a. y s. De Palestina.

palestra. f. Lugar donde se lucha./ fig. Sitio donde se celebran certámenes literarios públicos o debates.

paleta. f. Pala pequeña./ Tabla en la que el pintor dispone sus colores cuando pinta./ Herramienta triangular, con mango de madera, que los albañiles usan para diversas tareas./ Raqueta para pimpón y otros deportes./ Omóplato./ Cada una de las tablas que en los ventiladores envían el aire al ambiente.

paletilla. f. Omóplato.

paliar. tr. Atenuar, aliviar, mitigar la violencia de algunas enfermedades./ Encubrir, disimular.

paliativo, va. a./m. Aplícase a los remedios que sirven para paliar./ Por ext., cualquier solución provisoria o ineficaz a largo plazo.

palidecer. i. Ponerse pálido.

palidez. f. Amarillez, descaecimiento del color natural.

pálido, da. a. Descolorido, desvaído.

palier. m. *Mec.* Cada una de las mitades en que se divide el eje de las ruedas motrices de algunos automóviles./ Pasillo o vestíbulo de los pisos superiores de un edificio.

palillero, ra. s. Caja o pieza similar donde se guardan los mondadientes.

palillo. m. Mondadientes./ Varita para tocar el tambor.

palimpsesto. m. Manuscrito antiguo que conserva huellas de una escritura anterior borrada artificialmente./ Tablilla antigua en que se podía borrar lo escrito para volver a escribir.

palíndromo. m. Palabra o frase que se lee igual de izquierda a derecha que de derecha a izquierda.

palio. m. Manto que usaban los antiguos griegos./ Insignia que da el papa a los arzobispos./ Especie de dosel colocado sobre cuatro o más varas, que se usa en las solemnidades.

paliza. f. Vapuleo, zurra de golpes con un palo.

palma. f. Palmera./ Hoja de la palmera./ Datilera./ Palmito, planta./ Palma interna y algo cóncava de la mano, desde la muñeca hasta los dedos./ Cualquiera de las plantas angiospermas monocotiledóneas, siempre verdes, de tallo recto y coronado por un penacho de grandes hojas.// pl. Familia de las plantas de este nombre./ Aplausos.

palmada. f. Golpe dado con la palma de la mano./ Ruido que se hace al golpear uno contra las palmas de las manos. Ú.m. en pl.

palmar. a. Aplícase a las cosas de palma./ Relativo a la palma de la mano./ fig. Claro, patente.// m. Sitio donde se crían palmares.

palmarés (voz francesa). m. Lista de vencedores en una competición./ En especial tratándose de deportistas, hoja de servicios, historial.

palmario, ria. a. Claro, manifiesto.

palmeado, da. p. p. de **palmear.**// a. De figura de palma./ *Zool.* Díc. de los dedos de aquellos animales que los tienen unidos entre sí por una membrana.

palmear. i. Dar golpes con las palmas de las manos, una contra otra./ Dar golpecitos con la palma de la mano a una persona en prueba de afecto.

palmera. f. Árbol de la familia de las palmas, de flores amarillenas, cuyo fruto es el dátil.

palmeta. f. Instrumento usado por los maestros para dar golpes en las palmas para castigar a los alumnos.

palmípedo, da. a. *Zool.* Dícese de las aves que tienen los dedos palmeados, a propósito para nadar.// m. pl. *Zool.* Nombre antiguo que se aplicó a las especies representantes de varios órdenes muy diversos de aves, en particular a las que tienen patas con dedos palmeados.

palmito. m. Planta de la familia de las palmas, cuyas hojas se aprovechan para hacer escobas, esteras, etc. Su fruto, parecido al dátil, es comestible./ Tallo blanco, tierno, comestible, que corresponde a cada una de las hojas no desarrolladas de la palmera antes descripta.

palmo. m. Medida de longitud.

palmotear. i. Dar golpes con la palma de la mano.

Palacio. Vista del Palacio Real de Madrid, España.

palo. m. Trozo de madera más largo que ancho, cilíndrico y manuable./ Madera, árbol sin corteza./ En la nave, cualquiera de los maderos que sostienen las vergas./ Golpe dado con un palo./ Cada una de las cuatro series en que se divide la baraja de naipes./ fig. y fam. Daño o perjuicio./ **-borracho.** *Amér.* Árbol poco frondoso, con tronco erizado de púas; de su madera, que es inconsistente, se hacen toneles y se sacan fibras para diversos usos./ **-brasil.** Madera de color encendido como brasa, que procede del árbol del mismo nombre./ **-mayor.** *Mar.* El más alto del buque, y que sostiene la vela principal.

paloma. f. Ave de tronco corto y grueso, pico largo y débil y alas largas y puntiagudas, de la que existen muchas variedades.

palomar. m. Edificio donde se recogen y crían las palomas.

palometa. f. *Amér.* Pez comestible.

palote. m. Palo mediano./ Trazo que hacen los niños para aprender a escribir.

palpable. a. Que puede tocarse con las manos./ fig. Manifiesto, evidente.

palpar. tr. Tocar una cosa con las manos para percibirla o reconocerla por el sentido del tacto./ fig. Conocer una cosa, claramente, como si se la tocara.

palpitación. f. Acción y efecto de palpitar./ Latido del corazón, más frecuente que el normal.

palpitar. i. Contraerse y dilatarse alternativamente el corazón./ Moverse o agitarse involuntariamente una parte del cuerpo con movimiento trémulo./ Aumentarse la palpitación natural del corazón a causa de un afecto del ánimo./ fig. Manifestar vehementemente un afecto./ fam. *Arg.* Presentir. Ú.t.c. prl.

pálpito. m. Presentimiento, corazonada.

palta. f. *Amér.* Aguacate, fruto.

palúdico, ca. a. Palustre, relativo al pantano./ Relativo al paludismo./ a. y s. Persona que lo padece.

paludismo. m. Enfermedad infecciosa, febril, ocasionada por gérmenes que se desarrollan en los pantanos, transmitida por la picadura de ciertos mosquitos.

palurdo, da. a. y s. Tosco, grosero.

palustre. a. Relativo a la laguna o al pantano.

pamela. f. Sombrero de paja, de copa baja y alas, que usan las mujeres.

pampa. f. Nombre quechua que significa "planicie sin árboles", y que se asignó desde la colonización española a las estensas llanuras que componen gran parte de los países sudamericanos./ Forma aplanada de rocas graníticas, en la parte superior de una sierra./ Altiplanicie que constituye la parte superior de una meseta.// a. y s. Díc. del indio de diversas tribus araucanas que ocupaban las pampas argentinas.

pampeano, na. a. *Amér.* Pampero, rel. a las pampas.// a. y s. De La Pampa, provincia de la República Argentina.

pampero, ra. a. y s. Rel. a la pampa.// a./ m. Viento fuerte procedente de la pampa.

pamplina. f. Planta herbácea anual, de flores amarillas./ fig. y fam. Dicho o hecho de poco fundamento. Ú.m. en pl.

pan. m. Alimento hecho de harina y agua, cocida en horno después de fermentada./ fig. y fam. Todo lo que, en general, sirve para el sustento diario.

pana. f. Tela gruesa, semejante al terciopelo.

panacea. f. Medicamento al que se atribuye eficacia para curar muchas enfermedades.

panadería. f. Oficio de panadero./ Casa o lugar en donde se hace o se vende el pan.

panadero, ra. s. Persona que por oficio hace o vende pan.// m. *Arg.* Vilano, flor del cardo.

panadizo. m. Inflamación purulenta del tejido celular de los dedos, en especial de su tercera falange, desde donde puede propagarse con intensidad variable.

panafricanismo. m. Tendencia que procura el entendimiento y la integración de las naciones de África.

panal. m. Conjunto de celdillas de cera, que fabrican las abejas para depositar la miel y cuidar sus crías.

panameño, ña. a. y s. De Panamá.

panamericanismo. m. Doctrina que aspira a la solidaridad de todos los países de América, en el orden político, económico y cultural; su contenido ideológico se remonta al siglo XIX, con las luchas por la independencia.

panamericano, na. a. Relativo al panamericanismo./ Relativo al conjunto de América.

panarabismo. m. Doctrina que impulsa la solidaridad, la cooperación y la unidad de los países árabes.

pancarta. f. Cartelón con lemas que se exhibe en reuniones públicas.

pancho, cha. a. Tranquilo./ Satisfecho.// m. fig. y fam. *R. de la P.* Bocadillo de salchicha de Viena.

páncreas. m. Glándula de los mamíferos, situada en la cavidad abdominal.

pancreatina. f. *Farm.* Sustancia que se obtiene por desecación del páncreas de distintos mamíferos; posee las propiedades del páncreas.

panda. m. Denominación que se da a dos mamíferos carnívoros de los cuales el más conocido es el panda gigante, llamado también oso panda, que vive en ciertas zonas de China suroccidental. El panda menor, u oso gato, vive en el Himalaya y algunas zonas cercanas.

pandemia. f. Enfermedad epidémica que se extiende a muchos países o que ataca a casi todos los habitantes de una localidad.

pandereta. f. Pandero con cascabeles o sonajas.

pandero. m. Instrumento de percusión, formado por un aro cubierto con una piel estirada, provisto de sonajas.

pandilla. f. Liga o unión./ La que forman algunos con fines aviesos./ Reunión de gente, en especial la que se forma para divertirse.

panegírico, ca. a. Laudatorio, encomiástico.// m. *Lit.* Discurso oratorio en elogio de alguien. Elogio por escrito que se hace de una persona.

panel. m. Cada uno de los compartimientos en que se divide una pared, puerta, etc./ Lista de jurados./ Grupo de personas que discuten un asunto en público.

panera. f. Cesta sin asas, para transportar o guardar el pan.

paneslavismo. m. Tendencia política que procura la confederación de todos los pueblos eslavos.

pánfilo, la. a. y s. Lerdo en obrar./ Bobo, tonto.

panfleto. m. Libelo difamatorio.

pangaré. a. y s. *R. de la P.* y *Chile.* Aplícase al caballo de color leonado.

Panales de cera para depósito de miel y polen.

pangermanismo. m. Aspiración a la unión y el predominio de todos los pueblos de origen germánico.

panhelenismo. m. Movimiento y tendencia política que proclama y procura la unión en un solo Estado de todos los pueblos helenos.

pánico, ca. a. Díc. del temor excesivo e injustificado. Ú.t.c.m.

panícula. f. *Bot.* Panoja o espiga de flores.

panificación. f. Acción y efecto de panificar.

panificar. tr. Transformar la harina en pan.

panislamismo. m. Tendencia política de los pueblos musulmanes a lograr, por medio de la unidad, la independencia política, religiosa y cultural.

panoja. f. Panícula./ Mazorca del maíz, del mijo y del panizo./ *Bot.* Conjunto de espigas que nacen de un pedúnculo común.

panoplia. f. Armadura completa./ Colección de armas dispuestas artísticamente.

panorama. m. Vista pintada en un gran cilindro hueco que se observa desde su centro./ Paisaje dilatado que se contempla desde un punto de observación./ fig. Aspecto de conjunto de una cuestión.

panorámico, ca. a. Rel. al panorama.// f. *Cine* y *TV.* Movimiento de la cámara alrededor de su eje, sin desplazamiento, en sentido vertical, horizontal u oblicuo./ *Cine* y *Fotog.* Fotografía o sucesión de fotografías que muestran un amplio sector del paisaje visible desde un punto.

panqueque. m. *Amér.* Masa fina y gmente. dulce que se hace con harina y huevos.

pantalla. f. Lámina que se coloca delante y alrededor de la luz artificial para que no hiera la vista./ Especie de mampara que se coloca delante de las chimeneas./ En el cinematógrafo, telón sobre el cual se proyectan las imágenes./ Persona que encubre a otra./ *Amér.* Instrumento para abanicarse./ *Comp.* Periférico de salida de información, generalmente representado por un televisor o un monitor.

pantalón. m. Prenda de vestir que se ciñe al cuerpo en la cintura y baja separadamente cubriendo cada pierna hasta los tobillos.

pantano. m. Terreno deprimido cubierto por agua estancada naturalmente y por plantas acuáticas. Su formación está relacionada con la impermeabilidad del suelo, mal drenaje y poca pendiente./ Espejo de agua formado al cerrarse en forma artificial la salida de un valle con el fin de utilizar las aguas para riego, consumo u obtener energía.

pantanoso, sa. a. Lleno de pantanos./ Cenagoso./ fig. Plagado de dificultades u obstáculos.

panteísmo. m. *Fil.* Doctrina que afirma la identidad de Dios y el universo.

panteísta. a. Rel. al panteísmo.// s. Partidario de dicha doctrina.

panteón. m. Monumento funerario destinado a varias personas.

pantera. f. Mamífero carnívoro, semejante al leopardo, con manchas circulares anilladas. Hay una variedad también de pelaje completamente negro.

pantógrafo. m. Instrumento que se emplea para copiar, ampliar o reducir un plano o dibujo./ *Mec.* Dispositivo articulado que sirve para tomar la corriente que alimenta los motores de las locomotoras eléctricas.

pantomima. f. Representación teatral con gestos y figuras, sin usar palabras.

pantorrilla. f. Parte carnosa y abultada de la pierna, debajo de la corva.

pantufla. f. Calzado para la casa, sin talón, de suela liviana.

panza. f. Vientre o barriga./ Primera de las cuatro cavidades del estómago de los rumiantes./ Parte saliente de ciertas cosas.

pañal. m. Lienzo en que se envuelve a los niños pequeños.

paño. m. Tela de lana muy tupida y de pelo corto./ Tela, obra tejida en el telar.

pañol. m. *Mar.* Compartimiento del buque para guardar víveres, pertrechos o municiones.

pañuelo. m. Pedazo de tela cuadrado y de una sola pieza, que sirve para diferentes usos.

Paracaidismo. Deporte de riesgo y aventura.

papa. f. *Amér.* Patata./ m. *Rel.* Sumo pontífice romano, vicario de Cristo y sucesor de San Pedro como jefe de la Iglesia católica apostólica romana.

papá. m. fam. Padre.

papada. f. Abultamiento carnoso debajo de la barba.

papagayo. m. Ave trepadora de pico fuerte, grueso y muy encorvado, y plumaje amarillento en la cabeza, verde en el cuerpo y encarnado en el encuentro de las alas.

papal. a. Relativo al Papa.

papanatas. m. fig. y fam. Hombre simple, fácil de engañar.

paparrucha. f. fam. Noticia falsa y desatinada de un suceso./ Obra literaria, especie, etc., sin sustancia ni tino.

paparruchada. f. *Amér.* Paparrucha.

papaverina. f. *Quím.* Alcaloide cristalino contenido en el opio, de acción antiespasmódica.

papaya. f. Fruto del papayo, de pulpa amarilla y dulce, muy apreciada.

papayo. m. Árbol típico de los países cálidos, de látex abundante.

papel. m. Hoja delgada obtenida industrialmente de las fibras vegetales adecuadas./ Pliego, hoja o pedazo de papel en blanco, manuscrito o impreso./ Parte de la obra dramática que ha de representar cada actor./ Personaje de la obra dramática que representa el actor.// pl. Documentos con que se acredita el estado civil o condición de una persona.

papelería. f. Conjunto de papeles esparcidos y sin orden./ Tienda donde se vende papel.

papelero, ra. a. y s. Persona que fabrica o vende papel.// f. Mueble para guardar papeles./ Fábrica de papel.

papeleta. f. Cédula./ Impreso en el que se hace figurar la calificación en un examen.

papelón, na. a. y s. Díc. de quien aparenta más de lo que es.// m. fam. Hecho o dicho inoportuno y ridículo.

papera. f. Enfermedad contagiosa caracterizada por la inflamación de las parótidas.

papilla. f. Papas, sopas blandas que se dan a los niños.

papiro. m. Planta originaria de Oriente, con hojas largas y estrechas y cañas de dos o tres metros de altura./ Lámina que se saca del tallo de esta planta usada para escribir.

papirola. f. Figura que se obtiene doblando una y otra vez una hoja de papel.

papismo. m. Nombre que los protestantes dan a la Iglesia católica.

papista. a. y s. Católico, según los protestantes./ fig. Que obedece ciegamente al Papa.

papú. a. y s. Dícese de los individuos de un pueblo australoide de Nueva Guinea e islas cercanas de Melanesia e Indonesia./ Rel. a ese pueblo y a la región que habita./ m. *Ling.* Conjunto de lenguas malayo-polinesias de los papúes.

paquebote. m. Embarcación que transporta pasajeros, mercancía y correspondencia.

paquete. m. Envoltorio bien dispuesto y pequeño./ Conjunto de cartas o papeles que forman mazo.

paquidermo. a. Díc. de los mamíferos de piel gruesa y dura, con tres o cuatro dedos en cada pata, como el hipopótamo, el cerdo, etc.// m. pl. Suborden de estos animales.

paquistaní. a. y s. De Pakistán.

par. a. Igual o semejante en su totalidad./ *Anat.* Apl. al órgano que corresponde simétricamente a otro igual.// m. Conjunto de dos personas o de dos cosas de una misma especie./ Título de elevada dignidad en algunos países./ *Mat.* Díc. del número divisible por dos.

para. prep. Denota fin o término a que se encamina una acción./ Hacia, indicando el lugar que es el término de un viaje, o movimiento o la situación de aquél./ Por, o a fin de./ Junto con verbo, indica unas veces la resolución, disposición o aptitud de hacer lo que el verbo denota, y otras la proximidad a hacerlo.

parábola. f. Narración de un suceso imaginario de la que se deduce una enseñanza moral./ *Geom.* Curva abierta, simétrica en relación a un eje y con un solo foco. Surge de cortar un cono circular recto por un plano paralelo a una generatriz.

parabólico, ca. a. Rel. a la parábola (narración imaginaria)./ *Geom.* Parecido a la parábola o que tiene su figura.

Paquidermo. Ejemplar de hipopótamo que vive semisumergido en los ríos africanos y sale de noche a buscar forrajes como alimento.

parabrisas. m. Bastidor con cristal que llevan los automóviles.

paraca. f. *Amér.* Brisa fuerte que sopla del Pacífico.

paracaídas. m. Casquete esférico, gmente. de seda y de unos 10 a 12 m de diámetro, que usan los aeronautas para moderar la velocidad de la caída.

paracaidismo. m. Práctica del lanzamiento en paracaídas.

paracaidista. s. Soldado especialmente adiestrado que desciende en el campo de batalla con paracaídas./ Persona práctica en el manejo del paracaídas.

parachoques. m. Pieza exterior que llevan los automóviles y otros vehículos para amortiguar los efectos de un choque.

paracinesia. f. *Med.* Lesión del sistema nervioso que ocasiona una dificultad en los movimientos voluntarios y una falta de coordinación de los mismos.

parada. f. Acción de parar./ Sitio donde se para./ Cantidad de dinero que en el juego se expone a una sola suerte./ fig. y fam. *Arg., Chile* y *Venez.* Porte vanidoso y altivo de una persona, de un caballo, etc./ Baladronada, fanfarronada./ Quite, movimiento defensivo./ Formación de tropas, desfile.

paradero. m. Sitio o lugar donde se para./ fig. Fin o término de algo.

paradigma. m. Ejemplo o modelo./ *Gram.* Conjunto de distintas formas que adoptan las partes variables de la oración, según el empleo gramatical que desempeñen; el conjunto debe ser completo y sistemático./ *Ling.* Conjunto virtual de elementos que pueden aparecer en un mismo contexto y en el mismo lugar.

paradisíaco, ca o **paradisíaco, ca.** a. Rel. al paraíso.

parado, da. p. p. de parar.// a. Tímido, remiso./ Desocupado, sin empleo./ *Amér.* Derecho o en pie.

paradoja. f. Especie extraña o contraria a la opinión general./ Afirmación absurda o inverosímil, con apariencia de verdadera./ *Ret.* Empleo de expresiones que envuelven una contradicción.

paradójico, ca. a. Que incluye paradoja o que usa de ella.

paraestatal. a. Díc. de las instituciones que cooperan con los fines del Estado sin formar parte de él.

parafernalia. f. Conjunto de ritos o elementos que rodean determinados actos o ceremonias.

parafina. f. Sustancia obtenida del petróleo que se emplea en la fabricación de velas, para impermeabilizar madera, papel, etc.

parafrasear. tr. Hacer paráfrasis de un texto.

paráfrasis. f. Explicación o interpretación amplificativa de un texto./ Traducción en verso en la cual se imita sin exactitud el original.

paragolpes. m. *Amér.* Parachoques.

parágrafo. m. Párrafo.

paraguas. m. Utensilio portátil para protegerse de la lluvia.

paraguayo, ya. a. y s. Del Paraguay.

paraíso. m. Sitio donde Dios puso a Adán y Eva./ Cielo eterno./ fig. Cualquier lugar ameno./ En los teatros, conjunto de asientos del piso más alto.

paraje. m. Sitio, lugar o estancia./ *Geog.* Sitio o espacio geográfico menor que una comarca, nominado y conocido por los lugareños, que puede estar habitado o no.

paralaje. m. *Astron.* Diferencia entre las posiciones aparentes que tiene un astro en la bóveda celeste, según el punto desde el que se lo observa.

paralelepípedo. m. *Geom.* Sólido terminado por seis paralelogramos que son iguales y paralelos cada dos opuestos entre sí.

paralelismo. m. *Geom.* Relación entre rectas o planos, en la que la distancia entre los que se consideran es constante./ *Ret.* Figura que consiste en oponer dos o más construcciones similares fonética o semánticamente.

paralelo, la. a. *Geom.* Apl. a las líneas y planos equidistantes entre sí y que no se encuentran por más que se prolonguen./ Correspondiente, semejante.// m. Cotejo, comparación./ *Geog.* Cada uno de los círculos menores paralelos al Ecuador.// f. pl. Barras paralelas en que se practican ejercicios gimnásticos.

paralelogramo. m. *Geom.* Cuadrilátero cuyos lados opuestos son paralelos entre sí.

parálisis. f. Disminución o privación del movimiento o de la sensibilidad en una o varias partes del cuerpo./ **-infantil.** *Med.* Enfermedad infantil, contagiosa, cuya principal manifestación es la parálisis flácida e indolora de los músculos.

paralítico, ca. a. y s. Enfermo de parálisis.

paralización. f. fig. Detención experimentada por alguna cosa dotada de acción o movimiento.

paralizar. tr./ prl. Causar parálisis./ fig. Detener, entorpecer la acción y movimiento de alguna cosa.

paramecio. m. *Zool.* Nombre de un género de protozoos ciliados, con especies muy comunes en las aguas dulces de charcas y estanques; algunas son grandes y alcanzan hasta 2 mm de longitud. Por ser muy fácil su cultivo, se utilizan en biología experimental.

paramento. m. Adorno o atavío para cubrir alguna cosa./ Cualquiera de las dos caras de una pared.

parámetro. m. *Geom.* Línea constante e invariable que entra en la ecuación de algunas curvas, especialmente en la de la parábola./ *Mat.* Variable tal que sirve para identificar el valor de otras variables en función de ella./ *Comp.* Variable a la que se le da un valor constante, para cierto propósito o proceso.

paramilitar. a. y s. Aplícase a la organización civil que dispone de estructura o disciplina militar, y a cada uno de sus integrantes.

páramo. m. Terreno yermo y desabrigado./ Llovizna./ fig. Lugar muy frío y desamparado.

parangón. m. Comparación o semejanza.

parangonar. tr. Comparar una cosa con otra.

paranoia. f. *Psiq.* Enfermedad mental que presenta un delirio crónico de persecución, grandeza, etc.

paranoide. a. *Psiq.* Semejante a la paranoia./ Díc. de la psicosis o delirio que evoluciona de modo ilógico y sin sistematización precisa, incomprensible para un sujeto normal.

paranormal. a. Apl. a los fenómenos que estudia la parapsicología.

parapetarse. prl. Resguardarse con parapetos. Ú.t.c.tr./ fig. Precaverse de un riesgo o peligro por algún medio de defensa.

parapeto. m. Pared o baranda que se pone en los puentes o escaleras para evitar caídas./ Terraplén corto que defiende de los golpes enemigos el pecho de los soldados.

paraplejía. f. *Med.* Parálisis de los dos miembros inferiores.

parapléjico, ca. a. Que padece paraplejía.

parapsicología. f. Estudio de los fenómenos y comportamientos psicológicos de los que todavía no ha dado cuenta la psicología científica, como la levitación o la telepatía.

parar. i./prl. Cesar un movimiento o una acción.// i. Ir o llegar a un término o fin./ Reducirse o convertirse una cosa en otra distinta a la que se esperaba./ Habitar, hospedarse.// tr. Detener o impedir el movimiento de otra persona./ Prevenir o preparar./ Arriesgar dinero a una suerte de juego./ *Amér.* Ponerse de pie. Ú.m.c. prl.

pararrayo o pararrayos. m. Conjunto de varillas unidas a tierra, que protege de las descargas eléctricas atmosféricas; se coloca sobre los edificios o los buques.

La garrapata es un parásito de tipo de los artrópodos, que se alimenta de la sangre de sus víctimas (perros, ovejas).

La sanguijuela es un parásito del tipo de los anélidos, que se fija a la piel humana mediante sus ventosas.

Parásito. Invertebrado que se nutre de otra especie que no obtiene para sí ningún beneficio de esa relación.

parasimpático. a./m. *Anat.* Dícese del sistema nervioso autónomo que no responde a órdenes del cerebro. Está formado por nervios motores, originados en el encéfalo, y fibras cuya sustancia intermediaria es la adrenalina.

parasitismo. m. *Ecol.* Relación entre dos seres vivos de distintas especies, en la cual uno de ellos se beneficia directamente del otro, que no obtiene ninguna ventaja. Por ejemplo, los piojos y los mosquitos con el hombre./ fig. Hábito que tienen ciertas personas, de vivir sin trabajar, a costa de los demás.

parásito, ta o parasito, ta. a. y s. Apl. al animal o planta que vive en otro ser vivo, nutriéndose total o parcialmente a expensas de él.

parasitología. f. Parte de la biología que trata de los parásitos.

parasol. m. Quitasol.

paratiroides. a. y s. Apl. a cada una de las glándulas de secreción interna situadas en torno a la tiroides.

parcela. f. Porción pequeña de terreno./ Parte pequeña, partícula.

parcelar. tr. Dividir un terreno o finca en parcelas.

parche. m. Pedazo de lienzo u otra cosa con medicamento, que se coloca sobre la parte enferma del cuerpo./ Remiendo./ Pedazo de papel, tela, etc., que se pega sobre una cosa por medio de aglutinantes./ Cada una de las pieles del tambor./ Tambor, instrumento de percusión.

parcial. a. Rel. a una parte del todo./ Incompleto, no cabal./ Que juzga o procede con parcialidad./ Que sigue el partido de otro. Ú.t.c.s.

parcialidad. f. Conjunto de los que componen una familia o facción separada del común./ Familiaridad, amistad en el trato./ Prevención en favor o en contra de personas o cosas./ Falta de equidad.

parco, ca. a. Corto, moderado en el uso de las cosas./ Sobrio en la comida o bebida.

pardo, da. a. De color oscuro como el de la tierra, con algo de amarillo y rojo.

pareado, da. p. p. de parear.// a. *Lit.* Dícese de dos versos unidos y aconsonantados.

parear. tr. Igualar dos cosas comparándolas entre sí./ Formar pares de las cosas.

parecer. i. Aparecer una cosa./ Tener cierto aspecto.

parecido, da. p. p. de parecer.// a. Aplícase al que se parece a otro./ Con los adverbios "bien" o "mal", que tiene buen o mal aspecto.// m. Semejanza.

pared. f. Obra levantada verticalmente para cercar un espacio o sostener el techo./ Tabique./ Superficie lateral de un cuerpo.

paredón. m. aum. de pared./ Pared que queda en pie, como ruina de un edificio./ Muro contra el que se llevaban a cabo fusilamientos.

Parasoles de intensas y variadas tonalidades son utilizados en los jardines para resguardarse del sol.

parejero, ra

Parque. Un aspecto de sus flores y plantas ornamentales.

parejero, ra. a./m. *Amér.* Dícese del caballo de carrera y, en general, de todo caballo muy bueno y veloz.

parejo, ja. a. Igual, semejante./ Liso.// f. Conjunto de dos personas o cosas que tienen relación o semejanza entre sí./ Cada una de ellas en relación con la otra./ Compañero o compañera en los bailes.

parénquima. m. *Bot.* Tejido celular esponjoso de organismos vegetales.// m. *Zool.* Tejido celular que forma las glándulas en los animales.

parental. a. *Biol.* Lo que se refiere a ambos progenitores./ *Zool.* Relativo a la conducta en el cuidado de las crías.

parentela. f. Conjunto de todos los parientes./ Parentesco.

parentesco. m. Vínculo por consanguinidad o afinidad./ fig. Unión, vínculo de las cosas.

paréntesis. m. *Gram.* Frase incidental sin enlace con el resto del período./ *Gram.* Signo ortográfico ( ) en que suele encerrarse esta frase./ fig. Suspensión o interrupción.

parentético, ca. a. Relativo al paréntesis.// f. *Gram.* Oración encerrada entre paréntesis.

paresia. f. Parálisis leve que consiste en la debilitación de las contracciones musculares.

paria. m. y f. Persona de la casta inferior de los hindúes.

parición. f. Tiempo de parir el ganado.

paridad. f. Comparación de una cosa con otra, por ejemplo o símil./ Igualdad que tienen las cosas entre sí.

pariente, ta. a. y s. El que está ligado a otro de su misma familia por razones de consanguinidad o afinidad./ fig. y fam. Allegado, parecido.

parietal. a. Rel. a la pared.// a./ m. Apl. a cada uno de los dos huesos de las partes media y laterales de la cabeza.

parir. i./ tr. Expeler el feto la hembra vivípara, en el tiempo oportuno./ Aovar.

parisiense o **parisino, na.** a. y s. De París.

paritario, ria. a. Dícese especialmente del organismo gremial en que los patronos y obreros están representados en un número igual y con los mismos derechos.

parla. f. Acción de parlar./ Labia.

parlamentar. i. Hablar o conversar unos con otros./ Tratar de ajustes./ Capitular para la rendición de una plaza o para algún convenio.

parlamentario, ria. a. Rel. al parlamento judicial o político.// s. El que va a parlamentar./ Miembro de un parlamento.

parlamentarismo. m. *Pol.* Sistema político en el que el parlamento, junto a su habitual tarea legislativa, fiscaliza la actuación del gobierno, cuyos miembros son responsables ante él. Como réplica a este derecho, el gobierno puede disolver el parlamento y convocar a nuevas elecciones.

parlamento. m. Acción de parlamentar./ Asamblea legislativa.

parlanchín, na. a. y s. fam. Que habla mucho e inoportunamente.

parlar. i./tr. Hablar con desembarazo./ i. Hablar mucho y sin sustancia./ Revelar y decir aquello que se debe callar.

parlotear. i. fam. Hablar mucho por diversión o pasatiempo.

parloteo. m. Acción y efecto de parlotear.

parnaso. m. fig. Conjunto de todos los poetas, o bien de todos los de una época o una nación determinada./ *Lit.* Colección de poesías de muchos autores.

paro. m. Suspensión de la jornada industrial o agrícola.

parodia. f. Imitación burlesca de una obra seria literaria o musical, o del estilo de un autor.

parodiar. tr. Hacer una parodia./ Remedar.

paródico, ca. a. Relativo a la parodia.

paronimia. f. Calidad de parónimo.

parónimo, ma. a./ m. *Gram.* Dícese de cualquiera de los dos o más vocablos que tienen relación por su etimología o por su forma o sonido.

paronomasia. f. Semejanza entre dos o más vocablos./ *Ret.* Empleo deliberado de este tipo de palabras.

paroxismo. m. Período de mayor intensidad o violencia de una enfermedad./ fig. Exaltación extrema de los afectos y pasiones./ *Geol.* Momento de mayor intensidad de un movimiento orogénico o sísmico.

paroxítono, na. a. Aplícase al vocablo llano o grave, es decir, el que lleva acento tónico en la penúltima sílaba.

parpadear. i. Mover los párpados, o abrir y cerrar los ojos./ Titilar, oscilar la luminosidad.

párpado. m. Cada una de las membranas movibles, cubiertas de piel, que protegen los ojos.

parque. m. Terreno arbolado, con jardines, para caza, recreo u ornato./ Sitio o paraje donde se tienen las municiones de guerra./ **-zoológico.** Lugar donde se guardan toda clase de animales para conocimiento de la zoología y distracción pública.

parquedad. f. Moderación y prudencia en el uso de las cosas./ Parsimonia, circunspección.

parquímetro. m. Máquina que se destina a regular mediante pago el tiempo de estacionamiento de los vehículos.

Parto. Fenómeno fisiológico que provoca la salida del feto y la placenta fuera de las vías genitales de la madre. En la ilustración se observa el parto de una vaca.

parra. f. Vid, especialmente la que extiende mucho sus vástagos y está levantada artificialmente.

párrafo. m. Cada una de las divisiones de un escrito, que se señalan al principio del renglón con letra mayúscula y al final con punto y aparte.

parral. f. Conjunto de parras sostenidas por una armazón./ Sitio donde hay parras.

parranda. f. fam. Fiesta, jarana./ Grupo de personas que salen de noche para divertirse, tocando instrumentos de música o cantando.

parricida. m. Persona que mata a su padre o a su madre.

parricidio. m. Muerte violenta que se da a un ascendiente, descendiente o cónyuge.

parrilla. f. Armazón de hierro en forma de rejilla, para poner a la lumbre lo que se quiere asar o tostar./ Casa de comidas donde se preparan asados a la vista de sus clientes.

parrillada. f. Comida compuesta por carnes rojas o blancas y achuras asadas a la parrilla.

párroco. m./ a. Cura encargado de una parroquia.

parroquia. f. Iglesia en que se administran los sacramentos y se atiende a los fieles./ Feligresía, conjunto de feligreses./ Territorio que se halla bajo la jurisdicción del párroco./ Clientela de un comercio.

parroquial. a. Relativo a la parroquia.

parroquiano, na. a. y s. Perteneciente a una parroquia.// s. Persona que acostumbra a comprar en un determinado negocio.

parsec. m. Astron. Unidad de medida de las distancias interestelares. Equivale a 3,26 años luz.

parsi. a. y s. Dícese de los individuos de un pueblo descendiente de los persas, actualmente mayoritario en Irán./ a. Relativo a dicho pueblo.

parsimonia. f. Frugalidad y moderación en los gastos./ Lentitud, templanza, circunspección.

parsimonioso, sa. a. Que actúa con parsimonia; circunspecto, moderado.

parte. f. Porción de un todo./ Sitio o lugar./ Cantidad que se da a cada uno en un reparto./ Cualquiera de los ejércitos, facciones, sectas, etc., que se oponen o contienden./ Lado al que una persona se inclina o se opone en una cuestión, riña, etc./ Papel de un actor./ Litigante.// m. Escrito, por lo común breve, que se envía a una persona para darle aviso o noticia urgente./ Telegrama o telefonema.

partenogénesis. f. Biol. Modo de reproducción de algunos animales y plantas, que consiste en la formación de un nuevo ser por la división reiterada de células sexuales femeninas, sin intervención de gametos masculinos.

partero, ra. s. Persona que por oficio asiste a la mujer que está de parto.

partición. f. División o reparto de una herencia, hacienda, bienes, etc., entre varias personas./ Comp. Zona de la memoria principal de una computadora, que se reserva para contener uno de los programas que se está ejecutando y los datos con los que opera. De este modo, la computadora puede tener varias divisiones con datos especificados.

participar. i. Tener parte en una cosa.// tr. Notificar, dar parte.

partícipe. a. y s. Dícese de quien tiene parte en una cosa.

participio. m. Forma del verbo, que participa de las cualidades del verbo y del adjetivo. También hace a veces oficio de sustantivo. Se divide en activo y pasivo, según denote acción o pasión, en sentido gramatical, y en regular o irregular, según su terminación. Los regulares son los que terminan en ado, en los verbos de la primera conjugación,

Parlamento. Congreso de la Nación Argentina, lugar de reunión y debate de los parlamentarios.

y en ido, en los de la segunda y tercera conjugación. Son irregulares los que tienen cualquier otra terminación.

partícula. f. Porción pequeña de materia./ Fís. Cada uno de los corpúsculos que componen el átomo.

particular. a. Propio y privativo de una cosa./ Especial, raro en su línea./ Que no tiene título o empleo que lo diferencie de los demás. Út.c.s./ Dícese de lo privado, en oposición a lo público.// m. Punto o materia de que se trata.

particularidad. f. Singularidad, especialidad./ Distinción en el trato o cariño que se hace de una persona con respecto a otras./ Detalle, pormenor.

partida. f. Acción de partir./ Registro de un bautismo, matrimonio, etc./ Copia de cualquiera de estos registros./ Cualquiera de los artículos o cantidades de una cuenta./ Cantidad o porción de un género comercial./ Conjunto poco numeroso de gente armada./ Com. Registración de una cuenta al debe o al haber.

partidario, ria. a. y s. Que sigue a un partido o bando./ Arg. Propio de un partido político.

partidismo. m. Aceptación de las opiniones de un partido por sobre el interés general./ Parcialidad al tratar un asunto en el que se debería ser objetivo.

partido, da. p. p. de **partir.**// a. Sincero, liberal, que reparte con los otros lo que tiene.// m. Parcialidad, bando./ Provecho, ventaja./ En el juego, ventaja concedida al que juega menos./ Medio apto para lograr una cosa./ Distrito o territorio de una jurisdicción./ Arg. En la provincia de Buenos Aires, municipio./ Dep. Competencia concertada entre dos equipos o jugadores./ **-político.** Organización formada por personas de similar ideología política.

partir. tr. Dividir en partes./ Hender, cortar./ Repartir algo entre varios./ Álg. y Arit. Dividir./ i. Tomar una fecha, un hecho, como base para un razonamiento. Út.c.prl./ fig. y fam. Anonadar, desbaratar a uno.// prl. Dividirse en parcialidades.

partisano, na. a. y s. Díc. de los miembros de las distintas fuerzas irregulares que luchaban contra las fuerzas alemanas de ocupación, durante la Segunda Guerra Mundial.

partitivo, va. a. Que puede dividirse./ Gram. Dícese del adjetivo y del sustantivo numeral que expresan división de un todo en partes.

partitura. f. Texto completo de una obra musical para varias voces o instrumentos.

parto. m. Acción de parir./ El ser que ha nacido.

parturienta o **parturiente**. a. y s. Apl. a la mujer que está de parto o recién parida.

parva. f. Mies tendida en la era./ *Amér.* Montón grande y apretado de mies, pastos forrajeros, etc./ fig. Montón o cantidad grande de una cosa.

parvulario. m. Sitio donde se cuida y educa a párvulos./ Conjunto de niños que reciben educación preescolar.

párvulo, la. a. De corta edad.// a. y s. Niño, en su primera infancia./ fig. Inocente, fácil de engañar.

pasa. f. Uva desecada. Ú.t.c.a.

pasadizo. m. Paso estrecho para ir de una parte a otra.

pasado, da. p. p. de pasar.// m. Tiempo que pasó y las cosas en él sucedieron.

pasador, ra. a. y s. Que pasa de una parte a otra.// m. Cerrojo./ Parilla de metal que en las bisagras sirve de eje./ Broche, imperdible./ Colador.

pasaje. m. Acción de pasar de una parte a otra./ Derecho que se paga por pasar./ Sitio por donde se pasa./ Precio que se paga por el transporte en un viaje./ Totalidad de los pasajeros./ Trozo o parte de un libro, escrito, etc./ Paso público entre dos calles./ Boleto o billete para un viaje.

pasajero, ra. a. Que dura poco tiempo o que pasa pronto.// a. y s. Persona que viaja en un vehículo, sin tener cargo en él.

pasamanería. f. Obra o fábrica de pasamano./ Tienda en que éstos se venden./ Taller donde se fabrican.

pasamano. m. Especie de galón o trencilla para adornos./ Barandal, listón que sujeta los balaustres.

pasaporte. m. Documento que se expide para poder pasar de un país a otro.

pasar. tr. Conducir, llevar de un sitio a otro./ Mudar, trasladar a uno de un lugar a otro. Ú.t.c.i. y prl./ Atravesar, cruzar./ Enviar, transmitir./ Ir más allá de un punto determinado./ Penetrar o traspasar./ Introducir géneros de contrabando./ Aventajar, superar. Ú.t.c. prl./ Transferir, ceder. Ú.t.c.i./ Sufrir, tolerar./ Cerner./ Refiriéndose a una comida o bebida, tragar.// i. Extenderse, contagiarse alguna cosa./ Mudarse o convertirse una cosa en otra./ Con referencia al tiempo, ocuparlo bien o mal./ imp. Acontecer, suceder.// prl. Tomar un partido opuesto al que antes se tenía./ Borrarse de la memoria una cosa./ Comenzar a pudrirse las frutas, carnes, etc./ fig. Insolentarse.

pasatiempo. m. Diversión, entretenimiento.

PASCAL. m. *Comp.* Lenguaje de alto nivel, que se caracteriza por su estructura modulada y pertenece al grupo de los lenguajes estructurados.

pascua. f. Fiesta hebrea que se celebra en la mitad de la luna de marzo, conmemorando la libertad del cautiverio en Egipto./ Fiesta de la Resurrección de Cristo, en la Iglesia católica./ fig. fam. Alegría. Ú.m. en pl./ **-florida.** La de Resurrección.

pascual. a. Relativo a la pascua.

pase. m. Permiso para que se use un privilegio, licencia o gracia./ Dado por escrito, licencia para viajar gratuitamente, transitar por algún sitio, penetrar en algún local, etc.

pasear. i./ tr./ prl. Andar o ir a pie, a caballo, en una embarcación, etc., como entretenimiento o ejercicio./ tr. Hacer pasear./ fig. Llevar una cosa de un lugar a otro.// prl. fig. Estar ocioso.

paseo. m. Acción de pasear o pasearse./ Sitio público para pasearse.

paseriforme. m. pl. *Zool.* Orden muy numeroso y complejo de aves que presentan una particularidad muy especial en la disposición de los dedos, tres dirigidos hacia adelante y uno hacia atrás, de manera que puedan asirse con facilidad a las ramas, aunque hay especies terrícolas.

pasillo. m. Pieza de paso, larga y angosta, de cualquier edificio./ Paso, obra teatral breve.

pasión. f. Acción de padecer./ Por anton., la de Cristo./ Lo opuesto a la acción./ *Gram.* Estado pasivo en el sujeto./ Afecto desordenado en el ánimo./ Inclinación o preferencia muy vivas.

pasional. a. Relativo a la pasión, especialmente amorosa.

pasivo, va. a. Apl. al sujeto que recibe la acción del agente sin cooperar con ella./ Apl. al que deja que los otros obren, sin hacer cosa alguna por sí mismo./ Dícese del haber o pensión que disfrutan ciertas personas en virtud de servicios que prestaron ellas o personas de su familia./ *Gram.* Apl. a la voz que denota que el sujeto gramatical recibe la acción del verbo. Ú.t.c.s.// m. *Com.* Conjunto de deudas y obligaciones exigibles de una empresa.

pasmar. tr./ prl. Enfriar mucho o bruscamente./ fig. Ocasionar suspensión o pérdida de los sentidos./ fig. Asombrar extremadamente. Ú.t.c.i. y prl.// prl. Contraer la enfermedad llamada pasmo.

pasmo. m. Efecto de un enfriamiento, que se manifiesta por dolor de huesos y otras molestias./ fig. Admiración y asombro extremados, que dejan en suspenso la razón y el sentido./ fig. Objeto que causa esta admiración y asombro.

pasmoso, sa. a. Que produce pasmo o gran admiración.

paso. m. Movimiento de cada uno de los pies para andar./ Acción de pasar./ Sitio por donde se pasa./ Espacio que comprende la longitud de un pie y la distancia entre éste y el talón del que se ha movido hacia adelante al caminar./ Marcha natural y cómoda de las caballerías./ Peldaño de la escalera./ Acción de pasar./ Gestión en solicitud de algo. Ú.m. en pl./ Huella que se deja al andar./ Suceso digno de reparo./ Cualquiera de los sucesos más salientes de la Pasión de Cristo./ Efigie o grupo que representa un hecho de la Pasión./ Cualquiera de las mudanzas en el baile./ Puntada larga./ Pieza teatral muy breve./ Estrecho de mar.

pasquín. m. Escrito anónimo de carácter satírico, que se fija en sitio público.

pasta. f. Masa hecha con una o varias cosas machacadas./ Masa de harina que sirve para hacer fideos, tallarines, etc./ Cierta encuadernación de libros.

La pasteurización de los lácteos garantiza la consumición de productos carentes de bacterias nocivas.

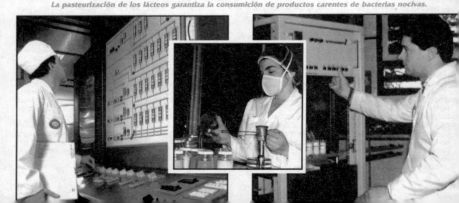

Pastel. Técnica pictórica de suma expresividad, utilizada por Edgar Degas en esta obra de 1886.

astar. tr. Conducir al ganado al pasto.// i. Pacer el ganado el pasto.

astel. m. Masa cocida, al horno, de harina y manteca, que envuelve dulce, pescado, carne, etc./ *Pint.* Lápiz hecho con una materia colorante y agua de goma./ *Impr.* Defecto que sale por exceso de tinta o por estar ésta muy espesa.

asterización. f. Pasteurización.

asteurización. f. Acción y efecto de pasteurizar.

asteurizar. (De L. *Pasteur, bacteriólogo francés.*) tr. Esterilizar de gérmenes patógenos, por medio del calor, líquidos alimenticios, alterando lo menos posible sus cualidades físicas y los elementos bioquímicos.

astilla. f. Porción de pasta, de diverso tamaño y figura, esp. la que contiene alguna sustancia medicinal o simplemente agradable.

astizal. m. Terreno con mucho pasto, para caballerías.

asto. m. Acción de pastar./ Hierba que pace el ganado./ Sitio en que éste pasta. Ú.m. en pl.

astor, ra. s. Persona que cuida y apacienta el ganado.// m. Prelado.

astoral. a. Rel. al pastor./ Perteneciente a los prelados./ Díc. de la carta de una dignidad eclesiástica dirigida a su clero y fieles, sobre puntos de fe y moral, dando normas de conducta. Ú.t.c.s./ *Lit.* Relativo a la poesía en que se describe la vida de los pastores.// f. *Lit.* Especie de drama bucólico, cuyos personajes son pastores y pastoras.

astorear. tr. Llevar el ganado al campo y cuidar de él mientras pace.// i. Pacer el ganado.

astoreo. m. Acción de pastorear el ganado.

astoril. a. Propio o característico de los pastores./ *Lit.* Género literario que exalta sentimientos derivados de la vida campestre y de la contemplación de la naturaleza.

astosidad. f. Calidad de pastoso.

astoso, sa. a. Blando y suave al tacto, a semejanza de la pasta./ Ap. a la voz agradable, sin resonancias metálicas.

astura. m. Pasto./ Hierba de que se alimentan los animales./ Sitio donde pastan.

ata. f. Pie y pierna de los animales./ Pie de un mueble./ Hembra del pato./ fam. Pierna.

atacón. m. Moneda de plata que se usó en varios países de América./ fam. Dinero; peso.

atada. f. Golpe que se da con la planta del pie o con lo llano de la pata de un animal.

atagón. a. y s. Díc. del individuo perteneciente a una tribu que pobló la parte sur de la Argentina, desde el río Colorado hasta la isla de Tierra del Fuego. También se los conoce con el nombre de *chónecas* o *chonis.* Eran de elevada estatura y usaban pieles para vestirse y armar sus toldos transportables. Formaban parte de ellos los tehuelches, los puelches y los onas.

patagónico, ca. a. Rel. a la Patagonia.

patalear. i. Mover las piernas o patas con ligereza y violencia./ Dar patadas en el suelo.

pataleo. m. Acción de patalear./ Ruido que se hace con las patas o los pies.

patán. a./ m. fam Hombre rústico./ fig. y fam. Hombre tosco y grosero.

patata. f. Planta herbácea anual, solanácea, originaria de América, con tallos ramosos y raíces fibrosas que terminan en gruesos tubérculos redondeados, carnosos y muy feculentos./ Cada uno de los tubérculos de esta planta.

patear. i. fam. Dar golpes con los pies./ fig. y fam. Tratar desconsideradamente a uno, al reprenderle./ *Amér.* Hacer daño alguna comida o bebida.// i. Cocear./ fig. y fam. Dar patadas en señal de cólera.

patena. f. Platillo de oro u otro metal dorado, donde se pone la hostia en la misa.

patentar. tr. Otorgar patentes. / Obtenerlas, tratándose de la propiedad industrial.

patente. a. Manifiesto, visible./ fig. Claro, evidente.// f. Documento necesario para el ejercicio de algunas profesiones o industrias./ Por ext., todo testimonio que acredita una cualidad o mérito.

patentizar. tr. Hacer patente una cosa.

paternal. a. Propio del afecto o solicitud del padre.

paternalismo. m. Tendencia a aplicar las formas de autoridad y protección propias del padre en la familia tradicional a relaciones de otro tipo (políticas, laborales, económicas, etc.).

paternidad. f. Calidad de padre.

paterno, na. a. Relativo al padre.

patético, ca. a. Apl. a lo que es capaz de conmover el ánimo produciendo sentimientos de dolor, tristeza, compasión, melancolía.

patí (voz guaraní). m. Pez grande de río que no posee escamas y cuya carne es excelente.

patíbulo. m. Tablado o lugar en que se ejecuta la pena de muerte.

patilla. f. Barba que se deja crecer sobre las mejillas./ Pieza en la que se encaja, sujeta o apoya otra.

patín. m. Ave palmípeda marina./ Aparato adaptable al calzado, que lleva una especie de cuchilla o dos pares de ruedas, para deslizarse sobre el hielo o sobre un pavimento duro y liso./ Juguete que consiste en una plancha colocada sobre ruedas y provista de un manillar.

pátina. f. Barniz verdoso que se forma sobre el cobre o el bronce por la acción del tiempo./ Tono que da el tiempo a las pinturas y otros objetos antiguos.

patinaje. m. Deporte en el que se emplean patines. Puede ser sobre hielo, sobre ruedas, artístico, etc.

patinar. i. Deslizarse con patines./ Resbalar las ruedas de un vehículo, sin rodar, o dar vueltas sin avanzar.// tr. Dar pátina artificial a un objeto./ *Arg.* Derrochar, malgastar.

Pasaje. Pintoresco paso público peatonal, en Italia, construido antiguamente y aún transitado.

Patos nadando en aguas del río Ganges (Asia).

patio. m. Espacio cerrado con paredes o galerías, que se deja al descubierto.

patitieso, sa. a. fam. Que se queda sin sentido ni movimiento en las piernas o pies./ fig. y fam. Que se queda sorprendido o asombrado; atónito.

patizambo, ba. a. y s. Que tiene torcidas hacia afuera las piernas y junta mucho las rodillas.

pato. m. Ave de pico ancho y chato, y tarsos cortos y patas palmeadas. Abunda en estado salvaje y se domestica con facilidad./ fig. y fam. *R. de la P.* Persona que se ha quedado sin dinero. Ú.t.c.a.

patogenia. f. Parte de la patología que estudia la forma en que se engendra un estado morboso.

patógeno, na. a. Apl. a los elementos y medios que originan y desarrollan las enfermedades.

patología. f. Parte de la biología que trata del estudio de las enfermedades.

patológico, ca. a. Relativo a la patología./ Enfermo; enfermizo.

patota. f. *R. de la P.* Grupo de jóvenes que se reúnen en pandillas.

patotero, ra. a. y s. *R. de la P.* El que forma parte de una patota; prepotente, violento.

patraña. f. Mentira, noticia fabulosa; embuste.

patria. f. Lugar, población o país en que se ha nacido./ Nación propia de cada uno, con la suma de cosas materiales o inmateriales, habitantes, tradiciones y costumbres, que son objeto de la cariñosa adhesión de sus naturales.

patriada. f. *R. de la P.* Movimiento político revolucionario que conlleva gran riesgo, en especial el que se realiza invocando la necesidad de salvar a la patria./ Acción en que se arriesga algo, realizada por el bien de los demás.

patriarca. m. Nombre dado a algunos personajes del Antiguo Testamento./ Título de dignidad de algunos prelados./ fig. Anciano que ejerce autoridad en una familia o comunidad por su sabiduría.

patriarcado. m. Dignidad de patriarca./ Territorio de la jurisdicción de un patriarca./ Tiempo que dura la dignidad de un patriarca./ Organización social primitiva en que un varón, jefe de cada familia, ejercía la autoridad./ Período de tiempo en que predominó este sistema.

patriarcal. a. Rel. al patriarca o al patriarcado.

patricio, cia. a. Descendiente de los primeros senadores romanos establecidos por Rómulo. Ú.t.c.s./ Rel. a los patricios.// m. Individuo que sobresale por su nobleza, riqueza o virtudes.

patrimonial. a. Rel. al patrimonio.

patrimonio. m. Bienes o hacienda que una persona ha heredado de sus antepasados./ *Com.* Bienes propios de un particular o empresa adquiridos por cualquier título./ **-neto.** *Com.* Saldo o diferencia entre el activo y el pasivo.

patrio, tria. a. Rel. a la patria. / Perteneciente al padre o que procede de él.

patriota. m. y f. Persona que ama a su patria, y procura su bien.

patriótico, ca. a. Rel. al patriota o a la patria.

patriotismo. m. Amor a la patria.

patrístico, ca. a. Rel. a la patrística o a los Padres de la Iglesia.// f. Ciencia que estudia la doctrina, vida y obras de los Padres de la Iglesia.

patrocinar. tr. Defender, favorecer, amparar.

patrón, na. s. Patrono./ Santo titular de una iglesia./ Dueño de una casa de huéspedes./ Amo, señor./ Protector escogido de un pueblo o congregación.// m. El que manda una pequeña embarcación mercante./ Dechado, modelo que sirve de muestra./ Metal que se toma como tipo para la evaluación de una moneda.

patronal. a. Rel. al patrono o al patronato.// f. Conjunto de patronos que actúa colectivamente.

patronato. m. Derecho del patrono./ Corporación que forman los patronos./ Fundación de una obra pía.

patronímico, ca. a. Entre los griegos y romanos, decíase del nombre derivado del que pertenecía al padre u otro antecesor, y que, aplicado al hijo u otro descendiente, denotaba en éstos la condición de tales./ Apl. al apellido que se daba en España a los hijos, formado del nombre de sus padres; por ej.: *Fernández,* de *Fernando* o *Rodríguez,* de *Rodrigo.*

patrono, na. s. Defensor, amparador./ Patrón, santo titular./ Amo y señor./ Persona que emplea obreros en trabajos manuales.// f. fam. Nombre afectuoso que se da a la mujer casada.

patrulla. f. Partida de gente armada que, en corto número, ronda para mantener el orden y la seguridad./ Grupo de soldados en misión de vigilancia o exploración./ Grupo de buques o aviones que prestan servicio en la defensa.

patrullar. i. Rondar una patrulla. / Prestar servicio de patrulla los aviones y buques.

patrullero, ra. a./m. Que patrulla.

paulatino, na. a. Que procede u obra despacio o lentamente.

pauperismo. m. *Soc.* Existencia de un gran número de pobres en una nación.

paupérrimo, ma. a. superl. Muy pobre.

pausa. f. Interrupción breve del movimiento./ Tardanza, lentitud./ *Mús.* Intervalo breve./ Signo de la pausa en la música escrita.

pausado, da. a. Que obra con pausa o lentitud./ Que se ejecuta u ocurre de esta manera.

pausar. i. Interrumpir o retardar un movimiento o acción.

pauta. f. Instrumento para rayar el papel./ Se llama así también el conjunto de rayas paralelas y horizontales trazadas en un papel, para guiar la escritura o para la notación musical./ fig. Norma que sirve para guiarse en la ejecución de una cosa./ Modelo o dechado.

pautar. tr. Rayar el papel con la pauta./ fig. Dar reglas o normas para ejecutar una acción.

pava. f. Hembra del pavo./ *Arg.* Recipiente de metal, con asa en la parte superior, tapa y pico, para calentar agua.

pavada. f. Manada de pavos./ fig. y fam. Necedad.

pavesa. f. Partícula que salta de un cuerpo encendido y se convierte en ceniza.

pávido, da. a. Tímido, miedoso, lleno de pavor.

pavimentación. f. Acción y efecto de pavimentar.

pavimentar. tr. Solar, recubrir el suelo con piedras, hormigón, etc.

pavimento. m. Suelo, piso artificial.

pavo. m. Ave gallinácea, domesticable, originaria de América del Norte, de plumaje pardo verdoso y carne apreciada. Hay variedades negras, blancas, rubias./ a. y s. fig. y fam. Hombre tonto o soso./ **-real.** Gallináceo de origen asiático, destacado por el plumaje vistoso del macho.

pavón. m. Pavo real./ Denominación de ciertas mariposas.// Dícese del color azul, negro o café que se utiliza para preservar de la oxidación los objetos de hierro o acero.

Payaso con el habitual maquillaje que utiliza en sus representaciones.

avonear. i./tr. Hacer ostentación vana de gallardía u otras cualidades.

avor. m. Temor con sobresalto o espanto.

avoroso, sa. a. Que produce pavor.

ayada. f. *Arg.* Competencia entre dos o más payadores./ Canto del payador.

ayador. m. *Arg., Chile y Urug.* Coplero y cantor popular y errante.

ayaguá. m. Pueblo aborigen del Paraguay que habitaba el norte de la Región Oriental. Expertos en técnicas de combate fluvial, asaltaban poblados indígenas y cristianos.

ayar. i. *Arg. y Chile.* Improvisar y cantar coplas, acompañándose con la guitarra.

ayasada. f. Acción o dicho propios del payaso.

ayaso. m. Artista de circo que hace de gracioso, con traje y gestos ridículos.

az. f. Virtud que da sosiego y tranquilidad al alma./ Pública tranquilidad de los Estados, en contraposición a la guerra./ Situación y relación mutua de quienes no están en guerra.

'C. *Comp.* Sigla en inglés de computadora personal.

eaje. m. Derecho de tránsito.

eana. f. Apoyo, basa para colocar algo encima.

eatón. m. Persona que anda a pie.

eatonal. a. Perteneciente o rel. al peatón./ Apl. a las calles o caminos exclusivos para peatones.

ebete. m. Pasta con polvos aromáticos, que al quemarse exhala humo fragante./ *R. de la P.* Niño, muchacho./ Pan blando, con mucha miga.

eca. f. Pequeña mancha de color pardo que suele salir en la piel.

ecado. m. Hecho, dicho, deseo, pensamiento u omisión contra la ley de Dios./ Cualquier cosa que se aparta de lo recto y justo./ Exceso o defecto en cualquier línea.

ecador, ra. a. y s. Que peca.

ecaminoso, sa. a. Perteneciente al pecador o al pecado.

ecar. i. Quebrantar la ley divina./ Faltar a la observancia de una regla o precepto./ Dejarse llevar de alguna afición.

ecarí. m. *Amér.* Especie de jabalí.

ecera. f. Vasija o globo de cristal con agua, para tener peces a la vista.

echera. f. Trozo de lienzo o paño con que se abriga el pecho./ Parte de la prenda de vestir que cubre el pecho.

echo. m. Parte del cuerpo humano desde el cuello hasta el vientre, en cuya cavidad se contiene el corazón y los pulmones./ Lo exterior de esta misma parte./ Parte delantera del tronco de los cuadrúpedos./ En la mujer adulta, cada una de las dos glándulas mamarias./ fig. Interior del hombre./ Valor, fortaleza, constancia.

pechuga. f. Pecho de las aves./ fig. y fam. Pecho de hombre o de mujer.

peciolado, da. a. *Bot.* Apl. a las hojas que tienen pecíolo.

pecíolo o peciolo. m. Pezón de la hoja.

pectina. f. *Quím.* Polisacárido de alto peso molecular, muy viscoso.

pectoral. a. Rel. al pecho./ *Farm.* Útil y provechoso para el pecho. Ú.t.c.s.// m. Cruz que llevan sobre el pecho los prelados.

pecuario, ria. a. Rel. al ganado.

peculiar. a. Característico y propio de una persona o cosa.

peculiaridad. f. Calidad de peculiar./ Característica.

peculio. m. fig. Dinero que tiene cada persona particularmente.

pecunia. f. fam. Dinero o moneda.

pecuniario, ria. a. Pert. al dinero efectivo.

pedagogía. f. Ciencia que se ocupa de la educación y la enseñanza.

pedagogo, ga. a. Experto en pedagogía.

pedal. m. Palanca que se oprime con el pie, para mover un mecanismo.

pedalear. i. Poner en movimiento un pedal, en especial los de la bibicleta.

pedante. a. y s. Que por ridículo engreimiento, hace vano alarde de erudición, téngala o no.

pedantería. f. Vicio del pedante.

pedazo. m. Porción de una cosa separada del todo./ Cualquier parte de un todo físico o moral.

pedernal. m. Variedad de cuarzo que da chispas al golpearlo./ fig. Dureza suma en cualquier línea.

pedestal. m. Cuerpo sólido que sostiene una columna, estatua, etc./ Apoyo o peana.

pedestre. a. Que anda a pie./ fig. Llano, vulgar.

pediatra o pediatra. m. y f. Médico que se especializa en pediatría.

pediatría. f. Rama de la medicina que se ocupa de las enfermedades de los niños.

Pecarí de collar o cerdo de monte. En estado salvaje es fiero y valeroso. Migra en masa y vive en manadas. Se alimenta de hierbas y frutos en descomposición.

pedido. m. Encargo de mercaderías hecho a un fabricante o vendedor./ Petición, acción de pedir.

pedigüeño, ña. a. y s. Que pide frecuente e importunamente.

pedir. tr. Demandar a uno para que dé o haga una cosa./ Exigir una cosa./ Querer, desear./ Poner precio a la mercadería.

pedrada. f. Acción de arrojar una piedra con impulso./ Golpe dado con ésta./ Señal que deja.

pedregoso, sa. a. Lleno de piedras.

pedúnculo. m. Bot. Rabillo de la hoja, flor o fruto.

pegadizo, za. a. Pegajoso./ Que se graba en la memoria con facilidad.

pegajoso, sa. a. Que se pega con facilidad./ Contagioso. Que se comunica con facilidad./ fig. y fam. Suave, meloso./ fig. y fam. Fastidioso.

pegamento. m. Sustancia para pegar.

pegar. tr. Adherir una cosa con otra mediante una sustancia aglutinante./ Unir atando o cosiendo./ Comunicar a otro una enfermedad, vicio, costumbre, etc. Ú.t.c.prl./ fig. Castigar dando golpes./ Dar, asestar golpes./ i. Asir o prender./ Caer bien una cosa.

pehuenche. m. Pueblo aborigen de costumbres nómadas que habitaba en la región cordillerana del Neuquén (Argentina). Cazaban caballos y recolectaban semillas y frutas silvestres para su alimentación.

peinado. m. Arreglo y adorno del pelo.

peinar. tr. Desenredar o componer el cabello con el peine. Ú.t.c.prl./ fig. Limpiar el pelo o la lana de los animales.

peine. m. Utensilio de muchos dientes, que se usa para limpiar y componer el pelo./ Barra de acero por entre cuyas púas pasan en el telar los hilos de la urdimbre.

Pelícano que habita en el Parque Nacional Natural Ensenada de Utría, Colombia.

pejerrey. m. Pez marino o de agua dulce, de cuerpo fusiforme. Su carne es muy apreciada.

pelágico, ca. a. Rel. al piélago./ **-Región pelágica.** Parte del océano que se extiende fuera de las plataformas continentales.

pelaje. m. Calidad o tipo del pelo o la lana de un animal.

pelambre. m. Conjunto de pelo.

pelar. tr./ prl. Cortar o quitar el pelo./ tr. Desplumar, quitar las plumas del ave./ fig. Quitar la piel o la corteza de una cosa./ Mondar, quitar la corteza o cáscara./ fig. y fam. Ganar a uno todo el dinero.

peldaño. m. Cualquiera de las partes de la escalera, que sirven para apoyar el pie.

pelea. f. Batalla, combate./ Contienda o riña particular.

pelear. i. Batallar, luchar, combatir con armas./ Contender, reñir./ fig. Afanarse o trabajar por lograr una cosa.// prl. Tomarse dos o más personas a puñadas./ fig. Desavenirse, enemistarse.

pelícano o **pelicano.** m. Ave acuática palmípeda, de pico largo y ancho; lleva en la mandíbula inferior una membrana en forma de bolsa donde deposita los alimentos.

película. f. Piel delgada y delicada./ Hollejo de la fruta./ Cinta de celuloide preparada para ser impresionada fotográficamente./ Cinta de celuloide con una serie continua de imágenes fotográficas para reproducirlas sobre la pantalla del cinematógrafo./ Conjunto de imágenes cinematográficas que componen una historia, una acción o una serie con unidad.

peligrar. i. Estar en peligro.

peligro. m. Riesgo inminente de que suceda algún mal.

peligroso, sa. a. Que puede causar daño u ofrece peligro./ fig. Arriesgado, de genio turbulento.

pelirrojo, ja. a. y s. Que tiene el pelo rojo.

pella. f. Masa apretada, gmente. redonda./ Tallitos de coliflor y otras plantas./ Manteca de cerdo como se saca del animal./ fig. y fam. Suma de dinero.

pellejo. m. Piel del animal./ Odre.

pellizcar. tr./ prl. Apretar con el dedo pulgar y uno de los otros una pequeña parte de piel y carne.// tr. Tomar o quitar una pequeña porción de una cosa.

pellizco. m. Acción y efecto de pellizcar./ Porción pequeña de algo.

pelo. m. Filamento cilíndrico, córneo, que crece entre los poros de la piel de la mayoría de los mamíferos./ Cabello./ Plumón, pluma delgada de las aves./ Zool. Tipos de cerdas o filamentos que poseen numerosos artrópodos./ Vello de algunas plantas y frutas./ Hebra delgada de lana o seda. Parte del tejido que queda en la superficie y cubre el hilo.

pelota. f. Bola pequeña de lana, goma, cuero u otra materia elástica./ Juego que se hace con ella./ Bola de material blanda; como nieve, barro, etc.

pelotón. m. Conjunto de pelos unidos o enredados./ Tropel de personas./ Cuerpo de soldados, menor que una sección.

peluca. f. Cabellera postiza.

peluquero, ra. s. Persona que por oficio corta, peina o riza el pelo o hace y vende pelucas.

pelusa. f. Vello./ Pelo menudo que se desprende de las telas con el uso.

pelvis. f. Cavidad del cuerpo humano, en la parte inferior del tronco. Contiene la terminación del tubo digestivo, la vejiga urinaria y algunos órganos del aparato genital, especialmente en la mujer.

pena. f. Castigo impuesto por autoridad legítima./ Cuidado, aflicción o sentimiento./ Dolor, tormento corporal./ Dificultad, trabajo.

penacho. m. Grupo de plumas que tienen algunas aves en la cabeza./ Adorno de plumas.

penado, da. a. Penoso o lleno de penas.// s. Delincuente condenado a una pena.

penal. a. Rel. a la pena o a las leyes e instituciones destinadas a perseguir delitos.// m. Lugar en que los penados cumplen condenas./ Infracción grave en el fútbol y otros deportes.

penar. tr. Imponer una pena./ i. Padecer de un dolor o pena; afligirse.

penca. f. Hoja carnosa de algunas plantas.

pendencia. f. Contienda, riña, disputa.

pendenciero, ra. a. y s. Propenso a pendencias.

pender. i. Estar colgada, suspendida o inclinada una cosa. Depender.

pendiente. p. act. de **pender.** Que pende.// a. fig. Que está por resolverse.// m. Arete con o sin adorno colgante./ f. Declive de un terreno.

pendón. m. Antigua insignia militar consistente en una bandera más larga que ancha./ Estandarte de iglesias y cofradías.

péndulo, la. a. Pendiente, que pende.// m. Cuerpo que puede oscilar suspendido de un punto fijo por un hilo o varilla.

pene. m. Miembro viril.

penetrar. tr. Introducir un cuerpo en otro por sus poros. Introducirse en lo interior de un espacio./ Hacerse sentir violentamente una cosa, como el frío, los gritos, etc.

península. f. Tierra rodeada de agua, unida por una parte estrecha a otra de mayor extensión.

peninsular. a. y s. De una península./ a. Rel. a la península.

penique. m. Moneda inglesa de cobre.

penitencia. f. Sacramento por el que se perdonan los pecados cometidos después del bautismo, mediante la confesión con el propósito de enmienda.

penitencial. a. Rel. a la penitencia.

penitenciaría. f. Establecimiento donde cumplen sus condenas los penados.

penitenciario, ria. a. Apl. a los sistemas adoptados para castigar y corregir a los penados, y al régimen del establecimiento que a ello se destina.

pensamiento. m. Facultad de pensar./ Acción y efecto de pensar./ Idea capital de una obra./ Máxima o sentencia notable de una obra./ *fig.* Sospecha, recelo./ *Bot.* Trinitaria.

pensar. tr. Imaginar, discurrir.// tr./ i. Reflexionar, meditar, examinar cuidadosamente una cosa.

pensión. f. Renta que se impone sobre una finca./ Cantidad que se asigna a una persona por méritos o servicios./ Pupilaje./ Casa de huéspedes.

pensionado, da. a. Que cobra una pensión. Ú.t.c.s.// m. Colegio de alumnos internos.

pentaedro. m. Sólido de cinco caras.

pentagonal. a. Pentágono./ Rel. a esta figura.

pentágono, na. a. y s. Dícese del polígono que tiene cinco ángulos y cinco lados.

pentagrama o **pentágrama.** m. Conjunto de cinco rectas paralelas y equidistantes para escribir música.

pentecostal. a. y s. Individuo perteneciente a un grupo de iglesias de origen protestante metodista, surgidas en EE.UU. a fines del siglo XIX.

pentecostés. m. Fiesta hebrea que conmemora la ley que Dios dio a Moisés en el monte Sinaí./ Festividad que la Iglesia católica celebra en memoria de la venida del Espíritu Santo.

penúltimo, ma. a. y s. Inmediatamente anterior al último.

penumbra. f. Sombra débil entre la luz y la oscuridad.

penuria. f. Falta de las cosas indispensables./ Escasez.

peña. f. Piedra grande sin labrar./ Roca./ Monte peñascoso./ Reunión de amigos; círculo de recreo.

peñasco. m. Peña grande y alta.

peñón. m. Monte peñascoso.

peón. m. El que anda a pie./ Jornalero que efectúa trabajos sin especialización./ Infante o soldado de a pie./ Pieza menor del juego de damas o de ajedrez./ Juguete de madera, de figura cónica y terminado en una púa de hierro.

peonza. f. Juguete semejante al peón.

Pehuenche significa "gente de los pinares" en lengua araucana. Eran de contextura delgada, altos y de ojos rasgados. En detalle, boleadoras que utilizaban.

El peñón de Gibraltar es un promontorio de características calcáreas, unido al continente por una llanura arenosa, baja y pantanosa.

peor. a. comparativo de malo. Más malo.// adv. comparativo de mal. Más mal.

pepinillo. m. Pepino aún no desarrollado, adobado en vinagre.

pepino. m. Planta de fruto cilíndrico, pulposo y comestible./ Su fruto.

pepita. f. Semilla de algunas frutas./ Piedrilla de oro u otro metal nativo que suele hallarse en los terrenos de aluvión.

péptidos. m. pl. Productos de la digestión de las proteínas, formados por moléculas de aminoácidos.

pequeñez. f. Calidad de pequeño./ Cosa de escasa importancia./ Mezquindad, bajeza de ánimo.

pequeño, ña. a. Corto, limitado de tamaño, calidad, etc./ De corta edad./ *fig.* Bajo, abatido, en contraposición a poderoso y altivo.

pera. f. Fruto del peral, carnoso, y de tamaño y forma que varían según las castas./ *fig.* Porción de pelo que se deja en la punta de la barba.

peral. m. Árbol rosáceo, con tronco recto y liso y copa frondosa, hojas pecioladas y flores blancas, que tienen por fruto la pera./ Madera de este árbol.

perca. f. Pez fluvial, cubierto de escamas duras; comestible.

percal. m. Tela de algodón para vestidos de mujer.

percance. m. Accidente o contratiempo imprevisto.

percatar. i./ prl. Considerar, advertir.// prl. Darse cuenta, tomar conciencia de algo.

percebe. m. Crustáceo que posee un largo pedúnculo comestible, que le sirve para aferrarse al sustrato.

percha. f. Estaca larga que se atraviesa en otra para sostener una cosa.

percibir. tr. Recibir una cosa y encargarse de ella./ Recibir una impresión por alguno de los sentidos./ Comprender una cosa.

perciforme. a. *Zool.* Díc. de animales de este orden.// m. pl. *Zool.* Orden de peces de aletas espinosas, escamas rugosas y vejiga natatoria sin contacto con el exterior.

percudir. tr. Maltratar o ajar el lustre de las cosas./ Penetrar la suciedad en una cosa.

percusión. f. Acción y efecto de percutir.

percusor. m. Pieza que golpea en una máquina. Dícese en especial de la llave o martillo de ciertas armas de fuego que hace estallar el fulminante.

percutir. tr. Batir, dar golpes repetidos.

perder. tr. Dejar de tener o de poseer una cosa./ Desperdiciar o malgastar una cosa./ No lograr lo que se espera o desea./ Causar daño a las cosas./ Ser vencido.// prl. Errar uno el camino./ *fig.* Entregarse a los vicios./ Naufragar.

pérdida. f. Privación o carencia de lo que se tenía./ Daño o menoscabo./ Cantidad o cosa perdida./ pl.*Com.* Resultado negativo de los negocios.

perdido, da. a. Que no tiene o lleva rumbo fijo.// m. *fig.* Pródigo, libertino./ Individuo carente de estimación y crédito.

perdigón

La perdiz chica es un ave sedentaria, gran corredora y de vuelo rápido aunque corto.

perdigón. m. Pollo de la perdiz./ Grano de plomo que forma la munición de caza.

perdiz. f. Ave gallinácea de cabeza pequeña, alas cortas, pico y patas encarnados y plumaje de color ceniciento rojizo, muy apreciada por su carne.

perdón. m. Remisión de las penas u ofensas, o de una deuda u obligación./ Indulgencia.

perdonar. tr. Remitir la deuda, ofensa o delito./ Conceder perdón./ fig. Renunciar a un derecho, goce, etc./ Exceptuar de una obligación.

perdulario, ria. a. y s. Descuidado en grado sumo./ Vicioso incorregible.

perdurable. a. Que dura siempre./ Durable.

perdurar. i. Durar mucho, permanecer en un mismo estado.

perecedero, ra. a. Que ha de perecer.

perecer. i. Acabar, dejar de ser, fenecer.// prl. fig. Desear con ansia una cosa.

peregrinación. f. Viaje que se realiza a un santuario, generalmente como producto de una promesa./ Viaje por tierras extrañas.

peregrinaje. m. Peregrinación./ fig. y fam. Paseos y desplazamientos que se deben realizar para conseguir algo.

peregrinar. i. Andar por tierras extrañas./ Ir a un santuario, en romería.

peregrino, na. a. Dícese del que anda por tierras extrañas./ Apl. a quien por devoción va a visitar un santuario. Ú.m.c.s./ fig. Raro, singular.

perejil. m. Planta herbácea de tallos ramificados y hojas lustrosas, que se usa, picado, como condimento.

perenne. a. Continuo, incesante./ Bot. Vivaz, que vive más de dos años.

perentorio, ria. a. Dícese del último plazo concedido a un asunto./ Terminante, apremiante.

perestroika (voz rusa). f. Término referido al conjunto de reformas políticas, sociales y económicas impulsadas y aplicadas en la ex URSS por el gobierno de Gorbachov.

pereza. f. Negligencia, descuido o tardanza en el cumplimiento de las obligaciones./ Flojedad o lentitud en las acciones o movimientos.

perezoso, sa. a. Lento o pesado en sus movimientos o acciones./ m. Mamífero arborícola de pelaje gris, que vive en las selvas de América del Sur y Central.

perfeccionar. tr./ prl. Acabar enteramente una obra, con el máximo grado de excelencia.

perfectivo, va. a. Que da o puede dar perfección./ Gram. Díc. de los tiempos verbales que enuncian acciones terminadas.

perfecto, ta. a. Que tiene el grado máximo de excelencia.

pérfido, da. a. y s. Desleal, traidor.

perfil. m. Adorno sutil y delicado./ Cualquiera de las rayas delgadas que se hacen con la pluma./ Cuerpo visto de lado./ Figura que un cuerpo cortado por un plano en sentido longitudinal o transversal.

perfilar. tr./ prl. Presentar o sacar el perfil a una cosa.// prl Colocarse de perfil.

perforar. tr. Horadar.

perfumar. tr./ prl. Aromatizar una cosa con un perfume./ i. Exhalar perfume o fragancia agradable.// tr. fig. Esparcir cualquier olor bueno.

perfume. m. Sustancia volátil aromática.

pergamino. m. Piel de res estirada, adobada y limpia, que sirve para escribir en ella y otros distintos usos./ Documento escrito en pergamino.

pergeñar. tr. fam. Ejecutar algo con cierta habilidad.

pérgola. f. Armazón para sostener plantas trepadoras.

perianto. m. m. Bot. Envoltura de los órganos sexuales de una planta.

pericarpio. m. Bot. Parte externa del fruto, que cubre las semillas de los vegetales.

pericia. f. Habilidad, destreza.

perico. m. Ave de pico rosado y plumaje gmente. de color verde, originaria de América del Sur y Cuba./ Por ext., loro

pericón. m. Arg. Danza popular que se baila entre varias parejas, formando diversas figuras.

periferia. f. Contorno de una figura curvilínea./ Circunferencia./ fig. Espacio que rodea un núcleo.

periférico, ca. a. Rel. a la periferia, o que se ubica en ella.// m. Comp. Dispositivo externo a la computadora que trabaja bajo los mandos de ésta, y cuyo cometido es brindarle datos o recibirlas de ella; por ejemplo: un grabador de casetes, una unidad de disco, impresoras, etc.

perifollo. m. Planta de tallos finos y hojas muy aromáticas que se usan como condimento./ pl. fig. y fam. Adornos exagerados, de mal gusto.

perihelio. m. Astr. Punto en que un planeta se encuentra más cercano al Sol.

perímetro. m. Contorno de una figura o de una superficie. Ámbito.

periódico, ca. a. Dícese del hecho que se reproduce a intervaios regulares./ Apl. al impreso que se publica con determinados intervalos de tiempo. Ú.m.c.s.m.// m. Diario, publicación que sale diariamente.

periodismo. m. Profesión o ejercicio de periodista./ Literatura al servicio de revistas y periódicos, que tiene como objetivo principal la información y orientación rápida del público y se caracteriza por su condensación, dinamismo y agilidad estilística.

periodista. s. El que ejerce el periodismo.

período o **periodo.** m. Tiempo que emplea una cosa en volver al estado o posición que tenía al principio./ Espacio determinado de tiempo que comprende toda la duración de una cosa./ Menstruación, evacuación del menstruo./ Fís. Tiempo que tarda un fenómeno periódico en completar todas sus fases./ Mat. Cifra o grupo de cifras que se repite infinitamente después del cociente entero en ciertas divisiones inexactas.

peripecia. f. En el drama o similar, mudanza repentina de situación./ fig. Suceso análogo en la vida real.

periscopio. m. Instrumento óptico que sobresale del casco de un submarino, y permite ver los objetos exteriores cuando éste navega sumergido.

perisodáctilo. a./ m. Zool. Dícese de los mamíferos cuyos dedos terminan en pesuños, como el caballo, el rinoceronte, etc.// m. pl. Zool. Orden de estos animales.

peritaje. m. Trabajo o estudio que hace un perito.

perito, ta. a. y s. Hábil, experto en una ciencia o arte./ El que en alguna materia tiene título de tal.

peritoneo. m. Membrana que reviste la cavidad del abdomen, formando pliegues que envuelven las vísceras.

peritonitis. f. Inflamación, gmente. aguda, del peritoneo.

perjudicar. tr./ prl. Dañar material o moralmente.

perjuicio. m. Efecto de perjudicar o perjudicarse.

perjurar. i./ prl. Jurar en falso.

perjurio. m. Delito de jurar en falso./ Falta a la fe jurada.

perla. f. Concreción nacarada y esférica, que puede formarse en el interior de las valvas de diversos moluscos.

perlado, da. a. Con la forma, el brillo o el color de la perla

Las peregrinaciones realizadas cada año en las ciudades de lo que fuera el "valle sagrado de los incas", en el Perú son un reflejo de la fe y el fervor de este pueblo.

permanecer. i. Mantenerse sin cambio en un mismo lugar, estado o calidad.

permeable. a. Que puede ser penetrado por un fluido.

pérmico, ca. a. *Geol.* Dícese del terreno superior, más moderno que el carbonífero.// m. *Geol.* Período de formación de ese terreno, el más moderno de la era primaria.

permisivo, va. a. Que incluye la licencia o facultad de hacer una cosa.

permiso. m. Consentimiento o autorización para hacer o decir una cosa.

permitir. tr./ prl. Autorizar a que se haga o deje de hacer una cosa./ No impedir lo que se pudiera y debiera evitar.

permutar. tr. Cambiar una cosa por otra./ Variar la disposición u orden en que estaban dos o más cosas.

pernicioso, sa. a. Sumamente perjudicial.

pernoctar. i. Pasar la noche en un lugar determinado, fuera del propio domicilio.

pero. conj. Denota que un concepto diverso o ampliativo se contrapone a otro anterior.

peroné. m. Hueso delgado y largo que forma el esqueleto de la pierna junto con la tibia.

peronismo. m. Justicialismo.

peronista. a. y s. Justicialista.

perpendicular. a./ f. Dícese de la línea o el plano que forma ángulo recto con otra línea o plano.

perpetrar. tr. Cometer un delito o falta grave.

perpetuar. tr./ prl. Hacer perpetua o perdurable una cosa./ Dar larga duración a las cosas.

perpetuidad. f. Duración sin fin.

perpetuo, tua. a. Que dura y permanece para siempre.

perplejo, ja. a. Dudoso, incierto, irresoluto.

perro, rra. s. Mamífero carnicero, doméstico, de tamaño, forma y pelajes diversos según las razas. Tiene olfato finísimo y es inteligente y muy leal al hombre. Vive de diez a quince años.

persa. a. y s. De Persia./ m. *Ling.* Idioma del subgrupo iranio que se habla en esa nación.

perseguir. tr. Seguir al que huye, para alcanzarlo./ fig. Seguir o buscar en todas partes./ Molestar, incomodar./ Solicitar con frecuencia y molestia.

perseverancia. f. Firmeza y constancia en la ejecución de los propósitos y en las determinaciones del ánimo.

perseverar. i. Mantenerse constante en la prosecución de lo empezado.

persiana. f. Especie de celosía formada por tablillas./ Tela de seda con flores grandes y varios matices./ Cortina metálica con que se cubren las puertas y vidrieras de los comercios.

persignar. tr./ prl. Hacer la señal de la cruz./ Signar y santiguar a continuación.

persistencia. f. Insistencia, constancia en el intento o ejecución de algo./ Duración permanente de una cosa.

persistir. i. Mantenerse constante en una cosa./ Durar largo tiempo.

persona. f. Individuo de la especie humana./ Hombre o mujer cuyo nombre se ignora o se omite./ *Fil.* Supuesto inteligente./ *Gram.* Accidente del verbo con que se denota si el sujeto de la oración es el que habla, aquel a quien se habla o aquel de quien se habla.

personaje. m. Sujeto de distinción o calidad en el país./ Cualquiera de los seres humanos sobrenaturales o simbólicos, ideados por el escritor, que toman parte en la acción de un texto literario./ Persona que interviene en una acción teatral o cinematográfica.

personal. a. Rel. a la persona, o propio de ella.// m. Conjunto de las personas pertenecientes a determinada clase, entidad, dependencia, etc.

personalidad. f. Característica que distingue a cada persona de todas las demás./ Persona que se destaca en una actividad o en un ambiente social.

personificación. f. Acción y efecto de personificar./ *Ret.* Figura que consiste en otorgar atributos o acciones humanas a cosas inanimadas o animales.

personificar. tr. Atribuir vidas o cualidades propias del ser humano a los animales o a las cosas inanimadas./ Representar una persona un sistema, proceso, etc.

perspectiva. f. Arte de representar en una superficie los objetos, en la forma y disposición con que aparecen a la vista./ fig. Apariencia engañosa de las cosas./ Contingencia previsible. Ú.m. en pl.

perspectivismo. m. *Fil.* Doctrina que afirma la posibilidad de observar el mundo desde varios puntos de vista, todos ellos válidos y respetables.

perspectivista. a. Rel. al perspectivismo./ s. Persona que practica dicha forma de pensamiento.

perspicaz. a. Dícese de la vista, la mirada, etc., muy aguda./ fig. Apl. al ingenio agudo y a quien lo tiene.

persuadir. tr./ prl. Influir, mover a uno para hacer o creer algo.

pertenecer. i. Ser propiedad de uno una cosa; corresponderle./ Ser una cosa de la competencia de alguien./ Referirse una cosa a otra, o formar parte de ella.

pertenencia. f. Acción o derecho que uno tiene a la propiedad de una cosa; propiedad./ Unidad de medida superficial para las concesiones mineras.

pértiga. f. Vara larga.

Perro. Animal doméstico, muy compañero de los niños.

pertinaz. a. Tenaz, obstinado en su dictamen./ fig. Muy duradero.

pertinencia. f. Calidad de pertinente.

pertinente. a. Perteneciente a una cosa./ Lo que viene a propósito./ *Ling.* Dícese del rasgo que es propio de un signo, y lo distingue.

pertrechar. tr. Abastecer de pertrechos. // tr./ prl. fig. Disponer lo necesario para la ejecución de una cosa.

pertrechos. m. pl. Toda clase de instrumentos necesarios para la guerra, como municiones./ Utensilios necesarios para cualquier operación.

perturbar. tr./ prl. Trastornar el orden y concierto de las cosas o su quietud y tranquilidad.

peruano, na. a. y s. De Perú.

perversión. f. Acción de pervertir o pervertirse./ Estado de corrupción o inmoralidad de las costumbres.

perverso, sa. a. y s. Muy malo, depravado.

pervertir. tr. Perturbar el orden o el estado de las cosas./ Viciar o corromper las costumbres con malas doctrinas o ejemplos.

pervivir. i. Subsistir, seguir viviendo.

pesa. f. Pieza de un peso determinado, que sirve para determinar el que otras cosas tienen, comparándolas en la balanza.

pesadez. f. Calidad de pesado./ Pesantez./ fig. Obesidad./ Terquedad o impertinencia./ Cargazón, exceso./ Molestia, trabajo, fatiga.

pesadilla. f. Sueño angustioso o desagradable./ fig. Preocupación grave o continua.

pesado, da. a. Que pesa mucho./ fig. Obeso./ Hablando del sueño, intenso, profundo./ Cargado de humores, vapores, etc./ Tardo, muy lento./ Molesto, enfadoso./ Duro e insufrible.

pesadumbre. f. Pesadez, calidad de pesado./ Injuria, agravio./ fig. Desazón, disgusto.

pesantez. f. Gravedad./ Tendencia de los cuerpos a dirigirse al centro de la Tierra.

pesar. i. Tener gravedad o peso./ Tener mucho peso./ fig. Tener una cosa valor o aprecio./ Causar dolor o arrepentimiento. Ú. sólo en las terceras personas./ Hacer fuerza en el ánimo, la razón o el motivo de una cosa.// tr. Determinar el peso de las cosas./ fig. Examinar, considerar.// m. Sentimiento o dolor interior./ Arrepentimiento.

pesca. f. Acción y efecto de pescar./ Oficio y arte de pescar./ Lo que se ha pescado.

La pesca constituye la base de sustentación de muchos pueblos, a la vez que ejerce un fuerte atractivo sobre sus pobladores y para el turismo.

En la ilustración, el puerto pesquero de Guipuzcoa, San Sebastián (España), sobre el mar Cantábrico.

pescadería. f. Tienda donde se venden pescados y mariscos.

pescador, ra. a. y s. Que pesca.// s. Persona que atiende en una pescadería.

pescadilla. f. Cría de la merluza.

pescado. m. Pez comestible sacado del agua.

pescante. m. Pieza saliente sujeta a una pared, a un poste, al costado de un buque, etc. para colgar o sostener algo./ En los coches, asiento exterior desde donde el cochero dirige las caballerías.

pescar. tr. Sacar del agua peces u otros animales, con redes, cañas, etc./ fig. y fam. Agarrar, coger cualquier cosa./ Sorprender.

pescuezo. m. Parte del cuerpo del animal, desde la nuca hasta el tronco.

pesebre. m. Especie de cajón donde comen los animales./ Sitio para este fin.

peseta. f. Unidad monetaria de España.

pesimismo. m. Inclinación a ver y juzgar las cosas en su aspecto más desfavorable.

pésimo, ma. a. superl. de malo. Malo en grado sumo.

peso. m. Pesantez de la Tierra./ Resultante de la acción de la gravedad sobre un cuerpo./ El que por ley o convenio debe tener una cosa./ Pesa del reloj./ El de la pesa o conjunto de pesas que equilibran un cuerpo en una balanza./ Cosa pesada./ Objeto pesado para hacer presión o para equilibrar una carga./ Balanza u otro instrumento para pesar./ Unidad monetaria de algunos países de América./ fig. Importancia o entidad de una cosa./ Fuerza o eficacia de las cosas inmateriales./ **-atómico.** *Quím.* Relación entre la masa de un átomo y la de otro que se toma como unidad./ **-bruto.** El total, incluyendo la tara./ **-específico.** *Fís.* Cociente entre el peso de un cuerpo y su volumen./ **-neto.** El que queda después de restar la tara del peso bruto.

pespunte. m. Labor de costura con puntadas unidas.

pesquisa. f. Indagación.

pesquisar. tr. Hacer pesquisa de alguna cosa.

pestaña. f. Cada uno de los pelos que hay en el borde de los párpados./ Adorno que sobresale en el borde de una tela o vestido./ Parte saliente y estrecha en el borde de una cosa./ pl. *Bot.* Pelos rígidos en el borde de dos superficies opuestas.

pestañear. i. Mover los párpados.

peste. f. Enfermedad grave y contagiosa que causa gran mortandad./ Mal olor./ fig. Cualquier cosa mala o que puede ocasionar daño grave./ Corrupción de las costumbres./ fig. y fam. Abundancia excesiva de cosas./ pl. Palabras de enojo y execración./ **-bubónica.** Enfermedad infecciosa, epidémica y febril, que se caracteriza por bubones en todo el cuerpo y por ser frecuentemente mortal.

pestífero, ra. a. Que puede causar peste o daño grave./ Que tiene muy mal olor.

pestilencia. f. Peste./ Olor desagradable.

pestillo. m. Pasador para asegurar una puerta.

pesuña o **pezuña.** f. Uña endurecida en que terminan los dedos de algunos mamíferos.

pesuño. m. Cada uno de los dedos, cubierto por una uña, de ciertos mamíferos.

petaca. f. Estuche de cuero, metal, etc., para llevar tabaco o cigarros.

pétalo. m. *Bot.* Cada una de las hojas de la corola en la flor.

petardo. m. Tubo relleno de pólvora u otro explosivo que produce fuerte detonación al prendérsele fuego.

petate. m. Esterilla de palma, para dormir en ella./ Lío de la cama y ropa de los marineros, soldados o penados./ fam. Equipaje de un viajero.

peteribí (voz guaraní). m. Peterebí. Árbol de tronco elevado, excelente madera para la construcción y cuyas hojas son empleadas con fines medicinales.

petirrojo. m. Ave pequeña, de canto melodioso, que vive en jardines y cuyo nombre se debe al color de su pecho.

petiso, sa. a. y s. Petizo.

petizo, za. a. y s. *Arg., Bol., Chile, Par.* y *Urug.* Persona pequeña, de poca estatura.// m. Caballo de poca alzada./ Chico al que se encarga toda clase de trabajos, en las casas.

eto. m. Armadura del pecho./ Parte inferior de la coraza de los quelonios.

etrel. m. Ave palmípeda, muy voladora que se ve en los mares a gran distancia de las costas; anida en las rocas.

etrificar. tr./ prl. Transformar en piedra./ fig. Dejar atónito.

etróleo. m. Líquido oleoso e inflamable, mezcla natural de hidrocarburos, que se extrae del interior de la tierra. Se cree que proviene de la transformación de restos de sustancias orgánicas a lo largo de millones de años.

etunia. f. Planta ornamental muy ramosa, de flores grandes de variado color.

eyorativo, va. a. Que empeora.

ez. f. Sustancia resinosa, sólida, lustrosa, quebradiza y de color pardo amarillento.

ez. m. Zool. Vertebrado acuático, de respiración branquial, comúnmente con extremidades de forma de aleta, aptas para la locomoción y sustentación en el agua. La piel, salvo raras excepciones, está protegida por escamas. Suele tener reproducción ovípara./ Pescado de río.

ezón. m. Rabillo que sostiene la hoja, la flor y el fruto./ Botoncito que sobresale en los pechos de las hembras.

i. m. Mat. Número que representa la razón constante entre una circunferencia y su diámetro, aproximadamente 3,1416.

iadoso, sa. a. Misericordioso, inclinado a la piedad./ Dícese de las cosas que mueven a compasión./ Religioso, devoto.

iafar. i. Levantar el caballo, ya una mano, ya otra, dejándolas caer con fuerza.

ialar. tr. Amér. Enlazar por las patas a un animal.

iamadre (voz lat.). f. Anat. Piamáter. Membrana central de las tres que envuelven el cerebro y la médula espinal.

iano. m. Instrumento musical de teclado y percusión./ **-de cola.** El que posee una caja de resonancia horizontal.

ianola. f. Piano que puede tocarse mecánicamente por pedales u otro medio.

iara. f. Manada de cerdos; por ext., la de mulas o yeguas.

ibe, ba. s. Arg., Bol. y Urug. Niño, joven.

ica. f. Lanza larga, con un hierro agudo en el extremo./ Medida para profundidades.

icacho. m. Punta aguda de algunos montes y riscos.

icada. f. Picotazo./ Picadura, punzada.

icadillo. m. Guiso hecho con carne picada, tocino y verduras, reducido todo a trozos menudos./ Cualquier tipo de carne reducida a pequeños trozos y aderezada para hacer chorizos, fiambres, etc.

icadura. f. Acción y efecto de picar una cosa./ Pinchazo./ Mordedura o punzada de un ave o un insecto o de algunos reptiles.

icaflor. m. Pájaro mosca.

icante. p. act. de **picar.** Que pica./ a. fig. Mordaz, desenfadado.// m. Acerbidad de algunas cosas que excitan el sentido del gusto.

icaporte. m. Instrumento para cerrar puertas y ventanas./ Llamador, aldaba.

icar. tr. Herir levemente con un instrumento punzante./ Morder las aves, los insectos y ciertos reptiles./ Tomar las aves la comida con el pico./ Morder el pez el sebo del anzuelo./ Cortar en trozos pequeños o tomarlos./ Provocar./ Agujerear o recortar papel o tela.

icardía. f. Acción baja, vileza./ Travesura de muchachos.

icaresco, ca. a. Rel. a los pícaros./ Apl. a las producciones literarias en que se describe la vida de los pícaros, y a este género de literatura.

ícaro, ra. a./ s. Ruin, desvergonzado./ Astuto, taimado./ fig. Dañoso, malicioso./ Que tiene propensión a pensar mal./ Travieso.// m. Tipo de persona descarada, bufona y de mal vivir, que figura en obras maestras de la literatura española.

icazón. f. Molestia producida por una cosa que pica./ fig. Enojo.

ichón. m. Pollo de la paloma casera./ Amér. Pollo de cualquier ave excepto la gallina./ fig. y fam. Arg. El que tiene poca experiencia.

pico. m. Parte saliente de la cabeza de las aves, compuesta de dos piezas córneas terminadas gmente. en punta./ Parte puntiaguda que sobresale de algunas cosas./ Cúspide aguda de una montaña./ Punta acanalada, en el borde de algunas vasijas, por donde se vierte el líquido./ Herramienta de canteros, que tiene dos puntas opuestas.

picota. f. Columna donde se exponían los reos a la vergüenza, o las cabezas de los ajusticiados.

picotear. tr. Golpear las aves con el pico.

pictografía. f. Escritura ideográfica en la que se dibujan de forma tosca los objetos que se van a explicar con palabras.

pictograma. m. Signo de la escritura constituida por figuras o símbolos.

pictórico, ca. a. Rel. a la pintura.

pie. m. Extremo de cualquiera de los dos miembros inferiores del hombre y de algunos animales./ Base en que se apoya una cosa./ Medida de longitud, de dimensión variada./ Tronco de los árboles y demás plantas.

piedad. f. Compasión, misericordia./ Lit. Cada parte, de dos o tres sílabas, en que se dividen los versos de la poesía clásica.

piedra. f. Sustancia mineral compacta y más o menos dura, que no tiene aspecto metálico ni es terrosa./ Cálculo, concreción que se encuentra algunas partes del cuerpo./ Granizo grueso.

Petróleo. Su extracción en el mar constituye uno de los principales recursos de Canadá.

piel. f. Membrana que cubre el cuerpo del hombre y de los animales./ Cuero curtido./ Cuero curtido de modo que conserve su pelo natural./ Parte exterior que cubre la pulpa de algunas frutas.

piélago. f. Mar./ Parte del mar que dista mucho de la tierra.

pienso. m. Alimento seco que se da al ganado.

pierna. f. Parte del miembro inferior desde la rodilla hasta el pie, en el hombre; dícese comprendiendo además el muslo./ En los cuadrúpedos y aves, muslo./ Cada una de las dos piezas que forman el compás.

pietismo. m. Movimiento religioso alemán, surgido en el siglo XVII a partir del luteranismo; considera la piedad como el objetivo esencial de la religión.

pietista. a. Rel. al pietismo.// m. Adepto a dicho movimiento religioso.

pieza. f. Parte de una cosa./ Moneda acuñada./ Objeto trabajado artísticamente./ Porción de tejido o de papel que se fabrica de una vez./ Habitación de una casa./ Animal de caza o pesca./ Obra dramática./ Composición musical suelta.

pífano. m. Flautín usado en las bandas militares, de tono muy agudo./ Persona que lo toca.

pifiar. i. Dejar que se oiga demasiado el soplo al tocar la flauta./ Amér. Burlarse con silbidos.

pigmentación

pigmentación. f. Formación o acumulación de pigmentos en la piel./ Acción de colorear por medio de un pigmento.

pigmento. m. Materia colorante que se encuentra en los tejidos orgánicos, animales o vegetales./ Cualquier materia colorante empleada en la pintura.

pijama. m. Traje de dos piezas, que se usa para dormir.

pila. f. Pieza cóncava de piedra u otra materia, donde cae o se echa el agua para diversos usos./ Pieza de piedra, cóncava, con agua bendita, que hay en las iglesias./ Montón o cúmulo de cosas de la misma especie que se hace poniendo una sobre otra./ Generador de corriente eléctrica, que utiliza la energía liberada en una reacción química.

Pirá pytá. Pez de agua dulce, hábitos alimentarios omnívoros, aunque de preferencias herbívoras, cuya carne es muy sabrosa.

pilagá. m. Pueblo aborigen que habita en Formosa (Argentina) sobre la margen derecha del río Pilcomayo, en los alrededores del estero Patiño. Viven de la recolección de frutos de algarrobo, chañar, molle, etc.

pilar. m. Mojón que sirve de señal en el camino./ Elemento de soporte, especie de pilastra./ Pilón, abrevadero./ Hito o mojón./ fig. Columna, persona que sirve de amparo.

pilastra. f. Columna de sostén.

píldora. f. Bola pequeña que contiene medicamentos mezclados con un excipiente.

pileta. f. Pila pequeña./ *Amér.* Pila para lavar, o de cocina./ *Amér.* Piscina.

pillar. tr. Hurtar o robar./ Agarrar, aprehender./ fam. Sorprender.

pillo, lla. a. fam. Apl. al pícaro que no tiene crianza ni buenos modales./ Astuto, sagaz.

piloso, sa. a. Rel. al pelo./ Peludo.

pilotaje. m. Ciencia y arte que enseña el oficio de piloto.

pilotar. tr. Dirigir un buque, un automóvil, un avión, etc.

pilote. m. Madero rollizo que se hinca en tierra para consolidar los cimientos.

piloto. m. El que gobierna un buque, avión o automóvil./ El segundo de la nave mercante./ *Arg.* Prenda de vestir semejante al sobretodo, pero de tela impermeable.

pimienta. f. Baya carnosa, rojiza, que contiene una semilla esférica de gusto picante, usada como condimento.

pimiento. m. Planta herbácea anual, con flores blancas y fruto en baya hueco./ Fruto de esta planta./ **-morrón.** El más grande y dulce de todos.

pimpinela. f. Planta rosácea, vivaz, con tallos erguidos y rojizos, y flores en espigas apretadas.

pimpollo. m. Retoño, tallo nuevo de las plantas./ Capullo de rosa.

pináceas. f. pl. *Bot.* Familia de plantas gimnospermas, coníferas, de climas templados.

pinacoteca. f. Galería o museo de pinturas.

pináculo. m. Parte más alta de un edificio magnífico./ fig. Parte más sublime de una ciencia o de otra cosa inmaterial.

pincel. m. Instrumento construido con pelos atados a un cabo, que se usa para pintar.

pincelar. tr. Pintar./ Retratar, hacer retratos.

pinchar. tr. Picar o herir con algo punzante o agudo. Ú.t.c.prl./ fig. Picar, estimular./ Enojar.

pingüino. m. Nombre común de varias aves del hemisferio norte./ Pájaro bobo.

pino. m. Árbol conífero, de tronco elevado y recto, hojas muy estrechas y puntiagudas, y madera resinosa, cuyo fruto es la piña y su semilla el piñón./ Madera de este árbol.

pintado, da. p. p. de pintar.// a. Matizado de varios colores naturales.// f. Acción de pintar letreros en las paredes, habitualmente de contenido político./ Dichos letreros.

pintar. tr. Representar un objeto sobre una superficie con líneas y colores./ Cubrir con color la superficie de las cosas., fig. Describir o representar viva y animadamente personas o cosas por medio de la palabra.

pintor. s. Persona que se dedica a la pintura.

pintoresco, ca. a. Digno de ser pintado; agradable, delicioso./ Dícese del lenguaje o estilo que describe vivamente las cosas.

pintura. f. Arte de pintar./ Tabla o lienzo en que está pintada una cosa./ Obra pintada./ Sustancia con que se pinta., fig. Descripción viva y animada de personas o cosas.

pinza. f. Instrumento de metal cuyos extremos se aproximan para sujetar algo./ Cualquiera de los órganos que tienen ciertos animales, como el cangrejo, para coger las cosas./ Pliegue que se cose a la tela para darle forma.

pinzar. tr. Sujetar con pinza./ Plegar a manera de pinza una cosa.

pinzón. m. Pájaro del tamaño del gorrión, con plumaje de diversos colores, de buen canto.

piña. f. Fruto del pino./ *Arg.* y *Cuba.* fam. Puñetazo.

piñón. m. Semilla del pino./ Arbusto americano./ Rueda dentada que engrana con una cadena o con otra rueda más grande, en una máquina.

pío, a. a. Inclinado a la piedad, devoto.

piojicida. m. Producto químico que se emplea para matar a los piojos y sus liendres.

Pinos.
Bosques de resistentes árboles, en los que se distinguen dos tipos de ramas: unas largas que son persistentes, y otras pequeñas y caedizas.

lojo. m. Insecto que vive parásito de los mamíferos, de cuya sangre se alimenta.

lola. f. *Amér.* Cordel, cuerda delgada.

lolín. m. *Arg.* y *Chile.* Piola delgada.

lonero, ra. s. Persona que inicia la exploración de nuevas tierras o la colonización de un país./ fig. Hombre emprendedor, que abre el camino a otros.

lorrea. f. Flujo de pus, principalmente en las encías.

lipa. f. Tonel para transportar y guardar líquidos./ Tubo terminado en un recipiente, para fumar tabaco picado.

lipeta. f. Tubo de cristal, ensanchado en su parte media, que se emplea para pasar pequeñas porciones de líquido de un vaso a otro.

liqueta. m. Herramienta con mango de madera y dos bocas, una aguzada y otra plana.

liquete. m. Herida pequeña causada por un instrumento cortante./ Agujero pequeño en la ropa./ Grupo poco numeroso de soldados./ Jalón pequeño.

lira. f. Hoguera donde antiguamente se quemaban los cuerpos de los muertos y las víctimas de los sacrificios./ fig. Hoguera.

lirá pytá. m. Pez conocido como salmón del Paraná. Es omnívoro y por el sabor de su carne presenta gran interés comercial.

piramidal. a. Con figura de pirámide.

pirámide. f. *Geom.* Cuerpo de base poligonal y caras laterales triangulares que se juntan en un solo punto, llamado vértice, y forman un ángulo poliedro./ Monumento en forma de pirámide./ **-de la biomasa.** *Ecol.* La que representa los organismos según su peso y sus necesidades de alimentación, de tal manera que el escalón superior requiere del inferior para subsistir./ **-de números.** *Ecol.* La que representa con números los organismos que ocupan los distintos escalones./ **-ecológica.** *Biol.* La que representa los integrantes de una comunidad, de tal manera que en su base se encuentran los productores (vegetales), en el primer escalón los consumidores de primer orden (animales herbívoros), en el segundo escalón los consumidores de segundo orden (animales carnívoros que se alimentan de animales herbívoros), y así sucesivamente.

piraña. f. Pez de los ríos de América del Sur, de pequeño tamaño y boca armada de numerosos y afilados dientes. Vive en grupos y es temido por su voracidad, que lo lleva a atacar el ganado que cruza los ríos. Existen varias especies del mismo género.

pirotecnia. f. Arte de preparar materiales explosivos e inflamables, para usos bélicos, para diversión o espectáculo.

pirrófito, ta. a. y s. Dícese de algas unicelulares, de reproducción asexual.

pirueta. f. Brinco que dan los bailarines./ Voltereta.

pisar. tr. Poner el pie sobre algo./ Apretar una cosa con los pies o a golpe de maza o pisón./ Anticiparse a otro frustrando su propósito, o birlándole algo./ En las aves, cubrir el macho a la hembra./ fig. Conculcar, hollar./ Pisotear, humillar, maltratar.

piscicultura. f. Arte de dirigir y fomentar la reproducción de los peces y mariscos.

pisciforme. a. De figura de pez.

piscina. f. Estanque donde se colocan peces./ Estanque para nadar.

pisco. m. Aguardiente que se fabricaba originariamente en la ciudad peruana de igual nombre.

piso. m. Acción y efecto de pisar./ Suelo; pavimento natural o artificial de las habitaciones, calles, caminos, etc./ Conjunto de habitaciones que constituyen vivienda en cualquiera de las plantas de una casa.

pisotear. tr. Pisar reiteradamente, maltratando una cosa./ fig. Humillar, maltratar de palabra.

pista. f. Huella que dejan el hombre o los animales por donde pasan./ Espacio acotado para ciertos tipos de carreras, juegos o competiciones./ Espacio destinado al baile en sa-

Pirámide. Imponente vista de la de Khufu, en Egipto.

lones./ Espacio en que actúan los artistas de un circo o de una sala de fiestas./ Franja de terreno con pavimento de hormigón para facilitar el aterrizaje y despegue de aviones./ fig. Conjunto de indicios o señales que conducen a la averiguación de un hecho./ **Comp.** Zona de un disco en la que se graban los datos; son circunferencias concéntricas.

pistilo. m. *Bot.* Órgano femenino de la flor compuesto por ovario, estilo y estigma.

pistola. f. ant. Arma de fuego individual, corta y ligera, manual, de un solo tiro, destinada con preferencia para defensa personal./ Arma de fuego corta, semi-automática, con un cargador en la culata, con la que se apunta y dispara con una sola mano. Hasta tiempos recientes estas armas se denominaban *pistolas automáticas.*

pistón. m. Émbolo./ Parte central de la cápsula donde se coloca el fulminante.

pitanza. f. Distribución que se hace a diario de una cosa./ Ración de comida que se distribuye a los pobres./ fam. Alimento cotidiano.

pitar. i. Tocar o sonar el pito./ Distribuir o dar pitanzas./ *Amér.* Fumar.

pito. m. Flauta pequeña de sonido agudo.

pitón. m. *Zool.* Género de reptiles ofidios no venenosos, de gran tamaño./ Tubo recto o curvo que sale de la parte inferior del cuello de los botijos, porrones, etc.

pituita. f. Humor viscoso segregado por las membranas mucosas de la nariz, los bronquios y otros órganos.

pituitario, ria. a. Que contiene o segrega pituita.

pivote. m. Eje vertical, más especialmente, el extremo cilíndrico o puntiagudo de una cosa donde se inserta otra.

pixel. m. *Comp.* Cada uno de los puntos que forman una imagen en la pantalla.

plyama. m. *Amér.* Pijama. Ú.t.c.f.

pizarra. f. Roca de grano fino, de color negro azulado, que se divide con facilidad en hojas planas y se usa para techar./ Trozo de esta roca, algo pulimentado y con marco de madera, en que se escribe o dibuja.

pizarrón. m. *Amér.* Cuadro de madera, hule, etc., que se usa para escribir en él./ Encerado.

pizca. f. fam. Porción muy pequeña de una cosa.

placa. f. Plancha de metal u otra materia por lo general rígida y poco gruesa./ Insignia que llevan los agentes de policía para acreditar que lo son./ Lámina, plancha o película que se forma o está superpuesta a un objeto.

placenta. f. Órgano intermediario entre la madre y el feto, durante la gestación./ *Bot.* Parte vascular del fruto a la que están unidas las semillas.

placentario, ria. a. Rel. a la placenta.

placentero, ra. a. Agradable, alegre.

placer. m. Alegría, regocijo./ Voluntad, consentimiento./ Contento del ánimo./ Diversión, entretenimiento.// tr. Agradar, dar gusto.

plácido, da. a. Sosegado, quieto./ Apacible, grato.

plafón. m. Plano inferior del saliente de una cornisa./ Placa o tablero para cubrir algo./ Adorno en la parte central del techo de una habitación, en el cual está el soporte para suspender la lámpara./ Lámpara plana translúcida, que se coloca pegada al techo para disimular las bombillas.

plaga. f. Calamidad grande en una población./ Peste, daño o enfermedad grave./ Abundancia de una cosa nociva./ Azote que aflige a la agricultura, como la langosta.

plagar. tr./ prl. Llenar o cubrir con algo nocivo.

plagiar. tr. fig. Copiar obras ajenas, tomándolas como propias./ Secuestrar a una persona para pedir rescate por ella.

plan. m. Altitud o nivel./ Intento, proyecto./ Programa para la ejecución de un proyecto.

plana. f. Cada una de las dos caras de una hoja de papel./ Porción extensa de un territorio llano./ Conjunto de líneas que forman cada página.

planaria. f. Animal acuático, platelminto, con notable capacidad para regenerarse.

plancha. f. Lámina de metal de poco espesor./ Utensilio de hierro que se usa para planchar.

planchar. tr. Estirar o asentar la ropa con la plancha.

plancton. m. Biol. Conjunto de organismos animales y vegetales, generalmente diminutos, que flotan o están en suspensión en las aguas dulces o saladas.

planear. tr. Hacer planes o proyectos./ Formar el plan de una obra.

planeta. m. Cada uno de los cuerpos celestes, opacos, que giran alrededor del Sol con movimiento propio y periódico, y brillan con su luz. Los planetas de nuestro sistema solar son nueve: Mercurio, Venus, Tierra, Marte, Júpiter, Saturno, Urano, Neptuno y Plutón.

planetario, ria. a. Rel. a los planetas.// m. Aparato que representa los planetas del sistema solar y sus movimientos respectivos.

planicie. f. Terreno llano y extenso; llanura.

planificación. f. Acción y efecto de planificar./ Plan general establecido científicamente para conseguir un determinado objetivo./ **-familiar.** Aplicación de los métodos de control de la natalidad, para seguir determinada política demográfica.

planificar. tr. Trazar planos./ Hacer un plan.

planilla. f. Nómina, lista./ Amér. Formulario.

planisferio. m. Mapa que representa las esferas celestes o terrestres en un plano.

plano, na. a. Liso, llano./ Geom. Rel. al plano.// m. Ma Superficie determinada por tres puntos no alineados./ m Top. Representación gráfica en una superficie y por medi de procedimientos técnicos, de un terreno, de la planta d un edificio, de una plaza, etc./ Cine. Fragmento de pelícu la, que corresponde a una toma.

planta. f. Parte inferior del pie con que se pisa./ Vegetal, se orgánico que no cambia de sitio por impulso de la volur tad./ Árbol u hortaliza que, sembrada y nacida en algún l gar, está dispuesta para transplantarse a otro./ Plan que de termina las dependencias y empleados de una oficina, etc

plantar. a. Rel. a la planta del pie.// tr. Meter una planta e la tierra, para que arraigue./ Poblar de plantas un terreno fig. Fijar y poner erguida una cosa./ Fundar, establecer Dejar a uno burlado.// prl. fig. Resolverse a no ejecutar o resistir alguna cosa./ fig. y fam. Ponerse de pie, firme, ocu pando un sitio./ Pararse un animal de manera que resul trabajoso hacerlo seguir adelante.

plantear. tr. Trazar o hacer una planta de alguna cosa./ fig Tratándose de temas, proponerlos o presentarlos.

plantel. m. Criadero de plantas./ Establecimiento o reunic de gente capaz en alguna profesión, ejercicio, etc.

plantígrado, da. a. y s. Zool. Dícese de los cuadrúpedo que al andar apoyan en el suelo toda la planta de los pie y las manos, como el oso.

plantío, a. a. Dícese del lugar plantado o que se pued plantar./ m. Acción de plantar./ Lugar plantado./ Conjur to de vegetales.

plañir. i. Gemir, llorar sollozando.

plaqueta. f. Elemento constitutivo de la sangre, de form circular u ovalada, que interviene en la coagulación./ Plac pequeña.

plasma. m. Parte líquida de la sangre y de la linfa, que co tiene substancias nutritivas y reconstituyentes de los te dos y otras de desecho./ Biol. Líquido que resulta de su primir de la sangre sus elementos sólidos.

plasmar. tr. Formar, hacer una cosa, en especial de barro.

plástico, ca. a. Rel. a la plástica./ Que puede modelarse blando, dúctil.// f. Arte de modelar.

plata. f. Metal brillante, blanco, sonoro, dúctil y maleable Símb., Ag.; n. at., 47; p. at., 107,873./ fig. Moneda o m nedas de plata./ Dinero en general.

plataforma. f. Tablero horizontal elevado, para ubicar pe sonas o cosas./ Suelo superior, a modo de azotea, de l torres y otras obras./ Vagón descubierto y con bordes c poca altura./ Parte anterior y posterior de vagones de pa sajeros./ Amér. Programa de un partido político./ Arg. A dén de las estaciones de ferrocarril.

Planetas.
Esquema de nuestr
sistema planetario e
el que se destaca e
Sol y los nueve
planetas que giran
su alrededor en
órbitas elípticas.
Los mismos son,
según el orden de
cercanía al Sol:
Mercurio, Venus,
Tierra, Marte, Júpiter
Saturno, Urano,
Neptuno y Plutón.

plátano. m. Árbol de tronco recto y redondo y corteza correosa y blanca que se cae para que aparezca otra nueva, hojas grandes y fruto que cuelga de un piececillo largo./ Planta musácea, con tallo compuesto de varias cortezas herbáceas, metidas unas en otras. El fruto es largo, triangular y blanco, cubierto de una piel de color amarillento, interior carnoso, sin semillas ni huesos. También se llama banano./ Fruto de esta planta, de sabor delicado y aroma agradable.

platea. f. Parte baja de los teatros./ *Arg.* Butaca de la platea.

platear. tr. Cubrir de plata una cosa.

platelminto. a./m. *Zool.* Díc. de gusanos, en su mayoría parásitos, de cuerpo aplanado y carentes de aparatos circulatorio y respiratorio.// m. pl. Clase de estos animales.

Playa. Lugar de descanso y esparcimiento en esta costa acantilada.

plateresco. a./m. Arte. Dícese de un estilo surgido en España durante el siglo XV. Se manifestó especialmente en la arquitectura, caracterizándose por medallones, almohadillado, columnas complicadas, etc.

platería. f. Arte y oficio de platero./ Comercio donde se venden obras de plata u oro./ Vajilla de plata.

plática. f. Conversación.

platicar. tr./ i. Conversar.

platillo. m. Toda pieza pequeña de forma semejante al plato./ Cada una de las dos piezas en forma de disco que tiene la balanza.// m. pl. Instrumento musical de percusión, compuesto de dos chapas metálicas circulares.

platinar. tr. Cubrir un objeto con una capa de platino.

platino. m. Metal precioso de color blanco grisáceo, muy duro, difícilmente fusible e inatacable por los ácidos, excepto el agua regia. Símb., Pt.; n. at., 78; p. at., 195,23.

plato. m. Vasija baja y redonda con el borde por lo común plano, en que se sirven y comen los manjares./ Platillo de la balanza./ Vianda o manjar servido en los platos.

plausible. a. Digno de aplauso.

playa. f. Faja o franja de anchura variable (pocos metros hasta varios miles de metros), compuesta de arena, grava, conchillas o guijarro acumulados por la abrasión marina en las costas o litorales, entre la línea correspondiente al promedio más alto de las pleamares y el límite inferior del promedio más bajo de las bajamares./ *Amér.* Espacio ancho y despejado.

play-back (voz ingl.). m. Sonido grabado previamente para que un actor o cantante haga sólo una mímica durante su actuación.

plaza. f. Lugar ancho y espacioso dentro de una población./ Lugar espacioso donde se celebran ferias, mercados, etc./ Todo lugar fortificado./ Sitio determinado para una persona o cosa./ Oficio, empleo./ Población donde se realizan operaciones considerables de comercio por mayor.

plazo. m. Término señalado para una cosa./ Vencimiento del término.

pleamar. f. Término de la creciente del mar./ Tiempo que ésta dura.

plebe. f. Clase social común; pueblo.

plebeyo, ya. a. Rel a la plebe, propio de ella./ a. y s. Apl. a la persona que no es noble.

plebiscito. m. Ley que establecía la plebe de Roma a propuesta de su tribuno./ Resolución tomada por todo un pueblo por pluralidad de votos.

plectro. m. Púa que se usa para pulsar instrumentos de cuerda.

plegamiento. m. *Geol.* Efecto producido en la corteza terrestre por el movimiento conjunto de rocas sometidas a una presión lateral.

plegar. tr./ prl. Hacer pliegues en una cosa.// prl. fig. Doblarse, someterse./ i. *Amér.* Adherir, convenir en un dictamen o partido. Ú.t.c.prl.

plegaria. f. Súplica humilde y ferviente.

pleistoceno, na. a./m. *Geol.* Díc. del primer período de la era cuaternaria, que duró aproximadamente un millón de años.

pleitear. tr. Litigar por vía judicial sobre una cosa.

pleitesía. f. Manifestación reverente de cortesía.

pleito. m. Litigio judicial./ Contienda o batalla que se determina por las armas./ Disputa o riña doméstica o privada./ *For.* Proceso o cuerpo de autos sobre cualquier causa.

plenario, ria. a. Completo, entero.

plenilunio. m. Luna llena.

plenipotenciario, ria. a. y s. Apl. a las personas que un gobierno envía como representante ante otro, con plenos poderes para resolver un asunto.

plenitud. f. Totalidad, integridad.

pleno, na. a. Lleno, completo.

plesiosaurio. m. Reptil fósil que se supone tenía la forma de un gigantesco lagarto.

pletórico, ca. a. fig. Lleno, henchido.

pleura. f. Cada una de las membranas serosas que cubren las paredes de la cavidad torácica y la superficie de los pulmones de los mamíferos.

pliego. m. Pieza de papel de figura cuadrangular doblada por el medio./ Carta, oficio o documento que se envía cerrado.

pliegue. m. Doblez que se forma en una parte de una tela, papel u otra cosa flexible.

plioceno, na. a./m. *Geol.* Díc. del cuarto y último período de la era terciaria.

plisar. tr. Formar pliegues iguales y angostos en una tela.

plomada. f. Pesa de plomo u otro metal que, colgada de una cuerda, sirve para señalar la línea vertical.

plomero. m. El que trabaja o hace cosas de plomo, o las arregla.

plomizo, za. a. Que contiene plomo./ Que se parece al plomo.

plomo. m. Metal gris azulado, pesado, muy tóxico, fusible, que al aire se toma fácilmente y con los ácidos forma sales venenosas. Símb., Pb.; n.at., 82; p. at., 207,21.

pluma. f. Cada una de las piezas que cubren el cuerpo de las aves./ Conjunto de plumas./ Pluma de ave para escribir./ Instrumento de metal, colocado en un mango, para el mismo uso./ Mástil de una grúa.

plúmbeo, a. a. Que es de plomo./ fig. Que pesa como el plomo.

plural. a./ m. *Gram.* Número que indica dos o más personas o cosas.

pluralidad. f. Número grande de cosas, abundancia.

pluricelular. a. *Biol.* Díc. del animal o la planta que está formado por muchas células.

plusvalía o **plusvalor.** f. *Econ.* En la teoría marxista, beneficio de que se apropia el empresario capitalista, originado en la parte del trabajo realizado por el obrero y que no se paga en el salario.

plutocracia. f. Gobierno o preponderancia de los ricos.

plutócrata. s. Partidario de la plutocracia./ Rico, millonario, poderoso.

plutocrático, ca. a. Perteneciente o rel. a la plutocracia y a los plutócratas.

plutonio. m. Elemento químico. Símb., Pu.; n. at., 94. No existe en la naturaleza y tiene la propiedad de fusionarse.

pluvial. a. Rel. a la lluvia.

población. f. Acción y efecto de poblar./ Número de personas de una nación, ciudad o pueblo./ Ciudad, villa o lugar./ Ecol. Conjunto de individuos semejantes, que viven en una zona determinada.

poblacional. a. Rel. a la población.

poblado. m. Población, ciudad, villa o lugar.

poblar. tr./ i. Fundar pueblos.// tr. Ocupar con habitantes un lugar para que vivan o trabajen en él./ Por ext., se dice de animales o cosas./ Procrear mucho.// prl. Echar muchas hojas los árboles.

pobre. a. y s. Que no tiene lo necesario para vivir o lo tiene con escasez.// a. Escaso, limitado./ fig. Humilde, de poco valor./ Infeliz, desdichado./ Corto de ánimo.// m. y f. Mendigo.

pobreza. f. Necesidad, carencia de lo necesario para vivir./ Falta, estrechez./ fig. Falta de magnanimidad, de nobleza de ánimo.

pocilga. f. Establo para cerdos./ fig. Lugar hediondo y asqueroso.

poción. f. Líquido que se bebe; bebida.

poco, ca. a. Escaso en cantidad o calidad.// m. Cantidad escasa.// adv. Con escasez, en reducido número o cantidad, en corto grado.

poda. f. Acción y efecto de podar./ Tiempo en que se efectúa.

podar. tr. Cortar las ramas superfluas de las plantas, árboles./ fig. Suprimir partes de un discurso, escrito, etc.

poder. m. Dominio que uno tiene para mandar o hacer una cosa./ Capacidad, posibilidad./ Fuerzas policiales o militares de un estado./ Der. Acto o instrumento en que uno autoriza a otro para que obre en su representación./ Fuerza, vigor, poderío.// pl. Facultades.

poderío. m. Fuerza para hacer o impedir algo./ Poder, dominio./ Vigor./ Potestad, facultad.

poderoso, sa. a. Que tiene poder. Ú.t.c.s.

podio. m. Pedestal largo que soporta una serie de columnas./ Plataforma o tarima donde se coloca una persona para ponerla en un lugar preeminente.

podredumbre. f. Calidad dañosa que adquieren las cosas y las pudre.

podrido, da. a. Echado a perder, dañado.

Polo. En medio del paisaje polar, los osos parecen ser quienes mejor resisten el inclemente clima.

podrir. tr./ prl. Pudrir.

poema. m. Obra poética, especialmente si está escrita en verso y pertenece a los géneros lírico, épico o dramático./ Por antonomasia, composición lírica en verso, de sentido unitario.

poesía. f. Manifestación de la belleza o del sentimiento estético por medio de la palabra, en verso o en prosa./ Cada uno de los géneros en que se dividen las obras literarias: poesía épica, lírica, dramática./ Poema lírico en verso./ Idealidad, lirismo./ Arte de componer obras poéticas en verso o en prosa.

poeta. m. El que compone obras poéticas.

poético, ca. a. Rel. a la poesía./ Que manifiesta o expresa un alto grado de cualidades propios de la poesía, en especial, las de la lírica./ Que participa de las cualidades de la idealidad, espiritualidad y belleza propias de la poesía./ Propio o característico de la poesía.// f. Lit. Ciencia o parte de los estudios literarios que se dedica a examinar la poesía en general./ Lit. Teoría literaria explícita o implícita que rige la obra de un autor.

poetizar. i. Componer versos u obras poéticas.// tr. Embellecer algo con el encanto de la poesía.

poiquilotermo, ma. a. y s. Zool. Dícese de los animales que no poseen sistemas interiores para regular su temperatura y que deben hacerlo a través del medio ambiente. Son los llamados animales de sangre fría.

polaco, ca. a. y s. De Polonia.// m. Ling. Lengua eslava que se habla en dicha nación.

polaina. f. Especie de media calza.

polar. a. Rel. a los polos.

polaridad. f. Fís. Propiedad de los agente físicos de acumularse en los polos de un cuerpo./ Tendencia de una molécula de ser atraída o repelida por cargas eléctricas.

polea. f. Rueda que se mueve alrededor de un eje, con la circunferencia acanalada, por cuya garganta pasa una cuerda o cadena./ Rueda de llanta plana, que se usa en la transmisión por medio de correas.

polémico, ca. a. Rel. a la polémica.// f. Arte que enseña los medios de ataque y defensa de las plazas fuertes./ Discusión, controversia.

polemizar. i. Entablar o sostener una polémica; disputar.

polen. m. Bot. Polvillo contenido en la antera de las flores y cuya propiedad es la de fecundar.

policía. f. Buen orden que se guarda en las ciudades y repúblicas, cumpliéndose las leyes u ordenanzas./ Cuerpo armado encargado de mantener el orden público y de velar por la seguridad.// m. Agente de policía.

policlínica. f. Establecimiento para atender diversas especialidades médicas y quirúrgicas.

policromo, ma. a. De varios colores.

poliedro. a. Geom. Apl. al ángulo formado por varios planos que se cortan en un punto.// m. Geom. Cuerpo limitado por superficies planas.

polietileno. m. Quím. Polímero de gas etileno, resistente, flexible, liviano y transparente, obtenido en láminas moldeables y que posee múltiples aplicaciones.

polifacético, ca. a. Que ofrece varios aspectos o facetas.

poligamia. f. Estado o calidad de polígamo.

polígamo, ma. a. Dícese del hombre casado a la vez con dos o más mujeres. Ú.t.c.s./ Bot. Dícese de las plantas que tienen en uno o más pies flores masculinas, femeninas, y hermafroditas.

polígloto, ta o **poligloto, ta.** a. Escrito en varias lenguas./ a. y s. Versado en varias lenguas.

poligonal. a. Geom. Rel. al polígono./ Dícese del prisma o pirámide cuyas bases son polígonos.

polígono, na. a. Poligonal.// m. Geom. Porción de plano limitado por rectas./ Campo de tiro y de maniobras de artillería.

polilla. f. Mariposa nocturna, cuya larva destruye la materia en que anida./ Larva de este insecto./ fig. Lo que destruye insensiblemente una cosa.

polímero, ra. a. Formado por varias partes iguales entre sí./ a./m. Quím. Dícese del producto que está constituido por macromoléculas.

polimorfo, fa. a. Que puede tener varias formas.

polinio. m. *Bot.* Conjunto de dos sacos polínicos que se mantienen unidos y son transportados así para la fecundación de flores como en las orquídeas.

polinización. f. *Bot.* Transporte del polen desde el estambre hasta el pistilo en que ha de germinar.

polio. f. Poliomielitis.

poliomielitis. f. Enfermedad infecciosa y contagiosa, producida por un virus, que ataca los centros nerviosos y provoca parálisis.

pólipo. m. Animal celenterado cuya boca, rodeada de tentáculos, lleva a un estómago simple./ Pulpo./ Tumor pediculado que se forma y desarrolla en las membranas mucosas de distintas cavidades.

La polea constituye una palanca simple, que si bien no ahorra esfuerzo, facilita el trabajo de quien tira de la cuerda, dado que lo hace hacia abajo.

Tirando de aquí se levanta la carga.

El utilizar más de una rueda de polea permite levantar cargas más pesadas. El peso se reparte por una cuerda más larga.

polisacárido. m. *Quím.* Glúcido completo.

polisemia. f. *Ling.* Fenómeno semántico según el cual una palabra, una construcción o una frase poseen más de un significado.

polisémico, ca. a. Rel. a la polisemia./ Que posee polisemia.

polisépalo, la. a. *Bot.* Que tiene muchos sépalos.

polisílabo, ba. a. y s. Que consta de varias sílabas.

polista. s. Jugador de polo.

política. f. Arte, opinión o doctrina referente al gobierno del Estado./ Actividad de los que rigen o aspiran a regir los asuntos públicos./ Actividad del ciudadano cuando interviene en los asuntos públicos./ Cortesía, urbanidad./ Arte con se conduce un asunto./ Orientación, directriz.

político, ca. a. Rel. a la política./ Cortés, urbano./ Que interviene en asuntos de gobierno. Ú.t.c.s./ Aplicado a un nombre de parentesco por consanguinidad, el correspondiente por afinidad.

póliza. f. Libranza en que se da orden para cobrar un dinero./ Documento justificativo del contrato de seguros, operaciones de bolsa, etc.

polizón. m. Persona que se embarca clandestinamente./ Individuo ocioso y sin ocupación.

pollo. m. Cría de las aves, esp. la de las gallinas./ Cría de las abejas./ fig. y fam. Persona de corta edad.

polo. m. Cada uno de los dos extremos del eje de rotación de una esfera o cuerpo redondeado, en esp. los de la Tierra./ Región contigua a un polo terrestre./ fig. Aquello en que estriba una cosa y sirve como fundamento a otra./ *Elec.* Cualquiera de las dos extremidades del circuito de una pila o de ciertas máquinas eléctricas./ *Fís.* Cada uno de los dos puntos opuestos de un cuerpo en los cuales se acumula en

mayor cantidad la energía de un agente físico./ *Dep.* Deporte que se practica a caballo, entre dos equipos intentando introducir una pelota en una meta, con palos especiales.

polonio. m. Elemento químico. Símb., Po.; n. at., 84.

polución. f. Efusión de semen./ Contaminación intensa y dañina del agua o del aire, por los residuos de procesos industriales o biológicos.

polvareda. f. Polvo que se levanta de la tierra, por efecto del viento./ Efecto producido entre las gentes por dichos o hechos que las alteran.

polvo. m. Porción pequeña y seca de tierra, que se levanta con el viento./ Lo que queda de otras cosas sólidas, después de molidas.

pólvora. f. Mezcla, por lo común de azufre, carbón y salitre, que produce una gran explosión al inflamarse. Es el principal agente de la pirotecnia.

polvorín. m. Pólvora muy menuda./ Lugar donde se guarda pólvora y otros explosivos.

pomada. f. Mezcla de una sustancia grasa con otros ingredientes, que se usa como cosmético o medicamento.

pomelo. m. Arbolillo originario del Asia; da una fruta de corteza amarillo rojiza y de pulpa algo amarga./ Fruto de este árbol.

pomo. m. Fruto carnoso y con varias semillas, como la manzana y la pera./ Recipiente para perfumes y otras sustancias./ Extremo de la guarnición de la espada.

pompa. f. Acompañamiento suntuoso y solemne./ Grandeza, fastuosidad./ Procesión solemne.

pómulo. m. Hueso de cada una de las mejillas./ Parte del rostro, correspondiente a este hueso.

poncho. m. Capote militar con mangas y esclavina, ceñido a la cintura con cinturón./ *Amér.* Especie de manta cuadrangular, con una abertura en el medio para meter por ella la cabeza, que queda pendiente de los hombros y cubre el cuerpo.

ponderar. tr. Examinar el peso de una cosa./ Examinar con atención y cuidado un asunto.

ponencia. f. Propuesta que se somete al examen y resolución de una asamblea.

poner. tr. Colocar una persona o cosa en su lugar. Ú.t.c.prl./ Disponer o prevenir una cosa./ Contar o determinar./ Suponer, dar por sentada una cosa./ Apostar./ Soltar el huevo las aves./ Dedicarse a un oficio o empleo. Ú.t.c.prl./ Escoltar o concurrir con otros./ Tratar mal a uno de palabra./ Oponerse a una persona./ Vestirse, ataviarse./ Mancharse o llenarse./ Comparar, competir con otro./ Ocultarse los astros debajo del horizonte.

poniente. m. Occidente, punto cardinal.

pontífice. m. Sacerdote de la antigua Roma./ Obispo u arzobispo./ Por anton., el Papa.

pontón. m. Embarcación chata, cubierta con planchas de hierro, que se utiliza para pasar los ríos o construir puentes./ Buque viejo que sirve de almacén, hospital, prisión, etc./ Puente de maderos o de una sola tabla.

ponzoña. f. Sustancia que contiene cualidades nocivas para la salud, o destructivas de la vida.

popa. f. Parte posterior de las embarcaciones.

pope. m. Sacerdote de la Iglesia ortodoxa.

popular. a. Rel. al pueblo./ Que es o procede del pueblo./ Propio de las clases sociales menos favorecidas./ Que está al alcance de los menos dotados económicamente./ Que es estimado o conocido, por el público en general.

popularidad. f. Aceptación que uno tiene en el pueblo.

popularizar. tr./ prl. Acreditar, dar fama a una persona o cosa, extender su estimación en el concepto del público./ Dar carácter popular a una cosa.

populoso, sa. a. Muy poblado.

por. prep. Indica el agente en las oraciones pasivas./ Señala el lugar de un movimiento o el tiempo en que se realiza una acción./ Denota causa, medio, modo, precio, opinión, multiplicación de números, proporción o sustitución.

porcelana. f. Producto de cerámica fina, traslúcida, dura y lustrosa./ Vasija de porcelana.

porcentaje. m. Tanto por ciento.

porcentual. a. Rel. al porcentaje.

porche. m. Soportal, cobertizo./ Atrio, andén.

porcino, na. Rel. al puerco.// m. Puerco pequeño.

porción. f. Cantidad sacada de otra mayor./ Pedazo, trozo.

pordiosero, ra. a. y s. Dícese del pobre mendigo que pide limosna.

porfiar. i. Discutir y altercar con obstinación y tenacidad./ Continuar insistentemente una acción para el logro de un propósito.

pormenor. m. Reunión de cosas menudas. Ú.m. en pl.

pormenorizar. tr. Describir o enumerar minuciosamente.

pornografía. f. Tratado acerca de la prostitución./ Carácter obsceno de las obras artísticas.

poro. m. Espacio entre las moléculas de los cuerpos./ Intersticio entre las partículas de los sólidos de estructura discontinua./ Orificio casi invisible en la superficie de los animales y vegetales.

poroto. m. *Amér.* Especie de judía.

porque. conj. Indica causa o razón./ Señala finalidad.

porqué. m. fam. Motivo, razón o causa.

porquería. f. fam. Inmundicia, suciedad, basura./ Acción sucia o indecente./ Grosería.

porra. f. Cachiporra o clava./ Mechón de pelos enredados.

porrón. m. Vasija de barro de vientre ancho./ Redoma de vidrio, con pitón largo para beber a chorro.

portaaviones. m. Buque de guerra dispuesto para transportar y lanzar al aire aviones.

portada. f. Adorno en la fachada de los edificios./ Primera plana de los libros impresos.

portador, ra. a. y s. Que lleva o trae una cosa.// m. Tenedor de un documento no nominativo, sino transmisible sin endoso.

portal. m. Zaguán de una casa./ Atrio cubierto.

portaplumas. m. Mango en que se pone la pluma metálica.

portar. tr. Llevar o traer.// prl. Con los adv. *bien* o *mal* u otros semejantes, gobernarse con acierto y lealtad, o, por el contrario, con necedad o engaño./ Tratarse con decencia y lucimiento./ Por ext., distinguirse, quedar airoso.

portátil. a. Movible y fácil de transportar.

portavoz. m. Bocina para hacer llegar la voz a distancia./ fig. El que por su autoridad representa a una escuela, una colectividad, etc., o lleva su voz./ fig. Funcionario autorizado para comunicar de manera oficiosa lo que piensa un gobierno.

portazo. m. Golpe fuerte que se da con la puerta.

porte. m. Cantidad que se paga por transportar una cosa./ Presencia, aspecto./ Grandeza, capacidad de una cosa.

portento. m. Cosa, suceso o acción singular que causa admiración o espanto.

porteño, ña. a. y s. De cualquier puerto./ De Buenos Aires./ De Valparaíso (Chile)./ De Puerto Carreño (Colombia).

portería. f. Lugar destinado al portero./ Empleo y vivienda del portero./ *Dep.* Marco en que entra el balón para anotar tantos en el fútbol y otros juegos.

portero, ra. s. Persona que cuida la puerta de una casa, y se ocupa de vigilar la entrada y salida, del aseo, etc.// m. Jugador que en algunos deportes defiende la portería de su equipo.

pórtico. m. Sitio cubierto, con arcadas y columnas en la entrada de los templos y otros edificios./ Galería con arcadas o columnas.

portillo. m. Abertura que hay en las murallas o paredes./ Postigo o puerta pequeña.

portón. m. aum. de puerta./ Puerta que divide el zaguán del resto de la casa.

portorriqueño, ña. a. y s. De Puerto Rico.

portugués, sa. a. y s. De Portugal.// m. *Ling.* Lengua romance hablada en dicho país y en sus antiguas colonias, como el Brasil.

portuguesismo. m. Palabra o giro propio del idioma portugués.

porvenir. m. Tiempo o sucesos futuros.

posada. f. Casa propia de cada uno./ Casa de huéspedes.

posar. i. Alojarse en una casa o posada./ Descansar, reposar./ Pararse, asentarse las aves u otros animales que vue-

Los poros que componen el esqueleto de una esponja marina son empleados, entre otros usos, como elementos de limpieza.

lan. Ú.t.c.prl./ Servir de modelo a un pintor o escultor.// tr. Soltar la carga para reposar.// prl. Depositarse en el fondo las partículas sólidas que están en suspensión en un líquido, o caer el polvo sobre las cosas o en el suelo.

posdata. f. Lo que se añade a una carta ya concluida y firmada.

pose. f. Actitud o postura de la persona que se utiliza como modelo, entre pintores o escultores./ fig. y fam. Presunción, petulancia, afectación./ *Fotogr.* Exposición.

poseer. tr. Tener uno en su poder una cosa.

posesivo, va. a. Que denota posesión./ *Gram.* Dícese del pronombre que indica posesión o pertenencia.

poseso, sa. p. p. irreg. de **poseer.**

posibilidad. f. Aptitud u ocasión para ser o existir las cosas./ Aptitud o facultad para hacer o no hacer una cosa.

posibilitar. tr. Hacer posible una cosa.

posible. a. Que puede ser o suceder, que se puede ejecutar.

posición. f. Postura./ Acción de poner./ Condición social de cada persona respecto de las demás.

positivo, va. a. Cierto, verdadero, que no ofrece duda.

poso. m. Sedimento, residuo./ Quietud, descanso.

posponer. tr. Colocar a una persona o cosa después de otra.

posta. f. Conjunto de caballerías preparadas en los caminos para renovar los tiros, entregar los correos, etc., haciendo más rápidos los viajes./ Casa o lugar donde éstas están alojadas.

postal. a. Rel. al correo.// a./ f. Apl. a la tarjeta que se envía por correo, sin sobre.

postdata. f. Posdata.

poste. m. Madero o columna colocada verticalmente, que sirve de señal o apoyo.

postergar. tr. Retrasar una cosa.

posteridad. f. Descendencia o generación venidera./ Fama póstuma.

posterior. a. Que fue o viene después, o está o queda detrás.

postigo. m. Puerta pequeña abierta en otra mayor./ Puerta falsa.

postillón. m. Mozo que va montando en una caballería de las delanteras del tiro de un carruaje.

postizo, za. a. Que no es natural ni propio./ Añido o tejido de pelo para suplir la falta de éste.

postmeridiano, na o **posmeridiano, na.** a. Rel. a la tarde, o que es después del mediodía.

postrar. tr. Derribar una cosa./ Quitar el vigor./ Enflaquecer, debilitar. Ú.m.c.prl.// prl. Hincarse de rodillas humillándose por tierra.

postrero, ra. a. y s. Último en un lugar o serie./ Que está, se queda o viene detrás.

postular. tr. Pedir, pretender, solicitar.

póstumo, ma. a. Hijo que nace después de la muerte del padre./ Obra aparecida después de la muerte del autor.

postura. f. Modo, figura, actitud en que está puesta una persona, animal o cosa./ Precio que ofrece el comprador por una cosa que se subasta./ Cantidad que se apuesta./ Huevo de las aves./ Acción de ponerlo.

potabilizar. tr. Convertir en potable el agua que no lo es.

potable. a. Que se puede beber.

potasio. m. Metal alcalino de color argentino, blando, muy fusible, alterable al aire, menos pesado que el agua y capaz de producir llama en contacto con ella. Símb., K.; n. at., 19; p. at., 38, 1.

pote. m. Vaso de barro, alto./ Tiesto en figura de jarra./ Vasija circular.

potencia. f. Fuerza para ejecutar una cosa./ Imperio, dominación./ Virtud generativa./ Poder y fuerza de un Estado./ *Mat.* Resultado de una potenciación./ *Fís.* Energía que absorbe o cede un dispositivo en una unidad de tiempo.

potenciación. f. Acción y efecto de potenciar./ *Mat.* Operación en la cual un número llamado *base* se multiplica por sí mismo tantas veces como indica otro llamado *exponente*.

potencial. a. Que encierra o tiene en sí potencia, o perteneciente a ella./ Que puede suceder o exisitir, en contraposición con lo que sucede o existe./ *Gram.* Apl. al modo verbal que expresa la acción como posible. Ú.t.c.s.

potenciar. tr. Dar potencia a una cosa o aumentar la que ya tiene.

potente. a. Que tiene poder o virtud para una cosa./ Poderoso./ Apl. al hombre capaz de engendrar./ f. Grande, desmesurado.

potestad. f. Dominio o poder que se tiene sobre una cosa./ -patria potestad. Autoridad que los padres tienen sobre los hijos menores no emancipados.

potranca. f. Yegua menor de tres años.

Pórtico de la iglesia de San Ciriaco, en Ancona (Italia).

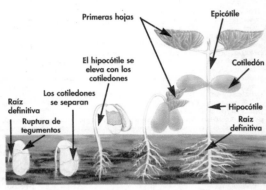

Poroto. Esquema de su germinación.

potrero. m. El que cuida los potros./ Lugar dedicado a la cría y pasto de ganado caballar./ *Amér.* Finca rústica en que se crían toda clase de ganados./ *Arg.* Terreno sin edificar en una ciudad o poblado.

potrillo. m. *Amér.* Caballo que no llega a los tres años.

potro, tra. s. Caballo desde que nace hasta que cambia los dientes de leche.// m. Aparato de madera en que se daba tormento a los procesados./ *Arg.* Caballo nuevo que todavía no ha sido domado.

pozo. m. Hoyo profundo que se hace en la tierra, hasta hallar agua o para la extracción de minerales./ Lugar o paraje donde los ríos son más profundos./ Hoyo profundo, aunque esté seco.

practicar. tr. Poner en práctica una cosa que se ha aprendido./ Usar o ejercer continuamente./ Hacer, llevar a cabo.

práctico, ca. a. Perteneciente a la práctica./ Apl. a las facultades que enseñan la manera de hacer una cosa./ Experimentado, versado en algo.// m. El que dirige las maniobras de una embarcación para entrar en puerto o salir de él.// f. Ejercicio de un arte o facultad, conforme a sus reglas./ Destreza que se adquiere con este ejercicio./ Modo o método que uno observa en sus cosas./ Uso continuado, costumbre o estilo.

pradera. f. Prado grande./ Conjunto de prados.

prado. m. Tierra muy húmeda o de regadío donde crece la hierba./ Sitio ameno que sirve de paseo.

pragmático, ca. a. Rel. al pragmatismo./ Que profesa el pragmatismo./ Práctico, inescrupuloso.// f. *Ling.* Parte del estudio del lenguaje que se ocupa de relacionarlo con su uso concreto.

pragmatismo. m. *Fil.* Doctrina surgida en EE.UU. a fines del s. XIX; afirma que la verdad de algo surge de sus consecuencias prácticas.

praseodimio. m. Elemento químico. Símb., Pr.; n. at., 59.

preámbulo. m. Aquello que se dice antes de narrar, mandar o pedir algo; exordio, prefación.

prebenda. f. Renta de ciertos oficios eclesiásticos./ fig. y fam. Empleo lucrativo y poco trabajoso.

precámbrico, ca. a./m. *Geol.* Dícese de los tiempos geológicos anteriores al cámbrico.

precario, ria. a. De poca duración o estabilidad.

precaución. f. Prudencia, cautela, reserva.

precaver. tr./ prl. Prevenir un peligro o daño para guardarse de él.

precavido, da. a. Sagaz, cauto, que sabe precaver los riesgos o peligros.

preceder. tr. Ir delante en lugar, tiempo u orden. Ú.t.c.i./ Anteceder.

preceptivo, va. a. Que incluye preceptos.// f. Conjunto de preceptos que se aplican a una materia.

precepto. m. Orden que hace cumplir el superior./ Regla o norma para el conocimiento o manejo de un arte o facultad.

preceptor, ra. s. Persona que enseña.

preces. f. pl. Súplicas, ruegos.

preciar. tr. Apreciar.// prl. Jactarse, alardear.

precinto. m. Ligadura sellada con que se cierran los cajones, paquetes, etc.

precio. m. Valor pecuniario con que se estima una cosa./ fig. Estimación, importancia, crédito.

precioso, sa. a. Excelente, exquisito y digno de estimación y aprecio./ De gran valor.

precipicio. m. Despeñadero.

precipitación. f. Acción y efecto de precipitar o precipitarse./ Agua que cae de la atmósfera en forma líquida o sólida, y se deposita en la superficie de la tierra.

precipitado, da. a. Atropellado, imprudente.

precipitar. tr./ prl. Arrojar de un lugar alto, despeñar.// tr. Apresurar./ fig. Exponer a alguien a una ruina temporal o espiritual./ Separar una materia sólida del líquido en que está disuelta.// prl. fig. Arrojarse sin prudencia a hacer o decir algo.

Puma. Uno de los más grandes predadores del reino animal.

precisar. tr. Determinar de un modo preciso./ Forzar, obligar a hacer algo./ *Amér.* Necesitar.

precisión. f. Necesidad que obliga a hacer una cosa./ Exactitud, concisión, determinación, puntualidad./ Refiriéndose al lenguaje, estilo, etc., concisión y exactitud.

preciso, sa. a. Indispensable, necesario./ Puntual, fijo./ Distinto, claro y formal./ Refiriéndose al lenguaje, estilo, etc., conciso y rigurosamente exacto.

preclaro, ra. a. Ilustre, digno de admiración y respeto.

precocidad. f. Calidad de precoz.

precolombino, na. a. Dícese de lo rel. a América, antes de su descubrimiento por Colón.

preconcebir. tr. Establecer de antemano alguna idea o proyecto que ha de ejecutarse.

precoz. a. Dícese del fruto prematuro./ Apl. a la persona de poca edad que muestra cualidades que normalmente son más tardías./ Dícese de estas cualidades.

precursor, ra. a. y s. Que precede o va delante.

predación. f. *Ecol.* Captura de presas vivas para alimentarse.

predador, ra. a. Díc. del animal que captura presas vivas para su alimento.

predatorio, ria. a. Rel. a la predación.

predatorismo. m. *Ecol.* Predación.

predecesor, ra. s. Antecesor, antepasado.

predecir. tr. Anunciar algo que va a suceder.

predestinar. tr. Destinar anticipadamente una cosa para un fin.

predeterminar. tr. Determinar o resolver anticipadamente una cosa.

prédica. f. Sermón o plática./ Por ext., perorata, discurso vehemente.

predicado. p. p. de **predicar.**// m. *Lóg.* y *Gram.* Lo que se afirma o niega del sujeto en una proposición./ **-adverbial.** Aquel cuyo núcleo es un adverbio o frase adverbial, que sería un circunstancial de un predicado verbal./ **-nominal.** Aquel cuyo núcleo es un sustantivo o un adjetivo./ **-nominal verbal.** El que es adverbial o nominal./ **-verbal.** El que tiene un verbo o frase verbal como núcleo.

predicar. tr. Publicar, hacer patente alguna cosa./ Pronunciar un sermón.

predicativo, va. a. Rel. al predicado o que tiene carácter de tal.

predicción. f. Acción y efecto de predecir.

predilecto, ta. a. Preferido por amor o afecto especial.

predio. m. Hacienda, heredad, posesión inmueble.

predisponer. tr./ prl. Preparar anticipadamente para un fin determinado.

predisposición. f. Acción y efecto de predisponer o predisponerse.

predispuesto, ta. p. p. de **predisponer.**// a. Inclinado hacia algo./ Dispuesto con anterioridad.

predominio. m. Superioridad, imperio o fuerza dominante que se tiene sobre una persona o cosa.

preeminencia. f. Privilegio, exención o preferencia que goza uno respecto de otro, por especial mérito o razón.

preeminente. a. Sublime, superior más elevado.

prefabricada, da. a. Dícese de la construcción cuyas partes principales se envían ya fabricadas al lugar de su emplazamiento.

prefacio m. o **prefación.** f. Prólogo, discurso que antecede al cuerpo de una obra.

preferencia. f. Ventaja o primacía que tiene una persona o cosa sobre otra.

preferir. tr. Dar preferencia. Ú.t.c.prl.

prefigurar. tr. Representar anticipadamente alguna cosa.

prefijación. f. *Gram.* Modo de formar nuevas palabras por medio de prefijos.

prefijar. tr. Determinar o fijar con anticipación una cosa.

prefijo, ja. a./ m. *Gram.* Afijo que va antepuesto a un vocablo, en las palabras compuestas.

pregón. m. Promulgación en voz alta que se hace de una cosa en los sitios públicos.

pregonar. tr. Publicar, hacer notoria una cosa en voz alta./ Anunciar a voces uno la mercancía o género que lleva para vender./ fig. Publicar lo oculto o lo que debía callarse.

pregunta. f. Interrogación que uno hace para que otro responda./ **-retórica.** *Ling.* Aquella que no se hace para que sea contestada, sino que encubre una afirmación incuestionable.

preguntar. tr./ prl. Hacer preguntas, interrogar.

prehistoria. f. Ciencia que estudia la historia del mundo y del hombre anterior a todo testimonio escrito.

prejuicio. m. Acción y efecto de prejuzgar.

prejuzgar. tr. Juzgar las cosas antes de tiempo, o sin tener conocimiento cabal de ellas.

prelación. m. Preferencia que debe darse a una cosa con respecto a otra, con la cual se compara.

prelado. m. Superior eclesiástico.

preliminar. a. Que sirve de preámbulo./ fig. Que antecede a una acción, litigio, etc. Ú.t.c.s.

preludiar. i. *Mús.* Probar un instrumento, o la voz, antes de comenzar la pieza principal./ tr. fig. Preparar, iniciar una cosa, darle entrada.

preludio. m. Lo que precede o sirve de preparación a una cosa./ Lo que se toca o canta para probar los instrumentos o ensayar la voz./ Composición musical independiente que precede a la ejecución de otras obras./ Obertura o sinfonía.

Precolombino. A la izquierda, artesanías precolombinas únicas, de la cultura de Angualasto, que se conservan en el Museo Arqueológico de Las Lajas, San Juan (Argentina). A la derecha, monolito Ponce ubicado en el ingreso al templo de Kalasasaya, en Tiahuanaco (Bolivia).

premeditar. tr. Pensar detenidamente una cosa antes de ejecutarla.

premiar. tr. Remunerar o recompensar los méritos de alguien./ Entregar un premio.

premio. m. Remuneración o recompensa que se otorga por un mérito o servicio.

premonición. f. Presagio, presentimiento.

premura. f. Urgencia, prisa, apuro.

prendar. tr. Tomar una prenda como garantía./ Ganar la voluntad y agrado de una persona.// prl. Aficionarse, enamorarse.

prender. tr. Sujetar, agarrar./ Asegurar a una persona privándola de la libertad./ Hacer presa una cosa en otra./ *Amér.* Dar luz, encender.// i. Arraigar las plantas en la tierra.

prensa. f. Máquina que sirve para comprimir o prensar./ fig. Imprenta./ Conjunto de publicaciones, en esp. las periódicas.

prensar. tr. Apretar una cosa en la prensa./ Comprimir.

prensil. a. Que sirve para asir o prender.

prenunciar. tr. Anunciar de antemano.

preñar. tr. Hacer concebir a la hembra. / fig. Llenar, henchir.

preocupación. f. Cuidado, previsión, desvelo ante una contingencia azarosa o adversa./ Prevención que una cosa obtiene o merece.

preocupar. tr./ prl. Ocupar primero o con anticipación./ fig. Prevenir el ánimo de uno de manera que dificulte el asentir a otra opinión./ Embargar el ánimo.

preparar. tr. Disponer, prevenir una cosa para un fin./ Efectuar las operaciones necesarias para obtener un producto; prevenirse de un hecho.// prl. Disponerse y prevenirse para llevar a cabo una cosa con algún fin determinado.

preponderancia. f. Mayor peso de alguna cosa con respecto de otra./ fig. Superioridad.

preposición. f. *Gram.* Parte invariable de la oración que denota el régimen o que indica la relación que tienen entre sí las palabras. Las preposiciones son las siguientes: *a, ante, bajo, cabe, con, contra, de, desde, en, entre, hacia, hasta, para, por, según, sin, so, sobre y tras.*

prepotencia. f. Poder superior, real o supuesto, al de otros, o abuso de tal poder.

prepotente. a. Más poderoso que otros, o muy poderoso./ Que abusa de su poder o hace alarde de él.

prepucio. m. Piel móvil que cubre el bálano.

prerrogativa. f. Privilegio.

presa. f. Acción de prender una cosa./ Animal que, cazado por otro, le sirve como alimento./ Botín de guerra./ Muro que sirve para contener aguas, o acumularlas a fin de producir energía hidroeléctrica.

presagiar. tr. Anunciar o prever una cosa por medio de presagios.

presagio. m. Señal que anuncia y previene un suceso./ Adivinación por señales o presentimiento.

presbítero. m. Sacerdote o clérigo.

prescindir. i. Hacer abstracción de una persona o cosa; no mencionarla./ Abstenerse, evitarla.

prescribir. tr. Disponer que se haga una cosa.// i. Extinguirse un derecho, una acción, etc., por haber transcurrido cierto tiempo.

presencia. f. Estado de una persona que se encuentra delante de otra u otras o en el mismo paraje de ellas./ Figura y disposición del cuerpo.

presenciar. tr. Hallarse presente ante un suceso, acontecimiento, etc.

presentación. f. Acción y efecto de presentar o presentarse.

presentar. tr./ prl. Poner una cosa en presencia de uno.// tr. Dar graciosa y voluntariamente alguna cosa a uno./ Introducir a uno en la casa o en el trato de otro.// prl. Ofrecerse voluntariamente a una persona./ Comparecer.

presente. a. Que está delante o en presencia de uno./ Tiempo actual.// m. Obsequio, regalo.

presentimiento. m. Movimiento del ánimo que hace prever lo que va a suceder.

presentir. tr. Antever o adivinar una cosa.

preservar. tr./ prl. Poner a cubierto anticipadamente a una persona o cosa, de algún daño o peligro.

preservativo, va. a. Que tiene virtud o eficacia de preservar.// m. Funda o cubierta fina de goma para cubrir el pene durante el coito.

presidencia. f. Dignidad o cargo de presidente./ Acción de presidir./ Sitio que ocupa el presidente./ Tiempo que dura el cargo.

presidente. p. act. de **presidir.**// m. El que preside./ Superior de un consejo, tribunal, sociedad, etc./ En una república, el jefe electivo del Estado. Puede serlo también del Poder Ejecutivo cuando el régimen es presidencialista.

presidiario. m. El que cumple una condena en presidio.

presidio. m. Guarnición de soldados que se pone en las plazas, fortalezas, etc./ Establecimiento penitenciario donde se purgan delitos graves.

presidir. tr. Ocupar el primer lugar en una asamblea, junta, tribunal, empresa, etc./ Predominar.

presión. f. Acción y efecto de apretar o comprimir./ Apremio, coacción./ Cociente entre la fuerza ejercida sobre determinada superficie y esta misma superficie.

presionar. tr. Ejercer presión, comprimir./ fig. Ejercer coacción moral en el ánimo de uno.

preso, sa. p. p. irreg. de **prender.**// a. y s. Persona que sufre prisión.

prestación. f. Acción y efecto de prestar.

préstamo. m. Acción y efecto de prestar./ Cosa prestada.

prestancia. f. Excelencia, superior calidad.

prestar. tr. Dar a uno alguna cosa, con obligación de devolverla./ Ayudar o contribuir al logro de alguna cosa./ Dar, comunicar.// prl. Ofrecerse a una cosa.

presteza. f. Prontitud para hacer o decir algo.

prestidigitación. f. Arte o habilidad para hacer juegos de manos.

prestigiar. tr. Dar prestigio o importancia.

prestigio. m. Autoridad, ascendiente, influencia./ Buen crédito.

presto, ta. a. Diligente, pronto para hacer una cosa./ Preparado./ adv. t. Luego, al punto.

presumido, da. a. y s. Que presume; jactancioso.

presumir. tr. Sospechar o juzgar una cosa por algún indicio.// i. Vanagloriarse.

presunción. f. Acción y efecto de presumir./ Vanidad, fatuidad.

presuntuoso, sa. a. Lleno de presunción.

presuponer. tr. Dar con anterioridad por cierta una cosa para pasar a tratar otra.

presuposición. f. Acción y efecto de presuponer.

presupuestar. tr. Hacer un presupuesto.

presupuesto. p. p. irreg. de **presuponer.**// m. Motivo, causa./ Suposición./ Cálculo anticipado del costo de una obra y de los ingresos y egresos de una corporación u organismo.

presuroso, sa. a. Veloz, ligero.

pretencioso, sa. a. Presuntuoso, presumido.

pretender. tr. Solicitar una cosa, haciendo las diligencias necesarias para conseguirla./ Procurar.

pretensión. f. Solicitación de una cosa que se desea.// pl. Deseos, ambiciones.

pretérito, ta. a. Dícese de lo que ya ha pasado u ocurrió.// a.// m. *Gram.* Tiempo del verbo que sirve para denotar la acción que ya ha sucedido.

pretextar. tr. Valerse de un pretexto.

pretexto. m. Motivo simulado para hacer o dejar de hacer algo./ Excusa.

pretor. m. Magistrado romano que ejercía su jurisdicción en Roma y otras provincias.

prevalecer. i. Sobresalir; tener una persona o cosa alguna superioridad o preeminencia entre otras.

prevaricación. f. Acción y efecto de prevaricar.

prevaricar. i. Delinquir los empleados públicos./ Faltar uno a sabiendas a la obligación del cargo que desempeña.

prevención. f. Acción y efecto de prevenir./ Preparación y disposición que se toma por anticipado.

prevenir. tr. Preparar anticipadamente las cosas para un fin./ Prever./ Advertir, avisar./ Preocupar el ánimo de uno, moviéndole a prejuzgar personas o cosas./ Sobrevenir, sorprender.// prl. Disponer con anticipación; prepararse de antemano.

prever. tr. Ver anticipadamente./ Conocer por ciertos indicios lo que va a suceder.

previo, via. a. Anticipado, que va delante o acontece primero.// f. Grabación del sonido antes de impresionar la imagen en las películas.

previsión. f. Acción y efecto de prever./ *Com.* Cálculo y contabilidad anticipada de una posible pérdida o gasto futuro.

prieto, ta. a. De color oscuro, casi negro./ Apretado, ceñido.

primacía. f. Superioridad que tiene una cosa con respecto a otra de su especie./ Dignidad o cargo de primado.

primado. m. Primer lugar, grado o excelencia de una cosa respecto de otras./ Primero y más preeminente de todos los arzobispos y obispos de un país o región.

primario, ria. a. Principal, primero en orden o grado./ *Geol.* Paleozoico./ Rel. a los terrenos sedimentarios más antiguos.

primate. m. Personaje distinguido.// pl. Orden de mamíferos de organización superior, plantígrados, con extremidades de tipo mano, por lo menos los miembros superiores.

primavera. f. Estación del año que comienza en el equinoccio del mismo nombre y termina en el solsticio de verano./ Época templada del año (en el hemisferio septentrional, desde el 21 de marzo hasta el 21 de junio, y en el meridional, desde el 21 de septiembre hasta el 21 de diciembre)./ Planta perenne con hojas tendidas sobre la tierra y flores amarillas.

primicia. f. Fruto primero de una cosa./ Primera noticia, publicada por un órgano informativo antes que los otros.

primitivo, va. a. Rel. a los orígenes de algo./ Que no tiene origen en otra cosa./ Dícese de los pueblos de civilización poco desarrollada y de los individuos que los componen./ Rudimentario, tosco.

primo, ma. a. Primero./ Excelente, primoroso.// s. Hijo o hija de un tío o tía, respecto de una persona.

primogénito, ta. a. y s. Hijo o hija que nace primero.

primor. m. Destreza, habilidad, esmero con que se hace una cosa.

primordial. a. Esencial, primero.

primoroso, sa. a. Excelente, perfecto, delicado.

primuláceo, a. a./ f. *Bot.* Dic. de plantas de esta familia.// f. pl. *Bot.* Familia de plantas angiospermas, dicotiledóneas, herbáceas, con flores hermafroditas y fruto en cápsula.

princesa. f. Mujer del príncipe./ La que por sí posee un estado que tiene el título de principado./ Hija del rey.

principado. m. Título o dignidad de príncipe./ Territorio sujeto a su gobierno.

principal. a. Que tiene el primer lugar en estimación e importancia./ Preclaro, ilustre./ Apl. al que tiene el primer lugar en un negocio./ Esencial o fundamental.// m. Jefe de una casa comercial, fábrica, etc.

príncipe. a. Dic. de la primera edición de obra.// m. El primero y más aventajado en una cosa./ Hijo primogénito del rey./ Individuo de familia real o imperial./ Soberano o monarca de un Estado./ Título honorífico que dan los reyes.

principiante. p. act. de **principiar.** Que principia.// a. y s. Que comienza un estudio, oficio, arte, facultad. etc.

principiar. tr./ prl. Comenzar, dar principio.

principio. m. Primer instante de la existencia de una cosa./ Fundamento./ Causa primera de algo./ Punto primero en una extensión o cosa./ Toda cosa que entra con otra en la composición de un cuerpo./ Norma o idea fundamental que rige el pensamiento o la conducta. Ú.m. en pl.

pringar. tr. Empapar con pringue./ Manchar con pringue. Ú.t.c.prl./ fig. y fam. Denigrar, infamar.

pringue. amb. Grasa que suelta el tocino u otra cosa parecida por la acción del fuego./ fig. Grasa, suciedad.

prioridad. f. Anterioridad de una cosa respecto de otra.

prisa. f. Rapidez, prontitud, presteza.

prisión. f. Acción de prender./ Cárcel, presidio./ fig. Cualquier cosa que ata o detiene.

prisionero, ra. s. Persona que cae en poder del enemigo, o está detenida en prisión.

prisma. m. *Geom.* Cuerpo terminado por dos caras planas, paralelas e iguales, llamadas bases, y por tantos paralelogramos cuantos lados tenga cada base./ Cristal de figura triangular, que produce la reflexión, la refracción y la descomposición de la luz.

prismático, ca. a. De figura de prisma.// m. pl. Anteojos gemelos provistos de cristales graduables, para ver a distancia.

Prisma. Cuando un bloque de vidrio de sección triangular es atravesado por radiaciones solares (luz blanca), conforma una gama continua de colores que va desde el rojo hasta el violeta, pasando por el anaranjado, amarillo, verde, azul y añil.

rístino, na. a. Primitivo, original, antiguo.

rivado, da. a. Que se hace en presencia de pocos, sin ceremonias./ Personal y particular de cada uno.

rivar. tr. Despojar a uno de algo que poseía./ Destituir a uno de su cargo, dignidad, etc./ Vedar o prohibir./ Quitar o suspender el sentido. Ú.m.c.prl.// prl. Dejar voluntariamente una cosa de gusto o conveniencia.

rivilegiar. tr. Otorgar privilegio.

rivilegio. m. Prerrogativa o gracia que concede un superior./ Documento en que consta.

roa. f. Parte delantera de la embarcación.

robable. a. Verosímil o fundado en razón./ Que puede probarse./ Que puede suceder o realizarse.

robar. tr. Examinar y experimentar las cualidades de las personas o cosas./ Examinar si una cosa está arreglada a la medida./ Justificar y hacer patente la verdad de una cosa./ Gustar un manjar o una bebida.// i. Intentar.

robeta. f. Tubo de vidrio cerrado por uno de sus extremos, destinado a contener líquidos o gases.

roblema. m. Cuestión que se trata de aclarar; proposición dudosa./ Mat. Proposición en la que se busca obtener un resultado cuando ciertos datos son conocidos.

roblemático, ca. a. Inseguro, dudoso.// f. Conjunto de problemas pertenecientes a una ciencia o actividad.

robo, ba. a. Íntegro, recto, que tiene probidad.

roboscídeo, a o **proboscidio, a.** a./m. Zool. Apl. a mamíferos terrestres de gran tamaño, piel gruesa y dura y escaso pelo, cuyo apéndice nasal se transformó en una larga trompa. En el plioceno alcanzó su máxima variedad y extensión. Actualmente se limita a dos especies de elefantes.// m. pl. Zool. Orden de estos animales.

procaz. a. Atrevido, desvergonzado, irrespetuoso.

procedencia. f. Origen de una cosa.

proceder. i. Ir algunas personas o cosas unas tras otras./ Nacer u originarse una cosa de otra./ Conducirse bien o mal.// m. Modo y forma de portarse.

procedimiento. m. Acción de proceder./ Método de ejecutar una cosa./ Comp. Secuencia de operaciones que se realizan para cumplir un determinado objetivo.

prócer. a. Eminente, elevado.// m. Persona de la más eminente distinción.

procesador, ra. a. y s. Que procesa.// m. Comp. Dispositivo utilizado para desempeñar determinada función con los datos./ **-de textos.** Comp. Programa utilizado para escribir y manipular documentos en la pantalla de la computadora.

procesar. tr. Formar proceso./ Declarar y tratar a una persona como presunto reo de un delito.

procesión. f. Acción de proceder una cosa de otra./ Acto de ir en orden muchas personas, de un lugar a otro, con un motivo público.

proceso. m. Acción de ir hacia adelante./ Transcurso del tiempo./ Conjunto de las fases sucesivas de un fenómeno natural o de una operación artificial./ Causa criminal.

proclama. f. Notificación pública.

proclamar. tr. Publicar una cosa de viva voz./ Declarar solemnemente el comienzo de un gobierno, etc./ Aclamar.

proclítico, ca. a. Gram. Apl. a la voz monosilábica que, sin acento prosódico, se une a la frase con la palabra siguiente, como los artículos, pronombres y preposiciones.

proclive. a. Inclinado hacia adelante o hacia abajo./ Inclinado o propenso a una cosa.

procónsul. m. Gobernador de una provincia romana.

procrear. tr. Engendrar, multiplicar una especie.

procurar. tr. Hacer intentos para conseguir lo que se desea.// i./ prl. Amér. Proporcionar, causar, producir.

prodigalidad. f. Gasto excesivo./ Abundancia.

prodigar. tr. Gastar con exceso./ Dar con abundancia./ fig. Dispensar profusa y repetidamente elogios, favores, etc.

prodigio. m. Suceso sobrenatural./ Milagro.

prodigioso, sa. a. Que encierra en sí prodigio.

pródigo, ga. a. y s. Derrochador./ Muy generoso.

producción. f. Acción de producir./ Cosa producida./ Acto o forma de producirse./ Suma de los productos del suelo o de la industria.

producir. tr. Engendrar, criar, procrear. Se dice propiamente de las obras de la naturaleza, y por ext., de las del entendimiento./ Dar, rendir fruto./ Renta, interés o beneficio anual./ Procurar, ocasionar./ Fabricar cosas útiles.

productividad. f. Calidad de productivo./ Econ. Capacidad de producción por unidad de trabajo, superficie de cultivo, equipo industrial, en cierto período de tiempo.

productivo, va. a. Que produce.

producto, ta. p. p. irreg. de **producir.**// m. Cosa producida./ Ganancia que se obtiene de una cosa./ Mat. Cantidad que resulta de la multiplicación./ **-bruto interno.** Econ. Total de bienes y servicios producidos en un país o región durante un año.

productor, ra. a. y s. Que produce.// m. Econ. En la organización social del trabajo, cada una de las personas que intervienen en la producción./ El que, con responsabilidad financiera y comercial, organiza la realización de una obra cinematográfica, teatral, discográfica, etc., y aporta el capital necesario./ Ecol. Díc. de los vegetales, en tanto organismos que producen su propio alimento.// f. Empresa o asociación de personas dedicadas a la producción cinematográfica, teatral, discográfica, etc.

proeza. f. Hazaña, acción heroica.

profanación. f. Acción de profanar.

profanar. tr. Tratar a las cosas sagradas sin el debido respeto./ fig. Deslucir, hacer uso indigno de cosas respetables.

Primavera. Estación donde las flores brotan, mostrando su gran colorido.

profano, na. a. Que no es sagrado./ Contrario a la reverencia debida a las cosas sagradas./ Dado a las cosas mundanas. Ú.t.c.s./ Inmodesto; deshonesto en el vestido o la compostura./ Que carece de conocimientos y autoridad en una materia. Ú.t.c.s.

profecía. f. Don sobrenatural que consiste en conocer, merced a la inspiración divina, las cosas distantes o futuras.

proferir. tr. Pronunciar, decir palabras.

profesar. tr. Ejercer una ciencia o arte./ Enseñar una ciencia, facultad o arte./ Ejercer una cosa voluntaria y continuamente./ Creer, confesar./ Cultivar una idea, sentimiento, etc.// i. Obligarse a cumplir los votos de una institución religiosa.

profesión. f. Acción y efecto de profesar./ Empleo u oficio que cada uno tiene y ejerce con derecho a retribución.

profesor, ra. s. Persona que enseña o ejerce una ciencia o un arte.

profeta. m. Persona que tiene el don de hacer profecías.

profetizar. tr. Predecir en virtud del don de la profecía./ fig. Conjeturar por ciertas señales.

profiláctico, ca. a./m. Que puede prevenir una enfermedad./ Preservativo.

profilaxis. f. Tratamiento preventivo de las enfermedades.

prófugo, ga. a. y s. Que huye de la justicia.
profundidad. f. Calidad de profundo./ Honduras.
profundizar. tr. Hacer más profunda una cosa./ fig. Discurrir y examinar con mucha atención. Ú.t.c.i.
profundo, da. a. Que tiene el fondo distante de la boca de la cavidad./ Muy hondo./ fig. Intenso, muy vivo./ Que penetra mucho./ Vasto.
profusión. f. Abundancia, copia.
progenie. f. Familia de la que desciende una persona.
progenitor, ra. s. Pariente en línea recta ascendente de una persona./ Padre.
programa. m. Bando o aviso público./ Declaración previa de lo que se piensa hacer en una ocasión./ Sistema y distribución de las materias correspondientes a un curso./ Anuncio o exposición de las partes de que se han de componer algunas cosas./ Proyecto ordenado de actividades./ *Inform.* Conjunto de instrucciones que se dan a un ordenador para obtener un resultado determinado.
programador, ra. a. y s. Que prepara un programa./ *Comp.* Persona que elabora programas para computadoras.
programar. tr. Formar programas, previa declaración de lo que se piensa hacer y anuncio de las partes de que se ha de componer un acto o espectáculo o una serie de ellos./ Idear y ordenar las acciones necesarias para realizar un proyecto./ *Inform.* Preparar los datos previos indispensables para obtener la solución de un problema mediante una calculadora electrónica o una computadora.
progreso. m. Acción de ir hacia adelante./ Avance continuo de la cultura humana.
prohibir. tr. Impedir que se haga o diga algo.
prójimo. m. Cualquier persona respecto de otra.
prole. f. Hijos o descendencia de uno.
prolegómeno. m. Introducción, tratado que se pone al comienzo de una obra o escrito. Ú.m. en pl.
proletariado. m. Conjunto de proletarios. Clase obrera.
proletario, ria. a. Dícese del que carecía de bienes y solamente estaba comprendido en las listas vecinales por su persona y familia. Ú.t.c.s.m.// a. y s. Persona de la clase obrera.
prolífico, ca. a. Que tiene la virtud de engendrar.
prolijo, ja. a. Muy extenso./ Cuidadoso y esmerado en exceso./ Molesto, pesado.
prologar. tr. Escribir el prólogo de un libro.
prólogo. m. Escrito que precede a ciertas obras como explicación o presentación.
prolongación. f. Acción y efecto de prolongar./ Parte prolongada de alguna cosa.
prolongar. tr./ prl. Alargar una cosa, extenderla a lo largo./ Hacer que una cosa dure más de lo regular.

Programadores de computación analizando un documento.

promediar. tr. Repartir una cosa en dos partes iguales que lo sean aproximadamente.// i. Interponerse entre dos o más personas para ajustar un negocio./ Llegar a su mitad un espacio de tiempo.
promedio. m. Término medio, cociente./ Punto en que algo se divide por la mitad o en dos partes casi iguales.
promesa. f. Expresión con que uno se obliga a hacer o dar una cosa.
prometer. tr. Obligarse a hacer, decir o dar una cosa./ Asegurar, afirmar la certeza de lo que se dice.
prominencia. f. Elevación de una cosa sobre lo que se encuentra a su alrededor.
prominente. a. Que se eleva sobre lo que está a su alrededor.
promiscuo, cua. a. Mezclado confusa o indiferentemente./ Que tiene dos sentidos equivalentes.
promisión. f. Promesa de hacer algo.
promisorio, ria. a. Que encierra promesa.
promoción. f. Acción y efecto de promover./ Ascenso/ Conjunto de los que han obtenido al mismo tiempo un grado o empleo.
promontorio. m. Altura o elevación muy considerable de tierra./ Altura considerable de tierra que entra en el mar.
promover. tr. Iniciar o adelantar una cosa, procurando su logro./ Elevar a una persona a una dignidad, grado, etc./ Tomar la iniciativa para la realización o el logro de algo.
promulgar. tr. Publicar algo solemnemente; hacerlo conocer a todos./ Hacer que se divulgue una cosa.
pronombre. m. *Gram.* Parte de la oración que sustituye al nombre o lo determina, y sirve para expresar las personas gramaticales.
pronominal. a. Rel. al pronombre.
pronosticar. f. Conocer lo futuro por algunos indicios o señales.
pronóstico. m. Acción y efecto de pronosticar.
pronto, ta. a. Veloz, rápido./ Dispuesto, preparado para un fin.// adv. m. Presto, con celeridad.
prontuario. m. Resumen donde se anotan las cosas que se quiere tener presentes./ Compendio de las reglas de una ciencia o arte./ *Amér.* Expediente policial de un individuo.
pronunciar. tr. Emitir y articular sonidos.// tr./ prl. Resolver determinar.
propagar. tr./ prl. Multiplicar por reproducción./ fig. Extender, aumentar una cosa./ Difundir el conocimiento de una cosa o la afición a ella.
propalar. tr. Divulgar algo.
propasar. tr./ prl. Pasar más adelante de lo debido.// prl. Insolentarse.
propender. i. Inclinarse a una cosa una persona, por especial afición u otro motivo.
propiciar. tr. Aplacar, ablandar la ira de uno, haciéndolo propicio./ Hacer favorable la ejecución de una cosa./ *Amér.* Apoyar, patrocinar un intento o empresa.
propicio. a. Benigno, inclinado a hacer un bien./ *Amér.* Oportuno, favorable para que algo se logre.
propiedad. f. Derecho de disponer de una cosa que nos pertenece, sin más limitaciones que las establecidas por las leyes./ Cosa que es objeto del dominio de uno, particularmente si es inmueble o raíz./ Cualidad o atributo esencial de una persona o cosa./ Exactitud con que se ejecuta algún trabajo o se expresa una persona.
propina. f. Gratificación que se da sobre el precio convenido por un servicio, como muestra de satisfacción./ Gratificación pequeña con que se recompensa algún servicio eventual.
propinar. tr. Dar a beber./ Administrar un medicamento/ fam. Dar (golpes, palos, etc.).
propio, pia. a. Perteneciente a uno que tiene el derecho exclusivo de disponer de ello./ Peculiar y característico de una persona o cosa./ A propósito para un fin./ Natural, en contraposición a postizo./ Mismo.
proponer. tr. Manifestar una cosa con razones./ Hacer propósito de ejecutar alguna cosa. Ú.m.c.prl./ Presentar a una persona para un empleo o cargo./ Hacer una propuesta.

proporción. f. Disposición armónica y correspondencia de las partes de una cosa con el todo./ Tamaño./ *Mat.* Igualdad de dos razones.

proporcionar. tr. Disponer y ordenar con la debida proporción una cosa.// tr./ prl. Poner en disposición las cosas para lograr lo que se desea./ Poner a disposición de una persona lo que necesita.

proposición. f. Acción y efecto de proponer./ *Gram.* Unidad de sentido de estructura oracional, sin autonomía sintáctica, que se une a otras por coordinación o subordinación, para formar oraciones compuestas./ *Lóg.* Palabra u oración que expresa un concepto completo.

propósito. m. Intención de hacer o de no hacer una cosa./ Mira, objeto.

propugnar. tr. Defender, amparar.

propulsar. tr. Empujar hacia adelante.

prorratear. tr. Repartir proporcionalmente entre varios una cantidad.

prórroga. f. Continuación de alguna cosa por un tiempo determinado./ Ampliación de un plazo.

prorrogar. tr. Dilatar una cosa por un tiempo determinado./ Aplazar, suspender.

prorrumpir. i. Salir una cosa con ímpetu./ fig. Proferir repentinamente y con violencia una voz, suspiro, queja, etc.

prosa. f. Forma del lenguaje que éste adopta naturalmente, y que no se halla sometida, como el verso, a medida y cadencia determinadas./ Lenguaje prosaico en la poesía.

prosaico, ca. a. Rel. a la prosa./ fig. Falto de idealidad o elevación; vulgar, insulso.

prosaísmo. m. *Lit.* Palabras o giros propios de la prosa, que se introducen en una poesía con propósitos expresivos, de contraste, etc.

prosapia. f. Ascendencia, linaje de una persona.

proscenio. m. En el teatro antiguo, lugar entre la escena y la orquesta./ Parte del escenario más próxima al público.

proscribir. tr. Echar a una persona del territorio de su patria, generalmente por razones políticas./ fig. Prohibir, vedar el uso de una cosa.

prosecución. f. Acción y efecto de proseguir./ Persecución.

proseguir. tr. Continuar, llevar adelante lo comenzado.

prosélito. m. Converso./ Partidario de una doctrina o partido.

prosificar. tr. Poner en prosa una composición en verso.

prosimio, mia. a. y s. *Zool.* Apl. a mamíferos carniceros cuya estructura participa de la de los monos y quirópteros.// m. pl. Suborden de estos animales.

prosista. s. El que se dedica a la prosa.

prosodia. f. Parte de la gramática que se ocupa de la correcta pronunciación y acentuación de las palabras.

prosódico, ca. a. Rel. a la prosodia./ Díc. del acento que no se manifiesta mediante tilde.

prosopopeya. f. *Ret.* Personificación./ Afectación, pompa.

prospección. f. Exploración del subsuelo para determinar en él la presencia de petróleo, agua o minerales./ Exploración de posibilidades futuras basada en indicios presentes.

prospecto. m. Anuncio de una obra, escrito, etc./ Folleto explicativo de un medicamento, máquina, etc.

prosperar. tr. Ocasionar prosperidad./ i. Gozar o tener prosperidad.

prosperidad. f. Curso favorable de las cosas./ Buena suerte./ Bienestar material.

próspero, ra. a. Favorable, venturoso, propicio.

prosternarse. prl. Postrarse.

prostíbulo. m. Casa donde se ejerce la prostitución.

prostitución. f. Acción y efecto de prostituir o prostituirse.

prostituir. tr./ prl. Exponer públicamente a todo género de lascivia./ Exponer, abandonar una mujer a la pública deshonra, corromperla./ fig. Deshonrar, vender una persona su empleo, autoridad, etc.

prostituto, ta. p. p. irreg. de **prostituir.**// f. Ramera.

protactinio. m. Elemento químico. Símb., Pa.; n. at., 91; p. at., 226,05.

protagonista. m. y f. Personaje principal de una obra literaria o cinematográfica./ Por ext., persona que tiene la parte principal en un suceso cualquiera.

Profundidad. En el fondo de los mares habita una singular diversidad de animales y plantas.

protagonizar. tr. Desempeñar el papel principal.

proteger. tr. Amparar, defender, favorecer.

protegido, da. s. Favorito, preferido, ahijado.

proteína. f. *Biol.* Principio inmediato cuaternario, constituido por carbono, nitrógeno, oxígeno e hidrógeno; integran la mayor parte del organismo.

proteínico, ca. a. Rel. a la proteína o que la contiene.

prótesis. f. *Cir.* Procedimiento mediante el cual se suple la falta de un órgano o parte de él.

protesta. f. Acción y efecto de protestar./ Promesa con aseveración de realizar una cosa.

protestante. a. Que protesta./ Rel. al protestantismo.// a. y s. Que practica el luteranismo.

protestantismo. m. *Rel.* Nombre común de las Iglesias que surgieron de la Reforma.

protestar. tr. Expresar descontento./ Declarar la intención de ejecutar una cosa./ Confesar la fe o creencia.

protista. m. *Biol.* Díc. del reino de los organismos unicelulares (algas y protozoos).

protocolo. m. Serie de documentos que autoriza y guarda el escribano o notario./ Acta de ciertos congresos, etc./ Regla de ceremonias diplomáticas en los actos oficiales.

protón. m. Núcleo del átomo de hidrógeno.

protoplasma. m. *Biol.* Sustancia que constituye las células, de consistencia más o menos líquida.

prototipo. m. Modelo original o primer modelo con que se fabrica una cosa./ fig. El más perfecto ejemplar y modelo de alguna virtud o vicio.

protozoo o protozoario, ria. a./m. *Zool.* Díc. de los animales del subreino protozoos.// m. pl. *Zool.* Subdivisión del reino protista que incluye animales unicelulares sin diferenciación de tejidos.

protuberancia. f. Prominencia de figura algo redonda.

provecho. m. Utilidad, beneficio.

provechoso, sa. a. Que da provecho o es de utilidad.

provecto, ta. a. Antiguo, que ha adelantado./ Entrado en años, maduro.

proveer. tr./ prl. Reunir las cosas necesarias para determinado fin.// tr. Suministrar lo necesario para un fin./ Disponer, dar salida a un negocio.

provenir. i. Proceder una cosa de otra.

proverbial. a. Rel. al proverbio./ Muy notorio o famoso.

proverbio. m. Sentencia, refrán, adagio que directa o figuradamente tiene carácter moralizador.

providencia

providencia. m. Disposición anticipada o prevención que conduce al logro de un fin./ Por ext., la de Dios./ Sabiduría suprema de Dios que rige el orden del mundo./ fig. Dios, Supremo Ser.

próvido, da. a. Prevenido y diligente para acudir con lo necesario para el logro de un fin./ Propicio.

provincia. f. Cada una de las grandes divisiones administrativas de un Estado o territorio./ Conjunto de conventos que ocupan determinado territorio.

provisión. f. Acción y efecto de proveer.

provocar. tr. Incitar a uno para que haga una cosa./ Irritar a uno para que se enoje./ Facilitar, ayudar./ Mover, incitar./ fam. Vomitar, arrojar por la boca.

provocativo, va. a. Que tiene la virtud de provocar, excitar o estimular.

proximidad. f. Calidad de próximo./ Cercanía, inmediaciones. Ú.m. en pl.

próximo, ma. a. Cercano en el tiempo y el espacio./ Siguiente, inmediatamente posterior. Ú.t.c.s.

proyección. f. Acción y efecto de proyectar./ Imagen que por medio de un foco luminoso se arroja o fija sobre una superficie plana./ Psic. Mecanismo de defensa consistente en atribuir inconscientemente a otros los conflictos propios.

proyectar. tr. Dirigir hacia adelante./ Idear o trazar el plan para la ejecución de algo./ Hacer visibles sobre un cuerpo o una superficie la figura o sombra de otro. Ú.t.c.prl./ Exhibir una película cinematográfica, diapositivas, etc./ Geom. Trazar líneas rectas desde todos los puntos de un cuerpo hasta que encuentren una superficie plana.

proyectil. m. Cualquier objeto arrojadizo, como saeta, bala, etc.

proyector. m. Máquina para lanzar proyectiles./ Aparato que sirve para proyectar imágenes sobre una pantalla./ Reflector que proyecta rayos de luz.

prudencia. f. Virtud, una de las cuatro cardinales, que consiste en distinguir lo bueno de lo malo./ Sensatez, discernimiento./ Moderación.

prudencial. a. Rel. a la prudencia./ Díc. de una cantidad que se considera como suficiente.

prudente. a. Que tiene prudencia y obra con moderación.

prurito. m. Picazón./ fig. Deseo persistente y fuerte.

psicastenia. f. Psiq. Neurosis que se caracteriza por falta de autocontrol y depresión.

psicoanálisis. m. Método de investigación y tratamiento de las enfermedades mentales, ideado y puesto en práctica por el médico austríaco Sigmund Freud.

psicoanalista. a./ m. y f. Persona que se dedica al psicoanálisis.

psicoanalítico, ca. a. Perteneciente o rel. al psicoanálisis.

psicoanalizar. tr./prl. Aplicar un tratamiento psicoanalítico a un paciente.

psicolingüística. f. Parte de la lingüística que estudia el lenguaje desde el punto de vista de sus determinaciones psicológicas.

psicología. f. Ciencia que estudia la mente, la personalidad y el comportamiento humano. Existen varias escuelas: conductismo, funcionalismo, reflexología, psicoanálisis, psicología genética, etc. Se divide además según el campo específico de estudio: general, evolutiva, clínica, etc.

psicológico, ca. a. Rel. a la psicología.

psicólogo, ga. s. Persona que profesa la psicología.

psicopedagogía. f. Ciencia que estudia los aspectos psicológicos del proceso educativo y su problemática.

psicosis. f. Psiq. Enfermedad grave caracterizada por la pérdida del sentido de realidad o por la alteración profunda de las relaciones sociales.

psique. f. Alma humana.

psiquiatra O **psiquíatra.** m. El que profesa la psiquiatría.

psiquiatría. f. Ciencia que trata de las enfermedades mentales.

psíquico, ca. a. Rel. a la psique.

pteridófito, ta. a./f. Bot. Díc. de plantas criptógamas propias de zonas cálidas y húmedas, como el helecho.// f. pl. Bot. Familia de estas plantas.

púa. f. Cuerpo delgado y rígido, terminado en punta./ Vás[tago de un árbol, que se injerta en otro./ Diente de un pei]ne./ Amér. Espolón del gallo. Ú.m. en pl./ fig. y fam. Per[sona astuta y sutil.

púber, ra. a. y s. Que ha llegado a la pubertad.

pubertad. f. Época de la vida humana en que comienza[n] [a] manifestarse la aptitud para la reproducción, con la madu[ración de los órganos sexuales. Se manifiestan grande[s] cambios físicos y psicológicos.

pubis. m. Parte inferior del vientre, que en la especie huma[na se cubre de vello en la pubertad./ Parte anterior de[l] hueso coxal, que ocupa la parte inferior del vientre.

publicación. f. Acción y efecto de publicar./ Obra publica[da./ Periódico, revista.

publicar. tr. Hacer notoria y patente una cosa que se quie[re hacer llegar a noticia de todos./ Revelar lo secreto [u] oculto./ Difundir algo por medio de la imprenta o de otr[o] procedimiento.

publicidad. f. Calidad o estado de público./ Conjunto d[e] medios empleados para difundir noticias de las cosas o d[e] los hechos o anuncios de carácter comercial.

Los puelches eran cazadores y recolectores. Sus armas fueron el arco, la flecha, las boleadoras de dos bolas y la lanza. La algarroba fue su principal alimento.

público, ca. a. Conocido por todos, notorio./ Vulgar, c[o]mún./ Apl. a la potestad, jurisdicción y autoridad para h[a]cer alguna cosa./ Perteneciente a todo el pueblo./ [m.] Conjunto de personas que participan en un espectáculo.

pudendo, da. a. Torpe, indecente, que causa vergüenza.

pudicia. f. Virtud que consiste en guardar y observar h[o]nestidad en palabras y acciones.

pudor. m. Vergüenza, recato, decoro.

pudrir. tr./ prl. Corromper una cosa, descomponer./ fi[g.] Molestar, consumir, causar suma impaciencia.// i. Hab[er] muerto, estar sepultado.

pueblero, ra. a. y s. Arg. y Bol. Habitante del pueblo o d[e] la ciudad, para el campesino.

pueblo. m. Ciudad o villa./ Nación./ Conjunto de los hab[i]tantes de un país, ciudad, aldea./ Población de menor c[a]tegoría./ Gente común, vulgo.

puelche. m. pl. Pueblo indoamericano que vivía en la zo[-] na oriental de los Andes y en el sur de la pampa. Eran a[l]tos y delgados; cosían pieles con tendones de animale[s.] De costumbres nómadas, fueron conquistados por lo[s] araucanos.

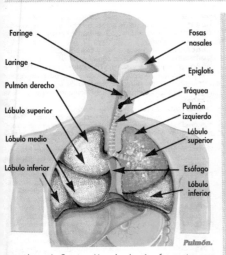

Faringe
Laringe
Pulmón derecho
Lóbulo superior
Lóbulo medio
Lóbulo inferior

Fosas nasales
Epiglotis
Tráquea
Pulmón izquierdo
Lóbulo superior
Esófago
Lóbulo inferior

Pulmón.

puente. amb. Construcción sobre los ríos, fosos, etc., para poder pasar de un lado a otro./ Tablas que se colocan sobre cuerpos flotantes para pasar un río./ Plataforma elevada de las embarcaciones, donde se encuentra el puesto de mandos, que va de una banda a otra de un barco./ Tablilla que en los instrumentos de arco mantiene levantadas las cuerdas./ Pieza de platino, oro, etc., colocada en reemplazo de alguna muela y que apoya en las naturales.

puerco. m. Paquidermo doméstico, de cabeza grande, orejas caídas, cuerpo muy grueso, con cerdas fuertes y patas cortas.// a. y s. fig. y fam. Hombre sucio o desaliñado./ fig. y fam. Hombre grosero, sin crianza./ **-espín** o **espino.** Mamífero roedor, propio del norte de África, de cuerpo rechoncho, cabeza pequeña, cuello cubierto de crines y lomo y costados con fuertes espinas.

puericia. f. Edad del hombre entre la infancia y la adolescencia.

puericultura. f. Ciencia que se ocupa del sano desarrollo del niño.

pueril. a. Rel. al niño o la puericia./ fig. Fútil, trivial.

puerro. m. Planta con hojas planas y largas y flores en umbela. El bulbo de su raíz es muy apreciado como condimento.

puerta. f. Abertura hecha en una pared o verja, desde el suelo hasta una altura conveniente, para entrar y salir./ Armazón de madera, hierro, etc., que engoznada en el quicio y asegurada con llave o cerrojo, sirve para impedir la entrada y salida.

puerto. m. Lugar en la costa, seguro y abrigado, dispuesto para la entrada y salida de los barcos y donde las naves cargan y descargan.

puertorriqueño. a. y s. Portorriqueño.

pues. conj. Denota causa o motivo, ilación y a veces condición, según los casos.

puesto, ta. p. p. irreg. de **poner.**// a. Con los adv. bien o mal, bien o mal vestido, ataviado o arreglado.// m. Lugar que ocupa una cosa./ Empleo, cargo, dignidad./ Lugar o paraje señalado por algo./ En los mercados, pieza o división donde se venden comestibles.

púgil. m. Gladiador que luchaba con los puños.

pugnar. i. Luchar, pelear, contender./ Solicitar, procurar con ahínco./ Porfiar con tezón.

puja. f. Acción y efecto de pujar.

pujante. a. Que tiene pujanza.

pujanza. f. Fuerza grande, vigor.

pujar. tr. Hacer fuerza para pasar adelante o proseguir una acción.// i. Tener dificultad en explicarse./ fam. Hacer ademanes, gestos o pucheros para prorrumpir en llanto o después de haber llorado./ Aumentar los licitadores el precio de una cosa.

pujo. m. Sensación dolorosa que consiste en la gana continua de defecar u orinar./ fig. Gana violenta de prorrumpir en risa, llanto, etc.

pulcritud. f. Esmero en el aseo de la persona y también en la ejecución de una cosa./ fig. Delicadeza, esmero en la acción o en el habla.

pulcro, cra. a. Cuidadoso, aseado.

pulga. f. Insecto de pequeño tamaño, con patas posteriores largas, a propósito para dar grandes saltos, que se alimenta de la sangre de las aves y mamíferos. Existen muchas especies.

pulgada. f. Medida de longitud inglesa.

pulgar. a./ m. Primer dedo y el más grueso de la mano.

pulido, da. a. Pulcro, primoroso.

pulir. tr. Alisar o lustrar una cosa./ Perfeccionar, componer una cosa.// tr./ prl. Adornar, aderezar.

pulmón. m. Cada uno de los dos órganos de la respiración del hombre y de los vertebrados que viven fuera del agua. Son de estructura esponjosa, blanda, flexible, dilatable y compresible, y están situados a uno y otro lado de la cavidad torácica. Algunos reptiles tienen sólo uno.

pulmonía. f. Inflamación de un pulmón.

pulpa. f. Parte blanda de la carne o carne pura./ Carne de las frutas./ Médula o tuétano de las plantas leñosas.

pulpería. f. Amér. Negocio donde se vendían comestibles, bebidas y otros artículos.

púlpito. m. Tribuna pequeña que hay en las iglesias para predicar desde ella, cantar la epístola y el evangelio, etc.

pulpo. m. Animal cefalópodo con ocho tentáculos que tienen dos filas de ventosas para adherirse a los objetos. Su carne es comestible.

pulsar. tr. Tocar, palpar./ Tomar el pulso o latido del corazón o las arterias./ fig. Tantear un asunto.

pulsera. f. Venda que se aplica al pulso de un enfermo./ Cerco de metal u otra materia, que se pone en las muñecas.

pulso. m. Latido intermitente de las arterias que se siente en diversas partes del cuerpo./ Parte de la muñeca donde se siente el latido de la arteria.

pulular. i. Echar renuevos un vegetal,/ Originarse o nacer una cosa de otra./ Abundar en un paraje los insectos y sabandijas./ fig. Abundar y bullir en un lugar las personas.

pulverizar. tr./ prl. Reducir a polvo alguna cosa./ Reducir un líquido a gotas finísimas.

puma. m. Mamífero carnicero americano.

puna. f. Alta meseta en la América del Sur, próxima a la cordillera de los Andes.

punción. f. Operación que consiste en abrir un tejido con un instrumento cortante y punzante, para extraer pus, exudados o líquidos con fines de diagnóstico.

pundonor. m. Estado en que se considera consiste la honra de uno./ Punto de honor o de honra.

punible. a. Que merece castigo.

punta. f. Extremo agudo de un arma o instrumento con el que se puede herir./ Extremo de una cosa./ Amér. Cantidad, buen número./ Geog. Prominencia costera que se adentra en el mar y se diferencia del cabo por su escasa elevación y menor magnitud./ Extremo o tramo inicial o final de una corriente de agua.

puntada. f. Cada uno de los agujeros que se hacen con la aguja cuando se cose./ Espacio que media entre dos de estos agujeros./ Porción de hilo que ocupa dicho espacio./ Arg., Chile y Venez. Punzada, dolor penetrante.

puntano, na. a. y s. De San Luis, provincia de la República Argentina.

puntear. tr. Marcar o dibujar puntos en una superficie./ Dar puntadas, coser./ Tocar instrumento de cuerda hiriendo cada cuerda con un dedo./ Arg. Cavar la tierra.

puntería. f. Acción de apuntar un arma./ Dirección del arma apuntada./ Destreza del tirador para dar en el blanco.

puntero, ra. a. Apl. a la persona que hace bien la puntería.// m. Vara con que se señala algo./ *Amér.* Manecilla, saetilla de los relojes.// s. *Arg.* El que va delante, en una competencia deportiva, o que sobresale en una actividad.
puntilla. f. Encaje angosto de adorno.
punto. m. Señal muy pequeña sobre una superficie./ Cada uno de los nuditos del tejido de las medias elásticas, etc./ Sitio, lugar./ Unidad de tanteo, en ciertos juegos y en otros ejercicios./ El que apunta contra el banquero, en ciertos juegos de azar./ Instante, momento./ Asunto o materia de un sermón, discurso, etc./ Parte o cuestión de una ciencia./ Lo principal o sustancial de un asunto./ Estado actual de cualquier negocio o especie./ Estado perfecto de una cosa que se elabora al fuego./ *Geom.* Límite mínimo de extensión, considerado sin longitud, latitud, ni profundidad./ *Gram.* Signo ortográfico (.) con que se indica el fin de una oración. Pónese también después de abreviaturas./ **-cardinal.** Cada una de las cuatro direcciones en que se divide el horizonte./ **-de apoyo.** *Fís.* Lugar fijo sobre el cual se apoya una palanca u otra máquina./ **-muerto.** *Mec.* Cualquiera de los puntos de la trayectoria de una manivela de un motor, en que el pistón no ejerce presión./ **-y aparte.** El que se coloca al terminar un párrafo o todo un texto./ **-y coma.** Signo ortográfico (;) que indica una pausa mayor que la de la coma, pero menor que la del punto y seguido o punto y aparte./ **-y seguido.** El que se pone cuando termina una oración y empieza otra./ **-puntos suspensivos.** Signo ortográfico (...) con que se indica que el sentido de una oración queda incompleto, o se quiere sugerir algo, o bien se omite una parte de un texto que se esté citando./ **-dos puntos.** Signo ortográfico (:) con el que se introduce otra palabra o frase relacionada con la primera.
puntuación. f. Acción y efecto de puntuar./ *Gram.* Conjunto de los signos convencionales, que se usan para puntuar.
puntual. a. Pronto, diligente, exacto./ Indubitable, cierto./ Conforme, conveniente./ Rel. al punto.
puntualizar. tr. Referir una cosa con todos los detalles y circunstancias.
puntuar. tr. Poner en la escritura los signos ortográficos necesarios./ Obtener puntos.
punzar. tr. Herir de punta.
punzón. m. Instrumento de hierro que termina en punta./ Buril.

La putrefacción de los árboles tiene distintas causas, una de ellas es el embichamiento de sus troncos por abandono en el cuidado de las reservas naturales, otro se debe a que el árbol ha llegado al final de su ciclo, etc. De todos modos, la preservación de los árboles constituye una tarea primordial en la defensa de la vida.

puñado. m. Porción de cosas que cabe en el puño.
puñal. m. Arma corta de acero, que hiere sólo de punta.
puñalada. f. Golpe dado con el puñal./ Herida que resulta de dicho golpe.
puñeta. f. Masturbación./ *fig.* y *fam.* Tontería. Ú.m. en pl.
puñetazo. m. Golpe dado con el puño cerrado.
puño. m. Mano cerrada./ Lo que cabe en ésta./ Parte de la manga que rodea a la muñeca, en prendas de vestir./ Mango de algunas armas blancas./ Parte por donde se toma el bastón o el paraguas./ Pieza que guarnece dicha parte.
pupilo, la. s. Persona que se hospeda en un pupilaje./ Huérfano menor de edad respecto de su tutor./ *Amér.* Alumno que vive en un establecimiento de enseñanza.
pupitre. m. Mueble de madera, con tapa en forma de plano inclinado, para escribir sobre él.
puré. m. Pasta de legumbres u otros comestibles cocidos y pasadas por el tamiz./ Sopa de esta pasta desleída en caldo.
pureza. f. Calidad de puro./ *fig.* Doncellez, virginidad.
purga. f. Medicina que se ingiere para provocar la evacuación intestinal./ *fig.* Eliminación, casi siempre violenta, de un número de afiliados a una organización política.
purgante. p. act. de purgar. Que purga.// a./ m. Apl. por lo común a la medicina que sirve para este efecto.
purgar. tr. Limpiar, purificar./ Satisfacer con una pena una culpa o delito./ Padecer el alma las penas del purgatorio./ Expiar.// tr./ prl. Administrar al enfermo una purga.
purgatorio. m. Lugar donde las almas de los que mueren en gracia, terminan de purgar los pecados antes de entrar en la gloria eterna./ *fig.* Lugar donde se pasan trabajos y penalidades.
purificación. f. Acción y efecto de purificar o purificarse.
purificar. tr./ prl. Quitar de una cosa lo que le es extraño./ Limpiar de imperfecciones una cosa no material.
purismo. m. Tendencia a eliminar del propio idioma las palabras o giros de otros idiomas, y también los neologismos./ Tendencia a la pureza o falta de mezcla en arte, literatura, filosofía, doctrina, etc.
purista. a. Que escribe o habla con pureza o purismo./ a. y s. Afectado por exceso de purismo.
puritanismo. m. Doctrina religiosa protestante que surgió en Inglaterra durante el siglo XVII, caracterizada por su rigor moral./ Dícese de la exagerada rectitud moral o de conducta./ Calidad de puritano.
puritano, na. a. Rel. al puritanismo.// s. Persona que practica el puritanismo.
puro, ra. a. Libre de toda mezcla con otras cosas./ Casto./ *fig.* Libre y exento de imperfecciones./ Mero, solo./ Dícese del lenguaje o del estilo correcto y exacto.
púrpura. f. Molusco marino, que segrega un líquido amarillento que, por oxidación, se convierte en rojo fuerte o violáceo, muy usado en tintorería./ Tintura que se preparaba con este colorante./ Tela teñida con esta tinta./ *fig.* Color rojo subido que tira a violado.
purpúreo, a. a. De color de púrpura./ Rel. a la púrpura.
purulento, ta. a. Que tiene pus.
pus. m. Líquido espeso, amarillento, que segregan los tejidos inflamados.
pusilánime. a. y s. Sin ánimo ni valor./ Apocado, cobarde.
pusilanimidad. f. Calidad de pusilánime.
pústula. f. Vejiga inflamatoria de la piel, llena de pus.
puta. f. Prostituta, ramera.
putativo, va. a. Reputado o tenido por padre, hermano, etc., sin serlo./ Padre político.
putrefacción. f. Acción y efecto de pudrir o pudrirse./ Podredumbre.
putrefacto, ta. a. Podrido, corrompido.
pútrido, da. a. Corrompido, podrido, putrefacto.

q. f. Decimoctava letra del abecedario castellano y decimocuarta de sus consonantes. Su nombre es *cu*.

quantum. m. *Fís.* Cantidad mínima de energía que se puede emitir, propagar o absorber.

quark. m. *Fís.* Cada una de las tres partículas elementales e hipotéticas que constituyen la materia, junto con sus correspondientes antipartículas.

quasar. m. *Astr.* Objeto celeste cuya gran emisión energética de radioondas es superior a la de las galaxias.

que. pron. rel. que equivale a *el, la, lo cual; los, las cuales*. Es invariable, y con esta forma conviene a los géneros m. y f. y a los números sing. y pl./ Precediendo a un sustantivo significa calidad o cantidad y equivale a cual, cuan y cuanto./ Como neutro, se usa sin antecedente y con significación indefinida que equivale a qué cosa.// pron. interr. y excl. Inquiere o encarece de la naturaleza, cantidad, intensidad, etc., de algo. Se emplea con acento prosódico y ortográfico.// conj., que según los casos tiene significación copulativa, ilativa, adversativa, causal, final, etc.

quebracho. m. En la región del Chaco (Bolivia, Paraguay y extremo norte de Argentina), árbol de madera muy dura, una de cuyas variedades posee una corteza rica en tanino./ Nombre que se da a varias especies botánicas en diversas zonas de América.

quebrada. f. Paso estrecho y áspero entre montañas./ *Amér.* Arroyo, riachuelo./ *Arg.* Quiebro.

quebrado, da. Que padece quebradura./ Apl. al terreno con grandes desniveles./ Debilitado./ a. y s. Que ha hecho quiebra o bancarrota./ Que padece hernia.// a./ m. *Arit.* Apl. al número que expresa parte de la unidad.

quebradura. f. Hendedura, rotura./ Hernia, principalmente en el escroto.

quebrantamiento. m. Acción y efecto de quebrantar o quebrantarse.

quebrantar. tr./ prl. Romper, separar con violencia las partes de un todo./ Cascar, hender una cosa.// tr. Machacar una cosa, sin deshacerla por completo./ fig. Violar una ley, obligación o palabra./ Vencer una dificultad o impedimento./ Disminuir las fuerzas o el brío.

quebranto. m. Acción y efecto de quebrantar o quebrantarse./ Gran pérdida o daño./ fig. Desaliento, falta de fuerzas./ Lástima, conmiseración./ Aflicción, dolor grande.

quebrar. tr. Quebrantar./ Doblar, torcer. Ú.t.c.prl./ Violar una ley u obligación./ fig. Vencer una dificultad material u opresión.// i. fig. Romper la amistad de uno./ Ceder, flaquear./ *Com.* Cesar en el comercio por no poder hacer frente a las obligaciones contraídas.// prl. Formársele una hernia a uno.

quechua o **quichua.** a. Díc. del indígena que al tiempo de la colonización habitaba la zona andina de Perú y Bolivia. Ú.t.c.s./ Apl. a la lengua hablada por estos indígenas./ Rel. a estos indígenas y a su lengua.

quedar. i./ prl. Estar, detenerse, no pasar.// i. Subsistir en determinado estado./ Subsistir parte de una cosa./ Precediendo a la preposición *por*, resultar las personas con algún concepto, cargo, obligación o derecho./ Permanecer una persona o cosa en su estado./ Con la prep. *en*, convenir definitivamente en una cosa.// prl. Con la prep. *con*, retener alguna cosa.

quehacer. m. Tarea, ocupación, negocio.

queja. f. Expresión de dolor o sentimiento./ Desazón, resentimiento./ Querella, acusación ante el juez.

quejar. tr. Aquejar.// prl. Expresar con la voz el dolor que se siente./ Manifestar uno el resentimiento que tiene./ Querellarse.

quejido. m. Voz lastimosa, causada por un dolor o pena.

quejoso, sa. a. Que se queja de otro o es propenso a quejarse.

quelonio, nia. a./ m. *Zool.* Dícese de los reptiles de cuatro extremidades cortas, mandíbulas córneas, sin dientes, y el cuerpo protegido por un caparazón duro, como la tortuga, el carey, etc.// m. pl. Orden de estos animales.

quema. f. Acción y efecto de quemar o quemarse./ Incendio./ *Arg.* Sitio destinado a quemar residuos.

quemadura. f. Destrucción de un tejido orgánico causado por el fuego o por una sustancia corrosiva./ Llaga o señal que hace el fuego o una sustancia cáustica.

quemar. tr. Abrasar, consumir por medio del fuego./ Calentar mucho o activamente, como el sol en el verano./ Abrasar, secar por excesivo calor./ Producir una sensación muy picante en la boca, o hacer llaga una cosa./ fig. Malgastar o malvender una cosa. Ú.t.c.prl./ i. Estar excesivamente caliente una cosa.// prl. Sentir o padecer mucho calor./ fig. Sufrir la fuerza de una pasión o afecto.

quemazón. f. Quema excesiva, acción y efecto de quemar.

quena. f. *Amér.* Flauta de cinco agujeros usada por algunos indígenas para acompañar sus danzas y cantos.

quepis. m. Gorra militar algo cónica, con visera horizontal.

querandí. a. y s. Díc. del indígena que habitaba el territorio de la orilla derecha del río Paraná, entre el Carcarañá al norte y el Salado al sur.// m. *Ling.* Lengua de estos indígenas.

queratina. f. Sustancia fundamental del tejido epidérmico y de sus derivados, como el córneo, el piloso, etc.

querella. f. Acusación contra alguno propuesta ante el juez./ Queja./ Riña o discordia.

querellante. p. act de **querellarse.**// a. Que se querella.

querellarse. prl. Quejarse./ *Der.* Presentar querella contra alguna persona. Ú.t.c.i.

querencia. f. Acción de amar o querer bien./ Tendencia del hombre y de ciertos animales a volver al sitio donde se criaron./ Este mismo sitio.

querer. tr. Desear, apetecer./ Amar, tener cariño a una persona o cosa./ Tener voluntad o determinación de ejecutar algo./ Resolver, determinar./ Intentar, pretender./ Avenirse o conformarse uno al intento o deseo de otro./ En el juego, aceptar el envite.// imp. Estar próxima a ser alguna cosa.

querosén. m. *Amér.* Queroseno.

queroseno. m. Mezcla de hidrocarburos, obtenida por la destilación del petróleo. Se usa como combustible.

querubín. m. Cada uno de los ángeles del primer coro./ fig. Serafín, persona de singular hermosura.

quesera. f. Mujer que hace o vende queso./ Lugar donde se fabrican quesos./ Plato, por lo común con cubierta de cristal, en que se conserva el queso.

quesería. f. Quesera, lugar donde se fabrican quesos./ Sitio en que se venden.

queso. m. Masa hecha de la leche cuajada y privada del suero, y aderezada con sal.

quetzal. m. Ave trepadora, propia de América tropical, de plumaje brillante.

quiché. a. y s. Díc. del indígena de un grupo étnico perteneciente a la familia maya, que habita el occidente de Guatemala, y de su cultura./ Rel. a estos indígenas.

quicial. m. Madero que asegura las puertas y ventanas por medio de pernos y bisagras.

quicio. m. Parte de las puertas y ventanas en que entra el espigón del quicial.

quiebra. f. Rotura, grieta./ Hendedura o abertura de la tierra en los montes./ Pérdida o menoscabo de una cosa./ Estado del comerciante que no puede satisfacer sus deudas.

quiebro. m. Ademán que se hace con el cuerpo, como quebrándolo por la cintura.

quien. m. y f. pron. relativo que con esta forma conviene a los géneros m. y f. y que en pl. hace *quienes.*// pron. indef. que solamente se refiere a personas y rara vez se usa en pl.// pron. interr. y excl. quién, quiénes, con acento prosódico y ortográfico.

quienquiera. m. y f. pron. indef. que se refiere a personas. Alguno, el que fuere. (Pl. quienesquiera)

quieto, ta. a. Que no tiene o no hace movimiento./ fig. Pacífico, sosegado.

quietud. f. Carencia de movimiento./ Reposo, sosiego.

quijada. f. Cada uno de los dos huesos de la cabeza del animal donde están insertados sus dientes y las muelas.

quijote. m. Hombre excesivamente grave./ Hombre nimiamente puntilloso./ fig. Hombre que por excesivo amor a lo ideal, pugna por las opiniones o usos contrarios.

quilate. m. Unidad de peso para las perlas y piedras preciosas; equivale a 205 miligramos./ Cada una de las veinticuatro avas' partes en pesos de oro puro que contiene cualquier aleación de este metal.

quilla. f. Pieza que va de popa a proa por la parte inferior de un barco, y en la cual se asienta toda su armazón.

quillango. m. *Arg.* Manta de pieles cosidas.

quillay. m. *Arg.* y *Chile.* Árbol rosáceo de gran tamaño, cuya corteza interior se usa como jabón.

quilo. m. Kilo./ Líquido de aspecto lechoso, que circula por los vasos linfáticos intestinales durante la digestión.

quilogramo. m. Kilogramo.

quilolitro. m. Kilolitro.

quilométrico, ca. a. Kilométrico.

quilómetro. m. Kilómetro.

quilovatio. m. Kilovatio.

quimera. f. Animal fabuloso, con cabeza de león, vientre de cabra y cola de dragón, que vomitaba llamas./ fig. Lo que uno se imagina como posible o verdadero, no siéndolo.

química. f. Ciencia que estudia las propiedades particulares de cuerpos simples y compuestos y sus acciones recíprocas.

químico, ca. a. Rel. a la química./ Por contraposición a físico, relativo a la composición de los cuerpos.// s. Persona que se dedica a la química.

quimo. m. Pasta homogénea y agria en que se transforman los alimentos en el estómago por la digestión.

quimono. m. Prenda de vestir usada en Japón, a modo de túnica larga con anchas mangas, o hecha a su semejanza, que usan las mujeres.

quina. f. Corteza del quino, usada como febrífugo.

quince. a./ m. Diez y cinco.// m. Conjunto de signos o cifras con que se representa el número quince.

quincena. f. Período de quince días./ Paga que se recibe por cada quince días de trabajo.

quincenal. a. Que dura una quincena./ Que sucede o se hace cada quincena.

quincha. f. *Amér.* Conjunto de juncos y cañas recubiertos de barro para hacer cercos, armazones, etc./ Tejido o trama de junco con que se afianzan los techos o paredes.

quincho. m. *Amér.* Choza de quincha./ Construcción con techo de quincha apoyado sobre postes.

quincuagésimo, ma. a. Que sigue en orden al cuadragésimo nono.// a. y s. Dícese de cada una de las cincuenta partes iguales en que se divide un todo.

quiniela. f. Cierto juego de pelota./ Juego de apuestas mutuas en los partidos de fútbol./ *R. de la P.* Juego de apuestas sobre la última o las últimas cifras de los números premiados en la lotería.

quinientos, tas. a./ m. Cinco veces ciento.// m. Conjunto de signos con que se representa el número quinientos.

quinina. f. Alcaloide vegetal que se extrae de la quina.

quino. m. Árbol americano cuya corteza es la quina.

quinoto. m. Planta de fruto pequeño, ovoide, de corteza dulce y pulpa agria; se emplea en confituras./ Su fruto.

quinqué. m. Lámpara de aceite o petróleo.

quinquenal. a. Que dura un quinquenio o se repite cada quinquenio.

quinquenio. m. Período de cinco años.

quinta. f. Casa de recreo en el campo.

quintal. m. Medida de peso./ -métrico. Unidad de peso equivalente a 100 kg.

quintante. m. *Astr.* Instrumento que se emplea en observaciones marítimas; consiste en un sector de círculo graduado.

quinteto. m. Conjunto de cinco instrumentos musicales o cinco cantantes.

quintilla. f. *Lit.* Estrofa de cinco versos octosílabos, que riman a voluntad del poeta.

quintillizo, za. a. y s. Cada uno de los cinco hermanos nacidos en un mismo parto.

quinto, ta. a. Que sigue inmediatamente en orden al o a lo cuarto./ a. y s. Cada una de las cinco partes iguales en que se divide un todo.

quintuplicar. tr./ prl. Hacer cinco veces mayor una cantidad.

quíntuplo, pla. a./ m. Que contiene un número cinco veces exactamente.

quiosco. m. Pabellón de estilo oriental, abierto por los lados, que se construye en parques o jardines./ Pabellón o edificio pequeño para venta de periódicos, flores, etc., en lugares públicos.

quirófano. m. Recinto destinado a operaciones quirúrgicas.

quiróptero, ra. a./ m. *Zool.* Mamífero nocturno, volador, con alas membranosas, como el murciélago./ m. pl. Orden de estos animales.

quirquincho. m. *Amér.* Mamífero, especie de armadillo pequeño.

quirúrgico, ca. a. Rel. a la cirugía.

quisquilla. f. Reparo o dificultad breve.

quisquilloso, sa. a. Que se para en quisquillas./ Excesivamente delicado al trato común./ Que se ofende fácilmente.

quiste. m. Vejiga membranosa que contiene humores o materias alteradas que se desarrolla anormalmente en el cuerpo.

quitamanchas. m. Sustancia para limpiar manchas en la ropa.

quitar. Tomar una cosa separándola de otras, o del sitio donde estaba./ Hurtar./ Prohibir o vedar./ Estorbar, impedir./ Derogar./ Suprimir un empleo u oficio./ Despojar o privar de una cosa./ Liberar a uno de una obligación./ prl. Dejar una cosa o apartarse totalmente de ella./ Irse de un lugar, separarse.

quitasol. m. Especie de paraguas para resguardarse del sol.

quiteño, ña. a. y s. De Quito.

quitina. f. Sustancia de aspecto córneo que constituye el caparazón de los cangrejos, langostas, etc., y endurece los élitros y otros órganos de los insectos.

quizá o **quizás.** adv. de duda con que se denota posibilidad.

quórum. m. Número de miembros necesario para que tome ciertos acuerdos una asamblea./ Proporción de votos que se requiere para lograr un acuerdo en determinados asuntos.

r. f. Decimonovena letra del abecedario castellano y decimoquinta de sus consonantes. Su nombre es *erre*.

raba. f. Cebo para pescar hecho con huevas de pescado./ Anillo de calamar frito con harina. Ú.m. en pl.

rabada. f. Cuarto trasero de las reses destinadas al consumo.

rabadilla. f. Extremidad inferior del espinazo.

rábano. m. Planta herbácea crucífera, de raíz carnosa, casi redonda, y sabor picante. Es originaria de China y se cultiva mucho en las huertas./ Raíz de esta planta.

rabdomancia. f. Forma de adivinación a través de una varita mágica./ Arte que practican los que buscan agua o minerales debajo de la tierra.

rabdomante. m. Que practica la rabdomancia.

rabel. m. Instrumento músico pastoril, parecido al laúd, con tres cuerdas solas, que se toca con arco.

rabí. m. Título con que los judíos nombran a los sabios de su Ley./ Rabino.

rabia. f. Enfermedad de algunos animales, transmitida a otros o al hombre por mordedura./ Enfado grande, ira.

rabiar. i. Tener o padecer el mal de rabia./ fig. Sufrir un dolor vehemente que obliga a prorrumpir en gritos./ Desear algo con vehemencia./ Enojarse con muestras de cólera./ Exceder en mucho a lo habitual.

rabicano, na. a. Dícese del animal que tiene en el rabo cerdas blancas.

rabicorto, ta. a. Dícese del animal que tiene un rabo corto./ fig. Aplícase a la persona que usa ropas más cortas que lo normal./ m. *Zool.* Nombre de varios mamíferos propios de América del Sur.

rábida. f. En Marruecos, ermita, convento.

rabieta. f. fig. y fam. Enfado grande, especialmente cuando es por motivo leve y dura poco.

rabilargo, ga. a. Dícese del animal que tiene un rabo largo.// m. *Zool.* Ave parecida a la urraca.

rabinal. a. y s. Dícese del individuo perteneciente a un pueblo indígena que habita el S de Guatemala.

rabinismo. m. Doctrina que enseñan los rabinos.

rabinista. s. Partidario del rabinismo y los rabinos.

rabino. m. Maestro de la religión hebrea que interpreta la Sagrada Escritura./ Doctor de la religión israelita.

rabión. m. Corriente de un río, donde éste se vuelve impetuoso.

rabioso, sa. a. Que padece rabia. Ú.t.c.s./ Enojado, colérico./ fig. Vehemente, exagerado.

rabo. m. Cola de algunos animales.

rabón, na. a. Apl. al animal de rabo corto, o que carece de él.

raccord (voz fr.). m. *Cinem.* Continuidad espacial o temporal entre dos tomas consecutivas, de manera que tengan una relación adecuada entre sí.

racemoso, sa. a. Bot. Dícese de la ramificación lateral causada por un crecimiento ilimitado del eje principal, mientras que las ramas laterales mayores crecen cada vez menos.

racha. f. Ráfaga de aire./ fig. y fam. Período breve de desgracia o fortuna./ Raja, parte de un leño.

racial. a. Rel. a la raza.

racimo. m. Conjunto de uvas o granos de la vid, y por ext., de otros frutos con un mismo pie./ fig. Conjunto de cosas menudas dispuestas en forma de racimo./ *Bot.* Conjunto de flores o frutos sostenidos por un eje común.

raciocinio. m. Facultad de deducir un juicio de otro u otros./ Argumento o discurso./ Razón.

ración. f. Porción de alguna cosa que corresponde a cada uno, como alimento./ Asignación diaria, en especie o dinero, que se da a cada soldado, criado, etc., para su alimento./ Porción de vianda que se da por determinado precio./ Prebenda en alguna iglesia catedral o colegial.

racional. a. Rel. a la razón./ Arreglado a ella./ Dotado de razón. Ú.t.c.s./ *Mat.* Dícese de las expresiones algebraicas sin cantidades irracionales./ Aplícase al número que se puede escribir en forma fraccionaria.

racionalidad. f. Calidad de racional.

racionalismo. m. Doctrina cuya base es el poder de la razón humana./ *Fil.* En todas las épocas existen tendencias o sistemas de pensamiento de base racionalista, pero el racionalismo propiamente dicho es el fundado por Descartes. Otros representantes fueron Spinoza, Leibniz, Malebranche. Kant intentó realizar una síntesis de esta escuela con el empirismo, considerado su opuesto.

Racimos del fruto de la mora.

racionalista. a. Relativo al racionalismo./ s. Partidario de esta doctrina.

racionalizar. tr. Reducir a conceptos o normas racionales./ Organizar la producción o el trabajo de manera de aumentar el rendimiento o reducir los costos con el mínimo esfuerzo.

racionar. tr. Someter algo en caso de escasez a una distribución ordenada.// tr./ prl. Distribuir raciones a las tropas.

rad. m. *Geom.* Símb. del radián./ *Fís.* Unidad de radiación que equivale a 100 ergios por gramo.

rada. f. Bahía donde pueden anclar las naves.

radar. m. Sistema que permite descubrir un objeto que no se ve, mediante ondas eléctricas, que, al reflejarse en dicho objeto, vuelven al punto de observación.

radiación. f. *Fís.*Acción y efecto de radiar./ *Fís.* Emisión de energía en forma de corpúsculos u ondas electromagnéticas.

radiactividad. f. Propiedad de algunos átomos de emitir radiaciones al desintegrarse sus núcleos.

radiactivo, va. a. Dícese de los cuerpos o sustancias que emiten radiaciones.

radiador, ra. a. Que radia.// m. Aparato de calefacción constituido por tubos por donde pasa agua o vapor calientes./ Aparato para refrigerar los cilindros de algunos motores.

radial. a. Rel. al radio./ *Zool.* Dícese de la simetría que presentan ciertos animales con un centro y varios ejes, como las esponjas.

radián. m. *Geom.* Unidad utilizada para medir arcos. Equivale a un arco de circunferencia de longitud igual a la del radio de ésta.

radiante. a. Que emite rayos./ fig. Brillante, resplandeciente.

radiar. tr. Difundir noticias, música, etc., mediante radiotelefonía.// tr./ i. Irradiar.

radiar. tr. Producir la radiación de ondas (sonoras, electromagnéticas, etc.) o de partículas.

radicación. m. Acción y efecto de radicar o radicarse./ *Mat.* Operación por la que se obtiene un resultado o raíz que elevado a una potencia indicada por el índice de al radicando.

radical. a. Rel. a la raíz./ fig. Fundamental, principal./ Partidario de reformas extremas. Ú.t.c.s./ Apl. a cualquier parte de una planta, que nace inmediatamente de la raíz./ *Gram.* Rel. a las raíces de las palabras./ *Gram.* Apl. a las letras de una palabra que se conservan en otras derivadas de ella./ *Mat.* Dícese del signo (√) con que se indica la operación de extraer raíces. Ú.t.c.s.m. // m. *Gram.* Parte que resta de una palabra variable al quitarle la desinencia./ *Quím.* Átomo o grupo de átomos considerados como base para la formación de combinaciones.

radicalismo. m. Calidad de radical./ Doctrina de los radicales./ Por ext., forma extrema de considerar temas, opiniones, asuntos, etc./ *Arg.* Dícese de la Unión Cívica Radical o de sus ideas.

radicando. m. *Mat.* Número del que se debe extraer la raíz.

radicar. i./ prl. Echar raíces.// i. Estar una cosa en determinado lugar.

radicha. f. Achicoria de raíz gruesa.

radicheta. f. Achicoria tierna.

radicifloro, ra. a. *Bot.* Dícese de las plantas cuyas flores parecen surgir desde la raíz, aunque en verdad lo hacen de la base del tallo.

radícula. f. *Bot.* Parte del embrión de la planta que, al desarrollarse, dará origen a la raíz.

radiestesia. f. Arte o facultad de percibir ondas electromagnéticas, a veces por medio de varillas o péndulos.

radiestesista. s. El que utiliza o practica la radiestesia.

radio. m. *Geom.* Segmento que une el centro de un círculo con un punto cualquiera de la circunferencia./ Metal radiactivo. Símb., Ra.; n. at., 88; p. at., 226,05./ Rayo, cada una de las piezas, a manera de radios de círculo, de las ruedas de un vehículo./ Circuito, jurisdicción, término./ Radiograma, radiotelegrama./ Apócope de radiodifusión. Ú.t.c.f./ Aparato radiorreceptor. Ú.t.c.f./ Hueso contiguo al cúbito, con el cual forma el antebrazo.

radioaficionado, da. s. Persona que se dedica a comunicarse con otras por medio de un trasmisor privado.

radioaltímetro. m. Instrumento que emplean los aviones para medir su distancia al suelo, mediante el mismo principio que el radar.

radiocarbono. m. Denominación común del carbono 14, isótopo radiactivo del carbono, que se utiliza sobre todo en investigaciones paleontológicas y arqueológicas de fechado.

radiocomunicación. f. Comunicación mediante ondas radioeléctricas.

radiocristalografía. f. Estudio de la estructura de los cristales mediante los rayos X u otras radiaciones que producen los mismos.

radiodifusión. f. Emisión de radiotelefonía.

radiodifusora. a./ f. Apl. a la estación transmisora de radiotelefonía.

radioelectricidad. f. Parte de la física que estudia las ondas electromagnéticas y su aplicación.

radioemisora. a./ f. Radiodifusora.

radioescucha. m. y f. Radioyente.

radiofonía. f. Emisión o transmisión radiotelefónica.

radiografía. f. Procedimiento para hacer fotografías con rayos X./ Fotografía obtenida por este procedimiento.

radiograma. m. Radiotelegrama.

radiología. f. Parte de la medicina que estudia las radiaciones, especialmente los rayos X, para el diagnóstico y tratamiento de las enfermedades.

radiorreceptor. m. Aparato que sirve para recoger las emisiones de radiotelefonía.

radioscopía. f. Examen del interior del cuerpo humano, y también de los cuerpos opacos, por medio de los rayos X.

radiotelefonía. f. Sistema de comunicaciones telefónicas por medio de ondas electromagnéticas.

radiotelegrafía. f. Sistema de comunicaciones telegráficas por medio de ondas electromagnéticas.

radiotelegrama. m. Despacho enviado por radiotelegrafía.

adioyente. m. y f. Persona que oye lo que se transmite por radiotelefonía.

adón. m. Elemento químico. Símb., Rn.; n. at., 86; p. at., 222. Gas noble y radiactivo.

aer. tr. Quitar, cortando y raspando, vello u otra cosa de una superficie, con instrumento áspero o cortante./ fig. Extirpar un vicio o costumbre.

afaelesco, ca. a. Rel. al pintor Rafael Sanzio o a su estilo.

áfaga. f. Movimiento repentino y violento del aire./ Conjunto de proyectiles lanzados en sucesión rapidísima por un arma automática.

afia. f. Bot. Género de palmeras que dan una fibra muy resistente./ Esta fibra.

agtime (voz ingl.). m. Música afroamericana de finales del s. XIX. También se llamó así al jazz inicialmente.

ais. m. Título que recibe el presidente de Egipto.

aído, da. a. Apl. al vestido o tela muy gastados por el uso.

algambre. f. Conjunto de raíces de un vegetal./ Conjunto de intereses o costumbres que hacen estable una cosa e impiden su reemplazo.

aíl o **rail.** m. Carril de las vías férreas.

aíz. f. Órgano de las plantas superiores, que crece en sentido contrario al del tallo, y tiene por misión sujetar la planta en la tierra y absorber las sustancias nutritivas necesarias para el desarrollo./ Finca. Ú.m. en pl./ Origen./ fig. Parte inferior o pie de cualquier cosa./ Álg. Cada uno de los valores de una incógnita en la ecuación./ Gram. Radical mínimo e irreductible, que queda de una palabra después de quitarle la desinencia, sufijos y prefijos, y que comparten los vocablos de una misma familia./ Álg. y Arit. Cantidad que ha de multiplicarse por sí misma una o más veces para obtener un número determinado.

aja. f. Parte que se obtiene al partir un leño con hacha, cuña, etc./ Hendedura, quiebra./ Pedazo que se corta a lo largo o a lo ancho de una cosa.

ajá. m. Soberano de algunos estados de la India.

ajada. f. Méx. Cobardía./ Acción y efecto de huir.

ajado, da. a. y s. fam. Cobarde./ El que no cumple con su palabra.

ajadura. f. Acción de rajar o de rajarse./ Grieta, abertura, hendedura.

ajar. tr. Partir en rajas./ Hender, partir, abrir. Ú.t.c.prl./ Hablar mal de uno.// i. fig. y fam. Contar muchas mentiras, principalmente jactándose de hazañoso./ Hablar mucho./ Amér. Huir, salir corriendo.

ajatabla (a). m. adv. De modo absoluto. Cueste lo que cueste.

aje. m. Arg. fam. Huida, salida precipitada.// **de raje.** m. adv. Muy rápidamente, de prisa.

alea. f. Especie, calidad, género./ despec., apl. a personas, raza, linaje.

alear. i. Hacer rala una cosa. Ú.t.c.tr./ No granar completamente los racimos.

alentí o **ralenti.** m. Cinem. Cámara lenta./ Mec. Velocidad más lenta de un motor.

rallar. tr. Desmenuzar algo con el rallador.

rallentando (voz ital.). m., adv. y s. Mús. Disminuyendo la velocidad.

rally (voz ingl.). m. Carrera automovilística, pedestre o aérea en la que importan la velocidad y la regularidad. Suele disputarse en terrenos difíciles, tener gran duración y dividirse en varias etapas.

ralo, la. a. Apl. a lo que tiene sus partes o elementos más separados de lo común en su clase.

RAM. Inform. Siglas de Random Access Memory. Clase de memoria para lectura y escritura, es de acceso directo e independiente de la información anterior o posterior a la que se requiere o ingresa.

rama. f. Cada una de las partes que nacen del tronco o tallo principal de una planta./ Cada una de las divisiones de una ciencia o de un arte. / fig. Parte secundaria de algo, que nace de otra principal.

ramadán. m. Noveno mes del año lunar de los musulmanes, quienes observan en él el riguroso ayuno.

ramal. m. Parte que arranca de la línea principal de un camino, ferrocarril, etc./ Cualquiera de los cabos de que se componen las cuerdas, sogas, etc./ fig. Parte o división.

ramalazo. m. Golpe dado con un ramal./ Señal que deja./ fig. Dolor agudo que acomete de improviso./ Adversidad que sobrecoge y sorprende./ Viento fuerte y de poco duración.

rambla. f. Paseo, avenida con árboles, generalmente con andén central./ Lecho natural de las aguas pluviales./ En algunas poblaciones, nombre que se da a su paseo principal./ R. de la P. Paseo a orillas del mar.

ramera. f. Mujer que por oficio tiene relación carnal con hombres.

ramificarse. prl. Esparcirse, dividirse una cosa en ramas./ Extenderse, propagarse las consecuencias de un hecho.

ramillete. m. Ramo pequeño de flores o hierbas, compuesto artificialmente./ Bot. Conjunto de flores que forman una cima o copa.

ramio. m. Planta de la familia urticáceas, originaria de China. De sus tallos se obtiene una apreciada fibra textil.

ramnáceo, a. a. y f. Bot. Dícese de las plantas de dicotiledóneas, de flores hermafroditas y frutos generalmente en baya.// f. pl. Bot. Familia de estas plantas.

ramo. m. Rama que brota de la principal./ Rama cortada del árbol./ Conjunto o manojo de flores, ramas o hierbas./ fig. Cualquiera de las partes de una ciencia, arte, etc.

ramonear. i. Cortar las puntas de las ramas de los árboles./ Pacer los animales las hojas y las puntas de las ramas.

rampa. f. Plano inclinado para subir y bajar por él.

rana. f. Batracio de lomo color verde con manchas negras, vientre blanco, cabeza grande, ojos saltones y patas largas. Habita en agua dulce, es ágil y ligero, nada y anda a saltos, y su carne es apreciada como manjar delicado./ Juego consistente en introducir, desde alguna distancia, una chapa o moneda por la boca abierta de una rana de metal.

Rana. Su ciclo vital.

Huevos fecundados

Renacuajos

Rana adulta

ranchera. f. *Arg.* Baile popular que se ejecuta por parejas./ Música de este baile./ Automóvil, generalmente rural o de carga, con una puerta trasera.

ranchería. f. Conjunto de ranchos./ Cocina de los cuarteles donde se cocina el rancho./ *Arg.* Corralón de los peones o la servidumbre.

ranchero. m. *Amér.* Ranchería, conjunto de ranchos que forman un poblado.

rancho. m. Comida para muchos, como la que se da a los soldados y a los presos./ Lugar fuera de poblado, donde se albergan varias familias o personas./ Choza o casa pobre, de adobe, ramas y paja, fuera de poblado./ *Amér.* Granja en que se crían caballos y otros cuadrúpedos./ *Arg.* Sombrero rígido de paja.

rancio, cia. a. Apl. a los comestibles o bebidas que con el tiempo se alteran, adquiriendo olor o sabor más fuerte./ fig. Díc. de las cosas ant. y de quienes son apegados a ellas.

rand. m. Moneda de Africa del Sur.

rango. m. Categoría, clase./ *Amér.* Situación social elevada./ *Mat.* Número máximo de columnas linealmente independientes que posee una matriz.

ranking (voz ingl.). m. Clasificación, división en categorías, generalmente con un propósito de comparación o competición (en deportes, comercio, etc.).

ranquel. a. Díc. del individuo pert. a una tribu de origen araucano que habitó en el NO de la pampa argentina. Frecuentemente desplazados por el avance de los blancos, solían protagonizar malones y saqueos, lo que los hacía blanco de inquietud política y militar. Muchas de sus características están admirablemente descritas en un clásico de la literatura argentina, *Una excursión a los indios ranqueles*, de Lucio V. Mansilla. Ú.t.c.s./ Rel. a estos indios.

ranunculáceo, a. a. *Bot.* Díc. de plantas dicotiledóneas de hojas simples y flores de colores brillantes, fruto seco y a veces carnoso.// m. pl. *Bot.* Familia de estas plantas.

ranura. f. Canal estrecha y larga que se abre en un madero, piedra, etc.

rapa. f. Flor del olivo.

rapacidad. f. Calidad de rapaz, inclinado al robo o rapiña.

rapar. tr./ prl. Rasurar o afeitar./ Cortar el pelo de raíz.

rapaz. a. Que se da al robo, hurto o rapiña.// f. pl. *Zool.* Nombre que se aplica comúnmente a las especies representantes de los órdenes falconiformes o rapaces diurnas y estrigiformes o rapaces nocturnas./ **-diurna.** Ave rapaz que caza de día./ **-nocturna.** Ave rapaz fue caza de noche.

rape. m. Pez de cabeza grande, redonda y aplastada, que habita los fondos marinos y cuya carne es muy apreciada./ **-al rape.** m. adv. A la orilla, casi a raíz.

rapé. m. Tabaco en polvo que se usa para aspirar.

Rascacielos cada vez más altos son la característica que distingue a las grandes ciudades del mundo.

rapidez. f. Velocidad grande./ Celeridad, movimiento ligero.

rápido, da. a. Veloz, raudo.

rapiña. f. Robo ejecutado con violencia y arrebato.

rapiñar. tr. fam. Hurtar y quitar algo en un arrebato.

rapsodia. f. Trozo de un poema, y, en especial, de los de Homero./ Pieza musical compuesta por fragmentos de otras o de aires populares.

raptar. tr. Robar, sacar de su domicilio a una mujer con violencia o promesas engañosas.

rapto. m. Impulso, acción de arrebatar./ Acción y efecto de raptar./ Éxtasis, arrobamiento./ Accidente que priva de sentido.

raqueta. f. Bastidor de madera con mango, que sujeta una red y se usa en el juego de pelota, tenis, etc./ Este juego/ Utensilio con que se mueve y recoge el dinero en las mesas de juego.

raquis m. *Bot.* Eje de crecimiento en el que se insertan los folíolos que constituyen una hoja compuesta./ *Zool.* Parte central de la pluma que no está introducida en el tegumento./ *Anat.* Columna vertebral.

raquítico, ca. a. Que padece raquitismo.

raquitismo. m. *Med.* Enfermedad crónica de la infancia producida por falta de vitamina D. Se caracteriza por una deformación ósea y excesiva delgadez.

rarefacer. tr./ prl. Hacer menos denso un cuerpo gaseoso, enrarecer.

rareza. f. Calidad de raro./ Cosa rara./ Acción propia de una persona rara o extravagante.

raro, ra. a. Que tiene poca densidad y consistencia./ Poco común./ Singular./ Extravagante de genio./ Sobresaliente/ *Quím.* Dícese de los gases que tienen poca densidad.

ras. m. Igualdad en la superficie, nivel o altura de las cosas.

rascacielos. m. Edificio muy alto, de muchos pisos.

rascar. tr./ prl. Refregar la piel con las uñas o con algo áspero.// tr. Arañar./ Producir sonidos desagradables en los instrumentos de cuerda.

rasgadura. f. Acción y efecto de rasgar.

rasgar. tr./ prl. Romper a viva fuerza cosas de poca consistencia, como papel, tejidos, etc., sin valerse de ningún elemento.// tr. Rasguear.

rasgo. m. Línea de adorno trazada airosamente con la pluma al escribir./ fig. Expresión oportuna, o pensamiento que se manifiesta con propiedad y belleza./ Acción gallarda y notable./ Facción del rostro. Ú.m. en pl./ Peculiaridad.

rasguear. tr. Tocar un instrumento musical rozando varias cuerdas a la vez con la punta de los dedos.// i. Hacer rasgos con la pluma.

rasguñar. Arañar o rascar con las uñas o con instrumento cortante.

rasguño. m. Acción y efecto de rasguñar.

raso, sa. a. y s. Liso, plano.// a. Que no tiene título que lo distinga./ Que se mueve o pasa a poca altura del suelo., m. Tela de seda brillante.

raspar. tr. Raer ligeramente una cosa./ Picar el vino u otro licor./ Hurtar, quitar algo.

rastra. f. Rastro./ Grada, rastrillo./ Cosa que va colgando arrastrando./ Sarta de cualquier fruta seca./ *Arg.* Cinturón ancho de cuero, adornado con monedas de oro o plata, que usan los gauchos para sujetarse las bombachas o el chiripá.

rastrear. i. Seguir el rastro de algo./ Arrastrar por el fondo del agua una rastra, un arte de pesca, etc./ fig. Inquirir, indagar.// i. Hacer alguna labor con el rastro./ Ir por el aire pero casi rozando el suelo.

rastreo. m. Acción y efecto de rastrear.

rastrero, ra. a. Que va arrastrando./ Que va por el aire, pero casi rozando el suelo./ fig. Ruin, vil y despreciable./ *Bot.* Apl. al tallo que, tendido por tierra, hecha raicillas.

rastrillar. tr. Limpiar el lino o cáñamo de la arista y estopa/ Recoger con el rastro la parva o la hierba segada en los prados./ Pasar la rastra./ Limpiar con el rastrillo las calles de los jardines y parques.

rastrillo. m. Tabla con dientes de alambre, con que se limpia el lino o cáñamo./ Instrumento con púas y dientes que sirve para recoger pajas, hierbas, etc.; rastro.

...astro. m. Instrumento compuesto de un mango largo, cruzado en uno de sus extremos por un travesaño con dientes o púas; sirve para recoger hierba, paja, etc./ Señal o indicio que deja una cosa, de haber acontecido en un lugar./ Arte de pesca por el sistema de arrastre./ fig. Señal o reliquia que queda de algo.

...astrojo. m. Residuo de las mieses que queda después de segar./ El campo después de segada la mies.

...asurar. tr./ prl. Raer el pelo del cuerpo, en especial las barbas y bigote.

...ata. f. Mamífero roedor, con cola larga, casi desnuda y escamosa, orejas grandes y peladas. Es muy fecunda, destructora y voraz; habita por lo común en los edificios y embarcaciones./ Hembra del rato o ratón.// m. fam. Ratero.

...atero, ra. a. y s. Ladrón que roba con destreza objetos de poco valor./ Vil, despreciable, bajo.

...atificar. tr./ prl. Confirmar actos o palabras.

...atio. m. Mat. Relación que existe entre dos cantidades. Razón.

...ato. m. Espacio de tiempo indeterminado, en especial si es corto./ Con los adjetivos *bueno* o *malo* u otros semejantes, gusto o disgusto./ Trecho, distancia./ En algunas partes, ratón, mamífero roedor./ Macho de la rata.

...atón. m. Mamífero roedor, más pequeño que la rata, muy fecundo y ágil, difundido por todos los países, con infinidad de variedades según los lugares que habita y el color del pelaje: blanco, gris, de campo, doméstico, etc.

...audal. m. Caudal impetuoso de agua./ fig. Abundancia de cosas que ocurren rápidamente y como de golpe.

...audo, da. a. Veloz, rápido.

Ejemplar de raya negra.

...aya. f. Señal larga y estrecha que se forma en un cuerpo cualquiera./ Término, límite./ Señal en la cabeza que resulta de dividir los cabellos con el peine./ *Gram.* Guión más largo que el regular, que se usa para separar oraciones incidentales e indicar el diálogo en los escritos./ Pez marino de los selacios, de cuerpo aplanado y romboidal, con cola larga y delgada. Su carne es comestible.

...ayado, da. p. p. de **rayar**.// m. Conjunto de rayas o listas./ Acción y efecto de rayar.

...ayano, na. a. Que linda con una cosa./ fig. Cercano.

...ayar. tr. Hacer o tirar rayas./ Tachar lo escrito con rayas./ Subrayar.// i. Confinar una cosa con otra./ Amanecer, alborear./ fig. Distinguirse, sobresalir./ Asemejarse una cosa a otra.

...ayo. m. Cualquiera de las líneas, por lo general rectas, que parten del punto en que se produce una determinada forma de energía y señalan la dirección en que ésta es transmitida por el movimiento vibratorio del éter./ Línea de luz que procede de un cuerpo luminoso./ Chispa eléctrica entre dos nubes o una nube y la tierra./ Radio de una rueda./ fig. Cosa que actúa con gran fuerza y eficacia./ Persona muy viva y pronta de ingenio.

Ratón. Mamífero roedor, nocturno y de costumbres arborícolas, devora también larvas e insectos terrícolas.

rayonismo. m. Pint. Movimiento pictórico ruso, formulado en 1911 por Larionov, parcialmente surgido del futurismo, cuyas composiciones pretendían escapar al tiempo y al espacio habituales, o sea, sugerir la cuarta dimensión.

rayuela. f. Juego infantil que consiste en arrojar una piedra u otro objeto similar hacia una raya, lo más cerca posible de ella. Otra forma muy conocida se practica dibujando en el suelo unos diez recuadros unidos, terminados en otro llamado "cielo". Los participantes deben saltar en una pierna, evitando alternativamente cada uno de los recuadros, el señalado por una piedra arrojada previamente. Gana el primero que arriba al "cielo" sin cometer ningún error.

raza. f. Linaje, casta de origen./ Cada uno de los grupos en que se subdividen ciertas especies zoológicas./ Razas humanas. Grupo de individuos, que presentan una particular combinación de caracteres físicos normales y variables dentro de unos límites determinados. Se clasifican según características tales como el color de la piel, color y forma del pelo, forma del cráneo, etc. Se distinguen tres grupos fundamentales, subdivididos en varios subgrupos: *blanco, amarillo y negro.*

razón. f. Facultad de juzgar y pensar./ Acto de discurrir el entendimiento./ Causa o motivo./ Demostración, argumento./ Orden y método en alguna cosa./ Justicia, rectitud./ Cuenta, cómputo./ Mat. Relación entre dos cantidades comparadas entre sí.

razonamiento. m. Acción y efecto de razonar./ Serie de conceptos encaminados a demostrar algo o a persuadir.

razonar. i. Manifestar lo que se juzga y se piensa./ Explicar las razones o motivos en que se funda un juicio, creencia, demostración, etc./ Hablar, de cualquier manera que sea.// tr. Tratándose de dictámenes, cuentas, etc., exponer las razones o documentos en que se fundan.

re. m. Mús. Segunda nota de la escala de do.

reabrir. tr./ prl. Abrir de nuevo lo que estaba cerrado.

reacción. f. Acción que se opone a otra obrando en sentido contrario./ Tendencia política opuesta a las innovaciones./ Fuerza que un cuerpo ejerce sobre otro en sentido contrario./ Med. Acción orgánica que tiende a contrarrestar la influencia de un agente patógeno./ Quím. Acción recíproca entre dos o más cuerpos, de la que resultan otros diferentes de los originarios./ **-en cadena.** Fís. y Quím. La que da origen a productos que por sí mismos ocasionan una reacción igual a la primera.

reaccionar. i. Mudar de disposición una persona, física o moralmente, o modificarse una cosa en virtud de una acción contraria a otra anterior./ Salir uno de la postración en que estaba./ Oponerse a algo que se cree inadmisible.

reacio, cia. a. Desobediente, renuente.

reactor, ra. a. Que reacciona.// m. Motor a reacción, es decir, el que se mueve debido a la reacción de un chorro de fluido que él mismo produce.

reafirmar. tr./prl. Afirmar nuevamente.

reagina. f. Fisiol. Anticuerpo sérico que espontáneamente aparece en individuos genéticamente predispuestos.

reagravar. tr./ prl. Volver a agravar.

Rebaño de cabras en el inhóspito clima de montaña.

reajustar. tr. Volver a ajustar./ Por eufemismo, hablando de precios, salarios, impuestos, etc., aumentarlos o bajarlos.

real. a. Que tiene existencia verdadera./ Rel. al rey o a la realeza./ fig. Suntuoso.// m. Moneda española equivalente a veinticinco céntimos.

realce. m. Adorno que sobresale en la superficie de una cosa./ fig. Estimación, gloria.

realengo, ga. a. Aplícase a las c. y tierras sometidas directamente al poder real./ *Méx.* y *Perú.* Que no tiene dueño.

realeza. f. Dignidad o soberanía real.

realidad. f. Existencia real y efectiva de una cosa./ Verdad.

realimentación. f. En los servosistemas, característica de los sistemas de control y regulación mediante la cual la información tomada a la salida de aquéllos produce una transformación correctiva en el funcionamiento del sistema. Es la traducción de la voz inglesa *feed-back*.

realismo. m. *Fil.* Doctrina o sistema que atribuye realidad a las ideas generales./ *Arte* y *Lit.* Sistema estético que supone como fin de las obras artísticas la representación fiel de la realidad social o la imitación de la naturaleza./ **-mágico.** *Lit.* Movimiento y estilo literario surgido en América latina entre las décadas del cincuenta y del sesenta. Se caracteriza por mezclar la fantasía más desmesurada y original con una clara localización histórica y geográfica. Formó parte esencial del llamado boom de la literatura latinoamericana y lo desarrollaron escritores como Gabriel García Márquez, Alejo Carpentier, Juan Rulfo, Manuel Scorza y otros./ **-socialista.** Doctrina estética oficial de la Unión Soviética gobernada por Stalin. Según ella, se debían presentar "héroes positivos" en situaciones verosímiles, que glorificaran el modo de vida socialista, sin el menor asomo de crítica.

realista. a. Relativo al realismo./ s. Partidario del realismo.

realizar. tr./ prl. Efectuar una cosa./ Hacerla real y efectiva.

realzar. tr./ prl. Levantar una cosa más arriba de donde estaba./ Elevar./ Labrar de realce./ fig. Engrandecer o ilustrar.

reanimación. f. Acción y efecto de reanimar./ *Med.* Conjunto de técnicas terapéuticas empleadas para lograr que los centros vitales del organismo vuelvan a la normalidad cuando se han alterado.

reanimar. tr./ prl. Restablecer las fuerzas, dar vigor./ fig. Infundir ánimo y valor.

reanudar. tr. fig. Renovar o continuar trato, trabajo, estudio, etc., que se había interrumpido.

reaparecer. i. Mostrarse, aparecer de nuevo.

reargüir. tr. Argüir nuevamente sobre el mismo tema.

reasumir. tr. Tomar de nuevo lo que antes se tenía./ Tomar una autoridad superior las facultades de las inferiores.

reavivar. tr./ prl. Avivar de nuevo o más intensamente.

rebaja. f. Disminución, reducción, descuento, e especial hablando de precios.

rebajar. tr. Hacer más bajo un nivel./ Hacer reba ja./ fig. Humillar.

rebajo. m. Parte del canto de un madero u otro ob jeto en el cual se ha disminuido el espesor po medio de un corte o ranura.

rebalaje. m. Remolino que forman las aguas cuan do chocan contra cualquier obstáculo./ Reflujo de agua del mar en la playa./ Zona de la playa don de ocurre el reflujo.

rebalsar. tr./ i./ prl. Embalsar, detener y estancar agua u otro líquido.

rebanada. f. Porción delgada, ancha y larga d una cosa que se corta.

rebanar. tr. Hacer rebanadas./ Cortar o dividir un cosa de parte a parte.

rebaño. m. Hato grande de ganado.

rebasar. tr. Exceder de cierto límite.

rebate. m. Combate, pendencia.

rebatiña. f. Acción de disputarse unos a otros un cosa lanzada para que sea tomada por quien pue da hacerlo.

rebatir. tr. Impugnar./ Rechazar, contradecir./ Vo ver a batir./ fig. Resistir, rechazar propuestas, ter taciones, etc.

rebeca. f. Prenda de vestir de punto, mangas largas y si cuello, popularizada por la actriz Joan Fontaine, que la lu cía en el filme de Alfred Hitchcock de igual nombre (1940

rebeco. m. Gamuza, especie de antílope.

rebelarse. prl. Alzarse contra la autoridad./ fig. Oponerse resistir.

rebelde. a. y s. Que se rebela./ Indócil, desobediente./ Fo Dícese de la persona que no comparece en juicio, despué de llamada en forma. Ú.t.c.s.

rebeldía. f. Calidad de rebelde./ Acción propia de rebelde

rebelión. f. Acción y efecto de rebelarse./ Insurrección Delito contra el orden público, penado por la ley.

rebenque. m. *Amér.* Látigo de cuero o cáñamo embreado *Amér.* Látigo recto de jinete./ *Mar.* Cuerda o cabo cortos.

rebisabuelo, la. s. Tatarabuelo, tercer abuelo.

rebisnieto, ta. s. Tataranieto, tercer nieto.

reblandecer. tr./ prl. Ablandar una cosa.

rebobinado, da. p. p. de **rebobinar.**// m. Acción y efec to de rebobinar.

rebobinar. tr. Volver a enrollar el hilo de una bobina./ Arro llar hacia atrás la bobina de una película fotográfica o cine matográfica, o de una cinta magnetofónica.

rebojo. m. Residuo, desecho de ciertas cosas, especialmen te del pan.

rebolledo o rebollar. m. Sitio poblado de rebollos.

rebollo. m. Planta arbórea, de hojas rígidas y fruto en bellota

rebombar. i. Sonar ruidosamente.

reborde. m. Faja angosta y saliente a lo largo del borde d una cosa.

rebosar. i./ prl. Derramarse un líquido por encima de lo bordes de un recipiente en que no cabe. Ú.t.c.prl./ fig Abundar con exceso una cosa. Ú.t.c.tr./ Dar a entender co gestos o palabras lo mucho que se siente interiormente.

rebotar. i. Botar repetidas veces un cuerpo elástico./ Bota la pelota en la pared, después de haberlo hecho en el sue lo.// tr. Redoblar o volver la punta de una cosa asegurada. Rechazar.

rebote. m. Acción y efecto de rebotar.

rebozar. tr./ prl. Cubrir la cara con la capa o el manto.// tr Bañar una vianda en huevo batido, harina, azúcar o cos semejante.

rebrotar. i. Retoñar; volver a brotar las plantas./ Volver a vi vir lo que había muerto o se había amortiguado.

rebrote. m. Retoño.

rebufo. m. Efecto que se produce cerca de la boca de fueg de un arma, cuando salen los gases de la carga de proyec ción, inmediatamente después de la salida del proyectil.

rebullicio. m. Bullicio grande.

ebullir. i./ prl. Comenzar a moverse lo que estaba quieto.

ebultado, da. a. Abultado, que tiene mucho bulto.

ebuscar. tr. Buscar minuciosamente./ Recoger los frutos que quedan en el campo, después de levantada la cosecha.

ebuzno. m. Voz del asno.

ecabar. tr. Conseguir lo que se desea con súplicas./ Reclamar.

ecado. m. Mensaje que verbalmente se envía a otro./ Encargo, encomienda de fácil ejecución. / Recuerdo del aprecio que se tiene a alguien./ Regalo, presente./ Provisión diaria./ Conjunto de objetos necesarios para hacer algunas cosas./ Precaución, seguridad./ *R. de la P.* Apero.

ecaer. i. Volver a caer./ Caer enfermo nuevamente de la misma dolencia./ Reincidir en un error, vicio, etc./ Venir a parar o caer sobre uno o en uno beneficios o gravámenes.

ecaída. f. Acción y efecto de recaer.

ecalar. tr./ prl. Penetrar poco a poco un líquido por los poros de un cuerpo.// i. Llegar un buque a la vista de un punto de la costa, como fin de viaje o como escala.

recalcar. tr. Acentuar las palabras exageradamente.

recalcitrante. a. Obstinado, terco en la resistencia.

recalentar. tr. Calentar demasiado./ Volver a calentar.// tr./ prl. Tomar una cosa más calor que el que conviene para su uso y empleo.

recámara. f. Cuarto situado después de la cámara./ En las armas de fuego, lugar del ánima del cañón opuesto a la boca, donde se coloca el cartucho.

recambiar. tr. Hacer segundo cambio.

recambio. m. Acción y efecto de recambiar.

recapacitar. tr./ i. Recorrer la memoria refrescando especies, combinándolas y discurriendo sobre ellas./ Reflexionar.

recapitular. tr. Recordar sumaria y ordenadamente lo que ya se ha expresado con extensión.

recargar. tr. Volver a cargar./ Aumentar la carga./ Hacer nuevo cargo o reconvención./ fig. Agravar un tributo./ Adornar con exceso.

recargo. m. Nueva carga o aumento de carga./ Nuevo cargo que se hace a uno.

recatar. tr./ prl. Encubrir, ocultar.// prl. Mostrar recelo en tomar una decisión.

recato. m. Reserva, cautela./ Modestia, pudor.

recaudación. f. Acción de recaudar./ Suma recaudada./ Oficina para la entrega de caudales públicos.

recaudar. tr. Percibir o cobrar caudales o efectos./ Asegurar; tener o poner algo en custodia.

recaudo. m. Precaución./ *For.* Caución, fianza.

rección. f. *Gram.* Régimen, dependencia mutua entre elementos gramaticales.

recelar. tr./ prl. Desconfiar, sospechar, temer.

recelo. m. Acción y efecto de recelar.

recepción. f. Acción y efecto de recibir./ Recibimiento./ Admisión en un cargo, oficio o sociedad./ Reunión particular con carácter de fiesta./ Oficina o dependencia donde se inscriben los nuevos huéspedes en un hotel, los concurrentes a un congreso, etc.

receptáculo. m. Cavidad que contiene o puede contener una sustancia./ *Bot.* Extremo del pedúnculo donde se asientan las hojas o verticilos de la flor.

receptivo, va. a. Que recibe o es capaz de recibir.

receptor, ra. a. y s. Que recibe./ Aparato que recibe señales eléctricas, telegráficas, telefónicas, etc./ *Biol.* Cada de los órganos de los sentidos./ En los actos de habla y comunicación, el que recibe el mensaje.

recesión. f. *Econ.* Etapa de crisis económica que precede a un período de depresión y se caracteriza por una gran disminución del consumo, entre otros elementos.

receso. m. Separación, apartamiento, desvío./ *Amér.* Vacación, suspensión.

receta. f. Prescripción facultativa./ Nota escrita de dicha prescripción./ Nota que comprende aquello de que debe componerse una cosa y el modo de hacerla.

recetar. tr. Prescribir un medicamento.

rechazar. tr. Resistir un cuerpo a otro, obligándolo a retro-

ceder en su curso./ Resistir al enemigo, forzándolo a retroceder./ Refutar, contradecir, no admitir.

rechazo. m. Acción y efecto de rechazar./ Retroceso que hace un cuerpo por encontrarse con alguna resistencia./*Biol.* Fenómeno inmunológico por el que un organismo puede reconocer como extraño a un órgano o tejido que procede de otro individuo aunque sea de la misma especie.

rechifla. f. Acción de rechiflar.

rechiflar. tr. Silbar con insistencia.// prl. Burlarse con exceso, ridiculizar.

rechinar. i. Hacer una cosa ruido desapacible por rozar contra otra.

rechupete (de). loc. fam. Agradable al gusto, exquisito.

recibir. tr. Tomar uno lo que le dan o envían./ Acoger./ Percibir, enterarse de una cosa./ Sustentar un cuerpo a otro./ Admitir, aceptar./ Salir a encontrarse con uno./ Admitir visitas una persona en determinado día y hora.// prl. Tomar uno la envestidura o el título de una facultad.

recibo. m. Acción y efecto de recibir./ Escrito en que se declara haber recibido alguna cosa./ Recibimiento.

reciclar. tr. Recuperar materiales usados como papel, vidrio o aluminio para utilizarlos nuevamente.

recidiva. f. *Med.* Reaparición de una enfermedad padecida anteriormente, y que parecía ya curada.

recidivar. i. Reaparecer una enfermedad que parecía ya curada.

reciedumbre. f. Fuerza, vigor.

La realeza británica mantiene sus costumbres y tradiciones a través del tiempo.

recién. adv. t. Recientemente. Ú. antepuesto a los participios pasivos.

reciente. a. Acabado de hacer; nuevo.

recientemente. adv. t. Poco tiempo antes.

recinto. m. Espacio comprendido entre ciertos límites.

recio, cia. a. Fuerte, vigoroso./ Corpulento, grueso./ Áspero, duro de genio./ Duro, grave./ Dicho del tiempo, riguroso./ Rápido, impetuoso.

recipiente. a. Que recibe.// m. Receptáculo, cavidad./ Vaso donde se reúne el líquido destilado en un alambique.

recíproco, ca. a. Igual en la correspondencia de uno a otro./ *Gram.* Dícese del verbo que denota acción o significación recíproca entre dos personas o cosas.

recitación. f. Acción de recitar.

recital. m. Recitación de obras poéticas, o concierto musical o de canto, en particular por una persona sola, o por varias cuando una sobresale en la parte principal.

recitar. tr. Decir de memoria en voz alta./ Decir en voz alta un discurso, poesía, etc.

reclamar

reclamar. i. Clamar contra una cosa; oponerse a ella verbalmente o por escrito./ poét. Resonar.// tr. Clamar o llamar con insistencia./ Pedir o exigir con derecho o con instancia./ For. Citar una autoridad a un prófugo.// rec. Llamarse unas a otras ciertas aves de una misma especie.

reclame. m. Amér. Aviso publicitario.

reclinar. tr./ prl. Inclinar el cuerpo, apoyándolo sobre una cosa./ Inclinar una cosa sobre otra.

recluir. tr./ prl. Encerrar, poner en reclusión.

reclusión. f. Encierro./ Lugar en que uno está recluido.

recluso, sa. p. p. irreg. de **recluir.**// s. Persona que está en reclusión.

recluta. f. Acción y efecto de reclutar.// m. El que voluntariamente sienta plaza de soldado./ Por ext., mozo alistado para el servicio militar./ Soldado muy bisoño.

reclutar. tr. Alistar reclutas./ Por ext., buscar y lograr adeptos para un propósito determinado.

recobrar. tr. Volver a adquirir lo que antes se poseía.// prl. Repararse de un daño recibido./ Resarcirse de lo perdido./ Volver en sí.

recodo. m. Ángulo o revuelta que forman ciertas cosas, como un río, calle, etc.

recoger. tr. Volver a coger./ Reunir cosas que estaban dispersas./ Levantar algo caído./ Juntar o congregar personas o cosas./ Coger la cosecha./ Encoger, estrechar./ Guardar una cosa./ Dar asilo a uno.// prl. Retirarse de un sitio./ Separarse del trato de las gentes./ Retirarse a casa./ fig. Abstraerse el espíritu de todo lo terreno.

recolección. f. Acción y efecto de recolectar./ Resumen, recopilación./ Cosecha de los frutos./ Cobranza de caudales.

recolectar. tr. Juntar personas o cosas./ Recoger la cosecha.

recolector. s. El que recolecta./ Recaudador./ Antrop. Dícese del individuo que vive de la recolección de elementos comestibles.

recomendación. f. Acción y efecto de recomendar o recomendarse./ Encargo o súplica./ Elogio o alabanza de un sujeto./ Calidad por la cual una persona se hace más apreciable.

recomendar. tr. Encargar a uno que cuide de una persona o negocio./ Hablar en favor de alguien, elogiándolo./ Hacer recomendable a uno. Ú.t.c.prl.

recompensa. f. Acción y efecto de recompensar./ Lo que sirve para recompensar.

recompensar. tr. Compensar el daño hecho./ Remunerar un servicio./ Premiar un beneficio, favor, mérito, etcétera.

recomponer. tr. Reparar, componer de nuevo.

recomposición. f. Acción y efecto de recomponer./ Ling. Reconstrucción de una palabra compuesta siguiendo la forma de uno de sus componentes.

recón. m. Biol. Unidad de recombinación genética, en un gen.

reconcentración. f. Reconcentramiento.

reconcentramiento. m. Acción y efecto de reconcentra[r] o reconcentrarse.

reconcentrar. tr./ prl. Introducir, internar alguna cosa e[n] otra./ Reunir en un punto personas o cosas.// tr. fig. Disi[mular, ocultar un sentimiento.// prl. fig. Abstraerse.

reconciliación. f. Acción y efecto de reconciliar o reconci[liarse.

reconciliar. tr./ prl. Volver a la concordia a personas ene[mistadas.// prl. Confesarse de algunas culpas leves.

recóndito, ta. a. Muy escondido y reservado.

reconfortar. tr. Reanimar, confortar de nuevo con energí[a] y eficacia.

reconocer. tr. Examinar cuidadosamente una persona o co[sa./ Confesar la verdad que otro dice./ Distinguir de los de[más a una persona por su fisonomía./ Registrar, mirar un[a] cosa por todos sus lados o aspectos./ Registrar una valij[a] un baúl, etc., como hacen las aduanas./ En las relacione[s] internacionales, aceptar un nuevo estado de cosas./ Exami[nar de cerca un campamento, fortificación, etc., del enemi[go./ Confesar dependencia o subordinación./ Considera[r] advertir./ Confesar que es legítima una firma.// prl. Dejars[e] comprender una cosa por determinadas señales./ Confesa[r] se culpable./ Tenerse uno a sí mismo por lo que realment[e] es, hablando de mérito, talento, recursos, fuerzas, etc.

reconquista. f. Acción y efecto de reconquistar.

reconquistar. tr. Volver a conquistar./ fig. Recuperar la opi[nión, la hacienda, un territorio, etc.

reconsiderar. tr. Volver a considerar.

reconstruir. tr. Volver a construir./ fig. Evocar especies[,] ideas o recuerdos para completar el conocimiento de al[gún hecho o el concepto de alguna cosa.

reconvención. f. Acción de reconvenir./ Cargo o argu[mento con el cual se reconviene.

reconvenir. tr. Reprender, hacer cargo a uno, arguyéndol[o] con su propio hecho o palabra.

recopilación. f. Compendio o resumen de una obra o dis[curso./ Colección de escritos diversos.

recopilar. tr. Reunir en compendio, obras literarias o leyes[.]

récord (voz ingl.). m. Marca máxima alcanzada en algun[a] disciplina deportiva./ Proeza comprobada oficialment[e] que supera todas las anteriores./ Por ext., resultado excep[cional en cualquier campo de la vida social.

recordación. f. Acción de recordar./ Acción de traer un[a] cosa a la memoria./ Recuerdo, memoria de algo.

recordar. tr./ i. Traer a la memoria alguna cosa.// tr./ i./ pr[l.] Excitar y mover a uno a tener presente algo.// i. fig. Des[pertar el que está dormido. Ú.t.c.prl.

recordman (voz ingl.). m. El que ha batido algún récor[d] deportivo.

recorrer. tr. Transitar por un espacio./ Revisar, mirar co[n] cuidado./ Repasar un escrito.

recorrido. m. Acción y efecto de recorrer./ Espa[cio que une una persona o cosa ha recorrido, recorr[e] o ha de recorrer./ Itinerario prefijado./ Ma[...] Conjunto de todos los valores alcanzados po[r] una función.

recortar. tr./ prl. Cortar lo que sobra de una co[sa./ Cortar con arte el papel, u otra cosa, en di[versas figuras./ Pint. Señalar el perfil de las figu[ras.

recorte. m. Acción y efecto de recortar.// pl. Por[ciones sobrantes de cualquier materia recortad[a]

recostar. tr./ prl. Reclinar la parte superior de[l] cuerpo el que se halla de pie o sentado./ Inclina[r] una cosa sobre otra.

recova. f. Compra de gallinas, huevos, etc., par[a] revenderlos./ Lugar público donde se venden ga[llinas y otras aves domésticas./ Amér. Mercad[o] de comestibles./ Arg. Soportal.

recoveco. m. Vuelta y revuelta de un camino, ca[llejón, pasillo, etc.

recreación. f. Acción y efecto de recrear o re[crearse./ Distracción para alivio del trabajo.

Récord. El automovilismo logra año a año mejores marcas y mayor afluencia de público.

recrear. tr. Crear de nuevo una cosa.// tr./ prl. Divertir, entretener.

recreo. m. Acción de recrear o recrearse./ En los colegios, intervalo de descanso./ Sitio apto para la diversión.

recriminar. tr. Responder a las acusaciones con otras./ Reprochar.// rec. Hacerse cargos unas personas a otras.

recrudecer. i./ prl. Tomar nuevo incremento un mal físico o moral, o un afecto o cosa que perjudica o degrada.

rectangular. a. Rel. al ángulo recto./ Que tiene uno o más ángulos rectos./ Que contiene uno o más rectángulos./ Perteneciente o relativo al rectángulo.

rectángulo, la. a. Que tiene ángulos rectos./ Rectangular. Dícese principalmente del triángulo y del paralelepípedo.// m. Geom. Paralelogramo que tiene los cuatro ángulos rectos y los lados contiguos desiguales.

rectificar. tr. Reducir algo a la exactitud que debe tener./ Procurar uno reducir a la conveniente exactitud los dichos o hechos que se le atribuyen./ Geom. Tratándose de una línea curva, hallar una recta de longitud igual a la de aquella./ Quím. Purificar los líquidos.// prl. Enmendar uno sus actos o su conducta.

rectilíneo, a. a. Geom. Que se compone de líneas rectas.

rectitud. f. Derechura o distancia más corta entre dos puntos o términos./ fig. Calidad de recto o justo./ Exactitud, integridad.

recto, ta. a. Que no se inclina a un lado ni a otro./ Derecho, lineal, sin curvas ni ángulos./ fig. Íntegro, justo y firme en sus resoluciones./ Apl. al sentido primitivo o literal de las palabras.// a./ m. Anat. Última porción del intestino grueso.// f. Geom. Dícese de la línea recta./ En la geometría clásica, línea que traba la distancia más corta entre dos puntos.

rectocele. m. Prominencia causada cuando el recto empuja la pared posterior de la vagina, la cual se adosa a la pared rectal.

rectocolitis. f. Pat. Inflamación del recto y del colon, que ocurre al mismo tiempo.

rector, ra. a. y s. Que rige o gobierna.// s. Persona que tiene a su cargo el gobierno de un colegio, comunidad, etc.// m. Sacerdote encargado de una parroquia./ Superior de una universidad.

rectoría. f. Cargo, oficio o jurisdicción del rector./ Oficina del rector.

recuadro. m.Compartimiento o división en forma de cuadro o rectángulo.

recubrir. tr. Volver a cubrir.

recudir. tr. Asistir a uno con algo que lo toca percibir./ Recurrir, acudir a uno./ Replicar, responder.// i. Resaltar; retroceder un cuerpo como consecuencia del choque con otro.

recuento. m. Segunda cuenta que se hace de una cosa./ Inventario.

recuerdo. m. Memoria de alguna cosa pasada./ fig. Cosa que se regala en prueba de afecto.// pl. Memoria, saludo al ausente.

reculada. f. Acción de recular.

recular. i. Cejar o retroceder./ fig. y fam. Ceder uno en su opinión o dictamen.

recuperar. tr. Volver a tener lo que se había perdido; recobrar.// prl. Recobrarse, volver en sí.

recurrir. i. Acudir a una autoridad con una demanda, o a una persona o cosa para solucionar un problema./ Acogerse al favor de uno en caso de necesidad./ Volver alguna cosa al lugar de donde partió./ Der. Apelar. / Med. Reaparecer una enfermedad o sus síntomas después de intermisiones.

recursividad. f. Comp. Capacidad de un programa para llamarse otra vez a sí mismo./ Ling. Propiedad de algunas construcciones gramaticales para aparecer en varias partes de la oración, por ejemplo los complementos o los núcleos.

recurso. m. Acción y efecto de recurrir./ Memorial, petición./ Der. Acción que otorga la ley al interesado para reclamar contra las resoluciones de la autoridad.// pl. Bienes, medios de vida./ fig. Expedientes, arbitrios.

recusar. tr. Rechazar una cosa o persona por falta de competencia./ Negarse a aceptar o a admitir alguna cosa./ Poner

Red de computadoras que permite obtener o enviar información rápida y eficaz.

tacha legítima al juez, oficial o perito, que actúa con carácter público, para que no intervenga en un procedimiento.

red. f. Tejido de malla hecho de hilos, cuerdas o alambres, para pescar, cazar, cercar, etc./ Labor o tejido de mallas./ Redecilla para el pelo./ fig. Ardid, engaño, estratagema./ Conjunto y trabazón de cosas que obran en favor o en contra de un fin./ Conjunto de ramales eléctricos interconectados, de cañerías para el abastecimiento de agua o gas, de vías de comunicación, o agencias comerciales./ Comp. Sistema informático integrado por un ordenador central inteligente y por terminales para ingresar o extraer información./ Comp. Sistema de varios ordenadores interconectados con capacidad de intercambio de información./ **-alimentaria.** Biol. La que está formada por varias cadenas alimentarias que se cruzan entre sí.

redacción. f. Acción y efecto de redactar./ Oficina donde se redacta./ Conjunto de redactores de un diario, revista, etc.

redactar. tr. Poner por escrito una noticia, relato, etc., pensados con anterioridad.

redada. f. Lance de red./ Conjunto de personas o cosas que se atrapan de una vez.

redaño. m. Prolongación del peritoneo. Recubre los intestinos por adelante./ pl. fig. Fuerza, valor, virilidad.

rededor. m. Contorno.

redención. f. Acción y efecto de redimir o redimirse./ Por antonomasia, la que Jesucristo obtuvo para los seres humanos, a través de su muerte en la cruz.

redil. m. Díc. del resguardo nocturno para el ganado, circundado por vallas o redes.

redimir. tr./ prl. Comprar la libertad de un cautivo./ Librar de una obligación o extinguirla./ fig. Poner fin a algún vejamen, penuria, dolor, etc.// tr. Dejar libre algo que está hipotecado.

rédito. m. Beneficio, renta que produce un capital.

redivivo, va. a. Resucitado, aparecido.

redoblar. tr./ prl. Aumentar una cosa al doble de lo que antes era.// tr. Volver la punta del clavo en dirección opuesta./ Repetir, reiterar.// i. Tocar redobles en el tambor.

redoble. m. Acción y efecto de redoblar./ Toque de tambor vivo y sostenido.

redoblona. f. R. de la P. En los juegos de azar, serie de jugadas combinadas en que lo ganado en la primera se aplica a las que siguen.

redoma. f. Vasija de vidrio ancha en su fondo y de cuello largo y estrecho.

redondear. tr./ prl. Poner redonda una cosa.// tr. Prescindir de fracciones en las cantidades./ fig. Sanear un caudal, negocio, etc.

redondel. m. fam. Círculo./ En las plazas de toros, espacio destinado a la lidia.

redondez. f. Calidad de redondo./ Superficie de un cuerpo redondo./ Circuito de una figura curva.

redondo, da

redondo, da. a. De figura circular o parecido a ella./ De figura esférica o semejante./ fig. Claro, sin rodeo.// f. *Mús.* Semibreve.

reducción. f. Acción y efecto de reducir o reducirse./ Cualquiera de los núcleos de población indígena que fundaron en América los españoles, para que los naturales adoptaran las costumbres y la religión de los conquistadores./*Mat.* Método de resolución de un sistema de ecuaciones a través de la eliminación simultánea de ecuaciones e incógnitas./ *Quím.* Disminución del número de oxidación de un átomo mediante una reacción.

reducir. tr. Llevar una cosa al lugar donde estaba o al estado que tenía./ Resumir./ Disminuir, estrechar./ Mudar una cosa en otra equivalente./ Dividir en partes menudas./ Someter a la obediencia./ *Quím.* Descomponer un cuerpo en sus principios o elementos.// prl. Moderarse en el modo de vivir./ Resolverse a hacer una cosa por causas imperiosas.

reducto. m. Obra de campaña, cerrada, construida en el interior de una fortaleza./ Lugar de refugio.

reductor, ra. a. Que reduce./ a. y m.*Quím.* Sustancia que en una reacción cede electrones a otra llamada oxidante.

redundancia. f. Sobra o demasiada abundancia de alguna cosa./ Repetición innecesaria de un concepto.

redundante. p. act. de **redundar.**// a. Que redunda./ Repetitivo, monótono.

redundar. i. Resultar una cosa en beneficio o daño de alguien./ Rebosar una cosa, salirse de sus límites o bordes.

reedificar. tr. Edificar de nuevo.

reeditar. tr. Volver a editar.

reeducar. tr. Volver a enseñar el uso de miembros u órganos, perdido por accidente o enfermedad.

reelección. f. Acción y efecto de reelegir./ *Pol.* Derecho constitucional que permite a quien cumplió su mandato en un cargo electivo presentarse a elecciones para nuevos períodos del mismo cargo.

reelecto, ta. a. Electo nuevamente. Ú.t.c.s.

reelegir. tr. Elegir nuevamente.

reembarcar. tr./ prl. Volver a embarcar.

reembarque. m. Acción y efecto de reembarcar.

reembolsar. tr./ prl. Volver una cantidad a poder del que la había desembolsado.

reembolso. m. Acción y efecto de reembolsar o reembolsarse./ Dinero con que se reembolsa.

reemplazar. tr. Sustituir una cosa por otra./ Suceder a alguna persona en el cargo, empleo, etc.

reemplazo. m. Acción y efecto de reemplazar./ Sustitución de una persona o cosa por otra.

reencarnación. f. Acción y efecto de reencarnar o reencarnarse./ Creencia que afirma la posibilidad de que el alma vuelva a nacer en otro cuerpo, luego de la muerte.

reencarnacionismo. m. Doctrina que afirma la existencia de la reencarnación.

reencarnacionista. s. El que cree en la reencarnación, o es partidario del reencarnacionismo.

reencarnar. i./ prl. Volver a encarnar.

reestrenar. tr. Volver a estrenar. Se refiere sobre todo a obras teatrales o filmes que se vuelven a presentar luego de un tiempo.

reestructurar. tr. Modificar la estructura de una obra, empresa, proyecto, etc.

reexaminar. tr. Volver a examinar.

refacción. f. Alimento liviano para reponer fuerzas./ Reparación, arreglo.

refaccionar. tr. *Amér.* Proporcionar refacción general./ Reparar, restaurar, mejorar un edificio, negocio, etc./ Suministrar dinero a una persona.

refectorio. m. Habitación que hay en las comunidades para juntarse y comer.

referee (voz ingl.) o **referí.** m. *Dep.* Árbitro, juez de una competencia deportiva.

referencia. f. Relación de una cosa./ Relación, dependencia o parecido de una cosa respecto de otra./ Informe sobre un tercero. Ú. en el ejercicio mercantil y m. en pl.

Reflejo que se produce en el agua debido a la luz.

referencial. a. Perteneciente o relativo a la referencia.

referéndum. m. Procedimiento de someter a votación popular alguna ley o acto de gobierno./ Despacho en que un agente diplomático pide nuevas instrucciones a su gobierno.

referente. a. Dícese del objeto al que se hace referencia.

referir. tr. Relatar un hecho o suceso.// tr./ prl. Encaminar una cosa hacia un fin determinado.// prl. Remitir, atenerse a lo dicho o hecho./ Aludir.

refilón (de). m. adv. De soslayo, oblicuamente./ fig. De pasada.

refinamiento. m. Esmero, cuidado./ Ensañamiento. Se suele aplicar a la conducta de personas muy astutas y maliciosas.

refinar. tr. Hacer más fina o más pura una cosa./ Perfeccionar.

refinería. f. Fábrica de refinación de azúcar, petróleo, etc..

refirmar. tr. Apoyar una cosa sobre otra./ Confirmar, ratificar.

reflector, ra. a. y s. Que refleja.// m. Aparato de superficie bruñida, para reflejar los rayos de luz./ Faro de gran reverbero y mucha intensidad lumínica, como los usados en el ejército, marina de guerra, aeropuertos, etc.

reflejar. i./ prl. *Fís.* Hacer cambiar de dirección o retroceder la luz, el calor, el sonido, etc., oponiéndole una superficie adecuada.// tr. Reflexionar./ Manifestar una cosa.// prl. fig. Dejarse ver una cosa en otra.

reflejo, ja. a. Que ha sido reflejado./ Apl. a aquellos actos que se producen involuntariamente, sin intervención de la conciencia.// m. Representación, imagen./ Luz o imagen reflejada./ **-condicionado.** *Psic.* Respuesta involuntaria a un estímulo lograda por aprendizaje ante la repetición de la situación.

réflex (voz ingl.). a. *Fotog.* Dícese de la cámara cuyo visor permite ver la imagen que va a ser fotografiada tal como se va a captar.

reflexión. f. *Fís.* Acción y efecto de reflejar./ fig. Acción y efecto de reflexionar./ Advertencia o consejo con que se pretende convencer a alguien.

reflexionar. i./ prl. Meditar detenidamente una cosa, o volver a considerarla.

reflexivo, va. a. Que refleja o reflecta./ Que habla y obra con reflexión./ *Gram.* Dícese del verbo que se construye con un pronombre que repite la persona del sujeto y, semánticamente, es el objeto de la significación del verbo. Ú.t.c.s.

reflexología. f. *Med.* Término propuesto por Pavlov para denominar la parte de la fisiología que estudia los reflejos. Se aplica también en psicología.

reflexoterapia. f. *Med.* Método de curación que actúa a distancia y por vía refleja.

reflotar. tr. Volver a poner a flote una nave sumergida o encallada.

refluir. i. Volver hacia atrás un líquido./ Redundar, venir a parar una cosa en otra.

reflujo. m. Movimiento de descenso de la marea.

reforma. f. Acción y efecto de reformar o reformarse./ Religión reformada./ Lo que se propone y ejecuta como innovación./ Cambio político, social o económico logrado de manera pacífica y planificada./ **-agraria.** Cambio en las estructura de propiedad agrícola de un país para distribuir tierras entre los campesinos más pobres.

reformado, da. p. p. de **reformar.**// a. Dícese de las iglesias protestantes, de sus sacerdotes y de sus adeptos. Ú.t. c.s.

reformar. tr. Rehacer, volver a formar./ Reparar, restaurar./ Corregir, arreglar.// prl. Enmendarse, corregirse.

reformatorio, ria. a. Que reforma.// m. Establecimiento para corregir jóvenes de mala conducta.

reforming (voz ingl.)**.** m. *Ind.* Proceso de tipo térmico que se emplea para aumentar los octanos de una gasolina.

reformismo. m. *Pol.* Sistema de cambios sociales moderados. Se dice especialmente de movimientos socialistas que actúan dentro de las instituciones democráticas, y suele oponerse al concepto de revolución.

reformista. a. Relativo a la reforma./ Partidario del reformismo. Ú. t. c. s.

reforzado, da. a. Que tiene refuerzo.

reforzar. tr. Añadir nuevas fuerzas./ Fortalecer, reparar.// tr./ prl. Animar.

refracción. f. *Fís.* Cambio de dirección experimentado por un sistema ondulatorio en su trayectoria, al pasar de un medio a otro.

refractario, ria. a. Que se rehusa a cumplir una promesa o deber, o que se niega a aceptar algo (novedades, ideas, personas, atc.)./ *Fís.* Dícese del cuerpo y del material que resiste la acción de los agentes químicos o físicos, especialmente el calor, sin descomponerse.

refrán. m. Dicho breve sentencioso, de uso común.

refranero. m. Colección o antología de refranes. En nuestra lengua sobresalen el Refranero de la gente del campo, de Fernán Caballero, y el Refranero General Español, de José María Sbarbi.

refranista. a. y s. Persona que suele citar refranes.

refregar. tr./ prl. Frotar una cosa contra otra./ tr. fig. y fam. Echar en cara a uno alguna cosa que le ofende , insistiendo en ello.

refrenar. tr. Sujetar al caballo con el freno.// tr./ prl. fig. Contener, reprimir o corregir.

refrendar. tr. Legalizar un documento con una firma autorizada./ Revisar un pasaporte.

refrescar. tr./ prl. Disminuir el calor de una cosa.// tr. fig. Reproducir una acción./ Renovar un sentimiento, dolor, costumbre, etc.// i. Moderarse el calor del aire.// i./ prl. Tomar el fresco./ Beber algo refrescante./ Disminuir el calor que sufría una persona.

refriega. f. Combate de poca importancia, menos reñido que la batalla.

refrigerador, ra. a. y s. Apl. a las instalaciones y aparatos para refrigerar o enfriar.

refrigerante. p. act. de **refrigerar.**// a. Que refrigera.// m. Sustancia o aparato que hace descender la temperatura.

refrigerar. tr. Enfriar, refrescar, rebajar el calor./ fig. Reparar las fuerzas.

refrigerio. m. Alivio que se experimenta con lo fresco./ fig. Comida ligera para reparar fuerzas.

refucilar. i. *Arg.* y *Ecuador.* Relampaguear.

refucilo. m. *Arg.* y *Ecuador.* Relámpago.

refuerzo. m. Mayor grueso que se da a alguna cosa para hacerla más resistente./ Reparo con que se fortifica una cosa que amenaza ruina./ Socorro o ayuda.

refugiado, da. p. p. de **refugiar.**// s. Persona que busca refugio en otro país, después que ha abandonado el suyo para evitar persecuciones políticas o una condena, o para escapar de un peligro.

refugiar. tr./ prl. Amparar a uno dando asilo.// prl. Resguardarse.

refugio. m. Asilo, amparo./ Espacio a un nivel más alto que el de la calzada, reservado a los peatones.

refulgencia. f. Resplandor.

refulgir. i. Resplandecer, relumbrar.

refundir. tr. Volver a fundir.// tr. fig. Incluir, comprender. Ú.t.c.prl./ Dar nueva forma y disposición a una comedia, discurso, etc.// i. fig. Redundar, resultar.

refunfuñar. i. Emitir voces confusas o mal articuladas, o hablar entre dientes en señal de enojo o desagrado.

refutar. tr. Contradecir con razones lo que otros dicen.

regadío, a. a./ m. Apl. al terreno que se puede regar.

regalar. tr. Dar algo en muestra de afecto./ Halagar, acariciar.// tr./ prl. Recrear, deleitar.// prl. Tratarse bien, procurando tener las máximas comodidades posibles.

Refinería de petróleo.

regalía

regalía. f. Prerrogativa real./ Privilegio./ Sobresueldo.

regalismo. m. *Pol.* Doctrina que defiende las regalías, es decir la preeminencia del estado sobre la Iglesia.

regaliz. m. Planta arbustiva cuyo rizoma se utiliza como edulcorante y pectoral./ Raíz de esta planta./ Pastilla elaborada con el jugo de esta raíz.

regalo. m. Dádiva hecha voluntariamente o por costumbre./ Gusto, complacencia./ Comida o bebida delicada y deliciosa./ Conveniencia, comodidad.

regañadientes (a). m. adv. Con disgusto o repugnancia.

regañar. i. Hacer el perro cierto sonido en señal de furia, mostrando los dientes y sin ladrar./ Dar muestras de enojo./ fam. Reñir.// tr. fam. Reprender, amonestar.

regaño. m. Expresión de disgusto./ fam. Represión.

regar. tr. Esparcir agua sobre una superficie./ Atravesar un río o canal una región o territorio./ fig. Esparcir, desparramar alguna cosa.

regata. f. Reguera pequeña./ Carrera de velocidad entre embarcaciones de vela o de remo.

regate. m. Movimiento rápido que se hace hurtando el cuerpo./ fig. y fam. Pretexto buscado para salvar una dificultad.// i. Acción y efecto de regatear.

regatear. tr. Discutir el precio de una cosa el comprador y el vendedor./ Revender, vender los comestibles por menudo./ fig. y fam. Rehusar la ejecución de algo.// i. Hacer regates./ Disputar dos o más buques una carrera.

regateo. m. Acción y efecto de regatear.

regazo. m. Enfaldo de la saya, que forma seno desde la cintura hasta la rodilla./ Parte del cuerpo donde se hace ese enfaldo.

regencia. f. Acción de regir o gobernar./ Cargo o empleo de regente./ Gobierno de un Estado durante la minoría de edad, incapacidad o ausencia de su legítimo soberano.

regeneración. f. Acción y efecto de regenerar o regenerarse./ *Biol.* Proceso por el cual un organismo puede volver a formar partes de su cuerpo que han sido accidentalmente cortadas.

regenerar. tr./ prl. Dar nuevo ser, restablecer o mejorar una cosa que degeneró.

regentar. tr. Desempeñar un cargo o empleo por algún tiempo./ Ejercer un cargo ostentando superioridad./ Ejercer un empleo o cargo de honor.

regente. p. act. de **regir.** Que rige./ m. y f. Persona que ejerce una regencia.

reggae (voz ingl.). m. Música contemporánea originaria de Jamaica. Tiene un ritmo acentuado y letras de contenido social. Su principal exponente y difusor fue el malogrado Bob Marley.

regicida. a./ m. y f. El que comete un regicidio.

regicidio. m. Muerte violenta que se da a un monarca, a su consorte, al príncipe heredero o al regente.

régimen. m. Modo de regirse o gobernarse una cosa./ Conjunto de leyes e instituciones políticas que definen el sistema de gobierno de un país./ *Gram.* Dependencia que tienen entre sí las palabras de la oración./ *Gram.* Preposición que exige cada verbo o caso que exige cada preposición./ *Med.* Conjunto de reglas que sirven para una mejor conservación de la salud./ **-alimentario.** *Biol.* Características particulares de la alimentación de cada especie animal.

regimiento. m. Acción y efecto de regir o regirse./ Unidad militar de una misma arma, cuyo jefe es un coronel.

regio, gia. a. Rel. al rey./ fig. Suntuoso, magnífico.

regiomontano, na. a. y s. De Monterrey, México.

región. f. Extensión geográfica de características homogéneas en un determinado aspecto./ Cada una de las partes en que se considera dividido el cuerpo de los animales.

regional. a. Rel. a una región.

regionalismo. m. Apego por la propia región y todo lo que pertenezca a ella./ *Pol.* Doctrina según la cual el Estado debe tender al desarrollo de las regiones./ *Pol.* Doctrina que impulsa la autonomía política de las regiones interiores de un Estado./ *Lit.* Escuela cuya temática o estilo se identifica especialmente con la región de donde proviene./ *Ling.* Vocablo o giro propio de una región determinada.

regionalista. a. Relativo al regionalismo./ Partidario de dicha doctrina política. Ú. t. c. s./ Dícese del escritor o artista que adhiere al regionalismo, o cuyas obras se caracterizan por localizarse en una región bien determinada y concreta.

regir. tr. Gobernar, dirigir./ Conducir o guiar. Ú.t.c.prl.// *Gram.* Tener una palabra a otra bajo su dependencia en la oración./ *Gram.* Exigir un verbo tal o cual preposición.// i. Estar vigente./ Funcionar bien un aparato o el organismo.

registrar. tr. Examinar cuidadosamente una cosa./ Anotar, señalar./ Inscribir en un registro público./ Marcar automáticamente ciertos datos un aparato./ Grabar sonidos.// prl. Presentarse y matricularse.

registro. m. Acción de registrar./ Lugar desde donde se puede ver algo./ Pieza del reloj que sirve para regular su movimiento./ Padrón y matrícula./ Lugar y oficina donde se registra./ Pieza movible del órgano, para modificar los sonidos./ Libro donde se apuntan datos o noticias.

regla. f. Instrumento que sirve para trazar rectas./ Ley, estatuto./ Precepto o principio./ Razón, norma./ Templanza, medida./ Pauta./ Menstruación de la mujer./ Orden y concierto invariable de las cosas naturales./ Estatuto de una orden religiosa, generalmente establecido por su fundador./ **-de cálculo.** Instrumento pequeño que se utiliza para hacer cálculos de manera más rápida. Consta de una regla graduada y una corredera, sobre las cuales se encuentran escalas logarítmicas que permiten realizar dichos cálculos.

reglamentar. tr. Sujetar a reglamento.

reglamento. m. Colección ordenada de preceptos o reglas que rigen una institución.

reglar. tr. Hacer líneas valiéndose de una regla./ Sujetar a reglas alguna cosa./ Medir según reglas las acciones.// prl. Medirse, templarse.

regocijar. tr./ prl. Alegrar, causar gusto o placer.// prl. Recrearse, gozar.

regocijo. m. Júbilo, alegría./ Acto con el que se manifiesta.

regodearse. prl. fam. Deleitarse, complacerse en lo que gusta o se goza.

regresar. i. Volver al lugar de donde se partió.

regresión. f. Acción de volver hacia atrás./ *Psic.* Retorno a formas de comportamiento propias de la etapa infantil, supuestamente superadas. A veces constituye un recurso terapéutico./ *Geol.* Fenómeno por el que un medio se retira del lugar que ocupaba. Dícese generalmente del mar.

reguero. m. Corriente a modo de chorro o arroyuelo, de una cosa líquida./ Señal continuada que deja una cosa que se va vertiendo.

regulación. f. Acción y efecto de regular./ *Biol.* Acción de mantener los parámetros vitales dentro de marcos aptos para el metabolismo.

Rehabilitar. Los tratamientos de rehabilitación utilizados en la actualidad, cuentan con modernos y eficaces aparatos y técnicas.

*Regata realizada por los amantes
de este deporte.*

•**gular.** a. Conforme a la regla./ Mediano./ Sin variaciones ni cambios bruscos./ Medido, ajustado./ *Geom.* Apl. al polígono cuyos lados y ángulos son iguales entre sí./ *Gram.* Dícese del verbo que se conjuga sin alterar la raíz, el tema, o las desinencias de la conjugación a la que pertenece./ tr. Ajustar o medir una cosa por comparación o deducción./ Reglar, poner en orden una cosa./ Ajustar el funcionamiento de un sistema a determinados fines.

•**gularizar.** tr. Regular, poner en orden una cosa.

•**gulo.** m. Señor dominante de un Estado pequeño.// *Quím.* Parte más pura de un mineral luego de separadas sus partes impuras.

•**gurgitar.** i. Expeler por la boca sustancias contenidas en el esófago o el estómago, sin vómito y sin náuseas./ Redundar o salir un licor, humor, etc.

•**habilitar.** tr./ prl. Restituir a su antiguo estado; habilitar de nuevo a una persona o cosa.

•**hacer.** tr. Volver a hacer lo que se había deshecho o hecho mal.// tr./ prl. Reparar, restablecer.// prl. Reformarse, fortalecerse./ fig. Serenarse, dominar una emoción.

•**hén.** m. Persona que queda en poder del enemigo como garantía./ Cualquier cosa que se deja como fianza.

•**hogar.** tr. Sazonar una comida a fuego lento, con aceite o manteca.

•**huir.** tr./ i./ prl. Apartar una cosa como con temor./ Repugnar./ Rehusar, excusar.

•**husar.** tr. No aceptar una cosa./ Rechazar, excusar.

•**idero, ra.** a. fam. Que produce ocasión frecuente de risa.

•**iforme.** a. y m. *Zool.* Dícese de los individuos de un orden de aves de gran tamaño, que no vuelan pero son muy buenas corredoras.// m. pl. *Zool.* Orden de dichas aves.

•**impresión.** f. Acción y efecto de reimprimir./ Conjunto de ejemplares reimpresos de una vez.

•**ina.** f. Esposa del rey./ La que ejerce la potestad real./ Pieza del juego de ajedrez, la más importante después del rey./ fig. Mujer, animal o cosa del género femenino que sobresale entre las demás de su clase o especie.

•**inado.** m. Tiempo durante el cual gobierna un rey o una reina./ Por ext., aquel durante el cual una cosa predomina o está en auge.

•**inar.** i. Regir un rey o príncipe un estado./ Dominar, tener predominio./ fig. Prevalecer, persistir.

•**incidencia.** f. Reiteración de una misma culpa o defecto./ *Der.* Circunstancia agravante de la responsabilidad criminal consistente en haber sido el reo condenado antes por un delito análogo al que se le imputa.

reincidir. i. Volver a incurrir en un error o delito.

reincorporar. tr./ prl. Volver a incorporar./ Agregar o unir lo que se había separado.

reingresar. i. Volver a ingresar.

reino. m. Estado gobernado por un rey./ fig. Campo, espacio./ *Biol.* Cada una de las grandes divisiones en que se consideran distribuidos los seres naturales por razón de sus caracteres comunes: *reino animal, reino mineral, reino vegetal.*

reinstalar. tr./ prl. Volver a instalar.

reintegrar. tr./ prl. Restituir íntegramente una cosa./ Reconstituir la integridad de una cosa.// prl. Recobrarse de lo que se había perdido.

reintegro. m. Pago, entrega de lo adeudado.

reír. i./ prl. Manifestar alegría con determinados sonidos y movimientos de la boca./ tr./ i./ prl. Hacer burla./ Tener algunas cosas aspecto deleitable.// tr. Celebrar con risa.

reiterar. tr./ prl. Volver a decir o ejecutar una cosa.

reiterativo, va. a. Que tiene la propiedad de reiterarse./ Que indica reiteración.

reivindicar. tr. Reclamar o recuperar uno lo que le pertenece./ Reclamar para sí la autoría de una acción./ Reclamar algo como propio.

reja. f. Instrumento de hierro que forma parte del arado./ Conjunto de barrotes de hierro que se ponen como protección o adorno en las ventanas y otros huecos.

rejilla. f. Celosía fija o movible, tela metálica, tabla calada, etc., que suele ponerse en las ventanillas de los confesionarios, en el ventanillo de las puertas y otras aberturas semejantes./ Tejido claro de tiritas vegetales, alambre fino, hilo, etc., para respaldos y asientos de sillas./ Rejuela, braserillo./ Armazón de barras de hierro para diversos usos./ Tejido en forma de red con que se limpian muebles.

rejuvenecer. tr./ i./ prl. Dar la fortaleza y el vigor propios de la juventud.// tr. fig. Renovar, modernizar a lo viejo u olvidado.

rejuvenecimiento. m. Acción y efecto de rejuvenecer.

relación. f. Acción y efecto de referir o referirse./ Narración de un hecho o suceso./ Conexión de una cosa con otra./ Correspondencia, trato de una persona con otra. Ú.m. en pl./ Trozo largo que en el poema dramático dice un personaje./ *Gram.* Conexión o enlace entre dos términos de una oración./ *Arg.* En algunos bailes populares, verso que dice el bailarín a su pareja y en seguida ésta a aquél./ **relaciones públicas.** Actividad o profesión que se propone informar sobre la actividad de una empresa u organismo afín, con la finalidad de captar voluntades a su favor. .

relacionar. tr. Hacer relación de un hecho./ tr./ prl. Poner en relación personas o cosas.

relais (voz fr.) o **relé.** m. *Electr.* Repetidor. Dispositivo electromecánico o térmico que sirve para regular la corriente de un circuito, abrirlo o cerrarlo.

relajación. f. Acción y efecto de relajar o relajarse.

relajar. tr./ prl. Ablandar, aflojar./ Hacer menos rigurosa o severa la observancia de reglas, leyes, etc./ tr. Distraer el ánimo con algún descanso.// prl. fig. Viciarse.

relajo. m. Barullo, desorden./ Degradación de las costumbres.

relamer. tr. Volver a lamer./ prl. Lamerse los labios./ Gloriarse de lo hecho.

relámpago. m. Resplandor vivo e instantáneo, producido por una descarga eléctrica en las nubes./ fig. Cosa que pasa con ligereza o es pronta en sus operaciones./ Fuego o resplandor fugaz./ Especie viva, aguda e ingeniosa.

relampaguear. i. Haber relámpagos./ fig. Brillar mucho con algunas intermisiones.

relapso, sa. a. y s. Que comete nuevamente un hecho pecaminoso del cual ya se había arrepentido.

relatar. tr. Referir, narrar, dar a conocer algún hecho.

relatividad. f. Calidad de relativo./ Teoría formulada por Albert Einstein en 1905, que se refiere a las ideas de tiempo y espacio. Se considera una de las síntesis más grandes del ingenio humano. Según esta teoría, que ha introducido una revolución en la ciencia, el tiempo no es absoluto ni su curso siempre el mismo, y así se modifican bases que se tenían inmutables después de Galileo y Newton.

relativo, va. a. Que hace relación a una persona o cosa./ Que no es absoluto.// a./ m. *Gram.* Díc.del pron. que en la oración refiere a un antecedente cuyo significado reproduce y encabeza una proposición incluida.
relato. m. Acción de relatar o referir./ Narración, cuento.
relator, ra. a. y s. Que relata o refiere.
releer. tr. Volver a leer.
relegar. tr. Desterrar./ fig. Posponer, apartar.
relente. m. Humedad que en noches serenas se nota en la atmósfera./ fam. Sorna, frescura, desenfado.
relevancia. f. Calidad de relevante./ Significación, importancia.
relevante. a. Excelente, sobresaliente, importante.
relevar. tr. Hacer de relieve una cosa./ Eximir de una carga./ Exonerar de un cargo o empleo./ Socorrer o remediar./ Absolver, excusar o perdonar./ fig. Exaltar una cosa./ Mudar una centinela o cuerpo de tropa que está de guardia./ Por ext., reemplazar a uno en cualquier empleo o comisión.

*Reno.
Vive en rebaños
formados por
hembras y
machos jóvenes,
acompañados
por una hembra
vieja que lo
dirige.
Su hábitat es la
tundra, la taiga o
la alta montaña.*

relevo. m. *Mil.* Acción de relevar o cambiar la guardia./ Soldado o cuerpo que releva./ *Dep.* Carrera en la cual los integrantes de cada equipo se reemplazan sucesivamente./ *Dep.* Acción de relevarse en una carrera.
relicario. m. Lugar donde se guardan reliquias./ Caja o estuche para custodiar reliquias.
relicto, ta. a. y s. *Der.* Dícese de los bienes que una persona deja al fallecer.
relieve. m. Figura que resalta sobre un plano./ fig. Renombre./ Conjunto de accidentes geográficos de una región.
religión. f. Conjunto de creencias y dogmas acerca de la divinidad, de normas morales para la conducta individual y social y de prácticas rituales./ Virtud que nos mueve a tributar a Dios el culto debido./ Profesión y observancia de la doctrina religiosa./ Obligación de conciencia.
religioso, sa. a. Rel. a la religión o a quienes la profesan./ Que tiene religión y la profesa con celo./ Que ha tomado hábito en una orden religiosa. Ú.t.c.s./ Fiel y exacto.
relinchar. i. Emitir su voz el caballo.
relincho. m. Voz del caballo.
reliquia. f. Resto que queda de un todo./ Parte del cuerpo de un santo o parte de una prenda o algo que él ha tocado./ Vestigio de cosas pasadas.
rellano. m. Parte horizontal en que termina cada tramo de escalera./ Llano que interrumpe el declive del terreno.
rellenar. tr./ prl. Volver a llenar o llenar completamente una cosa.// tr. Llenar de carne picada u otros ingredientes un ave u otro manjar.
relleno, na. a. Muy lleno.// m. Picadillo de carne, hierbas, etc. que se emplea para rellenar./ Acción y efecto de rellenar o rellenarse./ fig. Parte superflua que se añade para aumentar un escrito, composición.

reloj. m. Máquina que sirve para medir el tiempo, dotac de un movimiento uniforme.
relojería. f. Arte de hacer relojes./ Lugar donde se hacen arreglan o venden relojes.
relucir. i. Reflejar, despedir luz una cosa./ fig. Resplandece uno por hechos loables./ Lucir mucho.
reluctancia. f. Oposición./ *Fís.* Resistencia que un circuit opone al flujo magnético.
relumbrar. i. Alumbrar con exceso, dar viva luz una cosa
rem. m. *Biol.* Sigla de *Roentgen Equivalent Man.* Unidad c medida de las radiaciones ionizantes que absorbe un hombre
rema. m. *Ling.* Información nueva aportada por un enuncia do, como lo opuesto al tema, que es lo ya sabido.
remachar. i. Machacar la punta de un clavo ya fijado par dar mayor firmeza./ fig. Recalcar.
remache. m. Acción y efecto de remachar./ Clavo rema chado.
remake (voz ingl.). f. Versión nueva y remozada de ur obra, especialmente cinematográfica.
remanente. m. Resto, residuo de una cosa.
remangar. tr./ prl. Levantar hacia arriba las mangas o la rop
remanso. m. Detención de la corriente de agua o de ot líquido./ fig. Lentitud, flema.
remar. i. Trabajar con el remo para hacer avanzar una en barcación en el agua.
remarcar. tr. Volver a marcar.
rematar. tr. Dar fin a una cosa./ Poner fin a la vida de ur persona o animal en trance de muerte./ Hacer remate e la venta o arrendamiento de alguna cosa./ Afirmar la últ ma puntada con un nudo.// i. Finalizar.// prl. Perderse, ac barse una cosa.
remate. m. Fin, extremo, conclusión de una cosa./ Adorn en la parte superior de los edificios./ Venta en una subas pública.
remedar. tr. Imitar, copiar una cosa./ Seguir las huellas ejemplos de otro./ Hacer uno, generalmente por burla, l gestos y ademanes de otro.
remediar. tr./ prl. Poner remedio a un daño, repararlo./ A xiliar socorrer una necesidad.// tr. Apartar de un riesgo Evitar, impedir.
remedio. m. Medio que se toma para evitar o reparar u daño./ Enmienda, corrección./ Recurso, auxilio./ Todo que sirve para producir un cambio favorable en las enfe medades.
remedo. m. Imitación de una cosa, en particular cuando n es perfecta.

Remeros chinos en la competencia de "Dragon Boat", que se realiza anualmente en el puerto de Hong Kong

membranza. f. Recuerdo, memoria de alguna cosa pasada.

remembrar. tr. Recordar, rememorar.

rememoración. f. Acción y efecto de rememorar.

rememorar. tr. Traer a la memoria, recordar.

remendar. tr. Reforzar lo que está roto con un remiendo./ Corregir, enmendar.

remero, ra. s. El que practica el remo, especialmente como deporte.

remesa. f. Remisión de una cosa de un lugar a otro./ La cosa que se envía cada vez.

remezón. m. Amér. Terremoto, generalmente breve y ligero, cosa que se envía cada vez.

remiel. m. Segunda miel que se extrae de la caña.

remiendo. m. Pedazo de paño o tela que se cose a lo que está roto o viejo./ Obra de poca importancia para reparar algo./ fig. Añadidura, enmienda.

remilgado, da. a. Que afecta suma compostura, delicadeza y gracia.

remilgo. m. Acción y efecto de remilgarse./ Afectación, amaneramiento.

remington. m. Fusil que se carga por una recámara.

reminiscencia. f. Acción de ofrecerse a la memoria la especie de una cosa que pasó./ Facultad del alma con que se trae algo a la memoria./ En literatura y música, lo que es muy parecido a lo compuesto anteriormente por otros autores.

remise (voz fr.) o **remís.** m. Arg. Automóvil de alquiler, generalmente grande y lujoso.

remiso, sa. a. Flojo, dejado./ Reacio, lento.

remitir. tr. Enviar, mandar, encaminar una cosa al sitio de destino./ Perdonar la pena, eximir de algo./ Indicar en un escrito el lugar donde consta lo que atañe al punto tratado.// tr./ i./ prl. Ceder intensidad una cosa.// prl. Atenerse a lo dicho o hecho.

remo. m. Pala larga y estrecha de madera que sirve para impulsar las embarcaciones, haciendo fuerza en el agua./ Brazo o pierna del hombre y los cuadrúpedos. Ú.m. en pl./ Cualquiera de las alas de las aves.

remojar. tr. Empapar una cosa; ponerla en remojo.

remojo. m. Acción de empapar en agua una cosa.

remolacha. f. Planta herbácea, con tallo ramoso, hojas grandes y raíz carnosa, fusiforme; hay diversas razas cultivadas: azucarera, comestible y forrajera.

remolcador, ra. a./ m. Que sirve para remolcar. Apl. a embarcaciones.

remolcar. tr. Arrastrar un vehículo, una embarcación, etc., tirando de ellas con un cable, cadena, etc.

remolinar. i./ prl. Formar remolinos una cosa.

remolino. m. Movimiento giratorio y rápido del aire, el agua, el polvo, etc./ fig. Amontonamiento o confusión de gente a causa de un desorden.

remolonear. i./ prl. Rehusar hacer una cosa por pereza o flojedad.

remolque. m. Acción y efecto de remolcar./ Soga o cabo con que se remolca./ Vehículo que se lleva remolcado.

remonta. f. Compostura del calzado cuando se le pone de nuevo la suela./ Compra, cría y cuidado de los caballos del ejército./ Establecimiento destinado a tal fin./ Conjunto de caballos o mulas que se destinan a cada cuerpo del ejército.

remontar. tr. Proveer de nuevos caballos a la tropa./ fig. Superar un obstáculo o dificultad./ Subir una pendiente; navegar aguas arriba./ Ahuyentar o espantar la caza.// tr./ prl. fig. Elevar, encumbrar.// prl. Subir o volar las aves muy alto./ fig. Subir hasta el origen de alguna cosa.

remoque. m. fam. Mala palabra, palabrota.

rémora. f. Pez marino que se adhiere a los objetos flotantes y a otros peces o cetáceos./ fig. Obstáculo, cosa que detiene, embarga o suspende.

remorder. tr. Volver a morder./ fig. Causar inquietud el haber cometido una mala acción.// prl. Manifestar el sentimiento reprimido con una acción exterior.

remordimiento. m. Inquietud, pesar por haber ejecutado una mala acción.

Relieve. En Río de Janeiro (Brasil) impactan los cordones montañosos orientales del Macizo de Brasilia, formando un frente abrupto a lo largo de la costa atlántica.

remoto, ta. a. Apartado, distante./ fig. Que no es verosímil.

remover. tr./ prl. Mudar una cosa de un lugar a otro./ Conmover o alterar alguna cosa o asunto.// tr. Quitar un impedimento./ Deponer a uno en su empleo.

remozar. tr./ prl. Dar la lozanía propia de la juventud.

remplazar. tr. Reemplazar.

remplazo. m. Reemplazo.

remuneración. f. Acción y efecto de remunerar./ Lo que se da o sirve para remunerar.

remunerar. tr. Retribuir, recompensar, pagar.

renacentista. a. Perteneciente o relativo al renacimiento./ s. Artista del renacimiento.

renacer. i. Volver a nacer.

renacimiento. m. Acción y efecto de renacer./ Arte e Hist. Período del Occidente europeo de gran florecimiento en artes y pensamiento, durante el cual se produjo una renovación basada en la vuelta a los ideales grecolatinos. Se extiende desde el s. XV hasta mediados del s. XVI.

renacuajo. m. Larva de la rana y de otros batracios. Se diferencia del animal adulto por tener cola, carecer de extremidades y respirar por las branquias.

renal. a. Rel. a los riñones.

rencilla. f. Riña que deja algún encono.

renco, ca. a. Dícese del que es cojo por lesión en las caderas. Ú.t.c.s..

rencor. m. Resentimiento tenaz./ Encono.

rencoroso, sa. a. Que tiene o guarda rencor.

rendidor, ra. a. Que rinde o produce buen rendimiento.

rendija. f. Abertura larga y estrecha; raja, hendedura.

rendimiento. m. Rendición, cansancio./ Sumisión, humildad./ Expresión obsequiosa que se hace por complacer o servir./ Producto o utilidad que da una persona o cosa.

rendir. tr. Vencer, obligar al enemigo a que se entregue./ Someter al dominio de uno. Ú.t.c.prl./ Dar producto o utilidad una persona o cosa./ Cansar, fatigar. Ú.t.c. prl./ Mil. Hacer con algunas cosas actos de sumisión y respeto.// i. Amér. Durar una cosa más de lo regular.

renegar. tr. Negar con insistencia alguna cosa./ Abominar, detestar.// i. Renunciar a una creencia para adoptar otra; abjurar./ Blasfemar./ fig. y fam. Decir injurias.

renegrido, da. a. Apl. al color muy oscuro.// m. Pájaro parecido al tordo, del color negro con reflejos azulados.

renglón. m. Serie de palabras escritas o impresas en línea recta.

rengo, ga. a. y s. Renco.

renguear. i. Renquear.

renio. m. Elemento químico. Símb., Re.; n. at., 75; p. at., 186,22.

reno. m. Mamífero rumiante de la zona ártica, especie de ciervo, con astas muy ramosas y pelaje espeso. Sirve como animal de tiro para los trineos, y se aprovechan su carne, su piel y sus huesos.

renombrado, da

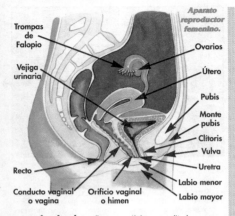

Aparato reproductor femenino.

- Trompas de Falopio
- Ovarios
- Vejiga urinaria
- Útero
- Pubis
- Monte pubis
- Clítoris
- Vulva
- Uretra
- Recto
- Labio menor
- Conducto vaginal o vagina
- Orificio vaginal o himen
- Labio mayor

renombrado, da. a. Famoso, célebre, acreditado.

renombre. m. Apellido o sobrenombre propio./ Nombradía, fama, celebridad./ Epíteto que se adquiere por hechos gloriosos o por señaladas muestras de talento o ciencia.

renovar. tr./ prl. Hacer como de nuevo una cosa o volverla a su primitivo estado./ Restablecer, reanudar una cosa.// tr. Remudar, reemplazar./ Trocar una cosa vieja por otra nueva./ Reiterar, publicar de nuevo.

renquear. i. Andar como renco.

renta. f. Beneficio que anualmente rinde una cosa./ Lo que se paga por arrendamiento./ Deuda pública o títulos que la representan.

rentabilidad. f. Calidad de rentable./ Capacidad de rentar.

rentable. a. Que produce renta suficiente o remunerativa.

rentar. tr. Producir utilidad anual una cosa.

rentista. s. Persona que vive de rentas o las tiene.

renuente. a. Remiso, indócil.

renuncia. f. Acción de renunciar./ Documento que contiene una renuncia.

renunciar. tr. Abandonar voluntariamente una cosa que se tiene, o el derecho a ella./ No querer admitir o aceptar alguna cosa./ Abandonar./ En algunos juegos de naipes, no servir al palo que se juega teniendo carta de él, faltando a las leyes.

reñido, da. p. p. de reñir.// a. Que está enemistado con otro./ Encarnizado, muy disputado.

reñir. i. Disputar, contender de palabra u obra./ Pelear, luchar./ Desavenirse, enemistarse.// tr. Reprender con algún rigor./ Llevar a efecto batallas, desafíos, etc.

reo, a. a. Culpado.// m. El inculpado en juicio criminal o civil, como autor, cómplice o encubridor de un delito.

reojo (mirar de). frs. Mirar con disimulo por encima del hombro./ fig. y fam. Mirar con enojo o desprecio.

reómetro. m. Aparato que mide la velocidad de una corriente de agua.

reorganizar. tr./ prl. Volver a organizar alguna cosa.

reóstato. m. Instrumento que se utiliza para variar la resistencia de un circuito eléctrico.

reotaxia. f. o **reotropismo.** m. Zool. Movimiento en contra de la corriente que efectúan ciertos animales acuáticos.

reovirus. m. Med. Virus que afecta los sistemas digestivo o respiratorio, y provoca encefalitis y encefalomielitis.

reparación. f. Acción y efecto de reparar, componer, enmendar./ Desagravio, satisfacción de una ofensa o injuria.

reparador, ra. a. Que repara o mejora alguna cosa. Ú.t.c.s./ Que propende a notar defectos. Ú.t.c.s./ Que restablece las fuerzas y da vigor./ Que desagravia o satisface.

reparar. tr. Arreglar, componer un daño./ Advertir./ Mirar con cuidado./ Atender, reflexionar./ Enmendar, corregir./ De-

sagraviar, satisfacer./ Remediar o precaver./ Restablecer l█ fuerzas./ Pararse, hacer alto./ prl. Contenerse o reportarse█

reparo. m. Remedio, restauración./ Obra que se hace pa█ componer algún edificio deteriorado./ Advertencia, nota█ Confortante que se le pone al enfermo./ Cosa que sirve p█ ra defensa o resguardo./ Inconveniente, dificultad, duda █

repartición. f. Acción de repartir./ Amér. Cualquier depe█ dencia de la administración pública destinada a despach█ determinados asuntos.

repartimiento. m. Acción y efecto de repartir./ -de i█ dios. Hist. Institución colonial por la cual la corona esp█ ñola repartía como premio a los conquistadores un dete█ minado número de indios. Se aplicó a partir de una ord█ nanza de Isabel la Católica, de 1503. Dio lugar a abusos █ leyes que intentaron reglamentarlo sin mucho éxito.

repartir. tr. Distribuir una cosa entre varios.// tr./ prl. Dist█ buir por distintos lugares o entre personas diferentes.

reparto. m. Acción y efecto de repartir./ Arg. Conjunto █ los parroquianos de un comerciante, a los que se entre█ la mercancía a domicilio.

repasar. tr. Volver a examinar una cosa./ Recorrer lo est█ diado para recordarlo mejor./ Volver a explicar la lección█ Reconocer muy por encima un escrito./ Recoser la rop█ Estregar con el repasador la vajilla para secarla.// tr./ i. V█ ver a pasar por un mismo sitio.

repaso. m. Acción y efecto de repasar./ Ligero estudio █ lo que ya se ha visto o estudiado./ Reconocimiento de █ go ya hecho, para ver si le falta o le sobra algo.

repatriar. tr./ i./ prl. Hacer que uno regrese a su patria.

repelente. a. Repulsivo, repugnante./ Que repele o arr█ de sí./ Arg. Antipático, poco sociable.

repelús. m. Repugnancia que inspira alguna cosa o tem█ indefinido.

repeluzno. m. Escalofrío./ Repelús.

repensar. tr. Volver a pensar con detención.

repente. m. Movimiento súbito, arrebato. // **de repent█** m. adv. Imprevistamente, sin preparación.

repentino, na. a. Impensado, imprevisto.

repentizar. i. Ejecutar una pieza musical a la primera lect█ ra./ Improvisar un discurso, una poesía, etc.

repercusión. f. Acción y efecto de repercutir.

repercutir. i. Retroceder o cambiar de dirección un cuer█ al chocar con otro./ Producir eco el sonido./ fig. Trasce█ der, causar efecto una cosa en otra.// tr. Reverberar.

repertorio. m. Libro abreviado o prontuario de cosas n█ tables./ Copia de obras dramáticas o musicales ya ejecu█ das por un actor o cantante principal, o que tiene un e█ presario para hacerlas representar./ Recopilación de ob█ o de noticias de una misma clase.

repetición. f. Acción y efecto de repetir o repetirse./ Ob█ de escultura o pintura copiada por su mismo autor.

repetidor, ra. a. Que repite./ Dícese del alumno que re█ te un curso. Ú. t. c. s.// m. Amplificador telefónico para c█ municaciones lejanas./ s. y f. Estación de radio o televisión q█ retransmite las ondas recibidas de una central.

repetir. tr. Volver a hacer o decir lo que se había hecho █ dicho.// i. Venir a la boca el sabor de lo que se ha comi█ o bebido.

repicar. tr. Picar mucho una cosa./ Tañer repetidamente █ campanas con compás, en señal de regocijo. Ú.t.c.i./ V█ ver a picar o punzar.

repique. m. Acción y efecto de repicar o repicarse.

repiquetear. tr. Repicar con viveza las campanas u o█ instrumento sonoro.

repisa. f. Miembro arquitectónico, a manera de ménsu█ que tiene más longitud que vuelo, y sirve para soster█ objetos o de piso a un balcón./ Estante, placa de made█ cristal, etc., de cualquier forma, colocados horizontalme█ te contra la pared para servir de soporte a cualquier cos█ Parte superior de las chimeneas donde se colocan objet█

repiso. m. Vino de inferior calidad.

replantación. f. Acción y efecto de replantar.

replantar. tr. Volver a plantar en el sitio que ya estuvo pla█ tado./ Trasplantar.

replantear. tr. Trazar en el terreno o sobre el plano de cimientos la planta de una obra ya proyectada./ Volver a plantear algo.

replay (voz ingl.). m. Repetición de un fragmento importante, en un programa de televisión.

replegar. tr. Plegar o doblar muchas veces.// tr./ prl. Retirarse en orden las tropas avanzadas.

repleto, ta. a. Muy lleno, colmado.

réplica. f. Acción de replicar./ Expresión o argumento con que se replica./ Copia exacta de una obra de arte.

replicación. f. Acción y efecto de replicar./ Biol. Procedimiento genético que consiste en la duplicación de una molécula de ADN, mediante la copia de otra ya existente que actúa como modelo.

replicar. i. Argüir contra el argumento o la respuesta./ Responder como repugnando lo que se dice u ordena. Ú.t.c.tr.

epliegue. m. Pliegue doble./ Acción y efecto de replegarse las tropas./ Sinuosidad, ondulación del terreno./ Arg. Pliegue.

epoblación. f. Acción y efecto de repoblar o repoblarse./ - forestal. Ecol. Replantación sistemática de árboles en zonas determinadas con el propósito de recuperar terrenos boscosos o regenerar áreas vegetales.

epoblar. tr./ prl. Poblar de nuevo.

epollo. m. Variedad de col de hojas firmes, abrazadas muy apretadamente./ Grumo o cabeza que forman algunas plantas apiñándose sus hojas unas con otras.

eponer. tr. Volver a poner, restablecer a una persona o cosa en el empleo, lugar o estado que tenía antes./ Sustituir lo que falta./ Volver a poner./ Replicar, oponer./ Volver a poner en escena una obra teatral o exhibir de nuevo una película cinematográfica.// prl. Recobrar la salud o los bienes./ Serenarse, tranquilizarse.

eportaje. m. Entrevista que un periodista realiza a una persona para obtener información, noticias e impresiones, y luego publicarlas./ Versión publicada de esta entrevista, a menudo acompañada con ilustraciones gráficas./ Noticia, informe./ Chisme, noticia para malquistar.

eportar. tr./ prl. Reprimir o moderar una pasión.// tr. Alcanzar, conseguir./ Pasar una prueba litográfica a la piedra.

eporte. m. Noticia, suceso o novedad./ Chisme, noticia malintencionada.

eportero, ra. a. y s. Dícese del periodista que se dedica a los reportes o noticias, o del que hace reportajes.

eposar. i. Descansar del trabajo.// i. Descansar durmiendo brevemente. Ú.t.c.prl./ Estar en quietud y paz. Ú.t.c.prl./ Estar enterrado, yacer.

eposera. f. Arg. Silla de tijera con respaldo largo que puede inclinarse en varios ángulos.

eposo. m. Acción y efecto de reposar o reposarse.

epostería. f. Local o comercio donde se hacen y venden dulces, pastas, etc., y algunas bebidas./ Despensa para guardar provisiones de esta clase./ Arte del repostero.

epostero, ra. s. Persona que tiene como oficio hacer dulces, pastas y algunas bebidas.

epregunta. f. Der. Segunda pregunta que se hace a un testigo para completar la investigación o hacerlo caer en contradicción.

epreguntar. tr. Volver a preguntar./ Der. Formular una repregunta.

eprender. tr. Corregir, amonestar a uno desaprobando lo que ha hecho o dicho.

eprensión. f. Acción de reprender./ Razonamiento o expresión con que se reprende.

epresa. f. Acción de represar o recobrar./ Estancamiento de algo, y en especial del agua que se detiene y extiende./ Obra para regular y contener el curso de las aguas.

epresalia. f. Derecho que se arroga un enemigo de causar igual o mayor daño que el recibido. Ú.m. en pl./ Por ext., el daño o perjuicio que una persona causa a otra, en satisfacción o venganza de un agravio./ Retención de los bienes de una nación con la cual se está en guerra, o de sus individuos. Ú.m. en pl.

epresar. tr. Detener o estancar un curso de agua.

Ú.t.c.prl./ Recobrar la embarcación apresada.// tr./ prl. fig. Contener, reprimir.

representación. f. Acción y efecto de representar o representarse./ Cada una de las veces que una obra teatral o cinematográfica se presenta al público./ Figura o idea que reemplaza a la realidad./ Conjunto de personas que representan a una colectividad o corporación./ Acción de negociar en nombre de una casa comercial.

representante. p. act. de **representar**.// m. y f. Persona que representa a un ausente o a una comunidad o cuerpo./ Persona que, autorizada por una casa comercial, concierta o realiza la venta de sus productos, generalmente en una ciudad o zona determinadas./ Persona que gestiona los contratos y asuntos profesionales de artistas, compañías teatrales, etc./ Actor o actriz de teatro.

representar. tr./ prl. Hacer presente una cosa en la imaginación por medio de palabras o figuras.// tr. Ejecutar en público una obra dramática./ Hacer las veces de otro; sustituir./ Informar, referir, declarar./ Manifestar uno un afecto./ Ser imagen o símbolo de una cosa./ Aparentar una persona determinada edad.

represión. f. Acción y efecto de represar o represarse y reprimir o reprimirse./ Psic. Proceso por el cual se relegan al inconsciente tendencias o deseos que el yo considera incorrectos.

represivo, va. a. Apl. a lo que reprime./ Apl. al medio o sistema que se emplea para ahogar o evitar alteraciones de orden público, manifestaciones, protestas, etc.

reprimenda. f. Represión vehemente.

reprimir. tr./ prl. Refrenar, contener, moderar.

reprobar. tr. No aprobar, dar por malo.

réprobo, ba. a. y s. Condenado a penas eternas./ Maldito./ Apl. a las personas apartadas de la religión o de la convivencia.

reprochar. tr./ prl. Recriminar, echar en cara.

reproche. m. Acción de reprochar./ Expresión con que se reprocha.

reproducción. f. Acción y efecto de reproducir o reproducirse./ Cosa reproducida./ Biol. Conjunto de fenómenos por los que los seres vivos originan otros análogos a ellos. Puede ser sexual (por unión de dos gametos) o asexual (sin intervención de gametos).

reproducir. tr./ prl. Volver a producir.// tr. Sacar copias de obras de arte, textos, etc./ Volver a hacer presente lo que antes se dijo.

reproductor, ra. a. y s. Que reproduce.// m. Animal seleccionado para procrear y mejorar su raza./ **-aparato reproductor.** Zool. Conjunto de órganos que realizan las distintas etapas de la reproducción sexual.

Aparato reproductor masculino.

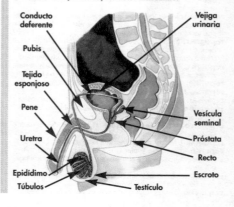

Conducto deferente

Vejiga urinaria

Pubis

Tejido esponjoso

Pene

Vesícula seminal

Uretra

Próstata

Recto

Epidídimo

Escroto

Túbulos

Testículo

reptar

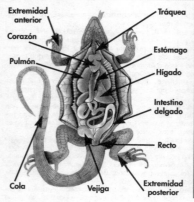

Reptiles de diferentes tipos habitan el planeta. En el esquema se aprecian los órganos de un lagarto.

Extremidad anterior
Corazón
Pulmón
Cola
Vejiga
Tráquea
Estómago
Hígado
Intestino delgado
Recto
Extremidad posterior

reptar. i. Andar arrastrándose sobre el vientre como los reptiles.

reptil o **réptil.** a./ m. *Zool.* Apl. a los animales vertebrados, ovíparos u ovovivíparos, de sangre fría, respiración pulmonar, circulación doble o incompleta, piel cubierta de escamas y escudos córneos. Por no tener pies o ser éstos muy cortos, andan rozando la tierra con el vientre.// m. pl. Clase de estos animales.

república. f. Cuerpo político de una nación./ Forma representativa de gobierno en que el poder reside en el pueblo./ Causa pública, el común o su utilidad.

republicanismo. m. Condición de republicano./ *Pol.* Sistema que apoya la forma republicana de gobierno.

republicano, na. a. Rel. a la república.// a. y s. Díc .del ciudadano de una república./ Partidario de esta forma de gobierno.

republiqueta. f. dim. despec. de **república.** Apl. a los países de organización política inestable y economía dependiente.

repudiar. tr. No aceptar algo, rechazarlo./ Repeler o desechar a la mujer propia./ Renunciar, hacer dejación voluntaria de una cosa o del derecho a ella.

repudio. f. Acción y efecto de repudiar.

repuesto, ta. p. p. irreg. de **reponer.**//a. Apartado, escondido./m. *Amér.* Pieza de un mecanismo, aparato, etc., destinada a sustituir otra./ Prevención de comestibles u otras cosas.

repugnancia. f. Oposición entre dos cosas./ Aversión a las personas o cosas./ Aversión que se siente o resistencia que se opone a hacer o consentir algo.

repugnar. tr./ prl. Ser opuesta una cosa a otra.// tr. Contradecir o negar alguna cosa./ Rehusar, hacer de mala gana una cosa o admitirla con dificultad.// i. Causar asco o aversión.

repujar. tr. Labrar a martillo figuras de relieve en chapas metálicas, o hacerlas resaltar en cuero u otra materia similar.

repulir. tr. Volver a pulir./ Acicalar con afectación.

repulsa. f. Acción y efecto de repulsar.

repulsar. tr. Despreciar una cosa./ Negar lo que se pide.

repulsión. f. Acción y efecto de repeler./ Repulsa./ Aversión, repugnancia.

repulsivo, va. a. Que tiene acción o virtud de repulsar./ Que causa repulsión.

repuntar. i. Volver una cosa a subir o mejorar.

repunte. m. Acción y efecto de repuntar la marea./ *Arg.* Alza en la bolsa y, en general, en los precios de los productos.

reputar. tr./ prl. Juzgar la calidad o el estado de una persona o cosa.// tr. Estimar el mérito.

requecho. m. *Arg.* Objeto de escaso valor./ Sobra, resto.

requerir. tr. Intimar, avisar con autoridad política./ Necesitar o hacer necesaria una cosa./ Solicitar./ Reconocer o examinar el estado de algo./ Pretender, explicar uno su deseo o pasión amorosa./ Inducir, convencer.

requesón. m. Masa blanda y mantecosa que resulta de cuajar la leche, eliminando el suero sobrante./ Cuajada que se saca de los residuos después de hecho el queso.

réquiem. m. Oración o misa por los difuntos./ Composición musical sobre el texto litúrgico de la misa de difuntos.

requisa. f. Inspección de personas o dependencias en un establecimiento./ Embargo que se efectúa en tiempo de guerra o de emergencia.

requisito. p. p. irreg. de **requerir.**// m. Condición o circunstancia necesaria para una cosa.

res. f. Cualquier animal cuadrúpedo de ciertas especies domésticas, como vacunos, o salvajes, como venados.

resabio. m. Sabor desagradable que deja una cosa./ Vicio o mala costumbre que se adquiere.

resaca. f. Retroceso de las olas después de llegar a la orilla./ Malestar que se padece después de haber bebido mucho./ *Arg.* Limo que dejan los ríos en sus orillas cuando bajan las aguas./ Persona despreciable moralmente.

resalado, da. a. fig. y fam. Simpático, que tiene gracia.

resaltar. i. Rebotar, botar repetidamente./ Saltar, sobresalir mucho alguna cosa./ Sobresalir parte de un edificio./ fig. Distinguirse o sobresalir mucho.

resalto. m. Acción y efecto de resaltar o rebotar./ Parte que sobresale de la superficie de una cosa.

resarcible. a. Indemnizable.

resarcir. tr./ prl. Indemnizar un daño, agravio o perjuicio.

resbalar. i./ prl. Deslizarse, escurrirse./ fig. Incurrir en un desliz.

resbaloso, sa. a. Que resbala.// f. *Arg.* Cierto baile y canción popular./ Música de este baile y canción.

rescacio. m. Pez marino de cabeza con espinas. Suele esconderse en la arena.

rescatar. tr. Recobrar por dinero o por fuerza una persona o cosa./ Cambiar oro u objetos preciosos por otras mercaderías.// tr. y fig. Redimir la vejación; liberar del trabajo.

rescate. m. Acción y efecto de rescatar./ Dinero con que se rescata o que se pide para ello.

rescindir. tr. Anular un contrato, obligación, etc.

rescoldo. m. Brasa pequeña envuelta en ceniza./ fig. Escozor, recelo.

resecar. tr./ prl. Secar mucho.

resección. f. *Cir.* Extirpación quirúrgica total o parcial de un tejido u órgano.

reseda. f. *Bot.* Planta resedácea de tallo leñoso, hojas alternas, flores amarillas y muy fragantes.

resedáceo, a. a./ f. *Bot.* Aplícase a plantas dicotiledóneas de hojas alternas, con flores en espiga y fruto en cápsula.// f. pl. *Bot.* Familia de estas plantas.

resentimiento. m. Acción y efecto de resentir.

resentirse. prl. Empezar a flaquear una cosa./ fig. Ofenderse, tener enfado por una cosa.

reseña. f. Revista que se hace de la tropa./ Nota de las señales más distintivas de una persona, animal, etc./ Relato breve./ Nota sintética de las características de un asunto, escrito, etc.

reseñador, ra. s. El que hace reseñas.

reseñar. tr. Hacer una reseña.

reserva. f. Guarda o provisión que se hace de alguna cosa./ Reservación o excepción./ Prevención o cautela para no descubrir algo./ Discreción, comedimiento./ Parte del ejército o armada que no está en servicio activo./ *Dep.* Jugador que no figura en la alineación titular de su equipo, y que aguarda para actuar a que el entrenador substituya a otro jugador, por lesión de éste u otra causa.

reservado, da. p. p. de **reservar.**/ a. Cauteloso, remiso en manifestar su interior./ Comedido, circunspecto.// m. Compartimiento de un coche de ferrocarril, estancia de un edificio, o lugar que se destina sólo a personas o a usos determinados.

reservar. tr. Guardar algo para el futuro./ Destinar una cosa o un lugar de modo exclusivo para uso o persona determinados./ Ocultar, callar una cosa./ Retener, no comunicar una cosa./ Exceptuar, dispensar./ prl. Conservarse para mejor ocasión./ Precaverse, guardarse.

reservista. a. Militar que pertenece a la reserva. Ú. t. c. s.

resfriado. m. Destemple general del cuerpo./ Trastorno de las mucosas de las vías respiratorias altas, acompañado de estornudos y molestias de carácter general.

resfriar. tr. Enfriar.// i. Empezar a hacer frío.// prl. Contraer un resfriado.

resfrío. m. Resfriado.

resguardar. tr. Proteger, defender.// prl. Prevenirse contra un daño.

resguardo. m. Guardia, seguridad que se pone en alguna cosa./ Seguridad que se da por escrito en las deudas o contratos./ Documento donde consta esta seguridad./ Custodia de un lugar para que no se introduzca contrabando./ Cuerpo de empleados que presta este servicio.

residencia. f. Acción y efecto de residir./ Sitio donde se reside./ Edificio donde reside o ejerce sus funciones una autoridad o corporación./ Mansión, casa lujosa.

residencial. a. Dícese del empleo o beneficio que pide residencia personal./ Aplícase al barrio o parte de la ciudad destinado principalmente a viviendas , en especial las lujosas.

residir. i. Estar de asiento en un lugar./ fig. Estar en una persona cualquier cosa inmaterial, como facultades o derechos./ Radicar en una cosa el motivo de aquello de que se trata.

residuo. m. Porción que queda de un todo; sobrante, resto./ Lo que queda de la descomposición de algo./ *Álg.* y *Arit.* Resultado de una resta.

resignación. f. Entrega que uno hace de sí poniéndose voluntariamente en las manos de otro. / Conformidad, paciencia ante las adversidades.

resignar. tr. Entregar una autoridad el mando en determinadas circunstancias./ prl. Conformarse.

resina. f. Sustancia sólida y viscosa que fluye de ciertas plantas. Es capaz de arder en contacto con el aire.

resinar. tr. Extraer resina del tronco de ciertos árboles.

resinoso, sa. a. Que tiene o destila resina./ Que tiene algunas de las cualidades de la resina.

resistencia. f. Acción y efecto de resistir o resistirse./ fig. Renuencia a hacer algo./ Conjunto de las personas que, clandestinamente por lo general, se oponen a los invasores de un territorio o a una dictadura./ *Elect.* Dificultad que un conductor opone al paso de una corriente eléctrica. Se mide en ohmios u ohms.

resistente. p. act. de **resistir.** Que resiste o se resiste.

resistir. i./ prl. Oponerse un cuerpo o una fuerza a otro cuerpo u otra fuerza.// tr. Combatir las pasiones, deseos, etc.// tr. Aguantar, tolerar.// i. Rechazar.// prl. Bregar, pugnar.

resistividad. f. *Elect.* Resistencia de un conductor medida por unidad de superficie y de longitud./ -acústica. *Fís.* Capacidad que tiene un medio para resistir el paso de una perturbación sonora./ **-térmica.** *Fís.* Capacidad de un objeto para oponerse al paso del calor.

resistor. m. *Electr.* Elemento de carbón o empaste cuya resistencia es mucho mayor que la correspondiente a los hilos de conexión del circuito.

resobado, da. a. Trillado. Aplícase especialmente a temas literarios o de conversación.

resol. m. Reverberación del sol.

resolano, na. a./ f. Apl. al lugar donde se toma sol sin que moleste el viento.// f. *Amér.* Resol.

resollar. i. Respirar./ Respirar con ruido, y fuerza.

resolución. f. Acción y efecto de resolver o resolverse./ Ánimo, arresto./ Actividad, prontitud./ Fallo, decreto, providencia, etc., de autoridad gubernamental o judicial sobre un asunto tratado.

resolver. tr. Tomar una decisión fija y terminante./ tr. Hallar la solución a una cuestión o problema./ Resumir, epilogar./ Dar solución a una duda.// tr./prl. Deshacer un agente natural alguna cosa./ Hacer que se disipe, evapore o desvanezca una cosa.// prl. Determinarse a hacer o decir algo./ Reducirse, venir a parar una cosa en otra./ Terminar las enfermedades, y especialmente las inflamaciones.

resonancia. f. Prolongación del sonido./ *Eco*, repercusión./ Cada uno de los sonidos elementales que acompañan al principal en una nota musical./ fig. Repercusión de un hecho./ *Fís.* Fenómeno de los sistemas oscilantes sometido a la acción de una fuerza externa periódica.

Res de ternero hecha al asador.

resonar. i. Hacer sonido por repercusión o sonar mucho.

resoplar. i. Resollar fuerte./ Bufar el caballo, el toro, etc.

resoplido. m. Resuello fuerte.

resorber. tr. Recoger o recibir dentro de sí una persona o cosa un líquido salido de ella misma.

resorte. m. Pieza metálica elástica, que separada de su posición inicial, tiende a recobrarla./ fig. Medio para lograr un fin.

respaldar. tr. Sentar algo en el respaldo de un escrito./ fig. Apoyar, afianzar una cosa./ Ú.t.c.prl.// prl. Inclinarse de espaldas o arrimarse al respaldo de un asiento.// m. Parte del asiento para apoyar las espaldas.

respaldo. m. Parte del asiento donde se apoya la espalda./ Dorso del papel o escrito en que se anota alguna cosa./ Lo que allí se escribe./ Acción y efecto de respaldar./ Cobertura, garantía de la moneda fiduciaria.

respectivo, va. a. Que atañe a una persona o cosa determinada./ Dícese de cada cosa de una serie que se corresponde con los miembros de otra.

respecto. m. Relación de una cosa con otra.

respetabilidad. f. Calidad de respetable.

respetable. a. Que merece respeto, que es digno de él./ Grande, enorme./ m. fam. Público del teatro u otros espectáculos.

respetar. tr. Tener respeto.

respeto. m. Acatamiento que se hace a uno./ Consideración, miramiento./ Cosa que se tiene de repuesto o prevención.

respetuoso, sa. a. Que se mueve a veneración y respeto./ Que observa respeto, veneración y cortesía.

respingar. i. Sacudirse y gruñir la bestia por algo que la molesta./ fig. y fam. Hacer gruñendo lo que se ordena.

respingo. m. Acción y efecto de respingar./ Sacudida violenta del cuerpo./ fig. y fam. Movimiento de enfado con que se muestra repugnancia a ejecutar algo.

respiración. f. Acción y efecto de respirar./ Aire que se respira./ Entrada y salida libre del aire en un sitio cerrado./ -artificial. Maniobras realizadas en el cuerpo de una persona exánime, con el fin de restablecer el ritmo respiratorio normal.

respiradero. m. Abertura por la cual entra y sale el aire./ Tronera./ fam. Conducto de la respiración./ Abertura de las cañerías por donde se da salida al aire.

respirador, ra. a. Que respira./ Apl. a los músculos que sirven para la respiración./ Med. Aparato que se emplea para la respiración artificial.

respirar. i. Absorber el aire los seres vivos y expelerlo modificado./ Despedir un olor./ fig. Animarse, cobrar aliento./ Aliviarse del trabajo, salir de la opresión./ fig. y fam. Hablar.

respiratorio, ria. a. Rel. a la respiración./ Zool. Conjunto de órganos que en los animales y el hombre tienen como función la captación del oxígeno del aire y su transmisión al medio interno, ya sea directamente a las células o luego de un proceso previo.

respiro. m. Respiración, acción y efecto de respirar./ fig. Rato de descanso en la labor./ Alivio de una fatiga o pena./ Prórroga que obtiene el deudor al expirar el plazo para pagar.

resplandecer. i. Despedir una cosa rayos de luz; relucir./ fig. Sobresalir, aventajarse.

resplandor. m. Luz muy clara que arroja un cuerpo luminoso./ fig. Brillo de ciertas cosas./ Lucimiento, esplendor.

responder. tr. Contestar a lo que se pregunta o propone./ Acudir a un llamado./ Corresponder con su voz los animales a la de los otros de su especie.// i. Repetir el eco./ Mostrarse agradecido./ Corresponder con una acción a la realizada por otro./ Guardar proporción o igualdad una cosa con otra./ Replicar./ fig. Rendir, fructificar./ Surtir el efecto que se desea.

Retrato de mujer del siglo II d.C., procedente Al Fayum, Egipto.

responsabilidad. f. Obligación de reparar y satisfacer a consecuencia de una culpa o delito./ Obligación moral que resulta de un posible yerro.

responsable. a. Que está obligado a responder de algo o por alguna persona./ Cuidadoso de sus obligaciones. // m. y f. Persona que tiene a su cargo la dirección y vigilancia del trabajo en fábricas, establecimientos, oficinas, inmuebles.

responso. m. Oración que se dice por los difuntos.

responsorio. m. Rel. Oraciones que se hacen en el oficio litúrgico nocturno.

respuesta. f. Satisfacción a una pregunta, dificultad o duda./ Réplica./ Refutación./ Contestación a una carta./ Acción con que se corresponde a la de otro.

resquebrajar. tr./ prl. Hender levemente cuerpos duros.

resquebrar. i./ prl. Empezar a quebrar una cosa.

resquemor. m. Resentimiento, desazón.

resquicio. m. Abertura entre el quicio y la puerta./ Por ext., cualquier abertura pequeña./ fig. Ocasión que se proporciona para un fin.

resta. f. Operación de restar./ Resultado de esta operación.

restablecer. tr. Volver a poner una cosa en el estado que antes tenía./ prl. Recobrarse, recuperarse de una dolencia.

restallar. i. Estallar, chasquear una cosa, produciendo un ruido como el látigo o la honda cuando se sacude en el aire con violencia./ Crujir, hacer ruido fuerte.

restañar. tr. Volver a estañar.// tr./ i./ prl. Detener el curso de la sangre u otro líquido.

restar. tr. Sacar el residuo de una cosa, bajando parte del todo./ Cercenar, disminuir./ Mat. Hallar la diferencia entre dos cantidades.// i. Faltar, quedar.

restaurar. tr. Recobrar, recuperar./ Renovar, reparar, volver a poner una cosa en el estado o estimación que antes tenía./ Reparar una pintura, escultura, etc.

restinga. f. Punta de arena o piedra que se halla debajo de agua y a poca profundidad.

restituir. tr. Volver una cosa a su dueño./ Restablecer.// prl. Volver uno al sitio de donde había salido.

resto. m. Parte que queda de un todo./ Resultado de la resta./ Residuo.

restregar. tr. Estregar con fuerza y empeño.

restricción. f. Acción y efecto de restringir./ Limitación o reducción.

restringir. tr. Limitar, reducir a límites menores./ Constreñir, apretar.

resucitar. tr. Volver la vida a un muerto./ fig. y fam. Revivir una cosa.// i. Volver a la vida.

resuello. m. Respiración, en especial la ruidosa.

resultado. m. Consecuencia de un hecho, operación, etc./ Mat. Solución final de un problema u operación.

resultando. m. Der. Cada uno de los fundamentos en que se basan las sentencias judiciales o las resoluciones de gobierno.

resultar. i. Ser una cosa consecuencia de otra./ Redundar una cosa en provecho o perjuicio de algo o alguien./ Aparecer, manifestarse una cosa./ Llegar a ser./ Venir una cosa de otra.

resultas (de). m. adv. Por consecuencia.

resumen. m. Acción y efecto de resumir./ Exposición resumida de algún asunto.

resumir. tr./ prl. Reducir a términos breves y precisos lo esencial un asunto o materia.// prl. Convertirse una cosa en otra./ Arg. Rezumar un líquido.

resurgir. i. Surgir nuevamente./ Reaparecer./ Volver a la vida.

resurrección. f. Acción de resucitar./ Por excelencia, la de Jesucristo.

retablo. m. Conjunto de figuras pintadas o de talla, que representan una historia o suceso./ Obra arquitectónica que constituye la decoración de un altar.

retaguardia. f. Último cuerpo de tropa, que cubre los movimientos de un ejército.

retahíla. f. Serie de muchas cosas que están, suceden o se mencionan por su orden.

retama. f. Mata leguminosa, con muchas ramas delgadas, hojas escasas y flores amarillas.

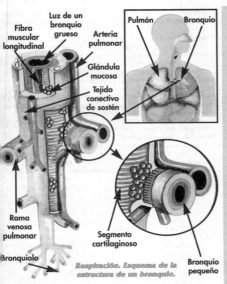

Respiración. Esquema de la estructura de un bronquio.

Labels: Fibra muscular longitudinal / Luz de un bronquio grueso / Arteria pulmonar / Pulmón / Bronquio / Glándula mucosa / Tejido conectivo de sostén / Rama venosa pulmonar / Bronquiolo / Segmento cartilaginoso / Bronquio pequeño

retar. tr. Desafiar, provocar a duelo./ fam. Reprender.

retardar. tr./ prl. Detener, dilatar, entorpecer.

retardatario, ria o **retardatorio, rio.** a. Que produce retardo.

retardo. m. Retardación.

retazo. m. Pedazo de una tela./ fig. Fragmento de un discurso o escrito.

retención. f. Acción y efecto de retener./ Parte o totalidad retenida de un sueldo u otro haber devengado./ Detención en el cuerpo de algún humor que debiera expelerse.

retener. tr. Detener, conservar, no devolver./ Recordar, guardar algo en la memoria./ Suspender en todo o en parte el pago de un sueldo u otro haber devengado./ Arrestar./ Conservar el empleo que se tenía cuando se pasa a otro. / Interrumpir o dificultar el curso normal de algo. / Descontar de un pago o de un cobro una cantidad como impuesto fiscal.

reticencia. f. Efecto de decir en parte una cosa, o de dar a entender que se calla algo que pudiera o debiera decirse./ Ret. Figura que consiste en dejar una frase incompleta pero dando a entender el sentido de lo que se omite.

reticente. a. Que emplea o incluye reticencias.

rético, ca. a. De Retia. Ú. t. c. s./ Relativo a esta ant. región./ m. Ling. Lengua latina hablada en dicha región.

retículo. m. Tejido en forma de red./ Conjunto de hilos cruzados en el foco de algunos instrumentos ópticos, para precisar la visual o efectuar medidas delicadas./ Redecilla de los rumiantes.

retina. f. Membrana interna del ojo, en la cual se reciben las impresiones luminosas y se representan las figuras de los objetos.

retiniano, na. a. Relativo a la retina.

retinitis. f. Med. Inflamación de la retina.

retintín. m. Sonido que persiste en los oídos luego del tañido de una campana u objeto similar.

retirada. f. Acción y efecto de retirarse./ Retroceso en orden de una tropa.

retirado, da. p. p. de **retirar**.// a. Apartado, alejado.// a./ m. Mil. al militar que dejó el servicio, sin perder todos los derechos. / Por ext., apl. también a funcionarios, obreros, etc., que alcanzan la situación del retiro.

retirar. tr./ prl. Apartar o separar una persona o cosa.// tr. Apartar de la vista una cosa./ Obligar a uno a que se aparte./ Impr. Imprimir por el revés el pliego que ya lo está por la cara.// prl. Apartarse, separarse del trato de las gentes./ Irse, marcharse./ Hablando de militares, funcionarios, etc., conseguir el retiro.

retiro. m. Acción y efecto de retirarse./ Sitio apartado./ Recogimiento, aislamiento./ Situación del militar, funcionario, etc., retirado./ Sueldo, haber o pensión que los retirados perciben.

reto. m. Provocación al duelo o desafío./ Amenaza./ Arg. y Bol. Reprensión, amonestación./ Chile. Insulto.

retobar. tr. Arg. Forrar con cuero una cosa./ Chile. Envolver los fardos con cuero.// prl. Arg. Enfadarse, enojarse./ Arg. Insubordinarse.

retocar. tr. Volver a tocar./ Tocar repetidamente./ Dar ciertos toques a un dibujo, pintura o fotografía para quitarle imperfecciones./ Restaurar las pinturas./ Corregir los defectos de una placa fotográfica./ fig. Dar la última mano a una obra cualquiera.

retomar. tr. Volver a tomar, reanudar algo que se había interrumpido.

retoñar. i. Dar brotes nuevos una planta./ fig. Reproducirse, volver de nuevo lo que había dejado de ser.

retoño. m. Vástago, brote nuevo de una planta.

retoque. m. Pulsación frecuente y repetida./ Última mano que se da a una obra, o compostura de un ligero deterioro. Dícese principalmente de las pinturas.

retorcer. tr./ prl. Torcer mucho una cosa, dándole vueltas alrededor./ tr. Dirigir un argumento contra el mismo que lo hace./ fig. Interpretar algo tergiversando sus sentidos. // prl. Hacer contorsiones por un dolor agudo, risa violenta, etc.

retorcijón. m. Retorcimiento o retorsión grande en alguna parte del cuerpo./ Retortijón.

retórico, ca. a. Rel. a la retórica.// a. y s. Versado en retórica.// f. Arte de decir bien, dotando al lenguaje oral o escrito de belleza, elegancia y eficacia, para deleitar, conmover o persuadir./ desp. Ampulosidad, rebuscamiento en el lenguaje.// pl. fam. Argumentos o razones que no son del caso.

retornar. tr. Restituir, devolver./ Volver atrás o hacer que retroceda una cosa./ Volver a torcer una cosa.// i./ prl. Regresar, volver al lugar o al estado en que se estuvo.

retornelo. m. Mús. Repetición de la primera parte de un aria, villancico, etc.

retorno. m. Acción y efecto de retornar./ Recompensa o paga del beneficio recibido./ Cambio o trueque.

retorsión. m. Acción o efecto de retorcer.

retorta. f. Vasija con cuello largo y curvado, usado en operaciones químicas.

retortijón. m. Ensortijamiento o retorcimiento de alguna cosa.

retozar. i. Brincar y saltar alegremente./ Juguetear personas o animales, unos con otros./ fig. Excitarse ciertas pasiones.

retractar. tr./ prl. Desdecirse; anular lo dicho.

retráctil. a. Que puede retraerse.

retraer. tr. Volver a traer./ Retirar contrayendo, encoger./ tr./ prl. Disuadir de un intento.// prl. Acogerse, refugiarse./ Retroceder, retirarse./ Llevar vida retirada.

retraído, da. a. Aislado, solitario./ fig. Poco comunicativo.

retrasar. tr./ prl. Atrasar, diferir la ejecución de una cosa.// i. Ir atrás en algo.// prl. Tardar más de lo convenido./ Invertir mucho tiempo en cualquier operación./ Atrasarse el reloj.

retraso. m. Acción y efecto de retrasar./ Demora.

retratar. tr. Dibujar o fotografiar la figura de una persona./ Describir la figura o carácter de una persona. Ú.t.c.prl./ Imitar, asemejarse./ Describir con fidelidad alguna cosa.

retratista. s. El que hace retratos.

retrato. m. Pintura efigie o fotografía de una persona./ fig. Aquello que se asemeja a una persona o cosa./ Descripción de la figura o carácter de una persona.

retreta. f. Toque militar para que la tropa se retire por la noche al cuartel./ Amér. Concierto de música al aire libre.

retrete. m. Sitio con instalaciones para orinar y defecar.

retribución. f. Recompensa o pago de alguna cosa.

retribuir. tr. Recompensar, pagar un servicio o favor.

retroacción. f. Acción hacia atrás./ Retroactividad./ Realimentación.

retroactividad. f. Calidad de retroactivo./ Actividad que obra hacia atrás o sobre lo pasado.

retroactivo, va. a. Que actúa o tiene fuerza sobre lo pasado.

retroceder. i. Volver hacia atrás.

retroceso. m. Acción y efecto de retroceder./ Recrudecencia de una enfermedad.

retrocohete. m. En astronáutica, cohete de retroacción, es decir, aquel que se utiliza gmente. para frenar otro cohete.

retrogradación. f. *Astron.* Acción de retrogradar un planeta.

retrogradar. i. Retroceder.

retrógrado, da. a. y s. Que retrograda./ fig. Partidario de instituciones políticas o sociales propias de épocas pasadas.

retrospección. f. Examen retrospectivo.

retrospectivo, va. a. Que se refiere al tiempo pasado.

retrotraer. tr./ prl. Fingir que una cosa sucedió en un tiempo anterior a aquel en que realmente ocurrió.

retrovirus. m. *Pat.* Variedad de virus que, como el del sida, tiene la particularidad de atacar al linfocito T4, esencial para el sistema inmunológico humano.

retrovisor. m. Espejo colocado en los automóviles que permite ver lo que está detrás.

retrucar. i. En el juego de billar, volver la bola de la banda y golpear a la que le causó movimiento./ En el juego del truque, envidar en contra sobre el primer envite hecho./ *Arg.* Replicar cuando se ordena o dice algo.

retruécano. m. Inversión de los términos de una cláusula en otra subsiguiente para que el significado de ésta haga contraste con la primera./ *Ret.* Figura que consiste en esta inversión de términos.

retruque o retruco. m. Jugada especial en el billar./ Respuesta al canto de truco, en el juego hom./ *Arg.* Réplica.

retumbar. i. Resonar, hacer gran estruendo una cosa.

reumatismo, reuma o reúma. m. Enfermedad causada por el frío y la humedad, que produce dolores articulares y musculares.

reunión. f. Acción y efecto de reunir./ Conjunto de personas reunidas.

reunir. tr./ prl. Volver a unir./ Juntar, congregar.

revalidar. tr. Ratificar, confirmar o dar nueva validez a una cosa.// prl. Recibirse en una facultad.

revalorizar. tr. Devolver a una cosa el valor que había perdido.

revancha. f. Desquite, represalia.

revelación. f. Acción y efecto de revelar./ Manifestación de una verdad oculta o secreta.

revelar. tr./ prl. Descubrir lo secreto, ignorado u oculto.// tr. Manifestar Dios a los hombres lo futuro u oculto./ Descubrir, dar indicio, declarar./ En fotografía, hacer visible la imagen impresa en la placa.

revender. tr. Volver a vender lo comprado con esa intención o al poco tiempo de haberlo adquirido.

reventa. f. Acción y efecto de revender.

reventar. tr./ prl. Estallar, romperse una cosa por una fuerza interior.// i. Deshacerse en espuma las olas del mar./ Brotar, salir con violencia./ fig. Tener deseo vehemente de algo./ fig. y fam. Estallar una pasión impetuosamente.// tr. Deshacer una cosa aplastándola violentamente./ Hacer morir un caballo a causa del exceso de carrera. Ú.t.c.prl./ fig. Fatigar mucho a uno./ fig. y fam. Cansar, molestar./ Ocasionar gran daño a una persona./ fam. Morir violentamente.

reventón. m. Acción y efecto de reventar una cosa.

rever. tr. Volver a ver o examinar detalladamente una cosa.

reverberación. f. Acción y efecto de reverberar./ Prolongación del sonido en un espacio más o menos cerrado, cuando cesa la fuente sonora.

reverberar. i. Reflejarse la luz de un cuerpo luminoso en una superficie bruñida, o el sonido en un cuerpo que no lo absorbe.

reverdecer. i./ prl. Adquirir nuevo verdor los campos o plantíos./ fig. Renovarse o adquirir nuevo vigor.

reverencia. f. Respeto, veneración que tiene una persona por otra./ Inclinación que se hace con el cuerpo en señal de respeto./ Tratamiento dado a los religiosos eclesiásticos.

reverenciar. tr. Venerar o respetar.

reversible. a. Que puede volver a su estado anterior./ Que puede usarse del derecho y del revés, como ciertos vestidos.

reversión. f. Restitución de una cosa a su estado o condición anterior./ Acción y efecto de revertir.

reverso. m. Revés, espalda de una cosa./ Haz opuesta al anverso, en las monedas y medallas.

revertir. i. Volver una cosa al estado o condición que antes tenía, o a la propiedad de su anterior dueño.

revés. m. Parte opuesta al frente de una cosa./ Golpe dado con la mano vuelta./ *Esgr.* Golpe dado diagonalmente con la espada./ fig. Infortunio, contratiempo./ Mudanza en el trato o en el genio.

revestimiento. m. Capa que protege o adorna una superficie.

revestir. tr./ prl. Cubrir con revestimiento./ Vestir una ropa sobre otra. Ú.m.c.prl./ fig. Vestir con galas poéticas./ Disfrazar, simular.// prl. fig. Persuadirse de una especie./ Engreírse con el cargo o dignidad.

revirar. tr. Torcer./ Sublevar, replicar.// i. *Mar.* Volver a virar.

revisar. tr. Ver con cuidado una cosa./ Examinar con atención una cosa para corregirla o enmendarla.

revista. f. Segunda vista o examen hecho con cuidado./ Publicación periódica./ Inspección./ Formación de las tropas para su inspección./ Espectáculo teatral de cuadros sueltos y carácter frívolo.

revistar. tr. Inspeccionar un jefe; pasar revista.

revivir. i. Volver a la vida, resucitar./ Volver en sí./ fig. Renovarse, reproducirse.

revocación. f. Acción y efecto de revocar.

revocar. tr. Dejar sin efecto una concesión o mandato./ Pintar nuevamente las paredes de una vivienda o edificio.

revolcar. tr. Derribar a uno y maltratarlo./ fig. y fam. Vencer al adversario en altercado o controversia.// prl. Dar vueltas sobre una cosa, restregándose en ella.

revolear. i. Volar haciendo giros.// tr. *Amér.* Hacer girar una cosa dándole una vuelta con el brazo.

revolotear. i. Volar haciendo giros en poco espacio./ Venir una cosa dando vueltas por el aire.

revoltijo o revoltillo. m. fam. Conjunto de muchas cosas revueltas y desordenadas./ fig. Enredo o confusión.

Riego. Canales construidos por los incas —asombrosos agricultores de regadío— en el apogeo de su imperio.

revoltoso, sa. a. y s. Alborotador, rebelde./ Travieso.

revolución. f. Acción y efecto de revolver o revolverse./ Cambio violento en las instituciones políticas o sociales de una nación./ Sublevación, insurrección./ Conmoción de los humores./ fig. Mudanza rápida y profunda en el estado de las cosas./ Movimiento completo de un cuerpo celeste en todo el curso de su órbita./ Vuelta completa de una rueda alrededor de su eje.

revolver. tr. Agitar, sacudir una cosa de arriba abajo o de un lado a otro./ Envolver una cosa en otra. Ú.t.c.prl./ Registrar moviendo y apartando algunas cosas./ Inquietar, perturbar./ Imaginar, discurrir en diversas cosas o circunstancias./ Volver la cara al enemigo para atacarlo. Ú.t.c.prl./ Alterar el buen orden de las cosas.// prl. Volverse de un lado a otro./ Hacer mudanza el tiempo.

revólver. m. Arma de fuego corta, con cilindro giratorio, donde se colocan balas./ Mec. Dispositivo que soporta diversas piezas y que, por un simple giro, permite colocar la pieza elegida en la posición adecuada para su utilización.

revoque. m. Acción y efecto de revocar las paredes./ Mezcla de cal y arena que sirve para revocar.

revuelo. m. Vuelta y revuelta del vuelo de las aves./ fig. Agitación, disturbio, turbación.

revuelta. f. Alteración del orden público; sedición, alboroto./ Riña, disputa./ Segunda vuelta o repetición de la vuelta./ Punto en que una cosa comienza a cambiar su dirección./ Vuelta o cambio de un estado a otro.

rey. m. Monarca, príncipe soberano de un estado./ Pieza principal del juego de ajedrez./ Carta de la baraja con la figura de un rey./ fig. Hombre, animal o cosa del género masculino que por su excelencia se distingue entre los demás de su clase o especie./ Árbitro, amo.

reyerta. f. Lucha, disputa, contienda.

rezagar. tr. Dejar atrás una cosa./ Atrasar, suspender por un tiempo./ prl. Quedarse atrás.

rezago. m. Residuo que queda de una cosa./ Arg. Desecho.

rezar. tr. Orar verbalmente./ Recitar la misa, una oración, etc./ fam. Decir una cosa en un escrito.

rezo. m. Acción de rezar./ Plegaria./ Oficio de la Iglesia que se reza diariamente.

rezongar. i. Gruñir, refunfuñar a lo que se ordena, haciéndolo de mala gana.

rezongo. m. Acción de rezongar.

rezumadero. m. Sitio por donde se rezuma una cosa./ Lo rezumado./ Lugar donde se junta lo rezumado.

rezumar. tr./ prl. Dicho de un cuerpo, dejar pasar a través de sus poros pequeñas gotas de un líquido./ Dicho de un líquido, salir en gotas por los poros de un cuerpo.// prl. fig. y fam. Traslucirse una especie.

Rh, Factor. Med. Grupo de antígenos que se encuentran en los glóbulos sanguíneos de ciertos individuos. Existe el factor Rh - (negativo) y el Rh + (positivo); este último posee el llamado antígeno D.

ría. f. Parte del río próxima a su desembocadura en el mar, y hasta donde llegan las mareas. Con ello la costa muestra grandes ensenadas que penetran profundamente en el territorio./ Ensenada amplia en la que vierten al mar aguas profundas./ Balsa de agua que se pone como obstáculo tras una valla, en ciertos ejercicios o concursos hípicos.

riacho. m. Río de poco caudal de agua.

ribazo. m. Porción de tierra con alguna elevación y declive.

ribera. f. Orilla de un mar o de un río./ Por ext., tierra próxima a los ríos.

ribete. m. Cinta que adorna y refuerza el borde del vestido, calzado, etc./ Añadidura, acrecentamiento./ fig. Adorno verbal.// pl. fig. Asomo, indicio.

Ría de Pontevedra, Galicia (España).

ribetear. tr. Echar ribetes.

riboflavina. f. Biol. Vitamina B2. Desempeña una función importante en el metabolismo.

ribonucleasa. f. Biol. Enzima que cumple una importante función en la determinación de la secuencia de nucleótidos de las cadenas de ARN.

ricacho, cha o ricachón, na. a. y s. fam. Persona muy rica, generalmente vulgar.

ricino. m. Planta de cuya semilla se extrae un aceite purgante y lubricante.

rico, ca. a. y s. Que tiene muchos bienes; adinerado.// a. Abundante en algo./ De buen sabor./ Muy bueno.

ricota. f. Amér. Requesón.

rictus. m. Contracción de la boca que parece risa, sin serlo.

ricura. f. Cualidad de rico, de buen sabor, o de bonito. Apl. también a personas.

ridiculizar. tr. Burlarse de una persona o cosa por sus extravagancias o defectos, haciendo notar su ridiculez.

ridículo, la. a. Que provoca risa./ Corto, de escasa estimación./ Extraño./ Nimiamente delicado./ m. Situación ridícula en que incurre una persona.

riego. m. Acción y efecto de regar./ Agua de que se dispone para regar.

riel. m. Carril de una vía férrea./ Barra de metal en bruto.

rienda. f. Cada una de las dos correas del freno con que se gobierna al caballo. Ú. m. en pl./ fig. Moderación, sujeción.// pl. fig. Gobierno, dirección de una cosa.

riesgo. m. Posibilidad de un daño; contingencia./ Peligro.

rifa. f. Juego que consiste en sortear una cosa entre varios.

rifar. tr. Realizar el juego de la rifa.

rifle. m. Fusil de cañón rayado, de origen estadounidense.

rigidez. f. Calidad de rígido.

rígido, da. a. Que no se puede doblar o torcer./ fig. Severo, duro, riguroso.

rigor. m. Severidad nimia y escrupulosa./ Aspereza en el genio o en el trato./ Último término a que pueden llegar las cosas./ Vehemencia, fuerza./ Precisión, exactitud.

riguroso, sa. a. Áspero./ Muy severo, cruel./ Rígido, austero./ Dicho del tiempo, muy duro de soportar.

rima. f. Consonancia o asonancia de los versos a partir de la última vocal acentuada./ Composición en verso, generalmente del género lírico. Ú.m. en pl./ **-asonante.** Aquella en la que coinciden sólo los sonidos vocálicos./ **-consonante.** Aquella en la que coinciden todos los sonidos, vocálicos y consonánticos.

rimar. i. Hacer rima./ Componer versos./ Ser una palabra asonante o consonante de otra.// tr. Hacer una palabra asonante o consonante de otra.

rimbombar. i. Retumbar, resonar.

rimmel (voz fr.) o **rímel.** m. Cosmético femenino.

rincocéfalo, la. a. y m. Zool. Dícese de los animales del orden de los rincocéfalos.// m. pl. Zool. Orden de reptiles que comprende una sola especie, la tuátera.

rincón. m. Ángulo entrante formado en el encuentro de dos paredes o superficies./ Escondrijo./ Espacio pequeño.

rinconera. f. Mueble propio para colocar en un rincón.

rinde. m. Arg. Rendimiento, producto que da una cosa.

ring (voz ingl.). m. Plataforma cuadrada y generalmente elevada, en la que se disputan las peleas de box.

rinoceronte. m. Paquidermo herbívoro de la zona tórrida de Asia y de África, cuerpo de gran tamaño y forma pesada, piel muy gruesa y rígida. El asiático tiene un solo cuerno sobre la nariz, y dos el africano.

riña. f. Pendencia, lucha, pelea.

riñón. m. Cada una de las dos glándulas que segregan la orina, situadas en la región lumbar./ fig. Interior o centro de algún terreno, lugar, asunto, etc./ pl. Parte del cuerpo correspondiente a la pelvis./ **-artificial.** Aparato para depurar la sangre en la insuficiencia renal aguda o crónica.

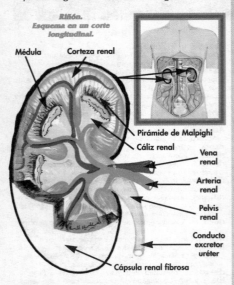

Riñón. Esquema en un corte longitudinal.

Médula

Corteza renal

Pirámide de Malpighi

Cáliz renal

Vena renal

Arteria renal

Pelvis renal

Conducto excretor uréter

Cápsula renal fibrosa

río. m. Corriente de agua más o menos caudalosa, permanente o intermitente. Se desplaza por un cauce, tiene una fuente de origen y desemboca en otro curso de agua, en un lago o en el mar./ fig. Gran abundancia de algún líquido, y por ext., de otra cosa cualquiera.

riojano, na. a. y s. De la provincia argentina de La Rioja.

rionegrino, na. o **rionegrino, na.** a. y s. De Río Negro, prov. de la República Argentina, y del depto. hom. de la República Oriental del Uruguay.

rioplatense. a. y s. Del Río de la Plata o de Argentina y Uruguay.

ripio. m. Residuo que queda de algo./ Fragmentos de piedra, ladrillo, etc. que se usan para rellenar o pavimentar./ Palabra superflua que completa un verso.

riploso, sa. a. Que abunda en ripios.

riqueza. f. Calidad de rico./ Abundancia de bienes./ Abundancia relativa de una cosa./ Copia de atributos y cualidades excelentes.

risa. f. Movimiento de la boca y otras partes del rostro que expresa alegría./ Voz o sonido con que se expresa esa alegría./ Aquello que mueve a reír.

risco. m. Peñasco alto y escarpado.

risotada. f. Risa estrepitosa, carcajada.

ríspido, da. a. Áspero, intratable.

ristra. f. Trenza hecha con los tallos de ajos o cebollas./ fig. y fam. Conjunto de ciertas rosas, puestas unas tras otras.

ristre. m. Hierro del peto de la armadura, en el cual se afianzaba el cabo de la manija de la lanza.

risueño, ña. a. Que muestra risa./ Que ríe con facilidad./ fig. De aspecto deleitoso, o que puede infundir alegría./ Próspero, favorable.

ritmo. m. Armoniosa combinación y sucesión de sonidos y de pausas en el lenguaje./ Metro o verso./ fig. Orden acompasado en la sucesión de las cosas./ Mús. Proporción guardada entre los tiempos de dos movimientos diferentes.

rito. m. Costumbre o ceremonia./ Conjunto de reglas para el culto y ceremonias religiosas.

ritual. a. Rel. al rito.

ritualismo. m. Rel. Secta anglicana que da gran importancia a los ritos y pretende restaurar algunos de origen católico./ fig. Tendencia a sujetarse exageradamente a ritos y normas establecidas.

rival. m. y f. Que compite con otro luchando por obtener una misma cosa o por superarlo./ Competidor, contrincante.

rivalidad. f. Enemistad, competencia, oposición entre quienes tratan de obtener una misma cosa.

rivalizar. i. Competir.

rivera. f. Arroyo, pequeño caudal de agua.

rizar. tr./ prl. Formar en el pelo sortijas, bucles, etc./ Mover el viento el mar, formando olas pequeñas. Ú.t.c.prl./ Hacer dobleces menudos.// prl. Ensortijarse naturalmente el pelo.

rizo, za. a. Ensortijado en forma natural.// m. Mechón de pelo en forma de tirabuzón, bucle, sortija, etc.

rizófago, ga. a. y s. Zool. Dícese de los animales que comen raíces.

rizófito. m. Bot. Vegetal que posee raíces.

rizoma. m. Bot. Tallo horizontal y subterráneo, como el del lirio común.

rizosfera. f. Ecol. Parte del suelo que rodea las raíces de una planta, formando el microambiente de ese sistema radicular.

ro. Voz que se usa para arrullar a los niños.

robar. tr. Tomar lo ajeno con fuerza o violencia./ Hurtar, tomar para sí de cualquier manera que sea./ Raptar./ Tomar del monte cartas en algunos juegos de naipes, y fichas en el del dominó, etc./ fig. Atraer el afecto de otro.

roble. m. Árbol de tronco grueso, hojas perennes y frutos en bellotas; de madera dura y compacta, muy estimada en carpintería./ Madera de este árbol./ fig. Persona o cosa muy resistente.

robo. m. Acción y efecto de robar./ Cosa robada./ Delito que se comete al apoderarse alguien, para usufructo personal, de una cosa, mueble o inmueble perteneciente a otro.

robot. m. Aparato automático, con mando electromagnético, capaz de realizar operaciones mecánicamente.

robotización. f. Mecanización del trabajo que suele sustituir el trabajo humano por el trabajo de robots.

robotizar. tr. Hacer funcionar por medio de robots./ fig. Quitar cualquier iniciativa, mecanizar. Ú.t.c.prl.

robustecer. tr./ prl. Dar robustez.

robustez. f. Fuerza, vigor.

robusto, ta. a. Fuerte, vigoroso.

roca. f. Piedra muy dura y sólida./ Peñasco./ fig. Cosa sumamente dura, firme y constante.

roce. m. Acción y efecto de rozar./ fig. Trato frecuente con ciertas personas.

rochense. a. y s. De Rocha, Uruguay.

rociado, da. a. Mojado con el rocío.// f. Acción y efecto de rociar./ Rocío./ Conjunto de cosas que se esparcen al ser arrojadas.

Roca. La erosión producida por los vientos,
en particular en las zonas secas y desérticas, produce
en ellas curiosas y sorprendentes formaciones
como la de la ilustración.

●ciador. m. Brocha para rociar la ropa./ Pulverizador.

●ciar. i. Caer el rocío o la llovizna.// tr. Esparcir un líquido en pequeñas gotas./ fig. Arrojar cosas de modo que caigan diseminadas.

●cín. m. Caballo de poca alzada y mal aspecto./ Caballo de trabajo./ fig. y fam. Persona tosca e ignorante.

●cinante. m. fig. Rocín, caballo de mal aspecto (por alusión al caballo de Don Quijote).

●cío. f. Vapor que, con el frío de la noche, se condensa en gotas menudas en la atmósfera./ Las mismas gotas./ Lluvia de corta duración./ fig. Gotas menudas esparcidas sobre alguna cosa para humedecerla.

●ck and roll. (voz ingl.). m. *Mús.* Estilo musical nacido en los años cincuenta, de gran éxito en los medios de comunicación masiva. Posee una gran variedad de subgéneros a los que incluye y originó una cultura y una forma de vida.

●cocó. a. y s. *Arte.* Dícese de un estilo surgido en Francia durante el siglo XVIII, caracterizado por una ornamentación profusa, naturalista y chinesca. Su mejor campo de aplicación fue la porcelana.

●daballo. m. Pez marino de mediano tamaño, cuerpo aplanado y carne muy apreciada. Habita los fondos de las costas./ fig. y fam. Hombre astuto.

●daja. f. Pieza circular y plana de cualquier materia./ Tajada circular./ Estrella de espuela.

●dar. i. Dar vueltas un cuerpo alrededor de su eje./ Moverse una cosa por medio de ruedas./ Caer dando vueltas./ fig. No tener una ocupación fija./ Ir de un lado para otro.// tr. Impresionar películas./ *Arg.* Tropezar una persona o animal, en especial el caballo y el jinete que lo monta, cayendo al suelo hacia adelante.

●dear. i. Andar alrededor./ Ir por un camino más largo que el ordinario o común./ fig. Usar de rodeos en aquello que se dice.// tr. Cercar alguna cosa.

●deo. m. Acción de rodear./ Camino más largo que el derecho./ Lugar donde se reúne el ganado mayor para contar las reses, venderlas, etc./ Reunión y recuento del ganado mayor./ fig. Modo indirecto de hacer las cosas./ Manera de decir una cosa valiéndose de circunloquios./ Vuelta para librarse de quien persigue.

●dete. m. Rosca que se hace con las trenzas del pelo./ Rosca de paño u otro material, que se pone en la cabeza para llevar un peso sobre ella./ Rueda hidráulica horizontal con paletas planas.

●dilla. f. Conjunto de las partes duras y blandas que constituyen la unión del muslo con la pierna./ En los cuadrúpedos, unión del antebrazo con la caña.

rodillo. m. Madero redondo y fuerte, que se hace rodar para llevar grandes pesos./ Cilindro muy pesado que se hace rodar sobre la tierra para pisarla, allanarla o afirmarla./ Cilindro que se emplea para entintar./ Pieza cilíndrica y giratoria que forma parte de diversos mecanismos.

rodio. m. Elemento químico. Símb., Rh.; n. at., 45; p. at., 102,91. Metal muy duro y resistente a los agentes químicos.

rododendro. m. Nombre común a varias plantas de flores purpúreas y levemente vellosas.

roedor, ra. a. Que roe./ fig. Que conmueve o agita el ánimo./ *Zool.* Apl. al mamífero unguiculado, cuyos incisivos son apropiados para roer, como la ardilla, el ratón, el conejo, etc. Ú.t.c.s.// m. pl. Orden de estos mamíferos.

roer. tr. Cortar menuda y superficialmente con los dientes una cosa dura./ Quitar con los dientes la carne pegada a un hueso./ fig. Molestar o afligir interiormente.

rogar. tr. Pedir por gracia alguna cosa./ Instar con súplicas.

rogativa. f. Oración pública que se hace a Dios para obtener el remedio de una grave necesidad. Ú.m. en pl.

rojizo, za. a. Que tira a rojo.

rojo, ja. a./ m. Color encarnado muy vivo. Es el primer color del espectro solar.// a. Rubio./ Apl. al pelo de un rubio muy vivo, casi colorado.

rol. m. Lista, catálogo, nómina.

rollizo, za. a. En forma de rollo./ Robusto, gordo.// m. Madero en rollo.

rollo. m. Cualquier objeto que toma forma cilíndrica./ Trozo de tela, papel, etc., enrollado en forma cilíndrica./ Cilindro de madera, piedra, metal, etc./ Madero redondo, sin labrar.

ROM. *Comp.* Siglas de Read Only Memory, Memoria separada de la memoria central, cuya información es permanente y de rápido acceso.

romance. a./ m. Díc. las lenguas derivadas del latín.// m. Idioma español./ Novela o libro de caballerías./ Combinación métrica que consiste en una serie indefinida de versos octosílabos. Los pares riman en forma asonante y los impares son blancos./ *Amér.* Idilio, enamoramiento.

romancillo. m. *Lit.* Romance con versos de menos de ocho sílabas.

romanesco, ca. a. Relativo a los romanos, a sus costumbres o a su arte./ Novelesco.

Rodeo. Inspirado en el arreo de animales tradicional,
es en la actualidad una de las expresiones folclóricas
y deportivas de los habitantes de Chile.

románico, ca. a. y s. Dícese del estilo artístico que dominó Europa durante los siglos XI, XII y XIII. Su arquitectura se caracterizó por el empleo de arcos de medio punto, molduras robustas y bóvedas de cañón.

romano, na. a. y s. De Roma.// a. Apl. a la religión católica.// a./ m. Apl. a la lengua latina.

romanticismo. m. Movimiento artístico y literario surgido en Europa a principios del siglo XIX. En general, se caracterizó por un regreso a ciertos valores morales y estéticos de la Edad Media, el

Rosas. Vistosos y coloridos pimpollos son utilizados para la ornamentación.

culto a la originalidad y al héroe, y el estudio de las particularidades nacionales de cada pueblo.

romántico, ca. a. Perteneciente o relativo al romanticismo./ fig. Sentimental, idealista, generoso, enamoradizo./ Partidario del romanticismo.

rombal. a. De figura de rombo.

rombo. m. *Geom.* Paralelogramo con los lados iguales y dos de sus ángulos mayores que los otros dos.

romboide. m. Paralelogramo con los lados contiguos desiguales y dos de sus ángulos mayores que los otros dos.

romería. f. Peregrinación a un santuario./ Fiesta popular con meriendas, bailes, etc., al aire libre./ fig. Gran número de gente que afluye a un lugar.

romero. m. Arbusto de la familia de las labiadas, de hojas aromáticas y flores azules.

romo, ma. a. Obtuso y sin punta./ Que tiene nariz pequeña y poco puntiaguda.

rompecabezas. m. Arma ofensiva que consta de dos bolas pesadas sujetas a un mango corto y flexible./ Juego de paciencia consistente en componer una figura con cierto número de piezas, cada una de los cuales es una parte de aquella figura./ fig. y fam. Problema de difícil solución.

rompehielos. m. Buque adecuado para abrir caminos en mares helados.

rompenueces. m. Cascanueces.

rompeolas. m. Dique que avanza sobre el mar, para dar abrigo a un puerto.

romper. tr./ prl. Separar las partes de un todo con violencia./ Hacer pedazos una cosa, quebrar./ Destrozar, gastar.// tr. Roturar./ fig. Hablando de un astro o de la luz, vencer con su claridad el impedimento que los ocultaba./ Abrir espacios para pasar por un lugar obstruido./ Quebrantar la observancia de una ley, precepto, contrato, etc.// i. Reventar las olas./ fig. Empezar, iniciar./ Prorrumpir o brotar./ Abrirse las flores.

rompimiento. m. Acción y efecto de romper./ Quiebra o abertura en un cuerpo sólido./ fig. Desavenencia o riña.

ron. m. Licor alcohólico obtenido de una mezcla fermentada de melazas de azúcar de caña.

roncar. i. Resollar con ruido bronco cuando se duerme.// fig. Hacer un ruido bronco o sordo algunas cosas, como el viento, el mar, etc.

roncha. f. Pequeño bulto que se forma en la piel.

ronco, ca. a. Que padece ronquera./ Apl. a la voz o sonido bronco o áspero.

ronda. f. Acción de rondar./ Grupo de personas que rondan./ Reunión nocturna de jóvenes para tocar por las calles.

rondar. i./ tr. Recorrer de noche una población, vigilando para impedir desórdenes./ Andar de noche paseando por las calles./ Ir a los jóvenes cantando y tocando música por las calles./ tr. fig. Dar vueltas alrededor de algo./ fig. y fam. Andar tras de uno para obtener algo.

ronquera. f. Afección de la laringe, que hace bronca y poco sonora la voz.

ronquido. m. Ruido hecho al roncar./ fig. Ruido bronco.

ronronear. i. Producir el gato un sonido ronco en señal de contento.

roña. f. Sarna del ganado lanar./ Suciedad muy adherida. Moho de los metales.

roñería. f. fam. Mezquindad, tacañería.

roñoso, sa. a. Que tiene o padece roña./ Sucio, puerco. Cubierto de orín./ fig. y fam. Tacaño, miserable.

ropa. f. Todo género de tela, que sirve para el uso y adorno de las personas o de las casas./ Prenda de tela para vestir.

ropero, ra. s. Persona que vende ropa.// m. Armario o cuarto donde se guarda ropa.

roquefort. m. Queso de origen francés, hecho con leche de oveja y pan.

roquero, ra. a. Relativo a las rocas./ Que se cría entre las rocas./ m. Ave paseriforme del tamaño del tordo, que vive el lugares rocosos.

rorcual. m. Cetáceo propio de los mares árticos. Mide alrededor de 20 m, tiene aleta dorsal y pecho estriado. Es de coloración asimétrica. La variedad azul es el animal más grande conocido, puede medir hasta 30 m.

rosa. f. Flor del rosal./ Cualquier cosa hecha con forma de rosa.// m. Color encarnado, parecido al de la rosa. / **de los vientos.** Círculo que tiene marcados los 32 rumbos en que se divide el horizonte, principalmente los cuatro puntos cardinales y sus intermedios.

rosáceo, a. a. De color semejante a la rosa./ a./ f. *Bot.* Apl. a las plantas dicotiledóneas de hojas alternas, cáliz de cinco divisiones y semillas sin albumen, como el almendro, la fresa, el rosal, etc.// f. pl. Familia de estas plantas.

rosacruz. a. y s. Individuo que pertenece a la asociación mística pero no religiosa, del mismo nombre, similar a la masonería, originaria en Alemania durante el siglo XVII.

rosado, da. a./ m. Apl. al color de la rosa./ Compuesto o preparado con rosas.// f. Escarcha.

rosal. m. Arbusto tipo de las rosáceas, con tallos ramosos por lo común llenos de espinas, hojas alternas y ásperas flores terminales y fruto en baya carnosa.

rosaleda o **rosalera.** f. Sitio en que abundan los rosales.

rosarino, na. a. y s. De la ciudad argentina de Rosario.

rosario. m. Rezo católico en que se conmemoran los quince misterios de la Virgen./ Sarta de cuentas, separadas de diez en diez por otras de diferentes tamaños, que se utiliza para hacer ordenadamente el rezo de igual nombre Reunión de personas que rezan colectivamente el rosario Este acto de devoción./ fig. Sarta, serie.

rosbif. m. Trozo de carne de vaca asado.

rosca. f. Máquina compuesta de tornillo y tuerca./ Cualquier cosa redonda y rolliza que, cerrándose, forma un óvalo, con un espacio vacío en el medio./ Pan o bollo que tiene esta forma./ Cualquiera de las vueltas de una espira o el conjunto de ellas./ Resalto helicoidal de un tornillo.

roscado, da. a. En forma de rosca./ Que tiene rosca, o se puede enroscar./ m. *Mec.* Operación que consiste en hacer una rosca.

roscar. tr. Hacer la rosca de una tuerca o un tornillo./ Enroscar, atornillar.

rosedal. m. *Arg.* y *Urug.* Rosaleda.

roséola. f. *Pat.* Erupción cutánea de color rojo. Se debe a un aumento de flujo sanguíneo arterial en los vasos superficiales.

roseta. f. dim de **rosa.**/ Mancha de color encendido que suele salir en las mejillas.// pl. Granos de maíz, o de otro cereal, que se abren en forma de flor cuando se tuestan.

rosquilla. f. Masa dulce en forma de rosca pequeña.

rostro. m. Pico de ave./ Por ext., cosa en punta, semejante a él./ Cara, parte anterior de la cabeza.

rotación. f. Acción y efecto de rotar./ *Astron.* Movimiento de los planetas en torno a su propio eje, mientras simultáneamente se desplazan en torno al Sol (traslación).

rotacismo. m. *Ling.* Transformación del sonido s en r.

rotar. i. Rodar.

rotario, ria. a. y s. Miembro del Rotary Club, asociación fundada en Chicago en 1905, que en la actualidad tiene filiales por todo el mundo. Sus objetivos son de orden cultural y filantrópico. Su emblema es una rueda dentada.

rotativo, va. a. Que tiene movimiento giratorio sobre su eje./ Alternancia en las noticias, supuestos, etc./ Díc. de la máquina de imprimir que comprime el papel desenrollado de una bobina contra dos cilindros recubiertos con la matriz de lo que se desea imprimir. Se utiliza especialmente para la impresión de periódicos y revistas de gran tirada.// f. Esta máquina./ m. Por ext., diario impreso en estas máquinas.

rotatorio, ria. a. Que tiene movimiento circular.

roto, ta. p. p. irreg. de **romper.**// a. y s. Andrajoso.

rotonda. f. Construcción de planta circular./ Plaza circular.

rotor. m. Parte giratoria de un motor o de una turbina.

rótula. f. Hueso flotante, situado en la parte anterior de la articulación de la tibia con el fémur.

rotular. tr. Poner un rótulo a una cosa./ a. Rel. a la rótula.

rótulo. m. Inscripción, letrero./ Etiqueta./ Cartel público.

rotundo, da. a. Redondo./ fig. Preciso, terminante./ fig. Dicho del lenguaje, lleno y sonoro.

rotura. f. Acción y efecto de romper; rompimiento.

roturar. tr. Arar por primera vez la tierra para cultivarla.

Románico. Estilo arquitectónico empleado en la fachada de la iglesia de San Ciriaco, en Ancona (s. XI - XIII).

round (voz ingl.). m. Asalto, ronda. Cada parte en que se divide una pelea de box o deporte similar.

royalty (voz ingl.). f. *Com.* Tasa que se paga para utilizar industrialmente una obra técnica o artística, o también por la explotación de una mina, pozo de petróleo, terreno, etc.

roza. f. Acción y efecto de rozar.

rozadura. f. Acción y efecto de rozar una cosa con otra./ Herida superficial de la piel.

rozagante. a. Dícese de la vestidura vistosa y muy larga./ fig. Ufano, vistoso.

rozamiento. m. Roza./ fig. Disensión o disgusto entre dos personas, de índole ligera y reversible./ *Mec.* Resistencia que se opone al deslizamiento de un cuerpo sobre otra.

rozar. tr./ i. Pasar una cosa tocando ligeramente la superficie de otra.// tr. Limpiar la tierra de las matas y hierbas inútiles.// prl. Tropezarse un pie con el otro.

RPG. *Comp.* Siglas de *Report Program Generator*, lenguaje de programación que se usa sobre todo en gestión empresaria, hoy algo anticuado.

Rotación. La Tierra se mueve como si fuera un trompo. Cuando gira, su eje efectúa un movimiento de precesión (rotación) muy lento (una vuelta cada 26.000 años).

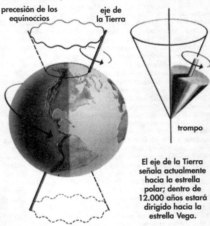

precesión de los equinoccios

eje de la Tierra

trompo

El eje de la Tierra señala actualmente hacia la estrella polar; dentro de 12.000 años estará dirigido hacia la estrella Vega.

rúa. f. Calle, camino, carretera.

ruandés, sa. a. y s. De Ruanda.

rubefacción. f. Mancha roja en la piel, producida por algún medicamento o alteración del flujo sanguíneo.

rubéola. f. Enfermedad infecciosa aguda, que se caracteriza por una erupción semejante a la del sarampión.

rubí. m. Mineral cristalizado, más duro que el acero, de color rojo brillante. Piedra preciosa muy apreciada en joyería.

rubicundo, da. a. Rubio que tira a rojo./ Apl. a la persona de buen color.

rubidio. m. Elemento químico. Símb., Rb.; n. at., 37; p. at., 85,48. Es un metal alcalino.

rubio, bia. a. De color rojo claro parecido al del oro.

rubor. m. Color rojo muy intenso./ Color rojo que sube al rostro por vergüenza./ fig. Vergüenza.

ruborizar. tr. Causar rubor.// prl. Teñirse de rubor el rostro./ fig. Sentir vergüenza.

ruboroso, sa. a. Que tiene rubor.

rúbrica. f. Rasgo o rasgos que pone cada uno, como parte de la firma, después de su nombre./ Epígrafe o rótulo.

rubricar. tr. Poner uno su rúbrica./ Suscribir, firmar un documento, despacho, etc./ fig. Dar testimonio de algo.

rucio, cia. a. De color pardo claro, blanquecino o canoso. Díc. de las caballerías. Ú.t.c.s./ Díc. de la persona entrecana.

ruda. f. Planta medicinal, de flores amarillas y fruto capsular muy oloroso.

rudimentario, ria. a. Rel. al rudimento o a los rudimentos.

rudimento. m. Embrión de un ser.// pl. Nociones elementales de una ciencia o profesión.

rudo, da. a. Tosco, áspero./ Grosero, descortés./ Violento, riguroso./ Apl. a lo que no se ajusta a las reglas del arte.

rueca. f. Instrumento para hilar, en forma de vara delgada.

rueda. f. Pieza circular de una máquina que gira sobre un eje y se utiliza para la transmisión de movimientos./ Corro o círculo de personas./ **-de prensa.** Grupo de periodistas reunidos en torno a una figura pública para escuchar sus declaraciones y dirigirle preguntas.

ruedo. m. Acción de rodar./ Parte puesta alrededor de una cosa./ Refuerzo con que se guarnece interiormente la parte inferior de los vestidos talares./ Estera redonda./ Círculo o circunferencia de alguna cosa./ Redondel de la plaza de toros./ Contorno, límite, término.

ruego. m. Petición, súplica, solicitud.

rugby. m. Juego en el que se disputa un balón de forma ovalada entre dos equipos de quince jugadores.

rugido. m. Voz del león./ fig. Bramido./ fig. Estruendo.

rugir. i. Bramar el león./ fig. Bramar una persona enfadada./ Crujir o rechinar./ imp. Sonar alguna cosa, saberse algo.

rugoso, sa. a. Que tiene arrugas.

ruido. m. Conjunto de sonidos desarticulados y confusos./ fig. Litigio, pendencia./ fig. Apariencia grande en cosas insustanciales./ fig. Novedad o sorpresa que conmueve el ánimo.

ruidoso, sa. a. Que produce mucho ruido./ fig. Apl. a la acción notable y de la que se habla mucho.

ruin. a. Vil, despreciable./ Avaro, miserable./ Pequeño./ Apl. a la persona de malos hábitos./ Díc. de esos malos hábitos.

ruina. f. Acción de destruirse o caer una cosa./ fig. Pérdida grande de los bienes de fortuna./ Destrozo, decadencia.// pl. Restos de una construcción destruida.

ruindad. f. Calidad de ruin./ Acción ruin.

ruinoso, sa. a. Que amenaza ruina o empieza a arruinarse./ Que arruina y destruye.

rulseñor. m. Pájaro de color pardo rojizo y canto melodioso.

rulero. m. *R. de la P.* Pequeño cilindro de plástico o metal que las mujeres utilizan para rizarse el cabello.

ruleta. f. Juego de azar para el que se usa una rueda horizontal giratoria, con treinta y siete casillas radiales, numeradas y pintadas alternativamente de negro y rojo, con excepción de las del cero, que va en blanco. Consiste en hacer girar la rueda y lanzar en sentido contrario una bola de marfil; cuando se detiene en una de las casillas indica el número vencedor.

rulo. m. Bola gruesa y redonda que puede rodar con facilidad./ Rodillo para allanar la tierra./ Rizo de pelo.

rumano, na. a. y s. De Rumania.// m. Lengua de Rumania.

Rugby. Deporte fuerte practicado por los hombres.

rumba. f. Baile popular cubano y la música que lo acompaña.

rumbear. i. *Amér.* Tomar el rumbo./ Dirigirse hacia un lugar.

rumbo. m. Dirección trazada en el plano del horizonte./ Camino que uno se propone seguir./ fig. y fam. Pompa, ostentación./ Garbo, desinterés./ Abertura que se hace o se produce en el casco de la embarcación.

rumboso, sa. a. fam. Pomposo.

rumiante. p. act. de **rumiar.** Que rumia.// a./ m. *Zool.* Dícese de los mamíferos herbívoros con gran adaptación a ese régimen de alimentación: carecen de dientes incisivos y tienen el estómago dividido en cuatro cavidades que, en su conjunto y en combinación con la boca, realizan el proceso digestivo./ m. pl. Suborden de estos animales.

rumiar. tr. Masticar por segunda vez el alimento que estuvo en el estómago, devolviéndolo a la boca./ fig. y fam. Reflexionar, pensar despacio y con madurez una cosa.

rumor. m. Noticia vaga que corre entre la gente./ Ruido confuso de voces./ Ruido vago, sordo y continuado.

rumoroso, sa. a. Que produce rumor o ruido.

runa. f. Cada uno de los caracteres que empleaban en la escritura los antiguos escandinavos y germanos.

rúnico, ca. a. Relativo a las runas, o escrito con ellas.

runrún. m. Zumbido, rumor, ruido persistente y molesto.

rupestre. a. Rel. a las rocas./ Dícese de las pinturas y dibujos prehistóricos que se hallan en algunas rocas y cavernas.

rupia. f. Unidad monetaria de varios países asiáticos (India, Pakistán, Indonesia, Nepal, etc.) y africanos (Mauricio, Seychelles)./ *Pat.* Enfermedad cutánea caracterizada por la aparición de ampollas grandes y aplastadas.

ruptor, ra. a. Que produce una ruptura./ Dispositivo que en los motores de explosión permite encender la chispa de la bujía. Es un interruptor intermitente colocado en la bobina de la bujía.

ruptura. f. Acción y efecto de romper./ fig. Rompimiento de relaciones, desavenencia entre personas./ Quiebre violento de un orden político.

rural. a. Relativo al campo y a sus labores./Que vive en el campo./ fig. Tosco, rústico.

ruralismo. m. Condición o ideología de rural./ fig. Incultura, ignorancia.

rusificar. tr. Transmitir las costumbres o el idioma ruso./ prnl. Tomar las costumbres o el idioma ruso.

ruso, sa. a. y s. De Rusia.

rusofilia. f. Amor por lo ruso.

rusófilo, la. a. Que ama a lo ruso.

rusticidad. f. Calidad de rústico.

rústico, ca. a. Rel. al campo./ fig. Rudo, tosco, grosero.// m. Hombre del campo.

ruta. f. Dirección, derrotero de un viaje./ Itinerario para el mismo./ fig. Derrotero, camino para llegar a un fin.

rutáceo, a. a. *Bot.* Aplícase a plantas angiospermas dicotiledóneas, herbáceas o leñosas, con hojas provistas de glándulas que segregan sustancias muy olorosas, como la ruda y el naranjo.// f. pl. *Bot.* Familia de estas plantas.

rutenio. m. Elemento químico. Símb., Ru.; n. at., 44; p. at., 101,1.

ruteno, na. a. y s. Ant. nombre dado a los ucranianos, sobre todo a los católicos.

ruterfordio. m. Elemento químico. Símb., Rf.; n. at., 104.

rutilante. p. act. de **rutilar.**// a. Que rutila, brillante.

rutilar. i. poét. Brillar como el oro./ Despedir rayos de luz, resplandecer.

rutilo. m. Mineral, óxido de titanio.

rutina. f. Costumbre inveterada, hábito de hacer las cosas por repetición, sin razonarlas./ Conjunto de acciones y movimientos que se realizan habitualmente y en el mismo orden para realizar un trabajo o tarea./*Comp.* Programa menor que puede ser ejecutado individualmente, pero que normalmente se lo ejecuta desde otro programa principal.

rutinario, ria. a. Que se practica por rutina.// a. y s. Díc. del que en todo obra por rutina.

s. f. Vigésima letra del abecedario castellano, y decimosexta de sus consonantes. Su nombre es *ese*.

sábado. m. Séptimo y último día de la semana.

sábalo. m. Pez marino, parecido al arenque, de carne sabrosa.

sabana. f. *Amér.* Llanura extensa y sin árboles.

sábana. f. Cada una de las dos piezas de tela que sirven para cubrir la cama y entre las que se coloca el cuerpo.

sabandija. f. Cualquier reptil pequeño o insecto molesto./ fig. Persona despreciable.

sabañón. m. Hinchazón de la piel en los pies, manos y orejas, acompañada de picazón y ardor, causada por el frío excesivo.

sabatino, na. a. Rel. al sábado, o que se realiza en él.

sabedor, ra. a. Conocedor de una cosa.

saber. tr. Tener noticia de alguna cosa; conocer./ Tener habilidad para hacer algo./ Ser docto en algo.// i. Ser muy sagaz./ Tener una cosa aptitud o eficacia para lograr un fin./ Tener sabor una cosa./ Sujetarse a una cosa./ Conocer el camino.// m. Sabiduría, conocimiento.

sabido, da. p.p. de **saber**.// a. Que sabe mucho.

sabiduría. f. Conocimiento profundo en ciencias, artes o letras./ Sensatez, conducta prudente en la vida y en los negocios./ Noticia, conocimiento.

sabihondo, da. a. y s. fam. Que sin serlo presume de sabio.

sabio, bia. a.y s. Que posee sabiduría./ Cuerdo. Ú.t.c.s.// Dícese de aquellas cosas que instruyen o contienen sabiduría.

sable. m. Arma blanca algo curva y de un solo corte./ fig. y fam. Habilidad para sacar dinero a otro sin voluntad de devolverlo.

sablear. tr. fig. Sacar dinero con insistencia y habilidad.

sabor. m. Sensación que ciertas cosas producen en el sentido del gusto./ fig. Impresión que produce en el ánimo alguna cosa./ Propiedad que tienen de parecerse algunas cosas a otras con las que se las compara.

saborear. tr. Dar sabor y gusto a las cosas.// tr./ prl. Gustar con deleite el sabor de una cosa./ fig. Apreciar con deleite y detenidamente una cosa.// prl. Comer o beber algo deleitándose./ fig. Deleitarse en las cosas que agradan.

sabotaje. m. Daño intencional en los elementos de trabajo, que se hace como procedimiento de lucha contra los patrones, el Estado o el enemigo./ Oposición disimulada contra proyectos, órdenes, etc.

saboteador, ra. a. Que sabotea.

sabotear. tr. Cometer actos de sabotaje.

sabroso, sa. a. Grato al gusto, sazonado./ fig. Gustoso, delicioso para el ánimo.

sabueso, sa. a./ m. Variedad de perro de olfato muy desarrollado.

saburra. f. Secreción mucosa que se acumula en las paredes del estómago./ Capa blanquecina que cubre la lengua por efecto de dicha secreción.

saca. f. Acción y efecto de sacar./ Saco grande de tela fuerte, más largo que ancho.

sacabocados. m. Instrumento que sirve para taladrar.

sacacorchos. m. Instrumento para descorchar botellas.

sacapuntas. m. Utensilio para afilar lápices.

sacar. tr. Extraer o quitar una cosa del interior de otra./ Apartar a una persona o cosa del lugar o situación donde se halla./ Extraer de una cosa alguno de sus componentes./ Averiguar una cosa por el estudio./ Conocer, descubrir por indicios./ Hacer con fuerza o con maña que uno diga o entregue lo que se pretende./ Ganar por suerte una cosa./ Lograr una cosa./ Exceptuar./ Quitar./ Producir, inventar./ Desenvainar./ Hacer una fotografía o retrato.

sacáridos. m. pl. *Quím.* Antigua denominación de los hidratos de carbono o carbohidratos.

sacarino, na. a. Que contiene azúcar./ Que se parece al azúcar.// f. Sustancia blanca, en polvo, capaz de endulzar tanto como 234 veces su peso en azúcar.

sacarosa. f. Azúcar común.

sacerdocio. m. Dignidad y estado de sacerdote./ fig. Consagración activa y celosa al ejercicio de una actividad noble.

sacerdotal. a. Rel. al sacerdote o al sacerdocio.

sacerdote. m. Hombre dedicado a hacer u ofrecer sacrificios./ En la religión católica, hombre ungido y ordenado para celebrar la misa.

La sabana africana es recorrida por numerosas especies en busca de alimento.

sacerdotisa. f. En la religión antigua, mujer dedicada a ofrecer sacrificios a los dioses y cuidar los templos.

saciar. tr./ prl. Satisfacer la sed o el hambre./ fig. Hartar y satisfacer en las cosas del ánimo.

saciedad. f. Hartura ocasionada por satisfacer con exceso el deseo de una cosa.

saco. m. Especie de bolsa de tela, papel, etc., rectangular, abierta por arriba./ Lo que cabe en ella./ Especie de gabán grande./ *Amér.* Chaqueta./ *Biol.* Órgano o parte del cuerpo, en forma de bolsa o receptáculo, que funciona como reservorio; por ej., saco lagrimal.

sacramental. a. Rel. a los sacramentos./ fig. Consagrado por la costumbre o la ley.

sacramentar. tr. Convertir el pan en el cuerpo de Cristo en el sacramento de la Eucaristía. Ú.t.c.prl./ Administrar los sacramentos./ fig. Ocultar, disimular.

sacramento. m. En la religión católica, signo sensible de un efecto espiritual que Dios obra en las almas.

Salto con garrocha, atractiva disciplina de las competencias atléticas, por la destreza y agilidad de quienes la realizan.

sacrificar. tr. Hacer sacrificios y ofrecerlos./ Matar las reses para el consumo./ fig. Poner a una persona o cosa en algún riesgo o trabajo para lograr un fin.// tr./ prl. Privarse de una cosa; someterse con paciencia a una cosa violenta o repugnante./ Consagrarse a Dios.

sacrificio. m. Ofrenda que se hace a una deidad./ Acto del sacerdote en la misa de ofrecer el cuerpo de Jesucristo bajo las especies de pan y vino./ fig. Trabajo o peligro graves a que se somete una persona./ Acción a que uno se sujeta con gran repugnancia./ Acto de abnegación.

sacrilegio. m. Profanación de una persona, cosa o lugar sagrado.

sacrílego, ga. a. Que comete sacrilegio o lo contiene./ Rel. al sacrilegio.

sacristán. m. El encargado de ayudar al sacerdote en los servicios del altar, y de cuidar de los ornamentos, la limpieza y el aseo de la iglesia y la sacristía.

sacristía. f. Lugar donde los sacerdotes se revisten y están guardados los objetos necesarios para el culto.

sacro, cra. a. Sagrado./ Referente a la región en que se halla situado el hueso sacro, desde el lomo hasta el cóccix.// a./ m. Apl. al hueso de la parte inferior de la columna vertebral.

sacudida. f. Sacudimiento.

sacudimiento. m. Acción y efecto de sacudir o sacudirse.

sacudir. tr./ prl. Mover, agitar violentamente una cosa.// t? Golpear o agitar una cosa en el aire para quitarle el polvc enjugarla, etc./ Dar golpes.// prl. Apartar de sí con aspe reza, rechazar.

sacudón. m. Sacudida violenta.

sádico, ca. a. Rel. al sadismo o al marqués de Sade. Ú.t.c.s

sadismo. m. *Psic.* Perversión sexual del que goza come tiendo actos crueles en otra persona.

saeta. f. Arma arrojadiza consistente en un asta delgad? que se dispara con el arco./ Manecilla del reloj./ Brújula barrita imantada./ Copla breve que se canta en Andaluci al paso de las procesiones./ *Astron.* Constelación boreal.

safari. m. Excursión de caza mayor que se realiza general mente en África.

sáfico, ca. a. y s. Díc. de un tipo de estrofa y de verso, or gen del endecasílabo español, atribuido a Safo./ Rel. a es ta poetisa griega.

safismo. m. Homosexualidad femenina.

saga. f. Mujer que se finge adivina./ Cualquiera de las le yendas poéticas contenidas en su mayor parte en las dc colecciones de primitivas tradiciones heroicas y mitológ cas escandinavas./ Relato novelesco que abarca las vicis tudes de dos o más generaciones de familia.

sagacidad. f. Calidad de sagaz.

sagaz. a. Que prevé y previene las cosas./ Prudente, astut?

sagrado, da. a. Dedicado a Dios y al culto divino./ Rel. a l divinidad y a su culto./ fig. Digno de veneración.

sagrario. m. Lugar interior del templo donde se guard? objetos sagrados./ Sitio donde se deposita y guarda a Cris to sacramentado.

sahariano, na. a. Rel. al desierto de Sáhara.

sahumado, da. p.p. de sahumar.// a. fig. *Amér.* Ahumadc

sahumar. tr./ prl. Quemar sustancias aromáticas para pe fumar algo.

sahumerio. m. Acción y efecto de sahumar./ Sustancia cc que se sahúma./ Humo que produce esta sustancia.

sainete. m. Pieza teatral de carácter popular, generalmen? cómica.

sainetero, ra. a. Rel. al sainete.// s. Que escribe sainete o actúa en ellos.

sainetesco, ca. a. Propio de los sainetes.

sajón, na. a. y s. Díc. de individuos de un antiguo puebl germánico que se estableció cerca de la desembocadu del río Elba./ De Sajonia./ Rel. a este pueblo o a este pa europeo.

sal. f. Sustancia blanca, cristalina, de sabor acre, soluble ? agua, usada como condimento. Es un compuesto de clol y sodio./ fig. Donaire, agudeza./ Garbo, gracia en los ad? manes./ *Quím.* Combinación de una base y un ácido.

sala. f. Pieza principal de la casa./ Aposento muy espacic so./ Conjunto de muebles que componen un salón./ Lug? donde se constituye un tribunal de justicia.

saladero. m. Sitio o establecimiento destinado a salar ca nes o pescados.

salado, da. a. Que tiene excesiva sal./ Apl. al terreno e téril por contener demasiado salitre./ fig. Gracioso, agr? do./ *Arg.* y *Chile.* fig. Costoso, caro.

salamandra. f. Batracio urodelo parecido al lagarto, c piel negra con manchas amarillas simétricas./ Ser fantás co, considerado el espíritu elemental del fuego./ Espec de calefactor de combustión lenta.

salame. m. *Arg.* Variedad de embutido de carne de cerd que se come como fiambre.

salamín. m. *Arg.* Variedad de salame, más delgado.

salar. f. *Geog.* Depresión que ocupa una pequeña cuen? endorreica en regiones áridas o semiáridas y está cubier por una costra salina; en la época de lluvias se transforn en una laguna o pantano salobre, mientras que en la est? ción seca la evaporación del agua forma depósitos salin? generalmente surcados por grietas poligonales.

salar. tr. Echar en sal o curar con ella carnes, pescados, etc Sazonar con sal./ Echar excesiva sal.

salarial. a. Rel. al salario.

alario. m. Remuneración que recibe una persona por un trabajo o servicio, en dinero o especie. Apl. gmente. a los obreros manuales, que cobran por jornadas, semanas o quincenas.

alaz. a. Sumamente inclinado a la lujuria.

alchicha. f. Embutido de tripa delgada, relleno con carne de cerdo bien picada.

alchichón. m. Embutido de jamón, tocino y pimienta en grano, prensado y curado.

aldar. tr. Liquidar enteramente una cuenta./ Vender a bajo precio una mercancía para desprenderse de ella.

aldo. m. Pago de una deuda u obligación./ Cantidad que queda a favor o en contra de uno en una cuenta./ Resto de mercancías que se venden a bajo precio.

alero. m. Recipiente de distintas materias y formas, en que se sirve la sal en la mesa./ Sitio donde se guarda la sal./ fig. Gracia, donaire.

alesiano, na. a. y s. Díc. del religioso de la Sociedad de San Francisco de Sales, fundada por San Juan Bosco a mediados del siglo XIX./ Rel. a esa congregación.

alicaria. f. Planta herbácea que se utiliza como astringente en medicina.

alida. f. Acción y efecto de salir./ Parte por donde se sale./ Parte que sobresale de una cosa./ Lugar desde el que se indica una carrera o competencia./ Despacho o venta de mercaderías./ Partida de descargo en una cuenta./ fig. Pretexto, recurso./ Medio o razón con que se vence un argumento, peligro, etc./ fig. y fam. Ocurrencia, dicho agudo./ Acometida de tropas de una plaza sitiada contra los sitiadores./ Partida de un buque./ Acto de comenzar una carrera o competición de velocidad./ Lugar donde los participantes se sitúan para comenzar una competición de velocidad./ Comp. Conjunto de datos suministrados como resultado de la operación de un programa.

alido, da. p.p. de **salir.**// a. Dícese de lo que sobresale más de lo regular en un cuerpo./ En celo./ fig. Por ext., se dice a veces de los animales machos y de las personas urgidos por el apetito venéreo.

aliente. m. Levante.// f. Parte que sobresale de una cosa.

alificar. tr. Transformar en sal una sustancia.

alina. f. Mina de sal./ Instalación para obtener sal por evaporación del agua de mar o de un lago salado.

alinidad. f. Calidad de salino./ Cantidad proporcional de sales en el agua de mar o en otro líquido.

alino, na. a. Que naturalmente contiene sal./ Que participa de los caracteres de la sal.

alir. i./ prl. Pasar de la parte de adentro a la de afuera.// i. Partir de un lugar a otro./ Surgir, aparecer./ Librarse de un riesgo./ Aparecer, publicarse./ Costar una cosa que se

Salina de Macachín en La Pampa (Argentina).

compra./ Desembarazarse de algo que ocupa o molesta./ Brotar, nacer./ Borrarse, desaparecer las manchas./ Sobresalir./ Descubrir uno su índole./ Ser uno, en algunos juegos, el primero que juega./ Darse al público./ Resultar bien ajustadas las cuentas./ Venir a ser, quedar./ Ser elegido.

salitral. a. Salitroso./ Lugar donde se cría y halla el salitre.

salitre. m. Cualquier sustancia salina, especialmente la que aflora en tierras y paredes./ Nitro./ *Chile.* Nitrato de Chile.

salitroso, sa. a. Que contiene salitre.

saliva. f. Líquido segregado por ciertas glándulas cuyos conductos excretorios se abren en la boca. Es viscoso y alcalino y sirve para ablandar los alimentos.

salivación. f. Acción de salivar.

salivadera. f. Escupidera.

salival. a. Perteneciente a la saliva.

salivar. i. Arrojar saliva.

salivazo. m. Porción de saliva que se escupe de una vez.

salmista. s. Persona que compone salmos./ Por antonomasia, el autor del libro de los Salmos, de la Biblia.

salmo. m. Cántico de alabanza a Dios.

salmodia. f. Canto que se usa para los salmos./ fig. y fam. Canto monótono.

salmodiar. tr. Entonar salmodias.

salmón. m. Pez fluvial y marino, de carne rojiza y muy sabrosa.// a. De color rojizo como la carne del salmón.

salmonella. f. *Biol.* Bacteria patógena que es agente de varias enfermedades infecciosas y suele encontrarse en alimentos descompuestos.

salmuera. f. Agua cargada de sal./ Agua que destilan las cosas saladas.

salobre. a. Que tiene sabor de sal o la contiene.

salobridad. f. Calidad de salobre.

salomónico, ca. a. Rel. a Salomón, rey de Israel.

salón. m. aum. de **sala.**/ Aposento de grandes dimensiones./ Mobiliario de este aposento./ Pieza de grandes dimensiones donde celebra su junta un comité./ Habitación que, en una vivienda, posee mayores dimensiones, y que, amueblada en forma conveniente, se destina a recibir visitas y sirve muchas veces de cuarto de estar y comedor./ Instalación donde se exponen productos de una determinada industria, como automóviles o embarcaciones, con fines comerciales./ **-de belleza.** Establecimiento donde se presta a los clientes diversos servicios de peluquería, depilación, manicura y cosmética.

salpicadura. f. Acción y efecto de salpicar.

salpicar. tr./ i. Rociar, esparcir en gotas un líquido sobre una persona o cosa./ fig. Esparcir varias cosas, como rociando una superficie con ellas./ Pasar, sin orden, de unas cosas a otras.

salpicón. m. Salpicadura./ Fiambre de carne menuda, papas, tomate, etc., aderezado con pimienta, sal, vinagre, aceite y cebolla.

salpimentar. tr. Aderezar con sal y pimienta una cosa./ fig. Hacer amena y sabrosa una cosa con palabras o hechos.

salpullido. m. Erupción en el cutis, generalmente leve y pasajera.

salpullir. i. Aparecer un salpullido.

salsa. f. Mezcla de varias sustancias comestibles deselídas, para condimentar o aderezar la comida.

salsera. f. Recipiente donde se pone y se sirve la salsa.

salsoláceo, a. a. *Bot.* Apl. a plantas dicotiledóneas herbáceas, como la acelga.// f. pl. *Bot.* Familia de estas plantas.

saltamontes. m. Insecto ortóptero de largas patas traseras, lo que le permite dar grandes saltos.

saltar. i. Levantarse del suelo con impulso y ligereza, para dejarse caer en el mismo sitio o en otro lugar./ Arrojarse desde una altura para caer de pie./ Salir con ímpetu un líquido hacia arriba./ Romperse violentamente una cosa./ Moverse una cosa de una parte a otra, levantándose violentamente, como la pelota del suelo, la chispa del fuego, etc./ Desprenderse alguna cosa de donde estaba sujeta./ fig. Sobresalir mucho una cosa.// tr. Salvar de un salto un espacio./ Pasar de una cosa a otra./ fig. Omitir algo al leer o copiar un texto.

saltarín, na. a. y s. Que baila o danza.

saltear. tr. Salir a los caminos y robar a los viajeros./ Asaltar, acometer./ Empezar a hacer algo y dejarlo comenzado u omitir parte de ello./ Tomar una cosa adelantándose a otro./ Freír ligeramente un manjar en aceite o manteca.

salteño, ña. a. y s. De Salta, prov. de la República Argentina.

salterio. m. Libro de la Biblia que contiene los 150 salmos canónicos./ Libro de oro que contiene solamente los salmos./ Rosario.

saltimbanqui. m. fam. Acróbata equilibrista.

salto. m. Acción y efecto de saltar./ Espacio que se salva al saltar./ Caída de un caudal de agua./ Despeñadero profundo./ Sitio que no se puede pasar sino saltando./ Palpitación violenta del corazón./ fig. Omisión de una parte de un texto, al copiarlo o leerlo./ *Aeron.* Acción de lanzarse con paracaídas desde un avión, helicóptero, etc./ *Dep.* En natación, acción de lanzarse al agua, por lo general desde un trampolín./ **-de agua.** Caída de agua producida por un brusco cambio de nivel./ **-mortal.** fig. Salto que dan los acróbatas, trapecistas, etc., considerado muy arriesgado.

salubre. a. Saludable.

salubridad. f. Calidad de salubre./ Estado de la salud pública en un sitio.

salud. f. Estado en el que el organismo ejerce normalmente sus funciones./ Libertad o bien público o particular de cada uno./ pl. Actos y expresiones de cortesía.

saludable. a. Que sirve para restablecer o conservar la salud./ fig. Provechoso para algún fin.

saludar. tr. Mostrar respeto o benevolencia a alguien con expresiones de cortesía./ Enviar saludos./ Dar muestra de obsequios con salvas, toques de instrumentos, etc.

saludo. m. Acción y efecto de saludar./ Palabras o gestos que se dirigen a una persona en demostración de cortesía, al encontrarla o despedirla.

salutación. f. Acción y efecto de saludar./ Parte del sermón en la que se saluda a la Virgen María.

salutífero, ra. a. Saludable, salobre.

salva. f. Prueba que se hacía de las comidas y bebidas servidas a los reyes y notables./ Saludo hecho con armas de fuego.

salvación. f. Acción y efecto de salvar o salvarse.

salvada. f. *Arg., Cuba* y *P. Rico.* Acción de salvar o salvarse.

salvadoreño, ña. a. y s. De El Salvador.

salvaguardar. tr. Proteger, defender, amparar.

salvaguardia. f. Guardia que custodia una cosa./ f. Papel o seña que se da a una persona para que no sea detenida./ fig. Amparo, garantía, custodia.

salvajada. f. Dicho o acto propio de un salvaje; brutalidad.

Sandía, fruto de fácil cultivo, rico en azúcares.

salvaje. a. Apl. a las plantas silvestres y a los animales no domesticados./ Apl. al terreno agreste.// a./ m. y f. Dícese de los pueblos primitivos y no civilizados./ fig. Rudo, cruel

salvajismo. m. Manera de ser o de obrar propia de los salvajes./ Calidad de salvaje./ *Hist.* Etapa del desarrollo de la humanidad caracterizado por la caza, la pesca y la recolección.

salvamento. m. Acción y efecto de salvar./ Lugar en que uno se resguarda para evitar un peligro.

salvar. tr./ prl. Librar de un peligro, poner en seguro.// tr. Evitar un riesgo, una dificultad, etc./ Vencer un obstáculo./ Dar validez a las correcciones hechas en un escrito./ Exceptuar de lo que se dice o se hace./ Rebasar una altura./ Exculpar.// prl. Alcanzar la bienaventuranza eterna.

salvavidas. m. Aparato para mantener a flote a un náufrago o a quien no sabe nadar.

salvedad. f. Advertencia que se emplea como excusa o limitación de lo que se va a hacer o decir./ Nota con que se salva una enmienda en un escrito.

salvo, va. a. Ileso, que no ha sido dañado; librado de un peligro o riesgo./ Omitido, exceptuado.// adv. m. Excepto.

salvoconducto. m. Licencia expedida por una autoridad que permite transitar libremente y sin riesgo al portador./ fig. Libertad para hacer alguna cosa sin temor a castigo.

samario. m. Elemento químico. Símb., Sm.; n. at., 62; p. at., 150,35.

samba. f. *Amér.* Música y baile brasileño, de origen africano.

samovar. m. Especie de tetera de origen ruso con calentador.

samurai. m. Díc. del individuo de una clase social del Japón feudal, constituida por militares.

san. a. Apócope de santo.

sanar. tr. Restituir a uno la salud perdida.// i. Recobrar la salud.

sanativo, va. a. Que sana o tiene la virtud de sanar.

sanatorio. m. Establecimiento para la estadía de enfermos que necesitan someterse a tratamientos curativos.

sanavirón. m. Pueblo aborigen que habitó en el bajo río Dulce, Córdoba (Argentina). Eran labradores, cultivaban el maíz y el frijol y se dedicaban a la pesca y la cría de llamas. Decoraban la cerámica con grabados o la pintaban con colorantes vegetales.

sanchopancesco, ca. a. Dicho o hecho propio de Sancho Panza, célebre escudero de Don Quijote./ Prosaico, vulgar.

sanción. f. Estatuto o ley./ Pena establecida por la ley./ Acto solemne de confirmar una ley o estatuto./ Pena, castigo./ Mal dimanado de una culpa y que viene a ser como su castigo./ Aprobación de un acto, uso o costumbre.

sancionar. tr. Dar fuerza de ley a una disposición./ Aplicar una pena o castigo./ Aprobar un acto, uso o costumbre./ Aplicar una sanción o castigo.

sancochar. tr. Cocer a medias una comida, sin sazonar.

sandalia. f. Calzado compuesto por una suela que se asegura al pie con correas o cintas.

sándalo. m. Planta labiada, olorosa, originaria de Persia./ Árbol santaláceo de las costas de la India y de Oceanía, muy semejante al nogal, de fruto parecido a la cereza. Su madera da excelente olor./ Leño oloroso de este árbol.

sandez. f. Calidad de sandio./ Necedad, estupidez.

sandía. f. Planta cucurbitácea de fruto comestible, carnoso, grande y de pulpa roja, aguanosa y dulce./ Su fruto.

sandinismo. m. Movimiento de liberación nicaragüense inspirado en la figura de Augusto Sandino. En 1979 tomó el poder, derrocando al dictador Somoza.

sandinista. a. Rel. al sandinismo.// s. Partidario de ese movimiento.

sandio, dia. a. y s. Necio, tonto.

saneado, da. p. p. de **sanear.**// a. Dícese de los bienes o la renta libres de cargas y descuentos.

sanear. tr. Dar condiciones de salubridad a un edificio, terreno, etc./ Remediar, reparar una cosa./ Asegurar el reparo de un daño.

sangradura. f. Parte del brazo opuesta al codo./ Cisura de la vena./ fig. Salida que se da a las aguas de un río, un canal, etc.

sangrar. i. Arrojar sangre./ tr. Sacar sangre de una vena.

sangre. f. Líquido rojo que circula por las venas y arterias de los vertebrados, transporta los productos nutritivos y arrastra los de desecho./ El líquido blanquecino análogo de muchos invertebrados./ fig. Parentesco o linaje.

sangriento, ta. a. Que echa sangre./ Teñido de sangre o mezclado con ella./ Que causa derramamiento de sangre./ Sanguinario./ fig. Que injuria gravemente.

sanguijuela. f. Anélido de boca chupadora, que se alimenta de sangre. Se utilizaba en medicina para conseguir evacuaciones sanguíneas./ fig. Persona que poco a poco va sacando a otra el caudal, bienes, etc.

sanguinario, ria. a. Cruel, feroz./ Que goza con derramar sangre.

sanguíneo, a. a. De sangre./ Que contiene sangre o abunda en ella./ Dícese de la complexión en que predomina este humor./ De color de sangre./ Rel. a la sangre.

sanguinolencia. f. Calidad de sanguinolento.

sanguinolento, ta. a. Que echa sangre o está teñido en ella./ Mezclado con sangre.

sanguinoso, sa. a. Que participa de las cualidades o accidentes de la sangre./ Sanguinario.

sanidad. f. Calidad de sano./ Salubridad./ Conjunto de los servicios destinados a la conservación, recuperación y mejora de la salud pública.

sanitario, ria. a. Rel. a la sanidad./ Apl. a las instalaciones y artefactos para el agua destinados a la limpieza y otros usos higiénicos.

sanjuanino, na. a. y s. De San Juan, prov. de la República Argentina.

sanluiseño, na o **sanluisero, ra.** a. y s. De San Luis, prov. de la República Argentina.

sanmarinense. a. y s. De San Marino.

sano, na. a. Que goza de perfecta salud. Ú.t.c.s./ Seguro, sin riesgo./ Que es beneficioso para la salud./ Saludable./ fig. Tratándose de vegetales, sin daño o corrupción./ Exento de error o vicio./ fig. y fam. Entero.

santacruceño, ña. a. y s. De Santa Cruz, prov. de la República Argentina.

santafesino, na o **santafecino, na.** a. y s. De Santa Fe, prov. de la República Argentina.

santaláceo, a. a./f. Bot. Díc. de plantas angiospermas dicotiledóneas de flores pequeñas y colorido cáliz, como el sándalo.// f. pl. Bot. Familia de estas plantas.

santería. f. Calidad de santo./ Arg. Lugar donde se venden objetos religiosos.

santiagueño, ña. a. y s. De Santiago del Estero, prov. de la República Argentina.

santiaguino, na. a. y s. De Santiago de Chile.

santiamén (en un) frs. fig. y fam. En un instante.

santidad. f. Calidad de santo./ Tratamiento honorífico que se da al Papa.

santificación. f. Acción y efecto de santificar o santificarse./ Rel. Proceso por el cual la Iglesia católica consagra santo a una personalidad relevante.

santificar. tr. Hacer santo a alguien./ Dedicar a Dios alguna cosa./ Hacer venerable una cosa./ fig. y fam. Disculpar, justificar a uno. Ú.t.c.prl.

santiguar. tr./ prl. Hacer la señal de la cruz con la mano, desde la frente al pecho y desde el hombro izquierdo al derecho.// prl. fig. y fam. Hacerse cruces, maravillarse.

santo, ta. a. Perfecto y libre de culpa./ Díc. de la persona que ha llegado a la heroicidad de la virtud, reconocida por la Iglesia y propuesta como ejemplo. Ú.t.c.s./ Díc. de la persona buena y de excepcional virtud. Ú.t.c.s./ Apl. a lo que está especialmente consagrado a Dios./ Sagrado, inviolable.// m. Imagen de un santo./ fam. Grabado, estampa./ Fiesta onomástica.

santoral. m. Libro que contiene la vida y hechos de los santos./ Lista de los santos cuya fiesta se celebra en cada uno de los días del año.

santuario. m. Templo en que se venera la imagen o reliquia de un santo.

santurrón, na. a. y s. Hipócrita que exagera sus actos de devoción./ Nimio en los actos de devoción.

Los sanavirones pertenecieron a la etnia brasílidos. Sus viviendas eran amplias, construidas con elementos vegetales y cada una albergaba varias familias y caballos. Utilizaban la macana (garrote triangular con una protuberancia en el extremo) como elemento de defensa personal en las guerras indígenas.

saña. f. Furor, enojo ciego./ Intención rencorosa y cruel.

sañudo, da. a. Inclinado a la saña o que tiene saña.

sapidez. f. Calidad de sápido.

sápido, da. a. Apl. a la sustancia que tiene algún sabor.

sapiencia. f. Sabiduría.

sapiencial. a. Rel. a la sapiencia o sabiduría./ Rel. Díc. de ciertos libros del Antiguo Testamento que condensan de manera particular la sabiduría bíblica.

sapindáceo, a. a. Bot. Dícese de plantas dicotiledóneas, con flores en espiga y fruto capsular como el jaboncillo. Ú.t.c.s.// f. pl. Bot. Familia de estas plantas.

sapo. m. Batracio de piel gruesa y verrugosa, ojos saltones y extremidades cortas./ Arg. y Chile. Juego de la rana.

saponificación. f. Acción y efecto de saponificar.

saponificar. tr./ prl. Convertir un cuerpo graso en jabón.

saporífero, ra. a. Que da o causa sabor.

saque. m. Acción de sacar./ El que se realiza para iniciar o reanudar el juego de pelota y otros deportes./ Raya o lugar del cual se saca la pelota./ El que saca la pelota.

saquear. tr. Apoderarse violentamente los soldados de lo que encuentran en un lugar./ Entrar en un sitio robando cuanto se halla./ fig. Apoderarse violentamente de cuanto se puede o de parte o todo de aquello de que se trata.

saqueo. m. Acción y efecto de saquear.

sarampión. m. Enfermedad viral contagiosa, febril y eruptiva, que se exterioriza por multitud de pequeñas manchas rojas.

sarandí. m. Arg. Arbusto que crece en las orillas de los ríos, de ramas largas y flexibles.

sarcasmo. m. Burla mordaz que ofende./ Ironía amarga y cruel.

sarcástico, ca. a. Que expresa sarcasmo o es rel. a él./ Dícese de la persona que es propensa a emplearlo.

sarcófago. m. Sepulcro, obra de piedra para dar sepultura a un cadáver.

sarcoma. f. Tumor maligno formado por tejido conjuntivo.

sardina. f. Pez marino de carne sabrosa y delicada.

sardo, da. a. y s. De Cerdeña.

sardónico, ca. a. fig. Dícese de la risa afectada, que no manifiesta alegría./ Arg. y P. Rico. Sarcástico.

sargento. m. Suboficial militar o policial de cargo inmediatamente superior al de cabo.

sarmentoso, sa. a. Que se parece a los sarmientos.

sarmiento. m. Vástago de la vid, largo, delgado, flexible y nudoso.

sarna. f. Enfermedad contagiosa de la piel, que consiste en multitud de vesículas y pústulas diseminadas por el cuerpo, producidas por un ácaro, que causan viva comezón./ En animales, roña.

sarnoso, sa. a. Que tiene sarna.

sarro. m. Sedimento que se adhiere a las paredes o al fondo de un recipiente./ Precipitado de sales de la saliva, que se adhiere al esmalte de los dientes./ Saburra de la lengua.

sarta. f. Serie de cosas atravesadas, unas tras otras, por un hilo, cuerda, etc./ fig. Serie de cosas no materiales o sucesos iguales o semejantes.

sartén. f. Vasija circular, poco honda, con un mango, que se utiliza para freír.

sastre. m. El que por oficio corta y cose trajes.

satánico, ca. a. Rel. a Satanás, el principal de los demonios./ fig. Diabólico, perverso.

satanismo. m. Culto a Satanás, que se realiza generalmente imitando la liturgia católica de manera desviada y perversa./ Perversidad.

satanista. a. Rel. al satanismo.// s. Que practica dicho culto.

satélite. m. Cuerpo celeste opaco que gira alrededor de un planeta y brilla por la luz que refleja del sol./ Estado que depende de otro. Ú.t.c.a./ fig. Persona que depende de otra, o la sigue./ **-artificial.** Artefacto o vehículo, tripulado o no, que se coloca en órbita alrededor de la Tierra o de otro astro, y lleva aparatos adecuados para obtener información y retransmitirla.

satén. m. Tejido de seda o algodón suave y brillante.

satinado, da. p. p. de **satinar.**/ a. fig. Que tiene brillo y tersura.// m. Acción y efecto de satinar.

satinar. tr. Dar brillo y tersura al papel o a la tela.

sátira. f. Texto literario u otro escrito en que se censura con acritud o se pone en ridículo a personas o cosas./ Discurso o dicho agudo y mordaz, que persigue el mismo fin.

satírico, ca. a. Perteneciente a la sátira./ Rel. al sátiro.// m. Autor de sátiras.

satirizar. i. Escribir sátiras.// tr. Zaherir, motejar.

sátiro. m. Semidiós mitológico, mitad hombre y mitad cabra./ fig. Hombre lujurioso.

satisfacción. f. Acción y efecto de satisfacer./ Razón o acción con que se responde enteramente a una queja./ Vanagloria, presunción./ Seguridad del ánimo./ Cumplimiento del deseo o del gusto.

satisfacer. tr. Pagar lo que se debe./ Conseguir lo que se deseaba./ Saciar un deseo o pasión./ Deshacer un agravio u ofensa./ Premiar los méritos.// prl. Vengarse de un agravio.

satisfactorio, ria. a. Que puede satisfacer una queja, resolver una duda o deshacer un agravio./ Grato, próspero.

satisfecho, cha. p. p. irreg. de **satisfacer.**/ a. Presumido, pagado de sí mismo./ Contento, complacido.

sátrapa. m. Gobernador de una provincia de la antigua Persia. // a./ m. fig. y fam. Hombre que sabe gobernarse con astucia; ladino.

saturación. f. Acción y efecto de saturar o saturarse.// *Inform.* Estado de un sistema en que un incremento de cierta magnitud no produce ningún efecto en la variable que se quiere regular.

saturar. tr./ prl. Hartar, saciar./ Impregnar un fluido con otro cuerpo hasta que no pueda admitir mayor cantidad de este cuerpo. Ú.t.c.prl./ *Fís.* y *Quím.* Combinar dos o más cuerpos, en las máximas proporciones atómicas en que pueden unirse.

saturnino, na. a. *Quím.* Rel. al plomo./ Díc. de las personas de carácter triste y taciturno./ Apl. a las enfermedades que se producen por intoxicación con una sal de plomo.

sauce. m. Árbol de tronco grueso y derecho, con muchas ramas, común en las orillas de los ríos./ **-llorón.** Árbol originario de Asia Menor, de ramas muy largas, flexibles y péndulas y hojas lanceoladas y lampiñas.

saudí. a. y s. Saudita.

saudita. a. y s. De Arabia Saudita.

saurio, ria. a./ m. *Zool.* Díc. del reptil de cuerpo alargado, patas cortas y cola larga, piel cubierta de escamas, y mandíbulas dentadas, como el lagarto y el cocodrilo.// pl. Orden de estos reptiles.

savia. f. Jugo nutritivo que circula por los vasos de las plantas, con un movimiento ascendente y otro descendente./ fig. Energía, elemento vivificador.

saxo. m. Apócope de saxofón.

saxofón. m. Instrumento musical de viento. Es de metal, con boquilla de madera.

saya. f. Vestidura antigua, a modo de túnica.

sayal. m. Tela de lana burda.

sayo. m. Casaca amplia, larga y sin botones./ fam. Cualquier vestido.

sazón. f. Madurez de las cosas o estado de perfección en su línea./ Gusto o sabor que se da a las comidas./ Ocasión, coyuntura.

sazonar. tr. Condimentar, dar sazón a las comidas.// tr./ prl. Poner las cosas en el punto y madurez que deben tener.

scroll. (voz ingl.). m. *Comp.* Desplazamiento de la imagen de la pantalla hacia arriba o hacia abajo.

se. Forma reflexiva del pron. personal de tercera persona. Ú. en dativo y acusativo en ambos géneros y números y no admite preposición. Puede usarse como enclítico o proclítico: se aleja; aléjase.

se. Forma del pron. personal de tercera persona en combinación con lo, la, los, las: se las entregó; entregóselas.

sebáceo. a. Rel. al sebo.// a./ f. Díc. de las glándulas que segregan sebo.

sebo. m. Grasa sólida que se saca de los animales herbívoros./ Cualquier clase de gordura.

seborrea. f. Aumento de la secreción de las glándulas sebáceas, especialmente en el cuero cabelludo.

seboso, sa. a. Que tiene sebo.

seca. f. Sequía./ Infarto de una glándula.

secadero, ra. a. Apropiado para conservarse seco.// m. Lugar donde se pone a secar una cosa.

secador, ra. a. y s. Apl. a la máquina o utensilio que sirve para secar o enjugar una cosa.

secamiento. m. Acción y efecto de secar.

secano. m. Tierra de labor que carece de riego./ fig. Cosa muy seca.

secante. a. Que seca.// a./ m. Papel esponjoso para secar lo escrito.// a./ f. *Geom.* Línea o superficie que cortan otra línea o superficie.// a./ m. y f. Fastidioso, molesto.

secar. tr. Extraer la humedad de un cuerpo mojado./ Ir gastando el jugo en los cuerpos./ fig. Aburrir, fastidiar. Ú.t.c.prl.// prl. Enjugarse la humedad de una cosa por evaporación./ Quedarse sin agua un río, una fuente, etc./ Perder su lozanía una planta./ Enflaquecer y extenuarse una persona o un animal./ fig. Tener mucha sed./ Dicho del ánimo o del corazón, embotarse.

sección. f. Cortadura hecha en un cuerpo./ Parte en que se divide un todo./ Cualquiera de los grupos de un conjunto de personas./ Dibujo o figura que resultaría si se cortara un terreno, edificio, máquina, etc., por un plano./ *Geom.* Figura resultante de la intersección de una superficie o un sólido con otra superficie.

secesión. f. Acto de separarse de una nación parte de su pueblo y territorio./ Apartamiento de los negocios públicos.

seco, ca. a. Que carece de humedad./ Sin jugo./ Falto de agua./ Marchito, falto de lozanía o verdor./ Refiriéndose a las plantas, muerto./ Díc. de las frutas de cáscara dura, como las nueces, avellanas, etc./ Flaco o de pocas carnes./ Apl. también al tiempo en que no llueve./ fig. Poco cariñoso./ Estricto, riguroso./ Apl. al golpe fuerte, rápido y que no resuena.

secoya o **sequoia.** f. Conífera gigante de América, que puede alcanzar los 150 m de altura.

secreción. f. Acción y efecto de secretar.

secretar. tr. Salir de las glándulas, tejidos y células las sustancias por ellos elaboradas.

secretaría. f. Cargo o destino de secretario./ Oficina donde despacha los negocios.

secretariado. m. Secretaría./ Conjunto o cuerpo de secretarios./ Carrera o profesión de secretario o secretaria.

secretario, ria. s. Persona encargada de escribir la correspondencia, extender actas, dar fe de los acuerdos, custodiar los documentos, etc., de una oficina, corporación o asamblea./ m. *Amér.* Ministro.

secretear. i. fam. Hablar en secreto dos personas.

secreteo. m. fam. Acción de secretear.

secreto, ta. a. Oculto, ignorado, escondido./ Callado, reservado./ m. Lo que se tiene oculto y reservado./ Sigilo, reserva./ Conocimiento que exclusivamente posee uno./ Misterio, cosa arcana./ Escondrijo que tienen ciertos muebles.

secretor, ra o **secretorio, ria.** a. Que secreta.

secta. f. Doctrina particular enseñada por su autor y seguida y defendida por otros./ Falsa religión enseñada por un maestro célebre.

sectario, ria. a. y s. Díc. del que profesa y sigue a una secta.// a. Secuaz, fanático de un partido o idea.

sector. m. *Mat.* Parte de un círculo comprendida entre un arco y los dos radios que pasan por sus extremidades./ fig. Porción de una clase o colectividad humana, un lugar, etc., con caracteres peculiares./ Región, área, porción./ Parte de un sistema defensivo o línea fortificada./ *Comp.* Unidad básica de grabación en un disco; parte en la que se divide una pista del disco.

secuaz. a. y s. Que sigue el partido o las ideas de otro.

secuela. f. Consecuencia de una cosa.

secuencia. f. Sucesión ordenada de cosas./ Serie de cosas que guardan cierta relación entre sí.

secuencial. a. Rel. a la secuencia.// m. *Comp.* Conjunto de datos dispuestos uno tras otro, en el que, para tener acceso a uno de ellos, es preciso pasar por los anteriores.

secuestrar. tr. Embargar judicialmente./ Aprehender a una persona para exigir dinero para su rescate o para otros fines./ Depositar judicialmente un objeto en poder de un tercero hasta que se decida a quién pertenece.

secuestro. m. Acción y efecto de secuestrar./ Bienes secuestrados.

secular. a. Seglar./ Que se repite o sucede cada siglo./ Que dura un siglo, o desde hace siglos.

secularización. f. Acción y efecto de secularizar.

secularizar. tr./ prl. Hacer secular lo que era eclesiástico.

secundar. tr. Ayudar, favorecer a alguien.

secundario, ria. a. Segundo en orden./ No principal./ Díc. de la segunda enseñanza./ *Geol.* Mesozoico. Ú.t.c.s.

sed. f. Gana y necesidad de beber./ Necesidad de agua que tienen algunas cosas./ fig. Deseo ardiente de una cosa.

seda. f. Líquido viscoso segregado por ciertos gusanos y arañas, que forma hebras muy finas y flexibles./ Hilo formado por estas hebras./ Tela u obra tejida con estos hilos./ Cerda de algunos animales, y en particular del jabalí.

sedación. f. Acción y efecto de sedar.

sedal. m. Hilo o cordel de la caña de pescar, para sujetar el anzuelo, muy fino y resistente.

sedalina. f. Tejido hecho de una mezcla de seda./ Hilo de algodón mercerizado.

sedante. p. act. de **sedar.**// a. y s. Que seda./ Medicamento que disminuye la excitación nerviosa e induce al sueño.

sedar. tr. Sosegar, calmar.

sedativo, va. a. Que posee la virtud de calmar los dolores y la excitación nerviosa.

sede. f. *Amér.* Lugar donde tiene su domicilio una entidad económica, deportiva, comercial, etc./ Asiento de un prelado./ Diócesis./ Capital de una diócesis./ Jurisdicción y potestad del Papa. Llámase también Santa Sede.

sedentario, ria. a. Apl. a la actividad o vida con poco movimiento./ Díc. del pueblo que tiene residencia fija, por oposición al nómada./ Díc. de los animales que no salen de la región donde han nacido.

sedería. f. Mercadería de seda./ Conjunto de ellas./ Tráfico de sedas./ Tienda de géneros de seda.

sedición. f. Alzamiento colectivo y violento contra la autoridad./ fig. Sublevación de las pasiones.

sedicioso, sa. a. y s. Que promueve una sedición o participa en ella.

sediento, ta. a. Que tiene sed. Ú.t.c.s./ fig. Que necesita riego o humedad./ fig. Que desea con ansia alguna cosa.

sedimentación. f. Acción y efecto de sedimentar.

sedimentar. tr./ prl. Depositar sedimentos un líquido.// prl. Formar sedimento las materias suspendidas en cualquier líquido.

sedimentario, ria. a. Rel. al sedimento o que tiene su naturaleza.

sedimento. m. Materia que, habiendo estado suspendida en un líquido, se deposita en el fondo de un recipiente.

sedoso, sa. a. Semejante a la seda.

seducción. f. Acción y efecto de seducir.

seducir. tr. Persuadir con engaños al mal./ Cautivar el ánimo./ Engañar con maña.

Secoyas gigantescas se encuentran en el Parque Nacional Yosemite. En el detalle, bosque de secoyas en el invierno boreal.

seductor, ra. a. y s. Que seduce.

sefardí o **sefardita.** a./ m. y f. Apl. a los judíos de origen español.// m. *Ling.* Dialecto judeoespañol.

segar. tr. Cortar las mieses o la hierba./ Cortar lo que sobresale o está más alto./ fig. Cortar o interrumpir en forma brusca y desconsiderada el desarrollo de algo.

seglar. a. Rel. a la vida o costumbre del siglo o mundo.// a. y s. Lego, sin órdenes clericales.

segmentación. f. Acción y efecto de segmentar./ Corte o división en segmentos./ *Biol.* División reiterada de la célula huevo de plantas y animales, a partir de la cual se forma un organismo pluricelular, primera fase del embrión.

segmentar. tr./ prl. Cortar o dividir en segmentos.

segmento. m. Porción o parte cortada o separada de una cosa, de un elemento geométrico o de un todo./ *Geom.* Parte de la recta delimitada por dos puntos del plano o del espacio./ *Zool.* Cada una de las partes alineadas de las que está formado el cuerpo de los gusanos y de los artrópodos.

segregación. f. Acción y efecto de segregar.

segregar. tr. Separar una cosa de otra./ Secretar, expeler.

seguido, da. a. Continuo, incesante./ Que está en línea recta./ f. Acción y efecto de seguir./ Serie, continuación, orden.// **-en seguida.** m. adv. Acto continuo.

seguimiento. m. Acción y efecto de seguir o seguirse.

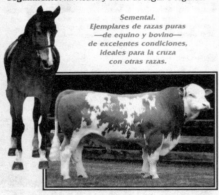

Semental.
Ejemplares de razas puras
—de equino y bovino—
de excelentes condiciones,
ideales para la cruza
con otras razas.

seguir. tr. Ir después o detrás de una persona o cosa. Ú.t. c.i./ Ir en busca de una persona o cosa./ Perseguir./ Continuar lo empezado./ Producirse una cosa después de otra./ Mantener la vista en un objeto que se mueve./ Profesar o ejercer una ciencia, arte, etc./ Ser del dictamen de otro./ Imitar o hacer algo por el ejemplo de otro./ Dirigir una cosa por camino adecuado./ prl. Inferirse una cosa de otra./ Suceder una cosa a otra por orden./ fig. Originarse una cosa de otra.

según. prep. Conforme, con arreglo a./ Con correspondencia a./ De la misma manera o por el modo en que./ Denota conformidad o contingencia.

segundero, ra. a. Díc. del segundo fruto de algunas plantas.// m. Manecilla que señala los segundos en el reloj.

segundo, da. a. Que sigue inmediatamente en orden al o a lo primero./ m. Cada una de las sesenta partes iguales en que se divide el minuto./ El que en una institución sigue en jerarquía al principal.

segundón. m. Hijo segundo de la casa./ Por ext., cualquier hijo no primogénito.

seguridad. f. Calidad de seguro./ Garantía, fianza u obligación de indemnizar a favor de uno.

seguro, ra. a. Libre de todo daño o peligro./ Cierto./ Firme, constante, sin peligro de faltar o caerse./ Confiado, leal./ Que ha de producirse.// m. Contrato por el cual una persona, natural o jurídica, se obliga a resarcir pérdidas o daños que ocurran a otras./ Certeza, confianza, seguridad./ Sitio libre de peligro./ En algunas armas de fuego, mecanismo destinado a evitar que se disparen solas.

seis. a./ m. Cinco y uno.// m. Signo o conjunto de signos con que se representa el número seis.

seiscientos, tas. a./ m. Seis veces ciento.// m. Signo o conjunto de signos con que se representa el número seiscientos.

selacio, cia. a. y s. *Zool.* Apl. a los peces cartilagíneos, de cuerpo fusiforme, que tienen móvil la mandíbula inferior como el tiburón y la raya.// m. pl. Orden de estos peces.

selección. f. Acción de elegir a una persona o cosas entre otras./ Conjunto de los seleccionados./ **-natural.** *Biol.* Proceso evolutivo que favorece determinada información genética beneficiosa en detrimento de otra que no lo es.

seleccionar. tr. Elegir, escoger.

selectividad. f. Calidad de selectivo./ Función de seleccionar o elegir.

selectivo, va. a. Que implica selección./ Apl. al aparato receptor que permite escoger una onda de longitud determinada sin interferencias de otras próximas.

selecto, ta. a. Que es o se considera lo mejor entre otros de su especie.

selenio. m. Metaloide de color pardo rojizo y brillo metálico. Símb., Se; n. at., 34; p. at., 78,96.

selenita. m. y f. Habitante supuesto de la Luna.// f. Yeso cristalizado, espejuelo.

selenografía. f. Parte de la astronomía que trata de la descripción de la Luna.

sellar. tr. Imprimir el sello./ fig. Estampar, dejar impresa una cosa en otra./ Concluir alguna cosa./ Cerrar, cubrir, tapar.

sello. m. Plancha de metal o de caucho usada para estampar armas, divisas, leyendas, etc., en él grabadas./ Señal que deja esa plancha./ Trozo pequeño de papel con timbre oficial, de figuras o signos grabados, que se pega a ciertos documentos para darles valor o eficacia, y a las cartas como comprobante del previo pago de su franqueo. Correo, filatelia./ Carácter distintivo comunicado a alguna cosa./ Conjunto de dos obleas redondas, en que se encierra un medicamento.

selva. f. Formación arbórea higrófila cerrada, de gran altura y pocos claros, que presenta varios estratos vegetales con gran variedad de especies y donde abundan distintos tipos de epífitas; se desarrolla en regiones de gran pluviosidad y elevada temperatura./ **-tropical.** La que es propia de los trópicos, con vegetación abundante./ **-virgen.** La que nunca ha sido penetrada, y por lo tanto es muy difícil hacerlo.

selvático, ca. a. Rel. a las selvas./ fig. Tosco, salvaje, sin cultura.

selvoso, sa. a. Propio de la selva./ Díc. del país o territorio en el que hay muchas selvas.

sema. m. *Ling.* Unidad mínima del plano del significado.

semáforo. m. Telégrafo óptico instalado en las costas, para comunicarse con los buques./ Cualquiera de los sistemas ópticos de señales instalados en las calles y vías de comunicación.

semana. f. Período de siete días consecutivos contados entre uno cualquiera de ellos y el siguiente del mismo nombre./ **-santa.** grande o mayor. La que va desde el domingo de Ramos hasta el domingo de Resurrección.

semanal. a. Que ocurre o se repite cada semana./ Que dura una semana o a ella corresponde.

semanario, ria. a. Semanal.// m. Periódico que se publica una vez por semana.

semántico, ca. a. Rel. a la significación de las palabras./ f. Estudio de la significación de los signos lingüísticos.

semblante. m. Representación de algún estado de ánimo en el rostro./ Cara, rostro humano./ fig. Apariencia de una cosa.

semblanza. f. Bosquejo biográfico.

sembradío, a. a. Apl. al terreno a propósito para sembrar.

sembrado. m. Tierra sembrada.

sembrador, ra. a. y s. Que siembra.// f. Máquina para sembrar.

La selva se caracteriza por su riqueza florística y faunística, como consecuencia de las temperaturas elevadas y la abundante disponibilidad de agua.

embradura. f. Acción y efecto de sembrar./ Tierra sembrada.

embrar. tr. Arrojar y esparcir las semillas en la tierra preparada para tal fin./ fig. Esparcir o derramar una cosa./ fig. Hacer algo que posteriormente produzca un beneficio./ Dar motivo o principio a algo./ Publicar alguna especie para que se divulgue./ Hacer cosas de que se ha de conseguir fruto.

emejante. a. y s. Que se parece a una persona o cosa.// m. Cualquier persona con respecto a otra./ Prójimo.

emejanza. f. Calidad de semejante.

emejar. i./ prl. Parecerse una persona o cosa a otra.

emen. m. Líquido que secretan los animales del sexo masculino para la generación./ Semilla.

emental. a. Rel. a la siembra.// a. Díc. del animal macho que se destina a la reproducción.

ementar. tr. Sembrar la semilla.

ementera. f. Acción y efecto de sembrar./ Terreno sembrado./ Cosa sembrada./ Tiempo oportuno para sembrar./ fig. Origen, principio.

emestral. m. Que sucede o se repite cada seis meses./ Que dura un semestre o a él corresponde.

emestre. m. Semestral./ Período de seis meses./ Sueldo, renta, etc., que se paga o se cobra al fin de cada semestre.

emibreve. f. Mús. Nota que vale un compás menor o compasillo entero.

emicilindro. m. Geom. Cualquiera de las dos mitades del cilindro separadas por un plano que pasa por el eje.

emicircular. a. Rel. al semicírculo./ De figura de semicírculo o que se parece a ella.

emicírculo. m. Geom. Cada una de las dos partes iguales del círculo divididas por un diámetro.

emicircunferencia. f. Geom. Cada una de las dos mitades de una circunferencia.

emiconductor, ra. a./ m. Electr. Díc. de los elementos sólidos de conductibilidad electrónica menor a la de los metales.

emicorchea. f. Mús. Nota que vale la mitad de una corchea.

emidiós, sa. m. y f. Héroe o heroína hijos de un dios y de un ser humano, en la mitología grecorromana. También, héroe a quien por sus hazañas se le rendía culto.

emiesfera. f. Hemisferio.

emifinal. f. Cada una de las dos penúltimas competiciones de un campeonato o concurso.

emifusa. f. Mús. Nota que vale la mitad de una fusa.

emilla. f. Parte del fruto de la planta que contiene el germen de una nueva./ fig. Cosa que es causa u origen de otra./ Granos que se siembran, con excepción del trigo y la cebada.

semillero. m. Lugar donde se siembran los vegetales que se han de transplantar./ fig. Origen y principio de algunas cosas.

semilunar. a. Que tiene figura de media luna.

seminal. a. Rel. al semen o a la semilla.

seminario. m. Semillero./ Lugar destinado para la educación de niños y jóvenes o donde se forman los que han de ser sacerdotes./ Clases, al margen de los cursos regulares, en que se realizan ciertos estudios e investigaciones.

seminarista. m. Alumno de un seminario.

seminífero, ra. a. Zool. Que produce semen o lo contiene.

semiología. f. Ciencia que estudia los signos./ Semiótica.

semiológico, ca. a. Perteneciente o rel. a la semiología.

semiólogo, ga. s. Persona que se dedica a la semiología.

semiosis. f. Ling. Producción de sentido que se da entre los signos y sus objetos.

semiótica. f. Parte de la medicina que trata de los signos de las enfermedades./ Ling. Teoría general de los signos lingüísticos./ Semiología.

semiplano. m. Geom. Cada una de las dos porciones de plano limitadas por una de sus rectas.

semiplena. a. Der. Díc. de una prueba imperfecta, pero que en determinadas circunstancias es suficiente para iniciar ciertos procedimientos o determinar ciertas situaciones judiciales de los imputados.

semirrecta. f. Geom. Cada una de las dos partes en que queda dividida una recta.

semita. a./ m. y f. Descendiente de Sem. Díc. de los árabes, hebreos y otros pueblos.

semítico, ca. a. Rel. a los semitas.

semitono. m. Mús. Cualquiera de las dos partes desiguales en que se divide el intervalo de un tono.

sémola. f. Trigo candeal sin corteza./ Pasta de harina de flor, reducida a granos muy menudos, para sopa.

sempiterno, na. a. Apl. a lo que tuvo comienzo pero no tendrá fin./ Que durará siempre, eterno.

sena. f. Conjunto de seis puntos que tiene el dado en una de sus caras.

senado. m. Asamblea de patricios que formaba el consejo supremo en la Roma ant./ Cuerpo colegislador formado por personas designadas en razón de su cargo, posición, título,o elegidas a título personal./ Edificio en que se reúne./ fig. Toda junta o reunión de personas graves y respetables.

senador, ra. s. Miembro del senado.

senaduría. f. Dignidad y cargo de senador.

senario, ria. a. Que se compone de seis elementos, unidades o guarismos.

sencillez. f. Calidad de sencillo.

sencillo, lla. a. Simple, no compuesto./ Sin artificios ni adornos./ Fácil, exento de complicación./ De menos cuerpo que otras cosas de su especie./ fig. Incauto, fácil de engañar./ Ingenuo, sincero en el trato.// m. Menudo, dinero suelto.

senda. f. Camino estrecho./ fig. Camino, medio para hacer alguna cosa.

sendero. m. Senda.

sendos, das. a. pl. Uno o una para cada cual de dos o más personas o cosas.

senectud. f. Ancianidad; edad senil, que por lo común empieza a los sesenta años.

senegalés, sa. a. y s. De Senegal.

senil. a. Rel. a la persona de avanzada edad, en la que se advierte su decadencia física.

seno. m. Hueco, concavidad./ Pecho humano./ Mama de la mujer./ Hueco, espacio entre el vestido y el pecho./ Matriz de las hembras de los mamíferos./ Concavidad interior del cuerpo del animal./ Parte de mar entre dos puntas o cabos de tierra./ fig. Regazo, amparo, refugio./ Parte interna de cualquier cosa./ Golfo./ **-de un ángulo.** Trig. El del arco que sirve de medida al ángulo./ **-de un arco.** Trig. Parte de la perpendicular tirada al radio que pasa por el extremo del arco, desde el otro extremo del mismo arco, comprendida entre este punto y dicho radio.

sensación. f. Impresión que producen las cosas a través de los sentidos./ Emoción muy intensa producida por un suceso o noticia importante.

sensacional. a. Que causa sensación./ Apl. a las personas o sucesos que llaman la atención.

sensacionalismo. m. Tendencia a exagerar intencionadamente la importancia o alcance de las cosas. Ú. con preferencia referido al periodismo.

sensacionalista. a. Rel. al sensacionalismo./ Que practica esta tendencia. Ú.t.c.s.

sensatez. f. Calidad de sensato./ Prudencia.

sensato, ta. a. Prudente, de buen juicio, cuerdo.

sensibilidad. f. Calidad de sensible./ Facultad de sentir o de experimentar sensaciones./ Propensión natural del hombre a la ternura y compasión./ Calidad de las cosas sensibles./ Biol. Capacidad de respuesta a muy pequeñas excitaciones, estímulos o causas.

sensibilización. f. Acción de sensibilizar./ Biol. Mecanismo por el que la respuesta inmune provocada por un antígeno aparece con mayor sensibilidad tras una administración inicial.

sensibilizar. tr. Hacer sensible./ Dotar de sensibilidad, conmover, impresionar el ánimo./ Hacer sensibles a la acción de la luz algunas materias que se usan en fotografía.

sensible. a. Que siente./ Que puede percibirse por medio de los sentidos./ Apl. a la persona que se deja llevar fácilmente por el sentimiento./ Perceptible al entendimiento./ Que produce pena y dolor./ Que cede fácilmente a la acción de ciertos agentes naturales.

sensiblería. f. Calidad de sensiblero./ Afectación de sensibilidad.

sensiblero, ra. a. Exageradamente sentimental.

sensitivo, va. a. Rel. a las sensaciones producidas en los sentidos./ Capaz de sensibilidad./ Que excita la sensibilidad.// f. Planta leguminosa originaria de América Central. Si se la toca o sacude quedan las hojas como marchitas por algún tiempo.

sensorial. a. Rel. a la sensibilidad, facultad de sentir.

sensual. a. Sensitivo, perteneciente a los sentidos./ Apl. a los gustos y placeres de los sentidos, a las cosas que nos incitan o satisfacen y a las personas inclinadas a ellos./ Rel. al apetito carnal.

sensualidad. f. Calidad de sensual./ Sensualismo.

sensualismo. m. Propensión excesiva a los placeres de los sentidos./ Doctrina filosófica que pone en los sentidos exclusivamente el origen de las ideas.

sentado, da. a. Juicioso, sosegado, quieto./ Bot. Díc. de las

Sendero otoñal que invita al descanso.

partes de la planta carentes de piececillo.// f. Asentada.

sentar. tr./ prl. Poner a alguien de manera que quede apoyado y descansando sobre las nalgas.// tr. fig. Dar por cierta o supuesta una cosa./ i. Convenir, cuadrar una cosa otra o a una persona./ fig. y fam. Refiriéndose a la comida o a la bebida, recibirlas bien en el estómago./ Hacer provecho o daño./ Agradar a uno alguna cosa.// prl. Asentarse.

sentencia. f. Dictamen, parecer./ Máxima, dicho breve que contiene una doctrina o moralidad./ Der. Resolución de un juez o tribunal./ Inform. Secuencia de expresiones que especifica una o varias operaciones.

sentenciar. tr. Pronunciar sentencia./ Condenar por sentencia./ fig. Expresar dictamen para decidir una cuestión./ fig. y fam. Destinar una cosa para un fin.

sentencioso, sa. a. Que encierra moralidad o doctrina./ Apl. al tono que afecta gravedad.

sentido, da. a. Que incluye un sentimiento./ Apl. a la persona que se ofende fácilmente o es muy sensible.// m. Zool. Facultad que tienen el hombre y los animales de percibir por medio de ciertos órganos, las impresiones de los objetos exteriores./ Razón o entendimiento./ Manera particular de entender una cosa./ Conocimiento con que se ejecutan ciertas cosas./ Razón de ser, finalidad./ Significado cabal de una proposición o cláusula./ Acepción de las palabras./ Interpretación que puede darse a un escrito.

sentimental. a. Que excita o expresa sentimientos tiernos o que es propenso a ellos./ Que afecta sensibilidad de una manera ridícula o exagerada.

sentimentalismo. m. Calidad de sentimental.

sentimiento. m. Acción y efecto de sentir./ Estado del ánimo apenado./ Impresión de las cosas espirituales en el alma.

sentir. tr. Experimentar sensaciones./ Oír./ Experimentar una impresión, placer o dolor./ Opinar, juzgar./ Lamentar una cosa./ Barruntar, presentir.// prl. Formar queja de alguna cosa./ Padecer un dolor./ Hallarse en cierto estado físico o de ánimo.

seña. f. Nota, indicio para dar a entender una cosa./ Lo que se concierta entre dos o más personas para entenderse./ Señal o signo para acordarse./ Señal, parte de precio que se anticipa.// pl. Indicación del domicilio de una persona.

señal. f. Marca o nota de las cosas para diferenciarlas de otras./ Hito o mojón para marcar un límite./ Vestigio, huella./ Imagen, representación de una cosa./ Cosa que revela la existencia de otra./ Todo signo para acordarse de algo./ Distintivo o nota./ Indicio inmaterial de algo./ Cicatriz./ Prodigio./ Parte de precio que se anticipa como prenda en ciertos contratos./ Aviso para hacer algo./ **-de cruz.** Cruz que se forma con los dedos de la mano o con el movimiento de ésta.

señalado, da. a. Insigne, célebre, famoso.

señalamiento. m. Acción de señalar.

señalar. tr. Poner una marca o señal para distinguir una cosa de otra./ Llamar la atención hacia una persona o cosa./ Determinar día, hora, lugar, etc., para un fin./ Hacer una herida que deje cicatriz.// prl. Distinguirse, descollar.

señalización. f. Acción y efecto de señalizar.

señalizar. tr. Colocar las señales en las vías de comunicación.

señero, ra. a. Solo, sin compañía./ Sin par, único./ Que sirve de seña o guía a otros.

señor, ra. a. y s. Dueño de una cosa.// a. Noble./ Antepuesto a ciertos nombres, sirve para encarecer la significación de los mismos.// m. Por anton., Dios./ Jesús en la eucaristía./ Amo, con respecto a los criados./ Título de cortesía que se da a cualquier hombre.// f. Mujer del señor./ Ama, con respecto a sus criados./ Término de cortesía que se da a una mujer, y especialmente a la casada o viuda./ Mujer, esposa.

señorear. tr. Dominar o mandar en una cosa como dueño./ Mandar uno con imperio./ Apoderarse de alguna cosa, sujetarla a su dominio. Ú.t.c.prl./ fig. Estar una cosa en situación superior o en mayor altura que otra.

señoría. f. Tratamiento dado a personas de dignidad./ Persona a la que se da este tratamiento./ Señorío, dominio.

señorial. a. Rel. al señorío./ Majestuoso, noble.

señoril. a. Perteneciente al señor.

señorío. m. Dominio sobre una cosa./ Dignidad del señor./ fig. Mesura y gravedad en el porte o en las acciones./ fig. Conjunto de señores o personas distinguidas.

señorito, ta. s. Hijo de un señor.// m. fam. Joven rico y ocioso.// f. Término de cortesía que se da a la mujer soltera.

señuelo. m. Figura de ave con que se atrae al halcón./ Por ext., cualquier cosa para atraer a las aves./ fig. Cualquier cosa que sirve para atraer o inducir con engaño.

sépalo. m. Cualquiera de las divisiones del cáliz de la flor.

separación. f. Acción y efecto de separar.

separador, ra. a. Que separa.

separar. tr. Poner fuera de contacto o proximidad de alguien o algo. Ú.t.c.prl./ Distinguir unas de otras cosas o especies./ Destituir de un empleo o cargo.// prl. Tomar caminos distintos, dejar de tener relación./ Retirarse de alguna ocupación.

separata. f. Impresión por separado de un capítulo de un libro o revista.

separatismo. m. Doctrina política que propugna la separación de una colonia o territorio de la soberanía bajo la cual se halla./ Partido separatista.

separatista. a. y s. Partidario del separatismo.

sepelio. m. Acción de inhumar la Iglesia a los fieles./ Entierro.

septenario, ria. a. Díc. de lo que consta de siete elementos.// m. Espacio de tiempo de siete días.

septenio. m. Tiempo de siete años.

septeno, na. a. Séptimo.

septentrión. m. Polo ártico.

septentrional. a. Rel. al Septentrión./ Que cae al norte.

septeto. m. Conjunto de siete cantantes o de siete instrumentos musicales./ Composición musical para siete instrumentos o voces.

septicemia. f. *Pat.* Infección del organismo causada por la proliferación de gérmenes patógenos en la sangre.

séptico, ca. a. Que contiene gérmenes patógenos.

septiembre. m. Noveno mes del año; tiene treinta días.

séptimo, ma. a. y s. Que sigue inmediatamente en orden al sexto./ Díc. de cada una de las siete partes iguales en que se divide un todo.

septuagenario, ria. a. y s. Que ha cumplido setenta años y no llega a ochenta.

septuagésimo, ma. a. Que sigue inmediatamente en orden al sexagésimo nono.// a. y s. Díc. de cada una de las setenta partes iguales en que se divide un todo.

septuplicación. f. Acción y efecto de septuplicar.

septuplicar. tr./ prl. Multiplicar por siete.

séptuplo, pla. a./ m. Díc. de la cantidad que incluye en sí siete veces a otra.

sepulcral. a. Rel. al sepulcro.

sepulcro. m. Obra que se construye levantada del suelo para dar sepultura al cadáver de una persona.

sepultar. tr. Poner en la sepultura a un difunto.// tr./ prl. fig. Ocultar alguna cosa.

sepulto, ta. p. p. irreg. de **sepultar.**

sepultura. f. Acción y efecto de sepultar./ Hoyo que se hace en la tierra o lugar donde está enterrado un cadáver./ Sitio en que está enterrado un cadáver.

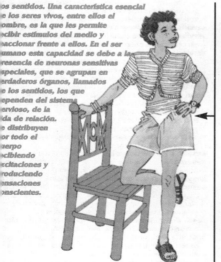

os sentidos. Una característica esencial
e los seres vivos, entre ellos el
ombre, es la que les permite
cibir estímulos del medio y
accionar frente a ellos. En el ser
umano esta capacidad se debe a la
resencia de neuronas sensitivas
speciales, que se agrupan en
erdaderos órganos, llamados
e los sentidos, los que
ependen del sistema
ervioso, de la
ida de relación.
e distribuyen
or todo el
aerpo
cibiendo
xcitaciones y
roduciendo
ensaciones
onscientes.

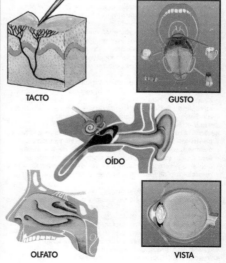

TACTO

GUSTO

OÍDO

OLFATO

VISTA

Las serranías de la precordillera andina enmarca extensos valles con pequeños cursos de agua.

sepulturero. m. El que por oficio abre las sepulturas y sepulta a los muertos.

sequedad. f. Calidad de seco./ fig. Dicho o gesto áspero y duro. Ú.m. en pl.

sequedal o **sequeral.** m. Terreno muy seco.

sequero. m. Secano./ Secadero.

sequía. f. Tiempo seco de larga duración./ Seca.

séquito. m. Cortejo, comitiva, grupo de personas que acompaña y sigue a alguien.

ser. m. Ente, lo que es o existe./ *Fil.* Esencia o naturaleza de alguien o algo.

ser. i. Verbo copulativo, cuya función sintáctica es servir de nexo entre el sujeto y el predicado./ Verbo auxiliar que sirve para conjugar todos los verbos en la voz pasiva. Haber o existir./ Servir para algo./ Estar en lugar o situación./ Suceder o acaecer./ Valer, costar./ Pertenecer al dominio de una corporación./ Tener origen o naturaleza, refiriéndose a los lugares o países./ Corresponder, convenir.

serafín. m. Cada uno de los ángeles que forman el segundo coro./ fig. Persona de singular hermosura.

serbio, bia. a. y s. De Serbia.

serenar. tr. Tranquilizar, sosegar./ Aclarar, aquietar. Ú.t.c.i. y prl./ Sentar, o aclarar los licores turbios. Ú.m. en prl./ fig. Apaciguar disturbios./ Moderar o cesar en el enojo. Ú.t.c.prl.

serenata. f. Música que se toca al aire libre, de noche, para festejar a alguien./ Composición poét. o musical para este objeto.

serenidad. f. Calidad de sereno./ Título honorífico.

sereno, na. a. Claro, sin nubes ni nieblas./ fig. Sosegado, apacible.// m. Humedad que durante la noche impregna la atmósfera./ Persona encargada de la vigilancia de las calles o edificios de un vecindario, durante la noche.

serlar. tr. Poner en serie, hacer o formar series.

serie. f. Conjunto de cosas que se suceden unas a otras y tienen relación entre sí./ *Mat.* Sucesión de cantidades derivadas unas de otras./ **-electroquímica de los elementos.** *Quím.* La que forman los distintos elementos en orden a su reactividad química./ **-estadística.** *Mat.* Conjunto ordenado de los números que representan las observaciones recogidas.

seriedad. f. Calidad de serio.

seriema. f. *Zool.* Especie de ave gruiforme de la familia cariámidos.

serio, ria. a. Grave, sentado./ Severo en el semblante, en la mirada o en el modo de hablar./ Real, veraz./ Importante.

sermón. m. Discurso en que se predica una doctrina religiosa o moral./ fig. Represión insistente y larga.

sermonar. i. Predicar, echar sermones.

sermonear. i. Sermonar.// tr. Amonestar, reprender.

sermoneo. m. fam. Acción de sermonear.

serosidad. f. Líquido que segregan ciertas membranas. Humor acumulado en las ampollas de la epidermis.

seroso, sa. a. Perteneciente al suero o a la serosidad./ Que produce serosidad.

serpentario. m. *Astron.* Constelación septentrional./ Lugar donde se crían serpientes.

serpenteado, da. p. p. de **serpentear.**// a. Que tiene ondulaciones como las que forma la serpiente al moverse.

serpentear. i. Andar formando vueltas y ondulaciones como la serpiente.

serpentino, na. a. Rel. a la serpiente./ poét. Que serpentea. // f. Piedra fina de color verdoso./ Tira de papel arrollado que, sujeta por un extremo, se lanzan unas personas a otras en las fiestas.

serpiente. f. Nombre con que se designa a los reptiles ofidios, en especial a los de gran tamaño y venenosos./ fig. El demonio./ *Astron.* Constelación septentrional.

serranía. f. Lugar cruzado por sierras y montañas no muy elevadas.

serrano, na. a. De la sierra. Ú.t.c.s./ Rel. a las sierras o serranías.

serrar. tr. Cortar o dividir con la sierra.

serruchar. tr. *Amér.* Aserrar con el serrucho.

serrucho. m. Sierra de hoja ancha y por lo general con un solo mango.

sertao o **sertón.** m. *Brasil.* Región agreste, casi despoblada, de suelo abrupto y vegetación salvaje característica.

servicial. a. Que sirve con cuidado y prontitud./ Pronto a complacer y servir.

servicio. m. Acción y efecto de servir./ Organismo destinado a satisfacer necesidades públicas y privadas./ Estado de sirviente o criado./ Culto debido a Dios./ Mérito que se hace sirviendo./ Obsequio en favor de alguien./ Utilidad, provecho./ Orinal grande./ Cubierto de cada comensal./ Retrete, letrina./ **-de inteligencia.** Organización secreta en un Estado para dirigir y organizar el espionaje./ **-militar.** El que presta al ciudadano como soldado./ **-público.** Ente estatal destinado a cubrir necesidades de la población.

servidumbre. f. Trabajo o condición propio de siervo./ Conjunto de criados que sirven en una casa./ Sujeción grave u obligación ineludible./ fig. Sujeción ocasionada por las pasiones, que limita la libertad./ Derecho en predio ajeno que restringe el dominio de éste.

servil. a. Rel. a los siervos y criados./ Bajo, humilde./ Vil.

servilismo. m. Adhesión ciega a la autoridad de alguien.

servilleta. f. Paño o trozo de papel que se usa en la mesa para el aseo de cada comensal.

servir. i. Estar al servicio de otro. Ú.t.c.tr./ Estar empleado en la ejecución de algo por mandato de otro./ Estar sujeto a otro./ Ser un instrumento, máquina, etc., a propósito para un fin./ Ejercer algún empleo o cargo. Ú.t.c.tr./ Valer, ser de utilidad./ Asistir con naipe del mismo palo al que ha jugado primero./ Asistir a la mesa trayendo las comidas o las bebidas./ tr. Dar culto a Dios o a los santos./ Hacer algo en favor de uno./ Hacer plato o llenar el vaso o la copa. Ú.t.c.prl.// prl. Tener a bien hacer una cosa./ Valerse de alguna cosa para el uso propio de ella.

sésamo. m. Planta cuyas semillas, oleaginosas, sirven como alimento y condimento.

sesear. i. Pronunciar la z o la c ante e o i como s.

sesenta. a./ m. Seis veces diez./ m. Conjunto de signos con que se representa el número sesenta.

sesgar. tr. Cortar al sesgo./ Torcer a un lado.

sesgo, ga. a. Cortado o situado oblicuamente.// m. Oblicuidad o torcimiento de alguna cosa hacia un lado./ fig. Medio término que se toma en los asuntos dudosos./ Por ext., rumbo oscuro que toma un negocio.

sésil. a. *Bot.* Sentado./ *Biol.* Díc. del órgano u organismo que se une directamente a otro o al sustrato.

sesión. f. Cada una de las reuniones de una junta, congreso, etc./ Cada una de las funciones de teatro o cinematógrafo que se celebran a distintas horas, en un mismo día./ fig. Consulta o conferencia entre varias personas.

esionar. i. *Amér.* Celebrar sesión./ Asistir a una sesión, participando de sus debates.

eso. m. Cerebro./ Masa nerviosa contenida en la cavidad del cráneo. Ú.m. en pl./ fig. Cordura, madurez.

esquicentenario, ria. a. Que tiene ciento cincuenta años.// m. Día o año en que se cumple siglo y medio de un acontecimiento o del nacimiento o muerte de una persona ilustre.

estear. i. Pasar la siesta descansando o durmiendo./ Recogerse el ganado en lugar sombrío para evitar los rigores del sol.

esudez. f. Calidad de sesudo.

esudo, da. a. Que tiene seso./ Prudente, sensato.

eta. f. Especie de hongos con forma de sombrero o casquete sostenido por un pie.

etecientos, tas. a./ m. Siete veces ciento.// m. Conjunto de signos con que se representa el número setecientos.

etenta. a./ m. Siete veces diez.// m. Conjunto de signos con que se representa el número setenta.

etiembre. m. Septiembre.

eudo. Prefijo inseparable que significa "falso".

eudónimo. a. Díc. del autor que oculta su propio nombre con otro falso./ Nombre que usa un autor en lugar del suyo verdadero.

eudópodo. m. *Zool.* Prolongación que poseen algunos seres unicelulares como la ameba y que les permite moverse.

everidad. f. Rigor y aspereza./ Exactitud en la observancia de leyes o reglas./ Seriedad, gravedad.

evero, ra. a. Riguroso, duro en el trato./ Grave, serio./ Exacto, rígido.

evicia. f. Crueldad excesiva.

evillano, na. a. y s. De Sevilla.// f. Especie de navaja.// f. pl. Danza propia de Sevilla.

exagenario, ria. a. y s. Que ha cumplido sesenta años y no llega a los setenta.

exagesimal. a. *Mat.* Apl. al sistema de contar o dividir de 60 en 60.

exagésimo, ma. a. Que sigue inmediatamente en orden al quincuagésimo nono./ a. y s. Díc. de cada una de las sesenta partes iguales en que se divide un todo.

excentésimo, ma. a. Que sigue inmediatamente en orden al quingentésimo nonagésimo nono.// a. y s. Díc. de las seiscientas partes iguales en que se divide un todo.

exo. m. Condición orgánica que distingue al macho de la hembra./ Órganos sexuales./ Conjunto de los fenómenos de la vida sexual.

exolecto. m. *Ling.* Registro o nivel de lengua que corresponde al sexo o género, es decir, lenguaje de los hombres y lenguaje de las mujeres y sus diferencias.

exología. f. Parte de la medicina y de la psicología que estudia la sexualidad humana y sus problemas.

Siberiano.
l paisaje siberiano es hábitat
e zorros y coyotes, animales
resistentes al frío glacial que
sus inviernos. Esta región
cuenta con pueblos y
ciudades de infinita belleza y
hospitalidad para con sus
visitantes.

sexológico, ca. a. Rel. a la sexología.

sexólogo, ga. s. Persona que profesa la sexología.

sextante. m. Moneda de cobre de los antiguos romanos./ *Astron.* Instrumento que se utiliza para determinar la posición de una embarcación, midiendo la distancia angular entre dos astros y la altura de un astro sobre el horizonte.

sexteto. m. Composición para seis instrumentos o voces./ Conjunto de estos seis instrumentos o voces.

sextilla. f. *Lit.* Combinación de seis versos de arte menor.

sextina. f. *Lit.* Poesía que tiene seis estrofas, de seis versos endecasílabos, y de otra que sólo tiene tres./ Cada una de las estrofas de esta poesía.

Shopping.
La combinación
de arquitecturas
antiguas con el
moderno estilo
de los techos
y ventanales, le
otorgan a este
paseo alemán
una notable
luminosidad.

sexto. a. Que sigue en orden inmediatamente al quinto.// a. y s. Díc. de cada una de las seis partes iguales en que se divide un todo.

sextuplicar. tr./ prl. Multiplicar una cantidad por seis.

sexuado, da. a. Apl. al animal o a la planta que tienen sexo.

sexual. a. Rel. al sexo.

sexualidad. f. Conjunto de condiciones anatómicas y fisiológicas que caracterizan a cada sexo./ Vida sexual.

sheriff (voz ingl.). m. En EE. UU., oficial electo para ejercer poderes judiciales en ciertas jurisdicciones.

shock (voz ingl.). m. Brusco trastorno orgánico o psicológico, que obedece a diversas causas.

shopping (voz ingl.). m. Aplícase a los modernos paseos de compras donde es abundante la cantidad de productos que se ofrecen.

short (voz ingl.). m. Pantalón muy corto, gmente. de baño.

show (voz ingl.). m. Espectáculo.

showman (voz ingl.). m. Animador que presenta un show.

sí. Forma reflexiva del pronombre personal de tercera persona. Se emplea siempre con preposición. Cuando ésta es con, se dice consigo.

si. conj. Denota condición o suposición./ A veces se emplea como conj. advers./ También se usa como conj. distributiva.

si. m. Séptima nota de la escala musical.

siamés, sa. a. y s. De Siam.

sibarita. a. y s. fig. Díc. de la persona aficionada a los placeres refinados.

siberiano, na. a. y s. De Siberia.

sibila. f. Mujer o sacerdotisa a quien los ant. griegos y romanos atribuían espíritu profético.

sibilante. a. Que silba o suena como un silbido.

sicario. m. Asesino asalariado.

siciliano, na. a. y s. De Sicilia.

sicoanálisis. m. Psicoanálisis.

sicoanalista. a./ m. y f. Psicoanalista.

sicoanalítico, ca. a. Psicoanalítico.

sicofante. m. Impostor.

sicología. f. Psicología.

sicológico, ca. a. Psicológico.

sicólogo, ga. a. y s. Psicólogo.

sicómoro. m. Planta propia de Egipto, especie de higuera.// Dícese del falso plátano.

sida. m. *Pat.* Síndrome de inmunodeficiencia adquirida, enfermedad virósica altamente contagiosa, que ataca de manera implacable el sistema inmunológico del individuo, dejándolo inerme ante otras enfermedades, llamadas oportunistas, que en esas circunstancias resultan mortales.

sideral. a. Rel. a las estrellas y los astros.

siderurgia. f. Arte de extraer y trabajar el hierro.

siderúrgico, ca. a. Rel. a la siderurgia.

sidra. f. Bebida obtenida por fermentación del zumo de las manzanas.

siega. f. Acción y efecto de segar las mieses./ Época en que se siegan./ Mieses segadas.

siembra. f. Acción y efecto de sembrar./ Terreno sembrado./ Época en que se siembra.

siempre. adv. t. En todo o en cualquier tiempo./ En todo caso o cuando menos.

sien. f. Cada una de las dos partes laterales de la cabeza, entre la frente, la oreja y la mejilla.

sierpe. f. Serpiente, culebra./ fig. Persona sumamente fea o feroz.

sierra. f. Herramienta con una hoja de acero dentada que sirve para dividir madera y otros cuerpos duros./ Cordillera de montes quebrados y accidentados./ *Arg.* Cordillera de poca longitud.

siervo, va. s. Esclavo./ Nombre que una persona se da a sí misma respecto de otra, por cortesía./ Persona profesa en orden o comunidad religiosa de las que por humildad se llaman así./ *Hist.* Campesino súbdito de un señor feudal.

siesta. f. Tiempo después del mediodía en que es más intenso el calor./ Tiempo destinado a descansar o dormir después de comer.

siete. a./ m. Seis y uno.// m. Signo con que se representa el número siete.

sietemesino, na. a. y s. Díc. de la criatura que nace a los siete meses de engendrada.

sífilis. f. *Med.* Enfermedad infecciosa, causada por la espiroqueta treponema pallidum, adquirida (gmente. por contacto sexual) o congénita (transmitida al feto por madre infectada).

sifilítico, ca. a. Rel. a la sífilis.// a. y s. Que la padece.

sifón. m. Tubo para trasvasar líquidos./ Botella herméticamente cerrada con un sifón cuyo tubo tiene una llave para cerrar y abrir el paso del agua carbonatada que contiene. Agua carbónica contenida en esa botella./ *Zool.* Cualquiera de los dos largos tubos que tienen ciertos moluscos los melibranquios./ *Zool.* Tubo que comunica la cavidad del manto de los moluscos con el exterior, así como otros ti pos de conducto con ese aspecto en diversos animales.

sigilar. tr. Sellar, imprimir con sello./ Callar u ocultar algo.

sigilo. m. Sello para estampar./ Secreto con que se hace al go o se guarda de una cosa./ fig. Silencio que se guarda ausencia de ruidos.

sigiloso, sa. a. Que guarda sigilo.

sigla. f. Letra inicial que se emplea como abreviatura./ Rótulo o denominación que se forma con ellas.

siglo. m. Espacio de cien años./ Época notable./ Tiempo muy largo e indeterminado./ Vida civil, en oposición a la religiosa.

signar. tr. Imprimir el signo./ Poner la firma.// tr./ prl. Hacer la señal de la cruz.

signatura. f. Señal, en particular la de números y letras, que se pone a un libro o documento para catalogarlo./ Señal que se pone al pie de la primera página de cada pliego para gobierno del encuadernador.

significación. f. Acción y efecto de significar./ m. Sentido de una palabra u oración./ Objeto que significa./ Importancia, valor en cualquier orden.

significado, da. a. Conocido, importante.// m. Sentido de las palabras y frases./ Lo que de alguna forma se significa./ *Ling.* Concepto que unido al significante constituye el signo lingüístico./ **-gramatical.** El que, en una lengua dada, es común a todas las unidades capaces de desempeñar una misma función. Así, en tazas y manteles, -s y -es tiene el significado gramatical de "plural".

significante. p. act. de **significar.**/ *Ling.* Imagen acústica, huella psíquica del sonido que, unida al significado, forma el signo lingüístico.

significar. tr. Ser una cosa representación o indicio de otra./ Ser una palabra expresión de un pensamiento o de una cosa material./ Manifestar algo.// i. Representar, valer, tener importancia./ prl. Distinguirse, hacerse notar.

significativo, va. a. Que da a entender con propiedad alguna cosa./ Que tiene importancia por representar algún valor.

signo. m. Cosa que por su naturaleza o por convención evoca, representa o sustituye a otra./ Cualquiera de los caracteres que se emplean en la escritura y en la imprenta./ Indicio, señal./ Suerte, destino./ Cada una de las doce partes del Zodíaco./ *Mat.* Señal que se emplea para indicar las operaciones o la naturaleza de los cálculos./ *Mús.* Cada uno de los caracteres con que se escribe la música./ **-lingüístico.** *Ling.* Relación entre un significado (concepto) y un significante (imagen acústica).

siguiente. p. act. de **seguir.**/ Que sigue.// a. Posterior, ulterior.

sij o **sikh.** a. y s. Díc. de los miembros de una comunidad religiosa de la India, de tendencia separatista.

sílaba. f. Sonido o conjunto de sonidos articulados que se pronuncia en una sola emisión de voz.

silabario. m. Librito o cartel con sílabas o palabras sueltas separadas en sílabas, que sirve para enseñar a leer.

silabear. tr./ i. Ir pronunciando separadamente cada sílaba.

silabeo. m. Acción y efecto de silabear.

silábico, ca. a. Rel. a la sílaba.

silba. f. Acción de silbar, como expresión de disgusto.

silbador, ra. a. y s. Que silba.// m. *Arg.* Pájaro que debe su nombre al silbido que emite.

La siderurgia actual ha logrado fabricar reactores de alta presión como el de la ilustración e instalar la colada continua como técnica de fundición de aceros.

ilbar. i. Dar silbos o silbidos./ Agitar el aire, produciendo un sonido como de silbo./ fig. Manifestar desagrado el público con silbidos. Ú.t.c.tr.

ilbatina. f. *Amér.* Silba, rechifla.

ilbato. m. Instrumento pequeño y hueco que produce un sonido como el silbo al soplar en él con fuerza.

ilbido. m. Acción y efecto de silbar.

ilbo. m. Sonido que hace el viento al pasar por una abertura o chocar con algunos cuerpos./ Sonido agudo que se produce al hacer pasar con fuerza el aire por la boca con los labios fruncidos o con los dedos colocados convenientemente./ Sonido de igual clase que se produce al soplar en un silbato, una llave, etc./ Voz aguda y penetrante de ciertos animales, como la de la serpiente.

ilenciar. tr. Callar, pasar en silencio, omitir./ Hacer callar, reducir al silencio.

ilencio. m. Falta de ruido o sonido./ Abstención de hablar./ fig. Falta de ruidos./ Efecto de no mencionar algo por escrito./ *Mús.* Pausa.

ilencioso, sa. a. Apl. al que calla./ Díc. del lugar o tiempo en que se guarda silencio./ Que no hace ruido.

ilepsis. f. *Ret.* Figura que consiste en emplear la misma palabra en sentido recto y figurado a la vez.

ilex. m. Pedernal, cuerpo sólido.

ilfide. f. Ninfa, ser fantástico o espíritu elemental del aire, en la mitología./ fig. Mujer muy esbelta.

ilicato. m. *Quím.* Sal de los ácidos de silicio.

ilice. f. Combinación de silicio con oxígeno.

ilicio. m. Metaloide amarillento que se encuentra combinado con el oxígeno en la sílice. Es infusible, más pesado que el agua e insoluble en ella; constituye la cuarta parte de la corteza terrestre. Símb., Si; n. at., 14; p. at., 28,086.

ilicona. f. *Quím.* Denominación común de los compuestos macromoleculares similares a las materias plásticas orgánicas en los que el silicio reemplaza al carbono.

illa. f. Asiento con respaldo y cuatro patas, para una sola persona./ Aparejo para montar a caballo./ Sede de un prelado./ Dignidad del Papa y de los obispos.

illería. f. Conjunto de sillas iguales, o de sillas, sillones, etc., con que se amuebla una habitación./ Taller donde se hacen sillas./ Comercio donde se venden./ Edificio hecho de sillares./ Conjunto de estos sillares.

illón. m. Silla grande con brazos, más cómoda que la común.

ilo. m. Lugar subterráneo y seco donde se guarda el trigo u otros granos, semillas o forrajes./ Construcción exterior, de gran capacidad, para el mismo fin./ fig. Cualquier lugar subterráneo y oscuro.

ilogismo. m. *Lóg.* Argumento formado por tres proposiciones, de las cuales la última se deduce de las dos anteriores.

ilueta. f. Dibujo de una figura que se hace siguiendo los contornos de la sombra./ Perfil de una figura./ Figura que ofrece a la vista un objeto oscuro proyectado sobre un fondo claro.

ilúrico, ca o **siluriano, na.** a./m. Díc. del período de la era primaria comprendido entre el ordovícico y el devónico, durante el que los seres vivos iniciaron la colonización de la tierra.// a. Rel. a dicho período.

ilvestre. a. Criado sin cultivo en la selva o el campo./ Agreste, inculto, rústico.

ilvicultor, ra. s. Persona que profesa la silvicultura.

ilvicultura. s. Cultivo de bosques o montes.

ima. f. Cavidad grande y profunda en la tierra.

imbiosis. f. *Biol.* Asociación de organismos vegetales y animales de la que ambos sacan provecho.

imbiótico, ca. a. Pert. o rel. a la simbiosis./ fig. Muy unido, estrechamente relacionado.

imbólico, ca. a. Rel. al símbolo o que se expresa por medio de él.

imbolismo. m. Sistema de símbolos./ Conjunto de símbolos./ Símbolo./ *Lit.* Movimiento poético que surgió en Francia a mediados del siglo XIX y llegó a influir en toda la poesía contemporánea. Ponía el acento en el cultivo de los símbolos y formas para materializar ideas; sus principales

Silos donde se almacenan los granos de cereales como el maíz y el trigo, para su posterior procesamiento.

representantes fueron Baudelaire, Verlaine, Mallarmé y Rimbaud.

simbolista. a. Rel. al simbolísmo.// s. Artista que participa en dicho movimiento.

simbolización. f. Acción y efecto de simbolizar.

simbolizar. tr. Servir una cosa como símbolo de otra.

símbolo. m. Representación sensorialmente perceptible de una realidad, en virtud de rasgos que se asocian con ésta por una convención socialmente aceptada./ En las artes, cualquier elemento que, por decisión del artista, trasciende su significado convencional, para significar otra realidad./ Letras, números o signos con que se representan los elementos químicos, magnitudes físicas, fórmulas matemáticas, etc.

simetría. f. Proporción adecuada entre las partes de un todo entre sí y con el todo mismo./ Regularidad en la disposición de las partes o puntos de un cuerpo o figura, de manera que posea un centro, un eje o un plano de simetría./ *Zool.* y *Bot.* La que se puede distinguir, de manera ideal, en el cuerpo de una planta o de un animal respecto a un centro, un eje o un plano, de acuerdo con los que se disponen ordenadamente órganos o partes equivalentes.

simétrico, ca. a. Perteneciente a la simetría./ Que la tiene.

simiesco, ca. a. Propio del simio, o que se parece a él.

similar. a. Que tiene semejanza con una cosa.

similitud. f. Semejanza.

simio, mia. s. Mono, animal cuadrumano.

simpatía. f. Inclinación afectiva, analogía o conformidad de sentimientos, natural y mutua, entre personas./ Carácter que hace atractiva y agradable a una persona./ Relación de actividad fisiológica y patológica de ciertos órganos.

simpático, ca. a. Que mueve a simpatía./ a./ m. *Anat.* Díc. de uno de los sistemas fundamentales del sistema nervioso vegetativo.

simpatizar. i. Sentir simpatía.

simple. a. Sin composición./ Sencillo./ Apl. a la copia que se saca sin firmar ni autorizar./ fig. Manso, incauto. Ú.t.c.s./ Mentecato. Ú.t.c.s.// m. Sustancia que se emplea por sí sola en la medicina, o que entra en la composición de un medicamento.

simpleza. f. Tontería, necedad.

simplicidad. f. Candor, sencillez./ Calidad de simple.

simplón, na. a. fam. aum. de simple. Mentecato./ Ingenuo, sencillo. Ú.t.c.s.

simulación. f. Acción de simular./ *Comp.* Uso del ordenador para practicar o mostrar actividades que son parecidas a actividades reales, de manera que se pueden extraer conclusiones aproximablemente extrapolables a la realidad.

simulacro

simulacro. m. Imagen que se hace a semejanza de una cosa o persona./ Ficción, imitación./ Acción de guerra fingida para entrenar tropas.

simular. tr. Representar una cosa, fingiendo lo que no es.

simultaneidad. f. Calidad de simultáneo.

simultáneo, a. a. Díc. de lo que se hace o sucede al mismo tiempo que otra cosa.

sin. prep. separativa y negativa que denota carencia o falta de alguna cosa./ Fuera de o además de./ Cuando se junta con el infinitivo del verbo, equivale a no con su participio o gerundio: me fui sin comer; esto es, no habiendo comido.

sinagoga. f. Congregación religiosa de los judíos./ Templo del culto israelita.

sinalefa. f. *Gram.* Licencia poética que consiste en la unión, en una sola sílaba, de la vocal o vocales finales de una palabra con la vocal o vocales iniciales de la palabra siguiente, incluso en presencia de la h.

sinapsis. f. *Anat.* Conexión entre dos neuronas para el transporte de los impulsos nerviosos.

sinceridad. f. Manera de expresarse sin fingimiento./ Veracidad, sencillez, ingenuidad.

sincero, ra. a. Díc. de quien habla sin doblez./ Veraz.

síncopa. f. Figura que consiste en la supresión de uno o más sonidos dentro de una palabra.

síncope. m. Síncopa./ *Med.* Pérdida del conocimiento y de la sensibilidad debido a la suspensión repentina y momentánea de la acción del corazón.

sincronía. f. Calidad de sincrónico.

sincrónico, ca. a. Díc. de las cosas que ocurren o funcionan al mismo tiempo.

sincronismo. m. Correspondencia en el tiempo entre las diferentes partes de los procesos.

sincronización. f. Acción y efecto de sincronizar.

sincronizar. tr. Hacer que coincidan en el tiempo dos o más hechos o movimientos.

sindicado. p. p. de **sindicar**.// m. Junta de síndicos.

sindical. a. Rel. al síndico o al sindicato.

sindicalismo. m. Sistema de organización obrera por medio de sindicatos.

sindicalista. a. Rel. al sindicalismo.// m. y f. Partidario del sindicalismo.

sindicar. tr. Acusar, delatar./ Poner una tacha o sospecha.// tr. /prl. Organizar en sindicato.// prl. Entrar a formar parte de un sindicato.

sindicato. m. Sindicado./ Asociación que se forma para la defensa de los intereses económicos o políticos de sus asociados. Apl. en particular a las asociaciones obreras.

síndico. m. Individuo encargado de liquidar el activo y pasivo en una quiebra./ Persona elegida por una corporación para cuidar de sus intereses.

síndrome. m. *Med.* Conjunto de síntomas y signos que caracterizan el cuadro clínico de una enfermedad.

sinécdoque. f. *Ret.* Figura que consiste en designar el todo por la parte, la causa por el efecto, el objeto por el material, etc.

sinecdóquico, ca. a. Rel. a la sinécdoque, o que tiene su forma.

sinéresis. f. *Gram.* Licencia poética que consiste en unir dos vocales contiguas que no forman diptongo, en una sola sílaba.

sinergia. f. *Biol.* Relación entre dos o más organismos, en la que uno de ellos se nutre y crece utilizando productos de deshecho del metabolismo de los demás.

sinfín. m. Infinidad, sinnúmero.

sinfonía. f. Unión de voces, de instrumentos, o de ambas a la vez./ Composición instrumental para orquesta./ fig. Armonía de los colores.

sinfónico, ca. a. Rel. a la sinfonía.

singular. a. Único, solo./ fig. Extraordinario, raro, excelente./ *Gram.* Número que indica una sola persona o cosa.

singularidad. f. Calidad de singular./ Particularidad, distinción.

singularizar. tr. Distinguir o particularizar.// prl. Distinguirse o apartarse del común.

Las sinfonías de Beethoven han marcado un hito en la historia de la música y el arte. En la ilustración, el "Beethon" de Klaus Kammerichs, en Bonn (Alemania). En el detalle se aprecia un fragmento de la Novena Sinfonía.

siniestrado, da. a. y s. *Amér.* Apl. a la persona o la cosa perjudicada por un siniestro.

siniestro, tra. a. Apl. a lo que está a la mano izquierda. Funesto, aciago./ fig. Avieso, mal intencionado.// m. Inclinación a lo malo. Ú.m. en pl.// m. Avería grave, destrucción fortuita o pérdida importante que sufren las personas o la propiedad, especialmente por muerte, incendio, naufragio, choque o circunstancia semejante. Comúnmente se da este nombre a los daños que pueden ser indemnizados por una compañía de seguros.

sinnúmero. m. Número incalculable de personas o cosas.

sino. m. Suerte, hado, destino.

sino. conj. Indica que se contrapone a un concepto negativo otro afirmativo./ Denota idea de excepción./ Si le precede negación, equivale a solamente y tan solo.

sínodo. m. Concilio de obispos.

sinonimia. f. Circunstancia de ser sinónimos dos o más vocablos./ Figura del discurso que consiste en utilizar adrede palabras o expresiones sinónimas para ampliar o reforzar la expresión.

sinónimo, ma. a./ m. Díc. de las palabras y expresiones que tienen la misma o muy parecida significación.

sinopsis. f. Compendio de una ciencia o tratado, expuesto en forma sinóptica./ Sumario o resumen./ Esquema.

sinóptico, ca. a. Que a primera vista presenta con claridad las partes principales de un todo, gmente. sintetizado.

sinrazón. f. Acción injusta y fuera de lo razonable.

sinsabor. m. Desabor./ Insipidez de la comida./ fig. Pesar, desazón.

sinsonte. m. Pájaro americano de canto muy variado y melodioso.

sintáctico, ca. a. Rel. a la sintaxis.

sintagma. m. *Gram.* En la oración, grupo de elementos lingüísticos que funcionan como una unidad.

sintagmático, ca. a. Perteneciente o rel. al sintagma.

sintaxis. f. Parte de la gramática que estudia la función de las palabras en la oración y el modo en que se relacionan entre sí para expresar conceptos./ *Inform.* Conjunto de las reglas necesarias para construir expresiones o sentencias correctas para la operación de un computador.

síntesis. f. Composición que reúne los elementos de un todo./ Resumen, compendio; exposición breve y metódica. Combinación de elementos químicos o de sustancias más sencillas para formar una compuesta.

sintético, ca. a. Rel. a la síntesis./ Que procede por síntesis./ Díc. de los cuerpos obtenidos por procedimientos industriales que reproducen las propiedades de ciertos cuerpos naturales.

ntetizar. tr. Hacer síntesis.

ntoísmo. m. Religión popular del Japón, especie de veneración animista.

ntoísta. a. Rel. al sintoísmo.// s. Adepto a dicha religión.

ntoma. m. Fenómeno que revela una enfermedad./ fig. Indicio, señal de una cosa que está sucediendo o va a suceder.

ntomático, ca. a. Rel. al síntoma.

ntomatología. f. Pat. Estudio de los síntomas de las enfermedades.

ntonización. f. Acción y efecto de sintonizar.

ntonizador. m. Sistema que permite aumentar o disminuir la longitud de onda propia del radiorreceptor.

ntonizar. tr. Ajustar la frecuencia propia de un circuito a una frecuencia determinada. p. ej., al seleccionar una emisora en un receptor de radio./ Ajustar un receptor de radio para que capte determinada emisora.// i. fig. Coincidir dos o más personas entre sí en pensamiento o en sentimientos.

nuosidad. f. Calidad de sinuoso./ Seno, concavidad.

nuoso, sa. a. Que tiene senos o recodos u ondulaciones.

nusitis. f. Inflamación de los senos del cráneo.

nusoidal. a. Que tiene forma de sinusoide.

nusoide. f. Geom. Curva plana que representa gráficamente la función trigonométrica seno.

nvergüenza. a./ m. y f. Pícaro, desvergonzado, bribón.

ique. f. Psique.

iquiatra o **siquiatra.** m. Psiquiatra.

iquiatría. f. Psiquiatría.

íquico, ca. a. Psíquico.

iquiera. conj. adversativa, equivale a bien o aunque./ Ú. como conj. distributiva, equivalente a o, ya, etc.// adv. Por lo menos; tan solo.

ir. m. Entre los ingleses, título de honor que designa a los caballeros.

irena. f. Ninfa marina con busto de mujer y cuerpo de ave o pez./ Aparato que produce un sonido penetrante empleado en buques, fábricas, etc. Consiste en un disco con orificios por los que pasa aire a presión./ fig. Mujer hermosa y engañadora.

irio, ria. a. y s. De Siria.

irle. m. Excremento del ganado lanar y cabrío.

iroco. m. Viento sudeste.

irvienta. f. Mujer dedicada al servicio doméstico.

irviente. p. act. de **servir.** Que sirve.// m. Criado de otro.

isa. f. Parte que se hurta en la compra diaria de comestibles o en cosas menudas./ Sesgadura en las prendas de vestir para que ajusten al cuerpo./ Corte curvo en los vestidos donde se cose la manga.

ísmico, ca. a. Rel. al sismo o al terremoto.

sismo. m. Terremoto.

sismógrafo. m. Instrumento que señala la dirección de las oscilaciones y sacudimientos terrestres durante un terremoto.

sismología. f. Parte de la geología que trata de los sismos.

sistema. m. Conjunto de reglas o principios sobre una materia./ Conjunto organizado de cosas para cumplir un fin o una función./ Biol. Conjunto de órganos que intervienen en alguna de las funciones vegetativas y animales./ **-cegesimal** o **C.G.S.** El que tiene por unidades fundamentales el centímetro, el gramo y el segundo./ **-métrico decimal.** El de pesas y medidas cuya base es el metro./ **-metro-kilogramo-segundo** o **M.K.S.** El que tiene por unidades fundamentales el metro, kilogramo y segundo./ **-metro-kilogramo-segundo-amperio** o **M.K.S.A.** El que adiciona al anterior el amperio como unidad de intensidad de corriente eléctrica./ **-metro-tonelada-segundo** o **M.T.S.** El que tiene como unidades básicas el metro, tonelada y segundo./ **-nervioso.** Anat. Conjunto de órganos de los cuales unos reciben excitaciones del exterior, otros las transforman en impulsos nerviosos, y otros conducen éstos a los lugares del cuerpo en que ejercerán su acción./ **-periódico.** Quím. Tabla en la que se ordenan los elementos químicos según su número atómico./ **-planetario** o **solar.** Astron. Conjunto del Sol y sus planetas, satélites y cometas./ Comp. Conjunto de procedimientos, procesos, métodos, técnicas, rutinas o equipo unido por alguna forma de interacción regulada para constituir una unidad organizada./ **-operativo.** Comp. Conjunto de módulos de software interrelacionado, que provee las guías para la asignación ordenada de los recursos de una instalación de computador, para la ejecución de una variedad de aplicaciones./ **-operativo de disco.** Comp. Rutina de control de los discos y de los ficheros.

sistemático, ca. a. Que sigue un sistema./ Apl. a la persona que procede por principios y se rige por un sistema en sus estudios, escritos, conducta, etc.// f. Biol. Parte de la biología que estudia las especies con la finalidad de explicar su clasificación o taxonomía, enfocada hacia su filogenia o evolución.

sistematización. f. Acción y efecto de sistematizar.

sistematizar. tr. Reducir a sistema.

sístole. f. Licencia poética que consiste en usar como breve una sílaba larga./ Fisiol. Movimiento de contracción del corazón y de las arterias para empujar la sangre que contiene.

sitial. m. Asiento de ceremonia.

sitiar. tr. Rodear una plaza o fortaleza del enemigo, en la guerra./ fig. Cercar a uno cerrándole la salida.

sitio. m. Espacio que puede ser ocupado por algo./ Lugar./ Paraje propio para una cosa./ Acción y efecto de sitiar.

El sistema operativo de una computadora controla y regula todos los recursos del sistema informático (periféricos, memorias, etc.) y posibilita la programación y ejecución de las aplicaciones del usuario en áreas cada vez más amplias y complejas.

situación. f. Acción y efecto de situar./ Disposición de las cosas respecto del lugar que ocupan./ Estado o constitución de las personas y cosas.

situacional. a. Rel. a la situación.

situar. tr./ prl. Poner a una persona o cosa en un sitio o situación determinada.// tr. Asignar fondos para un pago o inversión.

slogan (voz ingl.). m. Frase breve que se arma con la finalidad de propagar una idea y convencer al público con ella.

smog (voz. ingl.). m. Mezcla de humo y niebla, propia de las grandes ciudades.

so. prep. Indica bajo, debajo de.

sobaco. m. Concavidad formada por el arranque del brazo con el cuerpo./ Axila de una rana.

sobar. tr. Manejar y oprimir una cosa para que se ablande./ Manosear./ fig. Castigar, dando golpes./ Amér. Masajear, friccionar. Ú.t.c.prl./ Amér. Fatigar al caballo, exigirle un gran esfuerzo./ fig. Adular.

soberanía. f. Calidad de soberano./ Autoridad suprema del poder público.

soberano, na. a. y s. Que ejerce o posee la autoridad suprema e independiente./ a. Díc. del Estado o nación independiente./ Excelente y no superado.

soberbio, bia. a. Que tiene o muestra soberbia./ Arrogante, altivo./ fig. Magnífico, grandioso./ Fogoso, violento.// f. Afán excesivo y desordenado de ser preferido a otros./ Orgullo de las cualidades propias, con desprecio de los demás./ Exceso de pompa./ Cólera, ira, expresadas con altivez.

sobornar. tr. Corromper a uno con dádivas o dinero para conseguir alguna cosa.

soborno. m. Acción y efecto de sobornar./ Dádiva con que se soborna.

sobra. f. Demasía, exceso en cualquier cosa.// pl. Lo que queda de la comida o de cualquier otra cosa./ Desperdicios.

sobrado, da. p. p. de sobrar.// a. Demasiado, que sobra./ Audaz, atrevido, licencioso./ Rico, opulento.// m. Desván./ adv. De sobra.

sobrador, ra. a. y s. Arg. Fanfarrón, vanidoso, prepotente.

sobrar. i. Haber más de lo necesario de una cosa./ Quedar, restar./ Estar de más.// tr. Exceder, sobrepujar.

sobre. prep. Indica encima de./ Además de./ Denota dominio o autoridad./ Indica que una cosa está situada más alta que otra./ Acerca de./ En composición con una palabra aumenta la significación de ésta./ Aproximadamente.

sobre. m. Cubierta de papel para encerrar una carta, tarjeta, etc.

sobreabundancia. f. Acción y efecto de sobreabundar.

sobreabundar. i. Abundar mucho.

sobrealimentación. f. Acción y efecto de sobrealimentar.

sobrealimentar. tr./ prl. Dar más alimento del necesario.

sobreañadir. tr. Añadir repetidamente y con exceso.

sobrecama. f. Colcha.

sobrecarga. f. Lo que se añade a una carga regular./ Impresión que se estampa en un sello de correos./ fig. Molestia que se añade al sentimiento o pasión del ánimo.

sobrecargar. tr. Cargar con exceso.

sobrecoger. tr./ prl. Causar miedo./ Tomar de repente y desprevenido.

sobrecogimiento. m. Acción de sobrecoger o efecto de sobrecogerse.

sobrecubierta. f. Segunda cubierta que se pone a una cosa.

sobreentender. tr. Sobrentender.

sobreesdrújulo, la. a./ f. Sobresdrújulo.

sobreexcitación. f. Acción y efecto de sobreexcitar.

sobreexcitar. tr./ prl. Aumentar o exagerar las propiedades vitales del organismo o de alguna de sus partes.

sobrehueso. m. Tumor duro que se forma sobre un hueso./ fig. Trabajo, molestia.

sobrehumano, na. a. Que excede a lo humano.

sobreimpresión. f. Cine. Sistema por el cual se imprimen a la vez dos imágenes, generalmente dando un sensación de sueño o fantasía; también se utiliza para pa sar de una toma a otra con suma lentitud.

sobrellevar. tr. Llevar uno una carga para aliviar a otro./ fig. Ayudar a llevar los trabajos y sufrimientos./ Resignars a ellos./ Disimular los defectos de los otros.

sobremanera. adv. Muy o mucho, en extremo.

sobremesa. f. Tiempo que se está a la mesa después de haber comido./ Tapete que se pone sobre la mesa.

sobrenadar. i. Mantenerse sobre un líquido sin hundirse.

sobrenatural. a. Que excede las leyes de la naturaleza. Milagroso, prodigioso.

sobrenombre. m. Nombre que se añade a veces al nom bre o apellido de una persona./ Apodo con que se distin gue a una persona.

sobrentender. tr./ prl. Entender una cosa que no está ex presa, pero que se deduce porque está implícita.

sobrentendido, da. a. p. p. de sobrentender.// a. Que s sobrentiende.// m. Supuesto, cosa que se da por entendida

sobrepasar. tr. Exceder un límite, pasar de él./ Aventajar

sobreponer. tr. Añadir o poner una cosa encima de otra./ prl. fig. Dominar un impulso, no dejarse abatir./ Afectar su perioridad sobre alguien.

sobreprecio. m. Recargo en el precio.

sobreproducción. f. Exceso de producción./ Econ. Pro ducción de bienes que excede la demanda del mercado.

sobrepujar. tr. Exceder una persona o cosa a otra.

sobresaliente. a./ m. y f. Que sobresale./ m. Calificació máxima de un examen.

sobresalir. i. Exceder una persona o cosa a otras en tama ño, figura, etc./ Destacarse, descollar.

sobresaltar. tr. Saltar, venir a acometer de pronto.// tr prl. Asustar, atemorizar, alterar a uno de repente.// i: Ve nirse una cosa a los ojos.

sobresalto. m. Temor o susto imprevisto y repentino.

sobresdrújulo, la. a. y s. Gram. Díc. de las palabras qu se acentúan en la sílaba anterior a la antepenúltima.

sobreseer. i./ tr. Der. Cesar un tribunal una instrucción su marial./ i. Cesar en el cumplimiento de una obligación Abandonar una pretensión.

sobreseimiento. m. Acción y efecto de sobreseer.

sobresueldo. m. Paga o gratificación que se añade al sue do fijo.

sobretodo. m. Prenda de vestir que se pone sobre el traje

sobrevenida. f. Venida súbita e imprevista.

sobrevenir. i. Acaecer una cosa además o después d otra./ Suceder imprevistamente una cosa./ Venir a la se zón, al tiempo, etc.

sobreviviente. p. act. de sobrevivir. Que sobrevive Ú.t.c.s.

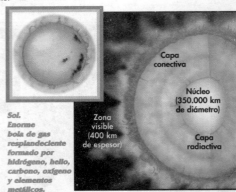

Sol.
Enorme bola de gas resplandeciente formado por hidrógeno, helio, carbono, oxígeno y elementos metálicos.

Zona visible (400 km de espesor)

Capa conectiva

Núcleo (350.000 km de diámetro)

Capa radiactiva

Posee una atmósfera al igual que los planetas.

Sobrevolar.
Aviones "Pillán" sobrevuelan territorio chileno.

obrevivir. i. Vivir una persona después de la muerte de otro o después de un determinado plazo o acontecimiento.

obrevolar. tr. Volar sobre una ciudad, territorio, lugar, etc.

obrexceder. tr. Exceder, superar.

obrexcitación. f. Sobreexcitación.

obrexcitar. tr./ prl. Sobreexcitar.

obriedad. f. Calidad de sobrio.

obrino, na. s. Respecto de una persona, hijo o hija de su hermano o hermana, o de su primo o prima.

obrio, bria. a. Templado, moderado en comer y beber.

ocarrón, na. a. y s. Que obra con astucia y disimulo./ Burlón.

ocarronería. f. Astucia, picardía.

ocavar. tr. Excavar por debajo alguna cosa, dejándola sin apoyo.

ociabilidad. f. Calidad de sociable.

ociable. a. Naturalmente inclinado a la sociedad; tratable.

ocial. a. Rel. a la sociedad y a las distintas clases que la constituyen./ Rel. a una compañía o sociedad, y a los compañeros o socios.

ocialdemocracia. f. Pol. Doctrina y sistema político que pretende llegar al socialismo mediante una transición gradual y, en definitiva, representa un capitalismo suavizado.

ocialdemócrata. a. Rel. a la socialdemocracia.// s. Partidario de dicho sistema político.

ocialismo. m. Pol. Sistema político y social que se basa en la mayor igualdad posible de todas las personas y, en sus vertientes más extremas, la propiedad colectiva de los medios de producción.

ocialista. a. Rel. al socialismo.// s. Partidario de dicho sistema.

ocialización. f. Acción y efecto de socializar.

ocializar. tr. Transferir al Estado u otra organización colectiva las propiedades, industrias, etc., particulares./ Psic. Proceso de relación e integración a la sociedad que se realiza en la infancia.

ociedad. f. Reunión mayor o menor de personas, familias, pueblos o naciones./ Agrupación de individuos natural o pactada, para cumplir un fin mediante la mutua cooperación./ Com. La de comerciantes, hombres de negocios u accionistas./ Soc. Cada uno de los estadios sociales por los que ha pasado la evolución de la humanidad./ Zool. Agrupamiento natural de animales de la misma especie./ **-anónima.** La que constituye por acciones, con responsabilidad circunscrita al capital que éstas representan./ **-comanditaria o en comandita.** Aquella en que unos socios tienen derechos y obligaciones, como en la sociedad colectiva, y otros, llamados comanditarios, participan con limitación de cuantía en su interés y responsabilidad en los negocios

comunes./ **-cooperativa.** La que se constituye para un objeto de utilidad común de los asociados./ **-de consumo.** Forma de sociedad en que se estimula la adquisición y consumo desmedido de bienes./ **-limitada.** Aquella en la que la responsabilidad de cada socio está limitada al capital que ha aportado./ **-regular colectiva.** Aquella que se ordena bajo pactos comunes a los socios y en la que participan todos proporcionalmente de iguales derechos y obligaciones de responsabilidad indefinida./ **-buena sociedad.** Conjunto de personas que se distinguen por su educación y finos modales.

socio, cia. s. Persona que está asociada con otra u otras para algún fin./ Miembro de una sociedad, club o compañía.

sociolecto. m. Ling. Registro o nivel de lengua que corresponde al nivel social del hablante: culto, popular, etc.

sociolingüística. f. Ling. Parte de la lingüística, o tendencia interna a ella, que se dedica a estudiar los condicionamientos sociales de la lengua.

sociología. f. Ciencia que estudia las condiciones de existencia y desenvolvimiento de las sociedades humanas.

sociológico, ca. a. Rel. a la sociología.

sociólogo, ga. s. Persona que profesa la sociología, o versada en ella.

socorrer. tr. Prestar ayuda a alguien en un peligro o necesidad.

socorro. m. Acción y efecto de socorrer./ Ayuda, auxilio./ Cosa con que se socorre.

soda. f. Bebida de agua gaseosa carbonatada./ Sosa.

sodio. m. Metal de color semejante al de la plata, blando, muy ligero, que descompone el agua a la temperatura ordinaria. Símb., Na.; n. at., 11; p. at., 22,997.

sodomía. f. Relación homosexual entre hombres, especialmente el coito anal.

sodomita. a. y s. Que practica la sodomía.

soez. a. Grosero, indigno, vil.

sofá. m. Asiento cómodo con respaldo y brazos para dos o más personas.

sofisticación. f. Acción y efecto de sofisticar.

sofisticado, da. a. Sin naturalidad, refinado./ De costumbres excéntricas./ fig. Complejo.

sofisticar. tr. Adulterar, falsificar la verdad con sofismas.// tr./ prl. Quitar naturalidad a una persona; actuar sin naturalidad o con exceso de artificio.

sofocación. f. Acción y efecto de sofocar.

sofocar. tr./ prl. Impedir la respiración, ahogar.// tr. Apagar, extinguir./ fig. Acosar, importunar con exceso a uno./ Avergonzar. Ú.t.c.prl.

sofoco. m. Efecto de sofocar./ fig. Disgusto grave que se da o se recibe.

sofocón. m. fam. Desazón, disgusto que sofoca.

sofreír. tr. Freír ligeramente.

sofrenar. tr. Refrenar violentamente./ fig. Reprender con aspereza a uno./ Contener, reprimir una pasión.

software (voz ingl.). m. Comp. Conjunto de programas, rutinas y documentos asociados a la computadora; por ejemplo: sistema operativo, compiladores, procesadores de texto, planillas de cálculo, etc. Ayudas de programación que son proporcionadas por el fabricante del equipo, para facilitarle al usuario la operación eficiente del mismo.

soga. f. Cuerda gruesa de esparto./ Arg. Tira gruesa con que se atan las caballerías.

soja. f. Planta leguminosa oriunda de China. Se cultiva en casi todos los países por su alto valor nutritivo. La semilla contiene albúmina, grasas, hidratos. Se usa para obtener harina.

sojuzgar. tr. Dominar por la violencia, someter.

sol. m. Estrella luminosa, centro de nuestro sistema planetario./ Astro con luz propia./ fig. Luz, calor o influjo del astro solar./ Día./ Nombre de la unidad monetaria del Perú hasta 1985.

sol. m. Quinta nota de la escala musical.

solamente. adv. m. Con exclusión de otra cosa./ De un solo modo.

solana. f. Lugar o paraje donde el sol da de lleno.

solanáceo, a. a./ f. *Bot.* Díc. de las plantas dicotiledóneas con hojas alternas, flores de corola acampanada y baya con muchas semillas, como la patata y el tabaco.// f. pl. Familia de estas plantas.

solano. m. Viento que sopla del levante.

solapa. f. Parte superior de las prendas de vestir, en la pechera, que va doblada hacia afuera./ Prolongación lateral de la cubierta de un libro que se dobla hacia adentro./ fig. Ficción para disimular algo.

solapado, da. a. fig. Díc. del que oculta maliciosamente sus pensamientos o intenciones.

solapar. tr. Poner solapas./ fig. Ocultar con malicia y cautela la verdad o los propósitos.

solar. a. Rel. al sol./ Terreno donde se ha edificado o se edificará./ Casa, linaje, descendencia noble.

solariego, ga. a. Perteneciente al solar de antigüedad y nobleza. Ú.t.c.s./ Antiguo y noble.

solaz. m. Recreo, esparcimiento, alivio de los trabajadores.

solazar. tr./ prl. Dar solaz.

soldado. m. El que sirve en la milicia./ Militar sin graduación./ fig. Partidario, mantenedor.

soldador. m. El que suelda por oficio./ Instrumento para soldar.

soldadura. f. Acción y efecto de soldar.

soldar. tr. Unir dos cosas sólidamente fundiendo su propio material o con otra sustancia a propósito para ello.

solecismo. m. *Gram.* Error gramatical, falta de sintaxis, etc.

soledad. f. Ausencia de compañía./ Lugar desierto./ Tristeza y pesar por alguna ausencia o pérdida.

solemne. a. Celebrado públicamente con gran pompa./ Formal, grave./ Majestuoso, imponente.

solemnidad. f. Calidad de solemne./ Acto solemne./ Festividad eclesiástica./ Cada una de las formalidades de un acto solemne.

solemnizar. tr. Celebrar con solemnidad un suceso./ Engrandecer, encarecer, autorizar.

soler. i. Tener costumbre./ Ser frecuente./ Como auxiliar constituye con infinitivos frases verbales que indican frecuencia en la acción.

solevantar. tr./ prl. Levantar una cosa empujando hacia arriba./ Soliviantar.

Sombreros realizados con diferentes materiales protegen del sol y dan un toque de color.

solevar. tr. Sublevar. Ú.t.c.prl./ Solevantar.

solfa. f. Arte de leer y entonar las voces musicales./ Notación musical./ fig. Música.

solfear. tr. Cantar marcando el compás y pronunciando lo[s] nombres de las notas.

solfeo. m. Acción y efecto de solfear.

solferino, na. a. De color morado rojizo.

solicitación. f. Acción y efecto de solicitar.

solicitar. tr. Pretender o buscar una cosa con diligencia [y] cuidado./ Gestionar los negocios propios o ajenos./ Re[querir] de amores./ *Fís.* Atraer una o varias fuerzas a u[n] cuerpo.// i. Urgir, instar.

solicitud. f. Actitud diligente y cuidadosa./ Escrito en qu[e] se solicita algo.

solidaridad. f. Adhesión a la causa o empresa ajena./ Mo[do] de derecho u obligación de mancomún./ Comunida[d] de intereses, aspiraciones o sentimientos./ Ayuda presta[da] a una persona por razones de orden social.

solidario, ria. a. Adherido a la causa u opinión de otro.

solidarizar. tr./ prl. Hacer solidario.

solidez. f. Calidad de sólido./ *Geom.* Volumen.

solidificación. f. Acción y efecto de solidificar./ *Fís.* Pas[o] de un cuerpo del estado líquido al estado sólido por enfria[miento.]

solidificar. tr./ prl. Hacer sólido un fluido.

sólido, da. a. Firme, macizo, fuerte, denso./ *Fís.* Apl. a[l] cuerpo cuyas moléculas guardan entre sí mayor cohesió[n] que la de los líquidos. Ú.t.c.s.m./ fig. Establecido con razo[nes] verdaderas.// m. *Geom.* Cuerpo material en el que s[e] pueden apreciar las tres dimensiones: longitud, latitu[d] profundidad.

soliloquio. m. Discurso o habla de una persona que no di[ri]rige a otra la palabra.

solípedo. a. *Zool.* Équido.

solista. m. y f. Cantante o instrumentista que ejecuta los so[los.]

solitario, ria. a. Sin compañía, solo./ Desierto, desampara[do.]/ Retirado, que ama la soledad. Ú.t.c.s.// m. Diamant[e] grueso engastado solo en una joya./ Juego de naipes eje[cutado por una sola persona./ Ermitaño.

soliviantar. tr./ prl. Inducir a la rebelión.

sollozar. i. Producir por un movimiento convulsivo varia[s] inspiraciones entrecortadas, seguidas de una espiración.

sollozo. m. Acción y efecto de sollozar.

solo, la. a. Único en su especie./ Sin compañía, dicho d[e] personas./ Que está sin otra cosa o separado de ella./ Qu[e] carece de amparo o consuelo.// m. Composición music[a]l para un solo cantante o instrumentista.

sólo. m. adv. Solamente.

solsticio. m. Época en que el sol se halla en uno de los do[s] trópicos.

soltar. tr./ prl. Desatar./ Dar libertad a lo que estaba deten[i]do o preso./ Desasir lo que está sujeto.// tr. Romper en r[i]sa o llanto./ fam. Decir.// prl. fig. Adquirir agilidad o soltu[ra.]/ Empezar a hacer ciertas cosas.

soltería. f. Estado de soltero.

soltero, ra. a. y s. Díc. de la persona que no está casad[a]/ célibe./ Suelto o libre.

solterón, na. a. y s. Célibe ya entrado en años.

soluble. a. Que se puede disolver o desleír.

solución. f. Acción y efecto de disolver./ Acción y efect[o] de resolver un problema./ Satisfacción que se da a una du[da o dificultad./ Desenlace de un drama y poema épico Paga, satisfacción./ Desenlace de un negocio, proces[o] etc./ *Mat.* Cualquiera de las cantidades que satisfacen la[s] condiciones de una ecuación o problema./ *Quím.* Prepara[ción líquida que se obtiene por disolución.

solucionar. tr. Encontrar la solución para un asunto, dificu[ltad o problema.

soluto. m. *Fís.* En una solución, el cuerpo disuelto.

solvencia. f. Acción y efecto de solventar./ Carencia de deu[das y capacidad de satisfacerlas./ Cualidad de solvente.

solventar. tr. Arreglar cuentas, pagando lo que se debe[./ Dar solución a un problema.

solvente. a. Que desata o resuelve./ Libre de deudas./ Capaz de satisfacerlas./ Capaz de cumplir un cargo u obligación./ Disolvente.// m. *Quím.* Sustancia generalmente líquida que se emplea para disolver otras sustancias.

soma. m. Totalidad de materia corporal de un organismo vivo.

somalí. a. y s. De Somalia.

somático, ca. a. Rel. al soma o cuerpo de los seres vivos.

sombra. f. Oscuridad, falta de luz./ Proyección oscura que produce un cuerpo opaco en dirección opuesta a aquella por donde viene la luz./ Imagen oscura que un cuerpo opaco proyecta en otro, al interceptar los rayos directos de la luz./ Espectro, aparición fantástica./ fig. Oscuridad, ignorancia./ Asilo, amparo./ Apariencia de alguna cosa./ Defecto, mancha./ *Pint.* Color oscuro con que se representa la falta de luz.

sombrear. tr. Dar sombra./ *Pint.* Poner sombra en un dibujo.

sombrerería. f. Oficio de hacer sombreros./ Fábrica de sombreros./ Tienda donde se venden.

sombrerero, ra. s. Persona que hace sombreros o los vende.// f. Caja para guardar sombreros.

sombrerete. m. dim. de sombrero. Caperuza de las chimeneas./ Sombrero de los hongos.

sombrero. m. Prenda de vestir para cubrir la cabeza; consta de copa y ala./ Techo que cubre el púlpito./ Parte superior y redondeada de los hongos.

sombrilla. f. Utensilio parecido al paraguas para protegerse del sol; quitasol.

sombrío, a. a. Díc. de los lugares en que hay poca luz y frecuentemente sombra./ fig. Melancólico, tétrico.

somero, ra. a. Casi encima o muy cerca de la superficie./ fig. Ligero, poco profundo, superficial.

someter. tr./ prl. Sujetar, humillar, conquistar; sojuzgar./ Hacer que alguien o algo reciba cierta acción./ Encomendar la solución de un asunto a alguien.

sometimiento. m. Acción y efecto de someter.

somnambulismo. m. Sonambulismo.

somnámbulo, la. a. y s. Sonámbulo.

somnífero, ra. a./ m. Que da o produce sueño.

somnolencia. f. Estado de pesadez y torpeza de los sentidos provocado por el sueño./ Gana de dormir./ fig. Pereza.

somorgujo o **somormujo.** m. Ave palmípeda que puede mantener mucho tiempo la cabeza sumergida en el agua.

son. m. Sonido agradable al oído./ fig. Noticia, fama./ Pretexto./ Modo, manera.

sonado, da. p. p. de sonar.// a. Famoso, que tiene fama./ Divulgado con mucho ruido.

sonajero. m. Juguete con sonajas o cascabeles.

sonambulismo. m. Estado de la persona que tiene sueño anormal en el que se levanta, anda y habla.

sonámbulo, la. a. y s. Que padece sonambulismo.

sonante. p. act. de sonar. Que suena.// a. Sonoro.

sonar. i. Producir ruido una cosa./ Tener determinado sonido una letra./ Mencionarse, citarse./ fam. Venir vagamente al recuerdo alguna cosa como oída con anterioridad.// tr. Tañer una cosa./ Limpiar las narices, haciendo salir los mocos con una espiración violenta. Ú.m.c.prl.// imp. Rumorearse algo.

sonata. f. Composición musical para uno o dos instrumentos, compuesta de tres o cuatro movimientos.

sonatina. f. *Mús.* Sonata corta para violín o piano.

sonda. f. Acción y efecto de sondear./ Cuerda con un peso de plomo para sondar las aguas./ Barrena para abrir taladros de gran profundidad./ *Cir.* Instrumento para explorar cavidades.

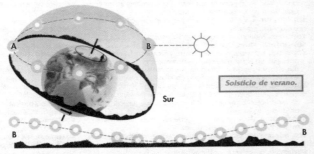

En el solsticio de verano, en el círculo polar, los movimientos diarios del Sol describen una órbita: a medianoche, la órbita solar tangencial con el horizonte directamente al Norte (A), es decir, el Sol no desaparece sino que brilla durante toda la noche (Sol de medianoche). Durante el día y a las 12 hs, el Sol se encuentra en B, en dirección Sur.

Solsticio de verano.

sondar. tr. Sondear.

sondear. tr. Medir la profundidad de un río, mar, etc. con sonda./ Averiguar la naturaleza del subsuelo con una sonda./ Introducir una sonda en el cuerpo./ fig. Inquirir con cautela.

sondeo. m. Acción y efecto de sondear.

soneto. m. Composición poética que consta de catorce versos endecasílabos, distribuidos en dos cuartetos y dos tercetos.

sonido. m. Sensación producida en el oído por la vibración de las ondas acústicas o sonoras transmitidas por un medio elástico, como el aire.

sonoridad. f. Calidad de sonoro.

sonoro, ra. a. Que suena o puede sonar.

sonreír. i./ prl. Reírse levemente, sin emitir ningún sonido.// i. fig. Comunicar alegría.

sonrisa. f. Acción y efecto de sonreírse.

sonrojar. i./ prl. Subir al rostro colores de vergüenza./ Ruborizar./ Avergonzar.

sonrojo. m. Acción y efecto de sonrojar.

sonrosar. tr./ prl. Dar, causar o poner color como de rosa.

sonsacar. tr. fig. Conseguir con mañas que alguien diga lo que sabe y esconde.

sonso, sa. a. y s. *Arg.* Zonzo.

soñador, ra. a. Que sueña mucho./ fig. Iluso; que discurre fantásticamente.

soñar. tr./ i. Representarse cosas en la fantasía mientras se duerme./ fig. Imaginar y dar por cierto lo que no lo es.// i. fig. Anhelar algo con persistencia.

soñolencia. f. Somnolencia.

soñoliento, ta. a. Acometido de sueño o propenso a él./ Que está dormitando./ Que produce sueño./ fig. Tardo, perezoso.

sopa. f. Pedazo de pan empapado en leche, caldo, etc./ Plato compuesto de caldo con rebanadas de pan, arroz, fécula, etc./ pl. Rebanadas de pan que se echan en el caldo.

sopapear. tr. fam. Dar sopapos.

sopapo. m. Golpe dado con la mano debajo de la papada./ fam. Bofetada.

sopera. f. Vasija honda para servir la sopa.

sopetón. m. Golpe fuerte y repentino que se da con la mano.// **-de sopetón.** m. adv. De improviso.

soplar. i./ tr. Despedir con violencia aire por la boca./ i. Correr el viento./ Hacer que los fuelles arrojen el aire recibido.// tr. Apartar con el soplo alguna cosa./ Inflar, hinchar con aire. Ú.t.c.prl./ Hurtar con disimulo./ fig. Inspirar, sugerir./ Apuntar a uno lo que debe decir./ Delatar, acusar.// prl. fig. y fam. Beber mucho./ Hincharse, entonarse, engreírse.

soplete. m. Instrumento con un tubo metálico con el que se aplica una corriente gaseosa a una llama para soldar o fundir objetos a temperaturas muy altas.

soplido. m. Soplo brusco.

soplo. m. Acción y efecto de soplar./ fig. Instante, tiempo muy breve./ fig. y fam. Aviso que se da en secreto./ Delación./ *Med.* Ruido que se aprecia en la auscultación, en el corazón, o en los órganos respiratorios.

soplón, na. a. y s. fam. Apl. a la persona que acusa en secreto y con cautela.

sopor. m. Modorra morbosa./ fig. Somnolencia.

soporífero, ra. a. Que inclina al sueño o lo causa.

soportal. m. Espacio cubierto que precede a la entrada principal, en algunas casas./ Pórtico que algunos edificios o manzanas de casas tienen en sus fachadas y delante de las puertas y comercios que hay en ellas.

soportar. tr. Sostener sobre sí una carga./ fig. Tolerar, sufrir.

soporte. m. Apoyo o sostén./ *Quím.* Substancia inerte que, en un proceso o preparado, sirve para fijar alguno de sus productos o reactivos.

soprano. m. *Mús.* La más aguda de las voces humanas.// m. y f. Persona que tiene esta voz.

sor. f. Forma de tratamiento que se antepone al nombre de una religiosa.

sorber. tr. Beber aspirando./ fig. Atraer hacia dentro de sí ciertas cosas./ Absorber, tragar./ Apoderarse del ánimo con avidez de alguna cosa apetecida.

sorbo. m. Acción de sorber./ Porción de líquido que se sorbe de una vez./ fig. Cantidad pequeña de un líquido.

sordera. f. Disminución o privación de la capacidad de oír.

sordidez. f. Calidad de sórdido.

sórdido, da. a. Sucio, miserable./ fig. Indecente./ Mezquino, avaro.

sordina. f. Pieza que sirve para disminuir y variar la voz de un instrumento musical.

sordo, da. a. y s. Díc. de la persona que no oye o no oye bien./ a. Silencioso, callado./ Que suena poco o sin timbre claro./ fig. Insensible a las súplicas o al dolor ajeno, o que no atiende a las persuasiones o consejos.

sordomudez. f. Calidad de sordomudo.

sordomudo, da. a. y s. Díc. de la persona privada de la facultad de oír y de hablar.

sorgo. m. Planta forrajera.

sorna. f. Lentitud con que se hace alguna cosa./ Disimulo y bellaquería con que se dice o se hace algo./ Ironía.

sorprendente. p. act. de **sorprender.** Que sorprende.// a. Raro, extraordinario.

sorprender. tr. Tomar desprevenido./ Conmover con algo imprevisto e inusual. Ú.t.c.prl.// tr. Descubrir lo que alguien ocultaba o disimulaba.

sorpresa. f. Acción y efecto de sorprender./ Cosa que es motivo para que alguien se sorprenda.

sorpresivo, va. a. *Amér.* Que implica o causa sorpresa./ Inesperado.

sorra. f. Arena gruesa que se emplea como lastre en las embarcaciones.

sortear. tr. Someter a la decisión de la suerte./ fig. Evitar hábilmente el encuentro con una cosa, un riesgo, etc.

sorteo. m. Acción de sortear.

sortija. f. Anillo, aro pequeño para los dedos./ Anilla./ Rizo del cabello, que tiene figura de anillo.

sortilegio. m. Adivinación por medio de artes mágicas./ Hechicería, maleficio.

sosa. f. Carbonato sódico.

sosegado, da. p. p. de **sosegar.**// a. Quieto, pacífico, tranquilo.

sosegar. tr./ prl. Aplacar, pacificar, apaciguar./ fig. Serenar el ánimo./ Dormir, reposar.// i./ prl. Descansar, aquietarse.

sosegate. m. *R. de la P.* Cachete, puñetazo./ *R. de la P.* Amonestación.

sosera o **sosería.** f. Falta de gracia, insulsez./Cosa insulsa.

sosiego. m. Quietud, serenidad, tranquilidad.

soslayar. tr. Poner una cosa ladeada./ fig. Pasar de largo, dejando de lado alguna dificultad.

soslayo, ya. a. Oblicuo.// **-al,** o **de soslayo.** m.adv. Oblicuamente./ fig. De largo, de pasada, para evitar dificultades.

soso, sa. a. Que no tiene sal, o tiene poca./ fig. Que carece de gracia y viveza.

sospecha. f. Acción y efecto de sospechar.

sospechar. tr. Imaginar una cosa por conjeturas./ i. Dudar, desconfiar de alguien.

sospechoso, sa. a. Que da motivos para sospechar.// m. Individuo cuya conducta o pasado provocan sospecha.

sostén. m. Acción de sostener./ Persona o cosa que sostiene./ fig. Apoyo, protección./ Prenda interior que usan las mujeres para ceñir el pecho.

sostener. tr./ prl. Mantener firme una cosa.// tr. Defender una proposición./ fig. Sufrir, aguantar./ Prestar auxilio./ Dar a uno lo que necesita para su manutención.

sostenido, da. p. p. de **sostener.**// a. Duradero./ *Mús.* Díc. de la nota con entonación que supera la de su sonido natural en un semitono mayor.// m. *Mús.* Signo que representa dicha alteración del sonido natural de la nota.

sostenimiento. m. Acción y efecto de sostener./ Sustento o mantenimiento.

sotana. f. Vestidura talar que usan algunos eclesiásticos.

sótano. m. Pieza subterránea en algunos edificios.

soterrar. tr. Enterrar, meter debajo de la tierra./ fig. Ocultar una cosa.// prl. fig. *Arg.* Recluirse, vivir aislado.

soto. m. Sitio poblado de árboles y arbustos en las vegas o riberas./ Sitio poblado de árboles y arbustos./ Sitio poblado de matas, malezas y árboles.

sotobosque. m. Vegetación leñosa que crece bajo la capa arbustiva superior de un bosque.

Sotobosque poblado de matas, malezas y árboles, donde apenas se filtra la luz solar.

sotreta. a. y s. *Arg., Bol.* y *Urug.* Apl. al caballo inútil./ *Arg., Bol.* y *Urug.* Apl. a la persona holgazana y desmañada.

soviet (voz rusa). m. Consejo o asamblea de diputados obreros y campesinos; se formaron durante la Revolución Rusa de 1917 y luego se convirtieron en las instituciones legislativas fundamentales del régimen soviético.

soviético, ca. a. y s. Perteneciente o rel. al soviet./ De la ex Unión Soviética. Apl. a personas.

sprite. (voz ingl.). m. *Comp.* Dícese de los objetos o formas que pueden desplazarse, independientemente unos de otros, a través de una pantalla.

stand. (voz ingl.). m. Lugar en el que se exhiben y/o venden productos en ferias y exhibiciones.

stand by (voz ingl.). a. *Econ.* Dícese de los préstamos transitorios otorgados por los organismos financieros internacionales como primer paso de una refinanciación a más largo plazo de una deuda.

statu quo. expr. lat. Estado o situación de algo o de un proceso en un momento determinado.

status. m. Posición social de una persona o de un grupo.

stock (voz inglesa). m. *Com.* Surtido, reserva, provisión de algún producto o mercadería.

su, sus. Apócope del pron. posesivo de tercera persona. Ú. sólo precediendo al sustantivo.

suave. a. Liso y blando al tacto./ Grato y dulce a los sentidos./ fig. Manso, tranquilo./ Moderado, lento./ Apacible, dócil.

suavidad. f. Calidad de suave.

suavizador, ra. a. Que suaviza.// m. Correa que se emplea para suavizar el filo de las navajas de afeitar.

suavizar. tr./ prl. Hacer suave.

sub. Prefijo inseparable que significa "por debajo de" o "inferior a".

suba. f. *Arg.* Alza, subida de precios.

subafluente. m. Río o arroyo que desagua en un afluente.

subalterno, na. a. Inferior o que está debajo.// m. Empleado de categoría inferior.

subarrendar. tr. Dar o tomar en arriendo una cosa de otro arrendatario de ella.

subasta. f. Venta pública de objetos, voluntaria o por orden judicial, que se venden al mejor postor.

subastar. tr. Vender o adjudicar algo en pública subasta.

subclase. f. *Bot.* y *Zool.* Cualquiera de los grupos taxonómicos en que se dividen algunas clases de plantas o animales.

subcomisión. f. Grupo de individuos de una comisión que tiene un cometido especial.

subconsciencia o **subconciencia.** f. Estado inferior de la conciencia psicológica en el que, debido a la poca intensidad de las percepciones, no se da cuenta de éstas el sujeto.

subconsciente. a./ m. Que se refiere a la subconciencia, o que no llega a ser consciente.

subcutáneo, a. a. Que está o se hace inmediatamente por debajo de la piel.

subdelegado, da. p. p. de **subdelegar.**// a. y s. Que sirve inmediatamente a las órdenes del delegado o hace sus veces.

subdelegar. tr. Transferir el delegado su jurisdicción o potestad a otro.

subdesarrollado, da. a. *Econ.* Díc. de los países que no alcanzaron un grado determinado de desarrollo económico.

subdesarrollo. m. *Econ.* Estado de los países pobres o dependientes, caracterizado por un desarrollo nulo o deficiente de sus sistemas productivos, de servicios, etc.

subdistinguir. tr. Distinguir en lo ya distinguido; hacer una distinción en otra.

súbdito, ta. a. y s. Sujeto a la autoridad de un superior con obligación de obedecerlo.// s. Ciudadano de un estado gobernado por un monarca.

subdividir. tr. Dividir una parte que resulta de una división anterior.

subdivisión. f. Acción y efecto de subdividir o subdividirse.

El subdesarrollo obliga a muchos habitantes de América latina a adquirir productos en las ferias de artesanos y de vendedores ambulantes o comerciar en ellas para sobrevivir.

subestimar. tr. Dar a una persona o cosa un valor o importancia por debajo del que tienen.

subfamilia. f. *Bot.* y *Zool.* Cualquiera de los grupos taxonómicos en que se dividen ciertas familias de plantas o animales.

subgénero. m. *Bot.* y *Zool.* Cualquiera de los grupos taxonómicos en que se dividen ciertos géneros.

subida. f. Acción y efecto de subir./ Sitio en pendiente que va subiendo.

subido, da. a. Díc. del color, olor o sabor muy vivo e intenso./ Muy elevado./ Díc. de lo más fino en su especie.

subimiento. m. Subida, acción y efecto de subir.

subinquilino, na. s. Persona que subarrienda una vivienda.

subinspector. m. Jefe inmediato después del inspector.

subir. i. Pasar de un sitio a otro más alto./ Crecer en altura ciertas cosas./ Llegar una cuenta a cierta cantidad./ Montar, cabalgar./ fig. Ascender en dignidad o empleo, o crecer en bienes./ Agravarse algunas enfermedades./ Elevar la voz o el sonido de un instrumento. Ú.t.c.tr.// tr. Recorrer hacia arriba./ Trasladar a una persona o cosa de un lugar a otro más alto. Ú.t.c.prl./ Hacer más alta una cosa./ fig. Dar a las cosas más precio.

súbito, ta. a. Repentino, imprevisto./ Precipitado, violento.

subjetividad. f. Calidad de subjetivo.

subjetivismo. m. Predominio de lo subjetivo./ *Fil.* Doctrina que reduce la validez del conocimiento al sujeto que conoce.

subjetivo, va. a. Rel. al sujeto./ Rel. a nuestro modo de pensar o de sentir, y no al objeto en sí mismo./ *Fil.* Lo que pertenece al sujeto, en oposición al objeto.

subjuntivo, va. a./ m. *Gram.* Modo verbal que expresa una acción como deseable, hipotética, dudosa o necesaria.

sublevación. f. Acción y efecto de sublevar o sublevarse.

sublevar. tr. Alzar en sedición o motín. Ú.t.c.prl./ fig. Excitar, promover sentimiento de protesta.

sublimación. f. Acción y efecto de sublimar o sublimarse./ *Fís.* Transformación del estado sólido al gaseoso, directamente./ *Psic.* Transformación de un impulso erótico original en una acción secundaria, derivada, y generalmente positiva desde el punto de vista de las normas sociales (ciencia, arte, trabajo, etc.).

sublimar. tr. Engrandecer, exaltar./ Volatilizar un cuerpo sólido y condensar sus vapores. Ú.t.c.prl.

sublime. a. Noble, excelso, elevado.

sublimidad. f. Calidad de sublime.

sublunar. a. Que se halla debajo de la Luna.

Sala subterránea de la estación Malakóvskala, en Moscú.

submarino, na. a. Díc. de lo que está o se hace debajo de la superficie del mar.// m. Buque capaz de navegar sumergido.

submaxilar. a. Que está debajo de la mandíbula inferior.

submúltiplo, pla. a. y s. Díc. del número o cantidad que otro u otra contiene exactamente dos o más veces.

subnormal. a. Inferior a lo normal./ Díc. de la persona afectada de una deficiencia mental patológica. Ú.t.c.s.

suboficial. m. Categoría militar perteneciente a los cuadros subalternos./ m. Grado militar intermedio entre los oficiales y la tropa o marinería, colaborador inmediato del mando.

suborden. m. *Bot.* y *Zool.* Cualquiera de los grupos taxonómicos en que se dividen algunos órdenes de plantas y animales.

subordinación. f. Acción de subordinar./ Sujeción a la orden, autoridad o dominio de otro.

subordinado, da. a. y s. Díc. de la persona sujeta o dependiente de otra./ *Gram.* En sintaxis, díc. de todo elemento de la oración regido por otro.

subordinar. tr./ prl. Sujetar personas o cosas a la dependencia o autoridad de otras.

subproducto. m. Producto secundario que se obtiene en una industria, además del principal que es su objeto inmediato.

subrayar. tr. Señalar con una raya por debajo un escrito./ fig. Destacar las palabras.

subrepticio, cia. a. Que se pretende o logra oculta o disimuladamente.

subrogación. f. Acción y efecto de subrogar.

subrogar. tr./ prl. Sustituir una persona o cosa en lugar de otra.

subrutina. f. *Comp.* Programa integrante del programa principal, del cual depende para su ejecución.

subsanación. f. Acción y efecto de subsanar.

subsanar. tr. Corregir o reparar un defecto./ Resarcir un daño./ Disculpar un delito o un desacierto.

subscribir. tr. Firmar al final de un escrito./ fig. Convenir con la opinión de uno.// prl. Obligarse uno a sostener el pago de dinero para una obra./ Abonarse para recibir una publicación.

subscripción. f. Acción y efecto de subscribir o subscribirse.

subscripto, ta o **subscrito, ta.** p.p. irreg. de **subscribir.**

subscriptor, ra o **subscritor, ra.** s. Persona que subscribe o se subscribe.

subsecretaría. f. Cargo de subsecretario./ Oficina de éste.

subsecretario, ria. s. Persona que reemplaza al secretario.// m. Secretario general de un ministro.

subsecuente. a. Subsiguiente.

subseguir. i./ prl. Seguir una cosa inmediatamente a otra.

subsidiario, ria. a. Que se da en subsidio o socorro a alguno./ *Der.* Díc. de la acción o responsabilidad que suple o robustece a otra principal.

subsidio. m. Auxilio, ayuda extraordinaria de carácter financiero./ Contribución, impuesto.

subsiguiente. p. act. de **subseguir.**// a. Que se subsigue.

subsistencia. f. Permanencia, estabilidad./ Conjunto de medios que se necesitan para el sustento de la vida.

subsistir. i. Durar, permanecer una cosa./ Seguir viviendo; mantener la vida.

substancia. f. Toda cosa que nutre a otra./ Jugo de algunas materias alimenticias./ Ser, naturaleza, esencia de las cosas./ Caudal, bienes./ Estimación, valor de las cosas./ Parte nutritiva de los alimentos./ fig. y fam. Juicio, madurez./ Entidad o esencia que subsiste o existe por sí.

substanciación. f. Acción y efecto de substanciar.

substancial. a. Rel. a la substancia./ Substancioso./ Apl. a lo esencial de una cosa.

substanciar. tr. Extractar, compendiar./ *Der.* Poner un juicio en estado de sentencia, por medio de la vía procesal adecuada.

substancioso, sa. a. Que tiene substancia o materia nutritiva./ Que tiene estimación o valor.

substantivar. tr. *Gram.* Dar valor y significación de substantivo a una palabra o aun a locuciones enteras.

substantivo, va. a. Que tiene existencia real, independiente, individual.// a./ m. *Gram.* Apl. a la clase de palabras que designa los objetos y las personas, sean reales o imaginarios.

substitución. f. Acción y efecto de substituir.

substituir. tr. Poner a una persona o cosa en lugar de otra.

substitutivo, va. a. y s. Apl. a aquello que puede substituir o reemplazar a otra cosa.

substituto, ta. p. p. irreg. de **substituir.**// s. Persona que hace las veces de otra.

substracción. f. Acción y efecto de substraer./ Resta.

substraendo. m. Cantidad que ha de restarse de otra.

substraer. tr. Apartar, extraer./ Robar con fraude./ Restar, hallar la diferencia entre dos cantidades.// prl. Separarse de lo que es de obligación, o de lo que se tenía proyectado.

substrato. m. Ser de las cosas, substancia./ *Geol.* Estrato inferior sobre el que descansa otro más reciente./ **-lingüístico.** Subsistencia en una lengua de las características fonéticas o gramaticales de otra a la que ha sustituido.

subsuelo. m. Terreno que está por debajo de la capa de tierra laborable./ Parte profunda del terreno a la que no llegan los aprovechamientos superficiales de los predios, y para otorgar concesiones mineras se considera de dominio público./ *Amér.* Piso por debajo del nivel de la calle.

Los suburbios de Toledo, España,
en esta vista panorámica.

subteniente. m. Grado de la jerarquía oficial del ejército, inferior al teniente.

subterfugio. m. Pretexto, evasiva.

subterráneo, a. a. Que está debajo de la tierra.// m. Cualquier lugar que está debajo de la tierra./ *Arg.* Ferrocarril urbano que corre por túneles especialmente cavados a ese fin.

subtítulo. m. Título secundario./ Letrero que aparece en la parte inferior de la pantalla al proyectarse un filme, gmente. con la traducción del texto que se habla en la película.

suburbano, na. a. Cercano a la ciudad./ Rel. a un suburbio.// m. Habitante de un suburbio.

suburbio. m. Arrabal./ Barrio o pueblo próximo a la ciudad o que pertenece a su jurisdicción.

subvención. f. Acción y efecto de subvenir./ Cantidad con que se subviene.

subvencionar. tr. Otorgar una subvención.

subvenir. tr. Ayudar, socorrer./ Favorecer el estado con determinada cantidad a empresas, instituciones, etc.

subversión. f. Acción y efecto de subvertir.

subversivo, va. a. Que puede subvertir.

subversor, ra. a. y s. Que subvierte.

subvertir. tr. Trastornar, perturbar, destruir.

subyacente. a. Que yace o está debajo de otra cosa.

subyugación. f. Acción y efecto de subyugar.

subyugar. tr./ prl. Avasallar, someter con violencia.

succión. f. Acción de chupar con los labios./ Aspiración que ejercen los fluidos, por disminución de presión de un punto.

succionar. tr. Chupar, absorber con los labios.

sucedáneo. a./ m. Apl. a la sustancia que puede reemplazar a otra por tener propiedades semejantes.

suceder. i. Entrar una persona o cosa en lugar de otra, o seguir en orden a ella./ Heredar los bienes de un difunto./ Proceder, descender./ imp. Efectuarse un hecho.

sucedido, da. p. p. de **suceder.**// m. fam. Suceso, acontecimiento.

sucesión. f. Acción y efecto de suceder./ Conjunto de cosas que pasan a un heredero./ Prole, descendencia directa.

sucesivo, va. a. Que sucede o se sigue a otra cosa.

suceso. m. Cosa que sucede, especialmente cuando es importante./ Transcurso del tiempo./ Éxito, resultado positivo de un negocio./ Hecho delictivo, accidente desgraciado.

sucesor, ra. a. y s. Que sucede a uno o sobreviene en su lugar.

sucesorio, ria. a. Rel. a la sucesión.

suciedad. f. Calidad de sucio./ Inmundicia, porquería./ fig. Dicho o hecho sucio.

sucinto, ta. a. Díc. de los escritos, narraciones, explicaciones, etc., breves y compendiosas.

sucio, cia. a. Que tiene impurezas o manchas./ Que se ensucia con facilidad./ fig. Manchado con pecados o con imperfecciones./ Obsceno, deshonesto./ Apl. al color confuso y turbio./ Infecto, contaminado.

sucre. m. Unidad monetaria del Ecuador.

sucucho. m. Rincón, ángulo formado por dos paredes.

suculencia. f. Jugosidad.

suculento, ta. a. Sustancioso, jugoso y muy nutritivo.

sucumbir. i. Rendirse, ceder./ Morir, perecer.

sucursal. a./ f. Apl. al establecimiento que sirve de ampliación de otro, del cual depende.

sud. m. Sur.

sudafricano, na. a. y s. De África del Sur o de la República Sudafricana.

sudamericano, na. a. y s. De América del Sur.

sudanés, sa. a. y s. Del Sudán.

sudar. i. Exhalar y expeler sudor. Ú.t.c.tr./ Destilar las plantas gotas de su jugo./ Destilar agua ciertas cosas húmedas./ fig. y fam. Trabajar con fatiga o desvelo./ tr. Empapar en sudor.

sudario. m. Lienzo con que se cubre el rostro de los muertos, o en que se envuelve el cadáver.

sudatorio, ria. a. Sudorífico.

sudestada. f. *Arg.* Viento con lluvia persistente que sopla del sudeste, del lado del mar.

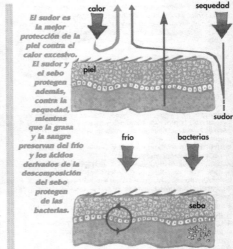

El sudor es la mejor protección de la piel contra el calor excesivo. El sudor y el sebo protegen además, contra la sequedad, mientras que la grasa y la sangre preservan del frío y los ácidos derivados de la descomposición del sebo protegen de las bacterias.

sudeste. m. Punto del horizonte entre el sur y el este. Ú.t.c.a./ Viento que sopla de este lado.

sudoeste. m. Punto del horizonte entre el sur y el oeste. Ú.t.c.a./ Viento que sopla de este lado.

sudor. m. Líquido segregado por los orificios de las glándulas sudoríparas de la piel./ fig. Jugo que destilan los vegetales./ Gotas que se destilan de las cosas húmedas./ Trabajo y fatiga.

sudorífero, ra o **sudorífico, ca.** a./ m. Díc. del medicamento que hace sudar.

sudoríparo, ra. a. Díc. de la glándula o folículo de la piel que segrega el sudor.

sudoroso, sa. a. Que está sudando mucho./ Propenso a sudar.

sudoso, sa. a. Que tiene sudor.

sueco, ca. a. y s. De Suecia.

suegro, gra. s. Padre o madre de un cónyuge, respecto del otro.

suela. f. Parte del calzado que toca el suelo./ Cuero bovino curtido./ Pedazo de cuero que se pone en la punta del taco de billar./ Zócalo.

sueldo. m. Remuneración, pago asignado por un trabajo regular./ Moneda antigua de diferente valor según los tiempos y países.

suelo. m. Superficie de la tierra./ Terreno en que pueden vivir las plantas./ En sentido fig., superficie inferior de ciertas cosas./ Asiento o poso que deja un líquido./ Solar de un edificio./ Piso de una habitación./ Territorio./ Casco de las caballerías./ fig. Tierra o mundo.

suelta. f. Acción y efecto de soltar.

suelto, ta. p. p. irreg. de **soltar.**// a. Ligero, veloz./ Separado, que no forma conjunto./ Libre, atrevido./ Díc. del lenguaje, estilo, etc., fácil, fluido./ Poco compacto./ Ágil, expedito./ Apl. a la moneda fraccionaria. Ú.t.c.s.m.// m. Escrito periodístico breve.

sueño. m. Acción de dormir o de soñar./ Representación de objetos o sucesos mientras se duerme./ Gana de dormir./ fig. Ilusión, fantasía. ·

suero. m. Parte líquida de la sangre, del quilo o de la linfa, que se separa del coágulo de éstos, cuando salen del organismo./ Parte líquida que se separa de la leche cuajada./ Disolución en agua de algunas sales, utilizada en medicina./ El que se obtiene de los animales inmunizados y se usa como vacuna.

suerte. f. Encadenamiento de los hechos, considerado como fortuito o casual./ Circunstancia de ser, por simple casualidad, favorable o adversa lo que sucede./ Suerte favorable./ Casualidad a que se fía una resolución./ Estado, condición./ Especie o género de una cosa./ Modo de hacer alguna cosa./ Cada uno de los lances del toreo.

suficiencia. f. Capacidad, aptitud./ fig. despect. Presunción, engreimiento.

suficiente. a. En cantidad necesaria./ Apto, idóneo./ Pedante.

sufijo, ja. a./ m. *Gram.* Díc. del afijo que va pospuesto.

sufragar. tr. Costear los gastos./ Ayudar, favorecer.// i. *Amér.* Votar a un candidato o una propuesta, dictamen.

sufragio. m. Ayuda, favor./ Voto, dictamen./ Sistema electoral para la provisión de algunos cargos.

sufrido, da. a. Que sufre con resignación./ Apl. al color que disimula lo sucio.

sufrimiento. m. Conformidad con que se sufre una cosa; paciencia./ Padecimiento, pena.

sufrir. tr./ prl. Sentir, padecer./ Recibir resignadamente un daño. Ú.t.c.prl./ Resistir, sostener./ Soportar, tolerar./ Permitir, consentir./ Pagar, satisfacer mediante la pena.

sugerencia. f. Insinuación, idea que se sugiere.

sugerir. tr. Inspirar una idea en el ánimo de otro.

sugestión. f. Acción de sugerir./ Idea sugerida./ Acción y efecto de sugestionar.

sugestionar. tr. Dominar la voluntad de una persona./ Inspirar a una persona hipnotizada actos o palabras involuntarios.// prl. Experimentar sugestión.

sugestivo, va. a. Que sugiere.

sui géneris. exp. lat. que indica que una cosa es excepcional, fuera de serie.

suicida. m. y f. Persona que voluntariamente se quita la vida. // a. fig. Apl. al acto o a la conducta que destruye o daña al propio agente.

suicidarse. prl. Quitarse la vida voluntariamente.

suicidio. m. Acción y efecto de suicidarse.

suido. a./ m. *Zool.* Apl. a mamíferos artiodáctilos, paquidermos, con hocico bien desarrollado y caninos largos y fuertes, que sobresalen de la boca; como el jabalí. // m. pl. *Zool.* Familia de estos animales.

suite (voz fr.). f. *Mús.* Composición instrumental generalmente constituida por una secuencia de piezas breves, del mismo tono, ligeras y rápidas.

suizo, za. a. y s. De Suiza.

sujeción. f. Acción y efecto de sujetar./ Unión firme, ligadura.

sujetar. tr./ prl. Someter al dominio o autoridad a alguno.// tr. Afirmar o contener alguna cosa con la fuerza.

sujeto, ta. p. p. irreg. de **sujetar.**// a. Propenso o expuesto a una cosa.// m. Asunto, materia de un discurso o escrito./ Persona innominada./ Individuo./ Ser del cual se predica una cosa./ *Fil.* El espíritu humano, en oposición al mundo exterior./ *Lóg.* Ser del cual se predica o anuncia algo./ *Gram.* Función oracional que desempeña un sustantivo, un pronombre o un sintagma nominal en concordancia obligada de persona y de número con el verbo. La pueden desempeñar también cualquier sintagma o proposición sustantivados, con concordancia verbal obligada de número en tercera persona./ *Gram.* Elemento o conjunto de elementos lingüísticos que, en una oración, desempeñan la función del sujeto./ **-agente.** *Gram.* Sujeto de un verbo en voz activa./ **-paciente.** *Gram.* Sujeto de un verbo en voz pasiva./ **-tácito** o **desinencial.** *Gram.* El que no es manifiesto por una palabra o construcción determinada, sino que está expresado sólo por la desinencia del verbo.

sulfatación. f. Acción y efecto de sulfatar.

sulfatar. tr. Impregnar o bañar con un sulfato alguna cosa.

sulfato. m. *Quím.* Sal derivada del ácido sulfúrico.

sulfurar. tr. Combinar un cuerpo con el azufre.// tr./ prl. fig. Irritar, exasperar.

sulfúrico, ca. a./ m. *Quím.* Díc. del ácido formado por un átomo de azufre, dos de hidrógeno y cuatro de oxígeno.

sultán. m. Emperador de los turcos./ Príncipe o gobernador mahometano.

suma. f. Acción de sumar./ Adición de muchas cosas, en especial de dinero./ Lo más sustancial de una cosa./ Recopilación de todas las partes de una ciencia o facultad./ *Álg.* y *Arit.* Resultante de añadir a una cantidad otra u otras homogéneas.

sumando. m. *Álg.* y *Arit.* Cada uno de los términos que han de sumarse para formar la suma o cantidad total.

sumar. tr. Recopilar una materia./ *Álg.* y *Arit.* Reunir en una sola varias cantidades homogéneas./ *Álg.* y *Arit.* Componer varias cantidades en un total.// prl. Adherirse, agregarse.

sumarial. a. Rel. al sumario o a la sumaria.

sumariar. tr. *Der.* Someter a sumario.

sumario, ria. a. Breve, sucinto./ *Der.* Apl. al proceso o juicio de trámite muy rápido.// m. Resumen, compendio./ *Der.* Conjunto de actuaciones preparatorias del juicio criminal.

sumarísimo, ma. a. superl. de **sumario.** *Der.* Díc. de cierta clase de juicios de tramitación brevísima.

sumergible. a. Que se puede sumergir./ m. Submarino.

sumergir. tr./ prl. Meter debajo del agua u otro líquido una cosa./ fig. Abismar, hundir.

sumerio ria. a. y s. Díc. del individuo que perteneció a un pueblo que habitó la Mesopotamia en la Antigüedad./ Rel. a este pueblo.

sumersión. f. Acción y efecto de sumergir.

sumidero. m. Conducto por donde se sumen las aguas.

suministrar. tr. Proveer de algo que se necesita.

suministro. m. Acción y efecto de suministrar./ Provisión de víveres o utensilios para las tropas. Ú.m. en pl.

sumir. tr./ prl. Hundir debajo de la tierra o del agua./ fig. Sumergir, abismar.// prl. Hundirse una parte del cuerpo.

sumisión. f. Acción y efecto de someter o someterse./ Rendimiento, acatamiento.

sumiso, sa. a. Que obedece, subordinado./ Sometido, subyugado.

sumo, ma. a. Supremo, altísimo./ fig. Enorme, muy grande.

suntuario, ria. a. Rel. al lujo.

suntuosidad. f. Calidad de suntuoso.

suntuoso, sa. a. Magnífico, grande, muy lujoso./ Apl. a la persona magnífica en su gasto y porte.

La superficie terrestre sufre un desgaste que se aprecia después de muchísimos años y que es debido a la erosión provocada en las capas de terreno por la acción de los vientos, los glaciares y otros fenómenos que transportan los fragmentos y partículas de un lugar a otro.

supeditación. f. Acción y efecto de supeditar.

supeditar. tr. Sujetar con rigor o violencia./ fig. Avasallar. Ú.t.c.prl./ Subordinar una cosa a otra o condicionarla al cumplimiento de otra.

superabundancia. f. Abundancia muy grande.

superación. f. Acción y efecto de superar.

superar. tr. Exceder, vencer, sobrepujar.

superávit. m. Econ. Diferencia positiva entre el debe y el haber de una cuenta, o entre los ingresos y gastos de una empresa o el Estado.

superciliar. a. Díc. del reborde en forma de arco que el hueso frontal tiene en la parte que corresponde a la ceja./ Situado encima de las cejas.

superestructura. f. Parte de una construcción que está por encima del nivel del suelo./ Sociol. Conjunto de las ideas e instituciones políticas, religiosas, educativas, ideológicas en general, en contraposición a la estructura económica, de la cual dependen.

superficial. a. Rel. a la superficie./ Que está o se queda en ella./ fig. Sin solidez, aparente./ fig. Frívolo, falto de fundamento.

superficialidad. f. Calidad de superficial; frivolidad.

superficie. f. Término o límite de un cuerpo./ Geom. Extensión en que se consideran sólo dos dimensiones, que son la longitud y la latitud./ Área.

superfluo, flua. a. Innecesario, que sobra.

superhombre. m. Hombre muy superior a los demás.

superintendencia. f. Administración suprema en un ramo./ Cargo y jurisdicción del superintendente./ Oficina del superintendente.

superintendente. m. y f. Persona a cuyo cargo y cuidado está la dirección superior de una cosa.

superior. a. Díc. de lo que está por encima o más alto respecto de otra cosa./ Apl. a lo que excede a otra persona o cosa en cantidad, calidad, virtudes, etc./ fig. Excelente, excepcional./ Biol. Apl. a los seres vivos de organización más compleja y que se suponen más evolucionados que otros; por ej. los mamíferos son los más vertebrados superiores.// m. El que dirige una comunidad o congregación.

superioridad. f. Preeminencia, ventaja./ Persona o conjunto de personas de autoridad superior.

superlativo, va. a. Muy grande, superior o excelente en su línea./ Gram. Díc. del grado máximo con que un adjetivo expresa una cualidad. Ú.t.c.s.

supermercado. m. Establecimiento donde se expenden comestibles y otros artículos de comercio, en el que el cliente se sirve a sí mismo.

supernumerario, ria. a. Que está fuera del número establecido./ Apl. a los militares, funcionarios, etc. en situación análoga a la de la excedencia.// s. Empleado de una oficina pública que no figura en el presupuesto.

superpoblación. f. Exceso de población en un país.

superponer. tr. Poner una cosa encima de otra; sobreponer.

superposición. f. Acción y efecto de superponer.

superproducción. f. Sobreproducción./ Obra teatral o cinematográfica muy importante o de gran costo.

superpuesto, ta. p. p. irreg. de **superponer.**

superrealismo. m. Surrealismo.

superrealista. a. Surrealista.

supersónico, ca. a. Apl. a la velocidad que supera a la del sonido, y a lo que se mueve de esta manera.

superstición. f. Ciencia contraria a la razón y ajena a la fe religiosa.

supersticioso, sa. a. Rel. a la superstición.// a. y s. Díc. de quien cree en ella.

supervisar. tr. Ejercer la inspección superior de un trabajo, una obra, etc.; fiscalizar.

supervisión. f. Acción y efecto de supervisar.

supervisor, ra. a. y s. Que supervisa.

supervivencia. f. Acción y efecto de supervivir./ Concesión que se hace de una pensión o renta a una persona, después de fallecida quien la tenía.

superviviente. a. y s. Sobreviviente.

supervivir. i. Sobrevivir.

suplantación. f. Acción y efecto de suplantar.

suplantar. tr. Ocupar ilegalmente el lugar de otro./ Falsificar un escrito con palabras o cláusulas que cambien el significado que antes tenía.

suplementario, ria. a. Que sirve para suplir alguna cosa o complementarla./ Geom. Apl. al ángulo que falta a otro para formar dos rectos./ Geom. Apl. al arco que falta a otro para formar una circunferencia.

suplemento. m. Acción y efecto de suplir.// m. Cosa que sirve de complemento./ Hoja o cuadernillo independiente del número ordinario de una publicación, o capítulo, apéndice o tomo que se añade a un libro./ Geom. Ángulo que falta a otro para componer dos rectos.

suplencia. f. Acción de suplir una persona a otra, y también el tiempo que dura esta acción.

suplente. p. act. de **suplir.** Que suple. Ú.t.c.s.

supletorio, ria. a. Apl. a lo que suple una falta./ Suplementario; apl. a lo que sirve para completar algo que falta.

súplica. f. Acción y efecto de suplicar./ Escrito en que se suplica.

suplicar. tr. Rogar, pedir con humildad y sumisión.

suplicio. m. Lesión corporal o muerte infligidas como castigo./ fig. Lugar donde el reo recibe este castigo./ fig. Tormento, tortura, dolor.

suplir. tr. Integrar lo que falta en una cosa, o remediar su carencia./ Hacer las veces de otro./ Disimular uno un defecto de otro.

suponer. tr. Dar por sentada y existente una cosa./ Dar por real una cosa que no lo es./ Importar, traer consigo.

suposición. f. Acción y efecto de suponer./ Lo que se supone./ Autoridad, representación./ Falsedad, impostura.

Suntuoso salón de la Biblioteca Nacional Austríaca fundada en 1526. En la actualidad contiene más de 2.600.000 volúmenes, entre los que se cuentan documentos oficiales históricos.

supositorio. m. Preparación farmacéutica en pasta, de forma ovoide o cónica, que se introduce en el recto o la vagina con fines terapéuticos.

supremacía. f. Grado supremo en cualquier línea./ Superioridad jerárquica, preeminencia.

supremo, ma. a. Sumo, altísimo./ Que no tiene superior en su línea./ Último.

supresión. f. Acción y efecto de suprimir.

suprimir. tr. Hacer desaparecer o cesar./ Anular, omitir, callar.

supuesto, ta. p. p. irreg. de **suponer.**// m. Lóg. Objeto que no se expresa en la proposición, pero que sirve de fundamento a la verdad de ella./ Hipótesis./ Fil. Cualquier ser que es principio de sus acciones.

supuración. f. Acción y efecto de supurar.
supurar. tr. Echar pus una herida, llaga, etc.
sur. m. Punto cardinal del horizonte, diametralmente opuesto al norte, que coincide con el cenit solar. También se lo llama mediodía. Ú.t.c.a./ Lugar de la tierra o de la esfera celeste, que está del lado del polo antártico, respecto de otro con el cual se compara./ Viento que sopla del lado austral del horizonte.
surcar. tr. Hacer surcos en la tierra al ararla./ Hacer rayas semejantes a los surcos./ fig. Ir o caminar por un fluido, cortándolo.
surco. m. Hendedura que hace el arado en la tierra./ Señal profunda y larga que deja una cosa que pasa sobre otra./ Arruga en la cara.
surgente. p. act. de **surgir.** Que surge.
surgimiento. m. Acción y efecto de surgir.
surgir. i. Brotar el agua./ Dar fondo la embarcación./ fig. Alzarse, aparecer.
surmenage (voz fr.) m. Agotamiento, generalmente producido por exceso de trabajo.
surrealismo. m. Movimiento que surgió a principios del siglo XX y se difundió en casi todas las artes: pintura, escultura, literatura, cine. etc. Afirmaba el predominio del sueño, el erotismo y el inconsciente sobre las representaciones tradicionales y burguesas de la realidad.

Surrealismo. Pintura plena de estímulos luminosos, denominada "Personas y perros al sol", realizada por Joan Miró, uno de los representantes de esta corriente.

surrealista. a. Rel. al surrealismo.// s. Artista que adhiere a dicha estética.
surtido, da. a. Díc. del artículo de comercio que se vende como mezcla de varias clases.// m. Acción y efecto de surtir./ Aquello que se previene o sirve para surtir.
surtidor, ra. a. Que surte o provee.// m. Chorro de agua que brota hacia arriba./ Amér. Bomba colocada en los caminos, garajes, etc., para el suministro de nafta y otros combustibles líquidos.
surtir. tr./ prl. Proveer de alguna cosa.// i. Brotar el agua, especialmente hacia arriba.
surubí. m. R. de la P. Pez de río, grande y sin escamas, de piel blanca cenicienta con manchas negras y cuya carne es comestible.
susceptibilidad. f. Calidad de susceptible.
susceptible. a. Capaz de ser modificado o impresionado./

Quisquilloso, fácil de enojarse o agraviarse.
suscitación. f. Acción y efecto de suscitar.
suscitar. tr. Levantar, promover./ Provocar ciertos sentimientos o reacciones.
suscribir. tr. Subscribir.
suscripción. f. Subscripción.
suscripto, ta o **suscrito, ta.** p. p. irreg. de **suscribir.** Subscripto.
suscriptor, ra o **suscritor, ra.** s. Subscriptor.
susodicho, cha. a. y s. Dicho arriba, mencionado anteriormente.
suspender. tr. Levantar, colgar una cosa en algo o en el aire./ Detener una acción u obra por cierto tiempo, o diferir una orden./ Privar temporariamente del sueldo o del empleo./ Causar admiración o embeleso.
suspensión. f. Acción y efecto de suspender./ Censura eclesiástica o gubernativa./ Mec. En los vehículos, conjunto de piezas y mecanismos dispuestos para hacer elástico el apoyo de la carrocería sobre las ruedas./ Mús. Prolongación de una nota de un acorde, sobre el siguiente.
suspensivo, va. a. Que tiene virtud de suspender.
suspenso, sa. p. p. irreg. de **suspender.**// a. Admirado, embelesado, perplejo.// m. Amér. Situación que crea en el espectador un estado de ansiosa incertidumbre por el desenlace de una escena o de toda una obra.
suspensorio, ria. a. y s. Que sirve para suspender./ Vendaje o ropaje en forma de bolsa que sostiene el escroto en ciertas afecciones.
suspicaz. a. Propenso a concebir sospechas.
suspirar. i. Dar suspiros./ **-suspirar uno por una cosa.** frs. fig. Desearla con ansia.
suspiro. m. Aspiración profunda y prolongada seguida de una espiración acompañada por gemido. Suele denotar pena, deseo, etc./ Mús. Pausa breve./ fig. y fam. Espacio de tiempo brevísimo./ Arg. y Chile. Nombre de distintas especies de enredaderas.
sustancia. f. Substancia.
sustanciación. f. Substanciación.
sustancial. a. Substancial.
sustanciar. tr. Substanciar.
sustancioso, sa. a. Substancioso.
sustantivar. tr./ prl. Substantivar.
sustantivo, va. a. y s. Substantivo.
sustentación. f. Acción y efecto de sustentar./ Sustentáculo.
sustentáculo. m. Apoyo o sostén de alguna cosa.
sustentar. tr./ prl. Alimentar./ Sostener, soportar, mantener.
sustento. m. Alimento, mantenimiento./ Aquello que sirve para dar vigor y permanencia./ Apoyo, sostén.
sustitución. f. Substitución.
sustituir. tr. Substituir.
sustituto, ta. p. p. irreg. de **sustituir.** Substituto.
susto. m. Impresión repentina de temor o espanto./ fig. Ansiedad, preocupación por alguna adversidad que se espera.
sustracción. f. Substracción.
sustraendo. m. Substraendo.
sustraer. tr. Substraer.
sustrato. m. Substrato.
susurrar. i. Hablar en voz baja, produciendo un ruido sordo o murmullo./ Empezar a divulgarse una cosa secreta Ú.t.c.prl./ Moverse con ruido suave alguna cosa, como el aire, un arroyo, etc.
susurro. m. Ruido suave que resulta de hablar quedo./ fig. Ruido suave que hacen ciertas cosas naturalmente.
sutil. a. Delgado, tenue, delicado./ fig. Perspicaz, agudo.
sutileza. f. Calidad de sutil./ fig. Dicho agudo, pero que carece de exactitud./ Instinto de los animales.
sutura. f. Cir. Costura con que se unen los labios de una herida./ Bot. Cordoncillo formado por la unión de las ventallas de un fruto./ Anat. Línea sinuosa formada por la unión de los huesos del cráneo.
suturar. tr. Coser una herida.
suyo, suyos, suya, suyas. a. y s. Pron. posesivo de tercera persona, en género m. y f. y en número sing. y pl.
svástica. f. Cruz gamada que los nazis usan como símbolo

f. Vigesimoprimera letra del abecedario castellano, y decimoséptima de sus consonantes. Su nombre es te.

ba. f. Astrágalo, hueso del pie./ Juego en que se emplea una taba de carnero o de bovino.

bacal. m. Lugar sembrado de tabaco.

bacalero, ra. a. Rel. al cultivo, elaboración o venta del tabaco.// a. y s. Díc. de quien cultiva el tabaco.

baco. m. Planta herbácea originaria de América, de olor fuerte y narcótica./ Hoja de dicha planta, curada y preparada para sus diversos usos./ Polvo a que se reducen las hojas secas de esta planta.

bano. m. Insecto díptero parecido a la mosca, de picadura muy dolorosa./ fig. y fam. Persona molesta.

baquería. f. Tienda o puesto donde se vende tabaco.

baquero, ra. a. y s. Apl. a la persona que trabaja el tabaco o comercia con él.// f. Caja para guardar tabaco./ Arg. y Chile. Bolsita o petaca para el tabaco picado.

baquismo. m. Intoxicación producida por el tabaco.

baquista. s. Persona que consume mucho tabaco./ Persona experta en tabacos.

berna. f. Tienda o establecimiento público donde se venden bebidas alcohólicas al por menor.

bernáculo. m. Lugar donde los hebreos guardaban el arca con el testamento./ Sagrario donde se guarda el Santísimo Sacramento.

bernero. m. El que expende vino en la taberna.

bicar. tr. Cerrar con tabique alguna cosa./ fig. Tapar o cerrar.

bique. m. Pared delgada./ Por ext., división plana y delgada para separar los huecos.

bla. f. Pieza plana de madera, mucho más larga que ancha y cuyas caras son paralelas./ Pieza plana y poco gruesa de alguna otra materia rígida./ Cara más ancha de un madero./ Dimensión mayor de una escuadra./ Diamante plano y delgado./ Parte que queda sin plegar en un vestido./ Doble pliegue ancho y largo que se hace en las ropas por adorno./ Tablilla en que se anuncia alguna cosa./ Índice de asuntos o materias./ Catálogo de cosas puestas por orden sucesivo./ Cuadro de cálculos o fórmulas matemáticas./ Faja de tierra entre dos filas de árboles./ Mostrador de carnicería./ Cualquiera de las dos tapas de un libro encuadernado./ Pintura hecha en tabla.// pl. En el juego de damas o en el ajedrez, estado en que ninguno de los dos jugadores puede ganar la partida./ Piedras en que se escribió la ley del Decálogo en Sinaí./ El escenario del teatro./ -**periódica.** Quím. La que contiene todos los elementos químicos, dispuestos en un orden determinado.

blado. m. Suelo de tablas unidas por el canto./ Pavimento del escenario de un teatro./ Patíbulo.

bleado, da. p. p. de **tablear.**// m. Conjunto de tablas hechas en una tela.

blear. tr. Dividir en tablas un madero./ Hacer tablas en la tela.

blero. a. Apl. al madero a propósito para dividirlo en tablas.// m. Tabla o conjunto de tablas unidas por el canto, que presentan una superficie plana y lisa./ Tabla cuadrada con cuadritos o escaques de dos colores alternados, para jugar al ajedrez, las damas, etc./ Mostrador de una tienda./ Amér. Tabla de alguna materia rígida.

tableta. f. Pastilla.

tablilla. f. dim. de tabla./ Tableta./ Tabla pequeña en que se exponen al público listas, anuncios, noticias, etc.

tabloide. a./ m. Amér. Periódico de formato menor que el corriente.

tablón. m. Tabla gruesa.

tabulador. m. Dispositivo de las máquinas de escribir que permite formar listas o columnas conservando los espacios pertinentes.

tabular. a. De forma de tabla.// tr. Expresar magnitudes, valores y otros datos por medio de tablas.

taburete. m. Asiento sin respaldo ni brazos, para una persona.

tacañería. f. Calidad de tacaño./ Acción propia del tacaño.

tacaño, ña. a. y s. Ruin, mezquino, miserable.

tacha. f. Defecto, falta./ Especie de clavo pequeño, mayor que la tachuela.

tachadura. f. Acción y efecto de tachar.

tachar. tr. Borrar haciendo rayas sobre lo escrito./ Poner falta o tacha a una cosa./ fig. Censurar.

tacho. m. Amér. Vasija grande de metal con fondo circular y asas./ Arg. Recipiente de lata, en especial el que sirve para recoger basuras y desperdicios.

El tabaco constituye una fuente de ingresos y ocupación de mano de obra en diversos países de América latina.

tachón. m. Raya o señal con que se borra lo escrito./ Galón, cinta, etc., con que se adorna la ropa./ Tachuela grande que se usa para adorno.

tachonar. tr. Adornar con tachones./ Clavetear una cosa con tachones./ fig. Salpicar.

tachuela. f. Clavo corto de cabeza grande y chata./ fig. y fam. *Amér.* Retaco, persona rechoncha.

tácito, ta. a. Callado, silencioso./ Que no se expresa formalmente, sino que se supone o deduce.

taciturnidad. f. Calidad de taciturno.

taciturno, na. a. Silencioso, callado./ fig. Melancólico, triste, pensativo.

taco. m. Pedazo de madera u otro material grueso y corto./ Cilindro de papel, trapo, etc., que se pone entre la pólvora y el proyectil en las armas de fuego./ Cilindro de trapo, estopa, etc., con que se aprieta la carga de un barreno./ Banqueta para atascar las armas de fuego./ Vara de madera dura, lustrada, de metro y medio de largo, más gruesa por un extremo que por el otro, que se emplea para impeler las bolas del billar./ Conjunto de las hojas que forman el calendario de pared./ Maza o bastón para jugar al polo.

tacómetro. m. Aparato que se emplea para medir la velocidad de rotación de un eje.

tacón. m. Pieza semicircular que va unida exteriormente a la suela del calzado en la parte que corresponde al talón.

Tacto.
Los corpúsculos táctiles están bien diferenciados y perciben un solo tipo de sensación cada uno. En el esquema se muestran las terminaciones nerviosas por medio de las cuales se perciben el dolor (A), la presión (B), el calor (C) y el frío (D).

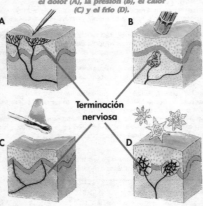

Terminación nerviosa

taconear. i. Pisar haciendo ruido con los tacones./ fig. Pisar con arrogancia.

taconeo. m. Acción y efecto de taconear.

táctico, ca. a. Rel. a la táctica.// f. Método o buen sistema para ejecutar algo./ Conjunto de reglas para la instrucción y ejercicio de la tropa y la ejecución de operaciones militares./ Arte de poner en orden las cosas.// m. El que sabe la táctica o la práctica.

táctil. a. Rel. al tacto./ Que se puede tocar./ Que posee cualidades perceptibles por el tacto, o que sugieren tal percepción.

tactismo. m. Movimiento con el que un organismo responde a un estímulo recibido.

tacto. m. Sentido corporal con el que se percibe la aspereza, suavidad, blandura, etc., de las cosas./ Acción de tocar./ fig. Tino, habilidad.

tacuara. f. *Amér.* Planta gramínea, especie de bambú.

tacuaral. m. *Amér.* Campo de tacuaras.

tafetán. m. Tela de seda, fina y muy tupida.

tahúr, ra. a. y s. Jugador, dado al juego; que tiene especia[l] habilidad para el juego.// m. Jugador fullero./ El que fre[...] cuenta las casas de juego.

taiga (voz rusa). f. *Geog.* Vegetación típica de la Rusia euro[...] pea, constituida por plantas arbóreas de tronco alto.

tailandés, sa o **thailandés, sa.** a. y s. De Tailandia.

talmado, da. a. y s. Díc. de la persona astuta y ladina.

talta. m. Nombre infantil del padre./ *Arg.* Hombre respeta[...] ble./ Guapo, matón.

tajada. f. Porción delgada cortada de una cosa, en especi[...] comestible.

tajado, da. p. p. de tajar.// a. Apl. a la costa, roca o peñ[...] cortada en sentido vertical.

tajadura. f. Acción y efecto de tajar.

tajante. p. act. de tajar.// a. Que taja./ fig. Concluyente, te[...] minante.

tajar. tr. Dividir una cosa con instrumento cortante.

tajear. tr. *Arg.* y *P. Rico.* Hacer tajos con un instrumento co[...] tante.

tajo. m. Corte hecho con un instrumento cortante./ Escarp[...] alta y cortada casi a plomo./ Corte o filo./ Pedazo de ma[...] dera gruesa para partir y picar la carne./ Banquillo./ Troz[...] de madera grueso sobre el cual se decapitaba a los conde[...] nados.

tal. a. Díc. de las cosas indefinidamente, para determinar e[...] ellas lo que se denota por su correlativo./ Igual, parecido[...] Tanto o tan grande./ Ú.c. pron. indef. y como pron. de[...] mostrativo, y puede llevar en cada caso el art. correspo[...] diente.// adv. Así, de esta suerte.

tala. f. Acción y efecto de talar los árboles.

tala. m. *Arg.* Árbol cuya raíz se emplea para teñir.

talabarte. m. Cinturón que lleva unos tiros de los que pen[...] de la espada o el sable.

talabartero, ra. s. Persona que se dedica a fabricar talaba[...] tes y otros correajes.

taladrar. tr. Horadar, agujerear con taladro u otro objeto s[...] mejante./ fig. Herir los oídos algún sonido agudo.

taladro. m. Instrumento agudo con que se agujerea la m[...] dera u otra cosa./ Agujero abierto con el taladro.

tálamo. m. Cama conyugal./ Lugar preeminente donde c[...] lebraban los novios sus bodas./ *Bot.* Receptáculo.

talante. m. Modo de ejecutar una cosa./ Estado de ánim[...] o disposición personal./ Voluntad, gusto, deseo.

talar. tr. Cortar los árboles por el pie./ Devastar, asolar, de[...] truir.

talar. a. Apl. a la vestidura que llega hasta los talones./ A[...] Terreno poblado de talas.

talasemia. f. *Pat.* Conjunto de anemias infantiles hereditaria[...]

talasoterapia. f. *Med.* Terapia que se basa en la aplicacio[...] sistemática de baños de mar.

talco. m. Silicato de magnesio, de textura hojosa, suave [...] blando. Tiene diversos usos en dibujo y farmacia.

talega. f. Bolsa ancha y corta de tela./ Lo que se guarda [...] lleva en ella.

talego. m. Saco angosto y largo, de lienzo ordinario.

talento. m. Moneda imaginaria de los griegos y romanos[...] fig. Dotes intelectuales de una persona./ Por anton., ente[...] dimiento./ Capacidad natural para una cosa.

talero. m. *Arg.* Especie de rebenque corto.

talidomida. f. Sustancia que se emplea como sedant[...] puede ocasionar malformaciones fetales.

talio. m. Elemento químico. Símb. Tl.; n. at., 81; p. a[...] 204,37.

talión. m. Pena que consiste en hacer sufrir al delincuen[...] un daño igual al que causó.

talismán. m. Figura o imagen a la que se atribuye poder[...] mágicos o sobrenaturales.

talla. f. Acción de tallar./ Obra de escultura, especialmen[...] en madera./ Estatura del hombre./ *Mar.* Polea o aparejo[...]

tallado, da. p. p. de tallar.// a. Con los adv. *bien* o *mal*, [...] buen o mal talle.// m. Acción y efecto de tallar.

tallador. m. Grabador en hueco o de medallas./ *Arg.* En l[...] juegos de azar, el que talla o tiene la banca.

allar. tr. Esculpir, hacer obras de talla./ En los juegos de azar, tener la baraja./ Labrar piedras preciosas./ Grabar metales en hueco./ Medir la estatura de una persona./ *Arg.* Conversar, charlar.

allarín. m. Tira estrecha de pasta de harina, que se emplea para diversos platos. Ú.m. en pl.

alle. m. Disposición del cuerpo humano./ Cintura./ Forma que se da al traje o vestido.

aller. m. Lugar donde se hacen actividades manuales./ fig. Seminario o escuela de ciencias.

allo. m. Órgano de la planta que crece en sentido contrario de la raíz y donde se insertan hojas, flores y frutos./ Renuevo, brote./ Germen brotado de una semilla, bulbo o tubérculo.

talo. m. *Bot.* Cuerpo de las talofitas, que equivale al conjunto de raíz, tallo y hojas de otras plantas.

El tallo de una planta sustenta la copa y conduce el agua y las sustancias nutricias desde el suelo hasta las hojas, al mismo tiempo que almacena esas sustancias o las lleva a la raíz. El tallo otorga al vegetal resistencia mecánica; en su interior se disponen los vasos del xilema y del floema, por los que circula la savia. Presenta, por lo general, dos clases de apéndices: las ramas, cuya estructura es bastante similar al tallo y las hojas, que son los órganos laminares.

talofito, ta. a. y s. Díc. de las plantas del tipo más inferior, cuyo aparato vegetativo se reduce a un talo, como las algas y los hongos.// f. pl. Tipo de estas plantas.

talón. m. Parte posterior del pie humano./ Parte del calzado que lo cubre./ Pulpejo del casco de las caballerías./ Libranza u otro documento que se corta de un libro talonario; cheque./ Patrón monetario./ *Amér.* Parte que queda adherida al talonario al desprender un cheque, recibo, etc.

talonario. m. Bloque de hojas impresas, de libranzas, recibos, etc., que se pueden separar de una matriz, de modo que quede una parte de esas hojas encuadernadas para referencia y comprobación.

talonear. i. fam. Andar a pie con mucha prisa./ *Arg.* Incitar el jinete a la cabalgadura picándola con los talones.

talud. m. Inclinación del paramento de un muro o de un terreno./ Inclinación de una pendiente natural.

tamango. m. *Amér.* Zapato, generalmente grande y basto.

tamaño, ña. a. Tan grande o tan pequeño.// a. superl. Muy grande o muy pequeño./ m. Dimensión de una cosa.

tambalear. i./ prl. Oscilar, moverse una persona o cosa de un lado a otro como si fuera a caerse.

tambero, ra. a. *Amér.* Rel. al tambo./ *Arg.* Díc. del ganado manso, en particular del vacuno./ s. *Amér.* Persona que tiene un tambo.

también. adv. Se usa para denotar la igualdad o semejanza de una cosa con otra, ya nombrada./ Tanto o así.

tambo. m. *Amér.* Venta, parador./ *Arg.* Vaquería; establo para ordeño de vacas y sitio donde se vende leche.

tambor. m. Instrumento musical de percusión cilíndrico, hueco y cubierto por dos bases de piel estirada./ El que toca este instrumento./ Tamiz por donde pasan el azúcar los reposteros./ *Arg., Cuba y Méx.* Recipiente grande de latón que se usa como envase./ Cilindro para tostar café, cacao, etc./ Aro sobre el que se tiende una tela para bordarla./ Cilindro giratorio donde van las cápsulas de latón en un revólver./ Tímpano del oído./ *Arq.* Muro cilíndrico que sirve de base a una cúpula./ *Arq.* Cuerpo central del capitel corintio./ *Inform.* Dispositivo de almacenamiento de información./ *Mec.* Rueda de canto liso, más gruesa que la polea./ **-a tambor batiente.** m. adv. Tocando el tambor./ fig. Con aire triunfal.

tamboril. m. Tambor pequeño.

tamborilear. i. Tocar el tamboril.

tamborileo. m. Acción y efecto de tamborilear.

tamiz. m. Cedazo muy tupido.

tamización. f. Acción y efecto de tamizar.

tamizar. tr. Pasar por el tamiz.

tampoco. adv. Indica negación de una cosa después de haber negado otra.

tampón. a. *Quím.* Díc. de la solución que posee un ácido débil y una de sus sales, o una base débil y una de sus sales.// m. Almohadilla cilíndrica que las mujeres aplican en su vagina para absorber el flujo menstrual.

tan. adv. Apócope de tanto. Encarece la significación de la palabra que modifica y en comparación expresa, indica idea de igualdad o semejanza.

tanda. f. Turno o alternativa./ Cada uno de los grupos que se alternan para un trabajo./ Capa de varias cosas superpuestas./ Tarea, labor./ Partida de juego, en particular de billar./ Número de cosas de un mismo género.

tándem. m. Bicicleta con dos asientos y dos juegos de pedales, para ser utilizada por dos personas.

tangencial. a. Rel. a la recta o a la superficie tangente./ Apl. a la idea, argumento, etc., relacionado con el asunto de que se trata, sin ser esencial a él.

tangente. a. Díc. de lo que toca otra cosa.// a./ f. Díc. de las líneas o superficies que se tocan en un punto sin cortarse.// f. Recta que toca en un punto a una curva o a una superficie.

tangibilidad. f. Calidad de tangible.

tangible. a. Que se puede tocar o percibir./ fig. Que se percibe de manera precisa.

tango. m. Baile popular de origen argentino, de pareja enlazada, forma musical binaria y compás de dos por cuatro./ Música de este baile./ Letra con que se canta.

tanguero, ra. a. y s. Que gusta del tango, que lo baila o se dedica a él.

tanino. m. Sustancia astringente que se extrae de la corteza y frutos de muchas plantas y sirve para curtir pieles y otros usos.

tano, na. a. fam. *Amér.* Aféresis de napolitano, italiano.

tanque. m. Vehículo de guerra, blindado y artillado, que se mueve sobre cadenas orugas y puede avanzar por terrenos accidentados./ Depósito de agua montado sobre un vehículo./ *Amér.* Estanque, depósito de agua.

tantalio. m. Elemento químico. Símb., Ta.; n. at., 73; p. at., 180,948.

tanteador, ra. s. Persona que tantea en un juego.// m. Marcador, tablero donde se indican los tantos.

tantear. tr. Medir o comparar una cosa con otra para ver si ajusta bien./ Apuntar los tantos en el juego. Ú.t.c.i./ Palpar, tentar./ Probar, experimentar./ fig. Considerar con reflexión las cosas antes de realizarlas./ Examinar con cuidado./ Explorar el ánimo./ *Chile y Hond.* Calcular al tanto, o por aproximación.

tanto, ta. a. Díc. de una cantidad indeterminada o indefinida. Ú. como correl. de *cuanto./ Tan grande o muy grande.// pron. demostrativo. Eso, cuando incluye idea de calificación o ponderación.// m. Cantidad determinada de alguna cosa./ Unidad de cuenta en muchos juegos./ Cantidad proporcional respecto de otra.// pl. Número que se desconoce o no se requiere expresar.// adv. De tal manera o en tal grado./ Hasta tal punto; tal cantidad.

tanzanio, nia o **tanzaniano, na.** a. y s. De Tanzania.

tañer. tr. Tocar con arte un instrumento musical de percusión o cuerda./ Sonar las campanas.

tañido. m. Son particular que se toca en un instrumento./ Sonido del instrumento tocado, en especial, la campana.

taoísmo. m. Sistema filosófico-religioso de origen chino. Se basa en el Tao, principio indefinido y esencial del universo.

tapa. f. Pieza que cierra por la parte superior una caja, recipiente, cofre, etc./ Cualquiera de las capas de suela del tacón del calzado./ Cualquiera de las dos cubiertas de un libro encuadernado./ Pequeña porción de manjar con que se acompaña una bebida alcohólica./ Tapón de una vasija.

tapadera. f. Pieza que sirve para cubrir ajustadamente una boca./ Persona o circunstancia que encubre a otra.

tapado, da. p. p. de **tapar**.// a. y s. Arg. y Chile. Apl. al caballo o a la yegua sin mancha alguna en su capa.// m. Arg. y Chile. Abrigo de señora o de niño.

tapar. tr. Cubrir con algo una abertura, una hendidura o una herida./ Cubrir con algo, de modo que impida ver o ser visto. Ú.t.c.prl. y en sentido fig./ Cerrar con tapón o tapa un recipiente./ Cubrir con algo para proteger de los golpes, el frío, la luz, el agua y otros agentes. Ú.t.c.prl.

taparrabo. m. Pedazo de tela, piel, etc., con que se cubren los salvajes las partes pudendas./ Especie de calzón muy corto que se usa para bañarse.

tape. a. Arg. y Urug. Apl. al indio guaraní originario de las misiones jesuíticas del alto Paraná. Ú.t.c.s./ Rel. a estos indios.// m. Arg. y Urug. Individuo de tipo aindiado y piel muy oscura.

tapera. f. Amér. Ruinas de un pueblo destruido./ Arg. Casa o habitación ruinosa y abandonada.

tapete. m. Alfombra pequeña./ Paño para proteger una mesa u otro mueble.

tapia. f. Cualquiera de los trozos de pared que se hacen con tierra amasada y apisonada en una horma./ Pared formada de tapias./ Muro para cercar.

tapial. m. Molde para hacer tapias./ Tapia, pared.

tapiar. tr. Cerrar con tapias./ fig. Cerrar un hueco con un muro o tabique.

tapicería. f. Conjunto de tapices./ Sitio donde se guardan los tapices./ Arte y trabajo del tapicero./ Comercio de tapicero.

tapicero, ra. s. El que teje o compone tapices./ El que por oficio coloca tapices, cortinajes, guarnece butacas, etc.

tapioca. f. Fécula que se extrae de la raíz de la mandioca.

tapir. m. Mamífero parecido al jabalí, pero de piernas más largas y hocico en forma de trompa corta.

tapiz. m. Paño grande, tejido, en que se copian cuadros, paisajes, etc., que se usa como adorno en las paredes.

tapizado, da. p. p. de **tapizar**.// m. Acción y efecto de tapizar./ Materia que se emplea para tapizar.

tapizar. tr. Cubrir con tapices./ Forrar con tela o cuero paredes, muebles, pisos, etc.

Tapir. Especie similar al jabalí, de trompa prensil y patas cortas y robustas.

tapón. m. Pieza de corcho, madera, plástico para tapar bo tellas, frascos, etc./ fig. Cualquier cosa que produce entor pecimiento de una acción./ Trozo de gasa o algodón co que se cierra una herida./ Elec. Pieza que lleva el fusible.

taponamiento. m. Acción y efecto de taponar.

taponar. tr. Cerrar con tapón un orificio./ Cerrar una herid con tapones.

taponazo. m. Golpe que se da con el tapón de una botel que contiene líquido espumoso al destaparla./ Estruend que produce este acto.

tapujo. m. Esbozo, disfraz./ fig. y fam. Disimulo con que s disfraza la verdad.

taquicardia. f. Aumento de la frecuencia de las contraccio nes cardíacas.

taquigrafía. f. Arte de escribir tan rápido como se habl mediante signos especiales y abreviaturas.

taquigrafiar. tr. Escribir por medio de la taquigrafía.

taquígrafo, fa. s. Persona que profesa o conoce la taqu grafía.

taquilla. f. Casillero para billetes de ferrocarril, teatro, etc Despacho de billetes de espectáculos y lo que en él se re cauda./ Armario para guardar papeles.

taquillero, ra. s. Persona que despacha billetes o entrad de cine, teatro, fútbol, etc., en la taquilla.// a. Apl. a la pe sona o espectáculo que atrae mucho público.

taquimecanografía. f. Arte de práctica en taquigrafía mecanografía.

taquímetro. m. Instrumento que se utiliza para medir di tancias y ángulos a la vez.

tara. f. Peso del embalaje o envase de una mercancía, qu se rebaja del peso total./ Defecto físico o psíquico, por común hereditario./ Tacha, defecto.

tarado, da. a. Que sufre una tara física o psíquica, o tier defectos.

tarambana. a./ m. y f. fam. Persona de poco juicio.

tarántula. f. Cierta especie de araña venenosa, que vive e tre las piedras y agujeros profundos.

tararear. tr./ i. Cantar entre dientes, sin pronunciar las p labras.

tararira. f. fam. Chanza, alegría bullanguera./ Arg. Pez río, de carne muy estimada.// m. y f. fam. Persona inqui ta e informal.

tarascar. tr. Morder o herir con los dientes.

tarascón. m. Mordida.

tardanza. f. Demora, retraso.

tardar. i. Detenerse, retrasar la ejecución de alguna cos Ú.t.c.prl./ Emplear mucho tiempo en hacer las cosas.

tarde. f. Tiempo desde el mediodía hasta que anochece Últimas horas del día.// adv. A hora avanzada del día o la noche./ Después del tiempo oportuno.

tardecer. i. Comenzar a caer la tarde.

tardío, a. a. Que tarda en madurar./ Que llega tarde o s cede fuera de tiempo./ Lento, pausado.

tardo, da. a. Lento, perezoso en su acción./ Torpe, po expedito./ Que ocurre después del tiempo oportuno.

tardón, na. a. y s. fam. Que tarda mucho o con frecuenc

tarea. f. Cualquier trabajo u obra./ Trabajo que se debe h cer en un tiempo limitado./ fig. Afán, penalidad que cau un trabajo continuo.

tarifa. f. Tabla o catálogo de precios, impuestos o derech

tarifario, ria. a. Rel. a la tarifa.

tarima. f. Entablado movible.

tarjeta. f. Adorno plano y oblongo sobrepuesto a un miem bro arquitectónico./ Membrete de los mapas y cartas./ P dazo rectangular de cartulina, con el nombre, título o c go de una persona./ Pedazo de cartulina, por lo gene rectangular, que lleva impreso o escrito un anuncio, invi ción, permiso, etc.// **-postal.** La que se emplea como c ta, sin sobre.

tarjetero. m. Lugar donde se llevan o se ponen las tarjet

tarot. m. Juego de cartas con diseños simbólicos, que usan para adivinación.

tarro. m. Recipiente cilíndrico más alto que ancho, de bar vidrio, metal, etc./ Arg. Chistera, sombrero de copa.

Tapiz "Soledad" en la feria artesanal de Ollantaytambo (Cusco-Perú).

tarso. m. Parte posterior del pie que se articula con la pierna./ La parte más delgada de las patas de las aves./ Corvejón de los cuadrúpedos./ *Zool.* La última de las cinco piezas de que están compuestas las patas de los insectos.

tarta. f. Tortera, cacerola./ Torta con relleno.

tartamudear. i. Hablar o leer con pronunciación entrecortada y repitiendo las sílabas.

tartamudeo. m. Acción y efecto de tartamudear.

tartamudez. f. Calidad de tartamudo.

tartamudo, da. a. y s. Que tartamudea.

tartárico, ca. a. *Quím.* Díc. de un compuesto orgánico que se encuentra en el jugo de uvas y otras frutas.

tártaro, ra. a. y s. De Tartaria.// m. poét. El infierno./ Sarro de los dientes.

tartera. f. Vasija poco profunda que se emplea para hacer y servir tartas.

tarugo. m. Trozo de madera corto y grueso./ Clavija gruesa de madera.

tasa. f. Acción y efecto de tasar./ Precio máximo o mínimo que la autoridad pone a las mercancías./ Medida, regla.

tasación. f. Justiprecio, valuación de las cosas.

tasador, ra. a. y s. Que tasa.// m. El que ejerce el oficio de tasar.

tasajo. m. Pedazo de carne seca y salada./ Por ext., tajada de carne.

tasar. tr. Poner tasa a lo que se vende./ Graduar el valor o precio de las cosas./ Regular lo que merece cada uno por su trabajo./ fig. Poner medida o regla./ Restringir lo que hay que dar por obligación.

tasca. f. Taberna./ Garito o casa de juego de mala fama.

tasmanio, nia. a. y s. De Tasmania.

tata. m. fam. Nombre infantil que se da a la niñera./ *Amér.* Padre, papá, en señal de cariño y respeto.

tatarabuelo, la. s. Tercer abuelo.

tataranieto, ta. s. Tercer nieto.

tatú. m. *Arg.* y *Chile.* Especie de armadillo grande.

tatuaje. m. Acción y efecto de tatuar.

tatuar. tr. Grabar dibujos en la piel humana, introduciendo materias colorantes bajo la epidermis.

taumaturgia. f. Capacidad de realizar prodigios.

taumaturgo, ga. s. Persona que hace prodigios.

taurino, na. a. Rel. al toro o a las corridas de toros.

tauromaquia. f. Arte de lidiar toros.

tautología. f. Repetición, redundancia./ *Lóg.* Fórmula que siempre es verdadera, prescindiendo de los valores de verdad de las proposiciones que la integren.

taxativo, va. a. Que reduce y limita un caso a determinadas circunstancias.

taxi. m. Apócope de taxímetro.

taxidermia. f. Arte de embalsamar animales.

taxidermista. s. Persona dedicada a la taxidermia.

taxímetro. m. Aparato que en los vehículos de alquiler marca el precio del viaje con relación a la distancia recorrida./ Vehículo de alquiler provisto de ese aparato.

taxonomía. f. Ciencia que trata de la clasificación de los seres, según caracteres que se subordinan unos a otros, formando grupos cada vez más reducidos y homogéneos.

taxonómico, ca. a. Rel. a la taxonomía.

taylorismo. m. Sistema que se empleó para organizar el trabajo industrial de manera científica, creado por el norteamericano Taylor a finales del s. XIX.

taza. f. Vasija pequeña, por lo general de loza y con asa, para tomar líquidos.

tazón. m. Taza grande.

té. m. Arbusto originario del Extremo Oriente./ Hoja de este arbusto, seca, arrollada y algo tostada./ Infusión que se hace con estas hojas./ Reunión vespertina de personas, en la cual se sirve té.

te. Forma del pron. pers. de segunda persona en género masculino o femenino y número singular. No admite preposición y cuando se pospone al verbo es enclítico: *te persiguen; persíguente.*

tea. f. Astilla o raja de madera impregnada en resina, que arde alumbrando como antorcha.

teatral. a. Rel. al teatro./ Apl. a las cosas de la vida real en las cuales se revela el propósito deliberado de llamar la atención.

teatralidad. f. Calidad de teatral.

teatralizar. tr. Dar forma teatral./ Hacer teatro, exagerar, simular.

teatro. m. Edificio o sitio destinado a la representación de obras dramáticas u otros espectáculos./ fig. Literatura dramática./ Conjunto de las producciones dramáticas de un pueblo, una época, un autor o una lengua./ Arte de componer obras dramáticas o de representarlas.

tebaico, ca. a. Rel. a Tebas.

tebano, na. a. y s. De Tebas.

teca. f. Caja pequeña para guardar reliquias./ *Bot.* Celdilla donde están encerrados los esporos de ciertos hongos.

techado. p. p. de **techar**.// m. Techo.

techar. tr. Cubrir un edificio formando el techo.

techo. m. Parte superior que cubre y cierra un edificio o cualquiera de las estancias que lo componen./ Cara inferior del mismo, que cierra por arriba un aposento o espacio cubierto./ fig. Casa, habitación.

techumbre. f. Techo, cubierta de un edificio.

tecla. f. Cada una de las piezas que se presionan con los dedos para hacer sonar ciertos instrumentos musicales, mover los tipos de la máquina de escribir, etc./ Pieza semejante que en cualquier mecanismo, pulsándola, mueve una palanca o comunica instrucciones a un circuito.

tecladista. s. Persona que toca los teclados en una banda musical.

teclado. m. Conjunto ordenado de teclas del piano y otros instrumentos musicales./ Por ext., el de diversos aparatos o máquinas, que se manejan por medio de botones de mando o teclas./ *Comp.* Periférico que parece una máquina de escribir y se usa para introducir en el ordenador los datos de entrada.

teclear. i. Accionar las teclas.

tecnecio. m. Elemento químico. Símb., Tc.; n. at., 43.

tecnicismo. m. Calidad de técnico./ Conjunto de palabras técnicas usadas en el lenguaje de un arte, una ciencia, un oficio, etc./ Cada una de estas palabras.

técnico, ca. a. Rel. a las aplicaciones de las ciencias y las artes./ Díc. de las palabras propias de un arte, ciencia, oficio, etc.// s. Persona que posee conocimientos especiales de una ciencia o arte.// f. Conjunto de procedimientos que se emplean en un arte, una ciencia, etc./ Habilidad para usarlos.

tecnicolor. m. Procedimiento que permite reproducir en la pantalla cinematográfica imágenes con los colores naturales de los objetos. Es nombre comercial.

tecnocracia. f. *Pol.* Sistema de gobierno encabezado por especialistas o tecnócratas.

tecnócrata. s. Especialista./ Partidario de la tecnocracia.

tecnología. f. Conjunto de los conocimientos científicos aplicados a las industrias de producción./ Tratado de los términos técnicos./ Lenguaje particular y propio de una ciencia o arte.

tecnológico, ca. a. Rel. a la tecnología.

tectónico, ca. a. Rel. a los edificios u otras obras de arte./ Rel. a la tectónica.// f. *Geol.* Ciencia que estudia las deformaciones de la corteza terrestre.

tedéum. m. Cántico usado por la Iglesia para dar gracias a Dios.

tediar. tr. Aborrecer alguna cosa; tener tedio de ella.

tedio. m. Fastidio, hastío./ Extremo aburrimiento.

tedioso, sa. a. Fastidioso, enojoso, molesto.

teflón. m. Material plástico muy resistente a la corrosión, que se utiliza para revestir utensilios de cocina.

tegumento. m. Tejido que cubre ciertas partes de una planta./ Membrana que cubre el cuerpo de los animales o partes internas de él.

tehuelche. a. y s. Díc. de un pueblo amerindio que vivió al sur de la pampa argentina, formando el grupo de los patagones.

Los tehuelches practicaban juegos de destreza y de azar. Construían sus viviendas con palos y pieles de guanaco. Cazaban animales con una técnica denominada cerco para lo cual empleaban como arma las boleadoras. Eran de costumbres nómadas, pero a diferencia de otros aborígenes, planificaban sus viajes.

teísmo. m. Filosofía de la religión que afirma la existencia de un Dios personal que ha creado el mundo y lo conserva y gobierna.

teja. f. Pieza de barro cocido para cubrir por fuera los techos.

tejado. m. Parte superior de un edificio, por lo común cubierto de tejas.

tejano, na. a. y s. De Tejas, EE.UU..

tejar. m. Sitio donde se fabrican tejas, adobes y ladrillos.// tr. Cubrir de tejas las casas y otros edificios.

tejedor, ra. a. Que teje.// s. Persona que teje por oficio.

tejedura. f. Acción y efecto de tejer./ Textura de una tela.

tejeduría. f. Arte de tejer./ Taller o lugar en que están los telares y se teje.

tejemaneje. m. fam. Destreza para hacer algo./ Ardid, enredo. Ú.m. en pl.

tejer. tr. Entrelazar hilos, cordones, etc., para formar telas, esteras, etc./ Formar en el telar la tela./ Formar la tela con la trama y la urdimbre./ Formar ciertos animales articulados sus telas y capullos./ fig. Componer, ordenar./ Discurrir con diversidad de ideas./ Mezclar o cruzar ordenadamente./ fig. *Amér.* Intrigar, enredar.

tejido. m. Textura de una tela./ Cosa tejida./ Cualquiera de los diversos agregados de células de la misma naturaleza, que se diferencian según su función, de los cuerpos organizados./ **-celular.** Estructura formada por células y fibras. Díc. generalmente al tejido conjuntivo subcutáneo.

tejo. m. Pedazo redondo de teja o cosa semejante, que sirve para jugar./ Cospel./ Árbol conífero siempre verde, de ramas casi horizontales.

tejón. m. Mamífero carnicero nocturno; tiene piel dura y pelo largo, espeso y de tres colores.

tejuela. f. dim. de teja./ Pedazo de teja o de barro cocido.

tela. f. Textura resultante del enlace de dos series de hilos que se entrecruzan perpendicularmente (urdimbre y trama) y forman como una lámina resistente, elástica y flexible./ Lo que se pone de una vez en el telar./ Membrana del cuerpo del animal./ Tejido que hace la araña común y otros animales./ Túnica de algunas frutas después de la corteza que la cubre./ fig. Maraña, enredo./ Materia o asunto.

telar. m. Máquina para tejer./ Parte superior del escenario, de la cual bajan los telones y bambalinas.

telaraña. f. Tela que forma la araña./ fig. Cosa sutil, de poca entidad.

telecomunicación. f. Sistema de transmisión y recepción de imágenes, sonidos o señales, a distancia.

teledirigido, da. a. Dirigido a distancia.

teledirigir. tr. Dirigir un vehículo, o cualquier otro aparato a distancia.

teleférico. m. Sistema de transporte por medio de vehículos suspendidos de un cable de tracción, principalmente cuando hay que salvar considerables alturas.

telefonear. tr. Comunicar, hablar por medio del teléfono.

telefonema. m. Mensaje telefónico.

telefonía. f. Arte de construir, instalar y usar los teléfonos./ Servicio público de comunicaciones telefónicas.

telefónico, ca. a. Rel. al teléfono o a la telefonía.

telefonista. m. y f. Persona que se ocupa en el servicio de los teléfonos.

teléfono. m. Conjunto de aparatos e instalaciones que permiten la transmisión a distancia de las palabras y todo tipo de sonidos, por medio de la electricidad.

telegrafía. f. Arte de construir, instalar y usar los telégrafos./ Servicio público de comunicaciones telegráficas.

telegrafiar. tr. Manejar el telégrafo./ Dictar comunicaciones por medio del telégrafo./ Comunicarse telegráficamente.

telegrafista. m. y f. Persona que se ocupa en la instalación o el servicio de los telégrafos.

telégrafo. m. Conjunto de aparatos que permite efectuar comunicaciones a distancia rápidamente, por medio de señales convenidas.

telegrama. m. Comunicación transmitida por telégrafo.

teleimpresor. m. Aparato telegráfico con teclado semejante a una máquina de escribir, que emite mensajes, los recibe e imprime.

telemática. f. *Comp.* Contracción de telecomunicación e informática.

telenovela. f. Novela que se convierte en película, sobre todo si se emite por televisión.

teleobjetivo. m. Objetivo que permite fotografiar objetos a distancia.

teleología. f. *Fil.* Estudio de las causas y los fines.

teleológico, ca. a. Rel. a la teleología.

teleósteo. a./m. *Zool.* Díc. de los peces de esqueleto óseo que comprende la mayoría de las especies que se conocen.

telepatía. f. Percepción extraordinaria de un fenómeno ocurrido fuera del alcance de los sentidos o comunicación del pensamiento entre dos personas, sin la intervención de medios físicos.

telepático, ca. a. Rel. a la telepatía.

teleproceso. m. *Comp.* Procesamiento de datos a distancia.

telescópico, ca. Rel. al telescopio./ Que sólo se puede ver a través del telescopio./ Hecho con auxilio del telescopio.

telescopio. m. Instrumento óptico de gran aumento, que permite observar objetos a gran distancia, esp. los astros.

telesilla. f. Asiento·individual suspendido de un cable de tracción, empleado para trasladarse a lugares elevados.

teleteatro. m. Teatro que se transmite por televisión./ Telenovela, sobre todo cuando se emite diariamente.

teletipo. m. Aparato telegráfico para transmitir mensajes mecanografiados y recibirlos en la misma forma. Es nombre comercial de un teleimpresor.

televidente. m./f. Persona que observa las imágenes que se transmiten por televisión.

televisado, da. p. p. de **televisar.**// a. Apl. a lo que se transmite por televisión.

televisar. tr. Transmitir imágenes por televisión.

televisión. f. Sistema de transmisión y recepción de imágenes animadas a distancia, con su correspondiente sonido, por medio de ondas eléctricas.

televisor. m. Aparato receptor de televisión. Ú.t.c.a.

télex. m. Sistema telegráfico internacional por el que se comunican sus usuarios, que cuentan con un transmisor semejante a una máquina de escribir, y un receptor que imprime el mensaje recibido./ Mensaje así transmitido.

telofase. f. *Biol.* Fase final de la división del núcleo de las células.

telón. m. Lienzo grande que se coloca en el escenario de un teatro, como parte de la decoración o para ocultar la escena al público, y de modo que pueda bajarse y subirse.

telúrico, ca. a. Rel. a la Tierra como planeta y especialmente a su influencia sobre los seres.

telurio o **teluro.** m. Elemento químico. Símb., Te.; n. at., 52; p. at., 127,61.

telurismo. m. Influencia real o atribuida que tiene el suelo sobre los habitantes de una región geográfica.

tema. m. Proposición o texto que sirve de asunto a un discurso./ Este mismo asunto.// f. Porfía, obstinación./ Idea fija./ Oposición caprichosa a una persona.

temario. m. Conjunto de temas o asuntos que se desarrollan en un congreso, conferencia, etc.

tematización. f. Acción y efecto de tematizar.

tematizar. tr. Hablar o escribir sobre un tema determinado./ *Ling.* Poner en posición de tema una palabra o construcción que habitualmente no lo es.

tembladeral. m. *Arg.* Tremedal.

temblador, ra. a. y s. Que tiembla.// m. y f. Cuáquero.

temblar. i. Agitarse con movimiento frecuente e involuntario./ Moverse rápidamente una cosa a uno y otro lado; oscilar./ fig. Tener miedo.

tembleque. a. Que tiembla mucho.// m. Temblor fuerte./ Persona que tiembla mucho.

temblequear. i. fam. Temblar a menudo./ Afectar temblor.

tembletear. i. fam. Temblequear.

temblor. m. Movimiento involuntario, repetido y continuado del cuerpo./ Vibración, sacudida./ *Amér.* Terremoto.

tembloroso, sa. a. Que tiembla mucho.

temer. tr. Tener a una persona o cosa por objeto de temor./ Recelar un daño.// i. Sentir temor.// tr./ prl. Sospechar algo malo, recelar.

temerario, ria. a. Imprudente, que se expone sin meditar a los peligros./ Que se hace, dice o piensa sin razón ni fundamento.

temeridad. f. Calidad de temerario./ Acción temeraria./ Juicio temerario.

temeroso, sa. a. Que causa temor./ Medroso, irresoluble./ Que recela un daño.

temible. a. Digno de ser temido.

temor. m. Sentimiento que hace huir o rechazar lo que se considera peligroso o dañoso./ Presunción./ Sospecha o recelo de un daño.

tímpano. m. Timbal (instrumento músico)./ Piel extendida del tambor, pandero, etc./ Pedazo de cualquier cosa dura y plana, como un trozo de hielo, tierra, etc./ Bloque de

hielo a la deriva./ Tapa de cuba./ Corcho redondo que tapa una colmena./ Tímpano de un frontón.

temperamental. a. Perteneciente al temperamento.

temperamento. m. Temperie./ Arbitrio conciliador./ Constitución física y mental particular de cada individuo.

temperante. p. act. de **temperar.** Que tempera.// m. *Amér.* Abstemio.

temperar. tr./ prl. Atemperar.// tr. Calmar la excitación orgánica o el exceso de acción por medio de medicamentos.

temperatura. f. Grado mayor o menor de calor de los cuerpos./ Temperie.

temperie. f. Estado de la atmósfera, según la temperatura o la humedad.

tempestad. f. Perturbación violenta de la atmósfera, o de las aguas del mar./ fig. Conjunto de palabras injuriosas o ásperas./ Tormenta, agitación de los ánimos.

tempestivo, va. a. Oportuno, que llega a tiempo.

tempestuoso, sa. a. Que ocasiona o constituye una tempestad./ Propenso o expuesto a tempestades./ fig. De genio áspero y violento.

templado, da. a. Moderado en sus apetitos./ Que no está frío ni caliente./ Valiente con serenidad.

templanza. f. Una de las cuatro virtudes cardinales, que consiste en moderar los apetitos y las pasiones./ Sobriedad./ Benignidad del clima o del aire de una región.

templar. tr. Moderar o suavizar la fuerza de una cosa./ Calentar ligeramente una cosa./ Afinar un instrumento./ Dar a un metal, al vidrio o a otros materiales el punto de dureza o elasticidad que requieren para su uso./ fig. Sosegar la cólera o violencia.// prl. fig. Contenerse, evitar los excesos.// i. Perder el frío, comenzar a calentarse alguna cosa.

templario. m. Caballero de la orden del Temple, fundada en el siglo XII, que tenía por misión defender los estados católicos de Oriente.

temple. m. Temperie./ Temperatura de los cuerpos./ Punto de dureza o elasticidad que se da a algunas cosas, templándolas./ Orden de los templarios./ fig. Calidad o estado del genio./ Valentía, arrojo./ Acuerdo armónico de los instrumentos.

templo. m. Edificio dedicado pública y exclusivamente al culto religioso./ fig. Lugar real o imaginario en que se rinde culto a la justicia, el saber, etc.

temporada. f. Conjunto de varios días, meses o años./ Tiempo durante el cual se realiza habitualmente una cosa.

Telescopio de reflexión creado por Isaac Newton en 1671.

temporal. a. Rel. al tiempo./ Que dura algún tiempo, que no es eterno./ Profano, secular./ Que pasa con el tiempo./ Rel. a las sienes.// a. y s. Díc. de cada uno de los dos huesos del cráneo correspondientes a las sienes.// m. Perturbación de la atmósfera o de las aguas del mar./ Lluvia persistente./ Tempestad.

temporalidad. f. Calidad de temporal o secular.

temporalizar. tr. Convertir en temporal lo eterno.

temporáneo, a. a. Que sólo dura algún tiempo.

temporario, ria. a. Temporáneo.

tempranero, ra. a. Temprano, anticipado.

temprano, na. a. Adelantado, anterior al tiempo regular u ordinario.// adv. En las primeras horas del día o de la noche./ Muy pronto, en tiempo anterior al normal o convenido.

tenacidad. f. Calidad de tenaz.

tenaz. a. Que se adhiere fuertemente a una cosa y es difícil de separar./ Que opone mucha resistencia a romperse o deformarse./ fig. Firme, terco, perseverante.

tenaza. f. Herramienta de metal compuesta por dos brazos movibles articulados en un eje, para sujetar, arrancar o cortar una cosa. Ú.m. en pl./ Pinzas de algunos vertebrados.

tenca. f. Pez de carne blanca y sabrosa, que vive en aguas dulces.

tendal. m. Toldo o cubierta de tela./ Conjunto de cosas tendidas para que se sequen./ *Arg.* Lugar abierto para esquilar el ganado./ *Amér.* Conjunto de personas o cosas desordenadamente tendidas en el suelo por una causa violenta./ *Arg., Chile y Perú.* Tendalera./ *Bol.* Campo llano.

tendedero. m. Sitio donde se tiende una cosa./ Dispositivo en que se tiende la ropa.

tendencia. f. Inclinación, propensión hacia determinados fines.

tendencioso, sa. a. Que manifiesta tendencia hacia ciertos fines o doctrinas.

tender. tr. Extender, desdoblar lo que se halla doblado o amontonado./ Echar por el suelo una cosa, esparciéndola./ Extender la ropa mojada para que se seque.// i. Propender a algún fin.// prl. Echarse a lo largo./ Presentar el jugador todas sus cartas./ Extenderse el caballo en la carrera.// fig. y fam. Descuidarse, abandonar la solicitud de un asunto por negligencia.

tendero, ra. s. Persona que tiene una tienda./ Persona que vende al por menor.// m. El que hace tiendas de campaña./ El que las cuida.

tendido, da. a. Díc. del galope del caballo cuando éste se tiende, o de la carrera veloz del hombre o de cualquier animal.// m. Acción de tender./ Gradería descubierta, próxima a la barrera, en las plazas de toros./ Ropa que después de lavada se tiende./ Alb. Parte del tejado desde el caballete al alero./ Capa delgada de cal, mortero, etc.

Tendido. Típica calle de Nápoles (Italia), donde el mismo se realiza atravesando sogas en la calle, de una a otra vereda.

tendiente. p. act. de **tender.** Que tiende.

tendón. m. Haz de fibras conjuntivas que une por lo general los músculos a los huesos.

tenebrosidad. f. Calidad de tenebroso.

tenebroso, sa. a. Oscuro, cubierto de tinieblas./ fig. Confuso.// m. *R. de la P.* Rufián.

tenedor, ra. s. El que tiene o posee una cosa.// m. Utensilio de mesa; es una horquilla con tres o cuatro dientes.

teneduría. f. Cargo y oficina del tenedor de libros.// **-de libros.** Arte de llevar los libros de contabilidad.

tenencia. f. Posesión u ocupación de una cosa./ Cargo u oficio de teniente.

tener. tr. Asir o mantener asida una cosa./ Poseer y gozar./ Mantener, sostener Ú.t.c.prl./ Comprender o contener en sí./ Poseer o sujetar./ Parar, detener. Ú.t.c.prl./ Cumplir, guardar./ Hospedar o recibir en su casa./ Estar en precisión de hacer alguna cosa./ Juzgar, reputar. Ú.t.c.prl./ Apreciar, estimar. Ú.t.c.prl./ Pasar el tiempo de algún modo.// i. Ser rico y acaudalado.// prl. Afirmarse para no caer./ Atenerse, estar por una cosa.

tenia. f. Gusano platelminto parásito del intestino del hombre y de algunos mamíferos. Tiene la forma de una cinta, y puede alcanzar varios metros de longitud.

teniasis. f. *Pat.* Parasitosis intestinal que es producida por la tenia.

teniente. p. act. de **tener.** Que tiene o posee algo.// a. fam. Que es un poco sordo./ m. El que ejerce el cargo o ministerio de otro./ Oficial militar cuyo grado es inmediatamente inferior al de capitán.

tenífugo, ga. a./m. *Med.* Medicamento que sirve para expulsar la tenia.

tenis. m. Juego que consiste en que dos o cuatro jugadores, mediante raquetas, lancen alternativamente la pelota por encima de una red.

tenista. m. y f. Persona que juega al tenis.

tenor. m. Constitución de una cosa./ Contenido literal de un escrito./ Voz media entre contralto y barítono./ Hombre que posee esa voz.

tenorio. m. fig. Donjuán, mujeriego.

tensión. f. Estado de un cuerpo sometido a la acción de fuerzas que lo estiran./ Grado de energía eléctrica manifestada en un cuerpo./ Estado anímico de excitación, impaciencia o exaltación./ Tirantez, estado de las relaciones que se hallan próximas a romperse./ Voltaje con que se realiza una transmisión de energía eléctrica. Se distingue entre *alta y baja tensión*, según sea por encima o por debajo de los mil voltios.

tenso, sa. a. Apl. al cuerpo en estado de tensión.

tensor, ra. a. y s. Que tensa o causa tensión.

tentación. f. Impulso repentino que induce a hacer algo./ Instigación que induce a alguna cosa mala.

tentáculo. m. Cada uno de los apéndices móviles y blandos de muchos invertebrados, que les sirven como órgano del tacto, de locomoción y para la prensión.

tentador, ra. a. y s. Que tienta./ Que hace caer en la tentación.

tentar. tr. Palpar, tocar alguna cosa. Ú.t.c.prl./ Examinar por medio del sentido del tacto./ Inducir, instigar./ Intentar, procurar./ Probar./ Probar la fortaleza o constancia de uno.

tentativo, va. a. Que sirve para tantear o probar una cosa.// f. Intento, acción de probar o experimentar una cosa./ *Der.* Principio de ejecución de un delito.

tentempié. m. fam. Refrigerio.

tenue. a. Delgado, de poco espesor./ Delicado, leve, sutil./ De poca importancia./ Sencillo, no afectado.

teñido, da. p. p. de **teñir.**// m. Acción y efecto de teñir.

teñidura. f. Acción y efecto de teñir.

teñir. tr./ prl. Dar a una cosa un color distinto del que tenía.

teocali. m. Templo de los aztecas.

teocracia. f. Sociedad en que la autoridad política, que se considera emanada de Dios, se ejerce por sus ministros.

teocrático, ca. a. Rel. a la teocracia.

teodolito. m. Instrumento que se utiliza para medir los ángulos en sus respectivos planos.

teofagia. f. Rito que consiste en comer parte de la víctima que ha sido sacrificada.

teogonía. f. Genealogía de los dioses paganos.

teología. f. Ciencia que trata de Dios y sus atributos y perfecciones.

teologizar. i. Hacer teología, o hablar sobre ella.

teomanía. f. Psiq. Manía que consiste en creerse Dios.

teorema. m. Proposición que afirma una verdad que se puede demostrar.

teoría. f. Conocimiento considerado independientemente de toda aplicación./ Conjunto de leyes que sirven para relacionar determinado orden de fenómenos./ Hipótesis o suposición.

teórico, ca. a. Rel. a la teoría./ Que conoce o considera las cosas sólo de manera especulativa.// f. Teoría, conocimiento especulativo, independiente de toda aplicación.

teorizar. i. Tratar un asunto de manera teórica.

teosofía. f. Doctrina que pretende ser una iluminación directa de la divinidad.

tequila. f. Méx. Bebida alcohólica, parecida a la ginebra, que se destila de una especie de maguey.

terapeuta. m. y f. Persona que profesa la terapéutica.

terapéutico, ca. a. Rel. a la terapéutica.// f. Parte de la medicina cuyo objeto es el tratamiento de enfermedades.

terapia. f. Terapéutica; cuidado, curación.

teratógeno, na. a. Med. Díc. de las sustancias que pueden provocar malformaciones congénitas.

teratología. f. Estudio de las malformaciones y anomalías de los seres vivientes.

terbio. m. Elemento químico. Símb., Tb.; n. at., 65; p. at., 158,924.

tercer. a. Apócope de tercero.

tercero, ra. a. y s. Que sigue en orden al segundo./ Que media entre dos o más personas.

terceto. m. Combinación métrica de tres versos de arte mayor que puede constituir una estrofa autónoma dentro del poema./ Mús. Composición para tres instrumentos o voces; conjunto de esos tres instrumentos o voces./-encadenados. Serie de tercetos que constituyen un poema.

terciado, da. p. p. de terciar.// a. Díc. del azúcar de color pardo claro./ Díc. de la madera formada por varias hojas de madera fina prensadas y encoladas.// m. Espada de hoja ancha y corta./ Cierto madero de sierra.

terciana. f. Fiebre intermitente que repite al tercer día.

terciar. tr. Poner una cosa atravesada a otra./ Dividir en tres partes.// i. Mediar, interponerse./ Tomar parte en la acción de otros.// prl. Venir bien una cosa.

terciario, ria. a. Tercero en orden o grado./ Apl. a la época más antigua de la era cenozoica. Ú.t.c.s./ Rel. a esa época./ Rel. a los terrenos de este período, donde se produce el movimiento orogénico alpino, acompañado de un clima progresivamente más frío, hasta culminar en las glaciaciones cuaternarias./ m. Religioso de la tercera orden de San Francisco.

tercio, cia. a. Que sigue al segundo.// m. Cada una de las tres partes iguales en que se divide un todo.

terciopelado, da. a. Parecido al terciopelo.

terciopelo. m. Tela de seda o algodón, velluda y tupida, que se forma con dos urdimbres y una trama.

terco, ca. a. Pertinaz, obstinado, testarudo.

tereré. m. Arg. y Par. Bebida hecha con la maceración en agua fría de la yerba mate o con hierbas medicinales.

tergiversación. f. Acción y efecto de tergiversar.

tergiversar. tr. Deformar, torcer, desfigurar las razones y argumentos o las palabras de un dicho o escrito, su interpretación o las relaciones entre los hechos y las circunstancias./ Trastocar.

termal. a. Rel. a las termas.

termas. f. pl. Baños de aguas minerales calientes./ Baños públicos de los romanos.

termes. m. Insecto que también se llama hormiga blanca, por su semejanza a la hormiga; se alimenta de madera.

térmico, ca. a. Rel. al calor o a la temperatura.

terminación. f. Acción y efecto de terminar./ Parte final de

Tenis. Deporte del que se realizan competencias internacionales de alto nivel, y que cuenta con el entusiasmo de adeptos de todas las edades. En la ilustración, Gabriela Sabatini, una de las tenistas latinoamericanas de renombre mundial.

una obra o cosa./ Gram. Letra o letras que subsiguen al radical de una palabra.

terminal. a. Último, final, que pone término a algo.// f. Cada uno de los extremos de una línea de transporte./ Comp. Punto en un sistema o red de comunicaciones, en el que los datos entran o salen; suele denominarse así a los periféricos con los cuales puede trabajar el hombre.

terminante. a. Que termina./ Concluyente, claro, preciso.

terminar. tr./ i. Poner término a una cosa./ Acabar, rematar con esmero.// prl. Tener fin alguna cosa.

término. m. Último punto, extremo de una cosa./ Fin de la duración o existencia de una cosa./ Límite./ Plazo determinado./ Objeto, finalidad./ Palabra./ fig. Límite de una cosa inmaterial./ Gram. Cada uno de los dos elementos necesarios en la relación gramatical./ Palabra, sonido o conjunto de sonidos articulados que expresan una idea./ Lóg. Cada una de las partes que integran una proposición o un silogismo./ Mat. El numerador y el denominador de una fracción./ Mat. Cada una de las partes ligadas entre sí por el signo de sumar o de restar, en una expresión analítica./ -medio. Cantidad igual o más próxima a la media aritmética de un conjunto de varias cantidades.

terminología. f. Conjunto de vocablos propios de una profesión, ciencia, etc./ Nomenclatura./ Vocabulario.

termistor. m. Electr. Elemento formado por una resistencia, que integra un circuito electrónico; su resistividad disminuye a medida que aumenta la temperatura.

termita. f. Comején.

termitero. m. Nido de termes.

termo. m. Recipiente de dobles paredes que conserva la temperatura de las sustancias introducidas en él.

termodifusión. f. Fís. Fenómeno de difusión producido en un gas cuando existe un cierto aumento de temperatura.

termodinámica. f. Fís. Ciencia que se dedica a estudiar las relaciones que existen entre la energía y los cambios físicos de origen térmico.

termoelectricidad. f. Transformación del calor en electricidad./ Parte de la física que la estudia.

termoeléctrico, ca. a. Apl. al aparato en que se desarrolla electricidad por la acción del calor./ Parte de la termología.

termoelemento. m. Elemento de un par termoeléctrico.

termoestable. a./m. Que no se modifica fácilmente por el calor.

termofase. f. Biol. Primera fase del desarrollo de ciertas plantas.

termófilo, la. a. Biol. Díc. de especies animales o vegetales que se adaptan a vivir en lugares cálidos.

termógeno. a./m. Aparato que sirve para producir calor por medios físicos.

termografía. f. *Med.* Método de diagnóstico que se basa en registrar las radiaciones infrarrojas que el cuerpo humano emite; las diferencias de temperatura implican diferencias de irrigación.

termología. f. Parte de la física que estudia los fenómenos en los que intervienen el calor y la temperatura.

termómetro. m. Aparato para medir la temperatura.

termonuclear. a. *Fís.* de la reacción de fusión de los núcleos atómicos, la cual se produce a temperaturas elevadísimas.

termoquímica. f. Estudio de las leyes y fenómenos térmicos en las combinaciones químicas.

termosfera. f. Zona de la atmósfera comprendida entre los 200 y los 500 km de altura; en ella, la temperatura desciende rápidamente.

termostato o **termóstato.** m. Aparato que mediante un contacto automático mantiene constante la temperatura en los sistemas de calefacción y refrigeración.

termotropismo. m. *Bot.* Tropismo que depende de estímulos térmicos.

terna. f. Conjunto de tres personas que se proponen para elegir entre ellas la que deba desempeñar un cargo.

ternario, ria. a. Compuesto de tres unidades o elementos.

ternero, ra. s. Cría de la vaca.// f. Carne de esta cría.

terneza. f. Ternura./ Dicho lisonjero. Ú.m. en pl.

terno. m. Conjunto de tres cosas de la misma especie./ Traje completo de hombre./ Voto, juramento.

ternura. f. Calidad de tierno./ Afecto, cariño./ Dicho lisonjero.

tero. m. *Arg.* Teruteru.

terquedad. f. Calidad de terco./ Obstinación, porfía.

terracota. f. Arcilla modelada y cocida./ Escultura de arcilla cocida.

terrado. m. Azotea.

terramicina. f. *Farm.* Antibiótico de amplio espectro; es poco tóxico, pero no debe emplearse durante el embarazo.

terraplén. m. Macizo de tierra con que se rellena un hueco, o que se levanta para hacer un camino o una vía férrea, etcétera.

terráqueo, a. a. Compuesto de tierra y agua. Apl. sólo a la esfera o globo terrestre.

terrario. m. Recinto con un ambiente adecuado para que vivan insectos, reptiles y otros animales, con fines de estudio.

terrateniente. m. y f. Dueño de tierras o hacienda.

terraza. f. Jarra vidriada, de dos asas./ Paso estrecho para plantas de un jardín./ Terrado, azotea.

terregoso, sa. a. Díc. del campo lleno de terrones.

terremoto. m. Temblor violento de la corteza terrestre, ocasionado por fuerzas que actúan en el interior del globo.

terrenal. a. Rel a la tierra, en contraposición con lo que pertenece al cielo.

terreno, na. a. Rel. a la tierra.// m. Espacio de tierra./ fig. Campo de acción./ Orden de materias o temas de que se trata.

terrestre. a. Rel. a la tierra.

terrible. a. Digno de ser temido; que causa terror./ Desmesurado, gigantesco./ Áspero de genio.

terrícola. s. Habitante de la Tierra.

terrífico, ca. a. Que aterroriza o causa espanto o pavor.

territorial. a. Rel. al territorio.

territorialidad. f. Forma especial de considerar las cosas cuando están dentro del territorio de una nación./ Privilegio jurídico en cuya virtud los buques y los domicilios de los agentes diplomáticos en el extranjero se consideran como si formasen parte del territorio de su nación.

territorialismo. m. *Biol.* Comportamiento de algunos animales que se reservan un territorio propio para cazar, pastorear y procrear.

territorio. m. Parte de la superficie terrestre que pertenece a una nación, provincia, etc.

terrón. m. Masa pequeña y suelta de tierra compacta./ Masa pequeña, suelta y sólida de cualquier otra sustancia.

terror. m. Miedo, espanto, pavor.

terrorífico, ca. a. Aterrador, que causa terror.

terrorismo. m. Dominación por el terror./ Conjunto de acciones violentas ejecutadas para infundir terror.

terrorista. m. y f. Persona partidaria del terrorismo o que practica actos terroristas.// a. Rel. al terrorismo.

terroso, sa. a. Que participa de la naturaleza de la tierra./ Que tiene mezcla de tierra.

terruño. m. Trozo de tierra./ Comarca o tierra natal./ Terreno, espacio de tierra.

terso, sa. a. Bruñido, resplandeciente./ Liso, sin arrugas./ fig. Díc. del lenguaje, estilo, etc., puro, fluido, limado.

tersura. f. Calidad de terso.

tertulia. f. Círculo de personas que se reúnen para conversar y recrearse./ Corredor en la parte más alta de los antiguos teatros de España./ *Arg.* Localidad intermedia, en los teatros.

teruteru. m. *Amér.* Ave zancuda, blanca con negro y pardo.

tesis. f. Proposición que se sostiene con razonamientos./ Parte del enunciado de un teorema que debe demostrarse./ Disertación escrita del aspirante al título de doctor.

Textil. Las artesanías confeccionadas con fibras naturales y artificiales en diversas tonalidades, con coloridos tramados formando dibujos son una de las actividades que se realizan en distintos países de América del Sur.

tesitura. f. Altura propia de cada voz o instrumento./ fig. Disposición del ánimo.

tesón. m. Firmeza, constancia, entereza.

tesonero, ra. a. Que tiene tesón o constancia./ Tenaz, perseverante.

tesorería. f. Cargo o empleo de tesorero./ Oficina o despacho del tesorero.

tesorero, ra. s. Persona encargada de custodiar y distribuir los caudales de una institución.

tesoro. m. Cantidad de dinero, valores u objetos preciosos reunida y guardada./ Erario de una nación./ fig. Persona o cosa de mucho precio o estimación./ Nombre de cierto diccionarios, antologías, etc./ *Arg.* Caja de caudales.

test (voz ingl.). m. Examen, prueba, experimento, verificación.

testa. f. Cabeza./ Frente, cara de alguna cosa./ fig. Entendimiento, capacidad y prudencia.

testación. f. Acción y efecto de testar o tachar.

testado, da. p. p. de **testar.**// a. Apl. a la persona que ha muerto habiendo hecho testamento, y a la sucesión que se rige por éste.

testador, ra. s. Que testa, que hace testamento.

testaferro. m. El que presta su nombre en un contrato o negocio por delegación secreta de otro.

testamentario, ria. a. Rel. al testamento.// s. Persona encargada de cumplir la última voluntad de un testador.

testamento. m. Declaración de la última voluntad de una persona, disponiendo de sus bienes y asuntos para después de su muerte./ Documento en que consta.

testar. i. Hacer testamento.// tr. Borrar, tachar.

testarudez. f. Calidad de testarudo./ Acción propia del testarudo.

testarudo, da. a. y s. Terco, porfiado, tozudo.

testicular. a. Rel. al testículo.

testículo. m. Cada una de las dos glándulas masculinas secretoras de semen.

testificación. f. Acción y efecto de testificar.

testificar. tr. Afirmar o probar de oficio una cosa, con testigos o documentos auténticos./ Deponer como testigo./ fig. Declarar con certeza y verdad.

testigo. m. y f. Persona que da testimonio de una cosa./ Persona que presencia una cosa o hecho.// m. Cosa que prueba la verdad de un hecho./ Hito de tierra que se va dejando a trechos en las excavaciones./ Testículo.

testimonial. a. Que da fe y constituye testimonio.

testimoniar. i. Servir de testigo para algo, atestiguar.

testimonio. m. Comprobación, prueba de la certeza de una cosa./ Aseveración de una cosa./ Documento autorizado legalmente en que se da fe de algo.

testosterona. f. Fisiol. Hormona sexual masculina; se forma en los testículos.

testuz. amb. Frente, en algunos animales y nuca, en otros.

teta. f. Cada uno de los órganos glandulosos prominentes de los mamíferos, que sirven en las hembras para secretar la leche./ Pezón.

tetánico, ca. a. Rel. al tétanos.

tétano o **tétanos.** m. Enfermedad infecciosa grave, caracterizada por la rigidez convulsiva de los músculos.

tetera. f. Vasija que se usa para hacer y servir el té.

tetilla. f. En los machos de los mamíferos, cada una de las tetas./ Tetina.

tetina. f. Especie de pezón de goma que se coloca en los biberones para que chupen los niños.

tetraciclina. f. Farm. Antibiótico de amplio espectro y gran tolerancia.

tetracloruro. m. Quím. Combinación del cloro con algún elemento de tres valencias, como el silicio o el carbono.

tetraedro. m. Geom. Sólido limitado por cuatro caras o planos.

tetrágono. a. y s. Cuadrilátero.

Tesoros. En el museo instalado en la armería del Kremlin de Moscú, creado en el siglo XIX, se guardan las reliquias pertenecientes a los grandes príncipes y zares moscovitas.

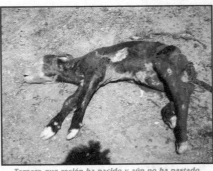

Ternero que recién ha nacido y aún no ha pastado.

tetragrama. m. Mús. Pauta de cuatro renglones que se usa en la notación del canto gregoriano.

tetralogía. f. Conjunto de cuatro obras literarias o líricas que se relacionan entre sí temática y estructuralmente.

tetrápodo, da. a./m. Zool. Díc. de los vertebrados que tienen cuatro miembros locomotores, derivados de las aletas de los peces, como en los anfibios, los reptiles, las aves y los mamíferos.

tetrarca. m. Señor que rige sobre la cuarta parte de un dominio determinado.

tetrarquía. f. Dominio y título del tetrarca.

tetrasílabo, ba. a./ m. De cuatro sílabas.

tetravalente. a. Quím. Díc. del elemento de valencia cuatro.

tétrico, ca. a. Triste, muy melancólico./ Sombrío, fúnebre.

teutón, na. a. y s. Individuo de un pueblo germánico./ fam. Alemán.

teutónico, ca. a. Rel. a los teutones./ m. Ling. Idioma hablado por los teutones.

textil. a. Rel. a los tejidos./ Díc. de la materia capaz de ser tejida./ Díc. de la industria dedicada al hilado y tejido de fibras naturales o artificiales.

texto. m. Escrito o dicho original auténtico, por oposición a las glosas, notas o comentarios que sobre él se hacen./ Pasaje que se cita de una obra literaria./ Sentencia de la Sagrada Escritura./ Libro escrito, impreso o manuscrito.

textual. a. Rel. al texto./ Conforme con el texto o propio de él.

textura. f. Orden y disposición de los hilos en un tejido./ fig. Estructura de una obra de ingenio./ Disposición que tienen las partículas de un cuerpo entre sí.

tez. f. Superficie, especialmente la del rostro humano.

thai. a. y s. Díc. del individuo de un pueblo mongoloide que habita en el sudeste de Asia (Tailandia, Laos, etc.).// m. Ling. Grupo de lenguas chinotibetanas que se hablan en el sudeste de Asia.

ti. m. y f. Forma del pronombre personal de segunda persona del singular. Siempre lleva preposición, y cuando ésta es con, se dice contigo.

tía. f. Respecto de una persona, hermana o prima de su padre o madre.

tiara. f. Gorro alto que usaban los antiguos persas./ Tocado alto que usaron los papas como símbolo de autoridad./ Mitra papal./ fig. Dignidad del Sumo Pontífice.

tibetano, na. a. y s. Del Tíbet.

tibia. f. Hueso principal y anterior de la pierna./ Flauta.

tibieza. f. Calidad de tibio.

tibio, bia. a. Templado, entre frío y caliente./ fig. Indiferente, poco fervoroso.

tiburón. m. Pez marino selacio, de gran tamaño, con dientes cortantes, muy voraz.

tic. m. Movimiento convulsivo producido por la contracción involuntaria de uno o varios músculos.

tico, ca

tico, ca. a. y s. fam. *Amér.* De Costa Rica.

tiempo. m. Duración de las cosas sujetas a mudanza./ Parte de esta duración./ Época en que vive una persona o sucede algo./ Estación del año./ Edad de una persona./ Oportunidad de hacer alguna cosa./ Lugar o espacio libre de otras ocupaciones./ Largo espacio de tiempo./ Cualquiera de los actos sucesivos en que se divide la ejecución de algo./ Estado atmosférico./ *Gram.* Cualquiera de las distintas divisiones de la conjugación correspondientes a la época relativa en que sucede o se realiza la acción del verbo: *pretérito, presente y futuro./ Mús.* Cualquiera de las partes del compás./ **-de acceso.** *Comp.* El que se requiere para comenzar y completar la función de lectura y grabación de un dato.

tienda. f. Armazón de palos clavados en tierra y cubierta de pieles o telas, que sirve de alojamiento en el campo./ Casa, puesto o local donde se venden al público artículos al por menor./ *Amér.* Por anton., la de tejidos.

tienta. f. Operación que consiste en probar la bravura de los becerros./ Instrumento para explorar las cavidades y conductas naturales, o la profundidad y dirección de las heridas.// **-a tientas.** m. adv. Por el tacto.

tiento. m. Ejercicio del sentido del tacto./ Palo o bastón que usan los ciegos para guiarse./ *Arg.* y *Chile.* Tira delgada de cuero sin curtir./ Cualquier lazo./ Floreo o ensayo que hacen los músicos antes de comenzar a tocar./ Tentáculo.

tierno, na. a. Blando, flexible, delicado./ fig. Reciente, nuevo./ Afectuoso, cariñoso./ Apl. a la edad de la niñez./ Propenso al llanto.

Tierra. f. Planeta del sistema solar que habitamos.

tierra. f. Parte superficial del globo terráqueo no ocupada por el mar./ Materia inorgánica de que se compone, principalmente, el suelo natural./ Piso o suelo./ Terreno propio para el cultivo./ Patria./ País, región./ Territorio formado por intereses presentes o históricos./ fig. Conjunto de los pobladores de un territorio./ *Amér.* Polvo./ **-de Siena.** Arcilla de color pardo en cuya composición se encuentran óxidos de hierro y de manganeso./ **-firme.** Continente./ Terreno sólido, capaz de admitir sobre sí un edificio, por su consistencia y dureza./ **-prometida.** La que Dios prometió al pueblo de Israel./ **-santa.** Lugares de Palestina donde nació, vivió y murió Jesucristo./ **-tierras raras.** Grupo formado por elementos químicos cuyo número atómico está comprendido entre el 57 y el 71.

tieso, sa. a. Rígido, sin flexibilidad, firme./ Robusto./ Tenso, tirante./ fig. Afectado, estirado.

tiesto. m. Vasija para plantas./ Pedazo de vasija de barro.

tífico, ca. a. Rel. al tifus./ Que lo sufre.

tifoideo, a. a. Rel. al tifus, o parecido al mismo./ Rel. a la fiebre tifoidea.

tifón. m. Huracán en el mar de la China./ Tromba marina.

tifus. m. Enfermedad infecciosa, grave, con alta fiebre, que se caracteriza por síntomas nerviosos, trastornos intestinales y presencia en la piel de manchas punteadas.

tigre. m. Mamífero carnicero de gran tamaño, de pelaje amarillo con rayas negras, muy feroz./ Persona sanguinaria y cruel./ **-americano.** Jaguar.

tijera. f. Instrumento compuesto de dos hojas de acero cruzadas, con un solo filo cada una, para cortar. Ú.m. en pl.

tijereta. f. dim. de **tijera.** Ú.m. en pl./ Cada uno de los zarcillos que brotan en los sarmientos de las vides./ Ave palmípeda sudamericana./ Pájaro del norte argentino.

tijeretear. tr. Dar cortes con las tijeras./ fig. y fam. Disponer en negocios ajenos.

tila. f. Tilo./ Flor del tilo./ Infusión que se hace con las flores del tilo.

tílburi. m. Coche de dos ruedas grandes, ligero y sin cubierta, para una sola caballería.

tildar. tr. Poner tilde a las palabras./ Tachar lo escrito./ fig. Señalar con alguna nota denigrativa a una persona.

tilde. amb. Signo que se pone sobre una letra para distinguirla de otra y acentuarla./ fig. Tacha, nota denigrativa.

tiliáceo, a. a./ f. Díc. de plantas dicotiledóneas con hojas alternas, fruto capsular y flores axilares.// f. pl. Familia de estas plantas.

tilingo, ga. a. *Arg.* y *Méx.* Tonto, insustancial.

tilo. m. Árbol ornamental tiliáceo, de tronco recto y grueso, copa grandes y flores medicinales./ *Arg.* y *Chile.* Tila, bebida antiespasmódica.

timador, ra. s. Persona que tima.

timar. tr. Quitar con engaño./ Engañar con promesas.

timba. f. fam. Partida de juego de azar./ Casa de juego.

timbal. m. Instrumento músico de percusión, especie de tambor de un solo parche, con caja metálica en forma de media esfera./ Atabal.

timbó. m. *Arg.* y *Par.* Árbol muy corpulento cuya madera se utiliza para hacer canoas.

timbrar. tr. Poner el timbre, sello o membrete.

timbrazo. m. Toque fuerte de un timbre.

timbre. m. Insignia que se pone encima del escudo de armas./ Sello./ Aparato de llamada o de aviso./ Modo característico de sonar un instrumento o la voz./ fig. Acción gloriosa o cualidad personal que ennoblece.

timbú. a. Dícese de ciertos indios que habitaron sobre la margen derecha del río Paraná. Ú.t.c.s.// Pert. a estos indios.

timidez. f. Calidad de tímido.

tímido, da. a. Temeroso, apocado, falto de ánimo.

timo. m. Acción y efecto de timar./ Glándula endocrina de los vertebrados, que involuciona con la edad, y en el hombre está situada detrás del esternón. Sintetiza hormonas participa en el desarrollo de la función inmunológica, en particular la ejercida a través de una clase especial de linfocitos.

La Tierra, para la sismografía, se divide en tres capas: corteza, manto y núcleo.
Estas capas forman la endosfera; por encima se ubican otras capas concéntricas y de menor densidad: la hidrosfera (que comprende las aguas oceánicas y continentales); la atmósfera (capa gaseosa formada principalmente por oxígeno y nitrógeno); y la magnetosfera (que se sitúa más hacia el exterior).

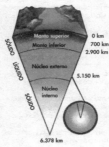

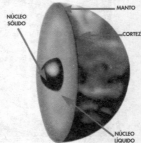

timón. m. Palo del arado, que va de la cama al yugo./ Pértigo./ Varilla del cohete./ fig. Dirección y gobierno de un negocio./ Pieza de madera o hierro que sirve para gobernar la nave./ Por ext., también se da este nombre a las piezas semejantes de submarinos, aviones, etc.

timonear. i. Gobernar el timón.

timonel. m. El que gobierna el timón de la embarcación.

timorato, ta. a. Tímido, indeciso, irresoluto.

timpanitis. f. Med. Hinchazón de una cavidad del cuerpo, habitualmente producida por gases.

tímpano. m. Tambor./ Instrumento musical de percusión compuesto de una caja trapezoidal provista de cuerdas de acero que se golpean con dos macillos./ Membrana que separa el conducto auditivo externo del oído medio./ Espacio triangular entre las tres cornisas de un frontón.

tina. f. Tinaja./ Vasija de madera de forma de media cuba./ Vasija de forma de caldera, que sirve para teñir.

tinaja. f. Vasija grande de barro cocido, más ancha por el medio que por el fondo y la boca./ Líquido que cabe en una tinaja.

tinamiforme. a./f. Zool. Díc. de los animales del orden de aves primitivas semejantes a los ñandúes, que habitan en América Central y del Sur.

tinamú. f. Ave del orden tinamiformes, de carne muy apreciada.

tinglado. m. Cobertizo./ Tablado armado a la ligera./ fig. Artificio, maquinación.

tiniebla. f. Falta de luz. Ú.m. en pl./ pl. fig. Confusión, suma ignorancia./ Maitines de los tres últimos días de la Semana Santa.

tino. m. Facilidad de acertar a tientas./ Destreza y acierto para dar en el blanco./ fig. Cordura, sensatez.

tinta. f. Color que se sobrepone a una cosa, o con el cual se tiñe./ Líquido coloreado que se emplea para escribir o dibujar, mediante un instrumento apropiado./ Acción y efecto de teñir./ Secreción líquida de los cefalópodos para enturbiar el agua como defensa./ pl. Matices, degradaciones de color./ Mezcla de colores que se hace para pintar./ **-china.** La que se hace con negro de humo, empleada en especial para dibujar. Suele ser resistente al agua./ **-medias tintas.** fig. y fam. Hechos, dichos o juicios vagos y nada resueltos./ **-recargar** uno **las tintas.** frs. fig. Exagerar el alcance o significación de un dicho, hecho o situación.

tinte. m. Acción y efecto de teñir./ Color con que se tiñe./ Matiz.

tintero. m. Recipiente en que se pone la tinta para escribir.

tintín. m. Sonido de la campanilla, timbre, el que hacen vasos y copas al chocar, etc.

tintinear. i. Producir el sonido especial del tintín.

tintineo. m. Acción y efecto de tintinear.

tinto, ta. p. p. de **teñir.**// a./ m. Díc. del vino de color rojo oscuro.// a./ f. Díc. de una variedad de uva que tiene negro el zumo y se usa para dar color a algunos mostos.// a. Rojo oscuro.

tintóreo, a. a. Díc. de las plantas de las que se extraen sustancias colorantes.

tintorería. f. Oficio de tintorero./ Comercio o lugar donde se tiñe./ Tinte.

tintorero, ra. s. El que tiene por oficio teñir o limpiar prendas de tela.

tintura. f. Acción de teñir./ Sustancia con que se tiñe./ Afeite en el rostro./ Solución de una sustancia medicinal en un líquido que disuelve de ella ciertos principios.

tiña. f. Enfermedad parasitaria de la piel que ocasiona caída del cabello./ fig. y fam. Miseria, escasez./ Arañuelo o gusanillo que ataca las colmenas.

tío, a. m. Respecto de una persona, hermano o primo de su madre o padre./ fam. Hombre grosero y rústico.

tiovivo. m. Plataforma giratoria con asientos, animales de madera, automóviles, etc., para diversión.

tipa. f. Árbol sudamericano, usado en carpintería y ebanistería.

tipejo, ja. s. despect. Persona pequeña o ridícula.

típico, ca. a. Que incluye en sí la representación de otra cosa./ Peculiar de un grupo, región, país, época.

tipificación. f. Acción y efecto de tipificar.

tipificar. tr. Ajustar varias cosas semejantes a un tipo común./ Representar una persona o cosa la especie o clase a que pertenece.

tiple. m. La más aguda de las voces humanas.// m. y f. Persona que posee esta voz.

tipo. m. Ejemplar, modelo./ Símbolo que representa una cosa figurada./ Letra o carácter de imprenta./ Cada una de las diversas clases de esta letra./ Figura o talle de una persona./ desp. Persona singular./ Biol. Cualquiera de las grandes agrupaciones de clases en que se dividen los reinos animal y vegetal./ Lit. Personaje bien trazado, que reúne las características de la clase que representa.

tipografía. f. Arte de imprimir y lugar donde se imprime.

tipográfico, ca. a. Rel. a la tipografía.

tipógrafo. m. El que profesa la tipografía./ Máquina de componer o imprimir con caracteres movibles o tipos.

tipología. f. Clasificación según tipos./ Ciencia que estudia las distintas razas humanas.

tipológico, ca. a. Rel. a la tipología.

tipometría. f. Medición de puntos tipográficos.

tipómetro. m. Impr. Regla graduada que se utiliza en imprenta para medir el material tipográfico.

tira. f. Pedazo largo y angosto de papel, tela u otra materia delgada.

tirabuzón. m. Instrumento para sacar tapones de corcho./ fig. Rizo del cabello, largo, que pende en espiral.

Tigre. Mamífero que habita entre cañaverales, principalmente en Asia e Indonesia, y cuya piel es muy apreciada.

tirada. f. Acción de tirar./ Distancia que hay de un tiempo o lugar, a otro./ Serie de cosas que se dicen o escriben de un tirón./ Impr. Acción y efecto de imprimir./ Impr. Lo que se tira en un solo día de labor.

tirado, da. p. p. de **tirar.**// a. Apl. a las cosas que se venden a muy bajo precio o a las que abundan mucho./ fig. Díc. de la persona despreciable y desvergonzada.

tirador, ra. s. Persona que tira.// m. Instrumento con que se estira algo./ Asidero del cual se tira para abrir una puerta, un cajón, etc./ Horquilla con mango y dos gomas unidas por una badana que sirve para disparar piedrecillas, perdigones, etc./ Tirante para sostener el pantalón. Ú.m. en pl./ Arg. Cinturón ancho que usan los gauchos.

tirafondo. m. Tornillo grande que sirve para sujetar cuerdas o barras por ambos extremos.

tiraje. m. Impr. Tirada./ Amér. Tiro de chimenea.

tiralíneas. m. Instrumento que se utiliza en dibujo técnico para trazar líneas de distinto grosor.

tiramiento. m. Acción y efecto de tirar o estirar.

tiranía

Tobas. Descendientes de los antiguos aborígenes realizando artesanías en una cooperativa instalada en su comunidad.

tiranía. f. Gobierno ejercido por un tirano./ fig. Abuso de poder o fuerza./ Dominio excesivo de un afecto o pasión sobre la voluntad.

tiranicida. a. y s. Apl. a quien mata a un tirano.

tiranicidio. m. Muerte dada a un tirano.

tiránico, ca. a. Rel. a la tiranía./ Tirano.

tiranización. f. Acción y efecto de tiranizar.

tiranizar. tr. Gobernar un tirano algún Estado./ fig. Gobernar tiránicamente.

tirano, na. a. y s. Apl. a quien obtiene contra derecho el gobierno de un Estado y en especial de quien lo rige sin justicia y arbitrariamente./ fig. Apl. a quien abusa de su poder, fuerza, etc.// a. Apl. al afecto que domina al ánimo.

tiranosaurio. m. Reptil gigantesco del período jurásico; dinosaurio carnívoro.

tirante. p. act. de **tirar.** Que tira.// a. Tenso./ fig. Apl. a las relaciones de amistad que están a punto de romperse.// m. Cuerda o correa que, asida a las guarniciones de las caballerías, sirve para tirar de un vehículo./ Cada una de las dos tiras que se usan para suspender de los hombros el pantalón./ Pieza horizontal de una armadura de tejido.

tirantez. f. Calidad de tirante./ Distancia que hay en línea recta entre los extremos de una cosa.

tirar. tr. Despedir algo de la mano./ Arrojar, lanzar en una determinada dirección./ Derribar./ Dejar caer una cosa./ Desechar una cosa./ Disparar un arma de fuego. Ú.t.c.i./ Extender, estirar./ Reducir a hilo un metal./ Trazar líneas o rayas.// fig. Dilapidar, disipar./ Impr. Imprimir.// i. Atraer por virtud natural./ Hacer fuerza para arrastrar algo./ Producir el tiro de un hogar./ fig. Torcer, dirigirse a uno u otro lado./ Durar./ Tender, propender.// prl. Abalanzarse./ Arrojarse./ Tenderse en el suelo./ *Arg.* Desechar una cosa.

tiristor. m. *Electr.* Válvula de estado sólido.

tiritar. i. Temblar o estremecerse de frío.

tiro. m. Acción y efecto de tirar./ Señal que hace lo que se tira./ Disparo de un arma de fuego./ Estampido que produce./ Cantidad de munición que constituye la carga de un arma de fuego./ Alcance de un arma arrojadiza./ Lugar donde se tira al blanco./ Conjunto de las caballerías de un carruaje./ Tirante de un carruaje./ Corriente de aire que produce el fuego de un hogar./ *Arg.* y *Chile.* Distancia que deben recorrer los caballos de carreras./ **-de gracia.** El que se da a alguien que ha sido herido en una ejecución, para asegurar su muerte. Ú.t. en sentido fig.

tiroides. f. Glándula endocrina situada en la parte anterior y superior de la tráquea.

tirolés, sa. a. y s. Del Tirol.

tirón. m. Acción y efecto de tirar de golpe y con violencia.

tirotear. tr. Disparar repetidamente armas de fuego portátiles.

tiroteo. m. Acción y efecto de tirotear.

tiroxina. f. *Fisiol.* Hormona de la tiroides que es imprescindible para el crecimiento.

tirria. f. fam. Antipatía contra uno./ Odio, ojeriza.

tisana. f. Bebida que resulta del cocimiento de hierbas medicinales.

tisanuro, ra. a. *Zool.* Apl. a los insectos que no tienen alas y poseen apéndices en el extremo del abdomen. Ú.t.c.s.// m. pl. *Zool.* Orden de estos insectos.

tísico, ca. a. Que padece tisis. Ú.t.c.s.// Rel. a esta enfermedad.

tisiología. f. Parte de la patología que estudia la tuberculosis.

tisis. f. Tuberculosis pulmonar./ Enfermedad que se caracteriza por su evolución gradual y lenta.

tisú. m. Tela de seda, entretejida con hilos de oro o plata./ Tipo de papel con que se fabrican servilletas.

titán. m. En la mitología griega, cada uno de los gigantes que habían querido asaltar el cielo./ fig. Sujeto de excepcional poder, que sobresale en algún aspecto./ Grúa gigantesca.

titánico, ca. a. Rel. a los titanes./ Grandioso, gigantesco.

titanio. m. Elemento químico. Símb., Ti.; n. at., 22; p. at., 47,90.

títere. m. Figurilla que se mueve con hilos o metiendo una mano en su interior./ fig. y fam. Sujeto de figura ridícula./ Sujeto informal y necio.

tití. m. Mono arborícola, muy fácil de domesticar.

titilación. f. Acción y efecto de titilar.

titilar. i. Temblar ligeramente alguna parte del cuerpo./ Centellear con ligero temblor un cuerpo luminoso.

titiritar. i. Temblar de frío o de miedo.

titiritero, ra. s. Persona que trae o maneja títeres.

titubear. i. Perder la estabilidad y firmeza./ Dudar, vacilar en la elección o pronunciación de las palabras./ fig. Vacilar, quedar perplejo.

titubeo. m. Acción y efecto de titubear.

titulación. f. Acción y efecto de titular./ *Quím.* Valoración de una solución.

titulado, da. p. p. de **titular.**// s. Persona que posee un título académico.

titular. a. Que tiene algún título por el cual se denomina./ Que da su nombre por título a una cosa./ Díc. del que ejerce profesión con misión especial o propia.// a./ m. y f. Díc. del que ejerce algún cargo para el que posee el correspondiente título o nombramiento.

titular. tr. Poner título a una cosa.// i. Obtener título de nobleza.

título. m. Palabra o frase con que se enuncia el asunto de un libro o papel manuscrito o impreso./ Letrero con que se indica el contenido o destinos de otras cosas./ Renombre con que se conoce a alguien por sus virtudes o acciones./ Causa, motivo, pretexto./ Demostración auténtica del derecho con que se posee alguna cosa./ Testimonio dado para ejercitar un cargo, profesión, etc./ Dignidad nobiliaria./ Persona a quien se ha concedido esta dignidad./ Cada una de las partes que representa una ley, reglamento, etc./ Documento que representa deuda pública o valor comercial./ Servicios prestados, capacidad probada, méritos, etc. Ú.m. en pl./ Cada uno de los títulos de una revista, libro, periódico, etc. Ú.m. en pl.

tiza. f. Arcilla terrosa blanca usada para escribir y dibujar en los encerados./ Asta de ciervo calcinada./ Pasta de yeso y greda que se usa para untar la suela de los tacos de billar.

tiznar. tr./prl. Manchar con tizne.

tizne. amb. Humo negro que se pega a sartenes y otras vasijas que han estado al fuego.// m. Tizón.

tizón. m. Pedazo de leña a medio quemar./ Honguillo negruzco que daña los cereales./ fig. Mancha en la fama o estimación.

toalla. f. Lienzo para secarse y limpiarse las manos y la cara.

toba. f. Piedra caliza, ligera y muy porosa, que se forma por la cal que las aguas de ciertos manantiales llevan disueltas.

toba. a. y s. Tribu amerindia que vivió al sur del río Pilcomayo. Fueron nómadas montados a caballo y realizaron excelentes artesanías trenzando fibra vegetal. Aún hoy sobreviven grupos descendientes de los tobas en el monte chaqueño. // a. Rel. a estos indios.// m. Lengua toba.

tobera. f. Abertura por donde se inyecta aire en un horno.

tobiano, na. a. *Arg.* Díc. del caballo o la yegua que tiene la piel de dos colores.

tobillera. f. Venda elástica con la que se sujeta el tobillo.

tobillo. m. Protuberancia de la tibia y el peroné en el lugar donde la pierna se une con el pie.

tobogán. m. Trineo bajo para deslizarse por las pendientes nevadas./ Declive artificial para deslizarse por él.

toca. f. Prenda de tela para cubrir la cabeza./ Prenda que usan las monjas ceñida al rostro para cubrirse la cabeza.

tocadiscos. m. Aparato provisto de un fonocaptor y un altavoz para reproducir los sonidos registrados en los discos.

tocado, da. a. fig. Medio loco, un poco perturbado.// m. En las mujeres, peinado y adorno de la cabeza./ Juego de cintas, encajes, etc., para hermosearse una mujer.

tocador, ra. a. y s. Que toca.// m. Mueble con espejo, para peinarse y hermosearse./ Aposento que se destina a este fin.

tocar. tr. Ejercitar el sentido del tacto./ Llegar a una cosa con la mano, sin asirla./ Hacer sonar un instrumento musical./ Avisar llamando con campana, timbre, etc./ Tropezar ligeramente dos cosas./ Ensayar un metal en la piedra de toque./ Peinar y componer el cabello. Ú.m.c.prl./ fig. Conocer algo por experiencia./ Estimular, persuadir./ Tratar superficialmente una materia./ *Mar.* Rozar con la quilla en el fondo.// i. Pertenecer por un derecho o título./ Caer en suerte una cosa./ Ser uno pariente de otro.// prl. Cubrirse la cabeza; ponerse el sombrero, la mantilla, etc./ Componerse, hermosearse.

Tirolés.
Fiesta típica de este pueblo ante la llegada de la primavera.

tocata. f. Pieza de música generalmente destinada a instrumentos de cuerda.

tocayo, ya. s. Persona que tiene el mismo nombre que otra.

toccata (voz it.). f. *Mús.* Pieza musical para teclados.

tocino. m. Carne grasa del cerdo, y en especial la salada.

tocología. f. Parte de la medicina que se dedica a la gestación y el parto.

tocólogo, ga. s. Persona que profesa la tocología.

todavía. adv. Indica hasta el momento actual o un momento determinado./ Denota que una acción o estado persisten en un momento determinado./ Aún, sin embargo.

todo, da. a. Entero, cabal./ Ú.t. para ponderar el exceso de alguna calidad o condición./ Seguido de un sustantivo singular y sin artículo, toma y da a este sustantivo valor de plural./ En pl. equivale a veces a cada.// m. Cosa íntegra y cabal.// adv. Enteramente.

todopoderoso, sa. a. Que todo lo puede./ Por anton., Dios.

toga. f. Prenda principal del traje de los antiguos romanos./ Vestidura talar que usan los magistrados, letrados, etc., encima del traje.

togolés, sa. a. y s. De Togo.

toldería. f. *Arg.* Campamento formado por toldos de indios.

toldo. m. Pabellón o cubierta de tela para dar sombra./ *Arg.* Choza que hacen los indios con pieles y ramas./ fig. Engreimiento, pompa o vanidad.

tolemaico, ca. a. Rel. a Tolomeo, o a su sistema.

tolerancia. f. Acción y efecto de tolerar./ Respeto hacia la forma de pensar, actuar y sentir de los demás./ Capacidad del organismo para aceptar medicamentos o alimentos./ Diferencia que se admite en las características físicas y químicas de un material o pieza, entre el valor nominal y el real.

tolerar. tr. Llevar con paciencia, soportar, sufrir./ Disimular algo que no es lícito./ Aguantar.

tolteca. a. y s. Díc. del individuo de una tribu que dominó en el antiguo México.// a. Rel. a esta tribu.// m. *Ling.* Idioma hablado por estos indígenas.

tolva. f. Depósito en forma de pirámide o cono invertido, abierto por debajo, en el que se echan granos y otros cuerpos para que caigan poco a poco.

toma. f. Acción de tomar./ Conquista, asalto u ocupación por las armas de un lugar./ Porción de una cosa que se recibe de una vez./ Lugar por donde se deriva una corriente de fluido./ Abertura para desviar parte de un caudal de agua./ *Cin.* Plano, unidad mínima de montaje, contenida entre dos cortes de cámara.

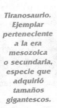

Tiranosaurio. Ejemplar perteneciente a la era mesozoica o secundaria, especie que adquirió tamaños gigantescos.

*Tomates, esenciales para una buena alimentación
por el alto valor nutritivo que contienen.*

tomacorriente. m. *Amér.* Toma de corriente, enchufe eléctrico.

tomado, da. p. p. de *tomar.*// a. Díc. de la voz que no es bastante clara, nítida y sonora, especialmente en el canto.

tomador, ra. a. Que toma./ *Amér.* Bebedor, aficionado a la bebida.

tomadura. f. Toma, acción de tomar./ **-de pelo.** fig. y fam. Burla.

tomar. tr. Asir con la mano, agarrar./ Asir./ Recibir, aceptar./ Comer o beber./ Ocupar por la fuerza una plaza, fortaleza, etc./ Contratar a una persona./ Adoptar, poner por obra./ Adquirir, contraer./ Alquilar./ Contratar o ajustar./ Quitar o hurtar./ Elegir./ Empezar a seguir una dirección, camino, etc.// i. *Amér.* Beber, hacer uso frecuente de bebidas alcohólicas.// prl. Cubrirse de moho u orín.

tomatal. m. Lugar donde abundan las tomateras.

tomate. m. Fruto de la tomatera, redondo, rojo cuando está maduro, blando y reluciente, muy nutritivo./ Tomatera.

tomatera. f. Planta herbácea anual americana cuyo fruto es el tomate.

tómbola. f. Rifa pública de objetos diversos con fines benéficos.

tómbolo. m. *Geog.* Lengua de tierra formada con guijarros y arenas arrastradas por corrientes marinas, que suele unir alguna isla con la tierra firme que la rodea.

tomillo. m. Planta labiada, muy olorosa, con flores blancas o rosadas.

tomo. m. Cada una de las partes en que suelen dividirse las obras escritas de cierta extensión, encuadernadas separadamente.

tomografía. f. *Med.* Método de exploración radiológica con el cual se obtienen radiografías en tres dimensiones.

tomógrafo. m. Aparato con el que se realizan tomografías.

tonada. f. Composición métrica para ser cantada./ Su música./ Tonillo, dejo.

tonal. a. Rel. al tono o a la tonalidad.

tonalidad. f. Sistema de sonidos fundamental de una composición musical./ En pintura, sistema de colores o tonos.

tonante. p. act. de **tonar.** Que truena.

tonar. i. poét. Tronar, echar rayos.

tonel. m. Cuba grande para conservar y transportar vino u otros líquidos./ Medida antigua para el arqueo de buques.

tonelada. f. Unidad de peso o capacidad, usada para calcular el desplazamiento de los buques.// **-métrica de peso.** Peso de 1.000 kilogramos.

tonelaje. m. Capacidad de un buque./ Número de toneladas que suma una flota mercante.

tongo. m. En competencias deportivas, convenio ilegal sobre el resultado.

tonicidad. f. Grado de tensión y vigor de los órganos del cuerpo vivo.

tónico, ca. a./ m. Apl. al medicamento que entona y vigoriza.// a. Rel. al tono./ Díc. de la vocal o sílaba que recibe el acento.// a./ f. Díc. de la primera nota de una escala.// f. Bebida gaseosa.

tonificación. f. Acción y efecto de tonificar.

tonificar. tr. Dar vigor al organismo, entonar.

tono. m. Grado de elevación del sonido./ Modo peculiar de modular la voz./ Manera particular de decir algo./ Carácter de la expresión y del estilo de una obra literaria./ Tonada, vigor, fuerza./ *Arg.* Esplendidez, pompa./ Modo, disposición de los sonidos./ Vigor y relieve de todas las partes de una pintura.

tonocoté. a. Pueblo aborigen, de costumbres sedentarias que habitó la región de los llanos santiagueños. Emplearon la técnica del corral para pescar y cazar y se destacaron por sus conocimientos de agricultura. Fueron además, expertos en el hilado y la alfarería. Ú.t.c.s.// Pert. a estos indios.// m. Lengua tonocoté.

tonsura. f. Acción y efecto de tonsurar./ Acción y efecto de conferir el grado preparatorio del estado clerical, con diferentes formas de corte de pelo./ El grado mismo./ **-prima tonsura.** Grado preparatorio para recibir órdenes menores.

tonsurar. tr. Cortar el pelo o la lana a personas o animales./ Dar a uno el grado de prima tonsura.

tontedad. f. Tontería.

tontera. fam. Tontería.

tontería. f. Calidad o estado de tonto./ Dicho o hecho tonto, sin importancia./ Nadería.

tonto, ta. a. y s. Falto o escaso de entendimiento./ Simple, necio.

*Toro. Requerido como semental, animal de tiro
y por su carne.*

topacio. m. Piedra preciosa de color amarillo, muy dura y transparente.

topar. tr./ i. Chocar una cosa con otra.// tr./ i./ prl. Encontrar casualmente sin buscar.// tr./ i. Encontrar lo que se buscaba.// i. Topetar, dar topetazos./ fig. Tropezar con una dificultad.

tope. m. Parte por donde una cosa puede chocar con otra./ Dificultad, tropiezo./ Pieza que impide la acción o el movimiento en un mecanismo./ Límite./ Cada uno de los paragolpes de un vagón de ferrocarril./ Topetón, golpe./ fig. Punto donde estriba la dificultad de algo./ *Mar.* Punta del último mastelero./ Extremo superior de cualquier mástil.

topetada. f. Golpe que los carneros, los toros, etc., dan con la cabeza./ fig. y fam. Golpe que da uno con la cabeza en alguna cosa.

topetar. tr. Dar con la cabeza en alguna cosa con violencia e impulso. Ú.t.c.i./ Topar, chocar.

topetazo. m. Topetada./ Golpe al chocar dos cuerpos.

topetón. m. Topetada./ Golpe de una cosa con otra.

tópico, ca. a. Rel. un determinado lugar.// m. Medicamento externo./ *Amér.* Tema, asunto o materia./ Dicho vulgar o trivial.// pl. Lugares comunes, principios generales.

topo. m. Mamífero insectívoro; abre galerías subterráneas, donde vive./ fig. y fam. Persona que tropieza en cualquier cosa por defecto visual. Ú.t.c.a./ Persona de cortos alcances.

topografía. f. Ciencia que se ocupa de describir gráficamente la superficie terrestre./ Conjunto de accidentes y particularidades de un terreno.

topográfico, ca. a. Rel. a la topografía.

topógrafo, fa. s. Persona que profesa la topografía.

topología. f. Mat. Estudio de los espacios y de sus transformaciones y equivalencias.

toponimia. f. Estudio de la significación y origen de los nombres propios de lugar.

topónimo. m. Nombre propio de lugar.

toque. m. Acción de tocar./ Tañido de campanas o ciertos instrumentos con que se anuncia una cosa./ Pincelada ligera./ Ensayo que se hace de los metales./ fig. Punto esencial en que estriba una cosa.

toquetear. tr. Tocar repentinamente, y sin tino ni orden.

torácico, ca. a. Rel. al tórax.

tórax. m. Pecho del hombre./ Cavidad del pecho de los animales./ Parte del cuerpo de los insectos entre la cabeza y el abdomen.

torbellino. m. Remolino de viento./ fig. Abundancia de hechos que concurren al mismo tiempo./ fig. y fam. Persona viva e inquieta.

torcaz, za. a./ f. Díc. de una variedad de paloma silvestre.

torcedura. f. Acción y efecto de torcer o torcerse./ Desviación de un miembro u órgano de su dirección natural.

torcer. tr. Dar vueltas a una cosa sobre sí misma, apretándola. Ú.t.c.prl./ Encorvar o doblar una cosa. Ú.t.c.prl./ Desviar una cosa de su dirección. Ú.t.c.i./ fig. Interpretar mal aquello que tiene sentido equívoco./ Mudar la opinión de alguno. Ú.t.c.prl.// prl. Dificultarse y malograrse un buen negocio./ Desviarse.

torcido, da. a. Que no es recto./ fig. Díc. de la persona que carece de rectitud moral.// f. Mecha que se pone en los velones, candiles, etc.

torcijón. m. Retortijón de tripas./ Retorcimiento.

torcimiento. m. Torcedura, acción y efecto de torcer o torcerse.

torción. m. Acción y efecto de torcer o torcerse.

tordillo, lla. a. y s. Tordo.

tordo, da. a. y s. Díc. de la caballería que tiene el pelo mezclado de negro y blanco.// m. Pájaro de color gris aceitunado, cuerpo robusto y pico delgado y negro.

toreador. m. El que torea.

torear. i./ tr. Lidiar los toros en la plaza.// tr. fig. Entretener con engaños las esperanzas de uno./ Hacer burla de alguien./ Fatigar, molestar.

toreo. m. Acción de torear./ Arte de lidiar los toros.

torero, ra. a. fam. Rel. al toreo.// s. Persona que tiene por oficio torear en las plazas.// f. Chaquetilla corta y ceñida.

torio. m. Elemento químico. Símb., Th.; n. at., 90; p. at., 232,038.

tormenta. f. Perturbación o tempestad de la atmósfera o

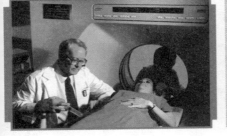

La tomografía computada es una de las técnicas más modernas empleadas para el diagnóstico de enfermedades.

del mar./ fig. Adversidad, infortunio./ Manifestación violenta de los estados de ánimo exaltados.

tormento. m. Acción y efecto de atormentar./ Angustia y sufrimiento físico./ Dolor corporal que se ocasionaba al reo para obligarlo a declarar./ Máquina bélica para disparar balas, piedras, etc./ fig. Angustia o aflicción del ánimo./ Cosa o sujeto que lo ocasiona.

tormentoso, sa. a. Que causa tormenta./ Díc. del tiempo que amenaza tormenta.

tornado. m. Huracán, viento impetuoso giratorio, de efectos devastadores, que avanza a grandes velocidades.

tornapunta. f. Const. Madero que se ensambla a uno horizontal para sostener otro vertical o inclinado./ Puntal.

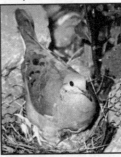

Torcaza. Paloma de aspecto rechoncho y costumbres nómadas. Vive en bandadas y alimenta a los pichones con leche que segregan los buches de ambos padres mientras los crían.

tornar. tr. Devolver una cosa.// tr./ prl. Mudar la naturaleza o estado.// i. Regresar al lugar de partida.

tornasol. m. Reflejo que hace la luz en las superficies muy tersas./ Materia colorante azul violácea que se usa en química como reactivo para reconocer los ácidos, que la vuelven roja./ Girasol.

tornasolado, da. a. Que tiene o hace visos o tornasoles.

tornasolar. tr./ prl. Hacer o causar tornasoles.

tornavoz. m. Aparato dispuesto para que el sonido repercuta y se oiga mejor, como el sombrero del púlpito.

tornear. tr. Labrar una cosa con el torno, puliéndola y alisándola.// i. Dar vueltas en torno./ Combatir en el torneo.

torneo. m. Combate a caballo entre varias personas divididas en dos bandos, y fiesta pública en que se imita esta lucha./ fig. Certamen, competición.

tornero. m. Persona que se dedica a labrar con el torno./ El que fabrica tornos.

tornillo. m. Cilindro de metal que entra en la tuerca./ Especie de clavo con resalte en hélice.

torniquete. m. Especie de torno en forma de brazos iguales, que gira sobre un eje horizontalmente, y se pone en las entradas por donde sólo han de pasar una a una las personas./ Instrumento para contener las hemorragias en operaciones y heridas en las extremidades.

torno. m. Máquina simple que consta de un cilindro que gira alrededor de su eje./ Máquina en que se imprime un movimiento giratorio a objetos de barro, madera, etc., para labrarlos en redondo./ Armazón giratoria, ajustada al hueco de una pared, para pasar objetos de una parte a otra, sin que se vean las personas que los dan o reciben.

toro. m. Mamífero rumiante, bovino, de cabeza gruesa, armado de dos cuernos, piel dura con pelo corto y cola larga./ fig. Hombre muy robusto y fuerte.

toronja. f. Variedad de cidra, de corteza amarillo-rojiza, que tiene propiedades del limón y la naranja./ Pomelo.

torpe. a. Que no tiene movimiento libre o lo tiene lento o pesado./ Falto de habilidad y destreza./ Lento en comprender./ Impúdico, lascivo./ Ignominioso, informe./ Tosco.

torpedear. tr. Batir con torpedos.

torpedeo. m. Acción y efecto de torpedear.

torpedero, ra. a. Apl. al buque de guerra con dispositivos para lanzar torpedos.

torpedo. m. *Zool.* Selacio de cuerpo deprimido y discoidal, de hasta cuarenta centímetros, de color blanquecino en el lado ventral y más oscuro en el dorso, en donde lleva, debajo de la piel, un par de órganos musculosos, que producen corrientes eléctricas bastante intensas. La cola es más carnosa y menos larga que en la raya. A los lados del cuerpo lleva dos pares de aletas. Hay varias especies, todas vivíparas./ *Mar.* Proyectil submarino autopropulsado.

torpeza. f. Calidad de torpe./ Acción o dicho torpe.

torrado, da. a. Tostado al fuego.

torrar. tr. Tostar al fuego.

torre. f. Construcción cilíndrica, más alta que ancha, para defensa en los castillos, adorno en las casas y donde se colocan las campanas en las iglesias./ Pieza del ajedrez./ Edificio de gran altura./ Reducto acorazado sobre la cubierta de los buques de guerra.

torrefacción. f. Tostadura.

torrencial. a. Parecido al torrente.

torrente. m. Corriente impetuosa de agua./ fig. Muchedumbre de personas que afluyen a un mismo sitio.

torrentoso, sa. a. *Amér.* Apl. al caudal de agua que corre a modo de torrente.

Torreón de una fortaleza en Francia.

torreón. m. Torre grande, para defensa de una plaza, castillo o fortaleza.

tórrido, da. a. Muy ardiente o caluroso.

torsión. f. Acción y efecto de torcer o torcerse.

torso. m. Tronco del cuerpo humano./ Estatua sin cabeza, brazos ni piernas.

torta. f. Masa de harina, huevos, azúcar, etc., de figura redonda, que se cuece al horno o se fríe.

tortazo. m. fig. y fam. Bofetada.

tortera. a./ f. Cacerola casi plana.

tortícolis o **torticolis.** m. Dolor y contractura de los músculos del cuello que impide moverlo y obliga a tenerlo torcido.

tortilla. f. Fritura de huevos batidos con otros ingredientes, en forma de torta./ *Amér. Central.* Torta hecha de maíz.

tórtola. f. Ave más pequeña que la paloma, de plumaje ceniciento.

tortuga. f. Reptil quelonio, acuático o terrestre, de cuerpo ancho y corto cubierto por un caparazón córneo, debajo del cual puede esconder la cabeza, las extremidades y la cola; tiene mandíbulas sin dientes, con un pico córneo./ *Comp.* Representación gráfica del cursor, utilizada para el desarrollo de gráficos en la pantalla del monitor.

tortuosidad. f. Calidad de tortuoso.

tortuoso, sa. a. Que tiene vueltas y rodeos./ fig. Cauteloso, astuto, solapado.

tortura. f. Calidad de tuerto o torcido./ Tormento./ Dolor o angustia grandes.

torturar. tr./ prl. Dar tortura, martirizar, atormentar.

torvo, va. a. Espantoso a la vista, fiero, airado.

tos. f. Expulsión violenta, ruidosa y convulsiva del aire contenido en los pulmones./ **-ferina.** *Pat.* Enfermedad de las vías respiratorias producida por un bacilo. La misma es muy contagiosa y se caracteriza por accesos paroxísticos de tos.

tosco, ca. a. Grosero, hecho con poca habilidad y esmero./ fig. Inculto, rudo./ Sin pulir.// f. Piedra caliza; toba.

toser. i. Tener y padecer tos.

tósigo. m. Veneno, ponzoña./ fig. Pena o angustia grande.

tosquedad. f. Calidad de tosco.

tostado, da. a. Díc. del color subido y oscuro.// a. y s. *R. de la P.* Apl. a la caballería cuyo pelo es de este color.// m. Acción de tostar.// f. Rebanada de pan tostado.

tostador, ra. a. y s. Que tuesta.// m. Aparato para tostar.

tostadura. f. Acción y efecto de tostar.

tostar. tr./ prl. Poner una cosa al fuego, hasta que se deseque y tome color sin quemarse./ fig. Calentar mucho./ Curtir la piel del sol o el aire.

total. a. General, que comprende todo en su especie./ Completo.// m. *Mat.* Suma.// adv. En resumen.

totalidad. f. Calidad de total./ Todo./ Conjunto de todas las cosas o personas de que se compone una clase o especie.

totalitario, ria. a. Díc. del sistema político y económico según el cual el Estado absorbe y regula todas las actividades, sin admitir ninguna forma legal de oposición.// a. y s. Partidario de este sistema.

totalitarismo. m. Régimen de gobierno totalitario.

totalización. f. Acción y efecto de totalizar.

totalizar. tr. Sumar, hacer el total de varias cantidades.

tótem. m. Objeto de la naturaleza que se toma como emblema protector del individuo o de la tribu en algunas sociedades primitivas.

totora. f. *Amér.* Especie de espadaña.

toxicidad. f. Calidad de tóxico.

tóxico, ca. a. y s. Díc. de las sustancias venenosas.

toxicología. f. Parte de la medicina que trata de los venenos y las sustancias tóxicas.

toxicomanía. f. Hábito patológico de usar sustancias tóxicas.

toxicómano, na. a. y s. Que padece toxicomanía.

toxina. f. Sustancia elaborada por los seres vivos, en especial por los microbios, que actúa como veneno para el hombre, los animales o las plantas.

tozudez. f. Calidad de tozudo.

tozudo, da. a. Testarudo, terco, obstinado.

traba. f. Acción y efecto de trabar./ Instrumento con que se une y sujeta una cosa con otra./ fig. Impedimento, estorbo./ *Der.* Embargo de bienes.

trabado, da. p. p. de **trabar.**// a. Díc. de la caballería que tiene blancas las dos manos, la mano derecha y el pie izquierdo, o viceversa./ fig. Vigoroso.

trabajado, da. a. Cansado, molido del trabajo./ Lleno de trabajos.

trabajador, ra. a. Que trabaja./ Laborioso, muy aplicado al trabajo.// s. Obrero, jornalero.

trabajar. i. Emplear el esfuerzo físico o mental para algún fin./ Intentar alguna cosa con eficacia./ Aplicarse con desvelo a la ejecución de algo./ fig. Funcionar una máquina, un buque, un sistema, etc./ Poner empeño para vencer algo.// tr. Hacer una cosa con método./ prl. Ocuparse con empeño en alguna cosa.

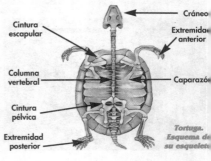

Cráneo

Cintura escapular

Extremidad anterior

Columna vertebral

Caparazón

Cintura pélvica

Extremidad posterior

Tortuga. Esquema de su esquele...

trabajo. m. Acción y efecto de trabajar./ Actividad de las fuerzas corporales e intelectuales del hombre dirigida a la ejecución de un fin útil./ fig. Dificultad, perjuicio./ Fís. Producto del valor de una fuerza por la distancia que recorre su punto de aplicación.// pl. fig. Miseria, pobreza.

trabajoso, sa. a. Que cuesta o causa mucho trabajo./ Que sufre trabajo.

trabalenguas. m. Palabra o frase difícil de pronunciar, en especial cuando sirve como juego.

trabar. tr. Juntar o unir una cosa con otra./ Prender, agarrar. Ú.t.c.i./ Poner trabas./ fig. Comenzar una batalla, conversación, etc./ Concordar, enlazar./ Der. Embargar.// prl. Amér. Entorpecerse la lengua al hablar.

trabazón. f. Enlace, unión de dos o más cosas./ fig. Conexión, dependencia.

trabucación. f. Acción y efecto de trabucar.

trabucar. tr. Cambiar el orden de alguna cosa. Ú.t.c.prl./ fig. Ofuscar la mente. Ú.t.c.prl./ Confundir y trastocar noticias o especies./ Decir o escribir una cosa por otra. Ú.t.c.prl.

trabuco. m. Máquina de guerra que se usaba para disparar piedras muy gruesas./ Arma de fuego de mayor calibre y más corta que la escopeta.

tracción. f. Acción y efecto de tirar de algo para moverlo./ Acción y efecto de arrastrar carruajes.

tracto. m. Espacio entre dos lugares./ Lapso./ Formación anatómica de conducción.

tractor. m. Máquina que produce tracción./ Vehículo que se emplea para arrastrar maquinaria agrícola, remolques, etc., con ruedas que se adhieren fuertemente al terreno.

tradición. f. Transmisión de costumbres, obras artísticas, doctrinas, etc., de generación en generación./ Doctrina, hábito o costumbre, transmitidos de padres a hijos./ Der. Acto de transferir una persona a otra el dominio de una cosa.

tradicional. a. Rel. a la tradición.

traducción. f. Acción y efecto de traducir./ Obra traducida./ Interpretación que se da a un texto./ Biol. Etapa de la expresión genética en la que la información contenida en la molécula de ácido ribonucleico mensajero pasa a la de las proteínas.

traducir. tr. Expresar en una lengua lo que está dicho o escrito en otra./ Convertir, trocar./ fig. Explicar, interpretar.

traductor, ra. a. y s. El que por profesión se dedica a traducir./ Comp. Programa cuya alimentación es una secuencia de enunciados en algún lenguaje de programación, y cuya emisión es una secuencia de enunciados equivalentes en otro lenguaje.

traer. tr. Trasladar una cosa al lugar donde está el que habla./ Atraer hacia sí./ Ocasionar, causar./ Llevar, tener puesta una cosa./ fig. Alegar, aducir razones./ Tratar, andar haciendo algo.// prl. Vestirse, bien o mal.

tráfago. m. Tráfico./ Conjunto de negocios o tareas que causan mucha fatiga.

traficante. p. act. de **traficar.** Que trafica o comercia. Ú.t.c.s.

traficar. i. Comerciar con el dinero y las mercaderías.

tráfico. m. Acción de traficar./ Comunicación y transporte de personas, animales o cosas./ Tránsito, circulación.

tragacanto. m. Arbusto leguminoso, propio de Persia y Asia Menor, cuyo tronco produce una goma blanquecina que se emplea en farmacia./ Goma de este arbusto.

tragaluz. m. Ventana abierta en un techo o en la parte superior de una pared.

tragar. tr./ prl. Hacer que una cosa pase de la boca al estómago./ Comer excesivamente y de prisa./ tr./ prl. Abismar la tierra o las aguas lo que hay en su superficie./ Soportar algo repulsivo./ Creer con facilidad cualquier cosa./ Absorber.

tragedia. f. Canción pagana en loor del dios Baco./ Subgénero dramático al cual pertenecen obras cuyos protagonistas, como impulsados por el destino, acometen inflexiblemente determinadas acciones o se dejan llevar por pasiones que acaban en un final aciago, profundamente conmovedor, y hasta purificador para el público. En sus variedades antiguas, dos personajes de estas obras eran de condición so-

Tractor. Su utilización facilita las tareas del campo.

cial elevada, y se expresaban en un estilo de distanciada dignidad poética y retórica./ Obra que pertenece al subgénero trágico./ Composición lírica destinada a lamentar sucesos infaustos./ Suceso de la vida real que afecta profundamente a quien lo vive y suscita honda piedad.

trágico, ca. a. Rel. a la tragedia./ Díc. del autor de tragedias. Ú.t.c.s./ Apl. al actor que las representa./ fig. Infausto, muy desgraciado.

tragicomedia. f. Obra que contiene a la vez elementos del drama y de la comedia.

tragicómico, ca. a. Rel. a la tragicomedia./ Hecho, dicho o persona que provoca a la vez risa y llanto.

trago. m. Porción de líquido que se bebe de una vez./ fig. Infortunio, adversidad.

tragón, na. a. fam. Que come voraz o excesivamente.

traición. f. Violación o quebrantamiento de la fidelidad o la lealtad./ Delito que se comete contra la patria por los ciudadanos, o contra la disciplina militar.

traicionar. tr. Cometer traición.

traído, da. p. p. de **traer.**// a. Usado, gastado. Dícese de la ropa.// f. Acción y efecto de traer.

traidor, ra. a. Que comete traición. Ú.t.c.s./ Que denota o implica traición.

traílla. f. Cuerda o correa para llevar el perro atado a las cacerías./ Par de perros atraillados, o conjunto de estas traíllas unidas por una cuerda./ Especie de pala mecánica o de tracción a sangre que sirve para igualar terrenos flojos.

traje. m. Vestido peculiar de cierta clase de personas./ Vestido completo de una persona.

trajín. m. Acción de trajinar.

trajinar. tr. Llevar géneros o mercaderías de un lugar a otro.// i. Ir y volver de un sitio a otro, con cualquier ocupación.

trama. f. Conjunto de hilos que cruzados y entrelazados con los de la urdimbre, forman un tejido./ fig. Intriga, confabulación./ Enredo de un drama o una novela./ Florecimiento y flor de los árboles.

tramar. tr. Cruzar los hilos de la trama por entre los de la urdimbre./ fig. Preparar con astucia un engaño, traición, etc./ Disponer con habilidad la ejecución de una cosa complicada.// i. Florecer los árboles.

tramitación./ f. Acción y efecto de tramitar./ Serie de trámites que se prescriben para un asunto.

tramitar. tr. Ejecutar los trámites necesarios para un asunto.

trámite. m. Paso de una parte a la otra, o de una cosa a la otra./ Cada uno de los actos necesarios para la resolución de un asunto.

tramo. m. Trozo de terreno separado de los contiguos por una señal./ Parte de una escalera comprendida entre dos descansos./ Cualquiera de las partes de un andamio, camino, canal.

tramontano, na. a. Díc. de lo que está situado del otro lado de los montes, respecto de alguna parte.

*Transporte de pasajeros
en una céntrica calle de Hong Kong.*

tramoya. f. Artificio con el que se hacen cambios de decorado o efectos escénicos en el teatro./ fig. Engaño dispuesto con disimulo e ingenio.

trampa. f. Artificio para cazar./ Puerta en el suelo que pone en comunicación dos pisos./ Infracción de las reglas de un juego./ fig. Ardid para perjudicar a alguien./ Deuda cuyo pago se demora.

trampear. i. fam. Sablear./ fam. Arbitrar medios para hacer más llevadera una adversidad.// tr. fam. Usar una persona artificios para engañar o estafar a otra, o para eludir una dificultad.

trampera. f. *Arg.* Trampa para cazar pájaros y otros animales.

trampolín. m. Plano inclinado y elástico, que impulsa al gimnasta que salta sobre él./ *Dep.* Tabla elástica que se coloca sobre una plataforma desde la que se lanza al agua el nadador./ *Dep.* Estructura al final de un plano inclinado, desde la que realiza el salto el esquiador./ fig. Persona o cosa de que uno se aprovecha para lograr.

tramposo, sa. a. y s. Que tiene la costumbre de hacer trampas en el juego./ Embustero./ Que no paga sus deudas.

tranca. f. Palo grueso y fuerte./ Palo grueso con que se asegura el cierre de puertas y ventanas./ Tranquera, puerta rústica de un cercado./ fam. *Amér.* Borrachera.

trancar. tr. Asegurar con tranca una puerta.// i. fam. Dar pasos largos.

trance. m. Momento crítico./ Último estado o tiempo de la vida./ Situación difícil o penosa./ Estado especial por el que pasan quienes se someten a las prácticas espiritistas.

tranco. m. Paso largo, salto./ Umbral de la puerta.

tranquera. f. Valla de trancas./ *Amér.* En un alambrado, puerta rústica hecha con trancas.

tranquilidad. f. Calidad de tranquilo.

tranquilo, la. a. Quieto, sosegado, que no se altera.

transacción. f. Acción y efecto de transigir./ Por ext., negocio, trato.

transalpino, na. a. Apl. a las regiones de Italia situadas al otro lado de los Alpes./ Rel. a ellas.

transandino, na. a. Apl. a las regiones situadas al otro lado de los Andes./ Rel. a ellas./ Apl. al tráfico y a los medios de locomoción que atraviesan los Andes.

transar. i./ prl. *Amér.* Transigir, llegar a una transacción o acuerdo; ceder.

transatlántico, ca. a. Apl. a las regiones situadas al otro lado del Atlántico./ Apl. de los medios de locomoción que atraviesan el Atlántico.// m. Buque de grandes dimensiones, destinado al servicio de pasajeros en las travesías transoceánicas.

transbordador, ra. a. Que transborda.// m. Embarcación que circula marchando alternativamente de un punto a otro para transportar pasajeros, vehículos y otras cargas./ Buque para transbordar vehículos.

transbordar. tr./ prl. Trasladar efectos o personas de una embarcación a otra, o de un vehículo cualquiera a otro.

transbordo. m. Acción y efecto de transbordar.

transcendencia. f. Trascendencia.

transcendente. a. Trascendente.

transcender. i. Trascender.

transcribir. tr. Copiar un escrito./ Escribir con un sistema de caracteres lo que está escrito en otro./ Arreglar para un instrumento la música que ha sido escrita para otro.

transcripción. f. Acción y efecto de transcribir./ *Mús.* Pieza musical que resulta de transcribir otra.

transcripto, ta o **transcrito, ta.** p. p. irreg. de **transcribir.**

transcurrir. i. Pasar, correr.

transcurso. m. Acción de transcurrir./ Paso del tiempo.

transeúnte. a./ m. y f. Que transita o pasa por un lugar./ Que está de paso.

transferencia. f. Acción y efecto de transferir./ Operación por la que se transfiere una cantidad de una cuenta bancaria a otra./ Evocación, en toda relación humana y con mayor intensidad en la psicoterapia, de los afectos y las emociones de la infancia

transferir. tr. Llevar una cosa de un lugar a otro, trasladar./ Retardar, diferir./ Ceder a otro un derecho o dominio.

transfiguración. f. Acción y efecto de transfigurar o transfigurarse./ *Rel.* Por antonomasia, la de Jesucristo.

transfigurar. tr./ prl. Hacer cambiar la figura de algo o alguien.

transformación. f. Acción y efecto de transformar./ *Biol.* Fenómeno por el que ciertas células adquieren material genético de otras.

transformador, ra. a. y s. Que transforma./ m. Aparato eléctrico para cambiar la intensidad y la tensión de la corriente eléctrica.

transformar. tr./ prl. Hacer cambiar de forma a una persona o cosa./ Transmutar una cosa en otra./ Hacer mudar de hábitos a una persona.

tránsfuga. m. y f. Persona que huye de un sitio a otro./ fig. Persona que pasa de una ideología o partido a otro.

transfundir. tr. Verter poco a poco un líquido de un vaso a otro.// tr./ prl. fig. Comunicar una cosa entre varias personas, sucesivamente.

transfusión. f. Acción y efecto de transfundir./ Operación que consiste en hacer pasar sangre de un individuo a otro, directamente, o extraída previamente.

transgredir. tr. Quebrantar un precepto, ley o estatuto.

transgresión. f. Acción y efecto de transgredir.

transgresor, ra. a. y s. Que comete transgresión.

transición. f. Acción y efecto de pasar de un modo de ser a otro./ Cambio repentino de expresión y tono./ Fase, grado, estado intermedio.

transido, da. p.p.de de transir./ fig. Fatigado, acongojado, consumido por alguna penalidad, angustia o dolor.

transigencia. f. Condición de transigente./ Aquello que se hace o consiente transigiendo.

transigente. p. act. de transigir. Que transige.

transigir. i./ tr. Consentir parcialmente en algo que no se cree justo o razonable, para llegar a un acuerdo.

transistor. m. Artificio electrónico que sirve para rectificar y amplificar los impulsos eléctricos. Es un semiconductor provisto de tres o más electrodos. Sustituye ventajosamente a las lámparas o tubos electrónicos por su tamaño pequeñísimo, por su robustez y por operar con voltajes pequeños y poder admitir corrientes relativamente intensas./ Por ext., radiorreceptor provisto de transistores.

transitar. i. Ir o pasar de un sitio a otro por vías o parajes públicos.

transitivo, va. a. p. us. Que pasa y se transfiere de uno a otro. // a./ m. Díc. del verbo que se construye con objeto directo.

tránsito. m. Acción de transitar./ Sitio por donde se pasa de un lugar a otro./ Paso de un estado a otro./ Muerte de las personas santas o virtuosas. Díc. en especial de la muerte de la Santísima Virgen.

transitorio, ria. a. Pasajero, temporal./ Perecedero, caduco.

translación. f. Traslación.

translaticio, cia. a. Traslaticio.

translimitar. tr. Traspasar los límites morales o materiales./ Pasar la frontera de un Estado sin intención de violar el territorio, para una operación militar.

translúcido, da. a. Apl. al cuerpo que deja pasar la luz, pero que no permite ver sino confusamente lo que hay detrás de él.

transmigración. f. Acción y efecto de transmigrar.

transmigrar. i. Pasar de un país a otro para vivir en él./ Pasar el alma de un cuerpo a otro según los que creen en la metempsicosis.

transmisión. f. Acción y efecto de transmitir.

transmisor, ra. a. y s. Que transmite o puede transmitir./ m. Aparato telegráfico o radiotelefónico que produce las ondas eléctricas que actúan en el receptor.

transmitir. tr. Trasladar, transferir./ Comunicar./ Emitir por radiotelefonía, radiotelegrafía, etc.

transmutación. f. Acción y efecto de transmutar.

transmutar. tr./ prl. Mudar o convertir una cosa en otra.

transmutativo, va o transmutatorio, ria. a. Que tiene fuerza o virtud para transmutar.

transoceánico, ca. a. Rel. a las regiones que se hallan al otro lado del océano.

transparencia. f. Calidad de transparente./ Diapositiva./ Cinem. Fondo proyectado cinematográficamente sobre la pantalla, usado para llevar al estudio los fondos de exterior.

transparentarse. prl. Dejarse ver la luz u otra cosa a través de un cuerpo transparente./ Ser transparente un cuerpo./ fig. Dejarse adivinar una cosa.

transparente. a. Apl. al cuerpo a través del cual los objetos pueden verse distintamente./ Translúcido./ fig. Que se deja adivinar.// m. Tela o papel a manera de cortina para templar la luz.

transpiración. f. Acción y efecto de transpirar./ Sudor.

transpirar. i./ prl. Pasar los humores del interior de un cuerpo al exterior, a través de los poros de la piel./ fig. Sudar una cosa.

transponer. tr./ prl. Poner una persona o cosa más allá, cambiándola de lugar./ Transplantar.// prl. Ocultarse alguna persona a la vista de uno, doblando una esquina, un cerro, etc. Ú.t.c.tr./ Ponerse el sol u otro astro./ Estar uno medio dormido.

transportación. f. Transporte, acción de transportar.

transportador, ra. a. y s. Que transporta.// m. Círculo graduado que sirve para medir o trazar ángulos./ Funicular de vía aérea.

transportar. tr. Llevar de un lugar a otro personas, animales o cosas./ Portear./ Mús. Trasladar una composición de un tono a otro.// prl. fig. Enajenarse.

transporte. m. Acción y efecto de transportar./ Buque de transporte./ fig. Acción y efecto de transportarse.// pl. Conjunto de los distintos medios para transportar personas, mercaderías, etc.

transposición. f. Acción de transponer o transponerse./ Ret. Figura que consiste en alterar el orden normal de las partes de la oración.

transuránico. a. Quím. Díc. de cada uno de los elementos químicos artificiales obtenidos a partir del uranio o de sus derivados, como el americio y el plutonio.

transvasar. tr. Pasar un líquido de un recipiente a otro.

transversal. a. Que se encuentra atravesado de un lado a otro./ Que se aparta de la dirección principal o recta./ Colateral, apl. al pariente que no lo es por línea recta. Ú.t.c.s.

transverso, sa. a. Colocado o dirigido al revés.

tranvía. m. Vehículo para transporte de pasajeros, que circula sobre rieles en zonas urbanas.

tranviario, ria. a. Rel. a los tranvías.// m. Empleado del tranvía.

trapacería. f. Trapaza.

trapaza. f. Maniobra engañosa con que se defrauda a una persona en una compra, venta o cambio./ Fraude.

trapecial. a. Rel. al trapecio./ De forma o figura de trapecio.

trapecio. m. Barra horizontal suspendida por dos cuerdas de sus extremos, utilizada para hacer gimnasia./ Geom. Cuadrilátero irregular que tiene paralelos sólo dos de sus lados.

trapecista. m. y f. Artista de circo o gimnasta que realiza ejercicios en el trapecio.

trapería. f. Conjunto de muchos trapos./ Sitio donde se venden trapos y otras cosas usadas.

trapero, ra. s. Persona que se dedica a recoger trapos usados./ Persona que compra y vende trapos y objetos usados.

trapezoidal. a. Rel. al trapezoide./ Que tiene su figura.

trapezoide. m. Geom. Cuadrilátero que no tiene ningún lado paralelo a otro.

trapiche. m. Molino para extraer el jugo de algunos frutos, como la aceituna o la caña de azúcar./ Arg. y Chile. Molino para pulverizar minerales.

trapisonda. f. fam. Riña, alboroto./ Embrollo, enredo.

trapo. m. Pedazo de tela roto, viejo o inútil./ Trozo de tela que se usa para limpiar./ Velamen./ fam. Capote que usa el torero./ Tela roja de la muleta de la espada./ Telón de un escenario de teatro.// pl. fam. Prendas de vestir, en particular de mujer.

tráquea. f. Conducto cilíndrico, formado por anillos cartilaginosos unidos por tejido fibroso, situado a lo largo y delante del esófago, que va de la laringe a los bronquios, en los vertebrados de respiración pulmonar.

traqueotomía. f. Med. Incisión que se realiza en la tráquea para sacar algún cuerpo extraño y facilitar la respiración cuando la laringe está obstruida.

traquetear. i. Hacer ruido o estornudar.// tr. Agitar una cosa de una parte a otra./ fig. y fam. Manejar mucho una cosa.

traqueteo. m. Acción de traquetear./ Ruido continuo del disparo de los cohetes./ Movimiento de una persona o cosa que se golpea al transportarla.

trasalpino, na. Transalpino.

trasandino, na. a. Transandino.

Transatlántico. Moderno buque que permite realizar todo tipo de actividades recreativas mientras se efectúa un crucero transoceánico.

trasatlántico, ca. a. y s. Transatlántico.
trasbordar. tr./ prl. Transbordar.
trasbordo. m. Transbordo.
trascendencia. f. Penetración, sagacidad./ Resultado, consecuencia de muy grave o importante significación.
trascendental. a. Que se comunica o extiende a otras cosas./ fig. Que es de mucha importancia o gravedad.
trascendente. a. Que trasciende.
trascender. i. Exhalar un olor penetrante./ Empezar a ser conocido, difundirse lo que estaba oculto./ Propagarse los efectos de unas cosas a otras, produciendo consecuencias.// tr. Penetrar, averiguar algo que está oculto.
trascendido m. *Arg.* Noticia que adquiere carácter público por vía no oficial.
trascribir. tr. Transcribir.
trascripción. f. Transcripción.
trascripto, ta o trascrito, ta. p. p. irreg. de **trascribir**.
trascurrir. i. Transcurrir.
trascurso. m. Transcurso.
trasegar. tr. Trastornar, revolver./ Mudar de lugar las cosas, y en especial, pasar los líquidos de una vasija a otra.
trasero, ra. a. Que está, viene o queda detrás.// m. Parte posterior del animal./ fam. Asentaderas.// f. Parte posterior de un coche, una casa, etc.
trasferencia. f. Transferencia.
trasferir. tr. Transferir.
trasfiguración. f. Transfiguración.

Pastor trashumante en su larga travesía en busca de mejores pasturas para el ganado.

trasfigurar. tr./ prl. Transfigurar.
trasfondo. m. Lo que está más allá del fondo visible de una cosa, o detrás de la apariencia o intención de una acción.
trasformación. f. Transformación.
trasformador, ra. a. y s. Transformador.
trasformar. tr./ prl. Transformar.
trásfuga. m. y f. Tránsfuga.
trasfundir. tr. Transfundir.
trasfusión. f. Transfusión.
trasgredir. tr. Transgredir.
trasgresión. f. Transgresión.
trasgresor, ra. a. y s. Transgresor.
trashumación. f. Acción y efecto de trashumar.
trashumante. p. act. de **trashumar**. Que trashuma.
trashumar. i. Pasar el ganado con sus pastores de una pastura de verano a otra de invierno.
traslego. m. Acción y efecto de trasegar.

traslación. f. Acción y efecto de trasladar de lugar a una persona o cosa./ Traslado de una persona del cargo que tenía a otro de la misma categoría./ Traslado de un acto a una fecha distinta./ Traducción a una lengua distinta./ *Gram.* Figura que consiste en usar un tiempo de verbo fuera de su natural significación; como *mañana es por mañana será sábado./ Astron.* Díc. del movimiento de los astros a lo largo de sus órbitas./ *Mec.* Apl. al movimiento de los cuerpos que siguen curvas de gran radio con relación a sus propias dimensiones.
trasladar. tr./ prl. Llevar una persona o cosa de un lugar a otro. Ú.t.c.prl./ Hacer pasar a una persona de un cargo a otro de la misma categoría./ Hacer que algo se realice en fecha distinta de la fijada./ Traducir de una lengua a otra./ Reproducir, copiar un escrito.
traslado. m. Acción y efecto de trasladar.
traslaticio, cia. a. Apl. al sentido en que se utiliza un vocablo, para que signifique o denote cosa distinta de la que se expresa con él cuando se lo emplea en su acepción primitiva o más propia y corriente.
traslúcido, da. a. Translúcido.
traslucirse. prl. Ser traslúcido un cuerpo./ fig. Deducirse una cosa por algún indicio. Ú.t.c.tr.
trasluz. m. Luz que pasa a través de un cuerpo translúcido./ Luz reflejada de soslayo por una superficie.// **-al trasluz.** m. adv. Puesto el objeto entre la luz y el ojo, para que se transparente.
trasmano. m. y f. Segundo orden en ciertos juegos.// **-a trasmano.** m. adv. Fuera del alcance o del manejo acostumbrado de la mano./ Apartado, desviado del camino habitual.
trasmigración. f. Transmigración.
trasmigrar. i. Transmigrar.
trasmisión. f. Transmisión.
trasmisor, ra. a. y s. Transmisor.
trasmitir. tr. Transmitir.
trasmutación. f. Transmutación.
trasmutar. tr./ prl. Transmutar.
trasnochado, da. p. p. de **trasnochar**.// a. Díc. de las cosas que por haber pasado una noche por ellas, se echan a perder./ fig. Macilento, desmejorado./ Inoportuno y falto de novedad.// f. Vigilancia, vela por una noche.
trasnochador, ra. a. y s. Que trasnocha.
trasnochar. i. Pasar la noche o gran parte de ella en vela./ Pernoctar./ tr. Dejar que pase una noche sobre cualquier cosa.
traspapelarse. prl. Perderse o confundirse un papel entre otros. Ú.t.c.tr.
trasparencia. f. Transparencia.
trasparentarse. prl. Transparentarse.
trasparente. a. Transparente.
traspasar. tr. Pasar o llevar una cosa de un sitio a otro./ Pasar hacia el otro lado./ Pasar a la otra parte./ Atravesar de parte a parte con algún instrumento o arma. Ú.t.c.prl./ Ceder a favor de otro un derecho./ Transgredir./ Exceder de lo debido./ fig. Hacerse sentir violentamente un dolor físico o moral.
traspaso. m. Acción y efecto de traspasar./ Conjunto de géneros traspasados./ Precio de la cesión de estos géneros./ fig. Aflicción, congoja./ Sujeto que la causa.
traspié. m. Tropezón, resbalón./ Zancadilla.
traspiración. f. Transpiración.
traspirar. i./ prl. Transpirar.
trasplantar. tr. Cambiar una planta de un terreno a otro.// prl. fig. Trasladarse una persona nacida en un país a otro, para establecerse en él. Ú.t.c.prl./ Insertar en un cuerpo humano o de un animal un órgano sano, procedente de otro individuo, en sustitución del órgano enfermo.
trasplante. m. Acción y efecto de trasplantar o trasplantarse.
trasponer. tr./ i./ prl. Transponer.
trasportador, ra. a. y s. Transportador.
trasportar. tr. Transportar.
trasporte. m. Transporte.

trasposición. f. Transposición.

traspuesto, ta. p. p. irreg. de **trasponer.**// f. Transposición.

traspunte. m. y . f. El que previene a cada actor cuándo ha de salir a la escena y le apunta la primera frase del texto.

trasquilar. tr./ prl. Cortar el pelo a trechos y sin orden.// tr. Esquilar a los animales./ fig. y fam. Menoscabar.

trastabillar. i. Dar tropezones o traspiés./ Titubear, tambalear, vacilar./ Tartamudear.

trastada. f. fam. Acción propia de una persona informal que causa perjuicio; mala pasada.

traste. m. Cada uno de los resaltos de hueso o metal del mástil de los instrumentos de cuerda./ *Amér.* Trasto. Ú.m. en pl./ fam. *Arg.* y *Chile.* Asentaderas, trasero.

trastear. tr. Pisar las cuerdas de un instrumento./ Poner los trastes a un instrumento./ fig. y fam. Manejar con habilidad a una persona./ i. Mudar trastos de un lugar a otro./ fig. Discurrir con picardía.

trastienda. f. Cuarto situado detrás de la tienda.

trasto. m. Cualquiera de los muebles de la casa./ Mueble inútil que no se usa./ Cada uno de los bastidores o artificios pintados que forman parte de las decoraciones en los escenarios de los teatros./ fig. y fam. Persona que sólo sirve de estorbo./ Persona informal.// pl. Utensilio de algún arte u ocupación.

trastocar. tr. Revolver, trastornar, invertir.

trastornar. tr. Volver las cosas de un lado a otro o de abajo arriba./ Invertir el orden regular de una cosa./ fig. Inquietar.// tr./ prl. Perturbar el sentido, enloquecer.

trastorno. m. Acción y efecto de trastornar o trastornarse./ Disturbio, perturbación.

trastrabillar. i. Trastabillar.

trastrocamiento. m. Acción y efecto de trastrocar.

trastrocar. tr./ prl. Cambiar el ser o el estado de las cosas./ tr. Invertir el orden.

trasuntar. tr. Copiar o trasladar un escrito de su original./ Compendiar una cosa, resumir.

trasunto. m. Copia o traslado./ Figura que imita con propiedad una cosa.

trasvasar. tr. Transvasar.

trasversal. a. Transversal.

trata. f. Tráfico, comercio.// **-de negros.** Tráfico de negros que se vendían como esclavos.// **-de blancas.** Tráfico que consiste en llevar mujeres a los centros de prostitución.

tratable. a. Que se deja tratar fácilmente./ Cortés, razonable.

tratadista. m. Autor que escribe tratados sobre alguna materia.

tratado. m. Ajuste o conclusión de un negocio, convenio./ Escrito o discurso sobre una determinada materia.

tratamiento. m. Trato, acción y efecto de tratar./ Título de cortesía./ Método para curar enfermedades.

tratante. p. act. de **tratar.** Que trata.// m. El que compra mercaderías para revenderlas.

tratar. tr. Manejar o usar una cosa./ Gestionar o manejar un negocio./ Comunicar, relacionarse con una persona. Con la prep. *con*, ú.t.c.i. y c.prl./ Mantener relaciones amorosas. Ú.m.c.i. con la prep. *con./* Proceder bien o mal con alguna persona./ Asistir y cuidar. Ú.t.c.prl./ Hablar o discurrir sobre un asunto. Ú.t.c.i./ *Quím.* Someter una sustancia a la acción de otra.// prl. Portarse, conducirse.

trato. m. Acción y efecto de tratar o tratarse./ Tratamiento, título de cortesía./ **-carnal.** Relación sexual.

trauma. m. *Med.* Traumatismo./ **-psíquico.** Choque o emoción que deja una impresión duradera en la subconciencia.

traumático, ca. Rel. al traumatismo.

traumatismo. m. Lesión en los tejidos, producida por agentes externos, como un golpe, y el estado general resultante.

travelling (voz ingl.). m. *Cin.* Desplazamiento de la cámara en distintos sentidos, mediante ruedas o carriles./ Carro con que se produce este desplazamiento.

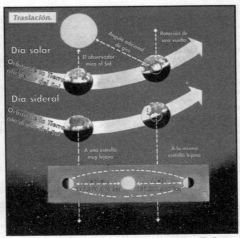

La Tierra se traslada más rápidamente durante el perihelio que durante el afelio. La órbita de la Tierra es casi circular y las diferencias son muy pequeñas. A causa del movimiento de traslación, desde setiembre a diciembre el Sol se desliza hacia el Sur, avanzando desde el ecuador al trópico de Capricornio y provoca un aumento del calor en el hemisferio sur. Cuando el desplazamiento diurno del Sol llega a su máxima duración se produce el día polar.

través. m. Inclinación o torcimiento de una cosa./ fig. Desgracia, adversidad.

travesaño. m. Pieza de madera o de hierro, que atraviesa de una parte a otra.

travesar. tr. Atravesar. Ú.t.c.r.

travesero, ra. a. Apl. a lo que se pone de través.

travesía. f. Camino transversal entre otros dos./ Distancia entre dos puntos./ Viaje por mar o aire./ *Arg.* Gran región desolada.

travestir. tr./ prl. Vestir a una persona con las ropas del otro sexo.

travesura. f. Acción y efecto de travesear./ fig. Viveza de ingenio./ Acción maligna, ingeniosa y sin importancia, ejecutada por lo general por los niños.

travieso, sa. a. Puesto al revés./ fig. Sutil, ingenioso./ Díc. de las cosas bulliciosas e inquietas, y en especial, de los niños.// f. Madero que se coloca en una vía férrea.

trayecto. m. Espacio que se recorre entre un punto y otro./ Acción de recorrerlo.

trayectoria. f. Línea descrita en el espacio por un cuerpo que se mueve./ fig. Curso que sigue el comportamiento de una persona o de un grupo social, a lo largo del tiempo, en sus actividades intelectuales, morales, artísticas, económicas, etc./ Curva seguida por el proyectil de un arma de fuego./ Curso que sigue un huracán o tormenta giratoria./ Dirección, acción y efecto, hablando de cosas inmateriales.

traza. f. Acción de trazar./ Diseño de una obra o edificio./ fig. Plan para realizar un fin./ Invención, recurso./ Modo, apariencia o figura de una persona o cosa.

trazado, da. p. p. de **trazar.**// a. Con los adv. *bien* o *mal* de buena o mala compostura o disposición.// m. Acción y efecto de trazar./ Traza, diseño.

trazar. tr. Hacer trazos./ Diseñar el proyecto de una obra o edificio./ fig. Discurrir y disponer los medios oportunos para lograr un fin./ Describir los rasgos característicos de una persona o asunto.

trazo. m. Línea, raya./ Delineación con que se hace el diseño de una cosa./ Cualquiera de las partes en que se considera dividida la letra manuscrita./ *Pint.* Pliegue del ropaje.

trebejo. m. fam. Utensilio, instrumento./ Cada una de las piezas del juego de ajedrez./ Juguete o trasto.

trébol. m. Planta herbácea leguminosa, con hojas pecioladas de tres en tres. Forrajera de gran valor nutritivo.

trece. a./ m. Diez y tres.// m. Conjunto de signos con que se representa el número trece.

trecho. m. Distancia, espacio de lugar o tiempo.

tregua. f. Suspensión transitoria de las hostilidades./ fig. Descanso, intermisión.

treinta. a./ m. Tres veces diez.// m. Conjunto de los signos con que se representa el número treinta.

tremebundo, da. a. Horrible, pavoroso, que hace temblar.

tremedal. m. Terreno pantanoso formado por turba y cubierto de césped, que posee poca consistencia por lo que retiembla al caminar sobre él.

tremendo, da. a. Terrible, digno de ser temido./ Digno de respeto y veneración./ fig. y fam. Excesivo, muy grande.

trementina. f. Resina de los pinos, abetos y otros árboles, que se emplea como disolvente.

tremolar. tr./ i. Enarbolar y agitar en el aire los estandartes, banderas, etc.

tremolina. f. Movimiento ruidoso del aire./ fig. y fam. Bullicio, griterío, confusión de voces.

trémolo. m. Sucesión rápida de muchas notas iguales, de la misma duración.

trémulo, la. a. Que tiembla./ Apl. a las cosas que parecen temblar, como la luz.

tren. f. Provisión de las cosas necesarias para un viaje./ Conjunto de máquinas y útiles empleados en una misma operación o servicio./ Ostentación, pompa./ Serie de vagones enlazados unos tras otros y arrastrados por una locomotora, o con fuerza automotriz propia, que circulan por los caminos de hierro.

treno. m. Canto fúnebre, lamentación.

trenza. f. Conjunto de tres o más ramales entretejidos./ La que se hace entretejiendo el cabello largo.

trenzado, da. p. p. de **trenzar**./ m. Trenza./ Salto ligero cruzando los pies.// f. *Arg.* y *Chile.* Acción y efecto de trenzarse, disputar, luchar.

trenzar. tr. Hacer trenzas.// i. Hacer trenzados.// prl. fam. Enredarse en una disputa o pelea./ Luchar cuerpo a cuerpo.

trepador, ra. a. Que trepa.// Apl. a las plantas que trepan./ Díc. de las aves que tienen el dedo externo unido al del medio, o versátil, o dirigido hacia atrás, para poder trepar con facilidad. Ú.t.c.s.// f. pl. Nombre anticuado que se aplicó a estos grupos de aves.

trepanación. f. Acción y efecto de trepanar.

trepanar. tr. Horadar quirúrgicamente el cráneo u otro hueso.

trépano. m. Instrumento de cirugía para horadar./ Barrena para taladrar.

Trepadoras. Plantas que suelen utilizarse en la ornamentación de parques y jardines.

Tribu. Jóvenes habitantes tribales de África, practicando uno de sus muchos ritos, para los que se visten de singular manera, colocándose múltiples y coloridos collares, brazaletes, vinchas, y pintándose la cara para la ocasión.

trepar. i. Subir a un lugar alto o dificultoso, valiéndose de pies y manos. Ú.t.c.tr./ Crecer las plantas agarrándose a los árboles, muros, etc./ prl. Retreparse.

trepidación. f. Acción y efecto de trepidar.

trepidar. i. Temblar fuertemente, estremecerse./ *Amér.* Vacilar, titubear, dudar.

tres. a./ m. Dos y uno.

trescientos, tas. a./ m. Tres veces ciento.// m. Conjunto de signos con que se representa el número trescientos.

treta. f. Ardid, artificio ingenioso para conseguir algo.

triangular. a. Rel. al triángulo./ Que tiene forma de triángulo o se parece a él.// tr. Ligar por medio de triángulos ciertos puntos para levantar el plano de un terreno./ Disponer las piezas de una armazón de manera que formen triángulos.

triángulo, la. a. Triangular.// m. Figura formada por tres rectas que se cortan mutuamente./ Instrumento musical de percusión, que consiste en una varilla metálica doblada en forma de triángulo, que se hace sonar con otra varilla./ **-acutángulo.** El que tiene los tres ángulos agudos./ **-equilátero.** El que tiene los tres lados iguales./ **-escaleno.** El que tiene tres lados desiguales./ **-esférico.** Figura formada por tres puntos sobre una superficie esférica./ **-isósceles.** El que tiene dos lados iguales./ **-oblicuángulo.** El que no es rectángulo./ **-obtusángulo.** El que tiene un ángulo obtuso./ **-rectángulo.** El que tiene un ángulo recto.

triar. tr. Entresacar, escoger.// i. Entrar y salir de la colmena las abejas, con frecuencia./ prl. Clarearse una tela.

triásico, ca. a./m. *Geol.* Díc. del primer período de la era secundaria, comprendido entre el pérmico y el jurásico. Se caracterizó por el desarrollo de los reptiles y la aparición de los mamíferos./ Rel. a este período.

tribu. f. Grupo social de los pueblos antiguos./ Conjunto de familias nómadas, que obedecen a un jefe./ *Bot.* Cualquiera de los grupos en que muchas familias de plantas se dividen y que a su vez se subdividen en géneros.

tribulación. f. Pena, aflicción./ Infortunio, adversidad que padece el hombre.

tribuna. f. Plataforma elevada, desde donde un orador se dirige al público./ Galería destinada a los espectadores en las asambleas o en los espectáculos públicos./ fig. Conjunto de oradores de un país o de una época.

tribunal. m. Lugar destinado a los jueces para administrar justicia y dictar sentencia./ Ministro o ministros que entienden en los asuntos de justicia y pronuncian sentencia./ Conjunto de jueces de un examen, oposición o concurso.

tribuno. m. Magistrado romano elegido por el pueblo./ fig. Orador, político muy elocuente.

tributación. f. Acción de tributar./ Tributo.

tributar. tr. Entregar el súbdito al Estado, para las cargas públicas, cierta cantidad de dinero./ fig. Manifestar respeto, veneración, etc.; ofrecer algún obsequio.

tributario, ria. a. Rel. al tributo./ Que paga tributo. Ú.t.c.s./ fig. Apl. al curso de agua en relación con el río o mar donde desemboca.

tributo. m. Lo que se tributa./ Carga que se paga obligatoriamente./ fig. Cualquier carga continua./ Homenaje.

tricentésimo, ma. a. Que sigue en orden al ducentésimo nonagésimo noveno./ a. y s. Díc. de cada una de las trescientas partes iguales en que se divide un todo.

tríceps. a. y s. Díc. del músculo que tiene tres porciones o cabezas./ **-braquial.** El que contrae o extiende el antebrazo.

triciclo. m. Vehículo de tres ruedas./ Juguete infantil de tres ruedas que se mueve por medio de la acción de pedales.

triclínico, ca. a. y m. Miner. Díc. del sistema cristalino cuyas formas cristalográficas están referidas a una cruz axial de ejes desiguales y no perpendiculares entre sí.// a. Rel. a este sistema.

tricolor. a. De tres colores.

tricorne. a. De tres cuernos.

tricornio. a. De tres cuernos.// a./ m. Sombrero que está armado en forma de triángulo.

tridente. a. De tres dientes. // m. Cetro de Neptuno.

trienal. a. Que se repite cada trienio./ Que dura un trienio.

trienio. m. Período de tres años.

trifásico, ca. a. Que tiene tres fases./ Fís. Apl. al circuito eléctrico que tiene tres fases alternativas y simultáneas.

trifulca. f. Aparato que da movimiento a los fuelles de los hornos metalúrgicos./ fam. Gresca, riña, alboroto.

trifurcarse. prl. Dividirse una cosa en tres ramas, brazos o puntas.

trigal. m. Campo sembrado de trigo.

trigésimo, ma. a. Que sigue en orden al vigésimo noveno.// a. y s. Díc. de cada una de las treinta partes iguales en que se divide un todo.

trigo. m. Género de plantas gramíneas, con espigas terminales, de cuyos granos triturados se obtiene la harina para hacer el pan y otros alimentos./ Grano de la misma planta.

trigonometría. f. Rama de la matemática que trata del cálculo de los elementos del triángulo.

trigonométrico, ca. a. Rel. a la trigonometría.

trigueño, ña. a. Del color del trigo, entre moreno y rubio.

trilla. f. Acción de trillar./ Trillo.

trillado, da. a. Apl. al camino muy frecuentado./ Común y sabido./ Falto de originalidad.

trilladura. f. Acción y efecto de trillar.

trillar. tr. Separar el grano de la paja triturando las mieses./ fig. Maltratar./ Frecuentar una cosa.

trillizo, za. a. y s. Díc. de cada uno de los hermanos nacidos en un parto triple.

trillo. m. Instrumento para trillar, que consta de un tablón con cuchillas de acero.

trillón. m. Un millón de billones, que se expresa por la unidad seguida de dieciocho ceros.

trilogía. f. Conjunto de tres tragedias de un mismo autor que se presentaba en los juegos de la ant. Grecia./ Conjunto de tres obras dramáticas que tienen algún enlace entre sí.

trimensual. a. Que se repite o sucede tres veces al mes.

trimestral. a. Que sucede o se repite cada trimestre./ Que dura un trimestre.

trimestre. a. Trimestral.// m. Período de tres meses./ Renta, sueldo, etc., que se cobra o se paga cada tres meses.

trinar. i. Hacer trinos./ fig. Impacientarse, rabiar.

trincar. tr. Desmenuzar, partir en trozos./ Atar fuertemente./ Amér. Central y Méx. Oprimir, apretar./ Asegurar o sujetar con trincas./ fam. Beber vino u otras bebidas alcohólicas.

trinchante. a. y s. De trinchar.// m. Instrumento con que se sujeta lo que se ha de trinchar./ Arg. Cuchillo grande para trinchar.

trinchar. tr. Partir en trozos la vianda para servirla./ Cortar, dividir.

trinchera. f. Defensa hecha de tierra para proteger el cuerpo de los soldados./ Desmonte hecho para abrir un camino.

trineo. m. Vehículo sin ruedas para desplazarse sobre el hielo o la nieve.

trinidad. f. Conjunto de tres personas divinas que forman una sola esencia./ En el cristianismo, la compuesta por el Padre, el Hijo y el Espíritu Santo, reunidos en una única esencia divina.

trinitaria. f. Planta herbácea anual, de las violáceas, llamada pensamiento./ Su flor.

trino, na. a. Que contiene en sí tres cosas distintas.// m. Mús. Sucesión rápida y alternada de dos notas de la misma duración, entre las cuales media un tono o un semitono./ Gorjeo de los pájaros.

trinomio. m. Álg. Expresión que consta de tres términos, unidos por los signos más o menos.

trío. m. Acción y efecto de triar./ Grupo de tres personas que intervienen conjuntamente en una cosa./ Mús. Terceto.

tripa. f. Conjunto de los intestinos o parte de ellos./ Vientre./ Relleno del cigarro puro./ Hoja de tabaco para dicho relleno./ fig. Lo interior de algunas cosas.

tripartir. tr. Dividir en tres partes.

tripartito, ta. a. Dividido en tres partes, órdenes o clases./ Apl. al convenio o alianza entre tres naciones.

triple. a./ m. Díc. del número que contiene a otro tres veces exactamente.// a. Que contiene tres veces una cosa.

triplicación. f. Acción y efecto de triplicar o triplicarse.

Trigo. Su cosecha constituye un recurso alimentario excepcional para la población del mundo.

Tropical. El clima de las islas caribeñas constituye un atractivo natural para los turistas que gustan disfrutar del sol y las aguas de intenso color azul turquesa.

triplicar. tr. Multiplicar por tres. Ú.t.c.prl./ Hacer tres veces una misma cosa.

trípode. amb. Ú.m.c.s.m. Mueble de tres pies./ Banquillo de tres pies en que la pitonisa daba sus respuestas en el templo de Delfos.// m. Armazón de tres pies, para sostener ciertos instrumentos.

tríptico. m. Libro o tratado constituido por tres partes./ Grabado o pintura que se distribuye en tres hojas o partes unidas entre sí.

triptongo. m. *Gram.* Conjunto de tres vocales que constituyen una sola sílaba.

tripulación. f. Conjunto de personas que van al servicio de una embarcación o aeronave.

tripulante. m. Persona que forma parte de la tripulación.

tripular. tr. Dotar de tripulación a un barco, un avión, etc./ Ir la tripulación en el barco o avión./ Conducir un barco o avión.

triquina. f. Gusano nematelminto parásito del hombre, el cerdo y otros animales, que se transmite de uno a otro por vía digestiva y cuya larva se enquista en los músculos.

triquinosis. f. Enfermedad producida por la presencia de triquinas en el organismo.

triquiñuela. f. fam. Artificio o engaño para conseguir algo.

tris. m. Sonido leve que al quebrarse hace una cosa delicada./ fig. y fam. Porción muy pequeña, motivo u ocasión muy leve.

triscar. i. Hacer ruido con los pies./ fig. Travesar, retozar./ Producir crujidos./ tr. fig. Torcer alternativamente a uno y otro lado los dientes de la sierra.

trisílabo, ba. a./ m. De tres sílabas.

triste. a. Afligido, que tiene pesadumbre./ De carácter melancólico./ fig. Que muestra pesadumbre o melancolía./ Que las ocasiona./ Funesto, desgraciado./ Difícil de soportar, doloroso./ Insignificante, ineficaz.// m. Canción popular sudamericana, de tono por lo común melancólico.

tristeza. f. Calidad de triste./ Pena.

tristón, na. a. Un poco triste.

tritón. m. Molusco marino de gran tamaño, cuya concha se denomina caracola./ Anfibio de la familia de las salamandras, de hábitos acuáticos.

trituración. f. Acción y efecto de triturar.

triturar. tr. Desmenuzar, moler una materia sólida sin reducirla a polvo./ Mascar./ fig. Moler, maltratar.

triunfador, ra. a. y s. Que triunfa.

triunfal. a. Rel. al triunfo.

triunfante. p. act. de **triunfar.** Que triunfa.// a. Que incluye triunfo.

triunfar. i. Entrar con gran pompa en la ant. Roma el vencedor de los enemigos de la república./ Quedar victorioso./ Jugar del palo del triunfo en algunos juegos de naipes.

triunfo. m. Cortejo solemne de un general victorioso, concedido por el Senado de la antigua Roma, como recompensa por una victoria decisiva./ Victoria./ Carta del palo preferido por suerte o elección en algunos juegos de naipes, que triunfa sobre las otras./ fig. Lo que sirve de despojo o trofeo./ *Arg.* y *Perú.* Cierta danza popular de pareja suelta.

triunvirato. m. Magistratura de la Roma antigua, constituida por tres personas./ Junta de tres personas para cualquier empresa o asunto.

triunviro. m. Cualquiera de los tres magistrados romanos que en algunas ocasiones gobernaron la república.

trivalente. a. *Quím.* Díc. de los cuerpos en que cada átomo se combina con tres átomos de hidrógeno, o de otro cuerpo de la misma atomicidad que éste.

trivial. a. Rel. al trivio./ Vulgar, común y sabido por todos./ Insignificante, carente de importancia o novedad.

trivialidad. f. Calidad de trivial./ Dicho o hecho trivial.

triza. f. Pedazo pequeño o partícula de un cuerpo.

trocar. tr. Cambiar una cosa por otra./ Equivocar.// prl. Mudarse, cambiarse enteramente una casa.

trocha. f. Camino angosto, más corto que el principal./ Camino abierto en la maleza./ *Amér.* Ancho de una vía férrea.

trofeo. m. Monumento, insignia o señal de victoria./ Despojo obtenido en la guerra, del enemigo vencido./ Conjunto de armas e insignias militares agrupadas con cierto orden./ fig. Triunfo o victoria.

trófico, ca. a. Rel. a la nutrición.

troglodita. a. y s. Que vive en las cavernas./ Díc. del hombre bárbaro y cruel./ Muy comedor.

troica. f. Carruaje a modo de trineo grande, arrastrado por tres caballos, que se usa en Rusia.

troj. f. Espacio limitado por tabiques, que se usa para almacenar frutos, en especial cereales./ Granero para cereales.

tromba. f. Columna de agua que se eleva en el mar con un movimiento giratorio.

trombo. m. *Med.* Coágulo intravascular que puede dificultar la circulación de sangre.

tromboflebitis. f. *Med.* Inflamación de las venas por la formación de trombos.

trombón. Instrumento musical metálico de viento, especie de trompeta grande./ Músico que toca este instrumento.

trombosis. f. *Med.* Formación de trombos en el organismo.

trompa. f. Instrumento musical de viento, de metal./ Prolongación muscular de la nariz de algunos animales./ Aparato chupador de algunos insectos./ fig. y fam. Nariz prominente./ *Amér.* Boca de labios gruesos y salientes./ m. Músico que toca la trompa.

trompada. f. fam. Trompazo./ fig. y fam. Puñetazo.

trompazo. m. Golpe dado con la trompa o el trompo./ fig. y fam. Cualquier golpe recio.

trompear. tr. *Amér.* Dar trompadas.

trompeta. f. Instrumento musical de viento, de metal, de sonido penetrante./ Clarín./ m. El que toca la trompeta./ fig. y fam. Hombre de poco valer./ *Arg.* Individuo atrevido y sinvergüenza. Ú.t.c.a.

trompetear. i. fam. Tocar la trompeta.

trompicar. tr. Hacer tropezar a uno repetidamente.// i. Tropezar repetidamente, tambalearse.

trompis. m. fam. Trompada, puñetazo.

trompo. m. Peón, juguete de forma cónica que se lanza para hacerlo girar./ Peonza.

trompudo, da. a. fam. *Arg.* Que tiene los labios muy salidos.

tronar. imp. Sonar o haber truenos.// i. Causar gran ruido, o dar estampidos.

troncal. a. Rel. al tronco o procedente de él.

tronchar. tr./ prl. Romper o partir un vegetal por el tronco, tallo o ramas principales con violencia.

tronco. m. Cuerpo truncado./ Tallo fuerte y macizo de los árboles y arbustos./ Cuerpo humano o de un animal, sin la cabeza ni las extremidades./ Par de caballerías que tiran de un carruaje./ Conducto o canal principal del que salen o al que llevan otros menores./ fig. Ascendiente común de dos o más ramas, líneas o familias.

tronera. f. Abertura en el costado de un buque o muralla para disparar los cañones./ Ventana angosta./ Cualquiera de los agujeros o aberturas de las mesas de billar.

trono. m. Asiento con gradas y dosel que usan los emperadores, reyes, papas y otras personas de alta dignidad./ fig. Dignidad de rey o soberano.

tronzar. tr. Dividir o hacer trozos.

tropa. f. Muchedumbre de gente reunida./ Conjunto de gente militar./ *Amér.* Recua de ganado./ *Arg.* y *Urug.* Manada de ganado que se conduce de un lugar a otro./ Conjunto de cuerpos que forman un ejército o una guarnición.

tropero. m. *Arg.* El que conduce ganado.

tropezar. i. Dar con los pies en un estorbo que pone en peligro de caer./ fig. y fam. Hallar por casualidad.

tropezón, na. a. fam. Que tropieza con frecuencia./ Apl. por lo común a las caballerías./ m. Tropiezo.

tropical. a. Rel. a los trópicos.

trópico, ca. a. Rel. al tropo; figurado.// m. Cualquiera de los dos círculos menores de la esfera celeste paralelos al ecuador. El del hemisferio boreal se denomina *trópico de Cáncer,* y el del austral, *trópico de Capricornio./* Cualquiera de los círculos menores del globo terráqueo, en correspondencia con los dos de la esfera celeste.

tropiezo. m. Aquello en que se tropieza./ Lo que sirve de estorbo./ fig. Yerro o falta./ Motivo de la culpa cometida./ Dificultad, impedimento.

tropilla. f. *Arg.* Conjunto de caballos guiados por una madrina./ *Chile.* Manada de vicuñas o guanacos.

tropismo. m. *Biol.* Movimiento que afecta a una planta, inducido desde el exterior. Puede ser positivo, estímulo de atracción, o negativo, en caso contrario.

tropo. m. *Ret.* Empleo de las palabras en sentido distinto del propio que les corresponde, pero que tiene con éste alguna semejanza, conexión o correspondencia.

troposfera. f. *Astr.* Capa inferior de la atmósfera, en la que se producen los fenómenos meteorológicos. Mide entre 8 y 14 km de espesor.

troquelar. tr. Acuñar.

trotamundos. m. y f. Persona aficionada a viajar, que recorre el mundo.

trotar. i. Ir el caballo al trote./ Cabalgar en caballo que va al trote./ fig. Andar mucho y rápidamente una persona.

trote. m. Acción de trotar./ Modo de caminar acelerado de las caballerías, que consiste en avanzar saltando; marcha intermedia entre el paso y el galope.

trotón, na. a. Apl. a la caballería que trota bien.// m. Caballo.

trova. f. Verso./ Composición métrica formada a imitación de otra./ Composición poética escrita para el canto./ Canción amorosa que componían o cantaban los trovadores.

trovador, ra. a. y s. Que trova.// m. Poeta provenzal de la Edad Media./ Poeta.

trovadoresco, ca. a. Propio de los trovadores./ *Lit.* Apl. especialmente a la poesía de los trovadores.

trovar. i. Hacer versos./ Componer trovas.// tr. Imitar una composición métrica, aplicándola a cualquier asunto.

trozar. tr. Romper, hacer pedazos./ Dividir en trozos.

trozo. m. Pedazo de una cosa que se considera parte del resto.

trucha. f. Pez de agua dulce cuya carne es sabrosa y delicada.

truco. m. Maña o habilidad en el ejercicio de un arte o profesión./ Ardid o trampa para el logro de un fin./ Suerte del juego llamado de los trucos./ *Arg.* Juego popular de naipes. // pl. Juego semejante al billar.

truculencia. f. Calidad de truculento.

truculento, ta. a. Atroz, cruel, tremendo.

trueno. m. Estruendo producido en las nubes por una descarga eléctrica./ fig. y fam. Joven atolondrado y alborotador.

trueque. m. Acción y efecto de trocar o trocarse.

trufa. f. Variedad de hongo, muy aromático.

truhán. f. y s. Dic. de la persona que vive de engaños y estafas./ Que procura hacer reír con bufonadas, gestos, etc.

truncar. tr. Cortar una parte a alguna cosa./ Cortar la cabeza./ fig. Omitir algo en un escrito./ Interrumpir una obra, dejándola incompleta.

trunco, ca. a. Incompleto, mutilado./ Interrumpido.

trust (voz ingl.). m. *Econ.* Acuerdo entre varias empresas para lograr un monopolio en determinado mercado.

tu, tus. a. Apócope del pron. *tuyo, tuyos, tuya, tuyas.* Ú. sólo antepuesto al sustantivo.

tú. m. Forma del pronombre personal de segunda persona en género m. o f. y número sing.

tuba. f. Instrumento musical de viento, de sonido grave.

tuberculina. f. Preparado que se hace con bacilos de Koch y que se emplea en el diagnóstico de la tuberculosis.

tubérculo. m. Parte de un tallo subterráneo o de una raíz, engrosados considerablemente.

tuberculosis. f. Enfermedad infecciosa y contagiosa, producida por el bacilo descubierto por R. Koch.

tuberculoso, sa. a. Rel. al tubérculo.// a. y s. Que tiene tubérculos./ Que sufre tuberculosis.

tubería. f. Conjunto de tubos.

tuberosidad. f. Tumor, hinchazón.

tuberoso, sa. a. Que tiene tuberosidades.

Tubería para la construcción de un gasoducto.

tubo. m. Pieza hueca, cilíndrica, abierta por ambos extremos.

tubular. a. Rel. al tubo, que tiene su forma, o está formado por tubos.

tubuloso, sa. a. *Bot.* En forma de tubo.

tucán. m. Ave trepadora americana, de pico arqueado y muy grueso, casi tan grande como el cuerpo.

tucumano, na. a. y s. De Tucumán, provincia de la República Argentina.

tucura. f. *Arg.* y *Par.* Especie de langosta, insecto ortóptero sedentario que causa estragos en pastos y cultivos.

tuerca. f. Pieza con un hueco labrado en espiral que se adapta al filete de un tornillo.

tuerto, ta. p. p. irreg. de **torcer.** // a. y s. Que le falta la vista de un ojo o ha perdido un ojo.

tuétano. m. Sustancia blanca contenida en el interior de los huesos; médula.

tufo. m. Emanación gaseosa que se desprende de las fermentaciones y combustiones./ fig. Olor molesto que despiden ciertas cosas.

tugurio. m. Choza de los pastores./ fig. Habitación miserable.

tul. m. Tejido que forma malla, delgado y transparente, hecho de seda, hilo o algodón.

tulio. m. Elemento químico. Símb., Tm.; n. at., 69; p. at., 168,934.

tulipa. f. Tulipán pequeño./ Pantalla de vidrio con forma parecida al tulipán.

tulipán. m. Planta herbácea, perenne, de raíz bulbosa y flor única, de hermosos colores./ Flor de esta planta.

tullido, da. p. p. de **tullir**.// a. Que ha perdido el movimiento del cuerpo o de algún miembro.

tullir. tr. Hacer que uno quede tullido.// prl. Perder el uso y movimiento del cuerpo o de algún miembro.

tumba. f. Obra de piedra en que está sepultado un cadáver./ Sepulcro./ Armazón en forma de ataúd que se usa en las exequias.

Tulipanes de hermosas y coloridas flores.

tumbar. tr. Hacer caer, derribar a una persona o cosa./ Segar./ fig. y fam. Quitar a uno el sentido una cosa fuerte.// i. Rodar, caer a tierra./ prl. fam. Echarse, en particular a dormir.

tumbo. m. Caída violenta./ Vaivén violento./ Ondulación de la ola del mar./ Ondulación del terreno./ Retumbo./ Libro grande de pergamino en que están copiados los privilegios y escrituras de las iglesias o monasterios.

tumefacción. f. Hinchazón, efecto de hincharse.

tumefacto, ta. a. Hinchado.

tumor. m. Bulto o hinchazón que se forma en una parte de un tejido o un órgano./ Proceso patológico debido al crecimiento anormal de células.

tumoral. a. Rel. al tumor, o de su naturaleza.

tumoroso, sa. a. Que tiene varios tumores.

túmulo. m. Sepulcro levantado de la tierra./ Armazón de madera, con paños fúnebres, que se levanta para celebrar las honras de un difunto.

tumulto. m. Alboroto popular, motín./ Desorden ruidoso, confusión agitada.

tumultuoso, sa. a. Que levanta o causa tumultos./ Que está o se ejecuta sin orden ni concierto.

tunda. f. Acción y efecto de tundir los paños./ fam. Castigo de palos, azotes, etc.

tundra. f. Terreno abierto y llano, falto de árboles, propio de zonas muy frías, de subsuelo helado y suelo, pantanoso en muchos lugares, cubierto de musgos y líquenes.

tunecino, na. a. y s. De Túnez.

túnel. m. Pasaje subterráneo de comunicación abierto a través de una montaña, por debajo de un río, ciudad, etc.

tung (voz china). m. Aceite que se extrae de las semillas de aleurita. Se utiliza para impermeabilizar y en la fabricación de tinta china, barnices, etc.

tungsteno. m. Volframio, elemento químico.

túnica. f. Vestidura sin mangas, a modo de camisa, usada por los antiguos./ Vestidura exterior holgada y larga./ Membrana sutil que cubre ciertas partes del cuerpo.

tupido, da. a. Espeso, muy junto y apretado.

turba. f. Combustible fósil formado de residuos vegetales./ Muchedumbre de gente confusa y desordenada.

turbación. f. Acción y efecto de turbar./ Desorden, confusión.

turbador, ra. a. y s. Que causa turbación.

turbamulta. f. fam. Multitud desordenada.

turbante. m. Tocado oriental que consiste en una faja larga de tela arrollada a la cabeza.

turbar. tr./ prl. Alterar el estado natural de las cosas./ Enturbiar./ fig. Aturdir, desconcertar a uno./ Interrumpir la quietud o la tranquilidad.

turbidad. f. Calidad de turbio.

turbina. f. Máquina en que se aprovecha de modo directo la fuerza de un fluido, por lo común gas, agua o vapor, por medio de la reacción que produce en una rueda de paletas curvas.

turbio, bia. a. Mezclado o alterado por algo que ha perdido claridad o transparencia./ fig. Poco claro, confuso./ Dudoso.

turbulencia. f. Alteración de las cosas claras y trasparentes./ fig. Confusión, alboroto.

turbulento, ta. a. Turbio./ fig. Agitado, desordenado, alborotado.

turco, ca. a. y s. De Turquía.

turgencia. f. Calidad de turgente.

turgente. a. poét. Abultado, lleno.

turismo. m. Acción de viajar por recreo o placer./ Organización de los medios para realizar esos viajes.

turista. m. y f. Persona que viaja por un país por distracción y recreo.

turnar. i./ prl. Alternar con una o más personas en un trabajo, un cargo, etc.

turno. m. Orden o alternativa entre varias personas para la ejecución de una cosa.

turquesa. f. Mineral azul verdoso, empleado en joyería como piedra preciosa.

turrón. m. Masa hecha de almendras, avellanas, piñones, nueces, etc., tostado todo y mezclado con miel o azúcar.

tute. m. Cierto juego de naipes.

tutear. tr./ r. Hablar empleando el pronombre tú.

tutela. f. Autoridad que se confiere a alguien para que cuide de la persona y bienes de un menor, en defecto de los padres./ Cargo de tutor./ fig. Dirección, amparo.

tutelar. a. Rel. a la tutela./ Que guía, ampara o defiende.// tr. Ejercer la tutela.

tuteo. m. Acción de tutear.

tutor, ra. s. Persona que ejerce la tutela./ fig. Defensor, protector./ Caña o estaca que se clava junto a un arbusto para sujetarlo o mantenerlo derecho.

tutoría. f. Cargo o autoridad de tutor; tutela.

tuya. f. Amér. Árbol conífero ornamental y forestal, de ramas siempre verdes.

tuyo, tuyos, tuya, tuyas. a. y s. Pronombre posesivo de segunda persona, en género m. y f. y ambos números.

tuyuyú. m. Ave zancuda que habita en bañados y lagunas, en particular la de Xarayes, en el SO de Brasil.

Túnel subfluvial Hernandarias, que une las provincias de Santa Fe y Entre Ríos (Argentina).

u. f. Vigesimosegunda letra del abecedario castellano. Es vocal cerrada./ Conj. disyuntiva que para evitar el hiato se emplea en vez de *o* ante palabras que empiecen por esta última letra o por *ho.*

ubérrimo, ma. a. Muy abundante o muy fértil.

ubicación. f. Acción y efecto de ubicar.

ubicar. i./ prl. Hallarse en determinado lugar o espacio.// tr. *Amér.* Situar en determinado lugar o espacio.

ubicuidad. f. Calidad de ubicuo.

ubicuo, cua. a. Que está presente a un mismo tiempo en todas partes./ fig. Dícese del que todo lo quiere presenciar.

ubre. f. Cada una de las mamas o tetas de las hembras, en los mamíferos./ Conjunto de ellas.

ucraniano, na. a. y s. De Ucrania.

uf! interj. *R. de la P.* Expresión de impaciencia, molestia o aburrimiento.

ufanarse. prl. Engreírse, jactarse.

ufanía. f. Calidad de ufano.

ufano, na. a. Engreído, arrogante, presuntuoso./ fig. Satisfecho, alegre.

ugandés, sa. a. y s. De Uganda.

ujier. m. Portero de estrados en un palacio o tribunal./ Empleado subalterno en algunos tribunales.

ukelele. m. Instrumento músico de cuatro cuerdas parecido a la guitarra, usado en las islas de Hawaii.

úlcera. f. *Med.* Lesión orgánica en la piel o en una mucosa, con destrucción de los tejidos orgánicos y pérdida de sustancia./ *Bot.* Lesión en los tejidos vegetales.

ulceración. f. Acción y efecto de ulcerar.

ulcerar. tr./ prl. Causar úlcera.

ulceroso, sa. a. Que tiene úlceras.

ulterior. a. Que está en la parte de allá de un sitio o territorio./ Que se dice, ocurre o se hace después de una cosa.

ultimación. f. Acción y efecto de ultimar.

ultimar. tr. Dar fin, acabar./ *Chile* y *R. de la P.* Matar, rematar.

ultimátum. m. En lenguaje diplomático, resolución terminante y definitiva que se comunica por escrito./ fam. Resolución definitiva.

último, ma. a. Dícese de lo que en una serie ocupa el lugar postrero./ Dícese de lo más reciente./ Que no tiene otra cosa después de sí en su línea./ Apl. a lo más escondido o remoto./ Dícese del recurso definitivo./ Apl. a lo superior en su línea.

ultra. adv. Además de./ En composición con algunas voces, más allá de, al otro lado de./ Antepuesta como partícula inseparable a algunos adjetivos, expresa idea de exceso o excedente.

ultracorrección. f. *Ling.* Deformación de una palabra o construcción por equivocado prurito de corrección, según el modelo de otras. Por ejemplo, "inflacción" por "inflación", con influjo de "transacción", "lección", etc.

ultraderecha. f. *Pol.* La derecha política, social, económica, religiosa, etc., que es más radicalmente conservadora.

ultraderechista. a. Relativo a la ultraderecha.// a. y s. Apl. a la persona adepta a la ultraderecha.

ultraísmo. m. *Lit.* Movimiento poético nacido en España alrededor de 1918, que durante algunos años agrupó a los poetas españoles e hispanoamericanos que coincidían en la necesidad de una renovación radical del espíritu y la técnica. Propugnaba la expresión poética con abundancia de metáforas y sin ornamentación.

ultraísta. a. Relativo al ultraísmo.// a. y s. Apl. al poeta adepto al ultraísmo.

ultraizquierda. f. *Pol.* Sector más extremo y radical de la izquierda política.

ultraizquierdista. a. Rel. a la ultraizquierda.// s. Persona adepta a la ultraizquierda.

ultrajar. tr. Injuriar gravemente, ajar./ Despreciar a uno.

ultraje. m. Acción de ultrajar./ Injuria grave, ajamiento o desprecio.

ultraligero, ra. a. Sumamente ligero./ *Aer.* Dícese de la nave de poco peso y escaso consumo. Ú.t.c.s.

ultramar. m. Lugar situado del otro lado del mar.

ultramarino, na. a. Que está o se considera de la otra parte del mar.

ultranza (a). adv. m. Con decisión inquebrantable, a todo trance.

ultrarrojo. a. Rel. a la parte invisible del espectro luminoso, que se extiende a continuación del color rojo.

Ultramar. Puerto de Miami, Florida (EE.UU.).

ultrasonido. m. Sonido que no es perceptible al oído por su elevada frecuencia, que es más de 20.000 vibraciones por segundo.

ultratumba. adv. Más allá de la tumba.// f. Lo que se cree o supone que existe, material o espiritual, después de la muerte.

ultravioleta. a. Rel. a la parte invisible del espectro luminoso, que se extiende a continuación del color violado.

ultravirus. m. Pat. Virus que contiene gérmenes patógenos invisibles, los cuales atraviesan los filtros de porcelana, como el de la rabia.

ulular. i. Dar alaridos o gritos.

umbela. f. Conjunto de flores o frutos que nacen en un punto del tallo y alcanzan la misma altura./ Tejadillo voladizo sobre una ventana o balcón.

umbelífero, ra. a. y s. Bot. Apl. a plantas angiospermas dicotiledóneas, con hojas por lo común alternas, simples, con pecíolos envainadores, flores blancas o amarillas y fruto con una semilla, como el apio, el perejil, el hinojo, la zanahoria.// f. pl. Bot. Familia de estas plantas.

umbilicado, da. a. De figura de ombligo.

umbilical. a. Rel. al ombligo.

umbral. m. En la puerta o entrada de una casa, parte inferior, o escalón, opuesta al dintel. / fig. Paso primero y principal o entrada de cualquier cosa. / Arq. Madero que se atraviesa en lo alto de un vano, para sostener el muro que hay encima. / Psicol. Valor a partir del cual comienzan a ser perceptibles los efectos de un agente físico: umbral luminoso, sonoro, etc.

umbrío, a. a. Sombrío, que está en sombra.// f. Parte de un terreno que casi siempre permanece en la sombra.

umbroso, sa. a. Que tiene o produce sombra.

un (apócope de uno), **una.** Artículo indeterminado en género masculino y femenino y número singular.// a. Uno.

unánime. a. Dícese del conjunto de personas que están de acuerdo en un mismo parecer, voluntad, etc./ Apl. a este parecer, voluntad, etc.

unanimidad. f. Calidad de unánime.

unción. f. Acción de ungir./ Extremaunción./ Devoción y recogimiento./ **-de los enfermos.** Rel. Nombre actual de la extremaunción.

uncir. tr. Atar al yugo los bueyes, mulas, etc.

undecágono, na. a. Geom. Apl. al polígono de once ángulos y once lados; endecágono. Ú.t.c.s.

undécimo, ma. a. Que sigue en orden al o a lo décimo.// a. y s./ Dícese de cada una de las once partes iguales en que se divide un todo.

undécuplo, pla. a. Que contiene un número once veces exactamente. Ú.t.c.s.

underground (voz ingl.). a. Díc. de las corrientes artísticas contrarias a la tradición o a las tendencias dominantes.

undoso, sa. a. Que hace ondas al moverse.

undular. i. Moverse haciendo ondas, como las banderas al ser agitadas por el viento.

ungido, da. p. p. de ungir.// m. Sacerdote o rey signado con el óleo santo.

ungir. tr. Aplicar aceite u otra materia grasa a una cosa, extendiéndola superficialmente./ Signar con óleo sagrado a una persona.

ungüento. m. Todo aquello que sirve para ungir o untar./ Medicamento de uso externo, compuesto de sustancias grasas./ Mezcla de simples olorosos, que usaban los antiguos para embalsamar los cadáveres./ fig. Cosa que suaviza el ánimo o la voluntad.

unguiculado, da. a. y s. Zool. Que tiene los dedos terminados por uñas.

ungulado, da. a. y s. Dícese del mamífero que tiene el pie terminado en casco o pezuña, como el caballo.

ungular. a. Rel. a la uña.

unicameral. a. Díc. del poder legislativo, legislatura o parlamento que consta de una sola cámara.

unicato. m. Apl. a ciertos gobiernos personalistas y autoritarios de extensa duración.

unicaule. a. Bot. Dícese de la planta que tiene un solo tallo.

unicelular. a. Dícese del organismo que consta de una sola célula.

unicidad. f. Calidad de único.

único, ca. a. Solo y sin otro en su especie./ fig. Extraordinario, singular.

unicolor. a. De un solo color.

unicornio. m. Animal fantástico de figura de caballo y con un cuerno en mitad de la frente./ Rinoceronte./ Astron. Constelación boreal.

unidad. f. Propiedad de todo ser en virtud de la cual no puede ser dividido sin que su esencia se altere o destruya./ Singularidad en calidad o número./ Unión o conformidad./ El número entero más pequeño./ Parte del ejército que puede obrar a las órdenes de un solo jefe./ Mat. Cantidad que se toma por medida o término de comparación de las demás de su especie./ **-aritmético lógica (UAL-ULA-ALU).** Comp. Parte del equipo de computación en la cual se ejecutan las operaciones aritméticas o lógicas./ **central de proceso (UCP-CPU).** Comp. Parte principal de una computadora, que contiene la unidad de memoria interna y realiza todas las operaciones lógicas y cálculos fundamentales./ **-de control.** Comp. Dispositivo encargado de gobernar el funcionamiento de los periféricos, la UAL etc./ **-de disco rígido.** Comp. Periférico que hace uso de discos más grandes y rígidos que los discos flexibles./ **-de disco flexible.** Comp. Periférico que hace uso de discos flexibles, menos costosos y más pequeños que los rígidos.

unificación. f. Acción y efecto de unificar.

unificar. tr. Hacer de muchas cosas una o un todo.

uniformar. tr. Hacer uniformes dos o más cosas Ú.t.c.prl./ Dar traje igual a los individuos que pertenecen a un mismo cuerpo.

uniforme. a. De la misma forma./ Igual, conforme, semejante.// m. Traje peculiar distintivo que usan los miembros de un cuerpo, colegio etc.

uniformidad. f. Calidad de uniforme.

unigénito, ta. a. Dícese del hijo único.

unilateral. a. Dícese de lo que sólo se refiere a una parte o aspecto de una cosa Colocado sólo a un lado.

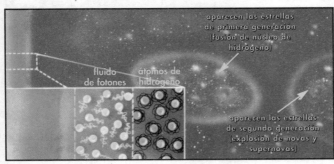

Universo.
El origen del Universo según la teoría del Big Bang fue un Gran Estallido producido hace muchos miles de millones de años.

aparecen las estrellas de primera generación (fusión de núcleo de hidrógeno)

fluido de fotones

átomos de hidrógeno

aparecen las estrellas de segunda generación (explosión de novas y supernovas)

Urbe. Hong Kong es, actualmente, una de las ciudades con mayor densidad de población del planeta.

unión. f. Acción y efecto de unir./ Asociación, enlace./ Conformidad, correspondencia./ Concordia./ Matrimonio./ Alianza, convenio./ Consolidación de los labios de una herida.

unipersonal. a. Que consta de una sola persona./ Que corresponde o pertenece a una sola persona./ *Gram.* Apl. a los verbos impersonales.

unir. tr. Juntar dos más cosas entre sí, haciendo que formen un todo./ Mezclar, incorporar./ Juntar o atar una cosa con otra./ Aproximar una cosa a otra para que formen un conjunto./ Casar. Ú.t.c.prl./ fig. Concordar voluntades o pareceres./ Cerrar la herida.// prl. Agruparse varios para el logro de una cosa./ Agregarse uno a la compañía de otro u otros.

unísono, na. a. Que tiene el mismo tono o sonido que otra cosa.

unitario, ria. a. Rel. a la unidad.// a. y s. Que propende a la unidad./ Sectario que no reconoce en Dios más que una sola persona./ Partidario de la unidad en materia política./ m. *Arg.* Díc. de uno de los dos partidos políticos en que se dividió el país luego de la Independencia y de los adeptos a dicho partido.

universal. a. Que comprende a todos en su especie, sin excepción./ Que pertenece a todo el mundo, a todos los países y a todos los tiempos./ m. pl. *Fil.* Conceptos que se forman por abstracción y representan en la mente realidades que existirían en diversos seres.

universalidad. f. Calidad de universal.

universalismo. m. *Fil.* Actitud o sistema que se apoya en valores y experiencias supuestamente universales, generalmente por oposición al nacionalismo.

universalista. a. Rel. al universalismo.// s. El que sigue esta doctrina.

universidad. f. Instituto de enseñanza superior, que comprende diversas facultades, cada una de las cuales confiere los grados correspondientes.

universo. a. Universal.// m. Mundo, conjunto de todo lo que existe.

univitelino, na. a. Díc. de los mellizos originados a partir de un solo óvulo.

unívoco, ca. a. Dícese de lo que tiene igual significado o naturaleza que otra cosa.

uno, na. a. Que no está dividido en sí mismo./ Apl. a la persona o cosa identificada y unida, física o moralmente, con otra./ Idéntico, lo mismo o único, solo, sin otro en su especie./ Se usa contrapuesto a *otro*, con sentido distributivo.// pl. Algunos, unos indeterminados.// Pronombre indefinido que, en singular significa una y en plural dos o más personas cuyo nombre se ignora o no quiere decirse.// m. Unidad, cantidad que se toma como término de comparación./ Signo o guarismo con que se expresa la unidad sola./ Individuo de cualquier especie.

untar. tr. Cubrir la superficie de una cosa con una sustancia grasa./ fig. y fam. Sobornar con dinero o dádivas.// prl. Mancharse con una sustancia untuosa.

unto. m. Sustancia grasa, usada para untar./ Gordura del cuerpo del animal./ Ungüento. Ú.m. en sentido figurado.

untuosidad. f. Calidad de untuoso.

untuoso, sa. a. Graso, pegajoso, pingüe.

uña. f. Parte dura, de naturaleza córnea, que nace y crece en las extremidades de los dedos./ Casco o pezuña de los animales./ Punta corva en que termina la cola del alacrán./ Espina corva de ciertas plantas./ Garfio o punta corva de algunos instrumentos./ Escopladura de ciertos objetos para poder moverlos con el dedo.

uranio. m. Metal de gran densidad, de color blanco parecido al del níquel y fusible a temperatura elevada. Es un elemento radioactivo. Simb., Ú.; n. at., 92; p. at., 238,04.

urano. m. *Quím.* Óxido natural de uranio.

uranografía. f. Astronomía descriptiva, cosmografía.

uranometría. f. Parte de la astronomía que trata de la medición de las distancias celestes.

urbanidad. f. Cortesía y buen modo.

urbanismo. m. Conjunto de conocimientos referentes a la creación, al desarrollo y progreso de las ciudades, en orden a las necesidades de la vida humana.

urbanista. a. Rel. al urbanismo.// s. Persona versada en urbanismo.

urbanización. f. Acción y efecto de urbanizar./ Terreno delimitado para establecer en él un núcleo residencial urbanizado./ Ese mismo terreno una vez urbanizado.

urbanizado, da. p. p. de **urbanizar**.

urbanizar. tr. Hacer cortés y sociable a uno./ Disponer un terreno para convertirlo en ciudad o población, o prepararlo para la edificación.

urbano, na. a. Rel. a la ciudad./ fig. Cortés, atento y de buenos modales.

urbe. f. Ciudad grande y muy populosa.

urbi et orbe. expr. lat. fig. A los cuatro vientos, a todas partes del mundo.

urdidera. f. Instrumento donde los tejedores preparan los hilos para la urdimbre.

urdimbre. f. Estambre urdido./ Conjunto de hilos que se colocan paralelamente en el telar para formar un tejido./ fig. Acción de urdir o maquinar algo.

urdir. tr. Preparar los hilos en la urdidera para pasarlos al telar./ Maquinar o preparar algo con cautela.

urea. f. Principio que contiene gran cantidad de nitrógeno y constituye la mayor parte de la materia orgánica disuelta en la orina normal.

uremia. f. *Pat.* Conjunto de síntomas que son producidos por la acumulación en el organismo de venenos metabólicos, habitualmente por déficit de los riñones.

urémico, ca. a. Rel. a la uremia./ Que padece dicha enfermedad. Ú.t.c.s.

uréter. m. Cada uno de los dos conductos por los que desciende la orina a la vejiga desde los riñones.

uretra. f. Conducto por donde se expele la orina.

urgencia. f. Calidad de urgente./ Necesidad apremiante./ Dicho de las leyes y preceptos, actual obligación de cumplirlos.

urgente. p. act. de **urgir**. Que urge.

urgir. i. Apremiar o ser indispensable la pronta ejecución de algo./ Obligar actualmente la ley, precepto, etc.

úrico, ca. a. Rel. a la orina.// Apl. a un compuesto ácido presente en la orina y en menor medida en la sangre. Su acumulación produce el reumatismo y la gota.

urinario, ria. a. Rel. a la orina.// m. Sitio destinado para orinar, en especial el público, en calles, teatros, etc.

urna. f. Vaso o caja que servía, entre los antiguos, para guardar dinero, cenizas de cadáveres humanos, etc./ Caja de cristal para tener visibles objetos preciosos./ Arquita en que se depositan las cédulas o números en los sorteos y votaciones.

Ushualense. Costa de Ushuaia que muestra el contraste entre el tranquilo mar de aguas azules y las últimas estribaciones de la Cordillera de los Andes.

uro. m. Bóvido salvaje muy parecido al toro, pero de mayor tamaño; se extinguió en el siglo XVII.

urodelo. a. y s. *Zool.* Aplícase a batracios que durante toda su vida conservan una larga cola que usan para nadar y tienen cuatro extremidades, aunque a veces faltan las dos posteriores; en algunos persisten las branquias en el estado adulto, como la salamandra.// m. pl. *Zool.* Orden de estos animales.

urogenital. a. Rel. a los órganos urinarios y genitales.

urografía. f. Radiografía de las vías urinarias.

urología. f. Parte de la medicina que trata de las enfermedades de las vías urinarias.

urólogo, ga. s. Especialista en enfermedades del aparato urinario.

uroscopia. f. *Med.* Inspección visual y metódica de la orina, que se usaba antiguamente para el diagnóstico de las enfermedades internas.

urraca. f. Ave de plumaje blanco en el vientre y negro con reflejos metálicos en el resto del cuerpo y larga cola.

urticáceo, a. a./f. *Bot.* Aplícase a plantas angiospermas dicotiledóneas, arbustos o hierbas, de hojas sencillas, opuestas o alternas, casi siempre provistas de pelos que segregan un jugo; flores pequeñas en espigas, panojas o cabezuelas; fruto desnudo, como la ortiga.// f. pl. *Bot.* Familia de estas plantas.

urticante. a. Que produce comezón semejante a las picaduras de la ortiga.

urticaria. f. Erupción cutánea que produce gran comezón.

uruguayo, ya. a. y s. Del Uruguay.

urunday. m. *Arg.* Árbol de gran porte cuya madera se usa en la construcción.

urutaú. m. *Arg.* Ave nocturna, especie de lechuza de gran tamaño, que vive en montes y selvas, y lanza una especie de lamento prolongado.

usado, da. a. Gastado por el uso.// Utilizado.// Acostumbrado, práctico en una cosa.

usanza. f. Uso, moda, costumbre.

usar. tr. Hacer servir una cosa para algo.// Utilizar.// Practicar algo habitualmente.// Disfrutar alguna cosa.// i. Acostumbrar, tener costumbre.

ushuaiense. a. De Ushuaia, Argentina.

usía. m. y f. Apócope de usiría, vuestra señoría.

usina. f. *Arg., Bol., Col., Cuba, Chile, Nicar., Par. y Urug.* Instalación industrial de importancia, en especial la que se destina a la producción de gas, de energía eléctrica, etc.

uso. m. Acción y efecto de usar.// Costumbre, hábito.// Empleo general de una cosa.// Moda.// Manera determinada de obrar.// Derecho de usar de la cosa ajena.

usted. Pron. personal de segunda persona, usado como tratamiento de respeto y cortesía.

usual. a. Que es de uso frecuente y ordinario.// Apl. a las cosas que se pueden usar con facilidad.

usuario, ria. a. y s. Que usa una cosa o se sirve de ella.

usufructo. m. Derecho de usar de una cosa ajena y disfrutarla sin deteriorarla.// Provecho que se obtiene de alguna cosa.

usufructuar. tr. Gozar del usufructo de una cosa.

usufructuario, ria. a. y s. Apl. a la persona que posee derecho de usufructo sobre una cosa.

usura. f. Interés superior al legal que se pide por un préstamo de dinero.// fig. Utilidad o fruto que se saca de una cosa, en especial si son excesivos.

usurar. i. Usurear.

usurario, ria. a. Dícese de los tratos y contratos en que hay usura./ Rel. a la usura.

usurear. i. Dar o tomar a usura.// fig. Ganar o adquirir con provecho o aumento, en especial si es excesivo.

usurero, ra. a. y s. Persona que presta con interés excesivo.

usurpación. f. Acción y efecto de usurpar.// Cosa usurpada.

usurpar. tr. Apoderarse de una cosa ajena, generalmente con violencia.// Arrogarse la dignidad, cargo u oficio de otro.

ut supra. loc. adv. lat. Se usa en ciertos documentos para referirse a una fecha, cláusula o frase escrita más arriba, y evitar su repetición.

utensilio. m. Objeto que sirve para uso manual y frecuente. Ú.m. en pl.// Herramienta o instrumento de un arte u oficio. Ú.m. en pl.

uterino, na. a. Rel. al útero.

útero. m. Matriz, órgano hueco y musculoso del aparato genital femenino, en el que se efectúa la gestación.

útil. a. Que produce provecho, comodidad o interés.// Que sirve o puede servir.// m. Utilidad.// Utensilio, herramienta.

utilería. f. *Amér.* Instrumental, útiles.// Conjunto de instrumentos y efectos necesarios para una representación teatral.

utilidad. f. Calidad de útil.// Provecho o interés que se obtiene de una cosa.// pl. Ganancia que se obtiene del trabajo o del capital.

utilitario, ria. a./m. Que antepone a todo la utilidad.// Apl. al automóvil pequeño y económico.

utilitarismo. m. Sistema filosófico que valora las ideas y acciones por su resultado.

utilitarista. a. Rel. al utilitarismo.// Partidario de este sistema.

utilización. f. Acción y efecto de utilizar.

utilizar. tr./ prl. Aprovecharse de alguna cosa.

utopía o **utopia.** f. Proyecto, plan, o sistema ideal, pero de imposible realización.

utópico, ca. a. Perteneciente o rel. a la utopía.// s. Persona que cree en utopías.

uturunco. m. *Arg.* Jaguar.

uva. f. Fruto de la vid, especie de baya o grano jugoso, en racimos, de color verde, rosado, violado o negro.

úvula. f. Apéndice carnoso que se halla en la parte media del velo del paladar; es de forma cónica y textura membranosa y muscular, y divide el borde libre del velo en dos mitades a modo de arcos.

uxoricida. a./ m. Apl. al que mata a su mujer.

uxoricidio. m. Muerte provocada a la mujer por su marido.

¡uy! intej. Denota sorpresa o dolor.

uzbekistaní o **uzbekistano, na.** a. y s. De Uzbekistán.

v. f. Vigesimotercera letra del abecedario castellano, y decimoctava de sus consonantes. Su nombre es *ve*./ Letra numeral romana que equivale a cinco.

vaca. f. Hembra del toro./ Carne de vaca o de buey empleada como alimento./ Cuero de la vaca una vez curtido.

vacación. f. Suspensión, por algún tiempo, de los negocios o estudios. Ú.m. en pl./ Tiempo que dura esa suspensión. Ú.m. en pl.

vacancia. f. Vacante, dignidad o cargo que está sin proveer.

vacante. a. Apl. al cargo o empleo que está sin ocupar. Ú.t.c.s.f.

vaciadero. m. Sitio en que se vacía una cosa./ Conducto por donde se vacía.

vaciado. p. p. de **vaciar.**// m. Acción de vaciar un objeto de metal, yeso, etc., en un molde./ *Arq.* Excavación./ Figura o adorno de estuco o yeso, formado en un molde.

vaciamiento. f. Acción y efecto de vaciar.

vaciar. tr./ prl. Dejar vacía una cosa./ Verter, arrojar el contenido de una vasija, etc.// tr. Formar un objeto echando en un molde hueco alguna materia blanda./ Formar un vacío o hueco en alguna cosa. Ú.m. en arquitectura./ Tratándose de corrientes o ríos, desaguar.

vacilación. f. Acción y efecto de vacilar./ *fig.* Perplejidad, indecisión.

vacilante. p. act. de **vacilar.**// a. Que vacila.

vacilar. i. Moverse de modo indeterminado una cosa./ Estar poco firme en alguna cosa./ *fig.* Titubear.

vacío, a. a. Falto de contenido./ Díc., en los ganados, de la hembra que no tiene cría./ Vano, sin fruto./ Ocioso, desocupado./ Que está sin gente./ Hueco o falto de solidez./ *fig.* Fatuo.// m. Concavidad o hueco de ciertas cosas./ Ijada./ *fig.* Ausencia o falta de alguna cosa o persona que se echa de menos./ *Fís.* Espacio que hipotéticamente no contiene aire ni otra materia perceptible por medios físicos o químicos.

vacuidad. f. Calidad de vacuo.

vacuna. f. Cualquier virus o principio orgánico que se inocula a una persona o un animal para inmunizarlo.

vacunación. f. Acción y efecto de vacunar.

vacunar. tr. Inocular una vacuna.

vacuno, na. a. Rel. al ganado bovino./ De cuero de vaca.// m. Animal bovino.

vacunoterapia. f. *Med.* Profilaxis o tratamiento de las enfermedades infecciosas por medio de vacunas.

vacuo, cua. a. Vacío./ Vacante.// m. Vacío, hueco.

vacuoextractor. m. *Med.* Instrumento utilizado en obstetricia para facilitar el parto. Es una ventosa, acoplada a una bomba aspirante, que se aplica a la cabeza del feto.

vacuola. f. *Biol.* Orgánulo citoplasmático de mucha importancia para los seres unicelulares. Es una cavidad delimitada por una membrana que contiene diversas sustancias en disolución.

vacuoma. f. *Bot.* Conjunto de vacuolas de una célula.

vacuómetro. m. Instrumento para medir el grado de vacío de un recinto cerrado. Es un manómetro que mide presiones muy reducidas y viscosidad.

vade retro. expr. lat. que se emplea para rechazar a una persona o cosa.

vadeador. m. El que conoce bien los vados y sirve en ellos de guía.

vadear. tr. Atravesar un río poco profundo por un vado o por donde se puede hacer pie./ *fig.* Vencer una dificultad grave.

vademécum. m. Libro de poco volumen que puede uno llevar consigo para consultarlo con frecuencia, y que en pocas palabras contiene las nociones más necesarias de una ciencia o un arte.

vado. m. Paraje de un río poco profundo, con fondo firme y llano.

vagabundear. i. Andar vagabundo.

vagabundo, da. a. y s. Que anda errante./ Holgazán sin domicilio ni ocupación fijos.

vagancia. f. Acción de vagar o estar sin ocupación ni oficio.

vagar. i. Andar errante./ Estar ocioso, sin oficio ni beneficio./ Tener tiempo y lugar suficientes para hacer algo.

Vacas siendo enlazadas con destino a la yerra.

vagido. m. Llanto peculiar del recién nacido.

vagina. f. Conducto membranoso que en las hembras de los mamíferos se extiende desde la vulva hasta la matriz.

vaginal. a. Rel. a la vagina.

vaginitis. f. Pat. Inflamación de la vagina.

vagneriano, na. a. Rel. a Wagner o a su música.

vago, ga. a. Desocupado, vacío./ Apl. al hombre carente de vínculos sociales estables y de medios lícitos de mantenimiento, refractario a desempeñar actividades productivas. Ú.t.c.s./ Que anda vagando./ Indeciso, indeterminado./ Pint. Ligero, vaporoso.// m. Décimo nervio craneal.

vagón. m. Carruaje de un ferrocarril.

vagoneta. f. Vagón pequeño y descubierto que se emplea para transporte.

vaguada. f. Línea que marca la parte más profunda de un valle, y es el camino por donde van las aguas de las corrientes naturales.

vaguear. i. Vagar, andar de un lugar a otro.

vaguedad. f. Calidad de vago./ Expresión vaga.

vaharada. f. Acción y efecto de echar el vaho, la respiración o el aliento./ Golpe de vaho, calor, olor, etc.

vahído. m. Desvanecimiento, turbación fugaz del sentido.

vaho. m. Vapor que despiden los cuerpos en determinadas condiciones.

vaina. f. Funda alargada en que se guardan algunas armas o instrumentos./ Cáscara tierna y larga en que están encerradas algunas semillas./ *Amér.* Molestia, contrariedad./ *Bot.* Ensanchamiento del pecíolo o de la hoja que envuelve el tallo.

vainilla. f. Planta orquídea americana; su fruto, muy oloroso, se emplea para aromatizar los licores, el chocolate, etc./ Fruta de esta planta./ Heliotropo americano.

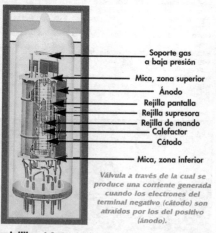

Soporte gas a baja presión
Mica, zona superior
Ánodo
Rejilla pantalla
Rejilla supresora
Rejilla de mando
Calefactor
Cátodo
Mica, zona inferior

Válvula a través de la cual se produce una corriente generada cuando los electrones del terminal negativo (cátodo) son atraídos por los del positivo (ánodo).

vainillina. f. Sustancia olorosa que se extrae de la vainilla.

vaivén. m. Movimiento alternativo de un cuerpo que, después de recorrer una trayectoria, vuelve a hacerlo en sentido contrario./ fig. Variedad inestable o inconstancia de las cosas.

vajilla. f. Conjunto de platos, vasos, fuentes, tazas, etc., para el servicio de una mesa.

vale. m. Papel que se entrega a favor de uno, para que lo canjee por dinero, para asistir gratis a un espectáculo, etc./ Nota firmada y a veces sellada, que se da al que ha de entregar una cosa, para que acredite después la entrega y cobre el importe.

valécula. f. Bot. Parte de cualquier órgano vegetal situada entre dos salientes longitudinales o costillas.

valedero, ra. a. Que debe valer, que ha de ser firme.

valencia. f. Biol. Capacidad de un anticuerpo para combinarse con uno o más antígenos./ *Quím.* Capacidad de saturación de los radicales, determinada por el número de átomos de hidrógeno con el que pueden combinarse directa o indirectamente./ **-gramo.** *Quím.* Equivalente gramo de una sustancia electrolizada.

valenciano, na. a. y s. De Valencia.// m. Ling. Variedad de la lengua catalana hablada en esta comunidad autónoma de España.

valentía. f. Esfuerzo, vigor./ Acto heroico./ Gallardía, intrepidez.

valentón, na. a. y s. Arrogante, que se jacta de valiente.

valer. tr. Amparar, proteger./ Producir utilidad. Ú.t. en sentido fig./ Importar o sumar las cuentas./ Tener un precio determinado las cosas para la compra o la venta./ Equivaler las monedas unas a otras en número de determinada estimación./ Tener una cosa una significación comparable a la de otra determinada./ i. Equivaler./ Tener autoridad, poder o fuerza./ Ser una cosa de importancia para el logro de otra./ Prevalecer una cosa en oposición de otra.// prl. Servirse de una cosa./ Recurrir al favor de otro.

valeriana. f. Planta herbácea, vivaz, con tallo recto, erguido y algo velloso; fruto seco con una sola semilla y rizoma fragante, con muchas raicillas en círculos nudosos, que se usa en medicina como antiespasmódico.

valerosidad. f. Calidad de valeroso.

valeroso, sa. a. Eficaz, poderoso./ Que tiene valentía, esforzado./ Que vale mucho.

valía. f. Estimación, valor, aprecio./ Valimiento.

validación. f. Acción y efecto de validar./ Firmeza, seguridad, sustancia de un acto.

validar. tr. Dar firmeza o fuerza a una cosa; hacerla válida.

validez. f. Calidad de válido.

válido, da. p.p. de valer.// a. Estimado, apreciado generalmente.// m. El que tiene el primer lugar en el favor o la gracia de un alto personaje.

valiente. a. Esforzado, animoso. Ú.t.c.s./ Robusto y fuerte en su línea./ Grande y excesivo.

valija. f. Maleta./ Saco de cuero o lona donde llevan la correspondencia los correos./ El mismo correo./ *Amér.* Cartera grande donde los carteros llevan la correspondencia.

valimiento. m. Acción de valer una cosa o de valerse de ella./ Privanza de que goza una persona./ Amparo, protección, favor.

valioso, sa. a. Que vale mucho./ Rico, acaudalado.

valla. f. Vallado o estacada de defensa./ Línea de estacas que cierra o señala algún sitio./ En el fútbol y otros deportes, arco, meta. / *Dep.* Obstáculo que debe saltar el atleta varias veces a lo largo de algunas carreras.

vallado. m. Cerco para defender un sitio o impedir la entrada en él.

valle. m. Llanura entre montes o montañas./ Cuenca de un río./ Conjunto de lugares y caseríos situados en un valle.

valor. m. Grado de utilidad o estimación de las cosas./ Cualidad de las cosas por la que se da cierta suma de dinero o equivalente por poseerlas./ Alcance de la significación o importancia de una cosa, acción, etc./ Estado de ánimo que mueve a enfrentar sin miedo los peligros./ Osadía, desvergüenza./ Eficacia de las cosas para producir un hecho./ Rédito o producto de algo./ Equivalencia de una cosa a otra./ *Mús.* Duración del sonido de una nota.// pl. Títulos representativos de riqueza negociable./ **-agregado.** *Econ.* Incremento del valor de una mercancía por adición de trabajo./ **-de cambio.** *Econ.* El que posee un producto en el mercado y le otorga carácter de mercancía./ **-de uso.** *Econ.* El que posee un producto por sus cualidades materiales intrínsecas, independientemente del valor de mercado./ **-inmediato.** *Comp.* El que se especifica en una instrucción y que la unidad central de proceso almacenará tal como está en la instrucción./ **-lingüístico.** *Ling.* Relación de un signo con los otros signos del sistema.

valoración. f. Acción y efecto de valorar./ *Quím.* Proceso por el que se mide el volumen de solución tipo necesaria para completar una reacción. Se basa en un análisis volumétrico cuantitativo.

Valle de Calingasta, en San Juan (Argentina).

valorar. tr. Estimar el precio de una cosa./ Reconocer o apreciar el valor de una persona.

valorización. f. Acción y efecto de valorizar.

valorizar. tr. Valorar, evaluar./ Acrecentar.

valquiria. f. Mit. Cada una de ciertas divinidades escandinavas.

vals. m. Baile de origen alemán que ejecutan las parejas con movimientos giratorios y de traslación./ Música de este baile.

valuación. f. Valoración.

valuar. tr. Tasar, determinar el precio o valor de una cosa.

valva. f. Bot. Ventalla, cada una de las partes de la cáscara de un fruto. /Zool. Cada una de las dos piezas duras y movibles que forman la concha de los moluscos acéfalos.

válvula. f. Pieza que sirve para interrumpir la comunicación entre dos partes de una máquina u otro instrumento, o entre éstos y el exterior./ Mecanismo que se coloca en una tubería para regular o interrumpir el paso de un líquido./ Electr. Lámpara de radio y televisión./ Anat. y Zool. Pliegue membranoso que impide el retroceso de lo que circula por los vasos del cuerpo./ -de escape. fig. Ocasión, motivo o cosa a la que se recurre para desahogarse de una tensión, de un trabajo excesivo o agotador o para salir de la monotonía de la vida diaria./ -de seguridad. La que en las calderas de las máquinas de vapor permite que éste se escape en forma automática cuando su presión sea excesiva./-mitral. Anat. La que existe entre la aurícula y el ventrículo izquierdo del corazón./ -tricúspide. Zool. La que se encuentra entre la aurícula derecha del corazón de los mamíferos y el ventrículo correspondiente.

valvular. a. Rel. a las válvulas.

valvulopatía. f. Pat. Enfermedad que afecta las válvulas cardíacas.

vampiresa. a./f. fig. Mujer que extrema sus atractivos para seducir y conquistar a los hombres./ Apl. a la actriz que desempeña papeles de seducción amorosa, especialmente en el cine mudo.

vampirismo. m. fig. Práctica, hábito, etc., de la persona que se conduce como un vampiro./ Conjunto de leyendas que tiene que ver con los vampiros, en especial el célebre Drácula o Nosferatu.

vampiro. m. Murciélago americano que chupa la sangre de las personas y animales dormidos./ fig. Persona que se enriquece por medios reprobables.

vanadio. m. Elemento químico. Símb., V.; n. at., 23; p. at., 50,952. Es el metal más duro conocido.

vanagloria. f. Jactancia del propio valer u obrar.

vanagloriarse. prl. Jactarse del propio valer u obrar.

vandálico, ca. a. Rel. a los vándalos o al vandalismo.

vandalismo. m. Calidad de vándalo./ Devastación propia de los antiguos vándalos./ fig. Espíritu de destrucción.

vándalo, la. a. y s. Díc. de un pueblo de la antigua germania, que invadió la España romana. Luego pasó a África, y en todas partes se destacó por su afán de destrucción.// s. Persona que comete acciones destructivas, brutales o crueles, propias de gente inculta y desalmada.

vanguardia. f. Parte de una fuerza armada que va delante del cuerpo principal./ Avanzada de un movimiento político, ideológico, artístico, etc.

vanguardismo. m. Nombre con el que se designan genéricamente ciertas tendencias y escuelas artísticas y literarias, como el ultraísmo, el cubismo, el surrealismo, etc., que se caracterizan por adoptar posiciones revolucionarias e iconoclastas frente a lo consagrado, con intención renovadora, de avance y exploración./ Conjunto de escuelas o tendencias artísticas innovadoras del siglo XX.

vanguardista. a. Rel. al vanguardismo.// s. Partidario de él.

vanidad. f. Calidad de vano./ Ostentación, fausto, pompa vana./ Palabra inútil e insustancial./ Ilusión o ficción de la fantasía.

vanidoso, sa. a. y s. Que tiene vanidad y la manifiesta.

vanilocuencia. f. Verbosidad insustancial e inútil.

vano, na. a. Falto de realidad o sustancia./ Hueco, falto de solidez./ Inútil, infructuoso./ Presuntuoso./ Poco durable./ Que no tiene fundamento.// m. Parte de un muro en que no hay apoyo para el techo o bóveda, como los huecos de puertas y ventanas.

vapor. m. Fluido aeriforme que resulta de la acción del calor sobre ciertos cuerpos, generalmente los líquidos./ Buque de vapor.

vaporización. f. Fís. Fenómeno que consiste en el paso de una sustancia líquida al estado gaseoso. Si sólo afecta la superficie del líquido se llama evaporación, y si afecta toda su masa se denomina ebullición.

vaporizador. m. Aparato que se emplea para vaporizar.

vaporizar. tr./ prl. Convertir en vapor un líquido.

vaporoso, sa. a. Que arroja de sí u ocasiona vapores./ fig. Ligero, sutil, tenue.

vapulear o **vapular.** tr./ prl. Golpear, azotar.

vapuleo. m. Acción y efecto de vapulear.

vaquería. f. Lugar donde hay vacas o se vende su leche.

vaquerizo, za. a. Rel. al ganado vacuno.// s. Vaquero.// f. Corral donde el ganado vacuno se recoge en invierno.

vaquero, ra. a. Rel. a los pastores de ganado vacuno.// s. Pastor de ganado bovino.

vaqueta. f. Cuero de ternera curtido y adobado.

vaquillona. f. Arg. y Chile. Vaca de dos a tres años.

vara. f. Ramo delgado y limpio de hojas./ Palo largo y delgado./ Antigua medida de longitud.

varadero. m. Lugar donde paran las embarcaciones para limpiarlas o resguardarlas.

varadura. f. Acción y efecto de varar una embarcación.

varal. m. Vara gruesa y muy larga./ Cada una de las varas del carro.

varar. i. Encallar la embarcación./ Sacar a la playa y poner en seco una nave./ Quedar detenido un negocio.

vareador. m. El que varea./ *R. de la P.* Persona que se ocupa de adiestrar caballos de carrera.

varear. tr. Derribar con vara los frutos de ciertos árboles./ Dar golpes con la vara./ Medir o vender por varas./ *R. de la P.* Adiestrar un caballo, en especial si es de carrera.

variabilidad. f. Calidad de variable.

variable. a. Que varía o puede variar./ Inestable, inconstante./ f. *Mat.* Magnitud que puede tener un valor cualquiera, de los comprendidos en un conjunto. Si se varía a voluntad, se denomina independiente; si varía según los valores de ésta, se denomina dependiente./ *Comp.* Símbolo cuyo valor numérico o alfanumérico puede cambiar en el transcurso de un programa./ **-aleatoria.** *Mat.* Función que, en un cálculo de probabilidades, asigna un valor numérico a cada uno de los resultados de un conjunto de experiencias o sucesos. Se utiliza en estadística./ **-de cadena.** *Comp.* La adecuada para representar cadenas de caracteres./ **-numérica.** La utilizada para representar magnitudes numéricas y realizar con ellas operaciones matemáticas.

variación. f. Acción y efecto de variar./ *Mús.* Cualquiera de las imitaciones melódicas de un mismo tema./ *Mat.* Cada una de las combinaciones posibles que pueden realizarse con un conjunto de elementos.

variado, da. a. Que tiene variedad./ De diversos colores.

variante. p. act. de **variar.**// a. Que varía.// f. Variedad o diferencia de lección que se halla en los ejemplares o copias de un códice o libro./ En ajedrez, denominación que se da a las diversas existentes dentro de una misma apertura o sistema de juego.

variar. tr. Hacer que una cosa cambie o sea diferente de los que antes era./ Dar variedad.// i. Cambiar una cosa de estado, forma o propiedad./ Ser una cosa distinta de otra.

varice o **várice.** f. Dilatación permanente de una vena.

varicela. f. Enfermedad contagiosa caracterizada por una erupción parecida a la viruela benigna.

varicocele. m. *Pat.* Tumor formado por la dilatación de las venas del escroto y del cordón espermático.

variedad. f. Calidad de vario./ Conjunto de cosas diferentes, diferencia dentro de la unidad./ Inconstancia, mudanza./ Alteración./ Variación./ *Biol.* Cada uno de los grupos en que se dividen ciertas especies.

varilla. f. Barra larga y delgada./ Cada una de las tiras de la armazón del abanico./ Cada una de las costillas que forman la armazón de los paraguas y quitasoles.

varillaje. m. Conjunto de varillas de un utensilio.

vario, ria. a. Diferente, diverso./ Inconstante o mudable./ Indeterminado o indiferente./ Que tiene variedad.// pl. Algunos, unos cuantos.

variómetro. m. *Aer.* Manómetro especial que mide la velocidad vertical de los aviones.

varón. m. Persona del sexo masculino./ Hombre que ha llegado a la edad viril./ Hombre de respeto, autoridad, etc.

varonil. a. Propio o rel. al varón./ Esforzado, valeroso.

varva. f. *Geol.* Cada uno de los estratos dejados cada año por la fusión de los glaciares cuaternarios.

vasallaje. m. Vínculo de dependencia y fidelidad que una persona tenía respecto de otra./ Sujeción, sumisión./ Tributo pagado por el vasallo a su señor.

vasallo, lla. s. Súbdito de un soberano o de cualquier otro gobierno supremo./ fig. Persona que depende de otro o lo reconoce como superior.

vasco, ca. a. y s. Vascongado./ De una comarca de Francia comprendida en el departamento de los Bajos Pirineos.// Vascuence, lengua vascongada.

vascuence. a./ m. Idioma hablado por los vascos.

vascular. a. Rel. a los vasos de los animales y las plantas.

vasectomía. f. *Med.* Extirpación de los vasos seminíferos, como forma de esterilización voluntaria.

vaselina. f. Sustancia crasa, de aspecto de cera, que se obtiene de la parafina y aceites densos del petróleo, y se usa como lubricante en farmacia y cosmética.

vasija. f. Recipiente profundo de barro u otro material, para contener líquidos o alimentos.

vaso. m. Pieza cóncava que puede contener alguna cosa./ Recipiente, por lo general de forma cilíndrica, propio para beber./ Cantidad de líquido que cabe en él./ Embarcación, y señaladamente, su casco./ Casco de las bestias de caballerías./ Orinal./ *Biol.* Cada uno de los conductos por donde circulan los fluidos en los seres orgánicos./ **-comunicante.** *Fís.* El que permite el paso de un fluido de un sistema a otro./ **-criboso.** *Bot.* El constituido por células vivas y que forma cordones, donde los tabiques de separación transversales están perforados por una criba que comunica las células entre sí./ **-leñoso.** *Bot.* El que constituye el leño o xilema, por el que se desplazan el agua y las sales absorbidas por los pelos radicales./ **-quilífero.** *Zool.* El de los animales que están constituidos por una túnica interna endotelial, una capa anular musculosa y contráctil, y capas de tipo conectivo.

vasoconstricción. f. Disminución del calibre de los vasos sanguíneos por causas naturales o artificiales.

vasodilatación. f. Dilatación de los vasos sanguíneos por causas naturales o artificiales.

vasomotor, ra. a. Díc. del nervio o del agente fisiológico o químico que produce la contracción o dilatación de un vaso sanguíneo.

vástago. m. Renuevo que brota de la planta o del árbol./ fig. Persona que desciende de otra./ Barra que transmite el movimiento a una máquina.

vastedad. f. Dilatación, anchura de una cosa.

vasto, ta. a. Dilatado, de gran extensión.

vate. m. Adivino./ Poeta.

vaticano, na. a. Del monte Vaticano./ Rel. a la ciudad del Vaticano./ Rel. al Vaticano, palacio papal./ Rel. al Papa o a la corte pontificia.// m. fig. Corte pontificia.

vaticinar. tr. Pronosticar, adivinar, predecir.

vaticinio. m. Pronóstico, predicción.

vatio. m. Unidad de potencia eléctrica, en el sistema basado en el metro, el kilogramo, el segundo y el amperio. Equivale a un julio por segundo.

Velero. Ideal para realizar un paseo por el mar disfrutando del sol.

vecinal. a. Rel. al vecindario o a los vecinos.

vecindad. f. Calidad de vecino./ Vecindario de una población. Conjunto de vecinos./ Cercanías de un sitio.

vecindario. m. Conjunto de los vecinos de un lugar./ Padrón o lista de los vecinos de un pueblo.

vecino, na. a. y s. Díc. del que habita con otros en un mismo pueblo, barrio o casa, en habitación independiente./ Que tiene casa y hogar en una población y paga allí tributos./ Que ha fijado domicilio en una población.// a. fig. Cercano o inmediato./ Semejante o coincidente.

vector. a./m. En lenguaje técnico, agente que transporta algo de un lugar a otro./ Fís. Toda magnitud en la que, además de la cuantía, hay que considerar el punto de aplicación, la dirección y el sentido. Las fuerzas, por ejemplo, son vectores./ Fil. Toda acción proyectiva que tiene cualidad e intensidad variables./ Mat. Segmento del plano o del espacio en que se ha fijado una dirección.

veda. f. Acción y efecto de vedar./ Tiempo en que está vedado cazar o pescar.

vedado, da. p. p. de **vedar.**// m. Campo o sitio acotado o cerrado por ley u ordenanza.

vedar. tr. Prohibir por ley./ Impedir.

veedor, ra. a. y s. Que ve, mira o registra las acciones ajenas.// m. Visitador, observador, inspector.

vega. f. Tierra baja, llana y fértil.

vegetación. f. Acción y efecto de vegetar./ Conjunto de los vegetales de una determinada región, terreno o país.

vegetal. a. Rel. a las plantas./ Que vegeta.// m. Ser orgánico que vive y crece pero es incapaz de movimientos voluntarios para cambiar de lugar.

vegetar. i. Germinar y desarrollar sus funciones vitales las plantas./ fig. Vivir las personas una vida meramente orgánica, similar a la de las plantas./ fig. Disfrutar vida tranquila y rutinaria.

vegetariano, na. a. y s. Apl. a la persona que se alimenta únicamente de vegetales.// a. Rel. a este régimen alimenticio.

vegetativo, va. a. Que vegeta o tiene vigor para vegetar./ Que participa en las funciones de nutrición o reproducción.

vehemencia. f. Calidad de vehemente.

vehemente. a. Que mueve o se mueve con ímpetu y violencia u obra con mucha fuerza o eficacia./ Que siente o se expresa con viveza./ Díc. de las personas que sienten o proceden de este modo.

vehículo. m. Artefacto que sirve para transportar personas o cosas, como nave, auto, bicicleta, etc./ fig. Lo que sirve para conducir o transmitir con facilidad una cosa.

veintavo, va. a. y s. Vigésimo.

veinte. a./ m. Dos veces diez./ m. Conjunto de signos y cifras con que se representa el número veinte.

veintena. f. Conjunto de veinte unidades.

veinteno, na. a. y s. Vigésimo.

veinticinco. a. Veinte y cinco.// m. Conjunto de signos y cifras con que se representa el número veinticinco.

veinticuatro. a. Veinte y cuatro.// m. Conjunto de signos y cifras con que se representa el número veinticuatro.

veintidós. a. Veinte y dos.// m. Conjunto de signos y cifras con que se representa el número veintidós.

veintinueve. a. Veinte y nueve.// m. Conjunto de signos y cifras con que se representa el número veintinueve.

veintiocho. a. Veinte y ocho.// m. Conjunto de signos y cifras con que se representa el número veintiocho.

veintiséis. a. Veinte y seis.// m. Conjunto de signos y cifras con que se representa el número veintiséis.

veintisiete. a. Veinte y siete.// m. Conjunto de signos y cifras con que se representa el número veintisiete.

veintitrés. a. Veinte y tres.// m. Conjunto de signos y cifras con que se representa el número veintitrés.

veintiún. a. Apócope de veintiuno.

veintiuno. a. Veinte y uno.// m. Conjunto de signos y cifras con que se representa el número veintiuno.

vejamen. m. Vejación./ Represión festiva.

vejar. tr. Maltratar, molestar, humillar./ Dar vejamen.

vejatorio, ria. a. Apl. a lo que veja o puede vejar.

Vaso antropomorfo polícromo que forma parte de lo legado por la cultura maya y se conserva en el Museo de Arte Precolombino de Santiago (Chile).

vejestorio. m. despect. Persona muy vieja.

vejez. f. Calidad de viejo./ Senectud, último período de la vida de los organismos.

vejiga. f. Bolsa muscular y membranosa que recibe, contiene y expulsa la orina./ Ampolla de la epidermis./ Bolsita formada en cualquier superficie, llena de un gas o un líquido.

vela. f. Acción de velar, velación./ Tiempo que se vela./ Tiempo que se destina al trabajo nocturno./ Centinela que se ponía por la noche./ Cilindro de cera o sebo, con pabilo, para que pueda encenderse y dar luz./ Conjunto de piezas de lona o lienzo fuerte que se amarra a los mástiles para recibir el viento que impele la nave./ fig. Barco de vela.

velada. f. Reunión nocturna de solaz entre varias personas./ Fiesta musical o literaria que se celebra por la noche.

velador, ra. a. y s. Que vela./ Que vigila o cuida de algo.// m. Lámpara eléctrica de sobremesa./ Mesita de un solo pie./ Amér. Mesa de noche.

velaje o velamen. m. Conjunto de velas de una nave.

velar. i. Estar despierto el tiempo destinado para dormir./ Seguir trabajando después de la jornada ordinaria./ Cuidar solícitamente.// tr. Hacer guardia por la noche./ Asistir por la noche a un enfermo o permanecer al lado de un difunto./ fig. Observar con atención algo./ Cubrir a medias alguna cosa, atenuarla.// tr./ prl. Cubrir con velo./ Fot. Borrarse la imagen por la acción indebida de la luz.

velatorio. m. Acción de velar a un difunto.

veleidad. f. Voluntad antojadiza o deseo vano./ Ligereza, inconstancia.

veleidoso, sa. a. Inconstante, voluble.

velero, ra. a./ m. Díc. de la embarcación muy ligera o que navega mucho.// s. Persona que hace o vende velas para alumbrar.// m. El que hace velas para barcos./ Buque de vela.

veleta. f. Pieza metálica giratoria que se coloca en lo alto de un edificio para señalar la dirección del viento./ Plumilla que se pone sobre el corcho de la caña de pescar.// m. y f. Persona inconstante y voluble.

vello. m. Pelo corto y suave que sale en algunas partes del cuerpo humano./ Pelusilla que recubre algunos frutos y plantas.

Ventanas adornadas con flores que las realzan.

vellocino. m. Vellón que resulta de esquilar las ovejas./ Cuero de ganado lanar con su lana.

vellón. m. Toda la lana que sale junta de un carnero u oveja al esquilar.

velloso, sa. a. Que tiene vello.

velludo, da. a. Que tiene mucho vello./ Felpa o terciopelo.

velo. m. Tela o cortina que cubre una cosa./ Prenda de tela ligera con que se cubren las mujeres la cabeza o el rostro./ fig. Cosa delgada, ligera o flotante, más o menos transparente, que cubre la vista de otra./ Pretexto o excusa./ Confusión u oscuridad del entendimiento./ *Bot.* membrana que se halla en el aparato esporífero de muchos hongos./ **-del paladar.** *Anat.* Especie de cortina muscular y membranosa que separa la cavidad bucal de las fauces.

velocidad. f. Rapidez del movimiento./ Relación entre el espacio recorrido y el tiempo invertido en ello./ **-uniforme.** *Fís.* La que se mantiene constante; cuando va aumentando o disminuyendo, de manera más o menos regular, se denomina acelerada o desacelerada, respectivamente./ **-angular.** *Fís.* La que adquiere un cuerpo de trayectoria circular y que forma un ángulo; para calcularla, es necesario conocer la distancia del cuerpo al vértice de dicho ángulo./ **-lineal.** *Fís.* La de un cuerpo que se mueve en línea recta./ **-parabólica.** *Fís.* La del movimiento rel. de dos cuerpos que se atraen según la ley de gravitación universal./ **-relativa.** *Fís.* La de un cuerpo o sistema en relación con otro./ **-virtual.** *Fís.* Distancia que puede recorrer el punto de aplicación de una fuerza en un tiempo infinitesimal.

velocímetro. m. Instrumento con que se mide la velocidad de traslación de un vehículo.

velocista. s. *Dep.* Deportista que participa en carreras de corto recorrido.

velódromo. m. Pista para correr carreras de bicicletas.

velorio. m. Reunión de esparcimiento, nocturna, con bailes, cantos, cuentos, etc., celebrada en los pueblos./ Ceremonia de tomar el velo una religiosa./ Velatorio./ *Arg. y Puerto Rico.* Fiesta poco concurrida y desanimada.

veloz. a. Acelerado, rápido en el movimiento./ Ágil y ligero en lo que se hace o discurre.

vena. f. Cada uno de los conductos por donde vuelve al corazón la sangre que ha circulado por las arterias./ Filón de un yacimiento mineral./ Cada uno de los hacecillos de fibras del envés de las hojas de las plantas./ Faja de tierra o piedra que se distingue de la masa en que se halla interpuesta./ Conducto natural por donde corre el agua en el seno de la tierra./ Lista ondulada o ramificada en ciertas piedras o maderas./ fig. Inspiración poética./ **-cardíaca.** *Anat.* Cada una de las que coronan la aurícula derecha del corazón./ **-cava.** *Anat.* Cada una de las dos mayores del cuerpo. Desembocan en la aurícula derecha del corazón./ **-safena.** *Anat.* Cada una de las principales que van a lo largo de la pierna, una por la parte interior y otra por el exterior./ **-subclavia.** *Anat.* Cada una de las dos que van desde la clavícula hasta la vena cava superior./ **-yugular.** *Anat.* Cada una de las dos que se hallan a ambos lados del cuello.

venablo. m. Dardo o lanza arrojadiza.

venado. m. Ciervo.

venal. a. Rel. a las venas./ Vendible./ fig. Que se deja sobornar.

venalidad. f. Calidad de venal, vendible.

vencedor, ra. a. y s. Que vence.

vencer. tr. Rendir o someter al enemigo./ Rendir a uno ciertas cosas físicas o morales. Ú.t.c.prl./ Aventajar en algún concepto, en competencia o comparación con otros./ Sujetar o dominar las pasiones y afectos./ Superar los inconvenientes o estorbos./ Prevalecer una cosa sobre otra./ Sufrir con paciencia un dolor o trabajo./ i. Cumplirse un plazo./ Salir uno con su intento./ Refrenar los ímpetus del genio o de la pasión. Ú.t.c.prl.

vencido, da. p.p. de *vencer.*// a. y s. Derrotado.

vencimiento. m. Acción de vencer o de ser vencido./ fig. Inclinación, torcimiento de una cosa./ Cumplimiento del plazo de una obligación.

venda. f. Tira de tela que sirve para ligar un miembro, cubrir una herida o sujetar un apósito.

vendaje. m. Ligadura hecha con vendas.

vendar. tr. Atar o cubrir con vendas./ fig. Impedir el conocimiento exacto de una cosa.

vender. tr. Traspasar a otro por el precio convenido la propiedad que se posee./ Exponer géneros o mercaderías al público para el que los quisiere comprar./ Sacrificar al interés cosas de valor moral./ prl. Dejarse sobornar./ Decir o hacer algo inadvertidamente que revele lo que se desea ocultar.

vendimia. f. Recolección y cosecha de la uva./ Tiempo en que se hace./ fig. Provecho o fruto abundante.

vendimiar. tr. Recoger el fruto de las viñas./ fig. Disfrutar una cosa o aprovecharse de ella.

veneno. m. Sustancia tóxica que introducida en el organismo causa graves trastornos o la muerte./ fig. Toda cosa nociva para la salud./ fig. Lo que ocasiona un daño moral./ fig. Rencor o mal pensamiento.

venenoso, sa. a. Que contiene veneno.

venerable. a. Digno de veneración o respeto./ Título de los prelados.// a. y s. Primer título que concede la Iglesia a los que mueren con fama de santidad.

veneración. f. Acción y efecto de venerar.

venerar. tr. Respetar en sumo grado, reverenciar./ Rendir culto a Dios, a los santos o a las cosas sagradas.

venéreo, a. a. Rel. al deleite carnal./ Díc. de las enfermedades que se contraen por contacto sexual.

venereología. f. Parte de la medicina que se refiere a las enfermedades venéreas.

venero. m. Manantial de agua./ Raya horaria en los relojes de sol./ Origen y principio de algo./ *Min.* Criadero de un mineral.

venezolano, na. a. y s. De Venezuela.

vengador, ra. a. y s. Que se venga.

venganza. f. Satisfacción que se toma del daño o el agravio recibidos.

vengar. tr./ prl. Causar daño a una persona en reparación por el que se ha recibido./ Tomar venganza.

vengativo, va. a. Propenso a vengarse.

venia. f. Permiso, licencia./ Perdón de la culpa u ofensa./ Saludo cortés que se hace con la cabeza./ Saludo militar.

venial. a. Que infringe levemente una ley, precepto, etc.

venida. f. Acción de venir./ Regreso./ Avenida, creciente impetuosa de un río.

venidero, ra. a. Que ha de venir o suceder.// m. pl. Sucesores./ Los que han de nacer después.

venir. i. Llegar una persona o cosa hasta el lugar donde está el que habla./ Dirigirse una persona o cosa de allá hacia acá./ Comparecer una persona ante otra./ Ajustarse una cosa a otra./ Llegar uno a transigir. Ú.t.c.prl./ Resolver, acordar una autoridad./ Inferirse, deducirse./ Pasar de unos a otros el dominio de una cosa./ Acercarse o llegar el tiempo en que una cosa ha de acontecer./ Traer origen, proceder./ Ofrecerse una cosa a la mente./ Figurar algo en un libro o periódico./ Suceder algo que se aguardaba o temía./ Acontecer o sobrevenir.

venta. f. Acción y efecto de vender./ Contrato por el que se transfiere a otro el dominio de una cosa por el precio convenido./ Casa en los caminos para hospedaje de pasajeros.

ventaja. f. Superioridad de una persona o cosa respecto de otra./ Sueldo sobreañadido al ordinario que gozan otros./ Ganancia anticipada de tantos que un jugador concede a otro./ *Amér.* Utilidad o provecho.

ventajero, ra. a. y s. *Arg., Chile* y *Méx.* Que gusta de sacar ventajas, generalmente de manera fraudulenta.

ventajista. a./ m. y f. Apl. a la persona que por cualquier medio trata siempre de obtener ventaja en los tratos, en el juego, etc.

ventajoso, sa. a. Que tiene u ofrece ventaja.

ventalla. f. Válvula de una máquina.// *Bot.* Cualquiera de las dos o más partes de la cáscara de un fruto, que unidas por una o más suturas, encierran las semillas.

ventana. f. Abertura que se deja en una pared para dar luz y ventilación./ Hoja u hojas de madera y cristales con que se cierra dicha abertura./ Cada uno de los dos orificios de la nariz./ -de texto. *Comp.* La que aparece en la pantalla y en la que sólo se ve un texto alfanumérico.

ventanal. m. Ventana grande.

ventanilla. f. Abertura pequeña en los despachos, oficinas, etc., para comunicación con el público./ Abertura provista de cristal en los coches, vagones de tren y otros vehículos./ Orificio de la nariz.

ventarrón. m. Viento muy fuerte.

ventear. imp. Soplar el viento.// tr. Tomar ciertos animales el viento con el olfato./ Airear alguna cosa.

ventilación. f. Acción y efecto de ventilar o ventilarse./ Abertura para ventilar un aposento./ Conjunto de la instalación con que se ventila una sala o una vivienda.

ventilador. m. Aparato que remueve o impulsa el aire en una habitación./ Abertura hacia el exterior de una habitación, para renovar el aire.

ventilar. tr. Hacer correr o penetrar el aire en algún sitio. Ú.t.c.prl./ Agitar alguna cosa en el aire./ Exponer una cosa al viento./ Renovar natural o artificialmente el aire de una habitación o local cerrado./ fig. Dilucidar una cuestión o duda.

ventisca. f. Borrasca de viento o de viento y nieve.

ventisquero. m. Ventisca./ Altura de las montañas más expuestas a las ventiscas./ Sitio en los montes donde se conserva el hielo y la nieve./ Masa de hielo o nieve acumulada en ese sitio.

ventolera. f. Golpe de viento fuerte y de corta duración./ fig. y fam. Vanidad, soberbia./ fig. Idea o resolución inesperada y extravagante.

ventolina. f. Viento leve y variable./ *Arg.* Viento fuerte.

ventosa. f. Abertura para dar paso al aire./ Órgano de ciertos animales para adherirse o agarrarse por medio del vacío./ Vaso o campana que se aplica sobre la piel después de haber enrarecido el aire en su interior, para provocar una mayor irrigación de sangre./ Pieza cóncava de material elástico en la que se produce el vacío al ser oprimida contra una superficie lisa. Suele servir como soporte de ganchos o instrumentos.

ventosidad. f. Calidad de ventoso o flatulento./ Gases intestinales, en particular cuando se expelen.

ventoso, sa. a. Díc. del día o tiempo en que hay viento fuerte.

ventricida. a./f. *Bot.* Díc. de un tipo de dehiscencia de algunos frutos que se abren por una sutura central en su madurez.

ventricular. a. Rel al ventrículo.

ventrículo. m. *Anat.* Estómago del hombre y de los animales./ *Anat.* Cada una de las dos cavidades que hay entre las cuerdas vocales de los mamíferos, a uno y otro lado de la glotis./ *Anat.* Cavidad del corazón de los moluscos, peces, y batracios y de la mayoría de los reptiles, que recibe la sangre procedente de las aurículas./ *Anat.* Cada una de las cuatro cavidades del encéfalo de los vertebrados.

ventrílocuo, cua. a. y s. Díc. de la persona capaz de hablar sin mover la boca, de modo que la voz parezca venir de lejos, y no de su persona, y que imita otras voces o sonidos.

ventriloquia. f. Arte del ventrílocuo.

ventroso, sa o **ventrudo, da.** a. De vientre abultado.

ventura. f. Dicha, felicidad./ Casualidad, contingencia./ Riesgo, peligro.

venturoso, sa. a. Afortunado, que tiene buena suerte./ Que tiene felicidad o la trae.

venus. f. fig. Mujer bellísima.

ver. tr. Percibir por el sentido de la vista./ Observar, examinar./ Visitar a una persona./ Ir con cuidado en lo que se hace./ Considerar, advertir./ Conocer, juzgar./ Prevenir las cosas futuras./ Comprobar si una cosa está en el lugar que se cita./ prl. Estar en sitio o postura a propósito para ser visto./ Hallarse en algún estado o situación./ Avistarse una persona con otra./ Representarse la imagen o semejanza de una cosa./ Hallarse o estar en un sitio o lance.

Vendimia.

vera. f. Orilla.

veracidad. f. Calidad de veraz.

veranear. i. Pasar el verano en alguna parte.

veraneo. f. Acción y efecto de veranear.

veraniego, ga. a. Rel. al verano.

verano. m. Estío./ Estación del año que comienza en el solsticio del mismo nombre y termina en el equinoccio de otoño./ Época más calurosa del año. En el hemisferio norte comprende desde el 21 de junio hasta el 21 de setiembre, y en el sur desde el 21 de diciembre hasta el 21 de marzo.

veras. f. pl. Verdad, realidad de las cosas que se hacen o dicen./ Eficacia y fervor con que hace algo.

veraz. a. Que dice o profesa siempre la verdad.

verbal. a. Díc. de lo que se refiere a la palabra./ Que no se hace por escrito, sino sólo de palabra./ Rel. al verbo./ *Gram.* Apl. a las palabras derivadas de un verbo. Ú.t.c.s.m.

verbena. f. Planta herbácea anual, con flores de varios colores, terminales y en espigas./ Velada popular que se celebra la noche de la víspera de ciertas festividades.

verbo. m. Palabra./ *Gram.* Clase de palabras que indican las acciones o estados de los seres y las cosas, y expresan modo, tiempo, número y persona.

verboide. m. *Gram.* Clase de palabras que cumplen algunas funciones gramaticales de los verbos, pero no se conjugan como éstos, y a la vez alguna otra función. Así, el gerundio funciona como adverbio, el participio como adjetivo y el infinitivo como sustantivo.

verborragia. f. fam. Verbosidad excesiva.

verbosidad. f. Abundancia de palabras en la expresión.

verdad. f. Conformidad de las cosas con su representación mental./ Conformidad de lo que se dice con lo que se piensa y siente./ Existencia real de una cosa./ Juicio o proposición que no se puede negar racionalmente.

verdadero, ra. a. Conforme a la verdad./ Real y efectivo./ Sincero, ingenuo./ Veraz.

verde. a./ m. Del color de la hierba, la esmeralda, etc. Es el cuarto color del espectro solar.// a. Díc. de los vegetales que aún conservan la savia./ Apl. a la leña recién cortada del árbol./ Inmaduro./ fig. Díc. de los primeros años de la vida./ Imperfecto./ Obsceno./ Díc. de quien conserva inclinaciones galantes impropias de su edad.// m. Hierbas que consume el ganado./ Follaje de las plantas./ fam. *Arg.* Mate (infusión).

verdear. i. Mostrar una cosa el color verde que lleva./ Tirar a verde./ Comenzar a brotar plantas en los campos./ fam. *Arg.* Tomar mate.

verdín. m. Primer color verde de las plantas que aún no han llegado a su sazón./ Cardenillo./ Capa formada por ciertas plantas en aguas estancadas o sitios húmedos.

verdinegro, gra. a. De color verde oscuro.

verdor. m. Color verde vivo de las plantas./ Color verde./ fig. Lozanía, vigor./ Edad de la juventud.

verdoso, sa. a. Que tira a verde.

verdugo. m. Vástago o renuevo del árbol./ Estoque muy delgado./ Azote hecho de cuero, mimbre, etc./ Roncha o señal que deja el golpe del azote./ Ministro de justicia que ejecuta las penas de muerte./ fig. Persona muy cruel o que castiga con saña.

verdugón. m. Verdugo, vástago del árbol./ Verdugo, señal de un golpe.

verdulería. f. Tienda o puesto de verduras.

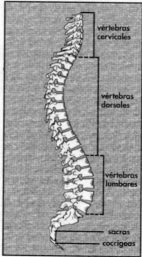
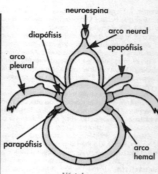

Vértebras.
Vista lateral de la columna vertebral y esquema de una vértebra tipo.
Las vértebras son elementos óseos apilados unos sobre otros. La columna vertebral consta de 33 a 35 vértebras, repartidas en seis regiones: 7 vértebras cervicales; 12 dorsales; 5 lumbares; 5 sacras y 4, 5 ó 6 coccígeas. Una vértebra comprende, en general, un cuerpo vertebral (con forma de cilindro), un conjunto de elementos óseos que forman el arco neural y unas sallentes óseas, las apófisis.

verdura. f. Verdor, color verde./ Hortaliza, especialmente la de hojas verdes. Ú.m. en pl.

vereda. f. Camino angosto./ *Amér.* Acera de las calles.

veredicto. m. Definición sobre un hecho, que dicta el jurado./ Por ext., juicio emitido reflexiva y autorizadamente.

verga. f. En marina, percha a la que se asegura el grátil de una vela./ Miembro genital de los mamíferos.

vergel. m. Huerto con diversidad de flores y árboles frutales.

vergonzoso, sa. a. Que causa vergüenza./ Que se avergüenza con facilidad. Ú.t.c.s.

vergüenza. f. Sentimiento penoso ocasionado por una falta cometida o por alguna acción deshonrosa o humillante./ Estimación de la propia honra./ Acción indigna o indecorosa./ Timidez./ Pundonor./ Acción indecorosa, que cuesta repugnancia ejecutar./ Pena que consistía en exponer al reo a la afrenta pública.// pl. Partes pudendas.

vericueto. m. Lugar o paraje áspero, alto y quebrado, por donde se anda con dificultad.

verídico, ca. a. Que dice la verdad./ Que la incluye.

verificar. tr. Probar que algo de que se dudaba es verdadero./ Comprobar la verdad de una cosa.// tr./ prl. Ejecutar, efectuar./ prl. Resultar cierto y verdadero lo que se dijo o pronosticó.

verja. f. Enrejado que sirve de puerta, ventana o cerca.

verme. m. Gusano, y especialmente, lombriz intestinal. Ú.m. en pl.

vermicular. a. Que tiene gusanos o vermes./ Que se asemeja a los gusanos o participa de sus cualidades.

vermú o **vermut.** m. Licor aperitivo compuesto de vino blanco, ajenjo y otras sustancias amargas y tónicas.

vernáculo, la. a. Nativo, doméstico, de nuestra casa o país. Se dice especialmente del idioma.

verosímil. a. Que tiene apariencia de verdadero./ Creíble por no ofrecer carácter de falsedad.

verruga. f. Excrecencia cutánea pequeña y redonda, que se forma por hipertrofia de las papilas dérmicas./ fig. y fam. Persona o cosa que molesta.

verrugoso, sa. a. Que está lleno de verrugas.

versado, da. a. Instruido, competente, práctico.

versar. i. Tratar de alguna materia un libro o discurso./ Dar vueltas alrededor.

versátil. a. Que se vuelve o se puede volver fácilmente./ fig. De genio tornadizo y voluble.

versículo. m. Cada una de las breves divisiones de los capítulos de los libros, en especial de la Biblia.

versificar. i. Componer versos.// tr. Poner algo en verso.

versión. f. Traducción./ Modo que tiene cada uno de referir un suceso.

verso. m. Palabra o conjunto de palabras sometidas a ritmo, y, algunas veces, a rima./ **-blanco.** Lit. El que no tiene rima./ **-libre.** Lit. El que no tiene rima ni metro.

vértebra. f. Cada uno de los huesos cortos que forman el espinazo de los vertebrados.

vertebrado, da. a. Que tiene vértebras.// a./ m. Díc. de los animales que tienen esqueleto óseo con columna vertebral y cráneo.// m. pl. Subtipo de estos animales.

vertebral. a. Rel. a las vértebras./ fig. Central, que estructura o da forma a algo.

vertedero. m. Sitio adonde o por donde se vierte una cosa.

verter. tr. Derramar o vaciar líquidos o cosas menudas, como sal, harina, etc. Ú.t.c.prl./ Inclinar una vasija para vaciar su contenido./ Traducir.// i. Correr un líquido por una pendiente.

vertical. a./ f. Díc. de la recta o plano perpendicular a la línea del horizonte, y en dibujos, figuras, impresos, etc., a la línea o disposición que va de la cabeza al pie.

vértice. m. Geom. Punto en que concurren los dos lados del ángulo./ Geom. Punto en que concurren tres o más planos./ Geom. Cúspide de la pirámide o del cono.

verticilo. m. Bot. Conjunto de tres o más hojas, flores o pétalos, que están en un mismo plano alrededor de un tallo.

vertiente. a. Que vierte.// amb. Declive por donde corre o puede correr el agua.

vertiginoso, sa. a. Rel. al vértigo./ Que lo causa./ Que sufre vértigos.

vértigo. m. Vahído./ Perturbación del sentido del equilibrio que se caracteriza por una sensación de movimiento giratorio del cuerpo o de los objetos que lo rodean./ fig. Apresuramiento anormal de la actividad.

vesania. f. Locura, demencia, furia.

vesánico, ca. a. Rel. a la vesania./ Que padece vesania.

vesical. a. Rel. a la vejiga.

vesícula. f. Vejiga pequeña en la epidermis./ Ampolla llena de aire que suelen tener algunas plantas acuáticas.

vesicular. a. De forma de vesícula.

vespertino, na. a. Rel. a la tarde.

vestíbulo. m. Portal a la entrada de un edificio./ Sala o espacio cubierto que da entrada a ciertos edificios, como estaciones ferroviarias, teatros, etc./ Recibimiento./ Espacio cubierto que, en una casa, comunica la entrada con los aposentos o con el patio./ Cavidad ósea del oído interno, que comunica con el caracol.

vestido. m. Prenda o conjunto de prendas con que se cubre el cuerpo por decencia o por abrigo o adorno.

vestidura. f. Vestido./ Vestido que, sobrepuesto al común, usan los sacerdotes para el culto. Ú.m.c.pl.

vestigio. m. Huella, señal del pie./ Memoria o noticia de las acciones pasadas./ Señal que queda de algunas cosas./ fig. Indicio por donde se infiere la verdad de una cosa.

vestimenta. f. Vestido.

vestir. tr. Cubrir o adornar el cuerpo con el vestido./ Cubrir o guarnecer una cosa para protegerla o adornarla./ Dar a uno los medios necesarios para vestirse./ fig. Adornar con galas retóricas./ Disfrazar con algún adorno la realidad de una cosa./ Cubrir la hierba los campos; la hoja, los árboles; el pelo o la pluma, los animales, etc. Ú.t.c.prl./ Hacer los vestidos para otro.// i. Ir vestido./ Sobreponerse una cosa a otra, encubriéndola.

vestuario. m. Vestido, conjunto de prendas que sirven para vestirse./ Conjunto de los trajes necesarios para una representación teatral./ Uniforme de los soldados./ Parte del teatro donde están los aposentos para vestirse los actores./ Sitio en los balnearios, clubes deportivos, estadios, etc., destinado para cambiarse de ropa.

veta. f. Faja de una materia que se distingue en la masa donde se halla interpuesta./ Filón metálico, vena.

vetar. tr. Poner el veto a una ley, medida o acuerdo.

veterano, na. a. y s. Díc. del militar antiguo y experimentado./ Antiguo y experimentado en cualquier profesión, arte u oficio.

veterinario, ria. a. Rel. a la veterinaria.// s. Profesional que ejerce o profesa la veterinaria.// f. Ciencia que trata sobre la curación de las enfermedades de los animales.

veto. m. Derecho que tiene una persona o corporación para impedir o prohibir algo./ Acción y efecto de vetar.

vetustez. f. Calidad de vetusto.

vetusto, ta. a. Muy antiguo, de mucha edad./ Anciano.

vez. f. Alternación de las cosas por orden sucesivo./ Cada uno de los actos o sucesos repetidos que forman una serie./ Tiempo u ocasión determinada en que se ejecuta una acción./ Cada realización de un suceso o acción./ Tiempo u ocasión de hacer algo por turno.// pl. Ministerio o autoridad que una persona ejerce supliendo a otra. Ú.m. con el verbo hacer.

vía. f. Camino por donde se transita./ Espacio entre los carriles que señalan las ruedas de los carruajes./ El mismo carril./ Carril, riel./ Cualquiera de los conductos naturales del cuerpo del animal./ Camino que han de seguir los correos./ fig. Conducto./ Medio para conseguir algún fin.

vía crucis. m. Camino formado por las estaciones que recuerdan los momentos de la Pasión de Cristo./ Práctica piadosa en que se recuerda el camino del Calvario de Jesucristo./ fig. Conjunto de penas y aflicciones por las que atraviesa una persona durante un tiempo prolongado.

viable. a. Que puede vivir./ fig. Apl. al asunto que tiene probabilidades de realizarse.

viaducto. m. Obra a modo de puente, sobre una hondonada, para el paso de un camino o del ferrocarril.

viajar. i. Trasladarse de un lugar a otro por cualquier medio de locomoción./ Hacer viaje./ Desplazarse en vehículo siguiendo una ruta o trayectoria.

viaje. m. Acción de viajar./ Recorrido o jornada que se hace de un lugar a otro./ Camino por donde se hace.

viajero, ra. a. Que viaja./ Persona que hace un viaje, en particular si es largo.

vial. a. Rel. a la vía./ m. Calle formada por dos filas paralelas de árboles.

vialidad. f. Calidad de vial./ Conjunto de servicios pertenecientes a las vías públicas.

Verano, estación del año cuyo clima es propicio para el descanso al aire libre.

vianda. f. Sustento y comida de las personas./ Comida que se sirve a la mesa./ *Arg.* Portaviandas. Ú.m. en pl.

viandante. a./ m. y f. Persona que viaja a pie./ Persona vagabunda.

viático. m. Prevención de lo necesario para un viaje./ Subvención que se paga al empleado o funcionario que viaja./ Subvención en concepto de gastos de viaje se abona a los diplomáticos, y por ext. al empleado o funcionario que viaja./ Sacramento de la Eucaristía, que se administra al enfermo en peligro de muerte.

víbora. f. Culebra venenosa, pequeña, con dos dientes huecos en la mandíbula superior, por los cuales, al morder, suele un líquido ponzoñoso./ fig. Persona maldiciente.

vibración. f. Acción y efecto de vibrar./ Cada movimiento vibratorio de las moléculas o del cuerpo vibrante.

vibrador, ra. a. Que vibra.// m. Aparato que transmite las vibraciones eléctricas.

vibráfono. m. *Mús.* Instrumento formado por varias láminas de acero que se golpean con mazos. Su origen data de 1930 en las orquestas de jazz.

vibrar. tr. Dar movimiento trémulo a una cosa larga, delgada y elástica./ Por ext., apl. al sonido trémulo de la voz y de otras cosas no materiales.// i. *Fís.* Moverse las moléculas de un cuerpo elástico rápida y repetidamente una y otro lado de sus puntos naturales de equilibrio, y, por efecto de ello, también una masa del cuerpo.

vibrátil. a. Capaz de vibrar.

vicaría. f. Oficio o dignidad de vicario./ Oficina o tribunal en que despacha.

vicario, ria. a. y s. Que tiene la autoridad y facultades de otro o lo sustituye.// s. Persona que en las órdenes regulares hace las veces de alguno de los superiores.// m. Juez eclesiástico que nombran los prelados para ejercer jurisdicción ordinaria.

vicealmirante. m. Oficial general de la armada, inmediatamente inferior al almirante.

vicecanciller. m. Cardenal presidente de la curia romana para el despacho de bulas y breves apostólicos./ El que hace las veces de canciller.

vicecónsul. m. Persona de categoría inmediatamente inferior al cónsul.

vicegobernador. m. El que hace las veces de gobernador.

vicepresidente. m. y f. Persona que hace o está facultada para hacer las veces de presidente.

vicerrector, ra. a. y s. Persona que hace o está facultada para hacer las veces de rector.

vicetesorero, ra. s. Persona que hace o puede hacer las veces de tesorero.

viceversa. adv. De manera recíproca, al contrario, al revés.// m. Cosa, dicho o acción, al revés de lo que debe ser.

viciar. tr. Dañar o corromper física o moralmente. Ú.t.c.prl./ Falsificar un escrito./ Quitar validez a una cosa./ Adulterar los géneros./ prl. Entregarse a los vicios.

vicio. m. Mala calidad, defecto físico en las cosas./ Falta de rectitud moral en las acciones./ Hábito./ Falsedad, engaño./ Costumbre de obrar mal./ Deseo vehemente de una cosa que incita a usar con exceso de ella./ Frondosidad excesiva en las plantas./ Libertad excesiva en la crianza./ Mala costumbre de un animal./ Mimo, cariño excesivo.

vicioso, sa. a. Que tiene o causa vicio./ Entregado a los vicios. Ú.t.c.s./ Abundante, deleitoso.

vicisitud. f. Orden sucesivo de alguna cosa./ Alternancia de sucesos prósperos y adversos.

víctima. f. Persona o animal sacrificado o destinado al sacrificio./ fig. Persona que padece daño por alguna causa ajena o fortuita./ Persona que se expone a un grave riesgo en obsequio de otra.

victimario, ria. s. Asesino.

victoria. f. Superioridad o ventaja que se consigue sobre el adversario./ Coche de dos asientos, abierto y con capota.

victorioso, sa. a. Que ha conseguido una victoria. Ú.t.c.s./ Díc. también de las acciones con que se obtiene.

vicuña. f. Mamífero rumiante, de pelo largo y finísimo, algo menor que la llama, de los Andes del Perú y Bolivia. Lana de este animal./ Tejido hecho de esta lana.

vid. f. Planta trepadora, con tronco retorcido y vástagos muy largos, cuyo fruto es la uva.

vida. f. Fuerza interna sustancial del ser orgánico./ Estado activo de estos seres./ Tiempo que transcurre desde el nacimiento de un animal o un vegetal hasta su muerte./ Duración de las cosas./ Modo de vivir de las personas./ Alimento necesario para vivir./ Persona o ser humano./ Cosa que contribuye al ser o conservación de otra./ -**media** *Biol.* Período en el que una sustancia de un organismo vivo reduce su cantidad a la mitad, y es sustituida por otra sustancia idéntica./ *Fís.* Valor promedio de la vida de cada átomo en una sustancia radiactiva.

vidala. f. Canción del norte argentino, de carácter amoroso popular, que generalmente se canta acompañada de caja.

vidalita. f. *Arg.* Canción popular, por lo general de asunto amoroso, y de tono triste.

vidente. p. act. de *ver.* Que ve.// a./ m. Que es capaz de adivinar el futuro.

video. m. Aparato que registra o reproduce imágenes y sonidos electrónicamente.

videogame (voz ingl.) o **videojuego.** m. Computador especial o programa de software que sirve para que jueguen los usuarios, entre ellos o "contra" la máquina.

vidriar. tr. Dar a las piezas de loza o barro un barniz que fundido al horno toma la transparencia y lustre del vidrio./ prl. fig. Ponerse vidriosa una cosa.

vidriera. f. Bastidor con vidrios con que se cierran puertas y ventanas./ *Amér.* Escaparate.

vidriería. f. Taller donde se labra el vidrio./ Tienda o comercio donde se venden vidrios.

vidriero. m. El que trabaja en vidrio o vende vidrios.

vidrio. m. Sustancia dura, frágil y por general translúcida, que se forma por combinación de la sílice con potasa sosa y pequeñas cantidades de otras bases./ Cualquier pieza o vaso de vidrio.

vidrioso, sa. a. Que se quiebra con facilidad, como el vidrio./ fig. Apl. a las cosas que deben tratarse con gran cuidado./ fig. Díc. de los ojos o la mirada que se vidria.

vieira. f. *Zool.* Molusco comestible, muy común en las costas de Galicia. Es la insignia de los peregrinos de Santiago.

viejo, ja. a. y s. Díc. de la persona de mucha edad./ Por ext., apl. a los animales en igual caso.// a. Del tiempo pasado, antiguo./ Que no es reciente ni nuevo./ Deslucido, deteriorado por el uso.// fam. *Amér.* Voz de cariño que se aplica a los padres y usan también los cónyuges, amigos, etc., entre sí.

Vikingos. Incursionaron en las islas del Atlántico, sin llegar a conquistarlas.

Vicuñas, habitantes de la alta montaña. Su lana es muy apreciada.

viento. m. Corriente de aire que se produce en la atmósfera por causas naturales./ Aire atmosférico./ Olfato de algunos animales./ fig. Cualquier cosa que agita el ánimo./ Vanidad, presunción./ *Mar.* Rumbo.

vientre. m. Cavidad del cuerpo que contiene los órganos del aparato digestivo, genital y urinario./ Conjunto de vísceras que contiene dicha cavidad./ Parte del cuerpo correspondiente al abdomen./ Panza de las vasijas y otras cosas./ fig. Cavidad grande e interior de una cosa.

viernes. m. Sexto día de la semana./ **-santo.** *Rel.* El de la Semana Santa, en el que se recuerda la muerte de Jesucristo.

vierteaguas. m. Resguardo hecho de piedras, azulejos y otros materiales, que sirve para cubrir alféizares, salientes de paramentos o puertas y por cuya superficie se escurren las aguas de lluvias.

vietnamita. a. y s. De Vietnam.

viga. f. En construcción, pieza larga y gruesa sobre dos o más apoyos, para soportar una carga.

vigencia. f. Calidad de vigente.

vigente. a. Díc. de lo que está en vigor en un determinado momento, como las leyes, costumbres, etc.

vigesimal. a. Forma de contar o subdividir de veinte en veinte.

vigésimo, ma. a. Que sigue inmediatamente en orden al decimonono.// a. y s. Díc. de cada una de las veinte partes iguales en que se divide un todo.

vigía. f. Atalaya.// m. y f. Persona que vigila desde una atalaya./ *Mar.* Peñasco que sobresale de la superficie del mar.

vigígrafo. m. Aparato de señales para transmitir comunicaciones a distancia y que es utilizado por los vigías.

vigilancia. f. Cuidado y atención exacta de lo que está a cargo de uno./ Servicio dispuesto y ordenado para vigilar.

vigilante. a. Que vigila./ Que vela o está despierto.// m. Persona encargada de velar por algo./ *Amér.* Agente de policía uniformado.

vigilar. tr. Velar sobre una persona o cosa o atender cuidadosamente a ella.

vigilia. f. Estado del que está despierto o en vela./ Trabajo intelectual, en especial el nocturno./ Obra producida de este modo./ Falta de sueño./ Comida con abstinencia de carne./ Víspera de una festividad de la Iglesia.

vigor. m. Fuerza, energía./ Viveza o eficacia de las acciones./ Fuerza obligatoria de las leyes u ordenanzas, o duración de las costumbres o estilos./ fig. Entonación o expresión enérgica en las obras de ingenio.

vigorizar. tr./ prl. Dar vigor./ fig. Alimentar, alentar.

vigoroso, sa. a. Que tiene vigor.

viguería. f. Conjunto de vigas de un edificio o construcción.

vigueta. f. Barra de hierro utilizada en construcciones.

vihuela. f. Instrumento musical parecido a la guitarra./ *Amér.* Guitarra.

vikingo. m. Dícese de los navegantes escandinavos que realizaron incursiones por las islas atlánticas y Europa occidental entre los siglos VIII y XI.

vil. a. Despreciable, bajo./ Indigno, infame.// a. y s. Que falta a la confianza que se le dispensa.

vilano. m. Conjunto de filamentos que coronan el fruto de muchas plantas compuestas./ Flor del cardo.

vileza. f. Calidad de vil./ Acción o expresión baja e infame.

vilipendiar. tr. Insultar, despreciar, tratar con vilipendio.

vilipendio. m. Acción de vilipendiar./ Desprecio, deshonra, denigración de una persona o cosa.

villa. f. Casa de recreo, en el campo./ Población menor que la ciudad y mayor que la aldea.

villancico. m. Composición poética popular, en especial la de motivo religioso que se canta en Navidad.

villanía. f. Bajeza de nacimiento, condición, etc./ fig. Acción ruin o indigna./ Expresión indecente.

villano, na. a. y s. Individuo del estado llano, en una villa o aldea.// a. fig. Descortés, rústico./ Indigno, ruin.

villorrio. m. desp. Poblacho, población pequeña.

vinagre. m. Líquido agrio y astringente, obtenido de la fermentación del vino./ fig. y fam. Persona de mal genio.

vinatero, ra. a. Rel. al vino.// s. Persona que comercia con el vino.

vinchuca. f. *Amér.* Insecto alado, especie de chinche, de unos dos centímetros de largo, cuya picadura transmite el mal de Chagas.

Vinicultura. Interior de una planta procesadora del zumo de la uva para la obtención de vinos de calidad.

vincular. tr. Sujetar los bienes a vínculo para perpetuarlos en una familia./ fig. Enlazar una cosa con otra./ fig. Perpetuar una cosa o el ejercicio de una cosa. Ú.m.c.prl./ Contraer parentesco o relación./ a. Rel. al vínculo.

vínculo. m. Unión o atadura de una persona o cosa con otra./ *Der.* Sujeción de los bienes al perpetuo dominio de una familia.

vindicar. tr./ prl. Vengar./ Defender al calumniado, en especial por escrito.// *Der.* Reivindicar.

vindicativo, va. a. Vengativo./ Díc. del escrito o discurso en que se defiende el buen nombre y la opinión de qu se halla injuriado o calumniado.

vinería. f. *Amér.* Tienda o comercio de vinos.

vinicultura. f. Elaboración de vinos.

vinífero, ra. a. Que produce vino.

vinificación. f. Fermentación del mosto; transformación en vino del zumo de la uva.

vino. m. Bebida alcohólica que se obtiene de la fermentación del zumo de las uvas.

vinolencia. f. Intemperancia en el beber vino.

vinolento, ta. a. Apl. a quien suele beber vino en exceso.

vinosidad. f. Calidad de vinoso.

vinoso, sa. a. Que tiene la apariencia, fuerza, calidad y propiedad del vino.

vinterana. f. *Bot.* Árbol sudamericano conocido como canela blanca. Es más suave que la verdadera canela pero tiene las mismas propiedades.

viña. f. Terreno plantado de muchas vides.

viñador, ra. s. Dícese del individuo que cultiva las viñas.

viñatero, ra. s. Viñador.

viñedo. m. Terreno plantado de vides.

viñeta. f. Dibujo o estampa que se pone como adorno al principio o fin de los libros o capítulos./ Cualquier dibujo con que se ilustran algunos textos./ Cada uno de los recuadros de una serie en la que con dibujos y textos se compone una historia.

viola. f. Instrumento musical de cuerda de la misma figura que el violín, pero algo mayor y de cuerdas más fuertes./ Violeta.// m. y f. Persona que toca la viola.

violáceo, a. a./ m. Violado./ a./ f. Apl. a plantas dicotiledóneas de hojas simples, flores de cinco pétalos y fruto capsular, como la violeta./ f. pl. Familia de estas plantas.

violación. f. Acción y efecto de violar.

violado, da. a. y s. De color de violeta, morado claro. Es el séptimo color del espectro solar.

violador, ra. a. Que viola. Ú.t.c.s.

violar. tr. Infrigir, quebrantar una ley./ Forzar sexualmente./ Profanar un lugar sagrado./ fig. Ajar o deslucir.// m. Lugar plantado de violetas.

violencia. f. Calidad de violento./ Acción y efecto de violentar./ fig. Acción contraria al natural modo de proceder./ Acción de violar.

violentar. tr. Aplicar medios violentos para vencer alguna resistencia./ fig. Dar interpretación tergiversada a lo dicho o escrito./ Entrar en un sitio contra la voluntad de su dueño.// prl. fig. Vencer uno su repugnancia a hacer algo.

violento, ta. a. Que está fuera de su estado natural, modo o situación./ Que obra con ímpetu./ Díc. de lo que hace uno con repugnancia./ fig. Díc. del genio impetuoso./ Falso, torcido./ Que se ejecuta contra el modo regular, o fuera de razón y justicia.

violero, ra. s. El que construye o toca la viola.

violeta. f. Planta herbácea, con flores moradas de suave olor./ Flor de esta planta.// a./ m. De color morado claro, parecido al de la violeta.

violín. m. Instrumento musical de cuerda y arco, el más pequeño de los de su clase, compuesto de una caja de madera, un mástil y cuatro cuerdas./ Violinista.

violina. f. *Quím.* Sustancia que contienen las raíces de ciertas especies de violetas.

violinista. m. y f. Persona que toca el violín.

violoncelo. m. Violonchelo.

violonchelista. m. y f. Persona que toca el violonchelo.

violonchelo. m. Instrumento musical de cuerda y arco, más pequeño que el violón y de la misma forma.

Violinista y un arte que conserva todo su encanto y poesía.

vipérido, da. a. *Zool.* Dícese de reptiles ofidios muy venenosos. Ú.t.c.s.// m. pl. *Zool.* Familia de dichos reptiles.

viperino, na. a. Rel. a la víbora./ fig. Que tiene sus propiedades.

viquingo, ga. a. Vikingo.

viraginidad. f. Presencia de caracteres masculinos en la mujer.

viraje. m. Acción y efecto de virar./ m. *Dep?* Acción y efecto de hacer realizar una curva, vuelta o giro a un automóvil u otras máquinas con velocidades.

virar. i. *Fot.* Reemplaza la sal de plata del papel impresionado por otr que produzca un color determinado./ *Mar.* Mudar de rumbo o de bordada. Ú.t.c.i./ i. Cambiar de dirección en la marcha de un automóvil u otro vehículo.

virgen. a./ m y f. Persona que no ha tenido trato carnal.// a Apl. a la tierra que no ha sido cultivada./ Díc. de las cosa que conservan su integridad y pureza originales.// f. Po anton., María Santísima, Madre de Dios./ Imagen de Ma ría Santísima./ Título con que la Iglesia distingue los coro de las santas mujeres que conservaron su pureza.

virginal. a. Pert. o rel. a la virgen./ fig. Puro, inmaculado.

virginidad. f. Calidad de virgen.

vírgula. f. Vara pequeña.

virgulilla. f. Cualquier signo ortográfico de figura de coma rasguillo o trazo, como la tilde de la ñ./ Cualquier rayit corta y muy delgada.

viridina. f. Líquido oleaginoso que se extrae del alquitrá de hulla por destilación fraccionaria.

viridita. f. *Miner.* Nombre de los silicatos ferrosos, hidrata dos, etc.

viril. a. Varonil.// m. Vidrio transparente que se pone delan te de algunas cosas.

virilidad. f. Calidad de viril./ Edad viril o adulta.

virilismo. m. Hermafroditismo en el que un individu femenino posee órganos genitales externos masculinos.

Violeta. Su esencia es muy utilizada en perfumería. La raíz actúa como vomitivo y su color es efectivo como tornasol. Vive en lugares frescos, húmedos y umbríos.

Viseras de diferentes modelos y colores.

virola. f. Anillo de metal que se pone por remate o como adorno en el extremo de algunas piezas o instrumentos./ Anillo de la garrocha de los vaqueros./ fig. *Arg.* Rodaja de plata con que se adornan los arneses.

virósico, ca. a. Rel. al virus, o causado por él.

virreina. f. Mujer del virrey./ Dícese de la que gobierna como virrey.

virreinal. a. Rel. al virrey o al virreinato.

virreinato. m. Dignidad o cargo de virrey./ Tiempo que dura./ Territorio gobernado por un virrey.

virrey. m. El que con este título y con autoridad del rey gobierna en su nombre.

virtud. f. Capacidad o poder de las cosas de producir un determinado efecto./ Eficacia de una cosa para mantener o restablecer la salud./ Fuerza, vigor, valor./ Potestad de obrar./ Integridad de ánimo y bondad de vida./ Hábito y disposición del alma para las buenas acciones./ Acción virtuosa.

virtuoso, sa. a. Díc. de quien se ejercita en la virtud o que procede según ella. Ú.t.c.s./ Apl. también a las mismas acciones./ Díc. del artista que domina extraordinariamente y con perfección la técnica de su arte.

viruela. f. Enfermedad infecciosa, aguda, febril y contagiosa, caracterizada por una erupción de pústulas supurantes que dejan cicatrices redondas. Ú.m. en pl.

virulencia. f. Calidad de virulento./ f. *Pat.* Conjunto de propiedades por medio de las cuales los microbios que se introducen en un organismo ocasionan una infección en él.

virulento, ta. a. Ponzoñoso, ocasionado por un virus, o que participa de su naturaleza./ Que tiene pus./ fig. Apl. al lenguaje mordaz y sañudo.

virus. m. *Med.* Humor maligno./ Agente infeccioso, apenas visible al microscopio ordinario. Atraviesa los filtros de porcelana y es causa de numerosas enfermedades contagiosas.

viruta. f. Hoja delgada de madera o metal que se saca con el cepillo u otras herramientas al labrarlos./ f. fam. *Cuba.* Dinero.

vis. f. Vigor, fuerza. Se emplea sólo en la locución vis cómica.// **-a vis.** loc. adv. Gal. por *frente a frente.*

visa. f. *Amér.* Visado.

visación. f. Acción de visar.

visado, da. p. p. de **visar.**// m. Acción y efecto de visar un documento./ Este documento después de dicho trámite.

visaje. m. Gesto.

visar. tr. Examinar un documento, pasaporte, etc., poniendo en él el visto bueno o autorización/ tr. *Mil.* Dirigir la puntería o la visual a un punto determinado.

víscera. f. Entraña del hombre y los animales./ Cualquiera de los órganos contenidos en las principales cavidades del cuerpo humano y de los animales.

viscosidad. f. Calidad de viscoso./ Materia pegajosa.

viscoso, sa. a. Pegajoso, glutinoso.

visera. f. Parte del yelmo, que cubría y defendía el rostro./ Ala pequeña en la parte delantera de las gorras y otras prendas semejantes.

visibilidad. f. Calidad de visible./ Mayor o menor distancia a que son visibles los objetos según las condiciones atmosféricas.

visible. a. Que se puede ver./ Tan cierto y evidente que no da lugar a duda.

visigodo, da. a. y s. Apl. al individuo de una parte del pueblo godo que fundó un reino en España.

visión. f. Acción y efecto de ver./ Objeto de la vista, en esp. cuando es ridículo o espantoso./ Especie de la fantasía o imaginación, que se toma como verdadera.

visionario, ria. a. y s. Díc. de quien, por tener una imaginación exaltada, cree ver cosas quiméricas./ Apl. al que cree tener visiones sobrenaturales.

visir. m. Ministro de un soberano musulmán.

visita. f. Acción de visitar./ Persona que visita.

visitar. tr. Ir a ver a alguien a su casa./ Recorrer un lugar para conocerlo./ Ir el médico a casa del enfermo para asistirlo./ Acudir con frecuencia a un lugar con un objeto determinado./ Hacer una gira de inspección.

vislumbrar. tr. Ver un objeto confusamente./ Conjeturar por leves indicios una cosa, conocer de modo imperfecto.

El visón es de costumbres nocturnas, vive en grupos pequeños y frecuenta las zonas próximas a ríos y lagos porque se alimenta esencialmente de animales acuáticos.

vislumbre. f. Leve resplandor o reflejo de una luz lejana./ fig. Conjetura, indicio. Ú.m. en pl./ Noticia dudosa./ Leve semejanza de una cosa con otra.

viso. m. Eminencia o altura desde donde se descubre mucho terreno./ Superficie de las cosas tersas que hieren la vista con un especial reflejo./ Onda de resplandor de algunas cosas./ Forro de color que se coloca debajo de una tela para que se transparente./ fig. Apariencia de las cosas.

visón. m. Mamífero carnicero parecido a la nutria, muy apreciado por su piel.

víspera. f. El día inmediatamente anterior a otro determinado./ fig. Cualquier cosa que antecede a otra.

vista. f. Uno de los cinco sentidos, por el que se perciben la luz, los colores, las formas y las distancias./ Visión, acción y efecto de ver./ Apariencia, aspecto o disposición de las cosas./ Campo que se descubre desde un punto./ Ojo, órgano de la visión./ Conjunto de ambos ojos./ Encuentro en que uno se ve con otro./ Cuadro o estampa que representa un lugar, monumento, etc./ Intención o propósito./ Vistazo./ *Der.* Actuación en que se relaciona ante el tribunal un juicio o incidente para dictar fallo.// pl. Ventana, puerta, etc., en los edificios.// m. Empleado de aduana encargado del registro de los géneros.

Volcán. Algunos de ellos permanecen largo tiempo en actividad.

vistazo. m. Mirada ligera o superficial.

vistoso, sa. a. Que atrae mucho la atención, llamativo.

visual. a. Perteneciente al sentido de la vista.

visualización. f. Acción y efecto de visualizar./ *Comp.* Información que se muestra a través de la pantalla.

visualizar. tr. Formar en la mente una imagen visual de un concepto abstracto o de algo que no se tiene a la vista.

vital. a. Rel. a la vida./ fig. De suma trascendencia o importancia.

vitalicio, cia. a. Que dura desde que se obtiene hasta el fin de la vida./ Apl. a la persona que obtiene ciertos cargos vitalicios.// m. Póliza de seguro sobre la vida.

vitalidad. f. Calidad de tener vida./ Actividad, eficacia o energía de las facultades vitales.

vitalismo. m. *Biol.* y *Fil.* Doctrina que explica los fenómenos orgánicos o sociales por la acción de las fuerzas vitales.

vitalizar. tr. Dar fuerza vital, vivificar.

vitamina. f. Nombre genérico de diversas sustancias químicas que son indispensables para el crecimiento y equilibrio normal de las funciones vitales principales.

vitaminado, da. a. Díc. de las drogas o alimentos que contienen determinadas vitaminas.

vitamínico, ca. a. Rel. a las vitaminas, o que las contiene.

viticultura. f. Cultivo de la vid./ Arte de cultivar la vid.

vitivinicultura. f. Arte de cultivar la vid y elaborar el vino.

vitorear. tr. Aplaudir o aclamar con vítores./ Vivar.

vitral. m. Vidriera de colores./ Superficie formada por vidrios de colores que forman figuras.

vítreo, a. a. Hecho de vidrio o que tiene sus propiedades./ Semejante al vidrio.

vitrificar. tr./ prl. Convertir en vidrio una sustancia./ Hacer que una cosa adquiera el aspecto del vidrio.

vitrina. f. Armario o caja con puertas o tapas de cristales para exponer objetos.

vitualla. f. Provisión de víveres, en particular en los ejércitos. Ú.m. en pl./ fam. Abundancia de comida.

vituperar. tr. Hablar mal de una persona o cosa, tachándola de viciosa o indigna.

vituperio. m. Baldón, afrenta, oprobio./ Acción o circunstancia que afrenta o deshonra.

viudez. f. Estado de viudo o viuda.

viudo, da. a. y s. Díc. de la persona a quien se le ha muerto su cónyuge y no ha vuelto a casarse.// f. Planta herbácea con flores de color morado oscuro.

vivac. m. Vivaque.

vivacidad. f. Calidad de vivaz./ Viveza, esplendor de ciertas cosas.

vivaque. m. Guardia principal en las plazas de armas./ Campamento militar provisional al aire libre.

vivaquear. i. Pasar las tropas la noche al raso.

vivar. m. Lugar donde se crían ciertos animales, como los conejos./ Vivero de peces.// tr. *Amér.* Vitorear, aclamar.

vivaz. a. Que vive mucho tiempo./ Vigoroso./ Agudo, perspicaz./ *Bot.* Apl. a la planta que vive más de dos años.

víveres. m. pl. Comestibles necesarios para el alimento./ Provisiones de boca de un ejército, buque, etc.

vivero. m. Sitio adonde se trasplantan las plantas para recriarlas y trasponerlas después a su lugar definitivo./ Sitio donde se mantienen y crían moluscos, peces, etc./ fig. Origen de algunas cosas, semillero.

viveza. f. Prontitud, presteza, agilidad./ Energía en la expresión de los sentimientos./ Agudeza de ingenio./ Dicho agudo e ingenioso./ Lustre y esplendor de ciertas cosas./ Gracia particular de los ojos./ Acción poco meditada./ Palabra irreflexiva.

vívido, da. a. poét. Vivaz.

vividor, ra. a. Que vive. Ú.t.c.s./ Vivaz, que vive mucho tiempo./ s. El que vive a expensas de los otros.

vivienda. f. Habitación, morada./ Modo de vivir.

vivificar. tr. Dar vida./ Confortar.

vivíparo, ra. a. y s. Díc. de los animales que paren vivos los hijos, después de efectuar éstos su desarrollo embrionario dentro del cuerpo de la madre.

vivir. i. Tener vida./ Durar con vida./ Durar las cosas./ Pasar la vida./ Habitar o residir. Ú.t.c.tr./ fig. Obrar, conducirse de algún modo./ Durar en la memoria o en la fama./ Acomodarse a las circunstancias para lograr lo que conviene.

vivisección. f. Disección de los animales vivos con fines de estudio o para investigaciones patológicas.

vivo, va. a. Que tiene vida. Ú.t.c.s./ Fuerte, intenso./ Sutil ingenioso./ Excesivamente pronto en las acciones o expresiones./ fig. Que subsiste en todo su vigor./ Durable en la memoria./ Diligente y ágil./ Muy expresivo./ fam. *Arg* Despierto, listo. Ú.t.c.s.

vizcacha. f. *Amér.* Mamífero roedor de carne comestible parecido a la liebre, pero con cola larga.

vizconde. s. Título de nobleza inmediatamente inferior a de conde./ Antiguamente, sustituto del conde.

Vizcacha. Vive en madrigueras y es comestible.

vocablo. m. Palabra.

vocabulario. m. Conjunto de palabras de que consta una lengua./ Conjunto de vocablos de que se usa en una materia determinada./ Catálogo o listas de palabras usadas por un autor o en determinada región, puestas en orden alfabético./ Diccionario.

vocación. f. Inspiración con que Dios llama a algún estado./ fam. Inclinación hacia una profesión, arte o ciencia.

vocal. a. Rel. a la voz./ Que se expresa materialmente con la voz.// f. Sonido del lenguaje que se produce sin que el aire encuentre obstáculo o estrechez en los órganos de la articulación./ Letra que corresponde a este sonido.// m. y f. Persona que tiene voz en una junta, congregación, etc.

vocalización. f. Mús. Acción y efecto de vocalizar./ Mús. Ejercicio de canto que consiste en ejecutar, valiéndose de cualquiera de las vocales, trinos, arpegios, modulaciones, etc./ Fon. Transformación de una consonante en vocal.

vocalizar. i. Solfear sin nombrar las notas, empleando sólo una vocal./ Ejecutar ejercicios de vocalización./ Fon. Transformar en vocal una consonante.

vocativo. m. Gram. Sustantivo o construcción sustantiva con que se invoca, llama o nombra a la persona o cosa personificada a quien dirigimos la palabra.

vocear. i. Dar voces o gritos.// tr. Manifestar o publicar con voces./ Llamar a uno dándole voces./ Aclamar con voces./ fig. Manifestar o dar a entender algo con claridad, las cosas inanimadas./ fig. y fam. Alabarse uno públicamente, en especial de un favor hecho a alguien.

vocería. f. o **vocerío.** m. Gritería.

vocero. m. Persona que habla en nombre de otro.

vociferar. tr. Publicar con jactancia una cosa.// i. Vocear o dar grandes voces.

vocinglero, ra. a. y s. Que habla muy fuerte o da muchas voces./ Que habla mucho y vanamente.

vodka. amb. Aguardiente originario de Rusia, que se hace de centeno.

volador, ra. a. Que vuela./ Díc. de lo que está pendiente, de manera que el aire lo pueda mover./ Que corre con ligereza.// m. Cohete que se arroja al aire./ Pez acantopterigio, con aletas pectorales tan largas que le permiten volar a alguna distancia, elevándose sobre las aguas.

volante. a. Que vuela./ Que va o se lleva de una parte a otra.// m. Guarnición rizada con que se adornan prendas de vestir o de tapicería./ Pantalla movible y ligera./ Rueda grande que regulariza el movimiento de una máquina y lo transmite, por lo común, al resto del mecanismo./ Anillo que detiene y deja libres alternativamente los dientes de la rueda de escape de un reloj./ Máquina donde se colocan los troqueles para acuñar./ Hoja de papel en que se manda una comunicación o aviso./ Pieza de mano a modo de rueda, que llevan los automóviles para accionar la dirección./ Amér. Corredor de carreras automovilísticas.

volar. i. Moverse por el aire sosteniéndose con las alas, las aves y algunos insectos./ fig. Elevarse en el aire y moverse de una parte a otra en un aparato de aviación./ Elevarse una cosa en el aire y moverse algún tiempo por él. Ú.t.c. prl./ Ir con gran prisa./ Desaparecer con rapidez una cosa./ Ir por el aire alguna cosa arrojada con violencia./ Hacer las cosas con gran prontitud y rapidez./ Propagarse con celeridad una especie./ tr. fig. Hacer saltar alguna cosa con explosivo.

volátil. a. Que vuela o puede volar. Ú.t.c.s./ fig. Inconstante, mudable./ Quím. Apl. a la sustancia que tiene la propiedad de volatilizarse.

volatilizar. tr. Transformar en vapor o gas un cuerpo sólido o líquido./ prl. Disiparse una sustancia.

volatinero, ra. s. Persona que hace ejercicios acrobáticos o de equilibrio.

volcán. m. Abertura en una montaña por donde salen humo, llamas, materias encendidas y en ignición.

volcánico, ca. a. Rel. al volcán./ fig. Fogoso, ardiente.

volcar. tr./ prl. Torcer o inclinar hacia un lado una cosa de modo que caiga o se vierta lo contenido en ella. Ú.t.c.i., tratándose de vehículos./ Turbar a uno la cabeza alguna cosa de manera que le ponga en riesgo de caer./ fig. Hacer

mudar de parecer a uno.// prl. Poner uno su máximo empeño en favor de una persona o de una empresa.

volea. f. Palo labrado a modo de balancín al que se sujetan los tirantes de las caballerías delanteras./ Voleo.

volear. tr. Golpear en el aire una cosa para impulsarla./ Sembrar a voleo.

voleibol (adaptación del inglés, volleyball). m. Juego deportivo entre dos equipos de seis jugadores, que consiste en impulsar una pelota con las manos por encima de una red, de acuerdo con determinadas reglas.

voleo. m. Golpe que se da en el aire a una cosa antes de que toque al suelo./ Bofetón fuerte, como para hacer rodar por el suelo a uno.

volframio. m. Cuerpo simple, metálico, de color gris acerado, duro y denso. Símb., W o Tg.

volitivo, va. a. Rel. a la voluntad.

volovelismo. m. Deporte de vuelo a vela.

volquete. m. Carro o vehículo formado por un cajón, cuyo contenido puede volcar girando su eje.

voltaje. m. Cantidad de voltios que actúan en un aparato o sistema eléctrico.

Voleibol. En los torneos que se realizan en Cancún (México) participan competidores de diversos países.

voltear. tr. Dar vueltas a una persona o cosa./ Dar vueltas a una cosa poniéndola al revés de como estaba colocada./ Trastocar o mudar una cosa./ Arg. y Chile. Derribar, tumbar./ Méx. Volcar, derramar./ i. Dar vueltas una persona o cosa, cayendo por impulso ajeno o voluntariamente, como lo hacen con arte los volatineros.

voltereta. f. Vuelta ligera en el aire.

voltio. m. Unidad de potencial eléctrico y de energía electromotriz.

voluble. a. Que se puede volver alrededor fácilmente./ fig. Inconstante, mudable./ Apl. al tallo de las plantas trepadoras, que crece enroscándose en espiral.

volumen. m. Bulto de una cosa./ Cuerpo material de un libro./ Geom. Extensión del espacio de un cuerpo de tres dimensiones./ Intensidad de la voz o de otros sonidos./ Grosor de una moneda o medalla.

voluminoso, sa. a. Que tiene mucho volumen o bulto.

voluntad. f. Facultad de hacer o no hacer una cosa./ Ejercicio de dicha facultad, por el cual se admite o rechaza una cosa./ Libre albedrío./ Intención o resolución de hacer algo./ Elección de una cosa hecha por propia determinación, sin impulso externo./ Amor, benevolencia, afecto./ Gana o deseo./ Mandato o disposición de una persona.

voluntario, ria. a. Apl. al acto que nace de la voluntad, y no por fuerza o necesidad./ Que se hace por espontánea voluntad, y no por obligación o deber./ Voluntarioso./ Persona que se ofrece a correr un riesgo o a realizar algún trabajo o servicio, sin esperar a que le corresponda hacerlo.

voluntarioso, sa. a. Que por capricho quiere hacer siempre su voluntad./ Servicial, complaciente; que hace las cosas con voluntad y deseo.

voluptuoso, sa. a. Que impulsa a la voluptuosidad o la hace sentir./ Dado a los placeres sensuales. Ú.t.c.s.

voluta. f. Adorno en forma de espiral que se coloca en los capiteles./ fig. Espiral que forma el humo.

volver. tr. Dar vueltas a una cosa./ Dirigir una cosa hacia un lugar./ Corresponder, atribuir, pagar./ Enviar, encaminar una cosa a otra./ Traducir de un idioma a otro./ Devolver, restituir./ Poner de nuevo a una persona o cosa en el estado que antes tenía./ Mudar de un estado a otro. Ú.m.c. prl./ Dar el vendedor al comprador la vuelta o el cambio./ Rechazar, despedir./ Rehusar una cosa recibida.// i. Regresar, retornar./ Torcer o dejar el camino o línea recta./ Repetir, reiterar.// prl. Mudar de opinión o de conducta./ Girar el cuerpo para mirar lo que está detrás.

vomitar. tr./ prl. Arrojar con violencia por la boca lo contenido en el estómago./ fig. Arrojar violentamente de sí una cosa algo que contiene dentro./ Proferir injurias, maldiciones, etc./ fig. y fam. Revelar uno algo que se resistía a descubrir./ Restituir uno lo que indebidamente retiene.

vomitivo, va. a. a./ m. Que mueve o excita el vómito.

vómito. m. Acción de vomitar./ Lo que se vomita.

voracidad. f. Calidad de voraz.

vorágine. f. Remolino impetuoso que hacen las aguas.

voraz. a. Díc. del animal que come mucho y de la persona que lo hace ávidamente./ fig. Que consume o destruye rápidamente.

vórtice. m. Remolino, torbellino./ Centro de un ciclón.

vos. Forma del pronombre personal de segunda persona en género masculino o femenino y número singular y plural, cuando esta voz se utiliza como tratamiento. Se emplea con preposición y pide verbo en plural, pero concierta en singular con el adjetivo aplicado a la persona a quien se dirige./ Amér. Tratamiento que en algunos países reemplaza al pronombre tú.

vosear. tr. Dar el tratamiento de vos.

voseo. m. Acción y efecto de vosear./ Uso del pronombre vos en lugar de tú.

vosotros, tras. s. Forma del pronombre del plural en género masculino y femenino. También se emplea con preposición.

votación. f. Acción y efecto de votar./ Conjunto de votos emitidos.

votar. i. Hacer voto a Dios o a los santos. Ú.t.c.tr./ Proferir votos o juramentos./ Emitir uno su voto o dictamen.// tr. Aprobar por votación.

votivo, va. a. Ofrecido por voto o rel. a él.

voto. m. Promesa hecha a Dios, a la Virgen o a un santo./ Cualquiera de los prometimientos del estado religioso./ Opinión emitida por las personas en una elección o cuerpo deliberante./ Parecer, dictamen, sufragio./ Persona que da o puede dar su voto./ Ruego o depreciación con que se pide algo a Dios./ Juramento o maldición.

voz. f. Sonido que produce el aire expelido de los pulmones al hacer vibrar las cuerdas vocales./ Timbre e intensidad de ese sonido./ Sonido de ciertas cosas heridas por el viento./ Grito. Ú.m. en pl./ Vocablo./ fig. Músico que canta./ Autoridad que adquieren las cosas por el dicho u opinión común./ Facultad de hablar, pero no de votar, en una asamblea./ Fama, rumor./Gram. Categoría gramatical del verbo que se expresa por medio de desinencias, verbos auxiliares o, en ocasiones, pronombres, y que indica la relación entre el verbo y el sujeto, manifestada formalmente por la concordancia entre ambos./ Mús. Sonido o tono que corresponde a las notas y claves./ Mús. Cada una de las líneas melódicas que forman una composición polifónica.

vozarrón. m. Voz muy potente y gruesa.

vuelco. m. Acción y efecto de volcar o volcarse.

vuelo. m. Acción de volar./ Espacio que se recorre volando sin posarse./ Trayecto que recorre un avión./ Amplitud de un vestido en la parte que no se ajusta al cuerpo./ Arq. Parte que sale fuera del paramento del muro.

vuelta. f. Movimiento de una cosa girando alrededor de sí misma o de un punto./ Curvatura en una línea o del camino./ Regreso al punto de partida./ Devolución./ Acción de girar o hacer girar./ Retorno o recompensa./ Adorno sobrepuesto en las mangas de ciertas prendas./ Embozo de una capa./ Mudanza o cambio de las cosas.

vuestro, tra, tros, tras. a. y s. Pronombre posesivo de segunda persona, en género masculino y femenino, y número singular y plural.

vulcanizar. tr. Someter al caucho a un proceso en que se combina con azufre para hacerlo más elástico y resistente.

vulgar. a. Propio del vulgo./ Común./ Corriente, en oposición a especial o técnico./ Díc. de las lenguas que se hablan en la actualidad, en oposición a las clásicas.

vulgaridad. f. Calidad de vulgar./ Especie, dicho o hecho vulgar, que carece de novedad e importancia.

vulgarismo. m. Palabra o frase propia de la lengua vulgar.

vulgarizar. tr. Hacer vulgar alguna cosa. Ú.t.c.prl./ Exponer una ciencia, materia, etc., en forma comprensible para el común de la gente./ Traducir de otra lengua a la común y vulgar.

vulgo. m. El común de la gente, el pueblo./ Conjunto de las personas que sólo conocen lo superficial de una materia.

vulnerable. a. Que puede ser dañado o herido.

vulnerar. tr. Herir./ fig. Dañar, perjudicar./ fig. Infringir, quebrantar una ley o precepto.

vulva. f. Partes que rodean y constituyen la abertura externa de la vagina.

El vuelo de las aves en el Gran Pantanal (tuyuyús, garzas y flamencos, entre otras), propician un espectáculo de belleza y color incomparables.

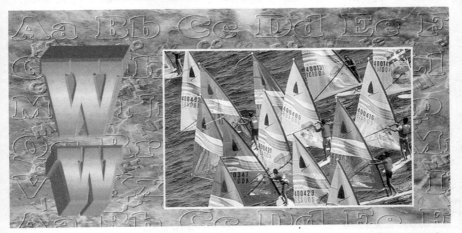

w. f. Vigesimocuarta letra del abecedario castellano y decimonovena de sus consonantes. Su nombre es *uve doble*.

waffle (voz ingl.). m. *Amér.* Panqueque.

wagneriano, na. a. Vagneriano.

walkiria. f. Valquiria.

warrant. m. *Com.* Recibo que se da por una mercancía depositada en un muelle o almacén y que puede ser negociada como una letra de cambio.

watio. m. Watt.

watt. m. Nombre del vatio, en la nomenclatura internacional.

wéber. m. Nombre del weberio en la nomenclatura internacional.

weberio. m. Unidad de flujo de inducción magnética.

western (voz ingl.). m. *Cin.* Género épico cuyos relatos transcurren en un legendario Lejano Oeste norteamericano, entre vaqueros, indios y soldados.

whisky. m. Bebida alcohólica obtenida por fermentación de cereales.

widia. f. Material de gran dureza con el que se construyen herramientas para perforar y cortar.

winchester (voz ingl.). m. Especie de fusil de repetición de origen norteamericano./ *Comp.* Unidad de disco rígido en la que los discos y los soportes están en una caja hermética.

windows (voz ingl.). m. *Comp.* Sistema operativo fácil de operar a través de ventanas e íconos.

windsurf (voz ingl.). m. Deporte acuático que se practica con una tabla que posee una vela triangular.

wolfram o **wolframio.** m. Volframio.

x. f. Vigesimoquinta letra del abecedario castellano y vigésima de sus consonantes. Su nombre es *equis*.

xantina. f. Producto de la degradación de la adenina de la que deriva la cafeína.

xantoficeo, a. a./f/ *Bot.* Dícese de organismos de la clase de las xantoficeas.// f. pl. *Bot.* Clase de algas amarillas, que abundan en las aguas dulces.

xantofila. f. *Bot.* Pigmento de color amarillo que se halla en las hojas de ciertas algas y de las plantas superiores.

xantóforo. m. *Zool.* Célula epidérmica de algunos animales.

xenofobia. f. Odio u hostilidad hacia lo extranjero.

xenófobo, ba. a. Que siente xenofobia.

xenogamia. f. *Biol.* Fecundación cruzada entre dos individuos de la misma especie.

xenón. m. *Quím.* Cuerpo simple inodoro e incoloro, que en estado gaseoso se encuentra en la atmósfera en pequeñísima proporción. Símb., X o Xe; n. at., 54; p. at., 131, 30.

xerocopia. f. Copia fotográfica obtenida por medio de la xerografía.

xerocopiar. tr. Copiar con xerografía.

xerodermia. f. *Pat.* Afectación cutánea que se caracteriza por el estado seco y descolorido de la piel, con formación de escamas.

Xilófago.
Las termitas forman parte de la familia de estos insectos que roen madera. Habitan sobre todo en los países cálidos y construyen sus viviendas en forma cónica, con una altura que puede alcanzar los 4 metros.

xerófilo, la. a. Dícese de las plantas adaptadas a los climas secos.

xerofítico, ca. a. Xerófilo, pero con mayor precisión se aplica a los vegetales adaptados por su estructura a los medios secos, por su temperatura u otras causas.

xeroftalmia. f. *Pat.* Enfermedad de los ojos que se caracteriza por la sequedad de la conjuntiva y la opacidad de la córnea.

xerografía. f. Procedimiento electrostático de reproducción de imágenes sobre papel./ Fotocopia obtenida por este procedimiento.

xerografiar. tr. Reproducir imágenes por la xerografía.

xeromorfo, fa. a. *Biol.* Dic. del vegetal adaptado a vivir en lugares muy secos.

xi. f. Decimocuarta letra del alfabeto griego. Corresponde a la equis española.

xifoideo. a. Rel. al apéndice xifoides.

xifoides. a./ m. Dícese del apéndice cartilaginoso de forma semejante a la punta de una espada, en que termina el esternón.

xilema. m. *Bot.* Conjunto de los vasos leñosos de una planta.

xilócopo. m. Insecto himenóptero, parecido a la abeja. Se lo llama *abeja carpintera* porque fabrica sus panales en troncos de árboles.

xilófago, ga. a. y s. Dícese de los insectos que roen la madera./ Apl. también a los hongos que descomponen la madera para alimentarse de ella.

xilófon o **xilófono.** m. Instrumento músico de percusión formado por una serie de láminas o cilindros de madera de longitud desigual, que se golpean con dos macillos, también de madera.

xilofonista. m. y f. Persona que toca el xilófono.

xilografía. f. Arte de grabar en madera./ Impresión tipográfica hecha con planchas de madera grabadas.

xilógrafo, fa. m. y f. Artista que graba en madera.

xilometría. f. Cálculo del volumen de los árboles para conocer su valor potencial en madera o leña.

xilórgano. m. Instrumento músico antiguo, compuesto de unos cilindros o varillas de madera compacta y sonora.

xilosa. f. *Quím.* Monosacárido de cinco átomos de carbono; forma parte de la pared de las células vegetales.

xiridáceo, a. a. y f. *Bot.* Díc. de plantas angiospermas monocotiledóneas con flores de perianto diferenciado, reunidas en espiga terminal./ f. pl. *Bot.* Familia de estas plantas que comprende unas doscientas especies propias de regiones cálidas.

xitóforo. m. Pequeño pez de América Central, de cola larga que se prolonga a manera de espada. Es muy común en los acuarios.

xosa. a. y s. Díc. de individuos de un pueblo bantú que habita en áreas reservadas para la población negra autóctona de Transkei (bantustán sudafricano)./ *Ling.* Lengua hablada por este pueblo.

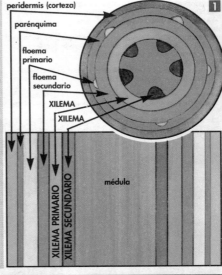

1. Xilema. Cortes transversal y longitudinal del tallo de una planta vascular. Su función es transportar el agua y las sales que la raíz toma del suelo.

2. Xilografía reproducida en papel, que representa el pintoresco condado de Warwick en el norte de Inglaterra.

y. f. Vigesimosexta letra del abecedario castellano y vigesimoprimera de sus consonantes. Su nombre es *ye*.

ya. adv. En tiempo pasado./ En el tiempo actual./ En ocasión futura./ Por último, en conclusión./ Inmediatamente al instante./ Ú.t.c. conj. distributiva.

yac. m. Mamífero rumiante de las altas montañas del Tíbet, parecido a un buey, sin papada y con largas lanas que cubren sus patas y la parte inferior del cuerpo.

yacaré. m. *Amér.* Caimán.

yacente. p. act. de *yacer*. Que yace.// m. *Min.* Cara inferior de un criadero.

yacer. i. Estar echada o tendida una persona./ Estar un cadáver en la sepultura./ Tener trato carnal una persona con otra./ Pacer de noche las caballerías.

yacija. f. Cama, lecho o sitio en que se está acostado.

yacimiento. m. Sitio donde se halla naturalmente una roca, un mineral o un fósil.

yagua. f. *Amér.* Cierta palma comestible, con la que se tejen chozas, cestos, etc./ Tejido fibroso de la palma real, que tiene diversas aplicaciones.

yaguar. m. *Amér.* Félido de gran tamaño, de piel amarillenta con manchas negras. Vive desde Tejas y México en toda América Central y Meridional. Se llama también onza y tigre americano y es muy temible por su ferocidad.

yaguareté. m. *Arg., Par.* y *Urug.* Yaguar.

yámana. m. Pueblo aborigen de la etnia fuéguida, originarios de Siberia. Habitaron el sur de Chile y Argentina. Su principal elemento era la canoa y cocinaban utilizando piedras calientes que arrojaban sobre la carne o en las vasijas de agua.

yámbico, ca. a. Rel. al yambo.

yambo. m. *Lit.* Pie de la poesía griega y latina, compuesto de dos sílabas: la primera breve y la otra larga.

yanacona. a. y s. Díc. del indio que estaba al servicio personal de los españoles, en ciertos países de América del Sur.// m. *Amér.* Indio aparcero de una finca.

yanaconazgo. m. Trabajo de los yanaconas.

yang. m. Principio activo o masculino, opuesto al yin, o femenino, en la cosmología china. Los hechos del mundo y la vida en general se basan en la combinación equilibrada de ambos.

yanqui. a. y s. Nombre irónico que daban los ingleses a los colonos de Nueva Inglaterra, EE.UU., y por ext., al natural de este país.

yantar. tr. p. us. Manjar, comida.// tr. p. us. Comer.

yapa. f. *Amér.* Ñapa, añadidura.

yarará. f. *Amér.* Víbora muy venenosa, de gran tamaño.

yaraví. m. *Amér.* Canción triste y melancólica, de origen quechua.

yarda. f. Medida de longitud que equivale a 91 cm.

yatay. m. *Arg., Par.* y *Urug.* Planta de la familia de las palmas, cuyo fruto se usa para fabricar aguardiente y la fibra de las hojas para hacer sombreros.

yate. m. Embarcación de deporte o recreo.

yegua. f. Hembra del caballo./ La que ya tiene cinco o más años.

yeguada. f. Piara de ganado caballar.

yeguar. a. Rel. a las yeguas.

yeguarizo, za. a. y s. *Arg.* Dícese del ganado caballar en que predominan las yeguas.// m. *Amér.* Conjunto de yeguas destinadas a la cría.

yeguato, ta. a. y s. Hijo o hija de asno y yegua.

yeísmo. m. Pronunciación de la *ll* como *y*.

yelmo. m. Parte de la armadura antigua que resguardaba la cabeza y el rostro.

yema. f. *Bot.* Renuevo en forma de botón escamoso que nace en el tallo de los vegetales./ Porción central del huevo de las aves, de color amarillo./ Parte de la punta del dedo opuesta a la uña.

yemení. a. y s. Del Yemen.

yen. m. Unidad monetaria de Japón.

yerba. f. Hierba./ *R. de la P.* Yerba mate./ **-mate.** *R. de la P.* Variedad de acebo, cuyas hojas secas y molidas se usan para preparar una infusión llamada mate.

yerbal. m. *Amér.* Plantación de yerba mate.

Yaguar, una de las especies a la que la caza desmedida del hombre para obtener su piel, ha puesto en peligro de extinción. Es el predador más grande dentro de su hábitat. Se localiza cerca de esteros y arroyos, en bosques tupidos. Puede nadar, correr, trepar y es buen caminador y cazador. Se alimenta de reptiles y otros mamíferos. El territorio de los machos comprende entre 40 y 50 kilómetros cuadrados.

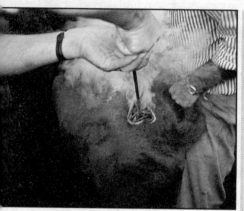

La yerra de animales constituye una de las actividades de los hombres de campo.

yerbatero, ra. a. *Amér.* Rel. a la yerba mate.// m. El que se dedica a la explotación de la yerba mate.

yerbear. i. *R. de la P.* Matear.

yerbera. f. *Arg. y Par.* Vasija para la yerba mate.

yermo, ma. a. Despoblado, inhabitado./ Inculto, sin cultivo. Ú.t.c.s.// m. Tierra inhabitada.

yerno. m. Respecto de una persona, el marido de su hija.

yerra. f. *R. de la P.* y Chile. Hierra.

yerro. m. Equivocación, error por descuido./ Falta o delito que se comete contra las leyes divinas y humanas, o contra las normas de un arte.

yerto, ta. a. Apl. al ser viviente, o a alguna de las partes de su cuerpo, que se han quedado rígidos por el frío, y también del cadáver u otra cosa en que se produce el mismo efecto.

yesal. m. Terreno en que abunda el mineral de yeso que se puede beneficiar./ Cantera de yeso.

yesca. f. Materia muy seca, preparada para que cualquier chispa prenda en ella.

yesería. f. Fábrica de yeso./ Comercio donde se vende./ Obra de yeso.

yesero, ra. a. Rel. al yeso.// m. Persona que fabrica o vende yeso.

yeso. m. Sulfato de calcio hidratado, blanco por lo general, tenaz y tan blando que la uña lo raya, pero que deshidratado mediante la acción del fuego, y molido, se endurece rápidamente cuando se lo amasa con agua. Se usa en la construcción y en la escultura./ Escultura vaciada de yeso.

yeta. f. fam. *Arg.* Mala suerte, desgracia.

yeyuno. m. Segunda porción del intestino delgado, que empieza en el duodeno y termina en el íleon.

yin. m. En la cosmología china, principio opuesto al yang.

yo. Nominativo del pronombre personal de primera persona, en género m. y f., y número sing.// m. *Fil.* Con el artículo el, o el posesivo, afirmación de conciencia de la personalidad humana como ser racional y libre./ *Psic.* Componente consciente de la personalidad.

yo-yo. m. Juguete que consiste en un carrete que sube y baja mediante un hilo que se le arrolla y cuyo extremo se sujeta con la mano.

yodado, da. a. Que contiene yodo.

yodo. m. Metaloide de color gris negruzco, y brillo metálico, que se volatiliza a una temperatura poco elevada, desprendiendo vapores de color azul violeta y de olor parecido al del cloro. Símb., I.

yodoformo. m. Compuesto de carbono, hidrógeno y yodo. Es polvo amarillento y se usa como antiséptico.

yoduro. m. *Quím.* Cuerpo que resulta de la combinación del yodo con un radical simple o compuesto.

yoga. m. Doctrina y sistema de origen hindú mediante las que se pretende lograr la perfección espiritual y la perfecta unión con el cuerpo./ Sistemas modernos que utilizan procedimientos semejantes para la obtención de la concentración anímica.

yogur. m. Leche fermentada y cuajada por la acción de un fermento lácteo.

yóquey o yoqui. m. Jinete profesional de carreras de caballos.

yuca. f. Planta liliácea de América tropical, de cuya raíz se extrae una harina alimenticia./ Nombre vulgar de ciertas especies de mandioca.

yudo. m. Sistema de lucha japonés que se practica como deporte y como modo de defensa.

yugada. f. Espacio de tierra que puede arar una yunta en un día./ Yunta, especialmente de bueyes.

yugo. m. Pieza de madera a la que se uncen los bueyes o las mulas en yunta./ Armazón de madera unida a la campana, que sirve para voltearla./ fig. Ley, dominio superior que obliga a obedecer./ Carga pesada, prisión, atadura.

yugoslavo, va. o yugoeslavo, va. a. y s. De Yugoslavia.

yuguero. m. El que ara con una yunta de bueyes o mulas.

yugular. a. Perteneciente a la garganta.// a. y s. Dícese de cada una de las dos venas que hay a uno y otro lado del cuello.

yunque. m. Prisma de hierro acerado, de sección cuadrada, adecuado para trabajar en él a martillo los metales./ fig. Persona firme y paciente en las adversidades./ Persona muy perseverante en el trabajo./ Uno de los huesecillos de la parte media del oído.

yunta. f. Par de bueyes o de caballerías que sirven en la labor del campo o en los acarreos.

yuntero. m. Yuguero.

yute. m. Planta de la India, de tallo recto y leñoso, y de cuya corteza interior se extrae una materia textil./ Esta materia./ Tejido o hilado hecho de ella.

yuxtaponer. tr./ prl. Poner una cosa contigua a otra o inmediata a ella.

yuxtaposición. f. Acción y efecto de yuxtaponer./ *Ling.* Unión sin nexos de dos o más elementos lingüísticos, especialmente frases u oraciones./ *Min.* Modo de crecer los minerales.

yuyal. m. *Amér.* Terreno en que abundan los yuyos.

yuyero, ra. a. *Arg.* Aficionado a tomar hierbas medicinales.// s. *Arg.* Persona que las recoge y vende./ Curandero o curandera que las receta.

yuyo. m. *Amér.* Hierba inútil.// pl. Hierbas tiernas comestibles./ Hierbas medicinales./ Hierbas que sirven de condimento.

Extensión yerma de tierra, imposible de habitar.

z. f. Vigesimoséptima y última letra del abecedario castellano, y vigesimosegunda de sus consonantes. Su nombre es zeda o zeta.

zal interj. Voz que suele utilizarse para hacer huir a los perros u otros animales.

zabad. m. Voz de origen hebreo cuyo significado es premio especial.

zabadías. Voz de origen hebreo cuyo significado es premio especial de Dios.

zabarcera. f. Aplícase a la revendedora de frutos y comestibles al por menor.

zabazala (voz ár.). m. Su significado es jefe de la oración y se dice de quien dirige la oración pública en la mezquita.

zaborda. f. Mar. Acción y efecto de zabordar.

zabordar. i. Mar. Tropezar y encallar una nave en tierra.

zaborro. a. Aplícase a las personas gordas. Ú.t.c.s.m.

zaboyar. tr. Mojar, untar, cubrir, embadurnar.

zabra. f. Antigua embarcación pequeña de dos palos, de cruz.

zabro. m. Género de insectos coleópteros que se alimentan de materias vegetales. Originarios de Europa, viven debajo de las piedras o enterrados en la arena. Son de tamaño grande y atacan los trigales, especialmente cuando los granos son tiernos.

zabullida. f. Zambullida.

zabullir. tr. Zambullir. Ú.t.c.r.

zabulón. m. Amér. Dícese del individuo astuto y sagaz.

zaca. f. Miner. Odre utilizado en las minas para el desagüe de los pozos.

zacatal. m. Amér. Central, Méx., Filip. Pastizal.

zacate. m. Amér. Central, Méx., Filip. Hierba o forraje para la alimentación del ganado.

zacateca. m. Cuba. Aplícase al individuo que hace de enterrador y que generalmente va acompañando al cadáver.

zacatecas. m. Cuba. Dícese de la persona entremetida y alborotadora.

zafacoca. f. Amér. Daño ocasionado en un buque por el mal tiempo o por fuerzas enemigas.// Riña, contienda./ Méx. Zurra, azotaina.

zafado, da. a. y s. Amér. Descarado, desvergonzado, atrevido.

zafar. tr. Cubrir, embellecer, adornar.// tr./ prl. Mar. Desembarazar, quitar lo que estorba.// prl. Escaparse o esconderse para evitar un riesgo o peligro./ Salirse de la rueda la correa de una máquina./ Mar. Soltarse un cabo o cualquier otro objeto del sitio donde está asegurado./ fig. Excusarse de hacer alguna cosa./ Librarse de una molestia./ Amér. fam. Faltar el respeto a alguien, insolentarse./ Amér. Dislocarse, descoyuntarse un hueso.

zafarrancho. m. Acción y efecto de desembarazar una parte de la nave, para dejarla dispuesta para determinada tarea./ fig. y fam. Destrucción, destrozo./ Riña, pendencia.

zafio, fia. a. Tosco, grosero, inculto.

zafiro. m. Piedra preciosa de color azul, muy apreciada en joyería.

zafra. f. Vasija metálica, grande, en que se guarda aceite./ Cosecha de la caña de azúcar. Por ext., la de yerba mate y otros productos./ Fabricación del azúcar de caña. Por ext., la de remolacha./ Tiempo que dura esta fabricación.

zafre. m. Óxido de cobalto mezclado con cuarzo y pulverizado. Se utiliza para azular vidrios y lozas.

zafrero, ra. a. Aplícase a la persona que trabaja en la zafra.

zaga. f. Parte trasera de una cosa./ Carga acomodada en la parte trasera de un carruaje.// m. En cualquier juego, el último./ Dep. Conjunto de los jugadores de un equipo de fútbol, etc., que tiene a su cargo la defensa del arco o meta.

zagual. m. Dícese de un remo corto, para embarcaciones pequeñas, que no se apoya en ningún punto de la nave.

zaguán. m. Pieza cubierta que sirve de vestíbulo de una casa.

zaguero, ra. a. Que queda o está detrás.// m. En ciertos deportes, el que juega a la zaga.// f. Cuarto trasero del caballo.

zahareño, ña. a. Dícese del pájaro difícil de domesticar.// fig. y fam. Huraño, áspero, insociable.

zaherir. tr. Reprender a uno echándole en cara alguna acción./ Mortificar a uno con alguna represión maligna, o con censuras.

Zafra de yerba mate en el litoral argentino.

zahina. f. *Bot.* Planta gramínea originaria de la India, con cañas que alcanzan los tres metros de altura. Posee flores en panoja y sus granos amarillentos sirven para hacer pan y de alimento para las aves. La planta se utiliza para alimentar el ganado vacuno.// f. *Bot.* Semilla de esta planta.

zahondar. i. Hundirse, irse al fondo./ Hundir los pies en la tierra.//tr. Cavar profundizando en la tierra.

zahorí. m. Persona a quien se atribuye la facultad de ver lo que está oculto./ Por ext., persona que busca agua subterránea utilizando una horquilla de madera./ fig. Persona perspicaz y escudriñadora.

zaida. f. Ave zancuda similar a la grulla, que habita en África. Posee un moño eréctil de plumas oscuras que le caen sobre el cuello. Es fácil de domesticar.

zaino, na. a. Dícese de la caballería de pelaje castaño oscuro./ En el ganado vacuno, el de pelaje totalmente negro./ Traidor, falso.

zainoso, sa. a. Zaino. Aplícase a la persona traidora o falsa.

zairense. a. y s. Del Zaire.

zalamería. f. Halago, demostración de cariño fingida y empalagosa.

zalamero, ra. a. Que hace zalamerías. Ú.t.c.s.

zalea. f. Piel curtida de carnero u oveja, con la lana, que se utiliza para proteger del frío y de la humedad.

zalenco, ca. a. *Col.* Renco. Ú.t.c.s.

zalenquear. i. *Col.* Renquear.

zalle. m. *Biol.* Aplícase a grandes moles de piedra que suelen formar numerosas extensiones de cerros. Ú.m. en pl.

zamacuco. m. fam. Persona torpe y bruta./ Aplícase al que calla y hace su voluntad.// m. fig. y fam. Embriedad.

zamacueca. f. *Amér.* Danza popular./ Música y cantos de esta danza.

zamarra. f. Dícese de la prenda tosca de piel, con su pelo o su lana./ Piel del carnero.

zamarrear. tr. Sacudir a un lado y a otro la presa asida con los dientes, como hacen los perros, lobos, etc./ fig. Maltratar sacudiendo de un lado a otro.

zamba. f. Danza cantada, popular del Noroeste de la Argentina, de singular gracia y señorío en su coreografía./ Música y canto de esta danza.

zambiano, na. a. y s. De Zambia.

zambo, ba. a. y s. Que tiene juntas las rodillas y separadas hacia afuera las piernas./ *Amér.* Dícese del hijo de negro e india o al contrario./ *Ven.* Hermoso y de grandes proporciones./ m. Mono americano, de cola prensil y pelaje pardo amarillento.

zambomba. f. Instrumento musical rústico, que produce un sonido fuerte, ronco y monótono.// interj. fam. que se utiliza para manifestar sorpresa.

zambucar. tr. Aplícase al acto de esconder algo para que no se vea o reconozca. Se usa particularmente en el juego.

zambullida. f. Zambullidura./ *Dep.* Treta de la esgrima.

zambullidor, ra. a. Que zambulle o se zambulle.

zambullidura. f. Acción y efecto de zambullir o zambullirse.

Zambullirse. Un desafío y una diversión para los niños y jóvenes.

zambullir. tr./ prl. Sumergir una cosa con ímpetu o de golpe.// prl. fig. Ocultarse o meterse en algún sitio.

zampa. f. Estaca que se clava en un terreno para hacer el firme de un edificio.

zampar. tr. Meter una cosa en otra con prisa./ Comer apresuradamente.// prl. Meterse de golpe en alguna parte.

zampeado. m. *Arq.* Obra realizada con macizos de mampostería y cadenas de madera, para edificar sobre terrenos inundados.

zampoña. f. Instrumento musical rústico, a modo de flauta, o compuesto de muchas flautas.

zanahoria. f. Planta herbácea anual, con raíz fusiforme, jugosa y comestible./ Raíz de esta planta./ *Arg.* fig. y fam. Persona de poco valor.

zanca. f. Pierna larga de las aves, desde el tarso hasta la juntura del muslo./ fig. y fam. Pierna del hombre o de cualquier animal, en particular cuando es delgada y larga./ Madero inclinado que sirve de apoyo a los peldaños de la escalera.

zancada. f. Paso muy largo.

zancadilla. f. Acción de cruzar la pierna por detrás de la de otro, para derribarlo./ fig. Trampa para perjudicar a alguien.

zanco. m. Cada uno de los dos palos largos con soportes para afirmar los pies que sirven para andar a cierta altura del suelo para no mojarse, y también para ciertos juegos de agilidad y equilibrio.

Aves zancudas como el flamenco y el tuyuyú son el símbolo indiscutido de los pantanales.

ancudo, da. a. y s. Que tiene zancas largas./ Aves que tienen los tarsos muy largos y desprovista de plumas la parte inferior de la pierna, como la cigüeña.// f. pl. Orden de estas aves.// m. *Amér.* Mosquito (insecto).

anganada. f. fam. Dicho o hecho impertinente y torpe.

ángano, na. m. Macho de la abeja reina.// fig. Persona holgazana, que vive a costa de otro.

angolotear. tr./ prl. fam. Mover continua y violentamente una cosa.// i. fig. y fam. Moverse de una parte a otra, sin plan ni concierto.// prl. fam. Moverse algunas cosas por estar flojas.

anguango, ga. a. y s. fam. Indolente, entorpecido por la pereza.// f. fam. Ficción de un impedimento o enfermedad para no trabajar.

nja. f. Excavación ancha y estrecha que se hace en la tierra con algún fin.

njar. tr. Abrir zanjas./ fig. Obviar todas las dificultades que puedan impedir la terminación de un asunto.

njón. m. Zanja grande y profunda por donde corre el agua.

pa. f. Pala pequeña que usan los zapadores./ Excavación de galería subterránea o zanja al descubierto./ Lija./ Piel labrada de modo que forma grano, como la lija.

pador. m. Soldado destinado a trabajar con la zapa.

pallo. m. *Amér.* Planta cucurbitácea cuyo fruto es una especie de calabaza./ Fruto comestible de esta planta.

papico. m. Herramienta con mango de madera y dos ocas opuestas, una en punta y la otra en corte estrecho.

par. i. Trabajar con la zapa.

parrastroso, sa. a. y s. Harapiento, desaliñado.

patear. tr. Golpear repetidamente con el zapato./ Dar olpes en el suelo con los pies calzados./ En ciertos bailes, olpear el suelo con los pies al compás de la música.

pateo. m. Acción y efecto de zapatear.

patería. f. Taller donde se hacen zapatos./ Tienda o comercio donde se venden./ Oficio de zapatero.

patero, ra. s. El que hace, vende o arregla zapatos.

patilla. f. Zapato ligero y de suela delgada./ Zapato de omodidad y abrigo para estar en casa./ Uña o casco de os animales de pata hendida.

ato. m. Calzado que no pasa del tobillo, con la parte interior de suela.

. m. m. Título usado por el emperador de Rusia o el soerano de Bulgaria.

anda. f. Criba.

andar. tr. Cribar.// tr./ prl. fig. y fam. Mover alguna cosa on ligereza.

andear. tr./ prl. Zarandar.// prl. *Amér.* Contonearse.

andeo. m. Acción y efecto de zarandear o zarandearse.

cillo. m. Arete o pendiente./ *Arg.* Cierta señal con que e marca al ganado ovino o bovino.

co, ca. a. De color azul claro. Apl. en particular a los os.

igüeya. f. Mamífero marsupial americano, nocturno, con beza parecida a la de la zorra, cola prensil y pelaje pardo.

ina. f. Esposa del zar./ Emperatriz de Rusia.

pa. f. Acción de zarpar./ Garra, mano, con sus dedos y as, de algunos animales.

par. i. Partir una nave./ Partir o salir embarcado.// tr./ i. var anclas.

pazo. m. Zarpada./ Golpazo, porrazo.

za. f. Arbusto de tallos sarmentosos y espinosos, cuyo uto es la zarzamora.

amora. f. Fruto de la zarza, de color violado o encarnae, con que se preparan jarabes y confituras./ Zarza.

aparrilla. f. Arbusto de raíces fibrosas y casi cilíndricas./ Bebida refrescante preparada con esta planta.

uela. f. Obra dramática y musical que alterna la declaación y el canto./ Letra de la obra de esta clase./ Música e la misma obra.

. m. Escuela budista que surgió en Japón durante los sios XII y XIII. Se basa en la meditación para alcanzar la iluiación total del espíritu.

zenit. m. Cenit.

zepelín. m. Globo dirigible, de armadura rígida, que marcha impulsado por motores.

zigoto. m. *Biol.* Cigoto.

zigzag. m. Serie de líneas quebradas que forman alternativamente ángulos entrantes y salientes.

zigzaguear. i. Moverse en zigzag, serpentear.

zinc. m. Cinc.

zócalo. m. Cuerpo inferior de un edificio, que sirve para elevar los basamentos a un mismo nivel./ Franja que se pinta o coloca en la parte inferior de una pared./ Friso./ Miembro inferior del pedestal./ Especie de pedestal.

Zodíaco o **Zodíaco.** m. Zona de la esfera celeste, que comprende los doce signos o constelaciones que recorre el sol en su curso anual aparente.

Zapallo. Planta de tipo rastrera cuyo fruto es de sabor algo dulce y muy utilizado en la elaboración de platos simples.

zona. f. Lista o faja./ Extensión considerable de terreno en forma de franja o banda./ Cualquier parte de terreno o de superficie encuadrada en ciertos límites./ Cada una de las cinco partes en que se considera dividida la superficie de la Tierra por los trópicos y los círculos polares./ *Geom.* Parte de la superficie de la esfera comprendida entre dos planos paralelos./ **-franca.** Parte determinada de un puerto en que sus depósitos y muelles se utilizan para guardar mercaderías que no pagan derechos aduaneros hasta que salen a otro puerto./ **-glacial.** *Geog.* Cada uno de los dos casquetes esféricos formados en la superficie de la Tierra por los círculos polares./ **-industrial.** *Econ.* La que se reserva para el desarrollo de la industria./ **-templada.** *Geog.* Cada una de las dos comprendidas entre los trópicos y los círculos polares inmediatos./ **-tórrida.** *Geog.* La comprendida entre ambos trópicos y dividida por el ecuador en dos partes iguales./ **-urbana.** *Geog.* Casco de población.

zonación. f. *Geog.* Distribución de animales y vegetales en zonas o fajas según factores climáticos, como humedad, altura, profundidad, etc.

zoncera. f. *Amér.* Calidad de zonzo.

zonda. m. *Amér.* Viento cálido de las zonas andinas.

zonzo, za. a. y s. Soso, insulso./ *Arg.* Tonto, simple.

zoogeografía. f. Parte de la geografía que estudia la distribución de los animales sobre la tierra.

zooide. m. *Zool.* Individuo que forma parte de un cuerpo con organización colonial. Su estructura varía según el papel fisiológico que deba desempeñar en el conjunto.

zoolatría. f. Adoración, culto de los animales.

zoología

zoología. f. Parte de la biología que estudia los animales.
zoológico, ca. a. Rel. a la zoología.// a./ m. Parque donde se conservan y crían fieras y otros animales.
zoom (voz ingl.). m. *Cin. y Fotog.* Objetivo de foco variable que permite realizar un recorrido óptico sin discontinuidad, de un plano más lejano a otro más cercano (zoom in), o viceversa (zoom out)./ Secuencia fotográfica o cinematográfica en la que se emplea ese objetivo.
zoomorfo, fa. a. Que tiene forma o apariencia de animal.
zoonosis. f. Nombre dado a las enfermedades de los animales, que se comunican a veces a las personas.
zoopatología. f. Estudio de las enfermedades que afectan a los animales.
zooplancton. m. *Zool.* Componente del plancton compuesto por animales diminutos o en estado embrionario.
zooplasma. m. Plasma animal.
zooplastia. f. Injerto animal que se efectúa con tejidos de éstos en seres humanos.
zoopsicología. f. Estudio de la psicología animal.
zoosis. f. *Pat.* Estado morboso provocado por un agente animal.
zoósmosis. f. Paso de protoplasma viviente que se efectúa de los vasos sanguíneos a los tejidos.
zoospermo. m. Espermatozoide.
zoospora. f. *Biol.* Espora dotada de flagelos, más raramente de cilios, para moverse en el agua. Son propias de algas y protozoos, y no están encerradas en quistes.
zoosporangio. m. Tipo de esporangio donde se forman las zoosporas.
zootaxia. f. Clasificación de los animales.
zootecnia. f. Aplícase al arte de criar, multiplicar y mejorar los animales domésticos.
zootécnico, ca. a. Pert. o rel. a la zootecnia.
zooterapia. f. Terapéutica veterinaria.
zootomía. f. Parte de la zoología que estudia la anatomía de los animales.
zootomista. m. Anatomista o disector de animales.
zootoxina. f. Toxina de origen animal como la ponzoña de las serpientes.
zopenco, ca. a. fam. Tonto y bruto. Ú.t.c.s.
zopo, pa. a. Dícese de mano o pie torcidos o contrahechos/ Apl. a las personas que poseen manos o pies torcidos./ fig. Que no tiene destreza. Ú.t.c.s.
zoqueta. f. Pieza de madera ahuecada que los segadores utilizan como guante para evitar cortarse con la hoz.

Zueco gastado que, sin embargo, sirve de maceta.

zoquete. m. Pedazo de madera corto y grueso./ fig. Pedazo de pan grueso e irregular./ fig. y fam. Persona ruda tarda para entender. Ú.t.c.a./ *Amér.* Calcetín.
zorocho, cha. f. *Miner.* Mineral de plata, similar al talco. a. *Col., Ven.* Dícese de lo que está a medio cocer.
zorra. f. Mamífero carnicero de cuerpo alargado, pelaje pa do rojizo y cola larga. Vive en madrigueras y persigue co astucia la caza y ataca a las aves de corral./ Hembra de e ta especie./ Carro fuerte y bajo para el transporte de gra des pesos./ *Arg.* Vagoneta./ fig. y fam. Persona astuta y s lapada./ Ramera.
zorrera. f. Cueva de zorros.// fig. Lugar en el que hay m cho humo producido allí mismo.
zorrería. f. Astucia de la zorra para conseguir alimento y brarse de los peligros.
zorrero, ra. a. Apl. a la nave pesada en navegar.// fig. Ca cioso, astuto./ Que sigue a otro o queda rezagada.
zorrino. m. *Amér.* Mofeta (mamífero).
zorro. m. Macho de la zorra./ Piel de la zorra, curtida con pelo./ fig. y fam. Hombre astuto y taimado que finge p haraganería y hace pesada y tardíamente las cosas.
zorzal. m. Pájaro cantor americano, parecido al tordo.
zozobra. f. Acción y efecto de zozobrar./ Oposición de l vientos, que pone en riesgo la embarcación./ fig. Inqu tud y aflicción del ánimo.
zozobrar. i. Peligrar la embarcación por la fuerza y opc ción de los vientos./ Perderse o irse a pique. Ú.t.c.prl./ Estar en grave riesgo el logro de alguna cosa./ fig. Inqu tarse, afligirse en la duda.// tr. Hacer zozobrar.
zozobroso, sa. a. Lleno de zozobra, acongojado.
zubia. f. Sitio adonde afluye mucha agua o por donde co la misma.
zuca. f. Calabaza rellena de piedritas que algunos indios América utilizan como sonajero.
zueco. m. Zapato de madera de una pieza./ Zapato de c ro con suela de corcho o de madera.
zuequero, ra. a. Dícese de la persona que hace o ve zuecos.
zulaque. m. Betún en pasta, que se hace con estopa, a te, cal y vidrios molidos o escorias y que se utiliza para par las juntas de las cañerías de agua u otras obras hidr licas.
zulú. a./ m. y f. Apl. al individuo de cierto pueblo de e negra del África austral. // a. Rel. a este pueblo./ fig. y f Bárbaro, bruto.
zumbar. i. Producir una cosa ruido bronco y continua fig. y fam. Estar muy inmediata una cosa inmaterial.// prl. Dar chasco o broma a uno.
zumbido. m. Acción y efecto de zumbar.
zumbón, na. a. y s. fig. y fam. Apl. al que se burla con cuencia, o tiene un genio festivo y poco serio.
zumo. m. Líquido que se obtiene exprimiendo frutos, h bas, flores, etc.
zurcido. p. p. de **zurcir.** // m. Costura de lo que se zur
zurcir. tr. Coser la rotura de una tela de modo que la u resulte disimulada./ Suplir con puntadas muy juntas los los que faltan en el agujero de un tejido./ fig. Unir de do sutil dos cosas.
zurdo, da. a. Que usa con preferencia la mano izqui en lugar de la derecha. Ú.t.c.s.// a. Rel. a la mano izq da.
zurra. f. Acción de zurrar las pieles./ fig. y fam. Castig golpes o azotes.
zurrar. tr. Curtir las pieles quitándoles el pelo./ fig. y Castigar con golpes o azotes.
zurrido. m. Sonido estridente, confuso y desagrada fam. Golpe dado con palo o garrote.
zurucuá (voz guaraní). m. *R. de la P.* Pájaro de unos 2(de largo, muy manso y de hermoso plumaje.
zutano, na. s. fam. Voces que se usan como complen tos o en contraposición de *fulano* y *mengano*, y con el mo significado cuando se hace referencia a tercera pe na indeterminada.
zuzar. tr. Azuzar.